喪大記 至 喪服四制

重歸文獻——影印經學要籍善本叢刊

影印南宋越刊八行本禮記正義

下册

（唐）孔穎達撰

北京大學出版社
PEKING UNIVERSITY PRESS

目次

下册

足利本第五十三卷第一葉

禮記正義卷第五十三

國子祭酒上護軍曲阜縣開國子臣孔穎達等奉

勅撰

喪大記第二十二

正義曰案鄭目録云名曰喪大記者以其記人君以下始死小斂大斂殯葬之事此於别録屬喪服喪大記者劉先云記謂之大者言其委曲詳備繁多故云大

疾病外内皆埽 為賓客將來問病也疾困曰病 疏 正義曰外内皆埽者為賓客來問病者以尋常每日皆埽案内則云雞初鳴咸盥漱灑埽室堂者此是平生無事時每日恒埽今既疾病不應更有華飾故知埽者為賓客來也 注 疾困曰病 正義曰案既夕禮云有疾疾者齊乃云疾病内外皆埽是疾困曰病此對文耳散則通也檀弓云孔子寢疾七日而沒是也

君大夫徹縣士去琴瑟 聲音動人病者欲靜也凡樂器天子宮縣諸侯軒縣大夫判縣士特縣去琴瑟者不命之士

寢東首於北牖下 謂君來視之時也病者恒居北牖下或為墉下

廢牀徹褻衣加新衣體一人 廢去也人始生在地去牀庶其生氣反徹褻衣則所加者新朝服矣互言之也加朝服者明其終於正也體手足也四人持之為其不能自屈伸也

男女改服 為賓客來問病亦朝服也庶人深衣

屬纊以俟絶氣 纊今之新緜易動搖置口鼻之上以為候

男子不死於婦人之手婦人不死於男子之手 君子重終為其相褻 疏

潘本第五十三卷第一葉

禮記正義卷第五十三

國子祭酒上護軍曲阜縣開國子臣孔穎達等奉

勅撰

喪大記第二十二

正義曰案鄭目録云名曰喪大記者以其記人君以下始死小斂大斂殯葬之事此於别録屬喪服喪大記者劉先云記謂之大者言其委曲詳備繁多故云大

疾病外内皆埽 為賓客將來問病也疾困曰病 疏 正義曰外内皆埽者為賓客來問病者以尋常每日皆埽案内則云雞初鳴咸盥漱灑埽室堂者此是平生無事時每日恒埽今既疾病不應更有華飾故知埽者為賓客來也 注 疾困曰病 正義曰案既夕禮云有疾疾者齊乃云疾病内外皆埽是疾困曰病此對文耳散則通也檀弓云孔子寢疾七日而沒是也

君大夫徹縣士去琴瑟 聲音動人病者欲靜也凡樂器天子宮縣諸侯軒縣大夫判縣士特縣去琴瑟者不命之士

寢東首於北牖下 謂君來視之時也病者恒居北牖下或為墉下

廢牀徹褻衣加新衣體一人 廢去也人始生在地去牀庶其生氣反徹褻衣則所加者新朝服矣互言之也加朝服者明其終於正也體手足也四人持之為其不能自屈伸也

男女改服 為賓客來問病亦朝服也庶人深衣

屬纊以俟絶氣 纊今之新緜易動搖置口鼻之上以為候

男子不死於婦人之手婦人不死於男子之手 君子重終為其相褻 疏

正義曰此明君及大夫等疾困去樂之事君謂諸侯也及大夫等徹縣知不包天子者以此篇所記皆據諸侯以下也〔注〕天子至之士　正義曰案周禮小胥王宮縣諸侯軒縣卿大夫判縣士特縣鄭云宮縣四面象宮室軒縣去其一面判縣又去其一面特縣又去其一面縣於東方或於階閒而已又云凡縣鍾磬半爲堵全爲肆鄭云諸侯之大夫半天子之大夫西縣鍾東縣磬士亦半天子之士縣磬而已案典命子男之卿再命其大夫壹命其士不命此云不命之士謂子男之士〔注〕謂君至牖下　正義曰知謂君來視之時也者案論語鄉黨云疾君視之東首加朝服此云東首故知是君來視之時也以東方生長故東首鄉生氣云病者恒居北牖下者士喪下篇云東首于北牖下是恒在北牖下也若君不視之時則不恒東首隨病者所宜此熊氏所說也今謂病者雖恒在北牖下若君來視之時則𨗳時移鄉南牖下東首令君得南面而視之〔注〕廢去至伸也　正義曰人始生在地去牀庶其生氣反者

禮記正義五十三　二　張暉

釋所以病困而除牀取地義也人初生時在地今病困而反在地冀生氣還反得活如初生時也云徹褻衣則所加者新朝服矣互言之也者上云徹褻衣則知所加者正也下云加新衣則知所徹者褻衣故云互也朝服玄衣素裳也云加朝服者明其終於正也者解所以加朝服義也明君子雖卒必以正自處也〔注〕謂賓客來問病亦朝服也　正義曰案既夕禮云養者皆齊案文王世子云則世子親齊玄而養至病困易之以朝服故檀弓云親始死羔裘玄冠者易之而已易羔裘玄冠即朝服也

君夫人卒於路寢大夫世婦卒於適寢內子未命則死於下室遷尸于寢士之妻皆死于寢　言死者必皆於正處也寢室通耳其尊者所不燕焉君謂之路寢大夫謂之適寢士或謂之適室此變命婦言世婦者明尊卑同也世婦以君下寢

正義曰此明君及大夫等疾困去樂之事君謂諸侯也及大夫等徹縣知不包天子者以此篇所記皆據諸侯以下也〔注〕天子至之士　正義曰案周禮小胥王宮縣諸侯軒縣卿大夫判縣士特縣鄭云宮縣四面象宮室軒縣去其一面判縣又去其一面特縣又去其一面縣於東方或於階閒而已又云凡縣鍾磬半爲堵全爲肆鄭云諸侯之大夫半天子之大夫西縣鍾東縣磬士亦半天子之士縣磬而已案典命子男之卿再命其大夫壹命其士不命此云不命之士謂子男之士〔注〕謂君至牖下　正義曰知謂君來視之時也者案論語鄉黨云疾君視之東首加朝服此云東首故知是君來視之時也以東方生長故東首鄉生氣云病者恒居北牖下者士喪下篇云東首于北牖下是恒在北牖下也若君不視之時則不恒東首隨病者所宜此熊氏所說也今謂病者雖恒在北牖下若君來視之時則𨗳時移鄉南牖下東首令君得南面而視之〔注〕廢去至伸也　正義曰人始生在地去牀庶其生氣反者

禮記義五十三　二　張暉

釋所以病困而除牀取地義也人初生時在地今病困而反在地冀生氣還反得活如初生時也云徹褻衣則所加者新朝服矣互言之也者上云徹褻衣則知所加者正也下云加新衣則知所徹者褻衣故云互也朝服玄衣素裳也云加朝服者明其終於正也者解所以加朝服義也明君子雖卒必以正自處也〔注〕謂賓客來問病亦朝服也　正義曰案既夕禮云養者皆齊案文王世子云則世子親齊玄而養至病困易之以朝服故檀弓云親始死羔裘玄冠者易之而已易羔裘玄冠即朝服也

君夫人卒於路寢大夫世婦卒於適寢內子未命則死於下室遷尸于寢士之妻皆死于寢　言死者必皆於正處也寢室通耳其尊者所不燕焉君謂之路寢大夫謂之適寢士或謂之適室此變命婦言世婦者明尊卑同也世婦以君下寢

之上爲適寢内子卿之妻也下室其燕處也　【疏】正義曰此一經明貴賤死寢不同也君謂諸侯也諸侯三寢一正者曰路寢餘二曰小寢卒歸於正故在路寢也夫人亦有三寢一正二小亦卒正者也　大夫世婦卒於適寢者適寢猶今聽事處也其制異諸侯也大夫死適寢其妻亦死適寢也大夫妻曰命婦而云世婦世婦是諸侯之次婦今既明諸侯世婦尊與命婦敵故互言見義今命婦死於正寢則世婦死女君次寢之上也　内子未命則死於下室遷尸于寢者内子卿妻也若未爲夫人所命則初死在下室至小斂後遷尸乃復還其正寢也　士之妻皆死于寢者亦各死其正室也夫妻俱然故云皆也　【注】言死至處也　正義曰寢室通耳者案士喪禮云死于適室此云卒於適寢是寢室通也云其尊者所不燕焉者謂尊嚴之處不就而燕息焉云君謂之路寢大夫謂之適寢士或謂之適室者此云士死于寢士喪禮云死于適室故云或也云世婦以君下寢之上爲適寢者皇氏云君謂女君而世婦以夫人下寢之上爲適寢熊氏云諸侯夫人大夫妻及士之妻卒皆於夫之正寢解此世婦以君下寢之上爲適寢者夫人卒於君之正寢世婦卒於君之下寢之上者與皇氏異雖卒夫寢皆婦人供視之是亦婦人不死男子之手也案服虔注左傳義與皇氏同夫人之卒在於夫人路寢比君路寢爲小寢故僖八年夫人不薨于寢則不殯于廟服虔注云寢謂小寢也皇氏熊氏其説各異未知孰是故兩存焉知死正寢者案春秋成公薨於路寢道也僖公薨于小寢譏即安謂就夫人寢也隱公薨不書地失其所文公薨于臺下襄公薨于楚宮定公薨于高寢皆非禮也案莊三十二年公羊傳何休注云天子諸侯皆有三寢一曰高寢二曰路寢三曰小寢孫從王父之寢案周禮掌王之六寢之脩何休云天子三寢與周禮違不可用

復有林麓則虞人設階無林麓則狄人設階　復招魂復魄也階所乘以升屋者虞人主林麓

禮記義五十三　三　郭

足利本第五十三卷第三葉

之上爲適寢内子卿之妻也下室其燕處也　【疏】正義曰此一經明貴賤死寢不同也君謂諸侯也諸侯三寢一正者曰路寢餘二曰小寢卒歸於正故在路寢也夫人亦有三寢一正二小亦卒正者也　大夫世婦卒於適寢者適寢猶今聽事處也其制異諸侯也大夫死適寢其妻亦死適寢也大夫妻曰命婦而云世婦世婦是諸侯之次婦今既明諸侯世婦尊與命婦敵故互言見義今命婦死於正寢則世婦死女君次寢之上也　内子未命則死於下室遷尸于寢者内子卿妻也若未爲夫人所命則初死在下室至小斂後遷尸乃復還其正寢也　士之妻皆死于寢者亦各死其正室也夫妻俱然故云皆也　【注】言死至處也　正義曰寢室通耳者案士喪禮云死于適室此云卒於適寢是寢室通也云其尊者所不燕焉者謂尊嚴之處不就而燕息焉云君謂之路寢大夫謂之適寢士或謂之適室者此云士死于寢士喪禮云死于適室故云或也云世婦以君下寢之上爲適寢者皇氏云君謂女君而世婦以夫人下寢之上爲適寢熊氏云諸侯夫人大夫妻及士之妻卒皆於夫之正寢解此世婦以君下寢之上爲適寢者夫人卒於君之正寢世婦卒於君之下寢之上者與皇氏異雖卒夫寢皆婦人供視之是亦婦人不死男子之手也案服虔注左傳義與皇氏同夫人之卒在於夫人路寢比君路寢爲小寢故僖八年夫人不薨于寢則不殯于廟服虔注云寢謂小寢也皇氏熊氏其説各異未知孰是故兩存焉知死正寢者案春秋成公薨於路寢道也僖公薨于小寢譏即安謂就夫人寢也隱公薨不書地失其所文公薨于臺下襄公薨于楚宮定公薨于高寢皆非禮也案莊三十二年公羊傳何休注云天子諸侯皆有三寢一曰高寢二曰路寢三曰小寢孫從王父之寢案周禮掌王之六寢之脩何休云天子三寢與周禮違不可用

復有林麓則虞人設階無林麓則狄人設階　復招魂復魄也階所乘以升屋者虞人主林麓

禮記義五十三　三　郭

潘本第五十三卷第三葉

之官也狄人樂吏之賤者階梯也簨虡之類【疏】正義曰自此至復而後行死事明復是招魂之禮也　復有林麓則虞人設階者復謂升屋招魂其死者所封內若有林麓則所主林麓虞人設階梯而升屋　無林麓則狄人設階者謂官職卑小不合有林麓無虞人可使狄人是家之樂吏之賤者掌設簨虡簨虡有階梯之類故狄人設階也

小臣復復者朝服君以卷夫人以屈狄大夫以玄赬世婦以襢衣士以爵弁士妻以稅衣皆升自東榮中屋履危北面三號捲衣投于前司服受之降自西北榮

小臣君之近臣也朝服而復所以事君之衣也用朝服而復之者敬也復用死者之祭服以其求於神也君以卷謂上公也夫人以屈狄互言耳上公以衮則夫人用褘衣而侯伯以鷩其夫人用揄狄子男以毳其夫人乃用屈狄矣赬赤也玄衣赤裳所謂卿大夫自玄冕而下之服也其世婦亦以襢衣榮屋翼升東榮者謂卿大夫士也天子諸侯言東霤危棟上也號若云皐某復也司服以篋待衣於堂前

禮記正義五十三　四　吴志

其爲賓則公館復私館不復其在野則升其乘車之左轂而復

私館卿大夫之家也不於之復爲主人之惡【疏】正義曰此一經明復時所用之衣及招魂升降之節　小臣復復者朝服者此明諸侯小臣君之近臣與君爲招魂復魄既是君之親近與君所爲招魂之時冀君魂神來依之則大夫士以下皆用近臣也所復之人皆著朝服奉事命之魂神故朝服　君以卷者謂上公以衮冕而下　夫人以屈狄者謂子男之夫人自屈狄而下　大夫以玄赬者玄纁也言大夫招魂用玄冕玄衣纁裳故云玄赬也　世婦

之官也狄人樂吏之賤者階梯也簨虡之類【疏】正義曰自此至復而後行死事明復是招魂之禮也　復有林麓則虞人設階者復謂升屋招魂其死者所封內若有林麓則所主林麓虞人設階梯而升屋　無林麓則狄人設階者謂官職卑小不合有林麓無虞人可使狄人是家之樂吏之賤者掌設簨虡簨虡有階梯之類故狄人設階也

小臣復復者朝服君以卷夫人以屈狄大夫以玄赬世婦以襢衣士以爵弁士妻以稅衣皆升自東榮中屋履危北面三號捲衣投于前司服受之降自西北榮

小臣君之近臣也朝服而復所以事君之衣也用朝服而復之者敬也復用死者之祭服以其求於神也君以卷謂上公也夫人以屈狄互言耳上公以衮則夫人用褘衣而侯伯以鷩其夫人用揄狄子男以毳其夫人乃用屈狄矣赬赤也玄衣赤裳所謂卿大夫自玄冕而下之服也其世婦亦以襢衣榮屋翼升東榮者謂卿大夫士也天子諸侯言東霤危棟上也號若云皐某復也司服以篋待衣於堂前

禮記正義五十三　四　吴志

其爲賓則公館復私館不復其在野則升其乘車之左轂而復

私館卿大夫之家也不於之復爲主人之惡【疏】正義曰此一經明復時所用之衣及招魂升降之節　小臣復復者朝服者此明諸侯小臣君之近臣與君爲招魂復魄既是君之親近與君所爲招魂之時冀君魂神來依之則大夫士以下皆用近臣也所復之人皆著朝服奉事命之魂神故朝服　君以卷者謂上公以衮冕而下　夫人以屈狄者謂子男之夫人自屈狄而下　大夫以玄赬者玄纁也言大夫招魂用玄冕玄衣纁裳故云玄赬也　世婦

足利本第五十三卷第五葉

以禮衣者世婦大夫妻也其上服唯禮衣故用招魂也言世婦者亦見君之世婦服與大夫妻同也士以爵弁者士亦用助祭上服以招魂六冕則以衣名冠諸侯爵弁則以冠名衣今言爵弁者但用其衣不用其弁也　士妻以稅衣者稅衣六衣之下也士妻得服之故死用以招魂也　皆升自東榮者此復者初上屋時也榮屋翼也天子諸侯四注爲屋而大夫以下不得四注但南北二注而爲直頭頭即屋翼也復者升東翼而上也賀瑒云以其體下於屋故謂上下在屋兩頭似翼故名屋翼也　中屋履危者中屋者當屋東西之中央履危者踐履屋棟上高危之處而復也　北面三號者復者北面求陰之義也鬼神所嚮也三號號呼之聲三徧也必三者一號於上冀神在天而來也一號於下冀神在地而來也一號於中冀神在天地之閒而來也號輒云皐某復矣鄭注士喪禮云皐長聲也　捲衣投于前司服受之者三招既竟捲斂所復之衣從屋前投與司服之官司服以篋待衣於堂前也前謂陽生之

禮記義五十三　五

道復是求生故衣從生處來也然如雜記所言則應每衣三號也　降自西北榮者復者投衣畢而迴往西北榮而下也初復是求生故升東榮而上求既不得不忍虛從所求不得之道還故就陰幽而下也不正西而西北者因取西北厞爲便也必徹西北厞者亦用陰殺之所也故鄭注士喪禮云不由前降不以虛反也降因徹西北厞若云此室凶不可居然也　注小臣至堂前　正義曰君以卷謂上公也夫人以屈狄互言耳者男子舉上公婦人舉子男之妻男子舉上以見下婦人舉下以見上是互言也云升東榮者謂卿大夫士也者以鄉飲酒鄉射是大夫士之禮云設洗當東榮此云東榮故知是卿大夫士禮今之兩下屋云天子諸侯言東霤者霤謂東西兩頭爲屋簷霤下案燕禮云設洗當東霤人君殿屋四注燕禮是諸侯禮明天子亦然

復衣不以衣尸不以斂　不以衣尸謂不以襲也復者庶其生也若以其衣襲斂是用生施死於義相反士喪禮云以衣

潘本第五十三卷第五葉

以禮衣者世婦大夫妻也其上服唯禮衣故用招魂也言世婦者亦見君之世婦服與大夫妻同也士以爵弁者士亦用助祭上服以招魂六冕則以衣名冠諸侯爵弁則以冠名衣今言爵弁者但用其衣不用其弁也　士妻以稅衣者稅衣六衣之下也士妻得服之故死用以招魂也　皆升自東榮者此復者初上屋時也榮屋翼也天子諸侯四注爲屋而大夫以下不得四注但南北二注而爲直頭頭即屋翼也復者升東翼而上也賀瑒云以其體下於屋故謂上下在屋兩頭似翼故名屋翼也　中屋履危者中屋者當屋東西之中央履危者踐履屋棟上高危之處而復也　北面三號者復者北面求陰之義也鬼神所嚮也三號號呼之聲三徧也必三者一號於上冀神在天而來也一號於下冀神在地而來也一號於中冀神在天地之閒而來也號輒云皐某復矣鄭注士喪禮云皐長聲也　捲衣投于前司服受之者三招既竟捲斂所復之衣從屋前投與司服之官司服以篋待衣於堂前也前謂陽生之

禮記義五十三　五

道復是求生故衣從生處來也然如雜記所言則應每衣三號也　降自西北榮者復者投衣畢而迴往西北榮而下也初復是求生故升東榮而上求既不得不忍虛從所求不得之道還故就陰幽而下也不正西而西北者因取西北厞爲便也必徹西北厞者亦用陰殺之所也故鄭注士喪禮云不由前降不以虛反也降因徹西北厞若云此室凶不可居然也　注小臣至堂前　正義曰君以卷謂上公也夫人以屈狄互言耳者男子舉上公婦人舉子男之妻男子舉上以見下婦人舉下以見上是互言也云升東榮者謂卿大夫士也者以鄉飲酒鄉射是大夫士之禮云設洗當東榮此云東榮故知是卿大夫士禮今之兩下屋云天子諸侯言東霤者霤謂東西兩頭爲屋簷霤下案燕禮云設洗當東霤人君殿屋四注燕禮是諸侯禮明天子亦然

復衣不以衣尸不以斂　不以衣尸謂不以襲也復者庶其生也若以其衣襲斂是用生施死於義相反士喪禮云以衣

衣尸浴而去之【疏】正義曰復是求生若用復衣而襲斂是用生施於死於義爲反故不得將衣襲尸及斂也

婦人復不以袡 袡嫁時上服而非事鬼神之衣【疏】正義曰袡是嫁時上服乃是婦人之盛服而非是事神之衣故不用招魂也絳襈衣下曰袡

凡復男子稱名婦人稱字 婦人不以名行【疏】正義曰自殷以上貴賤復同呼名周則天子稱天子諸侯稱某甫且字矣大夫士稱名而婦人並稱字

唯哭先復復而後行死事 氣絕則哭哭而復復而不蘇可以爲死事【疏】正義曰唯哭先復者氣絕而孝子即哭哭訖乃復故云唯哭先復也 復而後行死事者復而猶望生若復而不生故得行於死事謂正尸於牀及浴襲之屬也

始卒主人啼兄弟哭婦人哭踊 悲哀有深淺也若嬰兒中路失母能勿啼乎【疏】正義曰主人孝子男子女子也親始死孝子哀痛嗚咽不能哭如嬰兒失母故啼也 兄弟哭者有聲曰哭兄弟情比主人爲輕故哭有聲也 婦人哭踊者婦人衆婦也宗婦亦啼衆婦人輕則哭也然婦人雀踊而此云踊者通自上諸條並踊也

禮記義五十三　六　王茂

旣正尸子坐于東方卿大夫父兄子姓立于東方有司庶士哭于堂下北面夫人坐于西方內命婦姑姊妹子姓立于西方外命婦率外宗哭于堂上北面 正尸者謂遷尸牖下南首也子姓謂衆子孫也姓之言生也其男子立於主人後女子立於夫人後世婦爲內命婦卿大夫之妻爲外命婦外宗姑姊妹之女【疏】正義曰此經明人君初喪子及夫人以下哭位也

衣尸浴而去之【疏】正義曰復是求生若用復衣而襲斂是用生施於死於義爲反故不得將衣襲尸及斂也

婦人復不以袡 袡嫁時上服而非事鬼神之衣【疏】正義曰袡是嫁時上服乃是婦人之盛服而非是事神之衣故不用招魂也絳襈衣下曰袡

凡復男子稱名婦人稱字 婦人不以名行【疏】正義曰自殷以上貴賤復同呼名周則天子稱天子諸侯稱某甫且字矣大夫士稱名而婦人並稱字

唯哭先復復而後行死事 氣絕則哭哭而復復而不蘇可以爲死事【疏】正義曰唯哭先復者氣絕而孝子即哭哭訖乃復故云唯哭先復也 復而後行死事者復而猶望生若復而不生故得行於死事謂正尸於牀及浴襲之屬也

始卒主人啼兄弟哭婦人哭踊 悲哀有深淺也若嬰兒中路失母能勿啼乎【疏】正義曰主人孝子男子女子也親始死孝子哀痛嗚咽不能哭如嬰兒失母故啼也 兄弟哭者有聲曰哭兄弟情比主人爲輕故哭有聲也 婦人哭踊者婦人衆婦也宗婦亦啼衆婦人輕則哭也然婦人雀踊而此云踊者通自上諸條並踊也

禮記義五十三　六　王茂

旣正尸子坐于東方卿大夫父兄子姓立于東方有司庶士哭于堂下北面夫人坐于西方內命婦姑姊妹子姓立于西方外命婦率外宗哭于堂上北面 正尸者謂遷尸牖下南首也子姓謂衆子孫也姓之言生也其男子立於主人後女子立於夫人後世婦爲內命婦卿大夫之妻爲外命婦外宗姑姊妹之女【疏】正義曰此經明人君初喪子及夫人以下哭位也

足利本第五十三卷第七葉

子坐于東方者子謂世子世子尊故坐于東方謂室內戶東故士喪禮云主人入坐于牀東是也　卿大夫父兄子姓立于東方者案士喪禮衆主人在其後又云親者在室鄭云謂大功以上依准士禮父兄子姓大功以上正立于室內東方今此經揔云卿大夫父兄子姓立于東方以士禮言之當在室內但諸侯以上位尊不可不正定世子之位故顧命康王之入翼室恤宅宗不宜與卿大夫父兄子姓俱在室內也卿大夫等或當在戶外之東方遥繼主人之後　有司庶士哭于堂下北面者以其卑故在堂下北面不云東方稍近西而當戶以堂下西方無婦人位故也案士喪禮云小功以下衆兄弟堂下北面此經直云有司庶士在堂下則諸父兄子姓等雖小功以下皆在堂上西面也　夫人坐于西方者亦近尸故士喪禮云婦人俠牀東面但士禮略但言俠牀人君則當以帷鄣之也　內命婦姑姊妹子姓立于西方者內命婦則子婦也姑姊妹謂君姑姊妹也子姓君女孫皆立于西方也　外命婦率外宗哭于堂上北面者外命婦謂卿大夫妻外宗謂姑姊妹之女外命婦外宗等疏於內命婦故在戶外婦人無堂下之位故皆堂上北面　注正尸至之女　正義曰知正尸謂遷尸牖下南首也者既夕禮云設牀第當牖及遷尸是也知南首者案士喪禮將含之時商祝入當牖北面受貝奠于尸西鄭注云如商祝之事位則尸南首明矣是也云子姓謂衆子孫也者謂子孫所生也云其男子立於主人後女子立於夫人後者約士喪禮文或諸侯位尊男子等當于戶外東方巳具前說云世婦爲內命婦卿大夫之妻爲外命婦者前文云大夫世婦則世婦與大夫妻相敵此經內命婦與外命婦相當故知內命婦是世婦也案喪服傳云命婦者大夫之妻故云外命婦卿大夫妻又周禮命及於士則其妻亦爲命婦故鄭注內宰云士妻亦爲命婦士妻與女御相對俱禄衣則君之女御內命婦中兼之也云外宗姑姊妹之女者但姑姊妹必嫁於外族其女是異姓所生故稱外宗案周禮外宗外女之有爵者若其有爵

禮記義五十三　七　張暉

潘本第五十三卷第七葉

子坐于東方者子謂世子世子尊故坐于東方謂室內戶東故士喪禮云主人入坐于牀東是也　卿大夫父兄子姓立于東方者案士喪禮衆主人在其後又云親者在室鄭云謂大功以上依准士禮父兄子姓大功以上正立于室內東方今此經揔云卿大夫父兄子姓立于東方以士禮言之當在室內但諸侯以上位尊不可不正定世子之位故顧命康王之入翼室恤宅宗不宜與卿大夫父兄子姓俱在室內也卿大夫等或當在戶外之東方遥繼主人之後　有司庶士哭于堂下北面者以其卑故在堂下北面不云東方稍近西而當戶以堂下西方無婦人位故也案士喪禮云小功以下衆兄弟堂下北面此經直云有司庶士在堂下則諸父兄子姓等雖小功以下皆在堂上西面也　夫人坐于西方者亦近尸故士喪禮云婦人俠牀東面但士禮略但言俠牀人君則當以帷鄣之也　內命婦姑姊妹子姓立于西方者內命婦則子婦也姑姊妹謂君姑姊妹也子姓君女孫皆立于西方也　外命婦率外宗哭于堂上北面者外命婦謂卿大夫妻外宗謂姑姊妹之女外命婦外宗等疏於內命婦故在戶外婦人無堂下之位故皆堂上北面　注正尸至之女　正義曰知正尸謂遷尸牖下南首也者既夕禮云設牀第當牖及遷尸是也知南首者案士喪禮將含之時商祝入當牖北面受貝奠于尸西鄭注云如商祝之事位則尸南首明矣是也云子姓謂衆子孫也者謂子孫所生也云其男子立於主人後女子立於夫人後者約士喪禮文或諸侯位尊男子等當于戶外東方巳具前說云世婦爲內命婦卿大夫之妻爲外命婦者前文云大夫世婦則世婦與大夫妻相敵此經內命婦與外命婦相當故知內命婦是世婦也案喪服傳云命婦者大夫之妻故云外命婦卿大夫妻又周禮命及於士則其妻亦爲命婦故鄭注內宰云士妻亦爲命婦士妻與女御相對俱禄衣則君之女御內命婦中兼之也云外宗姑姊妹之女者但姑姊妹必嫁於外族其女是異姓所生故稱外宗案周禮外宗外女之有爵者若其有爵

禮記義五十三　七　張暉

則爲外命婦此別云外宗容無爵者女之女亦是異姓所生而不云者則上文所謂子姓是也周禮有内宗内女之有爵者此不言者則前文姑姊妹是也但姑姊妹已嫁國中則爲命婦別云姑姊妹者容在室女未嫁及嫁於他國或雖嫁國中從本親之位故別云姑姊妹也不云舅之女及從母之女者外宗中兼之略可知也

大夫之喪主人坐于東方主婦坐于西方其有命夫命婦則坐無則皆立

命夫命婦來哭者同宗父兄子姓姑姊妹子姓也凡此哭者尊者坐卑者立

士之喪主人父兄子姓皆坐于東方主婦姑姊妹子姓皆坐于西方

士賤同宗尊卑皆坐

凡哭尸于室者主人二手承衾而哭

承衾哭者哀慕若欲攀援

禮記義五十三　八　姜仲

疏 正義曰此一經明大夫初有喪哭位之禮　其有命夫命婦則坐無則皆立者謂哭位之中有命夫命婦雖有卑於死者以其位尊故坐哭若其無命夫命婦雖尊於死者亦皆立哭　注命夫至者立　正義曰知命夫命婦來哭者同宗父兄子姓姑姊妹子姓也者案左氏傳士踰月外姻至今大夫初喪正尸無容即有異姓故知是同宗之親來哭者知非異姓卿大夫來弔者以其與主人等並列哭位故知是爲喪來哭者若有弔者當立哭不得坐也此大夫之喪不顯父兄子姓及姑姊妹哭位者約上文君喪及下文士喪略可知也云凡此哭者尊者坐卑者立皇氏云凡謂君與大夫其哭者若爵位尊者則坐故上文君喪子及夫人坐大夫之喪主人主婦命夫命婦皆坐是也君之喪卿大夫皆立大夫之喪非命夫命婦者皆立是也此云尊卑非謂對死者爲尊卑也若其今所行之禮與古異也成服之後尊於死者則坐卑於死者則立也　注士賤同宗尊卑皆坐

則爲外命婦此別云外宗容無爵者女之女亦是異姓所生而不云者則上文所謂子姓是也周禮有内宗内女之有爵者此不言者則前文姑姊妹是也但姑姊妹已嫁國中則爲命婦別云姑姊妹者容在室女未嫁及嫁於他國或雖嫁國中從本親之位故別云姑姊妹也不云舅之女及從母之女者外宗中兼之略可知也

大夫之喪主人坐于東方主婦坐于西方其有命夫命婦則坐無則皆立

命夫命婦來哭者同宗父兄子姓姑姊妹子姓也凡此哭者尊者坐卑者立

士之喪主人父兄子姓皆坐于東方主婦姑姊妹子姓皆坐于西方

士賤同宗尊卑皆坐

凡哭尸于室者主人二手承衾而哭

承衾哭者哀慕若欲攀援

禮記義五十三　八　姜仲

疏 正義曰此一經明大夫初有喪哭位之禮　其有命夫命婦則坐無則皆立者謂哭位之中有命夫命婦雖有卑於死者以其位尊故坐哭若其無命夫命婦雖尊於死者亦皆立哭　注命夫至者立　正義曰知命夫命婦來哭者同宗父兄子姓姑姊妹子姓也者案左氏傳士踰月外姻至今大夫初喪正尸無容即有異姓故知是同宗之親來哭者知非異姓卿大夫來弔者以其與主人等並列哭位故知是爲喪來哭者若有弔者當立哭不得坐也此大夫之喪不顯父兄子姓及姑姊妹哭位者約上文君喪及下文士喪略可知也云凡此哭者尊者坐卑者立皇氏云凡謂君與大夫其哭者若爵位尊者則坐故上文君喪子及夫人坐大夫之喪主人主婦命夫命婦皆坐是也君之喪卿大夫皆立大夫之喪非命夫命婦者皆立是也此云尊卑非謂對死者爲尊卑也若其今所行之禮與古異也成服之後尊於死者則坐卑於死者則立也　注士賤同宗尊卑皆坐

足利本第五十三卷第九葉

正義曰君與大夫位尊故坐者殊其貴賤士既位下故坐者等其尊卑無所異也

君之喪未小斂爲寄公國賓出大夫之喪未小斂爲君命出士之喪於大夫不當斂則出

父母始死悲哀非所尊不出也出者或至庭或至門國賓聘大夫不當斂其來非斂時

疏 正義曰此一經明君大夫士等未小斂之前主人出迎賓之節士之喪於大夫不當斂則出者謂士之喪大夫來弔其主人於大夫來弔之時不當小斂之時則出迎大夫

注 出者至斂時 正義曰云或至庭者謂世子迎寄公及國賓士出迎大夫也皆至庭故下文云降自西階又云士於大夫親弔則與之哭不逆於門外是也云或至門者謂大夫於君命故下文云大夫於君命迎于寢門外是也以此言之則世子於天子之命士於君命亦皆然也云不當斂其來非斂時者上君

禮記義五十三 九

與大夫云未小斂謂未斂之前去小斂遠也士云不當斂謂去小斂近大夫與士至小斂相偪也士於大夫雖與小斂相偪不當斂之時尚爲大夫出若未小斂之前爲大夫出可知也案檀弓云大夫弔當事而至則辭焉注云辭猶告也擯者以主人有事告也主人無事則爲大夫出彼亦謂小斂之事與此同斂訖大夫至即拜之故雜記云當袒大夫至絶踊而拜之反改成踊是也此但云斂不云襲者未襲之前唯士爲君命出其餘則不出故士喪禮未襲之前君使人弔主人迎于寢門外見賓不哭先入門右北面是也君使退主人哭拜送于外門外於時賓有大夫則特拜之因送君使而拜之非謂特出迎賓也此云不當斂則出迎賓雜記云士喪當袒大夫至絶踊而拜之與此違者皇氏云若正當斂時不出若斂後而有大夫至則絶踊而拜之

凡主人之出也徒跣扱衽拊心降自西階君拜寄公國賓于

潘本第五十三卷第九葉

正義曰君與大夫位尊故坐者殊其貴賤士既位下故坐者等其尊卑無所異也

君之喪未小斂爲寄公國賓出大夫之喪未小斂爲君命出士之喪於大夫不當斂則出

父母始死悲哀非所尊不出也出者或至庭或至門國賓聘大夫不當斂其來非斂時

疏 正義曰此一經明君大夫士等未小斂之前主人出迎賓之節士之喪於大夫不當斂則出者謂士之喪大夫來弔其主人於大夫來弔之時不當小斂之時則出迎大夫

注 出者至斂時 正義曰云或至庭者謂世子迎寄公及國賓士出迎大夫也皆至庭故下文云降自西階又云士於大夫親弔則與之哭不逆於門外是也云或至門者謂大夫於君命故下文云大夫於君命迎于寢門外是也以此言之則世子於天子之命士於君命亦皆然也云不當斂其來非斂時者上君

禮記義五十三 九

與大夫云未小斂謂未斂之前去小斂遠也士云不當斂謂去小斂近大夫與士至小斂相偪也士於大夫雖與小斂相偪不當斂之時尚爲大夫出若未小斂之前爲大夫出可知也案檀弓云大夫弔當事而至則辭焉注云辭猶告也擯者以主人有事告也主人無事則爲大夫出彼亦謂小斂之事與此同斂訖大夫至即拜之故雜記云當袒大夫至絶踊而拜之反改成踊是也此但云斂不云襲者未襲之前唯士爲君命出其餘則不出故士喪禮未襲之前君使人弔主人迎于寢門外見賓不哭先入門右北面是也君使退主人哭拜送于外門外於時賓有大夫則特拜之因送君使而拜之非謂特出迎賓也此云不當斂則出迎賓雜記云士喪當袒大夫至絶踊而拜之與此違者皇氏云若正當斂時不出若斂後而有大夫至則絶踊而拜之

凡主人之出也徒跣扱衽拊心降自西階君拜寄公國賓于

位大夫於君命迎于寢門外使者升堂致
命主人拜于下士於大夫親弔則與之哭
不逆於門外拜寄公國賓於位者於庭鄉其位而拜之此時寄公位在門西國賓位在門東
皆北面小斂之後寄公東面國賓門西北面士於大夫親
弔謂大夫身來弔士也與之哭既拜之即位西階東面哭
大夫特來疏正義曰前經明出迎賓遠近此經更辨拜
則北面迎委曲之儀降自西階者不忍當主位降
自西階　君拜寄公國賓于位者寄公謂失位之君也國
賓謂鄰國大夫來聘者遇主國君之喪拜于位者於庭鄉
其位而拜之　士於大夫親弔則與之哭不逆於門外者
謂士之喪大夫親來弔立於西階下東面主人則降自西
階下南面拜之拜訖即位西階下與大夫俱哭不迎大夫
於門外注拜寄至北面　正義曰此時寄公位在門西

禮記義五十三　十　章忠

國賓位在門東皆北面者熊氏云凡賓弔北面是其正故
檀弓云曾子北面而弔焉且尸在堂上鄉之可知也知寄
公在門西者寄公有賓義故在賓位故知在門西知國賓
在門東者賓雖爲君命使或本是吉使而遭主國之喪而
行私弔之禮故從主人之位故知在門東云小斂之後寄
公東面國賓門西北面者熊氏云小斂之後主人位於阼
階下西面寄公稍依吉禮漸就賓位東面鄉主人也國賓
亦以小斂後漸吉轉就門西賓位但爵是鄉大夫猶北面
也又士喪禮云他國之異爵者門西少進是也云既拜之
即位西階東面哭者以大夫身來弔士之時在西階之南
主人降自西階鄉其位而拜之拜訖主人即位於西階下
東面哭之故士喪禮云賓有大夫則特拜之即位于西階
下東面不踊鄭注云即位西階下未忍在主人位是據主
人也而皇氏云即位西階東面哭謂大夫之位也下云大
夫特來則北面皇氏即云是大夫之位但與士喪禮違又
與鄭注士喪禮不同其義非也云大夫特來則北面者以

位大夫於君命迎于寢門外使者升堂致
命主人拜于下士於大夫親弔則與之哭
不逆於門外拜寄公國賓於位者於庭鄉其位而拜之此時寄公位在門西國賓位在門東
皆北面小斂之後寄公東面國賓門西北面士於大夫親
弔謂大夫身來弔士也與之哭既拜之即位西階東面哭
大夫特來疏正義曰前經明出迎賓遠近此經更辨拜
則北面迎委曲之儀降自西階者不忍當主位降
自西階　君拜寄公國賓于位者寄公謂失位之君也國
賓謂鄰國大夫來聘者遇主國君之喪拜于位者於庭鄉
其位而拜之　士於大夫親弔則與之哭不逆於門外者
謂士之喪大夫親來弔立於西階下東面主人則降自西
階下南面拜之拜訖即位西階下與大夫俱哭不迎大夫
於門外注拜寄至北面　正義曰此時寄公位在門西

禮記義五十三　十　章忠

國賓位在門東皆北面者熊氏云凡賓弔北面是其正故
檀弓云曾子北面而弔焉且尸在堂上鄉之可知也知寄
公在門西者寄公有賓義故在賓位故知在門西知國賓
在門東者賓雖爲君命使或本是吉使而遭主國之喪而
行私弔之禮故從主人之位故知在門東云小斂之後寄
公東面國賓門西北面者熊氏云小斂之後主人位於阼
階下西面寄公稍依吉禮漸就賓位東面鄉主人也國賓
亦以小斂後漸吉轉就門西賓位但爵是鄉大夫猶北面
也又士喪禮云他國之異爵者門西少進是也云既拜之
即位西階東面哭者以大夫身來弔士之時在西階之南
主人降自西階鄉其位而拜之拜訖主人即位於西階下
東面哭之故士喪禮云賓有大夫則特拜之即位于西階
下東面不踊鄭注云即位西階下未忍在主人位是據主
人也而皇氏云即位西階東面哭謂大夫之位也下云大
夫特來則北面皇氏即云是大夫之位但與士喪禮違又
與鄭注士喪禮不同其義非也云大夫特來則北面者以

足利本第五十三卷第十一葉

大夫與士若俱來皆東面故主人即位西階在大夫之北
俱東面而哭今大夫獨來不與士相隨故大夫北面也必
知北面者以凡特弔皆北面故檀
弓云曾子北面而弔是特弔也 **夫人爲寄公夫**
人出命婦爲夫人之命出士妻不當斂則
爲命婦出 出拜之於堂上也此時寄公夫人命婦位在堂上北面小斂之後尸西東面 疏
正義曰前經明男子迎賓此經明婦人迎賓也 夫人爲
寄公夫人出者出謂出房也 婦人不下堂但出房而拜
於堂上也婦人尊卑與夫同故所爲出者亦同也 命婦爲
夫人之命出者亦同其夫爲君命也此出亦不下堂耳
士妻不當斂則爲命婦出者前經明士於大夫不當斂出
故此士妻於命婦亦不當斂而出也 注出拜至東面
正義曰知拜於堂上者男子降階拜賓于庭婦人無外事
故知拜於堂上云此時寄公夫人命婦位在堂上北面者

禮記義五十三 十一 陸訓

以前文云君之喪外命婦率外宗哭于堂上北面故知此
命婦在堂上北面知寄公夫人亦然者以士喪禮他國異
爵者門西北面與己國大夫同則知寄公夫人亦與命婦
同也云小斂之後尸西東面者以小斂之後遷尸於堂故
知從婦人之位
在尸西東面也 **小斂主人即位于户内主婦東**
面乃斂卒斂主人馮之踊主婦亦如之主
人袒說髦括髮以麻婦人髽帶麻于房中
士既殯說髦此云小斂蓋諸侯禮也士之既殯諸侯之小斂於死者俱三日也婦人之髽帶麻於房中則西房也天子諸侯有左右房 **徹帷男女奉尸夷于堂降拜** 夷之言尸也於遷尸主人主婦以下從而奉之孝敬之心降拜拜賓也 **君拜寄公國賓大**

潘本第五十三卷第十一葉

大夫與士若俱來皆東面故主人即位西階在大夫之北
俱東面而哭今大夫獨來不與士相隨故大夫北面也必
知北面者以凡特弔皆北面故檀
弓云曾子北面而弔是特弔也 夫人爲寄公夫
人出命婦爲夫人之命出士妻不當斂則
爲命婦出 出拜之於堂上也此時寄公夫人命婦位在堂上北面小斂之後尸西東面 疏
正義曰前經明男子迎賓此經明婦人迎賓也 夫人爲
寄公夫人出者出謂出房也 婦人不下堂但出房而拜
於堂上也婦人尊卑與夫同故所爲出者亦同也 命婦爲
夫人之命出者亦同其夫爲君命也此出亦不下堂耳
士妻不當斂則爲命婦出者前經明士於大夫不當斂出
故此士妻於命婦亦不當斂而出也 注出拜至東面
正義曰知拜於堂上者男子降階拜賓于庭婦人無外事
故知拜於堂上云此時寄公夫人命婦位在堂上北面者
禮記義五十三 十一 陸訓
以前文云君之喪外命婦率外宗哭于堂上北面故知此
命婦在堂上北面知寄公夫人亦然者以士喪禮他國異
爵者門西北面與己國大夫同則知寄公夫人亦與命婦
同也云小斂之後尸西東面者以小斂之後遷尸於堂故
知從婦人之位
在尸西東面也 小斂主人即位于户内主婦東
面乃斂卒斂主人馮之踊主婦亦如之主
人袒說髦括髮以麻婦人髽帶麻于房中
士既殯說髦此云小斂蓋諸侯禮也士之既殯諸侯之小斂於死者俱三日也婦人之髽帶麻於房中則西房也天子諸侯有左右房 徹帷男女奉尸夷于堂降拜 夷之言尸也於遷尸主人主婦以下從而奉之孝敬之心降拜拜賓也 君拜寄公國賓大

夫士拜卿大夫於位於士旁三拜夫人亦拜寄公夫人於堂上大夫內子士妻特拜命婦氾拜衆賓於堂上衆賓謂士妻也尊者皆特拜拜士與其妻皆旅之主人即位襲帶經踊即位阼階之下位也有襲絰乃踊尊卑相變也母之喪即位而免記異者禮斬衰括髮齊衰免以至成服而冠爲母重初亦括髮既小斂則免乃奠小斂奠也弔者襲裘加武帶經與主人拾踊始死弔者朝服裼裘如吉時也小斂則改襲而加武與帶經矣武吉冠之卷也加武者明不改冠亦不免也檀弓曰主人既小斂子游趨而出襲裘帶絰而入

疏 正義曰此一節明人君大夫士等小斂之節及拜迎於賓又奠祭弔者之儀各隨文解之 ○主人即位于戶內者以初時尸在牖下主人在尸東今小斂當戶內故主人在戶內稍東西面 ○主人馮之踊者斂訖主人馮尸而踊 ○主婦亦如之者馮尸竟亦踊與男子同也 ○主人袒者鄭小斂不袒今方有事故袒衣也士喪禮馮尸巳竟而云髺髮袒此未括髮先云袒者或人君禮也 ○說髦者髦幼時翦髮爲之至年長則垂著兩邊明人子事親恒有孺子之義也若父死說左髦母死說右髦二親並死則並說之親沒不髦是也今小斂竟喪事巳成故說之也案鄭注士既殯說髦今小斂而說者人君禮也 ○括髮以麻者以用也人君小斂說髦竟而男子括髮括髮用麻也士小斂後亦括髮但未說髦耳 ○婦人髽者婦人髽亦用麻也對男子括髮也 ○帶麻于房中者帶麻麻帶也謂婦人要經也士喪禮云婦人之帶牡麻結本在房鄭云婦人亦苴經但言帶者記其異此齊衰婦人斬衰婦人亦苴經也帶男子帶經于東房而婦人帶經在西房既與男

禮記正義五十三　十二　矢春

足利本第五十三卷第十二葉

夫士拜卿大夫於位於士旁三拜夫人亦拜寄公夫人於堂上大夫內子士妻特拜命婦氾拜衆賓於堂上衆賓謂士妻也尊者皆特拜拜士與其妻皆旅之主人即位襲帶經踊即位阼階之下位也有襲絰乃踊尊卑相變也母之喪即位而免記異者禮斬衰括髮齊衰免以至成服而冠爲母重初亦括髮既小斂則免乃奠小斂奠也弔者襲裘加武帶經與主人拾踊始死弔者朝服裼裘如吉時也小斂則改襲而加武與帶經矣武吉冠之卷也加武者明不改冠亦不免也檀弓曰主人既小斂子游趨而出襲裘帶絰而入

疏 正義曰此一節明人君大夫士等小斂之節及拜迎於賓又奠祭弔者之儀各隨文解之 ○主人即位于戶內者以初時尸在牖下主人在尸東今小斂當戶內故主人在戶內稍東西面 ○主人馮之踊者斂訖主人馮尸而踊 ○主婦亦如之者馮尸竟亦踊與男子同也 ○主人袒者鄭小斂不袒今方有事故袒衣也士喪禮馮尸巳竟而云髺髮袒此未括髮先云袒者或人君禮也 ○說髦者髦幼時翦髮爲之至年長則垂著兩邊明人子事親恒有孺子之義也若父死說左髦母死說右髦二親並死則並說之親沒不髦是也今小斂竟喪事巳成故說之也案鄭注士既殯說髦今小斂而說者人君禮也 ○括髮以麻者以用也人君小斂說髦竟而男子括髮括髮用麻也士小斂後亦括髮但未說髦耳 ○婦人髽者婦人髽亦用麻也對男子括髮也 ○帶麻于房中者帶麻麻帶也謂婦人要經也士喪禮云婦人之帶牡麻結本在房鄭云婦人亦苴經但言帶者記其異此齊衰婦人斬衰婦人亦苴經也帶男子帶經于東房而婦人帶經在西房既與男

禮記正義五十三　十二　矢春

潘本第五十三卷第十二葉

足利本第五十三卷第十三葉

子異處故特記其異也婦人重帶故云帶而略於經也于
房中者謂男子說髦括髮在東房婦人髽帶麻于西房也
注 士既至右房　正義曰士之既殯諸侯之小斂於死
者俱三日也者謂數往日也云婦人之髽帶麻於房中則
西房也者案士喪禮主人髻髮袒衆主人免于房鄭注云
釋髻髮宜於隱者是主人等括髮在東房士喪禮又云婦
人髽于室以男子在房故婦人髽于室大夫士唯有東房
故也此經兼明諸侯之禮有東西房男子既括髮於東房
故知婦人髽及帶麻于西房云天子諸侯有左右房者欲
明經中房是西房也天子路寢制如明堂熊氏云左房則
東南火室也右房則西南金室也諸侯路寢室在於中房
在室之東西也　徹帷至降拜　正義曰此一經明士之
喪小斂訖徹帷夷尸之節　徹帷者初死恐人惡之故有
帷也至小斂衣尸畢有飾故除帷也此士禮耳諸侯及大
夫賔出乃徹帷事見於下文　男女奉尸夷于堂者夷陳
也小斂竟相者舉尸將出戶往陳于堂而孝子男女親屬

禮記義五十三　十三　楊潤

並而扶捧之至堂以極孝敬之心也　降拜者降下也既
陳於堂則適子下堂拜賔也　君拜至堂上　正義曰此
一節明君大夫士小斂訖拜賔也君拜寄公國賔者君謂
嗣君也小斂畢尸出堂嗣君下堂拜賔也寄公尊故先言
之也拜寄公及國賔並就於其位鄉而拜之故鄭注士喪
禮云拜賔鄉賔位拜之是也　大夫士者嗣君又次拜大
夫士也大夫士既是先君之臣皆同有斬衰之服而小斂
訖出庭列位故嗣君出拜之也　拜卿大夫於位者此更
申明拜卿大夫士之異卿大夫則就其位鄉而拜之也
於士旁三拜者旁猶面也若拜於士士賤不可人人拜之
故每一面并唯三拜也必三拜者上有三等故三拜之故
士喪禮云大夫特拜士旅之隱義云士有三等一等一拜
故三下縢也一云旁猶不正也或云衆士都共三拜也
夫人亦拜寄公夫人於堂上者婦人無下堂位並在堂上
故夫人拜寄公妻於堂上也　大夫內子士妻者夫人亦
拜大夫士之妻也卿妻曰內子大夫妻曰命婦此不云命

潘本第五十三卷第十三葉

子異處故特記其異也婦人重帶故云帶而略於經也于
房中者謂男子說髦括髮在東房婦人髽帶麻于西房也
注 士既至右房　正義曰士之既殯諸侯之小斂於死
者俱三日也者謂數往日也云婦人之髽帶麻於房中則
西房也者案士喪禮主人髻髮袒衆主人免于房鄭注云
釋髻髮宜於隱者是主人等括髮在東房士喪禮又云婦
人髽于室以男子在房故婦人髽于室大夫士唯有東房
故也此經兼明諸侯之禮有東西房男子既括髮於東房
故知婦人髽及帶麻于西房云天子諸侯有左右房者欲
明經中房是西房也天子路寢制如明堂熊氏云左房則
東南火室也右房則西南金室也諸侯路寢室在於中房
在室之東西也　徹帷至降拜　正義曰此一經明士之
喪小斂訖徹帷夷尸之節　徹帷者初死恐人惡之故有
帷也至小斂衣尸畢有飾故除帷也此士禮耳諸侯及大
夫賔出乃徹帷事見於下文　男女奉尸夷于堂者夷陳
也小斂竟相者舉尸將出戶往陳于堂而孝子男女親屬

禮記義五十三　十三　楊潤

並而扶捧之至堂以極孝敬之心也　降拜者降下也既
陳於堂則適子下堂拜賔也　君拜至堂上　正義曰此
一節明君大夫士小斂訖拜賔也君拜寄公國賔者君謂
嗣君也小斂畢尸出堂嗣君下堂拜賔也寄公尊故先言
之也拜寄公及國賔並就於其位鄉而拜之故鄭注士喪
禮云拜賔鄉賔位拜之是也　大夫士者嗣君又次拜大
夫士也大夫士既是先君之臣皆同有斬衰之服而小斂
訖出庭列位故嗣君出拜之也　拜卿大夫於位者此更
申明拜卿大夫士之異卿大夫則就其位鄉而拜之也
於士旁三拜者旁猶面也若拜於士士賤不可人人拜之
故每一面并唯三拜也必三拜者上有三等故三拜之故
士喪禮云大夫特拜士旅之隱義云士有三等一等一拜
故三下縢也一云旁猶不正也或云衆士都共三拜也
夫人亦拜寄公夫人於堂上者婦人無下堂位並在堂上
故夫人拜寄公妻於堂上也　大夫內子士妻者夫人亦
拜大夫士之妻也卿妻曰內子大夫妻曰命婦此不云命

足利本第五十三卷第十四葉

婦者欲見卿妻與命婦同也　特拜命婦者此更申明拜命婦與士妻之異也特猶獨也謂人人拜之尊故也特拜命婦則內子亦然也　汜拜衆賓者謂不特也衆賓士妻賤故汜拜之亦旁三拜也　於堂上者拜命婦及士妻亦並於堂上也此經唯舉君喪拜賓不云大夫士喪拜賓者文不具也其大夫士之喪拜賓亦然也故士喪禮云主人拜賓大夫特拜士旅之是也案上注小斂之後寄公門西東面國賓門西北面大夫當在門東北面士當在門西國賓之南東面嗣君於阼階之下少南鄉其位而拜之案上注云寄公夫人命婦小斂之後尸西東面其嗣君夫人本位在西房當在西房之外南面拜女賓也若士妻於阼階上西面拜賓也以無西房故也以上皆是皇氏所說熊氏以爲大夫士拜卿大夫士者是卿大夫士家自遭喪小斂後拜卿大夫於位士旁三拜大夫內子士妻亦謂大夫士妻家自遭喪小斂後拜命婦及拜士妻之禮大夫士各自遭喪并言之者以其大夫士家喪小斂後拜賓同故也此

禮記義五十三　十四　金彦

即君大夫士之喪小斂後拜賓且與上文未小斂時文類其義踰於皇氏矣　主人即位　正義曰主人拜賓之後稍近北即阼階下位　襲帶絰踊者拜賓時袒今拜訖襲衣加要帶首絰於序東復位乃踊也　注即位至變也　正義曰前經注云未小斂主人即位西階下東面位恐此亦然故明之云阼階之下必知然者以士喪禮小斂後衆主人東即位又云主人即位踊襲絰于序東復位故知此即位在阼階下也云有襲絰乃踊尊卑相變也者案士喪禮先踊乃襲絰此先襲絰乃踊士爲卑此據諸侯爲尊故云尊卑相變也　母之喪即位而免　正義曰爲父喪拜賓竟而即阼階下位又序東帶絰猶括髮若爲母喪至拜賓竟即位時不復括髮以免代之免以襲絰至大斂乃成服也所以異於父也乃奠者奠謂小斂奠也拜賓襲絰踊竟後始設小斂之奠也　弔者至拾踊弔者謂小斂之後來弔者掩襲裘之上裼衣若未小斂之前來弔者裘上有裼衣裼衣上有朝服開朝服露裼衣今小斂之後弔者以

潘本第五十三卷第十四葉

婦者欲見卿妻與命婦同也　特拜命婦者此更申明拜命婦與士妻之異也特猶獨也謂人人拜之尊故也特拜命婦則內子亦然也　汜拜衆賓者謂不特也衆賓士妻賤故汜拜之亦旁三拜也　於堂上者拜命婦及士妻亦並於堂上也此經唯舉君喪拜賓不云大夫士喪拜賓者文不具也其大夫士之喪拜賓亦然也故士喪禮云主人拜賓大夫特拜士旅之是也案上注小斂之後寄公門西東面國賓門西北面大夫當在門東北面士當在門西國賓之南東面嗣君於阼階之下少南鄉其位而拜之案上注云寄公夫人命婦小斂之後尸西東面其嗣君夫人本位在西房當在西房之外南面拜女賓也若士妻於阼階上西面拜賓也以無西房故也以上皆是皇氏所說熊氏以爲大夫士拜卿大夫士者是卿大夫士家自遭喪小斂後拜卿大夫於位士旁三拜大夫內子士妻亦謂大夫士妻家自遭喪小斂後拜命婦及拜士妻之禮大夫士各自遭喪并言之者以其大夫士家喪小斂後拜賓同故也此

禮記義五十三　十四　金彦

即君大夫士之喪小斂後拜賓且與上文未小斂時文類其義踰於皇氏矣　主人即位　正義曰主人拜賓之後稍近北即阼階下位　襲帶絰踊者拜賓時袒今拜訖襲衣加要帶首絰於序東復位乃踊也　注即位至變也　正義曰前經注云未小斂主人即位西階下東面位恐此亦然故明之云阼階之下必知然者以士喪禮小斂後衆主人東即位又云主人即位踊襲絰于序東復位故知此即位在阼階下也云有襲絰乃踊尊卑相變也者案士喪禮先踊乃襲絰此先襲絰乃踊士爲卑此據諸侯爲尊故云尊卑相變也　母之喪即位而免　正義曰爲父喪拜賓竟而即阼階下位又序東帶絰猶括髮若爲母喪至拜賓竟即位時不復括髮以免代之免以襲絰至大斂乃成服也所以異於父也乃奠者奠謂小斂奠也拜賓襲絰踊竟後始設小斂之奠也　弔者至拾踊弔者謂小斂之後來弔者掩襲裘之上裼衣若未小斂之前來弔者裘上有裼衣裼衣上有朝服開朝服露裼衣今小斂之後弔者以

足利本第五十三卷第十五葉

以上朝服揜襲裘上裼衣加武者賀氏云武謂吉冠之卷
主人既素冠素弁故弔者加素弁於武　帶絰者帶謂要
帶絰謂首絰緦之絰帶以朋友之恩故加帶與絰也若無
朋友之恩則無帶唯絰而已　與主人拾踊者拾更也謂
主人先踊婦人踊弔者踊三者三是與主人更踊　注始
死至而入　正義曰知始死弔者朝服裼裘者檀弓云子
游裼裘而弔是也知朝服者論語云羔裘玄冠不以弔是
也小斂之後不用弔則小斂之前可以弔云小斂則改襲
而加武與帶絰者約子游之弔也云加武者明不改冠亦
不免也者凶冠則武與冠連不別有武免亦無武今云加
武明不改作凶冠亦不作免弔所以有免以四代袒免親
及朋友皆在他邦嫌有免理故云亦不免引檀弓曰以下
者證小斂之前裼裘小斂之後襲裘賀氏以爲加素弁於
吉冠之武解經文似便與鄭注不改冠其義相妨熊氏云
加武帶絰謂有朋友之恩以絰加於武連言帶耳熊氏又
云小斂之時君於臣大夫於士士於朋友之恩若兩大夫

禮記正義五十三　十五　陳頤

不假朋友之恩皆朝服襲裘加絰於玄冠之上若大夫士
無朋友之恩皆玄冠朝服襲裘而已若士大斂之時有
朋友之恩者及兩大夫相爲并君於大夫皆皮弁服襲裘
加弁絰故雜記云大夫與殯亦弁絰殯則大斂也君於士
大夫士自相於無朋友恩者視大斂則亦皮弁服襲裘無
弁絰也故士喪禮云君於士視大斂注云皮弁服襲裘無
絰也故服問云公爲卿大夫錫衰若當事則弁絰不云士
則士雖當事不弁絰君於士尚皮弁明君於卿大夫亦皮
弁當事弁絰與士異也此所云皆謂未成服之前弔服也
若成服之後其錫衰緦衰之等已具上檀弓疏然熊氏以
武上加絰與帶帶文相妨其義未
善兩家之說未知孰是故備存焉　君喪虞人出木
角狄人出壺雍人出鼎司馬縣之乃官代
哭　代更也未殯哭不絕聲爲其罷倦既小斂可以爲漏刻
分時而更哭也木給爨竈角以爲㪺水斗壺漏水之

潘本第五十三卷第十五葉

以上朝服揜襲裘上裼衣加武者賀氏云武謂吉冠之卷
主人既素冠素弁故弔者加素弁於武　帶絰者帶謂要
帶絰謂首絰緦之絰帶以朋友之恩故加帶與絰也若無
朋友之恩則無帶唯絰而已　與主人拾踊者拾更也謂
主人先踊婦人踊弔者踊三者三是與主人更踊　注始
死至而入　正義曰知始死弔者朝服裼裘者檀弓云子
游裼裘而弔是也知朝服者論語云羔裘玄冠不以弔是
也小斂之後不用弔則小斂之前可以弔云小斂則改襲
而加武與帶絰者約子游之弔也云加武者明不改冠亦
不免也者凶冠則武與冠連不別有武免亦無武今云加
武明不改作凶冠亦不作免弔所以有免以四代袒免親
及朋友皆在他邦嫌有免理故云亦不免引檀弓曰以下
者證小斂之前裼裘小斂之後襲裘賀氏以爲加素弁於
吉冠之武解經文似便與鄭注不改冠其義相妨熊氏云
加武帶絰謂有朋友之恩以絰加於武連言帶耳熊氏又
云小斂之時君於臣大夫於士士於朋友之恩若兩大夫

禮記正義五十三　十五　陳頤

不假朋友之恩皆朝服襲裘加絰於玄冠之上若大夫士
無朋友之恩皆玄冠朝服襲裘而已若士大斂之時有
朋友之恩者及兩大夫相爲并君於大夫皆皮弁服襲裘
加弁絰故雜記云大夫與殯亦弁絰殯則大斂也君於士
大夫士自相於無朋友恩者視大斂則亦皮弁服襲裘無
弁絰也故士喪禮云君於士視大斂注云皮弁服襲裘無
絰也故服問云公爲卿大夫錫衰若當事則弁絰不云士
則士雖當事不弁絰君於士尚皮弁明君於卿大夫亦皮
弁當事弁絰與士異也此所云皆謂未成服之前弔服也
若成服之後其錫衰緦衰之等已具上檀弓疏然熊氏以
武上加絰與帶帶文相妨其義未
善兩家之說未知孰是故備存焉　君喪虞人出木
角狄人出壺雍人出鼎司馬縣之乃官代
哭　代更也未殯哭不絕聲爲其罷倦既小斂可以爲漏刻
分時而更哭也木給爨竈角以爲㪺水斗壺漏水之

足利本第五十三卷第十六葉

器也冬漏以火爨鼎沸而後沃之此挈壺氏所掌也屬司馬司馬涖縣其器大夫官代哭不縣壺也下君士代哭不以官自以親䟽哭也君堂上二燭下二燭大夫堂上一燭下二燭士堂上一燭下一燭燭所以照饌也滅燎而設燭

疏 正義曰此一節論君及大夫士小斂後代哭之異 君喪虞人出木角者虞人主山澤之官故出木與角 狄人出壺者狄人樂吏主挈壺漏水之哭器故出壺 雍人出鼎者雍人主烹飪故出鼎也所以用鼎及木者冬月恐水凍則鼎漏遲遲更無準則故取鼎煖水用虞人木爨鼎煮之故取鼎及木也 司馬縣之者司馬夏官卿也其屬有挈壺氏掌知漏事故司馬自臨視縣漏哭器之時節故挈壺氏云凡喪縣壺以代哭者 乃官代哭者縣漏分時使均其官屬更次相代而哭使聲不絕也

禮記義五十三　十六　馬祐

注 燭所以照饌也滅燎而設燭 正義曰有喪則於中庭終夜設燎至曉滅燎而日光未明故須燭以照祭饌也

賓出徹帷君與大夫之禮也士卒斂即徹帷徹或爲廢

疏 正義曰士小斂竟而徹帷此至小斂竟下階拜賓賓出後乃除帷是人君及大夫禮舒也注云士卒斂即徹帷者士喪禮文哭尸于堂上主人在東方由外來者在西方諸婦南鄉由外來謂奔喪者也無奔喪者婦人猶東面

疏 正義曰此一節通明小斂後尸出在堂時法也 主人在東方者主人之位猶在尸東婦人之位亦猶在尸西如室中也 由外來者在西方者由從也從外來謂新奔喪者若於時有新奔喪從外來者則居尸西方也所以爾者阼階有事故升自西階乃就西方又一通云欲見異于在家者故在西方也若未小斂而奔者則在東方也故奔喪注云其未小斂而至與在家同是也 諸婦南鄉者諸婦主

潘本第五十三卷第十六葉

器也冬漏以火爨鼎沸而後沃之此挈壺氏所掌也屬司馬司馬涖縣其器大夫官代哭不縣壺也下君士代哭不以官自以親䟽哭也君堂上二燭下二燭大夫堂上一燭下二燭士堂上一燭下一燭燭所以照饌也滅燎而設燭

疏 正義曰此一節論君及大夫士小斂後代哭之異 君喪虞人出木角者虞人主山澤之官故出木與角 狄人出壺者狄人樂吏主挈壺漏水之哭器故出壺 雍人出鼎者雍人主烹飪故出鼎也所以用鼎及木者冬月恐水凍則鼎漏遲遲更無準則故取鼎煖水用虞人木爨鼎煮之故取鼎及木也 司馬縣之者司馬夏官卿也其屬有挈壺氏掌知漏事故司馬自臨視縣漏哭器之時節故挈壺氏云凡喪縣壺以代哭者 乃官代哭者縣漏分時使均其官屬更次相代而哭使聲不絕也

禮記義五十三　十六　馬祐

注 燭所以照饌也滅燎而設燭 正義曰有喪則於中庭終夜設燎至曉滅燎而日光未明故須燭以照祭饌也

賓出徹帷君與大夫之禮也士卒斂即徹帷徹或爲廢

疏 正義曰士小斂竟而徹帷此至小斂竟下階拜賓賓出後乃除帷是人君及大夫禮舒也注云士卒斂即徹帷者士喪禮文哭尸于堂上主人在東方由外來者在西方諸婦南鄉由外來謂奔喪者也無奔喪者婦人猶東面

疏 正義曰此一節通明小斂後尸出在堂時法也 主人在東方者主人之位猶在尸東婦人之位亦猶在尸西如室中也 由外來者在西方者由從也從外來謂新奔喪者若於時有新奔喪從外來者則居尸西方也所以爾者阼階有事故升自西階乃就西方又一通云欲見異于在家者故在西方也若未小斂而奔者則在東方也故奔喪注云其未小斂而至與在家同是也 諸婦南鄉者諸婦主

足利本第五十三卷第十七葉

婦以下在家者若無奔喪者則婦人位本在西方東
鄉令旣有外新奔者故移辟之而近北以鄉南也婦
人迎客送客不下堂下堂不哭男子出寢
門見人不哭婦人所有事自堂及房男子所有事自
堂及門非其事處而哭猶野哭也出門
見人謂
迎賓也其無女主則男主拜女賓于寢門內
其無男主則女主拜男賓于阼階下子幼
則以衰抱之人爲之拜爲後者不在則有
爵者辭無爵者人爲之拜在竟內則俟之
在竟外則殯葬可也喪有無後無無主拜
者

禮記義五十三　十七　三宗

皆拜賓於位也爲後者有爵攝主
爲之辭於賓耳不敢當尊者禮也
䟽正義曰此一節明
小斂之後男主女
主迎送弔賓及拜賓之位又廣明喪主不在之義婦人質
故迎客送客不下堂　下堂不哭者敵者不下堂若有君
夫人弔則主婦下堂至庭稽顙而不哭也　男子出寢門
見人不哭者男子遭喪敵者來弔不出門若有君命則出
門亦不哭也故士喪禮君使人弔徹帷主人迎于寢門外
見賓不哭是也　其無女主則男主拜女賓于寢門內者
此以下明喪無主而使人攝者禮也若有主則使男主拜
男賓女主拜女賓若無女主者則男主拜女賓于寢門內
也　其無男主則女主拜男賓于阼階下者若無男主者
亦使女主拜男賓於阼階下位也鄉云女有下堂明謂此
也男拜女賓于門內少遠階下而猶不出門也　子幼則
以衰抱之人爲之拜者若有子雖幼小則以衰抱之爲主
而人代之拜賓也　爲後者不在者謂主出行不在而家
有喪則有爵者辭者謂不在家之主有官爵其攝主無官

潘本第五十三卷第十七葉

婦以下在家者若無奔喪者則婦人位本在西方東
鄉令旣有外新奔者故移辟之而近北以鄉南也婦
人迎客送客不下堂下堂不哭男子出寢
門見人不哭婦人所有事自堂及房男子所有事自
堂及門非其事處而哭猶野哭也出門
見人謂
迎賓也其無女主則男主拜女賓于寢門內
其無男主則女主拜男賓于阼階下子幼
則以衰抱之人爲之拜爲後者不在則有
爵者辭無爵者人爲之拜在竟內則俟之
在竟外則殯葬可也喪有無後無無主拜
者

禮記義五十三　十七　三宗

皆拜賓於位也爲後者有爵攝主
爲之辭於賓耳不敢當尊者禮也
䟽正義曰此一節明
小斂之後男主女
主迎送弔賓及拜賓之位又廣明喪主不在之義婦人質
故迎客送客不下堂　下堂不哭者敵者不下堂若有君
夫人弔則主婦下堂至庭稽顙而不哭也　男子出寢門
見人不哭者男子遭喪敵者來弔不出門若有君命則出
門亦不哭也故士喪禮君使人弔徹帷主人迎于寢門外
見賓不哭是也　其無女主則男主拜女賓于寢門內者
此以下明喪無主而使人攝者禮也若有主則使男主拜
男賓女主拜女賓若無女主者則男主拜女賓于寢門內
也　其無男主則女主拜男賓于阼階下者若無男主者
亦使女主拜男賓於阼階下位也鄉云女有下堂明謂此
也男拜女賓于門內少遠階下而猶不出門也　子幼則
以衰抱之人爲之拜者若有子雖幼小則以衰抱之爲主
而人代之拜賓也　爲後者不在者謂主出行不在而家
有喪則有爵者辭者謂不在家之主有官爵其攝主無官

爵則辭謝於賓云己無爵不敢拜賓　無爵者人爲之拜者謂不在之主無官爵其攝主之人而爲主拜賓也　在竟內則俟之者若主行近在國竟之內則俟其還乃殯葬也在竟外則殯葬可也者若主行在國外計不可待則殯殯後又不可待則葬可也　喪有無後無無主者釋所以必使人攝及其袁抱幼之義無後則己自絕嗣無闕於人故可無後也若無主則相對賓有闕故四鄰里尹主之是無得無主也

君之喪三日子夫人杖五日既殯授大夫世婦杖子大夫寢門之外杖寢門之內輯之夫人世婦在其次則杖即位則使人執之子有王命則去杖國君之命則輯杖聽卜有事於尸

禮記義五十三　十八　馬良甫

則去杖大夫於君所則輯杖於大夫所則杖　三日者死之後三日也爲君杖不同日人君禮大可以見親疏也輯斂也斂者謂舉之不以杖地也夫人世婦次於房中即位堂上近尸殯使人執杖不敢自持也子於國君之命輯杖下成君不敢敵之也卜卜葬卜日也凡喪祭虞而有尸大夫於君所輯杖謂與之俱即寢門外位也獨焉則杖君謂子也於大夫所杖俱爲君杖不相下也

大夫之喪三日之朝既殯主人主婦室老皆杖大夫有君命則去杖大夫之命則輯杖內子爲夫人之命去杖爲世婦之命授人杖　大夫有君命去杖此指大夫之子也而云大夫者通實大夫有父母之喪也授人杖與使

爵則辭謝於賓云己無爵不敢拜賓　無爵者人爲之拜者謂不在之主無官爵其攝主之人而爲主拜賓也　在竟內則俟之者若主行近在國竟之內則俟其還乃殯葬也在竟外則殯葬可也者若主行在國外計不可待則殯殯後又不可待則葬可也　喪有無後無無主者釋所以必使人攝及其袁抱幼之義無後則己自絕嗣無闕於人故可無後也若無主則相對賓有闕故四鄰里尹主之是無得無主也

君之喪三日子夫人杖五日既殯授大夫世婦杖子大夫寢門之外杖寢門之內輯之夫人世婦在其次則杖即位則使人執之子有王命則去杖國君之命則輯杖聽卜有事於尸

禮記義五十三　十八　馬良甫

則去杖大夫於君所則輯杖於大夫所則杖　三日者死之後三日也爲君杖不同日人君禮大可以見親疏也輯斂也斂者謂舉之不以杖地也夫人世婦次於房中即位堂上近尸殯使人執杖不敢自持也子於國君之命輯杖下成君不敢敵之也卜卜葬卜日也凡喪祭虞而有尸大夫於君所輯杖謂與之俱即寢門外位也獨焉則杖君謂子也於大夫所杖俱爲君杖不相下也

大夫之喪三日之朝既殯主人主婦室老皆杖大夫有君命則去杖大夫之命則輯杖內子爲夫人之命去杖爲世婦之命授人杖　大夫有君命去杖此指大夫之子也而云大夫者通實大夫有父母之喪也授人杖與使

足利本第五十三卷第十九葉

人執之同也 士之喪二日而殯三日之朝主人杖婦人皆杖於君命夫人之命如大夫於大夫世婦之命如大夫 士二日而殯者下大夫也士之禮死與往日生與來日此二日於死者亦得三日也婦人皆杖謂主婦容妾爲君女子子在室者 子皆杖不以即位 子謂凡庶子也不以即位與去杖同 大夫士哭殯則杖哭柩則輯杖 哭殯謂既塗也哭柩謂啓後也大夫士之子於父父也尊近哭殯可以杖天子諸侯之子於父父也君也尊遠杖不入廟門 弃杖者斷而弃之於隱者 杖以喪至尊爲人得而褻之

正義曰此一節廣明君及大夫士三日之後杖之節制各依文解之 子大夫寢門之外杖者子謂兼適庶及世子也寢門殯宮門也子大夫廬在寢門外得持杖柱地行以至寢門也 寢門之内輯之者斂之不柱地殯柩在門内神明所在故入門斂之不敢柱地也若庶子至寢門則去杖不得持入也此大夫與子同者謂大夫特來不與子相隨也若與子相隨子杖則大夫輯子輯則大夫去杖故下文云大夫於君所則輯杖是也 夫人世婦在其次則杖者次謂婦人居喪之地在房内則得持杖柱地也 即位則使人執之者婦人之位在堂堂上有殯若出房即位則不復自執但使人代執之自隨不柱地也 子有王命則去杖者子亦謂世子也世子若有天子之命對之則不敢杖故去之以尊王命也 國君之命則輯杖者國君若鄰國之君使人來弔雖爲敵國而世子自卑未敢比成君故自斂杖以敬彼君命也 聽卜有事於尸則去杖者聽卜謂卜葬卜日也有事於尸謂虞及卒哭祔祭事尸時也敬卜及尸故去杖也 大夫於君所則輯杖者君謂世子也若大夫與世子俱來在門

禮記義五十三 十九 應俊

潘本第五十三卷第十九葉

人執之同也 士之喪二日而殯三日之朝主人杖婦人皆杖於君命夫人之命如大夫於大夫世婦之命如大夫 士二日而殯者下大夫也士之禮死與往日生與來日此二日於死者亦得三日也婦人皆杖謂主婦容妾爲君女子子在室者 子皆杖不以即位 子謂凡庶子也不以即位與去杖同 大夫士哭殯則杖哭柩則輯杖 哭殯謂既塗也哭柩謂啓後也大夫士之子於父父也尊近哭殯可以杖天子諸侯之子於父父也君也尊遠杖不入廟門 弃杖者斷而弃之於隱者 杖以喪至尊爲人得而褻之

正義曰此一節廣明君及大夫士三日之後杖之節制各依文解之 子大夫寢門之外杖者子謂兼適庶及世子也寢門殯宮門也子大夫廬在寢門外得持杖柱地行以至寢門也 寢門之内輯之者斂之不柱地殯柩在門内神明所在故入門斂之不敢柱地也若庶子至寢門則去杖不得持入也此大夫與子同者謂大夫特來不與子相隨也若與子相隨子杖則大夫輯子輯則大夫去杖故下文云大夫於君所則輯杖是也 夫人世婦在其次則杖者次謂婦人居喪之地在房内則得持杖柱地也 即位則使人執之者婦人之位在堂堂上有殯若出房即位則不復自執但使人代執之自隨不柱地也 子有王命則去杖者子亦謂世子也世子若有天子之命對之則不敢杖故去之以尊王命也 國君之命則輯杖者國君若鄰國之君使人來弔雖爲敵國而世子自卑未敢比成君故自斂杖以敬彼君命也 聽卜有事於尸則去杖者聽卜謂卜葬卜日也有事於尸謂虞及卒哭祔祭事尸時也敬卜及尸故去杖也 大夫於君所則輯杖者君謂世子也若大夫與世子俱來在門

禮記義五十三 十九 應俊

足利本第五十三卷第二十葉

外位大夫則輯杖敬嗣君也　於大夫所則杖者大夫若
不與世子俱來而與諸大夫俱在門外位既同是爲君
杖無相敬下故並得杖柱地也　注三日至下也　正義
曰知死後三日者下文云士之喪二日而殯三日之朝主
人杖則知君大夫三日者與士同故知死後三日也云爲
君杖不同日人君禮大可以見親踈也者以下云大夫之
喪既殯主人主婦室老皆杖今君喪親踈杖不同日是人
君禮大可以見親踈也熊氏云經云子杖通女子在室者
若嫁爲他國夫人則不杖嫁爲卿大夫之妻與大夫同五
日杖也喪服四制七日授士杖君之女及內宗外宗之屬
嫁爲士妻及君之女御皆七日杖云夫人世婦次於房中者
謂西房也故上文云婦人髽帶麻于房中是也云即位堂
上者前文云夫人亦拜寄公夫人於堂上是即位堂上也
云卜葬卜日也者以經文卜在有事於尸之前虞而立
尸虞祭之前卜者唯卜葬日耳故知卜謂卜葬日也云凡
喪祭虞而有尸者檀弓云虞而立尸又士虞禮有尸是虞

禮記義五三　二十　李仁

有尸也云大夫於君所輯杖謂與之俱即寢門外位也者
以經云子大夫寢門之外杖故知是寢門外位若寢門內
位則君亦輯之大夫當去杖也云君謂子也者以經前云
子後云君嫌是別人故云君謂子也云於大夫所杖俱爲
君杖不相下也者謂大夫於大夫所是兩大夫相對故云
俱爲君不相降下也　大夫至人杖　正義曰此一節明
大夫杖節三日之朝既殯者謂死後三日既殯之後乃杖
也　主人主婦室老皆杖者應杖者三日悉杖也大夫有
君命則去杖者大夫即大夫嗣子也嗣子而云大夫者鄭
云通實大夫有父母之喪也對君命亦然也大夫及嗣子
有君命則去杖以敬之也大夫之命則輯杖者若嗣子對
彼大夫之使則斂杖以自卑下之也若兩大夫自相對則
不去杖敵無所下也　內子爲夫人之命去杖者內子卿
妻若卿大夫妻有夫及長子喪君夫人有命弔已者皆爲
夫人之命去杖也　爲世婦之命授人杖者若有君之世
婦命弔內子敬之則使人執杖以自隨也世婦卑於夫人

潘本第五十三卷第二十葉

外位大夫則輯杖敬嗣君也　於大夫所則杖者大夫若
不與世子俱來而與諸大夫俱在門外位既同是爲君
杖無相敬下故並得杖柱地也　注三日至下也　正義
曰知死後三日者下文云士之喪二日而殯三日之朝主
人杖則知君大夫三日者與士同故知死後三日也云爲
君杖不同日人君禮大可以見親踈也者以下云大夫之
喪既殯主人主婦室老皆杖今君喪親踈杖不同日是人
君禮大可以見親踈也熊氏云經云子杖通女子在室者
若嫁爲他國夫人則不杖嫁爲卿大夫之妻與大夫同五
日杖也喪服四制七日授士杖君之女及內宗外宗之屬
嫁爲士妻及君之女御皆七日杖云夫人世婦次於房中者
謂西房也故上文云婦人髽帶麻于房中是也云即位堂
上者前文云夫人亦拜寄公夫人於堂上是即位堂上也
云卜葬卜日也者以經文卜在有事於尸之前虞而立
尸虞祭之前卜者唯卜葬日耳故知卜謂卜葬日也云凡
喪祭虞而有尸者檀弓云虞而立尸又士虞禮有尸是虞

禮記義五三　二十　李仁

有尸也云大夫於君所輯杖謂與之俱即寢門外位也者
以經云子大夫寢門之外杖故知是寢門外位若寢門內
位則君亦輯之大夫當去杖也云君謂子也者以經前云
子後云君嫌是別人故云君謂子也云於大夫所杖俱爲
君杖不相下也者謂大夫於大夫所是兩大夫相對故云
俱爲君不相降下也　大夫至人杖　正義曰此一節明
大夫杖節三日之朝既殯者謂死後三日既殯之後乃杖
也　主人主婦室老皆杖者應杖者三日悉杖也大夫有
君命則去杖者大夫即大夫嗣子也嗣子而云大夫者鄭
云通實大夫有父母之喪也對君命亦然也大夫及嗣子
有君命則去杖以敬之也大夫之命則輯杖者若嗣子對
彼大夫之使則斂杖以自卑下之也若兩大夫自相對則
不去杖敵無所下也　內子爲夫人之命去杖者內子卿
妻若卿大夫妻有夫及長子喪君夫人有命弔已者皆爲
夫人之命去杖也　爲世婦之命授人杖者若有君之世
婦命弔內子敬之則使人執杖以自隨也世婦卑於夫人

足利本第五十三卷第二十一葉

隨而不去也經云大夫之喪不舉命婦而舉內子卿妻者舉內子則命婦可知也文相互也欲見卿喪與大夫同 注 通實大夫有父母之喪也 正義曰經云大夫之喪則其子非大夫也今云大夫有君命是謂子爲大夫經雖以子爲主兼通身實爲大夫有父母喪也 士之至大夫 正義曰此一節明士之杖節 二日而殯者除死日爲二日也 三日之朝者謂殯之明日是也 於君命夫人之命如大夫者謂士之子於君命其妻於夫人之命如大夫之禮君命夫人之命皆去杖 於大夫世婦之命如大夫者謂士之子於大夫之命其妻於世婦之命如大夫於大夫之禮大夫之命則輯杖世婦之命則授人杖也於大夫世婦之命如大夫定本如大夫作如夫人二字異義亦通 注 士二至室者 正義曰案前文大夫三日殯此士二日殯是降下大夫也云士之禮死與往日生與來日者殯是爲死者故數往日爲三日杖是爲生者故數來日爲三日云主婦容妾爲君女子子在室者前經大夫之喪云主

禮記義五十三　二十一　張摳

人主婦此士之喪直云婦人皆杖婦人是衆羣婦故知容妾爲君及女子子在室者也以其皆杖故也 子皆杖不以即位 正義曰皇氏云子謂大夫士之庶子也不以杖即位辟適子也所以知此是大夫士庶子者見下有大夫士適子哭殯哭柩惟此大夫士適子故知此是大夫士之庶子也然案鄭注此云子謂凡庶子也凡於貴賤則庶子是也容人君適子入門輯杖猶得即位庶子宜在門外之位去之故無即門內之位理也大夫士之適子則得哭殯哭柩如下所說其庶子則宜與人君之庶子同故並不得以杖即位也熊氏云此文承上君大夫士之喪下則此謂君大夫士之庶子故注云子謂凡庶子義亦通也 注 不以即位與去杖同 正義曰不以杖即位鄭恐人疑庶子雖不得以杖即位猶得輯之入門故明之也言與去杖同凡去杖者不復輯也 大夫士哭殯則杖哭柩則輯杖 正義曰大夫士謂大夫士之適子哭殯則杖者既攢塗之後於父父也其尊偪近故哭殯可以杖也哭柩則輯杖者謂將

潘本第五十三卷第二十一葉

隨而不去也經云大夫之喪不舉命婦而舉內子卿妻者舉內子則命婦可知也文相互也欲見卿喪與大夫同 注 通實大夫有父母之喪也 正義曰經云大夫之喪則其子非大夫也今云大夫有君命是謂子爲大夫經雖以子爲主兼通身實爲大夫有父母喪也 士之至大夫 正義曰此一節明士之杖節 二日而殯者除死日爲二日也 三日之朝者謂殯之明日是也 於君命夫人之命如大夫者謂士之子於君命其妻於夫人之命如大夫之禮君命夫人之命皆去杖 於大夫世婦之命如大夫者謂士之子於大夫之命其妻於世婦之命如大夫於大夫之禮大夫之命則輯杖世婦之命則授人杖也於大夫世婦之命如大夫定本如大夫作如夫人二字異義亦通 注 士二至室者 正義曰案前文大夫三日殯此士二日殯是降下大夫也云士之禮死與往日生與來日者殯是爲死者故數往日爲三日杖是爲生者故數來日爲三日云主婦容妾爲君女子子在室者前經大夫之喪云主

禮記義五十三　二十一　張摳

人主婦此士之喪直云婦人皆杖婦人是衆羣婦故知容妾爲君及女子子在室者也以其皆杖故也 子皆杖不以即位 正義曰皇氏云子謂大夫士之庶子也不以杖即位辟適子也所以知此是大夫士庶子者見下有大夫士適子哭殯哭柩惟此大夫士適子故知此是大夫士之庶子也然案鄭注此云子謂凡庶子也凡於貴賤則庶子是也容人君適子入門輯杖猶得即位庶子宜在門外之位去之故無即門內之位理也大夫士之適子則得哭殯哭柩如下所說其庶子則宜與人君之庶子同故並不得以杖即位也熊氏云此文承上君大夫士之喪下則此謂君大夫士之庶子故注云子謂凡庶子義亦通也 注 不以即位與去杖同 正義曰不以杖即位鄭恐人疑庶子雖不得以杖即位猶得輯之入門故明之也言與去杖同凡去杖者不復輯也 大夫士哭殯則杖哭柩則輯杖 正義曰大夫士謂大夫士之適子哭殯則杖者既攢塗之後於父父也其尊偪近故哭殯可以杖也哭柩則輯杖者謂將

足利本第五十三卷第二十二葉

葬既啓之後對柩爲尊則斂去其杖 注 哭殯至廟門

正義曰哭柩謂啓後也者啓謂將葬啓殯而出柩也知非未殯之前而哭柩者大夫士之喪未殯之前則未杖也云天子諸侯之子於父父也君也尊遠杖不入廟門者天子諸侯其尊廣遠廟門之内則去杖廟門謂殯宮之門柩之所在故云廟也 棄杖者斷而棄之於隱者 杖是喪至尊之服雖大祥棄之猶恐人褻慢斷之不堪他用棄於幽隱之處使不穢汙

始死遷尸于牀幠用斂衾去死衣小臣楔齒用角柶綴足用燕几君大夫士一也

牀謂所設牀第當牖者也士喪禮曰士死於適室幠用斂衾去死衣病時所加新衣及復衣也去之以俟沐浴

疏 正義曰此一節反明初死沐浴之節此經論初死之時下經論死後而沐浴前經論浴後設冰經文顛倒故鄭注前經云此事皆沐浴之後宜承濡濯棄於坎下令依鄭次隨文解之 遷尸于牀者尸初在地冀生氣復而既不生故更遷尸于牀而離初死處以近南當牖也即前所謂既正尸也 幠用斂衾者幠覆也斂衾者將擬大斂之時衾被也既遷尸在牀而用斂衾覆之也去死衣者既覆之故除去死時衣所加新衣及復衣爲尸將浴故也 小臣楔齒用角柶者楔柱也柶以角爲之長六寸兩頭曲屈爲將含恐口閉急故使小臣以柶柱張尸齒令開也 綴足用燕几者爲尸應著屨恐足辟戾亦使小臣用燕几綴拘之令直也案既夕禮云綴足用燕几校在南御者坐持之鄭注云尸南首几脛在南以拘足如鄭此言則側几於足令几脚南出以拘尸足兩邊不令辟戾崔氏云燕几今之燕几其形曲仰而拘足與鄭違其義非也 君大夫士一也者自始死至此貴賤同 注 牀謂所設牀第當牖者也 正義曰第牀簀也初廢牀時牀在北壁當户至復魄後遷之在牀而當牖南首所以死後必遷當牖南首者以平生寢卧之處故士昏禮同牢在奥又云御衽

禮記正義五十三　二三　葬信

潘本第五十三卷第二十二葉

葬既啓之後對柩爲尊則斂去其杖 注 哭殯至廟門

正義曰哭柩謂啓後也者啓謂將葬啓殯而出柩也知非未殯之前而哭柩者大夫士之喪未殯之前則未杖也云天子諸侯之子於父父也君也尊遠杖不入廟門者天子諸侯其尊廣遠廟門之内則去杖廟門謂殯宮之門柩之所在故云廟也 棄杖者斷而棄之於隱者 杖是喪至尊之服雖大祥棄之猶恐人褻慢斷之不堪他用棄於幽隱之處使不穢汙

始死遷尸于牀幠用斂衾去死衣小臣楔齒用角柶綴足用燕几君大夫士一也

牀謂所設牀第當牖者也士喪禮曰士死於適室幠用斂衾去死衣病時所加新衣及復衣也去之以俟沐浴

疏 正義曰此一節反明初死沐浴之節此經論初死之時下經論死後而沐浴前經論浴後設冰經文顛倒故鄭注前經云此事皆沐浴之後宜承濡濯棄於坎下令依鄭次隨文解之 遷尸于牀者尸初在地冀生氣復而既不生故更遷尸于牀而離初死處以近南當牖也即前所謂既正尸也 幠用斂衾者幠覆也斂衾者將擬大斂之時衾被也既遷尸在牀而用斂衾覆之也去死衣者既覆之故除去死時衣所加新衣及復衣爲尸將浴故也 小臣楔齒用角柶者楔柱也柶以角爲之長六寸兩頭曲屈爲將含恐口閉急故使小臣以柶柱張尸齒令開也 綴足用燕几者爲尸應著屨恐足辟戾亦使小臣用燕几綴拘之令直也案既夕禮云綴足用燕几校在南御者坐持之鄭注云尸南首几脛在南以拘足如鄭此言則側几於足令几脚南出以拘尸足兩邊不令辟戾崔氏云燕几今之燕几其形曲仰而拘足與鄭違其義非也 君大夫士一也者自始死至此貴賤同 注 牀謂所設牀第當牖者也 正義曰第牀簀也初廢牀時牀在北壁當户至復魄後遷之在牀而當牖南首所以死後必遷當牖南首者以平生寢卧之處故士昏禮同牢在奥又云御衽

禮記正義五十三　二三　葬信

足利本第五十三卷第二十三葉

于奧勝衽良席在東北止又曲禮云爲人子者居不主奧
是尊者常居之處若晝日常居則當户故玉藻云君子之
居恒當户若病時亦當户在北牖下取鄉明之義也故
鄭前注病者恒居北牖下明不病不恒居北牖下也 管
人汲不説繘屈之盡階不升堂授御者御
者入浴小臣四人抗衾御者二人浴浴水
用盆沃水用枓浴用絺巾挋用浴衣如它
日小臣爪足浴餘水棄于坎其母之喪則
内御者抗衾而浴 抗衾者蔽上重形也挋
拭也爪足斷足爪也 疏 正義
曰此一經明浴時也管人主館舍者故鄭注士喪禮管人
有司主館舍者汲謂汲水 不説繘屈之者繘汲水瓶索

禮記義五十三 二三

也遽促於事故不説去井索但縈屈執之於手中 盡階
不升堂者以水從西階而升盡不上堂知西階者以士喪
禮云爲埳于西牆下故知從西階而升也 浴水用盆者
用盆盛於浴水也 沃水用枓者用枓酌盆水沃尸熊氏
云用盤於牀下承浴水 浴用絺巾者絺是細葛除垢爲
易故用之也士喪禮云浴巾二皆用綌熊氏云此蓋人君
與大夫禮或可大夫上絺下綌故玉藻云浴用二巾上絺
下綌是也 挋用浴衣者挋拭也用生時浴衣拭尸肉令
燥也賀氏云以布作之生時有此也士喪禮云浴衣於篋
注云浴衣巳浴所衣之衣以布爲之其制如今通裁是也
如它日者它日謂平生尋常之日也 小臣爪足者尸
浴竟而小臣翦尸足之爪也 浴餘水棄于坎者浴盆餘
汁棄之於坎中坎者是甸人所掘於階間取土爲竈之坎
甸人主郊野之官 其母之喪則内御者抗衾而浴者内
外宜别故用内御舉衾也内御婦人亦
管人汲事事亦如前唯浴用人不同耳 管人汲授御

潘本第五十三卷第二十三葉

于奧勝衽良席在東北止又曲禮云爲人子者居不主奧
是尊者常居之處若晝日常居則當户故玉藻云君子之
居恒當户若病時亦當户在北牖下取鄉明之義也故
鄭前注病者恒居北牖下明不病不恒居北牖下也 管
人汲不説繘屈之盡階不升堂授御者御
者入浴小臣四人抗衾御者二人浴浴水
用盆沃水用枓浴用絺巾挋用浴衣如它
日小臣爪足浴餘水棄于坎其母之喪則
内御者抗衾而浴 抗衾者蔽上重形也挋
拭也爪足斷足爪也 疏 正義
曰此一經明浴時也管人主館舍者故鄭注士喪禮管人
有司主館舍者汲謂汲水 不説繘屈之者繘汲水瓶索

禮記義五十三 二三

也遽促於事故不説去井索但縈屈執之於手中 盡階
不升堂者以水從西階而升盡不上堂知西階者以士喪
禮云爲埳于西牆下故知從西階而升也 浴水用盆者
用盆盛於浴水也 沃水用枓者用枓酌盆水沃尸熊氏
云用盤於牀下承浴水 浴用絺巾者絺是細葛除垢爲
易故用之也士喪禮云浴巾二皆用綌熊氏云此蓋人君
與大夫禮或可大夫上絺下綌故玉藻云浴用二巾上絺
下綌是也 挋用浴衣者挋拭也用生時浴衣拭尸肉令
燥也賀氏云以布作之生時有此也士喪禮云浴衣於篋
注云浴衣巳浴所衣之衣以布爲之其制如今通裁是也
如它日者它日謂平生尋常之日也 小臣爪足者尸
浴竟而小臣翦尸足之爪也 浴餘水棄于坎者浴盆餘
汁棄之於坎中坎者是甸人所掘於階間取土爲竈之坎
甸人主郊野之官 其母之喪則内御者抗衾而浴者内
外宜别故用内御舉衾也内御婦人亦
管人汲事事亦如前唯浴用人不同耳 管人汲授御

者御者差沐于堂上君沐粱大夫沐稷士沐粱甸人爲垼于西牆下陶人出重鬲管人受沐乃煑之甸人取所徹廟之西北厞薪用爨之管人授御者沐乃沐沐用瓦盤挋用巾如它日小臣爪手翦須濡濯弃于坎差淅也淅飯米取其潘以爲沐也浴沃用枓沐於盤中文相變也士喪禮沐稻此云士沐粱蓋天子之士也以差率而上之天子沐黍與

【疏】正義曰此一節明沐也　管人汲授御者御者差沐于堂上者差謂淅米取其潘汁也　君沐粱大夫沐稷士沐粱者皆謂用其米取其汁而沐也　甸人爲垼于西牆下者謂將沐之時甸人之官爲垼于西牆下土役墼竈甸人具此爲役竈以煑沐汁　陶人出重鬲者陶人作瓦器之官也重鬲者謂縣重之罌也是瓦瓶受三升以沐米爲鬻實於瓶以疏布冪口繫以篾縣之覆以葦席　管人受沐乃煑之者淅於堂上管人亦升盡等不上堂而就御者受淅汁下往西牆於垼竈鬲中煑之也　甸人取所徹廟之西北厞薪用爨之者爨然也甸人爲竈竟又取復魄人所徹正寢西北厞以然竈煑沐汁也謂正寢爲廟神之也然舊云厞是屋簷也謂抽取屋西北簷也熊氏云厞謂西北隅厞隱之處徹取屋外當厞隱處薪義亦通也何取此薪而用者示主人已死此堂無復用故取之也　管人授御者沐者煑汁孰而管人又取以升階授堂上御者使沐也　乃沐者御者授汁入爲尸沐也　沐用瓦盤者盤貯沐汁就中沐也　挋用巾者用巾拭髮及面也　士喪禮云沐巾一又云挋用巾注云挋晞也清也　如它日者事事亦如平生也　小臣爪手翦須者沐竟而翦手爪又治須象平生也　濡濯棄于

禮記義五十三　二十四　鄭復

者御者差沐于堂上君沐粱大夫沐稷士沐粱甸人爲垼于西牆下陶人出重鬲管人受沐乃煑之甸人取所徹廟之西北厞薪用爨之管人授御者沐乃沐沐用瓦盤挋用巾如它日小臣爪手翦須濡濯弃于坎差淅也淅飯米取其潘以爲沐也浴沃用枓沐於盤中文相變也士喪禮沐稻此云士沐粱蓋天子之士也以差率而上之天子沐黍與

【疏】正義曰此一節明沐也　管人汲授御者御者差沐于堂上者差謂淅米取其潘汁也　君沐粱大夫沐稷士沐粱者皆謂用其米取其汁而沐也　甸人爲垼于西牆下者謂將沐之時甸人之官爲垼于西牆下土役墼竈甸人具此爲役竈以煑沐汁　陶人出重鬲者陶人作瓦器之官也重鬲者謂縣重之罌也是瓦瓶受三升以沐米爲鬻實於瓶以疏布冪口繫以篾縣之覆以葦席　管人受沐乃煑之者淅於堂上管人亦升盡等不上堂而就御者受淅汁下往西牆於垼竈鬲中煑之也　甸人取所徹廟之西北厞薪用爨之者爨然也甸人爲竈竟又取復魄人所徹正寢西北厞以然竈煑沐汁也謂正寢爲廟神之也然舊云厞是屋簷也謂抽取屋西北簷也熊氏云厞謂西北隅厞隱之處徹取屋外當厞隱處薪義亦通也何取此薪而用者示主人已死此堂無復用故取之也　管人授御者沐者煑汁孰而管人又取以升階授堂上御者使沐也　乃沐者御者授汁入爲尸沐也　沐用瓦盤者盤貯沐汁就中沐也　挋用巾者用巾拭髮及面也　士喪禮云沐巾一又云挋用巾注云挋晞也清也　如它日者事事亦如平生也　小臣爪手翦須者沐竟而翦手爪又治須象平生也　濡濯棄于

禮記義五十三　二十四　鄭復

足利本第五十三卷第二十五葉

坎者皇氏云濡謂煩撋其髮濯謂不淨之汁也言所濡濯
汁棄於坎中鄭注士喪禮云巾櫛浴衣亦并棄之其坎案
既夕禮云掘坎南順廣尺輪二尺深三尺南其壤此沐汁
棄於坎則浴汁亦然 注 差淅至黍與 正義曰差是差
摩故云淅詩云釋之叟叟是釋淅米也云取其潘以爲沐
也者士喪禮云受潘煑于垼用重鬲云浴沃用枓沐於盤
中文相變也者謂沐與浴俱有枓俱有盤浴云用枓沐云
用盤是文相變也云士喪禮沐稻此云士沐粱蓋天子之
士也者若士喪禮云是諸侯之士而沐稻今此云士沐粱
故疑天子之士也云以差率而上之天子沐黍與者案公
食大夫禮黍稷爲正饌稻粱爲加是稻粱卑於黍稷就稻
粱之内粱貴而稻賤是稻人所常種粱是穀中之美故下
曲禮云歲凶大夫不食粱故諸侯之士用稻天子之士用
粱黍稷相對稷雖爲重其味短故大夫用之黍則味美而
貴故特牲少牢爾黍于席以其味美故也詩頌云其饟伊
黍鄭注豐年之時雖賤者猶食黍是黍貴也故天子用之

禮記義五十三 二十五 王椿

無正文故疑
而云與也
君設大盤造冰焉大夫設夷盤
造冰焉士併瓦盤無冰設牀襢笫有枕含
一牀襲一牀遷尸于堂又一牀皆有枕席
君大夫士一也 此事皆沐浴之後宜承濡濯弃於
坎下禮爛脱在此耳造猶内也襢
笫袒簀也謂無席如浴時牀也禮自仲春之後尸旣襲旣
小斂先内冰盤中乃設牀於其上不施席而遷尸焉秋凉
而止士不用冰以瓦爲盤併以盛水耳漢禮大盤廣八尺
長丈二深三尺亦中夷盤小焉周禮天子夷盤士喪禮君
賜冰亦用夷盤然 疏 正義曰此一節明初死沐浴之節
則其制宜同之 造冰焉者謂造内其冰於盤中也
大夫設夷盤者夷盤小於大盤亦内冰焉 士併瓦盤
無冰者瓦盤飯小故併盤士卑故無冰 設牀襢笫者置

潘本第五十三卷第二十五葉

坎者皇氏云濡謂煩撋其髮濯謂不淨之汁也言所濡濯
汁棄於坎中鄭注士喪禮云巾櫛浴衣亦并棄之其坎案
既夕禮云掘坎南順廣尺輪二尺深三尺南其壤此沐汁
棄於坎則浴汁亦然 注 差淅至黍與 正義曰差是差
摩故云淅詩云釋之叟叟是釋淅米也云取其潘以爲沐
也者士喪禮云受潘煑于垼用重鬲云浴沃用枓沐於盤
中文相變也者謂沐與浴俱有枓俱有盤浴云用枓沐云
用盤是文相變也云士喪禮沐稻此云士沐粱蓋天子之
士也者若士喪禮云是諸侯之士而沐稻今此云士沐粱
故疑天子之士也云以差率而上之天子沐黍與者案公
食大夫禮黍稷爲正饌稻粱爲加是稻粱卑於黍稷就稻
粱之内粱貴而稻賤是稻人所常種粱是穀中之美故下
曲禮云歲凶大夫不食粱故諸侯之士用稻天子之士用
粱黍稷相對稷雖爲重其味短故大夫用之黍則味美而
貴故特牲少牢爾黍于席以其味美故也詩頌云其饟伊
黍鄭注豐年之時雖賤者猶食黍是黍貴也故天子用之

禮記義五十三 二十五 王椿

無正文故疑
而云與也
君設大盤造冰焉大夫設夷盤
造冰焉士併瓦盤無冰設牀襢笫有枕含
一牀襲一牀遷尸于堂又一牀皆有枕席
君大夫士一也 此事皆沐浴之後宜承濡濯弃於
坎下禮爛脱在此耳造猶内也襢
笫袒簀也謂無席如浴時牀也禮自仲春之後尸旣襲旣
小斂先内冰盤中乃設牀於其上不施席而遷尸焉秋凉
而止士不用冰以瓦爲盤併以盛水耳漢禮大盤廣八尺
長丈二深三尺亦中夷盤小焉周禮天子夷盤士喪禮君
賜冰亦用夷盤然 疏 正義曰此一節明初死沐浴之節
則其制宜同之 造冰焉者謂造内其冰於盤中也
大夫設夷盤者夷盤小於大盤亦内冰焉 士併瓦盤
無冰者瓦盤飯小故併盤士卑故無冰 設牀襢笫者置

氷於下設牀於上去席襢露第簀　有枕含一牀襲一牀遷尸于堂又一牀者言此三節各自有牀也　皆有枕席者唯含一時暫徹枕使面平故士喪禮云商祝徹枕設巾是也含竟而並有枕也而含襲及堂皆有席故鄭注士喪禮商祝襲衣於牀牀次含牀之東衽如初又注士喪禮設牀第于兩楹之間衽如初有枕云衽寢臥之席也亦下莞上簟是也　君大夫士一也者自設牀襢第至此以下貴賤同然也　注造猶至同之　正義曰造是造詣凡造詣者必入於內故云造猶內也云襢第袒簀也謂無席如浴時牀也者浴時無席爲漏水也設氷無席爲通寒氣也云禮自仲春之後尸既襲既小歛先內氷盤中者若人君仲春則用氷若命夫命婦則火出之後而用氷故昭四年左傳云獻羔而啓之公始用之謂仲春也又云火出而畢賦周禮凌人夏須氷是卿大夫以下三月以後而得用氷也云既襲既小歛者謂大夫士也既襲謂大夫也既小歛謂士也皆是死之明日若天子諸侯亦三日而設氷也在襲

禮記義五十三　二十六　李宗

歛之前也云夷盤小焉者謂小於大盤云周禮天子夷盤者案周禮凌人云大喪共夷槃氷是也但天子之夷槃即此之大盤也依尸而言則曰夷盤此云夷盤者據大夫所用對君大盤爲小云士喪禮君賜氷亦用夷盤者案士喪禮云士有氷用夷盤何不言君賜知君賜者諸侯之士既畢若無君賜何得用氷云其制宜同之者以天子夷盤此大夫云夷盤士喪禮又云夷盤三者俱有夷名是其制宜同但大小稍異也　**君之喪子大夫公子衆士皆三日不食子大夫公子食粥納財朝一溢米莫一溢米食之無筭士疏食水飲食之無筭夫人世婦諸妻皆疏食水飲食之無筭**　納財謂食穀也二十兩曰溢於粟米之法一溢爲米一升二十

氷於下設牀於上去席襢露第簀　有枕含一牀襲一牀遷尸于堂又一牀者言此三節各自有牀也　皆有枕席者唯含一時暫徹枕使面平故士喪禮云商祝徹枕設巾是也含竟而並有枕也而含襲及堂皆有席故鄭注士喪禮商祝襲衣於牀牀次含牀之東衽如初又注士喪禮設牀第于兩楹之間衽如初有枕云衽寢臥之席也亦下莞上簟是也　君大夫士一也者自設牀襢第至此以下貴賤同然也　注造猶至同之　正義曰造是造詣凡造詣者必入於內故云造猶內也云襢第袒簀也謂無席如浴時牀也者浴時無席爲漏水也設氷無席爲通寒氣也云禮自仲春之後尸既襲既小歛先內氷盤中者若人君仲春則用氷若命夫命婦則火出之後而用氷故昭四年左傳云獻羔而啓之公始用之謂仲春也又云火出而畢賦周禮凌人夏須氷是卿大夫以下三月以後而得用氷也云既襲既小歛者謂大夫士也既襲謂大夫也既小歛謂士也皆是死之明日若天子諸侯亦三日而設氷也在襲

禮記義五十三　二十六　王宗

歛之前也云夷盤小焉者謂小於大盤云周禮天子夷盤者案周禮凌人云大喪共夷槃氷是也但天子之夷槃即此之大盤也依尸而言則曰夷盤此云夷盤者據大夫所用對君大盤爲小云士喪禮君賜氷亦用夷盤者案士喪禮云士有氷用夷盤何不言君賜知君賜者諸侯之士既畢若無君賜何得用氷云其制宜同之者以天子夷盤此大夫云夷盤士喪禮又云夷盤三者俱有夷名是其制宜同但大小稍異也　**君之喪子大夫公子衆士皆三日不食子大夫公子食粥納財朝一溢米莫一溢米食之無筭士疏食水飲食之無筭夫人世婦諸妻皆疏食水飲食之無筭**　納財謂食穀也二十兩曰溢於粟米之法一溢爲米一升二十

四分升之一諸妻御妾也同言無筭則是皆一溢米或粥或飯

疏　正義曰此一節廣明除服君及大夫士食飲之節今各依文解之今此經特明君喪食之禮　納財者財謂穀也謂所食之米也言每日納用之米朝唯一溢米莫唯一溢米也　食之無筭者言居喪困病不能頓食隨須則食故云無筭　士疏食水飲者疏麤也食飯也士賤病輕故疏食麤米爲飯亦水爲飲　夫人世婦諸妻皆疏食水飲者婦人質弱恐食粥傷性故言疏食水飲也

注 納財至或飲　正義曰財謂穀也故大宰云以九賦斂財賄也注云財謂泉穀是穀爲財但米由穀出經已稱米故鄭云食穀必言納財者以一日之中或粥或飯雖作之無時不過朝夕二溢之米當須豫納其米故云納財也云一溢爲米一升二十四分升之一者案律歷志黃鐘之律其實一籥律歷志合籥爲合則二十四銖合重一兩十合爲一升升重十兩二十兩則米二升與此不同者但古秤有二法說左傳者云百二十斤爲石

禮記義五十三　二十七　鄭復

則一斗十二斤爲兩則一百九十二兩則一升爲十九兩有奇今一兩爲二十四銖則二十兩爲四百八十銖計十九兩有奇爲一升則揔有四百六十銖八絫以成四百八十銖唯有十九銖二絫在是爲米一升二十四分升之一此大略而言之云同言無筭則是皆一溢米或粥或飯者粥與疏食俱言無筭是疏食與粥者皆一溢米或粥謂食粥者或飯謂疏食也

大夫之喪主人室老子姓皆食粥衆士疏食水飲妻妾疏食水飲　室老其貴臣也衆士所謂衆臣

士亦如之　如其子食粥妻妾疏食水飲

疏　正義曰此經明大夫士禮也　室老子姓皆食粥者室老謂貴臣子姓謂孫也不云衆子者主人中兼之　衆士疏食者謂非室老也案喪服傳云卿大夫室老士貴臣其餘皆衆臣鄭注云士邑宰此不云者邑宰雖貴以其遠於君與衆臣同案檀弓主人主婦歠粥此大

四分升之一諸妻御妾也同言無筭則是皆一溢米或粥或飯

疏　正義曰此一節廣明除服君及大夫士食飲之節今各依文解之今此經特明君喪食之禮　納財者財謂穀也謂所食之米也言每日納用之米朝唯一溢米莫唯一溢米也　食之無筭者言居喪困病不能頓食隨須則食故云無筭　士疏食水飲者疏麤也食飯也士賤病輕故疏食麤米爲飯亦水爲飲　夫人世婦諸妻皆疏食水飲者婦人質弱恐食粥傷性故言疏食水飲也

注 納財至或飲　正義曰財謂穀也故大宰云以九賦斂財賄也注云財謂泉穀是穀爲財但米由穀出經已稱米故鄭云食穀必言納財者以一日之中或粥或飯雖作之無時不過朝夕二溢之米當須豫納其米故云納財也云一溢爲米一升二十四分升之一者案律歷志黃鐘之律其實一籥律歷志合籥爲合則二十四銖合重一兩十合爲一升升重十兩二十兩則米二升與此不同者但古秤有二法說左傳者云百二十斤爲石

禮記義五十三　二十七　鄭復

則一斗十二斤爲兩則一百九十二兩則一升爲十九兩有奇今一兩爲二十四銖則二十兩爲四百八十銖計十九兩有奇爲一升則揔有四百六十銖八絫以成四百八十銖唯有十九銖二絫在是爲米一升二十四分升之一此大略而言之云同言無筭則是皆一溢米或粥或飯者粥與疏食俱言無筭是疏食與粥者皆一溢米或粥謂食粥者或飯謂疏食也

大夫之喪主人室老子姓皆食粥衆士疏食水飲妻妾疏食水飲　室老其貴臣也衆士所謂衆臣

士亦如之　如其子食粥妻妾疏食水飲

疏　正義曰此經明大夫士禮也　室老子姓皆食粥者室老謂貴臣子姓謂孫也不云衆子者主人中兼之　衆士疏食者謂非室老也案喪服傳云卿大夫室老士貴臣其餘皆衆臣鄭注云士邑宰此不云者邑宰雖貴以其遠於君與衆臣同案檀弓主人主婦歠粥此大

人世婦妻皆疏食者熊氏云檀弓云主婦謂女主故食粥也既葬主人疏食水飲不食菜果婦人亦如之君大夫士一也練而食菜果祥而食肉果瓜桃之屬疏正義曰此一節明既葬至練祥君大夫士之食節也主人疏食水飲者熊氏云既葬哀殺可以疏食不復用一溢米也食粥於盛不盥食於篹者盥食菜以醯醬始食肉者先食乾肉始飲酒者先飲醴酒盛謂今時杯杅也篹竹筥也歠者不盥手飯者盥篹或作簨疏正義曰此一節明食之雜禮食粥於盛不盥者以其歠粥不用手故不盥食於篹者盥者篹謂竹筥飯盛於篹以手就篹取飯故盥也食菜以醯醬者謂練而食

菜果者食之時以醯醬也始食肉者先食乾肉始飲酒者先飲醴酒文承既祥之下謂祥後也然間傳曰父母之喪大祥有醯醬禫而飲醴酒二文不同又庾氏云蓋記者所聞之異大祥既鼓琴亦可食乾肉矣食菜用醯醬於情爲安且既祥食果則食醯醬無嫌矣熊氏云此據病而不能食者練而食醯醬祥而飲酒也期之喪三不食食疏食水飲不食菜果三月既葬食肉飲酒期終喪不食肉不飲酒父在爲母爲妻九月之喪食飲猶期之喪也食肉飲酒不與人樂之食肉飲酒亦謂既葬疏正義曰此一節論期與大功喪食之節也期之喪三不食者謂大夫士旁期之喪三不食者謂義服也其正服則二日不食也故間傳云齊衰二

潘本第五十三卷第二十八葉

人世婦妻皆疏食者熊氏云檀弓云主婦謂女主故食粥也既葬主人疏食水飲不食菜果婦人亦如之君大夫士一也練而食菜果祥而食肉果瓜桃之屬疏正義曰此一節明既葬至練祥君大夫士之食節也主人疏食水飲者熊氏云既葬哀殺可以疏食不復用一溢米也食粥於盛不盥食於篹者盥食菜以醯醬始食肉者先食乾肉始飲酒者先飲醴酒盛謂今時杯杅也篹竹筥也歠者不盥手飯者盥篹或作簨疏正義曰此一節明食之雜禮食粥於盛不盥者以其歠粥不用手故不盥食於篹者盥者篹謂竹筥飯盛於篹以手就篹取飯故盥也食菜以醯醬者謂練而食

禮記義五十三　二十八

菜果者食之時以醯醬也始食肉者先食乾肉始飲酒者先飲醴酒文承既祥之下謂祥後也然間傳曰父母之喪大祥有醯醬禫而飲醴酒二文不同又庾氏云蓋記者所聞之異大祥既鼓琴亦可食乾肉矣食菜用醯醬於情爲安且既祥食果則食醯醬無嫌矣熊氏云此據病而不能食者練而食醯醬祥而飲酒也期之喪三不食食疏食水飲不食菜果三月既葬食肉飲酒期終喪不食肉不飲酒父在爲母爲妻九月之喪食飲猶期之喪也食肉飲酒不與人樂之食肉飲酒亦謂既葬疏正義曰此一節論期與大功喪食之節也期之喪三不食者謂大夫士旁期之喪三不食者謂義服也其正服則二日不食也故間傳云齊衰二

足利本第五十三卷第二十九葉

日不食九月之喪食飲猶期之喪也者謂事同期也 五月三月之喪壹不
食再不食可也比葬食肉飲酒不與人樂
之叔母世母故主宗子食肉飲酒義服恩輕也故主謂
舊君也言故主者關大夫君也不能食粥羹之以菜可也謂性不能者可
食飯菜羹有疾食肉飲酒可也爲其氣微五十不成
喪成猶備也所不能備謂不致毀不散送之屬也七十唯衰麻在身言其
餘居處飲食與吉時同也 跡 正義曰此一經明五月三月喪食之節壹不食再不食可也者壹不食謂緦
麻再不食謂小功并言之也容殤降之緦麻再不食義服小功壹不食故揔以壹不食再不食結之故間傳云小功
禮記義五十三 二十九
緦麻再不食殤降者也 注 故主至君也 正義曰若是諸侯當云舊君主者大夫之稱經云故主故知關大夫君也
注 謂不致毀不散送之屬也 正義曰致毀謂致極哀毀散送謂經帶垂散麻以送葬故雜記云五十不致毀玉藻云
五十不散送注云送喪不散麻 既葬若君食之則食之大夫
父之友食之則食之矣不辟粱肉若有酒
醴則辭尊者之前可以食美也變於顏色亦不可 跡 正義曰此一經明已有喪既葬尊者
賜食之禮葬後情殺可從尊者奪也 君食之謂君食臣也大夫謂大夫食士也父友謂父同志者也其人並尊若
命食孝子則可從之食也 不辟粱肉者粱粱米也雖以粱米之飯及肉命食孝子食之 若有酒醴則辭者若酒
醴飲之則變見顏色故辭而不飲也 小斂於户內大斂於阼君以

潘本第五十三卷第二十九葉

日不食九月之喪食飲猶期之喪也者謂事同期也 五月三月之喪壹不
食再不食可也比葬食肉飲酒不與人樂
之叔母世母故主宗子食肉飲酒義服恩輕也故主謂
舊君也言故主者關大夫君也不能食粥羹之以菜可也謂性不能者可
食飯菜羹有疾食肉飲酒可也爲其氣微五十不成
喪成猶備也所不能備謂不致毀不散送之屬也七十唯衰麻在身言其
餘居處飲食與吉時同也 跡 正義曰此一經明五月三月喪食之節壹不食再不食可也者壹不食謂緦
麻再不食謂小功并言之也容殤降之緦麻再不食義服小功壹不食故揔以壹不食再不食結之故間傳云小功
禮記義五十三 二十九
緦麻再不食殤降者也 注 故主至君也 正義曰若是諸侯當云舊君主者大夫之稱經云故主故知關大夫君也
注 謂不致毀不散送之屬也 正義曰致毀謂致極哀毀散送謂經帶垂散麻以送葬故雜記云五十不致毀玉藻云
五十不散送注云送喪不散麻 既葬若君食之則食之大夫
父之友食之則食之矣不辟粱肉若有酒
醴則辭尊者之前可以食美也變於顏色亦不可 跡 正義曰此一經明已有喪既葬尊者
賜食之禮葬後情殺可從尊者奪也 君食之謂君食臣也大夫謂大夫食士也父友謂父同志者也其人並尊若
命食孝子則可從之食也 不辟粱肉者粱粱米也雖以粱米之飯及肉命食孝子食之 若有酒醴則辭者若酒
醴飲之則變見顏色故辭而不飲也 小斂於户內大斂於阼君以

足利本第五十三卷第三十葉

簟席大夫以蒲席士以葦席簟細葦席也三者下皆有莞䟽正義曰此一節明君大夫士小斂大斂所用之席也士以葦席與君同者士卑不嫌故得與君同用簟也注三者下皆有莞 正義曰知下皆有莞者案士喪禮記云設牀當牖下莞上簟士喪經云布席于户内下莞上簟謂小斂席也大斂云布席如初注云亦下莞上簟如士始死至大斂用席皆同也士尚有莞則知君及大夫皆有莞也但此大夫辟君上席以蒲也若吉禮祭祀則蒲在莞下故司几筵諸侯祭祀席蒲筵繢純加莞席紛純與此異也

小斂布絞縮者一横者三君錦衾大夫縞衾士緇衾皆一衣十有九稱君陳衣于序東大夫士陳衣于房中皆西領北上絞紟不在列絞既斂所用束堅之者縮從也衣十有九稱法天地之終數也士喪禮小斂陳衣於房中南領西上則大夫異今此同亦蓋天子之士也絞紟不在列以其不成稱不連數也小斂無紟因絞不在列見之也或曰縮者二䟽正義曰此以下至絺綌紵不入廣明君大夫士小斂大斂及襚所用之衣并所陳之處各隨文解之此一經明小斂之衣 布絞縮者一横者三者以布爲絞縮從也謂從者一幅豎置於尸下横者三幅亦在尸下從者在横者之上每幅之末析爲三片以結束爲便也 君錦衾大夫縞衾士緇衾皆一者謂大夫士等各用一衾故云皆一舒衾於此絞上 衣十有九稱者君大夫士同用十九稱衣布於衾上然後舉尸於衣上屈衣裹又屈衾裹之然後以絞束之 君陳衣于序東大夫士陳衣于房中者謂將小斂陳衣也房中者東房也大夫士上唯有東房故也 絞紟不在列者謂不在十九稱之列不入數也小斂未有紟因絞不在列而言紟耳注衣

禮記正義五十三　三十　余甯

潘本第五十三卷第三十葉

簟席大夫以蒲席士以葦席簟細葦席也三者下皆有莞䟽正義曰此一節明君大夫士小斂大斂所用之席也士以葦席與君同者士卑不嫌故得與君同用簟也注三者下皆有莞 正義曰知下皆有莞者案士喪禮記云設牀當牖下莞上簟士喪經云布席于户内下莞上簟謂小斂席也大斂云布席如初注云亦下莞上簟如士始死至大斂用席皆同也士尚有莞則知君及大夫皆有莞也但此大夫辟君上席以蒲也若吉禮祭祀則蒲在莞下故司几筵諸侯祭祀席蒲筵繢純加莞席紛純與此異也

小斂布絞縮者一横者三君錦衾大夫縞衾士緇衾皆一衣十有九稱君陳衣于序東大夫士陳衣于房中皆西領北上絞紟不在列絞既斂所用束堅之者縮從也衣十有九稱法天地之終數也士喪禮小斂陳衣於房中南領西上則大夫異今此同亦蓋天子之士也絞紟不在列以其不成稱不連數也小斂無紟因絞不在列見之也或曰縮者二䟽正義曰此以下至絺綌紵不入廣明君大夫士小斂大斂及襚所用之衣并所陳之處各隨文解之此一經明小斂之衣 布絞縮者一横者三者以布爲絞縮從也謂從者一幅豎置於尸下横者三幅亦在尸下從者在横者之上每幅之末析爲三片以結束爲便也 君錦衾大夫縞衾士緇衾皆一者謂大夫士等各用一衾故云皆一舒衾於此絞上 衣十有九稱者君大夫士同用十九稱衣布於衾上然後舉尸於衣上屈衣裹又屈衾裹之然後以絞束之 君陳衣于序東大夫士陳衣于房中者謂將小斂陳衣也房中者東房也大夫士上唯有東房故也 絞紟不在列者謂不在十九稱之列不入數也小斂未有紟因絞不在列而言紟耳注衣

禮記正義五十三　三十　余甯

十至之也　正義曰衣十有九稱法天地之終數者案易繫辭云天一地二天三地四天五地六天七地八天九地十天數終於九也地數終於十也人既終故云以天地終數斂衣之也云亦蓋天子之士者以前文士沐粱與士喪禮不同已云此蓋天子之士此經陳衣與士喪禮衣不同故云亦蓋天子之士也云以其不成稱不連數也者上衣下裳相對故爲成稱絞紟非衣故云不成稱經云不在列鄭恐令不布列故云不連數謂不連爲十九稱之列其實亦布陳也云小斂無紟者以下文大斂始云布紟今此經直云布絞故知無紟也

禮記正義卷第五十三

禮記義五十三　三十一　金彦

十至之也　正義曰衣十有九稱法天地之終數者案易繫辭云天一地二天三地四天五地六天七地八天九地十天數終於九也地數終於十也人既終故云以天地終數斂衣之也云亦蓋天子之士者以前文士沐粱與士喪禮不同已云此蓋天子之士此經陳衣與士喪禮衣不同故云亦蓋天子之士也云以其不成稱不連數也者上衣下裳相對故爲成稱絞紟非衣故云不成稱經云不在列鄭恐令不布列故云不連數謂不連爲十九稱之列其實亦布陳也云小斂無紟者以下文大斂始云布紟今此經直云布絞故知無紟也

禮記正義卷第五十三

禮記義五十三　三十一　金彦

禮記正義卷第五十四

國子祭酒上護軍曲阜縣開國子臣孔穎達等奉

勑撰

大斂布絞縮者三橫者五布紟二衾君大夫士一也君陳衣于庭百稱北領西上大夫陳衣于序東五十稱西領南上士陳衣于序東三十稱西領南上絞紟如朝服絞一幅爲三不辟紟五幅無紞二衾者或覆之或薦之如朝服者謂布精麤朝服十五升小斂之絞也廣終幅析其末以爲堅之強也大斂之絞一幅三析用之以爲堅之急也紞以組類爲之綴之領側若今被識矣生時禪被有識死者去之異於生也士喪禮大斂亦陳衣於房中南領西上與大夫異今此又同亦蓋天子之士紞或爲點

禮記義五十四　三示

疏正義曰此一節明大斂之事 大斂布絞縮者三者謂取布一幅分裂之作三片直用之三片即共是一幅也兩頭裂中央不通 橫者五者又取布二幅分裂之作六片而用五片橫之於縮下也 布紟者皇氏云紟禪被也取置絞束之下擬用以舉尸也孝經云衣衾而舉之是也今案經云紟在絞後紟或當在絞上以絞束之且君衣百稱又通小斂與襲之衣非單紟所能舉也又孝經云衾不云紟皇氏之說未善也 二衾者小斂君大夫士各一衾今至大斂又各加一衾爲二衾其衾所用與小斂同但此衾一是始死覆尸者故士喪禮云幠用衾斂注大斂所并用之衾一是大斂時復制又注士喪禮云衾二者始死斂衾今又復制士

足利本第五十四卷第一葉

禮記正義卷第五十四

國子祭酒上護軍曲阜縣開國子臣孔穎達等奉

勑撰

大斂布絞縮者三橫者五布紟二衾君大夫士一也君陳衣于庭百稱北領西上大夫陳衣于序東五十稱西領南上士陳衣于序東三十稱西領南上絞紟如朝服絞一幅爲三不辟紟五幅無紞二衾者或覆之或薦之如朝服者謂布精麤朝服十五升小斂之絞也廣終幅析其末以爲堅之強也大斂之絞一幅三析用之以爲堅之急也紞以組類爲之綴之領側若今被識矣生時禪被有識死者去之異於生也士喪禮大斂亦陳衣於房中南領西上與大夫異今此又同亦蓋天子之士紞或爲點

禮記義五十四　三示

疏正義曰此一節明大斂之事 大斂布絞縮者三者謂取布一幅分裂之作三片直用之三片即共是一幅也兩頭裂中央不通 橫者五者又取布二幅分裂之作六片而用五片橫之於縮下也 布紟者皇氏云紟禪被也取置絞束之下擬用以舉尸也孝經云衣衾而舉之是也今案經云紟在絞後紟或當在絞上以絞束之且君衣百稱又通小斂與襲之衣非單紟所能舉也又孝經云衾不云紟皇氏之說未善也 二衾者小斂君大夫士各一衾今至大斂又各加一衾爲二衾其衾所用與小斂同但此衾一是始死覆尸者故士喪禮云幠用斂衾注大斂所并用之衾一是大斂時復制又注士喪禮云衾二者始死斂衾今又復制士

潘本第五十四卷第一葉

足利本第五十四卷第二葉

旣然則大夫以上亦耳　君陳衣于庭百稱者衣多故
陳在庭爲榮顯案鄭注雜記篇以爲襲禮大夫五諸侯
七上公九天子十二稱則此大斂天子當百二十稱上
公九十稱侯伯子男七十稱今云君百稱者據上公舉
全數而言之餘可知也或大斂襲五等同百稱也　北領
者謂尸在堂也　西上者由西階取之便也　大夫士陳
衣于序東西領南上異於小斂北上者小斂衣少統於尸
故北上大斂衣多故南上取之便也　絞紟如朝服者言
絞之與紟二者皆以布精麤皆如朝服俱十五升也　絞
一幅爲三者謂以一幅之布分爲三段　不辟者辟擘也
言小斂絞全幅析裂其末爲三而大斂之絞旣小不復擘
裂其末但古字假借讀辟爲擘也　紟五幅無紞者紟舉
尸之禪被也紞謂緣飾爲識所以組類綴邊爲識今無識
異於生也　注二衾至之士　正義曰朝服十五升者雜
記文云以爲堅之強也者解小斂用全幅布爲絞欲得堅
束力強以衣少故用全幅云以爲堅之急也者解大斂一

禮記義五十四　二　鄭復

幅分爲三片之意凡物細則束縛牢急以衣多故須急也
云紞以組類爲之者組之般類其制多種故云組類云綴
之領側若今被識矣者領爲被頭側謂被旁識謂記識言
綴此組類於領及側如今被之記識引士喪禮以陳衣於
房中與大夫異今此士陳衣與大夫同故云今此又同亦蓋天子之士　小斂之衣祭服
不倒尊祭服也斂者要方散衣有倒　君無禭大夫士畢主人
之祭服親戚之衣受之不以即陳無禭者不陳不以斂
小斂君大夫士皆用複衣複衾大斂君大
夫士祭服無筭君褶衣褶衾大夫士猶小
斂也褶袷也君衣尚多去其著也　疏　正義曰祭服不倒者祭服謂
死者所得用祭服以上也小

潘本第五十四卷第二葉

旣然則大夫以上亦耳　君陳衣于庭百稱者衣多故
陳在庭爲榮顯案鄭注雜記篇以爲襲禮大夫五諸侯
七上公九天子十二稱則此大斂天子當百二十稱上
公九十稱侯伯子男七十稱今云君百稱者據上公舉
全數而言之餘可知也或大斂襲五等同百稱也　北領
者謂尸在堂也　西上者由西階取之便也　大夫士陳
衣于序東西領南上異於小斂北上者小斂衣少統於尸
故北上大斂衣多故南上取之便也　絞紟如朝服者言
絞之與紟二者皆以布精麤皆如朝服俱十五升也　絞
一幅爲三者謂以一幅之布分爲三段　不辟者辟擘也
言小斂絞全幅析裂其末爲三而大斂之絞旣小不復擘
裂其末但古字假借讀辟爲擘也　紟五幅無紞者紟舉
尸之禪被也紞謂緣飾爲識所以組類綴邊爲識今無識
異於生也　注二衾至之士　正義曰朝服十五升者雜
記文云以爲堅之強也者解小斂用全幅布爲絞欲得堅
束力強以衣少故用全幅云以爲堅之急也者解大斂一

禮記義五十四　二　鄭復

幅分爲三片之意凡物細則束縛牢急以衣多故須急也
云紞以組類爲之者組之般類其制多種故云組類云綴
之領側若今被識矣者領爲被頭側謂被旁識謂記識言
綴此組類於領及側如今被之記識引士喪禮以陳衣於
房中與大夫異今此士陳衣與大夫同故云今此又同亦蓋天子之士　小斂之衣祭服
不倒尊祭服也斂者要方散衣有倒　君無禭大夫士畢主人
之祭服親戚之衣受之不以即陳無禭者不陳不以斂
小斂君大夫士皆用複衣複衾大斂君大
夫士祭服無筭君褶衣褶衾大夫士猶小
斂也褶袷也君衣尚多去其著也　疏　正義曰祭服不倒者祭服謂
死者所得用祭服以上也小

足利本第五十四卷第三葉

斂十九稱不悉著之但用裹尸要取其方而衣有倒領在足間者唯祭服尊雖散不著而領不倒在足也　君無襚者國君陳衣及斂悉宜用己衣不得陳用他人見襚送者　大夫士畢主人之祭服者降於君也大夫士小斂則先畢盡用己正服後乃用賓客襚者也盧云畢盡也小斂盡主人衣美者乃用賓客襚衣之美者欲以美之故言祭服也　親戚之衣受之不以即陳者若親屬有衣相送受之而不以即陳列也士喪禮鄭注云大功以上有同財之義襚之不將命自即陳於房中小功以下及同姓皆將命　注無襚者不陳不以斂　正義曰如皇氏之意臣有致襚於君之禮故少儀云臣致襚於君但君不陳不以斂熊氏云君無襚大夫士謂小斂之時君不合以衣襚大夫士雖有君襚不陳不以斂故云無襚大夫士至大斂則得用君襚故士喪禮大斂時云君襚祭服不倒其義俱通故兩存焉　祭服無筭　正義曰筭數也大斂之時所有祭服皆用之無限數也　注褶袷至著也　正義曰君衣尚多去

禮記義五十四　三　文宗

其著也者經云大夫士猶小斂則複衣複衾也據主人之衣故用複若襚亦得用袷也故士喪禮云襚以褶是也

袍必有表不禪衣必有裳謂之一稱　袍褻衣必有以表之乃成稱也雜記曰子羔之襲繭衣裳與稅衣纁袡爲一是也論語曰當暑袗絺綌必表而出之亦爲其褻也

疏　正義曰袍必有表不禪者袍是褻衣必須在上有衣以表之不使禪露乃成稱也　注袍褻至褻也　正義曰引雜記者證子羔之襲有袍繭衣上加稅衣爲表乃成稱引論語者證衣上加表死則冬夏並用袍上並加表熊氏云褻衣所用尊卑不同士襲而用褻衣故士喪禮陳襲事爵弁服皮弁服褖衣注云褖所以表袍者是襲有袍士喪禮小斂云祭服次散衣次注云褖衣以下袍繭之屬是小斂有袍士喪禮又大斂散衣是亦有袍若大夫襲亦有袍案雜記云子羔之襲繭衣裳是也斂則必用正服不用褻衣故檀弓云季康子之母死陳褻衣注云將以斂

潘本第五十四卷第三葉

斂十九稱不悉著之但用裹尸要取其方而衣有倒領在足間者唯祭服尊雖散不著而領不倒在足也　君無襚者國君陳衣及斂悉宜用己衣不得陳用他人見襚送者　大夫士畢主人之祭服者降於君也大夫士小斂則先畢盡用己正服後乃用賓客襚者也盧云畢盡也小斂盡主人衣美者乃用賓客襚衣之美者欲以美之故言祭服也　親戚之衣受之不以即陳者若親屬有衣相送受之而不以即陳列也士喪禮鄭注云大功以上有同財之義襚之不將命自即陳於房中小功以下及同姓皆將命　注無襚者不陳不以斂　正義曰如皇氏之意臣有致襚於君之禮故少儀云臣致襚於君但君不陳不以斂熊氏云君無襚大夫士謂小斂之時君不合以衣襚大夫士雖有君襚不陳不以斂故云無襚大夫士至大斂則得用君襚故士喪禮大斂時云君襚祭服不倒其義俱通故兩存焉　祭服無筭　正義曰筭數也大斂之時所有祭服皆用之無限數也　注褶袷至著也　正義曰君衣尚多去

禮記義五十四　三　文宗

其著也者經云大夫士猶小斂則複衣複衾也據主人之衣故用複若襚亦得用袷也故士喪禮云襚以褶是也

袍必有表不禪衣必有裳謂之一稱　袍褻衣必有以表之乃成稱也雜記曰子羔之襲繭衣裳與稅衣纁袡爲一是也論語曰當暑袗絺綌必表而出之亦爲其褻也

疏　正義曰袍必有表不禪者袍是褻衣必須在上有衣以表之不使禪露乃成稱也　注袍褻至褻也　正義曰引雜記者證子羔之襲有袍繭衣上加稅衣爲表乃成稱引論語者證衣上加表死則冬夏並用袍上並加表熊氏云褻衣所用尊卑不同士襲而用褻衣故士喪禮陳襲事爵弁服皮弁服褖衣注云褖所以表袍者是襲有袍士喪禮小斂云祭服次散衣次注云褖衣以下袍繭之屬是小斂有袍士喪禮又大斂散衣是亦有袍若大夫襲亦有袍案雜記云子羔之襲繭衣裳是也斂則必用正服不用褻衣故檀弓云季康子之母死陳褻衣注云將以斂

足利本第五十四卷第四葉

敬姜曰將有四方之賔來褻衣何爲陳於斯命徹之若公
則襲及大小斂皆不用褻衣知者案雜記云公襲無袍繭
襲輕尚無則大小斂無可知也 凡陳衣者實之篋取衣者亦以
篋升降者自西階 取猶受也 凡陳衣不詘非列
采不入絺綌紵不入 不屈謂舒而不卷也列采謂正服之色也絺綌紵者當暑
之褻衣也襲尸重形冬夏用袍及斂則用正服 疏 正義曰陳衣不詘者謂舒而不卷也 非列采不入者列
采謂五方正色之采非列采謂雜色也不入陳之也 絺綌紵不入者絺是細葛綌是麤葛紵是紵布此褻衣故不
入陳也 注 襲尸至正服 正義曰如熊氏之意此謂大夫以下若公則襲亦不用袍 凡斂者袒
遷尸者襲 袒者於事便也 君之喪大胥是斂衆胥

禮記正義五十四 四 陳頤

佐之大夫之喪大胥侍之衆胥是斂士之
喪胥爲侍士是斂 胥樂官也不掌喪事胥當爲祝字之誤也侍猶臨也大祝之職
大喪賛斂喪祝卿大夫之喪掌斂士喪禮商祝主斂 疏 正義曰此一節明斂之所用之人有袒有襲之法
凡斂者袒者凡斂謂執大小斂事也事多故袒爲便也
遷尸者襲者謂大斂於地乃遷尸入棺之屬事少故襲也
君之喪者此明人君斂用人之法 大胥是斂者大祝
是接神者故使之執斂事也是猶執也衆胥佐之者衆祝
喪祝也衆祝賤故副佐於大祝也 大夫之喪大胥侍之者
大祝猶君之大祝也侍猶臨也君尊故大祝親執斂大夫
卑故大祝臨之 衆胥是斂者衆祝周禮喪祝卑故親執
斂也庾云侍者臨檢之也大夫言侍則君亦應有侍者未
知何人也 士之喪胥爲侍者胥亦喪祝也士卑故祝臨
之 士是斂者士之朋友來助斂也士喪禮云士舉遷尸

潘本第五十四卷第四葉

敬姜曰將有四方之賔來褻衣何爲陳於斯命徹之若公
則襲及大小斂皆不用褻衣知者案雜記云公襲無袍繭
襲輕尚無則大小斂無可知也 凡陳衣者實之篋取衣者亦以
篋升降者自西階 取猶受也 凡陳衣不詘非列
采不入絺綌紵不入 不屈謂舒而不卷也列采謂正服之色也絺綌紵者當暑
之褻衣也襲尸重形冬夏用袍及斂則用正服 疏 正義曰陳衣不詘者謂舒而不卷也 非列采不入者列
采謂五方正色之采非列采謂雜色也不入陳之也 絺綌紵不入者絺是細葛綌是麤葛紵是紵布此褻衣故不
入陳也 注 襲尸至正服 正義曰如熊氏之意此謂大夫以下若公則襲亦不用袍 凡斂者袒
遷尸者襲 袒者於事便也 君之喪大胥是斂衆胥

禮記正義五十四 四 陳頤

佐之大夫之喪大胥侍之衆胥是斂士之
喪胥爲侍士是斂 胥樂官也不掌喪事胥當爲祝字之誤也侍猶臨也大祝之職
大喪賛斂喪祝卿大夫之喪掌斂士喪禮商祝主斂 疏 正義曰此一節明斂之所用之人有袒有襲之法
凡斂者袒者凡斂謂執大小斂事也事多故袒爲便也
遷尸者襲者謂大斂於地乃遷尸入棺之屬事少故襲也
君之喪者此明人君斂用人之法 大胥是斂者大祝
是接神者故使之執斂事也是猶執也衆胥佐之者衆祝
喪祝也衆祝賤故副佐於大祝也 大夫之喪大胥侍之者
大祝猶君之大祝也侍猶臨也君尊故大祝親執斂大夫
卑故大祝臨之 衆胥是斂者衆祝周禮喪祝卑故親執
斂也庾云侍者臨檢之也大夫言侍則君亦應有侍者未
知何人也 士之喪胥爲侍者胥亦喪祝也士卑故祝臨
之 士是斂者士之朋友來助斂也士喪禮云士舉遷尸

足利本第五十四卷第五葉

是也 注胥當至主斂 正義曰知胥當爲祝者以胥爲樂官不掌斂事故引大祝大喪贊斂及喪祝卿大夫之喪掌斂并引士喪禮商祝主斂明諸祝主斂也故引此文以證之商祝者案士喪禮注云商祝祝習商禮者商人教之以敬於接神宜也

小斂大斂祭服不倒皆左衽結絞不紐 左衽衽鄉左反生時也 疏 正義曰此一節明斂衣之法 小斂大斂祭服不倒者大斂亦不倒前已言小斂不倒此又言小斂者爲下諸事出也 皆左衽者大斂小斂同然故云皆也衽衣襟也生鄉右左手解抽帶便也死則襟鄉左示不復解也 結絞不紐者生時帶並爲屈紐使易抽解若死則無復解義故絞束畢結之不爲細也

斂者既斂必哭士與其執事則斂斂焉則爲之壹不食凡斂者六人 斂者必使所與執事者不欲妄人褻之 執或爲埶 疏 正義曰斂者即謂大祝衆祝之屬也既斂是斂竟也斂竟必皆哭也所以然者以其與亡者或臣舊或有恩今手爲執事專心則增感故哭也 士與其執事則斂者釋前士是斂義也與執事謂平生曾與亡者共執事今與喪所則助斂也所以須生經共執事死乃爲斂者若不經共執事則褻惡之故不使斂也 斂焉則爲之壹不食者生經有恩今又爲之斂爲之廢壹食也 凡斂者六人者凡者貴賤同也兩邊各三人故用六人

君錦冒黼殺綴旁七大夫玄冒黼殺綴旁五士緇冒赬殺綴旁三凡冒質長與手齊殺三尺自小斂以往用夷衾夷衾質殺之裁猶冒也 冒者既襲所以韜尸重形也殺冒之下帬韜足上行者也小斂又覆

潘本第五十四卷第五葉

是也 注胥當至主斂 正義曰知胥當爲祝者以胥爲樂官不掌斂事故引大祝大喪贊斂及喪祝卿大夫之喪掌斂并引士喪禮商祝主斂明諸祝主斂也故引此文以證之商祝者案士喪禮注云商祝祝習商禮者商人教之以敬於接神宜也

小斂大斂祭服不倒皆左衽結絞不紐 左衽衽鄉左反生時也 疏 正義曰此一節明斂衣之法 小斂大斂祭服不倒者大斂亦不倒前已言小斂不倒此又言小斂者爲下諸事出也 皆左衽者大斂小斂同然故云皆也衽衣襟也生鄉右左手解抽帶便也死則襟鄉左示不復解也 結絞不紐者生時帶並爲屈紐使易抽解若死則無復解義故絞束畢結之不爲細也

斂者既斂必哭士與其執事則斂斂焉則爲之壹不食凡斂者六人 斂者必使所與執事者不欲妄人褻之 執或爲埶 疏 正義曰斂者即謂大祝衆祝之屬也既斂是斂竟也斂竟必皆哭也所以然者以其與亡者或臣舊或有恩今手爲執事專心則增感故哭也 士與其執事則斂者釋前士是斂義也與執事謂平生曾與亡者共執事今與喪所則助斂也所以須生經共執事死乃爲斂者若不經共執事則褻惡之故不使斂也 斂焉則爲之壹不食者生經有恩今又爲之斂爲之廢壹食也 凡斂者六人者凡者貴賤同也兩邊各三人故用六人

君錦冒黼殺綴旁七大夫玄冒黼殺綴旁五士緇冒赬殺綴旁三凡冒質長與手齊殺三尺自小斂以往用夷衾夷衾質殺之裁猶冒也 冒者既襲所以韜尸重形也殺冒之下帬韜足上行者也小斂又覆

禮記正義五十四 五 翁祐

足利本第五十四卷第六葉

以夷衾裁猶制也字或爲材【疏】正義曰此一經明尊卑冒制　君錦冒黼殺者冒謂襲後小斂前所用以韜尸也冒有質殺者作兩囊每輒橫縫合一頭又縫連一邊餘一邊不縫兩囊皆然也上者曰質下者曰殺君質用錦殺用黼故云錦冒黼殺也故鄭注士喪禮云冒韜尸者制如直囊上曰質下曰殺質正也其用之先以殺韜足而上後以質韜首而下　綴旁七者不縫之邊上下安七帶綴以結之故云綴旁七也　大夫玄冒黼殺綴旁五士緇冒赬殺綴旁三者尊卑之差也鄭注士喪禮云上玄下纁象天地也以此推之士赬殺則君大夫畫殺爲斧文也又鄭云象天地則大夫以上無疑有象也　凡冒質長與手齊者凡謂貴賤冒通名也言冒之質從頭韜來至下長短與手相齊也　殺三尺者殺從足韜上長三尺　自小斂以往用夷衾者往猶後也小斂前有冒故不用夷衾自小斂後衣多不可用冒故用夷衾覆之也士喪禮云幠用夷衾覆尸柩之衾也　夷衾質殺之裁猶冒也者裁猶制也

言夷衾所用上齊於手下三尺所用繒色及長短制度如冒之質殺也但不復爲囊及旁綴也熊氏分質字屬上殺字屬下爲句其義非也然始死幠用斂衾是大斂之衾自小斂以前覆尸至小斂時君錦衾大夫縞衾士緇衾用之小斂斂訖別制夷衾以覆之其小斂以前所用大斂之衾者小斂以後停而不用至將大斂及陳衣又更制一衾主用大斂也所謂大斂二衾者其夷衾至大斂時所用無文當應摠入大斂衣內併斂之也

君將大斂子弁絰即位于序端卿大夫即位于堂廉楹西北面東上父兄堂下北面夫人命婦尸西東面外宗房中南面小臣鋪席商祝鋪絞紟衾衣士盥于盤上士舉遷尸于斂

潘本第五十四卷第六葉

以夷衾裁猶制也字或爲材【疏】正義曰此一經明尊卑冒制　君錦冒黼殺者冒謂襲後小斂前所用以韜尸也冒有質殺者作兩囊每輒橫縫合一頭又縫連一邊餘一邊不縫兩囊皆然也上者曰質下者曰殺君質用錦殺用黼故云錦冒黼殺也故鄭注士喪禮云冒韜尸者制如直囊上曰質下曰殺質正也其用之先以殺韜足而上後以質韜首而下　綴旁七者不縫之邊上下安七帶綴以結之故云綴旁七也　大夫玄冒黼殺綴旁五士緇冒赬殺綴旁三者尊卑之差也鄭注士喪禮云上玄下纁象天地也以此推之士赬殺則君大夫畫殺爲斧文也又鄭云象天地則大夫以上無疑有象也　凡冒質長與手齊者凡謂貴賤冒通名也言冒之質從頭韜來至下長短與手相齊也　殺三尺者殺從足韜上長三尺　自小斂以往用夷衾者往猶後也小斂前有冒故不用夷衾自小斂後衣多不可用冒故用夷衾覆之也士喪禮云幠用夷衾覆尸柩之衾也　夷衾質殺之裁猶冒也者裁猶制也

禮記疏五十四　六

言夷衾所用上齊於手下三尺所用繒色及長短制度如冒之質殺也但不復爲囊及旁綴也熊氏分質字屬上殺字屬下爲句其義非也然始死幠用斂衾是大斂之衾自小斂以前覆尸至小斂時君錦衾大夫縞衾士緇衾用之小斂斂訖別制夷衾以覆之其小斂以前所用大斂之衾者小斂以後停而不用至將大斂及陳衣又更制一衾主用大斂也所謂大斂二衾者其夷衾至大斂時所用無文當應摠入大斂衣內併斂之也

君將大斂子弁絰即位于序端卿大夫即位于堂廉楹西北面東上父兄堂下北面夫人命婦尸西東面外宗房中南面小臣鋪席商祝鋪絞紟衾衣士盥于盤上士舉遷尸于斂

上卒斂宰告子馮之踊夫人東面亦如之

子弁絰者未成服弁如爵弁而素大夫之喪子亦弁絰

疏 正義曰此一經明君大斂時節也 子弁絰即位于序端者序謂東序端謂序之南頭也 卿大夫即位于堂廉楹西者卿大夫謂羣臣也堂廉謂堂基南畔廉稜之上楹謂南近堂廉者子位既在東序端故羣臣列於基上東楹之西也案隱義云堂廉即堂上近南霤為廉也北面東上者在基上俱北面東頭為上也子在東尸在阼階故在基者以東為上也 父兄堂下北面者謂諸父諸兄不仕者以其賤故在堂下而鄉北以東為上也若士則亦在堂下 外宗房中南面者外宗君之姑姊妹之女及姨舅之女也輕故在房中而鄉南也皇氏云當在西房以東為上也今謂尸在阼夫人命婦在尸西此外宗等當在東房 小臣鋪席者謂下莞上簟敷於阼階上供大斂也士喪禮云布席如初注云亦下莞上簟也鋪於阼階上於

禮記義五十四　七　蔣仲

堂南北為少南 商祝鋪絞紟衾衣者商祝亦是周禮喪祝也其鋪絞紟衾衣等致于小臣所鋪席上以待尸 士盥于盤上者士亦喪祝之屬也周禮喪祝上士二人中士四人下士八人是將應舉尸故先盥手于盤上也雜記云士盥于盤北是也 士舉遷尸于斂上者斂上即斂處也 卒斂者大斂衣裳畢也 宰告者大宰也斂畢大宰告孝子道斂畢也 子馮之踊者孝子待得告乃馮尸而起踊 夫人東面亦如之者亦馮尸而踊鄉者夫人命婦俱東鄉於尸西今獨云夫人馮者命婦賤不得馮也馮竟乃斂於棺

注 子弁至弁絰 正義曰成服則著喪冠也此云弁絰是未成服此雖以大斂為文其小斂時子亦弁絰君大夫士之子皆然故雜記云小斂環絰公大夫士一也云弁如爵弁而素者巳具於下檀弓疏云大夫之喪子亦弁絰者案雜記云大夫與殯亦弁絰與他殯事尚弁絰明自為父母弁絰可知其士則素冠故武叔小斂投冠是諸侯大夫與天子士同

大夫之喪將大

上卒斂宰告子馮之踊夫人東面亦如之

子弁絰者未成服弁如爵弁而素大夫之喪子亦弁絰

疏 正義曰此一經明君大斂時節也 子弁絰即位于序端者序謂東序端謂序之南頭也 卿大夫即位于堂廉楹西者卿大夫謂羣臣也堂廉謂堂基南畔廉稜之上楹謂南近堂廉者子位既在東序端故羣臣列於基上東楹之西也案隱義云堂廉即堂上近南霤為廉也北面東上者在基上俱北面東頭為上也子在東尸在阼階故在基者以東為上也 父兄堂下北面者謂諸父諸兄不仕者以其賤故在堂下而鄉北以東為上也若士則亦在堂下 外宗房中南面者外宗君之姑姊妹之女及姨舅之女也輕故在房中而鄉南也皇氏云當在西房以東為上也今謂尸在阼夫人命婦在尸西此外宗等當在東房 小臣鋪席者謂下莞上簟敷於阼階上供大斂也士喪禮云布席如初注云亦下莞上簟也鋪於阼階上於

禮記義五十四　七　蔣仲

堂南北為少南 商祝鋪絞紟衾衣者商祝亦是周禮喪祝也其鋪絞紟衾衣等致于小臣所鋪席上以待尸 士盥于盤上者士亦喪祝之屬也周禮喪祝上士二人中士四人下士八人是將應舉尸故先盥手于盤上也雜記云士盥于盤北是也 士舉遷尸于斂上者斂上即斂處也 卒斂者大斂衣裳畢也 宰告者大宰也斂畢大宰告孝子道斂畢也 子馮之踊者孝子待得告乃馮尸而起踊 夫人東面亦如之者亦馮尸而踊鄉者夫人命婦俱東鄉於尸西今獨云夫人馮者命婦賤不得馮也馮竟乃斂於棺

注 子弁至弁絰 正義曰成服則著喪冠也此云弁絰是未成服此雖以大斂為文其小斂時子亦弁絰君大夫士之子皆然故雜記云小斂環絰公大夫士一也云弁如爵弁而素者巳具於下檀弓疏云大夫之喪子亦弁絰者案雜記云大夫與殯亦弁絰與他殯事尚弁絰明自為父母弁絰可知其士則素冠故武叔小斂投冠是諸侯大夫與天子士同

大夫之喪將大

足利本第五十四卷第八葉

斂既鋪絞紟衾衣君至主人迎先入門右巫止于門外君釋菜祝先入升堂君即位于序端卿大夫即位于堂廉楹西北面東上主人房外南面主婦尸西東面遷尸卒斂宰告主人降北面于堂下君撫之主人拜稽顙君降升主人馮之命主婦馮之

先入右者入門而右也巫止者君行必與巫巫主辟凶邪也釋菜禮門神也必禮門神者禮君非問疾弔喪不入諸臣之家也主人房外南面大夫之子尊得升視斂也

【疏】正義曰此一經明大夫大斂節也 主人迎者主人適子也聞君至而出門迎君也 先入門右者右門內東邊也適子出門迎君望見馬首不哭不拜而先還入門右北面以待君至也士喪禮云見馬首不哭還入門右北面注云不哭厭於君不敢伸其私恩也 巫止于門外者君臨臣喪巫祝桃茢以辟邪氣今至主人門恐主人惡之故止巫于門外也士喪禮云巫止于廟門外祝代之巫止祝代具在檀弓疏也 君釋菜者鄭云釋菜禮門神也禮君非問疾弔喪不入諸臣之家故禮門神而入也 祝先入升堂者巫止而祝代入故先於君而入門升自阼階也祝以其事接通鬼神者也 君即位于序端者君隨祝後而升堂即位於東序之端阼階上之東是適子臨斂處也士喪禮云君升自阼階西鄉 主人房外南面者主人鄉者在門右君升則主人亦升立君之北東房之外面鄉南俱欲視斂也 遷尸者鄉鋪絞紟衾衣而君至今列位畢故舉尸于鋪衣上也 宰告者亦告主人道斂畢也 主人降北面于堂下者主人得告斂畢事竟故降西階堂下而鄉北

禮記義五十四　八　主宗

潘本第五十四卷第八葉

斂既鋪絞紟衾衣君至主人迎先入門右巫止于門外君釋菜祝先入升堂君即位于序端卿大夫即位于堂廉楹西北面東上主人房外南面主婦尸西東面遷尸卒斂宰告主人降北面于堂下君撫之主人拜稽顙君降升主人馮之命主婦馮之

先入右者入門而右也巫止者君行必與巫巫主辟凶邪也釋菜禮門神也必禮門神者禮君非問疾弔喪不入諸臣之家也主人房外南面大夫之子尊得升視斂也

【疏】正義曰此一經明大夫大斂節也 主人迎者主人適子也聞君至而出門迎君也 先入門右者右門內東邊也適子出門迎君望見馬首不哭不拜而先還入門右北面以待君至也士喪禮云見馬首不哭還入門右北面注云不哭厭於君不敢伸其私恩也 巫止于門外者君臨臣喪巫祝桃茢以辟邪氣今至主人門恐主人惡之故止巫于門外也士喪禮云巫止于廟門外祝代之巫止祝代具在檀弓疏也 君釋菜者鄭云釋菜禮門神也禮君非問疾弔喪不入諸臣之家故禮門神而入也 祝先入升堂者巫止而祝代入故先於君而入門升自阼階也祝以其事接通鬼神者也 君即位于序端者君隨祝後而升堂即位於東序之端阼階上之東是適子臨斂處也士喪禮云君升自阼階西鄉 主人房外南面者主人鄉者在門右君升則主人亦升立君之北東房之外面鄉南俱欲視斂也 遷尸者鄉鋪絞紟衾衣而君至今列位畢故舉尸于鋪衣上也 宰告者亦告主人道斂畢也 主人降北面于堂下者主人得告斂畢事竟故降西階堂下而鄉北

禮記義五十四　八　主宗

足利本第五十四卷第九葉

立待君也、君撫之者君臣情重方爲分異故斂竟而君以手撫案尸與之別也 主人拜稽顙者主人在堂下鄉北見君撫尸故拜稽顙以禮君之恩 君降者君撫尸畢而下堂也 外主人馮之者君馮之巳畢降堂而主人外還馮尸也外主人者君命外之也主人外降皆西階也士喪禮云主人中庭君坐撫當心主人拜稽顙君降西鄉命主人馮尸主人外自西階由足西面馮尸不當君所 命主婦馮之者君亦又命主婦馮尸也 注 巫止至斂也 正義曰所以巫止者禮敬主人故不用將巫入對尸柩云君非問疾弔喪不入諸臣之家者禮運文也 云大夫之子尊得外視斂也者以士喪禮其子不得外今大夫之子將斂之時在房外南面故云大夫之子尊得外視斂也

士之喪將大斂君不在其餘禮猶大夫也 其餘謂卿大夫及主婦之位 疏 正義曰此一節明士斂之節士喪畢無恩君不視斂故云君不在也 其餘禮猶大夫也者謂鋪衣列位男女之儀事悉如大夫也若有大夫來而君在位則卿大夫位亦在堂廉近西也士喪禮云君外主人主人西楹東北面升公卿大夫繼主人東上案彼意則在主人西也

鋪絞紟踊鋪衾踊鋪衣踊遷尸踊斂衣踊斂衾踊斂絞紟踊 目孝子踊節 疏 正義曰此一經明孝子貴賤踊節也

君撫大夫撫內命婦大夫撫室老撫姪娣 撫以手按之也內命婦君之世婦

君大夫馮父母妻長子不馮庶子士馮父母妻長子庶子庶子有子則父母不馮其尸凡馮尸者父母先妻子後 目於其親新馮也馮謂扶

禮記義五十四　九　鄭復

潘本第五十四卷第九葉

立待君也 君撫之者君臣情重方爲分異故斂竟而君以手撫案尸與之別也 主人拜稽顙者主人在堂下鄉北見君撫尸故拜稽顙以禮君之恩 君降者君撫尸畢而下堂也 外主人馮之者君馮之巳畢降堂而主人外還馮尸也外主人者君命外之也主人外降皆西階也士喪禮云主人中庭君坐撫當心主人拜稽顙君降西鄉命主人馮尸主人外自西階由足西面馮尸不當君所 命主婦馮之者君亦又命主婦馮尸也 注 巫止至斂也 正義曰所以巫止者禮敬主人故不用將巫入對尸柩云君非問疾弔喪不入諸臣之家者禮運文也 云大夫之子尊得外視斂也者以士喪禮其子不得外今大夫之子將斂之時在房外南面故云大夫之子尊得外視斂也

士之喪將大斂君不在其餘禮猶大夫也 其餘謂卿大夫及主婦之位 疏 正義曰此一節明士斂之節士喪畢無恩君不視斂故云君不在也 其餘禮猶大夫也者謂鋪衣列位男女之儀事悉如大夫也若有大夫來而君在位則卿大夫位亦在堂廉近西也士喪禮云君外主人主人西楹東北面升公卿大夫繼主人東上案彼意則在主人西也

鋪絞紟踊鋪衾踊鋪衣踊遷尸踊斂衣踊斂衾踊斂絞紟踊 目孝子踊節 疏 正義曰此一經明孝子貴賤踊節也

君撫大夫撫內命婦大夫撫室老撫姪娣 撫以手按之也內命婦君之世婦

君大夫馮父母妻長子不馮庶子士馮父母妻長子庶子庶子有子則父母不馮其尸凡馮尸者父母先妻子後 目於其親所馮也馮謂扶

禮記義五十四　九　鄭復

足利本第五十四卷第十葉

持服膺君於臣撫之父母於子執之子於父母
馮之婦於舅姑奉之舅姑於婦撫之妻於
夫拘之夫於妻於昆弟執之此恩之深淺尊卑之儀也馮之
類必當心馮尸不當君所不敢與尊者所馮同處凡馮尸興必
踊悲哀之至馮尸必坐【疏】正義曰此一節明撫尸及馮尸之節君撫大夫者大夫貴故自撫之
撫內命婦者命婦君之世婦撫內命婦則不撫賤者可知也大夫撫室老撫姪娣者大夫以室老爲貴臣以姪娣爲
貴妻死則爲之服故並撫之也既撫姪娣則賤妾不撫也君大夫馮父母妻長子者君及大夫雖尊而自主此四
人喪故同馮之馮父母撫妻子而并云馮通言耳不馮庶子者賤故不得也士馮父母妻長子庶〻者士賤故所

禮記義五十四　十　吴宗

馮及庶子也庶子有子則父母不馮其尸者庶子若有子則父母亦不馮前所馮之庶子是無子者也然君大夫
之庶子雖無子並不得馮也凡馮尸者父母先妻子後者凡主人也父母妻子謂尸之父母妻子也父母尊故馮
尸在先妻子卑故馮尸在後君於臣撫 者此以下目恩深淺尊卑馮撫之異也君尊但以手撫案尸心身不服
膺也盧云賤者略也父母於子執之者盧云執當心上衣也子於父母馮之者謂服膺心上也婦於舅姑奉
之者盧云尊故捧當心上衣也舅姑於婦撫之者亦手案尸心與君爲臣同也妻於夫拘之者盧云拘輕於馮
重於執也庾云拘者微引心上衣也賀云拘其衣衾領之交也夫於妻於昆弟執之者爲妻及自爲兄弟但執之
盧無別釋而賀云夫於妻執其心上衣也於兄弟亦執心上衣馮尸不當君所者所猶處也假令君已馮心則餘
入馮者不敢當君所馮之處則宜少辟之凡馮尸興必踊者凡者貴賤同然也馮尸竟則起但馮必哀殞故起必

潘本第五十四卷第十葉

持服膺君於臣撫之父母於子執之子於父母
馮之婦於舅姑奉之舅姑於婦撫之妻於
夫拘之夫於妻於昆弟執之此恩之深淺尊卑之儀也馮之
類必當心馮尸不當君所不敢與尊者所馮同處凡馮尸興必
踊悲哀之至馮尸必坐【疏】正義曰此一節明撫尸及馮尸之節君撫大夫者大夫貴故自撫之
撫內命婦者命婦君之世婦撫內命婦則不撫賤者可知也大夫撫室老撫姪娣者大夫以室老爲貴臣以姪娣爲
貴妻死則爲之服故並撫之也既撫姪娣則賤妾不撫也君大夫馮父母妻長子者君及大夫雖尊而自主此四
人喪故同馮之馮父母撫妻子而并云馮通言耳不馮庶子者賤故不得也士馮父母妻長子庶子者士賤故所

禮記義五十四　十　吴宗

馮及庶子也庶子有子則父母不馮其尸者庶子若有子則父母亦不馮前所馮之庶子是無子者也然君大夫
之庶子雖無子並不得馮也凡馮尸者父母先妻子後者凡主人也父母妻子謂尸之父母妻子也父母尊故馮
尸在先妻子卑故馮尸在後君於臣撫之者此以下目恩深淺尊卑馮撫之異也君尊但以手撫案尸心身不服
膺也盧云賤者略也父母於子執之者盧云執當心上衣也子於父母馮之者謂服膺心上也婦於舅姑奉
之者盧云尊故捧當心上衣也舅姑於婦撫之者亦手案尸心與君爲臣同也妻於夫拘之者盧云拘輕於馮
重於執也庾云拘者微引心上衣也賀云拘其衣衾領之交也夫於妻於昆弟執之者爲妻及自爲兄弟但執之
盧無別釋而賀云夫於妻執其心上衣也於兄弟亦執心上衣馮尸不當君所者所猶處也假令君已馮心則餘
入馮者不敢當君所馮之處則宜少辟之凡馮尸興必踊者凡者貴賤同然也馮尸竟則起但馮必哀殞故起必

足利本第五十四卷第十一葉

踊泄之也 注 目於其親所馮也 正義曰目於其親謂死者之親馮尸也夕毋先謂死者父母妻子後是死者之妻子故云目於其親所馮謂題目所馮之人 注 此恩至當心 正義曰馮者爲重奉次之拘次之執次之尊者則馮奉卑者則撫執執雖輕於撫而恩深故君於臣撫父母於子執是兼有尊卑深淺云馮之類必當心者士喪禮君坐撫當心此下云馮尸不敢當君所明君不撫得當君所也

父母之喪居倚廬不塗寢苫枕凷非喪事不言君爲廬宮之大夫士禬之

宮謂圍障之也禬袒也謂不障 疏 正義曰自此以下至兄不次於弟明君大夫士遭喪斬衰齊衰大功等居廬及堊室至祥禫以來降殺之節各依文解之此一經論初遭喪君大夫士居廬之禮 居倚廬者謂於中門之外東牆下倚木爲廬故云居倚廬 不塗者但以草夾障不以泥塗之也 寢苫枕凷者謂孝子居於廬中寢卧於苫頭枕於凷 非喪事不言者志在悲哀若非喪事口不言説 君爲廬宮之者謂廬外以帷障之如宮牆 大夫士禬之者禬袒也其廬袒露不帷障也案既夕禮注云倚木爲廬在中門外東方北戶定本無枕凷字唯有寢苫二字

禮記義五十四　十一　王楷

既葬柱楣塗廬不於顯者君大夫士皆宮之

不於顯者不塗見面 疏 正義曰既葬柱楣者既葬情殺故柱楣稍舉以納日光又以泥塗辟風寒 不於顯者言塗廬不塗廬外顯處 君大夫士皆宮之者 以大夫士既葬故得皆宮之

凡非適子者自未葬以於隱者爲廬

不欲人屬目蓋廬於東南角既葬猶然 疏 正義曰凡非適子謂庶子也 自未葬以於隱者爲廬者既非喪主不欲人所屬目故於東南角隱映處爲廬經雖云未葬其實葬竟亦然也

既葬與人立君

潘本第五十四卷第十一葉

踊泄之也 注 目於其親所馮也 正義曰目於其親謂死者之親馮尸也夕毋先謂死者父母妻子後是死者之妻子故云目於其親所馮謂題目所馮之人 注 此恩至當心 正義曰馮者爲重奉次之拘次之執次之尊者則馮奉卑者則撫執執雖輕於撫而恩深故君於臣撫父母於子執是兼有尊卑深淺云馮之類必當心者士喪禮君坐撫當心此下云馮尸不敢當君所明君不撫得當君所也

父母之喪居倚廬不塗寢苫枕凷非喪事不言君爲廬宮之大夫士禬之

宮謂圍障之也禬袒也謂不障 疏 正義曰自此以下至兄不次於弟明君大夫士遭喪斬衰齊衰大功等居廬及堊室至祥禫以來降殺之節各依文解之此一經論初遭喪君大夫士居廬之禮 居倚廬者謂於中門之外東牆下倚木爲廬故云居倚廬 不塗者但以草夾障不以泥塗之也 寢苫枕凷者謂孝子居於廬中寢卧於苫頭枕於凷 非喪事不言者志在悲哀若非喪事口不言説 君爲廬宮之者謂廬外以帷障之如宮牆 大夫士禬之者禬袒也其廬袒露不帷障也案既夕禮注云倚木爲廬在中門外東方北戶定本無枕凷字唯有寢苫二字

禮記義五十四　十一　王楷

既葬柱楣塗廬不於顯者君大夫士皆宮之

不於顯者不塗見面 疏 正義曰既葬柱楣者既葬情殺故柱楣稍舉以納日光又以泥塗辟風寒 不於顯者言塗廬不塗廬外顯處 君大夫士皆宮之者 以大夫士既葬故得皆宮之

凡非適子者自未葬以於隱者爲廬

不欲人屬目蓋廬於東南角既葬猶然 疏 正義曰凡非適子謂庶子也 自未葬以於隱者爲廬者既非喪主不欲人所屬目故於東南角隱映處爲廬經雖云未葬其實葬竟亦然也

既葬與人立君

足利本第五十四卷第十二葉

言王事不言國事大夫士言公事不言家
事此常禮也 疏 正義曰此一經明居喪常禮　既葬與人立者未葬不與人並立既葬後可與人並
立也猶不羣耳　君言王事不言國事者君諸侯也王天子
也既可並立則諸侯可得言於天子之事而猶不自私言
己國事也　大夫士言公事不言家事者公君也大夫士
葬後亦得言君事而未可言私事也 注 此常禮也　正
義曰庾氏云案曾子問三年之喪練不羣立不旅行此言
既葬而與人立得爲常禮者鄭以下經君既葬王政入於
國既卒哭而服王事是權禮故以此經不言國事及不言
家事大判爲常禮也且曾子問據無事之時故不羣立不
旅行此有事須言故與人立也君既葬王政入於國既卒哭而
服王事大夫士既葬公政入於家既卒哭

禮記義五十四　十二　吴志

弁絰帶金革之事無辟也此權禮也弁絰帶者變喪服而弔服輕可
以即事也 疏 正義曰此一經是權禮也若值國家有事孝子不得遵恒禮故從權事此云既葬謂葬竟
未卒哭也　王政入於國者謂王政令之事入於己國也
既卒哭而服王事者謂身出爲王服金革之事也庾云
謂此言君既葬王政便入國侯卒哭乃身服王事前云君
言王事謂言荅所訪逮而已王政未入於國也　大夫士
既葬公政入於家者亦權事也謂國之政令入大夫家也
既卒哭弁絰帶金革之事無辟也者此謂服國事也弁
絰帶者弔服也言卒哭則有弔服今有事不得服已變服
而服弔服以從金革之事無所辟也變服重弔服輕故從
戎便也此與君互也此言服弁絰則國君亦弁絰國君言
服王事則此亦服國事也但君尊不言奪服耳然此云弁
絰帶弁絰謂弔服帶謂喪服要絰明雖弔服而有要絰異
凡弔也 注 此權禮也　正義曰案曾子問云金革之事

潘本第五十四卷第十二葉

言王事不言國事大夫士言公事不言家
事此常禮也 疏 正義曰此一經明居喪常禮　既葬與人立者未葬不與人並立既葬後可與人並
立也猶不羣耳　君言王事不言國事者君諸侯也王天子
也既可並立則諸侯可得言於天子之事而猶不自私言
己國事也　大夫士言公事不言家事者公君也大夫士
葬後亦得言君事而未可言私事也 注 此常禮也　正
義曰庾氏云案曾子問三年之喪練不羣立不旅行此言
既葬而與人立得爲常禮者鄭以下經君既葬王政入於
國既卒哭而服王事是權禮故以此經不言國事及不言
家事大判爲常禮也且曾子問據無事之時故不羣立不
旅行此有事須言故與人立也君既葬王政入於國既卒哭而
服王事大夫士既葬公政入於家既卒哭

禮記義五十四　十二　吴志

弁絰帶金革之事無辟也此權禮也弁絰帶者變喪服而弔服輕可
以即事也 疏 正義曰此一經是權禮也若值國家有事孝子不得遵恒禮故從權事此云既葬謂葬竟
未卒哭也　王政入於國者謂王政令之事入於己國也
既卒哭而服王事者謂身出爲王服金革之事也庾云
謂此言君既葬王政便入國侯卒哭乃身服王事前云君
言王事謂言荅所訪逮而已王政未入於國也　大夫士
既葬公政入於家者亦權事也謂國之政令入大夫家也
既卒哭弁絰帶金革之事無辟也者此謂服國事也弁
絰帶者弔服也言卒哭則有弔服今有事不得服已變服
而服弔服以從金革之事無所辟也變服重弔服輕故從
戎便也此與君互也此言服弁絰則國君亦弁絰國君言
服王事則此亦服國事也但君尊不言奪服耳然此云弁
絰帶弁絰謂弔服帶謂喪服要絰明雖弔服而有要絰異
凡弔也 注 此權禮也　正義曰案曾子問云金革之事

足利本第五十四卷第十三葉

無辟也者魯公伯禽有爲爲之是權禮也　既練居堊室不與人居君謀國政大夫士謀家事既祥黜堊祥而外無哭者禫而內無哭者樂作矣故也　黜堊堊室之飾也地謂之黝牆謂之堊外無哭者於門外不哭也內無哭者入門不哭也禫踰月而可作樂樂作無哭者黜堊或爲要期禫或皆作道

[疏]正義曰此一經論練及祥禫之節不與人居者謂在堊室之中猶不與人居也　君謀國政大夫士謀家事者此常禮也練後漸輕故得自謀己國家事也　既祥黜堊者祥大祥也黜黑也平治其地令黑也堊白也新塗堊於牆壁令白稍飾故也　祥而外無哭者祥亦大祥也外中門外即堊室中也祥之日鼓素琴故中門外不哭也　禫而內無哭者內中門內也禫已縣八音於庭故門內不復哭也　樂作矣故也者二

禮記義五十四　十三　王構

處兩時不哭是並有樂作故也隱義云練後三日一哭於次次在中門外謂堊室也至大祥則不復於外若有弔者則入即位哭是外無哭者　泣黜堊至哭者　正義曰黜謂治堊室之地堊謂塗堊室之牆云地謂之黝牆謂之堊者釋宮文云禫踰月而可作樂者檀弓云魯人有朝祥而莫歌者孔子曰踰月則其善也是祥踰月而可作樂也云樂作無哭者以其樂作故無哭如鄭此注之意以祥踰月作樂故禫時無哭矣則經云樂作之文但釋禫時無哭之意不釋祥之無哭皇氏以爲祥之日鼓素琴樂作之文釋二處兩時無哭與鄭注違皇說非也定本禫踰月而可作樂祥字作禫字禫之踰月自然從吉樂作可知恐禫字非也　禫而從御吉祭而復寢　從御御婦人也復寢不復宿殯宮也　期居廬終喪不御於內者父在爲母爲妻齊衰期者大功布

潘本第五十四卷第十三葉

無辟也者魯公伯禽有爲爲之是權禮也　既練居堊室不與人居君謀國政大夫士謀家事既祥黜堊祥而外無哭者禫而內無哭者樂作矣故也　黜堊堊室之飾也地謂之黝牆謂之堊外無哭者於門外不哭也內無哭者入門不哭也禫踰月而可作樂樂作無哭者黜堊或爲要期禫或皆作道

[疏]正義曰此一經論練及祥禫之節不與人居者謂在堊室之中猶不與人居也　君謀國政大夫士謀家事者此常禮也練後漸輕故得自謀己國家事也　既祥黜堊者祥大祥也黜黑也平治其地令黑也堊白也新塗堊於牆壁令白稍飾故也　祥而外無哭者祥亦大祥也外中門外即堊室中也祥之日鼓素琴故中門外不哭也　禫而內無哭者內中門內也禫已縣八音於庭故門內不復哭也　樂作矣故也者二

禮記義五十四　十三　王構

處兩時不哭是並有樂作故也隱義云練後三日一哭於次次在中門外謂堊室也至大祥則不復於外若有弔者則入即位哭是外無哭者　注黜堊至哭者　正義曰黜謂治堊室之地堊謂塗堊室之牆云地謂之黝牆謂之堊者釋宮文云禫踰月而可作樂者檀弓云魯人有朝祥而莫歌者孔子曰踰月則其善也是祥踰月而可作樂也云樂作無哭者以其樂作故無哭如鄭此注之意以祥踰月作樂故禫時無哭矣則經云樂作之文但釋禫時無哭之意不釋祥之無哭皇氏以爲祥之日鼓素琴樂作之文釋二處兩時無哭與鄭注違皇說非也定本禫踰月而可作樂祥字作禫字禫之踰月自然從吉樂作可知恐禫字非也　禫而從御吉祭而復寢　從御御婦人也復寢不復宿殯宮也　期居廬終喪不御於內者父在爲母爲妻齊衰期者大功布

足利本第五十四卷第十四葉

喪九月者皆三月不御於内婦人不居廬不寢苫喪父母既練而歸期九月者既葬而歸歸謂歸夫家也［疏］正義曰此一經明釋禫節言禫時從御婦人於内也吉祭而復寢者謂禫祭之後同月之内值吉祭之節行吉祭訖而後寢若不當四時吉祭則踰月吉祭乃復寢故士虞記云中月禫是月也吉祭猶未配注云是月是禫月也當四時之祭月則祭也亦不待踰月故熊氏云不當四時祭月則待踰月也案間傳既祥復寢與此吉祭復寢不同者彼謂不復宿中門外復於殯宫之寢此吉祭後不復宿殯宫復於平常之寢文雖同義别故此注不復宿殯宫也明大祥後宿殯宫也杜預以爲禫而從御謂從政御職事鄭必爲御婦人者下文云期居廬終喪不御於内既言不御於内故知此御是御婦人也　喪父母既練而歸期九月者既葬而歸注

禮記義五十四　十四　王恭

云歸謂歸夫家也　正義曰女子出嫁爲祖父母及兄弟爲父後者皆期九月謂本是期而降在大功者案喪服女子爲父母卒哭折笄首玄謂卒哭喪之大事畢可以歸於夫家此云既練歸不同者熊氏云喪服注云卒哭可以歸是可以歸之節其實歸時在練後也公之喪大夫俟練士卒哭而歸此公公士大夫有地者也其大夫士歸者謂素在君所食都邑之臣［疏］正義曰此一經明公士大夫有地之君喪其臣歸之節　公之喪者臣下呼此有地大夫之君爲公故云公之喪　大夫俟練者此君下之臣大夫待練而歸［注］此公至之臣　正義曰知此公是公士大夫有地者以其臣大夫待練士待卒哭故知非正君若正君案雜記大夫次於公館以終喪士練而歸彼謂正君與此殊故知此非正君云其大夫士歸者謂素在君所食都邑之臣者皇氏云素先也君所食都邑謂公士大夫之君采地言公士大夫在朝廷而死此臣先在其君所食

潘本第五十四卷第十四葉

喪九月者皆三月不御於内婦人不居廬不寢苫喪父母既練而歸期九月者既葬而歸歸謂歸夫家也［疏］正義曰此一經明釋禫節言禫時從御婦人於内也吉祭而復寢者謂禫祭之後同月之内值吉祭之節行吉祭訖而後寢若不當四時吉祭則踰月吉祭乃復寢故士虞記云中月禫是月也吉祭猶未配注云是月是禫月也當四時之祭月則祭也亦不待踰月故熊氏云不當四時祭月則待踰月也案間傳既祥復寢與此吉祭復寢不同者彼謂不復宿中門外復於殯宫之寢此吉祭後不復宿殯宫復於平常之寢文雖同義别故此注不復宿殯宫也明大祥後宿殯宫也杜預以爲禫而從御謂從政御職事鄭必爲御婦人者下文云期居廬終喪不御於内既言不御於内故知此御是御婦人也　喪父母既練而歸期九月者既葬而歸注

禮記義五十四　十四　王恭

云歸謂歸夫家也　正義曰女子出嫁爲祖父母及兄弟爲父後者皆期九月謂本是期而降在大功者案喪服女子爲父母卒哭折笄首玄謂卒哭喪之大事畢可以歸於夫家此云既練歸不同者熊氏云喪服注云卒哭可以歸是可以歸之節其實歸時在練後也公之喪大夫俟練士卒哭而歸此公公士大夫有地者也其大夫士歸者謂素在君所食都邑之臣［疏］正義曰此一經明公士大夫有地之君喪其臣歸之節　公之喪者臣下呼此有地大夫之君爲公故云公之喪　大夫俟練者此君下之臣大夫待練而歸［注］此公至之臣　正義曰知此公是公士大夫有地者以其臣大夫待練士待卒哭故知非正君若正君案雜記大夫次於公館以終喪士練而歸彼謂正君與此殊故知此非正君云其大夫士歸者謂素在君所食都邑之臣者皇氏云素先也君所食都邑謂公士大夫之君采地言公士大夫在朝廷而死此臣先在其君所食

足利本第五十四卷第十五葉

之采邑故云素在君所食都邑之臣君喪而來服至小祥而各反故云歸也皇氏所解於文爲便然唯據國中而死若在采邑理則不包也熊氏云素在君所謂此家臣爲大夫者素先在君所食都邑之臣謂家臣不在君所出外食都邑者今君喪皆在若大夫士練及卒哭後素在君所者歸於家素食都邑者歸於都邑若如熊氏解鄭當云素在君所及食都邑之臣今不云及其義疑也

大夫士父母之喪既練而歸朔月忌日則歸哭于宗室諸父兄弟之喪既卒哭而歸

歸謂歸其宮也忌日死日也宗室宗子之家謂殯宮也禮命士以上父子異宮

疏 正義曰此一經明庶子遭喪歸家之節大夫士謂庶子爲大夫士也禮命士以上父子異宮故大夫士有父母之喪至小祥各歸其宮也隱義曰大夫士父母之喪既小祥而歸庶子爲大夫士者也適子終喪在殯宮也朔月忌日則歸哭于宗室者朔月朔望也忌日死日也宗室適子家殯宮也雖練各歸至忌日及朔望則歸殯宮也 諸父兄弟之喪既卒哭而歸者諸父諸兄弟並期爲輕故至卒哭而各歸賀氏云此弟謂適弟則庶兄爲之次云至卒哭乃歸也下云兄不次於弟謂庶弟也

父不次於子兄不次於弟

謂不就其殯宮爲次而居

疏 正義曰喪既卑故尊者不居其殯宮次也

君於大夫世婦大斂焉爲之賜則小斂焉

爲之賜謂有恩惠也

疏 正義曰此經以下至君退必奠明君於大夫及士并夫人於大夫士恩賜弔臨主人迎送之節各隨文解之此一經論君於大夫世婦之禮此世婦謂內命婦大斂爲常爲之恩賜則小斂而往然則君於大夫大斂是常小斂是恩賜案隱元年公子益師卒公不與小斂故不書日者熊氏云彼謂卿也卿則小斂焉爲之賜則未襲而

禮記義五十四 十五 王椿

潘本第五十四卷第十五葉

之采邑故云素在君所食都邑之臣君喪而來服至小祥而各反故云歸也皇氏所解於文爲便然唯據國中而死若在采邑理則不包也熊氏云素在君所謂此家臣爲大夫者素先在君所食都邑之臣謂家臣不在君所出外食都邑者今君喪皆在若大夫士練及卒哭後素在君所者歸於家素食都邑者歸於都邑若如熊氏解鄭當云素在君所及食都邑之臣今不云及其義疑也

大夫士父母之喪既練而歸朔月忌日則歸哭于宗室諸父兄弟之喪既卒哭而歸

歸謂歸其宮也忌日死日也宗室宗子之家謂殯宮也禮命士以上父子異宮

疏 正義曰此一經明庶子遭喪歸家之節大夫士謂庶子爲大夫士也禮命士以上父子異宮故大夫士有父母之喪至小祥各歸其宮也隱義曰大夫士父母之喪既小祥而歸庶子爲大夫士者也適子終喪在殯宮也朔月忌日則歸哭于宗室者朔月朔望也忌日死日也宗室適子家殯宮也雖練各歸至忌日及朔望則歸殯宮也 諸父兄弟之喪既卒哭而歸者諸父諸兄弟並期爲輕故至卒哭而各歸賀氏云此弟謂適弟則庶兄爲之次云至卒哭乃歸也下云兄不次於弟謂庶弟也

父不次於子兄不次於弟

謂不就其殯宮爲次而居

疏 正義曰喪既卑故尊者不居其殯宮次也

君於大夫世婦大斂焉爲之賜則小斂焉

爲之賜謂有恩惠也

疏 正義曰此經以下至君退必奠明君於大夫及士并夫人於大夫士恩賜弔臨主人迎送之節各隨文解之此一經論君於大夫世婦之禮此世婦謂內命婦大斂爲常爲之恩賜則小斂而往然則君於大夫大斂是常小斂是恩賜案隱元年公子益師卒公不與小斂故不書日者熊氏云彼謂卿也卿則小斂焉爲之賜則未襲而

禮記義五十四 十五 王椿

足利本第五十四卷第十六葉

往故昭十五年有事于武宮籥入叔弓卒去樂卒事公羊云君聞大夫之喪去樂卒事而往可也故鄭云去樂卒事而往未襲也是御未襲而往案柳莊非卿衛君即弔急弔賢也於外命婦既加蓋而君至於臣之妻略也疏正義曰外命婦恩輕故既大斂入棺加蓋之後而君至也則知大夫及世婦未加蓋以前君至也於士既殯而往爲之賜大斂焉夫人於世婦大斂焉爲之賜小斂焉於諸妻爲之賜大斂焉於大夫外命婦既殯而往大夫士既殯而君往焉使人戒之主人具殷奠之禮俟于門外見馬首先入門

禮記義五十四　十六

右巫止于門外祝代之先君釋菜于門內祝先升自阼階負墉南面君即位于阼小臣二人執戈立于前二人立于後殷猶大也朝夕小奠至月朔則大奠君將來則具大奠之禮以待之榮君之來也祝負墉南面直君北房户東也小臣執戈先後君君升而夾階立大夫殯即成服成服擯者進當贊主人也始立門東北則君亦成服錫衰而往弔之面主人拜稽顙君稱言視祝而踊主人踊稱言舉所以來之辭也視祝而踊祝相君之禮當節之也疏正義曰此一經明君賜及夫人於大夫士及妻妾恩賜之差又明君弔士大夫之禮於諸妻爲之賜大斂焉諸妻姪娣及同姓女也同士禮故爲之賜大斂焉若

潘本第五十四卷第十六葉

往故昭十五年有事于武宮籥入叔弓卒去樂卒事公羊云君聞大夫之喪去樂卒事而往可也故鄭云去樂卒事而往未襲也是御未襲而往案柳莊非卿衛君即弔急弔賢也於外命婦既加蓋而君至於臣之妻略也疏正義曰外命婦恩輕故既大斂入棺加蓋之後而君至也則知大夫及世婦未加蓋以前君至也於士既殯而往爲之賜大斂焉夫人於世婦大斂焉爲之賜小斂焉於諸妻爲之賜大斂焉於大夫外命婦既殯而往大夫士既殯而君往焉使人戒之主人具殷奠之禮俟于門外見馬首先入門

禮記義五十四　十六

右巫止于門外祝代之先君釋菜于門內祝先升自阼階負墉南面君即位于阼小臣二人執戈立于前二人立于後殷猶大也朝夕小奠至月朔則大奠君將來則具大奠之禮以待之榮君之來也祝負墉南面直君北房户東也小臣執戈先後君君升而夾階立大夫殯即成服成服擯者進當贊主人也始立門東北則君亦成服錫衰而往弔之面主人拜稽顙君稱言視祝而踊主人踊稱言舉所以來之辭也視祝而踊祝相君之禮當節之也疏正義曰此一經明君賜及夫人於大夫士及妻妾恩賜之差又明君弔士大夫之禮於諸妻爲之賜大斂焉諸妻姪娣及同姓女也同士禮故爲之賜大斂焉若

夫人姪娣尊同世婦當大斂焉爲之賜小斂焉 於大夫
外命婦既殯而往者謂夫人於大夫及外命婦既殯而往
但有一禮無恩賜差降之事 大夫士既殯而君往焉者
君於大夫雖視大斂或有既殯之後而始往與士同也
使人戒之者謂君將往使人豫戒告主人使知之 主人
具殷奠之禮者殷大也主人得君之戒告先備具月朔大
奠之禮重君之來故也 俟于門外者君來之時主人待
於門外 見馬首先入門右者謂見君馬首先君而入門右
謂門東北面 祝先升自阼階者君應升自阼階故祝先
道君升阼階 負墉南面者墉壁也祝先升阼階在君之
北立於房戶之東皆負壁而鄉南也 君即位于阼者主
人不敢有其室故君位于阼而西鄉也 小臣二人執戈
立于前二人立于後者前後小臣各二人執戈辟邪氣也
君升而小臣夾階北面俟君也盧云上言即位于序端謂
君臨大夫將大斂時禮未成辟執事故即位于序端此是
大夫士既殯而君往禮已成故即位于阼階也 注祝負

禮記義五十四 十七 王祐

至弔之 正義曰直君北者直當也君既在阼此祝立當
君北在房戶東而南鄉也云小臣執戈先後君君升而夾
階立者顧命云夾階上刃是夾階立也云大夫殯即成服
者大夫除死日三日殯與成服同日主人既成服故君錫
衰而往弔 擯者進擯謂贊於主人禮者擯者始在門東
北面今君既升阼則此擯者進於孝子前告孝子使行禮
也然喪贊曰相而此云擯者以君之弔禮無嫌擯道之義故
得以擯言之也 主人至人踊 主人拜稽顙者以君臨
視故主人于庭中北面拜而稽顙 君稱言者稱舉也君
舉其所來之言謂弔辭也舉言既畢當哭踊祝以相君祝
先踊君乃視祝而踊 大夫則奠可也士則出俟
君踊畢主人乃踊
于門外命之反奠乃反奠卒奠主人先俟
于門外君退主人送于門外拜稽顙 迎不拜拜

夫人姪娣尊同世婦當大斂焉爲之賜小斂焉 於大夫
外命婦既殯而往者謂夫人於大夫及外命婦既殯而往
但有一禮無恩賜差降之事 大夫士既殯而君往焉者
君於大夫雖視大斂或有既殯之後而始往與士同也
使人戒之者謂君將往使人豫戒告主人使知之 主人
具殷奠之禮者殷大也主人得君之戒告先備具月朔大
奠之禮重君之來故也 俟于門外者君來之時主人待
於門外 見馬首先入門右者謂見君馬首先君而入門右
謂門東北面 祝先升自阼階者君應升自阼階故祝先
道君升阼階 負墉南面者墉壁也祝先升阼階在君之
北立於房戶之東皆負壁而鄉南也 君即位于阼者主
人不敢有其室故君位于阼而西鄉也 小臣二人執戈
立于前二人立于後者前後小臣各二人執戈辟邪氣也
君升而小臣夾階北面俟君也盧云上言即位于序端謂
君臨大夫將大斂時禮未成辟執事故即位于序端此是
大夫士既殯而君往禮已成故即位于阼階也 注祝負

禮記義五十四 十七 王祐

至弔之 正義曰直君北者直當也君既在阼此祝立當
君北在房戶東而南鄉也云小臣執戈先後君君升而夾
階立者顧命云夾階上刃是夾階立也云大夫殯即成服
者大夫除死日三日殯與成服同日主人既成服故君錫
衰而往弔 擯者進擯謂贊於主人禮者擯者始在門東
北面今君既升阼則此擯者進於孝子前告孝子使行禮
也然喪贊曰相而此云擯者以君之弔禮無嫌擯道之義故
得以擯言之也 主人至人踊 主人拜稽顙者以君臨
視故主人于庭中北面拜而稽顙 君稱言者稱舉也君
舉其所來之言謂弔辭也舉言既畢當哭踊祝以相君祝
先踊君乃視祝而踊 大夫則奠可也士則出俟
君踊畢主人乃踊
于門外命之反奠乃反奠卒奠主人先俟
于門外君退主人送于門外拜稽顙 迎不拜拜

送者拜迎則爲君之荅巳

君於大夫疾三問之在殯三往焉士疾壹問之在殯壹往焉

所以致殷勤也

疏 正義曰此一節明君來弔士與大夫其禮不同　大夫則奠可也者君既在阼主人在庭踊畢則釋此殷奠于殯可也言對人君可爲此奠　士則出俟于門外者士卑不敢留君待奠故先出俟君于門外謂君將去也　命之反奠乃反奠者君使人命反設奠士乃反入設奠也　卒奠者設奠畢也　主人先俟于門外者奠畢主人又先出門待君大夫士同然　君退主人送于門外拜稽顙者出去也主人於門外送之而拜也　注迎不至荅巳　正義曰案曲禮凡非弔喪非見國君無不荅拜然則喪法孝子拜賓無荅拜之理今者君出孝子雖拜君無荅理而云拜迎則爲君之荅巳者以尋常禮敵孝子雖拜賓無荅理今君來臨臣臣既拜迎尊卑禮隔意恐君之荅巳故不敢拜迎案僖二十四

五六十　禮記正義五十四　十八　王浚

年左傳宋先代之後於周爲客有喪拜焉者謂其餘諸侯來弔國喪以其卑王不拜之君宋來弔王用敵禮拜謝之亦是主人拜賓之義也

君弔則復殯服

復反也反其未殯未成服之服新君事也謂臣喪既殯後君乃始來弔也復或爲服

疏 正義曰謂臣喪大斂與殯之時君有故不得來至殯後主人巳成服而君始來弔主人則復殯服者復反也殯服謂殯時未成服之服主人于時反服此服新君之事其服則苴絰免布深衣也不散帶故小記云君弔雖不當免時也主人必免不散麻注云爲人君變貶於大斂之前既啓之後也

夫人弔於大夫士主人出迎于門外見馬首先入門右夫人入升堂卽位主婦降自西階拜稽顙于下夫人視世子而踊奠如

送者拜迎則爲君之荅巳

君於大夫疾三問之在殯三往焉士疾壹問之在殯壹往焉

所以致殷勤也

疏 正義曰此一節明君來弔士與大夫其禮不同　大夫則奠可也者君既在阼主人在庭踊畢則釋此殷奠于殯可也言對人君可爲此奠　士則出俟于門外者士卑不敢留君待奠故先出俟君于門外謂君將去也　命之反奠乃反奠者君使人命反設奠士乃反入設奠也　卒奠者設奠畢也　主人先俟于門外者奠畢主人又先出門待君大夫士同然　君退主人送于門外拜稽顙者出去也主人於門外送之而拜也　注迎不至荅巳　正義曰案曲禮凡非弔喪非見國君無不荅拜然則喪法孝子拜賓無荅拜之理今者君出孝子雖拜君無荅理而云拜迎則爲君之荅巳者以尋常禮敵孝子雖拜賓無荅理今君來臨臣臣既拜迎尊卑禮隔意恐君之荅巳故不敢拜迎案僖二十四

五六十　禮記正義五十四　十八　王浚

年左傳宋先代之後於周爲客有喪拜焉者謂其餘諸侯來弔國喪以其卑王不拜之君宋來弔王用敵禮拜謝之亦是主人拜賓之義也

君弔則復殯服

復反也反其未殯未成服之服新君事也謂臣喪既殯後君乃始來弔也復或爲服

疏 正義曰謂臣喪大斂與殯之時君有故不得來至殯後主人巳成服而君始來弔主人則復殯服者復反也殯服謂殯時未成服之服主人于時反服此服新君之事其服則苴絰免布深衣也不散帶故小記云君弔雖不當免時也主人必免不散麻注云爲人君變貶於大斂之前既啓之後也

夫人弔於大夫士主人出迎于門外見馬首先入門右夫人入升堂卽位主婦降自西階拜稽顙于下夫人視世子而踊奠如

君至之禮夫人退主婦送于門內拜稽顙主人送于大門之外不拜視世子而踊世子從夫人夫人以爲節也世子之從夫人位如視從君也疏正義曰此一經明夫人弔臣禮先入門右者門亦大門也謂孝子迎君之妻禮亦如迎君禮也　夫人入升堂即位者亦升阼階西鄉如君也　主婦降自西階拜稽顙于下者主婦臣妻也既夫人來弔故婦人爲主人當夫人升堂即位時而主婦從西階而下拜稽顙於堂下如男主也　夫人視世子而踊者世子夫人之世子隨夫人來也夫人來弔則世子在前道引其禮如祝道君也　奠如君至之禮者亦先戒乃具殷奠夫人即位哭後主婦拜竟而設奠事如君弔禮者若士則亦主人先出而聽命反奠也　夫人退主婦送于門內拜稽顙者門寢門也婦人迎送不出門故夫人去於路寢門內而拜送之而不拜迎而拜送之義與君同也

主人送于大門之外不拜者亦迎送君也而不拜者喪無二主主婦已拜故主人不拜大夫君不迎于門外入即位于堂下主人北面衆主人南面婦人即位于房中若有君命命夫命婦之命四鄰賓客其君後主人而拜入即位於下不升堂而位阼階之下西面下正君也衆主人南面於其北婦人即位於房中君雖不升堂猶辟之也後主人而拜者將拜賓使主人陪其後而君前拜不俱拜者主人無二也疏正義曰此一節明大夫君之禮不迎于門外者貶於正君謂大夫下臣稱大夫爲君故曰大夫君也　入即位于堂下者阼階下也大夫君入寢門不得升堂乃即阼階下位而西鄉也　主人北面者主人適子也其君既即阼階下位故適子辟之位所以在君之南北

君至之禮夫人退主婦送于門內拜稽顙主人送于大門之外不拜視世子而踊世子從夫人夫人以爲節也世子之從夫人位如視從君也疏正義曰此一經明夫人弔臣禮先入門右者門亦大門也謂孝子迎君之妻禮亦如迎君禮也　夫人入升堂即位者亦升阼階西鄉如君也　主婦降自西階拜稽顙于下者主婦臣妻也既夫人來弔故婦人爲主人當夫人升堂即位時而主婦從西階而下拜稽顙於堂下如男主也　夫人視世子而踊者世子夫人之世子隨夫人來也夫人來弔則世子在前道引其禮如祝道君也　奠如君至之禮者亦先戒乃具殷奠夫人即位哭後主婦拜竟而設奠事如君弔禮者若士則亦主人先出而聽命反奠也　夫人退主婦送于門內拜稽顙者門寢門也婦人迎送不出門故夫人去於路寢門內而拜送之而不拜迎而拜送之義與君同也

禮記正義五十四　十九　陳顯

主人送于大門之外不拜者亦如送君也而不拜者喪無二主主婦已拜故主人不拜大夫君不迎于門外入即位于堂下主人北面衆主人南面婦人即位于房中若有君命命夫命婦之命四鄰賓客其君後主人而拜入即位於下不升堂而位阼階之下西面下正君也衆主人南面於其北婦人即位於房中君雖不升堂猶辟之也後主人而拜者將拜賓使主人陪其後而君前拜不俱拜者主人無二也疏正義曰此一節明大夫君之禮不迎于門外者貶於正君謂大夫下臣稱大夫爲君故曰大夫君也　入即位于堂下者阼階下也大夫君入寢門不得升堂乃即阼階下位而西鄉也　主人北面者主人適子也其君既即阼階下位故適子辟之位所以在君之南北

足利本第五十四卷第二十葉

面也　衆主人南面婦人即位于房中者婦人之位在堂其君既來故婦人並爲位于東房中也然此言婦人即位房中非止大夫之君亦揔正君來禮如此也又不言大夫君之妻來者當同夫人禮也又前君臨大斂云主婦尸西不言辟者大斂哀深故不辟君今既殯後哀殺故辟也亦與前互也　若有君命命夫命婦之命四鄰賓客其君後主人而拜者若當此大夫君來弔時或有其本國之君命或有國中大夫命婦之命或有昔經使四鄰之國卿大夫遣使來弔若或有此諸賓在庭則此大夫之君代主人拜命及拜諸賓也所以爾者喪用尊者拜賓故也君雖代爲主拜賓而猶不敢同於國君專代爲主故以主人陪置君之後也主人在君後而拜謂君先拜主人後拜也　注婦人至二也　正義曰婦人即位於房中者東房中云君雖不升堂猶辟之也者以婦人合在尸西東面君來升堂婦人辟之在房中今大夫君來雖不升堂婦人猶辟之於房中也然案未大斂之前君雖來主婦猶在尸西其既殯已後

禮記正義五十四　二十　陳顯

君來雖不顯婦人之位今此大夫君云婦人即位房中明正君既殯而來婦人亦即位房中也故云猶辟之云而君前拜不俱拜者主人無二也者以經云其君後主人而拜是君在前主人在後又君拜在前主人拜在後是主人立與拜皆在君後不與君同時拜君既爲主當推君在前故云主人無二也　**君弔見尸柩而后踊**塗之後雖往不踊也踊或爲哭或爲浴　疏　正義曰君弔臣唯見尸柩乃踊者若不見尸柩則不踊案前文既殯君往視祝而踊殯後有踊者皇氏云雖殯未塗則得踊故鄭此注云塗之後雖往不踊也是既殯未塗得有踊也　**大夫士若君不戒而往不具殷奠君退必奠**榮君之來　疏　正義曰君不先戒故臣不得具殷奠　君退必奠者君來不先戒當時雖不得殷奠而君去後必設奠告殯以榮君來故也　**君大棺八寸屬**

潘本第五十四卷第二十葉

面也　衆主人南面婦人即位于房中者婦人之位在堂其君既來故婦人並爲位于東房中也然此言婦人即位房中非止大夫之君亦揔正君來禮如此也又不言大夫君之妻來者當同夫人禮也又前君臨大斂云主婦尸西不言辟者大斂哀深故不辟君今既殯後哀殺故辟也亦與前互也　若有君命命夫命婦之命四鄰賓客其君後主人而拜者若當此大夫君來弔時或有其本國之君命或有國中大夫命婦之命或有昔經使四鄰之國卿大夫遣使來弔若或有此諸賓在庭則此大夫之君代主人拜命及拜諸賓也所以爾者喪用尊者拜賓故也君雖代爲主拜賓而猶不敢同於國君專代爲主故以主人陪置君之後也主人在君後而拜謂君先拜主人後拜也　注婦人至二也　正義曰婦人即位於房中者東房中云君雖不升堂猶辟之也者以婦人合在尸西東面君來升堂婦人辟之在房中今大夫君來雖不升堂婦人猶辟之於房中也然案未大斂之前君雖來主婦猶在尸西其既殯已後

禮記正義五十四　二十　陳顯

君來雖不顯婦人之位今此大夫君云婦人即位房中明正君既殯而來婦人亦即位房中也故云猶辟之云而君前拜不俱拜者主人無二也者以經云其君後主人而拜是君在前主人在後又君拜在前主人拜在後是主人立與拜皆在君後不與君同時拜君既爲主當推君在前故云主人無二也　**君弔見尸柩而后踊**塗之後雖往不踊也踊或爲哭或爲浴　疏　正義曰君弔臣唯見尸柩乃踊者若不見尸柩則不踊案前文既殯君往視祝而踊殯後有踊者皇氏云雖殯未塗則得踊故鄭此注云塗之後雖往不踊也是既殯未塗得有踊也　**大夫士若君不戒而往不具殷奠君退必奠**榮君之來　疏　正義曰君不先戒故臣不得具殷奠　君退必奠者君來不先戒當時雖不得殷奠而君去後必設奠告殯以榮君來故也　**君大棺八寸屬**

六寸椑四寸上大夫大棺八寸屬六寸下大夫大棺六寸屬四寸士棺六寸大棺棺之在表者也

檀弓曰天子之棺四重水兕革棺被之其厚三寸杝棺一梓棺二四者皆周此以内説而出也然則大棺及屬用梓椑用杝以是差之上公革棺不被三重也諸侯無革棺再重也大夫無椑一重也士無屬不重也庶人之棺四寸上大夫謂列國之卿也趙簡子云不設屬椑時僭也

疏 正義曰此一節以下至篇末總論君大夫士等棺椁及飾棺之異并碑繂之殊各依文解之此一經君大夫士等棺椁厚薄之制禮天子之棺四重故檀弓云水兕革棺被之其厚三寸杝棺一注云所謂椑棺也梓棺二注云所謂屬與大棺然則天子四重之棺都合厚二尺四寸也若上公棺則去水皮所餘三重合厚二尺一寸也若侯伯子男則又去兕皮但餘三棺爲二重合厚一尺八寸也若上大夫則又去椑所餘屬六寸及大棺八寸爲一重合厚一尺四寸若下大夫亦有屬四寸及大棺六寸但寸數減耳大棺六寸屬四寸合厚一尺也若士則不重唯大棺六寸也 君大棺八寸屬六寸椑四寸者屬六寸椑四寸二者合一尺就大棺八寸爲一尺八寸 上大夫大棺八寸屬六寸去椑四寸所餘二種合爲一尺四寸 下大夫大棺六寸屬四寸者各減二寸合餘一尺也 士棺六寸者無屬唯大棺六寸也 注大棺至僭也 正義曰以名大棺故知在表云四者皆周者謂水兕革棺杝棺梓棺等皆周於尸唯椁不周此以内説而出也者謂檀弓此文從内而説以次出外而謂近尸有水革次外有兕革次外有椑次外有屬次外有大棺云然則大棺及屬用梓椑用杝者以檀弓云杝棺一梓棺二從内出外而言此先云大棺及屬乃始云椑是從外鄉内而説故知大棺及屬當梓棺也椑當杝棺也云上公革棺不被三重也者以天子四上公三去其一重故知革棺不被但有兕也云諸侯無革棺再重也者以此

禮記義五十四　廿一　琥俊

六寸椑四寸上大夫大棺八寸屬六寸下大夫大棺六寸屬四寸士棺六寸大棺棺之在表者也

檀弓曰天子之棺四重水兕革棺被之其厚三寸杝棺一梓棺二四者皆周此以内説而出也然則大棺及屬用梓椑用杝以是差之上公革棺不被三重也諸侯無革棺再重也大夫無椑一重也士無屬不重也庶人之棺四寸上大夫謂列國之卿也趙簡子云不設屬椑時僭也

疏 正義曰此一節以下至篇末總論君大夫士等棺椁及飾棺之異并碑繂之殊各依文解之此一經君大夫士等棺椁厚薄之制禮天子之棺四重故檀弓云水兕革棺被之其厚三寸杝棺一注云所謂椑棺也梓棺二注云所謂屬與大棺然則天子四重之棺都合厚二尺四寸也若上公棺則去水皮所餘三重合厚二尺一寸也若侯伯子男則又去兕皮但餘三棺爲二重合厚一尺八寸也若上大夫則又去椑所餘屬六寸及大棺八寸爲一重合厚一尺四寸若下大夫亦有屬四寸及大棺六寸但寸數減耳大棺六寸屬四寸合厚一尺也若士則不重唯大棺六寸也 君大棺八寸屬六寸椑四寸者屬六寸椑四寸二者合一尺就大棺八寸爲一尺八寸 上大夫大棺八寸屬六寸去椑四寸所餘二種合爲一尺四寸 下大夫大棺六寸屬四寸者各減二寸合餘一尺也 士棺六寸者無屬唯大棺六寸也 注大棺至僭也 正義曰以名大棺故知在表云四者皆周者謂水兕革棺杝棺梓棺等皆周於尸唯椁不周此以内説而出也者謂檀弓此文從内而説以次出外而謂近尸有水革次外有兕革次外有椑次外有屬次外有大棺云然則大棺及屬用梓椑用杝者以檀弓云杝棺一梓棺二從内出外而言此先云大棺及屬乃始云椑是從外鄉内而説故知大棺及屬當梓棺也椑當杝棺也云上公革棺不被三重也者以天子四上公三去其一重故知革棺不被但有兕也云諸侯無革棺再重也者以此

禮記義五十四　廿一　琥俊

足利本第五十四卷第二十二葉

經但云君大棺屬椑不云革故知無革棺也此君謂侯伯子男也此經上下大夫但云大棺與屬無杝椑是大夫無椑一重也此經唯云士棺六寸是士無屬不重也案檀弓孔子爲中都宰制四寸之棺五寸之椁是庶人之棺四寸云趙簡子云不設屬椑時僭也者案哀公二年趙簡子與鄭師戰于鐵簡子自誓云桐棺三寸不設屬辟下卿之罰也案此大夫依禮無椑趙簡子所云罰始無椑故知當時大夫常禮用椑是時僭也

君裏棺用朱綠用雜金鐕大夫裏棺用玄綠用牛骨鐕士不綠

鐕所以琢著裏

疏 正義曰此一經明裏棺之制裏棺謂以繒貼棺裏也朱繒貼四方以綠繒貼四角定本經中綠字皆作琢琢謂鐕琢朱繒貼著於棺也 用雜金鐕者鐕釘也舊說云用金釘又用象牙釘雜之以琢朱綠著棺也隱義云朱綠皆繒也雜金鐕尚書曰貢金三品黃白青色 大夫裏

禮記義五十四　二十二　施俊

棺用玄綠者四面玄四角綠 用牛骨鐕者不用牙金也 士不綠者悉用玄也亦同大夫用牛骨鐕不言從可知也

君蓋用漆三衽三束大夫蓋用漆二衽二束士蓋不用漆二衽二束

用漆者塗合牝牡之中也衽小要也

疏 正義曰此一經明衽束之數 君蓋用漆者蓋棺上蓋用漆謂漆其衽合縫處也 三衽三束者衽謂燕尾合棺縫際也束謂以皮束棺也棺兩邊各三衽每當衽上輒以牛皮束之故云三衽三束也 大夫蓋用漆二衽二束者亦漆衽合縫處也大夫士橫衽有二每衽有束故云二衽二束也 士蓋不用漆二衽二束者士卑故不漆也言二衽二束者與大夫同檀弓云棺束縮二衡三者據君言也若大夫士橫唯二束此文是也故鄭注司士云結披必當棺束於束繫紐天子諸侯載柩三束大夫士二束喪大記曰君纁披六大夫披四前纁後玄士二披用纁人

潘本第五十四卷第二十二葉

經但云君大棺屬椑不云革故知無革棺也此君謂侯伯子男也此經上下大夫但云大棺與屬無杝椑是大夫無椑一重也此經唯云士棺六寸是士無屬不重也案檀弓孔子爲中都宰制四寸之棺五寸之椁是庶人之棺四寸云趙簡子云不設屬椑時僭也者案哀公二年趙簡子與鄭師戰于鐵簡子自誓云桐棺三寸不設屬辟下卿之罰也案此大夫依禮無椑趙簡子所云罰始無椑故知當時大夫常禮用椑是時僭也

君裏棺用朱綠用雜金鐕大夫裏棺用玄綠用牛骨鐕士不綠

鐕所以琢著裏

疏 正義曰此一經明裏棺之制裏棺謂以繒貼棺裏也朱繒貼四方以綠繒貼四角定本經中綠字皆作琢琢謂鐕琢朱繒貼著於棺也 用雜金鐕者鐕釘也舊說云用金釘又用象牙釘雜之以琢朱綠著棺也隱義云朱綠皆繒也雜金鐕尚書曰貢金三品黃白青色 大夫裏

禮記義五十四　二十二　施俊

棺用玄綠者四面玄四角綠 用牛骨鐕者不用牙金也 士不綠者悉用玄也亦同大夫用牛骨鐕不言從可知也

君蓋用漆三衽三束大夫蓋用漆二衽二束士蓋不用漆二衽二束

用漆者塗合牝牡之中也衽小要也

疏 正義曰此一經明衽束之數 君蓋用漆者蓋棺上蓋用漆謂漆其衽合縫處也 三衽三束者衽謂燕尾合棺縫際也束謂以皮束棺也棺兩邊各三衽每當衽上輒以牛皮束之故云三衽三束也 大夫蓋用漆二衽二束者亦漆衽合縫處也大夫士橫衽有二每衽有束故云二衽二束也 士蓋不用漆二衽二束者士卑故不漆也言二衽二束者與大夫同檀弓云棺束縮二衡三者據君言也若大夫士橫唯二束此文是也故鄭注司士云結披必當棺束於束繫紐天子諸侯載柩三束大夫士二束喪大記曰君纁披六大夫披四前纁後玄士二披用纁人

足利本第五十四卷第二十三葉

君禮文欲其數多圍數兩旁言六耳其實旁三是也皇氏不見鄭之此注以爲此經大夫士二衽二束者據披從束而言其橫皆爲三束其義非也

君大夫鬊爪實于綠中士埋之

綠當爲角聲之誤也角中謂棺内四隅也鬊亂髮也將實爪髮棺中必爲小囊盛之此綠或爲簍

疏 正義曰此一節明鬊爪之異　實于綠中者綠即棺角也其死者亂髮及手足之爪盛于小囊實於棺角之中士埋之者士賤亦有物盛髮爪而埋之　注綠當爲角　正義曰知綠當爲角者上文綠爲色以飾棺裏非藏物之處以綠與角聲相近經云綠中故讀綠爲角

君殯用輴欑至于上畢塗屋大夫殯以幬欑置于西序塗不暨于棺士殯見衽塗上帷之

欑猶菆也屋殯上覆如屋者也幬覆也暨及也

禮記義五十四　二十三　張樞

此記參差以檀弓參之天子之殯居棺以龍輴欑木題湊象椁上四注如屋以覆之盡塗之諸侯輴不畫龍欑不題湊象椁其他亦如之大夫之殯廢輴置棺西牆下就牆欑其三面塗之不及棺者言欑中狹小裁取容棺然則天子諸侯差寬大矣士不欑掘地下棺見小要耳帷之鬼神尚幽闇也士達於天子皆然幬或作錞或作埻

疏 正義曰此一經明尊卑殯之制度　君殯用輴者君諸侯也殯時置棺於輴内　欑至于上者以木欑輴至於棺上　畢塗屋者畢盡也此所欑殯之木有似屋形欑之既訖盡塗其屋也　大夫殯以幬者幬覆也謂棺衣覆之也大夫言幬覆則王侯並幬覆也謂棺衣覆之言大夫幬即加斧之類是也　欑置于西序者屋堂西頭壁也大夫不輴又不四面欑以一面倚西壁而三面欑之又上不爲屋也　塗不暨于棺者暨及也王侯塗之而欑廣去棺遠大夫亦塗而欑狹去棺近裁使塗不及棺故云不暨棺也　士殯見衽塗上帷之者士掘肂見衽其衽之上所出之處亦以

潘本第五十四卷第二十三葉

君禮文欲其數多圍數兩旁言六耳其實旁三是也皇氏不見鄭之此注以爲此經大夫士二衽二束者據披從束而言其橫皆爲三束其義非也

君大夫鬊爪實于綠中士埋之

綠當爲角聲之誤也角中謂棺内四隅也鬊亂髮也將實爪髮棺中必爲小囊盛之此綠或爲簍

疏 正義曰此一節明鬊爪之異　實于綠中者綠即棺角也其死者亂髮及手足之爪盛于小囊實於棺角之中士埋之者士賤亦有物盛髮爪而埋之　注綠當爲角　正義曰知綠當爲角者上文綠爲色以飾棺裏非藏物之處以綠與角聲相近經云綠中故讀綠爲角

君殯用輴欑至于上畢塗屋大夫殯以幬欑置于西序塗不暨于棺士殯見衽塗上帷之

欑猶菆也屋殯上覆如屋者也幬覆也暨及也

禮記義五十四　二十三　張樞

此記參差以檀弓參之天子之殯居棺以龍輴欑木題湊象椁上四注如屋以覆之盡塗之諸侯輴不畫龍欑不題湊象椁其他亦如之大夫之殯廢輴置棺西牆下就牆欑其三面塗之不及棺者言欑中狹小裁取容棺然則天子諸侯差寬大矣士不欑掘地下棺見小要耳帷之鬼神尚幽闇也士達於天子皆然幬或作錞或作埻

疏 正義曰此一經明尊卑殯之制度　君殯用輴者君諸侯也殯時置棺於輴内　欑至于上者以木欑輴至於棺上　畢塗屋者畢盡也此所欑殯之木有似屋形欑之既訖盡塗其屋也　大夫殯以幬者幬覆也謂棺衣覆之也大夫言幬覆則王侯並幬覆也謂棺衣覆之言大夫幬即加斧之類是也　欑置于西序者屋堂西頭壁也大夫不輴又不四面欑以一面倚西壁而三面欑之又上不爲屋也　塗不暨于棺者暨及也王侯塗之而欑廣去棺遠大夫亦塗而欑狹去棺近裁使塗不及棺故云不暨棺也　士殯見衽塗上帷之者士掘肂見衽其衽之上所出之處亦以

木覆上而塗之故謂塗上也士喪禮云乃塗注云以木覆棺上而塗之爲火備也帷之者帷障也貴賤悉然故朝夕哭乃徹帷也 注欑猶至皆然 正義曰云欑猶菆也者謂菆聚其木周於外也云屋殯上覆如屋者也者解經畢塗屋屋是殯上之覆形似於屋故云如屋云此記參差者謂記此大記之文其事參差若君據天子應稱龍輴不得直云殯用輴若君據諸侯不得云欑至于上畢塗屋其文或似天子或似諸侯故云參差云以檀弓參之者檀弓云天子之殯菆塗龍輴以椁故知天子殯居棺以龍輴又云以椁故知欑木題湊象椁云上四注如屋以覆之者謂上以四注垂而鄉下如似屋簷以覆其上云盡塗之者謂四邊及上皆塗之云諸侯輴不畫龍欑不題湊象椁者以檀弓唯云天子龍輴此經直云君殯用輴不云龍是諸侯不龍也謂不畫輴轅爲龍檀弓唯云天子菆塗龍輴以椁則知諸侯不題湊象椁云其他亦如之者除此龍輴題湊象椁之外其他亦如之其他謂菆木畢塗屋亦如天子也必知天

子椁四阿者成二年左傳云宋文公卒椁有四阿是僭天子禮但凡殯之禮天子先以龍輴置於客位殯處然後從阼階舉棺於輴中輴外以木菆輴之四邊木高於棺乃從上加縚黼於棺上然後以木題湊題頭也湊鄉也謂以木頭相湊鄉内也象椁上之四柱以覆之如屋形以泥塗之於屋之上又加席三重於殯上其諸侯則居棺以輴亦菆木輴外木高於棺後加布幕於棺上又菆木於塗上不題湊象椁也雖不象椁亦中央高似屋形但不爲四注故經云畢塗屋揔包君也塗上加席二重云大夫之殯廢輴者案下檀弓云三臣廢輴據殯時也是大夫之殯廢輴云欑中狹小裁取容棺者以經云塗不暨于棺明其狹小卑者既狹則知天子諸侯差寬大矣云士達於天子皆然者謂皆帷之

熬君四種八筐大夫三種六筐士二種四筐加魚腊焉 熬者煎穀也將塗設於棺旁所以惑蚍蜉使不至棺也士喪禮曰熬

木覆上而塗之故謂塗上也士喪禮云乃塗注云以木覆棺上而塗之爲火備也帷之者帷障也貴賤悉然故朝夕哭乃徹帷也 注欑猶至皆然 正義曰云欑猶菆也者謂菆聚其木周於外也云屋殯上覆如屋者也者解經畢塗屋屋是殯上之覆形似於屋故云如屋云此記參差者謂記此大記之文其事參差若君據天子應稱龍輴不得直云殯用輴若君據諸侯不得云欑至于上畢塗屋其文或似天子或似諸侯故云參差云以檀弓參之者檀弓云天子之殯菆塗龍輴以椁故知天子殯居棺以龍輴又云以椁故知欑木題湊象椁云上四注如屋以覆之者謂上以四注垂而鄉下如似屋簷以覆其上云盡塗之者謂四邊及上皆塗之云諸侯輴不畫龍欑不題湊象椁者以檀弓唯云天子龍輴此經直云君殯用輴不云龍是諸侯不龍也謂不畫輴轅爲龍檀弓唯云天子菆塗龍輴以椁則知諸侯不題湊象椁云其他亦如之者除此龍輴題湊象椁之外其他亦如之其他謂菆木畢塗屋亦如天子也必知天

禮記正義五十四　二十四

子椁四阿者成二年左傳云宋文公卒椁有四阿是僭天子禮但凡殯之禮天子先以龍輴置於客位殯處然後從阼階舉棺於輴中輴外以木菆輴之四邊木高於棺乃從上加縚黼於棺上然後以木題湊題頭也湊鄉也謂以木頭相湊鄉内也象椁上之四柱以覆之如屋形以泥塗之於屋之上又加席三重於殯上其諸侯則居棺以輴亦菆木輴外木高於棺後加布幕於棺上又菆木於塗上不題湊象椁也雖不象椁亦中央高似屋形但不爲四注故經云畢塗屋揔包君也塗上加席二重云大夫之殯廢輴者案下檀弓云三臣廢輴據殯時也是大夫之殯廢輴云欑中狹小裁取容棺者以經云塗不暨于棺明其狹小卑者既狹則知天子諸侯差寬大矣云士達於天子皆然者謂皆帷之

熬君四種八筐大夫三種六筐士二種四筐加魚腊焉 熬者煎穀也將塗設於棺旁所以惑蚍蜉使不至棺也士喪禮曰熬

黍稷各二筐又曰設熬旁一筐大夫三種加以粱　正
君四種加以稻四筐則手足皆一其餘設於左右【疏】義
曰此一經明熬穀之異熬者謂火熬其穀使香欲使蚍蜉
聞其香氣食穀不侵尸也　加魚腊焉者魚腊謂乾腊案
特牲士腊用兔少牢大夫腊用麋天子諸侯無文當用六
獸之屬亦爲惑蚍蜉【注】士喪至左右　正義曰此云士
二種四筐士喪禮熬黍稷各二筐文與此同故引之又引
士喪禮云設熬旁一筐者證設熬之處云大夫三種加以
粱者以曲禮云歲凶大夫不食粱明豐年常食粱故知大
夫加以粱公食大夫禮黍稷稻粱云君四種加以稻四筐
則手足皆一者當以士喪四筐設敖旁各一筐則兩旁有
兩筐首有一筐足有一筐也云其餘設於左右者兩筐
在首足以外皆設於左右旁也飾棺君龍帷三池振容黼荒火
三列黻三列素錦褚加僞荒纁紐六齊五

采五貝黼翣二黻翣二畫翣二皆戴圭魚
躍拂池君纁戴六纁披六大夫畫帷二池
不振容畫荒火三列黻三列素錦褚纁紐
二玄紐二齊三采三貝黻翣二畫翣二皆
戴綏魚躍拂池大夫戴前纁後玄披亦如
之士布帷布荒一池揄絞纁紐二緇紐二
齊三采一貝畫翣二皆戴綏士戴前纁後
緇二披用纁飾棺者以華道路及壙中不欲衆惡其親也荒蒙也在旁曰帷在上曰荒皆所

黍稷各二筐又曰設熬旁一筐大夫三種加以粱　正
君四種加以稻四筐則手足皆一其餘設於左右【疏】義
曰此一經明熬穀之異熬者謂火熬其穀使香欲使蚍蜉
聞其香氣食穀不侵尸也　加魚腊焉者魚腊謂乾腊案
特牲士腊用兔少牢大夫腊用麋天子諸侯無文當用六
獸之屬亦爲惑蚍蜉【注】士喪至左右　正義曰此云士
二種四筐士喪禮熬黍稷各二筐文與此同故引之又引
士喪禮云設熬旁一筐者證設熬之處云大夫三種加以
粱者以曲禮云歲凶大夫不食粱明豐年常食粱故知大
夫加以粱公食大夫禮黍稷稻粱云君四種加以稻四筐
則手足皆一者當以士喪四筐設敖旁各一筐則兩旁有
兩筐首有一筐足有一筐也云其餘設於左右者兩筐
在首足以外皆設於左右旁也飾棺君龍帷三池振容黼荒火
三列黻三列素錦褚加僞荒纁紐六齊五
禮記義五十四　二十五　王春
采五貝黼翣二黻翣二畫翣二皆戴圭魚
躍拂池君纁戴六纁披六大夫畫帷二池
不振容畫荒火三列黻三列素錦褚纁紐
二玄紐二齊三采三貝黻翣二畫翣二皆
戴綏魚躍拂池大夫戴前纁後玄披亦如
之士布帷布荒一池揄絞纁紐二緇紐二
齊三采一貝畫翣二皆戴綏士戴前纁後
緇二披用纁飾棺者以華道路及壙中不欲衆惡其親也荒蒙也在旁曰帷在上曰荒皆所

足利本第五十四卷第二十六葉

以衣柳也士布帷布荒者白布也君大夫加文章焉黼荒
緣邊爲黼文畫荒緣邊爲雲氣火黻爲列於其中耳僞當
爲帷或作于聲之誤也大夫以上有褚以襯覆棺乃加帷
荒於其上紐所以結連帷荒者也池以竹爲之如小車笭
衣以青布柳象宮室縣池於荒之爪端若承霤然云君大
夫以銅爲魚縣於池下揄揄翟也青質五色畫之於絞繒
而垂之以爲振容象水草之動摇行則又魚上拂池雜記
曰大夫不揄絞屬於池下是不振容也士則去魚齊象車
蓋蕤縫合雜采爲之形如瓜分然綴貝落其上及旁戴之
言值也所以連繫棺束與柳材使相值因而結前後披也
漢禮翣以木爲筐廣三尺高二尺四寸方兩角高衣以白
布畫者畫雲氣其餘各如其象柄長五尺車行使人持之
而從既窆樹於壙中檀弓曰周人牆置翣是也緌　正
當爲緌讀如冠蕤之蕤蓋五采明注於翣首也　【疏】義
曰此一經明葬時尊卑棺飾　君龍帷者君諸侯也帷柳
車邊障也以白布爲之王侯皆畫爲龍象人君之德故云龍

禮記義五十四　二十六　金彦

帷也　三池者諸侯禮也池謂織竹爲籠衣以青布挂著
於柳上荒邊爪端象平生宮室有承霤也天子生有四注
屋四面承霤柳亦四池象之諸侯屋亦四注而柳降一池
闕於後一故三池也　振容者振動也容飾也謂以絞繒
爲之長丈餘如幡畫幡上爲雉縣於池下爲容飾車行則
幡動故曰振容　黼荒者荒蒙也謂柳車上覆謂鼈甲也
緣荒邊爲白黑斧文故云黼荒　火三列者列行也於鼈
甲黼文之上荒中央又畫爲火三行也火形如半環也
黻三列者又畫爲兩己相背爲三行也　素錦褚者素錦
白錦也褚屋也於荒下又用白錦以爲屋也葬在路象宮
室也故雜記云素錦以爲屋而行即褚是也　加僞荒者
帷者邊牆荒是上蓋褚覆竟而加帷荒於褚外也　纁紐六
者上蓋與邊牆相離故又以纁爲紐連之相著旁各三
凡用六紐故云纁紐六也　齊五采者謂鼈甲上當中央形
圓如車蓋高三尺徑二尺餘五采謂人君以五采繒衣之
列行相次故云五采也　五貝者又連貝爲五行交絡齊

潘本第五十四卷第二十六葉

以衣柳也士布帷布荒者白布也君大夫加文章焉黼荒
緣邊爲黼文畫荒緣邊爲雲氣火黻爲列於其中耳僞當
爲帷或作于聲之誤也大夫以上有褚以襯覆棺乃加帷
荒於其上紐所以結連帷荒者也池以竹爲之如小車笭
衣以青布柳象宮室縣池於荒之爪端若承霤然云君大
夫以銅爲魚縣於池下揄揄翟也青質五色畫之於絞繒
而垂之以爲振容象水草之動摇行則又魚上拂池雜記
曰大夫不揄絞屬於池下是不振容也士則去魚齊象車
蓋蕤縫合雜采爲之形如瓜分然綴貝落其上及旁戴之
言值也所以連繫棺束與柳材使相值因而結前後披也
漢禮翣以木爲筐廣三尺高二尺四寸方兩角高衣以白
布畫者畫雲氣其餘各如其象柄長五尺車行使人持之
而從既窆樹於壙中檀弓曰周人牆置翣是也緌　正
當爲緌讀如冠蕤之蕤蓋五采明注於翣首也　【疏】義
曰此一經明葬時尊卑棺飾　君龍帷者君諸侯也帷柳
車邊障也以白布爲之王侯皆畫爲龍象人君之德故云龍

禮記義五十四　二十六　金彦

帷也　三池者諸侯禮也池謂織竹爲籠衣以青布挂著
於柳上荒邊爪端象平生宮室有承霤也天子生有四注
屋四面承霤柳亦四池象之諸侯屋亦四注而柳降一池
闕於後一故三池也　振容者振動也容飾也謂以絞繒
爲之長丈餘如幡畫幡上爲雉縣於池下爲容飾車行則
幡動故曰振容　黼荒者荒蒙也謂柳車上覆謂鼈甲也
緣荒邊爲白黑斧文故云黼荒　火三列者列行也於鼈
甲黼文之上荒中央又畫爲火三行也火形如半環也
黻三列者又畫爲兩己相背爲三行也　素錦褚者素錦
白錦也褚屋也於荒下又用白錦以爲屋也葬在路象宮
室也故雜記云素錦以爲屋而行即褚是也　加僞荒者
帷者邊牆荒是上蓋褚覆竟而加帷荒於褚外也　纁紐六
者上蓋與邊牆相離故又以纁爲紐連之相著旁各三
凡用六紐故云纁紐六也　齊五采者謂鼈甲上當中央形
圓如車蓋高三尺徑二尺餘五采謂人君以五采繒衣之
列行相次故云五采也　五貝者又連貝爲五行交絡齊

足利本第五十四卷第二十七葉

上也　黼翣二黻翣二畫翣二者翣形似扇以木爲之
在路則障車入椁則障柩也凡有六枚二畫爲黼二畫爲
黻二畫爲雲氣諸侯六天子八禮器云天子八翣諸侯六
大夫四鄭注縫人云漢禮器制度飾棺天子龍火黼黻皆
五列又有龍翣二其戴皆加璧也　皆戴圭者謂諸侯六
翣兩角皆戴圭玉也　魚躍拂池者凡池必有魚故此車
池縣絞雉又縣銅魚於池下若車行則魚跳躍上拂池也
隱義曰振容在下是魚在振容間　君纁戴六者事異飾
棺故更言君也纁戴謂用纁帛繫棺紐著柳骨也謂之
戴者戴值也使棺堅值棺橫束有三亦每一束兩邊輒各
屈皮爲紐三束有六紐今穿纁戴於紐以繫柳骨故有六
戴也　纁披六者纁謂亦用絳帛爲之以一頭繫所連柳
纁戴之中而出一頭於帷外人牽之每戴繫之故亦有六
也謂之披者若牽車登高則引前以防軒車適下則引後
以防翻車欹左則引右欹右則引左使車不傾覆也　大夫
畫帷者不得爲龍畫爲雲氣　二池者不得三故二也庾

禮記義五十四　二十七　金彥

云兩邊而已賀云前後各一不振容者謂不以揄絞屬於
池下爲振容故云不振容也其池上揄絞則有也　畫荒
者不爲斧而爲雲氣也　火三列黻三列素錦褚者與君
同也　纁紐二玄紐二者不得六故用四以連四旁也不并
一色故二爲纁二爲玄也　齊三采者降黃黑也　三貝
者又降二也　黻翣二畫翣二者降兩黼也　皆戴綏者
翣角不圭但用五采羽作綏注翣兩角也　魚躍拂池者
無絞雉而有縣銅魚也　大夫戴前纁後玄者事異故更
言大夫也降人君故不並用纁也其數與披同用四也
披亦如之者色及數悉與戴同也　士布帷布荒者士帷
及荒皆白布爲之而不畫也　一池者唯一池在前也
揄絞者亦畫揄雉於絞在於池上而池下無振容知者大
夫既不振容明士亦不振容於池下　纁紐二緇紐二者
又降用玄緇也猶用四連四旁　齊三采者與大夫同也
一貝者又降二行但一行絡之耳　畫翣二皆戴綏者
又降二黻也池上翣悉綏故云皆也　士戴前纁後緇者

潘本第五十四卷第二十七葉

上也　黼翣二黻翣二畫翣二者翣形似扇以木爲之
在路則障車入椁則障柩也凡有六枚二畫爲黼二畫爲
黻二畫爲雲氣諸侯六天子八禮器云天子八翣諸侯六
大夫四鄭注縫人云漢禮器制度飾棺天子龍火黼黻皆
五列又有龍翣二其戴皆加璧也　皆戴圭者謂諸侯六
翣兩角皆戴圭玉也　魚躍拂池者凡池必有魚故此車
池縣絞雉又縣銅魚於池下若車行則魚跳躍上拂池也
隱義曰振容在下是魚在振容間　君纁戴六者事異飾
棺故更言君也纁戴謂用纁帛繫棺紐著柳骨也謂之
戴者戴值也使棺堅值棺橫束有三亦每一束兩邊輒各
屈皮爲紐三束有六紐今穿纁戴於紐以繫柳骨故有六
戴也　纁披六者纁謂亦用絳帛爲之以一頭繫所連柳
纁戴之中而出一頭於帷外人牽之每戴繫之故亦有六
也謂之披者若牽車登高則引前以防軒車適下則引後
以防翻車欹左則引右欹右則引左使車不傾覆也　大夫
畫帷者不得爲龍畫爲雲氣　二池者不得三故二也庾

禮記義五十四　二十七　金彥

云兩邊而已賀云前後各一不振容者謂不以揄絞屬於
池下爲振容故云不振容也其池上揄絞則有也　畫荒
者不爲斧而爲雲氣也　火三列黻三列素錦褚者與君
同也　纁紐二玄紐二者不得六故用四以連四旁也不并
一色故二爲纁二爲玄也　齊三采者降黃黑也　三貝
者又降二也　黻翣二畫翣二者降兩黼也　皆戴綏者
翣角不圭但用五采羽作綏注翣兩角也　魚躍拂池者
無絞雉而有縣銅魚也　大夫戴前纁後玄者事異故更
言大夫也降人君故不並用纁也其數與披同用四也
披亦如之者色及數悉與戴同也　士布帷布荒者士帷
及荒皆白布爲之而不畫也　一池者唯一池在前也
揄絞者亦畫揄雉於絞在於池上而池下無振容知者大
夫既不振容明士亦不振容於池下　纁紐二緇紐二者
又降用玄緇也猶用四連四旁　齊三采者與大夫同也
一貝者又降二行但一行絡之耳　畫翣二皆戴綏者
又降二黻也池上翣悉綏故云皆也　士戴前纁後緇者

足利本第五十四卷第二十八葉

士異故重言士也戴當棺束每束各在兩邊前頭二戴用
纁後頭二戴用緇通兩邊爲四戴舉一邊即兩戴也　二
披用纁者據一邊前後各一披故云二披用纁若通兩旁
則亦四披也　注飾棺至首也　正義曰以華道路及壙
中者以翣入壙中則知餘物堪入壙中者皆入云荒蒙也
者以爾雅荒蒙俱訓爲奄故荒得爲蒙云皆所以衣柳也
者謂木材將此帷荒在外衣覆之故云皆所以衣柳云黼
荒緣邊爲黼文畫荒緣邊爲雲氣者既云黼荒畫荒又云
火三列黻三列火黻既爲三列其處寬多宜在荒之中央則
知黼之與畫宜在荒之外畔云偽當爲帷或作于者偽字與
帷聲相近又諸本偽字作于者于帷聲又相近因聲相近
而遂誤作偽字或作于字故云聲之誤也云紐所以結連
帷荒者荒在上帷在旁屬紐以結之與束棺屬披之紐別
也故鄭注司士云謂結披必當棺束於束繫紐是披紐與此異也
云池以竹爲之如小車笭衣以青布者鄭以漢之制度而知如小
車笭者以小車之箱必猶狹長故云如小車笭云縣池於荒之爪

禮記義五十四　二十八　吴宗

端若承霤然云者荒之爪謂荒之材出外若人之指爪而縣
此池於荒之爪端其池若宮室之承霤然云語辭也云以銅
爲魚縣於池下者亦參漢之制度而知也云揄揄翟也青質
五色者爾雅釋鳥文經云揄絞故知畫揄於絞繒也經云振
容故知垂之以爲振容象水草之動揺云行則又魚上拂池
者以經云魚躍拂池躍是鄉上之名非行不動故知行則魚
上拂池引雜記曰大夫不揄絞屬於池下是不振容也者此
經云不振容雜記云大夫不揄絞屬於池下若屬於池則振
容不屬於池下是不振容也云士則去魚者言士同大夫
不振容更又去魚故云士則去魚此云士揄絞明大夫
亦揄絞但大夫不以揄絞屬於池下爲振容而皇氏不解
鄭之此旨謂大夫不揄絞而有銅魚士無銅魚而有揄絞
以爲魚陰而絞陽大夫偪君故奪其陽不尋其義一何疏
妄之甚云齊象車蓋蕤者凡車蓋四面有垂下蕤今此齊形
象此車蓋及蕤謂上象車蓋旁象蓋蕤云縫合雜采爲之
形如爪分然者言齊形既圓上下縫合雜采竪有限攝如

潘本第五十四卷第二十八葉

士異故重言士也戴當棺束每束各在兩邊前頭二戴用
纁後頭二戴用緇通兩邊爲四戴舉一邊即兩戴也　二
披用纁者據一邊前後各一披故云二披用纁若通兩旁
則亦四披也　注飾棺至首也　正義曰以華道路及壙
中者以翣入壙中則知餘物堪入壙中者皆入云荒蒙也
者以爾雅荒蒙俱訓爲奄故荒得爲蒙云皆所以衣柳也
者謂木材將此帷荒在外衣覆之故云皆所以衣柳云黼
荒緣邊爲黼文畫荒緣邊爲雲氣者既云黼荒畫荒又云
火三列黻三列火黻既爲三列其處寬多宜在荒之中央則
知黼之與畫宜在荒之外畔云偽當爲帷或作于者偽字與
帷聲相近又諸本偽字作于者于帷聲又相近因聲相近
而遂誤作偽字或作于字故云聲之誤也云紐所以結連
帷荒者荒在上帷在旁屬紐以結之與束棺屬披之紐別
也故鄭注司士云謂結披必當棺束於束繫紐是披紐與此異也
云池以竹爲之如小車笭衣以青布者鄭以漢之制度而知如小
車笭者以小車之箱必猶狹長故云如小車笭云縣池於荒之爪

禮記義五十四　二十八　吴宗

端若承霤然云者荒之爪謂荒之材出外若人之指爪而縣
此池於荒之爪端其池若宮室之承霤然云語辭也云以銅
爲魚縣於池下者亦參漢之制度而知也云揄揄翟也青質
五色者爾雅釋鳥文經云揄絞故知畫揄於絞繒也經云振
容故知垂之以爲振容象水草之動揺云行則又魚上拂池
者以經云魚躍拂池躍是鄉上之名非行不動故知行則魚
上拂池引雜記曰大夫不揄絞屬於池下是不振容也者此
經云不振容雜記云大夫不揄絞屬於池下若屬於池則振
容不屬於池下是不振容也云士則去魚者言士同大夫
不振容更又去魚故云士則去魚此云士揄絞明大夫
亦揄絞但大夫不以揄絞屬於池下爲振容而皇氏不解
鄭之此旨謂大夫不揄絞而有銅魚士無銅魚而有揄絞
以爲魚陰而絞陽大夫偪君故奪其陽不尋其義一何疏
妄之甚云齊象車蓋蕤者凡車蓋四面有垂下蕤今此齊形
象此車蓋及蕤謂上象車蓋旁象蓋蕤云縫合雜采爲之
形如爪分然者言齊形既圓上下縫合雜采竪有限攝如

足利本第五十四卷第二十九葉

爪内之子以穰爲分限然也皇氏云如虎掌之爪皮外其色有部分若然此注唯據斑爪事恐不合耳云所以連繫棺束與柳材使相值因而結前後披者謂用此戴索連繫棺束之紐與外畔柳材使相當值謂連棺著柳將披一頭以結此戴更垂披頭鄉外使人執之備柩車傾動云以木爲筐者謂以木爲翣之筐若門戸四面筐也云廣三尺高二尺四寸方兩角高者謂廣方正不圓曲也云綏當爲緌至翣首也者以周禮夏采掌染鳥羽爲夏翟之色故名夏采其職掌復建緌故知緌五采羽注於翣首謂翣之兩角諸侯則戴以圭

君葬用輴四紼二碑御棺用羽葆大夫葬用輴二紼二碑御棺用茅士葬用國車二紼無碑比出宮御棺用功布

大夫廢輴此言輴非也輴皆當爲載以輇車之輇聲之誤也輇字或作團是以又誤爲國輇車柩車也尊卑之差也在棺曰紼行道曰引至壙將窆又曰紼而設碑是以連言之碑桓楹也御棺居前爲節度也士言比出宮用功布則出宮而止至壙無矣紼或爲率

禮記義五十四　二十九　魏俊

疏 正義曰此一經明葬時在路尊卑載柩之車及碑紼之等君葬用輴者諸侯載柩在路而用輴當用輇車用輴非也　四紼二碑者紼有四條碑有二所此諸侯也天子則六紼四碑　御棺用羽葆者雜記云諸侯用匠人執羽葆以鳥羽注於柄末如蓋而御者執之居前以指麾爲節度也　大夫葬用輴者言輴非亦當爲用輇也　二紼二碑者碑各一孔樹於壙之前後紼各穿之也　士葬用國車者國亦當爲輇也二紼無碑者手縣下之　比出宮御棺用功布者比出宮謂柩在宮牆内也功布大功布也士用大功布爲御也大夫用茅自廟至墓士卑御自廟至大門牆内而止出路便否至墓不復御也隱義云羽葆功布等其象皆如麾

注大夫至無矣　正義曰鄭引大夫廢輴此經云葬用輴與檀弓違故云此言輴

潘本第五十四卷第二十九葉

爪内之子以穰爲分限然也皇氏云如虎掌之爪皮外其色有部分若然此注唯據斑爪事恐不合耳云所以連繫棺束與柳材使相值因而結前後披者謂用此戴索連繫棺束之紐與外畔柳材使相當值謂連棺著柳將披一頭以結此戴更垂披頭鄉外使人執之備柩車傾動云以木爲筐者謂以木爲翣之筐若門戸四面筐也云廣三尺高二尺四寸方兩角高者謂廣方正不圓曲也云綏當爲緌至翣首也者以周禮夏采掌染鳥羽爲夏翟之色故名夏采其職掌復建緌故知緌五采羽注於翣首謂翣之兩角諸侯則戴以圭

君葬用輴四紼二碑御棺用羽葆大夫葬用輴二紼二碑御棺用茅士葬用國車二紼無碑比出宮御棺用功布

大夫廢輴此言輴非也輴皆當爲載以輇車之輇聲之誤也輇字或作團是以又誤爲國輇車柩車也尊卑之差也在棺曰紼行道曰引至壙將窆又曰紼而設碑是以連言之碑桓楹也御棺居前爲節度也士言比出宮用功布則出宮而止至壙無矣紼或爲率

禮記義五十四　二十九　魏俊

疏 正義曰此一經明葬時在路尊卑載柩之車及碑紼之等君葬用輴者諸侯載柩在路而用輴當用輇車用輴非也　四紼二碑者紼有四條碑有二所此諸侯也天子則六紼四碑　御棺用羽葆者雜記云諸侯用匠人執羽葆以鳥羽注於柄末如蓋而御者執之居前以指麾爲節度也　大夫葬用輴者言輴非亦當爲用輇也　二紼二碑者碑各一孔樹於壙之前後紼各穿之也　士葬用國車者國亦當爲輇也二紼無碑者手縣下之　比出宮御棺用功布者比出宮謂柩在宮牆内也功布大功布也士用大功布爲御也大夫用茅自廟至墓士卑御自廟至大門牆内而止出路便否至墓不復御也隱義云羽葆功布等其象皆如麾

注大夫至無矣　正義曰鄭引大夫廢輴此經云葬用輴與檀弓違故云此言輴

非也云輴皆當爲載以輇車之輇者謂經云君葬用輴大夫葬用輴此二輴皆當爲載以輇車之輇讀從雜記之文謂君及大夫皆載以輇車明不以輴也必知非輴者以此文云士葬用國車國字與團字相似因誤耳團與輇聲相類輇則蜃車也在路載柩尊卑同用蜃車故知經云輴者非也輴國皆當爲輇云尊卑之差也在棺曰綍者皇氏云天子諸侯以下載柩車同皆用輇也其尊卑之差異在於棺飾耳則前經棺飾是尊卑異也熊氏云尊卑之差謂此經君四綍二碑御棺用羽葆大夫二綍二碑御棺用茅士葬用二綍無碑御棺用功布失鄭注意其說非也云行道曰引至壙將窆又曰綍而設碑是以連言之者此一經所論在道之時未論窆時下棺之節既是在塗經當應云引而云綍與碑者其初時在塗後遂窆葬因在塗連言窆時故云是以連言之至窆時下棺天子則更載以龍輴故遂師注云蜃車柩路也行至壙乃說更復載以龍輴是天子殯用龍輴至壙去蜃車載以龍輴以此約之則諸侯殯以

禮記疏五十四　三十

輴葬則用輇明矣若大夫唯朝廟用輴殯則不用輴葬時亦無輴也士則殯不用輴朝廟得用輁軸若天子元士葬亦用輁軸與大夫異禮有損之而益之也云碑桓楹也者下檀弓云三家視桓楹是僭也則天子用大木爲碑謂之豐碑諸侯則樹兩大木爲碑謂之桓楹此經君稱二綍二碑故云桓楹也謂每一碑樹兩楹云士言比出宮用功布則出宮而止至壙無矣者以士卑故出宮在路無御柩之物

凡封用綍去碑負引君封以衡大夫士以咸君命毋譁以鼓封 周禮作窆窆下棺也此封或皆作斂檀弓曰公輸若方小斂般請以機封謂此斂也然則棺之入坎爲斂與斂尸相似記時同之耳咸讀爲緘凡柩車及壙說載除飾而屬紼於柩之緘又樹碑於壙之前後以紼繞碑間之鹿盧輓棺而下之此時棺下窆使

大夫命毋哭士哭者相止也

非也云輴皆當爲載以輇車之輇者謂經云君葬用輴大夫葬用輴此二輴皆當爲載以輇車之輇讀從雜記之文謂君及大夫皆載以輇車明不以輴也必知非輴者以此文云士葬用國車國字與團字相似因誤耳團與輇聲相類輇則蜃車也在路載柩尊卑同用蜃車故知經云輴者非也輴國皆當爲輇云尊卑之差也在棺曰綍者皇氏云天子諸侯以下載柩車同皆用輇也其尊卑之差異在於棺飾耳則前經棺飾是尊卑異也熊氏云尊卑之差謂此經君四綍二碑御棺用羽葆大夫二綍二碑御棺用茅士葬用二綍無碑御棺用功布失鄭注意其說非也云行道曰引至壙將窆又曰綍而設碑是以連言之者此一經所論在道之時未論窆時下棺之節既是在塗經當應云引而云綍與碑者其初時在塗後遂窆葬因在塗連言窆時故云是以連言之至窆時下棺天子則更載以龍輴故遂師注云蜃車柩路也行至壙乃說更復載以龍輴是天子殯用龍輴至壙去蜃車載以龍輴以此約之則諸侯殯以

禮記疏五十四　三十

輴葬則用輇明矣若大夫唯朝廟用輴殯則不用輴葬時亦無輴也士則殯不用輴朝廟得用輁軸若天子元士葬亦用輁軸與大夫異禮有損之而益之也云碑桓楹也者下檀弓云三家視桓楹是僭也則天子用大木爲碑謂之豐碑諸侯則樹兩大木爲碑謂之桓楹此經君稱二綍二碑故云桓楹也謂每一碑樹兩楹云士言比出宮用功布則出宮而止至壙無矣者以士卑故出宮在路無御柩之物

凡封用綍去碑負引君封以衡大夫士以咸君命毋譁以鼓封 周禮作窆窆下棺也此封或皆作斂檀弓曰公輸若方小斂般請以機封謂此斂也然則棺之入坎爲斂與斂尸相似記時同之耳咸讀爲緘凡柩車及壙說載除飾而屬紼於柩之緘又樹碑於壙之前後以紼繞碑間之鹿盧輓棺而下之此時棺下窆使

大夫命毋哭士哭者相止也

輓者皆繫紼而繞要負引舒縱之備失脫也用紼去碑者
謂縱下之時也衡平也人君之喪又以木橫貫緘耳居旁
持而平之又擊鼓爲縱舍之節大夫士旁牽緘而已庶人
縣窆不引紼也禮唯天子葬有隧今齊人謂棺束爲緘繩
咸或【疏】正義曰此一經論尊卑下棺之制　凡封用綍
爲械　去碑負引者封當爲窆窆謂下棺下棺之時將
綍一頭以繫棺緘又將一頭繞碑間鹿盧所引之人在碑
外背碑而立負引者漸漸應鼓聲而下故云用綍去碑負
引也　君封以衡者諸侯禮大物多棺重恐柩不正下棺
之時別以大木爲衡貫穿棺束之緘平持而下備傾頓也
大夫士以咸者大夫士無衡使人以綍直繫棺束之緘
而下於君也　君命無譁以鼓封者謂君下棺時命令衆
人無得諠譁以擊鼓爲窆時縱捨之節每一鼓漸縱綍也
大夫命毋哭者大夫卑不得擊鼓直命人使無哭耳
士哭者相止也者士又卑不得施教令直以哭者自相止
也【注】封周至緘繩　正義曰此封或皆作斂者謂禮記

禮記義五十四　三十一　沈珎

餘本此經中封字皆作斂字者鄭以窆有斂義故引檀弓
之文斂般請以機窆故云謂此斂也云然則棺之入坎爲
斂與斂尸相似記時同之耳者以下棺與斂尸相似故作
記之時他本同稱斂故下棺亦以爲斂也云屬紼於極之
緘者至壙說載除飾之後謂解此蜃車之綍繫於極之緘
束之繩云又樹碑於壙之前後以紼繞碑間之鹿盧輓棺
而下之者諸侯四綍二碑前後二紼各繞前後二碑之鹿
盧其餘兩紼於壙之兩旁人輓之而下其天子則下檀弓
注云天子六繂四碑前後各重鹿盧如鄭此注天子紼既
有六碑但有四故以前碑後碑各重鹿盧每一碑用二繂
前後用四繂其餘兩繂繫於兩旁之碑案下檀弓注云諸
侯之繂不云前後重鹿盧則諸侯之碑前後不重鹿盧也
前碑後碑各一紼其餘二紼在旁人持而下棺也經云綍
去碑謂前後綍耳其在旁之綍無碑也故前經士二綍無
碑也是綍有人持之法不要在碑也案檀弓注云前後重
鹿盧唯據天子皇氏云諸侯亦有前後重鹿盧四紼繫於

輓者皆繫紼而繞要負引舒縱之備失脫也用紼去碑者
謂縱下之時也衡平也人君之喪又以木橫貫緘耳居旁
持而平之又擊鼓爲縱舍之節大夫士旁牽緘而已庶人
縣窆不引紼也禮唯天子葬有隧今齊人謂棺束爲緘繩
咸或【疏】正義曰此一經論尊卑下棺之制　凡封用綍
爲械　去碑負引者封當爲窆窆謂下棺下棺之時將
綍一頭以繫棺緘又將一頭繞碑間鹿盧所引之人在碑
外背碑而立負引者漸漸應鼓聲而下故云用綍去碑負
引也　君封以衡者諸侯禮大物多棺重恐柩不正下棺
之時別以大木爲衡貫穿棺束之緘平持而下備傾頓也
大夫士以咸者大夫士無衡使人以綍直繫棺束之緘
而下於君也　君命無譁以鼓封者謂君下棺時命令衆
人無得諠譁以擊鼓爲窆時縱捨之節每一鼓漸縱綍也
大夫命毋哭者大夫卑不得擊鼓直命人使無哭耳
士哭者相止也者士又卑不得施教令直以哭者自相止
也【注】封周至緘繩　正義曰此封或皆作斂者謂禮記

禮記義五十四　三十一　沈珎

餘本此經中封字皆作斂字者鄭以窆有斂義故引檀弓
之文斂般請以機窆故云謂此斂也云然則棺之入坎爲
斂與斂尸相似記時同之耳者以下棺與斂尸相似故作
記之時他本同稱斂故下棺亦以爲斂也云屬紼於極之
緘者至壙說載除飾之後謂解此蜃車之綍繫於極之緘
束之繩云又樹碑於壙之前後以紼繞碑間之鹿盧輓棺
而下之者諸侯四綍二碑前後二紼各繞前後二碑之鹿
盧其餘兩紼於壙之兩旁人輓之而下其天子則下檀弓
注云天子六繂四碑前後各重鹿盧如鄭此注天子紼既
有六碑但有四故以前碑後碑各重鹿盧每一碑用二繂
前後用四繂其餘兩繂繫於兩旁之碑案下檀弓注云諸
侯之繂不云前後重鹿盧則諸侯之碑前後不重鹿盧也
前碑後碑各一紼其餘二紼在旁人持而下棺也經云綍
去碑謂前後綍耳其在旁之綍無碑也故前經士二綍無
碑也是綍有人持之法不要在碑也案檀弓注云前後重
鹿盧唯據天子皇氏云諸侯亦有前後重鹿盧四紼繫於

足利本第五十四卷第三十二葉

前後二碑旁邊無紼既違鄭注下棺又危其義恐非也云禮唯天子葬有隧者案僖二十五年左傳云晉侯請隧王弗許曰王章也是隧爲天子典章諸侯請故知天子有隧也杜元凱注左傳闕地通路曰隧諸侯皆縣柩而下路則輴也故遂師注云至壙説載除飾更復載以龍輴是載以輴入隧道皇氏云棺從而下遂以納明器其説兼路也云今齊人謂棺束爲緘繩者以今人之語證經緘是束棺之物

君松椁大夫柏椁

士雜木椁

椁謂周棺者也天子柏椁以端長六尺夫子制於中都使庶人之椁五寸五寸謂端方也此謂尊者用大材卑者用小材耳自天子諸侯卿大夫士庶人六等其椁長自六尺而下其方自五寸而上未聞其差所定也抗木之厚蓋與椁方齊天子五重上公四重諸侯三重大夫再重士一重

疏 正義曰此一經明所用椁木不同 君松椁者君諸侯也諸侯用松爲椁材也盧云以松黄腸爲椁庾云黄腸松心也 大夫柏椁者

禮記義五十四　三十三　宋琦

以柏爲椁不用黄腸下天子也 士雜木椁者又卑不得同君故用雜木也 注 椁謂至一重 正義曰天子柏椁以端長六尺夫子制於中都使庶人之椁五寸五寸謂端方也者鄭以椁木長短及厚薄無文故引柏椁以端長六尺明椁材每段長六尺也又庶人厚五寸者欲明椁材每段厚薄廣狹五寸也故云謂端方也端頭也謂材頭之方天子長六尺謂尊者用大材庶人方五寸是卑者用小材云六等其椁長自六尺而下其方自五寸而上未聞其差所定也者天子既六尺而下未知諸侯卿大夫士庶人節級之數庶人自五寸而上未知士及大夫卿與諸侯天子差益之數故云未聞其差所定案檀弓柏椁以端長六尺注云其方蓋一尺以此差之諸侯方九寸卿方八寸大夫七寸士六寸庶人五寸雖有此約又無正文可定云抗木之厚蓋與椁方齊者以椁繞四旁抗木在上俱在於外故疑厚薄齊等云天子五重以下者據抗木之數言之故禮器天子五重八翣是也每一重縮二在下横三在上故既

潘本第五十四卷第三十二葉

前後二碑旁邊無紼既違鄭注下棺又危其義恐非也云禮唯天子葬有隧者案僖二十五年左傳云晉侯請隧王弗許曰王章也是隧爲天子典章諸侯請故知天子有隧也杜元凱注左傳闕地通路曰隧諸侯皆縣柩而下路則輴也故遂師注云至壙説載除飾更復載以龍輴是載以輴入隧道皇氏云棺從而下遂以納明器其説兼路也云今齊人謂棺束爲緘繩者以今人之語證經緘是束棺之物

君松椁大夫柏椁

士雜木椁

椁謂周棺者也天子柏椁以端長六尺夫子制於中都使庶人之椁五寸五寸謂端方也此謂尊者用大材卑者用小材耳自天子諸侯卿大夫士庶人六等其椁長自六尺而下其方自五寸而上未聞其差所定也抗木之厚蓋與椁方齊天子五重上公四重諸侯三重大夫再重士一重

疏 正義曰此一經明所用椁木不同 君松椁者君諸侯也諸侯用松爲椁材也盧云以松黄腸爲椁庾云黄腸松心也 大夫柏椁者

禮記義五十四　三十三　宋琦

以柏爲椁不用黄腸下天子也 士雜木椁者又卑不得同君故用雜木也 注 椁謂至一重 正義曰天子柏椁以端長六尺夫子制於中都使庶人之椁五寸五寸謂端方也者鄭以椁木長短及厚薄無文故引柏椁以端長六尺明椁材每段長六尺也又庶人厚五寸者欲明椁材每段厚薄廣狹五寸也故云謂端方也端頭也謂材頭之方天子長六尺謂尊者用大材庶人方五寸是卑者用小材云六等其椁長自六尺而下其方自五寸而上未聞其差所定也者天子既六尺而下未知諸侯卿大夫士庶人節級之數庶人自五寸而上未知士及大夫卿與諸侯天子差益之數故云未聞其差所定案檀弓柏椁以端長六尺注云其方蓋一尺以此差之諸侯方九寸卿方八寸大夫七寸士六寸庶人五寸雖有此約又無正文可定云抗木之厚蓋與椁方齊者以椁繞四旁抗木在上俱在於外故疑厚薄齊等云天子五重以下者據抗木之數言之故禮器天子五重八翣是也每一重縮二在下横三在上故既

足利本第五十四卷第三十三葉

夕注云象天三合地二也棺椁之閒君容柷大夫容壺士容甒閒可以藏物因以爲節疏正義曰此一經明棺椁之閒廣狹所容也　君容柷者柷如漆筩是諸侯棺椁閒所容也若天子棺椁閒則差寬大故司几筵云柏席用萑玄謂柏椁字磨滅之餘椁席藏中神坐之席是也諸侯棺椁閒亦容席故司几筵云柏席諸侯則紛純稍狹於天子故此云容柷　大夫容壺者壺是漏水之器大夫所掌　士容甒者甒盛酒之器士所用也君裏椁虞筐大夫不裏椁士不虞筐裏椁之物虞筐之文未聞也疏正義曰盧氏雖有解釋鄭云未聞今略盧氏不録也

上杉安房守藤原憲實寄進

禮記正義卷第五十四

禮記義五十四　三十三

潘本第五十四卷第三十三葉

夕注云象天三合地二也棺椁之閒君容柷大夫容壺士容甒閒可以藏物因以爲節疏正義曰此一經明棺椁之閒廣狹所容也　君容柷者柷如漆筩是諸侯棺椁閒所容也若天子棺椁閒則差寬大故司几筵云柏席用萑玄謂柏椁字磨滅之餘椁席藏中神坐之席是也諸侯棺椁閒亦容席故司几筵云柏席諸侯則紛純稍狹於天子故此云容柷　大夫容壺者壺是漏水之器大夫所掌　士容甒者甒盛酒之器士所用也君裏椁虞筐大夫不裏椁士不虞筐裏椁之物虞筐之文未聞也疏正義曰盧氏雖有解釋鄭云未聞今略盧氏不録也

禮記正義卷第五十四

禮記義五十四　三十三

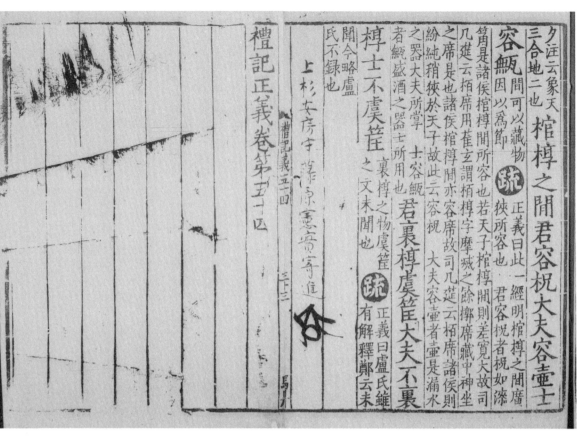

足利本第五十五卷第一葉

禮記正義卷第五十五

國子祭酒上護軍曲阜縣開國子臣孔穎達等奉

勑撰　上杉安房守藤原憲實寄進

祭法第二十三

正義曰案鄭目録云名曰祭法者以其記有虞氏至周天子以下所制祀羣神之數此於别録屬祭祀

祭法有虞氏禘黄帝而郊嚳祖顓頊而宗堯夏后氏亦禘黄帝而郊鯀祖顓頊而宗禹殷人禘嚳而郊冥祖契而宗湯周人禘嚳而郊稷祖文王而宗武王

禮記正義五十五　王奉

禘郊祖宗謂祭祀以配食也此禘謂祭昊天於圜丘也祭上帝於南郊郊祭五帝五神於明堂曰祖宗祖宗通言爾下有禘郊宗祖孝經曰宗祀文王於明堂以配上帝明堂月令春曰其帝大昊其神句芒夏曰其帝炎帝其神祝融中央曰其帝黄帝其神后土秋曰其帝少昊其神蓐收冬曰其帝顓頊其神玄冥有虞氏以上尚德禘郊祖宗配用有德者而已自夏已下稍用其姓代之先後之次有虞氏夏后氏宜郊顓頊殷人宜郊契郊祭一帝而明堂祭五帝小德配寡大德配衆亦禮之殺也

疏　正義曰此一經論有虞氏以下四代禘郊祖宗所配之人有虞氏禘黄帝者謂虞氏冬至祭昊天上帝於圜丘大禘之時以黄帝配祭　而郊嚳者謂夏正建寅之月祭感生之帝於南郊以嚳配也　祖顓頊而宗堯者謂祭五天帝五人帝及五人神於明堂以顓頊及堯配之故云祖顓頊而宗堯祖始也言爲道德之初始故云祖也宗尊也以有

潘本第五十五卷第一葉

禮記正義卷第五十五

國子祭酒上護軍曲阜縣開國子臣孔穎達等奉

勑撰

祭法第二十三

正義曰案鄭目録云名曰祭法者以其記有虞氏至周天子以下所制祀羣神之數此於别録屬祭祀

祭法有虞氏禘黄帝而郊嚳祖顓頊而宗堯夏后氏亦禘黄帝而郊鯀祖顓頊而宗禹殷人禘嚳而郊冥祖契而宗湯周人禘嚳而郊稷祖文王而宗武王

禮記正義五十五　一　王奉

禘郊祖宗謂祭祀以配食也此禘謂祭昊天於圜丘也祭上帝於南郊曰郊祭五帝五神於明堂曰祖宗祖宗通言爾下有禘郊宗祖孝經曰宗祀文王於明堂以配上帝明堂月令春曰其帝大昊其神句芒夏曰其帝炎帝其神祝融中央曰其帝黄帝其神后土秋曰其帝少昊其神蓐收冬曰其帝顓頊其神玄冥有虞氏以上尚德禘郊祖宗配用有德者而已自夏已下稍用其姓代之先後之次有虞氏夏后氏宜郊顓頊殷人宜郊契郊祭一帝而明堂祭五帝小德配寡大德配衆亦禮之殺也

疏　正義曰此一經論有虞氏以下四代禘郊祖宗所配之人有虞氏禘黄帝者謂虞氏冬至祭昊天上帝於圜丘大禘之時以黄帝配祭　而郊嚳者謂夏正建寅之月祭感生之帝於南郊以嚳配也　祖顓頊而宗堯者謂祭五天帝五人帝及五人神於明堂以顓頊及堯配之故云祖顓頊而宗堯祖始也言爲道德之初始故云祖也宗尊也以有

足利本第五十五卷第二葉

德可尊故云宗其夏后氏以下禘郊祖宗其義亦然但所配之人當代各别虞氏云有者以虞字文單故以有字配之無義例也夏云后氏者后君也受位於君故稱后殷周稱人以人所歸往故稱人此並熊氏之說也 注禘郊至殺也 正義曰此禘謂祭昊天於圜丘也者但經傳之文稱禘非一其義各殊論語云禘自既灌及春秋禘于大廟謂宗廟之祭也喪服小記云王者禘其祖之所自出也及大傳云禮不王不禘謂祭感生之帝於南郊也以禘文既多故云此禘謂祭昊天上帝於圜丘必知此是圜丘者以禘文在於郊祭之前郊前之祭唯圜丘耳但爾雅釋天云禘大祭以比餘處爲大祭揔得稱禘案聖證論以此禘黄帝是宗廟五年祭之名故小記云王者禘其祖之所自出以其祖配之謂虞氏之祖出自黄帝以祖顓頊配黄帝而祭故云以其祖配之依五帝本紀黄帝爲虞氏九世祖黄帝生昌意昌意生顓頊虞氏七世祖以顓頊配黄帝而祭是禘其祖之所自出以其祖配之也肅又以祖宗爲祖有功宗有德其廟不毁肅又以郊與圜丘是一郊即圜丘故肅難鄭云案易帝出乎震震東方生萬物之初故王者制之初以木德王天下非謂木精之所生五帝皆黄帝之子孫各改號代變而以五行爲次焉何大微之精所生乎又郊祭鄭玄云祭感生之帝唯祭一帝耳郊特牲何得云郊之祭大報天而主日又天唯一而已何得有六又家語云季康子問五帝孔子曰天有五行木火金水及土四分時化育以成萬物其神謂之五帝是五帝之佐也猶三公輔王三公可得稱王輔不得稱天王五帝可得稱天佐不得稱上天而鄭云以五帝爲靈威仰之屬非也玄以圜丘祭昊天最爲首禮周人立后稷廟不立嚳廟是周人尊嚳不若后稷及文武以嚳配至重之天何輕重顛倒之失所郊則圜丘圜丘則郊猶王城之内與京師異名而同處又王肅孔晁云虞夏出黄帝殷周出帝嚳祭法四代禘此二帝上下相證之明文也詩云天命玄鳥履帝武敏歆自是正義非讖諱之妖説此皆王肅難大略如此而鄭必爲此釋

潘本第五十五卷第二葉

德可尊故云宗其夏后氏以下禘郊祖宗其義亦然但所配之人當代各别虞氏云有者以虞字文單故以有字配之無義例也夏云后氏者后君也受位於君故稱后殷周稱人以人所歸往故稱人此並熊氏之說也 注禘郊至殺也 正義曰此禘謂祭昊天於圜丘也者但經傳之文稱禘非一其義各殊論語云禘自既灌及春秋禘于大廟謂宗廟之祭也喪服小記云王者禘其祖之所自出也及大傳云禮不王不禘謂祭感生之帝於南郊也以禘文既多故云此禘謂祭昊天上帝於圜丘必知此是圜丘者以禘文在於郊祭之前郊前之祭唯圜丘耳但爾雅釋天云禘大祭以比餘處爲大祭揔得稱禘案聖證論以此禘黄帝是宗廟五年祭之名故小記云王者禘其祖之所自出以其祖配之謂虞氏之祖出自黄帝以祖顓頊配黄帝而祭故云以其祖配之依五帝本紀黄帝爲虞氏九世祖黄帝生昌意昌意生顓頊虞氏七世祖以顓頊配黄帝而祭是禘其祖之所自出以其祖配之也肅又以祖宗爲祖有

功宗有德其廟不毁肅又以郊與圜丘是一郊即圜丘故肅難鄭云案易帝出乎震震東方生萬物之初故王者制之初以木德王天下非謂木精之所生五帝皆黄帝之子孫各改號代變而以五行爲次焉何大微之精所生乎又郊祭鄭玄云祭感生之帝唯祭一帝耳郊特牲何得云郊之祭大報天而主日又天唯一而已何得有六又家語云季康子問五帝孔子曰天有五行木火金水及土四分時化育以成萬物其神謂之五帝是五帝之佐也猶三公輔王三公可得稱王輔不得稱天王五帝可得稱天佐不得稱上天而鄭云以五帝爲靈威仰之屬非也玄以圜丘祭昊天最爲首禮周人立后稷廟不立嚳廟是周人尊嚳不若后稷及文武以嚳配至重之天何輕重顛倒之失所郊則圜丘圜丘則郊猶王城之内與京師異名而同處又王肅孔晁云虞夏出黄帝殷周出帝嚳祭法四代禘此二帝上下相證之明文也詩云天命玄鳥履帝武敏歆自是正義非讖諱之妖説此皆王肅難大略如此而鄭必爲此釋

足利本第五十五卷第三葉

者馬昭申鄭云王者禘其祖之所自出以其祖配之案文自了不待師說則始祖之所自出非五帝而誰河圖云姜嫄履大人之跡生后稷大姒夢大人死而生文王又中候云姬昌蒼帝子經緯所說明文又孝經云郊祀后稷以配天則周公配蒼帝靈威仰漢氏及魏據此義而各配其行易云帝出乎震自論八卦養萬物於四時不據感生所出也又張融評云若依大戴禮及史記稷契及堯俱帝嚳之子堯有賢弟七十不用須舜舉之此不然明矣漢氏堯之子孫謂劉媼感赤龍而生高祖薄姬亦感而生文帝漢為堯胤而用火德大魏紹虞同符土行又孔子刪書求史記得黃帝玄孫帝[illegible]之書若五帝當身相傳何得有玄孫帝魁[illegible]正以為五帝非黃帝子孫相續次也一則[illegible]革命不改稷契之行二則驗之以大魏與漢襲唐[illegible]土之法三則符之堯舜湯武無同祖宗之言四則驗以帝魁繼黃帝之世是五帝非黃帝之子孫也此是馬昭張融等申義也但張融以禘為五年大祭又以

禮記正義五十五　三　馬春

圜丘即郊引董仲舒劉向馬融之論皆以為周禮圜丘則孝經云南郊與王肅同非鄭義也又春秋命曆序炎帝號曰大庭氏傳八世合五百二十歲黃帝一曰帝軒轅傳十世一千[illegible]次曰帝宣曰少昊一曰金天氏則窮桑氏傳八[illegible]次曰顓頊則高陽氏傳二十世三百五十歲次是帝嚳即高辛氏傳十世四百歲此鄭之所據也其大戴禮少典產軒轅是為黃帝產玄囂玄囂產喬極喬極產高辛是為帝嚳帝嚳產放勳是為帝堯黃帝產昌意昌意產高陽是為帝顓頊產窮蟬窮蟬產敬康敬康產句芒句芒產蟜牛蟜牛產瞽叟瞽叟產重華是為帝舜及產象敖又顓頊產鯀鯀產文命是為禹司馬遷為史記依而用焉皆鄭所不取云祭五帝五神於明堂曰祖宗祖宗通言爾者以明堂月令云春曰其帝大皞其神句芒五時皆有帝及神又月令季秋大享帝故知明堂之祭有五人神及五天帝也　孝經云宗祀文王於明堂以配上帝故知於明堂也以孝經云宗祀文王於明堂此云宗武王又此

潘本第五十五卷第三葉

者馬昭申鄭云王者禘其祖之所自出以其祖配之案文自了不待師說則始祖之所自出非五帝而誰河圖云姜嫄履大人之跡生后稷大姒夢大人死而生文王又中候云姬昌蒼帝子經緯所說明文又孝經云郊祀后稷以配天則周公配蒼帝靈威仰漢氏及魏據此義而各配其行易云帝出乎震自論八卦養萬物於四時不據感生所出也又張融評云若依大戴禮及史記稷契及堯俱帝嚳之子堯有賢弟七十不用須舜舉之此不然明矣漢氏堯之子孫謂劉媼感赤龍而生高祖薄姬亦感而生文帝漢為堯胤而用火德大魏紹虞同符土行又孔子刪書求史記得黃帝玄孫帝魁之書若五帝當身相傳何得有玄孫帝魁融據經典三代之正以為五帝非黃帝子孫相續次也一則稽之以湯武革命不改稷契之行二則驗之以大魏與漢襲唐虞火土之法三則符之堯舜湯武無同祖宗之言四則驗以帝魁繼黃帝之世是五帝非黃帝之子孫也此是馬昭張融等申義也但張融以禘為五年大祭又以

禮記正義五十五　三　馬春

圜丘即郊引董仲舒劉向馬融之論皆以為周禮圜丘則孝經云南郊與王肅同非鄭義也又春秋命曆序炎帝號曰大庭氏傳八世合五百二十歲黃帝一曰帝軒轅傳十世一千五百二十歲次曰帝宣曰少昊一曰金天氏則窮桑氏傳八世五百歲次曰顓頊則高陽氏傳二十世三百五十歲次是帝嚳即高辛氏傳十世四百歲此鄭之所據也其大戴禮少典產軒轅是為黃帝產玄囂玄囂產喬極喬極產高辛是為帝嚳帝嚳產放勳是為帝堯黃帝產昌意昌意產高陽是為帝顓頊產窮蟬窮蟬產敬康敬康產句芒句芒產蟜牛蟜牛產瞽叟瞽叟產重華是為帝舜及產象敖又顓頊產鯀鯀產文命是為禹司馬遷為史記依而用焉皆鄭所不取云祭五帝五神於明堂曰祖宗祖宗通言爾者以明堂月令云春曰其帝大皞其神句芒五時皆有帝及神又月令季秋大享帝故知明堂之祭有五人神及五天帝也　孝經云宗祀文王於明堂以配上帝故知於明堂也以孝經云宗祀文王於明堂此云宗武王又此

足利本第五十五卷第四葉

經云祖文王是文王稱祖故知祖宗通言爾覲問志云春曰其帝大皞其神句芒祭蒼帝靈威仰大皞食焉句芒祭之於庭祭五帝於明堂五德之帝亦食焉又以文武配之祭法祖文王而宗武王此謂合祭於明堂漢以正禮散亡配皆於明堂上或解云武王配五神於下屈天子之尊而禮戴文殘缺不審周以何月也於月令以季秋此文武之就五神在庭非其理也此祖宗祭五帝郊特牲祭一帝而在祖宗上者以其感生之帝特尊之故鄭注典瑞云所郊亦猶五帝殊言天者尊異之是異也云有虞氏以上尚德禘郊祖宗配用有德者而已者以虞氏禘郊祖宗之人皆非虞氏之親是尚德也云自夏已下稍用其姓代之者而夏之郊用鯀是稍用其姓代之但不盡用已姓故云稍也云先後之次有虞氏夏后氏宜郊顓頊殷人宜郊契者今有虞氏先云郊嚳後云祖顓頊夏后氏先云郊鯀後云祖顓頊殷人先云郊冥後云祖契是在前者居後在後者居前故云宜也云郊祭一帝而明堂祭五帝小德配寡大德

禮記義五十五　四　高彥

配衆亦禮之殺也者郊祭雖尊但祭一帝以嚳與鯀及冥后稷之等配之皆不如所祖宗之人是小德配寡明堂雖卑於郊摠祭五帝而以顓頊契湯文武配之皆優之於所配郊之人是大德配衆禮之殺也。

燔柴於泰壇祭天也瘞埋於泰折祭地也用騂犢

壇折封土爲祭處也壇之言坦也坦明貌也折炤晳也必爲炤明之名尊神也地陰祀用黝牲與天俱用犢連言爾

疏　正義曰此經論祭感生之帝於南郊神州地祇於北郊也　燔柴於泰壇者謂積薪於壇上而取玉及牲置柴上燔之使氣達於天也　用騂犢鄭云陰祀用黝牲與天俱用犢連言爾然宜用黑犢今因言以騂犢祭天所用而立其文祭地承祭天之下故連言用騂犢也騂犢之義已具郊特牲疏　瘞埋於泰折祭地也者謂瘞繒埋牲祭神州地祇於北郊也　注壇折至言爾　正義曰案禮器云至敬不壇此云燔柴於泰壇者謂燔柴在壇設饌在地

潘本第五十五卷第四葉

經云祖文王是文王稱祖故知祖宗通言爾覲問志云春曰其帝大皞其神句芒祭蒼帝靈威仰大皞食焉句芒祭之於庭祭五帝於明堂五德之帝亦食焉又以文武配之祭法祖文王而宗武王此謂合祭於明堂漢以正禮散亡配皆於明堂上或解云武王配五神於下屈天子之尊而禮戴文殘缺不審周以何月也於月令以季秋此文武之就五神在庭非其理也此祖宗祭五帝郊特牲祭一帝而在祖宗上者以其感生之帝特尊之故鄭注典瑞云所郊亦猶五帝殊言天者尊異之是異也云有虞氏以上尚德禘郊祖宗配用有德者而已者以虞氏禘郊祖宗之人皆非虞氏之親是尚德也云自夏已下稍用其姓代之者而夏之郊用鯀是稍用其姓代之但不盡用已姓故云稍也云先後之次有虞氏夏后氏宜郊顓頊殷人宜郊契者今有虞氏先云郊嚳後云祖顓頊夏后氏先云郊鯀後云祖顓頊殷人先云郊冥後云祖契是在前者居後在後者居前故云宜也云郊祭一帝而明堂祭五帝小德配寡大德

禮記義五十五　四　高彥

配衆亦禮之殺也者郊祭雖尊但祭一帝以嚳與鯀及冥后稷之等配之皆不如所祖宗之人是小德配寡明堂雖卑於郊摠祭五帝而以顓頊契湯文武配之皆優之於所配郊之人是大德配衆禮之殺也。

燔柴於泰壇祭天也瘞埋於泰折祭地也用騂犢

壇折封土爲祭處也壇之言坦也坦明貌也折炤晳也必爲炤明之名尊神也地陰祀用黝牲與天俱用犢連言爾

疏　正義曰此經論祭感生之帝於南郊神州地祇於北郊也　燔柴於泰壇者謂積薪於壇上而取玉及牲置柴上燔之使氣達於天也　用騂犢鄭云陰祀用黝牲與天俱用犢連言爾然宜用黑犢今因言以騂犢祭天所用而立其文祭地承祭天之下故連言用騂犢也騂犢之義已具郊特牲疏　瘞埋於泰折祭地也者謂瘞繒埋牲祭神州地祇於北郊也　注壇折至言爾　正義曰案禮器云至敬不壇此云燔柴於泰壇者謂燔柴在壇設饌在地

足利本第五十五卷第五葉

義亦具禮器及郊特牲疏也云地陰祀用黝牲與天俱用犢連言爾者案牧人云陰祀用黝牲毛之鄭康成注云陰祀祭地北郊及社稷也又郊特牲云郊之用犢貴誠也彼文雖主南郊其北郊與天相對故知俱用犢也

埋少牢於泰昭祭時也相近於坎壇祭寒暑也王宮祭日也夜明祭月也幽宗祭星也雩宗祭水旱也四坎壇祭四方也山林川谷丘陵能出雲爲風雨見怪物皆曰神有天下者祭百神諸侯在其地則祭之亡其地則不祭 昭明也亦謂壇也時四時也亦謂陰陽之神也埋之者陰陽出入於地中也凡此以

禮記義五十五　五

下皆祭用少牢相近當爲禳祈聲之誤也禳猶郤也祈求也寒暑不時則或禳之或祈之寒於坎暑於壇王宮日壇王君也日稱君宮壇營域也夜明亦謂月壇也宗皆當爲禜字之誤也幽禜亦謂星壇也星以昏始見禜之言營也雩禜亦謂水旱壇也雩之言吁嗟也春秋傳曰日月星辰之神則雪霜風雨之不時於是乎禜之山川之神則水旱癘疫之不時於是乎禜之四方即謂山林川谷丘陵之神也祭山林丘陵於壇川谷於坎每方各爲坎爲壇怪物雲氣非常見者也有天下謂天子也百者假成數也

疏 正義曰此一節總明四時以下諸神所祭之處及明天子諸侯之禮不同之事也 埋少牢於泰昭祭時也者謂祭四時陰陽之神也泰昭壇名也昭亦取明也春夏爲陽秋冬爲陰若祈陰則埋牲祈陽則不應埋之今揔云埋者以陰陽之氣俱出入於地中而生萬物故並埋之以享陰陽爲義也用少牢者降於天地也自此以下及日月至山林並少牢也先儒並云不薦犢就唯殺牲埋之也 相近

潘本第五十五卷第五葉

義亦具禮器及郊特牲疏也云地陰祀用黝牲與天俱用犢連言爾者案牧人云陰祀用黝牲毛之鄭康成注云陰祀祭地北郊及社稷也又郊特牲云郊之用犢貴誠也彼文雖主南郊其北郊與天相對故知俱用犢也

埋少牢於泰昭祭時也相近於坎壇祭寒暑也王宮祭日也夜明祭月也幽宗祭星也雩宗祭水旱也四坎壇祭四方也山林川谷丘陵能出雲爲風雨見怪物皆曰神有天下者祭百神諸侯在其地則祭之亡其地則不祭 昭明也亦謂壇也時四時也亦謂陰陽之神也埋之者陰陽出入於地中也凡此以

禮記義五十五　五

下皆祭用少牢相近當爲禳祈聲之誤也禳猶郤也祈求也寒暑不時則或禳之或祈之寒於坎暑於壇王宮日壇王君也日稱君宮壇營域也夜明亦謂月壇也宗皆當爲禜字之誤也幽禜亦謂星壇也星以昏始見禜之言營也雩禜亦謂水旱壇也雩之言吁嗟也春秋傳曰日月星辰之神則雪霜風雨之不時於是乎禜之山川之神則水旱癘疫之不時於是乎禜之四方即謂山林川谷丘陵之神也祭山林丘陵於壇川谷於坎每方各爲坎爲壇怪物雲氣非常見者也有天下謂天子也百者假成數也

疏 正義曰此一節總明四時以下諸神所祭之處及明天子諸侯之禮不同之事也 埋少牢於泰昭祭時也者謂祭四時陰陽之神也泰昭壇名也昭亦取明也春夏爲陽秋冬爲陰若祈陰則埋牲祈陽則不應埋之今揔云埋者以陰陽之氣俱出入於地中而生萬物故並埋之以享陰陽爲義也用少牢者降於天地也自此以下及日月至山林並少牢也先儒並云不薦犢就唯殺牲埋之也 相近

足利本第五十五卷第六葉

於坎壇祭寒暑也者相近當爲攘祈攘卻也寒暑之氣應
退而不退則祭攘卻之令退也祈求也寒暑之氣應至而
不至則祭求之令至也寒則於坎寒陰也暑則於壇暑陽
也　王宮祭日也者王君也宮亦壇也營域如宮也日神
尊故其壇曰君宮也　夜明祭月也者夜明者祭月壇名
也月明於夜故謂其壇爲夜明也　幽宗祭星也者祭星
壇名也幽闇也宗當爲禜禜壇域也星至夜而出故曰幽
也爲營域而祭之故曰幽禜也　雩宗祭水旱也者亦壇
名也雩呼嗟也水旱爲人所吁嗟禜亦營域也爲營域而
祭之故曰雩禜也　四坎壇祭四方也者謂山林川谷丘
陵之神有益於人民者也四方各爲一坎一壇以祭山
林丘陵坎以祭川谷泉澤故言坎壇祭四方也　山林川
谷丘陵能出雲爲風雨見怪物皆曰神者此明四坎壇所
祭之神也怪物慶雲之屬也風雨雲露並益於人故皆曰
神而得祭也　有天下者祭百神者有天下謂天子也祭
百神者即謂山林川谷在天下而益民者也天子祭天地

禮記義五十五　六　包端

四方言百神舉全數也　諸侯在其地則祭之者諸侯不
得祭天地若山林川澤在其封内而益民者則得祭之如
魯之泰山晉之河楚之江漢是也　亡其地則不祭者亡
無也謂其境内地無此山川之等則不得祭也　注昭明
至數也　正義曰時四時也亦謂陰陽之神也者以天是
陽神地爲陰神春夏爲陽秋冬爲陰故云亦謂陰陽之神
言亦者亦天地也案周禮大宗伯備列諸祀而不見祭四
時寒暑水旱者宗伯所謂依周禮常祀歲時恒祭此經所
載謂四時乖序寒暑僭逆水旱失時須有祈禱之禮非關正
禮之事故不列於宗伯也是以康成之意謂此諸神爲祈
禱之禮故康成六宗之義不以此神尊之明非常禮也祭
時者謂春夏秋冬四時之氣不和爲人害故祭此氣之神
也祭寒暑者或寒暑大甚祭以禳之或寒暑頓無祭以祈
之祭水旱者水甚祭水旱甚祭旱謂祭此水旱之神若王
肅及先儒之意以此爲六宗歲之常禮宗伯不見文不具
也非鄭義今不取云凡此以下皆祭用少牢者以埋少牢

潘本第五十五卷第六葉

於坎壇祭寒暑也者相近當爲攘祈攘卻也寒暑之氣應
退而不退則祭攘卻之令退也祈求也寒暑之氣應至而
不至則祭求之令至也寒則於坎寒陰也暑則於壇暑陽
也　王宮祭日也者王君也宮亦壇也營域如宮也日神
尊故其壇曰君宮也　夜明祭月也者夜明者祭月壇名
也月明於夜故謂其壇爲夜明也　幽宗祭星也者祭星
壇名也幽闇也宗當爲禜禜壇域也星至夜而出故曰幽
也爲營域而祭之故曰幽禜也　雩宗祭水旱也者亦壇
名也雩呼嗟也水旱爲人所吁嗟禜亦營域也爲營域而
祭之故曰雩禜也　四坎壇祭四方也者謂山林川谷丘
陵之神有益於人民者也四方各爲一坎一壇以祭山
林丘陵坎以祭川谷泉澤故言坎壇祭四方也　山林川
谷丘陵能出雲爲風雨見怪物皆曰神者此明四坎壇所
祭之神也怪物慶雲之屬也風雨雲露並益於人故皆曰
神而得祭也　有天下者祭百神者有天下謂天子也祭
百神者即謂山林川谷在天下而益民者也天子祭天地

禮記義五十五　六　包端

四方言百神舉全數也　諸侯在其地則祭之者諸侯不
得祭天地若山林川澤在其封内而益民者則得祭之如
魯之泰山晉之河楚之江漢是也　亡其地則不祭者亡
無也謂其境内地無此山川之等則不得祭也　注昭明
至數也　正義曰時四時也亦謂陰陽之神也者以天是
陽神地爲陰神春夏爲陽秋冬爲陰故云亦謂陰陽之神
言亦者亦天地也案周禮大宗伯備列諸祀而不見祭四
時寒暑水旱者宗伯所謂依周禮常祀歲時恒祭此經所
載謂四時乖序寒暑僭逆水旱失時須有祈禱之禮非關正
禮之事故不列於宗伯也是以康成之意謂此諸神爲祈
禱之禮故康成六宗之義不以此神尊之明非常禮也祭
時者謂春夏秋冬四時之氣不和爲人害故祭此氣之神
也祭寒暑者或寒暑大甚祭以禳之或寒暑頓無祭以祈
之祭水旱者水甚祭水旱甚祭旱謂祭此水旱之神若王
肅及先儒之意以此爲六宗歲之常禮宗伯不見文不具
也非鄭義今不取云凡此以下皆祭用少牢者以埋少牢

足利本第五十五卷第七葉

之文在諸祭之首故知以下皆祭用少牢案小司徒小祭
祀奉牛牲則王者之祭無不用牛此用少牢者謂祈禱之
祭也必知祈禱者以有寒暑水旱非歲時常祀是祈禱所
爲故鄭皆以爲祈禱之祭也故讀相近爲攘祈爲禱祈之
祈讀宗爲禜也然案莊二十五年左傳云凡天災有幣無
牲此禱祈得用少牢者彼天災者謂日月食之示以戒懼
人君初有水旱之災先須脩德不當用牲故天災有幣無
牲若水旱歷時禱而不止則當用牲故詩雲漢云靡愛斯
牲又鄭注大祝云類造禬禜皆有牲攻說用幣而已攻說
以是日月之災又暫時之事且不假用牲故也案何休膏
肓引感精符云立推度以正陽日食則皷用牲於社朱絲
營社鳴皷脅之左氏云用牲非常明左氏說非夫子春秋
於義左氏爲短鄭箴之曰用牲者不宜用春秋之通例此
讖說正陽朱絲鳴皷豈說用牲之義也讖用牲於社者取
經宛句耳如鄭此言是用牲於社非當從左氏義也云宗
皆當爲禜者以經云幽宗雩宗之字義無所取宗字與禜

禮記義五十五　七　李用

字相近故並讀爲禜也禜之言營者案莊二十五年公羊
傳云以朱絲營社或曰脅之或曰爲闇恐人犯之故營之
是禜有營義故讀爲禜云雩之言吁嗟也者案考異郵云
雩呼吁嗟哭泣故云雩爲吁嗟也引春秋傳曰以下者昭
元年左傳文時晉侯有疾卜實沈臺駘爲祟子產以此對
晉侯言晉侯之疾非由日月星辰及山川之神也鄭引此
文者證經弔宗爲禜禜是除去凶災之祭也云百者假成
數也者計天下山川丘陵之神非但百數而已假此成數
而言之案聖證論王肅六宗之說用家語之文以此四時
也寒暑也日也月也星也水旱也爲六宗孔注尚書亦同
之伏生與馬融以天地四時爲六宗劉歆孔晁以爲乾坤
之子六爲六宗賈逵云天宗三日月星也地宗三河海岱
也異義今尚書歐陽夏侯說六宗上及天下及地旁及四
方中央恍惚助陰陽變化有益於人者也古尚書說天宗
日月北辰地宗岱河海也日月爲陰陽宗北辰爲星宗河
爲水宗海爲澤宗岱爲山宗許君謹案與古尚書同鄭駁

潘本第五十五卷第七葉

之文在諸祭之首故知以下皆祭用少牢案小司徒小祭
祀奉牛牲則王者之祭無不用牛此用少牢者謂祈禱之
祭也必知祈禱者以有寒暑水旱非歲時常祀是祈禱所
爲故鄭皆以爲祈禱之祭也故讀相近爲攘祈爲禱祈之
祈讀宗爲禜也然案莊二十五年左傳云凡天災有幣無
牲此禱祈得用少牢者彼天災者謂日月食之示以戒懼
人君初有水旱之災先須脩德不當用牲故天災有幣無
牲若水旱歷時禱而不止則當用牲故詩雲漢云靡愛斯
牲又鄭注大祝云類造禬禜皆有牲攻說用幣而已攻說
以是日月之災又暫時之事且不假用牲故也案何休膏
肓引感精符云立推度以正陽日食則皷用牲於社朱絲
營社鳴皷脅之左氏云用牲非常明左氏說非夫子春秋
於義左氏爲短鄭箴之曰用牲者不宜用春秋之通例此
讖說正陽朱絲鳴皷豈說用牲之義也讖用牲於社者取
經宛句耳如鄭此言是用牲於社非當從左氏義也云宗
皆當爲禜者以經云幽宗雩宗之字義無所取宗字與禜

禮記義五十五　七　李月

字相近故並讀爲禜也禜之言營者案莊二十五年公羊
傳云以朱絲營社或曰脅之或曰爲闇恐人犯之故營之
是禜有營義故讀爲禜云雩之言吁嗟也者案考異郵云
雩呼吁嗟哭泣故云雩爲吁嗟也引春秋傳曰以下者昭
元年左傳文時晉侯有疾卜實沈臺駘爲祟子產以此對
晉侯言晉侯之疾非由日月星辰及山川之神也鄭引此
文者證經弔宗爲禜禜是除去凶災之祭也云百者假成
數也者計天下山川丘陵之神非但百數而已假此成數
而言之案聖證論王肅六宗之說用家語之文以此四時
也寒暑也日也月也星也水旱也爲六宗孔注尚書亦同
之伏生與馬融以天地四時爲六宗劉歆孔晁以爲乾坤
之子六爲六宗賈逵云天宗三日月星也地宗三河海岱
也異義今尚書歐陽夏侯說六宗上及天下及地旁及四
方中央恍惚助陰陽變化有益於人者也古尚書說天宗
日月北辰地宗岱河海也日月爲陰陽宗北辰爲星宗河
爲水宗海爲澤宗岱爲山宗許君謹案與古尚書同鄭駁

足利本第五十五卷第八葉

之云書云類于上帝禋于六宗望于山川既六宗云禋山
川言望則六宗無山川明矣大宗伯云以禋祀祀昊天上
帝以實柴祀日月星辰以槱燎祀司中司命飌師雨師凡
此所祭皆天神也郊特牲曰郊之祭也大報天而主日也
又祭義曰郊之祭大報天而主日配以月則郊天並祭日
月可知其餘星也辰也司中也司命也風師也雨師也此
之謂六宗亦明矣如鄭此言六宗稱禋則天神也日月也
在郊祭之中又類于上帝之内故以其餘爲六宗也案禮
論六宗司馬彪等各爲異說既非鄭義今略而不論

大凡生於天地之間者皆曰命其萬物死皆曰折人死曰鬼此五代之所不變也

生時形體異可同名至死腐爲野土異其名嫌同也折棄敗之言也鬼之言歸也五代謂黃帝堯舜禹湯周之禮樂所存法也

七代之所更立者禘郊宗祖其餘不變也

七代通數顓頊及嚳也所不變者則數其所法而已變之則通數所不法爲記者之微意也少昊氏脩黃帝之法後王無所取焉

疏 正義曰此一節論人死
與萬物不同及五代七
代變與不變之義各依文解之○大凡生於天地之間者
皆曰命者揔包萬物故曰大凡皆受天之賦命而生故云
皆曰命也○其萬物死皆曰折人死曰鬼者萬物無知死
者皆曰折人爲有識故死曰鬼此五代之所不變也者
言此之名號從黃帝正名百物以來至堯舜禹湯及周所
不變更也○七代之所更立者禘郊宗祖者前論五代不
變此論七代更變者故云黃帝以下七代之所變易而立
者是禘之與郊及宗祖也○其餘不變也者除此禘郊宗
祖之外其餘社稷山川五祀之等不改變也上先祖後宗
此先宗後祖故鄭上注云祖宗通言爾又引此以證之○
注生時至法也○正義曰云生時形體異可同名者以生
時形體既異不嫌是同故可名爲命云至死腐爲野土異
其名嫌同也者人與萬物死至同爲野土嫌恐人與萬物
是同故殊異其名謂萬物死者曰折人死曰鬼嫌其同故
也云五代謂黃帝堯舜禹湯周之禮樂所存法也者周
有六樂去周言之唯五代周備其樂是周之禮樂所存

潘本第五十五卷第八葉

之云書云類于上帝禋于六宗望于山川既六宗云禋山
川言望則六宗無山川明矣大宗伯云以禋祀祀昊天上
帝以實柴祀日月星辰以槱燎祀司中司命飌師雨師凡
此所祭皆天神也郊特牲曰郊之祭也大報天而主日也
又祭義曰郊之祭大報天而主日配以月則郊天並祭日
月可知其餘星也辰也司中也司命也風師也雨師也此
之謂六宗亦明矣如鄭此言六宗稱禋則天神也日月也
在郊祭之中又類于上帝之内故以其餘爲六宗也案禮
論六宗司馬彪等各爲異說既非鄭義今略而不論

大凡生於天地之間者皆曰命其萬物死皆曰折人死曰鬼此五代之所不變也

生時形體異可同名至死腐爲野土異其名嫌同也折棄敗之言也鬼之言歸也五代謂黃帝堯舜禹湯周之禮樂所存法也

七代之所更立者禘郊宗祖其餘不變也

七代通數顓頊及嚳也所不變者則數其所法而已變之則通數所不法爲記者之微意也少昊氏脩黃帝之法後王無所取焉

疏 正義曰此一節論人死
與萬物不同及五代七
代變與不變之義各依文解之○大凡生於天地之間者
皆曰命者揔包萬物故曰大凡皆受天之賦命而生故云
皆曰命也○其萬物死皆曰折人死曰鬼者萬物無知死
者皆曰折人爲有識故死曰鬼此五代之所不變也者
言此之名號從黃帝正名百物以來至堯舜禹湯及周所
不變更也○七代之所更立者禘郊宗祖者前論五代不
變此論七代更變者故云黃帝以下七代之所變易而立
者是禘之與郊及宗祖也○其餘不變也者除此禘郊宗
祖之外其餘社稷山川五祀之等不改變也上先祖後宗
此先宗後祖故鄭上注云祖宗通言爾又引此以證之○
注生時至法也○正義曰云生時形體異可同名者以生
時形體既異不嫌是同故可名爲命云至死腐爲野土異
其名嫌同也者人與萬物死至同爲野土嫌恐人與萬物
是同故殊異其名謂萬物死者曰折人死曰鬼嫌其同故
也云五代謂黃帝堯舜禹湯周之禮樂所存法也者周
有六樂去周言之唯五代周備其樂是周之禮樂所存

足利本第五十五卷第九葉

法也【注】七代至取焉　正義曰知通數顓頊及嚳者以上云禘郊祖宗有顓頊及嚳又易緯及樂緯有五莖六英是顓頊及嚳之樂故數顓頊及嚳也云所不變者則數其所法而已者所不變則上經是也數所法則上經五代是也論不變者必數所法者以五代以來不變至周亦不變法而象之故不變者數所法五代而已云變之則通數所不法者以前七代變易更立至周亦變易法象故數變者通數顓頊帝嚳所不法象者謂之爲七代也云爲記者之微意也者爲作也作記者之有此微意也所以微意者謂作記之人周法所不變故數前代不變周所變亦數前代變不指斥而言故云微意云少昊氏脩黃帝之法後王無所取焉者以易緯有黃帝及顓頊以下之樂無少昊之樂又易繫辭云神農氏沒黃帝堯舜氏作皆不云少昊故知無取焉月令秋其帝少昊者直以五行在金唯託記之耳皇氏云其餘不變者唯謂生曰命萬物死曰折人死曰鬼若如皇說前經既云不變後經何須重云不變後經既云更立者禘郊宗祖即云其餘明此禘郊宗祖外其餘諸事不更立者皆不變也不可獨據前三事以外摠包之其社稷神配祭雖是更立非當代之親而禘郊改易也

天下有王分地建國置都立邑設廟祧壇墠而祭之乃爲親疏多少之數是故王立七廟一壇一墠曰考廟曰王考廟曰皇考廟曰顯考廟曰祖考廟皆月祭之遠廟爲祧有二祧享嘗乃止去祧爲壇去壇爲墠壇墠有禱焉祭之無禱乃止去墠曰鬼諸侯立五廟一壇一墠曰

禮記義五十五　九　周泉

潘本第五十五卷第九葉

法也【注】七代至取焉　正義曰知通數顓頊及嚳者以上云禘郊祖宗有顓頊及嚳又易緯及樂緯有五莖六英是顓頊及嚳之樂故數顓頊及嚳也云所不變者則數其所法而已者所不變則上經是也數所法則上經五代是也論不變者必數所法者以五代以來不變至周亦不變法而象之故不變者數所法五代而已云變之則通數所不法者以前七代變易更立至周亦變易法象故數變者通數顓頊帝嚳所不法象者謂之爲七代也云爲記者之微意也者爲作也作記者之有此微意也所以微意者謂作記之人周法所不變故數前代不變周所變亦數前代變不指斥而言故云微意云少昊氏脩黃帝之法後王無所取焉者以易緯有黃帝及顓頊以下之樂無少昊之樂又易繫辭云神農氏沒黃帝堯舜氏作皆不云少昊故知無取焉月令秋其帝少昊者直以五行在金唯託記之耳皇氏云其餘不變者唯謂生曰命萬物死曰折人死曰鬼若如皇說前經既云不變後經何須重云不變後經既云更立者禘郊宗祖即云其餘明此禘郊宗祖外其餘諸事不更立者皆不變也不可獨據前三事以外摠包之其社稷神配祭雖是更立非當代之親而禘郊改易也

天下有王分地建國置都立邑設廟祧壇墠而祭之乃爲親疏多少之數是故王立七廟一壇一墠曰考廟曰王考廟曰皇考廟曰顯考廟曰祖考廟皆月祭之遠廟爲祧有二祧享嘗乃止去祧爲壇去壇爲墠壇墠有禱焉祭之無禱乃止去墠曰鬼諸侯立五廟一壇一墠曰

禮記義五十五　九　周泉

足利本第五十五卷第十葉

考廟曰王考廟曰皇考廟皆月祭之顯考
廟祖考廟享嘗乃止去祖爲壇去壇爲墠
壇墠有禱焉祭之無禱乃止去墠爲鬼大
夫立三廟二壇曰考廟曰王考廟曰皇考
廟享嘗乃止顯考祖考無廟有禱焉爲壇
祭之去壇爲鬼適士二廟一壇曰考廟曰
王考廟享嘗乃止顯考無廟有禱焉爲壇
祭之去壇爲鬼官師一廟曰考廟王考無

廟而祭之去王考爲鬼庶士庶人無廟死
曰鬼　建國封諸侯也置都立邑爲卿大夫之采地及賜
士有功者之地廟之言貌也宗廟者先祖之尊貌
也祧之言超也超上去意也封土曰壇除地曰墠書曰三壇
同墠王皇皆君也顯明也祖始也名先人以君明始者所
以尊本之意也天子遷廟之主以昭穆合藏於二祧之中
諸侯無祧藏於祖考之廟中聘禮曰不腆先君之祧是謂
始祖廟也享嘗謂四時之祭天子諸侯爲壇墠所禱謂後
遷在祧者也既事則反其主於祧鬼亦在祧顧遠之於無
事祫乃祭之爾春秋文二年秋大事於大廟傳曰毀廟之
主陳于大祖未毀廟之主皆升合食於大祖是也魯煬公
者伯禽之子也至昭公定公久已爲鬼而季氏禱之而立
其宮則鬼之主在祧明矣唯天子諸侯有主禘祫大夫有
祖考者亦鬼其百世不禘祫無主爾其無祖考者庶士以
下鬼其考王考官師鬼其皇考大夫適士鬼顯考而已大

潘本第五十五卷第十葉

考廟曰王考廟曰皇考廟皆月祭之顯考
廟祖考廟享嘗乃止去祖爲壇去壇爲墠
壇墠有禱焉祭之無禱乃止去墠爲鬼大
夫立三廟二壇曰考廟曰王考廟曰皇考
廟享嘗乃止顯考祖考無廟有禱焉爲壇
祭之去壇爲鬼適士二廟一壇曰考廟曰
王考廟享嘗乃止顯考無廟有禱焉爲壇
祭之去壇爲鬼官師一廟曰考廟王考無

禮記義五十五　十　葛昌

廟而祭之去王考爲鬼庶士庶人無廟死
曰鬼　建國封諸侯也置都立邑爲卿大夫之采地及賜
士有功者之地廟之言貌也宗廟者先祖之尊貌
也祧之言超也超上去意也封土曰壇除地曰墠書曰三壇
同墠王皇皆君也顯明也祖始也名先人以君明始者所
以尊本之意也天子遷廟之主以昭穆合藏於二祧之中
諸侯無祧藏於祖考之廟中聘禮曰不腆先君之祧是謂
始祖廟也享嘗謂四時之祭天子諸侯爲壇墠所禱謂後
遷在祧者也既事則反其主於祧鬼亦在祧顧遠之於無
事祫乃祭之爾春秋文二年秋大事於大廟傳曰毀廟之
主陳于大祖未毀廟之主皆升合食於大祖是也魯煬公
者伯禽之子也至昭公定公久已爲鬼而季氏禱之而立
其宮則鬼之主在祧明矣唯天子諸侯有主禘祫大夫有
祖考者亦鬼其百世不禘祫無主爾其無祖考者庶士以
下鬼其考王考官師鬼其皇考大夫適士鬼顯考而已大

足利本第五十五卷第十一葉

夫祖考謂別子也凡鬼者薦而不祭王制曰大夫士有田
則祭無田則薦適士上士也官師中士下士庶士府史之
屬此適士云顯考無廟 【疏】正義曰此一經明天子以下
非也當爲皇考字之誤 尊卑既異上祭祖廟多少不
同之事 天下有王者謂上天之下有天子之王 分地
建國者此既王天下分九州之地建立諸侯之國 置都
立邑者天子王畿之內及諸侯國中置此公卿之都立大
夫士之邑 設廟祧壇墠而祭之乃爲親疏多少之數者
則以下所云是也 王立七廟者親四始祖一文武不遷
合爲七廟也 一壇一墠者七廟之外又立壇墠各一也
起土爲壇除地曰墠近者起土遠親除地示將去然也
曰考廟者父廟曰考考成也謂父有成德之美也 曰王
考廟者祖廟也王君也君考者言祖有君成之德也祖尊
於父故加君名也 曰皇考廟者曾祖也皇大也君也
曾祖轉尊又加大君之稱也 曰顯考廟者高祖也顯明
高祖居四廟最上故以高祖目之 曰祖考廟者祖始也

禮記義五十五 十一 鄭彬

此廟爲王家之始故云祖考也計則祖考之廟當在二祧
壇墠之上應合在後始陳今在此言之者因皇考顯考同
皆月祭之故此先言之也 皆月祭之者此之五廟則並
同月月祭之也 遠廟爲祧者遠廟謂文武廟也文武並
在應遷之例故云遠廟也特爲功德而留故謂爲祧祧之
言超也言其超然上去也 有二祧者有文武二廟不遷
故云有二祧焉 享嘗乃止者享嘗四時祭祀文武特留
故不得月祭但四時祭而已 去祧爲壇者謂高祖之父也
若是昭行寄藏武王祧若是穆行即寄藏文王祧不得四
時而祭之若有四時之祈禱則出就壇受祭也 去壇爲
墠者謂高祖之祖也不得在壇若有祈禱則出就墠受祭
也高祖之父既初寄在祧而不得於祧中受祭故曰去祧
也高祖之祖經在壇而今不得祭故云去壇也 壇墠有
禱焉祭之者在壇墠者不得享嘗應有祈禱於壇墠乃祭
之也 無禱乃止者若無所祈禱則不得祭也 去墠曰
鬼者若又有從壇遷來墠者則此前在墠者遷入石函爲

潘本第五十五卷第十一葉

夫祖考謂別子也凡鬼者薦而不祭王制曰大夫士有田
則祭無田則薦適士上士也官師中士下士庶士府史之
屬此適士云顯考無廟 【疏】正義曰此一經明天子以下
非也當爲皇考字之誤 尊卑既異上祭祖廟多少不
同之事 天下有王者謂上天之下有天子之王 分地
建國者此既王天下分九州之地建立諸侯之國 置都
立邑者天子王畿之內及諸侯國中置此公卿之都立大
夫士之邑 設廟祧壇墠而祭之乃爲親疏多少之數者
則以下所云是也 王立七廟者親四始祖一文武不遷
合爲七廟也 一壇一墠者七廟之外又立壇墠各一也
起土爲壇除地曰墠近者起土遠親除地示將去然也
曰考廟者父廟曰考考成也謂父有成德之美也 曰王
考廟者祖廟也王君也君考者言祖有君成之德也祖尊
於父故加君名也 曰皇考廟者曾祖也皇大也君也
曾祖轉尊又加大君之稱也 曰顯考廟者高祖也顯明
高祖居四廟最上故以高祖目之 曰祖考廟者祖始也

禮記義五十五 十一 鄭彬

此廟爲王家之始故云祖考也計則祖考之廟當在二祧
壇墠之上應合在後始陳今在此言之者因皇考顯考同
皆月祭之故此先言之也 皆月祭之者此之五廟則並
同月月祭之也 遠廟爲祧者遠廟謂文武廟也文武並
在應遷之例故云遠廟也特爲功德而留故謂爲祧祧之
言超也言其超然上去也 有二祧者有文武二廟不遷
故云有二祧焉 享嘗乃止者享嘗四時祭祀文武特留
故不得月祭但四時祭而已 去祧爲壇者謂高祖之父也
若是昭行寄藏武王祧若是穆行即寄藏文王祧不得四
時而祭之若有四時之祈禱則出就壇受祭也 去壇爲
墠者謂高祖之祖也不得在壇若有祈禱則出就墠受祭
也高祖之父既初寄在祧而不得於祧中受祭故曰去祧
也高祖之祖經在壇而今不得祭故云去壇也 壇墠有
禱焉祭之者在壇墠者不得享嘗應有祈禱於壇墠乃祭
之也 無禱乃止者若無所祈禱則不得祭也 去墠曰
鬼者若又有從壇遷來墠者則此前在墠者遷入石函爲

足利本第五十五卷第十二葉

鬼雖有祈禱亦不得及唯禘祫乃出也　諸侯立五廟一壇一墠者降天子故止有五廟壇墠與天子同無功德之祖爲二祧也　曰考廟曰王考廟曰皇考廟皆月祭之者天子月祭五諸侯卑故唯得月祭三也　顯考廟祖考廟享嘗乃止者顯考高祖也祖考大祖也大祖乃不遷而與高祖並不得月祭止預四時又降天子也　去祖爲壇者去祖謂去大祖也即高祖之父諸侯無功德二祧若高祖之父亦遷即寄大祖而不得於大祖廟受時祭唯有祈禱則去大祖而往壇受祭也　大夫立三廟二壇者大夫異於君故立二壇而不墠也　顯考祖考無廟者以其卑故高祖大祖無廟也　有禱焉爲壇祭之者大夫無主故無所寄藏而高大二祖既又無廟若應有祈禱則爲壇祭之二壇之設實爲於此矣然墠輕於壇今二壇無墠者爲大祖雖無廟猶重之故也　去壇爲鬼者謂高祖若遷去於壇則爲鬼不復得祭但薦之於大祖壇而已若大夫有大祖之廟者其義已具在王制疏　適士二廟一壇者上士也

禮記義五十五　十二　許詠

天子三等諸侯上士悉二廟一壇也　顯考無廟者顯當爲皇皇考曾祖也曾祖無廟也　有禱焉爲壇祭之曾祖既無廟若有祈禱則爲壇祭之一壇之設爲於此也亦無禱乃止　去壇爲鬼者謂曾祖若遷去於壇則爲鬼不復祭也　官師一廟者謂諸侯中士下士也謂爲官師者言爲一官之長也一廟祖禰共之又無壇也　曰考廟者爲父立之也　王考無廟而祭之者王考祖也雖無廟而猶獲祭也謂在考廟者　去王考爲鬼者謂曾祖則不得祭又無壇若有祈禱則薦之於廟也　庶士庶人無廟者庶士府史之屬庶人平民也賤故無廟也　死曰鬼者既無廟故死則曰鬼鬼亦得薦之於寢也王制云庶人祭於寢是也　注建國至之誤　正義曰引書曰三壇同墠者證壇墠之義案金縢武王有疾周公爲之請命爲三壇同墠以告大王王季文王故三壇也云王皇皆君也顯明也祖始也者皆爾雅釋詁文云天子遷廟之主以昭穆合藏於二祧之中者昭之遷主其數雖多揔合藏武王祧中穆之

潘本第五十五卷第十二葉

鬼雖有祈禱亦不得及唯禘祫乃出也　諸侯立五廟一壇一墠者降天子故止有五廟壇墠與天子同無功德之祖爲二祧也　曰考廟曰王考廟曰皇考廟皆月祭之者天子月祭五諸侯卑故唯得月祭三也　顯考廟祖考廟享嘗乃止者顯考高祖也祖考大祖也大祖乃不遷而與高祖並不得月祭止預四時又降天子也　去祖爲壇者去祖謂去大祖也即高祖之父諸侯無功德二祧若高祖之父亦遷即寄大祖而不得於大祖廟受時祭唯有祈禱則去大祖而往壇受祭也　大夫立三廟二壇者大夫異於君故立二壇而不墠也　顯考祖考無廟者以其卑故高祖大祖無廟也　有禱焉爲壇祭之者大夫無主故無所寄藏而高大二祖既又無廟若應有祈禱則爲壇祭之二壇之設實爲於此矣然墠輕於壇今二壇無墠者爲大祖雖無廟猶重之故也　去壇爲鬼者謂高祖若遷去於壇則爲鬼不復得祭但薦之於大祖壇而已若大夫有大祖之廟者其義已具在王制疏　適士二廟一壇者上士也

禮記義五十五　十二　許詠

天子三等諸侯上士悉二廟一壇也　顯考無廟者顯當爲皇皇考曾祖也曾祖無廟也　有禱焉爲壇祭之曾祖既無廟若有祈禱則爲壇祭之一壇之設爲於此也亦無禱乃止　去壇爲鬼者謂曾祖若遷去於壇則爲鬼不復祭也　官師一廟者謂諸侯中士下士也謂爲官師者言爲一官之長也一廟祖禰共之又無壇也　曰考廟者爲父立之也　王考無廟而祭之者王考祖也雖無廟而猶獲祭也謂在考廟者　去王考爲鬼者謂曾祖則不得祭又無壇若有祈禱則薦之於廟也　庶士庶人無廟者庶士府史之屬庶人平民也賤故無廟也　死曰鬼者既無廟故死則曰鬼鬼亦得薦之於寢也王制云庶人祭於寢是也　注建國至之誤　正義曰引書曰三壇同墠者證壇墠之義案金縢武王有疾周公爲之請命爲三壇同墠以告大王王季文王故三壇也云王皇皆君也顯明也祖始也者皆爾雅釋詁文云天子遷廟之主以昭穆合藏於二祧之中者昭之遷主其數雖多揔合藏武王祧中穆之

足利本第五十五卷第十三葉

遷主揔合藏文王祧中故鄭注周禮守祧先公遷主藏于后稷之廟先王之遷主藏于文武之廟鄭必知然者案文二年八月丁卯大事于大廟公羊傳云大事者何大祫也毀廟之主陳于大祖是毀廟在大廟祫乃陳之故知不窋以下先公遷主藏於后稷廟也文武二廟既不毀則文武以下遷主不可越文武上藏后稷之廟故知藏於文武廟也此遷主所藏曰祧者是對例言之耳若散而通論則凡廟曰祧故昭元年左傳云其敢愛豐氏之祧彼祧遠祖廟也襄九年左傳云君冠必以先君之祧處之服虔注云曾祖之廟曰祧者以魯襄公於時冠於衛成公之廟成公是衛今君之曾祖曰祧也云享嘗謂四時之祭者以四時之祭秋嘗物之備具故特舉享嘗以明四時之祭此經祖禰月祭楚語云日祭祖禰非鄭義故異義駁鄭所不用云鬼亦在祧顧遠之於無事祫乃祭之爾者以壇墠之主祈禱禮畢乃藏之於祧去墠爲鬼主亦如壇墠之主藏在祧故云亦也既俱在祧所以特名鬼者反顧以其疏遠主在無

禮記義五十五　十三　王允

事唯祫乃祭之故特曰鬼也引春秋文二年傳者證毀廟之主祫祭乃及云魯煬公者伯禽之子也至昭公定公乆巳爲鬼而季氏禱之而立其宮則鬼之主在祧明矣者鄭引更證明鬼主恒在春秋定公元年立煬宮依世本煬公伯禽之子定公元年始立煬公宮于時昭公出定公未入之前季氏禱于煬公之鬼明知于煬公鬼主而禱之也云唯天子諸侯有主禘祫者案王制天子諸侯有禘祫故知有主云大夫有祖考者亦鬼其百世者案王制云大夫三廟一昭一穆與大祖而三大祖即是大夫之祖考既有祖考明應遷之祖以制幣招其神而藏焉故云亦鬼其百世大夫若無祖考者秖得立曾祖與祖及父三廟而已則不得鬼百世也云不禘祫無主爾者雖有百世之鬼不得禘祫無主爾案左傳衛大夫孔悝有主者鄭駁異義從公羊說大夫無主許君謹案卿大夫士無昭穆不得有主鄭云孔悝祏主者祭其所出之君爲之主耳宗廟之主所用之木案異義今春秋公羊說祭有主者孝子之主繫心夏后氏

潘本第五十五卷第十三葉

遷主揔合藏文王祧中故鄭注周禮守祧先公遷主藏于后稷之廟先王之遷主藏于文武之廟鄭必知然者案文二年八月丁卯大事于大廟公羊傳云大事者何大祫也毀廟之主陳于大祖是毀廟在大廟祫乃陳之故知不窋以下先公遷主藏於后稷廟也文武二廟既不毀則文武以下遷主不可越文武上藏后稷之廟故知藏於文武廟也此遷主所藏曰祧者是對例言之耳若散而通論則凡廟曰祧故昭元年左傳云其敢愛豐氏之祧彼祧遠祖廟也襄九年左傳云君冠必以先君之祧處之服虔注云曾祖之廟曰祧者以魯襄公於時冠於衛成公之廟成公是衛今君之曾祖曰祧也云享嘗謂四時之祭者以四時之祭秋嘗物之備具故特舉享嘗以明四時之祭此經祖禰月祭楚語云日祭祖禰非鄭義故異義駁鄭所不用云鬼亦在祧顧遠之於無事祫乃祭之爾者以壇墠之主祈禱禮畢乃藏之於祧去墠爲鬼主亦如壇墠之主藏在祧故云亦也既俱在祧所以特名鬼者反顧以其疏遠主在無

禮記義五十五　十三　王允

事唯祫乃祭之故特曰鬼也引春秋文二年傳者證毀廟之主祫祭乃及云魯煬公者伯禽之子也至昭公定公乆巳爲鬼而季氏禱之而立其宮則鬼之主在祧明矣者鄭引更證明鬼主恒在春秋定公元年立煬宮依世本煬公伯禽之子定公元年始立煬公宮于時昭公出定公未入之前季氏禱于煬公之鬼明知于煬公鬼主而禱之也云唯天子諸侯有主禘祫者案王制天子諸侯有禘祫故知有主云大夫有祖考者亦鬼其百世者案王制云大夫三廟一昭一穆與大祖而三大祖即是大夫之祖考既有祖考明應遷之祖以制幣招其神而藏焉故云亦鬼其百世大夫若無祖考者秖得立曾祖與祖及父三廟而已則不得鬼百世也云不禘祫無主爾者雖有百世之鬼不得禘祫無主爾案左傳衛大夫孔悝有主者鄭駁異義從公羊說大夫無主許君謹案卿大夫士無昭穆不得有主鄭云孔悝祏主者祭其所出之君爲之主耳宗廟之主所用之木案異義今春秋公羊說祭有主者孝子之主繫心夏后氏

足利本第五十五卷第十四葉

以松殷人以栢周人以栗又周禮說虞主用桑練主以栗無夏后氏以松爲主之事許君謹案從周禮說論語所云謂社主也鄭氏無駁從許義也其主之制案漢儀高帝廟主九寸前方後圓圍一尺后主七寸又二年作僖公主何休云主狀正方穿中央達四方天子長尺二寸諸侯長一尺此是木主之制也云其無祖考者上既明其有祖考之文此明無祖考者謂庶士以下及官師等并適士等揔舉有祖考之人於前歷說無祖考之人於下云庶士以下鬼其考王考者此即無祖考之一色庶士及庶人無廟故鬼其祖父與於寢中薦之云官師鬼其皇考者此又是無祖考之一色官師一廟祖禰共之曾祖無廟故曰鬼其皇考於祖廟而薦皇考也云適士鬼其顯考者此又是無祖考之一色適士得立祖禰二廟又立曾祖一壇唯高祖爲鬼故云鬼其顯考而已就曾祖之壇而薦顯考諸本或云大夫適士者若大夫鬼其顯考於義不合庾氏云諸侯之大夫云大夫祖考謂別子也者以上云大夫有祖考故鄭明

禮記義五十五　十四

之云大夫祖考謂別子也謂於周之世別子爲卿大夫後世子孫立其廟不毀謂之祖考雖於周之世非別子爲大夫但立父祖及曾祖三廟無祖考廟者則經中三廟是也若夏殷之世雖非別子但始爵者及異姓爲卿大夫者其後世子孫皆立之爲祖考此義已具於王制云凡鬼者薦而不祭者若其薦祭俱爲則鬼與見廟其事何異若都不薦祀何須存鬼薦輕於祭鬼跡於廟故知薦而不祭云此適士云顯考無廟非也者適士二廟祖廟禰廟曾祖無廟故云顯考無廟非也是顯考當爲皇考字之誤也

王爲羣姓立社曰大社王自爲立社曰王社諸侯爲百姓立社曰國社諸侯自爲立社曰侯社大夫以下成羣立社曰置社　羣衆也大夫以下謂下至庶人也大夫不得特立社與民族居百家

潘本第五十五卷第十四葉

以松殷人以栢周人以栗又周禮說虞主用桑練主以栗無夏后氏以松爲主之事許君謹案從周禮說論語所云謂社主也鄭氏無駁從許義也其主之制案漢儀高帝廟主九寸前方後圓圍一尺后主七寸又二年作僖公主何休云主狀正方穿中央達四方天子長尺二寸諸侯長一尺此是木主之制也云其無祖考者上既明其有祖考之文此明無祖考者謂庶士以下及官師等并適士等揔舉有祖考之人於前歷說無祖考之人於下云庶士以下鬼其考王考者此即無祖考之一色庶士及庶人無廟故鬼其祖父與於寢中薦之云官師鬼其皇考者此又是無祖考之一色官師一廟祖禰共之曾祖無廟故曰鬼其皇考於祖廟而薦皇考也云適士鬼其顯考者此又是無祖考之一色適士得立祖禰二廟又立曾祖一壇唯高祖爲鬼故云鬼其顯考而已就曾祖之壇而薦顯考諸本或云大夫適士者若大夫鬼其顯考於義不合庾氏云諸侯之大夫云大夫祖考謂別子也者以上云大夫有祖考故鄭明

禮記義五十五　十四

之云大夫祖考謂別子也謂於周之世別子爲卿大夫後世子孫立其廟不毀謂之祖考雖於周之世非別子爲大夫但立父祖及曾祖三廟無祖考廟者則經中三廟是也若夏殷之世雖非別子但始爵者及異姓爲卿大夫者其後世子孫皆立之爲祖考此義已具於王制云凡鬼者薦而不祭者若其薦祭俱爲則鬼與見廟其事何異若都不薦祀何須存鬼薦輕於祭鬼跡於廟故知薦而不祭云此適士云顯考無廟非也者適士二廟祖廟禰廟曾祖無廟故云顯考無廟非也是顯考當爲皇考字之誤也

王爲羣姓立社曰大社王自爲立社曰王社諸侯爲百姓立社曰國社諸侯自爲立社曰侯社大夫以下成羣立社曰置社　羣衆也大夫以下謂下至庶人也大夫不得特立社與民族居百家

足利本第五十五卷第十五葉

以上則共立一社今時里社是也郊特牲曰唯爲社事單出里【疏】正義曰此一經明天子以下立社之義王爲羣姓立社曰大社者羣姓謂百官以下及兆民言羣姓者包百官也大社在庫門内之右故小宗伯云右社稷王自爲立社曰王社者其王社所在書傳無文或云與大社同處王社在大社之西崔氏並云王社在藉田王自所祭以供粢盛今從其説故詩頌云春藉田而祈社稷是也其諸侯國社亦在公宮之右侯社在藉田　大夫以下成羣立社曰置社者大夫以下謂包士庶成羣聚而居其羣衆滿百家以上得立社爲衆特置故曰置社　【注】羣衆至出里　正義曰此云大夫以下謂下至士庶人者謂大夫至庶人等共在一處也云大夫不得特立社與民族居百家以上則共立一社今時里社是也者大夫北面之臣不得自專土地故不得特立社社以爲民故與民居百家以上則可以立社知百家者詩頌云百室盈止殺時犉牡故曰百家言以上皆不限多少故鄭駁異義引州長職曰以歲時祭

禮記義五十五　十五　李良

祀州社是二千五百家爲社也雖云百家以上唯治民大夫乃得立社故鄭駁異義云有國及治民之大夫乃有社稷是也此大夫所主立社稷則田主是也故鄭駁異義引大司徒職云樹之田主各以其野之所宜木遂以名其社與其野注云田主田神后土田正之所依也后土則社神田正則稷神其義已具郊特牲疏

王爲羣姓立七祀曰司命曰中霤曰國門曰國行曰泰厲曰户曰竈王自爲立七祀諸侯爲國立五祀曰司命曰中霤曰國門曰國行曰公厲諸侯自爲立五祀大夫立三祀曰族厲曰門曰行適士立二祀曰門曰行庶

潘本第五十五卷第十五葉

以上則共立一社今時里社是也郊特牲曰唯爲社事單出里【疏】正義曰此一經明天子以下立社之義○王爲羣姓立社曰大社者羣姓謂百官以下及兆民言羣姓者包百官也大社在庫門内之右故小宗伯云右社稷王自爲立社曰王社者其王社所在書傳無文或云與大社同處王社在大社之西崔氏並云王社在藉田王自所祭以供粢盛今從其説故詩頌云春藉田而祈社稷是也其諸侯國社亦在公宮之右侯社在藉田　大夫以下成羣立社曰置社者大夫以下謂包士庶成羣聚而居其羣衆滿百家以上得立社爲衆特置故曰置社　【注】羣衆至出里　正義曰此云大夫以下謂下至士庶人者謂大夫至庶人等共在一處也云大夫不得特立社與民族居百家以上則共立一社今時里社是也者大夫北面之臣不得自專土地故不得特立社社以爲民故與民居百家以上則可以立社知百家者詩頌云百室盈止殺時犉牡故曰百家言以上皆不限多少故鄭駁異義引州長職曰以歲時祭

禮記義五十五　十五

祀州社是二千五百家爲社也雖云百家以上唯治民大夫乃得立社故鄭駁異義云育國及治民之大夫乃有社稷是也此大夫所主立社稷則田主是也故鄭駁異義引大司徒職云樹之田主各以其野之所宜木遂以名其社與其野注云田主田神后土田正之所依也后土則社神田正則稷神其義已具郊特牲疏

王爲羣姓立七祀曰司命曰中霤曰國門曰國行曰泰厲曰户曰竈王自爲立七祀諸侯爲國立五祀曰司命曰中霤曰國門曰國行曰公厲諸侯自爲立五祀大夫立三祀曰族厲曰門曰行適士立二祀曰門曰行庶

士庶人立一祀或立戶或立竈　此非大神所祈報大事者也小神居人之間司察小過作譴告者爾樂記曰明則有禮樂幽則有鬼神鬼神謂此與司命主督察三命中霤主堂室居處門戶主出入行主道路行作厲主殺罰竈主飲食之事明堂月令春曰其祀戶祭先脾夏曰其祀竈祭先肺中央曰其祀中霤祭先心秋曰其祀門祭先肝冬曰其祀行祭先腎聘禮曰使者出釋幣於行歸釋幣於門士喪禮曰疾病禱於五祀司命與厲其時不著今時民家或春秋祠司命行神山神門戶竈在旁是必春祠司命秋祠厲也或者合而祠之山即厲也民惡言厲巫祝以厲山爲之謬乎春秋傳曰鬼有所歸乃不爲厲

【疏】正義曰此一經明天子以下立七祀五祀之義　曰司命者宮中小神熊氏云非天之司命故祭於宮中皇氏云司命者文昌宮星其義非也　曰中霤者主堂室神　曰國門者國謂城門也　曰國行者謂行神在國門外之西曰泰厲者謂古帝王無後者也此鬼無所依歸好爲民作禍故祀之也王自爲立七祀者前是爲民所立與衆共之四時常祀及爲羣姓禱祀其自爲立者王自禱祭不知其當同是一神爲是別更立七祀也　諸侯爲國立五祀者減天子戶竈二祀故爲立五祀也　曰公厲者謂古諸侯無後者諸侯稱公其鬼爲厲故曰公厲　諸侯自爲立五祀者義與天子同　大夫立三祀者減諸侯司命中霤故爲三祀也曰族厲者謂古大夫無後者鬼也族衆也大夫衆多其鬼無後者衆故言族厲　曰門曰行者其大夫無民國故不言國門國行也然鄭注曲禮大夫五祀爲夏殷法注王制大夫五祀是有采地者鄭何以知然曲禮文連於大夫五祀故知非周而王制立七廟故是周禮以彼推此大夫三祀則周諸侯之大夫無地者也

【注】此非至爲厲　正義曰小神居人之間司察小過作譴告者以其非郊廟社稷大神故云小神以其門戶竈等故知居人間也以小神所祈故知司察小過作譴告謂作譴責以告人云幽則有

禮記義五十五　十六　許詠

足利本第五十五卷第十六葉

士庶人立一祀或立戶或立竈　此非大神所祈報大事者也小神居人之間司察小過作譴告者爾樂記曰明則有禮樂幽則有鬼神鬼神謂此與司命主督察三命中霤主堂室居處門戶主出入行主道路行作厲主殺罰竈主飲食之事明堂月令春曰其祀戶祭先脾夏曰其祀竈祭先肺中央曰其祀中霤祭先心秋曰其祀門祭先肝冬曰其祀行祭先腎聘禮曰使者出釋幣於行歸釋幣於門士喪禮曰疾病禱於五祀司命與厲其時不著今時民家或春秋祠司命行神山神門戶竈在旁是必春祠司命秋祠厲也或者合而祠之山即厲也民惡言厲巫祝以厲山爲之謬乎春秋傳曰鬼有所歸乃不爲厲

【疏】正義曰此一經明天子以下立七祀五祀之義　曰司命者宮中小神熊氏云非天之司命故祭於宮中皇氏云司命者文昌宮星其義非也　曰中霤者主堂室神　曰國門者國謂城門也　曰國行者謂行神在國門外之西曰泰厲者謂古帝王無後者也此鬼無所依歸好爲民作禍故祀之也王自爲立七祀者前是爲民所立與衆共之四時常祀及爲羣姓禱祀其自爲立者王自禱祭不知其當同是一神爲是別更立七祀也　諸侯爲國立五祀者減天子戶竈二祀故爲立五祀也　曰公厲者謂古諸侯無後者諸侯稱公其鬼爲厲故曰公厲　諸侯自爲立五祀者義與天子同　大夫立三祀者減諸侯司命中霤故爲三祀也曰族厲者謂古大夫無後者鬼也族衆也大夫衆多其鬼無後者衆故言族厲　曰門曰行者其大夫無民國故不言國門國行也然鄭注曲禮大夫五祀爲夏殷法注王制大夫五祀是有采地者鄭何以知然曲禮文連於大夫五祀故知非周而王制立七廟故是周禮以彼推此大夫三祀則周諸侯之大夫無地者也

【注】此非至爲厲　正義曰小神居人之間司察小過作譴告者以其非郊廟社稷大神故云小神以其門戶竈等故知居人間也以小神所祈故知司察小過作譴告謂作譴責以告人云幽則有

禮記義五十五　十六　許詠

潘本第五十五卷第十六葉

足利本第五十五卷第十七葉

鬼神鬼神謂此與者以禮天神人鬼地祇皆列其名而樂記直云幽則有鬼神是幽闇之處有細小之鬼神謂此小祀者與與是疑辭也云司命主督察三命者案援神契云命有三科有受命以保慶有遭命以謫暴有隨命以督行受命謂年壽也遭命謂行善而遇凶也隨命謂隨其善惡而報之云聘禮曰使者出釋幣於行歸釋幣於門者證大夫有門行云士喪禮曰疾病禱於五祀者證士亦有五祀云司命與厲其時不著者以其餘五祀月令所祀皆著其時唯司命與厲祀時不顯著云今時民家或春秋祠司命行神山神門戶竈在旁者鄭以無文故引今漢時民家或有春秋兩時祠司命行神山神也民或然故云或也其祀此司命行神山神之時門戶竈三神在諸神之旁列位而祭也云是必春祠司命秋祠厲也者漢時既春秋俱祠司命與山神則是周時必應春祠司命司命主長養故祠在春厲主殺害故祠在秋云或者合而祠之者鄭又疑之以見漢時司命與山神春秋合祭故云或者合而祠之云山

禮記義五十五　十七　余致

即厲也者以漢時祭司命行神山神門戶竈等此經亦有司命門行戶竈等漢時有山而無厲此有厲而無山故云山即厲也云民惡言厲巫祝以厲山爲之者鄭解厲稱山之意漢時人民嫌惡厲漢時巫祝之人意以厲神是厲山氏之鬼爲之故云厲山云謬乎者謂巫祝以厲爲厲山之鬼於理謬乎所以爲謬者鬼之無後於是爲厲厲山氏有子曰柱世祀厲山之神何得其鬼爲厲故云謬也引春秋傳者昭七年左傳文於時鄭良霄被殺而死其鬼爲厲子產立良霄之子良止爲後子大叔問其故子產曰鬼有所歸乃不爲厲引之者證厲山氏既有所歸不得爲厲

王下祭殤五適子適孫適曾孫適玄孫適來孫諸侯下祭三大夫下祭二適士及庶人祭子而止　祭適殤者重適也祭適殤於廟之奧謂之陰厭王子公子祭其適殤於其當之廟太

潘本第五十五卷第十七葉

鬼神鬼神謂此與者以禮天神人鬼地祇皆列其名而樂記直云幽則有鬼神是幽闇之處有細小之鬼神謂此小祀者與與是疑辭也云司命主督察三命者案援神契云命有三科有受命以保慶有遭命以謫暴有隨命以督行受命謂年壽也遭命謂行善而遇凶也隨命謂隨其善惡而報之云聘禮曰使者出釋幣於行歸釋幣於門者證大夫有門行云士喪禮曰疾病禱於五祀者證士亦有五祀云司命與厲其時不著者以其餘五祀月令所祀皆著其時唯司命與厲祀時不顯著云今時民家或春秋祠司命行神山神門戶竈在旁者鄭以無文故引今漢時民家或有春秋兩時祠司命行神山神也民或然故云或也其祀此司命行神山神之時門戶竈三神在諸神之旁列位而祭也云是必春祠司命秋祠厲也者漢時既春秋俱祠司命與山神則是周時必應春祠司命司命主長養故祠在春厲主殺害故祠在秋云或者合而祠之者鄭又疑之以見漢時司命與山神春秋合祭故云或者合而祠之云山

禮記義五十五　十七　余致

即厲也者以漢時祭司命行神山神門戶竈等此經亦有司命門行戶竈等漢時有山而無厲此有厲而無山故云山即厲也云民惡言厲巫祝以厲山爲之者鄭解厲稱山之意漢時人民嫌惡厲漢時巫祝之人意以厲神是厲山氏之鬼爲之故云厲山云謬乎者謂巫祝以厲爲厲山之鬼於理謬乎所以爲謬者鬼之無後於是爲厲厲山氏有子曰柱世祀厲山之神何得其鬼爲厲故云謬也引春秋傳者昭七年左傳文於時鄭良霄被殺而死其鬼爲厲子產立良霄之子良止爲後子大叔問其故子產曰鬼有所歸乃不爲厲引之者證厲山氏既有所歸不得爲厲

王下祭殤五適子適孫適曾孫適玄孫適來孫諸侯下祭三大夫下祭二適士及庶人祭子而止　祭適殤者重適也祭適殤於廟之奧謂之陰厭王子公子祭其適殤於其當之廟太

足利本第五十五卷第十八葉

夫以下庶子祭其適殤於宗子之家皆當室之白謂之陽厭凡庶殤不祭 疏 正義曰此明天子以下祭殤之差也 注 王子公子祭其適殤於其當之廟 正義曰王子謂王之庶子公子謂諸侯庶子不得爲先王先公立廟無處可祭適殤故祭於當之廟謂王子公子但爲卿大夫得自立廟與王子公子同者就其廟而祭之適殤其義已具曾子問

夫聖王之制祭祀也法施於民則祀
之以死勤事則祀之以勞定國則祀之能
禦大菑則祀之能捍大患則祀之是故厲
山氏之有天下也其子曰農能殖百穀夏
之衰也周弃繼之故祀以爲稷共工氏之
禮記義五十五　十八
霸九州也其子曰后土能平九州故祀以
爲社帝嚳能序星辰以著衆堯能賞均刑
法以義終舜勤衆事而野死鯀鄣鴻水而
殛死禹能脩鯀之功黄帝正名百物以明
民共財顓頊能脩之契爲司徒而民成冥
勤其官而水死湯以寬治民而除其虐文
王以文治武王以武功去民之菑此皆有
功烈於民者也及夫日月星辰民所瞻仰也

潘本第五十五卷第十八葉

夫以下庶子祭其適殤於宗子之家皆當室之白謂之陽厭凡庶殤不祭 疏 正義曰此明天子以下祭殤之差也 注 王子公子祭其適殤於其當之廟 正義曰王子謂王之庶子公子謂諸侯庶子不得爲先王先公立廟無處可祭適殤故祭於當之廟謂王子公子但爲卿大夫得自立廟與王子公子同者就其廟而祭之適殤其義已具曾子問

夫聖王之制祭祀也法施於民則祀
之以死勤事則祀之以勞定國則祀之能
禦大菑則祀之能捍大患則祀之是故厲
山氏之有天下也其子曰農能殖百穀夏
之衰也周弃繼之故祀以爲稷共工氏之
禮記義五十五　十八
霸九州也其子曰后土能平九州故祀以
爲社帝嚳能序星辰以著衆堯能賞均刑
法以義終舜勤衆事而野死鯀鄣鴻水而
殛死禹能脩鯀之功黄帝正名百物以明
民共財顓頊能脩之契爲司徒而民成冥
勤其官而水死湯以寬治民而除其虐文
王以文治武王以武功去民之菑此皆有
功烈於民者也及夫日月星辰民所瞻仰也

足利本第五十五卷第十九葉

山林川谷丘陵民所取財用也非此族也不在祀典此所謂大神也春秋傳曰封爲上公祀爲大神厲山氏炎帝也起於厲山或曰有烈山氏弃后稷名也共工氏無録而王謂之霸在大昊炎帝之閒著衆謂使民興事知休作之期也賞賞善謂禪舜封禹稷等也義終謂既禪二十八載乃死也野死謂征有苗死於蒼梧也殛死謂不能成其功也明民謂使之衣服有章也民成謂知五教之禮也冥契六世之孫也其官玄冥水官也虐菑謂桀紂也烈業也族猶類也祀典謂祭祀也

疏 正義曰前經明禘郊祖宗及社稷之等所配之人又論天地日月星辰山谷丘陵之等此經揔明其功有益於民得在祀典之事從此至能捍大患則祀之與下諸神爲揔也　法施於民則祀之者若神農及后土帝嚳與堯及黃帝顓頊與契之屬是也　以死勤事則祀之者若舜及鯀冥是也　以勞定國則祀之者若禹是也　能禦大菑及能捍大患則祀之者若湯及文武也　其子曰農能殖百穀者農謂厲山氏後世子孫名柱能殖百穀故國語云神農之名柱作農官因名農是也　夏之衰也周棄繼之者以夏末湯遭大旱七年欲變置社稷故廢農祀棄故祀以爲稷者謂農及棄皆祀之以配稷之神其子曰后土能平九州故祀以爲社者是共工後世之子孫爲后土之官后君也爲君而掌土能治九州五土之神故祀以爲配社之神　帝嚳能序星辰以著衆者嚳能紀星辰序時候以明著使民休作有期不失時節故祀之也　堯能賞均刑法以義終者堯以天下位授舜封禹稷官得其人是能賞均平也五刑有宅是能刑有法也禪舜而老二十八載乃殂是義終也　舜能勤衆事而野死者舜征有苗仍巡守陟方而死蒼梧之野是勤衆事而野死　鯀鄣鴻水而殛死者鯀塞水無功而被堯殛死于羽山亦是有微功於人故得祀之若無微功焉能治水九載又世本云作城郭是有功也鄭荅趙商云鯀非誅死鯀放居東裔至死不

潘本第五十五卷第十九葉

山林川谷丘陵民所取財用也非此族也不在祀典此所謂大神也春秋傳曰封爲上公祀爲大神厲山氏炎帝也起於厲山或曰有烈山氏弃后稷名也共工氏無録而王謂之霸在大昊炎帝之閒著衆謂使民興事知休作之期也賞賞善謂禪舜封禹稷等也義終謂既禪二十八載乃死也野死謂征有苗死於蒼梧也殛死謂不能成其功也明民謂使之衣服有章也民成謂知五教之禮也冥契六世之孫也其官玄冥水官也虐菑謂桀紂也烈業也族猶類也祀典謂祭祀也

疏 正義曰前經明禘郊祖宗及社稷之等所配之人又論天地日月星辰山谷丘陵之等此經揔明其功有益於民得在祀典之事從此至能捍大患則祀之與下諸神爲揔也　法施於民則祀之者若神農及后土帝嚳與堯及黃帝顓頊與契之屬是也　以死勤事則祀之者若舜及鯀冥是也　以勞定國則祀之者若禹是也　能禦大菑及能捍大患則祀之者若湯及文武也　其子曰農能殖百穀者農謂厲山氏後世子孫名柱能殖百穀故國語云神農之名柱作農官因名農是也　夏之衰也周棄繼之者以夏末湯遭大旱七年欲變置社稷故廢農祀棄故祀以爲稷者謂農及棄皆祀之以配稷之神其子曰后土能平九州故祀以爲社者是共工後世之子孫爲后土之官后君也爲君而掌土能治九州五土之神故祀以爲配社之神　帝嚳能序星辰以著衆者嚳能紀星辰序時候以明著使民休作有期不失時節故祀之也　堯能賞均刑法以義終者堯以天下位授舜封禹稷官得其人是能賞均平也五刑有宅是能刑有法也禪舜而老二十八載乃殂是義終也　舜能勤衆事而野死者舜征有苗仍巡守陟方而死蒼梧之野是勤衆事而野死　鯀鄣鴻水而殛死者鯀塞水無功而被堯殛死于羽山亦是有微功於人故得祀之若無微功焉能治水九載又世本云作城郭是有功也鄭荅趙商云鯀非誅死鯀放居東裔至死不

禮記義五十五　十九　宋珠

得反於朝禹乃其子也以有聖功故堯與之若以爲殺人父用其子而舜禹何以忍乎而尚書云鯀則殛死禹乃嗣興者箕子見武王誅紂今與已言懼其意有慙德爲說父不肖則罪子賢則舉之以滿武王意也　禹能脩鯀之功者謂禹能脩父之功故祀之　黄帝正名百物者上雖有百物而未有名黄帝爲物作名正名其體也　以明民者謂垂衣裳使貴賤分明得其所也　共財者謂山澤不鄣教民取百物以自贍也其如上事故得祀之　顓頊能脩之者謂能脩黄帝之法　契爲司徒而民成者契爲堯之司徒司徒掌五教故民之五教得成　冥勤其官而水死者冥契六世孫其官玄冥水官也　湯以寬治民而除其虐謂放桀於南巢也　文王以文治武王以武功去民之菑者謂伐紂也此皆有功烈於民者也結上厲山以下也所得祀之人有功烈於人故也　及夫日月星辰民所瞻仰也者釋上文燔柴於泰壇瘞埋於泰折王宮祭日夜明祭月幽禜祭星之等及上有祭地祭天祭四時祭寒暑祭水旱此不言之者舉日月則天地可知四時寒暑水旱則日月陰陽之氣故舉日月以包之也　非此族也不在祀典者合結上事也族類也若非上自厲山以下及日月丘陵之等無益於民者悉不得預於祭祀之典也案上陳宗廟及七祀并通適殤以下此經不覆明之者此經所云謂是外神有功於民故具載之其宗廟與殤以下之親屬七祀之等宮中小神所以此經並皆不載　注春秋至祀也　正義曰引春秋左傳昭二十九年蔡墨辭云厲山氏炎帝也起於厲山者案帝王世紀云神農氏本起於烈山或時稱之神農即炎帝也故云厲山氏炎帝也云或曰有烈山氏者案二十九年傳文也云棄后稷名也者稱舜典云棄汝后稷是棄爲后稷名也云共工氏無録而王謂之霸在大昊炎帝之閒者是漢律曆志文又案月令春其帝大皥夏其帝炎帝不載共工氏是無録以水紀官是無録而王案昭十七年左傳郯子稱黄帝氏以雲紀炎帝以火紀共工氏以水紀大皥氏以龍紀從下逆陳是在炎帝之前大昊之

六九二　禮記義五十五　二十　高文

足利本第五十五卷第二十葉

得反於朝禹乃其子也以有聖功故堯與之若以爲殺人父用其子而舜禹何以忍乎而尚書云鯀則殛死禹乃嗣興者箕子見武王誅紂今與已言懼其意有慙德爲說父不肖則罪子賢則舉之以滿武王意也　禹能脩鯀之功者謂禹能脩父之功故祀之　黄帝正名百物者上雖有百物而未有名黄帝爲物作名正名其體也　以明民者謂垂衣裳使貴賤分明得其所也　共財者謂山澤不鄣教民取百物以自贍也其如上事故得祀之　顓頊能脩之者謂能脩黄帝之法　契爲司徒而民成者契爲堯之司徒司徒掌五教故民之五教得成　冥勤其官而水死者冥契六世孫其官玄冥水官也　湯以寬治民而除其虐謂放桀於南巢也　文王以文治武王以武功去民之菑者謂伐紂也此皆有功烈於民者也結上厲山以下也所得祀之人有功烈於人故也　及夫日月星辰民所瞻仰也者釋上文燔柴於泰壇瘞埋於泰折王宮祭日夜明祭月幽禜祭星之等及上有祭地祭天祭四時祭寒暑祭水旱此不言之者舉日月則天地可知四時寒暑水旱則日月陰陽之氣故舉日月以包之也　非此族也不在祀典者合結上事也族類也若非上自厲山以下及日月丘陵之等無益於民者悉不得預於祭祀之典也案上陳宗廟及七祀并通適殤以下此經不覆明之者此經所云謂是外神有功於民故具載之其宗廟與殤以下之親屬七祀之等宮中小神所以此經並皆不載　注春秋至祀也　正義曰引春秋左傳昭二十九年蔡墨辭云厲山氏炎帝也起於厲山者案帝王世紀云神農氏本起於烈山或時稱之神農即炎帝也故云厲山氏炎帝也云或曰有烈山氏者案二十九年傳文也云棄后稷名也者稱舜典云棄汝后稷是棄爲后稷名也云共工氏無録而王謂之霸在大昊炎帝之閒者是漢律曆志文又案月令春其帝大皥夏其帝炎帝不載共工氏是無録以水紀官是無録而王案昭十七年左傳郯子稱黄帝氏以雲紀炎帝以火紀共工氏以水紀大皥氏以龍紀從下逆陳是在炎帝之前大昊之

六九二　禮記義五十五　二十　高文

潘本第五十五卷第二十葉

後也云著衆謂使民興事知休作之期也者由序曆星辰敬授民時使民與造其事知休作之期民得顯著云二十八載乃死也者虞書文也云殛死謂不能成其功也者鯀被殛羽山以至於死所以殛者由不能成其功也云明民謂使之衣服有章者案易繫云黃帝堯舜垂衣裳而天下治蓋取乾坤是也云冥契六世之孫也者案世本契生昭明昭明生相土相土生昌若昌若生曹圉曹圉生根國根國生冥是契六世孫也

祭義第二十四

正義曰案鄭目録云名曰祭義者以其記祭祀齋戒薦羞之義也此於別録屬祭祀

祭不欲數數則煩煩則不敬祭不欲疏疏則怠怠則忘是故君子合諸天道春禘秋嘗

忘與不敬違禮莫大焉合於天道因四時之變化孝子感時念親則以此祭之也春禘者夏殷禮也周以禘爲殷祭更名春祭曰祠

霜露既降君子履之必有悽愴之心非其寒之謂也春雨露既濡君子履之必有怵惕之心如將見之

非其寒之謂謂悽愴及怵惕皆爲感時念親也霜露既降禮說在秋此無秋字蓋脫爾

樂以迎來哀以送往

迎來而樂樂親之將來也送去而哀哀其享否不可知也

故禘有樂而嘗無樂

小言之則爲一祭之間孝子不知鬼神之期推而廣之放其去來於陰陽

疏 正義曰此一節揔論祭事其事既雜義相附者結爲一節各隨文解之 此一節明孝子感時念親所以四時設祭之意 合諸天道者諸於也

後也云著衆謂使民興事知休作之期也者由序曆星辰敬授民時使民與造其事知休作之期民得顯著云二十八載乃死也者虞書文也云殛死謂不能成其功也者鯀被殛羽山以至於死所以殛者由不能成其功也云明民謂使之衣服有章者案易繫云黃帝堯舜垂衣裳而天下治蓋取乾坤是也云冥契六世之孫也者案世本契生昭明昭明生相土相土生昌若昌若生曹圉曹圉生根國根國生冥是契六世孫也

祭義第二十四

正義曰案鄭目録云名曰祭義者以其記祭祀齋戒薦羞之義也此於別録屬祭祀

祭不欲數數則煩煩則不敬祭不欲疏疏則怠怠則忘是故君子合諸天道春禘秋嘗

忘與不敬違禮莫大焉合於天道因四時之變化孝子感時念親則以此祭之也春禘者夏殷禮也周以禘爲殷祭更名春祭曰祠

霜露既降君子履之必有悽愴之心非其寒之謂也春雨露既濡君子履之必有怵惕之心如將見之

非其寒之謂謂悽愴及怵惕皆爲感時念親也霜露既降禮說在秋此無秋字蓋脫爾

樂以迎來哀以送往

迎來而樂樂親之將來也送去而哀哀其享否不可知也

故禘有樂而嘗無樂

小言之則爲一祭之間孝子不知鬼神之期推而廣之放其去來於陰陽

疏 正義曰此一節揔論祭事其事既雜義相附者結爲一節各隨文解之 此一節明孝子感時念親所以四時設祭之意 合諸天道者諸於也

禮記義五十五 二十一 楊昌

足利本第五十五卷第二十二葉

禘者陽之盛也嘗者陰之盛也陰陽氣盛孝子感而思念
其親故君子制禮合於天道　春禘秋嘗者舉春秋冬夏
可知非其寒之謂也者言孝子於秋霜露既降有悽愴之
心者非是寒之謂有此悽愴者爲感時念親也　如將見
之者言孝子於春雨露之時必有怵惕之心焉意想念親
如似得見親也春秋二時於文相互上云悽愴下云非其
寒之謂此怵惕之心下宜云非其煖之謂今怵惕之心下
如將見之則悽愴之心下亦宜云如將見之是其互也但
作記以秋是物去寒爲甚故不云如將見之但言寒也春
是物來煖輕於寒故云如將見之故不言煖之謂也先秋
後春以涼悽愴之甚故先言之　注春禘至曰祠　正義
曰案王制云春礿夏禘周禮大宗伯春祠夏禴今云春禘
故云夏殷禮案王制春曰礿此云春禘爲夏殷禮者郊特
牲以注禘當爲礿則此春禘亦當爲礿於郊特牲巳注而
破之故此不言也　注迎來至陰陽　正義曰云小言之
則爲一祭之閒孝子不知鬼神之期者解經樂以迎來哀

禮記義五十五　二十二　李忠

以送往之二句謂一祭之閒也一祭比於一年其事爲小
故云小言之爲一祭之閒既不知鬼神來去期節故祭初
似若來故樂祭末似去故哀據孝子之心雖春有樂及鍾
鼓送尸孝子之心祭末猶哀也云推而廣之故其去來於
陰陽者解經云故禘有樂而嘗無樂二句也言推此一祭
而廣論一年放神之去來似於陰陽二氣但陽主生長春
夏陽來似神之來故春夏祭之有樂秋冬陰象神之去故
秋冬之祭無樂然周禮四時之祭皆有樂殷則烝嘗之祭
亦有樂故那詩云庸鼓有斁萬舞有奕下云顧予烝嘗則
殷秋冬亦有樂者熊氏云殷秋冬但有管弦之樂又云烝
嘗全無樂其義巳具郊特牲　致齊於內散齊於外齊之日思
其居處思其笑語思其志意思其所樂思
其所嗜齊三日乃見其所爲齊者　致齊思此五者

潘本第五十五卷第二十二葉

禘者陽之盛也嘗者陰之盛也陰陽氣盛孝子感而思念
其親故君子制禮合於天道　春禘秋嘗者舉春秋冬夏
可知非其寒之謂也者言孝子於秋霜露既降有悽愴之
心者非是寒之謂有此悽愴者爲感時念親也　如將見
之者言孝子於春雨露之時必有怵惕之心焉意想念親
如似得見親也春秋二時於文相互上云悽愴下云非其
寒之謂此怵惕之心下宜云非其煖之謂今怵惕之心下
如將見之則悽愴之心下亦宜云如將見之是其互也但
作記以秋是物去寒爲甚故不云如將見之但言寒也春
是物來煖輕於寒故云如將見之故不言煖之謂也先秋
後春以涼悽愴之甚故先言之　注春禘至曰祠　正義
曰案王制云春礿夏禘周禮大宗伯春祠夏禴今云春禘
故云夏殷禮案王制春曰礿此云春禘爲夏殷禮者郊特
牲以注禘當爲礿則此春禘亦當爲礿於郊特牲巳注而
破之故此不言也　注迎來至陰陽　正義曰云小言之
則爲一祭之閒孝子不知鬼神之期者解經樂以迎來哀

禮記義五十五　二十二　李忠

以送往之二句謂一祭之閒也一祭比於一年其事爲小
故云小言之爲一祭之閒既不知鬼神來去期節故祭初
似若來故樂祭末似去故哀據孝子之心雖春有樂及鍾
鼓送尸孝子之心祭末猶哀也云推而廣之故其去來於
陰陽者解經云故禘有樂而嘗無樂二句也言推此一祭
而廣論一年放神之去來似於陰陽二氣但陽主生長春
夏陽來似神之來故春夏祭之有樂秋冬陰象神之去故
秋冬之祭無樂然周禮四時之祭皆有樂殷則烝嘗之祭
亦有樂故那詩云庸鼓有斁萬舞有奕下云顧予烝嘗則
殷秋冬亦有樂者熊氏云殷秋冬但有管弦之樂又云烝
嘗全無樂其義巳具郊特牲　致齊於內散齊於外齊之日思
其居處思其笑語思其志意思其所樂思
其所嗜齊三日乃見其所爲齊者　致齊思此五者

也散齊七日不御不樂不弔耳見所爲齊者思之
孰也所嗜素所欲飲食也春秋傳曰屈到嗜芰【疏】正義
曰此一節明祭前齊事之日　思其居處者謂祭致齊之
日也思其居處以下五事謂孝子思念親存之五事也先
思其麤顯漸思其精故居處在前樂嗜居後　齊三日乃見
其所爲齊者謂致齊思念其親精意純孰目想之若見其
所爲齊之親也【注】春秋傳曰屈到嗜芰　正義曰楚
語云屈到嗜芰有疾召其宗老而屬之曰祭我必以芰祭
之日入室僾然必有見乎其位周還出戶
肅然必有聞乎其容聲出戶而聽愾然必
有聞乎其嘆息之聲周還出戶謂薦設時也無尸者闔戶若食間則有出
戶而聽之【疏】正義曰此一經明祭之日孝子想念其親入室僾然必有見乎其位者謂祭之日朝初入廟室

時也初入室陰厭時孝子當想象僾僾髣髴見也詩云愛
而不見如見親之在神位也故論語云祭如在　周還
出戶肅然必有聞乎其容聲者謂薦饌時也孝子薦俎酌
獻行步周旋或出戶當此之時必有悚息肅肅然如聞親
舉動容止之聲　出戶而聽愾然者謂祭此人爲無尸之
時設薦已畢孝子出戶而靜聽愾愾然也必有聞乎其歎
息之聲也【注】周還至聽之　正義曰出戶謂薦設時也
者若特牲少牢主婦設豆及佐食設俎之屬是也云無尸
者闔戶若食間則有出戶而聽之者案士虞禮云無尸則
禮及薦饌皆如初主人哭出復位祝闔牖戶如食間注云
如尸一食九飯之須彼謂虞祭無孫行爲尸者則吉祭亦
當然也此鄭云闔戶若食間見如正祭九飯之間也而皇
氏謂尸謖之後陽厭之時又云無尸謂之陰厭尸未入前其義並非也是故先王之孝
也色不忘乎目聲不絕乎耳心志嗜欲不

潘本第五十五卷第二十三葉

也散齊七日不御不樂不弔耳見所爲齊者思之
孰也所嗜素所欲飲食也春秋傳曰屈到嗜芰【疏】正義
曰此一節明祭前齊事之日　思其居處者謂祭致齊之
日也思其居處以下五事謂孝子思念親存之五事也先
思其麤顯漸思其精故居處在前樂嗜居後　齊三日乃見
其所爲齊者謂致齊思念其親精意純孰目想之若見其
所爲齊之親也【注】春秋傳曰屈到嗜芰　正義曰楚
語云屈到嗜芰有疾召其宗老而屬之曰祭我必以芰祭
之日入室僾然必有見乎其位周還出戶
肅然必有聞乎其容聲出戶而聽愾然必
有聞乎其嘆息之聲周還出戶謂薦設時也無尸者闔戶若食間則有出
戶而聽之【疏】正義曰此一經明祭之日孝子想念其親入室僾然必有見乎其位者謂祭之日朝初入廟室

禮記義五十五　二十三　高彥

時也初入室陰厭時孝子當想象僾僾髣髴見也詩云愛
而不見如見親之在神位也故論語云祭如在　周還
出戶肅然必有聞乎其容聲者謂薦饌時也孝子薦俎酌
獻行步周旋或出戶當此之時必有悚息肅肅然如聞親
舉動容止之聲　出戶而聽愾然者謂祭此人爲無尸之
時設薦已畢孝子出戶而靜聽愾愾然也必有聞乎其歎
息之聲也【注】周還至聽之　正義曰出戶謂薦設時也
者若特牲少牢主婦設豆及佐食設俎之屬是也云無尸
者闔戶若食間則有出戶而聽之者案士虞禮云無尸則
禮及薦饌皆如初主人哭出復位祝闔牖戶如食間注云
如尸一食九飯之須彼謂虞祭無孫行爲尸者則吉祭亦
當然也此鄭云闔戶若食間見如正祭九飯之間也而皇
氏謂尸謖之後陽厭之時又云無尸謂之陰厭尸未入前其義並非也是故先王之孝
也色不忘乎目聲不絕乎耳心志嗜欲不

志乎心致愛則存致慤則著著存不忘乎心夫安得不敬乎存著則謂其思念也疏正義曰此一經念親之事 致愛則存者謂孝子致極愛親之心則若親之存以嗜欲不忘於親故也 致慤則著者謂孝子致其端慤敬親之心則若親之顯著以色不忘於目聲不忘於耳故也 著存不忘乎心者言如親之存在怳想見之不忘於心既思念如此何得不敬乎君子生則敬養死則敬享思終身弗辱也享猶祭也饗也君子有終身之喪忌日之謂也忌日不用非不祥也言夫日志有所至而不敢盡其私也忌日親亡之日忌日者不用舉他事如有時日之禁也祥善也志有所至至於親以此日亡其哀心如喪時疏正義曰此一節明孝子終身念親不忘之事 忌日不用非不祥也者謂忌日不用舉作他事者何非謂此日不善别有禁忌不舉事也 言夫日志有所至而不敢盡其私也者所以不舉者言夫忌日謂孝子志意有所至極思念親不敢盡其私情而營他事故不舉也唯聖人為能饗帝孝子為能饗親謂祭之能使之饗也帝天也饗者鄉也鄉之然後能饗焉言中心鄉之乃能使其祭見饗也上饗或為相是故孝子臨尸而不怍君牽牲夫人奠盎君獻尸夫人薦豆卿大夫相君命婦相夫人齊齊乎其敬也愉愉

禮記義五十五　二十四　許當

足利本第五十五卷第二十四葉

志乎心致愛則存致慤則著著存不忘乎心夫安得不敬乎存著則謂其思念也疏正義曰此一經念親之事 致愛則存者謂孝子致極愛親之心則若親之存以嗜欲不忘於親故也 致慤則著者謂孝子致其端慤敬親之心則若親之顯著以色不忘於目聲不忘於耳故也 著存不忘乎心者言如親之存在怳想見之不忘於心既思念如此何得不敬乎君子生則敬養死則敬享思終身弗辱也享猶祭也饗也君子有終身之喪忌日之謂也忌日不用非不祥也言夫日志有所至而不敢盡其私也忌日親亡之日忌日者不用舉他事如有時日之禁也祥善也志有所至至於親以此日亡其哀心如喪時疏正義曰此一節明孝子終身念親不忘之事 忌日不用非不祥也者謂忌日不用舉作他事者何非謂此日不善别有禁忌不舉事也 言夫日志有所至而不敢盡其私也者所以不舉者言夫忌日謂孝子志意有所至極思念親不敢盡其私情而營他事故不舉也唯聖人為能饗帝孝子為能饗親謂祭之能使之饗也帝天也饗者鄉也鄉之然後能饗焉言中心鄉之乃能使其祭見饗也上饗或為相是故孝子臨尸而不怍君牽牲夫人奠盎君獻尸夫人薦豆卿大夫相君命婦相夫人齊齊乎其敬也愉愉

禮記義五十五　二十四　許當

潘本第五十五卷第二十四葉

足利本第五十五卷第二十五葉

乎其忠也勿勿諸其欲其饗之也色不和曰作奠
盎設盎齊之奠也此時君牽牲將薦毛血君獻尸而夫人
薦豆謂繹日也儐尸主人獻尸主婦自東房薦韭菹醢勿
勿猶勉勉也愨愛之貌 疏 正義曰此一節明孝子祭祀欲親歆饗之意 唯聖人爲能饗帝者以饗帝爲
難故聖人能之饗親不易故孝子能之欲饗親與饗帝同
故以饗帝比饗親言饗親難也此本爲饗親而發故下文
專論饗親之事 饗者鄉也者言神之所以饗者由孝子
之所歸鄉也鄉之故然後能使神靈歆饗焉 是故孝子
臨尸而不怍者怍謂顏色不和悅以祭祀須饗尸故孝子
臨對尸前不得顏色不和 君牽牲夫人奠盎者熊氏云
此謂繹祭君當牽牲之時夫人奠設盎齊之尊 君獻尸
夫人薦豆者繹祭故先獻後薦 齊齊乎其敬也者卿大
夫相君命婦相夫人皆齊齊乎其恭敬齊齊謂整齊之貌
故玉藻云廟中齊齊 愉愉乎其忠也者愉愉和悅之貌

禮記義五十五　二十五　馬春

忠謂忠心言孝子顏色愉愉然和悅盡忠心 勿勿諸
其欲其饗之也者勿勿猶勉勉也言孝子之心與貌勉勉
然欲得親之歆饗也其皆語助 注 色不至之貌 正義
曰案曲禮云容毋怍怍謂顏色變即不和之意云奠盎設
盎齊之奠也者此謂繹祭故牽牲之時夫人預設盎齊之
尊假令正祭牽牲時夫人設奠盎之尊至君親制祭夫人
酌盎齊以獻尸義無妨也皇氏怪此奠盎在牽牲之時於
事大早以奠盎爲洗牲勘諸經傳無洗牲以酒之文皇氏
文無所據其義非也云謂繹日也者以其先云君獻尸後
云夫人薦豆故知繹日也云儐尸主人獻尸主婦自東房
薦韭菹醢者此是有司徹文引之者證儐尸之時先獻後薦上大夫儐尸即天子諸侯之繹也 文王之
祭也事死者如事生思死者如不欲生忌
日必哀稱諱如見親祀之忠也如見親之

潘本第五十五卷第二十五葉

乎其忠也勿勿諸其欲其饗之也色不和曰作奠
盎設盎齊之奠也此時君牽牲將薦毛血君獻尸而夫人
薦豆謂繹日也儐尸主人獻尸主婦自東房薦韭菹醢勿
勿猶勉勉也愨愛之貌 疏 正義曰此一節明孝子祭祀欲親歆饗之意 唯聖人爲能饗帝者以饗帝爲
難故聖人能之饗親不易故孝子能之欲饗親與饗帝同
故以饗帝比饗親言饗親難也此本爲饗親而發故下文
專論饗親之事 饗者鄉也者言神之所以饗者由孝子
之所歸鄉也鄉之故然後能使神靈歆饗焉 是故孝子
臨尸而不怍者怍謂顏色不和悅以祭祀須饗尸故孝子
臨對尸前不得顏色不和 君牽牲夫人奠盎者熊氏云
此謂繹祭君當牽牲之時夫人奠設盎齊之尊 君獻尸
夫人薦豆者繹祭故先獻後薦 齊齊乎其敬也者卿大
夫相君命婦相夫人皆齊齊乎其恭敬齊齊謂整齊之貌
故玉藻云廟中齊齊 愉愉乎其忠也者愉愉和悅之貌

禮記義五十五　二十五　馬春

忠謂忠心言孝子顏色愉愉然和悅盡忠心 勿勿諸
其欲其饗之也者勿勿猶勉勉也言孝子之心與貌勉勉
然欲得親之歆饗也其皆語助 注 色不至之貌 正義
曰案曲禮云容毋怍怍謂顏色變即不和之意云奠盎設
盎齊之奠也者此謂繹祭故牽牲之時夫人預設盎齊之
尊假令正祭牽牲時夫人設奠盎之尊至君親制祭夫人
酌盎齊以獻尸義無妨也皇氏怪此奠盎在牽牲之時於
事大早以奠盎爲洗牲勘諸經傳無洗牲以酒之文皇氏
文無所據其義非也云謂繹日也者以其先云君獻尸後
云夫人薦豆故知繹日也云儐尸主人獻尸主婦自東房
薦韭菹醢者此是有司徹文引之者證儐尸之時先獻後薦上大夫儐尸即天子諸侯之繹也 文王之
祭也事死者如事生思死者如不欲生忌
日必哀稱諱如見親祀之忠也如見親之

足利本第五十五卷第二十六葉

所愛如欲色然其文王與思死者如不欲生言思親之深也如欲色者以時人於色厚假以喻之詩云明發不寐有懷二人文王之詩也祭之明日明發不寐饗而致之又從而思之祭之日樂與哀半饗之必樂已至必哀明發不寐謂夜而至旦也祭之明日謂繹日也言繹之夜不寐也二人謂父母容尸侑也

疏正義曰此一節明文王祭思親忠敬之甚　思死者如不欲生者言文三思念死者意欲隨之而死如似不復欲生　稱諱如見親者言文王在廟中上不諱下於祖廟稱親之諱如似見親也　祀之忠者言文王祭祀之盡忠誠也　如見親之所愛如欲色然者解祀之忠敬之事言齊時思念親之平生嗜欲如以真見親所愛在於目前又思念親之所愛之甚如似凡人貪欲女色然也　其文王與者唯文王能如此與與是不執定之辭王肅然解欲色如欲見父母之顏色鄭何得比父母於女色馬昭申云孔子曰吾木見好德如好色者如此亦比色於德張融亦如好色取其甚也於文無妨　文王之詩也者此幽王小雅小宛之篇而云文王詩也者記者引詩斷章取義且詩人陳文王之德以刺幽王亦得爲文王之詩也　祭之明日明發不寐者謂正祭明日繹祭之時祭既訖得其夜發夕至明而不寐　饗而致之又從而思之者申明發之意既設繹祭之饗而致於神其夜又從而思之也　饗之必樂已至必哀者孝子想神之歆饗故必樂又想及饗已至之後必分離故必哀也　注祭之至侑也　正義曰知祭之明日謂繹日也者案宣八年六月辛巳有事于大廟仲遂卒于垂壬午猶繹是祭之明日爲繹也云二人謂父母容尸侑也者祭以念親故二人謂父母案有司徹上大夫儐尸別立一人爲侑以助尸似鄉飲酒禮介之副賓也

禮記義五十五　二十六　李良

潘本第五十五卷第二十六葉

所愛如欲色然其文王與思死者如不欲生言思親之深也如欲色者以時人於色厚假以喻之詩云明發不寐有懷二人文王之詩也祭之明日明發不寐饗而致之又從而思之祭之日樂與哀半饗之必樂已至必哀明發不寐謂夜而至旦也祭之明日謂繹日也言繹之夜不寐也二人謂父母容尸侑也

疏正義曰此一節明文王祭思親忠敬之甚　思死者如不欲生者言文王思念死者意欲隨之而死如似不復欲生　稱諱如見親者言文王在廟中上不諱下於祖廟稱親之諱如似見親也　祀之忠者言文王祭祀之盡忠誠也　如見親之所愛如欲色然者解祀之忠敬之事言齊時思念親之平生嗜欲如以真見親所愛在於目前又思念親之所愛之甚如似凡人貪欲女色然也　其文王與者唯文王能如此與與是不執定之辭王肅然解欲色如欲見父母之顏色鄭何得比父母於女色馬昭申云孔子曰吾未見好德如好色者如此亦比色於德張融亦如好色取其甚也於文無妨　文王之詩也者此幽王小雅小宛之篇而云文王詩也者記者引詩斷章取義且詩人陳文王之德以刺幽王亦得爲文王之詩也　祭之明日明發不寐者謂正祭明日繹祭之時祭既訖得其夜發夕至明而不寐　饗而致之又從而思之者申明發之意既設繹祭之饗而致於神其夜又從而思之也　饗之必樂已至必哀者孝子想神之歆饗故必樂又想及饗已至之後必分離故必哀也　注祭之至侑也　正義曰知祭之明日謂繹日也者案宣八年六月辛巳有事于大廟仲遂卒于垂壬午猶繹是祭之明日爲繹也云二人謂父母容尸侑也者祭以念親故二人謂父母案有司徹上大夫儐尸別立一人爲侑以助尸似鄉飲酒禮介之副賓也

禮記義五十五　二十六　李良

繹祭與儐尸同故知二人容尸與侑也 仲尼嘗奉薦而進其親也慤其行也趨趨以數嘗秋祭也親謂身親執事時也慤與趨趨言少威儀也趨讀如促數之言速也已祭子贛問曰子之言祭濟濟漆漆然今子之祭無濟濟漆漆何也子曰濟濟者容也遠也漆漆者容也自反也容以遠若容以自反也夫何神明之及交夫何濟濟漆漆之有乎漆漆讀如朋友切切自反猶言自脩整也容以遠言非所以接親親也容以自反言非孝子所以事親也及與也此皆非與神明交之道反饋樂成薦其

禮記義五十五　二十七　李信

薦俎序其禮樂備其百官君子致其濟濟漆漆夫何慌惚之有乎天子諸侯之祭或從血腥始至反饋是進孰也薦俎豆與俎也慌惚思念益深之時也言祭事既備使百官助已祭然而見其容而自反是無慌惚之思念夫言豈一端而已夫各有所當也豈一端言不可以一槩也禮各有所當行祭宗廟者賓容濟濟漆漆主人慤而趨趨

疏 正義曰此一節記仲尼嘗祭之儀　奉薦而進其親也慤者慤謂質慤謂仲尼奉薦進尸之時其身執事其形貌慤質少威儀　其行也趨趨以數者其行步促促速疾少威儀舉足而數也　今子之祭無濟濟漆漆何也者子贛先聞夫子說祭事威儀須濟濟漆漆然也今子之爲祭無濟濟漆漆者何也子曰濟濟者容也遠也夫子爲子贛說濟濟之義言濟濟者是容貌自疏遠漆漆者容也

繹祭與儐尸同故知二人容尸與侑也 仲尼嘗奉薦而進其親也慤其行也趨趨以數嘗秋祭也親謂身親執事時也慤與趨趨言少威儀也趨讀如促數之言速也已祭子贛問曰子之言祭濟濟漆漆然今子之祭無濟濟漆漆何也子曰濟濟者容也遠也漆漆者容也自反也容以遠若容以自反也夫何神明之及交夫何濟濟漆漆之有乎漆漆讀如朋友切切自反猶言自脩整也容以遠言非所以接親親也容以自反言非孝子所以事親也及與也此皆非與神明交之道反饋樂成薦其

禮記義五十五　二十七　李信

薦俎序其禮樂備其百官君子致其濟濟漆漆夫何慌惚之有乎天子諸侯之祭或從血腥始至反饋是進孰也薦俎豆與俎也慌惚思念益深之時也言祭事既備使百官助已祭然而見其容而自反是無慌惚之思念夫言豈一端而已夫各有所當也豈一端言不可以一槩也禮各有所當行祭宗廟者賓容濟濟漆漆主人慤而趨趨

疏 正義曰此一節記仲尼嘗祭之儀　奉薦而進其親也慤者慤謂質慤謂仲尼奉薦進尸之時其身執事其形貌慤質少威儀　其行也趨趨以數者其行步促促速疾少威儀舉足而數也　今子之祭無濟濟漆漆何也者子贛先聞夫子說祭事威儀須濟濟漆漆然也今子之爲祭無濟濟漆漆者何也子曰濟濟者容也遠也夫子爲子贛說濟濟之義言濟濟者是容貌自疏遠漆漆者容也

足利本第五十五卷第二十八葉

自反也謂容貌自反覆而脩整也　容以遠若容以自反也者覆結上文言孝子若容貌以跡遠若容貌以自脩正此乃賓客之事夫何神明之及交者及與也言孝子若賓客之容何得神明之與交言不得與神明交也　夫何濟濟漆漆之有乎者更覆結之云夫孝子何得濟濟漆漆之有乎言不得有也其容也遠也王肅以容爲客皇氏用王肅以客有其容之義其義亦通但於文勢不便至注更具詳　反饋樂成者此天子諸侯之祭血腥而始及至進是設饌進孰合樂成畢定本反饋作及字至注更釋　薦俎者謂薦孰之時薦其饋食之豆并牲體之俎　序其禮樂備其百官者進饋之前與神明而交貴其誠敬進饋之後人事之盛故序其禮樂備其百官君子致其濟濟漆漆者言於此之時君子助祭之人致其濟濟漆漆賓客之事夫何慌惚之有乎者此一句覆結前文子贛問之若孝子自濟濟漆漆何得慌惚思念之有乎言無念親之意也夫言豈一端而已者夫子荅子贛云一端猶一槩也凡

禮記義五十五　二十八　徐通

言語豈一槩而已言不可以一槩所屬各異　夫各有所當也者謂其言語各有所當若慤而趨當孝子也濟濟漆漆當賓客也　注漆漆至之道　正義曰云漆漆讀如朋友切切者以漆漆非形貌之狀漆音近切朋友切切偲偲語子路文也云自反猶言自脩整也者凡脩整之人必自反覆顧省故云自反猶言自脩整云容以遠言非所以接親親也者凡接親親不事容貌又相附近今既事容貌又相疏遠故云非所以接親親言親親孝子之辭或容爲客字則是義遠何須云容以遠又客以自反與容以遠相對一字爲容一字爲客未之有也又王肅爲客字破鄭義明鄭義容字也　注天子至思念　正義曰天子諸侯之祭或從血腥始者謂以卿大夫從饋孰始故云天子諸侯或從血腥始言或者不盡然故三獻爓一獻孰是不從血腥始云至反饋是進孰也者既以血腥爲始至於反饋之時是進孰也但至與反字於文爲煩定本又爲及字故皇氏云初祭尸入於室後出在堂門尸更反入而設饋故云反

潘本第五十五卷第二十八葉

自反也謂容貌自反覆而脩整也　容以遠若容以自反也者覆結上文言孝子若容貌以跡遠若容貌以自脩正此乃賓客之事夫何神明之及交者及與也言孝子若賓客之容何得神明之與交言不得與神明交也　夫何濟濟漆漆之有乎者更覆結之云夫孝子何得濟濟漆漆之有乎言不得有也其容也遠也王肅以容爲客皇氏用王肅以客有其容之義其義亦通但於文勢不便至注更具詳　反饋樂成者此天子諸侯之祭血腥而始及至進是設饌進孰合樂成畢定本反饋作及字至注更釋　薦俎者謂薦孰之時薦其饋食之豆并牲體之俎　序其禮樂備其百官者進饋之前與神明而交貴其誠敬進饋之後人事之盛故序其禮樂備其百官君子致其濟濟漆漆者言於此之時君子助祭之人致其濟濟漆漆賓客之事夫何慌惚之有乎者此一句覆結前文子贛問之若孝子自濟濟漆漆何得慌惚思念之有乎言無念親之意也夫言豈一端而已者夫子荅子贛云一端猶一槩也凡

禮記義五十五　二十八　徐通

言語豈一槩而已言不可以一槩所屬各異　夫各有所當也者謂其言語各有所當若慤而趨當孝子也濟濟漆漆當賓客也　注漆漆至之道　正義曰云漆漆讀如朋友切切者以漆漆非形貌之狀漆音近切朋友切切偲偲語子路文也云自反猶言自脩整也者凡脩整之人必自反覆顧省故云自反猶言自脩整云容以遠言非所以接親親也者凡接親親不事容貌又相附近今既事容貌又相疏遠故云非所以接親親言親親孝子之辭或容爲客字則是義遠何須云容以遠又客以自反與容以遠相對一字爲容一字爲客未之有也又王肅爲客字破鄭義明鄭義容字也　注天子至思念　正義曰天子諸侯之祭或從血腥始者謂以卿大夫從饋孰始故云天子諸侯或從血腥始言或者不盡然故三獻爓一獻孰是不從血腥始云至反饋是進孰也者既以血腥爲始至於反饋之時是進孰也但至與反字於文爲煩定本又爲及字故皇氏云初祭尸入於室後出在堂門尸更反入而設饋故云反

足利本第五十五卷第二十九葉

饋義當然也　孝子將祭慮事不可以不豫比時具
物不可以不備虛中以治之比時猶先時也虛中言不兼念餘事
宮室旣脩牆屋旣設百物旣備夫婦齊戒
沐浴盛服奉承而進之洞洞乎屬屬乎如
弗勝如將失之其孝敬之心至也與脩謂埽設
除及黝堊　薦其薦俎序其禮樂備其百官奉承而
進之百官助主人進之　於是諭其志意以其慌惚以
與神明交庶或饗之庶或饗之孝子之志

禮記正義五十五　二十九　王允

也諭其志意謂使祝祝饗及侑尸也或猶有也言想見其仿佛來　疏　正義曰自此以下至成人之道
廣明孝子祭祀之義今各隨文解之　將祭慮事不可以
不豫者言孝子慮事不可於祭前不豫思慮之　比時具
物不可以不備者比時謂先時言在祭之先以備具於物
至於祭時不可以不備具也　虛中以治之者言不可兼
念餘事心中實虛唯思此祭而已故云虛中以治之也
洞洞至也與　正義曰洞洞屬屬是嚴敬之貌言孝子之
心奉承而進祭之時其心洞洞乎屬屬乎恭敬心甚如舉
物之弗勝心所奉持如似將失於物此是孝子心敬之至
極也案廣雅洞洞屬屬敬也　於是至志也　正義曰孝
子旣薦其俎於是使其祝官啓告鬼神曉諭鬼神以志意
以其慌惚以與神明交庶或饗之者言孝子以其思念
情深慌惚似神明交接庶望神明或來歆饗故云庶幾神
明饗之者是孝子之志意也
言想見其親仿佛而來也
孝子之祭也盡其慤

潘本第五十五卷第二十九葉

饋義當然也　孝子將祭慮事不可以不豫比時具
物不可以不備虛中以治之比時猶先時也虛中言不兼念餘事
宮室旣脩牆屋旣設百物旣備夫婦齊戒
沐浴盛服奉承而進之洞洞乎屬屬乎如
弗勝如將失之其孝敬之心至也與脩謂埽設
除及黝堊　薦其薦俎序其禮樂備其百官奉承而
進之百官助主人進之　於是諭其志意以其慌惚以
與神明交庶或饗之庶或饗之孝子之志

禮記正義五十五　二十九　王允

也諭其志意謂使祝祝饗及侑尸也或猶有也言想見其仿佛來　疏　正義曰自此以下至成人之道
廣明孝子祭祀之義今各隨文解之　將祭慮事不可以
不豫者言孝子慮事不可於祭前不豫思慮之　比時具
物不可以不備者比時謂先時言在祭之先以備具於物
至於祭時不可以不備具也　虛中以治之者言不可兼
念餘事心中實虛唯思此祭而已故云虛中以治之也
洞洞至也與　正義曰洞洞屬屬是嚴敬之貌言孝子之
心奉承而進祭之時其心洞洞乎屬屬乎恭敬心甚如舉
物之弗勝心所奉持如似將失於物此是孝子心敬之至
極也案廣雅洞洞屬屬敬也　於是至志也　正義曰孝
子旣薦其俎於是使其祝官啓告鬼神曉諭鬼神以志意
以其慌惚以與神明交庶或饗之者言孝子以其思念
情深慌惚似神明交接庶望神明或來歆饗故云庶幾神
明饗之者是孝子之志意也
言想見其親仿佛而來也
孝子之祭也盡其慤

足利本第五十五卷第三十葉

而慤焉盡其信而信焉盡其敬而敬焉盡其禮而不過失焉進退必敬如親聽命則或使之也言當盡已而已如居父母前將受命而使之疏正義曰盡其慤而慤焉者盡慤謂心盡其慤也而慤焉謂外亦慤焉其信與敬皆處內內有其心外著於貌　盡其禮而不過失焉者以其禮包衆事非一可極故不得云而盡其禮焉云不過失焉則是禮也　進退必敬如親聽命則或使之也者言孝子祭時進之與退必恒恭敬如似親聽父母之命而父母或使之也孝子之祭可知也其立之也敬以詘其進之也敬以愉其薦之也敬以欲退而立如將受命已徹而退

禮記義五十五　三十　許詠

敬齊之色不絕於面詘充詘形容喜貌也進之謂進血腥也愉顏色和貌也薦之謂進孰也欲婉順貌齊謂齊莊孝子之祭也立而不詘固也進而不愉疏也薦而不欲不愛也退立而不如受命敖也已徹而退無敬齊之色而忘本也如是而祭失之矣固猶質陋也而忘本而衍字疏正義曰此一節明孝子之祭觀其貌而知其心故孝子之祭可知也者以下諸事是也　其立之也敬以詘者詘謂充詘形容歡喜之貌言孝子尸前而立形貌恭敬而顏色歡喜　其進之也敬以愉者進謂進血腥愉謂顏色溫和言孝子薦血腥之時容貌恭敬而顏色溫和　其薦之也敬以欲者言孝子薦孰之時容貌恭敬顏色婉順如欲得

潘本第五十五卷第三十葉

而慤焉盡其信而信焉盡其敬而敬焉盡其禮而不過失焉進退必敬如親聽命則或使之也言當盡已而已如居父母前將受命而使之疏正義曰盡其慤而慤焉者盡慤謂心盡其慤也而慤焉謂外亦慤焉其信與敬皆處內內有其心外著於貌　盡其禮而不過失焉者以其禮包衆事非一可極故不得云而盡其禮焉云不過失焉則是禮也　進退必敬如親聽命則或使之也者言孝子祭時進之與退必恒恭敬如似親聽父母之命而父母或使之也孝子之祭可知也其立之也敬以詘其進之也敬以愉其薦之也敬以欲退而立如將受命已徹而退

禮記義五十五　三十　許詠

敬齊之色不絕於面詘充詘形容喜貌也進之謂進血腥也愉顏色和貌也薦之謂進孰也欲婉順貌齊謂齊莊孝子之祭也立而不詘固也進而不愉疏也薦而不欲不愛也退立而不如受命敖也已徹而退無敬齊之色而忘本也如是而祭失之矣固猶質陋也而忘本而衍字疏正義曰此一節明孝子之祭觀其貌而知其心故孝子之祭可知也者以下諸事是也　其立之也敬以詘者詘謂充詘形容歡喜之貌言孝子尸前而立形貌恭敬而顏色歡喜　其進之也敬以愉者進謂進血腥愉謂顏色溫和言孝子薦血腥之時容貌恭敬而顏色溫和　其薦之也敬以欲者言孝子薦孰之時容貌恭敬顏色婉順如欲得

足利本第五十五卷第三十一葉

物然退而立如将受命者言孝子或有退之時如似前進
将受命　已徹而退敬齊之色不絶於面者謂祭畢已徹
饌食孝子退者恭敬齊莊之色不離絶於面　立而不詘
固也者言其固陋不知禮　進而不愉疏也者言與親疏
遠不相親附　薦而不欲不愛也者言不愛親　退立而
不如受命敎也者言敎其親不恭敬　已徹而退無敬齊
之色而忘本也者而衍
字忘本謂不思其親　孝子之有深愛者必有
和氣有和氣者必有愉色有愉色者必有
婉容　和氣謂　立而詘　孝子如執玉如奉盈洞洞屬屬
然如弗勝如将失之嚴威儼恪非所以事
親也成人之道也　成人既冠者然則孝子　不失其孺子之心也　疏　正義
曰如執玉如奉盈言孝子對神容貌敬慎如執持玉之大
寶如奉盈滿之物嚴威儼恪非所以事親也者嚴謂嚴肅
威謂威重儼謂儼正恪謂恭敬言四者容貌非事親之體
事親當和順卑柔也　成人之道也者言嚴威儼恪秖是
既冠成人
之道也　先王之所以治天下者五貴有德
貴貴貴老敬長慈幼此五者先王之所以
定天下也貴有德何爲也爲其近於道也
貴貴爲其近於君也貴老爲其近於親也
敬長爲其近於兄也慈幼爲其近於子也
言治國
有家道　是故至孝近乎王至弟近乎霸至孝

禮記義五十五　三十一　陳眞

潘本第五十五卷第三十一葉

物然退而立如将受命者言孝子或有退之時如似前進
将受命　已徹而退敬齊之色不絶於面者謂祭畢已徹
饌食孝子退者恭敬齊莊之色不離絶於面　立而不詘
固也者言其固陋不知禮　進而不愉疏也者言與親疏
遠不相親附　薦而不欲不愛也者言不愛親　退立而
不如受命敎也者言敎其親不恭敬　已徹而退無敬齊
之色而忘本也者而衍
字忘本謂不思其親　孝子之有深愛者必有
和氣有和氣者必有愉色有愉色者必有
婉容　和氣謂　立而詘　孝子如執玉如奉盈洞洞屬屬
然如弗勝如将失之嚴威儼恪非所以事
親也成人之道也　成人既冠者然則孝子　不失其孺子之心也　疏　正義
曰如執玉如奉盈言孝子對神容貌敬慎如執持玉之大
寶如奉盈滿之物嚴威儼恪非所以事親也者嚴謂嚴肅
威謂威重儼謂儼正恪謂恭敬言四者容貌非事親之體
事親當和順卑柔也　成人之道也者言嚴威儼恪秖是
既冠成人
之道也　先王之所以治天下者五貴有德
貴貴貴老敬長慈幼此五者先王之所以
定天下也貴有德何爲也爲其近於道也
貴貴爲其近於君也貴老爲其近於親也
敬長爲其近於兄也慈幼爲其近於子也
言治國
有家道　是故至孝近乎王至弟近乎霸至孝

禮記義五十五　三十一　陳眞

足利本第五十五卷第三十二葉

近乎王雖天子必有父至弟近乎霸雖諸侯必有兄先王之教因而弗改所以領天下國家也天子有所父事諸侯有所兄事謂若三老五更也天子褒諸侯興故曰霸疏正義曰此一節論貴德及孝弟之事皇氏云此亦承上夫子荅子贛之辭畢廣明孝弟之義今以皇氏説未知然否或是説雜録之辭　貴有德何爲也爲其近於道也者德是在身善行之名道者於物開通之稱以已有德能開通於物故云近於道也凡言近者非是實到附近而已　是故至孝近乎王至弟近乎霸者孝能感物故近乎王弟能親愛故近乎霸　雖天子必有父者以聖人之德無以加於孝乎故雖天子之尊必有事之如父者謂養三老也雖諸侯必有兄者以教民禮順莫善於弟故雖諸侯之貴必有事之如兄者謂養五更也　先王之教因而弗改者

禮記義五十五　三十二　王恭

言先王設教之源因人之心孝弟即以孝弟教人是因而不改從人之所欲故可以領天下國家也注天子至曰霸　正義曰云天子有所父事諸侯有所兄事者案天子諸侯俱有養老之禮皆事三老五更故文王世子注三老如賓五更如介但天子尊故此父事屬之諸侯卑故以兄事屬之云天子褒諸侯興故曰霸者案中候諸侯曰霸注云霸把也把天子之事也子曰立愛自親始教民睦也立敬自長始教民順也親長父兄也睦和厚也教以慈睦而民貴有親教以敬長而民貴用命尊長出教令者孝以事親順以聽命錯諸天下無所不行疏正義曰此一節明愛敬之道皇氏云因上荅子贛之問別愛敬語更端故別言子曰自此以下

潘本第五十五卷第三十二葉

近乎王雖天子必有父至弟近乎霸雖諸侯必有兄先王之教因而弗改所以領天下國家也天子有所父事諸侯有所兄事謂若三老五更也天子褒諸侯興故曰霸疏正義曰此一節論貴德及孝弟之事皇氏云此亦承上夫子荅子贛之辭畢廣明孝弟之義今以皇氏説未知然否或是説雜録之辭　貴有德何爲也爲其近於道也者德是在身善行之名道者於物開通之稱以已有德能開通於物故云近於道也凡言近者非是實到附近而已　是故至孝近乎王至弟近乎霸者孝能感物故近乎王弟能親愛故近乎霸　雖天子必有父者以聖人之德無以加於孝乎故雖天子之尊必有事之如父者謂養三老也雖諸侯必有兄者以教民禮順莫善於弟故雖諸侯之貴必有事之如兄者謂養五更也　先王之教因而弗改者

禮記義五十五　三十二　王恭

言先王設教之源因人之心孝弟即以孝弟教人是因而不改從人之所欲故可以領天下國家也注天子至曰霸　正義曰云天子有所父事諸侯有所兄事者案天子諸侯俱有養老之禮皆事三老五更故文王世子注三老如賓五更如介但天子尊故此父事屬之諸侯卑故以兄事屬之云天子褒諸侯興故曰霸者案中候諸侯曰霸注云霸把也把天子之事也子曰立愛自親始教民睦也立敬自長始教民順也親長父兄也睦和厚也教以慈睦而民貴有親教以敬長而民貴用命尊長出教令者孝以事親順以聽命錯諸天下無所不行疏正義曰此一節明愛敬之道皇氏云因上荅子贛之問別愛敬語更端故別言子曰自此以下

足利本第五十五卷第三十三葉

皆展轉相因廣明其事今謂記者雜録以事類相接爲次非本相因之辭也　立愛自親始者言人君欲立愛於天下從親爲始言先愛親也　教民睦也者己先愛親人亦愛親是教民睦也　立敬自長始者言起敬於天下從長爲始言先自敬長　教民順也者己能敬長民亦敬長是教民順也　教以慈睦而民貴有親者覆上教民睦也睦則恩慈故云慈睦也民既慈睦各貴所有之親　教以敬長而民貴用命者覆結上文教民順也既教以敬長民心和順不有悖逆故貴用在上之教命　孝以事親順以聽命者孝以事親覆説而民貴有親也順以聽命覆説而民貴用命也以此二者錯置於天下故無所不行言皆行也

禮記正義卷第五十五

禮記疏八五十五　三十三　[illegible]逵

潘本第五十五卷第三十三葉

皆展轉相因廣明其事今謂記者雜録以事類相接爲次非本相因之辭也　立愛自親始者言人君欲立愛於天下從親爲始言先愛親也　教民睦也者己先愛親人亦愛親是教民睦也　立敬自長始者言起敬於天下從長爲始言先自敬長　教民順也者己能敬長民亦敬長是教民順也　教以慈睦而民貴有親者覆上教民睦也睦則恩慈故云慈睦也民既慈睦各貴所有之親　教以敬長而民貴用命者覆結上文教民順也既教以敬長民心和順不有悖逆故貴用在上之教命　孝以事親順以聽命者孝以事親覆説而民貴有親也順以聽命覆説而民貴用命也以此二者錯置於天下故無所不行言皆行也

禮記正義卷第五十五

禮記疏八五十五　三十三　徐逵

禮記正義卷第五十六

國子祭酒上護軍曲阜縣開國子臣孔穎達等奉

勑撰

郊之祭也喪者不敢哭凶服者不敢入國門敬之至也祭者吉禮不欲聞見凶人【疏】正義曰此一節論祭祀之禮以是吉禮大事故喪與凶服皆辟之祭之日君牽牲穆荅君卿大夫序從祭謂祭宗廟也穆子姓也荅對也序以次第從也序或爲豫既入廟門麗于碑卿大夫袒而毛牛尚耳鸞刀以封取膟膋乃退爓祭祭腥而退敬之至也麗猶繫也毛牛尚耳以耳毛爲上也膟膋血與腸間脂也爓祭祭腥祭爓肉腥肉也湯肉曰爓爓祭祭腥或爲合祭腥泄膶臾也

【疏】正義曰前經明郊祭之致敬此一節明祭廟牽牲致敬穆荅君者穆謂子姓荅對也言祭廟君牽牲之時子姓對君共牽牲　卿大夫序從者卿大夫佐幣士奉芻依次第而從君也　既入廟門麗于碑者麗繫也君牽牲入廟門繫著中庭碑也王肅云以紖貫碑中君從北待之也　卿大夫袒而毛牛尚耳者將殺牲故袒取牛毛薦之故云毛牛也以耳毛爲上故云尚耳耳主聽欲使神聽之鸞刀以封取膟膋者謂用鸞刀割牲體又取血及腸間脂血以供薦而膋以供炙肝及爇蕭也　乃退者謂殺牲竟而取卿大夫所封血毛膟膋薦之竟而退也祭有三節此一節竟故退　爓祭祭腥者爓謂爓肉而祭腥謂以腥肉而祭言薦膟膋之後以俎載爓肉腥肉而祭也

禮記義五十六　一　許詠

禮記正義卷第五十六

國子祭酒上護軍曲阜縣開國子臣孔穎達等奉

勑撰

郊之祭也喪者不敢哭凶服者不敢入國門敬之至也祭者吉禮不欲聞見凶人【疏】正義曰此一節論祭祀之禮以是吉禮大事故喪與凶服皆辟之祭之日君牽牲穆荅君卿大夫序從祭謂祭宗廟也穆子姓也荅對也序以次第從也序或爲豫既入廟門麗于碑卿大夫袒而毛牛尚耳鸞刀以封取膟膋乃退爓祭祭腥而退敬之至也麗猶繫也毛牛尚耳以耳毛爲上也膟膋血與腸間脂也爓祭祭腥祭爓肉腥肉也湯肉曰爓爓祭祭腥或爲合祭腥泄膶臾也

【疏】正義曰前經明郊祭之致敬此一節明祭廟牽牲致敬穆荅君者穆謂子姓荅對也言祭廟君牽牲之時子姓對君共牽牲　卿大夫序從者卿大夫佐幣士奉芻依次第而從君也　既入廟門麗于碑者麗繫也君牽牲入廟門繫著中庭碑也王肅云以紖貫碑中君從北待之也　卿大夫袒而毛牛尚耳者將殺牲故袒取牛毛薦之故云毛牛也以耳毛爲上故云尚耳耳主聽欲使神聽之鸞刀以封取膟膋者謂用鸞刀割牲體又取血及腸間脂血以供薦而膋以供炙肝及爇蕭也　乃退者謂殺牲竟而取卿大夫所封血毛膟膋薦之竟而退也祭有三節此一節竟故退　爓祭祭腥者爓謂爓肉而祭腥謂以腥肉而祭言薦膟膋之後以俎載爓肉腥肉而祭也　而

禮記義五十六　一　許詠

足利本第五十六卷第二葉

退者謂爓祭祭腥之後祭事既卒而退是恭敬之至極也
注 穆子姓也 正義曰知穆是子姓者熊氏云父昭子
穆姓生也是昭穆所生謂子孫直言穆者文不備 注 脺
膋至孰也 正義曰案說文及字林云脺血祭膋是牛腸
間脂也是脺爲血膋爲腸間脂也云爓祭祭腥祭爓肉
腥肉也者既疊出經文爓祭之事祭腥之語然後解云
謂祭爓肉也腥肉也祭爓肉即經之爓祭也云腥肉即
經之祭腥也其祭腥肉爓肉並當朝踐之節此腥肉
則禮運云腥其俎也爓肉即禮運云孰其殽也此先云爓
者記者便文耳非先後之次云湯肉曰爓者以鬼神異於
生雖曰孰殽但湯肉而已若其小祀則煑肉令孰故郊特
牲云一獻孰是爓與孰又別也云爓祭祭腥或云合祭腥
泄膰孰也者謂爓祭祭腥四字禮記他
本爲合祭腥泄膰孰六字者故云或 郊之祭大報
天而主日配以月夏后氏祭其闇殷人祭

禮記義五十六　二　趙通

其陽周人祭日以朝及闇 主日者以其光明天
之神可見者莫著焉
闇昏時也陽讀爲曰雨曰暘之暘謂日中時也朝日出時
也夏后氏大事以昏殷人大事以日中周人大事以日出
亦謂此郊祭也以 疏 正義曰自此以下至致天下之和
朝及闇謂終日有事 論郊祭及日月之義此郊之祭一
經止明郊祭之禮 郊之祭者謂夏正郊天大報夫者
謂於此郊時大報天之衆神雖是春祈天生養之功大故
稱大報天而主日配以月者謂天無刑體縣象著明不
過日月故以日爲百神之主配之以月自日以下皆祭特
言月者但月爲重以對日耳蓋天帝獨爲壇其日月及天
神等共爲一壇故日得爲衆神之主也 夏后氏祭其闇
者以夏后氏尚黑故祭在於昏時 殷人祭其陽者以尚
白故祭在日中時 周人祭日以朝及闇者以其尚文祭
百神禮多故以朝及闇也故季氏之祭大夫之家禮儀應
少而亦以朝及闇故夫子譏之 注 陽讀至有事 正義

潘本第五十六卷第二葉

退者謂爓祭祭腥之後祭事既卒而退是恭敬之至極也
注 穆子姓也 正義曰知穆是子姓者熊氏云父昭子
穆姓生也是昭穆所生謂子孫直言穆者文不備 注 脺
膋至孰也 正義曰案說文及字林云脺血祭膋是牛腸
間脂也是脺爲血膋爲腸間脂也云爓祭祭腥祭爓肉
腥肉也者既疊出經文爓祭之事祭腥之語然後解云
謂祭爓肉也腥肉也祭爓肉即經之爓祭也云腥肉即
經之祭腥也其祭腥肉爓肉並當朝踐之節此腥肉
則禮運云腥其俎也爓肉即禮運云孰其殽也此先云爓
者記者便文耳非先後之次云湯肉曰爓者以鬼神異於
生雖曰孰殽但湯肉而已若其小祀則煑肉令孰故郊特
牲云一獻孰是爓與孰又別也云爓祭祭腥或云合祭腥
泄膰孰也者謂爓祭祭腥四字禮記他
本爲合祭腥泄膰孰六字者故云或 郊之祭大報
天而主日配以月夏后氏祭其闇殷人祭

禮記義五十六　二　趙通

其陽周人祭日以朝及闇 主日者以其光明天
之神可見者莫著焉
闇昏時也陽讀爲曰雨曰暘之暘謂日中時也朝日出時
也夏后氏大事以昏殷人大事以日中周人大事以日出
亦謂此郊祭也以 疏 正義曰自此以下至致天下之和
朝及闇謂終日有事 論郊祭及日月之義此郊之祭一
經止明郊祭之禮 郊之祭者謂夏正郊天大報天者
謂於此郊時大報天之衆神雖是春祈天生養之功大故
稱大報天而主日配以月者謂天無形體縣象著明不
過日月故以日爲百神之主配之以月自日以下皆祭特
言月者但月爲重以對日耳蓋天帝獨爲壇其日月及天
神等共爲一壇故日得爲衆神之主也 夏后氏祭其闇
者以夏后氏尚黑故祭在於昏時 殷人祭其陽者以尚
白故祭在日中時 周人祭日以朝及闇者以其尚文祭
百神禮多故以朝及闇也故季氏之祭大夫之家禮儀應
少而亦以朝及闇故夫子譏之 注 陽讀至有事 正義

曰寀洪範庶徵云曰雨曰暘暘謂亢陽乾燥日中之時亦明日中乾燥異於昏明故讀從曰雨曰暘之暘也必讀之者恐人以夜爲陰晝爲陽恐終日而祭故讀從暘也云亦謂此郊祭者以檀弓大事非止是喪亦兼諸祭故云大事亦謂此郊祭

祭日於壇祭月於坎以別幽明以制上下幽明者謂日照晝月照夜

疏正義曰此經及下經皆據春分朝日秋分夕月祭日於壇謂春分也祭月於坎謂秋分也月爲幽日爲明日在壇月在坎是殊別幽明制定上下

祭日於東祭月於西以別外内以端其位端正

日出於東月生於西

疏端正也日爲陽在外月爲陰在内令祭日於東用朝旦之時是爲外祭月於西鄉夕之時是爲内是以別外内以正其位也而崔氏云祭日於壇祭月於坎還據上文郊祭之時今謂若是郊祭日與月當應同處何得祭日於壇祭月於坎日於東月於西祭不同處則崔氏說非也崔又云日月有合祭之時謂郊祭天而主日配以月其禮大用牛各祭之時謂春分朝日秋分夕月其禮小故祭法用少牢今謂小司徒云小祭祀奉牛牲鄭注謂玄冕所祭自玄冕皆用牛也何得用少牢今謂祭法日月用少牢鄭云禱祈之祭也崔氏說又非崔氏又云迎春之時兼日月者今案諸文迎春迎秋無祭日月之文小宗伯云兆五帝於四郊四望四類亦如之謂四望四類之祭亦如五帝在四郊故鄭云兆日於東郊兆月與風師於西郊不謂兆五帝之時即祭日月崔說又非

陰陽長短終始相巡以致天下之和巡讀如沿漢之沿謂更相從道

疏陰謂夜也陽謂晝也夏則陽長而陰短冬則陽短而陰長是陰陽長短　終始相巡者又月之與日同行黃道其晦朔之時月與日同處自朔之後月與日先後而行至月終日還與月同處亦是終始相巡　以致天下之和者以日月交

禮記義五十六　三　李忠

曰寀洪範庶徵云曰雨曰暘暘謂亢陽乾燥日中之時亦明日中乾燥異於昏明故讀從曰雨曰暘之暘也必讀之者恐人以夜爲陰晝爲陽恐終日而祭故讀從暘也云亦謂此郊祭者以檀弓大事非止是喪亦兼諸祭故云大事亦謂此郊祭

祭日於壇祭月於坎以別幽明以制上下幽明者謂日照晝月照夜

疏正義曰此經及下經皆據春分朝日秋分夕月祭日於壇謂春分也祭月於坎謂秋分也月爲幽日爲明日在壇月在坎是殊別幽明制定上下

祭日於東祭月於西以別外内以端其位端正

日出於東月生於西

疏端正也日爲陽在外月爲陰在内令祭日於東用朝旦之時是爲外祭月於西鄉夕之時是爲内是以別外内以正其位也而崔氏云祭日於壇祭月於坎還據上文郊祭之時今謂若是郊祭日與月當應同處何得祭日於壇祭月於坎日於東月於西祭不同處則崔氏說非也崔又云日月有合祭之時謂郊祭天而主日配以月其禮大用牛各祭之時謂春分朝日秋分夕月其禮小故祭法用少牢今謂小司徒云小祭祀奉牛牲鄭注謂玄冕所祭自玄冕皆用牛也何得用少牢今謂祭法日月用少牢鄭云禱祈之祭也崔氏說又非崔氏又云迎春之時兼日月者今案諸文迎春迎秋無祭日月之文小宗伯云兆五帝於四郊四望四類亦如之謂四望四類之祭亦如五帝在四郊故鄭云兆日於東郊兆月與風師於西郊不謂兆五帝之時即祭日月崔說又非

陰陽長短終始相巡以致天下之和巡讀如沿漢之沿謂更相從道

疏陰謂夜也陽謂晝也夏則陽長而陰短冬則陽短而陰長是陰陽長短　終始相巡者又月之與日同行黃道其晦朔之時月與日同處自朔之後月與日先後而行至月終日還與月同處亦是終始相巡　以致天下之和者以日月交

禮記義五十六　三　李忠

足利本第五十六卷第四葉

相依延是陰陽和會故致天下之和也 注 延讀如泓漢之泓 正義曰案文十年左傳云子西泓漢泝江將入郢是泓爲順流而下故讀從之 天下之禮致反始也致鬼神也致和用也致義也致讓也 因祭之義汎說禮也致之言至也使人勤行至於此也至於反始謂報天之屬也至於鬼神謂祭宗廟之屬也至於和用謂治民之事以足用也 致反始以厚其本也致鬼神以尊上也致物用以立民紀也致義則上下不悖逆矣致讓以去爭也合此五者以治天下之禮也雖有奇邪而不治者則微矣 物猶事也變和言物互之也微猶少也 疏 正義曰此一節明禮之大用凡有五事若能行之得理則天下治矣 天下之禮者言天下所用之禮所致凡有五事也 致反始也者致之言至也言禮之至極於天反報初始言人始於天反而報之 致鬼神也者言禮之至極至於鬼神謂祭宗廟之等 致和用也者和謂百姓和諧用謂財用豐足言禮之至極治理於民使百姓和諧財用富足也 致義也者義謂斷割得宜治惡討暴言禮之至極於義也 致讓也者讓謂遞相推讓言禮之至極於讓也 致反始以厚其本也者天爲人本今能反始以報於天是厚重其本也上能厚本教下下亦能厚本也 致鬼神以尊上也者謂至於祭祀鬼神是尊嚴其上也以此教民民亦尊上也 致物用以立民紀也者民豐物用則知榮辱禮節故至於物用可以立人紀也 致義則上下不悖逆矣者義能除凶去暴故上下不有悖逆也 致讓以去爭也者以讓故無爭 合此五者以治天下之禮也者言能和合此五者以治理天下之禮 雖有奇邪而不治者則微

禮記義五十六 四 王恭

潘本第五十六卷第四葉

相依延是陰陽和會故致天下之和也 注 延讀如泓漢之泓 正義曰案文十年左傳云子西泓漢泝江將入郢是泓爲順流而下故讀從之 天下之禮致反始也致鬼神也致和用也致義也致讓也 因祭之義汎說禮也致之言至也使人勤行至於此也至於反始謂報天之屬也至於鬼神謂祭宗廟之屬也至於和用謂治民之事以足用也 致反始以厚其本也致鬼神以尊上也致物用以立民紀也致義則上下不悖逆矣致讓以去爭也合此五者以治天下之禮也雖有奇邪而不治者則微矣 物猶事也變和言物互之也微猶少也 疏 正義曰此一節明禮之大用凡有五事若能行之得理則天下治矣 天下之禮者言天下所用之禮所致凡有五事也 致反始也者致之言至也言禮之至極於天反報初始言人始於天反而報之 致鬼神也者言禮之至極至於鬼神謂祭宗廟之等 致和用也者和謂百姓和諧用謂財用豐足言禮之至極治理於民使百姓和諧財用富足也 致義也者義謂斷割得宜治惡討暴言禮之至極於義也 致讓也者讓謂遞相推讓言禮之至極於讓也 致反始以厚其本也者天爲人本今能反始以報於天是厚重其本也上能厚本教下下亦能厚本也 致鬼神以尊上也者謂至於祭祀鬼神是尊嚴其上也以此教民民亦尊上也 致物用以立民紀也者民豐物用則知榮辱禮節故至於物用可以立人紀也 致義則上下不悖逆矣者義能除凶去暴故上下不有悖逆也 致讓以去爭也者以讓故無爭 合此五者以治天下之禮也者言能和合此五者以治理天下之禮 雖有奇邪而不治者則微

禮記義五十六 四 王恭

足利本第五十六卷第五葉

矣者奇謂奇異邪謂邪慝皆據異行之人言用此五事爲治假令有異行不從治者亦當少也故云則微矣 注物猶至之也 正義曰上文云致和用明和能立事是和用互言之有事用也下文云致物用物謂事也謂事須和也是致事用互致和用也是事必須和和能立事故云互也

宰我曰吾聞鬼神之名不知其所謂子曰氣也者神之盛也魄也者鬼之盛也合鬼與神教之至也氣謂噓吸出入者也耳目之聰明爲魄合鬼神而祭之聖人之教致之也 疏 正義曰自此以下至以杞先生先公敬之至也此一節明宰我問鬼神之事夫子荅以鬼神魂魄祭祀之禮又廣明天子諸侯耕藉及公桑之事今各隨文解之 不知其所謂者宰我善問孔子吾唯聞鬼神之名不知此鬼神所謂何物爲鬼神 子曰氣也者神之盛也者此夫子

禮記義五十六　五　方堅

荅宰我以神名言神是人生存之氣氣者是人之盛極也 魄也者鬼之盛也者是夫子荅鬼之事言人形魄者鬼之盛極也 合鬼與神教之至也者言人死神上於天鬼降於地聖王合此鬼之與神以祭之至教之致也是聖王設教致合如此故云教之至也 注氣謂至之也 正義曰氣謂噓吸出入也者謂氣在口噓吸出入此氣之體無性識也但性識依此氣而生有氣則有識無氣則無識則識從氣生性則神出入也故人之精靈而謂之神云耳目之聰明爲魄者魄體也若無耳目形體不得爲聰明故云耳目聰明爲魄云合鬼神而祭之聖人之教致之也者人之死其神與形體分散各別聖人以生存之時神形和合今雖身死聚合鬼神似若生人而祭之是聖人設教興致之令其如此也

衆生必死死必歸土此之謂鬼骨肉斃于下陰爲野土陰讀爲依蔭之蔭言人之骨肉蔭於地中爲土壤 疏 正義曰此

潘本第五十六卷第五葉

矣者奇謂奇異邪謂邪慝皆據異行之人言用此五事爲治假令有異行不從治者亦當少也故云則微矣 注物猶至之也 正義曰上文云致和用明和能立事是和用互言之有事用也下文云致物用物謂事也謂事須和也是致事用互致和用也是事必須和和能立事故云互也

宰我曰吾聞鬼神之名不知其所謂子曰氣也者神之盛也魄也者鬼之盛也合鬼與神教之至也氣謂噓吸出入者也耳目之聰明爲魄合鬼神而祭之聖人之教致之也 疏 正義曰自此以下至以杞先生先公敬之至也此一節明宰我問鬼神之事夫子荅以鬼神魂魄祭祀之禮又廣明天子諸侯耕藉及公桑之事今各隨文解之 不知其所謂者宰我善問孔子吾唯聞鬼神之名不知此鬼神所謂何物爲鬼神 子曰氣也者神之盛也者此夫子

禮記義五十六　五　方堅

荅宰我以神名言神是人生存之氣氣者是人之盛極也 魄也者鬼之盛也者是夫子荅鬼之事言人形魄者鬼之盛極也 合鬼與神教之至也者言人死神上於天鬼降於地聖王合此鬼之與神以祭之至教之致也是聖王設教致合如此故云教之至也 注氣謂至之也 正義曰氣謂噓吸出入也者謂氣在口噓吸出入此氣之體無性識也但性識依此氣而生有氣則有識無氣則無識則識從氣生性則神出入也故人之精靈而謂之神云耳目之聰明爲魄者魄體也若無耳目形體不得爲聰明故云耳目聰明爲魄云合鬼神而祭之聖人之教致之也者人之死其神與形體分散各別聖人以生存之時神形和合今雖身死聚合鬼神似若生人而祭之是聖人設教興致之令其如此也

衆生必死死必歸土此之謂鬼骨肉斃于下陰爲野土陰讀爲依蔭之蔭言人之骨肉蔭於地中爲土壤 疏 正義曰此

足利本第五十六卷第六葉

經明鬼神之事　衆生必死者言物之羣衆而生必皆有死　死必歸土者言萬物死者皆歸於土此一經因而言物實是本說人也　此之謂鬼者鬼歸也此歸土之形故謂之鬼也　骨肉斃于下陰爲野土者此覆說歸土之義也言死骨肉斃敗於地下依陰於地爲野澤土壤謂在田野故稱爲野土俗本陰作蔭字也　**其氣發揚于上爲昭明焄蒿悽愴此百物之精也神之著也**　焄謂香臭也蒿謂氣烝出皃也上言衆生此言百物明其與人同也不如人貴爾蒿或爲藨　疏　正義曰此一經申明神也此科釋人氣爲神言人生時形體與氣合共爲生其死則形與氣分其氣之精魂發揚升於上爲昭明者言此升上爲神靈光明也　焄蒿悽愴此百物之精也者焄謂香臭也言百物之氣或香或臭蒿謂徵出皃言此香臭烝而上出其氣蒿然也悽愴者謂此等之氣人聞之情有悽有愴百物之精

禮記正義五十六　六　葛異

也者人氣揚於上爲昭明百物之精氣爲焄蒿悽愴人與百物共同但情識爲多故特謂之神此經論人亦因人神言百物也　神之著也者人氣發揚於上爲昭明是人神之顯著　**因物之精制爲之極明命鬼神以爲黔首則百衆以畏萬民以服**　明命猶尊名也尊極於鬼神不可復加也黔首謂民也則法也爲民作法使民亦事其祖禰鬼神民所畏服　疏　正義曰此一經明聖人設教合鬼與神而祭之欲使人事其祖禰畏敬鬼神　因物之精制爲之極者言聖人因人與物死之精靈遂造制爲之尊極之稱　明命鬼神以爲黔首則者明猶尊也命猶名也黔首謂萬民也則法也故尊名人及萬物之精謂之鬼神以爲萬民之法則也　百衆以畏萬民以服者百衆謂百官衆庶萬民謂天下衆民旣敬之以鬼神下皆畏敬之故云百衆以畏萬民以服　注明命至畏服　正義曰鬼神本是

潘本第五十六卷第六葉

經明鬼神之事　衆生必死者言物之羣衆而生必皆有死　死必歸土者言萬物死者皆歸於土此一經因而言物實是本說人也　此之謂鬼者鬼歸也此歸土之形故謂之鬼也　骨肉斃于下陰爲野土者此覆說歸土之義也言死骨肉斃敗於地下依陰於地爲野澤土壤謂在田野故稱爲野土俗本陰作蔭字也　其氣發揚于上爲昭明焄蒿悽愴此百物之精也神之著也　焄謂香臭也蒿謂氣烝出皃也上言衆生此言百物明其與人同也不如人貴爾蒿或爲藨　疏　正義曰此一經申明神也此科釋人氣爲神言人生時形體與氣合共爲生其死則形與氣分其氣之精魂發揚升於上爲昭明者言此升上爲神靈光明也　焄蒿悽愴此百物之精也者焄謂香臭也言百物之氣或香或臭蒿謂徵出皃言此香臭烝而上出其氣蒿然也悽愴者謂此等之氣人聞之情有悽有愴百物之精

禮記正義五十六　六　葛異

也者人氣揚於上爲昭明百物之精氣爲焄蒿悽愴人與百物共同但情識爲多故特謂之神此經論人亦因人神言百物也　神之著也者人氣發揚於上爲昭明是人神之顯著　因物之精制爲之極明命鬼神以爲黔首則百衆以畏萬民以服　明命猶尊名也尊極於鬼神不可復加也黔首謂民也則法也爲民作法使民亦事其祖禰鬼神民所畏服　疏　正義曰此一經明聖人設教合鬼與神而祭之欲使人事其祖禰畏敬鬼神　因物之精制爲之極者言聖人因人與物死之精靈遂造制爲之尊極之稱　明命鬼神以爲黔首則者明猶尊也命猶名也黔首謂萬民也則法也故尊名人及萬物之精謂之鬼神以爲萬民之法則也　百衆以畏萬民以服者百衆謂百官衆庶萬民謂天下衆民旣敬之以鬼神下皆畏敬之故云百衆以畏萬民以服　注明命至畏服　正義曰鬼神本是

足利本第五十六卷第七葉

人與物之魂魄若直名魂魄其名不尊故尊而名之爲鬼神別加畏敬之也云尊極於鬼神不可復加也者解經制爲之極所以名鬼神爲極者言物中尊極莫過鬼神言以外他名不可復加故聖王造制爲之極名鬼神也云黔首謂民也者黔謂黑也凡人以黑巾覆頭故謂之黔首案史記云秦命民曰黔首此紀作在周末秦初故稱黔首此孔子言非當秦世以爲黔首録記之人在後變改之耳漢家僕隷謂蒼頭以蒼巾爲飾異於民也此經鬼神本爲民神故下文築爲宫室設爲宗祧其實此鬼神亦兼山川五祀百物之屬故禮運云列於鬼神注云謂祖廟山川五祀之屬樂記云幽則有鬼神注云助天地成物者是百物之魄謂之鬼對則精靈爲魂形體爲魄故昭七年左傳云人生始化曰魄既生魄陽曰魂是形爲魄氣爲魂若散而言之魄亦性識識與魄無異故昭二十五年左傳云心之精爽是謂魂魄魂魄去之何以能久又襄二十九年左傳云天奪伯有魄又對而言之天曰神地曰祇人曰鬼散而言之通曰鬼神

禮記義五十六　七　李甫

聖人以是爲未足也築爲宫室設爲宗祧以別親疏遠邇教民反古復始不忘其所由生也衆之服自此故聽且速也 自由也言人由此服於聖人之教也聽謂順教令也速疾也 疏 正義曰此一經明聖人爲鬼神立宗廟之事 聖人以是爲未足也者謂以是尊名鬼神爲未足謂未稱其意也 築爲宫室設爲宗祧以別親疏遠邇教民反古復始者古謂先祖追而祭之是反古也始謂初始父母始生於已今追祭祀是復始也 不忘其所由生也者追遠報祭是不忘其所由生也 衆之所服自此者自由也言衆人服從於上由此反古復始而教之也 故聽且速也者聽謂順其教令以此之故在下順其教令而且速疾也

二端既立報以二禮建

潘本第五十六卷第七葉

人與物之魂魄若直名魂魄其名不尊故尊而名之爲鬼神別加畏敬之也云尊極於鬼神不可復加也者解經制爲之極所以名鬼神爲極者言物中尊極莫過鬼神言以外他名不可復加故聖王造制爲之極名鬼神也云黔首謂民也者黔謂黑也凡人以黑巾覆頭故謂之黔首案史記云秦命民曰黔首此紀作在周末秦初故稱黔首此孔子言非當秦世以爲黔首録記之人在後變改之耳漢家僕隷謂蒼頭以蒼巾爲飾異於民也此經鬼神本爲民神故下文築爲宫室設爲宗祧其實此鬼神亦兼山川五祀百物之屬故禮運云列於鬼神注云謂祖廟山川五祀之屬樂記云幽則有鬼神注云助天地成物者是百物之魄謂之鬼對則精靈爲魂形體爲魄故昭七年左傳云人生始化曰魄既生魄陽曰魂是形爲魄氣爲魂若散而言之魄亦性識識與魄無異故昭二十五年左傳云心之精爽是謂魂魄魂魄去之何以能久又襄二十九年左傳云天奪伯有魄又對而言之天曰神地曰祇人曰鬼散而言之通曰鬼神

禮記義五十六　七　李甫

聖人以是爲未足也築爲宫室設爲宗祧以別親疏遠邇教民反古復始不忘其所由生也衆之服自此故聽且速也 自由也言人由此服於聖人之教也聽謂順教令也速疾也 疏 正義曰此一經明聖人爲鬼神立宗廟之事 聖人以是爲未足也者謂以是尊名鬼神爲未足謂未稱其意也 築爲宫室設爲宗祧以別親疏遠邇教民反古復始者古謂先祖追而祭之是反古也始謂初始父母始生於已今追祭祀是復始也 不忘其所由生也者追遠報祭是不忘其所由生也 衆之所服自此者自由也言衆人服從於上由此反古復始而教之也 故聽且速也者聽謂順其教令以此之故在下順其教令而且速疾也

二端既立報以二禮建

足利本第五十六卷第八葉

設朝事燔燎羶薌見以蕭光以報氣也此教衆反始也薦黍稷羞肝肺首心見間以俠甒加以鬱鬯以報魄也教民相愛上下用情禮之至也二端既立謂氣也魄也更有尊名云鬼神也二禮謂朝事與薦黍稷也朝事謂薦血腥時也薦黍稷所謂饋食也見及見間皆當爲覵字之誤也羶當爲馨聲之誤也燔燎馨香覵以蕭光取牲祭脂也光猶氣也有虞氏祭首夏后氏祭心殷祭肝周祭肺覵以俠甒謂雜之兩甒醴酒也相愛用情謂此以人道祭之也報氣以氣報魄以實各首其類

疏 正義曰此一節論氣魄既殊明設祭之時二禮亦異 二端既立者謂氣也魄也既見已典立尊名云鬼神也 報以二禮者謂報此氣魄以二種祭禮報氣謂朝踐之節也報魄謂饋孰之節也 建設朝事燔燎羶薌見以蕭光以報氣也者此明朝踐報氣之義也朝事謂早朝祭事燔燎謂取膟膋燎於爐炭羶謂馨香見以蕭光謂見覵覵謂雜也先謂氣也謂燔膟膋兼爇蕭蕭是雜以蕭氣此等三祭是以報氣也 此教衆反始也者言此上之祭氣是古昔尚質之義是故教衆之以反於初始此上反古復始揔包之也 薦黍稷羞肝肺首心見間以俠甒加以鬱鬯以報魄也者薦黍稷者謂饋孰時薦此黍稷羞肝肺首心者羞進也謂薦黍稷之時進肝之與肺及首之與心殷祭以肝周祭以肺有虞氏以首夏后氏以心皆謂祭黍稷之時兼此物祭也故郊特牲云祭黍稷加肺謂周法也 見間以俠甒者見間讀爲覵亦雜也俠甒謂兩甒醴酒言祭黍稷之時雜以兩甒醴酒 加以鬱鬯者謂薦此黍稷加肝肺之薦更加之以鬱鬯然後薦黍稷饋孰報魄之時始云加鬱鬯者言非但薦孰是報魄言祭初所加鬱鬯亦是報魄也以魄在地下鬱鬯灌地雖是祭初亦是報魄不

禮記義五十六　八

潘本第五十六卷第八葉

設朝事燔燎羶薌見以蕭光以報氣也此教衆反始也薦黍稷羞肝肺首心見間以俠甒加以鬱鬯以報魄也教民相愛上下用情禮之至也二端既立謂氣也魄也更有尊名云鬼神也二禮謂朝事與薦黍稷也朝事謂薦血腥時也薦黍稷所謂饋食也見及見間皆當爲覵字之誤也羶當爲馨聲之誤也燔燎馨香覵以蕭光取牲祭脂也光猶氣也有虞氏祭首夏后氏祭心殷祭肝周祭肺覵以俠甒謂雜之兩甒醴酒也相愛用情謂此以人道祭之也報氣以氣報魄以實各首其類

疏 正義曰此一節論氣魄既殊明設祭之時二禮亦異 二端既立者謂氣也魄也既見已典立尊名云鬼神也 報以二禮者謂報此氣魄以二種祭禮報氣謂朝踐之節也報魄謂饋孰之節也 建設朝事燔燎羶薌見以蕭光以報氣也者此明朝踐報氣之義也朝事謂早朝祭事燔燎謂取膟膋燎於爐炭羶謂馨香見以蕭光謂見覵覵謂雜也先謂氣也謂燔膟膋兼爇蕭蕭是雜以蕭氣此等三祭是以報氣也 此教衆反始也者言此上之祭氣是古昔尚質之義是故教衆之以反於初始此上反古復始揔包之也 薦黍稷羞肝肺首心見間以俠甒加以鬱鬯以報魄也者薦黍稷者謂饋孰時薦此黍稷羞肝肺首心者羞進也謂薦黍稷之時進肝之與肺及首之與心殷祭以肝周祭以肺有虞氏以首夏后氏以心皆謂祭黍稷之時兼此物祭也故郊特牲云祭黍稷加肺謂周法也 見間以俠甒者見間讀爲覵亦雜也俠甒謂兩甒醴酒言祭黍稷之時雜以兩甒醴酒 加以鬱鬯者謂薦此黍稷加肝肺之薦更加之以鬱鬯然後薦黍稷饋孰報魄之時始云加鬱鬯者言非但薦孰是報魄言祭初所加鬱鬯亦是報魄也以魄在地下鬱鬯灌地雖是祭初亦是報魄不

禮記義五十六　八

足利本第五十六卷第九葉

當薦孰之時故云加也　以報魄也者言薦黍以下皆是報祭形魄之氣　教民相愛上下用情者言此饋孰之時皆以飲食實味徧於燕飲是教民相愛上以恩賜逮下下愛上恩賜故上下用情　禮之至也者至謂至極也謂報氣報魄二禮備足是禮奉上王禮之至極也　注二端至其類　正義曰云更有尊名云鬼神也者解經二端既立氣也魄也是二端更有尊名名鬼神是既立謂尊名立也云二禮謂朝事與薦黍稷也者以經云朝事以報氣薦黍稷以報魄也云見及見間皆當為覸字之誤也者經云見以蕭光但有見字在旁無間間旁無見字此等據意皆是覸雜之理故知誤加以間邊加見凡覸者所見錯雜之義故間旁見也云羶當為馨以與香連文無取羶義羶馨聲相近故云聲之誤也云取牲祭脂也者案詩生民云取蕭祭脂是取蕭與祭牲之時雜燒之一祭之中再度焫蕭朝踐燔膟膋之時亦有蕭也故郊特牲云取膟膋升首報陽也注云膟膋腸閒脂也與蕭合燒之是朝踐焫蕭也郊特牲又云既奠然後焫蕭合羶薌是饋孰焫蕭也云有虞氏祭首至周祭肺皆明堂位文云兩甒醴酒也者以士喪禮既夕等皆以甒盛醴故知醴酒也此用甒者蓋是天子追享朝踐用大尊此甒即大尊或可子男之禮禮器云君尊瓦甒謂子男也皇氏以為異代法也云報氣以氣報魄以實各首其類者燔燎馨香蕭光之屬是氣也黍稷肝肺之屬是實物也首本也報氣以氣是虛還以馨香虛氣報之報魄以實還以黍稷實物報之各本其事類故云各首其類也

君子反古復始不忘其所由生也是以致其敬發其情竭力從事以報其親不敢弗盡也

從事謂脩薦可以祭者也

疏　正義曰此一節申明反古復始竭力報親之事　是以致其敬發其情者以君子反古復始不忘其所由生是以故致其恭敬發其情性　竭力從事以報其親謂竭盡氣力隨從

禮記義五十六　九　葛昌

潘本第五十六卷第九葉

當薦孰之時故云加也　以報魄也者言薦黍以下皆是報祭形魄之氣　教民相愛上下用情者言此饋孰之時皆以飲食實味徧於燕飲是教民相愛上以恩賜逮下下愛上恩賜故上下用情　禮之至也者至謂至極也謂報氣報魄二禮備足是禮奉上王禮之至極也　注二端至其類　正義曰云更有尊名云鬼神也者解經二端既立氣也魄也是二端更有尊名名鬼神是既立謂尊名立也云二禮謂朝事與薦黍稷也者以經云朝事以報氣薦黍稷以報魄也云見及見間皆當為覸字之誤也者經云見以蕭光但有見字在旁無間間旁無見字此等據意皆是覸雜之理故知誤加以間邊加見凡覸者所見錯雜之義故間旁見也云羶當為馨以與香連文無取羶義羶馨聲相近故云聲之誤也云取牲祭脂也者案詩生民云取蕭祭脂是取蕭與祭牲之時雜燒之一祭之中再度焫蕭朝踐燔膟膋之時亦有蕭也故郊特牲云取膟膋升首報陽也注云膟膋腸閒脂也與蕭合燒之是朝踐焫蕭也郊特牲又云既奠然後焫蕭合羶薌是饋孰焫蕭也云有虞氏祭首至周祭肺皆明堂位文云兩甒醴酒也者以士喪禮既夕等皆以甒盛醴故知醴酒也此用甒者蓋是天子追享朝踐用大尊此甒即大尊或可子男之禮禮器云君尊瓦甒謂子男也皇氏以為異代法也云報氣以氣報魄以實各首其類者燔燎馨香蕭光之屬是氣也黍稷肝肺之屬是實物也首本也報氣以氣是虛還以馨香虛氣報之報魄以實還以黍稷實物報之各本其事類故云各首其類也

君子反古復始不忘其所由生也是以致其敬發其情竭力從事以報其親不敢弗盡也

從事謂脩薦可以祭者也

疏　正義曰此一節申明反古復始竭力報親之事　是以致其敬發其情者以君子反古復始不忘其所由生是以故致其恭敬發其情性　竭力從事以報其親謂竭盡氣力隨從

禮記義五十六　九　葛昌

其事以上報其親不敢不極盡也是故昔者天子爲藉千畝冕而朱紘躬秉耒諸侯爲藉百畝冕而青紘躬秉耒以事天地山川社稷先古以爲醴酪齊盛於是乎取之敬之至也藉藉田也先古先祖疏正義曰以君子報親不敢不盡心以事之故古天子諸侯有藉田以親耕　以事天地山川社稷先古者上雖摠論天子諸侯此言天地者特據天子自外則通先古謂先祖也　以爲醴酪齊盛於是乎取之者爲祭祀諸神須醴酪粢盛之屬於是乎藉田而取之敬之至也古者天子諸侯必有養獸之官及歲時齊戒沐浴而躬朝之犧

禮記義五十六　十　王春

牷祭牲必於是取之敬之至也君召牛納而視之擇其毛而卜之吉然後養之君皮弁素積朔月月半君巡牲所以致力孝之至也歲時齊戒沐浴而躬朝之謂將祭祀卜牲君朔月月半巡視之君召牛納而視之更本擇牲意疏正義曰此一經明孝子報親竭力養牲之事及歲時齊戒沐浴而躬朝之者云歲時謂每歲依時謂朔月月半也躬親也既卜牲吉在牢養之而身朝之言朝者敬辭也　犧牷祭牲必於是取之者犧純色謂天子牲也牷完也謂諸侯牲也犧牷所祭之牲必是養獸之官受擇取之養獸者若周禮牧人也　君召牛納而視之者此更本擇牲之時君於牧處更命取牛采納之於內而視之　君皮弁素積朔月月半君巡牲者即前言歲時朝之也巡行也皮弁諸侯視朔之服朔月月半君

足利本第五十六卷第十葉

潘本第五十六卷第十葉

其事以上報其親不敢不極盡也是故昔者天子爲藉千畝冕而朱紘躬秉耒諸侯爲藉百畝冕而青紘躬秉耒以事天地山川社稷先古以爲醴酪齊盛於是乎取之敬之至也藉藉田也先古先祖疏正義曰以君子報親不敢不盡心以事之故古天子諸侯有藉田以親耕　以事天地山川社稷先古者上雖摠論天子諸侯此言天地者特據天子自外則通先古謂先祖也　以爲醴酪齊盛於是乎取之者爲祭祀諸神須醴酪粢盛之屬於是乎藉田而取之敬之至也古者天子諸侯必有養獸之官及歲時齊戒沐浴而躬朝之犧

禮記義五十六　十　王春

牷祭牲必於是取之敬之至也君召牛納而視之擇其毛而卜之吉然後養之君皮弁素積朔月月半君巡牲所以致力孝之至也歲時齊戒沐浴而躬朝之謂將祭祀卜牲君朔月月半巡視之君召牛納而視之更本擇牲意疏正義曰此一經明孝子報親竭力養牲之事及歲時齊戒沐浴而躬朝之者云歲時謂每歲依時謂朔月月半也躬親也既卜牲吉在牢養之而身朝之言朝者敬辭也　犧牷祭牲必於是取之者犧純色謂天子牲也牷完也謂諸侯牲也犧牷所祭之牲必是養獸之官受擇取之養獸者若周禮牧人也　君召牛納而視之者此更本擇牲之時君於牧處更命取牛采納之於內而視之　君皮弁素積朔月月半君巡牲者即前言歲時朝之也巡行也皮弁諸侯視朔之服朔月月半君

服此衣而巡牲所以致力孝之至也者是孝道之至極耕藉云敬之至養牲云孝之至互文也

古者天子諸侯必有公桑蠶室近川而爲之築宮仞有三尺棘牆而外閉之及大昕之朝君皮弁素積卜三宮之夫人世婦之吉者使入蠶于蠶室奉種浴于川桑于公桑風戾以食之大昕季春朔日之朝也諸侯夫人三宮半王后也風戾之者及早涼脆采之風戾之使露氣燥乃以食蠶蠶性惡濕歲既單矣世婦卒蠶奉繭以示于君遂獻繭于夫人夫人曰此所以爲君服與遂副褘而受之因少牢以禮之歲單謂三月月盡之後也言歲者蠶歲之大功事畢於此也副褘王后之服而云夫人記者容二王之後與禮之禮奉繭之世婦

古之獻繭者其率用此與問者之辭及良日夫人繅三盆手遂布于三宮夫人世婦之吉者使繅遂朱綠之玄黃之以爲黼黻文章服既成君服以祀先王先公敬之至也三盆手者三淹也九繅每淹大總而手振之以出緒也

疏

正義曰此一節廣明孝子報親養蠶爲祭服祀先王先公之事公桑蠶室者謂官家之桑於處而築養蠶之室近川而爲之者取其浴蠶種便也築宮仞有三尺棘牆而外閉之者築宮謂

禮記正義五十六 十二 高文

潘本第五十六卷第十一葉

服此衣而巡牲所以致力孝之至也者是孝道之至極耕藉云敬之至養牲云孝之至互文也

古者天子諸侯必有公桑蠶室近川而爲之築宮仞有三尺棘牆而外閉之及大昕之朝君皮弁素積卜三宮之夫人世婦之吉者使入蠶于蠶室奉種浴于川桑于公桑風戾以食之大昕季春朔日之朝也諸侯夫人三宮半王后也風戾之者及早涼脆采之風戾之使露氣燥乃以食蠶蠶性惡濕歲既單矣世婦卒蠶奉繭以示于君遂獻繭于夫人夫人曰此所以爲君服與遂副褘而受之因少牢以禮之歲單謂三月月盡之後也言歲者蠶歲之大功事畢於此也副褘王后之服而云夫人記者容二王之後與禮之禮奉繭之世婦

古之獻繭者其率用此與問者之辭及良日夫人繅三盆手遂布于三宮夫人世婦之吉者使繅遂朱綠之玄黃之以爲黼黻文章服既成君服以祀先王先公敬之至也三盆手者三淹也九繅每淹大總而手振之以出緒也

疏

正義曰此一節廣明孝子報親養蠶爲祭服祀先王先公之事公桑蠶室者謂官家之桑於處而築養蠶之室近川而爲之者取其浴蠶種便也築宮仞有三尺棘牆而外閉之者築宮謂

禮記正義五十六 十二 高文

足利本第五十六卷第十二葉

築養蠶宮牆七尺曰仞言牆之七尺又有三尺高一丈也傳云雉有三尺雉字者誤也棘牆者謂牆上置棘外閉謂扇在戶外閉也 大昕之朝爲季春朔日之朝 卜三宮之夫人者諸侯之夫人半王后故三宮 世婦之吉者亦諸侯世婦卜取之吉者前雖則揔擧天子諸侯此特擧諸侯互言之 奉種浴于川者言蠶將生之時而又浴之初於仲春已浴之至此更浴之 風戾以食之者戾乾也淩早采桑必帶露而濕蠶性惡濕故乾而食之 歲旣單矣者單盡也三月之末四月之初遂獻繭于夫人者蠶是婦人之事故獻繭于夫人 夫人曰此所以爲君服與者所擧奉繭重 遂副褘而受之者旣擬于君之祭服故夫人首著副身著褘衣受此所獻之繭 因少牢以禮之接獻繭之世婦 古之獻繭者其率用此與者率法也夫人曰獻繭之法自古如此邪重事之義故問之也 及良日夫人繅者良日謂吉日宜繅之日明繅更擇吉利之日至而後乃夫人自繅 三盆手者猶三淹也手者每淹以手振出其緒

禮記義五十六　十二　高彥

故云三盆手 遂布于三宮夫人世婦之吉者使繅者以夫人親繅三盆以手振出其緒訖遂布與三宮夫人世婦之吉者熊據諸侯言之則夫人唯一人世婦之吉者此雜互天子而言之以天子有三夫人就其中取吉者若諸侯唯世婦之吉者養蠶繅非一人而已唯云世婦之吉者擇其吉者以爲主領非唯一人而已 以祀先王先公敬之至也者前文解耕藉男子之事故云以事天地山川社稷兼云先祖養蠶是婦人之事婦人不與外祭故云以祀先王先公其實養蠶爲衣亦事天地山川社稷 注副褘至後與 正義曰案內司服注云唯二王後褘衣與此注同案明堂位魯公夫人亦用褘衣此不言者魯爲特賜非常法此據常者故不言 君子曰禮樂不可斯須去身 斯須猶須臾也 致樂以治心則易直子諒之心油然生矣易直子諒之心生則樂

潘本第五十六卷第十二葉

築養蠶宮牆七尺曰仞言牆之七尺又有三尺高一丈也傳云雉有三尺雉字者誤也棘牆者謂牆上置棘外閉謂扇在戶外閉也 大昕之朝爲季春朔日之朝 卜三宮之夫人者諸侯之夫人半王后故三宮 世婦之吉者亦諸侯世婦卜取之吉者前雖則揔擧天子諸侯此特擧諸侯互言之 奉種浴于川者言蠶將生之時而又浴之初於仲春已浴之至此更浴之 風戾以食之者戾乾也淩早采桑必帶露而濕蠶性惡濕故乾而食之 歲旣單矣者單盡也三月之末四月之初遂獻繭于夫人者蠶是婦人之事故獻繭于夫人 夫人曰此所以爲君服與者所擧奉繭重 遂副褘而受之者旣擬于君之祭服故夫人首著副身著褘衣受此所獻之繭 因少牢以禮之接獻繭之世婦 古之獻繭者其率用此與者率法也夫人曰獻繭之法自古如此邪重事之義故問之也 及良日夫人繅者良日謂吉日宜繅之日明繅更擇吉利之日至而後乃夫人自繅 三盆手者猶三淹也手者每淹以手振出其緒

禮記義五十六　十二　高彥

故云三盆手 遂布于三宮夫人世婦之吉者使繅者以夫人親繅三盆以手振出其緒訖遂布與三宮夫人世婦之吉者熊據諸侯言之則夫人唯一人世婦之吉者此雜互天子而言之以天子有三夫人就其中取吉者若諸侯唯世婦之吉者養蠶繅非一人而已唯云世婦之吉者擇其吉者以爲主領非唯一人而已 以祀先王先公敬之至也者前文解耕藉男子之事故云以事天地山川社稷兼云先祖養蠶是婦人之事婦人不與外祭故云以祀先王先公其實養蠶爲衣亦事天地山川社稷 注副褘至後與 正義曰案內司服注云唯二王後褘衣與此注同案明堂位魯公夫人亦用褘衣此不言者魯爲特賜非常法此據常者故不言 君子曰禮樂不可斯須去身 斯須猶須臾也 致樂以治心則易直子諒之心油然生矣易直子諒之心生則樂

樂則安，安則久，久則天，天則神。天則不言而信，神則不怒而威，致樂以治心者也。（子讀如不子之子。諒，信也。油然物始生好美貌。）致禮以治躬則莊敬，莊敬則嚴威。（躬，身也。）心中斯須不和不樂，而鄙詐之心入之矣。外貌斯須不莊不敬，而慢易之心入之矣。故樂也者，動於内者也。禮也者，動於外者也。樂極和，禮極順，内和而外順，則民瞻其顏色而不與爭也，望其容貌而衆不生慢易焉。（極，至也。）故德煇動乎内而民莫不承聽，理發乎外而衆莫不承順。（理謂言行也。）故曰：致禮樂之道，而天下塞焉，舉而錯之無難矣。（塞，充滿也。）樂也者，動於内者也。禮也者，動於外者也。故禮主其減，樂主其盈。禮減而進，以進爲文。樂盈而反，以反爲文。（減猶倦也，盈猶溢也。樂以統情，禮以理行，人之情有溢而行有倦，倦則進之，以能進者爲文；溢則使反，以能反者爲文。文謂才美。）禮減而不進則銷，樂盈而不反則放。故禮有報而樂有反。

禮記義五十六　十三　李光祖

樂則安，安則久，久則天，天則神。天則不言而信，神則不怒而威，致樂以治心者也。（子讀如不子之子。諒，信也。油然物始生好美貌。）致禮以治躬則莊敬，莊敬則嚴威。（躬，身也。）心中斯須不和不樂，而鄙詐之心入之矣。外貌斯須不莊不敬，而慢易之心入之矣。故樂也者，動於内者也。禮也者，動於外者也。樂極和，禮極順，内和而外順，則民瞻其顏色而不與爭也，望其容貌而衆不生慢易焉。（極，至也。）故德煇動乎内而民莫不承聽，理發乎外而衆莫不承順。（理謂言行也。）故曰：致禮樂之道，而天下塞焉，舉而錯之無難矣。（塞，充滿也。）樂也者，動於内者也。禮也者，動於外者也。故禮主其減，樂主其盈。禮減而進，以進爲文。樂盈而反，以反爲文。（減猶倦也，盈猶溢也。樂以統情，禮以理行，人之情有溢而行有倦，倦則進之，以能進者爲文；溢則使反，以能反者爲文。文謂才美。）禮減而不進則銷，樂盈而不反則放。故禮有報而樂有反。

禮記義五十六　十三　李光祖

足利本第五十六卷第十四葉

報皆當爲褒聲之誤禮得其報則樂樂得其反則安
禮之報樂之反其義一也疏正義曰此一節已具於樂記但記者
別人故於此又記之其義已具在樂記故於此不繁文也曾子曰孝有三大孝
尊親其次弗辱其下能養公明儀問於曾
子曰夫子可以爲孝乎曾子曰是何言與是
何言與君子之所謂孝者先意承志諭父
母於道參直養者也安能爲孝乎公明儀曾子弟子
曾子曰身也者父母之遺體也行父母之遺

禮記義五十六　十四　毛俊

體敢不敬乎居處不莊非孝也事君不忠
非孝也涖官不敬非孝也朋友不信非孝也
戰陳無勇非孝也五者不遂烖及於親敢
不敬乎遂猶成也亨孰羶薌嘗而薦之非孝也
養也君子之所謂孝也者國人稱願然曰幸
哉有子如此所謂孝也已然猶而也衆之本教曰
孝其行曰養養可能也敬爲難敬可能也
安爲難安可能也卒爲難父母既沒慎行

潘本第五十六卷第十四葉

報皆當爲褒聲之誤禮得其報則樂樂得其反則安
禮之報樂之反其義一也疏正義曰此一節已具於樂記但記者
別人故於此又記之其義已具在樂記故於此不繁文也曾子曰孝有三大孝
尊親其次弗辱其下能養公明儀問於曾
子曰夫子可以爲孝乎曾子曰是何言與是
何言與君子之所謂孝者先意承志諭父
母於道參直養者也安能爲孝乎公明儀曾子弟子
曾子曰身也者父母之遺體也行父母之遺

禮記義五十六　十四　毛俊

體敢不敬乎居處不莊非孝也事君不忠
非孝也涖官不敬非孝也朋友不信非孝也
戰陳無勇非孝也五者不遂烖及於親敢
不敬乎遂猶成也亨孰羶薌嘗而薦之非孝也
養也君子之所謂孝也者國人稱願然曰幸
哉有子如此所謂孝也已然猶而也衆之本教曰
孝其行曰養養可能也敬爲難敬可能也
安爲難安可能也卒爲難父母既沒慎行

足利本第五十六卷第十五葉

其身不遺父母惡名可謂能終矣仁者仁此者也禮者履此者也義者宜此者也信者信此者也強者強此者也樂自順此生刑自反此作曾子曰夫孝置之而塞乎天地溥之而橫乎四海施諸後世而無朝夕推而放諸東海而準推而放諸西海而準推而放諸南海而準推而放諸北海而準無朝夕言常行無輟時也放猶至也準猶平也詩云自西自東自南自北無思不服此之

禮記正義五十六　十五　高彥

謂也曾子曰樹木以時伐焉禽獸以時殺焉夫子曰斷一樹殺一獸不以其時非孝也夫子孔子也曾子述其言以云孝有三小孝用力中孝用勞大孝不匱勞猶功也思慈愛忘勞可謂用力矣尊仁安義可謂用勞矣博施備物可謂不匱矣思慈愛忘勞思父母之慈愛己而自忘己之勞苦父母愛之嘉而弗忘父母惡之懼而無怨無怨無怨於父母之心父母有過諫而不逆順而諫之父母既沒必求仁者之粟以祀

潘本第五十六卷第十五葉

其身不遺父母惡名可謂能終矣仁者仁此者也禮者履此者也義者宜此者也信者信此者也強者強此者也樂自順此生刑自反此作曾子曰夫孝置之而塞乎天地溥之而橫乎四海施諸後世而無朝夕推而放諸東海而準推而放諸西海而準推而放諸南海而準推而放諸北海而準無朝夕言常行無輟時也放猶至也準猶平也詩云自西自東自南自北無思不服此之

禮記正義五十六　十五　高彥

謂也曾子曰樹木以時伐焉禽獸以時殺焉夫子曰斷一樹殺一獸不以其時非孝也夫子孔子也曾子述其言以云孝有三小孝用力中孝用勞大孝不匱勞猶功也思慈愛忘勞可謂用力矣尊仁安義可謂用勞矣博施備物可謂不匱矣思慈愛忘勞思父母之慈愛己而自忘己之勞苦父母愛之嘉而弗忘父母惡之懼而無怨無怨無怨於父母之心父母有過諫而不逆順而諫之父母既沒必求仁者之粟以祀

足利本第五十六卷第十六葉

之此之謂禮終謂貧困猶不取惡人物以事亡親 疏正義曰此一節以下至可謂孝
矣廣明爲孝子之事今各依文解之　孝有三者大孝尊
親一也即是下文云大孝不匱聖人爲天子者也尊親嚴
父配天也　其次弗辱二也謂賢人爲諸侯及卿大夫士
也各保社稷宗廟祭祀不使傾危以辱親也即與下文中
孝用勞亦爲一也　其下能養三也謂庶人也與下文云
小孝用力爲一能養謂用天分地以養父母也　先意承
志諭父母於道者先意謂父母將欲發意孝子則預前逆
知父母之意而爲之是先意也承志謂父母已有志已當
奉承而行之諭父母於道者或在父母意先或在父母意
後皆曉諭父母將歸於正道也　五者不遂裁及於親敢
不敬乎者遂猶成也若行在上五者事不成其如是裁害
必及親所以爲非孝然則君子於上五者豈敢不敬而承
之者乎　亨孰羶薌嘗而薦之非孝也養也者言亨孰羶
薌之美先自口嘗而後薦之父母此非孝也唯是供養

禮記義五十六　十六

君子之所謂孝也者國人稱願然曰幸哉有子如此所謂
孝也已者言嘗薦美食但是養也非論孝子言若人將爲
孝曰此子百行皆美一國之人稱楊羡願然曰如此是羡
願之云此子父母有幸遇哉而有孝子如此所謂孝也已
謂然而令人羡願如此乃所謂孝也　衆之本教曰孝者
言孝爲衆行之根本以此根本而教於下名之曰孝則孝
經云孝者德之本又云教民親愛莫善於孝是衆行之根
本以教於民故謂之孝也　其行曰養者言不能備孝之
德其唯行奉上之禮但謂之養者也　養可能也敬爲難
者言供養父母可能爲也但尊敬父母是爲難也　敬可
能也安爲難者其敬雖難猶可爲也但使父母安樂爲難
也　安可能也卒爲難者卒終也父母在日使之安樂猶
可能也但父母没後終身行孝是爲難也　父母既没愼
行其身不遺父母惡名可謂能終矣者解卒爲難之事其
卒者謂父母既没之後謹愼奉行其身恒在善道不遺與
父母惡名孝子如此可謂能卒矣　仁者仁此者也此謂孝

潘本第五十六卷第十六葉

之此之謂禮終謂貧困猶不取惡人物以事亡親 疏正義曰此一節以下至可謂孝
矣廣明爲孝子之事今各依文解之　孝有三者大孝尊
親一也即是下文云大孝不匱聖人爲天子者也尊親嚴
父配天也　其次弗辱二也謂賢人爲諸侯及卿大夫士
也各保社稷宗廟祭祀不使傾危以辱親也即與下文中
孝用勞亦爲一也　其下能養三也謂庶人也與下文云
小孝用力爲一能養謂用天分地以養父母也　先意承
志諭父母於道者先意謂父母將欲發意孝子則預前逆
知父母之意而爲之是先意也承志謂父母已有志已當
奉承而行之諭父母於道者或在父母意先或在父母意
後皆曉諭父母將歸於正道也　五者不遂裁及於親敢
不敬乎者遂猶成也若行在上五者事不成其如是裁害
必及親所以爲非孝然則君子於上五者豈敢不敬而承
之者乎　亨孰羶薌嘗而薦之非孝也養也者言亨孰羶
薌之美先自口嘗而後薦之父母此非孝也唯是供養

禮記義五十六　十六

君子之所謂孝也者國人稱願然曰幸哉有子如此所謂
孝也已者言嘗薦美食但是養也非論孝子言若人將爲
孝曰此子百行皆美一國之人稱楊羡願然曰如此是羡
願之云此子父母有幸遇哉而有孝子如此所謂孝也已
謂然而令人羡願如此乃所謂孝也　衆之本教曰孝者
言孝爲衆行之根本以此根本而教於下名之曰孝則孝
經云孝者德之本又云教民親愛莫善於孝是衆行之根
本以教於民故謂之孝也　其行曰養者言不能備孝之
德其唯行奉上之禮但謂之養者也　養可能也敬爲難
者言供養父母可能爲也但尊敬父母是爲難也　敬可
能也安爲難者其敬雖難猶可爲也但使父母安樂爲難
也　安可能也卒爲難者卒終也父母在日使之安樂猶
可能也但父母没後終身行孝是爲難也　父母既没愼
行其身不遺父母惡名可謂能終矣者解卒爲難之事其
卒者謂父母既没之後謹愼奉行其身恒在善道不遺與
父母惡名孝子如此可謂能卒矣　仁者仁此者也此謂孝

足利本第五十六卷第十七葉

也言欲行仁者先仁恩於此孝也言欲行仁於外必須行仁恩於父母也故云仁者仁此者也　禮者履此者也履踐履也言欲行禮於外者必須履踐此孝者也　義者宜此者也言欲行義於外者必須得宜於此孝也行孝得宜乃可施義於外　信者信此者也言欲行誠信於外須誠信於孝道言孝道誠信始可誠信於外　強者強此者也言欲強盛於外者必須強盛於孝道言行孝道強盛則能強盛於外　樂自順此生者自由也言身之和樂由順從孝道而生若能順從孝道則身和樂　刑自反此作者言身受刑戮由反此孝道而興作若違反孝道則刑戮及身　曾子曰夫孝置之而塞乎天地者自此以前皆曾子之言但此以下異故更言曾子曰　夫孝置之而塞乎天地者置謂措置也言孝道措置於天地之間塞滿天地言上至天下至地謂感天地神明也　溥之而橫乎四海者溥布也布此孝道而橫被於四海言孝道廣遠也溥字而定本作傳傳溥古字傳著之名義俱通其義如此一也　施諸後

禮記義五十六　十七　鄭彬

世而無朝夕者諸於也謂施此孝道於後世而無一朝一夕而不行也終長行之言長久　推而放諸東海而準至北海而準者推謂推排也放至也諸於也言推排孝道至於四海能以為法準平而法象之無所不從也　詩云自西自東自南自北無思不服者詩大雅文王有聲之詩美武王之言武王之德能如此今孝道亦然四海之內悉以準法而人之與武王同故引以證之　曾子曰樹木以時伐焉者至此之謂禮終亦是曾子之言以語更端故更云曾子　思慈愛忘勞可謂用力矣者以庶人思父母慈愛忘己躬耕之勞可謂用力矣　尊仁安義可謂用勞矣者諸侯卿大夫士尊重於仁安行於義心無勞倦是可謂用勞矣　博施備物可謂不匱矣者匱乏也廣博於施則德教加於百姓刑于四海是也備物謂四海之內各以其職來助祭如此是大孝不匱也　樂正子春

下堂而傷其足數月不出猶有憂色門弟

潘本第五十六卷第十七葉

也言欲行仁者先仁恩於此孝也言欲行仁於外必須行仁恩於父母也故云仁者仁此者也　禮者履此者也履踐履也言欲行禮於外者必須履踐此孝者也　義者宜此者也言欲行義於外者必須得宜於此孝也行孝得宜乃可施義於外　信者信此者也言欲行誠信於外須誠信於孝道言孝道誠信始可誠信於外　強者強此者也言欲強盛於外者必須強盛於孝道言行孝道強盛則能強盛於外　樂自順此生者自由也言身之和樂由順從孝道而生若能順從孝道則身和樂　刑自反此作者言身受刑戮由反此孝道而興作若違反孝道則刑戮及身　曾子曰夫孝置之而塞乎天地者自此以前皆曾子之言但此以下異故更言曾子曰　夫孝置之而塞乎天地者置謂措置也言孝道措置於天地之間塞滿天地言上至天下至地謂感天地神明也　溥之而橫乎四海者溥布也布此孝道而橫被於四海言孝道廣遠也溥字而定本作傳傳溥古字傳著之名義俱通其義如此一也　施諸後

禮記義五十六　十七　鄭彬

世而無朝夕者諸於也謂施此孝道於後世而無一朝一夕而不行也終長行之言長久　推而放諸東海而準至北海而準者推謂推排也放至也諸於也言推排孝道至於四海能以為法準平而法象之無所不從也　詩云自西自東自南自北無思不服者詩大雅文王有聲之詩美武王之言武王之德能如此今孝道亦然四海之內悉以準法而人之與武王同故引以證之　曾子曰樹木以時伐焉者至此之謂禮終亦是曾子之言以語更端故更云曾子　思慈愛忘勞可謂用力矣者以庶人思父母慈愛忘己躬耕之勞可謂用力矣　尊仁安義可謂用勞矣者諸侯卿大夫士尊重於仁安行於義心無勞倦是可謂用勞矣　博施備物可謂不匱矣者匱乏也廣博於施則德教加於百姓刑于四海是也備物謂四海之內各以其職來助祭如此是大孝不匱也　樂正子春

下堂而傷其足數月不出猶有憂色門弟

足利本第五十六卷第十八葉

子曰夫子之足瘳矣數月不出猶有憂色何也樂正子春曰善如爾之問也善如爾之問也吾聞諸曾子曾子聞諸夫子曰天之所生地之所養無人爲大父母全而生之子全而歸之可謂孝矣不虧其體不辱其身可謂全矣曾子聞諸夫子述曾子所聞於孔子之言故君子頃步而弗敢忘孝也今予忘孝之道予是以有憂色也頃當爲跬聲之誤也予我也壹舉足而不敢忘父母壹出言而不敢忘父母壹舉足而不敢忘父母是故道而不徑舟而不游不敢以先父母之遺體行殆壹出言而不敢忘父母是故惡言不出於口忿言不反於身不辱其身不羞其親可謂孝矣徑步邪趨疾也忿言不反於身人不能無忿怒忿怒之言當由其直直則人服不敢以忿言來也疏正義曰此一節論樂正子春傷其足而憂因明父母遺體不可損傷之事無人爲大者言天地生養萬物之中無如人最爲大故孝經云天地之性人爲貴是也不虧其體不辱其身可謂全矣者非直體全又須善名得全若能不虧損形體得全不

禮記義五十六 十八 脩仁

潘本第五十六卷第十八葉

子曰夫子之足瘳矣數月不出猶有憂色何也樂正子春曰善如爾之問也善如爾之問也吾聞諸曾子曾子聞諸夫子曰天之所生地之所養無人爲大父母全而生之子全而歸之可謂孝矣不虧其體不辱其身可謂全矣曾子聞諸夫子述曾子所聞於孔子之言故君子頃步而弗敢忘孝也今予忘孝之道予是以有憂色也頃當爲跬聲之誤也予我也壹舉足而不敢忘父母壹出言而不敢忘父母壹舉足而不敢忘父母是故道而不徑舟而不游不敢以先父母之遺體行殆壹出言而不敢忘父母是故惡言不出於口忿言不反於身不辱其身不羞其親可謂孝矣徑步邪趨疾也忿言不反於身人不能無忿怒忿怒之言當由其直直則人服不敢以忿言來也疏正義曰此一節論樂正子春傷其足而憂因明父母遺體不可損傷之事無人爲大者言天地生養萬物之中無如人最爲大故孝經云天地之性人爲貴是也不虧其體不辱其身可謂全矣者非直體全又須善名得全若能不虧損形體得全不

禮記義五十六 十八 脩仁

損辱其身是善名得全也　故君子頃步而弗敢忘孝也者頃跬也謂一舉足君子於壹舉足之間不敢忘父母也言念之恐有損傷　是故道而不徑者謂於正道而行不遊邪徑正道平易於身無損傷邪徑險阻或於身有患　舟而不游者言渡水必依舟船不浮游水上乘舟則安浮水則危　不敢以先父母之遺體行殆者以其不忘父母之遺體故不敢以先父母遺餘之體而行歷危患處　惡言不出於口者悖逆惡戾之言不出於口爲人所賤也　忿言不反於身者謂己之言必能正直人則服之故他人瞋忿之言不反於身定本反於身作及字　不辱其身不羞其親可謂孝矣者揔結舉足出言二事身及親並不羞辱可謂孝矣也　昔者有虞氏貴德而尚齒夏后氏貴爵而尚齒殷人貴富而尚齒周人貴親而尚齒　貴謂燕賜有加於諸臣也尚謂有事尊之於其黨也臣能世禄曰富舜時多仁聖有德後德則在小官　疏　正義曰此前經明孝以下至不敢犯又兼明孝弟故下云孝弟發諸朝廷事兼孝弟也各隨文解之今此一經論四代悌順尚齒之義　有虞氏貴德而尚齒者虞氏帝德弘大故貴德德之中年高者在前是德中尚齒　夏后氏貴爵而尚齒者夏后之世漸澆薄不能貴德而尚功功高則爵高既貴其官爵德雖下而爵高者則貴之由道劣故也故貴爵之中年高者在前故云尚齒　殷人貴富而尚齒者殷人又劣於夏但身有功則與之重爵殷家累世有功世爵而富乃貴之故云貴富亦年高者在前故云尚齒　周人貴親而尚齒者周人又劣於殷敬愛彌狹殷人疏而富者猶貴之周人於已有親乃貴之就此之中亦年高者在前故云尚齒　注貴謂至小官　正義曰鄭恐經云貴者皆班序在上故明之貴謂燕賜有加於諸臣凡四代朝位班序皆以官爵爲次悉皆重爵而夏后氏貴者但於爵高者加恩賜云尚謂有事尊之於其黨也者

禮記義五十六　十九　余政

損辱其身是善名得全也　故君子頃步而弗敢忘孝也者頃跬也謂一舉足君子於壹舉足之間不敢忘父母也言念之恐有損傷　是故道而不徑者謂於正道而行不遊邪徑正道平易於身無損傷邪徑險阻或於身有患　舟而不游者言渡水必依舟船不浮游水上乘舟則安浮水則危　不敢以先父母之遺體行殆者以其不忘父母之遺體故不敢以先父母遺餘之體而行歷危患處　惡言不出於口者悖逆惡戾之言不出於口爲人所賤也　忿言不反於身者謂己之言必能正直人則服之故他人瞋忿之言不反於身定本反於身作及字　不辱其身不羞其親可謂孝矣者揔結舉足出言二事身及親並不羞辱可謂孝矣也　昔者有虞氏貴德而尚齒夏后氏貴爵而尚齒殷人貴富而尚齒周人貴親而尚齒　貴謂燕賜有加於諸臣也尚謂有事尊之於其黨也臣能世禄曰富舜時多仁聖有德後德則在小官　疏　正義曰此前經明孝以下至不敢犯又兼明孝弟故下云孝弟發諸朝廷事兼孝弟也各隨文解之今此一經論四代悌順尚齒之義　有虞氏貴德而尚齒者虞氏帝德弘大故貴德德之中年高者在前是德中尚齒　夏后氏貴爵而尚齒者夏后之世漸澆薄不能貴德而尚功功高則爵高既貴其官爵德雖下而爵高者則貴之由道劣故也故貴爵之中年高者在前故云尚齒　殷人貴富而尚齒者殷人又劣於夏但身有功則與之重爵殷家累世有功世爵而富乃貴之故云貴富亦年高者在前故云尚齒　周人貴親而尚齒者周人又劣於殷敬愛彌狹殷人疏而富者猶貴之周人於已有親乃貴之就此之中亦年高者在前故云尚齒　注貴謂至小官　正義曰鄭恐經云貴者皆班序在上故明之貴謂燕賜有加於諸臣凡四代朝位班序皆以官爵爲次悉皆重爵而夏后氏貴者但於爵高者加恩賜云尚謂有事尊之於其黨也者

禮記義五十六　十九　余政

謂德爵冨親各於其黨類之中而被尊也云舜時多仁聖有德後德則在小官者鄭解虞氏貴德之意以舜時仁聖者多人皆有德其德小先來者已居大官其德大後來者則在小官是小官而德尊者故有虞氏貴之所以燕賜加於大官俗本後德多作小得字

虞夏殷周天下之盛王也未有遺年者年之貴乎天下久矣次乎事親也

言其先老也

【疏】正義曰此一經覆述虞夏以來尚年之事虞夏殷周天下之盛王也未有遺年者言虞夏殷周雖是明盛之王也未有遺棄其年者悉皆尚齒更無他善以加之　年之貴乎天下久矣者從虞夏以來貴年是久矣　次乎事親也者言貴年之次第近於事親之孝除孝則次第也

是故朝廷同爵則尚齒七十杖於朝君問則席八十不俟朝

禮記義五十六　二十

君問則就之而弟達乎朝廷矣

同爵尚齒老者在上也君問則席爲之布席於堂上而與之言凡朝位立於庭魯哀公問於孔子命席不俟朝君揖之即退不待朝事畢也就之就其家也老而致仕君或不許異其禮而已

【疏】正義曰此一經明朝廷之中行於弟也　是故朝廷同爵則尚齒者此因前文尚年以是之故朝廷之中同爵則尚齒官爵同者則貴尚於齒四代皆然　七十杖於朝君問則席者以其尚齒故七十者許之據杖於朝若君有問則布席令坐也　八十不俟朝君問則就之者年已八十不但杖於朝而已見君揖則退不待朝事畢也若君有事問之則就其室是遜弟敬老之道通達於朝廷矣　【注】凡朝至而已　正義曰知朝位立於庭者案燕禮大射君與卿大夫皆立卿大夫立於庭君立于阼階上是也云魯哀公問於孔子命席者儒行文云不俟朝君揖之即退者案燕禮大射卿大夫立于庭北面君降自阼階南鄉爾卿卿西面爾

謂德爵冨親各於其黨類之中而被尊也云舜時多仁聖有德後德則在小官者鄭解虞氏貴德之意以舜時仁聖者多人皆有德其德小先來者已居大官其德大後來者則在小官是小官而德尊者故有虞氏貴之所以燕賜加於大官俗本後德多作小得字

虞夏殷周天下之盛王也未有遺年者年之貴乎天下久矣次乎事親也

言其先老也

【疏】正義曰此一經覆述虞夏以來尚年之事虞夏殷周天下之盛王也未有遺年者言虞夏殷周雖是明盛之王也未有遺棄其年者悉皆尚齒更無他善以加之　年之貴乎天下久矣者從虞夏以來貴年是久矣　次乎事親也者言貴年之次第近於事親之孝除孝則次第也

是故朝廷同爵則尚齒七十杖於朝君問則席八十不俟朝

禮記義五十六　二十

君問則就之而弟達乎朝廷矣

同爵尚齒老者在上也君問則席爲之布席於堂上而與之言凡朝位立於庭魯哀公問於孔子命席不俟朝君揖之即退不待朝事畢也就之就其家也老而致仕君或不許異其禮而已

【疏】正義曰此一經明朝廷之中行於弟也　是故朝廷同爵則尚齒者此因前文尚年以是之故朝廷之中同爵則尚齒官爵同者則貴尚於齒四代皆然　七十杖於朝君問則席者以其尚齒故七十者許之據杖於朝若君有問則布席令坐也　八十不俟朝君問則就之者年已八十不但杖於朝而已見君揖則退不待朝事畢也若君有事問之則就其室是遜弟敬老之道通達於朝廷矣　【注】凡朝至而已　正義曰知朝位立於庭者案燕禮大射君與卿大夫皆立卿大夫立於庭君立于阼階上是也云魯哀公問於孔子命席者儒行文云不俟朝君揖之即退者案燕禮大射卿大夫立于庭北面君降自阼階南鄉爾卿卿西面爾

大夫大夫皆少進皆北面爾謂揖也於時老臣君揖則退不待朝事畢也則於路寢門外日視朝亦揖竟即退不待朝事畢也云老而致仕君或不許異其禮而已者案曲禮云大夫七十而致事若不得謝是或不許也此經中所云是君不許者故七十杖於朝君問則席又八十不俟朝是異其禮若其致事君許則王制云七十不俟朝八十杖於朝是君許者與此異

行肩而不併不錯則隨見老者則車徒辟斑白者不以其任行乎道路而弟達乎道路矣

錯鴈行也父黨隨行兄黨鴈行車徒辟乘車步行皆辟老人也班白者髮雜色也任所擔持也不以任少者代之

居鄉以齒而老窮不遺強不犯弱衆不暴寡而弟達乎州巷矣

老窮不遺以鄉人尊而長之雖貧且無子孫無弃忘也一鄉者五州巷猶閭也

疏 正義曰此一節明弟通達於道路 行肩而不併者謂老少並行言肩臂不得併行少者差退在後則朋友肩隨是也 不錯則隨者若兄黨爲鴈行之差錯是父黨則隨從而爲行 見老者則車徒辟者謂少者或乘車或徒步若逢見老者則辟之 斑白者不以其任行乎道路者任謂擔持言斑白不以所任之物行於道路少者必代之是弟通達於道路 注錯鴈至鴈行 正義曰錯參差假鴈行爲行父黨隨行王制文

古之道五十不爲甸徒頒禽隆諸長者而弟達乎獀狩矣

四井爲邑四邑爲丘四丘爲甸甸六十四井也以爲軍田出役之法五十始衰不從力役之事也頒之言分也隆猶多也又田者分禽多其老者謂竭作未五十者春獵爲獀冬獵爲狩

軍旅什伍同爵則尚齒而弟達

禮記正義五十六　二十一　朱春

大夫大夫皆少進皆北面爾謂揖也於時老臣君揖則退不待朝事畢也則於路寢門外日視朝亦揖竟即退不待朝事畢也云老而致仕君或不許異其禮而已者案曲禮云大夫七十而致事若不得謝是或不許也此經中所云是君不許者故七十杖於朝君問則席又八十不俟朝是異其禮若其致事君許則王制云七十不俟朝八十杖於朝是君許者與此異

行肩而不併不錯則隨見老者則車徒辟斑白者不以其任行乎道路而弟達乎道路矣

錯鴈行也父黨隨行兄黨鴈行車徒辟乘車步行皆辟老人也班白者髮雜色也任所擔持也不以任少者代之

居鄉以齒而老窮不遺強不犯弱衆不暴寡而弟達乎州巷矣

老窮不遺以鄉人尊而長之雖貧且無子孫無弃忘也一鄉者五州巷猶閭也

疏 正義曰此一節明弟通達於道路 行肩而不併者謂老少並行言肩臂不得併行少者差退在後則朋友肩隨是也 不錯則隨者若兄黨爲鴈行之差錯是父黨則隨從而爲行 見老者則車徒辟者謂少者或乘車或徒步若逢見老者則辟之 斑白者不以其任行乎道路者任謂擔持言斑白不以所任之物行於道路少者必代之是弟通達於道路 注錯鴈至鴈行 正義曰錯參差假鴈行爲行父黨隨行王制文

古之道五十不爲甸徒頒禽隆諸長者而弟達乎獀狩矣

四井爲邑四邑爲丘四丘爲甸甸六十四井也以爲軍田出役之法五十始衰不從力役之事也頒之言分也隆猶多也又田者分禽多其老者謂竭作未五十者春獵爲獀冬獵爲狩

軍旅什伍同爵則尚齒而弟達

禮記正義五十六　二十一　矢春

足利本第五十六卷第二十二葉

平軍旅矣什伍士卒部曲也少儀曰軍尚左卒尚右疏正義曰此一節明弟道達於搜
狩　古之道者謂作記之人在於周末於時力役煩重郤
道周初之事故云古之道也　五十不爲甸徒者謂方八
里之甸徒謂步卒軍法八里出長轂一乘步卒七十二人
謂之甸者以供軍賦及田役之事五十者氣力始衰不爲
此甸役徒卒　頒禽隆諸長者謂四十九以下田畢頒禽
之時多長者　注四井至爲狩　正義曰四井爲邑至六
十四井也司馬法文云以爲軍田出役之法者謂一甸之
中出長轂一乘甲士三人步卒七十二人供君田役事故
云以爲軍田出役之法云五十始衰不從力政之事也者
王制文云謂竭作未五十者案小司徒云凡起徒役毋過
家一人以其餘爲羨唯田與追胥竭作若田與追胥竭作
之時此未五十者猶在田役故頒禽之時多此長者云春
獵爲搜冬獵爲狩爾雅釋夫文經云搜狩夏苗秋獮可知
也　注什五士卒部曲也　正義曰五人爲伍二伍爲什

禮記義五十六　二十二　周琳

士謂甲士卒謂步卒在軍旅之中將主帥部領團曲而聚故云部曲孝弟發諸朝廷行
乎道路至乎州巷放乎搜狩脩乎軍旅衆
以義死之而弗敢犯也死之死此孝弟之禮疏正義曰此一經總論
結上文　孝弟發諸朝廷者即上文而弟達乎朝廷是也
在上諸文但云弟此兼云孝者以孝故能弟弟則孝之次
也此經總結前諸文故云孝弟也　衆以義死之而弗敢犯
也者言孝弟之道通於朝廷行於道路州巷搜狩軍旅無
處不行孝弟以教衆庶也故衆以道理之義死於孝
弟也言行孝弟雖死不捨不敢犯此孝弟而不行也　祀
乎明堂所以教諸侯之孝也食三老五更於
大學所以教諸侯之弟也祀先賢於西學

潘本第五十六卷第二十二葉

平軍旅矣什伍士卒部曲也少儀曰軍尚左卒尚右疏正義曰此一節明弟道達於搜
狩　古之道者謂作記之人在於周末於時力役煩重郤
道周初之事故云古之道也　五十不爲甸徒者謂方八
里之甸徒謂步卒軍法八里出長轂一乘步卒七十二人
謂之甸者以供軍賦及田役之事五十者氣力始衰不爲
此甸役徒卒　頒禽隆諸長者謂四十九以下田畢頒禽
之時多長者　注四井至爲狩　正義曰四井爲邑至六
十四井也司馬法文云以爲軍田出役之法者謂一甸之
中出長轂一乘甲士三人步卒七十二人供君田役事故
云以爲軍田出役之法云五十始衰不從力政之事也者
王制文云謂竭作未五十者案小司徒云凡起徒役毋過
家一人以其餘爲羨唯田與追胥竭作若田與追胥竭作
之時此未五十者猶在田役故頒禽之時多此長者云春
獵爲搜冬獵爲狩爾雅釋夫文經云搜狩夏苗秋獮可知
也　注什五士卒部曲也　正義曰五人爲伍二伍爲什

禮記義五十六　二十二　周琳

士謂甲士卒謂步卒在軍旅之中將主帥部領團曲而聚故云部曲孝弟發諸朝廷行
乎道路至乎州巷放乎搜狩脩乎軍旅衆
以義死之而弗敢犯也死之死此孝弟之禮疏正義曰此一經總論
結上文　孝弟發諸朝廷者即上文而弟達乎朝廷是也
在上諸文但云弟此兼云孝者以孝故能弟弟則孝之次
也此經總結前諸文故云孝弟也　衆以義死之而弗敢犯
也者言孝弟之道通於朝廷行於道路州巷搜狩軍旅無
處不行孝弟以教衆庶也故衆以道理之義死於孝
弟也言行孝弟雖死不捨不敢犯此孝弟而不行也　祀
乎明堂所以教諸侯之孝也食三老五更於
大學所以教諸侯之弟也祀先賢於西學

所以教諸侯之德也耕藉所以教諸侯之養也朝覲所以教諸侯之臣也五者天下之大教也祀乎明堂宗祀文王西學周小學也先賢有道德王所使教國子者食三老五更於大學天子袒而割牲執醬而饋執爵而酳冕而揔干所以教諸侯之弟也是故鄉里有齒而老窮不遺強不犯弱衆不暴寡此由大學來者也割牲制俎實也冕而揔干親在舞位以樂侑食也教諸侯之弟次事親天子設四學當入學而大子齒四學謂周四郊之虞庠也文王世子曰行一物而三善得惟世子而已甚齒於學之謂也

疏 正義曰此一節廣明孝弟之道養三老五更及齒學之事 ○祀乎明堂所以教諸侯之孝也者於周言之祀文王也故樂記云祀文王於明堂是也 ○食三老五更於大學所以教諸侯之弟也者案孝經云雖天子必有父也注謂養老也父謂君老也此食三老而屬弟者以上文祀文王於明堂為孝故以食三老五更為弟文有所對也 ○祀先賢於西學所以教諸侯之德也者以先賢有德故祀之令諸侯尊敬有德故云教諸侯之德此西學鄭注云周小學則周之小學在西郊則王制云養庶老於虞庠虞庠在國之西郊是也 注 祀乎至子者 ○正義曰云祀乎明堂宗祀文王者鄭以樂記武王伐紂稱祀乎明堂而民知孝彼謂文王廟制如明堂武王伐紂後而祀之恐此祀乎明堂亦與彼同故云謂宗祀文王也實在明堂之中知者以此經廣明周法故云五者天下之大教明不獨論武王是指周公制禮之後宗祀文王也云西學周之小

所以教諸侯之德也耕藉所以教諸侯之養也朝覲所以教諸侯之臣也五者天下之大教也祀乎明堂宗祀文王西學周小學也先賢有道德王所使教國子者食三老五更於大學天子袒而割牲執醬而饋執爵而酳冕而揔干所以教諸侯之弟也是故鄉里有齒而老窮不遺強不犯弱衆不暴寡此由大學來者也割牲制俎實也冕而揔干親在舞位以樂侑食也教諸侯之弟次事親天子設四學當入學而大子齒四學謂周四郊之虞庠也文王世子曰行一物而三善得惟世子而已甚齒於學之謂也

疏 正義曰此一節廣明孝弟之道養三老五更及齒學之事 ○祀乎明堂所以教諸侯之孝也者於周言之祀文王也故樂記云祀文王於明堂是也 ○食三老五更於大學所以教諸侯之弟也者案孝經云雖天子必有父也注謂養老也父謂君老也此食三老而屬弟者以上文祀文王於明堂為孝故以食三老五更為弟文有所對也 ○祀先賢於西學所以教諸侯之德也者以先賢有德故祀之令諸侯尊敬有德故云教諸侯之德此西學鄭注云周小學則周之小學在西郊則王制云養庶老於虞庠虞庠在國之西郊是也 注 祀乎至子者 ○正義曰云祀乎明堂宗祀文王者鄭以樂記武王伐紂稱祀乎明堂而民知孝彼謂文王廟制如明堂武王伐紂後而祀之恐此祀乎明堂亦與彼同故云謂宗祀文王也實在明堂之中知者以此經廣明周法故云五者天下之大教明不獨論武王是指周公制禮之後宗祀文王也云西學周之小

禮記正義五十六 二十三 李用

足利本第五十六卷第二十四葉

學也者謂虞庠也以祀先賢明於虞庠小學故大司樂云
凡有道者有德者使教焉死則以爲樂祖祭於瞽宗文王
世子又云書在上庠以此知祭先賢所通之經各於所習
之學若瞽宗則在國虞庠爲小學者則在西郊令祀先賢
則於西郊也　食三至子齒　正義曰此一節明養三老
五更之禮而竭其力下象其德　天子袒而割牲者謂牲
入之時天子親割也　執醬而饋者謂食之時親執醬而
饋也　執爵而酳者謂食罷親執爵而酳之也　冕而揔
干者干盾也親在舞位持盾而舞也　是故鄉里有齒者
以天下敬老鄉里化之故有齒也　老窮不遺者老而被
養故在下年老及困窮者皆化上而養之故不見遺棄作
記者以老弱被尊養人皆化上故強不犯弱衆不犯寡
此由大學來者也所致此養三老五更於大學故此化而
來　天子設四學者謂設四代之學周學也殷學也夏學
也虞學也　當入學而大子齒天子設四學以有虞庠爲
小學設置於四郊是天子設四學據周言之當入學而大

禮記義五十六　二十四　許孚

子齒者當入學之時而大子齒於國人故云而大子齒
注 四學謂周四郊之虞庠也　正義曰皇氏云四郊虞庠
以爲四郊皆有虞庠　天子巡守諸侯待于竟天子先見
百年者　問其國君以百年者所在而往見之　八十九十者東行西
行者弗敢過西行東行者弗敢過欲言政
者君就之可也　弗敢過者謂道經之則見之　疏 正義曰此一節亦明尚齒貴老
之義　天子巡守者謂巡行守土諸侯　諸侯待于竟天
子先見百年者謂天子問此諸侯之國內有百年之人天
子則先往就見百年者　八十九十者東行西行者弗敢
過者既未滿百歲不可一一就若天子諸侯因其行次
或東行西行至八十九十者或閭里之旁不敢過越而去
必往就見之　欲言政者君就之可也者謂八十九十之

潘本第五十六卷第二十四葉

學也者謂虞庠也以祀先賢明於虞庠小學故大司樂云
凡有道者有德者使教焉死則以爲樂祖祭於瞽宗文王
世子又云書在上庠以此知祭先賢所通之經各於所習
之學若瞽宗則在國虞庠爲小學者則在西郊令祀先賢
則於西郊也　食三至子齒　正義曰此一節明養三老
五更之禮而竭其力下象其德　天子袒而割牲者謂牲
入之時天子親割也　執醬而饋者謂食之時親執醬而
饋也　執爵而酳者謂食罷親執爵而酳之也　冕而揔
干者干盾也親在舞位持盾而舞也　是故鄉里有齒者
以天下敬老鄉里化之故有齒也　老窮不遺者老而被
養故在下年老及困窮者皆化上而養之故不見遺棄作
記者以老弱被尊養人皆化上故強不犯弱衆不犯寡
此由大學來者也所致此養三老五更於大學故此化而
來　天子設四學者謂設四代之學周學也殷學也夏學
也虞學也　當入學而大子齒天子設四學以有虞庠爲
小學設置於四郊是天子設四學據周言之當入學而大

禮記義五十六　二十四　許孚

子齒者當入學之時而大子齒於國人故云而大子齒
注 四學謂周四郊之虞庠也　正義曰皇氏云四郊虞庠
以爲四郊皆有虞庠　天子巡守諸侯待于竟天子先見
百年者　問其國君以百年者所在而往見之　八十九十者東行西
行者弗敢過西行東行者弗敢過欲言政
者君就之可也　弗敢過者謂道經之則見之　疏 正義曰此一節亦明尚齒貴老
之義　天子巡守者謂巡行守土諸侯　諸侯待于竟天
子先見百年者謂天子問此諸侯之國內有百年之人天
子則先往就見百年者　八十九十者東行西行者弗敢
過者既未滿百歲不可一一就若天子諸侯因其行次
或東行西行至八十九十者或閭里之旁不敢過越而去
必往就見之　欲言政者君就之可也者謂八十九十之

足利本第五十六卷第二十五葉

人雖不當道路左右欲共言論政教君即就之可也 壹命齒于鄉里再命齒于族三命不齒族有七十者弗敢先 此謂鄉射飲酒時也齒者謂以年次立若坐也三命列國之卿也不復齒席之於賓東不敢先族之七十者謂旣一人舉觶乃入也雖非族亦然承齒乎族故言族爾 七十者不有大故不入朝若有大故而入君必與之揖讓而后及爵者 謂致仕在家者其入朝君先與之爲禮而后揖鄉大夫士 疏 正義曰此一經明鄉里之中敬齒之法 壹命齒于鄉里者此謂鄉射飲酒之時身有壹命官者或立或坐齒與鄉人同 再命齒于族者謂身有再命之官其命旣高鄉人疏者雖復年高不與之齒但族親之內計長幼爲班序 三命不齒者謂身有三命官其命轉尊不復齒

禮記義五十六　二十五　高政

於親族謂特坐賓東 族有七十者弗敢先者若此飲酒之時族親之內有年七十者令其先入此三命者乃始後入故云不敢先也 注 此謂至族爾 正義曰此經云齒于鄉里齒于族未知何時如此故明之云謂鄉射飲酒時鄉射謂鄉人詢衆庶而爲射於時先行飲酒之禮是鄉射有飲酒者也又云飲酒者謂鄉人飲酒及黨正飲酒此注鄉射飲酒兼此三義也今案儀禮鄉飲酒及鄉射無壹命齒于鄉里再命齒于族之文此一命再命之文在黨正故鄭注鄉飲酒云此篇無正齒位之事是也雖無正齒位之事其實鄉射鄉飲酒亦有正齒位之禮但文不備也故此云鄉射飲酒以揔正齒位之事也云齒者謂以年次立若坐也者士立於堂下大夫坐於堂上知者鄉射云大夫受獻訖及衆賓皆升就席於時雖立至徹俎即坐鄉射記又云旣旅士不入不見士坐之文明立于堂下云三命列國之卿也者據諸侯言之謂當飲酒之時若天子國黨正飲酒三命不齒謂上士也以天子上士三命故也此經雖據諸

潘本第五十六卷第二十五葉

人雖不當道路左右欲共言論政教君即就之可也 壹命齒于鄉里再命齒于族三命不齒族有七十者弗敢先 此謂鄉射飲酒時也齒者謂以年次立若坐也三命列國之卿也不復齒席之於賓東不敢先族之七十者謂旣一人舉觶乃入也雖非族亦然承齒乎族故言族爾 七十者不有大故不入朝若有大故而入君必與之揖讓而后及爵者 謂致仕在家者其入朝君先與之爲禮而后揖鄉大夫士 疏 正義曰此一經明鄉里之中敬齒之法 壹命齒于鄉里者此謂鄉射飲酒之時身有壹命官者或立或坐齒與鄉人同 再命齒于族者謂身有再命之官其命旣高鄉人疏者雖復年高不與之齒但族親之內計長幼爲班序 三命不齒者謂身有三命官其命轉尊不復齒

禮記義五十六　二十五　高政

於親族謂特坐賓東 族有七十者弗敢先者若此飲酒之時族親之內有年七十者令其先入此三命者乃始後入故云不敢先也 注 此謂至族爾 正義曰此經云齒于鄉里齒于族未知何時如此故明之云謂鄉射飲酒時鄉射謂鄉人詢衆庶而爲射於時先行飲酒之禮是鄉射有飲酒者也又云飲酒者謂鄉人飲酒及黨正飲酒此注鄉射飲酒兼此三義也今案儀禮鄉飲酒及鄉射無壹命齒于鄉里再命齒于族之文此一命再命之文在黨正故鄭注鄉飲酒云此篇無正齒位之事是也雖無正齒位之事其實鄉射鄉飲酒亦有正齒位之禮但文不備也故此云鄉射飲酒以揔正齒位之事也云齒者謂以年次立若坐也者士立於堂下大夫坐於堂上知者鄉射云大夫受獻訖及衆賓皆升就席於時雖立至徹俎即坐鄉射記又云旣旅士不入不見士坐之文明立于堂下云三命列國之卿也者據諸侯言之謂當飲酒之時若天子國黨正飲酒三命不齒謂上士也以天子上士三命故也此經雖據諸

侯亦謂黨正飲酒故云三命不齒鄭注三命列國之卿若其鄉飲酒諸侯之國但爵位爲卿大夫雖再命一命皆得不齒以鄉飲酒賓賢能其賓必少其得爵爲卿大夫者必年長於賓故在賓東西面而不齒若黨正飲酒以正齒位其賓必長故天子諸侯之國三命乃不齒知鄉飲酒爵爲卿大夫乃不齒者案鄉飲酒云席于賓東公三重大夫再重注云席此二者於賓東尊之不與鄉人齒也天子之國三命者乃不齒於諸侯之國爵爲大夫則不齒是大夫坐於上士立於下者謂諸侯之國若天子黨正飲酒一命下士立於下再命中士齒於父族坐於堂上三命上士席於賓東云不敢先族之七十者謂既一人舉觶乃入也者族七十者初飲酒之時則與衆賓先入此三命者爲待獻賓獻介獻衆賓之後至一人舉觶之時乃始入也故鄉飲酒鄉射記皆大夫樂作之前一人舉觶之後乃始得入也若然大夫之入依禮自當一人舉觶之時縱令無族人七十者亦當如此又族之七十者及鄉人少者於先已入今特

禮記義五十六　二十六　許富

云族有七十者不敢先記人之意以身有三命應合在族人七十者之先欲明敬齒上老故云不敢先爾是以鄭注云雖非族亦然但鄉人長老皆上之既入然後始入此有族有七十者熊氏云謂黨正飲酒故正齒位故有七十若鄉飲酒之禮則無七十者故鄉飲酒明日乃息司正告于先生君子是老者明日乃入也

天子有善讓德於天諸侯有善歸諸天子卿大夫有善薦於諸侯士庶人有善本諸父母存諸長老祿爵慶賞成諸宗廟所以示順也薦進也成諸宗廟於宗廟命之祭統有十倫六曰見爵賞之施焉

疏 正義曰此一經明有善讓於尊上示以敬順之道不敢專也

昔者聖人建陰陽天地之情立以爲

侯亦謂黨正飲酒故云三命不齒鄭注三命列國之卿若其鄉飲酒諸侯之國但爵位爲卿大夫雖再命一命皆得不齒以鄉飲酒賓賢能其賓必少其得爵爲卿大夫者必年長於賓故在賓東西面而不齒若黨正飲酒以正齒位其賓必長故天子諸侯之國三命乃不齒知鄉飲酒爵爲卿大夫乃不齒者案鄉飲酒云席于賓東公三重大夫再重注云席此二者於賓東尊之不與鄉人齒也天子之國三命者乃不齒於諸侯之國爵爲大夫則不齒是大夫坐於上士立於下者謂諸侯之國若天子黨正飲酒一命下士立於下再命中士齒於父族坐於堂上三命上士席於賓東云不敢先族之七十者謂既一人舉觶乃入也者族七十者初飲酒之時則與衆賓先入此三命者爲待獻賓獻介獻衆賓之後至一人舉觶之時乃始入也故鄉飲酒鄉射記皆大夫樂作之前一人舉觶之後乃始得入也若然大夫之入依禮自當一人舉觶之時縱令無族人七十者亦當如此又族之七十者及鄉人少者於先已入今特

禮記義五十六　二十六　許富

云族有七十者不敢先記人之意以身有三命應合在族人七十者之先欲明敬齒上老故云不敢先爾是以鄭注云雖非族亦然但鄉人長老皆上之既入然後始入此有族有七十者熊氏云謂黨正飲酒故正齒位故有七十若鄉飲酒之禮則無七十者故鄉飲酒明日乃息司正告于先生君子是老者明日乃入也

天子有善讓德於天諸侯有善歸諸天子卿大夫有善薦於諸侯士庶人有善本諸父母存諸長老祿爵慶賞成諸宗廟所以示順也薦進也成諸宗廟於宗廟命之祭統有十倫六曰見爵賞之施焉

疏 正義曰此一經明有善讓於尊上示以敬順之道不敢專也

昔者聖人建陰陽天地之情立以爲

足利本第五十六卷第二十七葉

易易抱龜南面天子卷冕北面雖有明知之心必進斷其志焉示不敢專以尊天也善則稱人過則稱己教不伐以尊賢也立以爲易謂作易易抱龜易官名周禮曰大卜大卜主三兆三易三夢之占

疏 正義曰此一節亦明其不敢專輒尊賢之事也 立以爲易者聖人謂伏犧文王之屬興建陰陽天地之情仰觀天文俯察地理立此陰陽以作易即今時易也易抱龜南面天子卷冕北面者立爲占易之官抱龜南面尊其神明故南面天子親執卑道服衮冕北面 必進斷其志焉者言天子雖有顯明哲知之心必進於龜之前令龜斷決其己之所有爲之志示不敢自專以尊敬上天也 教不伐以尊賢也者有善稱人有過稱己教在下不自伐其善以尊敬賢人也 注周禮至之占 正義曰此稱官者於周禮稱大卜三兆者玉瓦原也鄭注云言兆形似玉瓦原之豐罅原田也杜子春云玉兆帝顓頊之兆瓦兆帝堯之兆原兆有周之兆三易者連山歸藏周易杜子春云連山宓戲歸藏黃帝鄭作易讚云夏曰連山殷曰歸藏周曰周易三夢一曰致夢二曰觭夢三曰咸陟

禮記義五十六　二十七　許才

孝子將祭祀必有齊莊之心以慮事以具服物以脩宮室以治百事謂齊之前 及祭之日顏色必溫行必恐如懼不及愛然如懼不及見其所愛者 其奠之也容貌必溫身必詘如語焉而未之然奠之謂酌尊酒奠之及醋之屬也如語焉而未之然如有所以語親而未見荅 宿者皆出其立卑靜以正如將弗見然

潘本第五十六卷第二十七葉

易易抱龜南面天子卷冕北面雖有明知之心必進斷其志焉示不敢專以尊天也善則稱人過則稱己教不伐以尊賢也立以爲易謂作易易抱龜易官名周禮曰大卜大卜主三兆三易三夢之占

疏 正義曰此一節亦明其不敢專輒尊賢之事也 立以爲易者聖人謂伏犧文王之屬興建陰陽天地之情仰觀天文俯察地理立此陰陽以作易即今時易也易抱龜南面天子卷冕北面者立爲占易之官抱龜南面尊其神明故南面天子親執卑道服衮冕北面 必進斷其志焉者言天子雖有顯明哲知之心必進於龜之前令龜斷決其己之所有爲之志示不敢自專以尊敬上天也 教不伐以尊賢也者有善稱人有過稱己教在下不自伐其善以尊敬賢人也 注周禮至之占 正義曰此稱官者於周禮稱大卜三兆者玉瓦原也鄭注云言兆形似玉瓦原之豐罅原田也杜子春云玉兆帝顓頊之兆瓦兆帝堯之兆原兆有周之兆三易者連山歸藏周易杜子春云連山宓戲歸藏黃帝鄭作易讚云夏曰連山殷曰歸藏周曰周易三夢一曰致夢二曰觭夢三曰咸陟

禮記義五十六　二十七　許才

孝子將祭祀必有齊莊之心以慮事以具服物以脩宮室以治百事謂齊之前 及祭之日顏色必溫行必恐如懼不及愛然如懼不及見其所愛者 其奠之也容貌必溫身必詘如語焉而未之然奠之謂酌尊酒奠之及醋之屬也如語焉而未之然如有所以語親而未見荅 宿者皆出其立卑靜以正如將弗見然

足利本第五十六卷第二十八葉

宿者皆出謂賔助祭者事畢出去也如將弗見然及祭之
祭事畢而不知親所在思念之深如不見出也
後陶陶遂遂如將復入然思念既深如覩親將復入也陶陶遂遂相
隨行之貌是故愨善不違身耳目不違心思慮
不違親結諸心形諸色而術省之孝子之志
也術當為述聲之誤也 疏 正義曰此一節明孝子將祭祀之時
顏色容貌務在齊莊其心以謀慮祭事思念其親
存也 以慮事者言孝子先齊莊其心以謀慮祭事 以具
服物者以備具衣服及祭物 以治百事者者謂齊前後
凡治百衆之事 行必恐如懼不及愛然者言孝子色必
溫和行必戰恐其形貌如似畏懼不及見親之所愛然止
由如是言 心貌必溫身必詘者言孝子設奠及酳之時
容貌溫和身形必卑詘 一如語焉而未之然者如以語詰

禮記義五十六　二十八　包端

白於親而未之見報荅者 宿者皆出者謂助祭所宿之
賔令祭事已畢並皆出去孝子其立卑柔靜默然後以正
定心意以思念其親如似將不復見顏色出然 及祭之
後陶陶遂遂如將復入然者孝思念親深及至祭後想像親
來形貌陶陶遂遂如似親將復反更入然 是故愨善不
違身者以孝子思念親深為是之故精愨純善之故行不
違離於身言恒愨善也 耳目不違心者言忠心思慮不違於
親無時歇也 結諸心者言思念深結積於心 形諸色
思念其親形見於色 而術省之者術述也省視也言思
念其親但徧循述而省視之反復不忘也此孝子思念親
之志也建國之神位右社稷而左宗廟周尚左也 疏 正義
曰此一節明神位所在周人尚左故宗廟在左社稷在右
案桓二年取郜大鼎納於大廟何休云質家右宗廟尚親
親文家右社稷上尊尊此說
與鄭合故鄭云周尚左也

潘本第五十六卷第二十八葉

宿者皆出謂賔助祭者事畢出去也如將弗見然及祭之
祭事畢而不知親所在思念之深如不見出也
後陶陶遂遂如將復入然思念既深如覩親將復入也陶陶遂遂相
隨行之貌是故愨善不違身耳目不違心思慮
不違親結諸心形諸色而術省之孝子之志
也術當為述聲之誤也 疏 正義曰此一節明孝子將祭祀之時
顏色容貌務在齊莊其心以謀慮祭事思念其親
存也 以慮事者言孝子先齊莊其心以謀慮祭事 以具
服物者以備具衣服及祭物 以治百事者者謂齊前後
凡治百衆之事 行必恐如懼不及愛然者言孝子色必
溫和行必戰恐其形貌如似畏懼不及見親之所愛然止
由如是言 心貌必溫身必詘者言孝子設奠及酳之時
容貌溫和身形必卑詘 一如語焉而未之然者如以語詰

禮記義五十六　二十八　包端

白於親而未之見報荅者 宿者皆出者謂助祭所宿之
賔令祭事已畢並皆出去孝子其立卑柔靜默然後以正
定心意以思念其親如似將不復見顏色出然 及祭之
後陶陶遂遂如將復入然者孝思念親深及至祭後想像親
來形貌陶陶遂遂如似親將復反更入然 是故愨善不
違身者以孝子思念親深為是之故精愨純善之故行不
違離於身言恒愨善也 耳目不違心者言忠心思慮不違於
親無時歇也 結諸心者言思念深結積於心 形諸色
思念其親形見於色 而術省之者術述也省視也言思
念其親但徧循述而省視之反復不忘也此孝子思念親
之志也建國之神位右社稷而左宗廟周尚左也 疏 正義
曰此一節明神位所在周人尚左故宗廟在左社稷在右
案桓二年取郜大鼎納於大廟何休云質家右宗廟尚親
親文家右社稷上尊尊此說
與鄭合故鄭云周尚左也

禮記正義卷第五十六

足利本第五十六卷第二十九葉無圖像

潘本第五十六卷第二十九葉

禮記正義卷第五十六

足利本第五十七卷第一葉

禮記正義卷第五十七

國子祭酒上護軍曲阜縣開國子臣孔穎達等奉

勑撰

祭統第二十五

正義曰案鄭目錄云名曰祭統者以其記祭祀之本也統猶本也此於別錄屬祭祀

凡治人之道莫急於禮禮有五經莫重於祭禮有五經謂吉禮凶禮賓禮軍禮嘉禮也莫重於祭謂以吉禮爲首也大宗伯職曰以吉禮事邦國之鬼神祇

夫祭者非物自外至者也自中出生於心也

禮記義五十七　一　方堅

心怵而奉之以禮是故唯賢者能盡祭之義怵感念親之貌也怵或爲述

疏 正義曰此一節摠明祭事但祭禮既廣其事又多記者所說各有部分今各隨文解之此一節明祭祀於禮中最重唯賢者能盡祭義凡祭爲禮之本禮爲人之本將明禮本故先說治人言治人之道於禮最急 禮有五經者經者常也言吉凶賓軍嘉禮所常行故云禮有五經五經之中於祭更急上說人之以禮爲急此說禮爲急者案大宗伯吉禮之別十有二凶禮之別五賓禮之別八軍禮之別五嘉禮之別六五禮之別摠三十有六 夫祭者非物自外至者也自中出生於心也者自猶從也言孝子祭親非假他物從外至於身便已爲之但從孝子身中出生於孝子之心也 心怵而奉之以禮者言孝子感時心中怵惕而奉親以祭祀之禮 是故唯賢者能盡祭之義者言非賢者不能怵惕怵惕之義唯必賢人故能盡恭敬祭

賢者之祭

潘本第五十七卷第一葉

禮記正義卷第五十七

國子祭酒上護軍曲阜縣開國子臣孔穎達等奉

勑撰

祭統第二十五

正義曰案鄭目錄云名曰祭統者以其記祭祀之本也統猶本也此於別錄屬祭祀

凡治人之道莫急於禮禮有五經莫重於祭禮有五經謂吉禮凶禮賓禮軍禮嘉禮也莫重於祭謂以吉禮爲首也大宗伯職曰以吉禮事邦國之鬼神祇

夫祭者非物自外至者也自中出生於心也

禮記義五十七　一　方堅

心怵而奉之以禮是故唯賢者能盡祭之義怵感念親之貌也怵或爲述

疏 正義曰此一節摠明祭事但祭禮既廣其事又多記者所說各有部分今各隨文解之此一節明祭祀於禮中最重唯賢者能盡祭義凡祭爲禮之本禮爲人之本將明禮本故先說治人言治人之道於禮最急 禮有五經者經者常也言吉凶賓軍嘉禮所常行故云禮有五經五經之中於祭更急上說人之以禮爲急此說禮爲急者案大宗伯吉禮之別十有二凶禮之別五賓禮之別八軍禮之別五嘉禮之別六五禮之別摠三十有六 夫祭者非物自外至者也自中出生於心也者自猶從也言孝子祭親非假他物從外至於身便已爲之但從孝子身中出生於孝子之心也 心怵而奉之以禮者言孝子感時心中怵惕而奉親以祭祀之禮 是故唯賢者能盡祭之義者言非賢者不能怵惕怵惕之義唯必賢人故能盡恭敬祭

賢者之祭

足利本第五十七卷第二葉

也必受其福非世所謂福也福者備也備者百順之名也無所不順者之謂備言内盡於己而外順於道也忠臣以事其君孝子以事其親其本一也世所謂福者謂受鬼神之祐助也賢者之所謂福者謂受大順之顯名也其本一者言忠孝俱由順出也上則順於鬼神外則順於君長内則以孝於親如此之謂備唯賢者能備能備然後能祭是故賢者之祭也致其誠信與其忠敬奉之以物道之以禮安之以樂參之以時明薦之而已矣不求其爲此孝子之心也明猶絜也爲謂福祐爲己之報祭者所以追養繼孝也孝者畜也順於道不逆於倫是之謂畜畜謂順於德教

疏正義曰此一節明祭祀受福是百順之理　非世所謂福也者言世人謂福謂壽考吉祥祐助於身若賢者受福身外萬事皆順於道理故云非世所謂福也　福者備也備者百順之名也無所不順者之謂備此是賢者之福謂内盡其心外極其禮内外俱順於祭具也　言内盡於己而外順於道也者釋百順之義也謂心既内盡親又外順此之行善無違於道理也　其本一也者言忠臣事君孝子事親其本皆從順而來故云其本一也　上則順於鬼神者廣大順也體尊故云上也　外則順於君長者謂朝廷也出事公卿故云外也　不求其爲者言孝子

潘本第五十七卷第二葉

也必受其福非世所謂福也福者備也備者百順之名也無所不順者之謂備言内盡於己而外順於道也忠臣以事其君孝子以事其親其本一也世所謂福者謂受鬼神之祐助也賢者之所謂福者謂受大順之顯名也其本一者言忠孝俱由順出也上則順於鬼神外則順於君長内則以孝於親如此之謂備唯賢者能備能備然後能祭是故賢者之祭也致其誠信與其忠敬奉之以物道之以禮安之以樂參之以時明薦之而已矣不求其爲此孝子之心也明猶絜也爲謂福祐爲己之報祭者所以追養繼孝也孝者畜也順於道不逆於倫是之謂畜畜謂順於德教

疏正義曰此一節明祭祀受福是百順之理　非世所謂福也者言世人謂福謂壽考吉祥祐助於身若賢者受福身外萬事皆順於道理故云非世所謂福也　福者備也備者百順之名也無所不順者之謂備此是賢者之福謂内盡其心外極其禮内外俱順於祭具也　言内盡於己而外順於道也者釋百順之義也謂心既内盡親又外順此之行善無違於道理也　其本一也者言忠臣事君孝子事親其本皆從順而來故云其本一也　上則順於鬼神者廣大順也體尊故云上也　外則順於君長者謂朝廷也出事公卿故云外也　不求其爲者言孝子

但內盡孝敬以奉祭祀不求其鬼神福祥爲已之報案少牢嘏辭云皇尸命工祝承致多福無疆于女孝孫使女受祿于天宜稼于田則是祭祀有求此云不求者謂孝子之心無所求也但神自致福故有受祿於天之言若水旱災荒禱祭百神則有求也故大祝有六祈之義大司徒有荒政索鬼神之禮 追養繼孝者是生時養親孝者生時事親親今既沒設禮祭之追生時之養繼生時之孝理可以畜養其親故釋孝爲畜此據援神契庶人之孝曰畜五孝不同庶人但取畜養而已不能百事皆順援神契又云天子之孝曰就諸侯曰度大夫曰譽士曰究庶人曰畜分之則五揔之曰畜皆是畜養但功有小大耳

是故孝子之事親也有三道焉生則養沒則喪喪畢則祭養則觀其順也喪則觀其哀

禮記義五十七　三　王允

也祭則觀其敬而時也盡此三道者孝子之行也沒終也

疏 正義曰此一節明孝子事親有三種之道

既內自盡又外求助昬禮是也故國君取夫人之辭曰請君之玉女與寡人共有敝邑事宗廟社稷此求助之本也言玉女者美言之也君子於玉比德焉

夫祭也者必夫婦親之所以備外內之官也官備則具備具謂所共衆物水草之菹陸產之醢小物備矣三牲之俎八簋之實美物備矣昆蟲之異草木之實

但內盡孝敬以奉祭祀不求其鬼神福祥爲已之報案少牢嘏辭云皇尸命工祝承致多福無疆于女孝孫使女受祿于天宜稼于田則是祭祀有求此云不求者謂孝子之心無所求也但神自致福故有受祿於天之言若水旱災荒禱祭百神則有求也故大祝有六祈之義大司徒有荒政索鬼神之禮 追養繼孝者是生時養親孝者生時事親親今既沒設禮祭之追生時之養繼生時之孝理可以畜養其親故釋孝爲畜此據援神契庶人之孝曰畜五孝不同庶人但取畜養而已不能百事皆順援神契又云天子之孝曰就諸侯曰度大夫曰譽士曰究庶人曰畜分之則五揔之曰畜皆是畜養但功有小大耳

是故孝子之事親也有三道焉生則養沒則喪喪畢則祭養則觀其順也喪則觀其哀

禮記義五十七　三　王允

也祭則觀其敬而時也盡此三道者孝子之行也沒終也

疏 正義曰此一節明孝子事親有三種之道

既內自盡又外求助昬禮是也故國君取夫人之辭曰請君之玉女與寡人共有敝邑事宗廟社稷此求助之本也言玉女者美言之也君子於玉比德焉

夫祭也者必夫婦親之所以備外內之官也官備則具備具謂所共衆物水草之菹陸產之醢小物備矣三牲之俎八簋之實美物備矣昆蟲之異草木之實

足利本第五十七卷第四葉

陰陽之物備矣水草之菹芹茆之屬陸産之醢蚳蝝之屬天子之祭八簋昆蟲謂温生寒死之蟲也内則可食之物有蜩范草木之實蔆芡榛栗之屬凡天之所生地之所長苟可薦者莫不咸在示盡物也外則盡物内則盡志此祭之心也咸皆也是故天子親耕於南郊以共齊盛王后蠶於北郊以共純服諸侯耕於東郊亦以共齊盛夫人蠶於北郊以共冕服天子諸侯非莫耕也王后夫人非莫蠶也身致其誠信

禮記義五十七　四　包端

誠信之謂盡盡之謂敬敬盡然後可以事神明此祭之道也純服亦冕服也互言之爾純以見繒色冕以著祭服東郊少陽諸侯象也夫人不蠶於西郊婦人禮少變也齊或作粢【疏】正義曰此一節以上文孝子事親先能自盡又外求伉儷供粢盛之事【注】水草至之屬　正義曰云水草之菹芹茆之屬者案醢人云加豆之實芹菹兔醢朝事之豆茆菹麋臡是芹茆也又有朝事之豆昌本麋臡加豆之實有深蒲醓醢箈菹鴈醢筍菹魚醢其昌本深蒲箈筍是水草故云之屬云陸産之醢蚳蝝之屬者案醢人饋食之豆蠯蚳蝝即蚳之類醢人加豆之實有兔醢又有醓醢皆是陸産故云之屬云天子之祭八簋者明堂位云周之八簋又特牲士兩敦少牢四敦則諸侯六故天子八云内則可食之物有蜩范者蜩蟬也范蜂也昆蟲之屬云草木之實蔆芡榛栗之屬者案籩人加籩之實有蔆芡饋食之籩有

潘本第五十七卷第四葉

陰陽之物備矣水草之菹芹茆之屬陸産之醢蚳蝝之屬天子之祭八簋昆蟲謂温生寒死之蟲也内則可食之物有蜩范草木之實蔆芡榛栗之屬凡天之所生地之所長苟可薦者莫不咸在示盡物也外則盡物内則盡志此祭之心也咸皆也是故天子親耕於南郊以共齊盛王后蠶於北郊以共純服諸侯耕於東郊亦以共齊盛夫人蠶於北郊以共冕服天子諸侯非莫耕也王后夫人非莫蠶也身致其誠信

禮記義五十七　四　包端

誠信之謂盡盡之謂敬敬盡然後可以事神明此祭之道也純服亦冕服也互言之爾純以見繒色冕以著祭服東郊少陽諸侯象也夫人不蠶於西郊婦人禮少變也齊或作粢【疏】正義曰此一節以上文孝子事親先能自盡又外求伉儷供粢盛之事【注】水草至之屬　正義曰云水草之菹芹茆之屬者案醢人云加豆之實芹菹兔醢朝事之豆茆菹麋臡是芹茆也又有朝事之豆昌本麋臡加豆之實有深蒲醓醢箈菹鴈醢筍菹魚醢其昌本深蒲箈筍是水草故云之屬云陸産之醢蚳蝝之屬者案醢人饋食之豆蠯蚳蝝即蚳之類醢人加豆之實有兔醢又有醓醢皆是陸産故云之屬云天子之祭八簋者明堂位云周之八簋又特牲士兩敦少牢四敦則諸侯六故天子八云内則可食之物有蜩范者蜩蟬也范蜂也昆蟲之屬云草木之實蔆芡榛栗之屬者案籩人加籩之實有蔆芡饋食之籩有

足利本第五十七卷第五葉

棗栗榛實是草木故云之屬　九天至心也　正義曰此
一經揔結上文既內自盡外又求助祭之事　苟可薦者
悉在祭用故云示盡物也則上陰陽之物備矣　外則盡
物內則盡志此祭之心也者此是孝子祭親之心　是故
天子親耕於南郊以共齊盛王后蠶於北郊以共純服者
此覆結上文也必夫婦親之及盡物盡志之事祭須盡物
志故人君夫人各竭力從事於耕蠶也鄭云王藉田在遠
郊故甸師氏掌之內宰云中春詔后帥內外命婦始蠶于
北郊注云婦人以純陰爲尊故也純服者亦冕服也純以
見緇色冕以著祭服　諸侯耕於東郊亦以共齊盛者天
子大陽故南也諸侯少陽故東也然藉田並在東南故王
言南諸侯言東　夫人蠶於北郊以共冕服者后大陰故
北夫人少陰故合西郊然亦北者婦人質少變故與后同
也　天子諸侯非莫耕也王后夫人非莫蠶也者莫無也
王侯豈貧無穀帛而夫婦自耕蠶乎其有以也　身致其
誠信誠信之謂盡是所有以其欲致誠信故身自親之

禮記義五十七　五　李用

盡之謂敬敬盡然後可以事神明者祭盡敬則乃是盡也
此祭之道結上文也　注　純服至緇色　正義曰純服亦
冕服也者天子云純諸侯言冕冕祭服故知純亦是祭服
天子言衣色諸侯亦有衣色是其互也鄭氏之意凡言純
者其義有二一絲旁才是古之緇字二是絲旁屯是純字
但書文相亂雖是緇字並皆作純鄭氏所注於絲理可知
於色不明者即讀爲緇即論語云今也純儉及此純服皆
讀爲黑色若衣色見絲文不明者讀純以爲絲也

及時將祭君子乃齊齊之爲言齊也齊
不齊以致齊者也是故君子非有大事也
非有恭敬也則不齊不齊則於物無防也
嗜欲無止也及其將齊也防其邪物訖其

潘本第五十七卷第五葉

棗栗榛實是草木故云之屬　九天至心也　正義曰此
一經揔結上文既內自盡外又求助祭之事　苟可薦者
悉在祭用故云示盡物也則上陰陽之物備矣　外則盡
物內則盡志此祭之心也者此是孝子祭親之心　是故
天子親耕於南郊以共齊盛王后蠶於北郊以共純服者
此覆結上文也必夫婦親之及盡物盡志之事祭須盡物
志故人君夫人各竭力從事於耕蠶也鄭云王藉田在遠
郊故甸師氏掌之內宰云中春詔后帥內外命婦始蠶于
北郊注云婦人以純陰爲尊故也純服者亦冕服也純以
見緇色冕以著祭服　諸侯耕於東郊亦以共齊盛者天
子大陽故南也諸侯少陽故東也然藉田並在東南故王
言南諸侯言東　夫人蠶於北郊以共冕服者后大陰故
北夫人少陰故合西郊然亦北者婦人質少變故與后同
也　天子諸侯非莫耕也王后夫人非莫蠶也者莫無也
王侯豈貧無穀帛而夫婦自耕蠶乎其有以也　身致其
誠信誠信之謂盡是所有以其欲致誠信故身自親之

禮記義五十七　五　李用

盡之謂敬敬盡然後可以事神明者祭盡敬則乃是盡也
此祭之道結上文也　注　純服至緇色　正義曰純服亦
冕服也者天子云純諸侯言冕冕祭服故知純亦是祭服
天子言衣色諸侯亦有衣色是其互也鄭氏之意凡言純
者其義有二一絲旁才是古之緇字二是絲旁屯是純字
但書文相亂雖是緇字並皆作純鄭氏所注於絲理可知
於色不明者即讀爲緇即論語云今也純儉及此純服皆
讀爲黑色若衣色見絲文不明者讀純以爲絲也

及時將祭君子乃齊齊之爲言齊也齊
不齊以致齊者也是故君子非有大事也
非有恭敬也則不齊不齊則於物無防也
嗜欲無止也及其將齊也防其邪物訖其

足利本第五十七卷第六葉

嗜欲耳不聽樂故記曰齊者不樂言不敢散其志也心不苟慮必依於道手足不苟動必依於禮（訖猶止也）是故君子之齊也專致其精明之德也故散齊七日以定之致齊三日以齊之定之之謂齊齊者精明之至也然後可以交於神明也（定者定其志意）是故先期旬有一日宮宰宿夫人夫人亦散齊七日致齊三日（宮宰守宮官也宿讀爲肅肅猶戒也戒輕肅重也）君致齊於外

禮記義五十七　六　李良

夫人致齊於內然後會於大廟君純冕立於阼夫人副褘立於東房君執圭瓚祼尸大宗執璋瓚亞祼及迎牲君執紖卿大夫從士執芻宗婦執盎從夫人薦涚水君執鸞刀羞嚌夫人薦豆此之謂夫婦親之（大廟始祖廟也圭瓚璋瓚祼器也以圭璋爲柄酌鬱鬯曰祼大宗亞祼容夫人有故攝焉紖所以牽牲也周禮作絼芻謂藁也殺牲時用薦之周禮封人祭祀飾牲共其水藁涚盎齊也盎齊涚酌也凡尊有明水因兼云水爾嚌嚌肺祭肺之屬也君以鸞刀割制之天子諸侯之祭禮先有祼尸之事乃後迎牲芻或爲槁）【疏】正義曰此一節明將祭齊戒之義并明君與夫

潘本第五十七卷第六葉

嗜欲耳不聽樂故記曰齊者不樂言不敢散其志也心不苟慮必依於道手足不苟動必依於禮（訖猶止也）是故君子之齊也專致其精明之德也故散齊七日以定之致齊三日以齊之定之之謂齊齊者精明之至也然後可以交於神明也（定者定其志意）是故先期旬有一日宮宰宿夫人夫人亦散齊七日致齊三日（宮宰守宮官也宿讀爲肅肅猶戒也戒輕肅重也）君致齊於外

禮記義五十七　六　李良

夫人致齊於內然後會於大廟君純冕立於阼夫人副褘立於東房君執圭瓚祼尸大宗執璋瓚亞祼及迎牲君執紖卿大夫從士執芻宗婦執盎從夫人薦涚水君執鸞刀羞嚌夫人薦豆此之謂夫婦親之（大廟始祖廟也圭瓚璋瓚祼器也以圭璋爲柄酌鬱鬯曰祼大宗亞祼容夫人有故攝焉紖所以牽牲也周禮作絼芻謂藁也殺牲時用薦之周禮封人祭祀飾牲共其水藁涚盎齊也盎齊涚酌也凡尊有明水因兼云水爾嚌嚌肺祭肺之屬也君以鸞刀割制之天子諸侯之祭禮先有祼尸之事乃後迎牲芻或爲槁）【疏】正義曰此一節明將祭齊戒之義并明君與夫

足利本第五十七卷第七葉

人皆致齊會於大廟夫婦交親行祭之義　及時將祭君
子乃齊者謂四時應祭之前未旬時也方將接神先宜齊
整身心故齊也　齊不齊以致齊者也言齊者齊也所以
正此不齊之事謂未齊之時心慮散蕩心所嗜欲有不齊
正及其齊也正此不齊之事以致極齊戒之道　君致齊
於外夫人致齊於內者外謂君之路寢內謂夫人正寢是
致齊並皆於正寢其實散齊亦然但此文對會於大廟故
云君致齊於外夫人致齊於內耳　然後會於大廟者祭
日君與夫人俱至大廟之中廟即始祖廟也　君純冕立
於阼者純亦緇也上文已解故鄭於此略而不論冕皆上
玄下纁其服並然故通云緇冕若非二王之後及周公廟
即悉用玄冕而祭　夫人副禕立於東房者副及禕后之
上服魯及二王之後夫人得服之侯伯夫人揄狄子男夫
人闕狄而並立東房以俟行事尸既入之後轉就西房故
禮器云夫人在房雖不云東西房下云夫人東酌罍尊則
知夫人在房謂西房也　大宗執璋瓚亞裸者大宗主宗廟禮者

六·九七二　禮記義五十七　七

以亞裸之禮夫人親爲之此不云夫人而云大宗者記者廣
言容夫人有故故大宗伯代夫人行禮執璋瓚亞裸之禮
圭瓚璋瓚並是裸器也以圭璋爲柄酌鬱鬯曰裸也
君執紖者紖牛鼻繩君自執之入繫於碑　卿大夫從者
謂卿大夫從驅之及殺與幣告也皆從於君　士執芻者
芻謂藁也以其殺牲用芻藁藉之　宗婦執盎從者謂同
宗之婦執盎以從夫人　夫人薦涗水者涗即盎齊由自
濁用清酒以涗泲之涗水是明水宗婦執盎齊從夫人而
來奠盎齊於位夫人乃就盎齊之尊酌此涗齊而薦之者
因盎齊有明水連言水耳上云夫人副禕此則上公之祭
宜有醴齊盎齊但言盎者略言之亦容侯伯子男之祭但
有盎齊無醴齊也故執盎從　君執鸞刀羞嚌者嚌肝肺也嚌
有二時一是朝踐之時取肝以膋貫之入室燎於爐炭出
薦之主前二者謂饋孰之時君以鸞刀制制所羞嚌肺橫
切之使不絕亦奠於俎上尸並嚌之故云羞嚌一云羞進
也謂君用鸞刀制此嚌肉以進之故云鸞刀羞嚌　夫人

潘本第五十七卷第七葉

人皆致齊會於大廟夫婦交親行祭之義　及時將祭君
子乃齊者謂四時應祭之前未旬時也方將接神先宜齊
整身心故齊也　齊不齊以致齊者也言齊者齊也所以
正此不齊之事謂未齊之時心慮散蕩心所嗜欲有不齊
正及其齊也正此不齊之事以致極齊戒之道　君致齊
於外夫人致齊於內者外謂君之路寢內謂夫人正寢是
致齊並皆於正寢其實散齊亦然但此文對會於大廟故
云君致齊於外夫人致齊於內耳　然後會於大廟者祭
日君與夫人俱至大廟之中廟即始祖廟也　君純冕立
於阼者純亦緇也上文已解故鄭於此略而不論冕皆上
玄下纁其服並然故通云緇冕若非二王之後及周公廟
即悉用玄冕而祭　夫人副禕立於東房者副及禕后之
上服魯及二王之後夫人得服之侯伯夫人揄狄子男夫
人闕狄而並立東房以俟行事尸既入之後轉就西房故
禮器云夫人在房雖不云東西房下云夫人東酌罍尊則
知夫人在房謂西房也　大宗執璋瓚亞裸者大宗主宗廟禮者

六·九七二　禮記義五十七　七

以亞裸之禮夫人親爲之此不云夫人而云大宗者記者廣
言容夫人有故故大宗伯代夫人行禮執璋瓚亞裸之禮
圭瓚璋瓚並是裸器也以圭璋爲柄酌鬱鬯曰裸也
君執紖者紖牛鼻繩君自執之入繫於碑　卿大夫從者
謂卿大夫從驅之及殺與幣告也皆從於君　士執芻者
芻謂藁也以其殺牲用芻藁藉之　宗婦執盎從者謂同
宗之婦執盎以從夫人　夫人薦涗水者涗即盎齊由自
濁用清酒以涗泲之涗水是明水宗婦執盎齊從夫人而
來奠盎齊於位夫人乃就盎齊之尊酌此涗齊而薦之者
因盎齊有明水連言水耳上云夫人副禕此則上公之祭
宜有醴齊盎齊但言盎者略言之亦容侯伯子男之祭但
有盎齊無醴齊也故執盎從　君執鸞刀羞嚌者嚌肝肺也嚌
有二時一是朝踐之時取肝以膋貫之入室燎於爐炭出
薦之主前二者謂饋孰之時君以鸞刀制制所羞嚌肺橫
切之使不絕亦奠於俎上尸並嚌之故云羞嚌一云羞進
也謂君用鸞刀制此嚌肉以進之故云鸞刀羞嚌　夫人

足利本第五十七卷第八葉

薦豆者於君羞嚌之時夫人薦此饋食之豆此之謂夫婦親之者君親執𦆅及鸞刀羞嚌是夫親之也夫人薦涚水及羞豆是婦親之也故云夫婦親之注大宗至迎牲 正義曰大宗亞祼容夫人有故攝焉者解大宗所以亞祼之義案此下云夫人薦涚水及薦豆則是夫人親行而云夫人有故者記者亂陳言大宗亞祼容夫人有故之時下云夫人薦盎薦豆顯夫人親行其事各有所明不可一揆云盎齊涚酌也者周禮司尊彝文案彼注云盎齊差清和以清酒泲之謂之涚酌鄭引此者解經夫人薦涚是盎齊也云凢尊有明水因兼云水爾者以經夫人薦涚秖是薦盎不薦明水今經薦涚之下別更言水此謂明水也以盎齊加明水故記者因盎而連言明水爾知盎齊加明水者郊特牲云祭齊加明水是也云嚌嚌肺祭肺之屬也者案少牢特牲薦孰之時俎有祭肺及舉肺切之舉肺離而不提心二肺皆嚌之故云嚌肺祭肺之屬云天子諸侯之祭禮先有祼尸之事乃後迎牲者以特牲少牢無此禮今此經祼後有迎牲之文是天子諸侯之事故鄭明之也

禮記義五十七　八　包端

及入舞君執干戚就舞位君爲東上冕而摠干率其羣臣以樂皇尸是故天子之祭也與天下樂之諸侯之祭也與竟内樂之冕而摠干率其羣臣以樂皇尸此與竟内樂之之義也 君爲東上近主位也皇君也言君尸者尊之 疏 正義曰此一經明祭時天子諸侯親在舞位以樂皇尸也 夫祭有三重焉獻之屬莫重於祼聲莫重於升歌舞莫重於武宿夜此周道也 武宿夜武曲名也周道猶

潘本第五十七卷第八葉

薦豆者於君羞嚌之時夫人薦此饋食之豆此之謂夫婦親之者君親執𦆅及鸞刀羞嚌是夫親之也夫人薦涚水及羞豆是婦親之也故云夫婦親之注大宗至迎牲 正義曰大宗亞祼容夫人有故攝焉者解大宗所以亞祼之義案此下云夫人薦涚水及薦豆則是夫人親行而云夫人有故者記者亂陳言大宗亞祼容夫人有故之時下云夫人薦盎薦豆顯夫人親行其事各有所明不可一揆云盎齊涚酌也者周禮司尊彝文案彼注云盎齊差清和以清酒泲之謂之涚酌鄭引此者解經夫人薦涚是盎齊也云凢尊有明水因兼云水爾者以經夫人薦涚秖是薦盎不薦明水今經薦涚之下別更言水此謂明水也以盎齊加明水故記者因盎而連言明水爾知盎齊加明水者郊特牲云祭齊加明水是也云嚌嚌肺祭肺之屬也者案少牢特牲薦孰之時俎有祭肺及舉肺切之舉肺離而不提心二肺皆嚌之故云嚌肺祭肺之屬云天子諸侯之祭禮先有祼尸之事乃後迎牲者以特牲少牢無此禮今此經祼後有迎牲之文是天子諸侯之事故鄭明之也

禮記義五十七　八　包端

及入舞君執干戚就舞位君爲東上冕而摠干率其羣臣以樂皇尸是故天子之祭也與天下樂之諸侯之祭也與竟内樂之冕而摠干率其羣臣以樂皇尸此與竟内樂之之義也 君爲東上近主位也皇君也言君尸者尊之 疏 正義曰此一經明祭時天子諸侯親在舞位以樂皇尸也 夫祭有三重焉獻之屬莫重於祼聲莫重於升歌舞莫重於武宿夜此周道也 武宿夜武曲名也周道猶

足利本第五十七卷第九葉

周之禮凡三道者所以假於外而以增君子之志也故與志進退志輕則亦輕志重則亦重輕其志而求外之重也雖聖人弗能得也是故君子之祭也必身自盡也所以明重也道之以禮以奉三重而薦諸皇尸此聖人之道也【疏】正義曰此一經并明祭祀之禮有三種可重之事　舞莫重於武宿夜者武宿夜是武曲之名是衆舞之中無能重於武宿夜之舞皇氏云師說書傳云武王伐紂至於商郊停止宿夜士卒皆歡樂歌舞以待旦因名焉武宿夜其樂亡也熊氏云此即大武之樂也　凡三道者所以假於外而以增君子之志也者言

禮記義五十七　九　陳真

三種所重之道皆假借外物而以增益君子內志祼則假於鬱鬯歌則假於聲音舞則假於干戚皆是假於外物故與志進退者此外物增成君子內志故與志同進同退若內志輕略則此等亦輕略內志勝重此等亦勝重矣

夫祭有餕餕者祭之末也不可不知也是故古之人有言曰善終者如始餕其是已是故古之君子曰尸亦餕鬼神之餘也惠術也可以觀政矣術猶法也爲政尚施惠盡美能知能惠詩云維此惠君民人所瞻是故尸謖君與卿四人餕君起大夫六人餕臣餕君之餘也大夫起士八人餕賤餕貴

潘本第五十七卷第九葉

周之禮凡三道者所以假於外而以增君子之志也故與志進退志輕則亦輕志重則亦重輕其志而求外之重也雖聖人弗能得也是故君子之祭也必身自盡也所以明重也道之以禮以奉三重而薦諸皇尸此聖人之道也【疏】正義曰此一經并明祭祀之禮有三種可重之事　舞莫重於武宿夜者武宿夜是武曲之名是衆舞之中無能重於武宿夜之舞皇氏云師說書傳云武王伐紂至於商郊停止宿夜士卒皆歡樂歌舞以待旦因名焉武宿夜其樂亡也熊氏云此即大武之樂也　凡三道者所以假於外而以增君子之志也者言

禮記義五十七　九　陳真

三種所重之道皆假借外物而以增益君子內志祼則假於鬱鬯歌則假於聲音舞則假於干戚皆是假於外物故與志進退者此外物增成君子內志故與志同進同退若內志輕略則此等亦輕略內志勝重此等亦勝重矣

夫祭有餕餕者祭之末也不可不知也是故古之人有言曰善終者如始餕其是已是故古之君子曰尸亦餕鬼神之餘也惠術也可以觀政矣術猶法也爲政尚施惠盡美能知能惠詩云維此惠君民人所瞻是故尸謖君與卿四人餕君起大夫六人餕臣餕君之餘也大夫起士八人餕賤餕貴

足利本第五十七卷第十葉

之餘也士起各執其具以出陳于堂下百官
進徹之下餕上之餘也進當為餕聲之誤也百官謂有事於君祭者也既餕乃徹之而去所謂自卑至賤進徹或俱為餕　凡餕之道每變以衆
所以別貴賤之等而興施惠之象也是
故以四簋黍見其脩於廟中也廟中者竟
內之象也鬼神之惠徧廟中如國君之惠徧竟內也　祭者澤之大者
也是故上有大澤則惠必及下顧上先下
後耳非上積重而下有凍餒之民也是故
上有大澤則民夫人待于下流知惠之必
將至也由餕見之矣故曰可以觀政矣鬼神有祭

禮記義五十七

不獨饗之使人餕之恩澤之大者也國君有蓄積不獨食之亦以施惠於竟內也［疏］正義曰此一節明祭
末餕餘之禮自求多物恩澤廣被之事　是故古之人有言曰善終者如始餕其是已者引古人之言證餕為美也
夫靡不有初鮮克有終而祭之有餕即是克有終而禮猶盛故云善終者如始餕其是已語辭也　是故古之君
子曰尸亦餕鬼神之餘也者又引古言證餕義也言亦者亦人餕尸之餘乃是人食尸餘而云尸亦餕鬼神餘者若
王侯初薦毛血燔燎是薦於鬼神至薦孰時尸乃食之是尸餕鬼神之餘若大夫士陰厭亦是先薦鬼神而後尸乃
食亦尸餕鬼神餘故并云尸亦餕鬼神之餘也　惠術也可以觀政矣者術猶法也尸餕鬼神之餘是施恩惠之術

潘本第五十七卷第十葉

之餘也士起各執其具以出陳于堂下百官
進徹之下餕上之餘也進當為餕聲之誤也百官謂有事於君祭者也既餕乃徹之而去所謂自卑至賤進徹或俱為餕　凡餕之道每變以衆
所以別貴賤之等而興施惠之象也是
故以四簋黍見其脩於廟中也廟中者竟
內之象也鬼神之惠徧廟中如國君之惠徧竟內也　祭者澤之大者
也是故上有大澤則惠必及下顧上先下
後耳非上積重而下有凍餒之民也是故
上有大澤則民夫人待于下流知惠之必
將至也由餕見之矣故曰可以觀政矣鬼神有祭

禮記義五十七　十

不獨饗之使人餕之恩澤之大者也國君有蓄積不獨食之亦以施惠於竟內也［疏］正義曰此一節明祭
末餕餘之禮自求多物恩澤廣被之事　是故古之人有言曰善終者如始餕其是已者引古人之言證餕為美也
夫靡不有初鮮克有終而祭之有餕即是克有終而禮猶盛故云善終者如始餕其是已語辭也　是故古之君
子曰尸亦餕鬼神之餘也者又引古言證餕義也言亦者亦人餕尸之餘乃是人食尸餘而云尸亦餕鬼神餘者若
王侯初薦毛血燔燎是薦於鬼神至薦孰時尸乃食之是尸餕鬼神之餘若大夫士陰厭亦是先薦鬼神而後尸乃
食亦尸餕鬼神餘故并云尸亦餕鬼神之餘也　惠術也可以觀政矣者術猶法也尸餕鬼神之餘是施恩惠之術

足利本第五十七卷第十一葉

法言爲政之道貴在施惠可以觀省人君之政教能施惠者即其政善不能施恩惠者則其政惡故云可以觀政矣　臣餕君之餘也者以君於廟中事尸如君則君爲臣禮君食尸餘是臣食君餘與大夫食君餘相似故云臣餕君之餘也諸侯之國有五大夫此云六者兼有采地助祭也以下漸徧及下示傳恩惠也　士起各執其具以出陳于堂下者士廟中餕訖而起所司各執其撰具以出廟戶陳于堂下　百官進徹之者進當爲餕謂有祭事之百官餕訖各徹其器而乃去之　凡餕之道毎變以衆所以別貴賤之等者初君四人次大夫六人次士八人是變以衆加之以兩是別貴賤之等　而興施惠之象也者興起也其餕之禮初餕貴而少後餕賤而多皆先上而後下施惠之道亦當然皆先貴後賤故云施惠之象　是故以四簋黍見其脩於廟中也者謂餕之時君與三卿以四簋之黍脩整普徧也所以用四簋多黍而餕者欲見其恩惠脩整徧於廟中諸侯之祭有六簋今云以四簋者以二簋留爲

禮記義五十七　十一

陽厭之祭故以四簋而餕簋有黍稷特牲云黍者見其美舉黍稷可知也　廟中者竟内之象也者以四簋而徧廟中如君之恩惠徧於竟内也　顧上先下後耳者言上有大澤惠必及下無不周徧但瞻顧之時尊上者在先卑下者處後耳一云顧故也謂君上先餕臣下後餕示恩則從上起也　非上有積重而下有凍餒之民也者言非是在上有財物積重而不以施惠而使在下有凍餒之民言有積重必施散在下不使凍餒　由餕見之矣者言民所以知上有財物恩惠及於下者秖由祭祀之餕見其恩逮於下之理　故曰可以觀政矣者餕若以禮則能施惠其政善也餕若不以禮則不能施惠其政惡也故云可以觀政矣

夫祭之爲物大矣其興物備矣順以備者也其教之本與爲物猶爲禮也興物謂薦百品是故君子之教也外則教之以尊其君

潘本第五十七卷第十一葉

法言爲政之道貴在施惠可以觀省人君之政教能施惠者即其政善不能施恩惠者則其政惡故云可以觀政矣　臣餕君之餘也者以君於廟中事尸如君則君爲臣禮君食尸餘是臣食君餘與大夫食君餘相似故云臣餕君之餘也諸侯之國有五大夫此云六者兼有采地助祭也以下漸徧及下示傳恩惠也　士起各執其具以出陳于堂下者士廟中餕訖而起所司各執其撰具以出廟戶陳于堂下　百官進徹之者進當爲餕謂有祭事之百官餕訖各徹其器而乃去之　凡餕之道毎變以衆所以別貴賤之等者初君四人次大夫六人次士八人是變以衆加之以兩是別貴賤之等　而興施惠之象也者興起也其餕之禮初餕貴而少後餕賤而多皆先上而後下施惠之道亦當然皆先貴後賤故云施惠之象　是故以四簋黍見其脩於廟中也者謂餕之時君與三卿以四簋之黍脩整普徧也所以用四簋多黍而餕者欲見其恩惠脩整徧於廟中諸侯之祭有六簋今云以四簋者以二簋留爲

禮記義五十七　十一

陽厭之祭故以四簋而餕簋有黍稷特牲云黍者見其美舉黍稷可知也　廟中者竟内之象也者以四簋而徧廟中如君之恩惠徧於竟内也　顧上先下後耳者言上有大澤惠必及下無不周徧但瞻顧之時尊上者在先卑下者處後耳一云顧故也謂君上先餕臣下後餕示恩則從上起也　非上有積重而下有凍餒之民也者言非是在上有財物積重而不以施惠而使在下有凍餒之民言有積重必施散在下不使凍餒　由餕見之矣者言民所以知上有財物恩惠及於下者秖由祭祀之餕見其恩逮於下之理　故曰可以觀政矣者餕若以禮則能施惠其政善也餕若不以禮則不能施惠其政惡也故云可以觀政矣

夫祭之爲物大矣其興物備矣順以備者也其教之本與爲物猶爲禮也興物謂薦百品是故君子之教也外則教之以尊其君

足利本第五十七卷第十二葉

長內則教之以孝於其親是故明君在上則諸臣服從崇事宗廟社稷則子孫順孝盡其道端其義而教生焉崇猶尊也是故君子之事君也必身行之所不安於上則不以使下所惡於下則不以事上非諸人行諸己非教之道也必身行之言恕己乃行之是故君子之教也必由其本順之至也祭其是與故曰祭者教之本也已教由孝順生也

疏正義曰此一節明祭祀禮備具內外俱兼備之於己然後及物是爲政之本　夫祭之爲物大矣者物謂事物物大言祭之爲物盛大矣以所行皆依禮故爲大　其興物備矣者謂庶羞之屬言興造庶羞百品皆足故興物備矣　順以備者也其教之本與者祭必依禮是順也百品皆足是備也若能上下和順物皆備具是爲教之本言聖人設教唯以順以備故云其教之本與　是故君子至其親者祭既順備可爲教故人君因爲教焉外教謂郊天內教謂孝於親祭宗廟　是故明君至順孝者由君外教尊君長故諸臣服從內教孝其親故子孫順孝　盡其道端其義而教生焉者謂人君身自行之盡其事上之道又端正君臣上下之義則政教由此生焉　所不安於上則不以使下者謂在上所爲之事施之於己己所不安則不得施於下　所惡於下則不以事上者在下有不善之事施於己己所憎惡則不得以此事於上上亦憎惡也　非諸人行諸己非教之道也者結上二事諸於也謂他人行此惡事加於己己以爲非是非於人己乃行此惡事而施人是行於己也若如此非政教之道言爲

禮記義五十七　十二

潘本第五十七卷第十二葉

長內則教之以孝於其親是故明君在上則諸臣服從崇事宗廟社稷則子孫順孝盡其道端其義而教生焉崇猶尊也是故君子之事君也必身行之所不安於上則不以使下所惡於下則不以事上非諸人行諸己非教之道也必身行之言恕己乃行之是故君子之教也必由其本順之至也祭其是與故曰祭者教之本也已教由孝順生也

疏正義曰此一節明祭祀禮備具內外俱兼備之於己然後及物是爲政之本　夫祭之爲物大矣者物謂事物物大言祭之爲物盛大矣以所行皆依禮故爲大　其興物備矣者謂庶羞之屬言興造庶羞百品皆足故興物備矣　順以備者也其教之本與者祭必依禮是順也百品皆足是備也若能上下和順物皆備具是爲教之本言聖人設教唯以順以備故云其教之本與　是故君子至其親者祭既順備可爲教故人君因爲教焉外教謂郊天內教謂孝於親祭宗廟　是故明君至順孝者由君外教尊君長故諸臣服從內教孝其親故子孫順孝　盡其道端其義而教生焉者謂人君身自行之盡其事上之道又端正君臣上下之義則政教由此生焉　所不安於上則不以使下者謂在上所爲之事施之於己己所不安則不得施於下　所惡於下則不以事上者在下有不善之事施於己己所憎惡則不得以此事於上上亦憎惡也　非諸人行諸己非教之道也者結上二事諸於也謂他人行此惡事加於己己以爲非是非於人己乃行此惡事而施人是行於己也若如此非政教之道言爲

禮記義五十七　十二

足利本第五十七卷第十三葉

政教必由於己乃能及物故下云必由其本順之至也夫祭有十倫焉見事鬼神之道焉見君臣之義焉見父子之倫焉見貴賤之等焉見親疏之殺焉見爵賞之施焉見夫婦之別焉見政事之均焉見長幼之序焉見上下之際焉此之謂十倫倫猶義也疏正義曰此一節廣明祭有十種倫禮今各隨文解之從此至此之謂十倫一經揔明十倫之目從上雖云祭其事隱此廣陳祭含十義以顯教之本十倫義也鋪筵設同几爲依神也詔祝於室而出于祊此交神明之道也同之言詷也祭者以其妃

禮記義五十七　十三　李寔

配亦不特几也詔祝告事於尸也出於祊謂索祭也疏正義曰此一節明第一倫交鬼神之道　鋪筵設同几者設之曰筵坐之曰席同之言詷詷共也言人生時形體異故夫婦別几死則魂氣同歸於此故夫婦共几鋪席設几使神依之設此夫婦所共之几席亦共之必云同几者筵席既長几則短小恐其各設故特云同几　詔祝於室者詔告也祝祝也謂祝官以言詔告祝請其尸於室求之　而出于祊者謂明日繹祭而出廟門旁廣求神於門外之祊　此交神明之道也者神明難測不可一處求之或門旁不敢定是與神明交接之道鬼神通故云道注同之至祭也　正義曰同死非詷也者若單作同字是齊同之同非詷共之詷所以物有異類而同時也則同死同生同出同入之類不廢其物異也若詷共之詷則言旁作同故古文字林皆訓詷爲共只是漢魏之時字義如此是以讀同爲詷今則揔爲一字云祭者以其妃配者儀禮少牢文謂祭夫祝辭云以某妃配云亦不特几也者謂不但不

潘本第五十七卷第十三葉

政教必由於己乃能及物故下云必由其本順之至也夫祭有十倫焉見事鬼神之道焉見君臣之義焉見父子之倫焉見貴賤之等焉見親疏之殺焉見爵賞之施焉見夫婦之別焉見政事之均焉見長幼之序焉見上下之際焉此之謂十倫倫猶義也疏正義曰此一節廣明祭有十種倫禮今各隨文解之從此至此之謂十倫一經揔明十倫之目從上雖云祭其事隱此廣陳祭含十義以顯教之本十倫義也鋪筵設同几爲依神也詔祝於室而出于祊此交神明之道也同之言詷也祭者以其妃

禮記義五十七　十三　李寔

配亦不特几也詔祝告事於尸也出於祊謂索祭也疏正義曰此一節明第一倫交鬼神之道　鋪筵設同几者設之曰筵坐之曰席同之言詷詷共也言人生時形體異故夫婦別几死則魂氣同歸於此故夫婦共几鋪席設几使神依之設此夫婦所共之几席亦共之必云同几者筵席既長几則短小恐其各設故特云同几　詔祝於室者詔告也祝祝也謂祝官以言詔告祝請其尸於室求之　而出于祊者謂明日繹祭而出廟門旁廣求神於門外之祊　此交神明之道也者神明難測不可一處求之或門旁不敢定是與神明交接之道鬼神通故云道注同之至祭也　正義曰同死非詷也者若單作同字是齊同之同非詷共之詷所以物有異類而同時也則同死同生同出同入之類不廢其物異也若詷共之詷則言旁作同故古文字林皆訓詷爲共只是漢魏之時字義如此是以讀同爲詷今則揔爲一字云祭者以其妃配者儀禮少牢文謂祭夫祝辭云以某妃配云亦不特几也者謂不但不

足利本第五十七卷第十四葉

特設辭亦不特設其几謂祝辭與几皆同於夫不特設也
故鄭注司几筵云祭於廟同几精氣合也云詔祝告事於
尸也者謂灌鬯饋孰酳尸之等祝官以祝辭告事於尸其
事廣也以摠論事神故廣言之知非朝踐之時血毛詔於
室者以朝踐尸主皆在戶外斯時之事非終始事神之道
故知非也云出於祊謂索祭也者案郊特牲索祭祝于祊
故云謂索祭也**君迎牲而不迎尸別嫌也尸在廟門**
外則疑於臣在廟中則全於君君在廟門
外則疑於君入廟門則全於臣全於子是故
不出者明君臣之義也不迎尸者欲全其尊也尸神象也鬼神之尊在廟中
人君之尊出廟門則伸【疏】正義曰此經明第二倫君臣之義也君迎牲不迎尸別嫌也者尸體既尊君
宜自卑若出迎尸尸道未伸則嫌君猶欲自尊之義也
尸在廟門外則疑於臣者則解別嫌事也尸本是臣而爲
尸時則尊在廟中耳若未入廟其尊未伸君若出迎則疑
尸有還爲臣之道故云疑於臣也　在廟中則全於君者
尸若入廟則君父道全也唯云全君不云全父者此本是
明君臣故略於全父也下既云臣子故知此爲君父也且
廟中行禮尸皆荅拜然父無荅子之禮君有荅臣之法故
據君言之耳　君在廟門外則疑於君者釋君疑也君道
之全全在廟門外若出門外則君道還尊與平常不異故
不出門也　入廟門則全於臣全於子者君若入廟則臣
子道全無所疑也　是故不出者明君臣之義也者結第二
倫也君至尊而受屈廟中以臣子自處不敢出廟門恐尸
尊不極欲示天下咸知君臣之義也君臣由義而合故云義也**夫祭之道孫爲王**
父尸所使爲尸者於祭者子行也父北面而

禮記義五十七　十四　閩差

潘本第五十七卷第十四葉

特設辭亦不特設其几謂祝辭與几皆同於夫不特設也
故鄭注司几筵云祭於廟同几精氣合也云詔祝告事於
尸也者謂灌鬯饋孰酳尸之等祝官以祝辭告事於尸其
事廣也以摠論事神故廣言之知非朝踐之時血毛詔於
室者以朝踐尸主皆在戶外斯時之事非終始事神之道
故知非也云出於祊謂索祭也者案郊特牲索祭祝于祊
故云謂索祭也**君迎牲而不迎尸別嫌也尸在廟門**
外則疑於臣在廟中則全於君君在廟門
外則疑於君入廟門則全於臣全於子是故
不出者明君臣之義也不迎尸者欲全其尊也尸神象也鬼神之尊在廟中
人君之尊出廟門則伸【疏】正義曰此經明第二倫君臣之義也君迎牲不迎尸別嫌也者尸體既尊君
宜自卑若出迎尸尸道未伸則嫌君猶欲自尊之義也
尸在廟門外則疑於臣者則解別嫌事也尸本是臣而爲
尸時則尊在廟中耳若未入廟其尊未伸君若出迎則疑
尸有還爲臣之道故云疑於臣也　在廟中則全於君者
尸若入廟則君父道全也唯云全君不云全父者此本是
明君臣故略於全父也下既云臣子故知此爲君父也且
廟中行禮尸皆荅拜然父無荅子之禮君有荅臣之法故
據君言之耳　君在廟門外則疑於君者釋君疑也君道
之全全在廟門外若出門外則君道還尊與平常不異故
不出門也　入廟門則全於臣全於子者君若入廟則臣
子道全無所疑也　是故不出者明君臣之義也者結第二
倫也君至尊而受屈廟中以臣子自處不敢出廟門恐尸
尊不極欲示天下咸知君臣之義也君臣由義而合故云義也**夫祭之道孫爲王**
父尸所使爲尸者於祭者子行也父北面而

禮記義五十七　十四　閩差

事之所以明子事父之道也此父子之倫也
子行猶子列也祭祖則用孫列皆取於同姓之適孫也天子諸侯之祭朝事延尸於戶外是以有北面事尸之禮
疏 正義曰此第三倫明父子之理 孫爲王父尸者謂王父之孫行與王父作尸 所使爲尸者於祭者子行也者謂孝子所使令爲尸者於祭者孝子身爲子之行秩也 父北面而事之者父則祭者之身北面而事子行之尸也 所以明子事父之道也此父子之倫也者主人爲欲孝敬己父不許己尊而北面事子行則九爲子者豈得不自尊事其父乎是見子事父之道也 注 皆取至之禮 正義曰天子諸侯之祭朝事延尸於戶外者以少牢特牲尸皆在室之奧主人西面事之無北面事尸之禮故知是天子諸侯也知當朝事者以郊特牲詔祝於室坐尸於堂詔祝於室當朝事之節故知坐尸於堂當朝事也

尸飲五君洗玉爵獻

卿尸飲七以瑤爵獻大夫尸飲九以散爵獻士及羣有司皆以齒明尊卑之等也
尸飲五謂酳尸五獻也大夫士祭三獻而獻賓
疏 正義曰此一節明第四倫尊卑差等 尸飲五君洗玉爵獻卿至皆以齒 明尊卑之等者謂獻卿大夫士及有司等其爵雖同皆長者在先故云皆以齒 注 尸飲至獻賓 正義曰此據備九獻之禮者至主人酳尸故尸飲五也九祭二獻祼用鬱鬯尸祭奠而不飲朝踐二獻饋食二獻及食畢主人酳尸此等皆尸飲之故云尸飲五於此之時以獻卿獻卿之後乃主婦酳尸酳尸畢賓長獻尸是尸飲七也乃瑤爵獻大夫是正九獻禮畢但初二祼不飲故云尸飲七自此以後長賓長兄弟更爲加爵尸又飲二是并前尸飲九主人乃散爵獻士及羣有司也此謂上公九獻故以酳尸之一獻爲尸飲五也若侯伯七獻朝踐饋食時各一獻食訖酳尸

足利本第五十七卷第十五葉

潘本第五十七卷第十五葉

事之所以明子事父之道也此父子之倫也
子行猶子列也祭祖則用孫列皆取於同姓之適孫也天子諸侯之祭朝事延尸於戶外是以有北面事尸之禮
疏 正義曰此第三倫明父子之理 孫爲王父尸者謂王父之孫行與王父作尸 所使爲尸者於祭者子行也者謂孝子所使令爲尸者於祭者孝子身爲子之行秩也 父北面而事之者父則祭者之身北面而事子行之尸也 所以明子事父之道也此父子之倫也者主人爲欲孝敬己父不許己尊而北面事子行則九爲子者豈得不自尊事其父乎是見子事父之道也 注 皆取至之禮 正義曰天子諸侯之祭朝事延尸於戶外者以少牢特牲尸皆在室之奧主人西面事之無北面事尸之禮故知是天子諸侯也知當朝事者以郊特牲詔祝於室坐尸於堂詔祝於室當朝事之節故知坐尸於堂當朝事也
尸飲五君洗玉爵獻
禮記義五十七 十五
卿尸飲七以瑤爵獻大夫尸飲九以散爵獻士及羣有司皆以齒明尊卑之等也
尸飲五謂酳尸五獻也大夫士祭三獻而獻賓
疏 正義曰此一節明第四倫尊卑差等 尸飲五君洗玉爵獻卿至皆以齒 明尊卑之等者謂獻卿大夫士及有司等其爵雖同皆長者在先故云皆以齒 注 尸飲至獻賓 正義曰此據備九獻之禮者至主人酳尸故尸飲五也九祭二獻祼用鬱鬯尸祭奠而不飲朝踐二獻饋食二獻及食畢主人酳尸此等皆尸飲之故云尸飲五於此之時以獻卿獻卿之後乃主婦酳尸酳尸畢賓長獻尸是尸飲七也乃瑤爵獻大夫是正九獻禮畢但初二祼不飲故云尸飲七自此以後長賓長兄弟更爲加爵尸又飲二是并前尸飲九主人乃散爵獻士及羣有司也此謂上公九獻故以酳尸之一獻爲尸飲五也若侯伯七獻朝踐饋食時各一獻食訖酳尸

足利本第五十七卷第十六葉

但尸飲三也子男五獻食訖酳尸尸飲一云大夫士祭三獻而獻賓者欲明諸侯獻賓時節與大夫士獻賓不同知大夫士祭三獻而獻賓者特牲禮文下大夫不賓尸與士同亦三獻而獻賓知者有司徹文其上大夫別行賓尸之禮與此異也

夫祭有昭穆昭穆者所以別父子遠近長幼親疏之序而無亂也是故有事於大廟則羣昭羣穆咸在而不失其倫此之謂親疏之殺也昭穆咸在同宗父子皆來

疏正義曰此一節明第五倫也親疏之殺也昭穆謂尸主行列於廟中所以至無亂者謂父南面子北面親者近疏者遠又各有次序是故有事於大廟則羣昭羣穆咸在者祭大廟之時則衆廟尸主皆來及助祭之人同宗父子皆至則羣昭羣穆咸在若不於大廟餘廟之祭唯有當廟尸主及所出之廟子孫來至不得羣昭羣穆咸在也　而不失其倫者尸主既有昭穆故主人及衆賓亦爲昭穆列在廟不失倫類　此之謂親疏之殺也者殺漸也列昭穆存亡名有遠近示天下親疏有漸也

禮記義五十七　十六　李信

古者明君爵有德而祿有功必賜爵祿於大廟示不敢專也故祭之日一獻君降立于阼階之南南鄉所命北面史由君右執策命之再拜稽首受書以歸而舍奠于其廟此爵賞之施也一獻一酳尸也舍當爲釋聲之誤也非時而祭曰奠

疏正義曰此一節明第六倫也爵賞之施焉　爵有德而祿有功者爵褒德故云有德祿賞功故云有功也　而舍奠于其廟者

潘本第五十七卷第十六葉

但尸飲三也子男五獻食訖酳尸尸飲一云大夫士祭三獻而獻賓者欲明諸侯獻賓時節與大夫士獻賓不同知大夫士祭三獻而獻賓者特牲禮文下大夫不賓尸與士同亦三獻而獻賓知者有司徹文其上大夫別行賓尸之禮與此異也

夫祭有昭穆昭穆者所以別父子遠近長幼親疏之序而無亂也是故有事於大廟則羣昭羣穆咸在而不失其倫此之謂親疏之殺也昭穆咸在同宗父子皆來

疏正義曰此一節明第五倫也親疏之殺也昭穆謂尸主行列於廟中所以至無亂者謂父南面子北面親者近疏者遠又各有次序是故有事於大廟則羣昭羣穆咸在者祭大廟之時則衆廟尸主皆來及助祭之人同宗父子皆至則羣昭羣穆咸在若不於大廟餘廟之祭唯有當廟尸主及所出之廟子孫來至不得羣昭羣穆咸在也　而不失其倫者尸主既有昭穆故主人及衆賓亦爲昭穆列在廟不失倫類　此之謂親疏之殺也者殺漸也列昭穆存亡名有遠近示天下親疏有漸也

禮記義五十七　十六　李信

古者明君爵有德而祿有功必賜爵祿於大廟示不敢專也故祭之日一獻君降立于阼階之南南鄉所命北面史由君右執策命之再拜稽首受書以歸而舍奠于其廟此爵賞之施也一獻一酳尸也舍當爲釋聲之誤也非時而祭曰奠

疏正義曰此一節明第六倫也爵賞之施焉　爵有德而祿有功者爵褒德故云有德祿賞功故云有功也　而舍奠于其廟者

足利本第五十七卷第十七葉

謂受策命卿大夫等既受策書歸還而釋奠於家廟告以受君之命以非時而祭故稱奠此爵賞之施也者君尊尚爵賞於廟不自專故民知施必由尊也 注 一獻一酳尸也 正義曰經云一獻知非初祼及朝踐饋食之一獻必爲一酳尸者以一酳尸之前皆爲祭事承奉鬼神未暇策命而尸食已畢祭事方了始可以行其爵賞及賜勞臣下此一獻則上尸飲五君獻卿之時也若天子命羣臣則不因常祭之日特假於廟故大宗伯云王命諸侯則儐注云王將出命假祖廟立依前南鄉是也

君卷冕立于阼夫人副褘立于東房夫人薦豆執校執醴授之執鐙尸酢夫人執柄夫人受尸執足夫婦相授受不相襲處酢必易爵明夫婦之別也

校豆中央直者也執醴授醴之人授夫人以豆則執鐙鐙豆下跗也

疏 正義曰此一節明第七倫也 夫人副褘立于東房者此謂上公之夫人故副褘立于東房若其餘夫人則不副褘也 夫人薦豆執校者校謂豆之中央直者夫人薦豆之時手執此校 執醴授之執鐙者鐙謂豆下跗夫人薦豆之時此執醴之人以豆授夫人之時則執豆之下跗夫人授之乃執校也 尸酢夫人執柄者爵爲雀形以尾爲柄夫人獻尸尸酢夫人尸則執雀尾授夫人也 夫人受尸執足者夫人受酢於尸則執爵足也 夫婦相授受不相襲處者謂夫婦交相致爵之時襲因也其執之物不相因故處若夫婦交相致爵不能執故處以明男女有別 酢必易爵者謂夫婦交相致爵之時主人受主婦之酢易換其爵故特牲主人受主婦之酢爵更爵酢鄭注云主人更爵自酢男子不承婦人爵即引此文云夫婦相授受不相襲處酢必易爵也皇氏云夫婦猶男女不相襲處則上執校執鐙之屬違鄭注儀禮之文其義非也 注 執醴授醴之人 正

禮記義五十七　十七　李用

潘本第五十七卷第十七葉

謂受策命卿大夫等既受策書歸還而釋奠於家廟告以受君之命以非時而祭故稱奠此爵賞之施也者君尊尚爵賞於廟不自專故民知施必由尊也 注 一獻一酳尸也 正義曰經云一獻知非初祼及朝踐饋食之一獻必爲一酳尸者以一酳尸之前皆爲祭事承奉鬼神未暇策命而尸食已畢祭事方了始可以行其爵賞及賜勞臣下此一獻則上尸飲五君獻卿之時也若天子命羣臣則不因常祭之日特假於廟故大宗伯云王命諸侯則儐注云王將出命假祖廟立依前南鄉是也

君卷冕立于阼夫人副褘立于東房夫人薦豆執校執醴授之執鐙尸酢夫人執柄夫人受尸執足夫婦相授受不相襲處酢必易爵明夫婦之別也

校豆中央直者也執醴授醴之人授夫人以豆則執鐙鐙豆下跗也

疏 正義曰此一節明第七倫也 夫人副褘立于東房者此謂上公之夫人故副褘立于東房若其餘夫人則不副褘也 夫人薦豆執校者校謂豆之中央直者夫人薦豆之時手執此校 執醴授之執鐙者鐙謂豆下跗夫人薦豆之時此執醴之人以豆授夫人之時則執豆之下跗夫人授之乃執校也 尸酢夫人執柄者爵爲雀形以尾爲柄夫人獻尸尸酢夫人尸則執雀尾授夫人也 夫人受尸執足者夫人受酢於尸則執爵足也 夫婦相授受不相襲處者謂夫婦交相致爵之時襲因也其執之物不相因故處若夫婦交相致爵不能執故處以明男女有別 酢必易爵者謂夫婦交相致爵之時主人受主婦之酢易換其爵故特牲主人受主婦之酢爵更爵酢鄭注云主人更爵自酢男子不承婦人爵即引此文云夫婦相授受不相襲處酢必易爵也皇氏云夫婦猶男女不相襲處則上執校執鐙之屬違鄭注儀禮之文其義非也 注 執醴授醴之人 正

禮記義五十七　十七　李用

足利本第五十七卷第十八葉

義曰謂夫人獻尸以醴齊之時此人酌醴以授夫人至夫人薦豆之時此人又執豆以授夫人是獻之與薦皆此人所掌故云執醴授醴之人執鐙謂授夫人以豆而執鐙也 凡爲俎者以骨爲主骨有貴賤殷人貴髀周人貴肩凡前貴於後俎者所以明祭之必有惠也是故貴者取貴骨賤者取賤骨貴者不重賤者不虛示均也惠均則政行政行則事成事成則功立功之所以立者不可不知也俎者所以明惠之必均也善爲政者如此故曰見政事之均焉

殷人貴髀爲其厚也周人貴肩爲其顯也凡前貴於後謂脊脅臂臑之屬 疏 正義曰此一經明第八倫也 凡爲俎者以骨爲主者俎謂助祭者各將物於俎也 殷人貴髀周人貴肩者殷質貴髀之厚賤肩之薄周文貴肩之顯賤髀之隱各隨所貴 凡前貴於後者據周言之以周人之貴肩故也 俎者所以明祭之必有惠也者助祭者故賜之俎也 貴者不重賤者不虛示均也者言貴者不特多而重賤者不虛而無分俎多少隨其貴賤是示均平也 功之所以立者不可不知也者言功立由於分俎其事既重人君不可不知分俎之事也 善爲政者如此者言人君欲善爲政教者必須如此分俎均平 注 凡前至之屬 正義曰此脊脅臂臑舉其貴者言之屬中包其賤者不云肩者以經云周人貴肩故此略之前體臂臑爲貴後體膊胳爲賤就脊脅之中亦有貴賤正脊在前爲貴脡脊橫脊在後爲賤脅則正脅在前爲貴短脅爲賤故揔云之屬以包之 凡賜爵昭爲一

禮記義五十七　十八　馬春

潘本第五十七卷第十八葉

義曰謂夫人獻尸以醴齊之時此人酌醴以授夫人至夫人薦豆之時此人又執豆以授夫人是獻之與薦皆此人所掌故云執醴授醴之人執鐙謂授夫人以豆而執鐙也 凡爲俎者以骨爲主骨有貴賤殷人貴髀周人貴肩凡前貴於後俎者所以明祭之必有惠也是故貴者取貴骨賤者取賤骨貴者不重賤者不虛示均也惠均則政行政行則事成事成則功立功之所以立者不可不知也俎者所以明惠之必均也善爲政者如此故曰見政事之均焉

殷人貴髀爲其厚也周人貴肩爲其顯也凡前貴於後謂脊脅臂臑之屬 疏 正義曰此一經明第八倫也 凡爲俎者以骨爲主者俎謂助祭者各將物於俎也 殷人貴髀周人貴肩者殷質貴髀之厚賤肩之薄周文貴肩之顯賤髀之隱各隨所貴 凡前貴於後者據周言之以周人之貴肩故也 俎者所以明祭之必有惠也者助祭者故賜之俎也 貴者不重賤者不虛示均也者言貴者不特多而重賤者不虛而無分俎多少隨其貴賤是示均平也 功之所以立者不可不知也者言功立由於分俎其事既重人君不可不知分俎之事也 善爲政者如此者言人君欲善爲政教者必須如此分俎均平 注 凡前至之屬 正義曰此脊脅臂臑舉其貴者言之屬中包其賤者不云肩者以經云周人貴肩故此略之前體臂臑爲貴後體膊胳爲賤就脊脅之中亦有貴賤正脊在前爲貴脡脊橫脊在後爲賤脅則正脅在前爲貴短脅爲賤故揔云之屬以包之 凡賜爵昭爲一

禮記義五十七　十八　馬春

足利本第五十七卷第十九葉

穆爲一昭與昭齒穆與穆齒凡羣有司皆以齒此之謂長幼有序昭穆猶特牲少牢饋食之禮衆兄弟也羣有司猶衆賓下及執事者君賜之爵謂若酬之疏正義曰此一節明祭之第九倫長幼之序凡賜爵者爵酒爵也謂祭祀旅酬時賜助祭者酒爵故云賜爵昭爲一穆爲一者言君衆兄弟子孫等在昭列者則爲一色在穆列者自爲一色各自相旅尊者在前卑者在後若同班列則長者在前少者在後是昭與昭齒穆與穆齒注君賜之爵謂若酬之正義曰案特牲饋食禮初有主人獻衆賓兄弟之禮後乃旅酬衆賓兄弟此經直云賜爵知非獻時而特云酬者以獻時不以昭穆爲次者此云昭與昭齒穆與穆齒當旅酬之事故知賜爵爲酬夫祭有畀煇胞翟閽者惠下之道也唯有德之君爲能

禮記義五十七　十九　高彦

行此明足以見之仁足以與之畀之爲言與也能以其餘畀其下者也煇者甲吏之賤者也胞者肉吏之賤者也翟者樂吏之賤者也閽者守門之賤者也古者不使刑人守門此四守者吏之至賤者也尸又至尊以至尊既祭之末而不忘至賤而以其餘畀之是故明君在上則竟內之民無凍餒者矣此之謂上下之際明足以見之見此卑者也仁足以與之與此卑者也

潘本第五十七卷第十九葉

穆爲一昭與昭齒穆與穆齒凡羣有司皆以齒此之謂長幼有序昭穆猶特牲少牢饋食之禮衆兄弟也羣有司猶衆賓下及執事者君賜之爵謂若酬之疏正義曰此一節明祭之第九倫長幼之序凡賜爵者爵酒爵也謂祭祀旅酬時賜助祭者酒爵故云賜爵昭爲一穆爲一者言君衆兄弟子孫等在昭列者則爲一色在穆列者自爲一色各自相旅尊者在前卑者在後若同班列則長者在前少者在後是昭與昭齒穆與穆齒注君賜之爵謂若酬之正義曰案特牲饋食禮初有主人獻衆賓兄弟之禮後乃旅酬衆賓兄弟此經直云賜爵知非獻時而特云酬者以獻時不以昭穆爲次者此云昭與昭齒穆與穆齒當旅酬之事故知賜爵爲酬夫祭有畀煇胞翟閽者惠下之道也唯有德之君爲能

禮記義五十七　十九　高彦

行此明足以見之仁足以與之畀之爲言與也能以其餘畀其下者也煇者甲吏之賤者也胞者肉吏之賤者也翟者樂吏之賤者也閽者守門之賤者也古者不使刑人守門此四守者吏之至賤者也尸又至尊以至尊既祭之末而不忘至賤而以其餘畀之是故明君在上則竟內之民無凍餒者矣此之謂上下之際明足以見之見此卑者也仁足以與之與此卑者也

足利本第五十七卷第二十葉

煇周禮作韗謂韗磔皮革之官也翟謂教羽舞者也古者不使刑人守門謂夏殷時

疏 正義曰此一節明祭之第十倫也　夫祭有畀煇胞翟閽者惠下之道也者畀與也煇也胞也翟也閽也此四者皆是賤官於祭之末與此四者以恩賜是惠施之道也　明足以見之者謂有德之君德能昭明足以見其惠下之義　仁足以與之者以君有仁恩足能賜與於下　古者不使刑人守門者此作記之人以見周刑人守門以祭末又何恩賜與刑人故明之云古者夏殷之時不使刑人守門雖是賤人所以得恩賜　此四守者吏之至賤者也者旣每言賤明但是各守其職之人能爲四物故云四守也　尸又至尊以至尊旣祭之末而不忘至賤而以其餘畀之是故明君在上則竟内之民無凍餒者矣者更廣明貴有餘分與至賤爲恩之深也人君身尊而尸又更尊故言又也　此之謂上下之際者結十倫也際接也至尊與賤者其道接也

注 煇周至殷時　正義曰案周禮考工記韗人爲皐陶鄭云皐陶

禮記義五十七　二十　才堅

鼓木也言韗人之官掌作鼓木張皮兩頭鞔之以爲鼓是韗磔皮革之官云翟謂教羽舞者也者羽翟羽故詩邶風云左手執籥右手秉翟翟即狄也古字通用云古者不使刑人守門謂夏殷時者以周禮墨者使守門故知不使刑人守門謂夏殷時也

凡祭有四時春祭曰礿夏祭曰禘秋祭曰嘗冬祭曰烝謂夏殷時禮也礿禘陽義也嘗烝陰義也禘者陽之盛也嘗者陰之盛也故曰莫重於禘嘗夏者尊卑著而秋萬物成古者於禘也發爵賜服順陽義也於嘗也出田邑發秋政順陰義也言爵命屬陽國地屬陰故記曰嘗之日發

潘本第五十七卷第二十葉

煇周禮作韗謂韗磔皮革之官也翟謂教羽舞者也古者不使刑人守門謂夏殷時

疏 正義曰此一節明祭之第十倫也　夫祭有畀煇胞翟閽者惠下之道也者畀與也煇也胞也翟也閽也此四者皆是賤官於祭之末與此四者以恩賜是惠施之道也　明足以見之者謂有德之君德能昭明足以見其惠下之義　仁足以與之者以君有仁恩足能賜與於下　古者不使刑人守門者此作記之人以見周刑人守門以祭末又何恩賜與刑人故明之云古者夏殷之時不使刑人守門雖是賤人所以得恩賜　此四守者吏之至賤者也者旣每言賤明但是各守其職之人能爲四物故云四守也　尸又至尊以至尊旣祭之末而不忘至賤而以其餘畀之是故明君在上則竟内之民無凍餒者矣者更廣明貴有餘分與至賤爲恩之深也人君身尊而尸又更尊故言又也　此之謂上下之際者結十倫也際接也至尊與賤者其道接也

注 煇周至殷時　正義曰案周禮考工記韗人爲皐陶鄭云皐陶

禮記義五十七　二十　才堅

鼓木也言韗人之官掌作鼓木張皮兩頭鞔之以爲鼓是韗磔皮革之官云翟謂教羽舞者也者羽翟羽故詩邶風云左手執籥右手秉翟翟即狄也古字通用云古者不使刑人守門謂夏殷時者以周禮墨者使守門故知不使刑人守門謂夏殷時也

凡祭有四時春祭曰礿夏祭曰禘秋祭曰嘗冬祭曰烝謂夏殷時禮也礿禘陽義也嘗烝陰義也禘者陽之盛也嘗者陰之盛也故曰莫重於禘嘗夏者尊卑著而秋萬物成古者於禘也發爵賜服順陽義也於嘗也出田邑發秋政順陰義也言爵命屬陽國地屬陰故記曰嘗之日發

足利本第五十七卷第二十一葉

公室示賞也草艾則墨未發秋政則民弗敢草也發公室出賞物也草艾謂艾取草也秋草木成可芟艾給爨亨時則始行小刑也故曰禘嘗之義大矣治國之本也不可不知也明其義者君也能其事者臣也不明其義君人不全不能其事爲臣不全全猶具也夫義者所以濟志也諸德之發也是故其德盛者其志厚其志厚者其義章其義章者其祭也敬祭敬則竟内之子孫莫敢不敬矣濟成也發謂機發也竟内之子孫萬人爲子孫是故君子之祭也必身親涖之有故則使人可也雖使人也君不失其義者君明其義故也涖臨也君不失其義者言君雖不自親祭祭禮無闕於君德不損也其德薄者其志輕疑於其義而求祭使之必敬也弗可得已祭而不敬何以爲民父母矣疏正義曰此一節明祭祀之重禘嘗之義人君若能明於其義可以爲民父母今各隨文解之　禘者陽之盛也者以禘祭在夏夏爲炎暑故爲陽盛　嘗者陰之盛也者以嘗祭在秋秋之時陰功成就故爲陰盛冬雖嚴寒以物於秋成故不得以冬烝對夏禘　注言爵至屬陰　正義曰爵命是生養之事故屬陽國地是土地之事故屬陰　故記至草也

禮記義五十七　二十一　許富

潘本第五十七卷第二十一葉

公室示賞也草艾則墨未發秋政則民弗敢草也發公室出賞物也草艾謂艾取草也秋草木成可芟艾給爨亨時則始行小刑也故曰禘嘗之義大矣治國之本也不可不知也明其義者君也能其事者臣也不明其義君人不全不能其事爲臣不全全猶具也夫義者所以濟志也諸德之發也是故其德盛者其志厚其志厚者其義章其義章者其祭也敬祭敬則竟内之子孫莫敢不敬矣濟成也發謂機發也竟内之子孫萬人爲子孫是故君子之祭也必身親涖之有故則使人可也雖使人也君不失其義者君明其義故也涖臨也君不失其義者言君雖不自親祭祭禮無闕於君德不損也其德薄者其志輕疑於其義而求祭使之必敬也弗可得已祭而不敬何以爲民父母矣疏正義曰此一節明祭祀之重禘嘗之義人君若能明於其義可以爲民父母今各隨文解之　禘者陽之盛也者以禘祭在夏夏爲炎暑故爲陽盛　嘗者陰之盛也者以嘗祭在秋秋之時陰功成就故爲陰盛冬雖嚴寒以物於秋成故不得以冬烝對夏禘　注言爵至屬陰　正義曰爵命是生養之事故屬陽國地是土地之事故屬陰　故記至草也

禮記義五十七　二十一　許富

足利本第五十七卷第二十二葉

以記録之前先有此記之文故作記者載此前記之文所
以言記曰也此記云嘗祭之日發出公室貨財以示賞也
草艾則墨者謂初秋草堪艾給炊爨之時則行小刑之
墨未發秋政則民不敢艾草也言夏節雖盡人君未發行
秋政則民不敢艾草也 注發公室出賞物也 正義曰
案左傳云賞以春夏刑以秋冬此嘗之日發公室示賞者
文各有所對以賞對刑則賞屬春夏刑屬秋冬其實四時
之間皆有賞故車服屬夏田邑屬秋出田邑之時亦有物
也故觀禮秋時賜侯氏車服及篋服也 夫義者所以濟
志也者濟成也言禘嘗之義若人君明之所以成就其志
諸德之發也者發謂機發也諸衆也言義者是人君衆德
之發謂諸衆人之德發在於義 是故其德盛者其志厚
者謂人君道德顯盛則念親志意而深厚若能念親深厚
則事親祭祀其義章明顯著若能事親章明顯著則其祭
也恭敬以此化下則竟内民之子孫無敢不恭敬其親矣
以化於上故也 雖使人也君不失其義者君明其義故也

禮記義五十七 二十二 馬春

言祭祀之時身既有故使人攝之雖使人攝由君能恭
敬不喪失於爲君之義所以然者由君自明曉於禘嘗之
義故也 其德薄者其志輕者 言人君道淺義薄則其念親志
意不能厚重 疑於其義至民父母矣者謂志意既輕疑
惑於祭祀之義皆不能盡心致敬身既危疑
而欲求祭使之必敬不可得已已是語辭 夫鼎有銘
銘者自名也自名以稱揚其先祖之美而明
著之後世者也爲先祖者莫不有美焉莫
不有惡焉銘之義稱美而不稱惡此孝子
孝孫之心也唯賢者能之 銘謂書之刻之以識事者也自名謂稱揚其先
祖之德着己名於下 銘者論譔其先祖之有德善功烈

潘本第五十七卷第二十二葉

以記録之前先有此記之文故作記者載此前記之文所
以言記曰也此記云嘗祭之日發出公室貨財以示賞也
草艾則墨者謂初秋草堪艾給炊爨之時則行小刑之
墨未發秋政則民不敢艾草也言夏節雖盡人君未發行
秋政則民不敢艾草也 注發公室出賞物也 正義曰
案左傳云賞以春夏刑以秋冬此嘗之日發公室示賞者
文各有所對以賞對刑則賞屬春夏刑屬秋冬其實四時
之間皆有賞故車服屬夏田邑屬秋出田邑之時亦有物
也故觀禮秋時賜侯氏車服及篋服也 夫義者所以濟
志也者濟成也言禘嘗之義若人君明之所以成就其志
諸德之發也者發謂機發也諸衆也言義者是人君衆德
之發謂諸衆人之德發在於義 是故其德盛者其志厚
者謂人君道德顯盛則念親志意而深厚若能念親深厚
則事親祭祀其義章明顯著若能事親章明顯著則其祭
也恭敬以此化下則竟内民之子孫無敢不恭敬其親矣
以化於上故也 雖使人也君不失其義者君明其義故也

禮記義五十七 二十二 馬春

言祭祀之時身既有故使人攝之雖使人攝由君能恭
敬不喪失於爲君之義所以然者由君自明曉於禘嘗之
義故也 其德薄者其志輕者 言人君道淺義薄則其念親志
意不能厚重 疑於其義至民父母矣者謂志意既輕疑
惑於祭祀之義皆不能盡心致敬身既危疑
而欲求祭使之必敬不可得已已是語辭 夫鼎有銘
銘者自名也自名以稱揚其先祖之美而明
著之後世者也爲先祖者莫不有美焉莫
不有惡焉銘之義稱美而不稱惡此孝子
孝孫之心也唯賢者能之 銘謂書之刻之以識事者也自名謂稱揚其先
祖之德着己名於下 銘者論譔其先祖之有德善功烈

足利本第五十七卷第二十三葉

勳勞慶賞聲名列於天下而酌之祭器自成其名焉以祀其先祖者也顯揚先祖所以崇孝也身比焉順也明示後世教也烈業也王功曰勳事功曰勞酌之祭器言斟酌其美傳著於鍾鼎也身比焉謂自著名於下也順也自著名以稱揚先祖之德孝順之行也教也所以教後世夫銘者壹稱而上下皆得焉耳矣是故君子之觀於銘也既美其所稱又美其所爲美其所爲美此人爲此銘爲之者明足以見之仁足以與之知足以利之可謂賢矣賢而勿伐可謂恭矣明足以見之見其先祖之美也仁足以與之與其先祖之銘也非有仁恩君不使與之也知足以利之利己名得比於先祖故衛孔悝之鼎銘曰六月丁亥公假于大廟孔悝衛大夫也公衛莊公蒯聵也得孔悝之立依禮褒之以靜國人自固也假至也至於大廟謂以夏之孟夏禘祭公曰叔舅乃祖莊叔左右成公成公乃命莊叔隨難于漢陽即宮于宗周奔走無射公曰叔舅者公爲策書尊呼孔悝而命之也乃猶女也莊叔悝七世之祖衛大夫孔達也隨難者謂成公爲晉文公所伐出奔楚命莊叔從焉漢楚之川也即宮於宗周後反得國坐殺弟叔武晉人執而歸之於京師寘之深室也射厭也言莊叔常奔走至勞苦而不厭倦也周既去鎬京猶名王城爲宗周也啓右獻

禮記義五十七　二十三　高尚彦

潘本第五十七卷第二十三葉

勳勞慶賞聲名列於天下而酌之祭器自成其名焉以祀其先祖者也顯揚先祖所以崇孝也身比焉順也明示後世教也烈業也王功曰勳事功曰勞酌之祭器言斟酌其美傳著於鍾鼎也身比焉謂自著名於下也順也自著名以稱揚先祖之德孝順之行也教也所以教後世夫銘者壹稱而上下皆得焉耳矣是故君子之觀於銘也既美其所稱又美其所爲美其所爲美此人爲此銘爲之者明足以見之仁足以與之知足以利之可謂賢矣賢而勿伐可謂恭矣明足以見之見其先祖之美也仁足以與之與其先祖之銘也非有仁恩君不使與之也知足以利之利己名得比於先祖故衛孔悝之鼎銘曰六月丁亥公假于大廟孔悝衛大夫也公衛莊公蒯聵也得孔悝之立依禮褒之以靜國人自固也假至也至於大廟謂以夏之孟夏禘祭公曰叔舅乃祖莊叔左右成公成公乃命莊叔隨難于漢陽即宮于宗周奔走無射公曰叔舅者公爲策書尊呼孔悝而命之也乃猶女也莊叔悝七世之祖衛大夫孔達也隨難者謂成公爲晉文公所伐出奔楚命莊叔從焉漢楚之川也即宮於宗周後反得國坐殺弟叔武晉人執而歸之於京師寘之深室也射厭也言莊叔常奔走至勞苦而不厭倦也周既去鎬京猶名王城爲宗周也啓右獻

禮記義五十七　二十三　高尚彦

公獻公乃命成叔纂乃祖服獻公衛侯衎成公曾孫也亦失國得反言莊叔之功流於後世啓右獻公使得反國也成叔莊叔之孫成子烝鉏也右助也纂繼也服事也獻公反國命成子繼女祖莊叔之事欲其忠如孔達也乃考文叔興舊嗜欲作率慶士躬恤衛國其勤公家夙夜不解民咸曰休哉文叔者成叔之曾孫文子圉即悝父也作起也率循也慶善也士之言事也言文叔能興行先祖之舊德起而循其善事若公曰叔舅子女銘若纂乃考服乃猶女也公命悝子女先祖以銘以尊顯之女繼女父之事欲其忠如文子也成公獻公莊公皆失國得反言孔氏世有功焉寵之也悝拜稽首曰對揚以辟之對遂也辟明也言遂揚君命以明我先祖之德也勤大命施于烝彝鼎施猶著也言我將行君之命又刻著於烝祭之彝鼎彝尊也周禮大約劑書於宗彝此衛孔悝之鼎銘也言銘之類衆多也略取此一以言之古之君子論譔其先祖之美而明著之後世者也以比其身以重其國家如此如莊公命孔悝之爲也莊公孔悝雖無令德以終其事於禮是行之非子孫之守宗廟社稷者其先祖無美而稱之是誣也有善而弗知不明也知而弗傳不仁也此三者君子之所恥也疏正義曰以前經明事親致敬此一節明稱揚先祖之美今各依文解之銘者自名也者言爲先

禮記義五十七　二十四　李寔

公獻公乃命成叔纂乃祖服獻公衛侯衎成公曾孫也亦失國得反言莊叔之功流於後世啓右獻公使得反國也成叔莊叔之孫成子烝鉏也右助也纂繼也服事也獻公反國命成子繼女祖莊叔之事欲其忠如孔達也乃考文叔興舊嗜欲作率慶士躬恤衛國其勤公家夙夜不解民咸曰休哉文叔者成叔之曾孫文子圉即悝父也作起也率循也慶善也士之言事也言文叔能興行先祖之舊德起而循其善事若公曰叔舅子女銘若纂乃考服乃猶女也公命悝子女先祖以銘以尊顯之女繼女父之事欲其忠如文子也成公獻公莊公皆失國得反言孔氏世有功焉寵之也悝拜稽首曰對揚以辟之對遂也辟明也言遂揚君命以明我先祖之德也勤大命施于烝彝鼎施猶著也言我將行君之命又刻著於烝祭之彝鼎彝尊也周禮大約劑書於宗彝此衛孔悝之鼎銘也言銘之類衆多也略取此一以言之古之君子論譔其先祖之美而明著之後世者也以比其身以重其國家如此如莊公命孔悝之爲也莊公孔悝雖無令德以終其事於禮是行之非子孫之守宗廟社稷者其先祖無美而稱之是誣也有善而弗知不明也知而弗傳不仁也此三者君子之所恥也疏正義曰以前經明事親致敬此一節明稱揚先祖之美今各依文解之銘者自名也者言爲先

禮記義五十七　二十四　李寔

足利本第五十七卷第二十五葉

祖之銘者自著己之功名於下　自名以稱揚其先祖之美而明著之後世者也謂自著己名之時先稱揚其先祖之美於上而使昭明顯著於後世　銘者論譔其先祖之有德善者論謂論說譔則譔録言子孫爲銘論說譔録其先祖道德善事功烈勳勞慶賞聲名列於天下者此先祖美善之事也烈業也謂有功業勳勞有慶賞聲名著於天下者也　而酌之祭器者酌斟酌也祭器鍾鼎也若有聲名徧普天下者則斟酌列書著於君之鍾鼎也　自成其名焉者先書先祖之德於器上又自成己名於先祖銘下也　以祀其先祖者也者祀祖謂預君祫祭也禮功臣既得銘鼎則得預君大祫令先祖被銘預祫是尊其先祖也　顯揚先祖所以崇孝也者釋所以必銘義也爲崇於孝道故稱揚先祖也　身比焉順也者比次也先稱祖德而已身親自著名次於下是崇孝順之行也　明示後世教也者爲人子孫能得稱揚先祖明示後世使後世斅慕即是教也

注烈業至後世　正義曰烈業也釋詁文王功曰勳事功

禮記義五十七　二十五　李憲

曰勞周禮司勳文云傅著於鐘鼎也者傅附也言鐫勒先祖功名附著於鍾鼎或解傅爲傳述於鐘鼎義亦通也云自著名以稱揚先祖之德者解經身比焉云孝順之行也者以解經順也云教也所以教後世者言稱先祖明示後世所以教後世使如先祖之善也故云教也　夫銘者壹稱謂造銘唯壹稱先祖之善　而上下皆得焉耳矣者上謂光揚先祖下謂成己順行又垂教來世也旣美其所稱又美其所爲者釋上下皆得也所稱謂先祖也所爲謂己身行業也君子有德之士觀銘必見此二事之美爲之者謂爲銘之人也　明足以見之者謂已有顯明之德足以見先祖之美　仁足以與之者謂已有仁恩故君上足以著先祖之銘與之　知足以利之者謂己有知謀足以利益於己得上比先祖也　可謂賢矣者言爲銘之人備此三事所以爲賢　賢而勿伐可謂恭矣者旣備三事爲賢又不自伐是爲恭也故云可謂恭矣

注孔悝至禘祭　正義曰云得孔悝之立己

潘本第五十七卷第二十五葉

祖之銘者自著己之功名於下　自名以稱揚其先祖之美而明著之後世者也謂自著己名之時先稱揚其先祖之美於上而使昭明顯著於後世　銘者論譔其先祖之有德善者論謂論說譔則譔録言子孫爲銘論說譔録其先祖道德善事功烈勳勞慶賞聲名列於天下者此先祖美善之事也烈業也謂有功業勳勞有慶賞聲名著於天下者也　而酌之祭器者酌斟酌也祭器鍾鼎也若有聲名徧普天下者則斟酌列書著於君之鍾鼎也　自成其名焉者先書先祖之德於器上又自成己名於先祖銘下也　以祀其先祖者也者祀祖謂預君祫祭也禮功臣既得銘鼎則得預君大祫令先祖被銘預祫是尊其先祖也　顯揚先祖所以崇孝也者釋所以必銘義也爲崇於孝道故稱揚先祖也　身比焉順也者比次也先稱祖德而已身親自著名次於下是崇孝順之行也　明示後世教也者爲人子孫能得稱揚先祖明示後世使後世斅慕即是教也

注烈業至後世　正義曰烈業也釋詁文王功曰勳事功

禮記義五十七　二十五　李憲

曰勞周禮司勳文云傅著於鐘鼎也者傅附也言鐫勒先祖功名附著於鍾鼎或解傅爲傳述於鐘鼎義亦通也云自著名以稱揚先祖之德者解經身比焉云孝順之行也者以解經順也云教也所以教後世者言稱先祖明示後世所以教後世使如先祖之善也故云教也　夫銘者壹稱謂造銘唯壹稱先祖之善　而上下皆得焉耳矣者上謂光揚先祖下謂成己順行又垂教來世也旣美其所稱又美其所爲者釋上下皆得也所稱謂先祖也所爲謂己身行業也君子有德之士觀銘必見此二事之美爲之者謂爲銘之人也　明足以見之者謂已有顯明之德足以見先祖之美　仁足以與之者謂已有仁恩故君上足以著先祖之銘與之　知足以利之者謂己有知謀足以利益於己得上比先祖也　可謂賢矣者言爲銘之人備此三事所以爲賢　賢而勿伐可謂恭矣者旣備三事爲賢又不自伐是爲恭也故云可謂恭矣

注孔悝至禘祭　正義曰云得孔悝之立己

者案哀二年晉趙鞅納蒯聵于戚至哀十五年傳云衛孔圉娶蒯聵之姊生悝孔氏之豎渾良夫通於伯姬伯姬使良夫往蒯聵蒯聵與良夫入衛舍孔氏之外圃遂入適伯姬氏伯姬與大子五人迫孔悝於廁強盟之遂劫以登臺於是得國是得孔悝之立己也假至也釋詁文云至於大廟謂以夏之孟夏禘祭者以經云六月是周之六月是夏之孟月禘祭之時以諸侯命臣在於祭日案左傳哀十五年冬蒯聵得國十六年六月衛侯飲孔悝酒而逐之此得六月命之者蓋命後即逐之故俱在六月　公曰至休哉此一節是孔悝父祖鼎銘之辭　叔舅者孔悝是異姓大夫年幼故稱叔舅　乃祖莊叔者乃女也祖莊叔者謂孔悝之七世祖孔達也　左右成公者左右助也輔助衛成公成公乃命莊叔隨難于漢陽者難謂成公被晉所伐出奔於楚謂成公命孔達隨出逃難而往漢陽即是楚地在漢水之北　即宮于宗周者即就也宮謂宮室成公後得反國又坐殺弟叔武被晉討之歸于京師寘於深室之中

禮記義五十七　二十六　許當

是即宮也　奔走無射者言孔達隨難漢陽及即宮於宗周常奔走勞苦無厭倦　啓右獻公獻公乃命成叔纂乃祖服者啓開也右助也言莊叔餘功流於後世能右助獻公獻公雖復出奔乃得反國其時孔達之孫成叔輔佐獻公故獻公乃命成叔纂繼女祖孔達舊所服行之事　乃考文叔者孔圉是孔悝之父故云乃考　興舊嗜欲者言父圉能興行先祖舊德嗜欲所爲　作率慶士躬恤衛國其勤公家夙夜不解民咸曰休哉者作起也率循也慶善也士事也言孔悝能起發依循善事躬優恤衛國勤勞公家早夜不解倦民皆曰功德休美哉此是孔悝先祖功業鼎銘之辭也　注莊叔至周也　正義曰案世本莊叔達生得閭叔穀穀生成叔烝鉏鉏生頃叔羅羅生昭叔起起生文叔圉圉生悝莊叔是悝七世祖也云成公爲晉文公所伐出奔楚者案僖二十八年左傳稱衛與楚晉文公敗楚於城濮衛侯懼出居於襄牛遂奔楚云坐殺弟叔武晉人執而歸之於京師寘之深室也者亦僖二十八年左傳文

者案哀二年晉趙鞅納蒯聵于戚至哀十五年傳云衛孔圉娶蒯聵之姊生悝孔氏之豎渾良夫通於伯姬伯姬使良夫往蒯聵蒯聵與良夫入衛舍孔氏之外圃遂入適伯姬氏伯姬與大子五人迫孔悝於廁強盟之遂劫以登臺於是得國是得孔悝之立己也假至也釋詁文云至於大廟謂以夏之孟夏禘祭者以經云六月是周之六月是夏之孟月禘祭之時以諸侯命臣在於祭日案左傳哀十五年冬蒯聵得國十六年六月衛侯飲孔悝酒而逐之此得六月命之者蓋命後即逐之故俱在六月　公曰至休哉此一節是孔悝父祖鼎銘之辭　叔舅者孔悝是異姓大夫年幼故稱叔舅　乃祖莊叔者乃女也祖莊叔者謂孔悝之七世祖孔達也　左右成公者左右助也輔助衛成公成公乃命莊叔隨難于漢陽者難謂成公被晉所伐出奔於楚謂成公命孔達隨出逃難而往漢陽即是楚地在漢水之北　即宮于宗周者即就也宮謂宮室成公後得反國又坐殺弟叔武被晉討之歸于京師寘於深室之中

禮記義五十七　二十六　許當

是即宮也　奔走無射者言孔達隨難漢陽及即宮於宗周常奔走勞苦無厭倦　啓右獻公獻公乃命成叔纂乃祖服者啓開也右助也言莊叔餘功流於後世能右助獻公獻公雖復出奔乃得反國其時孔達之孫成叔輔佐獻公故獻公乃命成叔纂繼女祖孔達舊所服行之事　乃考文叔者孔圉是孔悝之父故云乃考　興舊嗜欲者言父圉能興行先祖舊德嗜欲所爲　作率慶士躬恤衛國其勤公家夙夜不解民咸曰休哉者作起也率循也慶善也士事也言孔悝能起發依循善事躬優恤衛國勤勞公家早夜不解倦民皆曰功德休美哉此是孔悝先祖功業鼎銘之辭也　注莊叔至周也　正義曰案世本莊叔達生得閭叔穀穀生成叔烝鉏鉏生頃叔羅羅生昭叔起起生文叔圉圉生悝莊叔是悝七世祖也云成公爲晉文公所伐出奔楚者案僖二十八年左傳稱衛與楚晉文公敗楚於城濮衛侯懼出居於襄牛遂奔楚云坐殺弟叔武晉人執而歸之於京師寘之深室也者亦僖二十八年左傳文

足利本第五十七卷第二十七葉

晉人歸衛侯入其室弟叔武將沐聞君至喜捉髮走出前
驅歂大射而殺之其大夫元咺出奔晉訟衛侯衛侯不勝
執衛侯歸之于京師寘諸深室是其事也案左傳於時無
孔達之事而云之者傳文不具或者蒯聵欲褒美孔悝故
假其先祖之功而言之也 注 獻公至達也 正義曰案
衛世家衛成公生穆公穆公生定公定公生獻公是衎爲
成公曾孫云亦失國得反者案襄十四年左傳稱衛孫文
子甯惠子逐衛侯衛侯出奔齊是亦失國也稱亦者亦成
公也其時亦非成叔之功假言之也云纂繼也服事也釋
詁文下注率循也亦釋詁文 公曰叔舅子女銘若纂乃
考服 此一節明蒯聵與孔悝銘之言也及勑戒之使繼
先祖故云纂乃考服 悝拜至彝鼎 此一節明孔悝拜受
君恩言已光揚先祖之德行君之大命著於彝鼎對揚以
辟之者對遂也揚稱揚也辟明也言已遂稱揚君命以光
明我先祖之美 勤大命施于烝彝鼎者勤行也施著也
烝謂烝祭言已勤行君之大命著於烝祭之彝尊及鼎也

禮記義五十七 二十七 趙通

此衛孔悝之鼎銘也 記者録其銘故以結之但休哉以
上是稱其先祖公曰叔舅以下至彝鼎是自著其名於下
是以身比焉比先祖也 昔者周公旦有勳勞於天下周公
既没成王康王追念周公之所以勳勞者而
欲尊魯故賜之以重祭外祭則郊社是也
内祭則大嘗禘是也 言此者王室所銘若周公之功 夫大嘗禘
升歌清廟下而管象朱干玉戚以舞大武
八佾以舞大夏此天子之樂也康周公故以
賜魯也 清廟頌文王之詩也管象吹管而舞武象之樂也朱干赤盾戚斧也此武象之舞所執也

潘本第五十七卷第二十七葉

晉人歸衛侯入其室弟叔武將沐聞君至喜捉髮走出前
驅歂大射而殺之其大夫元咺出奔晉訟衛侯衛侯不勝
執衛侯歸之于京師寘諸深室是其事也案左傳於時無
孔達之事而云之者傳文不具或者蒯聵欲褒美孔悝故
假其先祖之功而言之也 注 獻公至達也 正義曰案
衛世家衛成公生穆公穆公生定公定公生獻公是衎爲
成公曾孫云亦失國得反者案襄十四年左傳稱衛孫文
子甯惠子逐衛侯衛侯出奔齊是亦失國也稱亦者亦成
公也其時亦非成叔之功假言之也云纂繼也服事也釋
詁文下注率循也亦釋詁文 公曰叔舅子女銘若纂乃
考服 此一節明蒯聵與孔悝銘之言也及勑戒之使繼
先祖故云纂乃考服 悝拜至彝鼎 此一節明孔悝拜受
君恩言已光揚先祖之德行君之大命著於彝鼎對揚以
辟之者對遂也揚稱揚也辟明也言已遂稱揚君命以光
明我先祖之美 勤大命施于烝彝鼎者勤行也施著也
烝謂烝祭言已勤行君之大命著於烝祭之彝尊及鼎也

禮記義五十七 二十七 趙通

此衛孔悝之鼎銘也 記者録其銘故以結之但休哉以
上是稱其先祖公曰叔舅以下至彝鼎是自著其名於下
是以身比焉比先祖也 昔者周公旦有勳勞於天下周公
既没成王康王追念周公之所以勳勞者而
欲尊魯故賜之以重祭外祭則郊社是也
内祭則大嘗禘是也 言此者王室所銘若周公之功 夫大嘗禘
升歌清廟下而管象朱干玉戚以舞大武
八佾以舞大夏此天子之樂也康周公故以
賜魯也 清廟頌文王之詩也管象吹管而舞武象之樂也朱干赤盾戚斧也此武象之舞所執也

佾猶列也大夏禹樂文舞也執羽籥文武之舞皆八
列互言之耳康猶褒大也易晉卦曰康侯用錫馬　子孫
纂之至于今不廢所以明周公之德而又以
重其國也　不廢不廢其此禮樂也重猶尊也　疏　正義曰此一節因上說鼎銘明先祖之善
故此明周公之勳子孫纂之特重於餘國亦光揚之事
外祭則郊社者諸侯常祭唯社稷以下魯之祭社與郊連
文則用天子之禮也　內祭則大嘗禘者祫祭在秋也
大嘗禘祭在夏也是大嘗禘得用天子之禮則升歌清廟
及舞大武大夏之屬皆用天子之禮所以爲大嘗禘也餘
諸侯則不得大嘗禘　升歌清廟者升堂歌清廟清廟頌
文王之詩也　下而管象者堂下吹管而舞武象之樂也
朱干玉戚以舞大武者朱干赤盾也戚斧也以玉飾其柄
此武象之舞所執　八佾以舞大夏者大夏禹樂文舞也
執羽籥此天子之樂也　康周公故以賜魯也者升歌清

禮記義五十七　二十八　周泉

廟以下並是天子之樂故以此結之也　注武象至錫馬
正義曰言文武之舞皆八列互言之耳者以經云八佾
以舞大夏舞大武不顯佾數則舞大武亦八佾也大
武云朱干玉戚其大夏則不用朱干玉戚當用羽籥而
云互文者以大夏言舞數則大武亦當有舞數大武言所
執舞器則大夏亦有舞器故云互也　易晉卦康侯用錫
馬者證康是褒崇之義案易晉卦坤下离上日出於地爲
晉晉進也言明進也　子孫至國也者言魯是周公子孫
繼周公之後至今不廢此禮樂謂作記之時也
所以明周公之有德而又以尊重其魯國也

禮記正義卷第五十七

足利本第五十七卷第二十八葉

佾猶列也大夏禹樂文舞也執羽籥文武之舞皆八
列互言之耳康猶褒大也易晉卦曰康侯用錫馬　子孫
纂之至于今不廢所以明周公之德而又以
重其國也　不廢不廢其此禮樂也重猶尊也　疏　正義曰此一節因上說鼎銘明先祖之善
故此明周公之勳子孫纂之特重於餘國亦光揚之事
外祭則郊社者諸侯常祭唯社稷以下魯之祭社與郊連
文則用天子之禮也　內祭則大嘗禘者祫祭在秋也
大嘗禘祭在夏也是大嘗禘得用天子之禮則升歌清廟
及舞大武大夏之屬皆用天子之禮所以爲大嘗禘也餘
諸侯則不得大嘗禘　升歌清廟者升堂歌清廟清廟頌
文王之詩也　下而管象者堂下吹管而舞武象之樂也
朱干玉戚以舞大武者朱干赤盾也戚斧也以玉飾其柄
此武象之舞所執　八佾以舞大夏者大夏禹樂文舞也
執羽籥此天子之樂也　康周公故以賜魯也者升歌清

禮記義五十七　二十八　周泉

廟以下並是天子之樂故以此結之也　注武象至錫馬
正義曰言文武之舞皆八列互言之耳者以經云八佾
以舞大夏舞大武不顯佾數則舞大武亦八佾也大
武云朱干玉戚其大夏則不用朱干玉戚當用羽籥而
云互文者以大夏言舞數則大武亦當有舞數大武言所
執舞器則大夏亦有舞器故云互也　易晉卦康侯用錫
馬者證康是褒崇之義案易晉卦坤下离上日出於地爲
晉晉進也言明進也　子孫至國也者言魯是周公子孫
繼周公之後至今不廢此禮樂謂作記之時也
所以明周公之有德而又以尊重其魯國也

禮記正義卷第五十七

潘本第五十七卷第二十八葉

足利本第五十八卷第一葉

禮記正義卷第五十八

國子祭酒上護軍曲阜縣開國子臣孔穎達等奉

勑撰

經解第二十六

正義曰案鄭目録云名曰經解者以其記六藝政教之得失也此於別録屬通論

孔子曰入其國其教可知也觀其風俗則知其所以教其爲人也温柔敦厚詩教也疏通知遠書教也廣博易良樂教也絜靜精微易教也恭儉莊敬禮教也屬辭比事春秋教也屬猶合也春秋多記諸侯朝聘會同有相接之辭罪辯之事故詩之失愚書之失誣樂之失奢易之失賊禮之失煩春秋之失亂失謂不能節其教者也詩敦厚近愚書知遠近誣易精微愛惡相攻遠近相取則不能容人近於傷害春秋習戰爭之事近亂其爲人也温柔敦厚而不愚則深於詩者也疏通知遠而不誣則深於書者也廣博易良而不奢則深於樂者也絜靜精微而不賊則深於易者也恭儉莊敬而不煩則深

禮記義五十八　一　王允

潘本第五十八卷第一葉

禮記正義卷第五十八

國子祭酒上護軍曲阜縣開國子臣孔穎達等奉

勑撰

經解第二十六

正義曰案鄭目録云名曰經解者以其記六藝政教之得失也此於別録屬通論

孔子曰入其國其教可知也觀其風俗則知其所以教其爲人也温柔敦厚詩教也疏通知遠書教也廣博易良樂教也絜靜精微易教也恭儉莊敬禮教也屬辭比事春秋教也屬猶合也春秋多記諸侯朝聘會同有相接之辭罪辯之事故詩之失愚書之失誣樂之失奢易之失賊禮之失煩春秋之失亂失謂不能節其教者也詩敦厚近愚書知遠近誣易精微愛惡相攻遠近相取則不能容人近於傷害春秋習戰爭之事近亂其爲人也温柔敦厚而不愚則深於詩者也疏通知遠而不誣則深於書者也廣博易良而不奢則深於樂者也絜靜精微而不賊則深於易者也恭儉莊敬而不煩則深

禮記義五十八　一　王允

足利本第五十八卷第二葉

於禮者也屬辭比事而不亂則深於春秋
者也言深者既能以教又防其失 疏 正義曰經解一篇摠是孔子之言記者録之以爲經解者
皇氏云解者分析之名此篇分析六經體教不同故名曰
經解也六經其教雖異摠以禮爲本故記者録入於禮
孔子曰入其國其教可知也者言人君以六經之道各隨
其民教之民從上教各從六經之性觀民風俗則知其教
故云其教可知也 温柔敦厚詩教也者温謂顔色温潤
柔謂情性和柔詩依違諷諫不指切事情故云温柔敦厚
是詩教也 疏通知遠書教也者書録帝王言誥舉其大綱
事非繁密是疏通上知帝皇之世是知遠也 廣博易良
樂教也者樂以和通爲體無所不用是廣博簡易良善使
人從化是易良 絜靜精微易教也者易之於人正則獲
吉邪則獲凶不爲淫濫是絜靜窮理盡性言入秋毫是精
微 恭儉莊敬禮教也者禮以恭遜節儉齊莊敬愼爲本若

禮記義五十八 二 陳真

人能恭敬節儉是禮之教也 屬辭比事春秋教也者屬
合也比近也春秋聚合會同之辭是屬辭比次褒貶之事
是比事也凡人君行此等六經之教以化於下在下染習
其教還有六經之性故云詩教書教之等 故詩之失愚
者詩主敦厚若不節之失在於愚 書之失誣者書廣知
久遠若不節制則失在於誣 樂之失奢者樂主廣博和
易若不節制則失在於奢 易之失賊者易主絜靜嚴正
遠近相取愛惡相攻若不節制則失在於賊害 禮之失
煩者禮主文物恭儉莊敬若不能節制則失在於煩苛
春秋之失亂者春秋習戰爭之事若不能節制失在於亂
此皆謂人君用之教下不能可否相濟節制合宜所以致
失也 其爲人也温柔敦厚而不愚則深於詩者也此一
經以詩化民雖用敦厚能以義節之欲使民雖敦厚不至
於愚則是在上深達於詩之義理能以詩教民也故云深
於詩者也以下諸經義皆放此 注云易精至之事 正
義曰易精微者易理微密相責褊切不能含容云愛惡相

潘本第五十八卷第二葉

於禮者也屬辭比事而不亂則深於春秋
者也言深者既能以教又防其失 疏 正義曰經解一篇摠是孔子之言記者録之以爲經解者
皇氏云解者分析之名此篇分析六經體教不同故名曰
經解也六經其教雖異摠以禮爲本故記者録入於禮
孔子曰入其國其教可知也者言人君以六經之道各隨
其民教之民從上教各從六經之性觀民風俗則知其教
故云其教可知也 温柔敦厚詩教也者温謂顔色温潤
柔謂情性和柔詩依違諷諫不指切事情故云温柔敦厚
是詩教也 疏通知遠書教也者書録帝王言誥舉其大綱
事非繁密是疏通上知帝皇之世是知遠也 廣博易良
樂教也者樂以和通爲體無所不用是廣博簡易良善使
人從化是易良 絜靜精微易教也者易之於人正則獲
吉邪則獲凶不爲淫濫是絜靜窮理盡性言入秋毫是精
微 恭儉莊敬禮教也者禮以恭遜節儉齊莊敬愼爲本若

禮記義五十八 二 陳真

人能恭敬節儉是禮之教也 屬辭比事春秋教也者屬
合也比近也春秋聚合會同之辭是屬辭比次褒貶之事
是比事也凡人君行此等六經之教以化於下在下染習
其教還有六經之性故云詩教書教之等 故詩之失愚
者詩主敦厚若不節之失在於愚 書之失誣者書廣知
久遠若不節制則失在於誣 樂之失奢者樂主廣博和
易若不節制則失在於奢 易之失賊者易主絜靜嚴正
遠近相取愛惡相攻若不節制則失在於賊害 禮之失
煩者禮主文物恭儉莊敬若不能節制則失在於煩苛
春秋之失亂者春秋習戰爭之事若不能節制失在於亂
此皆謂人君用之教下不能可否相濟節制合宜所以致
失也 其爲人也温柔敦厚而不愚則深於詩者也此一
經以詩化民雖用敦厚能以義節之欲使民雖敦厚不至
於愚則是在上深達於詩之義理能以詩教民也故云深
於詩者也以下諸經義皆放此 注云易精至之事 正
義曰易精微者易理微密相責褊切不能含容云愛惡相

足利本第五十八卷第三葉

攻者謂易卦六爻或陰爻乘陽或陽爻據陰近而不得是愛惡相攻也云遠近相取者謂彼此有應是遠近相取也或遠而無應近而不相得是遠近不相取也云則不能容人近於傷害者若意合則雖遠必相愛若意離雖近必相惡是不能容人不與己同浪被傷害是失於賊害也云春秋習戰爭之事者以春秋記諸侯相侵伐又有鬬爭之辭若僖二十八年晉人執衛侯歸之于京師昭十三年平丘之會子產爭承之類是也故前注云春秋記罪辯之事也然詩爲樂章詩樂是一而教別者若以聲音干戚以教人是樂教也若以詩辭美刺諷諭以教人是詩教也此爲政以教民故有六經若教國子弟於庠序之內則唯用四術故王制云春秋教以禮樂冬夏教以詩書是也此六經者惟論人君施化能以此教民民得從之未能行之至極也若盛明之君爲民之父母者則能恩惠下極於民則詩有好惡之情禮有政治之體樂有諧和性情皆能與民至極民同上情故孔子閒居云志之所至詩亦至焉詩之所至禮亦至焉禮之所至樂亦至焉是也其書易春秋非是恩情相感與民至極者故孔子閒居無書易及春秋也

禮記義五十八　三　許富

天子者與天地參故德配天地兼利萬物與日月並明明照四海而不遺微小其在朝廷則道仁聖禮義之序燕處則聽雅頌之音行步則有環佩之聲升車則有鸞和之音居處有禮進退有度百官得其宜萬事得其序詩云淑人君子其儀不忒其儀不忒正是四國此之謂也道猶言也環佩佩環佩玉也所以爲行節也玉藻曰

潘本第五十八卷第三葉

攻者謂易卦六爻或陰爻乘陽或陽爻據陰近而不得是愛惡相攻也云遠近相取者謂彼此有應是遠近相取也或遠而無應近而不相得是遠近不相取也云則不能容人近於傷害者若意合則雖遠必相愛若意離雖近必相惡是不能容人不與己同浪被傷害是失於賊害也云春秋習戰爭之事者以春秋記諸侯相侵伐又有鬬爭之辭若僖二十八年晉人執衛侯歸之于京師昭十三年平丘之會子產爭承之類是也故前注云春秋記罪辯之事也然詩爲樂章詩樂是一而教別者若以聲音干戚以教人是樂教也若以詩辭美刺諷諭以教人是詩教也此爲政以教民故有六經若教國子弟於庠序之內則唯用四術故王制云春秋教以禮樂冬夏教以詩書是也此六經者惟論人君施化能以此教民民得從之未能行之至極也若盛明之君爲民之父母者則能恩惠下極於民則詩有好惡之情禮有政治之體樂有諧和性情皆能與民至極民同上情故孔子閒居云志之所至詩亦至焉詩之所至禮亦至焉禮之所至樂亦至焉是也其書易春秋非是恩情相感與民至極者故孔子閒居無書易及春秋也

禮記義五十八　三　許富

天子者與天地參故德配天地兼利萬物與日月並明明照四海而不遺微小其在朝廷則道仁聖禮義之序燕處則聽雅頌之音行步則有環佩之聲升車則有鸞和之音居處有禮進退有度百官得其宜萬事得其序詩云淑人君子其儀不忒其儀不忒正是四國此之謂也道猶言也環佩佩環佩玉也所以爲行節也玉藻曰

進則揖之退則揚之然後玉鏘鳴也環取其無窮止玉則比德焉孔子佩象環五寸人君之環其制未聞也鸞和皆鈴也所以爲車行節也韓詩内傳曰鸞在衡和在軾前升車則馬動馬動則鸞鳴鸞鳴則和應居處朝廷與燕也進退行步與升車也

發號出令而民說謂之和上下相親謂之仁民不求其所欲而得之謂之信除去天地之害謂之義義與信和與仁霸王之器也有治民之意而無其器則不成器謂所操以作事者也義信和仁皆存乎禮

疏　正義曰此一節盛明天子霸王唯有禮爲霸王之器言禮之重也　與天地參者天覆地載生養萬物天子亦能覆載生養之功與天地相參齊等故云與天地參　詩云淑人君子其儀不忒其儀不忒正是四國者此詩曹風鳲鳩之篇刺上下不均平之詩言善人君子用心均平其威儀不有差忒以其不差故能正此四方之國　此之謂也者言詩之所云正當此聖人有禮之謂也　民不求其所欲而得之謂之信者謂明君在上睍睆於下民不須營求所欲之物自然得之是在上信實恩能覆養故也猶若尚書傳稱民擊壤而歌鑿井而飲耕田而食帝有何力是不求其所欲也天不言而四時行是信若四時故云謂之信也　除去天地之害謂之義者義宜也天地無害於物有宜故爲義天地害者謂水旱之等及疫癘之屬及天地之内有惡事害人皆名天地之害也　霸王之器者器謂人所操持以作事物者欲爲其事必先利其器言欲作霸王必須義信和仁是霸王之器也　注云韓詩至軾前　正義曰此鸞和所在謂朝祀所乘之車若田獵之車則鸞在鑣也故詩秦風云輶車鸞鑣箋云置鸞於鑣異於乘車是乘車鸞在衡也然鄭於商頌箋云在軾曰和在鑣曰鸞彼亦乘車鸞在鑣與秦

進則揖之退則揚之然後玉鏘鳴也環取其無窮止玉則比德焉孔子佩象環五寸人君之環其制未聞也鸞和皆鈴也所以爲車行節也韓詩内傳曰鸞在衡和在軾前升車則馬動馬動則鸞鳴鸞鳴則和應居處朝廷與燕也進退行步與升車也

發號出令而民說謂之和上下相親謂之仁民不求其所欲而得之謂之信除去天地之害謂之義義與信和與仁霸王之器也有治民之意而無其器則不成器謂所操以作事者也義信和仁皆存乎禮

疏　正義曰此一節盛明天子霸王唯有禮爲霸王之器言禮之重也　與天地參者天覆地載生養萬物天子亦能覆載生養之功與天地相參齊等故云與天地參　詩云淑人君子其儀不忒其儀不忒正是四國者此詩曹風鳲鳩之篇刺上下不均平之詩言善人君子用心均平其威儀不有差忒以其不差故能正此四方之國　此之謂也者言詩之所云正當此聖人有禮之謂也　民不求其所欲而得之謂之信者謂明君在上睍睆於下民不須營求所欲之物自然得之是在上信實恩能覆養故也猶若尚書傳稱民擊壤而歌鑿井而飲耕田而食帝有何力是不求其所欲也天不言而四時行是信若四時故云謂之信也　除去天地之害謂之義者義宜也天地無害於物有宜故爲義天地害者謂水旱之等及疫癘之屬及天地之内有惡事害人皆名天地之害也　霸王之器者器謂人所操持以作事物者欲爲其事必先利其器言欲作霸王必須義信和仁是霸王之器也　注云韓詩至軾前　正義曰此鸞和所在謂朝祀所乘之車若田獵之車則鸞在鑣也故詩秦風云輶車鸞鑣箋云置鸞於鑣異於乘車是乘車鸞在衡也然鄭於商頌箋云在軾曰和在鑣曰鸞彼亦乘車鸞在鑣與秦

禮記義五十八　四

詩箋不同者鄭於秦詩已解故於商頌略而不言或可以經無正文鄭爲兩說禮之於正國也猶衡之於輕重也繩墨之於曲直也規矩之於方圜也故衡誠縣不可欺以輕重繩墨誠陳不可欺以曲直規矩誠設不可欺以方圜君子審禮不可誣以姦詐衡稱也縣謂錘也陳設謂彈畫也誠猶審也或作成是故隆禮由禮謂之有方之士不隆禮不由禮謂之無方之民敬讓之道也故以奉宗廟則敬以入朝廷則貴賤有位以處室家則父子親兄弟和以處鄉里則長幼有序孔子曰安上治民莫善於禮此之謂也隆禮謂盛行禮也方猶道也春秋傳曰敎之以義方

疏 正義曰此一節贊明禮事之重治國之急故衡誠縣不可欺以輕重者衡謂稱衡縣謂稱錘誠審也若稱衡詳審縣錘則輕重必正故云不可欺以輕重 繩墨誠陳不可欺以曲直陳謂陳列若繩墨審能陳列則曲直必當故云不可欺以曲直 規矩誠設不可欺以方圜者規所以正圜矩所以正方設謂置設若規矩詳審置設則方圜必得故云不可欺以方圜 君子審禮不可誣以姦詐設譬既畢故此言結之言君子之人若能審詳於禮則姦詐自露不可誣罔也 是故隆禮由禮謂之有方之士者隆盛也由行也方道也若君子能隆盛行禮則可謂有道之士也反此則爲無知之民民是無知之稱故也 敬讓之道也者此言

詩箋不同者鄭於秦詩已解故於商頌略而不言或可以經無正文鄭爲兩說禮之於正國也猶衡之於輕重也繩墨之於曲直也規矩之於方圜也故衡誠縣不可欺以輕重繩墨誠陳不可欺以曲直規矩誠設不可欺以方圜君子審禮不可誣以姦詐衡稱也縣謂錘也陳設謂彈畫也誠猶審也或作成是故隆禮由禮謂之有方之士不隆禮不由禮謂之無方之民敬讓之道也故以奉宗廟則敬以入朝廷則貴賤有位以處室家則父子親兄弟和以處鄉里則長幼有序孔子曰安上治民莫善於禮此之謂也隆禮謂盛行禮也方猶道也春秋傳曰敎之以義方

禮記義五十八 五

疏 正義曰此一節贊明禮事之重治國之急故衡誠縣不可欺以輕重者衡謂稱衡縣謂稱錘誠審也若稱衡詳審縣錘則輕重必正故云不可欺以輕重 繩墨誠陳不可欺以曲直陳謂陳列若繩墨審能陳列則曲直必當故云不可欺以曲直 規矩誠設不可欺以方圜者規所以正圜矩所以正方設謂置設若規矩詳審置設則方圜必得故云不可欺以方圜 君子審禮不可誣以姦詐設譬既畢故此言結之言君子之人若能審詳於禮則姦詐自露不可誣罔也 是故隆禮由禮謂之有方之士者隆盛也由行也方道也若君子能隆盛行禮則可謂有道之士也反此則爲無知之民民是無知之稱故也 敬讓之道也者此言

足利本第五十八卷第六葉

禮之爲用是敬讓之道也爲下文而起　此之謂也者從篇首孔子曰入其國其教可知也至此長幼有序事相連接皆是孔子之辭記者録之而爲記其理既盡記者乃引孔子所作孝經之辭以結之故云此之謂也言孔子所云者正此經之所謂也　注春秋至義方　正義曰春秋左氏隱三年傳文衛莊公寵公子州吁石碏諫云臣聞愛子教之以義方弗納於邪引之者證方爲道也

故朝覲之禮所以明君臣之義也聘問之禮所以使諸侯相尊敬也喪祭之禮所以明臣子之恩也鄉飲酒之禮所以明長幼之序也昏姻之禮所以明男女之别也夫禮禁亂之所由生猶坊止水之所自來也故以舊坊爲無所用而壞之者必有水敗以舊禮爲無所用而去之者必有亂患　春見曰朝小聘曰問其篇今亡昏姻謂嫁取也壻曰昏妻曰姻自亦由也

疏　正義曰此一經明禮之所用各有所主又明舊禮不可不用之意但自此以下上承孔子曰此之謂也以後則是記者廣明安上治民之義非復孔子之言也　夫禮禁亂之所由生者由從也禮禁亂之所從生亂生之處則豫禁之若深宫固門閽寺守之諸侯夫人父母没不得歸寧之類是也　猶坊止水之所自來也坊謂堤坊人築堤坊止約水之所從來之處言若有汙下水來之處則豫坊障之故以舊坊爲無所用而壞之者必有水敗者譬言舊禮不可去也坊以止水忽有無知之人謂舊坊爲無所用而壞之坊壞則水必來敗於産業也　以舊禮爲無所用而

八　禮記義五十八　六　葛昌

潘本第五十八卷第六葉

禮之爲用是敬讓之道也爲下文而起　此之謂也者從篇首孔子曰入其國其教可知也至此長幼有序事相連接皆是孔子之辭記者録之而爲記其理既盡記者乃引孔子所作孝經之辭以結之故云此之謂也言孔子所云者正此經之所謂也　注春秋至義方　正義曰春秋左氏隱三年傳文衛莊公寵公子州吁石碏諫云臣聞愛子教之以義方弗納於邪引之者證方爲道也

故朝覲之禮所以明君臣之義也聘問之禮所以使諸侯相尊敬也喪祭之禮所以明臣子之恩也鄉飲酒之禮所以明長幼之序也昏姻之禮所以明男女之别也夫禮禁亂之所由生猶坊止水之所自來也故以舊坊爲無所用而壞之者必有水敗以舊禮爲無所用而去之者必有亂患　春見曰朝小聘曰問其篇今亡昏姻謂嫁取也壻曰昏妻曰姻自亦由也

疏　正義曰此一經明禮之所用各有所主又明舊禮不可不用之意但自此以下上承孔子曰此之謂也以後則是記者廣明安上治民之義非復孔子之言也　夫禮禁亂之所由生者由從也禮禁亂之所從生亂生之處則豫禁之若深宫固門閽寺守之諸侯夫人父母没不得歸寧之類是也　猶坊止水之所自來也坊謂堤坊人築堤坊止約水之所從來之處言若有汙下水來之處則豫坊障之故以舊坊爲無所用而壞之者必有水敗者譬言舊禮不可去也坊以止水忽有無知之人謂舊坊爲無所用而壞之坊壞則水必來敗於産業也　以舊禮爲無所用而

八　禮記義五十八　六　葛昌

去之者必有亂患者禮本防亂忽有愚人謂舊禮爲無所用而壞去之者則必有亂患之事也 注 壻曰昏妻曰姻 正義曰案爾雅釋親云壻之父爲姻婦之父爲婚此云壻曰昏妻曰姻者爾雅據男女父母此據男女之身壻則昏時而迎婦則因而隨之故云壻曰昏妻曰姻 故昏姻之禮廢則夫婦之道苦而淫辟之罪多矣鄉飲酒之禮廢則長幼之序失而爭鬬之獄繁矣喪祭之禮廢則臣子之恩薄而倍死忘生者衆矣聘覲之禮廢則君臣之位失諸侯之行惡而倍畔侵陵之敗起矣 苦謂不至不荅之屬 疏 正義曰此明禮

禮記正義五十八　七　高政

諸事不可闕廢若其闕廢則禍亂興也 而爭鬬之獄繁矣者以鄉飲酒之禮明上下長幼共相敬讓今若廢而不行則尊卑無序故爭鬬之獄繁多矣 而倍死亡生者衆矣者喪祭之禮所以敦勗臣子恩情使死者不見背違生者恒相存念若廢不行故臣子恩薄而死者見背生者被遺忘如此者多故云衆矣 而倍畔侵陵之敗起者倍畔謂據倍天子也侵陵謂侵陵鄰國也 注 苦謂至之屬 正義曰不至者謂夫親迎而女不至若詩陳風云昏以爲期明星煌煌注云女留他色不肯時行序云親迎女猶有不至者是也不荅者謂夫不荅耦於婦故邶風云日月衛莊姜傷已不見荅於先君是也此經覆說前經反明上事但前經尊重者在前卑輕者在後故先朝覲後昏姻也又殊別君臣故先朝覲後聘問下經所陳則據人倫切急者在前先昏姻次以鄉飲酒乃至於聘覲也聘覲合之者以其聘覲禮廢則君臣位失倍畔侵陵其惡相通故合言之也 故禮之教化也微

足利本第五十八卷第八葉

其止邪也於未形使人日徙善遠罪而不
自知也是以先王隆之也易曰君子愼始差
若豪氂繆以千里此之謂也隆謂尊盛之也始謂其微時也

疏正義曰故禮之教化也微者言禮之教人豫前事微之時豫教化之又教化之時依微不甚指斥 其止邪也於未形者謂止人之邪在於事未形著是教化於事微者也 使人至之也 又使人日日徙善遠於罪惡而不自覺知是教化依微不甚指斥爲此之故是以先世之王隆尚之也 易曰君子愼始差若豪氂繆以千重此之謂也者此易繫辭文也言君子謹愼事之初始差錯若豪氂之小至後廣大錯繆以至千里之大引之者證禮之防人在於未形著之前若初時不防則後致千里之繆故云此之謂也

禮記正義五十八　八　王春

哀公問第二十七

正義曰案鄭目録云名曰哀公問者善其問禮著謚顯之也此於别録屬通論 但此篇哀公所問凡有二事一者問禮二者問政問禮在前問政在後

哀公問於孔子曰大禮何如君子之言禮
何其尊也孔子曰丘也小人不足以知禮謙不荅也
君曰否吾子言之也孔子曰丘聞之民之所
由生禮爲大非禮無以節事天地之神也
非禮無以辯君臣上下長幼之位也非禮

潘本第五十八卷第八葉

其止邪也於未形使人日徙善遠罪而不
自知也是以先王隆之也易曰君子愼始差
若豪氂繆以千里此之謂也隆謂尊盛之也始謂其微時也

疏正義曰故禮之教化也微者言禮之教人豫前事微之時豫教化之又教化之時依微不甚指斥 其止邪也於未形者謂止人之邪在於事未形著是教化於事微者也 使人至之也 又使人日日徙善遠於罪惡而不自覺知是教化依微不甚指斥爲此之故是以先世之王隆尚之也 易曰君子愼始差若豪氂繆以千重此之謂也者此易繫辭文也言君子謹愼事之初始差錯若豪氂之小至後廣大錯繆以至千里之大引之者證禮之防人在於未形著之前若初時不防則後致千里之繆故云此之謂也

禮記義五十八　八　王春

哀公問第二十七

正義曰案鄭目録云名曰哀公問者善其問禮著謚顯之也此於别録屬通論 但此篇哀公所問凡有二事一者問禮二者問政問禮在前問政在後

哀公問於孔子曰大禮何如君子之言禮
何其尊也孔子曰丘也小人不足以知禮謙不荅也
君曰否吾子言之也孔子曰丘聞之民之所
由生禮爲大非禮無以節事天地之神也
非禮無以辯君臣上下長幼之位也非禮

無以別男女父子兄弟之親昏姻疏數之交也君子以此之爲尊敬然（言君子以此故尊禮）然後以其所能教百姓不廢其會節（君子以其所能於禮教百姓使其不廢此上事之期節）有成事然後治其雕鏤文章黼黻以嗣（上事行於民有成功乃後續以治文飾以爲尊卑之差）其順之然後言其喪筭備其鼎俎設其豕腊脩其宗廟歲時以敬祭祀以序宗族即安其居節醜其衣服卑其宮室車不雕幾器不刻鏤

禮記義五十八　九　李倚

食不貳味以與民同利昔之君子之行禮者如此（言語也筭數也即就也醜類也幾附纏之也言君子既尊禮民以爲順乃後語以喪祭之禮就安其居處正其衣服教之節儉與之同利者上下俱足也）公曰今之君子胡莫之行也孔子曰今之君子好實無厭淫德不倦荒怠敖慢固民是盡午其衆以伐有道求得當欲不以其所昔之用民者由前今之用民者由後今之君子莫爲禮也（實猶富也淫放也固猶故也午其衆逆其族類也當猶稱也所猶道也由前用上所言由後用下所言）

疏（正義曰此一節是哀公問禮之事）

無以別男女父子兄弟之親昏姻疏數之交也君子以此之爲尊敬然（言君子以此故尊禮）然後以其所能教百姓不廢其會節（君子以其所能於禮教百姓使其不廢此上事之期節）有成事然後治其雕鏤文章黼黻以嗣（上事行於民有成功乃後續以治文飾以爲尊卑之差）其順之然後言其喪筭備其鼎俎設其豕腊脩其宗廟歲時以敬祭祀以序宗族即安其居節醜其衣服卑其宮室車不雕幾器不刻鏤

禮記義五十八　九　李倚

食不貳味以與民同利昔之君子之行禮者如此（言語也筭數也即就也醜類也幾附纏之也言君子既尊禮民以爲順乃後語以喪祭之禮就安其居處正其衣服教之節儉與之同利者上下俱足也）公曰今之君子胡莫之行也孔子曰今之君子好實無厭淫德不倦荒怠敖慢固民是盡午其衆以伐有道求得當欲不以其所昔之用民者由前今之用民者由後今之君子莫爲禮也（實猶富也淫放也固猶故也午其衆逆其族類也當猶稱也所猶道也由前用上所言由後用下所言）

疏（正義曰此一節是哀公問禮之事）

足利本第五十八卷第十葉

大禮何如者以禮之所用其事廣大包含處廣故云大禮
吾子之言禮何其尊也者哀公問夫子云賢人君子言
說禮之事重此禮何事可尊問其所尊之事意　君曰否
吾子言之也者孔子既辭以不堪足以識知於禮君問哀
公哀公止其謙讓曰否否不也言不得謙退吾子但言說
之也　然後以其所能教百姓者人君既知所生由禮故
尊而學之學之既能迴持此能以教百姓也　不廢其會節
者會由期也期節謂天地君臣男女之期節也既教百
[illegible]故使百姓不廢此三事之期節也　有成事者謂有上
[illegible]行於民有成功之事故云有成事則上事天地辯君
臣別男女等之事　然後治其雕鏤文章黼黻以嗣者言
既有在上諸事然後聖人能治理其雕畫刻鏤文章黼黻
以嗣續其事使每事有尊卑上下文彩之異　其順之者
謂其民也君既尊敬於禮故民得教而有姓順從之　然
後言其喪筭者言猶示語也筭數也民既從順然後示語
其喪紀節數以教之也　設其豕腊者謂喪中之奠有豕

禮記義五十八　十　李寔

有腊也前示服數後設喪奠之禮也　脩其宗廟歲時以
敬祭祀者謂除服之後又教爲之宗廟以鬼享之　以序
宗族者又教祭祀末留同姓燕飲序會宗族也　即安其
居者即就也就安其居謂隨其風俗山川溪谷之異而安
之不使山者居川渚者居中原是也　節醜其衣服者節
正也醜類也又正其民衣服使得其類也衣服異宜器械
異制是也　卑其宮室者制使有度不峻宇雕牆也　車
不雕幾者幾謂沂鄂也謂不雕鏤使有沂鄂也　器不刻
鏤者謂常用之器不用采飾　食不貳味者謂不副貳肴
膳也　以與民同利者非唯教民如此而君亦不奢飾但
與百姓同其利潤也　昔之君子之行禮者如此以哀公
問君子尊禮所由故結之云古昔之君子之行禮如此上
事剌公今不然　孔子曰今之君子好實無厭者實謂財
貨充實言今之君子性行貪婪好此財貨無知厭足　固
民是盡者固故也盡謂竭盡言不恤於下故使人之財力
於是盡竭　午其衆以伐有道者午忤也忤違逆也言專

潘本第五十八卷第十葉

大禮何如者以禮之所用其事廣大包含處廣故云大禮
君子之言禮何其尊也者哀公問夫子云賢人君子言
說禮之事重此禮何事可尊問其所尊之事意　君曰否
吾子言之也者孔子既辭以不堪足以識知於禮君問哀
公哀公止其謙讓曰否否不也言不得謙退吾子但言說
之也　然後以其所能教百姓者人君既知所生由禮故
尊而學之學之既能迴持此能以教百姓也　不廢其會節
者會由期也期節謂天地君臣男女之期節也既教百
姓故使百姓不廢此三事之期節也　有成事者謂有上
三事行於民有成功之事故云有成事則上事天地辯君
臣別男女等之事　然後治其雕鏤文章黼黻以嗣者言
既有在上諸事然後聖人能治理其雕畫刻鏤文章黼黻
以嗣續其事使每事有尊卑上下文彩之異　其順之者
謂其民也君既尊敬於禮故民得教而有姓順從之　然
後言其喪筭者言猶示語也筭數也民既從順然後示語
其喪紀節數以教之也　設其豕腊者謂喪中之奠有豕

禮記義五十八　十　李寔

有腊也前示服數後設喪奠之禮也　脩其宗廟歲時以
敬祭祀者謂除服之後又教爲之宗廟以鬼享之　以序
宗族者又教祭祀末留同姓燕飲序會宗族也　即安其
居者即就也就安其居謂隨其風俗山川溪谷之異而安
之不使山者居川渚者居中原是也　節醜其衣服者節
正也醜類也又正其民衣服使得其類也衣服異宜器械
異制是也　卑其宮室者制使有度不峻宇雕牆也　車
不雕幾者幾謂沂鄂也謂不雕鏤使有沂鄂也　器不刻
鏤者謂常用之器不用采飾　食不貳味者謂不副貳肴
膳也　以與民同利者非唯教民如此而君亦不奢飾但
與百姓同其利潤也　昔之君子之行禮者如此以哀公
問君子尊禮所由故結之云古昔之君子之行禮如此上
事剌公今不然　孔子曰今之君子好實無厭者實謂財
貨充實言今之君子性行貪婪好此財貨無知厭足　固
民是盡者固故也盡謂竭盡言不恤於下故使人之財力
於是盡竭　午其衆以伐有道者午忤也忤違逆也言專

足利本第五十八卷第十一葉

意自縱不順衆心是違逆其衆族類也守道者被害是以伐有道也　求得當欲不以其所者當稱也所道也言不以道而侵民求其所得必須稱己所欲不用其養民之道今之君子莫爲禮也者言古之君子用前經所云以化民今之君子用後經所說以害下故今之君子無能爲先世君子之禮也孔子侍坐於哀
公哀公曰敢問人道誰爲大孔子愀然作
色而對曰君之及此言也百姓之德也固
臣敢無辭而對人道政爲大愀然變動貌也作猶變也德猶
福也辭讓也公曰敢問何謂爲政孔子對曰政者
正也君爲正則百姓從政矣君之所爲百

禮記義五十八　十一　葛昌

姓之所從也君所不爲百姓何從言君當務於政公
曰敢問爲政如之何孔子對曰夫婦別父
子親君臣嚴三者正則庶物從之矣庶物猶衆
事也公曰寡人雖無似也願聞所以行三言
之道可得聞乎無似猶言不肖孔子對曰古之爲
政愛人爲大所以治愛人禮爲大所以治
禮敬爲大敬之至矣大昏爲大大昏至矣
大昏既至冕而親迎親迎親之也親之也者親

潘本第五十八卷第十一葉

意自縱不順衆心是違逆其衆族類也守道者被害是以伐有道也　求得當欲不以其所者當稱也所道也言不以道而侵民求其所得必須稱己所欲不用其養民之道今之君子莫爲禮也者言古之君子用前經所云以化民今之君子用後經所說以害下故今之君子無能爲先世君子之禮也孔子侍坐於哀
公哀公曰敢問人道誰爲大孔子愀然作
色而對曰君之及此言也百姓之德也固
臣敢無辭而對人道政爲大愀然變動貌也作猶變也德猶
福也辭讓也公曰敢問何謂爲政孔子對曰政者
正也君爲正則百姓從政矣君之所爲百

禮記義五十八　十一　葛昌

姓之所從也君所不爲百姓何從言君當務於政公
曰敢問爲政如之何孔子對曰夫婦別父
子親君臣嚴三者正則庶物從之矣庶物猶衆
事也公曰寡人雖無似也願聞所以行三言
之道可得聞乎無似猶言不肖孔子對曰古之爲
政愛人爲大所以治愛人禮爲大所以治
禮敬爲大敬之至矣大昏爲大大昏至矣
大昏既至冕而親迎親迎親之也親之也者親

足利本第五十八卷第十二葉

之也是故君子興敬爲親舍敬是遺親也
弗愛不親弗敬不正愛與敬其政之本與
大昏國君取禮也至矣言至大也興敬爲親言相敬則親 公曰寡人願有言然
冕而親迎不已重乎 已猶大也怪親迎乃服祭服 孔子愀然
作色而對曰合二姓之好以繼先聖之後以 先聖周公也
公曰寡人固不固焉得聞此言也寡人
爲天地宗廟社稷之主君何謂已重乎
欲問不得其辭請少進 固不固言吾由鄙固故也請少進欲其爲言以曉己

禮記卷五十八　十二　王充

孔子曰天地不合萬物不生大昏萬世之嗣
也君何謂已重焉孔子遂言曰內以治宗
廟之禮足以配天地之神明出以治直言之
禮足以立上下之敬物恥足以振之國恥足
以與之爲政先禮禮其政之本與 宗廟之禮祭宗廟也夫婦配天地有日月之象焉禮器曰君在阼夫人在房大明生於東月生於西此陰陽之分夫婦之位也直猶正也正言謂出政教也政教有夫婦之禮焉昏義曰天子聽外治后聽內職教順成俗外內和順國家理治此之謂盛德物猶事也事恥臣恥也振猶救也國恥君恥也君臣之行有可恥者禮足以救之足以興復之 孔子遂言

潘本第五十八卷第十二葉

之也是故君子興敬爲親舍敬是遺親也
弗愛不親弗敬不正愛與敬其政之本與
大昏國君取禮也至矣言至大也興敬爲親言相敬則親 公曰寡人願有言然
冕而親迎不已重乎 已猶大也怪親迎乃服祭服 孔子愀然
作色而對曰合二姓之好以繼先聖之後以 先聖周公也
公曰寡人固不固焉得聞此言也寡人
爲天地宗廟社稷之主君何謂已重乎
欲問不得其辭請少進 固不固言吾由鄙固故也請少進欲其爲言以曉己

禮記卷五十八　十二　王充

孔子曰天地不合萬物不生大昏萬世之嗣
也君何謂已重焉孔子遂言曰內以治宗
廟之禮足以配天地之神明出以治直言之
禮足以立上下之敬物恥足以振之國恥足
以與之爲政先禮禮其政之本與 宗廟之禮祭宗廟也夫婦配天地有日月之象焉禮器曰君在阼夫人在房大明生於東月生於西此陰陽之分夫婦之位也直猶正也正言謂出政教也政教有夫婦之禮焉昏義曰天子聽外治后聽內職教順成俗外內和順國家理治此之謂盛德物猶事也事恥臣恥也振猶救也國恥君恥也君臣之行有可恥者禮足以救之足以興復之 孔子遂言

足利本第五十八卷第十三葉

曰昔三代明王之政必敬其妻子也有道妻也者親之主也敢不敬與子也者親之後也敢不敬與君子無不敬也敬身爲大身也者親之枝也敢不敬與不能敬其身是傷其親傷其親是傷其本傷其本枝從而亡三者百姓之象也身以及身子以及子妃以及妃君行此三者則愾乎天下矣大王之道也如此國家順矣　愾猶至也大王居豳爲狄所伐乃曰土地所以養人也君子不以其所養害所養乃去之岐是言百姓之身猶吾身也百姓之妻子猶吾妻子也不忍以土地之故而害之去之岐而王迹興焉

疏　正義曰此一節明哀公問政之事并問爲政何以必須親迎孔子對之三事令各隨文解之　孔子侍坐於哀公者謂哀公命孔子坐而侍之因問以爲政之事自此以下終篇末皆侍坐時言也此云侍坐則以前問者非侍坐時也當立而與之言也　百姓之德也者德謂恩德謂福慶之事言君今問此人道之大欲憂恤於下是百姓受其福慶　公曰寡人雖無似也者無似猶言不肖也肖亦似也哀公謙退言己愚蔽無能似類賢人也　願聞所以行三言之道者則上經夫婦別父子親君臣嚴是也　古之爲政愛人爲大者人爲國本是以爲政之道愛養民人爲大　所以治愛人禮爲大者人有禮則生所以治理愛人非禮不可故禮爲大　所以治禮敬爲大者禮以敬爲主故欲治禮者則先須敬故敬爲其大也　敬之至矣大昏爲大者敬有大小若

潘本第五十八卷第十三葉

曰昔三代明王之政必敬其妻子也有道妻也者親之主也敢不敬與子也者親之後也敢不敬與君子無不敬也敬身爲大身也者親之枝也敢不敬與不能敬其身是傷其親傷其親是傷其本傷其本枝從而亡三者百姓之象也身以及身子以及子妃以及妃君行此三者則愾乎天下矣大王之道也如此國家順矣　愾猶至也大王居豳爲狄所伐乃曰土地所以養人也君子不以其所養害所養乃去之岐是言百姓之身猶吾身也百姓之妻子猶吾妻子也不忍以土地之故而害之去之岐而王迹興焉

疏　正義曰此一節明哀公問政之事并問爲政何以必須親迎孔子對之三事令各隨文解之　孔子侍坐於哀公者謂哀公命孔子坐而侍之因問以爲政之事自此以下終篇末皆侍坐時言也此云侍坐則以前問者非侍坐時也當立而與之言也　百姓之德也者德謂恩德謂福慶之事言君今問此人道之大欲憂恤於下是百姓受其福慶　公曰寡人雖無似也者無似猶言不肖也肖亦似也哀公謙退言己愚蔽無能似類賢人也　願聞所以行三言之道者則上經夫婦別父子親君臣嚴是也　古之爲政愛人爲大者人爲國本是以爲政之道愛養民人爲大　所以治愛人禮爲大者人有禮則生所以治理愛人非禮不可故禮爲大　所以治禮敬爲大者禮以敬爲主故欲治禮者則先須敬故敬爲其大也　敬之至矣大昏爲大者敬有大小若

足利本第五十八卷第十四葉

敬至極之中大昏爲大大昏謂天子諸侯之昏也　大昏至矣者美大昏是敬中至極也　大昏既至冕而親迎親之也者上親猶自也下親親愛也言大昏既是至敬故國君雖尊而服其冕服以自迎也所以自迎者欲親此婦也故云親之也　親之也者親之也謂所以親此婦人欲使婦人亦親已也　是故君子興敬爲親者言君子冕而親迎與起敬心爲欲相親也　舍敬是遺親也者若不冕而親迎則是捨去敬心是遺棄相親之道也　弗愛不親者若夫不愛重不自親迎則夫婦之情不相親愛矣　弗敬不正者若夫不冕服親迎是不敬於婦則室家之道不正矣　愛與敬其政之本與者愛謂親愛則仁也敬謂尊敬則義也是仁義爲政教之本也　冕而親迎不已重乎者冕則祭服也天子則衮冕諸侯以下各用助祭之服故士昏禮主人爵弁服是也已猶大也君身著祭服而親迎不亦大重乎　注怪親迎乃服祭服　正義曰昏禮迎婦二傳不同春秋公羊說天子至庶人皆親迎左氏說天子至尊無敵故無親

禮記正義五十八　十四　葛昌

迎之禮諸侯有故若疾病則使上卿逆上公臨之許氏謹案高祖時皇太子納妃叔孫通制禮以爲天子無親迎從左氏義玄駮之云大姒之家在渭之涘文王親迎於渭即天子親迎明文也引禮記冕而親迎繼先聖之後以爲天地宗廟社稷之主非天子則誰乎如鄭此言從公羊義也又詩說云文王親迎於渭紂尚南面文王猶爲西伯耳以左氏義爲長鄭駮未定　注云先聖周公也　正義曰以哀公所問當問己諸侯唯魯出周公故解先聖爲周公又魯得郊天故云天地宗廟社稷之主若異義駮所云則以先聖及天地據天子以事含兩義故彼此各舉一邊　公曰至本與　固不固者上固是鄙固下固故也言寡人由鄙固之故所以得聞此言由其固陋數重問之故得聞此言皇氏用王肅之義二固皆爲固陋上固言己之固陋下固言若不鄙固則不問不問焉得聞此言哉　寡人欲問不得其辭請少進者寡人更欲問所疑之事不能得其所問之辭請孔子少進言使簡約易了　內以治宗廟之禮足以配

潘本第五十八卷第十四葉

敬至極之中大昏爲大大昏謂天子諸侯之昏也　大昏至矣者美大昏是敬中至極也　大昏既至冕而親迎親之也者上親猶自也下親親愛也言大昏既是至敬故國君雖尊而服其冕服以自迎也所以自迎者欲親此婦也故云親之也　親之也者親之也謂所以親此婦人欲使婦人亦親已也　是故君子興敬爲親者言君子冕而親迎與起敬心爲欲相親也　舍敬是遺親也者若不冕而親迎則是捨去敬心是遺棄相親之道也　弗愛不親者若夫不愛重不自親迎則夫婦之情不相親愛矣　弗敬不正者若夫不冕服親迎是不敬於婦則室家之道不正矣　愛與敬其政之本與者愛謂親愛則仁也敬謂尊敬則義也是仁義爲政教之本也　冕而親迎不已重乎者冕則祭服也天子則衮冕諸侯以下各用助祭之服故士昏禮主人爵弁服是也已猶大也君身著祭服而親迎不亦大重乎　注怪親迎乃服祭服　正義曰昏禮迎婦二傳不同春秋公羊說天子至庶人皆親迎左氏說天子至尊無敵故無親

禮記義五十八　十四　葛昌

迎之禮諸侯有故若疾病則使上卿逆上公臨之許氏謹案高祖時皇太子納妃叔孫通制禮以爲天子無親迎從左氏義玄駮之云大姒之家在渭之涘文王親迎於渭即天子親迎明文也引禮記冕而親迎繼先聖之後以爲天地宗廟社稷之主非天子則誰乎如鄭此言從公羊義也又詩說云文王親迎於渭紂尚南面文王猶爲西伯耳以左氏義爲長鄭駮未定　注云先聖周公也　正義曰以哀公所問當問己諸侯唯魯出周公故解先聖爲周公又魯得郊天故云天地宗廟社稷之主若異義駮所云則以先聖及天地據天子以事含兩義故彼此各舉一邊　公曰至本與　固不固者上固是鄙固下固故也言寡人由鄙固之故所以得聞此言由其固陋數重問之故得聞此言皇氏用王肅之義二固皆爲固陋上固言己之固陋下固言若不鄙固則不問不問焉得聞此言哉　寡人欲問不得其辭請少進者寡人更欲問所疑之事不能得其所問之辭請孔子少進言使簡約易了　內以治宗廟之禮足以配

足利本第五十八卷第十五葉

天地之神明者謂君裸獻后夫人亞獻之屬是治宗廟之
禮也天地謂日月也夫配日婦配月注引禮器文是也
出以治直言之禮足以立上下之敬者直正也若夫婦出
在於外治理正直言教之禮足以立君臣上下之恭敬也
則注引昬義文是也　物恥足以振之者物事也振救也
謂臣之職事有可恥愧者其禮足以救之　國恥足以興
之者謂君於治國有可恥愧其禮足以興起之也　爲政
先禮禮其政之本與者言欲爲國家之政先行於禮禮謂
夫婦之道内則治宗廟配天地外則施政教立上下故爲
政教之本與　孔子至順矣　上經孔子荅哀公以問政
之事遂更廣言三代明王爲政之道敬其妻子及敬其身
乃可施政教於天下言敬其妻子也有道者謂三代敬其
妻子必有道理故言有道也　妻也者親之主也言妻者
所以供粢盛祭祀與親爲主故云親之主也　三者百姓
之象也者謂身也子也妃也若愛百姓先須敬身及子及
妃乃能及百姓故云百姓之象也　身以及身子以及子

禮記義五十八　十五　楊

妃以及妃者此言百姓之象能愛己身則以及百姓之身
能愛己子則以及百姓之子能愛己妃則以及百姓之妃
是身與妻子還是百姓身與妻子故云百姓之象也前沇
言故云妻此論人君治國政故云妃　君行此三者則愾
乎天下矣大王之道也者言人君行此三事從近而能廣
至於天下矣唯大王能然故云大王之道也　如此國家
順矣者既能愛百姓之身及妻子如似己身及己之妻子
也則天下懷德無不順從故云國家順矣　注愾猶至與
焉　正義曰愾音近慨慨爲息息是至之義故云愾猶至
也云大王居豳爲狄所伐者毛詩傳文案詩稱大王居豳
狄人侵之事之以皮幣不得免焉事之以犬馬不得免焉
事之以珠玉不得免焉乃屬其耆老而告之曰狄人之所
欲吾土地吾聞之土地所以養人君子不以其所養人而
害人遂去之邑於岐山之下毛傳所引者皆孟子文又莊
子及呂氏春秋稱大王亶父曰與人之兄居而殺其弟與
人之父居而殺其子吾不忍也且吾聞之不以其所養害

潘本第五十八卷第十五葉

天地之神明者謂君裸獻后夫人亞獻之屬是治宗廟之
禮也天地謂日月也夫配日婦配月注引禮器文是也
出以治直言之禮足以立上下之敬者直正也若夫婦出
在於外治理正直言教之禮足以立君臣上下之恭敬也
則注引昬義文是也　物恥足以振之者物事也振救也
謂臣之職事有可恥愧者其禮足以救之　國恥足以興
之者謂君於治國有可恥愧其禮足以興起之也　爲政
先禮禮其政之本與者言欲爲國家之政先行於禮禮謂
夫婦之道内則治宗廟配天地外則施政教立上下故爲
政教之本與　孔子至順矣　上經孔子荅哀公以問政
之事遂更廣言三代明王爲政之道敬其妻子及敬其身
乃可施政教於天下言敬其妻子也有道者謂三代敬其
妻子必有道理故言有道也　妻也者親之主也言妻者
所以供粢盛祭祀與親爲主故云親之主也　三者百姓
之象也者謂身也子也妃也若愛百姓先須敬身及子及
妃乃能及百姓故云百姓之象也　身以及身子以及子

禮記義五十八　十五　楊

妃以及妃者此言百姓之象能愛己身則以及百姓之身
能愛己子則以及百姓之子能愛己妃則以及百姓之妃
是身與妻子還是百姓身與妻子故云百姓之象也前沇
言故云妻此論人君治國政故云妃　君行此三者則愾
乎天下矣大王之道也者言人君行此三事從近而能廣
至於天下矣唯大王能然故云大王之道也　如此國家
順矣者既能愛百姓之身及妻子如似己身及己之妻子
也則天下懷德無不順從故云國家順矣　注愾猶至與
焉　正義曰愾音近慨慨爲息息是至之義故云愾猶至
也云大王居豳爲狄所伐者毛詩傳文案詩稱大王居豳
狄人侵之事之以皮幣不得免焉事之以犬馬不得免焉
事之以珠玉不得免焉乃屬其耆老而告之曰狄人之所
欲吾土地吾聞之土地所以養人君子不以其所養人而
害人遂去之邑於岐山之下毛傳所引者皆孟子文又莊
子及呂氏春秋稱大王亶父曰與人之兄居而殺其弟與
人之父居而殺其子吾不忍也且吾聞之不以其所養害

足利本第五十八卷第十六葉

所養於是乃策杖而去民相隨而從之遂成國於岐山之下又書傳略說云事之以菽粟貨財狄人攻而不止遂策杖而去國人束脩奔走而從者三千乘止而民成三千戶之邑也此注君子不以其所養害所養取莊子呂氏春秋文也公曰敢問何謂敬身孔子對曰君子過言則民作辭過動則民作則君子言不過辭動不過則百姓不命而敬恭如是則能敬其身能敬其身則能成其親矣則法也民者化君者也君之言雖過民猶稱其辭君之行雖過民猶以爲法疏正義曰以前經對哀公爲政在於敬身故此經公問敬身之事孔子對以敬身之理君子過言則民作辭者以君爲民表下之所從假令過

禮記義五十八　十六　揚昌

誤出言民猶法之稱作其辭過動則民作則者君子假令過誤舉動而民作其法則所以君子出言不得過誤其辭舉動不得過誤法則公曰敢問何謂成親孔子對曰君子也者人之成名也百姓歸之名謂之君子之子是使其親爲君子也是爲成其親之名也已孔子遂言曰古之爲政愛人爲大不能愛人不能有其身不能有其身不能安土不能安土不能樂天不能樂天不能成其身有猶保也不能保身者言人將害之也不能安土動移失業也不能樂天

潘本第五十八卷第十六葉

所養於是乃策杖而去民相隨而從之遂成國於岐山之下又書傳略說云事之以菽粟貨財狄人攻而不止遂策杖而去國人束脩奔走而從者三千乘止而民成三千戶之邑也此注君子不以其所養害所養取莊子呂氏春秋文也公曰敢問何謂敬身孔子對曰君子過言則民作辭過動則民作則君子言不過辭動不過則百姓不命而敬恭如是則能敬其身能敬其身則能成其親矣則法也民者化君者也君之言雖過民猶稱其辭君之行雖過民猶以爲法疏正義曰以前經對哀公爲政在於敬身故此經公問敬身之事孔子對以敬身之理君子過言則民作辭者以君爲民表下之所從假令過

禮記義五十八　十六　揚昌

誤出言民猶法之稱作其辭過動則民作則者君子假令過誤舉動而民作其法則所以君子出言不得過誤其辭舉動不得過誤法則公曰敢問何謂成親孔子對曰君子也者人之成名也百姓歸之名謂之君子之子是使其親爲君子也是爲成其親之名也已孔子遂言曰古之爲政愛人爲大不能愛人不能有其身不能有其身不能安土不能安土不能樂天不能樂天不能成其身有猶保也不能保身者言人將害之也不能安土動移失業也不能樂天

足利本第五十八卷第十七葉

不知己過而怨天也 疏 正義曰前經對哀公敬身則能成親故此經明公更問敬身之事何以成親夫子荅以成親之義遂廣明成身之理 君子也者人之成名也者言凡謂之君子者人之成就美名王肅云君上位子下民百姓歸之名謂之君子之子者言己若能敬身則百姓歸己善名謂己爲君子所生之子是己之脩身使其親有君子之名是脩身成其親也 不能有其身不能安土者既不能沉愛於人人則害之故不能保有其身避其禍害流移失業是不能安土 不能樂天者身既失業不知己過所招乃更怨天是不能愛樂於天也 不能成其身者既不能樂天不自知其罪將謂天之濫罰罪惡之事無所不爲是不能成其身

公曰敢問何謂成身孔子對曰不過乎物

物猶事也 疏 正義曰以前經對哀公以成身故此經明公問成身夫子荅以成身之事 不過乎物者過謂過誤物事也言成身之道不過誤其事但萬事得中不有過誤則諸行並善是所以成身也

禮記義五十八　十七　趙通

公曰敢問君子何貴乎天道也孔子對曰貴其不已如日月東西相從而不已也是天道也不閉其久是天道也無爲而物成是天道也已成而明是天道也

已猶止也是天道也者言人君法之當如是也日月相從君臣相朝會也不閉其久通其政教不可以倦無爲而成使民不可以煩也已成而明照察有功 疏 正義曰以前經孔子對以成身之事公更無疑更改問君子何貴乎天道孔子又荅以貴天道之事 如日月東西相從而不已也是天道也者言天體無形運行不息如似日月東西相從而不休已是天道也人君設法當則上天之道君臣朝會往來不已也 不閉其久是天道也者言

潘本第五十八卷第十七葉

不知己過而怨天也 疏 正義曰前經對哀公敬身則能成親故此經明公更問敬身之事何以成親夫子荅以成親之義遂廣明成身之理 君子也者人之成名也者言凡謂之君子者人之成就美名王肅云君上位子下民百姓歸之名謂之君子之子者言己若能敬身則百姓歸己善名謂己爲君子所生之子是己之脩身使其親有君子之名是脩身成其親也 不能有其身不能安土者既不能沉愛於人人則害之故不能保有其身避其禍害流移失業是不能安土 不能樂天者身既失業不知己過所招乃更怨天是不能愛樂於天也 不能成其身者既不能樂天不自知其罪將謂天之濫罰罪惡之事無所不爲是不能成其身

公曰敢問何謂成身孔子對曰不過乎物

物猶事也 疏 正義曰以前經對哀公以成身故此經明公問成身夫子荅以成身之事 不過乎物者過謂過誤物事也言成身之道不過誤其事但萬事得中不有過誤則諸行並善是所以成身也

禮記義五十八　十七　趙通

公曰敢問君子何貴乎天道也孔子對曰貴其不已如日月東西相從而不已也是天道也不閉其久是天道也無爲而物成是天道也已成而明是天道也

已猶止也是天道也者言人君法之當如是也日月相從君臣相朝會也不閉其久通其政教不可以倦無爲而成使民不可以煩也已成而明照察有功 疏 正義曰以前經孔子對以成身之事公更無疑更改問君子何貴乎天道孔子又荅以貴天道之事 如日月東西相從而不已也是天道也者言天體無形運行不息如似日月東西相從而不休已是天道也人君設法當則上天之道君臣朝會往來不已也 不閉其久是天道也者言

足利本第五十八卷第十八葉

天開生萬物不使閉塞其能久長是天道也謂人君施政
當則天道施爲政教開通萬物而能長久不懈惓也故云
是天道也　無爲而物成是天道也者言春生夏長無見
天之所爲而萬物得成是天道謂人君當則天道以德潛
化無所營爲而天下治理故云是天道也　已成而明是天
道也者言天之生物已能成就而功之明著是天道人君
當則天道化民治理而功
成太平故云是天道也　**公曰寡人惷愚冥煩**
子志之心也志讀爲識識知也冥煩者言不能明理此事子之心所知也欲其要言使易行**孔**
子蹴然辟席而對曰仁人不過乎物孝子
不過乎物是故仁人之事親也如事天事
天如事親是故孝子成身蹵然敬貌物猶事也事親事天孝敬同也　馬春

禮記義五十八　十八

孝經曰事父孝故事天明舉無　疏　正義曰前經明天道
過事以孝事親是所以成身　之事人君當則之無
已公欲孔子要陳所行何事能得如天不已孔子荅以所
行不已之事寡人惷愚者是哀公謙退言已惷然愚蔽無
所了解　冥煩子志之心也皇氏云子志夫子之志志是
知也言我之心冥煩不能明理此事子心所知也今謂志
是識知也言孔子識知廣博故已欲使夫子出要言以示
已　孔子蹵然辟席而對曰者以公謙退故蹵然恭敬辟
席而起對　仁人不過乎物者物事也言仁德之人不過
失於其事言在事無過失也　孝子不過乎物者言孝子
事親亦於事無過也　是故仁人之事親也如事天者言
仁人事親以敬如似事天相似言敬親與敬天同　事天
如事親者言仁人事天以孝愛如人事親孝愛相似言愛
親與愛天同　是故孝子成身者上稱仁人則孝子也據
其汎愛則稱仁人據其事親則稱孝子內則孝敬於父母
外則孝敬於天地其間無所不行孝敬故云孝子成身也

潘本第五十八卷第十八葉

天開生萬物不使閉塞其能久長是天道也謂人君施政
當則天道施爲政教開通萬物而能長久不懈惓也故云
是天道也　無爲而物成是天道也者言春生夏長無見
天之所爲而萬物得成是天道謂人君當則天道以德潛
化無所營爲而天下治理故云是天道也　已成而明是天
道也者言天之生物已能成就而功之明著是天道人君
當則天道化民治理而功
成太平故云是天道也　**公曰寡人惷愚冥煩**
子志之心也志讀爲識識知也冥煩者言不能明理此事子之心所知也欲其要言使易行**孔**
子蹴然辟席而對曰仁人不過乎物孝子
不過乎物是故仁人之事親也如事天事
天如事親是故孝子成身蹵然敬貌物猶事也事親事天孝敬同也　馬春

禮記義五十八　十八

孝經曰事父孝故事天明舉無　疏　正義曰前經明天道
過事以孝事親是所以成身　之事人君當則之無
已公欲孔子要陳所行何事能得如天不已孔子荅以所
行不已之事寡人惷愚者是哀公謙退言已惷然愚蔽無
所了解　冥煩子志之心也皇氏云子志夫子之志志是
知也言我之心冥煩不能明理此事子心所知也今謂志
是識知也言孔子識知廣博故已欲使夫子出要言以示
已　孔子蹵然辟席而對曰者以公謙退故蹵然恭敬辟
席而起對　仁人不過乎物者物事也言仁德之人不過
失於其事言在事無過失也　孝子不過乎物者言孝子
事親亦於事無過也　是故仁人之事親也如事天者言
仁人事親以敬如似事天相似言敬親與敬天同　事天
如事親者言仁人事天以孝愛如人事親孝愛相似言愛
親與愛天同　是故孝子成身者上稱仁人則孝子也據
其汎愛則稱仁人據其事親則稱孝子內則孝敬於父母
外則孝敬於天地其間無所不行孝敬故云孝子成身也

足利本第五十八卷第十九葉

公曰寡人既聞此言也無如後罪何既聞此言也者欲勤行之也無奈後日過於事之罪何爲謙辭孔子對曰君之及此言也是臣之福也善哀公及此言此言善言也疏正義曰此一節明哀公問事畢有謙退之辭孔子荅以君懼後罪是臣之福也　無如後罪何者如奈也言寡人以聞子之言勤力而行但己之才弱無奈後日過於其事而有罪失何是謙退之辭

仲尼燕居第二十八

正義曰案鄭目録云名曰仲尼燕居善其不倦燕居猶使三子侍之言及於禮著其字言事可法退朝而處曰燕居此於别録屬通論此之一篇是仲尼燕居子張子貢言游三子侍側孔子爲説禮事各依文解之

仲尼燕居子張子貢言游侍縱言至於禮言游言偃子游也縱言汎説事子曰居女三人者吾語女禮使女以禮周流無不徧也居女三人者女三人且坐也使之坐凡與尊者言更端則起疏正義曰此一節論問更端三子陪侍夫子欲語以禮之大綱　縱言至於禮者縱謂放縱仲尼與三子等放縱廣言汎説諸事遂至於禮　使女以禮周流無不徧也周流謂周旋流轉言我使女等恒以禮周旋流轉無不徧於天下子貢越席而對曰敢問何如對應也子曰敬而不中禮謂之野恭而不中禮謂之給勇而不中禮謂之逆子曰給奪慈仁

潘本第五十八卷第十九葉

公曰寡人既聞此言也無如後罪何既聞此言也者欲勤行之也無奈後日過於事之罪何爲謙辭孔子對曰君之及此言也是臣之福也善哀公及此言此言善言也疏正義曰此一節明哀公問事畢有謙退之辭孔子荅以君懼後罪是臣之福也　無如後罪何者如奈也言寡人以聞子之言勤力而行但己之才弱無奈後日過於其事而有罪失何是謙退之辭

仲尼燕居第二十八

正義曰案鄭目録云名曰仲尼燕居善其不倦燕居猶使三子侍之言及於禮著其字言事可法退朝而處曰燕居此於别録屬通論此之一篇是仲尼燕居子張子貢言游三子侍側孔子爲説禮事各依文解之

仲尼燕居子張子貢言游侍縱言至於禮言游言偃子游也縱言汎説事子曰居女三人者吾語女禮使女以禮周流無不徧也居女三人者女三人且坐也使之坐凡與尊者言更端則起疏正義曰此一節論問更端三子陪侍夫子欲語以禮之大綱　縱言至於禮者縱謂放縱仲尼與三子等放縱廣言汎説諸事遂至於禮　使女以禮周流無不徧也周流謂周旋流轉言我使女等恒以禮周旋流轉無不徧於天下子貢越席而對曰敢問何如對應也子曰敬而不中禮謂之野恭而不中禮謂之給勇而不中禮謂之逆子曰給奪慈仁

足利本第五十八卷第二十葉

奪猶亂也巧言足恭之人似慈仁實鮮疏正義曰此一
仁特言是者感子貢也子貢辯近於給節明子貢問
禮辯而不讓夫子因感而喻之言若不中禮則於事爲失
敬而不中禮謂之野者野謂鄙野雖有恭敬而不合禮是
謂鄙野之人無所知也　恭而不中禮謂之給者給謂捷
給便僻足恭而不合禮是謂捷給足恭之貌　勇而不中
禮謂之逆逆謂逆亂雖有壯勇而不合禮則爲逆亂　子
曰給奪慈仁者言捷給之人貌爲恭敬似慈愛寬仁而實
不慈仁但其貌奪亂真慈仁也故注云
特言是者感子貢也子貢辯近於給　子曰師爾過
而商也不及子產猶衆人之母也能食之不
能教也　過與不及言敏鈍不同俱違禮也衆人之母言
子產慈仁多不矜莊又與子張相反子產嘗以
其乘車濟冬涉者而輿　正義曰以上經子貢辯而捷
梁不成是慈仁亦違禮疏給不中於禮故此經因明不

禮記義五十八　二十

中禮之人亦言子張之過子夏不及子產之恩惠不能教
也　子產猶衆人之母也者言父義母慈父能教而不能
愛母則能愛而不能教言子產猶若衆人之母但能恩慈
食之不能嚴厲教之　注過與至違禮　正義曰敏鈍不
同者師也過是於事敏疾商也不及是於事遲鈍故言敏
鈍不同云子產嘗以其乘車濟冬涉者而車梁不成者孟
子云子產聽鄭國之政以其乘車濟人於溱洧孟子曰惠
而不知爲政歲十一月徒杠成十二月輿梁成民未病涉
也是鄭約孟子爲注既言十
一十一月明是濟冬涉者　子貢越席而對曰
敢問將何以爲此中者也子曰禮乎禮夫
禮所以制中也　禮乎禮唯有禮也　子貢退言游進曰
敢問禮也者領惡而全好者與子曰然　領猶治也

潘本第五十八卷第二十葉

奪猶亂也巧言足恭之人似慈仁實鮮疏正義曰此一
仁特言是者感子貢也子貢辯近於給節明子貢問
禮辯而不讓夫子因感而喻之言若不中禮則於事爲失
敬而不中禮謂之野者野謂鄙野雖有恭敬而不合禮是
謂鄙野之人無所知也　恭而不中禮謂之給者給謂捷
給便僻足恭而不合禮是謂捷給足恭之貌　勇而不中
禮謂之逆逆謂逆亂雖有壯勇而不合禮則爲逆亂　子
曰給奪慈仁者言捷給之人貌爲恭敬似慈愛寬仁而實
不慈仁但其貌奪亂真慈仁也故注云
特言是者感子貢也子貢辯近於給　子曰師爾過
而商也不及子產猶衆人之母也能食之不
能教也　過與不及言敏鈍不同俱違禮也衆人之母言
子產慈仁多不矜莊又與子張相反子產嘗以
其乘車濟冬涉者而輿　正義曰以上經子貢辯而捷
梁不成是慈仁亦違禮疏給不中於禮故此經因明不

禮記義五十八　二十

中禮之人亦言子張之過子夏不及子產之恩惠不能教
也　子產猶衆人之母也者言父義母慈父能教而不能
愛母則能愛而不能教言子產猶若衆人之母但能恩慈
食之不能嚴厲教之　注過與至違禮　正義曰敏鈍不
同者師也過是於事敏疾商也不及是於事遲鈍故言敏
鈍不同云子產嘗以其乘車濟冬涉者而車梁不成者孟
子云子產聽鄭國之政以其乘車濟人於溱洧孟子曰惠
而不知爲政歲十一月徒杠成十二月輿梁成民未病涉
也是鄭約孟子爲注既言十
一十二月明是濟冬涉者　子貢越席而對曰
敢問將何以爲此中者也子曰禮乎禮夫
禮所以制中也　禮乎禮唯有禮也　子貢退言游進曰
敢問禮也者領惡而全好者與子曰然　領猶治也

足利本第五十八卷第二十一葉

好善也然則何如子曰郊社之義所以仁鬼神也嘗禘之禮所以仁昭穆也饋奠之禮所以仁死喪也射鄉之禮所以仁鄉黨也食饗之禮所以仁賓客也仁猶存也凡存此者所以全善之道也郊社嘗禘饋奠存死之善者也射鄉食饗存生之善者也郊有后稷社有句龍子曰明乎郊社之義嘗禘之禮治國其如指諸掌而已乎是故以之居處有禮故長幼辨也以之閨門之內有禮故三族和也以之朝廷有禮故官

禮記義五十八　二十一　王恭

爵序也以之田獵有禮故戎事閑也以之軍旅有禮故武功成也是故宮室得其度量鼎得其象味得其時樂得其節車得其式鬼神得其饗喪紀得其哀辯說得其黨官得其體政事得其施加於身而錯於前凡衆之動得其宜治國指諸掌言易知也郊社嘗禘尊卑之事有治國之象焉辨別也三族父子孫也九言得者得法於禮也量豆區斗斛也味酸苦之屬也四時有所多及獻所宜也式謂載也所載有尊卑辨禮之說謂禮樂之官教學者黨類也體尊卑異而合同子曰

潘本第五十八卷第二十一葉

好善也然則何如子曰郊社之義所以仁鬼神也嘗禘之禮所以仁昭穆也饋奠之禮所以仁死喪也射鄉之禮所以仁鄉黨也食饗之禮所以仁賓客也仁猶存也凡存此者所以全善之道也郊社嘗禘饋奠存死之善者也射鄉食饗存生之善者也郊有后稷社有句龍子曰明乎郊社之義嘗禘之禮治國其如指諸掌而已乎是故以之居處有禮故長幼辨也以之閨門之內有禮故三族和也以之朝廷有禮故官

禮記義五十八　二十一　王恭

爵序也以之田獵有禮故戎事閑也以之軍旅有禮故武功成也是故宮室得其度量鼎得其象味得其時樂得其節車得其式鬼神得其饗喪紀得其哀辯說得其黨官得其體政事得其施加於身而錯於前凡衆之動得其宜治國指諸掌言易知也郊社嘗禘尊卑之事有治國之象焉辨別也三族父子孫也九言得者得法於禮也量豆區斗斛也味酸苦之屬也四時有所多及獻所宜也式謂載也所載有尊卑辨禮之說謂禮樂之官教學者黨類也體尊卑異而合同子曰

禮者何也即事之治也君子有其事必有其治治國而無禮譬猶瞽之無相與倀倀乎其何之譬如終夜有求於幽室之中非燭何見若無禮則手足無所錯耳目無所加進退揖讓無所制是故以之居處長幼失其別閨門三族失其和朝廷官爵失其序田獵戎事失其策軍旅武功失其制宮室失其度量鼎失其象味失其時樂失其

節車失其式鬼神失其饗喪紀失其哀辯說失其黨官失其體政事失其施加於身而錯於前凡衆之動失其宜如此則無以祖洽於衆也凡言失者無禮故也策謀也祖始也洽合也言失禮無以爲衆倡始無以合和衆也疏正義曰前經明諸事得理止而使和合者也子曰慎聽之女三人者吾語女禮猶有九焉大饗有四焉苟知此矣雖在畎畝之中事之聖人已兩君相見揖讓而入門入門而縣興揖讓而升堂升堂而樂闋下管象武夏籥

禮者何也即事之治也君子有其事必有其治治國而無禮譬猶瞽之無相與倀倀乎其何之譬如終夜有求於幽室之中非燭何見若無禮則手足無所錯耳目無所加進退揖讓無所制是故以之居處長幼失其別閨門三族失其和朝廷官爵失其序田獵戎事失其策軍旅武功失其制宮室失其度量鼎失其象味失其時樂失其

禮記義五十八　二十二　高文

節車失其式鬼神失其饗喪紀失其哀辯說失其黨官失其體政事失其施加於身而錯於前凡衆之動失其宜如此則無以祖洽於衆也凡言失者無禮故也策謀也祖始也洽合也言失禮無以爲衆倡始無以合和衆也疏正義曰前經明諸事得理止而使和合者也子曰慎聽之女三人者吾語女禮猶有九焉大饗有四焉苟知此矣雖在畎畝之中事之聖人已兩君相見揖讓而入門入門而縣興揖讓而升堂升堂而樂闋下管象武夏籥

足利本第五十八卷第二十三葉

序興陳其薦俎序其禮樂備其百官如此而后君子知仁焉行中規還中矩和鸞中采齊客出以雍徹以振羽是故君子無物而不在禮矣入門而金作示情也升歌清廟示德也下而管象示事也是故古之君子不必親相與言也以禮樂相示而已猶有九焉吾所欲語女餘有九也但大饗有四大饗謂饗諸侯來朝者也四者謂金再作升歌清廟下管象也事之謂立置於位也聖人已者是聖人也縣興金作也金再作者獻主君又作也下謂堂下也象武武舞也夏籥文舞也序更也堂下吹管舞文武之樂

禮記義五十八　二十三　陳具

更起也知仁焉知禮樂所存也采齊雍振羽皆樂章也振羽振鷺及雍金作示情也賓主人各以情相示也金性內明象人情也示德也相示以德也清廟頌文王之德示事也相示以事也武象武王之大事也【疏】正義曰此一節明子游問禮夫子爲說禮之事凡有三節各隨文解之領惡而全好者與領治也好善也與是語辭子游問禮之爲體治去惡事而留全善事者與夫子荅以禮之爲意如是領惡全善也子曰然然猶如是然則何如者子游既聞夫子稱治惡全好之事更問夫子治惡全好之事如何子曰郊社之義所以仁鬼神也者仁謂仁恩相存念也郊社之祭所以存念鬼神也饋奠之禮所以仁死喪也者謂人之初死設此饋食之奠所以存念死喪此以上是存留死事之善者善事既全則惡事除去也射鄉之禮所以仁鄉黨也射謂鄉射也鄉謂鄉飲酒也禮鄉黨中有鄉射有鄉飲酒者存鄉黨故也然射在鄉上者欲明鄉射與鄉飲酒別也此仁鄉黨及下仁賓客皆是存生之

潘本第五十八卷第二十三葉

序興陳其薦俎序其禮樂備其百官如此而后君子知仁焉行中規還中矩和鸞中采齊客出以雍徹以振羽是故君子無物而不在禮矣入門而金作示情也升歌清廟示德也下而管象示事也是故古之君子不必親相與言也以禮樂相示而已猶有九焉吾所欲語女餘有九也但大饗有四大饗謂饗諸侯來朝者也四者謂金再作升歌清廟下管象也事之謂立置於位也聖人已者是聖人也縣興金作也金再作者獻主君又作也下謂堂下也象武武舞也夏籥文舞也序更也堂下吹管舞文武之樂

禮記義五十八　二十三　陳具

更起也知仁焉知禮樂所存也采齊雍振羽皆樂章也振羽振鷺及雍金作示情也賓主人各以情相示也金性內明象人情也示德也相示以德也清廟頌文王之德示事也相示以事也武象武王之大事也【疏】正義曰此一節明子游問禮夫子爲說禮之事凡有三節各隨文解之領惡而全好者與領治也好善也與是語辭子游問禮之爲體治去惡事而留全善事者與夫子荅以禮之爲意如是領惡全善也子曰然然猶如是然則何如者子游既聞夫子稱治惡全好之事更問夫子治惡全好之事如何子曰郊社之義所以仁鬼神也者仁謂仁恩相存念也郊社之祭所以存念鬼神也饋奠之禮所以仁死喪也者謂人之初死設此饋食之奠所以存念死喪此以上是存留死事之善者善事既全則惡事除去也射鄉之禮所以仁鄉黨也射謂鄉射也鄉謂鄉飲酒也禮鄉黨中有鄉射有鄉飲酒者存鄉黨故也然射在鄉上者欲明鄉射與鄉飲酒別也此仁鄉黨及下仁賓客皆是存生之

足利本第五十八卷第二十四葉

善者也　注　郊有至句龍　正義曰注稱此者解經郊社
仁鬼神之義鬼神謂人之鬼神故以后稷句龍言之此鬼
神與昭穆死喪相類故知非陰陽七八九六之鬼神也
子曰至其宜　正義曰前經明郊社等之禮各有所由故
此經更廣明郊社嘗禘明而用之則有功也又廣明諸禮
所用有功之事　治國其如指諸掌而已乎者郊社所以
祭天地嘗禘所以祭宗廟皆是事之難者若能明之得理
則治國之諸事其如指掌中之物言其易了　是故宮室
得其度者前經以說明乎郊社嘗禘治國如指物於掌中
此以下明治國諸事各得其所宮室得其度者度謂制度
高下大小得其依禮之度數凡言得者皆得法於禮也
量鼎得其象者象謂法象言斛斗之量三牲之鼎各得其
制依禮之法象故易繫辭云以制器者尚其象　味得其
時者謂春酸夏苦之屬得其依禮之時　樂得其節者謂
樂曲之節　車得其式者式載也言所乘之車各得其所
載之尊卑　鬼神得其饗者謂天神人鬼各得其饗食也

禮記正義五十八　二十四

喪紀得其哀者謂五服親疏各得其哀情也　辨說得
其黨者謂分辨論說詩書禮樂之等各得其黨類不乖事
之義理　官得其體者體謂容體謂設官分職各得其尊卑
之體　政事得其施者言布政治事各得其所施之與也
加於身而錯於前凡衆之動得其宜者合結用禮之功
也錯置也衆謂萬事也以禮加身而錯置行之於前則凡
萬事動用皆得其所宜也　注　三族至合同　正義曰云
三族父子孫也者族屬也從己而言父子孫於己最近唯
父子孫耳案昏禮三族之不虞鄭注云三族謂父昆弟己
昆弟子昆弟與此不同者彼爲請期恐有期喪廢昏故云
三族宜據期喪者故與此不同云量豆區斗斛也者案春
秋左氏昭三年傳云齊舊四量四升爲豆各自其四以登
於釜注云四豆爲區四區爲釜又律歷志云十升爲斗十
斗爲斛是豆區斗斛云四時有所多及獻所宜也者案周
禮食醫春多酸夏多苦秋多辛冬多鹹又獸人云冬獻狼
夏獻麋是也云式謂載也者謂車有式以載人故云式猶

潘本第五十八卷第二十四葉

善者也　注　郊有至句龍　正義曰注稱此者解經郊社
仁鬼神之義鬼神謂人之鬼神故以后稷句龍言之此鬼
神與昭穆死喪相類故知非陰陽七八九六之鬼神也
子曰至其宜　正義曰前經明郊社等之禮各有所由故
此經更廣明郊社嘗禘明而用之則有功也又廣明諸禮
所用有功之事　治國其如指諸掌而已乎者郊社所以
祭天地嘗禘所以祭宗廟皆是事之難者若能明之得理
則治國之諸事其如指掌中之物言其易了　是故宮室
得其度者前經以說明乎郊社嘗禘治國如指物於掌中
此以下明治國諸事各得其所宮室得其度者度謂制度
高下大小得其依禮之度數凡言得者皆得法於禮也
量鼎得其象者象謂法象言斛斗之量三牲之鼎各得其
制依禮之法象故易繫辭云以制器者尚其象　味得其
時者謂春酸夏苦之屬得其依禮之時　樂得其節者謂
樂曲之節　車得其式者式載也言所乘之車各得其所
載之尊卑　鬼神得其饗者謂天神人鬼各得其饗食也

禮記正義五十八　二十四

喪紀得其哀者謂五服親疏各得其哀情也　辨說得
其黨者謂分辨論說詩書禮樂之等各得其黨類不乖事
之義理　官得其體者體謂容體謂設官分職各得其尊卑
之體　政事得其施者言布政治事各得其所施之與也
加於身而錯於前凡衆之動得其宜者合結用禮之功
也錯置也衆謂萬事也以禮加身而錯置行之於前則凡
萬事動用皆得其所宜也　注　三族至合同　正義曰云
三族父子孫也者族屬也從己而言父子孫於己最近唯
父子孫耳案昏禮三族之不虞鄭注云三族謂父昆弟己
昆弟子昆弟與此不同者彼爲請期恐有期喪廢昏故云
三族宜據期喪者故與此不同云量豆區斗斛也者案春
秋左氏昭三年傳云齊舊四量四升爲豆各自其四以登
於釜注云四豆爲區四區爲釜又律歷志云十升爲斗十
斗爲斛是豆區斗斛云四時有所多及獻所宜也者案周
禮食醫春多酸夏多苦秋多辛冬多鹹又獸人云冬獻狼
夏獻麋是也云式謂載也者謂車有式以載人故云式猶

足利本第五十八卷第二十五葉

義也云辨禮之說謂禮樂之官教學者以下別云官得其體政事得其施則此辨說非政事故以爲禮樂之官教學者擧禮樂則詩書可知云黨類也者言教學各以其書之義類故云得其黨云體尊卑異而合同者猶人身之有手足手足異於身而共體猶若長官與屬官亦尊卑異而共掌一事 子曰至衆也 正義曰前經明諸事得禮則有其功此經明諸事失禮則其事有害 即事之治也者夫子更廣明禮事更自設問云禮者何也即事之治理言萬物之治皆由禮 譬猶瞽之無相與倀倀乎其何之者瞽謂無目相謂扶相言治國無禮譬猶瞽者無人扶相倀倀乎何所之適 是故以之居處長幼失其別者此以下皆辨也 戎事失其策者前云戎事閑也今云失其策者策謀也若失其謀則不能閑暇也 軍旅武功失其制者前云武功成也此云失其制由不成故失制也 政事失其施者失施若春行夏令之屬也 加於身而錯於前凡衆

禮記義五十八　二十五　李忠

之動失其宜者以無禮自加而錯於行事故萬事皆失所宜也如此則無以祖洽於衆也者結失禮之惡也祖始也洽合也每事如此則爲君上失德不可爲衆人倡始而使和合者也 子曰至人也 正義曰以前經子游問禮孔子特爲說之自此以下孔子揔爲三人說禮之大意但於禮之内大饗爲重故此經特明之今各隨文解之 猶有九焉者言上經所說禮外猶有九事焉今爲汝說之 大饗有四焉者言九事之中兩君相見大饗有四四者謂賓初入門而縣興揖讓而升堂主人獻賓賓飲訖而樂闋是一也賓酢主人金奏作主人飲畢而樂闋是二也至工入升歌清廟是三也歌畢堂下管象武是四也是大饗有四焉 苟知此矣雖在畎畝之中事之聖人已者苟誠也謂誠能知此四事其身雖在畎畝之中衆人奉而事之立置於位戴以爲君聖人已者已謂語辭言如此者是聖人也 兩君相見揖讓而入門者諸侯來朝兩君相見揖讓而入門 入門而縣興者謂鐘磬與而動作謂金奏作也揖讓

潘本第五十八卷第二十五葉

義也云辨禮之說謂禮樂之官教學者以下別云官得其體政事得其施則此辨說非政事故以爲禮樂之官教學者擧禮樂則詩書可知云黨類也者言教學各以其書之義類故云得其黨云體尊卑異而合同者猶人身之有手足手足異於身而共體猶若長官與屬官亦尊卑異而共掌一事 子曰至衆也 正義曰前經明諸事得禮則有其功此經明諸事失禮則其事有害 即事之治也者夫子更廣明禮事更自設問云禮者何也即事之治理言萬物之治皆由禮 譬猶瞽之無相與倀倀乎其何之者瞽謂無目相謂扶相言治國無禮譬猶瞽者無人扶相倀倀乎何所之適 是故以之居處長幼失其別者此以下皆辨也 戎事失其策者前云戎事閑也今云失其策者策謀也若失其謀則不能閑暇也 軍旅武功失其制者前云武功成也此云失其制由不成故失制也 政事失其施者失施若春行夏令之屬也 加於身而錯於前凡衆

禮記義五十八　二十五　李忠

之動失其宜者以無禮自加而錯於行事故萬事皆失所宜也如此則無以祖洽於衆也者結失禮之惡也祖始也洽合也每事如此則爲君上失德不可爲衆人倡始而使和合者也 子曰至人也 正義曰以前經子游問禮孔子特爲說之自此以下孔子揔爲三人說禮之大意但於禮之内大饗爲重故此經特明之今各隨文解之 猶有九焉者言上經所說禮外猶有九事焉今爲汝說之 大饗有四焉者言九事之中兩君相見大饗有四四者謂賓初入門而縣興揖讓而升堂主人獻賓賓飲訖而樂闋是一也賓酢主人金奏作主人飲畢而樂闋是二也至工入升歌清廟是三也歌畢堂下管象武是四也是大饗有四焉 苟知此矣雖在畎畝之中事之聖人已者苟誠也謂誠能知此四事其身雖在畎畝之中衆人奉而事之立置於位戴以爲君聖人已者已謂語辭言如此者是聖人也 兩君相見揖讓而入門者諸侯來朝兩君相見揖讓而入門 入門而縣興者謂鐘磬與而動作謂金奏作也揖讓

足利本第五十八卷第二十六葉

而外堂外堂而樂闋者賔主及暜揖讓外堂主人獻賔賔卒爵而樂闋是大饗之一也又於此之後賔酢主君而縣興主君飲畢而樂闋是大饗之二也鄭注所謂金再作是也　下管象武者謂升歌清廟是大饗之三也堂下管中吹象武之曲是大饗之四也但此下管象武之上少升歌清廟之一句下文既詳故於此略之　夏籥序興者夏籥謂大夏文舞之樂以象武次序更遞而興於是陳列薦俎次序禮樂備具百官從夏籥序興至此重贊揚在上之事　如此而后君子知仁焉者仁猶存也君子見上大饗四焉知禮樂所存在也行中規至徹以振羽者是大饗四禮之外加有此五事揔爲九也但以前四事義廣意深故特明於上此之五事折旋揖讓其理淺露故別於下　行中規者謂曲行配前爲第五還中矩者謂方行也通前爲六也　和鸞中采齊者采齊樂章名言和鸞之聲中采齊之曲謂出門迎賔之時通前爲七也　客出以雍者雍詩樂章名也言

禮記義五十八　二十六

客出之時歌雍以送之通前爲八也　徹以振羽者振羽即振鷺詩亦樂章名也言禮畢徹器之時歌振鷺也通前爲九也　是故君子無物而不在禮矣者言無事不在禮萬事皆在於禮也　入門而金作示情也謂賔入門之後至主人飲畢而金鐘之聲再度興作金性內明主人獻賔而金作是主人示賔以恩情賔酢主人而金作是賔示主人以敬情覆上縣興之文也　升歌清廟示德也者清廟頌文王之德故云示德也此覆説上文但前文略而不載也　下而管象示事也者象謂武王伐紂之樂事謂王業之大事故下管象武示王業之事也此覆釋前文下管象武也　古之君子不必親相與言也以禮樂相示而已者言古之君子相朝會不必親自以事相與丁寧而言但以禮樂微相示語依違而已　注猶有至事也　正義曰大饗謂饗諸侯來朝者也經云兩君相見故知是饗諸侯來朝謂鄰國相會也云四者謂金再作升歌清廟下管象也者是數大饗有四之事金再作是二也升歌

潘本第五十八卷第二十六葉

而外堂外堂而樂闋者賔主及暜揖讓外堂主人獻賔賔卒爵而樂闋是大饗之一也又於此之後賔酢主君而縣興主君飲畢而樂闋是大饗之二也鄭注所謂金再作是也　下管象武者謂升歌清廟是大饗之三也堂下管中吹象武之曲是大饗之四也但此下管象武之上少升歌清廟之一句下文既詳故於此略之　夏籥序興者夏籥謂大夏文舞之樂以象武次序更遞而興於是陳列薦俎次序禮樂備具百官從夏籥序興至此重贊揚在上之事　如此而后君子知仁焉者仁猶存也君子見上大饗四焉知禮樂所存在也行中規至徹以振羽者是大饗四禮之外加有此五事揔爲九也但以前四事義廣意深故特明於上此之五事折旋揖讓其理淺露故別於下　行中規者謂曲行配前爲第五還中矩者謂方行也通前爲六也　和鸞中采齊者采齊樂章名言和鸞之聲中采齊之曲謂出門迎賔之時通前爲七也　客出以雍者雍詩樂章名也言

禮記義五十八　二十六

客出之時歌雍以送之通前爲八也　徹以振羽者振羽即振鷺詩亦樂章名也言禮畢徹器之時歌振鷺也通前爲九也　是故君子無物而不在禮矣者言無事不在禮萬事皆在於禮也　入門而金作示情也謂賔入門之後至主人飲畢而金鐘之聲再度興作金性內明主人獻賔而金作是主人示賔以恩情賔酢主人而金作是賔示主人以敬情覆上縣興之文也　升歌清廟示德也者清廟頌文王之德故云示德也此覆説上文但前文略而不載也　下而管象示事也者象謂武王伐紂之樂事謂王業之大事故下管象武示王業之事也此覆釋前文下管象武也　古之君子不必親相與言也以禮樂相示而已者言古之君子相朝會不必親自以事相與丁寧而言但以禮樂微相示語依違而已　注猶有至事也　正義曰大饗謂饗諸侯來朝者也經云兩君相見故知是饗諸侯來朝謂鄰國相會也云四者謂金再作升歌清廟下管象也者是數大饗有四之事金再作是二也升歌

足利本第五十八卷第二十七葉

清廟是三也下管象是四也云事之謂立置於位也者以經先云大饗有四焉乃云事之故鄭注亦先數四事乃解事之也而皇氏以夏籥序興與下管象武合爲一爲大饗之事四今鄭數四事直云下管象武不數夏籥序興又經云金作示情清廟示德下管示事不論夏籥皇氏通數夏籥其義非也云縣興金作也者解經入門而縣興謂金奏第一作也案大射禮賓及庭奏肆夏至主人獻賓賓再拜受爵樂闋是金一作也但大射以臣爲賓故及庭始金奏若鄭國君來入門即金奏也云金再作者獻主君又作也者案大射禮主人獻賓之後主人洗象觚獻于公公拜受爵乃奏肆夏公卒爵而樂闋大射禮謂臣爲主人而獻君若兩君相見則賓獻主君故獻主君又作也云堂下吹管舞文武之樂更起也者以經云下管象武即夏籥序興是初時管中吹象武之曲已後與夏籥文舞更遞而作故云舞文武之樂更起也云采齊雍振羽皆樂章也以雍是詩篇名振羽即振鷺故知與采齊之等皆是樂章之名也云

禮記義五十八　二十七

武象武王之大事也以此象武與清廟相對清廟是文王之詩故知象武是武王之樂案周頌維清奏象舞也注云武王制焉盧解大饗有九者揖讓而入門一也入門而縣興二也揖讓而升堂三也升堂而樂闋四也下管象武五也夏籥序興六也陳其薦俎七也序其禮樂八也備其百官九也王肅以爲大饗九者其下五事與鄭同又以揖讓而入門入門而縣興揖讓而升堂爲一也升堂而樂闋二也下管象武夏籥序興三也陳其薦俎序其禮樂備其百官爲四也添下五事爲九也

子曰禮也者理也樂也者節也

君子無理不動無節不作不能詩於禮繆不能樂於禮素薄於德於禮虛繆誤也素猶質也歌詩所以通禮意也作樂所以同成禮文也崇德所以實禮行也王制曰樂正崇四術立四教順先王詩書禮樂以造士春

潘本第五十八卷第二十七葉

清廟是三也下管象是四也云事之謂立置於位也者以經先云大饗有四焉乃云事之故鄭注亦先數四事乃解事之也而皇氏以夏籥序興與下管象武合爲一爲大饗之事四今鄭數四事直云下管象武不數夏籥序興又經云金作示情清廟示德下管示事不論夏籥皇氏通數夏籥其義非也云縣興金作也者解經入門而縣興謂金奏第一作也案大射禮賓及庭奏肆夏至主人獻賓賓再拜受爵樂闋是金一作也但大射以臣爲賓故及庭始金奏若鄭國君來入門即金奏也云金再作者獻主君又作也者案大射禮主人獻賓之後主人洗象觚獻于公公拜受爵乃奏肆夏公卒爵而樂闋大射禮謂臣爲主人而獻君若兩君相見則賓獻主君故獻主君又作也云堂下吹管舞文武之樂更起也者以經云下管象武即夏籥序興是初時管中吹象武之曲已後與夏籥文舞更遞而作故云舞文武之樂更起也云采齊雍振羽皆樂章也以雍是詩篇名振羽即振鷺故知與采齊之等皆是樂章之名也云

禮記義五十八　二十七

武象武王之大事也以此象武與清廟相對清廟是文王之詩故知象武是武王之樂案周頌維清奏象舞也注云武王制焉盧解大饗有九者揖讓而入門一也入門而縣興二也揖讓而升堂三也升堂而樂闋四也下管象武五也夏籥序興六也陳其薦俎七也序其禮樂八也備其百官九也王肅以爲大饗九者其下五事與鄭同又以揖讓而入門入門而縣興揖讓而升堂爲一也升堂而樂闋二也下管象武夏籥序興三也陳其薦俎序其禮樂備其百官爲四也添下五事爲九也

子曰禮也者理也樂也者節也

君子無理不動無節不作不能詩於禮繆不能樂於禮素薄於德於禮虛繆誤也素猶質也歌詩所以通禮意也作樂所以同成禮文也崇德所以實禮行也王制曰樂正崇四術立四教順先王詩書禮樂以造士春

足利本第五十八卷第二十八葉

秋教以禮樂冬夏教以詩書王大子王子羣后之大子卿大夫元士之適子國之俊選皆造焉則古之人皆知諸侯之禮樂 疏 正義曰以前經大饗有禮樂之事故此經申明禮樂之義理謂道理言禮者使萬事合於道理也 樂也者節也者節制也言樂者使萬物得其節制 君子無理不動無節不作者言古之君子若無禮之道理不妄興動無樂之節制不敢興作 不能詩於禮繆者以詩能通達情意得則行禮審正若不能習詩則情意隔絶於禮錯繆言行禮必須詩 不能樂於禮素者素謂質素言樂能有音聲綴兆干戚文飾於禮若不能習樂則於禮樸素 薄於德於禮虚者言内心厚於其德則外充實若内心淺薄於德則於外禮空虚言行禮必須德言此經雖禮樂並陳德是百行之本樂是禮中之別故明禮須詩樂及德乃爲善也 注王制至禮樂 正義曰引王制者明上從天子下至國之俊選皆須禮樂而成證經之君子無理不動無節不作也云皆知諸侯之禮樂者以前經大饗

王恭　二十八　禮記義五十八

是兩君相見諸侯禮樂之事此經申說前經云君子無理不動故知尊卑皆是諸侯之禮樂 子曰制度在禮文爲在禮行之其在人乎 文爲文章所爲 疏 正義曰前經明禮爲諸事之本此經明行禮在人 制度在禮者言國家尊卑上下制度存在於禮 文爲在禮者人之文章所爲亦在於禮言禮爲制度文章之本 行之其在人乎者言能行其禮全在人乎謂人能行禮也 子貢越席而對曰敢問夔其窮與 見其不達於禮 子曰古之人與古之人也達於禮而不達於樂謂之素達於樂而不達於禮謂之偏夫夔達於樂而不達於禮是以傳於此名也古之人

潘本第五十八卷第二十八葉

秋教以禮樂冬夏教以詩書王大子王子羣后之大子卿大夫元士之適子國之俊選皆造焉則古之人皆知諸侯之禮樂 疏 正義曰以前經大饗有禮樂之事故此經申明禮樂之義理謂道理言禮者使萬事合於道理也 樂也者節也者節制也言樂者使萬物得其節制 君子無理不動無節不作者言古之君子若無禮之道理不妄興動無樂之節制不敢興作 不能詩於禮繆者以詩能通達情意得則行禮審正若不能習詩則情意隔絶於禮錯繆言行禮必須詩 不能樂於禮素者素謂質素言樂能有音聲綴兆干戚文飾於禮若不能習樂則於禮樸素 薄於德於禮虚者言内心厚於其德則外充實若内心淺薄於德則於外禮空虚言行禮必須德言此經雖禮樂並陳德是百行之本樂是禮中之別故明禮須詩樂及德乃爲善也 注王制至禮樂 正義曰引王制者明上從天子下至國之俊選皆須禮樂而成證經之君子無理不動無節不作也云皆知諸侯之禮樂者以前經大饗

王恭　二十八　禮記義五十八

是兩君相見諸侯禮樂之事此經申說前經云君子無理不動故知尊卑皆是諸侯之禮樂 子曰制度在禮文爲在禮行之其在人乎 文爲文章所爲 疏 正義曰前經明禮爲諸事之本此經明行禮在人 制度在禮者言國家尊卑上下制度存在於禮 文爲在禮者人之文章所爲亦在於禮言禮爲制度文章之本 行之其在人乎者言能行其禮全在人乎謂人能行禮也 子貢越席而對曰敢問夔其窮與 見其不達於禮 子曰古之人與古之人也達於禮而不達於樂謂之素達於樂而不達於禮謂之偏夫夔達於樂而不達於禮是以傳於此名也古之人

足利本第五十八卷第二十九葉

也素與偏俱不備耳夔達於樂傳世名此賢人也非不能非所謂窮〔疏〕正義曰前經孔子稱唯人能行
禮子貢唯聞夔之善樂不聞夔之達禮意謂夔身全不解禮故越席而對夫子云敢問此夔於禮其窮困與　子曰
古之人與者言今人解樂則全不知禮夔是古之人與但不曉達於禮耳非全不知也　古之人也達於禮而不達
於樂謂之素者古與今異古之人也明達於禮而不甚明達於樂者但謂之樸素不備具耳不得稱於樂爲窮　達
於樂而不達於禮謂之偏者言古之人但明達於樂而不甚明達於禮者謂之偏半而不備耳非是於禮爲窮　夫
夔達於樂而不達於禮是以傳於此名也言夔禮樂兼有但樂優於禮故特通達於樂不甚通達於禮是以傳於此
賢名流於後世若全不解禮何以傳於此名也古之人也更重美夔云是古之人與今之人别也若今人達於樂而
不達於禮者則全不知禮也　〔注〕素與至謂窮　正義曰素與偏俱不備耳者言素之與偏俱是不具非是全不知

禮記義五十八　二十九　包端

也故稱耳以貽之云非不能非所謂窮者言夔非是不能行禮但不特通達非謂全不知於禮爲窮困也故虞書舜
命伯夷典朕三禮伯夷讓夔是夔知禮也而皇氏以達爲掌言夔掌樂不掌禮達訓爲掌於義無文又與鄭注意乖
其義非也　子張問政子曰師乎前吾語女乎君子
明於禮樂舉而錯之而已言禮樂足以爲政也錯猶施行也子張
復問子曰師爾以爲必鋪几筵升降酌獻
酬酢然後謂之禮乎爾以爲必行綴兆興
羽籥作鐘鼓然後謂之樂乎言而履之禮
也行而樂之樂也君子力此二者以南面而

潘本第五十八卷第二十九葉

也素與偏俱不備耳夔達於樂傳世名此賢人也非不能非所謂窮〔疏〕正義曰前經孔子稱唯人能行
禮子貢唯聞夔之善樂不聞夔之達禮意謂夔身全不解禮故越席而對夫子云敢問此夔於禮其窮困與　子曰
古之人與者言今人解樂則全不知禮夔是古之人與但不曉達於禮耳非全不知也　古之人也達於禮而不達
於樂謂之素者古與今異古之人也明達於禮而不甚明達於樂者但謂之樸素不備具耳不得稱於樂爲窮　達
於樂而不達於禮謂之偏者言古之人但明達於樂而不甚明達於禮者謂之偏半而不備耳非是於禮爲窮　夫
夔達於樂而不達於禮是以傳於此名也言夔禮樂兼有但樂優於禮故特通達於樂不甚通達於禮是以傳於此
賢名流於後世若全不解禮何以傳於此名也古之人也更重美夔云是古之人與今之人别也若今人達於樂而
不達於禮者則全不知禮也　〔注〕素與至謂窮　正義曰素與偏俱不備耳者言素之與偏俱是不具非是全不知

禮記義五十八　二十九　包端

也故稱耳以貽之云非不能非所謂窮者言夔非是不能行禮但不特通達非謂全不知於禮爲窮困也故虞書舜
命伯夷典朕三禮伯夷讓夔是夔知禮也而皇氏以達爲掌言夔掌樂不掌禮達訓爲掌於義無文又與鄭注意乖
其義非也　子張問政子曰師乎前吾語女乎君子
明於禮樂舉而錯之而已言禮樂足以爲政也錯猶施行也子張
復問子曰師爾以爲必鋪几筵升降酌獻
酬酢然後謂之禮乎爾以爲必行綴兆興
羽籥作鐘鼓然後謂之樂乎言而履之禮
也行而樂之樂也君子力此二者以南面而

足利本第五十八卷第三十葉

立夫是以天下大平也諸侯朝萬物服體而百官莫敢不承事矣禮之所興衆之所治也禮之所廢衆之所亂也目巧之室則有奥阼席則有上下車則有左右行則有隨立則有序古之義也室而無奥阼則亂於堂室也席而無上下則亂於席上也車而無左右則亂於車也行而無隨則亂於塗也立而無序則亂於位也昔聖帝明王諸侯辨貴賤長幼遠近男女外内莫敢相踰越皆由此塗出也服體體服也謂萬物之符長皆來爲瑞應也衆之所治衆之所以治也衆之所亂衆之所以亂也目巧謂但用巧目善意作室不由法度猶有奥阼賓主之處也自目巧以下古今常事不可廢改也三子者既得聞此言也於夫子昭然若發矇矣乃曉禮樂不可廢改之意也

【疏】正義曰：舉而錯之而已者，錯，行也，言爲政之道明於禮樂，與舉而錯行之，言爲政在此而已。言而履之禮也者，言爲禮之體不在於几筵外降酬酢乃謂之禮，但在乎出言履踐行之謂之禮也。行而樂之樂也者，言樂不在於羽籥鐘鼓乃謂之樂，但在乎身之行天下愛樂謂之樂也。君子力此二者，力謂勉力也，言君子勉力勤行此二者禮樂之事，則天下大平

禮記正義五十八　三十　李倚

潘本第五十八卷第三十葉

立夫是以天下大平也諸侯朝萬物服體而百官莫敢不承事矣禮之所興衆之所治也禮之所廢衆之所亂也目巧之室則有奥阼席則有上下車則有左右行則有隨立則有序古之義也室而無奥阼則亂於堂室也席而無上下則亂於席上也車而無左右則亂於車也行而無隨則亂於塗也立而無序則亂於位也昔聖帝明王諸侯辨貴賤長幼遠近男女外内莫敢相踰越皆由此塗出也服體體服也謂萬物之符長皆來爲瑞應也衆之所治衆之所以治也衆之所亂衆之所以亂也目巧謂但用巧目善意作室不由法度猶有奥阼賓主之處也自目巧以下古今常事不可廢改也三子者既得聞此言也於夫子昭然若發矇矣乃曉禮樂不可廢改之意也

【疏】正義曰：舉而錯之而已者，錯，行也，言爲政之道明於禮樂，與舉而錯行之，言爲政在此而已。言而履之禮也者，言爲禮之體不在於几筵外降酬酢乃謂之禮，但在乎出言履踐行之謂之禮也。行而樂之樂也者，言樂不在於羽籥鐘鼓乃謂之樂，但在乎身之行天下愛樂謂之樂也。君子力此二者，力謂勉力也，言君子勉力勤行此二者禮樂之事，則天下大平

禮記正義五十八　三十　李倚

足利本第五十八卷第三十一葉

萬物服體者服謂屈服體謂形體言飛走動植之物而皆來爲瑞應也　目巧之室則有奧阼者言但用目准視巧思存意雖不由法度猶有奧阼賓主之處不可不有也　席則有上下者言布席之時不可無上下　車則有左右者言乘車之時不可無左右　行則有隨者謂少者在後相隨　立則有序者謂並立則有次序　古之義也者自古以來禮樂之意　室而無奧阼則亂於堂室也上言得禮則治自此以下言失禮則亂故准上文　皆由此塗出也者由從也塗道也道謂禮樂也言古之聖帝明王所以能使貴賤長幼遠近男女殊別外內莫敢相踰越者皆由此禮樂塗道出其此事也　注服體至改也　正義曰謂萬物之符長者符謂甘露醴泉之屬長謂五方瑞應之長云奧阼賓主之處也者爾雅云西南隅謂之奧奧之外則有賓位所在東階謂之阼故曰賓主之處云自目巧以下古今常事不可廢改也言經中目巧以上論說禮樂之事或質文沿革隨時變改自目巧以下尊卑上下萬代恒行故云古今常事不可廢改也

禮記義五十八　三十一　周杲

孔子閒居第二十九

正義曰案鄭目錄云名曰孔子閒居者善其無倦而不褻猶使一弟子侍爲之說詩著其氏言可法也退燕避人曰閒居此於別錄屬通論

孔子閒居子夏侍子夏曰敢問詩云凱弟君子民之父母何如斯可謂民之父母矣　凱弟樂易也　孔子曰夫民之父母乎必達於禮樂之原以致五至而行三無以橫於天下四

潘本第五十八卷第三十一葉

萬物服體者服謂屈服體謂形體言飛走動植之物而皆來爲瑞應也　目巧之室則有奧阼者言但用目准視巧思存意雖不由法度猶有奧阼賓主之處不可不有也　席則有上下者言布席之時不可無上下　車則有左右者言乘車之時不可無左右　行則有隨者謂少者在後相隨　立則有序者謂並立則有次序　古之義也者自古以來禮樂之意　室而無奧阼則亂於堂室也上言得禮則治自此以下言失禮則亂故准上文　皆由此塗出也者由從也塗道也道謂禮樂也言古之聖帝明王所以能使貴賤長幼遠近男女殊別外內莫敢相踰越者皆由此禮樂塗道出其此事也　注服體至改也　正義曰謂萬物之符長者符謂甘露醴泉之屬長謂五方瑞應之長云奧阼賓主之處也者爾雅云西南隅謂之奧奧之外則有賓位所在東階謂之阼故曰賓主之處云自目巧以下古今常事不可廢改也言經中目巧以上論說禮樂之事或質文沿革隨時變改自目巧以下尊卑上下萬代恒行故云古今常事不可廢改也

禮記義五十八　三十一　周杲

孔子閒居第二十九

正義曰案鄭目錄云名曰孔子閒居者善其無倦而不褻猶使一弟子侍爲之說詩著其氏言可法也退燕避人曰閒居此於別錄屬通論

孔子閒居子夏侍子夏曰敢問詩云凱弟君子民之父母何如斯可謂民之父母矣　凱弟樂易也　孔子曰夫民之父母乎必達於禮樂之原以致五至而行三無以橫於天下四

方有敗必先知之此之謂民之父母矣原猶本也橫充也敗謂禍烖也子夏曰民之父母既得而聞之矣【疏】正義曰但此篇子夏之問大略有二從此至施于孫子問民之父母之事自三王之德參於天地以下問三王之德何以參於天地以終篇末但上節問民之父母以致五至而行三無子夏覆問五至三無之事今各隨文解之 詩云凱弟君子民之父母者此詩大雅泂酌之篇美成王之德凱樂也弟易也謂成王行此樂易之德爲民之父母 何如斯可謂民之父母矣者子夏舉此詩義而問夫子欲爲何事得爲民之父母 四方有敗必先知之者以聖人行五至三無通幽達微無所不悉觀其萌兆覩微知著若見其積惡必知久有禍災故云四方有敗必先知之若爲民父母者當須豫知禍害使民免離於禍故爲民之父母然四方有福亦先知之必云四方有敗者此主爲民除害爲本故舉敗言之

禮記義五十八　三十二　李信

敢問何謂五至孔子曰志之所至詩亦至焉詩之所至禮亦至焉禮之所至樂亦至焉樂之所至哀亦至焉哀樂相生是故正明目而視之不可得而見也傾耳而聽之不可得而聞也志氣塞乎天地此之謂五至凡言至者至於民也志謂恩意也言君恩意至於民則其詩亦至也詩謂好惡之情也自此以下皆謂民之父母者善推其所有以與民共之人耳不能聞目不能見行之在胷心也塞滿也子夏曰五至既得而聞之矣【疏】正義曰此經子夏問五至之事孔子爲說五至之理志

方有敗必先知之此之謂民之父母矣原猶本也橫充也敗謂禍烖也子夏曰民之父母既得而聞之矣【疏】正義曰但此篇子夏之問大略有二從此至施于孫子問民之父母之事自三王之德參於天地以下問三王之德何以參於天地以終篇末但上節問民之父母以致五至而行三無子夏覆問五至三無之事今各隨文解之 詩云凱弟君子民之父母者此詩大雅泂酌之篇美成王之德凱樂也弟易也謂成王行此樂易之德爲民之父母 何如斯可謂民之父母矣者子夏舉此詩義而問夫子欲爲何事得爲民之父母 四方有敗必先知之者以聖人行五至三無通幽達微無所不悉觀其萌兆覩微知著若見其積惡必知久有禍災故云四方有敗必先知之若爲民父母者當須豫知禍害使民免離於禍故爲民之父母然四方有福亦先知之必云四方有敗者此主爲民除害爲本故舉敗言之

禮記義五十八　三十二　李信

敢問何謂五至孔子曰志之所至詩亦至焉詩之所至禮亦至焉禮之所至樂亦至焉樂之所至哀亦至焉哀樂相生是故正明目而視之不可得而見也傾耳而聽之不可得而聞也志氣塞乎天地此之謂五至凡言至者至於民也志謂恩意也言君恩意至於民則其詩亦至也詩謂好惡之情也自此以下皆謂民之父母者善推其所有以與民共之人耳不能聞目不能見行之在胷心也塞滿也子夏曰五至既得而聞之矣【疏】正義曰此經子夏問五至之事孔子爲說五至之理志

足利本第五十八卷第三十三葉

之所至詩亦至焉者志謂君之恩意之志所至謂恩意至極於民詩者歌詠歡樂也君之恩意既至於民故詩之歡樂亦至極於民　詩之所至禮亦至焉者君既能歡樂至極於民則以禮接下故禮亦至極於民焉　禮之所至樂亦至焉者既禮能至極於民必爲民之所樂故樂亦至極於民焉　樂之所至哀亦至焉者君既與民同其歡樂若民有禍害則能悲哀憂恤至極於下故云哀亦至焉　哀樂相生者言哀生於樂故上云樂之所至哀亦至焉凡物先生而後死故先樂而後哀哀極則生於樂是亦樂生於哀故云哀樂相生此言哀之與樂及志與詩禮凡此五者皆與民共之　是故正明目而視之不可得而見也傾耳而聽之不可得而聞也者以此五者君與民上下同有感之在於胷心外無形聲故目不得見耳不得聞　志氣塞乎天地者塞滿也人君既與民五事齊同上下俱有是人君志氣塞滿天地　此之謂五至者所以能致如此者由行五至之道故云此之謂五至　注凡言至心也　正義曰云凡言至者謂經中五事至者也云至於民也者君行五事至極於民云志謂恩意也者但志兼善惡此志下極於民故知是恩意也云詩謂好惡之情也者詩者詠歌所好者則美之所惡者則刺之是詩有好惡之情也君之與民上下共同故經云詩亦至焉云自此以下皆謂民之父母者謂自此志之所至以下五事皆是民之父母所行也云善推其所有以與民共之者謂推其已之所有亦欲民之俱有若已欲恩愛民亦欲恩愛已有好惡民亦有好惡已欲禮樂民亦欲禮樂已欲哀恤民亦欲哀恤是推已所有與民共之也　敢問何謂三無　孔子曰無聲之樂無體之禮無服之喪此之謂三無子夏曰三無既得略而聞之矣敢問何詩近之　於意未察求其類　於詩詩長人情　孔子曰夙夜

禮記義五十八　三十三　孝忠

潘本第五十八卷第三十三葉

之所至詩亦至焉者志謂君之恩意之志所至謂恩意至極於民詩者歌詠歡樂也君之恩意既至於民故詩之歡樂亦至極於民　詩之所至禮亦至焉者君既能歡樂至極於民則以禮接下故禮亦至極於民焉　禮之所至樂亦至焉者既禮能至極於民必爲民之所樂故樂亦至極於民焉　樂之所至哀亦至焉者君既與民同其歡樂若民有禍害則能悲哀憂恤至極於下故云哀亦至焉　哀樂相生者言哀生於樂故上云樂之所至哀亦至焉凡物先生而後死故先樂而後哀哀極則生於樂是亦樂生於哀故云哀樂相生此言哀之與樂及志與詩禮凡此五者皆與民共之　是故正明目而視之不可得而見也傾耳而聽之不可得而聞也者以此五者君與民上下同有感之在於胷心外無形聲故目不得見耳不得聞　志氣塞乎天地者塞滿也人君既與民五事齊同上下俱有是人君志氣塞滿天地　此之謂五至者所以能致如此者由行五至之道故云此之謂五至　注凡言至心也　正義曰云凡言至者謂經中五事至者也云至於民也者君行五事至極於民云志謂恩意也者但志兼善惡此志下極於民故知是恩意也云詩謂好惡之情也者詩者詠歌所好者則美之所惡者則刺之是詩有好惡之情也君之與民上下共同故經云詩亦至焉云自此以下皆謂民之父母者謂自此志之所至以下五事皆是民之父母所行也云善推其所有以與民共之者謂推其已之所有亦欲民之俱有若已欲恩愛民亦欲恩愛已有好惡民亦有好惡已欲禮樂民亦欲禮樂已欲哀恤民亦欲哀恤是推已所有與民共之也　敢問何謂三無　孔子曰無聲之樂無體之禮無服之喪此之謂三無子夏曰三無既得略而聞之矣敢問何詩近之　於意未察求其類　於詩詩長人情　孔子曰夙夜

禮記義五十八　三十三　孝忠

足利本第五十八卷第三十四葉

其命宥密無聲之樂也威儀逮逮不可選也無體之禮也凡民有喪匍匐救之無服之喪也詩讀其爲基聲之誤也基謀也密靜也言君夙夜謀爲政教以安民則民樂之此非有鐘鼓之聲也逮逮安和之貌也言君之威儀安和逮逮然則民傚之此非有升降揖讓之禮也救之賙恤之言君於民有喪有以賙恤之則民傚之此非有衰絰之服

疏 正義曰此一節子夏問三無之事夫子答以三無子夏意猶未曉更問何詩近之夫子答以所近之詩以開子夏之意 無聲之樂無體之禮無服之喪此三者皆謂行之在心外無形狀故稱無也 孔子曰夙夜其命宥密無聲之樂也者此詩周頌昊天有成命之篇其詩云在上昊天有成命二后受之謂文武二君承受之成王不敢康言文武成此王功不敢康寧夙夜基命宥密者夙早也夜暮

禮記義五十八　三十四　高畋

也基始也命信也宥寬也密靜也言文武早暮始信順天命行寬弘仁靜之化令此言以基爲謀言早夜謀爲政教於國民得寬和寧靜民喜樂之於是無鍾鼓之聲而民樂故爲無聲之樂也 威儀逮逮不可選也者此詩邶風栢舟之篇刺衛頃公之詩言仁人不遇其威儀逮逮然安和不可選數有威可畏有儀可象民則傚之非有升降揖讓之禮故爲無體之禮也 凡民有喪匍匐救之者此詩邶風谷風之篇婦人怨夫棄薄之辭也言凡人之家有死喪鄰里匍匐往救助之此記謂人君見民有死喪則匍匐往賙救之民皆傚傚之此非有衰絰之服故云無服之喪也

子夏曰言則大矣美矣盛矣言盡於此而已乎孔子曰何爲其然也君子之服之也猶有五起焉言盡於此乎意以爲說未盡也服猶習也君子習讀此詩起此之義其說有五

潘本第五十八卷第三十四葉

其命宥密無聲之樂也威儀逮逮不可選也無體之禮也凡民有喪匍匐救之無服之喪也詩讀其爲基聲之誤也基謀也密靜也言君夙夜謀爲政教以安民則民樂之此非有鐘鼓之聲也逮逮安和之貌也言君之威儀安和逮逮然則民傚之此非有升降揖讓之禮也救之賙恤之言君於民有喪有以賙恤之則民傚之此非有衰絰之服

疏 正義曰此一節子夏問三無之事夫子答以三無子夏意猶未曉更問何詩近之夫子答以所近之詩以開子夏之意 無聲之樂無體之禮無服之喪此三者皆謂行之在心外無形狀故稱無也 孔子曰夙夜其命宥密無聲之樂也者此詩周頌昊天有成命之篇其詩云在上昊天有成命二后受之謂文武二君承受之成王不敢康言文武成此王功不敢康寧夙夜基命宥密者夙早也夜暮

禮記義五十八　三十四　高畋

也基始也命信也宥寬也密靜也言文武早暮始信順天命行寬弘仁靜之化令此言以基爲謀言早夜謀爲政教於國民得寬和寧靜民喜樂之於是無鍾鼓之聲而民樂故爲無聲之樂也 威儀逮逮不可選也者此詩邶風栢舟之篇刺衛頃公之詩言仁人不遇其威儀逮逮然安和不可選數有威可畏有儀可象民則傚之非有升降揖讓之禮故爲無體之禮也 凡民有喪匍匐救之者此詩邶風谷風之篇婦人怨夫棄薄之辭也言凡人之家有死喪鄰里匍匐往救助之此記謂人君見民有死喪則匍匐往賙救之民皆傚傚之此非有衰絰之服故云無服之喪也

子夏曰言則大矣美矣盛矣言盡於此而已乎孔子曰何爲其然也君子之服之也猶有五起焉言盡於此乎意以爲說未盡也服猶習也君子習讀此詩起此之義其說有五

孔子閒居第二十九

足利本第五十八卷第三十五葉

也

子夏曰何如孔子曰無聲之樂氣志不違無體之禮威儀遲遲無服之喪內恕孔悲無聲之樂氣志既得無體之禮威儀翼翼無服之喪施及四國無聲之樂氣志既從無體之禮上下和同無服之喪以畜萬邦無聲之樂日聞四方無體之禮日就月將無服之喪純德孔明無聲之樂氣志既起無體之禮施及四海無服之喪施于孫子

不違者民不違君之氣志也孔甚也施易也從順也畜孝也使萬邦之民競爲孝也就成也將大也使民之傚禮日有所成至月則大矣起猶從也

疏 正義曰此一節言子夏既聞三無意以說義未盡故孔子更爲說三種之無猶有五種起發之事　孔子曰何爲其然也者子夏既聞孔子之言猶疑其未盡故更問夫子而夫子荅云何爲其然然猶如是言何爲如是盡也言其義猶未盡　君子之服之也猶有五起焉者服習也言君子習此三無猶有五種起發其義言猶有五種飜覆說其義興起也　無聲之樂氣志不違者此以下五節從輕以漸至於重初言不違民但不違君之志氣二云志氣既得言君之志氣得於下三云既從民所從也四云日聞四方及於遠也五云既起是既發起也是從微至著威儀遲遲者初時但舒遲而已二則威儀翼翼而恭敬三則上下和同無不從也四則日就月將漸興進也五則施及四海所及遠也內恕孔悲者初則親族之內悲哀其處近也二則施及四國所被遠

禮記義五十八　三十五　楊昌

潘本第五十八卷第三十五葉

也

子夏曰何如孔子曰無聲之樂氣志不違無體之禮威儀遲遲無服之喪內恕孔悲無聲之樂氣志既得無體之禮威儀翼翼無服之喪施及四國無聲之樂氣志既從無體之禮上下和同無服之喪以畜萬邦無聲之樂日聞四方無體之禮日就月將無服之喪純德孔明無聲之樂氣志既起無體之禮施及四海無服之喪施于孫子

不違者民不違君之氣志也孔甚也施易也從順也畜孝也使萬邦之民競爲孝也就成也將大也使民之傚禮日有所成至月則大矣起猶從也

疏 正義曰此一節言子夏既聞三無意以說義未盡故孔子更爲說三種之無猶有五種起發之事　孔子曰何爲其然也者子夏既聞孔子之言猶疑其未盡故更問夫子而夫子荅云何爲其然然猶如是言何爲如是盡也言其義猶未盡　君子之服之也猶有五起焉者服習也言君子習此三無猶有五種起發其義言猶有五種飜覆說其義興起也　無聲之樂氣志不違者此以下五節從輕以漸至於重初言不違民但不違君之志氣二云志氣既得言君之志氣得於下三云既從民所從也四云日聞四方及於遠也五云既起是既發起也是從微至著威儀遲遲者初時但舒遲而已二則威儀翼翼而恭敬三則上下和同無不從也四則日就月將漸興進也五則施及四海所及遠也內恕孔悲者初則親族之內悲哀其處近也二則施及四國所被遠

禮記義五十八　三十五　楊昌

也三則以畜萬邦皆爲孝也四則純德孔明益甚也五則施于孫子垂後世也〔注〕云孔甚也畜孝也 正義曰孔甚釋言文畜孝祭統云孝者畜也故畜爲孝也

子夏曰三王之德參於天地敢問何如斯可謂參天地矣孔子曰奉三無私以勞天下三王謂禹湯文王也參天地者其德與天地爲三也勞勞來子夏曰敢問何謂三無私孔子曰天無私覆地無私載日月無私照奉斯三者以勞天下此之謂三無私其在詩曰帝命不違至于湯齊湯降不遲聖敬日齊昭假遲遲上帝是祗帝命式于九圍是湯之德也帝天帝也詩讀湯齊爲湯躋躋升也降下也齊莊也昭明也假至也祗敬也式用也九圍九州之界也此詩云殷之先君其爲政不違天之命至於湯升爲君又下天之政教甚疾其聖敬日莊嚴其明道至於民遲遲然安和天是用敬之命之用事於九州謂使王也是湯之德者是湯奉天無私之德也

〔疏〕正義曰自此以德下至大王之德一節子夏問三王之德參於天地夫子荅以行三無私之事幷明湯及文武三代大王之德今各隨文解之 其在詩曰帝命不違至于湯齊者此詩商頌長發之篇美成湯之辭言天帝命此殷家世世行之不違至於成湯乃與天心齊也湯降不遲者降下也言湯降下賢士不遲緩甚能速疾聖敬日齊者言其聖敬之德日日升進 昭假遲遲者昭明也假暇也言湯以昭明寬暇天下之士心遲遲然甚舒緩 上帝是祗者上帝天也祗敬也言天於是敬愛之

禮記義五十八　三十六　高政

也三則以畜萬邦皆爲孝也四則純德孔明益甚也五則施于孫子垂後世也〔注〕云孔甚也畜孝也 正義曰孔甚釋言文畜孝祭統云孝者畜也故畜爲孝也

子夏曰三王之德參於天地敢問何如斯可謂參天地矣孔子曰奉三無私以勞天下三王謂禹湯文王也參天地者其德與天地爲三也勞勞來子夏曰敢問何謂三無私孔子曰天無私覆地無私載日月無私照奉斯三者以勞天下此之謂三無私其在詩曰帝命不違至于湯齊湯降不遲聖敬日齊昭假遲遲上帝是祗帝命式于九圍是湯之德也帝天帝也詩讀湯齊爲湯躋躋升也降下也齊莊也昭明也假至也祗敬也式用也九圍九州之界也此詩云殷之先君其爲政不違天之命至於湯升爲君又下天之政教甚疾其聖敬日莊嚴其明道至於民遲遲然安和天是用敬之命之用事於九州謂使王也是湯之德者是湯奉天無私之德也

〔疏〕正義曰自此以德下至大王之德一節子夏問三王之德參於天地夫子荅以行三無私之事幷明湯及文武三代大王之德今各隨文解之 其在詩曰帝命不違至于湯齊者此詩商頌長發之篇美成湯之辭言天帝命此殷家世世行之不違至於成湯乃與天心齊也湯降不遲者降下也言湯降下賢士不遲緩甚能速疾聖敬日齊者言其聖敬之德日日升進 昭假遲遲者昭明也假暇也言湯以昭明寬暇天下之士心遲遲然甚舒緩 上帝是祗者上帝天也祗敬也言天於是敬愛之

禮記義五十八　三十六　高政

足利本第五十八卷第三十七葉

帝命式于九圍者式用也九圍九州之界也言天命湯之用事於九州爲天子也詩之本注如此今此記注意言殷之先君施其政教奉行天命不敢違也至于湯齊者齊躋也躋升也言至於成湯升爲國君湯降下政教不遲緩其聖敬之德日日齊莊昭明也假至也言湯之明德下至於民遲遲然安和不急疾此與詩注稍殊大略同 注帝天至德也 正義曰帝天帝者恐有人帝之嫌故曰天帝降下也式用也釋言文假至也祇敬也釋詁文云是湯奉天無私之德也者以上云奉三無私下即引詩論湯之德言湯之明德下降於民遲遲安和是無私之事

天有四時春秋冬夏風雨霜露無非教也地載神氣神氣風霆風霆流形庶物露生無非教也

言天之施化收殺地之載生萬物此非有所私也無非教者皆人君所當奉行以爲政教

禮記義五十八　三十七

疏 正義曰前經云奉三無私次論湯德此經論天地無私聖人則之以爲教天有四時春秋冬夏風雨霜露無非教也者言天春生夏長秋殺冬藏以風以雨以霜以露化養於物聖人則之事事倣法以爲教故云無非教也 地載神氣神氣風霆風霆流形庶物露生無非教也者神氣謂神妙之氣風霆霆雷也神氣風霆流形謂地以神氣風雷之等流布其形庶物露生庶衆也言衆物感此神氣風霆之形露見而生人君法則此地之生物事事奉之以爲教也故云無非教也神氣風霆亦天之所有故春秋云天有六氣此經云天有風雨不偏屬於地今屬於地者其實神氣風霆天地共有春秋冬夏是天之神氣既稱春秋冬夏故於地變言神氣但氣從地出又風著於土雷出於地故神氣風雷偏繫於地

清明在躬氣志如神嗜欲將至有開必先天降時雨山川出雲其在詩

潘本第五十八卷第三十七葉

帝命式于九圍者式用也九圍九州之界也言天命湯之用事於九州爲天子也詩之本注如此今此記注意言殷之先君施其政教奉行天命不敢違也至于湯齊者齊躋也躋升也言至於成湯升爲國君湯降下政教不遲緩其聖敬之德日日齊莊昭明也假至也言湯之明德下至於民遲遲然安和不急疾此與詩注稍殊大略同 注帝天至德也 正義曰帝天帝者恐有人帝之嫌故曰天帝降下也式用也釋言文假至也祇敬也釋詁文云是湯奉天無私之德也者以上云奉三無私下即引詩論湯之德言湯之明德下降於民遲遲安和是無私之事

天有四時春秋冬夏風雨霜露無非教也地載神氣神氣風霆風霆流形庶物露生無非教也

言天之施化收殺地之載生萬物此非有所私也無非教者皆人君所當奉行以爲政教

禮記義五十八　三十七

疏 正義曰前經云奉三無私次論湯德此經論天地無私聖人則之以爲教天有四時春秋冬夏風雨霜露無非教也者言天春生夏長秋殺冬藏以風以雨以霜以露化養於物聖人則之事事倣法以爲教故云無非教也 地載神氣神氣風霆風霆流形庶物露生無非教也者神氣謂神妙之氣風霆霆雷也神氣風霆流形謂地以神氣風雷之等流布其形庶物露生庶衆也言衆物感此神氣風霆之形露見而生人君法則此地之生物事事奉之以爲教也故云無非教也神氣風霆亦天之所有故春秋云天有六氣此經云天有風雨不偏屬於地今屬於地者其實神氣風霆天地共有春秋冬夏是天之神氣既稱春秋冬夏故於地變言神氣但氣從地出又風著於土雷出於地故神氣風雷偏繫於地

清明在躬氣志如神嗜欲將至有開必先天降時雨山川出雲其在詩

足利本第五十八卷第三十八葉

曰嵩高惟嶽峻極于天惟嶽降神生甫及申惟申及甫惟周之翰四國于蕃四方于宣此文武之德也清明在躬氣志如神謂聖人也嗜欲將至謂其王天下之期將至也神有以開之必先爲之生賢知之輔佐若天將降時雨山川爲之先出雲矣峻高大也翰幹也言周道將興五嶽爲之生賢輔佐仲山甫及申伯爲周之幹臣天下之蕃衛宣德於四方以成其王功此文武之德也是文王武王奉天地無私之德也此宣王詩也文武之時其德如此而詩無以言之取類以明之

疏 正義曰此一節明周之文武之德 清明在躬者清謂清靜明謂顯著言聖人清靜光明之德在於躬身 氣志如神者氣志變化微妙如神謂文武也 嗜欲將至嗜欲謂王位也王位是聖人所貪故云嗜欲方欲王天下故云將至 有開必先者言聖人欲王天下有神開道必先豫爲生賢知之輔佐 天降時雨山川出雲者此譬其事由如天將降時雨山川先爲之出雲言文武將王之時豫生賢佐但文武之時無此生賢佐之詩故孔子引周宣王之時生賢佐之詩以證之 其在詩曰嵩高惟嶽峻極于天者此詩大雅崧高之篇美宣王之詩嵩然而高者惟是五嶽其形高峻至於天 惟嶽降神生甫及申者惟此五嶽降此神靈和氣而生甫侯及申伯也以甫侯申伯先祖伯夷掌嶽神有功故嶽神輔助宣王爲生申甫也 惟周之翰者翰幹也言申伯甫侯爲周之楨幹之臣 四國于蕃四方于宣者言此申甫爲四方之國作蕃屏又於四方宣揚王之德化 此文武之德也者詩之所論當此文武之德以文武無私所得賢臣唯遣爲四方蕃屏又四方宣揚威德不私爲已是文武奉天無私之德也 注仲山甫及申伯 正義曰案詩崧高之篇甫侯及申伯甫侯謂呂侯也穆王之時訓夏贖刑謂呂刑與申伯俱出伯夷之後掌四嶽之祀又詩烝民稱仲山甫之

禮記□義五十八　三十八　李卿正

潘本第五十八卷第三十八葉

曰嵩高惟嶽峻極于天惟嶽降神生甫及申惟申及甫惟周之翰四國于蕃四方于宣此文武之德也清明在躬氣志如神謂聖人也嗜欲將至謂其王天下之期將至也神有以開之必先爲之生賢知之輔佐若天將降時雨山川爲之先出雲矣峻高大也翰幹也言周道將興五嶽爲之生賢輔佐仲山甫及申伯爲周之幹臣天下之蕃衛宣德於四方以成其王功此文武之德也是文王武王奉天地無私之德也此宣王詩也文武之時其德如此而詩無以言之取類以明之

疏 正義曰此一節明周之文武之德 清明在躬者清謂清靜明謂顯著言聖人清靜光明之德在於躬身 氣志如神者氣志變化微妙如神謂文武也 嗜欲將至嗜欲謂王位也王位是聖人所貪故云嗜欲方欲王天下故云將至 有開必先者言聖人欲王天下有神開道必先豫爲生賢知之輔佐 天降時雨山川出雲者此譬其事由如天將降時雨山川先爲之出雲言文武將王之時豫生賢佐但文武之時無此生賢佐之詩故孔子引周宣王之時生賢佐之詩以證之 其在詩曰嵩高惟嶽峻極于天者此詩大雅崧高之篇美宣王之詩嵩然而高者惟是五嶽其形高峻至於天 惟嶽降神生甫及申者惟此五嶽降此神靈和氣而生甫侯及申伯也以甫侯申伯先祖伯夷掌嶽神有功故嶽神輔助宣王爲生申甫也 惟周之翰者翰幹也言申伯甫侯爲周之楨幹之臣 四國于蕃四方于宣者言此申甫爲四方之國作蕃屏又於四方宣揚王之德化 此文武之德也者詩之所論當此文武之德以文武無私所得賢臣唯遣爲四方蕃屏及四方宣揚威德不私爲已是文武奉天無私之德也 注仲山甫及申伯 正義曰案詩崧高之篇甫侯及申伯甫侯謂呂侯也穆王之時訓夏贖刑謂呂刑與申伯俱出伯夷之後掌四嶽之祀又詩烝民稱仲山甫之

禮記義五十八　三十八　李卿正

賢與崧高生甫及申全別此云仲山甫者案鄭志注禮在先未得毛詩傳然則此注在前故以甫爲仲山甫在後箋詩乃得毛傳知甫侯申伯同出伯夷之後故與禮別也

三代之王也必先其令聞詩云明明天子令聞不已三代之德也令善也言以名德善聞天乃命之王也不已不倦止也

疏 正義曰此一節摠結三代以其無私故令聞不已

三代之王也必先其令聞者所以王天下者必父祖未王之前先有令聞也 詩云明明天子令聞不已者此詩大雅江漢之篇美宣王之詩明明天子謂宣王也令善聲聞不休巳此記之意明明天子謂三代之王也言父祖及身令聞不休巳故云三代之德也案上子夏問三王之德參於天地孔子荅以三王之德奉三無私此文云三代之王也必先其令聞所以前文唯云湯與文武不稱夏者以夏承禹後爲天下治水過門不入無私事明但殷周以戰爭而取天下恐其有私故特舉湯與文武也

弛其文德協此四國大王之德也弛施也協和也大王文王之祖周道將興始有令聞

子夏蹶然而起負牆而立曰弟子敢不承乎承奉承不失隊也起負牆者所問竟辟後來者

疏 正義曰此亦江漢之詩接令聞不已之下詩本文云矢其文德矢陳也言宣王陳其文德和協此四方之國此云弛其文德弛施也言大王施其文德和此四方之國則大王居豳狄人侵之不忍鬬其民乃徙居岐山之陽王業之起故云大王之德也

禮記正義卷第五十八

上杉安房守藤原憲實寄進

賢與崧高生甫及申全別此云仲山甫者案鄭志注禮在先未得毛詩傳然則此注在前故以甫爲仲山甫在後箋詩乃得毛傳知甫侯申伯同出伯夷之後故與禮別也

三代之王也必先其令聞詩云明明天子令聞不已三代之德也令善也言以名德善聞天乃命之王也不已不倦止也

疏 正義曰此一節摠結三代以其無私故令聞不已

三代之王也必先其令聞者所以王天下者必父祖未王之前先有令聞也 詩云明明天子令聞不已者此詩大雅江漢之篇美宣王之詩明明天子謂宣王也令善聲聞不休巳此記之意明明天子謂三代之王也言父祖及身令聞不休巳故云三代之德也案上子夏問三王之德參於天地孔子荅以三王之德奉三無私此文云三代之王也必先其令聞所以前文唯云湯與文武不稱夏者以夏承禹後爲天下治水過門不入無私事明但殷周以戰爭而取天下恐其有私故特舉湯與文武也

禮記義五十八 三十九 李淯

弛其文德協此四國大王之德也弛施也協和也大王文王之祖周道將興始有令聞

子夏蹶然而起負牆而立曰弟子敢不承乎承奉承不失隊也起負牆者所問竟辟後來者

疏 正義曰此亦江漢之詩接令聞不已之下詩本文云矢其文德矢陳也言宣王陳其文德和協此四方之國此云弛其文德弛施也言大王施其文德和此四方之國則大王居豳狄人侵之不忍鬬其民乃徙居岐山之陽王業之起故云大王之德也

禮記正義卷第五十八

足利本第五十九卷第一葉

禮記正義卷第五十九

國子祭酒上護軍曲阜縣開國子臣孔穎達等奉

勑撰

坊記第三十

正義曰案鄭目録云名曰坊記者以其記六藝之義所以坊人之失者也此於别録屬通論

子言之君子之道辟則坊與坊民之所不足者也民所不足謂仁義之道也失道則放辟邪侈也大爲之坊民猶踰之言嚴其禁尚不能止況不禁乎故君子禮以坊德刑以坊淫命以坊欲命謂教令

疏 正義曰此一節發端起首緫明所坊之事但此篇凡三十九章此下三十八章悉言子云唯此一章稱子言之者以是諸章之首一篇緫要故重之特稱子言之也餘章其意稍輕故皆言子云也諸書皆稱子曰唯此一篇皆言子云是録記者意異無義例也但此篇所坊體例不一或數經共論一事每稱子云以此坊民或有一經之内發初言子云唯說一事下即云以此坊民結之或有一經之内雖說一事即稱民猶犯齒民猶犯貴民猶犯君或有每事之下引詩書結之者或有一事之下不引詩書者如此之屬事義相似體例不同是記者當時之意無義例也今各隨文解之 辟則坊與者君子之道坊民之過辟如坊之壅水故云辟則坊與但言坊字或土旁爲之或阜旁爲之古字通用也 坊民不足者也釋立坊之義也言設坊坊民者爲民行仁義不足故也 大爲之坊民猶踰之者解不可無坊也聖人在上大設其坊坊之而人猶尚踰越犯躐況不坊乎

潘本第五十九卷第一葉

禮記正義卷第五十九

國子祭酒上護軍曲阜縣開國子臣孔穎達等奉

勑撰

坊記第三十

正義曰案鄭目録云名曰坊記者以其記六藝之義所以坊人之失者也此於别録屬通論

子言之君子之道辟則坊與坊民之所不足者也民所不足謂仁義之道也失道則放辟邪侈也大爲之坊民猶踰之言嚴其禁尚不能止況不禁乎故君子禮以坊德刑以坊淫命以坊欲命謂教令

疏 正義曰此一節發端起首緫明所坊之事但此篇凡三十九章此下三十八章悉言子云唯此一章稱子言之者以是諸章之首一篇緫要故重之特稱子言之也餘章其意稍輕故皆言子云也諸書皆稱子曰唯此一篇皆言子云是録記者意異無義例也但此篇所坊體例不一或數經共論一事每稱子云以此坊民或有一經之内發初言子云唯說一事下即云以此坊民結之或有一經之内雖說一事即稱民猶犯齒民猶犯貴民猶犯君或有每事之下引詩書結之者或有一事之下不引詩書者如此之屬事義相似體例不同是記者當時之意無義例也今各隨文解之 辟則坊與者君子之道坊民之過辟如坊之壅水故云辟則坊與但言坊字或土旁爲之或阜旁爲之古字通用也 坊民之所不足者也釋立坊之義也言設坊坊民者爲民行仁義不足故也 大爲之坊民猶踰之者解不可無坊也聖人在上大設其坊坊之而人猶尚踰越犯躐況不坊乎

足利本第五十九卷第二葉

故君子禮以坊德者由民踰德故人君設禮以坊民德之失也　刑以坊淫者制刑以防民淫邪也　命以坊欲者命法令也欲貪欲也又設法令以坊民之貪欲也

子云小人貧斯約富斯驕約斯盜驕斯亂約猶窮也禮者因人之情而爲之節文以爲民坊者也故聖人之制富貴也使民富不足以驕貧不至於約貴不慊於上故亂益亡此節文者謂農有田里之差士有爵命之級也慊恨不滿之貌也慊或爲嫌

疏正義曰此一節明小人貧富皆失於道故聖人制禮而爲之節文使富不至驕貧不至約　故聖人之制富貴也者既其置坊故聖人制爲富貴貧賤之法也不云貧賤略其文也　使民富不足以驕者此謂富者制法也制富者居室丈尺俎豆衣服之事須有法度不足至驕也　貧不至於約者　此爲貧者制法也制農田百畝桑麻自贍比閭相賙不令至於約也　貴不慊於上者此謂貴者制法也貴謂卿士之屬也慊恨不滿之貌也聖君制其祿秩隨功爵而施則貴臣無復恨君祿爵以薄於已者也　故亂益亡者結上功也益漸也亡無也使富而不驕貧而不盜貴又不恨故爲亂之道漸無也不云賤者亦從可知也

子云貧而好樂富而好禮衆而以寧者天下其幾矣言如此者寡也寧安也大族衆家恒多爲亂詩云民之貪亂寧爲荼毒言民之貪爲亂者安其荼毒之行惡之也故制國不過千乘都城不過百雉家富不過百乘以此坊民諸侯猶

潘本第五十九卷第二葉

故君子禮以坊德者由民踰德故人君設禮以坊民德之失也　刑以坊淫者制刑以防民淫邪也　命以坊欲者命法令也欲貪欲也又設法令以坊民之貪欲也

子云小人貧斯約富斯驕約斯盜驕斯亂約猶窮也禮者因人之情而爲之節文以爲民坊者也故聖人之制富貴也使民富不足以驕貧不至於約貴不慊於上故亂益亡此節文者謂農有田里之差士有爵命之級也慊恨不滿之貌也慊或爲嫌

疏正義曰此一節明小人貧富皆失於道故聖人制禮而爲之節文使富不至驕貧不至約　故聖人之制富貴也者既其置坊故聖人制爲富貴貧賤之法也不云貧賤略其文也　使民富不足以驕者此謂富者制法也制富者居室丈尺俎豆衣服之事須有法度不足至驕也　貧不至於約者　此爲貧者制法也制農田百畝桑麻自贍比閭相賙不令至於約也　貴不慊於上者此謂貴者制法也貴謂卿士之屬也慊恨不滿之貌也聖君制其祿秩隨功爵而施則貴臣無復恨君祿爵以薄於已者也　故亂益亡者結上功也益漸也亡無也使富而不驕貧而不盜貴又不恨故爲亂之道漸無也不云賤者亦從可知也

子云貧而好樂富而好禮衆而以寧者天下其幾矣言如此者寡也寧安也大族衆家恒多爲亂詩云民之貪亂寧爲荼毒言民之貪爲亂者安其荼毒之行惡之也故制國不過千乘都城不過百雉家富不過百乘以此坊民諸侯猶

足利本第五十九卷第三葉

有畔者古者方十里其中六十四井出兵車一乘此兵賦之法也成國之賦千乘雉度名也高一丈長三丈爲雉百雉爲長三百丈方五百步子男之城方五里百雉者此謂大都三國之一疏正義曰此一節明上下制度有限防其奢僭畔逆之事 衆而以寧者天下其幾矣者言家族衆多必致禍亂家族衆而得寧者普天之下其幾多人矣言貧而好樂富而好禮衆而得寧如此三者言天下極少故云其幾矣 詩云民之貪亂寧爲荼毒者此詩大雅桑柔之篇刺厲王之詩言民之惡者貪爲禍亂安爲荼毒之行以害於人民多如此故云上三事天下甚少 故制國不過千乘都城不過百雉家富不過百乘者以天下爲惡者多故爲限節制諸侯之國不得過千乘之賦卿大夫都城不得過越百雉卿大夫之富采地不得過越百乘 以此坊民諸侯猶有畔者於時卿大夫亦有畔而獨言諸侯者舉其重餘可知也 注古者至之一 正義曰古者方十里其中六十四井出兵車一乘此

禮記義五十九　三

兵賦之法也案司馬法云成方十里出革車一乘司馬法又云甸方八里出長轂一乘鄭注小司徒云若通溝洫之地則爲十里若除溝洫之地則爲八里故云六十四井出車一乘云成國之賦千乘者襄十四年左傳成國不過半天子之軍謂滿千乘則爲成國是公侯之封也案千乘之賦地方三百一十六里有畸案周禮公五百里侯四百里則是過千乘云不過千乘者其地雖過其兵賦唯千乘故論語注云雖大國之賦亦不是過焉其兵賦之法王畿之內六鄉之法家出一人萬二千五百家爲鄉大司馬云五師爲軍則萬二千五百家爲一軍是一鄉出一軍又云天子六軍是出於六鄉凡軍制大司馬云五人爲伍五伍爲兩四兩爲卒五卒爲旅五旅爲師五師爲軍此師之制也凡出軍之法鄉爲正遂爲副則遂之出軍與鄉同故鄭注小司徒云鄉之田制與遂同則知遂之軍法與鄉同其公邑出軍亦與鄉同故鄭注匠人云采地制井田異於鄉遂及公邑則知公邑地制與鄉遂同明公邑出軍亦與鄉同

潘本第五十九卷第三葉

有畔者古者方十里其中六十四井出兵車一乘此兵賦之法也成國之賦千乘雉度名也高一丈長三丈爲雉百雉爲長三百丈方五百步子男之城方五里百雉者此謂大都三國之一疏正義曰此一節明上下制度有限防其奢僭畔逆之事 衆而以寧者天下其幾矣者言家族衆多必致禍亂家族衆而得寧者普天之下其幾多人矣言貧而好樂富而好禮衆而得寧如此三者言天下極少故云其幾矣 詩云民之貪亂寧爲荼毒者此詩大雅桑柔之篇刺厲王之詩言民之惡者貪爲禍亂安爲荼毒之行以害於人民多如此故云上三事天下甚少 故制國不過千乘都城不過百雉家富不過百乘者以天下爲惡者多故爲限節制諸侯之國不得過千乘之賦卿大夫都城不得過越百雉卿大夫之富采地不得過越百乘 以此坊民諸侯猶有畔者於時卿大夫亦有畔而獨言諸侯者舉其重餘可知也 注古者至之一 正義曰古者方十里其中六十四井出兵車一乘此

禮記義五十九　三

兵賦之法也案司馬法云成方十里出革車一乘司馬法又云甸方八里出長轂一乘鄭注小司徒云若通溝洫之地則爲十里若除溝洫之地則爲八里故云六十四井出車一乘云成國之賦千乘者襄十四年左傳成國不過半天子之軍謂滿千乘則爲成國是公侯之封也案千乘之賦地方三百一十六里有畸案周禮公五百里侯四百里則是過千乘云不過千乘者其地雖過其兵賦唯千乘故論語注云雖大國之賦亦不是過焉其兵賦之法王畿之內六鄉之法家出一人萬二千五百家爲鄉大司馬云五師爲軍則萬二千五百家爲一軍是一鄉出一軍又云天子六軍是出於六鄉凡軍制大司馬云五人爲伍五伍爲兩四兩爲卒五卒爲旅五旅爲師五師爲軍此師之制也凡出軍之法鄉爲正遂爲副則遂之出軍與鄉同故鄭注小司徒云鄉之田制與遂同則知遂之軍法與鄉同其公邑出軍亦與鄉同故鄭注匠人云采地制井田異於鄉遂及公邑則知公邑地制與鄉遂同明公邑出軍亦與鄉同

足利本第五十九卷第四葉

其公卿大夫采地既爲井田殊於鄉遂則出軍亦異於鄉遂也故鄭注小司徒井十爲通士一人徒二人通十爲成革車一乘士十人徒二十人十成爲終革車十乘士百人徒二百人十終爲同革車百乘士千人徒二千人此謂公卿大夫采地出軍之制也其王畿之外謂諸侯大國三軍次國二軍小國一軍皆出鄉遂故費誓云三郊三遂是諸侯有遂也其諸侯計地出軍則司馬法云九夫爲井四井爲邑四邑爲丘丘馬一匹牛三頭四丘爲甸甸出長轂一乘甲士三人步卒七十二人馬四匹牛十二頭故成元年作丘甲杜服俱引此文以釋之又論語云道千乘之國鄭注引司馬法成出革車一乘但十里八里不同於上已釋此皆謂天子諸侯兵賦也又異義云天子萬乘諸侯千乘大夫百乘此大判言之尊卑相十之義其閒委曲鄉遂公邑細別不同也故魯頌云公車千乘謂大總計地出軍也公徒三萬謂鄉遂兵數也是國界計地與鄉遂數不同諸侯成方十里出賦之時雖革車一乘甲士三人步卒七十二人

禮記義五十九　四　鄒彬

其臨敵對戰之時則同鄉法五人爲伍五伍爲兩之屬也故左傳云鄭之戰楚廣有一卒卒偏之兩又云兩之一卒適吳是臨軍對陣同鄉法也牧誓云武王戎車三百兩孔注云一車步卒七十二人則出軍法也經云千夫長百夫長謂對敵時也據司馬法之文諸侯車甲牛馬皆計地令民自出若鄉遂之衆七十五人則遣出革車一乘甲士三人馬四匹牛十二頭恐非力之所能皆是國家所給故周禮巾車職毀折入齎于職幣又周禮質人云凡受馬於有司者書其齒毛與其賈馬死則旬之內更又司兵職云及授兵從司馬之法以頒之及其受兵輸亦如之是國家所給也云高一丈長三丈爲雉者異義古春秋左氏說云百雉爲長三百丈方五百步者六尺爲步五六三十故三百丈爲五百步云子男之城方五里者周禮典命云子男五命其國家宮室以五爲節國家謂城方也是子男城方五里也云百雉者此謂大都三國之一者言子男五里積千五百步左傳云大都參分國之一子男大都三分國城而

潘本第五十九卷第四葉

其公卿大夫采地既爲井田殊於鄉遂則出軍亦異於鄉遂也故鄭注小司徒井十爲通士一人徒二人通十爲成革車一乘士十人徒二十人十成爲終革車十乘士百人徒二百人十終爲同革車百乘士千人徒二千人此謂公卿大夫采地出軍之制也其王畿之外謂諸侯大國三軍次國二軍小國一軍皆出鄉遂故費誓云三郊三遂是諸侯有遂也其諸侯計地出軍則司馬法云九夫爲井四井爲邑四邑爲丘丘馬一匹牛三頭四丘爲甸甸出長轂一乘甲士三人步卒七十二人馬四匹牛十二頭故成元年作丘甲杜服俱引此文以釋之又論語云道千乘之國鄭注引司馬法成出革車一乘但十里八里不同於上已釋此皆謂天子諸侯兵賦也又異義云天子萬乘諸侯千乘大夫百乘此大判言之尊卑相十之義其閒委曲鄉遂公邑細別不同也故魯頌云公車千乘謂大總計地出軍也公徒三萬謂鄉遂兵數也是國界計地與鄉遂數不同諸侯成方十里出賦之時雖革車一乘甲士三人步卒七十二人

禮記義五十九　四　鄒彬

其臨敵對戰之時則同鄉法五人爲伍五伍爲兩之屬也故左傳云鄭之戰楚廣有一卒卒偏之兩又云兩之一卒適吳是臨軍對陣同鄉法也牧誓云武王戎車三百兩孔注云一車步卒七十二人則出軍法也經云千夫長百夫長謂對敵時也據司馬法之文諸侯車甲牛馬皆計地令民自出若鄉遂之衆七十五人則遣出革車一乘甲士三人馬四匹牛十二頭恐非力之所能皆是國家所給故周禮巾車職毀折入齎于職幣又周禮質人云凡受馬於有司者書其齒毛與其賈馬死則旬之內更又司兵職云及授兵從司馬之法以頒之及其受兵輸亦如之是國家所給也云高一丈長三丈爲雉者異義古春秋左氏說云百雉爲長三百丈方五百步者六尺爲步五六三十故三百丈爲五百步云子男之城方五里者周禮典命云子男五命其國家宮室以五爲節國家謂城方也是子男城方五里也云百雉者此謂大都三國之一者言子男五里積千五百步左傳云大都參分國之一子男大都三分國城而

足利本第五十九卷第五葉

居其一是大都五百步爲百雉也但國城之制凡有二義鄭之此注子男五里則侯伯七里公九里天子十二里案鄭駁異義又云天子城九里公城七里侯伯之城五里子男之城三里此云百雉者謂侯伯之大都杜預同焉與鄭此注異也經云家富不過百乘者諸侯之卿采地也故左傳云唯卿備百邑地方百里也直云唯卿百邑未知天子諸侯公卿大夫采地大小案鄭注小司徒云百里之國凡四都五十里之國凡四縣二十五里之國凡四甸又云采地食者皆四之一說者據此以爲公食百里卿食五十里大夫食二十五里其諸侯之卿大夫傳云卿備百邑論語云百乘之家此據諸侯臣之采地則公之孤侯伯之卿與天子三公同俱方百里公之卿與侯伯之大夫俱方五十里公之大夫與侯伯之下大夫俱方二十五里其子男之地唯方二百里以下其卿之采地不得復方百里案易訟卦注云小國之下大夫采地方一成其定稅三百家唯有此文其子男中都大都無以言之案鄭注論語云伯氏駢

禮記正義五十九　五　余丞

邑三百家云齊下大夫之制似公侯伯下大夫唯三百家者但春秋之時齊之強臣尤多故伯氏唯食三百家之邑不與禮同也此皆皇氏之說熊氏以爲卿備百邑者鄭志以爲邑方二里與百乘別又以諸侯臣賜地無常得地者卿百乘下大夫同十里之成

子云夫禮者所以章疑別微以爲民坊者也故貴賤有等衣服有別朝廷有位則民有所讓位朝位也

子云天無二日土無二王家無二主尊無二上示民有君臣之別也春秋不稱楚越之王喪禮君不稱天大夫不稱君恐民之惑也楚越之君僭號稱王不稱其喪謂不

潘本第五十九卷第五葉

居其一是大都五百步爲百雉也但國城之制凡有二義鄭之此注子男五里則侯伯七里公九里天子十二里案鄭駁異義又云天子城九里公城七里侯伯之城五里子男之城三里此云百雉者謂侯伯之大都杜預同焉與鄭此注異也經云家富不過百乘者諸侯之卿采地也故左傳云唯卿備百邑地方百里也直云唯卿百邑未知天子諸侯公卿大夫采地大小案鄭注小司徒云百里之國凡四都五十里之國凡四縣二十五里之國凡四甸又云采地食者皆四之一說者據此以爲公食百里卿食五十里大夫食二十五里其諸侯之卿大夫傳云卿備百邑論語云百乘之家此據諸侯臣之采地則公之孤侯伯之卿與天子三公同俱方百里公之卿與侯伯之大夫俱方五十里公之大夫與侯伯之下大夫俱方二十五里其子男之地唯方二百里以下其卿之采地不得復方百里案易訟卦注云小國之下大夫采地方一成其定稅三百家唯有此文其子男中都大都無以言之案鄭注論語云伯氏駢

禮記正義五十九　五　余丞

邑三百家云齊下大夫之制似公侯伯下大夫唯三百家者但春秋之時齊之強臣尤多故伯氏唯食三百家之邑不與禮同也此皆皇氏之說熊氏以爲卿備百邑者鄭志以爲邑方二里與百乘別又以諸侯臣賜地無常得地者卿百乘下大夫同十里之成

子云夫禮者所以章疑別微以爲民坊者也故貴賤有等衣服有別朝廷有位則民有所讓位朝位也

子云天無二日土無二王家無二主尊無二上示民有君臣之別也春秋不稱楚越之王喪禮君不稱天大夫不稱君恐民之惑也楚越之君僭號稱王不稱其喪謂不

書葬也春秋傳曰吳楚之君不書葬辟其僭號也臣者天君稱天子爲天王稱諸侯不言天公辟王也大夫有臣者稱之曰主不言君辟諸侯也此者皆爲使民疑惑不知孰者尊也周禮曰主友之讎視從父昆弟詩云相彼盍旦尚猶患之盍旦夜鳴求旦之鳥也求不可得也人猶惡其欲反晝夜而亂晦明況於臣之僭君求不可得之類亂上下惑衆也子云君不與同姓同車與異姓同車不同服示民不嫌也以此坊民民猶得同姓以弒其君同姓者謂先王先公子孫有繼及之道者也其非此則無嫌也僕右恒朝服君則各以時事唯在軍同服爾子云君子辭貴不辭賤辭富不辭貧則亂益亡亡無也故君

子與其使食浮於人也寧使人浮於食食謂祿也在上曰浮祿勝己則近貪己勝祿則近廉子云觴酒豆肉讓而受惡民猶犯齒衽席之上讓而坐下民猶犯貴朝廷之位讓而就賤民猶犯君犯猶僭也齒年也禮六十以上籩豆有加貴秩異者【疏】正義曰此一節明章疑別嫌恐尊卑相僭使人疑惑之事章疑者疑謂是非不決當用禮以章明之別微者微謂幽隱不著當用禮以分別之春秋不稱楚越之王喪者言春秋之義但書其卒不稱其楚越王喪葬之事謂書卒不書葬也若書葬則當稱葬楚越某王辟王之名故不書葬案春秋越子卒經傳全無其事但記者據越稱王之後追而言之非當時之事也禮君不稱天者謂諸侯之君臣子不得稱

書葬也春秋傳曰吳楚之君不書葬辟其僭號也臣者天君稱天子爲天王稱諸侯不言天公辟王也大夫有臣者稱之曰主不言君辟諸侯也此者皆爲使民疑惑不知孰者尊也周禮曰主友之讎視從父昆弟詩云相彼盍旦尚猶患之盍旦夜鳴求旦之鳥也求不可得也人猶惡其欲反晝夜而亂晦明況於臣之僭君求不可得之類亂上下惑衆也子云君不與同姓同車與異姓同車不同服示民不嫌也以此坊民民猶得同姓以弒其君同姓者謂先王先公子孫有繼及之道者也其非此則無嫌也僕右恒朝服君則各以時事唯在軍同服爾子云君子辭貴不辭賤辭富不辭貧則亂益亡亡無也故君

禮記義五十九 六 李光祖

子與其使食浮於人也寧使人浮於食食謂祿也在上曰浮祿勝己則近貪己勝祿則近廉子云觴酒豆肉讓而受惡民猶犯齒衽席之上讓而坐下民猶犯貴朝廷之位讓而就賤民猶犯君犯猶僭也齒年也禮六十以上籩豆有加貴秩異者【疏】正義曰此一節明章疑別嫌恐尊卑相僭使人疑惑之事章疑者疑謂是非不決當用禮以章明之別微者微謂幽隱不著當用禮以分別之春秋不稱楚越之王喪者言春秋之義但書其卒不稱其楚越王喪葬之事謂書卒不書葬也若書葬則當稱葬楚越某王辟王之名故不書葬案春秋越子卒經傳全無其事但記者據越稱王之後追而言之非當時之事也禮君不稱天者謂諸侯之君臣子不得稱

之曰天公避天子大夫不稱君謂諸侯之大夫家臣不得稱之爲君辟諸侯也　恐民之惑也者所以不稱者恐民之疑惑也　詩云相彼盍旦尚猶患之者鶡旦是求旦之鳥夜中而鳴以求早旦不可得也言人視彼求旦之鳥欲反夜作晝是鳥無識也求不可得之物人猶尚惡之況人上僭於君求不可得之物以下亂上人惡之可知也　注春秋至昆弟　正義曰所引春秋傳者案宣公十八年楚子旅卒公羊傳曰吳楚之君不書葬辟其號也若書葬當書葬楚莊王辟其王之號故不書葬云臣者天君者言臣尊君如天故云臣者天君云稱天子爲天王者則春秋稱天王使南季來聘之屬是也云稱之曰主不言君辟諸侯也則下引周禮主友之讎是稱主此據臣下自稱己大夫之君但得言主不得稱君若他人汎例言之大夫有采地者亦得稱君故喪服云爲其君布帶繩屨傳云君謂有采地者也若通而言之諸侯亦稱主下曲禮云執主器謂君也大夫自相命亦稱主也故左傳晉士匄謂荀偃爲主云事

禮記義五十九　七

吳敢不如事主是也稱大夫之妻亦得曰主者案魯語云季孫問於公文伯之母曰主者亦有以御服乎是也　注盍旦至衆也　正義曰此逸詩也言夜是闇時此鳥必欲求明是求而不可得者也意欲反夜而爲旦猶若臣之奢僭欲反下而爲上也　注同姓至服爾　正義曰云其非此則無嫌也者謂非此先王先公子孫不有相承繼之勢則無所嫌疑得同車也云僕右恒朝服者謂僕及車右身衣朝服故曲禮云乘路馬必朝服是也其朝服之內則有虎裘狼裘故玉藻云君之右虎裘厥左狼裘是也云唯在軍同服爾者案春秋僖五年左傳云均服振振取虢之旂又公羊成二年鞌之戰逢丑父爲齊頃公車右也衣服與頃公相似是在軍同服　詩云民之無良相怨一方受爵不讓至于己斯亡　良善也言無善之人善遙相怨貪爵禄好得無讓以至亡己　疏　正義曰所引詩者小雅角弓之篇刺幽王之詩言小

之曰天公避天子大夫不稱君謂諸侯之大夫家臣不得稱之爲君辟諸侯也　恐民之惑也者所以不稱者恐民之疑惑也　詩云相彼盍旦尚猶患之者鶡旦是求旦之鳥夜中而鳴以求早旦不可得也言人視彼求旦之鳥欲反夜作晝是鳥無識也求不可得之物人猶尚惡之況人上僭於君求不可得之物以下亂上人惡之可知也　注春秋至昆弟　正義曰所引春秋傳者案宣公十八年楚子旅卒公羊傳曰吳楚之君不書葬辟其號也若書葬當書葬楚莊王辟其王之號故不書葬云臣者天君者言臣尊君如天故云臣者天君云稱天子爲天王者則春秋稱天王使南季來聘之屬是也云稱之曰主不言君辟諸侯也則下引周禮主友之讎是稱主此據臣下自稱己大夫之君但得言主不得稱君若他人汎例言之大夫有采地者亦得稱君故喪服云爲其君布帶繩屨傳云君謂有采地者也若通而言之諸侯亦稱主下曲禮云執主器謂君也大夫自相命亦稱主也故左傳晉士匄謂荀偃爲主云事

禮記義五十九　七

吳敢不如事主是也稱大夫之妻亦得曰主者案魯語云季孫問於公文伯之母曰主者亦有以御服乎是也　注盍旦至衆也　正義曰此逸詩也言夜是闇時此鳥必欲求明是求而不可得者也意欲反夜而爲旦猶若臣之奢僭欲反下而爲上也　注同姓至服爾　正義曰云其非此則無嫌也者謂非此先王先公子孫不有相承繼之勢則無所嫌疑得同車也云僕右恒朝服者謂僕及車右身衣朝服故曲禮云乘路馬必朝服是也其朝服之內則有虎裘狼裘故玉藻云君之右虎裘厥左狼裘是也云唯在軍同服爾者案春秋僖五年左傳云均服振振取虢之旂又公羊成二年鞌之戰逢丑父爲齊頃公車右也衣服與頃公相似是在軍同服　詩云民之無良相怨一方受爵不讓至于己斯亡　良善也言無善之人善遙相怨貪爵禄好得無讓以至亡己　疏　正義曰所引詩者小雅角弓之篇刺幽王之詩言小

足利本第五十九卷第八葉

人在朝無良善之行共相怨恨各在一方不相往來又受爵祿不肯相讓行惡至甚至於滅亡引之者證上每事須讓也 子云君子貴人而賤己先人而後己則民作讓故稱人之君曰君自稱其君曰寡君 寡君猶言少德之君言之謙 子云利祿先死者而後生者則民不偝先亡者而後存者則民可以託 言不偷於死亡則於生存信 詩云先君之思以畜寡人 此衛夫人定姜之詩也定姜無子立庶子衎是爲獻公畜孝也獻公無禮於定姜定姜作詩言獻公當思先君定公以孝於寡人 以此坊民民猶偝死而號無告 死者見偝

禮記義五十九　八

其家之老弱號呼稱冤無所告無理也 疏 正義曰此一節明坊人偝死鄉生之事 利祿先死者而後生者謂財利榮祿之事假令死之與生並合俱得君上先與死者而後生者 則民不偝者謂在上以此化民則民皆不偝於死者 先亡者而後存者亡謂身爲國事亡在外存謂存在於國內若君有利祿先與在外亡者而後與國內存者 則民可以託者謂在上以此化民民皆仁厚皆可以大事相付託也 詩云先君之思以畜寡人者此邶風燕燕之篇衛莊姜送歸妾之詩言歸妾戴嬀思念先君莊公以婦道勗勉寡人寡人莊姜自謂此記引詩以勗爲畜鄭又以爲衛定公夫人定姜之詩定姜無子立庶子衎是爲獻公獻公無禮於定姜欲令獻公當思念先君以畜孝於寡人 民猶偝死而號無告者言民猶尚偝棄死者其生者老弱號呼無所控告 注 言不至存信 正義曰偷謂苟且言人旣不苟且棄偝於死亡則於生存在者不棄薄信著矣 注 此衛至寡人 正義曰云此衛夫人定姜之

潘本第五十九卷第八葉

（潘本同上文）

足利本第五十九卷第九葉

詩獻公無禮於定姜者案襄十四年左傳云衞獻公出奔使告宗廟以無罪夫人定姜曰余以巾櫛事先君而暴妾使余若何無罪是無禮之事與詩注不同者案鄭志荅炅模云注記時就盧君後得毛傳乃改之凡注與詩不同皆倣此

子云有國家者貴人而賤祿則民興讓尚技而賤車則民興藝言人君貴尚賢者能者而不吝於班祿賜車服則讓道興賢者能者人所服也技猶藝也故君子約言小人先言言人尚德不尚言也約與先互言爾君子約則小人多矣小人先則君子後矣易曰君子以多識前言往行以畜其德

疏正義曰此一節明尚賢能重言行之事 君子約言者省約其言則小人多言也 小人先言者小人行在於後必先用其言 君子則後言先行其行二者相互也

子云上酌民言則下天上施上不酌民言則犯也下不天上施則亂也酌猶取也取衆民之言以爲政教則得民心得民心則恩澤所加民愛之如天矣言其尊故君子信讓以涖百姓則民之報禮重涖臨也報禮重者猶言能死其難詩云先民有言詢于芻蕘先民謂上古之君也詢謀也芻蕘下民之事也言古之人君將有政教必謀之於庶民乃施之

疏正義曰此一節論上取民心則民報禮重之事 上酌民言則下天上施者酌取也言在上人君取下民之言以爲政教既得民心民皆喜悅則在下之民仰君之德如天敬此在上所施之恩澤言受上恩澤如受之於天尊之也故云下天上施 上不酌民言則犯也者若在上不取民言違戾於下則民人怨怒以犯於上 下不天上施則亂者言在下之民若不仰君如天敬

潘本第五十九卷第九葉

（潘本：同上一葉文字）

足利本第五十九卷第十葉

此在上所施之恩澤雖有君恩而在下不領則禍亂之事起也　民之報上之禮重者以君子在上用信讓以臨百姓則民之報上之禮心意厚重能死其難　詩云先民有言詢于芻蕘者此詩大雅板之篇刺厲王之詩也言厲王不用賢人之言故詩人刺之云先民謂先世之君王將有政教之言必先詢謀採於芻蕘之賤者引之者證上酌民言之事　子云善則稱人過則稱己則民不爭善則稱人過則稱己則怨益亡詩云爾卜爾筮履無咎言　爾女也履禮也言女鄉卜筮然後與我為禮則無咎惡之言矣言惡在己彼過淺　子云善則稱人過則稱己則民讓善詩云考卜惟王度是鎬京惟龜正之武王成之　度謀也鎬京鎬宮也言武王卜而謀居此鎬邑龜則出吉兆正之武王築成之此臣歸美於君　子云善則稱君過則稱己則民作忠君陳曰爾有嘉謀嘉猷入告爾君于內女乃順之于外曰此謀此猷惟我君之德於乎是惟良顯哉　君陳蓋周公之子伯禽第也名篇在尚書今亡嘉善也猷道也於乎是惟良顯哉美君之德　子云善則稱親過則稱己則民作孝大誓曰予克紂非予武惟朕文考無罪紂克予非朕文考有罪惟予小子無良　大誓尚書篇名也克勝也非予

潘本第五十九卷第十葉

此在上所施之恩澤雖有君恩而在下不領則禍亂之事起也　民之報上之禮重者以君子在上用信讓以臨百姓則民之報上之禮心意厚重能死其難　詩云先民有言詢于芻蕘者此詩大雅板之篇刺厲王之詩也言厲王不用賢人之言故詩人刺之云先民謂先世之君王將有政教之言必先詢謀採於芻蕘之賤者引之者證上酌民言之事　子云善則稱人過則稱己則民不爭善則稱人過則稱己則怨益亡詩云爾卜爾筮履無咎言　爾女也履禮也言女鄉卜筮然後與我為禮則無咎惡之言矣言惡在己彼過淺　子云善則稱人過則稱己則民讓善詩云考卜惟王度是鎬京惟龜正之武王成之　度謀也鎬京鎬宮也言武王卜而謀居此鎬邑龜則出吉兆正之武王築成之此臣歸美於君　子云善則稱君過則稱己則民作忠君陳曰爾有嘉謀嘉猷入告爾君于內女乃順之于外曰此謀此猷惟我君之德於乎是惟良顯哉　君陳蓋周公之子伯禽第也名篇在尚書今亡嘉善也猷道也於乎是惟良顯哉美君之德　子云善則稱親過則稱己則民作孝大誓曰予克紂非予武惟朕文考無罪紂克予非朕文考有罪惟予小子無良　大誓尚書篇名也克勝也非予

武非我武功也文考文王也無罪則言有德也無良無功
善也此武王誓衆以伐紂之亂也今大誓無此章則其篇
散亡 疏 正義曰此一節論善則稱人過則稱己之事凡有三節上經論與凡人次經論臣於君下經論子於
親各引詩書以結成之其經首皆言子云 詩云考卜惟
王至武王成之者此大雅文王有聲之篇美武王之詩考
卜惟王者言稽考於龜而卜者惟是武王 度是鎬京者
度謀也言所以卜者謂謀居是鎬京 惟龜正之者謂龜
能正其吉兆 武王成之者謂築成都邑 君陳曰爾有
嘉謀嘉猷入告爾君于内者嘉善也猷道也言爾有善謀
善道則入告爾君於内 女乃順之於外者言先告君於
内乃順行之於外曰此謀此猷惟我君之德者言此善謀
善道惟是我君之德也 於乎是惟良顯哉者既推德於
君又歎美君德云於乎是君德惟良善顯明哉 泰誓曰
至予小子無良者克勝也武王云我之克紂非我武惟我
文考無罪於天爲天所佑若紂克於我非我文考有罪惟

禮記義五十九　十二　王茲

我小子無良善之德故致敗也 注 此臣歸美於君 正義
曰下經始據臣之於君此經據凡人相於而云歸美於君
者以歸美他人詩無其證故引此惟龜正之歸美於君以
證之 注 君陳蓋周公之子伯禽弟也 正義曰知君陳蓋
周公子者以書序云周公既没命君陳分正東郊成周似
若蔡仲之命書序云蔡叔既卒王命蔡仲踐諸侯位相似
皆是父卒命子故疑周公子以伯禽周公元子既封於魯
命君陳令居東郊故知伯禽弟也 注 今泰誓無此章則其
篇散亡 正義曰鄭不見古文尚書漢時別有尚書逸篇
四月太子發上祭於畢以下三篇之事鄭謂篇中有此經
之語但其
事散亡 子云君子弛其親之過而敬其美
弛猶弃忘也孝子不藏識父母之過 論語曰三年無改於父之道
可謂孝矣 不以己善駮親之過 高宗云三年其惟不言

潘本第五十九卷第十一葉

武非我武功也文考文王也無罪則言有德也無良無功
善也此武王誓衆以伐紂之亂也今大誓無此章則其篇
散亡 疏 正義曰此一節論善則稱人過則稱己之事凡有三節上經論與凡人次經論臣於君下經論子於
親各引詩書以結成之其經首皆言子云 詩云考卜惟
王至武王成之者此大雅文王有聲之篇美武王之詩考
卜惟王者言稽考於龜而卜者惟是武王 度是鎬京者
度謀也言所以卜者謂謀居是鎬京 惟龜正之者謂龜
能正其吉兆 武王成之者謂築成都邑 君陳曰爾有
嘉謀嘉猷入告爾君于内者嘉善也猷道也言爾有善謀
善道則入告爾君於内 女乃順之於外者言先告君於
内乃順行之於外曰此謀此猷惟我君之德者言此善謀
善道惟是我君之德也 於乎是惟良顯哉者既推德於
君又歎美君德云於乎是君德惟良善顯明哉 泰誓曰
至予小子無良者克勝也武王云我之克紂非我武惟我
文考無罪於天爲天所佑若紂克於我非我文考有罪惟

禮記義五十九　十二　王茲

我小子無良善之德故致敗也 注 此臣歸美於君 正義
曰下經始據臣之於君此經據凡人相於而云歸美於君
者以歸美他人詩無其證故引此惟龜正之歸美於君以
證之 注 君陳蓋周公之子伯禽弟也 正義曰知君陳蓋
周公子者以書序云周公既没命君陳分正東郊成周似
若蔡仲之命書序云蔡叔既卒王命蔡仲踐諸侯位相似
皆是父卒命子故疑周公子以伯禽周公元子既封於魯
命君陳令居東郊故知伯禽弟也 注 今泰誓無此章則其
篇散亡 正義曰鄭不見古文尚書漢時別有尚書逸篇
四月太子發上祭於畢以下三篇之事鄭謂篇中有此經
之語但其
事散亡 子云君子弛其親之過而敬其美
弛猶弃忘也孝子不藏識父母之過 論語曰三年無改於父之道
可謂孝矣 不以己善駮親之過 高宗云三年其惟不言

足利本第五十九卷第十二葉

言乃讙高宗殷王武丁也名篇在尚書三年不言有父小乙喪之時也讙當爲歡聲之誤也其既言天下皆歡喜樂其政敎也 疏 正義曰上文承善則稱親則民作孝故此一節廣明爲孝之道以坊於民民猶有忘孝之事各依文解之 君子弛其親之過者弛謂棄忘若親有過失孝子棄忘之不藏記在心也 高宗云者此尚書說命之篇論高宗之事故言高宗云高宗非書篇之名三年其惟不言者在父喪三年之内其惟不言政敎言乃讙者謂三年服畢之後言論政敎天下皆歡樂也 注 高宗殷王武丁也名篇在尚書 正義曰案其惟不言之文在尚書說命之篇言乃讙在無逸之篇而鄭云名篇在尚書則是高宗篇上有此二言與書之文不同者鄭不見古之尚書序有高宗之訓此經有高宗云謂是高宗之訓篇有此語故云名篇在尚書 子云從命不忿微諫不倦勞而不怨可謂孝矣微諫不倦

〈禮記義二十九　十三　闕莊

君子於父母尚和順不用鄂鄂論語曰事父母幾諫見志不從又敬不違内則曰父母有過下氣怡色柔聲以諫諫若不入起敬起孝說則復諫此所謂不倦 詩云孝子不匱匱乏也孝子無乏止之時 疏 正義曰詩云孝子不匱者是大雅既醉之篇美成王之時告太平之詩言孝子行其孝道不有匱乏之時 子云睦於父母之黨可謂孝矣睦厚也黨猶親也故君子因睦以合族合族謂與族人燕與族人食詩云此令兄弟綽綽有裕不令兄弟交相爲瘉令善也綽綽寬容貌也交猶更也瘉病也 疏 正義曰故君子因睦以合族者言親睦於父母之黨乃得爲孝故君子因此親睦之道以會聚宗族爲燕食之禮 詩云此令兄弟綽綽有裕者此詩小雅角弓之篇刺幽王之詩幽王不親宗族

潘本第五十九卷第十二葉

言乃讙高宗殷王武丁也名篇在尚書三年不言有父小乙喪之時也讙當爲歡聲之誤也其既言天下皆歡喜樂其政敎也 疏 正義曰上文承善則稱親則民作孝故此一節廣明爲孝之道以坊於民民猶有忘孝之事各依文解之 君子弛其親之過者弛謂棄忘若親有過失孝子棄忘之不藏記在心也 高宗云者此尚書說命之篇論高宗之事故言高宗云高宗非書篇之名三年其惟不言者在父喪三年之内其惟不言政敎言乃讙者謂三年服畢之後言論政敎天下皆歡樂也 注 高宗殷王武丁也名篇在尚書 正義曰案其惟不言之文在尚書說命之篇言乃讙在無逸之篇而鄭云名篇在尚書則是高宗篇上有此二言與書之文不同者鄭不見古之尚書序有高宗之訓此經有高宗云謂是高宗之訓篇有此語故云名篇在尚書 子云從命不忿微諫不倦勞而不怨可謂孝矣微諫不倦

〈禮記義二十九　十三　闕莊

君子於父母尚和順不用鄂鄂論語曰事父母幾諫見志不從又敬不違内則曰父母有過下氣怡色柔聲以諫諫若不入起敬起孝說則復諫此所謂不倦 詩云孝子不匱匱乏也孝子無乏止之時 疏 正義曰詩云孝子不匱者是大雅既醉之篇美成王之時告太平之詩言孝子行其孝道不有匱乏之時 子云睦於父母之黨可謂孝矣睦厚也黨猶親也故君子因睦以合族合族謂與族人燕與族人食詩云此令兄弟綽綽有裕不令兄弟交相爲瘉令善也綽綽寬容貌也交猶更也瘉病也 疏 正義曰故君子因睦以合族者言親睦於父母之黨乃得爲孝故君子因此親睦之道以會聚宗族爲燕食之禮 詩云此令兄弟綽綽有裕者此詩小雅角弓之篇刺幽王之詩幽王不親宗族

足利本第五十九卷第十三葉

故父兄刺之令善也言此有德之人善於兄弟故綽綽然而有寬裕　不令兄弟交相爲瘉者瘉病也言無德小人不善兄弟交相爲病害　子云於父之執可以乘其車不可以衣其衣君子以廣孝也父之執與父執志同者也可以乘其車車於身差遠也謂與己位等【疏】正義曰【注】車於至位等以父之執友得乘其車不得衣其衣以衣在身車比衣稍遠故可以乘其車知今與己位等者若尊卑懸絕假非執友不可傳通車服故知與己位等但是父之執故不可衣其衣也　子云小人皆能養其親君子不敬何以辨也辨別　子云父子不同位以厚敬也同位尊卑等爲其相褻　書云厥辟不辟忝厥祖厥其也辟君也忝辱也爲君不君與臣子相褻則辱先祖矣君父之道宜尊嚴【疏】正義曰書云厥辟不辟忝厥祖此尚書大甲三篇伊尹戒大甲之辭厥其也辟君也忝辱也言爲君不自尊高而與臣子相褻則辱其先祖也若爲人父不自尊嚴而與卑下相瀆亦辱累其先祖故鄭注云君父之道宜尊嚴也此則因君見父耳　子云父母在不稱老言孝不言慈閨門之內戲而不歎孝上施言慈則嫌下流也戲謂孺子言笑者也孟子曰舜年五十而不失其孺子之心歎謂有憂感之聲也　君子以此坊民民猶有薄於孝而厚於慈　子云長民者朝廷敬老則民作孝長民謂天子諸侯也　子云祭祀之有尸也宗廟之有主也示民有

潘本第五十九卷第十三葉

故父兄刺之令善也言此有德之人善於兄弟故綽綽然而有寬裕　不令兄弟交相爲瘉者瘉病也言無德小人不善兄弟交相爲病害　子云於父之執可以乘其車不可以衣其衣君子以廣孝也父之執與父執志同者也可以乘其車車於身差遠也謂與己位等【疏】正義曰【注】車於至位等以父之執友得乘其車不得衣其衣以衣在身車比衣稍遠故可以乘其車知今與己位等者若尊卑懸絕假非執友不可傳通車服故知與己位等但是父之執故不可衣其衣也　子云小人皆能養其親君子不敬何以辨也辨別　子云父子不同位以厚敬也同位尊卑等爲其相褻　書云厥辟不辟忝厥祖厥其也辟君也忝辱也爲君不君與臣子相褻則辱先祖矣君父之道宜尊嚴【疏】正義曰書云厥辟不辟忝厥祖此尚書大甲三篇伊尹戒大甲之辭厥其也辟君也忝辱也言爲君不自尊高而與臣子相褻則辱其先祖也若爲人父不自尊嚴而與卑下相瀆亦辱累其先祖故鄭注云君父之道宜尊嚴也此則因君見父耳　子云父母在不稱老言孝不言慈閨門之內戲而不歎孝上施言慈則嫌下流也戲謂孺子言笑者也孟子曰舜年五十而不失其孺子之心歎謂有憂感之聲也　君子以此坊民民猶有薄於孝而厚於慈　子云長民者朝廷敬老則民作孝長民謂天子諸侯也　子云祭祀之有尸也宗廟之有主也示民有

足利本第五十九卷第十四葉

事也修宗廟敬祀事教民追孝也有事有所事也疏正義曰示民有事也者言所以祭祀有尸宗廟有主者下示於民有所尊事故也　修宗廟敬祀事教民追孝也者言人君修立宗廟恭敬祀事者下教於民追孝於親也以此坊民民猶忘其親

子云敬則用祭器祭器籩豆簠簋鉶之屬也有敬事於賓客則用之謂饗食也盤盂之屬爲燕器故君子不以菲廢禮不以美沒禮言不可以其薄不及禮而不行禮亦不可以其美過禮而去禮禮主敬廢滅之是不敬故食禮主人親饋則客祭主人不親饋則客不祭故君子苟無禮雖美不食焉易曰東鄰殺牛

不如西鄰之禴祭寔受其福東鄰謂紂國中也西鄰謂文王國中也此辭在既濟既濟離下坎上離爲牛坎爲豕西鄰禴祭則用豕與言殺牛而凶不如殺豕受福喻奢而慢不如儉而敬也春秋傳曰黍稷非馨明德惟馨信矣詩云既醉以酒既飽以德言君子饗燕非專爲酒肴亦以觀威儀講德美以此示民民猶爭利而忘義疏正義曰前經坊民以爲孝之道此經教民以爲敬行義之事　故君子不以菲廢禮者菲薄也言君子不以貧窶菲薄廢禮不行　不以美沒禮沒過也不可以財物豐多華美其事沒過於禮也　易曰東鄰殺牛不如西鄰之禴祭寔受其福者東鄰謂紂西鄰謂文王也紂之國中奢而慢禮雖殺牛以祭不如西鄰文王國中以爲禴祭但殺豕而已以其祭儉而恭敬故也寔受其福寔實也言實爲神所加福祐　詩云既醉以酒

潘本第五十九卷第十四葉

事也修宗廟敬祀事教民追孝也有事有所事也疏正義曰示民有事也者言所以祭祀有尸宗廟有主者下示於民有所尊事故也　修宗廟敬祀事教民追孝也者言人君修立宗廟恭敬祀事者下教於民追孝於親也以此坊民民猶忘其親

子云敬則用祭器祭器籩豆簠簋鉶之屬也有敬事於賓客則用之謂饗食也盤盂之屬爲燕器故君子不以菲廢禮不以美沒禮言不可以其薄不及禮而不行禮亦不可以其美過禮而去禮禮主敬廢滅之是不敬故食禮主人親饋則客祭主人不親饋則客不祭故君子苟無禮雖美不食焉易曰東鄰殺牛

禮記義五十九　十四　李用

不如西鄰之禴祭寔受其福東鄰謂紂國中也西鄰謂文王國中也此辭在既濟既濟離下坎上離爲牛坎爲豕西鄰禴祭則用豕與言殺牛而凶不如殺豕受福喻奢而慢不如儉而敬也春秋傳曰黍稷非馨明德惟馨信矣詩云既醉以酒既飽以德言君子饗燕非專爲酒肴亦以觀威儀講德美以此示民民猶爭利而忘義疏正義曰前經坊民以爲孝之道此經教民以爲敬行義之事　故君子不以菲廢禮者菲薄也言君子不以貧窶菲薄廢禮不行　不以美沒禮沒過也不可以財物豐多華美其事沒過於禮也　易曰東鄰殺牛不如西鄰之禴祭寔受其福者東鄰謂紂西鄰謂文王也紂之國中奢而慢禮雖殺牛以祭不如西鄰文王國中以爲禴祭但殺豕而已以其祭儉而恭敬故也寔受其福寔實也言實爲神所加福祐　詩云既醉以酒

既飽以德者此大雅既醉之篇言成王祭祀合於禮儀既盡也言君臣上下盡醉以酒至於祭之末觀十倫之義盡飽以德 注東鄰至信矣 正義曰東鄰謂紂國中也既云東鄰西鄰總據一國之辭非唯紂文王一身而已故云國中言一國皆然也云此辭在既濟者是既濟九五爻辭也鄭注易九五曰互體爲坎也又互體爲离离爲日坎爲月日出東方東鄰象也月出西方西鄰象也此注坎爲豕西鄰禴祭則用豕與此文異又注云离爲牛是東鄰之祭殺牛也則鄭之易注九五一爻有坎有离此注總論既濟之卦下體爲离上體爲坎與易注不同者但易含萬象俱得明義也此據一國風俗奢儉故舉豕牛以言之不得以天子諸侯俱用大牢爲妨

子云七日戒三日齊承一人焉以爲尸過之者趨走以敎敬也戒謂散齊也承猶事也醴酒在室醍酒在堂澄酒在下示民不淫也淫猶貪也澄酒清酒也三酒尚質不尚味尸飲三衆賓飲一示民有上下也上下猶尊卑也主人主婦上賓獻尸乃後主人降洗爵獻賓因其酒肉聚其宗族以敎民睦也言祭有酒肉羣昭羣穆皆至而獻酬之咸有薦俎故堂上觀乎室堂下觀乎上謂祭時肅敬之威儀也詩云禮儀卒度笑語卒獲卒盡也獲得也言在廟中者不失其禮儀皆歡喜得其節也

疏 正義曰此一節明祭祀恭敬之義使禮儀各得其所 七日戒者謂散齋也 三日齋者謂致齋也 承一人焉以爲尸者謂承奉一人焉尊之爲尸也 示民不淫也者淫猶貪也然醴齊醍齊澄酒味薄者在上味厚者在下貴薄賤厚示民不貪淫於味也 尸

禮記義五十九　十五

既飽以德者此大雅既醉之篇言成王祭祀合於禮儀既盡也言君臣上下盡醉以酒至於祭之末觀十倫之義盡飽以德 注東鄰至信矣 正義曰東鄰謂紂國中也既云東鄰西鄰總據一國之辭非唯紂文王一身而已故云國中言一國皆然也云此辭在既濟者是既濟九五爻辭也鄭注易九五曰互體爲坎也又互體爲离离爲日坎爲月日出東方東鄰象也月出西方西鄰象也此注坎爲豕西鄰禴祭則用豕與此文異又注云离爲牛是東鄰之祭殺牛也則鄭之易注九五一爻有坎有离此注總論既濟之卦下體爲离上體爲坎與易注不同者但易含萬象俱得明義也此據一國風俗奢儉故舉豕牛以言之不得以天子諸侯俱用大牢爲妨

子云七日戒三日齊承一人焉以爲尸過之者趨走以敎敬也戒謂散齊也承猶事也醴酒在室醍酒在堂澄酒在下示民不淫也淫猶貪也澄酒清酒也三酒尚質不尚味尸飲三衆賓飲一示民有上下也上下猶尊卑也主人主婦上賓獻尸乃後主人降洗爵獻賓因其酒肉聚其宗族以敎民睦也言祭有酒肉羣昭羣穆皆至而獻酬之咸有薦俎故堂上觀乎室堂下觀乎上謂祭時肅敬之威儀也詩云禮儀卒度笑語卒獲卒盡也獲得也言在廟中者不失其禮儀皆歡喜得其節也

疏 正義曰此一節明祭祀恭敬之義使禮儀各得其所 七日戒者謂散齋也 三日齋者謂致齋也 承一人焉以爲尸者謂承奉一人焉尊之爲尸也 示民不淫也者淫猶貪也然醴齊醍齊澄酒味薄者在上味厚者在下貴薄賤厚示民不貪淫於味也 尸

禮記義五十九　十五

飲三衆賓飲一示民有上下也者言尊上者得酒多卑下者得酒少是示民有上下也　因其酒肉聚其宗族以教民睦也者謂因其祭祀之酒肉於祭祀之末聚其宗族昭穆相獻酬教民相親睦也　故堂上觀乎室者沈重云祭祀之時在堂上者觀望在室之人以取法　堂下觀乎上者謂在堂下之人觀看於堂上之人以爲則言上下內外更相倣法　詩云禮儀卒度笑語卒獲者此小雅楚茨之篇刺幽王之詩言古之祭祀禮儀盡合其法度笑語盡得其節制　注澄酒至尚味　正義曰澄酒清酒也謂澄齊也以其清於醴齊醍齊故云清酒也以此三齊皆云酒故知澄酒惟澄齊也禮運云玄酒在室醴醆在戶粢醍在堂澄酒在下彼陳酒事故鄭分釋澄爲沈齊酒爲三酒也以此云示民不淫故知非三酒以三酒味厚美故也禮運云醴醆在戶此云在室不同者在戶之內則是在室也但禮運有玄酒在室之文故云醴醆在戶爾　注主人至獻賓　正義曰知主人主婦上賓獻尸乃後主人降洗爵獻賓者儀

禮記義五十九　十六　李良

禮特牲文也　子云賓禮每進以讓喪禮每加以遠浴於中霤飯於牖下小斂於戶內大斂於阼殯於客位祖於庭葬於墓所以示遠也　遠之所以崇敬也阼或爲堂　殷人弔於壙周人弔於家示民不偝也　既葬哀而哭踊於是弔之　子云死民之卒事也吾從周　周於送死尤備　以此坊民諸侯猶有薨而不葬者　疏　正義曰此一節明送喪漸遠弔哭有節示民不偝之事　賓禮每進以讓者案鄉飲酒禮主人迎賓至門三辭至階三讓皆主人先入先登是賓禮每進以讓　死民之卒事也吾從周者上既云殷周弔節不

足利本第五十九卷第十六葉

飲三衆賓飲一示民有上下也者言尊上者得酒多卑下者得酒少是示民有上下也　因其酒肉聚其宗族以教民睦也者謂因其祭祀之酒肉於祭祀之末聚其宗族昭穆相獻酬教民相親睦也　故堂上觀乎室者沈重云祭祀之時在堂上者觀望在室之人以取法　堂下觀乎上者謂在堂下之人觀看於堂上之人以爲則言上下內外更相倣法　詩云禮儀卒度笑語卒獲者此小雅楚茨之篇刺幽王之詩言古之祭祀禮儀盡合其法度笑語盡得其節制　注澄酒至尚味　正義曰澄酒清酒也謂澄齊也以其清於醴齊醍齊故云清酒也以此三齊皆云酒故知澄酒惟澄齊也禮運云玄酒在室醴醆在戶粢醍在堂澄酒在下彼陳酒事故鄭分釋澄爲沈齊酒爲三酒也以此云示民不淫故知非三酒以三酒味厚美故也禮運云醴醆在戶此云在室不同者在戶之內則是在室也但禮運有玄酒在室之文故云醴醆在戶爾　注主人至獻賓　正義曰知主人主婦上賓獻尸乃後主人降洗爵獻賓者儀

禮記義五十九　十六　李良

禮特牲文也　子云賓禮每進以讓喪禮每加以遠浴於中霤飯於牖下小斂於戶內大斂於阼殯於客位祖於庭葬於墓所以示遠也　遠之所以崇敬也阼或爲堂　殷人弔於壙周人弔於家示民不偝也　既葬哀而哭踊於是弔之　子云死民之卒事也吾從周　周於送死尤備　以此坊民諸侯猶有薨而不葬者　疏　正義曰此一節明送喪漸遠弔哭有節示民不偝之事　賓禮每進以讓者案鄉飲酒禮主人迎賓至門三辭至階三讓皆主人先入先登是賓禮每進以讓　死民之卒事也吾從周者上既云殷周弔節不

潘本第五十九卷第十六葉

同孔子明言所從之事故更言子云死民之卒事也吾從周言死是民之終卒之事宜須送終備具若殷人弔於壙情猶未盡即壙上而弔於送死大簡周人孝子反哭至家乃後始弔於送死殷勤是情禮備具故云吾從周也

子去升自客階受弔於賓位教民追孝也 謂反哭時也既葬矣猶不由阼階不忍即父位也 未沒喪不稱君示民不爭也故魯春秋記晉喪曰殺其君之子奚齊及其君卓 沒終也春秋傳曰諸侯於其封內三年稱子至其臣子踰年則謂之君矣奚齊與卓子皆獻公之子也獻公卒其年奚齊殺明年而卓子殺矣 以此坊民子猶有弒其父者 弒父不子之甚

疏 正義曰一節明民追孝於親諸侯未終喪之前不得稱君示民不爭之事也 升自客階受弔於賓位者謂既葬反哭之時孝子升自客階受弔於堂上西方賓位之處不敢在東方以即父位示民追孝之心也 未沒喪不稱君者沒終也謂未終三年之喪嗣子不合稱君所以然者示民不令父子相爭也 殺其君之子奚齊及其君卓者案僖九年秋九月晉侯詭諸卒冬晉李克弒其君之子奚齊十年李克弒其君卓子公羊云其年奚齊殺明年卓子弒是踰年稱君 注謂反哭時也 正義曰知反哭時者以承上文葬於墓又云薨而不葬者即云升自客階承葬文之下故知反哭時又既夕禮云乃反哭入主人升自西階是也 注春秋至君矣 正義曰諸侯於其封內三年稱子者此文九年公羊傳文其臣子踰年則謂之君者此卓子踰年弒而經書弒其君是史之策書臣子稱君也

子云孝以事君弟以事長示民不貳也故君子有君不謀仕唯卜

禮記義五十九 二 李用

潘本第五十九卷第十七葉

同孔子明言所從之事故更言子云死民之卒事也吾從周言死是民之終卒之事宜須送終備具若殷人弔於壙情猶未盡即壙上而弔於送死大簡周人孝子反哭至家乃後始弔於送死殷勤是情禮備具故云吾從周也

子云升自客階受弔於賓位教民追孝也 謂反哭時也既葬矣猶不由阼階不忍即父位也 未沒喪不稱君示民不爭也故魯春秋記晉喪曰殺其君之子奚齊及其君卓 沒終也春秋傳曰諸侯於其封內三年稱子至其臣子踰年則謂之君矣奚齊與卓子皆獻公之子也獻公卒其年奚齊殺明年而卓子殺矣 以此坊民子猶有弒其父者 弒父不子之甚

疏 正義曰一節明民追孝於親諸侯未終喪之前不得稱君示民不爭之事也 升自客階受弔於賓位者謂既葬反哭之時孝子升自客階受弔於堂上西方賓位之處不敢在東方以即父位示民追孝之心也 未沒喪不稱君者沒終也謂未終三年之喪嗣子不合稱君所以然者示民不令父子相爭也 殺其君之子奚齊及其君卓者案僖九年秋九月晉侯詭諸卒冬晉李克弒其君之子奚齊十年李克弒其君卓子公羊云其年奚齊殺明年卓子弒是踰年稱君 注謂反哭時也 正義曰知反哭時者以承上文葬於墓又云薨而不葬者即云升自客階承葬文之下故知反哭時又既夕禮云乃反哭入主人升自西階是也 注春秋至君矣 正義曰諸侯於其封內三年稱子者此文九年公羊傳文其臣子踰年則謂之君者此卓子踰年弒而經書弒其君是史之策書臣子稱君也

子云孝以事君弟以事長示民不貳也故君子有君不謀仕唯卜

禮記義五十九 十七 李用

足利本第五十九卷第十八葉

之日稱二君不貳不自貳於尊者也自貳謂若鄭叔段者也君子有君謂君之子父在者也不謀仕嫌遲爲政也卜之日謂君有故而爲之卜也二當爲貳唯一之時辭得曰君之貳某爾晉惠公獲於秦命其大夫歸擇立君曰其卜貳圉也喪父三年喪君三年示民不疑也不疑於君之尊也君無骨肉之親不重其服至尊不明父母在不敢有其身不敢私其財示民有上下也身及財皆當統於父母也有猶專也故天子四海之内無客禮莫敢爲主焉故君適其臣升自阼階即位於堂示民不敢有其室也臣亦統於君父母在饋獻不及車馬示民不敢專也車馬家物之重者以此坊民民猶忘其親而貳其君

〔疏〕正義曰此一節明事君父之道　孝以事君弟以事長示民不貳也者用孝以事君用弟以事長示民以恭敬之情不敢自副貳於其君謂與尊者相敵若鄭叔段貳君於兄也　故君子有君不謀仕者君子謂國君之子有君在不謀欲仕官若謀仕官似嫌爲政之遲故欲速爲仕也　唯卜之日稱二君者二當爲貳謂副貳也謂君有事故不得親臨卜筮其嗣子爲君而卜其辭得稱君之貳某告龜筮也　示民不疑者君無骨肉之親若不爲重服民則疑君不尊今喪君三年與喪父同示民不疑於君之尊也

〔注〕自貳至圉也　正義曰案隱元年左傳稱鄭莊公弟共叔段封於京邑請西鄙北鄙貳於己段又收貳以爲己邑公子呂曰國不堪貳謂除君身之外國中不堪更有副貳之君是段之自貳於君也云卜之日謂君有故而爲之卜也

禮記正義五十九　十八　李用

潘本第五十九卷第十八葉

之日稱二君不貳不自貳於尊者也自貳謂若鄭叔段者也君子有君謂君之子父在者也不謀仕嫌遲爲政也卜之日謂君有故而爲之卜也二當爲貳唯一之時辭得曰君之貳某爾晉惠公獲於秦命其大夫歸擇立君曰其卜貳圉也喪父三年喪君三年示民不疑也不疑於君之尊也君無骨肉之親不重其服至尊不明父母在不敢有其身不敢私其財示民有上下也身及財皆當統於父母也有猶專也故天子四海之内無客禮莫敢爲主焉故君適其臣升自阼階即位於堂示民不敢有其室也臣亦統於君父母在饋獻不及車馬示民不敢專也車馬家物之重者以此坊民民猶忘其親而貳其君

〔疏〕正義曰此一節明事君父之道　孝以事君弟以事長示民不貳也者用孝以事君用弟以事長示民以恭敬之情不敢自副貳於其君謂與尊者相敵若鄭叔段貳君於兄也　故君子有君不謀仕者君子謂國君之子有君在不謀欲仕官若謀仕官似嫌爲政之遲故欲速爲仕也　唯卜之日稱二君者二當爲貳謂副貳也謂君有事故不得親臨卜筮其嗣子爲君而卜其辭得稱君之貳某告龜筮也　示民不疑者君無骨肉之親若不爲重服民則疑君不尊今喪君三年與喪父同示民不疑於君之尊也

〔注〕自貳至圉也　正義曰案隱元年左傳稱鄭莊公弟共叔段封於京邑請西鄙北鄙貳於己段又收貳以爲己邑公子呂曰國不堪貳謂除君身之外國中不堪更有副貳之君是段之自貳於君也云卜之日謂君有故而爲之卜也

禮記正義五十九　十八　李用

足利本第五十九卷第十九葉

者言當卜之日君應須親臨君有事故而適子爲君卜也云二當爲貳者小二是一二之二大貳是副貳之貳此取副貳之貳不取一二之二故轉二爲貳也云惟卜之時辭得曰君之貳某爾者言嗣子於他餘事皆不得自稱君之貳惟代君臨卜之時得稱君之貳某所以然者敬重卜之神靈不敢私顧父子之嫌若不稱君貳無緣代君而卜辭窮不得不稱君貳故也此謂世子對君自稱也王肅不曉鄭旨乃引傳云大子之貳又云子者身之貳又以旁人稱貳而難鄭其義非也云晉惠公獲於秦命其大夫歸釋立君曰其卜貳圉也者鄭以書傳無世子爲君卜稱貳之文故引僖公十五年左傳之文以證君貳之事與此經文不正相當取其一邊耳惠公獲於秦者案僖公十五年傳稱晉惠公被秦伯所納既而背秦秦伯伐之戰於韓被秦所獲命其大夫歸立其子圉爲君稱卜副貳之子圉今爲君

子云禮之先幣帛也欲民之先事而後祿也此禮謂所執之摯以見者也既相見乃奉幣帛以脩好也或云禮之先辭而後幣帛先財而後禮則民利財幣帛也利猶貪也無辭而行情則民爭辭辭讓也情主利欲也故君子於有饋者弗能見則不視其饋饋遺也不能見謂有疾也不視猶不内也易曰不耕穫不菑畬凶言必先種之乃得穫若先菑乃得畬也安有無事而取利者乎田一歲曰菑二歲曰畬三歲曰新田以此坊民民猶貴祿而賤行行猶事也言務得其祿不務其事

〔疏〕正義曰此一節明坊民使輕財重禮貴行賤祿之事 禮之先幣帛也謂相見之禮先於幣帛言先行相見之禮乃後用幣帛欲民之先事而後祿也者先相見是先事而後幣帛是後祿也 先財而後禮則民利者利貪也若先用

潘本第五十九卷第十九葉

者言當卜之日君應須親臨君有事故而適子爲君卜也云二當爲貳者小二是一二之二大貳是副貳之貳此取副貳之貳不取一二之二故轉二爲貳也云惟卜之時辭得曰君之貳某爾者言嗣子於他餘事皆不得自稱君之貳惟代君臨卜之時得稱君之貳某所以然者敬重卜之神靈不敢私顧父子之嫌若不稱君貳無緣代君而卜辭窮不得不稱君貳故也此謂世子對君自稱也王肅不曉鄭旨乃引傳云大子之貳又云子者身之貳又以旁人稱貳而難鄭其義非也云晉惠公獲於秦命其大夫歸釋立君曰其卜貳圉也者鄭以書傳無世子爲君卜稱貳之文故引僖公十五年左傳之文以證君貳之事與此經文不正相當取其一邊耳惠公獲於秦者案僖公十五年傳稱晉惠公被秦伯所納既而背秦秦伯伐之戰於韓被秦所獲命其大夫歸立其子圉爲君稱卜副貳之子圉今爲君

子云禮之先幣帛也欲民之先事而後祿也此禮謂所執之摯以見者也既相見乃奉幣帛以脩好也或云禮之先辭而後幣帛先財而後禮則民利財幣帛也利猶貪也無辭而行情則民爭辭辭讓也情主利欲也故君子於有饋者弗能見則不視其饋饋遺也不能見謂有疾也不視猶不内也易曰不耕穫不菑畬凶言必先種之乃得穫若先菑乃得畬也安有無事而取利者乎田一歲曰菑二歲曰畬三歲曰新田以此坊民民猶貴祿而賤行行猶事也言務得其祿不務其事

〔疏〕正義曰此一節明坊民使輕財重禮貴行賤祿之事 禮之先幣帛也謂相見之禮先於幣帛言先行相見之禮乃後用幣帛欲民之先事而後祿也者先相見是先事而後幣帛是後祿也 先財而後禮則民利者利貪也若先用

禮記義五十九 十九 高彦

足利本第五十九卷第二十葉

財而後行禮民則化之貪於財也 無辭而行情則民爭者辭謂辭讓言與人相見無辭讓之禮直行己情則有利欲故民爭 故君子於有饋者弗能見則不視其饋者饋遺也視納也言君子之人於有他人饋遺己者己若疾病不能見其所饋之人則不納其所饋之物也 易曰不耕穫不菑畬凶此易無妄六二爻辭無妄震下乾上六二既得位仕是道之不行雖食其祿猶不耕穫刈不菑畬田無在震卦居中得位宜合仕者謂合事九五被六三所隔不功得物是其凶引之者證貪財之事 注 田一至新田 正義曰案爾雅釋地云田一歲曰菑孫炎云始菑殺其草木二歲曰新田孫炎云新成柔田也三歲曰畬孫炎云畬舒緩周頌溥亦云三歲曰畬此云三歲曰新田者誤也 子云君子不盡利以遺民 不與民爭利也 詩云彼有遺秉此有不斂穧伊寡婦之利 言穫者之遺餘捃拾所以爲利 故君子仕則不稼田則不漁食時不力珍大夫不坐羊士不坐犬 食時謂食四時之膳也力猶務也天子諸侯有秩膳古者殺牲食其肉坐其皮不坐犬羊是無故不殺之 詩云采葑采菲無以下體德音莫違及爾同死 葑蔓菁也陳宋之間謂之葑菲當類也下體謂其根也采葑菲之菜者采其葉而可食無以其根美則幷取之苦則弃之幷取之是盡利也此詩故親今疏者言人之交當如采葑采菲取一善而已君子不求備於一人能如此則德美之音不離令名我願與女同死矣論語曰故舊無大故則不弃也 以此坊民民猶忘義而爭利以亡其身 疏 正義曰此一節明貴義輕利以坊民之事也 不盡利以遺民者言君子不盡竭其利當以

禮記義五十九 二十 高政

潘本第五十九卷第二十葉

財而後行禮民則化之貪於財也 無辭而行情則民爭者辭謂辭讓言與人相見無辭讓之禮直行己情則有利欲故民爭 故君子於有饋者弗能見則不視其饋者饋遺也視納也言君子之人於有他人饋遺己者己若疾病不能見其所饋之人則不納其所饋之物也 易曰不耕穫不菑畬凶此易無妄六二爻辭無妄震下乾上六二既得位仕是道之不行雖食其祿猶不耕穫刈不菑畬田無在震卦居中得位宜合仕者謂合事九五被六三所隔不功得物是其凶引之者證貪財之事 注 田一至新田 正義曰案爾雅釋地云田一歲曰菑孫炎云始菑殺其草木二歲曰新田孫炎云新成柔田也三歲曰畬孫炎云畬舒緩周頌傳亦云三歲曰畬此云三歲曰新田者誤也 子云君子不盡利以遺民 不與民爭利也 詩云彼有遺秉此有不斂穧伊寡婦之利 言穫者之遺餘捃拾所以爲利 故君子仕則不稼田則不漁食時不力珍大夫不坐羊士不坐犬 食時謂食四時之膳也力猶務也天子諸侯有秩膳古者殺牲食其肉坐其皮不坐犬羊是無故不殺之 詩云采葑采菲無以下體德音莫違及爾同死 葑蔓菁也陳宋之間謂之葑菲當類也下體謂其根也采葑菲之菜者采其葉而可食無以其根美則幷取之苦則弃之幷取之是盡利也此詩故親今疏者言人之交當如采葑采菲取一善而已君子不求備於一人能如此則德美之音不離令名我願與女同死矣論語曰故舊無大故則不弃也 以此坊民民猶忘義而爭利以亡其身 疏 正義曰此一節明貴義輕利以坊民之事也 不盡利以遺民者言君子不盡竭其利當以

禮記義五十九 二十 高政

餘利遺與民也 詩云彼有遺秉此有不斂穧伊寡婦之利者此詩小雅大田之篇刺幽王之詩言幽王無道矜寡不能自存故陳明王之時陰陽和調年歲豐稔田稼既多穫刈促遽彼處有遺秉把此處有不斂之穧束與寡婦捃拾以爲利引之者證以利遺民者也 食時不力珍者力務也言人君食四時之膳不更用力務求珍羞 大夫不坐羊士不坐犬者言大夫無故不得殺羊坐其皮士無故不得殺犬坐其皮皆謂不貪其利以厚己也 詩云采葑采菲無以下體者此詩邶風谷風之篇婦人怨夫棄己故以此言恨之言采其葑菲之葉無以下體根莖之惡幷棄其葉言取妻之時無以花落色衰幷棄其夫婦之禮 德音莫違及爾同死者如此則道德音聲無相乖違則可與汝同至於死詩之文義其理如此今此記者引詩斷章爲義凡有二意一則云采此葑菲之葉但采其葉無得幷采其下體之根莖言根莖雖美不可幷取則是不盡取其利當遺與於下二則云采其葑菲之葉無以下體之惡幷棄

其葉據下體有善惡之時言交友之道無以一處之惡幷棄其餘事之善如此則德音莫違與汝同至於死作記者據其根善則無得幷取其根無盡利也據其根惡則無得幷棄其葉不求備也 注葑蔓至棄也 正義曰案詩傳云葑須也爾雅釋草云須葑蓯陸璣云又謂之蓯吳人謂葑蓯蔓菁幽州人或謂之芥云菲薑類者釋草云菲莨菜郭景純云菲草生下溼地似蕪菁華紫赤色可食云采葑菲之葉者采其葉而可食無以其根美則幷取之苦則棄之幷取之是盡利也者鄭之此注解此記所引本明無盡利之事則德音莫違及爾同死當解云上無盡利於民則道德之音無有乖違民之及君可同至於死今鄭以下所注更別生一義與記意稍乖云此詩故親今䟽者此鄭別解詩義以注記之時未見毛傳不知夫婦相怨謂交友相於所以云故親今䟽云采葑采菲取一善而已者此謂根惡但取葉處一善而已不棄其根也云君子不求備於一人者謂一人身上既有善處亦有惡處不可以惡處幷棄其

餘利遺與民也 詩云彼有遺秉此有不斂穧伊寡婦之利者此詩小雅大田之篇刺幽王之詩言幽王無道矜寡不能自存故陳明王之時陰陽和調年歲豐稔田稼既多穫刈促遽彼處有遺秉把此處有不斂之穧束與寡婦捃拾以爲利引之者證以利遺民者也 食時不力珍者力務也言人君食四時之膳不更用力務求珍羞 大夫不坐羊士不坐犬者言大夫無故不得殺羊坐其皮士無故不得殺犬坐其皮皆謂不貪其利以厚己也 詩云采葑采菲無以下體者此詩邶風谷風之篇婦人怨夫棄己故以此言恨之言采其葑菲之葉無以下體根莖之惡幷棄其葉言取妻之時無以花落色衰幷棄其夫婦之禮 德音莫違及爾同死者如此則道德音聲無相乖違則可與汝同至於死詩之文義其理如此今此記者引詩斷章爲義凡有二意一則云采此葑菲之葉但采其葉無得幷采其下體之根莖言根莖雖美不可幷取則是不盡取其利當遺與於下二則云采其葑菲之葉無以下體之惡幷棄

其葉據下體有善惡之時言交友之道無以一處之惡幷棄其餘事之善如此則德音莫違與汝同至於死作記者據其根善則無得幷取其根無盡利也據其根惡則無得幷棄其葉不求備也 注葑蔓至棄也 正義曰案詩傳云葑須也爾雅釋草云須葑蓯陸璣云又謂之蓯吳人謂葑蓯蔓菁幽州人或謂之芥云菲薑類者釋草云菲莨菜郭景純云菲草生下溼地似蕪菁華紫赤色可食云采葑菲之葉者采其葉而可食無以其根美則幷取之苦則棄之幷取之是盡利也者鄭之此注解此記所引本明無盡利之事則德音莫違及爾同死當解云上無盡利於民則道德之音無有乖違民之及君可同至於死今鄭以下所注更別生一義與記意稍乖云此詩故親今䟽者此鄭別解詩義以注記之時未見毛傳不知夫婦相怨謂交友相於所以云故親今䟽云采葑采菲取一善而已者此謂根惡但取葉處一善而已不棄其根也云君子不求備於一人者謂一人身上既有善處亦有惡處不可以惡處幷棄其

善也論語云故舊無大故則不棄也鄭引之者證交友不以小惡而相棄鄭此注前釋正合記文鄭之後釋不知何意如此今所未詳 子云夫禮坊民所淫章民之別使民無嫌以爲民紀者也淫猶貪也章明也嫌嫌疑也故男女無媒不交無幣不相見恐男女之無別也重男女之會所以遠別之於禽獸也有幣者必有媒有媒者不必有幣仲春之月會男女之時不必待幣以此坊民民猶有自獻其身獻猶進也詩云伐柯如之何匪斧不克取妻如之何匪媒不得蓺麻如之何橫從其畝取妻如之何必告

禮記義五十九　二十二　馬松

父母伐柯伐木以爲柯也克能也蓺猶樹也橫從橫行治其田也言取妻之法必有媒如伐柯之必須斧也取妻之道必告父母如樹麻當先易治其田 疏 正義曰自此以下終於篇末總坊男女奔淫之事夫婦重愼之義也此節明男女非媒非幣不相交見 夫禮坊民所淫者淫貪也言禮者坊民所貪欲之事知非直是坊民淫泆而云貪者以文云所淫稱所是所貪也若其淫泆則當云坊民淫不須云所也 章民之別者章明也明民之男女令相分別使民無嫌 以爲民紀者也謂使民無色欲之嫌疑以爲民之綱紀也 民猶有自獻其身謂民之女人猶有自進其身以求男者也 詩云伐柯如之何匪斧不克者此詩齊風南山之篇刺齊襄公與妹文姜姦淫之事 蓺麻如之何橫從其畝者蓺種也橫行也言將種麻如之何必須橫行耕治其田然後得麻 子云取妻不取同姓以厚別也厚猶遠也故買妾不知

善也論語云故舊無大故則不棄也鄭引之者證交友不以小惡而相棄鄭此注前釋正合記文鄭之後釋不知何意如此今所未詳 子云夫禮坊民所淫章民之別使民無嫌以爲民紀者也淫猶貪也章明也嫌嫌疑也故男女無媒不交無幣不相見恐男女之無別也重男女之會所以遠別之於禽獸也有幣者必有媒有媒者不必有幣仲春之月會男女之時不必待幣以此坊民民猶有自獻其身獻猶進也詩云伐柯如之何匪斧不克取妻如之何匪媒不得蓺麻如之何橫從其畝取妻如之何必告

禮記義五十九　二十二　馬松

父母伐柯伐木以爲柯也克能也蓺猶樹也橫從橫行治其田也言取妻之法必有媒如伐柯之必須斧也取妻之道必告父母如樹麻當先易治其田 疏 正義曰自此以下終於篇末總坊男女奔淫之事夫婦重愼之義也此節明男女非媒非幣不相交見 夫禮坊民所淫者淫貪也言禮者坊民所貪欲之事知非直是坊民淫泆而云貪者以文云所淫稱所是所貪也若其淫泆則當云坊民淫不須云所也 章民之別者章明也明民之男女令相分別使民無嫌 以爲民紀者也謂使民無色欲之嫌疑以爲民之綱紀也 民猶有自獻其身謂民之女人猶有自進其身以求男者也 詩云伐柯如之何匪斧不克者此詩齊風南山之篇刺齊襄公與妹文姜姦淫之事 蓺麻如之何橫從其畝者蓺種也橫行也言將種麻如之何必須橫行耕治其田然後得麻 子云取妻不取同姓以厚別也厚猶遠也故買妾不知

足利本第五十九卷第二十三葉

其姓則卜之妾言買者以其賤同之於衆物也士庶之妾恒多凡庸有不知其姓者以此坊民魯春秋猶去夫人之姓曰吳其死曰孟子卒吳大伯之後魯同姓也昭公取焉去姬曰吳而已至其死亦略云孟子卒不書夫人某氏薨孟子蓋其且字疏正義曰此一節坊民取同姓爲妻之事買妾不知其姓則卜之者妾既卑賤不可盡知其所生本姓但避其凶害唯卜其姓吉乃取之魯春秋猶去夫人之姓曰吳者依春秋之例如夫人齊女即云姜氏至自齊以例言之此吳女亦當云夫人姬氏至自吳魯則諱其姬姓而不稱夫人姬氏至自吳是去夫人之姓曰吳也但春秋經文不載其事其春秋簡牘雜記則有之故論語云謂之吳孟子是當時之言有稱吳也其死曰孟子卒者哀十二年稱孟子卒若其不諱當云夫人姬氏薨以諱取同姓而云孟子卒孟子是夫人之且字沒其氏書其且字又沒其薨而略言卒而已皆爲同姓諱之鄭與何休皆以諱取同姓而書卒左氏則以不成喪故稱卒與鄭何異也注孟子至且字正義曰若既笄而字當云伯叔季若伯姬季姬今云孟子故知且字也子云禮非祭男女不交爵交爵謂相獻酢以此坊民陽侯猶殺繆侯而竊其夫人同姓也以貪夫人之色至殺君而立其國未聞故大饗廢夫人之禮大饗饗諸侯來朝者也夫人之禮使人攝疏非祭正義曰此一節坊男女非因祭祀不得相集會也男女不交爵者言唯祭之時乃得交爵故特牲饋食禮云主婦獻尸尸酢主婦是交爵也故大饗廢夫人之禮者以大饗之時夫人與君同饗於賓是繆侯及夫人共出饗賓陽侯是繆侯同姓之國見繆侯夫人之美乃殺繆侯而取其夫人又篡其國而自立故大饗廢夫人之禮不使夫

潘本第五十九卷第二十三葉

其姓則卜之妾言買者以其賤同之於衆物也士庶之妾恒多凡庸有不知其姓者以此坊民魯春秋猶去夫人之姓曰吳其死曰孟子卒吳大伯之後魯同姓也昭公取焉去姬曰吳而已至其死亦略云孟子卒不書夫人某氏薨孟子蓋其且字疏正義曰此一節坊民取同姓爲妻之事買妾不知其姓則卜之者妾既卑賤不可盡知其所生本姓但避其凶害唯卜其姓吉乃取之魯春秋猶去夫人之姓曰吳者依春秋之例如夫人齊女即云姜氏至自齊以例言之此吳女亦當云夫人姬氏至自吳魯則諱其姬姓而不稱夫人姬氏至自吳是去夫人之姓曰吳也但春秋經文不載其事其春秋簡牘雜記則有之故論語云謂之吳孟子是當時之言有稱吳也其死曰孟子卒者哀十二年稱孟子卒若其不諱當云夫人姬氏薨以諱取同姓而云孟子卒孟子是夫人之且字沒其氏書其且字又沒其薨而略言卒而已皆爲同姓諱之鄭與何休皆以諱取同姓而書卒左氏則以不成喪故稱卒與鄭何異也注孟子至且字正義曰若既笄而字當云伯叔季若伯姬季姬今云孟子故知且字也子云禮非祭男女不交爵交爵謂相獻酢以此坊民陽侯猶殺繆侯而竊其夫人同姓也以貪夫人之色至殺君而立其國未聞故大饗廢夫人之禮大饗饗諸侯來朝者也夫人之禮使人攝疏非祭正義曰此一節坊男女非因祭祀不得相集會也男女不交爵者言唯祭之時乃得交爵故特牲饋食禮云主婦獻尸尸酢主婦是交爵也故大饗廢夫人之禮者以大饗之時夫人與君同饗於賓是繆侯及夫人共出饗賓陽侯是繆侯同姓之國見繆侯夫人之美乃殺繆侯而取其夫人又篡其國而自立故大饗廢夫人之禮不使夫

足利本第五十九卷第二十四葉

人不得預其禮也以此言之則陽侯以前大饗夫人出饗鄰國之君得有男女交爵此云非祭男女不交爵者謂侯伯子男及卿大夫士祭乃交爵若王於上公及上公相饗時后與夫人亦男女交爵與祼同也故大行人云上公之禮王禮再祼而酢是也 注同姓至未聞 正義曰言同姓者則上文云君不與同姓同車是也云其國未聞者唯有陽侯繆侯是兩君之諡未聞何國君故云未聞又案王饗諸侯及諸侯自相饗同姓則后夫人親獻異姓則使人攝獻則繆侯所饗蓋同姓也且王於同姓雖爲侯伯車服與上公同上公既再祼后與王俱祼則上公相於與王同也其同姓上公則后與夫人親祼獻拜送也若異姓上公使人攝祼故宗伯職云大賓客則攝而載祼謂異姓也内宰職云凡賓客之祼獻瑤爵皆贊注云謂王同姓及二王之後來朝覲王以鬱鬯禮之后以瑤爵亞獻謂同姓也自陽侯殺繆侯後其后夫人獻禮遂廢並使人攝也 子云寡婦之子不有見

禮記正義五十九　二十四

焉則弗友也君子以避遠也 有見謂睹其才藝也同志爲友 故朋友之交主人不在不有大故則不入其門 大故喪疾 以此坊民民猶以色厚於德子云好德如好色 此句似不足論語曰未見好德如好色疾時人厚於色之甚而薄於德也 諸侯不下漁色 謂不内取於國中也内取國中爲下漁色昏禮始納采謂采擇其可者也國君而内取象捕魚然中網取之是無所擇 故君子遠色以爲民紀故男女授受不親 不親者不以手相與也内則曰非祭非喪不相授器其相授則女受以篚其無篚則皆坐奠之而後取之 御婦人則進左手 御者在右前左手則身微偝之

潘本第五十九卷第二十四葉

人得預其禮也以此言之則陽侯以前大饗夫人出饗鄰國之君得有男女交爵此云非祭男女不交爵者謂侯伯子男及卿大夫士祭乃交爵若王於上公及上公相饗時后與夫人亦男女交爵與祼同也故大行人云上公之禮王禮再祼而酢是也 注同姓至未聞 正義曰言同姓者則上文云君不與同姓同車是也云其國未聞者唯有陽侯繆侯是兩君之諡未聞何國君故云未聞又案王饗諸侯及諸侯自相饗同姓則后夫人親獻異姓則使人攝獻則繆侯所饗蓋同姓也且王於同姓雖爲侯伯車服與上公同上公既再祼后與王俱祼則上公相於與王同也其同姓上公則后與夫人親祼獻拜送也若異姓上公使人攝祼故宗伯職云大賓客則攝而載祼謂異姓也内宰職云凡賓客之祼獻瑤爵皆贊注云謂王同姓及二王之後來朝覲王以鬱鬯禮之后以瑤爵亞獻謂同姓也自陽侯殺繆侯後其后夫人獻禮遂廢並使人攝也 子云寡婦之子不有見

禮記正義五十九　二十四

焉則弗友也君子以避遠也 有見謂睹其才藝也同志爲友 故朋友之交主人不在不有大故則不入其門 大故喪疾 以此坊民民猶以色厚於德子云好德如好色 此句似不足論語曰未見好德如好色疾時人厚於色之甚而薄於德也 諸侯不下漁色 謂不内取於國中也内取國中爲下漁色昏禮始納采謂采擇其可者也國君而内取象捕魚然中網取之是無所擇 故君子遠色以爲民紀故男女授受不親 不親者不以手相與也内則曰非祭非喪不相授器其相授則女受以篚其無篚則皆坐奠之而後取之 御婦人則進左手 御者在右前左手則身微偝之

足利本第五十九卷第二十五葉

姑姊妹女子子已嫁而反男子不與同席而坐女子十年而不出也嫁及成人可以出矣猶不與男子共席而坐遠別寡婦不夜哭嫌思人道婦人疾問之不問其疾嫌媚略之也問增損而已以此坊民民猶淫泆而亂於族亂族犯非妃匹也疏正義曰此一節更申明男女相遠又坊人同姓淫泆之事諸侯不下漁色漁色謂漁人取魚中網者皆取之譬如取美色中意者皆取之若漁人求魚故云漁色諸侯當外取不得下嚮國中取卿大夫士之女若下嚮內取國中似漁人之求魚無所擇故云不下漁色　御婦人則進左手者以御者之禮婦人於車上左廂御者在婦人之右進左手謂左手在前轉身向右微偝婦人　婦人疾問之不問其疾者謂不問其疾所委曲若問其委曲嫌似媚故不丁寧但略問增損而已

禮記正義五十九　二十五　許詠

子云昏禮壻親迎見於舅姑舅姑妻之父母也妻之父爲外舅妻之母爲外姑父戒女曰夙夜毋違命母戒女曰毋違宮事承子以授壻恐事之違也以此坊民婦猶有不至者不至不親夫以孝舅姑也春秋成公九年春二月伯姬歸於宋夏五月季孫行父如宋致女是時宋共公不親迎恐其有違而致之也疏正義曰見於舅姑承子以授壻者謂親迎之時壻見於舅姑舅姑謂婦之父母也婦之父母承奉女子以付授於壻則昏禮父戒女曰夙夜無違命母戒女曰無違宮事是也　恐事之違者謂恐此女人於昏事乖違故親以女授壻也

禮記正義卷第五十九

潘本第五十九卷第二十五葉

姑姊妹女子子已嫁而反男子不與同席而坐女子十年而不出也嫁及成人可以出矣猶不與男子共席而坐遠別寡婦不夜哭嫌思人道婦人疾問之不問其疾嫌媚略之也問增損而已以此坊民民猶淫泆而亂於族亂族犯非妃匹也疏正義曰此一節更申明男女相遠又坊人同姓淫泆之事諸侯不下漁色漁色謂漁人取魚中網者皆取之譬如取美色中意者皆取之若漁人求魚故云漁色諸侯當外取不得下嚮國中取卿大夫士之女若下嚮內取國中似漁人之求魚無所擇故云不下漁色　御婦人則進左手者以御者之禮婦人於車上左廂御者在婦人之右進左手謂左手在前轉身向右微偝婦人　婦人疾問之不問其疾者謂不問其疾所委曲若問其委曲嫌似媚故不丁寧但略問增損而已

禮記正義五十九　二十五　許詠

子云昏禮壻親迎見於舅姑舅姑妻之父母也妻之父爲外舅妻之母爲外姑父戒女曰夙夜毋違命母戒女曰毋違宮事承子以授壻恐事之違也以此坊民婦猶有不至者不至不親夫以孝舅姑也春秋成公九年春二月伯姬歸於宋夏五月季孫行父如宋致女是時宋共公不親迎恐其有違而致之也疏正義曰見於舅姑承子以授壻者謂親迎之時壻見於舅姑舅姑謂婦之父母也婦之父母承奉女子以付授於壻則昏禮父戒女曰夙夜無違命母戒女曰無違宮事是也　恐事之違者謂恐此女人於昏事乖違故親以女授壻也

禮記正義卷第五十九

足利本第六十卷第一葉

禮記正義卷第六十

國子祭酒上護軍曲阜縣開國子臣孔穎達等奉

勑撰

中庸第三十一

正義曰案鄭目録云名曰中庸者以其記中和之爲用也庸用也孔子之孫子思伋作之以昭明聖祖之德此於别録屬通論

天命之謂性率性之謂道修道之謂教 天命謂天所命生人者也是謂性命木神則仁金神則義火神則禮水神則信土神則知孝經説曰性者生之質命人所稟受度也率循也循性行之之謂道修治也治而廣之人放傚之是曰教 道也者不可須臾離也可離非道也 道猶道路也出入動作由之離之惡乎從也 是故君子戒慎乎其所不睹恐懼乎其所不聞 小人間居爲不善無所不至也君子則不然雖視之無人聽之無聲猶戒慎恐懼自修正是其不須臾離道 莫見乎隱莫顯乎微故君子慎其獨也 慎獨者慎其間居之所爲小人於隱者動作言語自以爲不見睹不見聞則必肆盡其情也若有覘聽之者是爲顯見甚於衆人之中爲之 喜怒哀樂之未發謂之中發而皆中節謂之和中也者天下之大本也和

禮記正義卒 一 李信

潘本第六十卷第一葉

禮記正義卷第六十

國子祭酒上護軍曲阜縣開國子臣孔穎達等奉

勑撰

中庸第三十一

正義曰案鄭目録云名曰中庸者以其記中和之爲用也庸用也孔子之孫子思伋作之以昭明聖祖之德此於别録屬通論

天命之謂性率性之謂道修道之謂教 天命謂天所命生人者也是謂性命木神則仁金神則義火神則禮水神則信土神則知孝經説曰性者生之質命人所稟受度也率循也循性行之之謂道修治也治而廣之人放傚之是曰教 道也者不可須臾離也可離非道也 道猶道路也出入動作由之離之惡乎從也 是故君子戒慎乎其所不睹恐懼乎其所不聞 小人間居爲不善無所不至也君子則不然雖視之無人聽之無聲猶戒慎恐懼自修正是其不須臾離道 莫見乎隱莫顯乎微故君子慎其獨也 慎獨者慎其間居之所爲小人於隱者動作言語自以爲不見睹不見聞則必肆盡其情也若有覘聽之者是爲顯見甚於衆人之中爲之 喜怒哀樂之未發謂之中發而皆中節謂之和中也者天下之大本也和

禮記正義卒 一 李信

足利本第六十卷第二葉

也者天下之達道也中爲大本者以其含喜怒哀樂禮之所由生政教自此出也致中和天地位焉萬物育焉致行之至也位猶正也育生也長也疏正義曰此節明中庸之德必修道而行謂子思欲明中庸先本於道　天命之謂性者天本無體亦無言語之命但人感自然而生有賢愚吉凶若天之付命遣使之然故云天命老子云道本無名強名之曰道但人自然感生有剛柔好惡或仁或義或禮或知或信是天性自然故云之謂性　率性之謂道率循也道者通物之名言依循性之所感而行不令違越是之曰道感仁行仁感義行義之屬不失其常合於道理使得通達是率性之謂道　修道之謂教謂人君在上修行此道以教於下是修道之謂教也注天命至曰教　正義曰云天命謂天所命生人者也是謂性命案易乾彖云乾道變化各正性命是也云木神則仁者皇氏云東方春春主施生仁亦主施

禮記義六十

生云金神則義者秋爲金金主嚴殺義亦果敢斷決也云火神則禮者夏爲火火主照物而有分別禮亦主分別云水神則信冬主閉藏充實不虚水有内明不欺於物信亦不虚詐也云土神則知者金木水火土無所不載土所含義者多知亦所含者衆故云土神則知云孝經説曰性者生之質命人所稟受度也不云命者鄭以通解性命爲一故不復言命但性情之義説者不通亦略言之賀瑒云性之與情猶波之與水静時是水動則是波静時是性動則是情案左傳云天有六氣降而生五行至於含生之類皆感五行生矣唯人獨稟秀氣故禮運云人者五行之秀氣被色而生既有五常仁義禮知信因五常而有六情則性之與情似金與鐶印鐶印之用非金亦因金而有鐶印情之所用非性亦因性而有情則性者静情者動故樂記云人生而静天之性也感於物而動性之欲也故詩序云情動於中是也但感五行在人爲五常得其清氣備者則爲聖人得其濁氣簡者則爲愚人降聖以下愚人以上所稟

潘本第六十卷第二葉

也者天下之達道也中爲大本者以其含喜怒哀樂禮之所由生政教自此出也致中和天地位焉萬物育焉致行之至也位猶正也育生也長也疏正義曰此節明中庸之德必修道而行謂子思欲明中庸先本於道　天命之謂性者天本無體亦無言語之命但人感自然而生有賢愚吉凶若天之付命遣使之然故云天命老子云道本無名強名之曰道但人自然感生有剛柔好惡或仁或義或禮或知或信是天性自然故云之謂性　率性之謂道率循也道者通物之名言依循性之所感而行不令違越是之曰道感仁行仁感義行義之屬不失其常合於道理使得通達是率性之謂道　修道之謂教謂人君在上修行此道以教於下是修道之謂教也注天命至曰教　正義曰云天命謂天所命生人者也是謂性命案易乾彖云乾道變化各正性命是也云木神則仁者皇氏云東方春春主施生仁亦主施

禮記義六十

生云金神則義者秋爲金金主嚴殺義亦果敢斷決也云火神則禮者夏爲火火主照物而有分別禮亦主分別云水神則信冬主閉藏充實不虚水有内明不欺於物信亦不虚詐也云土神則知者金木水火土無所不載土所含義者多知亦所含者衆故云土神則知云孝經説曰性者生之質命人所稟受度也不云命者鄭以通解性命爲一故不復言命但性情之義説者不通亦略言之賀瑒云性之與情猶波之與水静時是水動則是波静時是性動則是情案左傳云天有六氣降而生五行至於含生之類皆感五行生矣唯人獨稟秀氣故禮運云人者五行之秀氣被色而生既有五常仁義禮知信因五常而有六情則性之與情似金與鐶印鐶印之用非金亦因金而有鐶印情之所用非性亦因性而有情則性者静情者動故樂記云人生而静天之性也感於物而動性之欲也故詩序云情動於中是也但感五行在人爲五常得其清氣備者則爲聖人得其濁氣簡者則爲愚人降聖以下愚人以上所稟

足利本第六十卷第三葉

或多或少不可言一故分爲九等孔子云唯上知與不愚不移二者之外逐物移矣故論語云性相近習相遠也亦據中人七等也　道也者不可須臾離也者此謂聖人修行仁義禮知信以爲教化道猶道路也道者開通性命猶如道路開通於人人行於道路不可須臾離也若離道則礙難不通猶善道須臾離棄則身有患害而生也　可離非道也者若荒梗塞澀之處是可離棄以非道路之所由猶如凶惡邪僻之行是可離棄以亦非善道之行故云可離非道也　是故君子戒愼乎其所不睹者言君子行道先慮其微若微能先慮則必合於道故君子恒常戒於其所不睹之處人雖目不睹之處猶戒愼況其惡事睹見而肯犯乎故君子恒常戒愼之　恐懼乎其所不聞者言君子恒恐迫畏懼於所不聞之處言雖耳所不聞恒懷恐懼之不覩不聞猶須愼懼況睹聞之處恐懼可知也　莫見乎隱莫顯乎微者莫無也言凡在衆人之中猶知所畏及至幽隱之處謂人不見便即恣情人皆佔聽察見罪狀甚於

禮記義六十　三　楊昌

衆人之中所以恒須愼懼如此以罪過愆失無見於幽隱之處無顯露於細微之所也　故君子愼其獨也者以其隱微之處恐其罪惡彰顯故君子之人恒愼其獨居言雖曰獨居能謹愼守道也　喜怒哀樂之未發謂之中者言喜怒哀樂緣事而生未發之時澹然虛靜心無所慮而當於理故謂之中　發而皆中節謂之和者不能寂靜而有喜怒哀樂之情雖復動發皆中節限猶如鹽梅相得性行和諧故云謂之和　中也者天下之大本也者言情慾未發是人性初本故曰天下之大本也　和也者天下之達道也者言情慾雖發而能和合道理可通達流行故曰天下之達道也　致中和天地位焉萬物育焉者致至也位正也育生長也言人君所能至極中和使陰陽不錯則天地得其正位焉生成得理故萬物其養育焉

仲尼曰君子中庸小人反中庸君子之中庸也君子而時中小人

潘本第六十卷第三葉

或多或少不可言一故分爲九等孔子云唯上知與不愚不移二者之外逐物移矣故論語云性相近習相遠也亦據中人七等也　道也者不可須臾離也者此謂聖人修行仁義禮知信以爲教化道猶道路也道者開通性命猶如道路開通於人人行於道路不可須臾離也若離道則礙難不通猶善道須臾離棄則身有患害而生也　可離非道也者若荒梗塞澀之處是可離棄以非道路之所由猶如凶惡邪僻之行是可離棄以亦非善道之行故云可離非道也　是故君子戒愼乎其所不睹者言君子行道先慮其微若微能先慮則必合於道故君子恒常戒於其所不睹之處人雖目不睹之處猶戒愼況其惡事睹見而肯犯乎故君子恒常戒愼之　恐懼乎其所不聞者言君子恒恐迫畏懼於所不聞之處言雖耳所不聞恒懷恐懼之不覩不聞猶須愼懼況睹聞之處恐懼可知也　莫見乎隱莫顯乎微者莫無也言凡在衆人之中猶知所畏及至幽隱之處謂人不見便即恣情人皆佔聽察見罪狀甚於

禮記義六十　三　楊昌

衆人之中所以恒須愼懼如此以罪過愆失無見於幽隱之處無顯露於細微之所也　故君子愼其獨也者以其隱微之處恐其罪惡彰顯故君子之人恒愼其獨居言雖曰獨居能謹愼守道也　喜怒哀樂之未發謂之中者言喜怒哀樂緣事而生未發之時澹然虛靜心無所慮而當於理故謂之中　發而皆中節謂之和者不能寂靜而有喜怒哀樂之情雖復動發皆中節限猶如鹽梅相得性行和諧故云謂之和　中也者天下之大本也者言情慾未發是人性初本故曰天下之大本也　和也者天下之達道也者言情慾雖發而能和合道理可通達流行故曰天下之達道也　致中和天地位焉萬物育焉者致至也位正也育生長也言人君所能至極中和使陰陽不錯則天地得其正位焉生成得理故萬物其養育焉

仲尼曰君子中庸小人反中庸君子之中庸也君子而時中小人

足利本第六十卷第四葉

之中庸也小人而無忌憚也庸常也用中爲常道也反中庸者所行非中庸然亦自以爲中庸也君子而時中者其容貌君子而又時節其中也小人而無忌憚其容貌小人又以無畏難爲常行是其反中庸也　子曰中庸其至矣乎民鮮能久矣鮮罕也言中庸爲道至美顧人罕能久行　子曰道之不行也我知之矣知者過之愚者不及也道之不明也我知之矣賢者過之不肖者不及也人莫不飲食也鮮能知味也罕知其味謂愚者所以不及也過與不及使道不行唯禮能爲之中　子曰道其不行矣夫閔無明君教之

疏正義曰此一節是子思引仲尼之言廣明中庸之行賢者過之不肖者不及也中庸之道鮮能行之　君子中庸者庸常也君子之人用中以爲常故云君子中庸　小人反中庸者小人則不用中爲常是反中庸也　君子之中庸也君子而時中者此覆說君子中庸之事言君子之爲中庸容貌爲君子心行而時節其中謂喜怒不過節也故云君子而時中　小人之中庸也小人而無忌憚也者此覆說小人反中庸之事言小人爲中庸形貌爲小人而心行無所忌憚故云小人而無忌憚也小人將此以爲常亦以爲中庸故云小人之中庸也　子曰中庸其至矣乎前旣言君子小人不同此又歎中庸之美人寡能久行其中庸之德至極美乎　民鮮能久矣者但寡能長久而行鮮罕也言中庸爲至美故人罕能久行之　子曰道之不行也我知之矣者此覆說人寡能行中庸之事道之所以不行者言我知其道之不行所由故云我知之矣　知者過之愚者不及也以輕於道故過之以遠於道故不及道之不明也我知

禮記義六十　四　毛端

潘本第六十卷第四葉

之中庸也小人而無忌憚也庸常也用中爲常道也反中庸者所行非中庸然亦自以爲中庸也君子而時中者其容貌君子而又時節其中也小人而無忌憚其容貌小人又以無畏難爲常行是其反中庸也　子曰中庸其至矣乎民鮮能久矣鮮罕也言中庸爲道至美顧人罕能久行　子曰道之不行也我知之矣知者過之愚者不及也道之不明也我知之矣賢者過之不肖者不及也人莫不飲食也鮮能知味也罕知其味謂愚者所以不及也過與不及使道不行唯禮能爲之中　子曰道其不行矣夫閔無明君教之

疏正義曰此一節是子思引仲尼之言廣明中庸之行賢者過之不肖者不及也中庸之道鮮能行之　君子中庸者庸常也君子之人用中以爲常故云君子中庸　小人反中庸者小人則不用中爲常是反中庸也　君子之中庸也君子而時中者此覆說君子中庸之事言君子之爲中庸容貌爲君子心行而時節其中謂喜怒不過節也故云君子而時中　小人之中庸也小人而無忌憚也者此覆說小人反中庸之事言小人爲中庸形貌爲小人而心行無所忌憚故云小人而無忌憚也小人將此以爲常亦以爲中庸故云小人之中庸也　子曰中庸其至矣乎前旣言君子小人不同此又歎中庸之美人寡能久行其中庸之德至極美乎　民鮮能久矣者但寡能長久而行鮮罕也言中庸爲至美故人罕能久行之　子曰道之不行也我知之矣者此覆說人寡能行中庸之事道之所以不行者言我知其道之不行所由故云我知之矣　知者過之愚者不及也以輕於道故過之以遠於道故不及道之不明也我知

禮記義六十　四　毛端

足利本第六十卷第五葉

之矣者言道之所以不顯明我亦知其所由也　賢者過
之不肖者不及也言道之不行爲易故知者過之愚者不
及道之不明爲難故云賢者過之不肖者不及是以變知
稱賢變愚稱不肖是賢勝於知不肖勝於愚也　人莫不
飲食也鮮能知味也者言飲食易也知味難也猶言人莫
不行中庸但鮮能久行之言知之者易行之者難所謂愚
者不能及中庸也案異義云張華辨鮓師曠別薪符朗爲
青州刺史善能知味食雞知棲半露食鵝知其黑白此皆
晉書文也　子曰道其不行矣夫者夫子旣傷道之不行
又哀閔傷之云時無明君其道不復行也　注反中至庸
也　正義曰反中庸者所行非中庸者言用非中以爲常
是反中庸故云所行非中庸云亦自以爲中庸也解經小
人之中庸雖行惡事亦自謂爲中庸云其容貌君子而又
時節其中也解經君子而時中云其容貌小人又以無畏
難爲常行者解經小人而無
忌憚則不時節其中庸也　子曰舜其大知也

禮記義六十　五　王允

與舜好問而好察邇言隱惡而揚善執
其兩端用其中於民其斯以爲舜乎　邇近
也近言而善易以進人察而行之也兩端過與不及也用
其中於民賢與不肖皆能行之也斯此也其德如此乃號
爲舜舜之　疏　正義曰此一經明舜能行中庸之行先察
言充也　近言而後至於中庸也　舜其大知也與
者旣能包於大道又能察於近言卽是大知也　執其兩
端用其中於民者端謂頭緖謂知者過之愚者不及言舜
能執持愚知兩端用其中道於民使愚知俱能行之　其
斯以爲舜乎者斯此也以其德化如此故號之爲舜　注舜
之言充也　正義曰案謚法云受禪成功曰舜又云
仁義盛明曰舜皆是道德充滿之意故言舜爲充也　子曰
人皆曰予知驅而納諸罟擭陷阱之中而

潘本第六十卷第五葉

之矣者言道之所以不顯明我亦知其所由也　賢者過
之不肖者不及也言道之不行爲易故知者過之愚者不
及道之不明爲難故云賢者過之不肖者不及是以變知
稱賢變愚稱不肖是賢勝於知不肖勝於愚也　人莫不
飲食也鮮能知味也者言飲食易也知味難也猶言人莫
不行中庸但鮮能久行之言知之者易行之者難所謂愚
者不能及中庸也案異義云張華辨鮓師曠別薪符朗爲
青州刺史善能知味食雞知棲半露食鵝知其黑白此皆
晉書文也　子曰道其不行矣夫者夫子旣傷道之不行
又哀閔傷之云時無明君其道不復行也　注反中至庸
也　正義曰反中庸者所行非中庸者言用非中以爲常
是反中庸故云所行非中庸云亦自以爲中庸也解經小
人之中庸雖行惡事亦自謂爲中庸云其容貌君子而又
時節其中也解經君子而時中云其容貌小人又以無畏
難爲常行者解經小人而無
忌憚則不時節其中庸也　子曰舜其大知也

禮記義六十　五　王允

與舜好問而好察邇言隱惡而揚善執
其兩端用其中於民其斯以爲舜乎　邇近
也近言而善易以進人察而行之也兩端過與不及也用
其中於民賢與不肖皆能行之也斯此也其德如此乃號
爲舜舜之　疏　正義曰此一經明舜能行中庸之行先察
言充也　近言而後至於中庸也　舜其大知也與
者旣能包於大道又能察於近言卽是大知也　執其兩
端用其中於民者端謂頭緖謂知者過之愚者不及言舜
能執持愚知兩端用其中道於民使愚知俱能行之　其
斯以爲舜乎者斯此也以其德化如此故號之爲舜　注舜
之言充也　正義曰案謚法云受禪成功曰舜又云
仁義盛明曰舜皆是道德充滿之意故言舜爲充也　子曰
人皆曰予知驅而納諸罟擭陷阱之中而

足利本第六十卷第六葉

莫之知辟也人皆曰予知擇乎中庸而不能期月守也予我也言凡人自謂有知人使之入罟不知辟也自謂擇中庸而爲之亦不能久行言其實愚又無恒【疏】正義曰此一經明無知之人行中庸之事予我也世之愚人皆自謂言我有知驅而納諸罟擭陷阱之中而莫之知辟也者此謂無知之人設譬也罟網也擭謂柞㮯也陷阱謂坑也穿地爲坎豎鋒刃於中以陷獸也言禽獸被人所驅納於罟網擭陷阱之中而不知違辟似無知之人爲嗜欲所驅入罪禍之中而不知辟即下文是也　擇乎中庸而不能期月守也者鄭云自謂擇中庸而爲之亦不能久行言其實愚又無恒也小人自謂選擇中庸而心行亦非中庸假令偶有中庸亦不能期帀一月而守之如入陷阱也子曰回之爲人也擇乎中庸得一善則拳拳服膺而弗失之矣拳拳奉持之貌子曰天下國家可均也爵祿可辭也白刃可蹈也中庸不可能也言中庸難爲之難【疏】正義曰此一節是夫子明顔回能行中庸言中庸之難也　得一善則拳拳服膺而弗失之矣者言顔回選擇中庸而行得一善事則形貌拳拳然奉持之膺謂胷膺言奉持守於善道弗敢棄失　子曰天下國家可均也天下謂天子國謂諸侯家謂卿大夫也　白刃可蹈也者言白刃雖利尚可履蹈而行之　中庸不可能也言在上諸事雖難猶可爲之唯中庸之道不可能也爲知者過之愚者不及言中庸難爲之難也子路問強強勇者所好也子曰南方之強與北方之強與抑而強與言三者所以爲強者異也抑辭也而之言女也謂中國也寬

禮記義六二　六　高政

潘本第六十卷第六葉

莫之知辟也人皆曰予知擇乎中庸而不能期月守也予我也言凡人自謂有知人使之入罟不知辟也自謂擇中庸而爲之亦不能久行言其實愚又無恒【疏】正義曰此一經明無知之人行中庸之事予我也世之愚人皆自謂言我有知驅而納諸罟擭陷阱之中而莫之知辟也者此謂無知之人設譬也罟網也擭謂柞㮯也陷阱謂坑也穿地爲坎豎鋒刃於中以陷獸也言禽獸被人所驅納於罟網擭陷阱之中而不知違辟似無知之人爲嗜欲所驅入罪禍之中而不知辟即下文是也　擇乎中庸而不能期月守也者鄭云自謂擇中庸而爲之亦不能久行言其實愚又無恒也小人自謂選擇中庸而心行亦非中庸假令偶有中庸亦不能期帀一月而守之如入陷阱也子曰回之爲人也擇乎中庸得一善則拳拳服膺而弗失之矣拳拳奉持之貌子曰天下國家可均也爵祿可辭也白刃可蹈也中庸不可能也言中庸難爲之難【疏】正義曰此一節是夫子明顔回能行中庸言中庸之難也　得一善則拳拳服膺而弗失之矣者言顔回選擇中庸而行得一善事則形貌拳拳然奉持之膺謂胷膺言奉持守於善道弗敢棄失　子曰天下國家可均也天下謂天子國謂諸侯家謂卿大夫也　白刃可蹈也者言白刃雖利尚可履蹈而行之　中庸不可能也言在上諸事雖難猶可爲之唯中庸之道不可能也爲知者過之愚者不及言中庸難爲之難也子路問強強勇者所好也子曰南方之強與北方之強與抑而強與言三者所以爲強者異也抑辭也而之言女也謂中國也寬

禮記義六十　六　高政

足利本第六十卷第七葉

柔以教不報無道南方之強也君子居之南方以舒緩爲強不報無道謂犯而不校也衽金革死而不厭北方之強也而強者居之衽猶席也北方以剛猛爲強故君子和而不流強哉矯中立而不倚強哉矯國有道不變塞焉強哉矯國無道至死不變強哉矯此抑女之強也流猶移也塞猶實也國有道不變以趨時國無道不變以辟害有道無道一也矯強貌塞或爲色

【疏】正義曰此一節明中庸之道亦兼中國之強子路問孔子美顏回能擇中庸言己有強故問之問強中亦兼有中庸否庾氏云問強中之中庸者然此問之亦如論語云子謂顏淵曰用之則行舍之則藏唯我與爾有是夫子路曰子行三軍則誰與之類是也 子曰南方之強與北方之強與抑而強與者抑語助也而之言女也女子路也夫子將答子路之問且先反問子路言強有多種女今所問問何者之強爲南方爲北方爲中國女所能之強也子路之強行中國之強也 寬柔以教不報無道南方之強也君子居之者反問既竟夫子遂爲歷解之南方謂荊陽之南其地多陽陽氣舒散人情寬緩和柔假令人有無道加己己亦不報和柔爲君子之道故云君子居之 衽金革死而不厭北方之強也而強者居之者衽臥席也金革謂軍戎器械也北方沙漠之地其地多陰陰氣堅急故人性剛猛恒好鬬爭故以甲鎧爲席寢宿於中至死不厭非君子所處而強梁者居之然唯云南北不云東西者鄭沖云是必南北互舉蓋與東西俗同故不言也 故君子和而不流強哉矯此以下皆述中國之強也流移也矯亦強貌也不爲南北之強故性行和合而不流移心行強哉形貌矯然 中立而不倚強哉矯者中正獨

禮記義六十　七　馬泰

潘本第六十卷第七葉

柔以教不報無道南方之強也君子居之南方以舒緩爲強不報無道謂犯而不校也衽金革死而不厭北方之強也而強者居之衽猶席也北方以剛猛爲強故君子和而不流強哉矯中立而不倚強哉矯國有道不變塞焉強哉矯國無道至死不變強哉矯此抑女之強也流猶移也塞猶實也國有道不變以趨時國無道不變以辟害有道無道一也矯強貌塞或爲色

【疏】正義曰此一節明中庸之道亦兼中國之強子路問孔子美顏回能擇中庸言己有強故問之問強中亦兼有中庸否庾氏云問強中之中庸者然此問之亦如論語云子謂顏淵曰用之則行舍之則藏唯我與爾有是夫子路曰子行三軍則誰與之類是也 子曰南方之強與北方之強與抑而強與者抑語助也而之言女也女子路也夫子將答子路之問且先反問子路言強有多種女今所問問何者之強爲南方爲北方爲中國女所能之強也子路之強行中國之強也 寬柔以教不報無道南方之強也君子居之者反問既竟夫子遂爲歷解之南方謂荊陽之南其地多陽陽氣舒散人情寬緩和柔假令人有無道加己己亦不報和柔爲君子之道故云君子居之 衽金革死而不厭北方之強也而強者居之者衽臥席也金革謂軍戎器械也北方沙漠之地其地多陰陰氣堅急故人性剛猛恒好鬬爭故以甲鎧爲席寢宿於中至死不厭非君子所處而強梁者居之然唯云南北不云東西者鄭沖云是必南北互舉蓋與東西俗同故不言也 故君子和而不流強哉矯此以下皆述中國之強也流移也矯亦強貌也不爲南北之強故性行和合而不流移心行強哉形貌矯然 中立而不倚強哉矯者中正獨

禮記義六十　七　馬泰

立而不偏倚志意強哉形貌矯然 國有道不變塞焉強哉矯者若國有道守直不變德行充實志意強哉形貌矯然 國無道至死不變強哉矯者若國之無道守善至死性不改變志意強哉形貌矯然 注此抑至強貌 正義曰此抑女之強也何以知之上文既說三種之強又見南方之強又見北方之強唯抑而之強未見故知此經所云者是抑女之強也云流移也者以其性和同必流移隨物合和而不移亦中庸之德也云國有道不變以趨時者國雖有道不能隨逐物以求榮利今不改變已志以趨會於時也云矯強貌者矯是壯大之形故云強貌也 子曰素隱行怪後世有述焉吾弗爲之矣 素讀如攻城攻其所傃之傃傃猶鄉也言方鄉辟害隱身而行佹譎以作後世名也弗爲之矣恥之也 君子遵道而行半塗而廢吾弗能已矣 廢猶罷止也弗能已矣汲汲行道不爲時人之隱行 君子依乎中庸遯世不見知而不悔唯聖者能之 言隱者當如此也唯舜爲能如此 君子之道費而隱 言可隱之節也費猶佹也道不費則仕 夫婦之愚可以與知焉及其至也雖聖人亦有所不知焉夫婦之不肖可以能行焉及其至也雖聖人亦有所不能焉 與讀爲贊者皆與之與言匹夫匹婦愚耳亦可以其與有所知可以其能有所行者以其知行之極也聖人有不能如此舜好察邇言由此故與 天地之大也人猶有所憾 憾恨也天地至大無不覆載人尚有所恨焉況於聖人能盡備之乎

禮記義六十　八　李寵

立而不偏倚志意強哉形貌矯然 國有道不變塞焉強哉矯者若國有道守直不變德行充實志意強哉形貌矯然 國無道至死不變強哉矯者若國之無道守善至死性不改變志意強哉形貌矯然 注此抑至強貌 正義曰此抑女之強也何以知之上文既說三種之強又見南方之強又見北方之強唯抑而之強未見故知此經所云者是抑女之強也云流移也者以其性和同必流移隨物合和而不移亦中庸之德也云國有道不變以趨時者國雖有道不能隨逐物以求榮利今不改變已志以趨會於時也云矯強貌者矯是壯大之形故云強貌也 子曰素隱行怪後世有述焉吾弗爲之矣 素讀如攻城攻其所傃之傃傃猶鄉也言方鄉辟害隱身而行佹譎以作後世名也弗爲之矣恥之也 君子遵道而行半塗而廢吾弗能已矣 廢猶罷止也弗能已矣汲汲行道不爲時人之隱行 君子依乎中庸遯世不見知而不悔唯聖者能之 言隱者當如此也唯舜爲能如此 君子之道費而隱 言可隱之節也費猶佹也道不費則仕 夫婦之愚可以與知焉及其至也雖聖人亦有所不知焉夫婦之不肖可以能行焉及其至也雖聖人亦有所不能焉 與讀爲贊者皆與之與言匹夫匹婦愚耳亦可以其與有所知可以其能有所行者以其知行之極也聖人有不能如此舜好察邇言由此故與 天地之大也人猶有所憾 憾恨也天地至大無不覆載人尚有所恨焉況於聖人能盡備之乎

禮記義六十　八　李寵

足利本第六十卷第九葉

故君子語大天下莫能載焉語小天下莫能破焉語猶說也所說大事謂先王之道也所說小事謂若愚不肖夫婦之知行也聖人盡兼行詩云鳶飛戾天魚躍于淵言其上下察也察猶著也言聖人之德至於天則鳶飛戾天至於地則魚躍于淵是其著明於天地也君子之道造端乎夫婦及其至也察乎天地夫婦謂匹夫匹婦之所知所行

疏 正義曰此一節論夫子雖隱遯之世亦行中庸又明中庸之道初則起於匹夫匹婦終則徧於天地 素隱行怪後世有述焉者素鄉也謂無道之世身鄉幽隱之處應須靜默若行怪異之事求立功名使後世有所述焉 吾弗爲之矣者耻之也如此之事我不能爲之以其身雖隱遯而名欲彰也 注 素讀如攻城攻其所傃之傃 正義曰司馬法文言身隱而行佹譎以作後世之名若許由洗耳之屬是也 君子遵道而行半塗而廢者言君子之人初旣遵循道德而行當須行之終竟今不能終竟猶如人行於道路半塗而自休廢廢猶罷止也 吾弗能已矣已猶止也吾弗能如時人半塗而休止言汲汲行道無休已也 注 不爲時人之隱行 正義曰謂作佹譎求名是也君子以隱終始行道不能止也 君子至能之 言君子依行中庸之德若值時無道隱遯於世雖有才德不爲時人所知而無悔恨之心如此者非凡人所能唯聖者能然若不能依行中庸者雖隱遯於世不爲人所知則有悔恨之心也 注 唯舜爲能如此 正義曰知者史記云舜耕于歷山漁於雷澤陶於河濱是不見知而不悔 君子之道費而隱注云言可隱之節費猶佹也言君子之人遭値亂世道德違費則隱而不仕若道之不費則當仕也 夫婦之愚可以與知焉言天下之事千端萬緒或細小之事雖夫婦之愚偶然與知其善惡若芻蕘

五·九五 禮記義六十 九 王壽

潘本第六十卷第九葉

故君子語大天下莫能載焉語小天下莫能破焉語猶說也所說大事謂先王之道也所說小事謂若愚不肖夫婦之知行也聖人盡兼行詩云鳶飛戾天魚躍于淵言其上下察也察猶著也言聖人之德至於天則鳶飛戾天至於地則魚躍于淵是其著明於天地也君子之道造端乎夫婦及其至也察乎天地夫婦謂匹夫匹婦之所知所行

疏 正義曰此一節論夫子雖隱遯之世亦行中庸又明中庸之道初則起於匹夫匹婦終則徧於天地 素隱行怪後世有述焉者素鄉也謂無道之世身鄉幽隱之處應須靜默若行怪異之事求立功名使後世有所述焉 吾弗爲之矣者耻之也如此之事我不能爲之以其身雖隱遯而名欲彰也 注 素讀如攻城攻其所傃之傃 正義曰司馬法文言身隱而行佹譎以作後世之名若許由洗耳之屬是也 君子遵道而行半塗而廢者言君子之人初旣遵循道德而行當須行之終竟今不能終竟猶如人行於道路半塗而自休廢廢猶罷止也 吾弗能已矣已猶止也吾弗能如時人半塗而休止言汲汲行道無休已也 注 不爲時人之隱行 正義曰謂作佹譎求名是也君子以隱終始行道不能止也 君子至能之 言君子依行中庸之德若值時無道隱遯於世雖有才德不爲時人所知而無悔恨之心如此者非凡人所能唯聖者能然若不能依行中庸者雖隱遯於世不爲人所知則有悔恨之心也 注 唯舜爲能如此 正義曰知者史記云舜耕于歷山漁於雷澤陶於河濱是不見知而不悔 君子之道費而隱注云言可隱之節費猶佹也言君子之人遭値亂世道德違費則隱而不仕若道之不費則當仕也 夫婦之愚可以與知焉言天下之事千端萬緒或細小之事雖夫婦之愚偶然與知其善惡若芻蕘

五·九五 禮記義六十 九 王壽

足利本第六十卷第十葉

之言有可聽用故云與知　及其至也雖聖人亦有所不知焉者言道之至極如造化之理雖聖人不知其所由故云及其至也雖聖人亦有所不知焉　夫婦之不肖可以能行焉以行之至極故也前文據其知此文據其行以其知行有異故別起其文但知之易行之難故上文云夫婦之愚行之難故此經云夫婦之不肖不肖勝於愚也　及其至也雖聖人亦有所不能焉者知之與行之皆是至極既是至極故聖人有不能也 注與讀爲賛者皆與之與

正義曰士冠禮文其饗冠者賛者皆與謂于與也云舜好察邇言由此故與者即愚夫愚婦有所識知故也與語助也　天地之大也猶有所憾者憾恨也言天地至大無物不養無物不覆載如冬寒夏暑人猶有怨恨之猶如聖人之德無善不包人猶怨之是不可備也中庸之道於理爲難小大兼包始可以備也　故君子語大天下莫能載焉者語說也大謂先王之道言君子語說先王之道其事既大天下之人無能勝載之者　語小天下莫能破焉者若說細碎小事謂愚

禮記義六十　十　許富

不肖事既纖細天下之人無能分破之者言事似秋毫不可分破也 注聖人盡兼行　正義曰謂兼行大小之事小事則愚夫愚婦所知行大事則先王之道前文云雖聖人有所不知不能此云大事聖人兼行之者前云有所不知不能謂於小事不勝匹夫匹婦耳非謂大事不能也故此云盡兼行之　詩云鳶飛戾天魚躍于淵言其上下察也者此大雅旱麓之篇美文王之詩引之者言聖人之德上至於天則鳶飛戾天是翱翔得所聖人之德下至於地則魚躍于淵是游泳得所言聖人之德上下明察詩本文云鳶飛戾天喻惡人遠去魚躍于淵喻善人得所此引斷章故與詩義有異也

君子之道造端乎夫婦者言君子行道初始造立端緒起於匹夫匹婦之所知所行也　及其至也察乎天地者言雖起於匹夫匹婦所知所行及其至極之時明察於上下天地也　子曰道不遠人人之爲道而遠人不可以爲道　言道即不遠於人人不能行也

潘本第六十卷第十葉

之言有可聽用故云與知　及其至也雖聖人亦有所不知焉者言道之至極如造化之理雖聖人不知其所由故云及其至也雖聖人亦有所不知焉　夫婦之不肖可以能行焉以行之至極故也前文據其知此文據其行以其知行有異故別起其文但知之易行之難故上文云夫婦之愚行之難故此經云夫婦之不肖不肖勝於愚也　及其至也雖聖人亦有所不能焉者知之與行之皆是至極既是至極故聖人有不能也 注與讀爲賛者皆與之與

正義曰士冠禮文其饗冠者賛者皆與謂于與也云舜好察邇言由此故與者即愚夫愚婦有所識知故也與語助也　天地之大也猶有所憾者憾恨也言天地至大無物不養無物不覆載如冬寒夏暑人猶有怨恨之猶如聖人之德無善不包人猶怨之是不可備也中庸之道於理爲難小大兼包始可以備也　故君子語大天下莫能載焉者語說也大謂先王之道言君子語說先王之道其事既大天下之人無能勝載之者　語小天下莫能破焉者若說細碎小事謂愚

禮記義六十　十　許富

不肖事既纖細天下之人無能分破之者言事似秋毫不可分破也 注聖人盡兼行　正義曰謂兼行大小之事小事則愚夫愚婦所知行大事則先王之道前文云雖聖人有所不知不能此云大事聖人兼行之者前云有所不知不能謂於小事不勝匹夫匹婦耳非謂大事不能也故此云盡兼行之　詩云鳶飛戾天魚躍于淵言其上下察也者此大雅旱麓之篇美文王之詩引之者言聖人之德上至於天則鳶飛戾天是翱翔得所聖人之德下至於地則魚躍于淵是游泳得所言聖人之德上下明察詩本文云鳶飛戾天喻惡人遠去魚躍于淵喻善人得所此引斷章故與詩義有異也

君子之道造端乎夫婦者言君子行道初始造立端緒起於匹夫匹婦之所知所行也　及其至也察乎天地者言雖起於匹夫匹婦所知所行及其至極之時明察於上下天地也　子曰道不遠人人之爲道而遠人不可以爲道　言道即不遠於人人不能行也

足利本第六十卷第十一葉

詩云伐柯伐柯其則不遠執柯以伐柯睨而視之猶以爲遠則法也言持柯以伐木將以爲柯近以柯爲尺寸之法此法不遠人尚遠之明爲道不可以遠故君子以人治人改而止言人有罪過君子以人道治之其人改則止赦之不責以人所不能忠恕違道不遠施諸已而不願亦勿施於人違猶去也君子之道四丘未能一焉所求乎子以事父未能也所求乎臣以事君未能也所求乎弟以事兄未能也所求乎朋友先施之未能也聖人而曰我未能明

禮記義六十　十一　方伯祐

人當勉之無已庸德之行庸言之謹有所不足不敢不勉有餘不敢盡言顧行行顧言庸猶常也言德常行也言常謹也聖人之行實過於人有餘不敢盡常爲人法從禮也君子胡不慥慥爾君子謂衆賢也慥慥守實言行相應之貌君子素其位而行不願乎其外素富貴行乎富貴素貧賤行乎貧賤素夷狄行乎夷狄素患難行乎患難君子無入而不自得焉素讀皆爲傃不願乎其外謂思不出其位也自得謂所鄉不失其道在上位不陵下在下位不援上援謂牽持之也

潘本第六十卷第十一葉

詩云伐柯伐柯其則不遠執柯以伐柯睨而視之猶以爲遠則法也言持柯以伐木將以爲柯近以柯爲尺寸之法此法不遠人尚遠之明爲道不可以遠故君子以人治人改而止言人有罪過君子以人道治之其人改則止赦之不責以人所不能忠恕違道不遠施諸已而不願亦勿施於人違猶去也君子之道四丘未能一焉所求乎子以事父未能也所求乎臣以事君未能也所求乎弟以事兄未能也所求乎朋友先施之未能也聖人而曰我未能明

禮記義六十　十一　方伯祐

人當勉之無已庸德之行庸言之謹有所不足不敢不勉有餘不敢盡言顧行行顧言庸猶常也言德常行也言常謹也聖人之行實過於人有餘不敢盡常爲人法從禮也君子胡不慥慥爾君子謂衆賢也慥慥守實言行相應之貌君子素其位而行不願乎其外素富貴行乎富貴素貧賤行乎貧賤素夷狄行乎夷狄素患難行乎患難君子無入而不自得焉素讀皆爲傃不願乎其外謂思不出其位也自得謂所鄉不失其道在上位不陵下在下位不援上援謂牽持之也

正己而不求於人則無怨上不怨天下不尤人 無怨人無怨之者也論語曰君子求諸己小人求諸人 故君子居易以俟命小人行險以徼幸 易猶平安也俟命聽天任命也險謂傾危之道

疏 正義曰此一節明中庸之道去人不遠但行於己則外能及物 道不遠人者言中庸之道不遠離於人身但人能行之於己則是中庸也人之爲道而遠人不可以爲道言人爲中庸之道當附近於人謂人所能行則己所行可以爲道若違理離遠則不可施於己又不可行於人則非道也故云人之爲道而遠人不可以爲道也 詩云伐柯伐柯其則不遠執柯以伐柯睨而視之猶以爲遠此豳風伐柯之篇美周公之詩柯斧柄也周禮云柯長三尺博三寸則法也言伐柯斫也柯柄長短其法不遠也但執柯睨而視之猶以爲遠言欲行其道於人其法亦不遠但近取法於身何異持柯以伐柯人猶以爲遠明爲道之法亦不可以遠即所不願於上無以交於下所不願於下無以事上況是在身外於他人之處欲以爲道何可得乎明行道在於身而求道也 故君子以人治人改而止者以道去人不遠言人有過君子當以人道治此有過之人改而止若人自改而休止不須更責不能之事若人所不能則己亦不能是行道在於己身也 忠恕違道不遠也忠者内盡於心恕者外不欺物恕忖也忖度其義於人違去也言身行忠恕則去道不遠也 施諸己而不願亦勿施於人者諸於也他人有一不善之事施之於己己所不願亦勿施於人人亦不願故也 所求乎子以事父未能也言此四者欲明求之於他人必先行之於己欲求其子以孝道事己己須以孝道事父母故云所求乎子以事父未能也恐人未能行之夫子聖人聖人猶曰我未能行凡人當勉之無已 所求乎臣以事君未能也譬如己是諸侯欲求於臣以忠事己己當先行忠於天子及廟中事尸是

禮記義六十 十二 子良

足利本第六十卷第十二葉

潘本第六十卷第十二葉

正己而不求於人則無怨上不怨天下不尤人 無怨人無怨之者也論語曰君子求諸己小人求諸人 故君子居易以俟命小人行險以徼幸 易猶平安也俟命聽天任命也險謂傾危之道

疏 正義曰此一節明中庸之道去人不遠但行於己則外能及物 道不遠人者言中庸之道不遠離於人身但人能行之於己則是中庸也人之爲道而遠人不可以爲道言人爲中庸之道當附近於人謂人所能行則己所行可以爲道若違理離遠則不可施於己又不可行於人則非道也故云人之爲道而遠人不可以爲道也 詩云伐柯伐柯其則不遠執柯以伐柯睨而視之猶以爲遠此豳風伐柯之篇美周公之詩柯斧柄也周禮云柯長三尺博三寸則法也言伐柯斫也柯柄長短其法不遠也但執柯睨而視之猶以爲遠言欲行其道於人其法亦不遠但近取法於身何異持柯以伐柯人猶以爲遠明爲道之法亦不可以遠即所不願於上無以交於下所不願於下無以事上況是在身外於他人之處欲以爲道何可得乎明行道在於身而求道也 故君子以人治人改而止者以道去人不遠言人有過君子當以人道治此有過之人改而止若人自改而休止不須更責不能之事若人所不能則己亦不能是行道在於己身也 忠恕違道不遠也忠者内盡於心恕者外不欺物恕忖也忖度其義於人違去也言身行忠恕則去道不遠也 施諸己而不願亦勿施於人者諸於也他人有一不善之事施之於己己所不願亦勿施於人人亦不願故也 所求乎子以事父未能也言此四者欲明求之於他人必先行之於己欲求其子以孝道事己己須以孝道事父母故云所求乎子以事父未能也恐人未能行之夫子聖人聖人猶曰我未能行凡人當勉之無已 所求乎臣以事君未能也譬如己是諸侯欲求於臣以忠事己己當先行忠於天子及廟中事尸是

禮記義六十 十二 子良

足利本第六十卷第十三葉

全臣道也　所求乎朋友先施之未能也欲求朋友以恩惠
施己則己當先施恩惠於朋友也　庸德之行庸言之謹
庸常也謂自修己身常以德而行常以言而謹也　有所
不足不敢不勉謂己之才行有所不足之處不敢不勉而
行之　有餘不敢盡謂己之才行有餘於人常持謙退不
敢盡其才行以過於人　言顧行者使言不過行恒顧視
於行　行顧言者使行副於言謂恒顧視於言也　君子
胡不慥慥爾慥慥守實言行相應之貌胡猶何也既顧言
行相副君子何得不慥慥然守實言行相應之道也　君
子素其位而行不願乎其外至行乎患難素鄉也鄉其所
居之位而行所行之事不願行在位外之事論語云君子
思不出其位也鄉富貴之中行道於富貴謂不驕不淫也
鄉貧賤之中則行道於貧賤謂不諂不懾也鄉夷狄之中
行道於夷狄夷狄雖陋雖隨其俗而守道不改鄉患難之
中行道於患難而臨危不傾守死於善道也　君子無入
而不自得焉者言君子所入之處皆守善道　在上位不陵

禮記義六十　十三　李信

下此素富貴行富貴也若身處富貴依我常正之性不使
富貴以陵人若以富貴陵人是不行富貴之道　在下位
不援上者此素貧賤行貧賤也援牽持也若身處貧賤則
安之宜令自樂不得援牽富貴若以援牽富貴是不行貧
賤之道　正己而不求於人則無怨此素夷狄行夷狄也
若身入夷狄夷狄無禮義當自正己而行不得求於彼人
則彼人無怨己者論語云言忠信行篤敬雖之夷狄不可
棄　上不怨天下不尤人此素患難行患難也尤過也責
也苟皆應之患難則亦甘爲不得上怨天下尤人故論語
云不怨天不尤人是也　故君子居易以俟命者易謂平
安也言君子以道自處恒居平安之中以聽待天命也
小人行險以徼幸小人以惡自居恒行險難傾危之事以
徼求榮幸之道論語曰不
仁者不可以久處約是也　子曰射有似乎君子失
諸正鵠反求諸其身　反求於其身不以怨
人畫曰正棲皮曰鵠　君

潘本第六十卷第十三葉

全臣道也　所求乎朋友先施之未能也欲求朋友以恩惠
施己則己當先施恩惠於朋友也　庸德之行庸言之謹
庸常也謂自修己身常以德而行常以言而謹也　有所
不足不敢不勉謂己之才行有所不足之處不敢不勉而
行之　有餘不敢盡謂己之才行有餘於人常持謙退不
敢盡其才行以過於人　言顧行者使言不過行恒顧視
於行　行顧言者使行副於言謂恒顧視於言也　君子
胡不慥慥爾慥慥守實言行相應之貌胡猶何也既顧言
行相副君子何得不慥慥然守實言行相應之道也　君
子素其位而行不願乎其外至行乎患難素鄉也鄉其所
居之位而行所行之事不願行在位外之事論語云君子
思不出其位也鄉富貴之中行道於富貴謂不驕不淫也
鄉貧賤之中則行道於貧賤謂不諂不懾也鄉夷狄之中
行道於夷狄夷狄雖陋雖隨其俗而守道不改鄉患難之
中行道於患難而臨危不傾守死於善道也　君子無入
而不自得焉者言君子所入之處皆守善道　在上位不陵

禮記義六十　十三　李信

下此素富貴行富貴也若身處富貴依我常正之性不使
富貴以陵人若以富貴陵人是不行富貴之道　在下位
不援上者此素貧賤行貧賤也援牽持也若身處貧賤則
安之宜令自樂不得援牽富貴若以援牽富貴是不行貧
賤之道　正己而不求於人則無怨此素夷狄行夷狄也
若身入夷狄夷狄無禮義當自正己而行不得求於彼人
則彼人無怨己者論語云言忠信行篤敬雖之夷狄不可
棄　上不怨天下不尤人此素患難行患難也尤過也責
也苟皆應之患難則亦甘爲不得上怨天下尤人故論語
云不怨天不尤人是也　故君子居易以俟命者易謂平
安也言君子以道自處恒居平安之中以聽待天命也
小人行險以徼幸小人以惡自居恒行險難傾危之事以
徼求榮幸之道論語曰不
仁者不可以久處約是也　子曰射有似乎君子失
諸正鵠反求諸其身　反求於其身不以怨
人畫曰正棲皮曰鵠　君

足利本第六十卷第十四葉

子之道譬如行遠必自邇譬如登高必自卑自從也邇近也行之以近者卑者始以漸致之高遠詩曰妻子好合如鼓瑟琴兄弟既翕和樂且耽宜爾室家樂爾妻帑瑟琴聲相應和也翕合也耽亦樂也古者謂子孫曰帑此詩言和室家之道自近者始子曰父母其順矣乎謂其教令行使室家順

疏正義曰以上雖行道在於己身故此一節覆明行道在身之事以射譬之射有似乎君子者言凡人之射有似乎君子之道失諸正鵠反求諸其身者諸於也求責也正謂賓射之侯鵠謂大射之侯言射者失於正鵠謂矢不中正鵠不責他人反鄉自責其身言君子之人失道於外亦反自責於己君子之道譬如行遠必自邇譬如登高必自卑者自從也邇近也卑下也行之以遠者近之始升之以高者卑之始言以漸至高遠不云近者遠始卑者高始但勤行其道於身然後能被於物而可謂之高遠耳詩云妻子好合如鼓瑟琴兄弟既翕和樂且耽此小雅常棣之篇美文王之詩記人引此者言行道之法自近始猶如詩人之所云欲和遠人先和其妻子兄弟故云妻子好合情意相得如似鼓彈瑟與琴音聲相和也兄弟盡皆翕合情意和樂且復耽之耽之者是相好之甚也宜爾室家樂爾妻帑者宜善爾之室家愛樂爾之妻帑帑子也古者謂子孫爲帑故甘誓云予則帑戮汝於人則妻子爲帑於鳥則鳥尾爲帑左傳云以害鳥帑是也子曰父母其順矣乎者正義曰因上和於遠人先和室家故此一經次之父母其順矣乎謂父母能以教令行乎室家其和順矣乎言中庸之道先使室家和順乃能和順於外即上云道不遠施諸己也

子曰鬼神之爲德其盛矣乎視之而弗見聽之

禮記義六十　十四　楊昌

潘本第六十卷第十四葉

子之道譬如行遠必自邇譬如登高必自卑自從也邇近也行之以近者卑者始以漸致之高遠詩曰妻子好合如鼓瑟琴兄弟既翕和樂且耽宜爾室家樂爾妻帑瑟琴聲相應和也翕合也耽亦樂也古者謂子孫曰帑此詩言和室家之道自近者始子曰父母其順矣乎謂其教令行使室家順

疏正義曰以上雖行道在於己身故此一節覆明行道在身之事以射譬之射有似乎君子者言凡人之射有似乎君子之道失諸正鵠反求諸其身者諸於也求責也正謂賓射之侯鵠謂大射之侯言射者失於正鵠謂矢不中正鵠不責他人反鄉自責其身言君子之人失道於外亦反自責於己君子之道譬如行遠必自邇譬如登高必自卑者自從也邇近也卑下也行之以遠者近之始升之以高者卑之始言以漸至高遠不云近者遠始卑者高始但勤行其道於身然後能被於物而可謂之高遠耳詩云妻子好合如鼓瑟琴兄弟既翕和樂且耽此小雅常棣之篇美文王之詩記人引此者言行道之法自近始猶如詩人之所云欲和遠人先和其妻子兄弟故云妻子好合情意相得如似鼓彈瑟與琴音聲相和也兄弟盡皆翕合情意和樂且復耽之耽之者是相好之甚也宜爾室家樂爾妻帑者宜善爾之室家愛樂爾之妻帑帑子也古者謂子孫爲帑故甘誓云予則帑戮汝於人則妻子爲帑於鳥則鳥尾爲帑左傳云以害鳥帑是也子曰父母其順矣乎者正義曰因上和於遠人先和室家故此一經次之父母其順矣乎謂父母能以教令行乎室家其和順矣乎言中庸之道先使室家和順乃能和順於外即上云道不遠施諸己也

子曰鬼神之爲德其盛矣乎視之而弗見聽之

禮記義六十　十四　楊昌

足利本第六十卷第十五葉

弗聞體物而不可遺體猶生也可猶所也不有所遺言萬物無不以
鬼神之氣生也使天下之人齊明盛服以承祭祀洋
洋乎如在其上如在其左右明猶絜也洋洋人想思其傍僾之貌
詩曰神之格思不可度思矧可射思格來也矧況也
射厭也思皆聲之助言神之來其形象不可億度而知事之盡敬而已況可厭倦乎夫微之顯
誠之不可揜如此夫言神無形而著不言而誠疏正義曰此一節明鬼
神之道無形而能顯著誠信中庸之道與鬼神之道相似
亦從微至著不言而自誠也　體物而不可遺者體猶生
也可猶所也言萬物生而有形體故云體物而不可遺者
言鬼神之道生養萬物無不周徧而不有所遺言萬物無

禮記義六十　十五

不以鬼神之氣生也　使天下之人齊明盛服以承祭祀
者明猶絜也言鬼神能生養萬物故天下之人齊戒明絜
盛飾衣服以承祭祀　洋洋乎如在其上如在其左右者
言鬼神之形狀人想像之如在人之上如在人之左右想
見其形也　詩曰神之格思不可度思矧可射思者格來
也思辭也矧況也射厭也此大雅抑之篇刺厲王之詩詩
人刺時人祭祀懈倦故云神之來至以其無形不可度知
恒須恭敬況於祭祀之末可厭倦之乎言不可厭倦也記
者引詩明鬼神之所尊敬也　夫微之顯者言鬼神之狀
微昧不見而精靈與人爲吉凶是從微之顯也　誠之不
可揜者言鬼神誠信不可揜蔽善者必降之以福惡者必
降之以禍　如此夫者此詩人所云何可厭倦夫語助也
此鬼神即與易繫辭云是故知鬼神之情狀與天地相似
以能生萬物也案彼注木火之神生物金水之鬼終物彼
以春夏對秋冬故以春夏生物秋冬終物其實鬼神皆能
生物終物也故此云體物而不可遺此雖說陰陽鬼神人

潘本第六十卷第十五葉

而弗聞體物而不可遺體猶生也可猶所也不有所遺言萬物無不以
鬼神之氣生也使天下之人齊明盛服以承祭祀洋
洋乎如在其上如在其左右明猶絜也洋洋人想思其傍僾之貌
詩曰神之格思不可度思矧可射思格來也矧況也
射厭也思皆聲之助言神之來其形象不可億度而知事之盡敬而已況可厭倦乎夫微之顯
誠之不可揜如此夫言神無形而著不言而誠疏正義曰此一節明鬼
神之道無形而能顯著誠信中庸之道與鬼神之道相似
亦從微至著不言而自誠也　體物而不可遺者體猶生
也可猶所也言萬物生而有形體故云體物而不可遺者
言鬼神之道生養萬物無不周徧而不有所遺言萬物無

禮記義六十　十五

不以鬼神之氣生也　使天下之人齊明盛服以承祭祀
者明猶絜也言鬼神能生養萬物故天下之人齊戒明絜
盛飾衣服以承祭祀　洋洋乎如在其上如在其左右者
言鬼神之形狀人想像之如在人之上如在人之左右想
見其形也　詩曰神之格思不可度思矧可射思者格來
也思辭也矧況也射厭也此大雅抑之篇刺厲王之詩詩
人刺時人祭祀懈倦故云神之來至以其無形不可度知
恒須恭敬況於祭祀之末可厭倦之乎言不可厭倦也記
者引詩明鬼神之所尊敬也　夫微之顯者言鬼神之狀
微昧不見而精靈與人爲吉凶是從微之顯也　誠之不
可揜者言鬼神誠信不可揜蔽善者必降之以福惡者必
降之以禍　如此夫者此詩人所云何可厭倦夫語助也
此鬼神即與易繫辭云是故知鬼神之情狀與天地相似
以能生萬物也案彼注木火之神生物金水之鬼終物彼
以春夏對秋冬故以春夏生物秋冬終物其實鬼神皆能
生物終物也故此云體物而不可遺此雖說陰陽鬼神人

足利本第六十卷第十六葉

之鬼神亦附陰陽之鬼神故此云齊明盛服以承祭祀是兼人之鬼神也　子曰舜其大孝也與德爲聖人尊爲天子富有四海之内宗廟饗之子孫保之　保安也　故大德必得其位必得其禄必得其名必得其壽　名令聞也　故天之生物必因其材而篤焉　材謂其質性也篤厚也言善者天厚其福惡者天厚其毒皆由其本而爲之　故栽者培之傾者覆之　栽讀如文王初載之載栽猶殖也培益也今時人名草木之殖曰栽築牆立板亦曰栽栽或爲滋覆敗也　詩曰嘉樂君子憲憲令德宜民宜人受禄于天

禮記義六十　十六　春

保佑命之自天申之故大德者必受命　憲憲興盛之貌保安也佑助也

【疏】正義曰此一節明中庸之德故能富有天下受天之命也　子孫保之者師說云舜禪與禹何言保者此子孫承保祭祀故云保周時陳國是舜之後　故大德必得其位者以其德大能覆養天下故必得其位如孔子有大德而無其位以不應王録雖有大德而無其位也案援神契云丘爲制法主黑緑不代蒼黃言孔子黑龍之精不合代周家木德之蒼也孔演圖又云聖人不空生必有所制以顯天心丘爲木鐸制天下法是也必得其壽者據舜言之而夫子不長壽以勤憂故也　故天之生物必因其材而篤焉材謂質性也篤厚也言天之所生隨物質性而厚之善者因厚其福舜禹是也惡者因厚其毒桀紂是也故四凶黜而舜受禪也　故栽者培之傾者覆之栽殖也培益也言道德自能豐殖則天因而培益之　傾者覆之者若無德自取傾危者天亦因

潘本第六十卷第十六葉

之鬼神亦附陰陽之鬼神故此云齊明盛服以承祭祀是兼人之鬼神也　子曰舜其大孝也與德爲聖人尊爲天子富有四海之内宗廟饗之子孫保之　保安也　故大德必得其位必得其禄必得其名必得其壽　名令聞也　故天之生物必因其材而篤焉　材謂其質性也篤厚也言善者天厚其福惡者天厚其毒皆由其本而爲之　故栽者培之傾者覆之　栽讀如文王初載之載栽猶殖也培益也今時人名草木之殖曰栽築牆立板亦曰栽栽或爲滋覆敗也　詩曰嘉樂君子憲憲令德宜民宜人受禄于天

禮記義六十　十六　春

保佑命之自天申之故大德者必受命　憲憲興盛之貌保安也佑助也

【疏】正義曰此一節明中庸之德故能富有天下受天之命也　子孫保之者師說云舜禪與禹何言保者此子孫承保祭祀故云保周時陳國是舜之後　故大德必得其位者以其德大能覆養天下故必得其位如孔子有大德而無其位以不應王録雖有大德而無其位也案援神契云丘爲制法主黑緑不代蒼黃言孔子黑龍之精不合代周家木德之蒼也孔演圖又云聖人不空生必有所制以顯天心丘爲木鐸制天下法是也必得其壽者據舜言之而夫子不長壽以勤憂故也　故天之生物必因其材而篤焉材謂質性也篤厚也言天之所生隨物質性而厚之善者因厚其福舜禹是也惡者因厚其毒桀紂是也故四凶黜而舜受禪也　故栽者培之傾者覆之栽殖也培益也言道德自能豐殖則天因而培益之　傾者覆之者若無德自取傾危者天亦因

中庸第三十一

足利本第六十卷第十七葉

而覆敗之也 注 栽讀至曰栽 正義曰栽讀如文王初載之載者案詩大明云文王初載天作之合彼注云載識也言文王生適有所識人爲之生配謂生大姒此載爲栽殖者載容兩義亦得爲識亦得爲殖此對傾者覆之故以爲殖云築牆立板亦曰栽者案莊二十九年左傳云水昏正而栽謂立板築也 詩曰嘉樂君子憲憲令德此大雅嘉樂之篇美成王之詩嘉善也憲憲興盛之貌詩人言善樂君子此成王憲憲然有令善之德案詩本文憲憲爲顯顯與此不同者齊魯韓詩與毛詩不同故也 宜民宜人受祿於天保佑命之自天申之故大德者必受命者宜民謂宜養萬民宜人謂宜官人其德如此故受福于天佑助也保安也天乃保安佑助命之爲天子又申重福之作記者引證大德必受命之義則舜之爲也

子曰無憂者其唯文王乎以王季爲父以武王爲子父作之子述之聖人以立法度爲大事子能述成之則何憂乎堯舜之父子則有凶頑禹湯之父子則寡令聞父子相成唯有文王

禮記義六十　十七　余政

武王纘大王王季文王之緒壹戎衣而有天下身不失天下之顯名尊爲天子富有四海之內宗廟饗之子孫保之纘繼也緒業也戎兵也衣讀如殷聲之誤也齊人言殷聲如衣虞夏商周氏者多矣今姓有衣者殷之冑與壹戎殷者壹用兵伐殷也 武王末受命周公成文武之德追王大王王季上祀先公以父子之禮斯禮也達乎諸侯大夫及士庶人父爲大夫子爲士葬以

潘本第六十卷第十七葉

而覆敗之也 注 栽讀至曰栽 正義曰栽讀如文王初載之載者案詩大明云文王初載天作之合彼注云載識也言文王生適有所識天爲之生配謂生大姒此載爲栽殖者載容兩義亦得爲識亦得爲殖此對傾者覆之故以爲殖云築牆立板亦曰栽者案莊二十九年左傳云水昏正而栽謂立板築也 詩曰嘉樂君子憲憲令德此大雅嘉樂之篇美成王之詩嘉善也憲憲興盛之貌詩人言善樂君子此成王憲憲然有令善之德案詩本文憲憲爲顯顯與此不同者齊魯韓詩與毛詩不同故也 宜民宜人受祿於天保佑命之自天申之故大德者必受命者宜民謂宜養萬民宜人謂宜官人其德如此故受福于天佑助也保安也天乃保安佑助命之爲天子又申重福之作記者引證大德必受命之義則舜之爲也

子曰無憂者其唯文王乎以王季爲父以武王爲子父作之子述之聖人以立法度爲大事子能述成之則何憂乎堯舜之父子則有凶頑禹湯之父子則寡令聞父子相成唯有文王

大五十八　小三百六十九　禮記義六十　十七　弓華

武王纘大王王季文王之緒壹戎衣而有天下身不失天下之顯名尊爲天子富有四海之內宗廟饗之子孫保之纘繼也緒業也戎兵也衣讀如殷聲之誤也齊人言殷聲如衣虞夏商周氏者多矣今姓有衣者殷之冑與壹戎殷者壹用兵伐殷也 武王末受命周公成文武之德追王大王王季上祀先公以天子之禮斯禮也達乎諸侯大夫及士庶人父爲大夫子爲士葬以

大夫祭以士父爲士子爲大夫葬以士祭以大夫期之喪達乎大夫三年之喪達乎天子父母之喪無貴賤一也末猶老也追王大王王季者以王迹起焉先公組紺以上至后稷也斯禮達於諸侯大夫士庶人者謂葬之從死者之爵祭之用生者之祿也言大夫葬以大夫士葬以士則追王者改葬之矣期之喪達於大夫者謂旁親所降在大功者其正統之期天子諸侯猶不降也大夫所降天子諸侯絶之不爲服所不臣乃服之也承葬祭說期三年之喪者明子事父以孝不用其尊卑變

疏 正義曰此一節明夫子論文王武王聖德相承王有天下上能追尊大王王季因明天子以下及士庶人葬祭祀之禮各隨文解之 ○以王季爲父以武王爲子父作之子述之者言文王以王季爲父則王季能制作禮樂

禮記義卒　大　許其

文王奉而行之文王以武王爲子武王又能述成文王之道故無憂也 ○武王纘大王王季文王之緒者纘繼也緒業也言武王能纘繼父祖之業以王天下也 ○壹戎衣而有天下者戎兵也言一用兵伐殷而勝之也 注衣讀爲殷 正義曰案尚書武成云一戎衣謂一著戎衣而滅殷此云一者以經武王繼大王王季文王三人之業一用滅殷對三人之業爲一耳由三人之業故一身滅之鄭必以衣爲殷者以十一年觀兵于孟津十三年滅紂是再著戎服不得稱一戎衣故以衣爲殷故注云齊人言殷聲如衣 ○武王末受命此美周公之德也末猶老也謂武王年老而受命平定天下也 ○斯禮也達乎諸侯大夫及士庶人者斯此也言周公尊崇先公之禮非直天子所行乃下達於諸侯大夫士庶人等無問尊卑皆得上尊祖父以己之祿祭其先人猶若周公以成王天子之禮祀其先公也 ○父爲大夫子爲士葬以大夫祭以士者謂父既爲大夫祭以士禮貶其先人而云尊之者欲明以己之祿祀其先人也 ○期

大夫祭以士父爲士子爲大夫葬以士祭以大夫期之喪達乎大夫三年之喪達乎天子父母之喪無貴賤一也末猶老也追王大王王季者以王迹起焉先公組紺以上至后稷也斯禮達於諸侯大夫士庶人者謂葬之從死者之爵祭之用生者之祿也言大夫葬以大夫士葬以士則追王者改葬之矣期之喪達於大夫者謂旁親所降在大功者其正統之期天子諸侯猶不降也大夫所降天子諸侯絶之不爲服所不臣乃服之也承葬祭說期三年之喪者明子事父以孝不用其尊卑變

疏 正義曰此一節明夫子論文王武王聖德相承王有天下上能追尊大王王季因明天子以下及士庶人葬祭祀之禮各隨文解之 ○以王季爲父以武王爲子父作之子述之者言文王以王季爲父則王季能制作禮樂

禮記義卒　大　許其

文王奉而行之文王以武王爲子武王又能述成文王之道故無憂也 ○武王纘大王王季文王之緒者纘繼也緒業也言武王能纘繼父祖之業以王天下也 ○壹戎衣而有天下者戎兵也言一用兵伐殷而勝之也 注衣讀爲殷 正義曰案尚書武成云一戎衣謂一著戎衣而滅殷此云一者以經武王繼大王王季文王三人之業一用滅殷對三人之業爲一耳由三人之業故一身滅之鄭必以衣爲殷者以十一年觀兵于孟津十三年滅紂是再著戎服不得稱一戎衣故以衣爲殷故注云齊人言殷聲如衣 ○武王末受命此美周公之德也末猶老也謂武王年老而受命平定天下也 ○斯禮也達乎諸侯大夫及士庶人者斯此也言周公尊崇先公之禮非直天子所行乃下達於諸侯大夫士庶人等無問尊卑皆得上尊祖父以己之祿祭其先人猶若周公以成王天子之禮祀其先公也 ○父爲大夫子爲士葬以大夫祭以士者謂父既爲大夫祭以士禮貶其先人而云尊之者欲明以己之祿祀其先人也 ○期

足利本第六十卷第十九葉

之喪達乎大夫者欲見大夫之尊猶有期喪謂旁親所降在大功者得爲期喪還著大功之服故云達乎大夫若天子諸侯旁期之喪則不爲服也　三年之喪達乎天子者謂正統在三年之喪父母及適子幷妻也達乎天子者言天子皆服之不云父母而云三年者包適子也天子爲后服期以三年包之者以后卒必待三年然後娶所以達子之志故通在三年之中是以昭十五年左傳云穆后崩大子壽卒叔向云王一歲而有三年之喪二焉是包后爲三年也直云達乎天子不云諸侯者諸侯旁親尊同則不降故喪服大功章云諸侯爲姑姊妹嫁於國君者是也　父母之喪無貴賤一也唯父母之喪無問天子及士庶人其服並同故云無貴賤一也　注末猶至畢變　正義曰末猶老也者謂文王受命十一年武王觀兵於孟津白魚入王舟是老而受命受命後七年而崩故鄭注洛誥文王受赤雀武王俯取白魚皆七年是也云追王大王王季者以王迹起焉案詩頌閟宮云大王居岐之陽實始翦商是王

禮記義六十　十九　馬

迹起也云先公組紺以上至后稷也者組紺大王之父一名諸盩周本紀云亞圉卒子太公叔穎立太公卒子古公亶父立又世本云亞圉雲生太公組紺諸盩則叔穎組紺諸盩是一人也此文云追王大王王季上祀先公則先公之中包后稷也故云組紺以上至后稷也案司服云享先王則衮冕先公則鷩冕以后稷爲周之始祖祫祭於廟當同先王用衮則先公無后稷也故鄭注司服云先公不窋至諸盩若四時常祀唯后稷及大王王季之等不得廣及先公故天保云禴祠烝嘗于公先王是四時常祀但有后稷諸盩以下故鄭注天保云先公謂后稷至諸盩此皆盡望經上下釋義故不同或有至字誤也云則追王者改葬之矣者以大王王季身爲諸侯葬從死者之爵則大王王季秪得爲諸侯葬禮不得言追王從天子法故知追王之時而更改葬用天子禮案大傳云武王追王大王亶父王季歷此云周公追王不同者武王旣伐紂追王布告天下周公追而改葬故不同也云期之喪達於大夫者謂旁親

潘本第六十卷第十九葉

之喪達乎大夫者欲見大夫之尊猶有期喪謂旁親所降在大功者得爲期喪還著大功之服故云達乎大夫若天子諸侯旁期之喪則不爲服也　三年之喪達乎天子者謂正統在三年之喪父母及適子幷妻也達乎天子者言天子皆服之不云父母而云三年者包適子也天子爲后服期以三年包之者以后卒必待三年然後娶所以達子之志故通在三年之中是以昭十五年左傳云穆后崩大子壽卒叔向云王一歲而有三年之喪二焉是包后爲三年也直云達乎天子不云諸侯者諸侯旁親尊同則不降故喪服大功章云諸侯爲姑姊妹嫁於國君者是也　父母之喪無貴賤一也唯父母之喪無問天子及士庶人其服並同故云無貴賤一也　注末猶至畢變　正義曰末猶老也者謂文王受命十一年武王觀兵於孟津白魚入王舟是老而受命受命後七年而崩故鄭注洛誥文王受赤雀武王俯取白魚皆七年是也云追王大王王季者以王迹起焉案詩頌閟宮云大王居岐之陽實始翦商是王

禮記義六十　十九　馬

迹起也云先公組紺以上至后稷也者組紺大王之父一名諸盩周本紀云亞圉卒子太公叔穎立太公卒子古公亶父立又世本云亞圉雲生太公組紺諸盩則叔穎組紺諸盩是一人也此文云追王大王王季上祀先公則先公之中包后稷也故云組紺以上至后稷也案司服云享先王則衮冕先公則鷩冕以后稷爲周之始祖祫祭於廟當同先王用衮則先公無后稷也故鄭注司服云先公不窋至諸盩若四時常祀唯后稷及大王王季之等不得廣及先公故天保云禴祠烝嘗于公先王是四時常祀但有后稷諸盩以下故鄭注天保云先公謂后稷至諸盩此皆盡望經上下釋義故不同或有至字誤也云則追王者改葬之矣者以大王王季身爲諸侯葬從死者之爵則大王王季秪得爲諸侯葬禮不得言追王從天子法故知追王之時而更改葬用天子禮案大傳云武王追王大王亶父王季歷此云周公追王不同者武王旣伐紂追王布告天下周公追而改葬故不同也云期之喪達於大夫者謂旁親

足利本第六十卷第二十葉

所降在大功者熊氏云此對天子諸侯故云期之喪達乎大夫其實大夫爲大功之喪得降小功小功之喪得降緦麻是大功小功皆達乎大夫熊氏又云天子爲正統之喪適婦大功適孫之婦小功義或然但無正文耳云所不臣乃服之也者喪服傳云始封之君不臣諸父昆弟封君之子不臣諸父而臣昆弟但不臣者皆以本服服也 子曰武王周公其達孝矣乎夫孝者善繼人之志善述人之事者也春秋脩其祖廟陳其宗器設其裳衣薦其時食 脩謂埽糞也宗器祭器也裳衣先祖之遺衣服也設之當以授尸也時食四時祭也 宗廟之禮所以序昭穆也序爵所以辨貴賤也序事所以辨賢也

禮記義六十 廿

旅酬下爲上所以逮賤也燕毛所以序齒也 序猶次也爵謂公卿大夫士也事謂薦羞也以辨賢者以其事別所能也若司徒羞牛宗伯共雞牲矣文王世子曰宗廟之中以爵爲位崇德也宗人授事以官尊賢也旅酬下爲上者謂若特牲饋食之禮賓弟子兄弟之子各舉觶於其長也逮賤者宗廟之中以有事爲榮也燕謂既祭而燕也燕以髮色爲坐祭時以尊尊也至燕親親也齒亦年也 踐其位行其禮奏其樂敬其所尊愛其所親事死如事生事亡如事存孝之至也 踐猶升也其者其先祖也踐或爲纘 郊社之禮所以事上帝也宗廟之禮所以祀乎其先也 社祭地神不言后土者省文 明

潘本第六十卷第二十葉

所降在大功者熊氏云此對天子諸侯故云期之喪達乎大夫其實大夫爲大功之喪得降小功小功之喪得降緦麻是大功小功皆達乎大夫熊氏又云天子爲正統之喪適婦大功適孫之婦小功義或然但無正文耳云所不臣乃服之也者喪服傳云始封之君不臣諸父昆弟封君之子不臣諸父而臣昆弟但不臣者皆以本服服也 子曰武王周公其達孝矣乎夫孝者善繼人之志善述人之事者也春秋脩其祖廟陳其宗器設其裳衣薦其時食 脩謂埽糞也宗器祭器也裳衣先祖之遺衣服也設之當以授尸也時食四時祭也 宗廟之禮所以序昭穆也序爵所以辨貴賤也序事所以辨賢也

禮記義六十 廿

旅酬下爲上所以逮賤也燕毛所以序齒也 序猶次也爵謂公卿大夫士也事謂薦羞也以辨賢者以其事別所能也若司徒羞牛宗伯共雞牲矣文王世子曰宗廟之中以爵爲位崇德也宗人授事以官尊賢也旅酬下爲上者謂若特牲饋食之禮賓弟子兄弟之子各舉觶於其長也逮賤者宗廟之中以有事爲榮也燕謂既祭而燕也燕以髮色爲坐祭時以尊尊也至燕親親也齒亦年也 踐其位行其禮奏其樂敬其所尊愛其所親事死如事生事亡如事存孝之至也 踐猶升也其者其先祖也踐或爲纘 郊社之禮所以事上帝也宗廟之禮所以祀乎其先也 社祭地神不言后土者省文 明

足利本第六十卷第二十一葉

乎郊社之禮禘嘗之義治國其如示諸掌
乎示讀如寘諸河干之寘置也物而在掌中易正
爲知力者也序爵辨賢尊尊親親治國之要疏義
曰以前經論文王武王聖德相承此論武王周公上成先
祖脩其宗廟行郊社之禮所以能治國如置物掌中也各
隨文解之 夫孝者善繼人之志者人謂先人若文王有
志伐紂武王能繼而承之尚書武成曰予小子其承厥志
是善繼人之志也 善述人之事者也言文王有文德爲
王基而周公制禮以贊述之故洛誥云考朕昭子刑乃單
文祖德是善述人之事也此是武王周公達孝之事 宗
廟之禮所以序昭穆也者若昭與昭齒穆與穆齒是也
序爵所以辨貴賤也者序謂次序爵謂公卿大夫士也謂
祭祀之時公卿大夫各以其爵位齒列而助祭祀是辨貴
賤也故文王世子云宗廟之中以爵爲位崇德也宗人授
事以官尊賢也是也 序事所以辨賢也者事謂薦羞也

禮記義六十　二十一　馬松

序謂次序所供祭祀之事若司徒奉牛司馬奉羊宗伯共
雞是分別賢能堪任其官也 旅酬下爲上所以逮賤也
者旅衆也逮及也謂祭末飲酒之時使一人舉觶之後
至旅酬之時使卑者二人各舉觶於其長者卑下者先飲
是下者爲上賤人在先是恩意先及於賤者故云所以逮
賤也案特牲饋食之禮主人洗爵獻長兄弟獻衆兄弟之後
衆賓弟子于西階兄弟弟子于東階各舉觶於其長也弟子
等皆是下賤而得舉觶是有事於宗廟之中是其榮也又制
受爵是逮賤也 燕毛所以序齒也者言祭末燕時以毛髮
爲次序是所以序年齒也故注云燕謂既祭而燕也燕以髮
色爲坐祭時尊尊也至燕親親也 踐其位行其禮者踐升
也謂孝子升其先祖之位行祭祀之禮也 治國其如示諸
掌乎注云示讀如寘諸河干之寘寘置也者若能明此序
爵辨賢尊親則治理其國其事爲易猶如置物於掌中也 哀
公問政子曰文武之政布在方策其人存

潘本第六十卷第二十一葉

乎郊社之禮禘嘗之義治國其如示諸掌
乎示讀如寘諸河干之寘置也物而在掌中易正
爲知力者也序爵辨賢尊尊親親治國之要疏義
曰以前經論文王武王聖德相承此論武王周公上成先
祖脩其宗廟行郊社之禮所以能治國如置物掌中也各
隨文解之 夫孝者善繼人之志者人謂先人若文王有
志伐紂武王能繼而承之尚書武成曰予小子其承厥志
是善繼人之志也 善述人之事者也言文王有文德爲
王基而周公制禮以贊述之故洛誥云考朕昭子刑乃單
文祖德是善述人之事也此是武王周公達孝之事 宗
廟之禮所以序昭穆也者若昭與昭齒穆與穆齒是也
序爵所以辨貴賤也者序謂次序爵謂公卿大夫士也謂
祭祀之時公卿大夫各以其爵位齒列而助祭祀是辨貴
賤也故文王世子云宗廟之中以爵爲位崇德也宗人授
事以官尊賢也是也 序事所以辨賢也者事謂薦羞也

禮記義六十　二十一　馬松

序謂次序所供祭祀之事若司徒奉牛司馬奉羊宗伯共
雞是分別賢能堪任其官也 旅酬下爲上所以逮賤也
者旅衆也逮及也謂祭末飲酒之時使一人舉觶之後
至旅酬之時使卑者二人各舉觶於其長者卑下者先飲
是下者爲上賤人在先是恩意先及於賤者故云所以逮
賤也案特牲饋食之禮主人洗爵獻長兄弟獻衆兄弟之後
衆賓弟子于西階兄弟弟子于東階各舉觶於其長也弟子
等皆是下賤而得舉觶是有事於宗廟之中是其榮也又制
受爵是逮賤也 燕毛所以序齒也者言祭末燕時以毛髮
爲次序是所以序年齒也故注云燕謂既祭而燕也燕以髮
色爲坐祭時尊尊也至燕親親也 踐其位行其禮者踐升
也謂孝子升其先祖之位行祭祀之禮也 治國其如示諸
掌乎注云示讀如寘諸河干之寘寘置也者若能明此序
爵辨賢尊親則治理其國其事爲易猶如置物於掌中也 哀
公問政子曰文武之政布在方策其人存

足利本第六十卷第二十二葉

則其政舉其人亡則其政息方版也策簡也息猶滅也人道敏政地道敏樹敏猶勉也樹謂殖草木也人之無政若地無草木矣敏或爲謀夫政也者蒲盧也蒲盧蜾蠃謂土蜂也詩曰螟蛉有子蜾蠃負之螟蛉桑蟲也蒲盧取桑蟲之子去而變化之以成爲己子政之於百姓若蒲盧之於桑蟲然故爲政在人在於得賢人也取人以身脩身以道脩道以仁取人以身言明君乃能得人仁者人也親親爲大義者宜也尊賢爲大親親之殺尊賢之等禮所生也人也讀如相人偶之人以人意相存問之言在下位不獲乎上民不可

八 禮記義六十 二十二 趙通

得而治矣此句其屬在下著脫誤重在此故君子不可以不脩身思脩身不可以不事親思事親不可以不知人思知人不可以不知天言脩身乃知孝知孝乃知人知人乃知賢不肖知賢不肖乃知天命所保佑天下之達道五所以行之者三曰君臣也父子也夫婦也昆弟也朋友之交也五者天下之達道也知仁勇三者天下之達德也所以行之者一也達者常行百王所不變也或生而知之或學而知之或困而知

潘本第六十卷第二十二葉

則其政舉其人亡則其政息方版也策簡也息猶滅也人道敏政地道敏樹敏猶勉也樹謂殖草木也人之無政若地無草木矣敏或爲謀夫政也者蒲盧也蒲盧蜾蠃謂土蜂也詩曰螟蛉有子蜾蠃負之螟蛉桑蟲也蒲盧取桑蟲之子去而變化之以成爲己子政之於百姓若蒲盧之於桑蟲然故爲政在人在於得賢人也取人以身脩身以道脩道以仁取人以身言明君乃能得人仁者人也親親爲大義者宜也尊賢爲大親親之殺尊賢之等禮所生也人也讀如相人偶之人以人意相存問之言在下位不獲乎上民不可

八 禮記義六十 二十二 趙通

得而治矣此句其屬在下著脫誤重在此故君子不可以不脩身思脩身不可以不事親思事親不可以不知人思知人不可以不知天言脩身乃知孝知孝乃知人知人乃知賢不肖知賢不肖乃知天命所保佑天下之達道五所以行之者三曰君臣也父子也夫婦也昆弟也朋友之交也五者天下之達道也知仁勇三者天下之達德也所以行之者一也達者常行百王所不變也或生而知之或學而知之或困而知

足利本第六十卷第二十三葉

之及其知之一也困而知之謂長而見禮義之事已臨之而有不足乃始學而知之此達道也或安而行之或利而行之或勉強而行之及其成功一也利謂貪榮名也勉強恥不若人

疏 正義曰此一節明哀公問政於孔子孔子答以爲政之道在於取人脩身并明達道有五行之者三今各隨文解 文武之政布在方策者言文王武王爲政之道皆布列在於方牘簡策其人存則其政舉者雖在方策其事久遠此廣陳爲政之道其人謂賢人舉猶行也存謂道德存在也若得其人道德存在則能興行政教故云舉也 其人亡則其政息者息滅也其人若亡謂道德滅亡不能興舉於政教若位無賢臣政所以滅絕也 人道敏政者敏勉也言爲人君當勉力行政 地道敏樹者樹殖草木也言爲地之道亦勉力生殖也人之無政若地無草木地既無心云勉方者以地之生物無倦似若人勉力行政然也 夫政也者蒲盧也蒲盧取桑蟲之子以爲己子善爲政者化養他民以爲己民若蒲盧然也 故爲政在人言君行善政則民從之故欲爲善政者在於得賢人也 取人以身明君欲取賢人先以脩正己身則賢人至也 脩身以道言欲脩正其身先須行於道德也 脩道以仁者言欲脩道德必須先脩仁義 仁者人也親親爲大者仁謂仁恩相親偶也言行仁之法在於親偶欲親偶疏人先親己親然後比親及疏故云親親爲大 義者宜也尊賢爲大宜謂於事得宜即是其義故云義者宜也若欲於事得宜莫過尊賢故云尊賢爲大 親親之殺尊賢之等禮所生也者五服之節降殺不同是親親之衰殺公卿大夫其爵各異是尊賢之等禮者所以辨明此上諸事故云禮所生也 在下位不獲乎上者鄭謂此句應在下章著脱誤重在此耳 故君子不可以不脩身思脩身不可以不事親言思念脩身之道必先以孝爲本故云不可以不事親 思事親不可以

潘本第六十卷第二十三葉

之及其知之一也困而知之謂長而見禮義之事已臨之而有不足乃始學而知之此達道也或安而行之或利而行之或勉強而行之及其成功一也利謂貪榮名也勉強恥不若人

疏 正義曰此一節明哀公問政於孔子孔子答以爲政之道在於取人脩身并明達道有五行之者三今各隨文解 文武之政布在方策者言文王武王爲政之道皆布列在於方牘簡策其人存則其政舉者雖在方策其事久遠此廣陳爲政之道其人謂賢人舉猶行也存謂道德存在也若得其人道德存在則能興行政教故云舉也 其人亡則其政息者息滅也其人若亡謂道德滅亡不能興舉於政教若位無賢臣政所以滅絕也 人道敏政者敏勉也言爲人君當勉力行政 地道敏樹者樹殖草木也言爲地之道亦勉力生殖也人之無政若地無草木地既無心云勉方者以地之生物無倦似若人勉力行政然也 夫政也者蒲盧也蒲盧取桑蟲之子以爲己子善爲政者化養他民以爲己民若蒲盧然也 故爲政在人言君行善政則民從之故欲爲善政者在於得賢人也 取人以身明君欲取賢人先以脩正己身則賢人至也 脩身以道言欲脩正其身先須行於道德也 脩道以仁者言欲脩道德必須先脩仁義 仁者人也親親爲大者仁謂仁恩相親偶也言行仁之法在於親偶欲親偶疏人先親己親然後比親及疏故云親親爲大 義者宜也尊賢爲大宜謂於事得宜即是其義故云義者宜也若欲於事得宜莫過尊賢故云尊賢爲大 親親之殺尊賢之等禮所生也者五服之節降殺不同是親親之衰殺公卿大夫其爵各異是尊賢之等禮者所以辨明此上諸事故云禮所生也 在下位不獲乎上者鄭謂此句應在下章著脱誤重在此耳 故君子不可以不脩身思脩身不可以不事親言思念脩身之道必先以孝爲本故云不可以不事親 思事親不可以

足利本第六十卷第二十四葉

不知人既思事親不可不先擇友取人也　思知人不可以不知天欲思擇人必先知天時所祐助也謂人作善降之百祥作不善降之百殃當捨惡脩善也　天下之達道也五者謂君臣父子夫婦昆弟朋友之交皆是人間常行道理事得開通故云達道也　知仁勇三者天下之達德也言知仁勇人所常行在身爲德故云天下之達德也言百王用此三德以行五道五事爲本故云道三者爲末故云德若行五道必須三德無知不能識其理無仁不能安其事無勇不能果其行故必須三德也　所以行之者一也　言百王以來行此五道三德其義一也古今不變也　或生而知之謂天生自知也　或學而知之謂因學而知之或困而知之謂臨事有困由學乃知　及其知之一也言初知之時其事雖別既知之後並皆是知故云及其知之一也　或安而行之謂無所求爲安靜而行之　或利而行之謂貪其利益而行之行此五事得其榮名於己無害則利而行之也故論語云知者利仁是也　或勉強而行之或畏懼罪惡勉力自強而行之　及其成功一也雖行之有異及其所行成功是一也言皆得成功矣皇氏云所知所行謂上五道三德今謂百行皆然非唯三五而已也　子曰好學近乎知力行近乎仁知恥近乎勇知斯三者則知所以脩身知所以脩身則知所以治人知所以治人則知所以治天下國家矣　言有知有仁有勇乃知脩身則脩身以此三者爲基　疏　正義曰前文夫子答哀公爲政須脩身知人行五道三德之事此以下夫子更爲哀公廣說脩身治天下之道有九種常行之事又明脩身在於至誠若能至誠所以贊天地動蓍龜也傳厚配地高明配天各隨文解之此一節覆明上生而知之學而知之困而知之　好學近乎知者則前文或學而

潘本第六十卷第二十四葉

不知人既思事親不可不先擇友取人也　思知人不可以不知天欲思擇人必先知天時所祐助也謂人作善降之百祥作不善降之百殃當捨惡脩善也　天下之達道也五者謂君臣父子夫婦昆弟朋友之交皆是人間常行道理事得開通故云達道也　知仁勇三者天下之達德也言知仁勇人所常行在身爲德故云天下之達德也言百王用此三德以行五道五事爲本故云道三者爲末故云德若行五道必須三德無知不能識其理無仁不能安其事無勇不能果其行故必須三德也　所以行之者一也　言百王以來行此五道三德其義一也古今不變也　或生而知之謂天生自知也　或學而知之謂因學而知之或困而知之謂臨事有困由學乃知　及其知之一也言初知之時其事雖別既知之後並皆是知故云及其知之一也　或安而行之謂無所求爲安靜而行之　或利而行之謂貪其利益而行之行此五事得其榮名於己無害則利而行之也故論語云知者利仁是也　或勉強而行之或畏懼罪惡勉力自強而行之　及其成功一也雖行之有異及其所行成功是一也言皆得成功矣皇氏云所知所行謂上五道三德今謂百行皆然非唯三五而已也　子曰好學近乎知力行近乎仁知恥近乎勇知斯三者則知所以脩身知所以脩身則知所以治人知所以治人則知所以治天下國家矣　言有知有仁有勇乃知脩身則脩身以此三者爲基　疏　正義曰前文夫子答哀公爲政須脩身知人行五道三德之事此以下夫子更爲哀公廣說脩身治天下之道有九種常行之事又明脩身在於至誠若能至誠所以贊天地動蓍龜也傳厚配地高明配天各隨文解之此一節覆明上生而知之學而知之困而知之　好學近乎知者則前文或學而

知之若能好學無事不知故云近乎知也　力行近乎仁者此覆前文或利而行之以其勉力行善故近乎仁也　知耻近乎勇者覆前文困而知之及勉強而行之以其知自羞耻勤行善事不避危難故近乎勇也前經生而知之不覆說者以其生知自然合聖故不須覆說也　凡爲天下國家有九經曰脩身也尊賢也親親也敬大臣也體羣臣也子庶民也來百工也柔遠人也懷諸侯也　體猶接納也子猶愛也遠人蕃國之諸侯也　脩身則道立尊賢則不惑親親則諸父昆弟不怨敬大臣則不眩體羣臣則士之報禮重子庶民則百

姓勸來百工則財用足柔遠人則四方歸之懷諸侯則天下畏之　不惑謀者良也不眩所任明也　疏　正義曰凡爲天下國家有九經者此夫子爲哀公說治天下國家之道有九種常行之事論九經之次目也　體謂接納言接納羣臣與之同體也　子庶民也者謂子愛庶民也　來百工也者謂招來百工也　脩身則道立者此一經覆說行九經則致其功用也脩身則道立者謂脩正其身不爲邪惡則道德興立也　尊賢則不惑者以賢人輔弼故臨事不惑所謀者善也　敬大臣則不眩者眩亦惑也以恭敬大臣任使分明故於事不惑前文不惑謂謀國家大事此云不眩謂謀國家衆事但所謀之事大小有殊所以異其文　體群臣則士之報禮重者羣臣雖賤而君厚接納之則臣感君恩故爲君死於患難是報禮重也　子庶民則百姓勸子愛也言愛民如子則百姓勸勉以事上也　來百

足利本第六十卷第二十五葉

潘本第六十卷第二十五葉

知之若能好學無事不知故云近乎知也　力行近乎仁者此覆前文或利而行之以其勉力行善故近乎仁也　知耻近乎勇者覆前文困而知之及勉強而行之以其知自羞耻勤行善事不避危難故近乎勇也前經生而知之不覆說者以其生知自然合聖故不須覆說也　凡爲天下國家有九經曰脩身也尊賢也親親也敬大臣也體羣臣也子庶民也來百工也柔遠人也懷諸侯也　體猶接納也子猶愛也遠人蕃國之諸侯也　脩身則道立尊賢則不惑親親則諸父昆弟不怨敬大臣則不眩體羣臣則士之報禮重子庶民則百

禮記正義六十　二十五　陳昊

姓勸來百工則財用足柔遠人則四方歸之懷諸侯則天下畏之　不惑謀者良也不眩所任明也　疏　正義曰凡爲天下國家有九經者此夫子爲哀公說治天下國家之道有九種常行之事論九經之次目也　體謂接納言接納羣臣與之同體也　子庶民也者謂子愛庶民也　來百工也者謂招來百工也　脩身則道立者此一經覆說行九經則致其功用也脩身則道立者謂脩正其身不爲邪惡則道德興立也　尊賢則不惑者以賢人輔弼故臨事不惑所謀者善也　敬大臣則不眩者眩亦惑也以恭敬大臣任使分明故於事不惑前文不惑謂謀國家大事此云不眩謂謀國家衆事但所謀之事大小有殊所以異其文　體群臣則士之報禮重者羣臣雖賤而君厚接納之則臣感君恩故爲君死於患難是報禮重也　子庶民則百姓勸子愛也言愛民如子則百姓勸勉以事上也　來百

足利本第六十卷第二十六葉

工則財用足百工典財用也君若賞賚招來之則百工皆自至故國家財用豐足　柔遠人則四方歸之遠謂蕃國之諸侯四方則蕃國也　懷諸侯則天下畏之懷安撫也君若安撫懷之則諸侯服從兵強土廣故天下畏之　齊明盛服非禮不動所以脩身也去讒遠色賤貨而貴德所以勸賢也尊其位重其祿同其好惡所以勸親親也官盛任使所以勸大臣也忠信重祿所以勸士也時使薄斂所以勸百姓也日省月試既廩稱事所以勸百工也送往迎來嘉善而矜不能所以柔遠人也繼絶世舉廢國治亂持危朝聘以時厚往而薄來所以懷諸侯也同其好惡不特有所好惡於同姓雖惡不同義必同也尊重其祿位所以貴之不必授以官守天官不可私也官盛任使大臣皆有屬官所任使不親小事也忠信重祿有忠信者重其祿也時使使之以時日省月試考校其成功也既讀爲餼餼廩稍食也槀人職曰乘其事考其弓弩以下上其食　[疏]正義曰此一節說行九經之法　齊明盛服者齊謂整齊明謂嚴明盛服謂正其衣冠是脩身之體也此等非禮不動是所以勸脩身　尊其位重其祿同其好惡所以勸親親也者尊其位謂授以大位重其祿謂重多其祿位崇重而已不可任以職事同其好惡好謂慶賞惡謂誅罰言於同姓既有親疏恩親雖不同義必須等故不特有所好惡　勸親親也者尊位重祿以勉之同其好惡以勵之

禮記義六十　二十六　高政

潘本第六十卷第二十六葉

工則財用足百工典財用也君若賞賚招來之則百工皆自至故國家財用豐足　柔遠人則四方歸之遠謂蕃國之諸侯四方則蕃國也　懷諸侯則天下畏之懷安撫也君若安撫懷之則諸侯服從兵強土廣故天下畏之　齊明盛服非禮不動所以脩身也去讒遠色賤貨而貴德所以勸賢也尊其位重其祿同其好惡所以勸親親也官盛任使所以勸大臣也忠信重祿所以勸士也時使薄斂所以勸百姓也日省月試既廩稱事所以勸百工也送往迎來嘉善而矜不能所以柔遠人也繼絶世舉廢國治亂持危朝聘以時厚往而薄來所以懷諸侯也同其好惡不特有所好惡於同姓雖惡不同義必同也尊重其祿位所以貴之不必授以官守天官不可私也官盛任使大臣皆有屬官所任使不親小事也忠信重祿有忠信者重其祿也時使使之以時日省月試考校其成功也既讀爲餼餼廩稍食也槀人職曰乘其事考其弓弩以下上其食　[疏]正義曰此一節說行九經之法　齊明盛服者齊謂整齊明謂嚴明盛服謂正其衣冠是脩身之體也此等非禮不動是所以勸脩身　尊其位重其祿同其好惡所以勸親親也者尊其位謂授以大位重其祿謂重多其祿位崇重而已不可任以職事同其好惡好謂慶賞惡謂誅罰言於同姓既有親疏恩親雖不同義必須等故不特有所好惡　勸親親也者尊位重祿以勉之同其好惡以勵之

禮記義六十　二十六　高政

是勸親親也　官盛任使所以勸大臣也官盛謂官之盛
大有屬臣者當令任使屬臣不可以小事專勞大臣大臣
懷德故云所以勸大臣也　日省月試既廩稱事所以勸百
工也既廩謂飲食糧廩也言在上每日省視百工功程每
月試其所作之事又飲食糧廩稱當其事功多則廩厚功
小則餼薄是所以勸百工也　治亂持危者諸侯國內
有亂則治討之危弱則扶持之　厚往而薄來所以懷諸
侯也厚往謂諸侯還國王者以其財賄厚重往報之薄來
謂諸侯貢獻使輕薄而來如此則諸侯歸服故所以懷諸
侯也　注尊重至其食　正義曰尊重其祿位者言同姓
之親既非賢才但尊重其祿位榮貴之而已不必授以官
守也云大臣皆有屬官所任使不親小事也者若周禮六
卿其下各有屬官其細碎小事皆屬官爲之是不親小事
也云既讀爲餼餼廩稍食也者以既與廩連文又與餼字
聲同故讀既爲餼稍食者謂稍給之故周禮月終均其稍
食是也引稾人職者證其餼廩稱事案周禮夏官稾人掌

六卅四　禮記義六十　二十七　王禧

弓矢之材其職云乘其事乘謂計筭其所爲之事考其弓
弩謂考校弓弩之善惡多少以下上其食下謂貶退上謂
增益善者則增上其食
惡者則減其食故也　凡爲天下國家有九經
所以行之者一也凡事豫則立不豫則廢
言前定則不跲事前定則不困行前定則
不疚道前定則不窮　一謂當豫也跲躓也
疚病也人不能病之　疏　正義
曰此一節明前九經之法唯在豫前謀之故云所以行之
者一也一謂豫也　言前定則不跲者案字林云跲躓也
躓謂行倒蹶也將欲發言能豫前思定然後出口則言得
流行不有躓蹶也　事前定則不困者困乏也言欲爲事之
時先須豫前思定則臨事不困　行前定則不疚者疚病
也言欲爲行之時豫前思定則行不疚病　道前定則不

是勸親親也　官盛任使所以勸大臣也官盛謂官之盛
大有屬臣者當令任使屬臣不可以小事專勞大臣大臣
懷德故云所以勸大臣也　日省月試既廩稱事所以勸百
工也既廩謂飲食糧廩也言在上每日省視百工功程每
月試其所作之事又飲食糧廩稱當其事功多則廩厚功
小則餼薄是所以勸百工也　治亂持危者諸侯國內
有亂則治討之危弱則扶持之　厚往而薄來所以懷諸
侯也厚往謂諸侯還國王者以其財賄厚重往報之薄來
謂諸侯貢獻使輕薄而來如此則諸侯歸服故所以懷諸
侯也　注尊重至其食　正義曰尊重其祿位者言同姓
之親既非賢才但尊重其祿位榮貴之而已不必授以官
守也云大臣皆有屬官所任使不親小事也者若周禮六
卿其下各有屬官其細碎小事皆屬官爲之是不親小事
也云既讀爲餼餼廩稍食也者以既與廩連文又與餼字
聲同故讀既爲餼稍食者謂稍給之故周禮月終均其稍
食是也引稾人職者證其餼廩稱事案周禮夏官稾人掌

六卅四　禮記義六十　二十七　王禧

弓矢之材其職云乘其事乘謂計筭其所爲之事考其弓
弩謂考校弓弩之善惡多少以下上其食下謂貶退上謂
增益善者則增上其食
惡者則減其食故也　凡爲天下國家有九經
所以行之者一也凡事豫則立不豫則廢
言前定則不跲事前定則不困行前定則
不疚道前定則不窮　一謂當豫也跲躓也
疚病也人不能病之　疏　正義
曰此一節明前九經之法唯在豫前謀之故云所以行之
者一也一謂豫也　言前定則不跲者案字林云跲躓也
躓謂行倒蹶也將欲發言能豫前思定然後出口則言得
流行不有躓蹶也　事前定則不困者困乏也言欲爲事之
時先須豫前思定則臨事不困　行前定則不疚者疚病
也言欲爲行之時豫前思定則行不疚病　道前定則不

足利本第六十卷第二十八葉

窮者言欲行道之時豫前謀定則道無窮也 注 人不能
病之 正義曰解經行前定則不疚人若行不豫前先定
人或不信病害之旣前定
而後行故人不能病害也 在下位不獲乎上民不
可得而治矣 獲得也言臣不得於
君則不得居位治民 獲乎上有道
不信乎朋友不獲乎上矣信乎朋友有道
不順乎親不信乎朋友矣順乎親有道反
諸身不誠不順乎親矣誠身有道不明乎
善不誠乎身矣 言知善之爲
善乃能行誠 疏 正義曰此明爲
臣爲人皆須誠
信於身然後可得之事 在下位不獲乎上者獲得也言
人臣處在下位不得於君上之意則不得居位以治民故
禮記義六十 二十八 李消
云民不可得而治矣 獲乎上有道不信乎朋友不獲乎
上矣者言臣欲得君上之意先須有道德信著朋友若道
德無信著乎朋友則不得上之意矣言欲得上意先須
信乎朋友也 信乎朋友有道不順乎親則不信乎朋友
矣者言欲行信著於朋友先須有道順乎其親若不順乎
其親則不信乎朋友矣 順乎親有道反諸身不誠不順
乎親矣者言欲順乎親必須有道反於已身使有至誠若
身不能至誠則不能順乎親矣 誠身有道不明乎善不
誠乎身矣者言欲行至誠於身先須有道明乎善行若不
明乎善行則不能至誠乎身矣言明乎善行始能至誠乎
身能至誠乎身始能順乎親順乎親始能信乎朋友信乎
朋友始能得君上之意得乎君上之意始得居位治民也
誠者天之道也誠之者人之道也誠者不
勉而中不思而得從容中道聖人也誠之

潘本第六十卷第二十八葉

窮者言欲行道之時豫前謀定則道無窮也 注 人不能
病之 正義曰解經行前定則不疚人若行不豫前先定
人或不信病害之旣前定
而後行故人不能病害也 在下位不獲乎上民不
可得而治矣 獲得也言臣不得於
君則不得居位治民 獲乎上有道
不信乎朋友不獲乎上矣信乎朋友有道
不順乎親不信乎朋友矣順乎親有道反
諸身不誠不順乎親矣誠身有道不明乎
善不誠乎身矣 言知善之爲
善乃能行誠 疏 正義曰此明爲
臣爲人皆須誠
信於身然後可得之事 在下位不獲乎上者獲得也言
人臣處在下位不得於君上之意則不得居位以治民故
禮記義六十 二十八 李消
云民不可得而治矣 獲乎上有道不信乎朋友不獲乎
上矣者言臣欲得君上之意先須有道德信著朋友若道
德無信著乎朋友則不得上之意矣言欲得上意先須
信乎朋友也 信乎朋友有道不順乎親則不信乎朋友
矣者言欲行信著於朋友先須有道順乎其親若不順乎
其親則不信乎朋友矣 順乎親有道反諸身不誠不順
乎親矣者言欲順乎親必須有道反於已身使有至誠若
身不能至誠則不能順乎親矣 誠身有道不明乎善不
誠乎身矣者言欲行至誠於身先須有道明乎善行若不
明乎善行則不能至誠乎身矣言明乎善行始能至誠乎
身能至誠乎身始能順乎親順乎親始能信乎朋友信乎
朋友始能得君上之意得乎君上之意始得居位治民也
誠者天之道也誠之者人之道也誠者不
勉而中不思而得從容中道聖人也誠之

足利本第六十卷第二十九葉

者擇善而固執之者也言誠者天性也誠之者學而誠之者也因誠身說有大至誠者疏正義曰前經欲明事君先須身有至誠此經明至誠之道天之性也則人當學其至誠之性是上天之道不爲而誠不思而得若天之性有生殺信著四時是天之道誠之者人之道也者言人能勉力學此至誠是人之道也不學則不得故云人之道誠者不勉而中不思而得從容中道聖人也者此覆說上文誠者天之道也唯聖人能然謂不勉勵而自中當於善不思慮而自得於善從容閒暇而自中乎道以聖人性合於天道自然故云聖人也誠之者擇善而固執之者也此覆說上文誠之者人之道也謂由學而致此至誠謂賢人也言選擇善事而堅固執之行之不已遂致至誠也注因誠身說有大至誠正義曰以前經云欲事親事君先須脩身有大至誠故此說有大至誠大至誠則經云誠者天之道也聖人是矣博學之審問之

禮記義六十　二九　王佐

愼思之明辨之篤行之有弗學學之弗能弗措也有弗問問之弗知弗措也有弗思思之弗得弗措也有弗辨辨之弗明弗措也有弗行行之弗篤弗措也人一能之己百之人十能之己千之果能此道矣雖愚必明雖柔必強此勸人學誠其身也果猶決也疏正義曰此一經申明上經誠之者擇善而固執之事有弗學學之弗能弗措也者謂身有事不能常學習常須勤力學之措置也言學不至於能不措置休廢必待能之乃已也以下諸事皆然此一句覆上博學之也有弗問問之弗知弗措也覆上審問之

潘本第六十卷第二十九葉

者擇善而固執之者也言誠者天性也誠之者學而誠之者也因誠身說有大至誠者疏正義曰前經欲明事君先須身有至誠此經明至誠之道天之性也則人當學其至誠之性是上天之道不爲而誠不思而得若天之性有生殺信著四時是天之道誠之者人之道也者言人能勉力學此至誠是人之道也不學則不得故云人之道誠者不勉而中不思而得從容中道聖人也者此覆說上文誠者天之道也唯聖人能然謂不勉勵而自中當於善不思慮而自得於善從容閒暇而自中乎道以聖人性合於天道自然故云聖人也誠之者擇善而固執之者也此覆說上文誠之者人之道也謂由學而致此至誠謂賢人也言選擇善事而堅固執之行之不已遂致至誠也注因誠身說有大至誠正義曰以前經云欲事親事君先須脩身有大至誠故此說有大至誠大至誠則經云誠者天之道也聖人是矣博學之審問之

禮記義六十　二十九　王佐

愼思之明辨之篤行之有弗學學之弗能弗措也有弗問問之弗知弗措也有弗思思之弗得弗措也有弗辨辨之弗明弗措也有弗行行之弗篤弗措也人一能之己百之人十能之己千之果能此道矣雖愚必明雖柔必強此勸人學誠其身也果猶決也疏正義曰此一經申明上經誠之者擇善而固執之事有弗學學之弗能弗措也者謂身有事不能常學習常須勤力學之措置也言學不至於能不措置休廢必待能之乃已也以下諸事皆然此一句覆上博學之也有弗問問之弗知弗措也覆上審問之

足利本第六十卷第三十葉

也有弗思思之弗得弗措也覆上愼思之有弗辨辨之弗明弗措也覆上明辨之也有弗行行之弗篤弗措也覆上篤行之也人一能之己百之人十能之己千之謂他人性識聰敏一學則能知之己當百倍用功而學使能知之言己加心精勤之多恒百倍於他人也果能此道矣雖愚必明雖柔必強果謂果決也若決能爲此百倍用功之道識慮雖復愚弱而必至明強此勸人學誠其身也自誠明謂之性自明誠謂之教誠則明矣明則誠矣自由也由至誠而有明德是聖人之性者也由明德而有至誠是賢人學以成之也有至誠則必有明德有明德則必有至誠疏正義曰此一經顯天性至誠或學而能兩者雖異功用則相通自誠明謂之性者此說天性自誠者自由也言由天性至誠而身有明德此乃自然天性如此故謂之性自明誠謂之教者此說學而至誠由身聰明勉力學習而致至誠非由天性

禮記義六十　三十　揚昌

教習使然故云謂之教然則自誠明謂之性聖人之德也自明誠謂之教賢人之德也誠則明矣者言聖人天性至誠則能有明德由至誠而致明也明則誠矣者謂賢人由身聰明習學乃致至誠故云明則誠矣是誠則能明明則能誠優劣雖異二者皆通有至誠也唯天下至誠爲能盡其性能盡其性則能盡人之性能盡人之性則能盡物之性能盡物之性則可以贊天地之化育可以贊天地之化育則可以與天地參矣盡性者謂順理之使不失其所也贊助也育生也助天地之化生謂聖人受命在王位致大平疏正義曰此明天性至誠聖人之道也唯天下至誠者謂一天下之內至極誠信爲聖人也爲能

潘本第六十卷第三十葉

也有弗思思之弗得弗措也覆上愼思之有弗辨辨之弗明弗措也覆上明辨之也有弗行行之弗篤弗措也覆上篤行之也人一能之己百之人十能之己千之謂他人性識聰敏一學則能知之己當百倍用功而學使能知之言己加心精勤之多恒百倍於他人也果能此道矣雖愚必明雖柔必強果謂果決也若決能爲此百倍用功之道識慮雖復愚弱而必至明強此勸人學誠其身也自誠明謂之性自明誠謂之教誠則明矣明則誠矣自由也由至誠而有明德是聖人之性者也由明德而有至誠是賢人學以成之也有至誠則必有明德有明德則必有至誠疏正義曰此一經顯天性至誠或學而能兩者雖異功用則相通自誠明謂之性者此說天性自誠者自由也言由天性至誠而身有明德此乃自然天性如此故謂之性自明誠謂之教者此說學而至誠由身聰明勉力學習而致至誠非由天性

禮記義六十　三十　揚昌

教習使然故云謂之教然則自誠明謂之性聖人之德也自明誠謂之教賢人之德也誠則明矣者言聖人天性至誠則能有明德由至誠而致明也明則誠矣者謂賢人由身聰明習學乃致至誠故云明則誠矣是誠則能明明則能誠優劣雖異二者皆通有至誠也唯天下至誠爲能盡其性能盡其性則能盡人之性能盡人之性則能盡物之性能盡物之性則可以贊天地之化育可以贊天地之化育則可以與天地參矣盡性者謂順理之使不失其所也贊助也育生也助天地之化生謂聖人受命在王位致大平疏正義曰此明天性至誠聖人之道也唯天下至誠者謂一天下之內至極誠信爲聖人也爲能

足利本第六十卷第三十一葉

盡其性者以其至極誠信與天地合故能盡其性既盡其性則能盡其人與萬物之性是以下云能盡人之性既能盡人性則能盡萬物之性故能贊助天地之化育功與天地相參上云誠者天之道此兼云地者上說至誠之理由神妙而來故特云天之道此據化育生物故幷云地也

其次致曲曲能有誠誠則形形則著著則明明則動動則變變則化唯天下至誠爲能化

其次謂自明誠者也致至也曲猶小小之事也不能盡性而有至誠於有義焉而已形謂人見其功也盡性之誠人不能見也著形之大者也明著之顯者也動動人心也變改惡爲善也變之久則化而性善也

疏 正義曰此一經明賢人習學而致至誠故云其次致曲曲謂細小之事言其賢人致行細小之事不能盡性於細小之事能有至誠也 誠則形形則著者謂不能自然至誠由學而來故誠則人見其功是誠則形也初有小形後乃大而明著故云形則著也若天性至誠之人不能見則不形不著也 著則明明則動者由著故顯明由明能感動於衆 動則變變則化者既感動人心漸變惡爲善變而既久遂至於化言惡人全化爲善人無復爲惡也 唯天下至誠爲能化言唯天下學致至誠之人爲能化惡爲善改移舊俗不如前經天生至誠能盡其性與天地參矣

注 其至善也 正義曰以前經云自明誠謂之教是由明而致誠是賢人次於聖人故云其次謂自明誠也云不能盡性而有至誠於有義焉而已者言此次誠不能如至誠盡物之性但能有至誠於細小物焉而已云形謂人見其功也者由次誠彰露人皆見其功也云盡性之誠人不能見也者言天性至誠神妙無體人不見也云著形之大者也解經形則著初有微形後則大而形著云變之久則化而性善也者解經變則化初漸謂之變變時新舊兩體俱有變盡舊體而有新體謂之爲化如月令鳩化爲

禮記義六十 三十一 余成

潘本第六十卷第三十一葉

盡其性者以其至極誠信與天地合故能盡其性既盡其性則能盡其人與萬物之性是以下云能盡人之性既能盡人性則能盡萬物之性故能贊助天地之化育功與天地相參上云誠者天之道此兼云地者上說至誠之理由神妙而來故特云天之道此據化育生物故幷云地也

其次致曲曲能有誠誠則形形則著著則明明則動動則變變則化唯天下至誠爲能化

其次謂自明誠者也致至也曲猶小小之事也不能盡性而有至誠於有義焉而已形謂人見其功也盡性之誠人不能見也著形之大者也明著之顯者也動動人心也變改惡爲善也變之久則化而性善也

疏 正義曰此一經明賢人習學而致至誠故云其次致曲曲謂細小之事言其賢人致行細小之事不能盡性於細小之事能有至誠也 誠則形形則著者謂不能自然至誠由學而來故誠則人見其功是誠則形也初有小形後乃大而明著故云形則著也若天性至誠之人不能見則不形不著也 著則明明則動者由著故顯明由明能感動於衆 動則變變則化者既感動人心漸變惡爲善變而既久遂至於化言惡人全化爲善人無復爲惡也 唯天下至誠爲能化言唯天下學致至誠之人爲能化惡爲善改移舊俗不如前經天生至誠能盡其性與天地參矣

注 其至善也 正義曰以前經云自明誠謂之教是由明而致誠是賢人次於聖人故云其次謂自明誠也云不能盡性而有至誠於有義焉而已者言此次誠不能如至誠盡物之性但能有至誠於細小物焉而已云形謂人見其功也者由次誠彰露人皆見其功也云盡性之誠人不能見也者言天性至誠神妙無體人不見也云著形之大者也解經形則著初有微形後則大而形著云變之久則化而性善也者解經變則化初漸謂之變變時新舊兩體俱有變盡舊體而有新體謂之爲化如月令鳩化爲

禮記義六十 三十一 余成

足利本第六十卷第三十二葉

鷹是爲鷹之時非復鳩也猶如善人無復有惡也至誠之道可以前知國
家將興必有禎祥國家將亡必有妖孽見
乎著龜動乎四體禍福將至善必先知之
不善必先知之故至誠如神可以前知者言天不欺至誠者也前
亦先也禎祥妖孽蓍龜之占雖其時有小人愚主皆爲至
誠能知者出也四體謂龜之四足春占後左夏占前左秋
占前右冬占後右【疏】正義曰至誠之道可以前知者此由身有
至誠可以豫知前事此至誠之內是天生
至誠亦通學而至誠故前經云自明誠謂之教是賢人至
誠同聖人也言聖人賢人俱有至誠之行天所不欺可知
前事　國家將興必有禎祥者禎祥吉之萌兆祥善也言家
國之將興必先有嘉慶善祥也又說禎祥者言人有至誠

禮記義六十　三十二　本用

天地不能隱如文王有至誠招赤雀之瑞也國本有今異
曰禎本無今有曰祥何爲本有今異者何胤云國本有雀今
有赤雀來是禎也國本無鳳今有鳳來是祥也尚書祥桑
穀共生于朝是惡此經云善何得入國者以吉凶先見者
皆曰祥別無義也國家將亡必有妖孽者妖孽謂凶惡之
萌兆也妖猶傷也傷甚曰孽謂惡物來爲妖傷之徵若魯
國鸜鵒來巢以爲國之傷徵案左傳云地反物爲妖說文
云衣服歌謡草木之怪爲妖禽獸蟲蝗之怪爲孽　見乎
著龜動乎四體者所以先知禎祥妖孽見乎著龜卦兆發
動於龜之四體也　禍福將至者禍謂妖孽福謂禎祥
萌兆豫來是禍福將至　善必先知之者善謂福也　不
善必先知之者不善謂禍也　故至誠如神者言至誠之
道豫知前事如神之微妙故云至誠如神也【注】云雖其
時有小人愚主皆爲至誠能知者出也　正義曰鄭以聖
人君子將興之時或聖人有至誠或賢人有至誠則國之
將興禎祥可知而小人愚主之世無至誠又時無賢人亦

潘本第六十卷第三十二葉

鷹是爲鷹之時非復鳩也猶如善人無復有惡也至誠之道可以前知國
家將興必有禎祥國家將亡必有妖孽見
乎著龜動乎四體禍福將至善必先知之
不善必先知之故至誠如神可以前知者言天不欺至誠者也前
亦先也禎祥妖孽蓍龜之占雖其時有小人愚主皆爲至
誠能知者出也四體謂龜之四足春占後左夏占前左秋
占前右冬占後右【疏】正義曰至誠之道可以前知者此由身有
至誠可以豫知前事此至誠之內是天生
至誠亦通學而至誠故前經云自明誠謂之教是賢人至
誠同聖人也言聖人賢人俱有至誠之行天所不欺可知
前事　國家將興必有禎祥者禎祥吉之萌兆祥善也言家
國之將興必先有嘉慶善祥也又說禎祥者言人有至誠

禮記義六十　三十二　本用

天地不能隱如文王有至誠招赤雀之瑞也國本有今異
曰禎本無今有曰祥何爲本有今異者何胤云國本有雀今
有赤雀來是禎也國本無鳳今有鳳來是祥也尚書祥桑
穀共生于朝是惡此經云善何得入國者以吉凶先見者
皆曰祥別無義也國家將亡必有妖孽者妖孽謂凶惡之
萌兆也妖猶傷也傷甚曰孽謂惡物來爲妖傷之徵若魯
國鸜鵒來巢以爲國之傷徵案左傳云地反物爲妖說文
云衣服歌謡草木之怪爲妖禽獸蟲蝗之怪爲孽　見乎
著龜動乎四體者所以先知禎祥妖孽見乎著龜卦兆發
動於龜之四體也　禍福將至者禍謂妖孽福謂禎祥
萌兆豫來是禍福將至　善必先知之者善謂福也　不
善必先知之者不善謂禍也　故至誠如神者言至誠之
道豫知前事如神之微妙故云至誠如神也【注】云雖其
時有小人愚主皆爲至誠能知者出也　正義曰鄭以聖
人君子將興之時或聖人有至誠或賢人有至誠則國之
將興禎祥可知而小人愚主之世無至誠又時無賢人亦

然至誠所以得知國家之將亡而有妖孽者雖小人愚主由至誠之人生在亂世猶有至誠之德此妖孽爲有至誠能知者出也案周語云幽王二年三川皆震伯陽父曰周將亡矣昔伊洛竭而夏亡河竭而商亡時三川皆震爲周之惡瑞是伯陽父有至誠能知周亡也又周惠王十五年有神降于莘莘虢國地名周惠王問内史過史過對曰夏之興也祝融降于崇山其亡也回祿信于聆隧商之興也檮杌次於丕山其亡也夷羊在牧周之興也鸑鷟鳴於岐山其衰也杜伯射宣王於鎬今虢多涼德虢必亡也是内史過有至誠之德神爲之出是愚主之世以妖孽爲至誠能知者出也

誠者自成也而道自道也 言人能至誠所以自成也有道藝所以自道達 疏 正義曰誠者自成也而道自道也者言人能有至誠之德則自成就其身故云誠者自成也若人有道藝則能自道達於己故云而道自道也

誠者物之終始不誠無物 物萬物也亦事也大人無誠萬物不生小人無誠則事不成

是故君子誠之爲貴 言貴至誠 疏 正義曰誠者物之終始不誠無物者言人有至誠則能與萬物爲終始若無至誠則不能成其物若大人無至誠則不能生萬物若小人無至誠則不能成其物物猶事也小人無誠則不能成事

誠者非自成己而已也所以成物也成己仁也成物知也性之德也合外内之道也 以至誠成己則仁道立以至誠成物則知彌博此五性之所以爲德也外内所須而合也外内猶上下 疏 正義曰此經明己有至誠能成就物也誠者非自成己而已也所以成物也者言人有至誠非但自成就己身而已又能成就外物 成己仁也成物知也者若能成就己身則仁道興立故云成己仁也若能成就外物則知力廣遠故云

無至誠所以得知國家之將亡而有妖孽者雖小人愚主由至誠之人生在亂世猶有至誠之德此妖孽爲有至誠能知者出也案周語云幽王二年三川皆震伯陽父曰周將亡矣昔伊洛竭而夏亡河竭而商亡時二川皆震爲周之惡瑞是伯陽父有至誠能知周亡也又周惠王十五年有神降于莘莘虢國地名周惠王問内史過史過對曰夏之興也祝融降于崇山其亡也回祿信于聆隧商之興也檮杌次於丕山其亡也夷羊在牧周之興也鸑鷟鳴於岐山其衰也杜伯射宣王於鎬今虢多涼德虢必亡也是内史過有至誠之德神爲之出是愚主之世以妖孽爲至誠能知者出也

誠者自成也而道自道也 言人能至誠所以自成也有道藝所以自道達 疏 正義曰誠者自成也而道自道也者言人能有至誠之德則自成就其身故云誠者自成也若人有道藝則能自道達於己故云而道自道也

誠者物之終始不誠無物 物萬物也亦事也大人無誠萬物不生小人無誠則事不成

是故君子誠之爲貴 言貴至誠 疏 正義曰誠者物之終始不誠無物者言人有至誠則能與萬物爲終始若無至誠則不能成其物若大人無至誠則不能生萬物若小人無至誠則不能成其物物猶事也小人無誠則不能成事

誠者非自成己而已也所以成物也成己仁也成物知也性之德也合外内之道也 以至誠成己則仁道立以至誠成物則知彌博此五性之所以爲德也外内所須而合也外内猶上下 疏 正義曰此經明己有至誠能成就物也誠者非自成己而已也所以成物也者言人有至誠非但自成就己身而已又能成就外物 成己仁也成物知也者若能成就己身則仁道興立故云成己仁也若能成就外物則知力廣遠故云

足利本第六十卷第三十四葉

成物知也　性之德也者言誠者是人五性之德則仁義
禮知信皆猶至誠而爲德故云性之德也　合外内之道
也者言至誠之行合於外内之道無問外内皆須至誠於
人事言之有外有内於萬物言之外内猶上下上謂天下
謂地天體高明故爲外地體博厚閉
藏故爲内也是至誠合天地之道也　故時措之宜也
時措言得其
時而用也　故至誠無息不息則久久則徵
徵則悠遠悠遠則博厚博厚則高明　徵猶效驗也此
言至誠之德既著於四方其
高厚日以廣大也徵或爲徵　疏　正義曰故時措之宜也
措猶用也言至誠者成
萬物之性合天地之道故得時而用之則無往而不宜故
注云時措言得其時而用也　故至誠無息　言至誠之
德所用皆宜無有止息故能久遠博厚高明以配天地也
不息則久者以其不息故能長久也　久則徵徵驗也

禮記義六十　三十四　李憲

以其久行故有徵驗　徵則悠遠者悠長也若事有徵驗
則可行長遠也　悠遠則博厚以其德既長遠無所不周
故博厚也養物博厚則功
業顯著故博厚則高明也　博厚所以載物也高明
所以覆物也悠久所以成物也博厚配地
高明配天悠久無疆　後言悠久者言至誠之德既
至博厚高明配乎天地又欲
其長久　如此者不見而章不動而變無爲而
行之
成天地之道可壹言而盡也　言其德化與天地
相似可一言而盡
要在至誠　其爲物不貳則其生物不測　言至誠無
貳乃能生
萬物多
無數也　疏　正義曰博厚所以載物也以其德博厚所以
負載於物　高明所以覆物也以其功業高

潘本第六十卷第三十四葉

成物知也　性之德也者言誠者是人五性之德則仁義
禮知信皆猶至誠而爲德故云性之德也　合外内之道
也者言至誠之行合於外内之道無問外内皆須至誠於
人事言之有外有内於萬物言之外内猶上下上謂天下
謂地天體高明故爲外地體博厚閉
藏故爲内也是至誠合天地之道也　故時措之宜也
時措言得其
時而用也　故至誠無息不息則久久則徵
徵則悠遠悠遠則博厚博厚則高明　徵猶效驗也此
言至誠之德既著於四方其
高厚日以廣大也徵或爲徵　疏　正義曰故時措之宜也
措猶用也言至誠者成
萬物之性合天地之道故得時而用之則無往而不宜故
注云時措言得其時而用也　故至誠無息　言至誠之
德所用皆宜無有止息故能久遠博厚高明以配天地也
不息則久者以其不息故能長久也　久則徵徵驗也

禮記義六十　三十四　李憲

以其久行故有徵驗　徵則悠遠者悠長也若事有徵驗
則可行長遠也　悠遠則博厚以其德既長遠無所不周
故博厚也養物博厚則功
業顯著故博厚則高明也　博厚所以載物也高明
所以覆物也悠久所以成物也博厚配地
高明配天悠久無疆　後言悠久者言至誠之德既
至博厚高明配乎天地又欲
其長久　如此者不見而章不動而變無爲而
行之
成天地之道可壹言而盡也　言其德化與天地
相似可一言而盡
要在至誠　其爲物不貳則其生物不測　言至誠無
貳乃能生
萬物多
無數也　疏　正義曰博厚所以載物也以其德博厚所以
負載於物　高明所以覆物也以其功業高

明所以覆蓋於萬物也 悠久所以成物也以行之長久
能成就於物此謂至誠之德也 博厚配地言聖人之德
博厚配偶於地與地同功能載物也 高明配天言聖人
功業高明配偶於天與天同功能覆物也 悠久無疆疆
窮也言聖人之德既能覆載又能長久行之所以無窮悠
久則上經悠遠悠久在博厚高明之上此經悠久在博厚
高明之下者上經欲明積漸先悠久後能博厚高明此經
旣能博厚高明又須行之長久故反覆言之 如此者不
見而章不動而變無爲而成者言聖人之德如此博厚高
明悠久不見所爲而功業章顯不見動作而萬物改變無
所施爲而道德成就 天地之道可壹言而盡也者言聖
人之德能同於天地之道欲尋求所由可一句之言而能
盡其事理正由於至誠是壹言而盡也 其爲物不貳則
其生物不測者言聖人行至誠接待於物不有差貳以
此之故能生殖衆物不可
測量故鄭云言多無數也 天地之道博也厚也高

禮記義六十 三十五 方伯

也明也悠也久也 此言其著見成功也 今夫天斯昭昭
之多及其無窮也日月星辰繫焉萬物覆
焉今夫地一撮土之多及其廣厚載華嶽
而不重振河海而不洩萬物載焉今夫山
一卷石之多及其廣大草木生之禽獸居
之寶藏興焉今夫水一勺之多及其不測
黿鼉蛟龍魚鼈生焉貨財殖焉 此言天之高明本生
昭昭地之博厚本由撮土山之廣大本起卷石水之不測
本從一勺皆合少成多自小致大爲至誠者亦如此乎昭

足利本第六十卷第三十五葉

明所以覆蓋於萬物也 悠久所以成物也以行之長久
能成就於物此謂至誠之德也 博厚配地言聖人之德
博厚配偶於地與地同功能載物也 高明配天言聖人
功業高明配偶於天與天同功能覆物也 悠久無疆疆
窮也言聖人之德既能覆載又能長久行之所以無窮悠
久則上經悠遠悠久在博厚高明之上此經悠久在博厚
高明之下者上經欲明積漸先悠久後能博厚高明此經
旣能博厚高明又須行之長久故反覆言之 如此者不
見而章不動而變無爲而成者言聖人之德如此博厚高
明悠久不見所爲而功業章顯不見動作而萬物改變無
所施爲而道德成就 天地之道可壹言而盡也者言聖
人之德能同於天地之道欲尋求所由可一句之言而能
盡其事理正由於至誠是壹言而盡也 其爲物不貳則
其生物不測者言聖人行至誠接待於物不有差貳以
此之故能生殖衆物不可
測量故鄭云言多無數也 天地之道博也厚也高

禮記義六十 三十五 方伯

也明也悠也久也 此言其著見成功也 今夫天斯昭昭
之多及其無窮也日月星辰繫焉萬物覆
焉今夫地一撮土之多及其廣厚載華嶽
而不重振河海而不洩萬物載焉今夫山
一卷石之多及其廣大草木生之禽獸居
之寶藏興焉今夫水一勺之多及其不測
黿鼉蛟龍魚鼈生焉貨財殖焉 此言天之高明本生
昭昭地之博厚本由撮土山之廣大本起卷石水之不測
本從一勺皆合少成多自小致大爲至誠者亦如此乎昭

潘本第六十卷第三十五葉

足利本第六十卷第三十六葉

昭猶耿耿小明也振猶收也卷猶區也　詩曰惟天之命於穆不已蓋曰天之所以爲天也於乎不顯文王之德之純蓋曰文王之所以爲文也純亦不已　天所以爲天文王所以爲文皆由行之無已爲之不止如天地山川之云也易曰君子以愼德積小以高大是與

[疏]正義曰此一節明至誠不已則能從微至著從小至大　今夫天斯昭昭之多者斯此也昭昭狹小之貌言天初時唯有此昭昭之多小貌爾故云昭昭之多　今夫地一撮土之多言地之初時唯一撮土之多言多少唯一撮土　振河海而不泄者振收也言地之廣大載五岳不爲重振收河海而不漏泄　今夫山一卷石之多言山之初小唯一卷石之多多少唯一卷石耳故鄭注云卷猶區也今夫水一勺之多言水初時多少唯一勺耳此以

禮記義六十　三十六　王佐

下皆言爲之不已從小至大然天之與地造化之初清濁二氣爲天地分而成二體元初作盤薄穹隆非是以小至大今云昭昭與撮土卷石與勺水者何但山或壘石爲高水或衆流而成大是從微至著因說聖人至誠之功亦是從小至大以今天地體大假言由小而來以譬至誠非實論也　詩曰惟天之命於穆不已　此一經以上文至誠不已已能從小至大故此經引詩明不已之事所引詩者周頌維天之命文也詩稱維天之命謂四時運行所爲敎命穆美也於穆不已者美之不休已也此詩之本文也　蓋曰天之所以爲天也此是孔子之言記者載之此詩所論蓋說天之所以爲天在乎不已　於乎不顯文王之德之純　此亦周頌文王之詩純謂不已顯謂光明詩人歎之云於乎不光明乎言光明矣文王之德之純謂不已也言文王德敎不有休口與天同功　蓋曰文王之所以爲文也此亦孔子之言解詩之文也　純亦不已者言文王之德之純亦如天之不休已故云純亦不已　[注]易曰君

潘本第六十卷第三十六葉

昭猶耿耿小明也振猶收也卷猶區也　詩曰惟天之命於穆不已蓋曰天之所以爲天也於乎不顯文王之德之純蓋曰文王之所以爲文也純亦不已　天所以爲天文王所以爲文皆由行之無已爲之不止如天地山川之云也易曰君子以愼德積小以高大是與

[疏]正義曰此一節明至誠不已則能從微至著從小至大　今夫天斯昭昭之多者斯此也昭昭狹小之貌言天初時唯有此昭昭之多小貌爾故云昭昭之多　今夫地一撮土之多言地之初時唯一撮土之多言多少唯一撮土　振河海而不泄者振收也言地之廣大載五岳不爲重振收河海而不漏泄　今夫山一卷石之多言山之初小唯一卷石之多多少唯一卷石耳故鄭注云卷猶區也今夫水一勺之多言水初時多少唯一勺耳此以

禮記義六十　三十六　王佐

下皆言爲之不已從小至大然天之與地造化之初清濁二氣爲天地分而成二體元初作盤薄穹隆非是以小至大今云昭昭與撮土卷石與勺水者何但山或壘石爲高水或衆流而成大是從微至著因說聖人至誠之功亦是從小至大以今天地體大假言由小而來以譬至誠非實論也　詩曰惟天之命於穆不已　此一經以上文至誠不已已能從小至大故此經引詩明不已之事所引詩者周頌維天之命文也詩稱維天之命謂四時運行所爲敎命穆美也於穆不已者美之不休已也此詩之本文也　蓋曰天之所以爲天也此是孔子之言記者載之此詩所論蓋說天之所以爲天在乎不已　於乎不顯文王之德之純　此亦周頌文王之詩純謂不已顯謂光明詩人歎之云於乎不光明乎言光明矣文王之德之純謂不已也言文王德敎不有休已與天同功　蓋曰文王之所以爲文也此亦孔子之言解詩之文也　純亦不已者言文王之德之純亦如天之不休已故云純亦不已　[注]易曰君

中庸第三十一

足利本第六十卷第三十七葉

子慎德積小以高大　正義曰此易升卦之象辭案
升卦巽下坤上木生於地中升進之義故爲升也
大哉聖人之道洋洋乎發育萬物峻極于天
育生也峻高大也　優優大哉禮儀三百威儀三千待
其人然後行故曰苟不至德至道不凝焉
言爲政在人政由禮也凝猶成也　疏　正義曰此一節明聖人之道高大苟非至德其道不成洋洋謂道德充滿之貌天下洋洋然育生也峻高也言聖人之道高大與山相似上極于天　優優大哉優優寬裕之貌聖人優優然寬裕其道禮儀三百周禮有三百六十官言三百者舉其成數耳　威儀三千者即儀禮行事之威儀儀禮雖十七篇其中事有三千　待其人然後行者言三百三千之禮必待賢人然後施行其事　故曰苟不至德至道不

禮記義六十　三十七　王恭

凝焉凝成也古語先有其文今夫子既言三百三千待其賢人始行故引古語證之苟誠也不非也苟誠非至德之人則聖人至極之道不可成也俗本不作非也

禮記正義卷第六十

上杉安房守藤原憲實寄進

潘本第六十卷第三十七葉

子慎德積小以高大　正義曰此易升卦之象辭案
升卦巽下坤上木生於地中升進之義故爲升也
大哉聖人之道洋洋乎發育萬物峻極于天
育生也峻高大也　優優大哉禮儀三百威儀三千待
其人然後行故曰苟不至德至道不凝焉
言爲政在人政由禮也凝猶成也　疏　正義曰此一節明聖人之道高大苟非至德其道不成洋洋謂道德充滿之貌天下洋洋然育生也峻高也言聖人之道高大與山相似上極于天　優優大哉優優寬裕之貌聖人優優然寬裕其道禮儀三百周禮有三百六十官言三百者舉其成數耳　威儀三千者即儀禮行事之威儀儀禮雖十七篇其中事有三千　待其人然後行者言三百三千之禮必待賢人然後施行其事　故曰苟不至德至道不

禮記義六十　三十七　王恭

凝焉凝成也古語先有其文今夫子既言三百三千待其賢人始行故引古語證之苟誠也不非也苟誠非至德之人則聖人至極之道不可成也俗本不作非也

禮記正義卷第六十

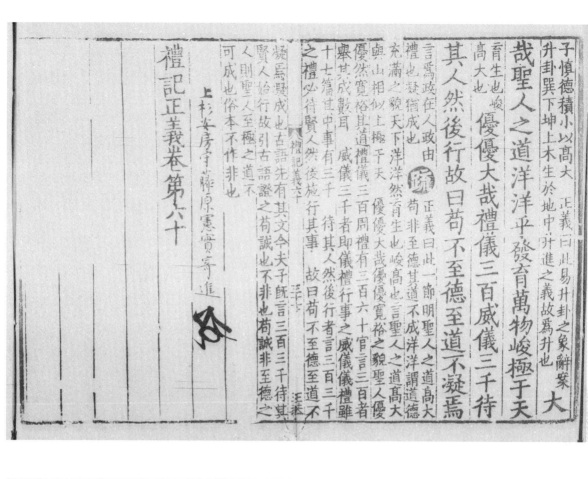

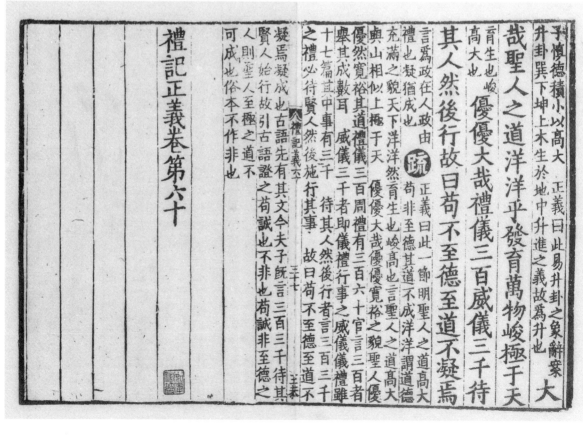

足利本第六十一卷第一葉

禮記正義卷第六十一

國子祭酒上護軍曲阜縣開國子臣孔穎達等奉
勑撰

故君子尊德性而道問學致廣大而盡精微極高明而道中庸温故而知新敦厚以崇禮德性謂性至誠者道猶由也問學學誠者也廣大猶博厚也温讀如燖温之温謂故學之孰矣後時習之謂之温疏正義曰此一經明君子欲行聖人之道當須勤學前經明聖人性之至誠此經明賢人學而至誠也 君子尊德性者謂君子賢人尊敬此聖人道德之性自然至誠也 而道問學者言賢人行道由於問學謂勤學乃致至誠也 致廣大而盡精微者廣大謂地也言賢人由學能致廣大如地之生養之德也而盡精微謂致其生養之德既能致於廣大盡育物之精微言無微不盡也 極高明而道中庸者高明謂天也言賢人由學極盡天之高明之德道通也又能通達於中庸之理也 温故而知新者 言賢人由學既能温尋故事又能知新事也 敦厚以崇禮者言以敦厚重行於學故以尊崇三百三千之禮也 注温讀如燖温之温 正義曰案左傳哀十二年公會吴于橐皋大宰嚭請尋盟子貢對曰盟若可尋也亦可寒也賈逵注云尋温也又有司徹云乃爇尸俎是燖爲温也云謂故學之孰矣後時習之謂之温者謂賢人舊學已精孰在後更習之猶若温尋故食也 是故居上不驕爲下不倍國有道其言足以興國無道其默足以容興謂起在位也詩曰既明且

潘本第六十一卷第一葉

禮記正義卷第六十一

國子祭酒上護軍曲阜縣開國子臣孔穎達等奉
勑撰

故君子尊德性而道問學致廣大而盡精微極高明而道中庸温故而知新敦厚以崇禮德性謂性至誠者道猶由也問學學誠者也廣大猶博厚也温讀如燖温之温謂故學之孰矣後時習之謂之温疏正義曰此一經明君子欲行聖人之道當須勤學前經明聖人性之至誠此經明賢人學而至誠也 君子尊德性者謂君子賢人尊敬此聖人道德之性自然至誠也 而道問學者言賢人行道由於問學謂勤學乃致至誠也 致廣大而盡精微者廣大謂地也言賢人由學能致廣大如地之生養之德也而盡精微謂致其生養之德既能致於廣大盡育物之精微言無微不盡也 極高明而道中庸者高明謂天也言賢人由學極盡天之高明之德道通也又能通達於中庸之理也 温故而知新者 言賢人由學既能温尋故事又能知新事也 敦厚以崇禮者言以敦厚重行於學故以尊崇三百三千之禮也 注温讀如燖温之温 正義曰案左傳哀十二年公會吴于橐皋大宰嚭請尋盟子貢對曰盟若可尋也亦可寒也賈逵注云尋温也又有司徹云乃爇尸俎是燖爲温也云謂故學之孰矣後時習之謂之温者謂賢人舊學已精孰在後更習之猶若温尋故食也 是故居上不驕爲下不倍國有道其言足以興國無道其默足以容興謂起在位也詩曰既明且

足利本第六十一卷第二葉

哲以保其身其此之謂與保安也

疏正義曰此一節明賢人學至誠之道中庸之行若國有道之時盡竭知謀其言足以興成其國興謂發謀出慮　國無道其默足以容若無道之時則韜光潛默足以自容其身免於禍害　詩云既明且哲以保其身此大雅烝民之篇美宣王之詩言宣王任用仲山甫能顯明其事任且又哲知保安全其己身言中庸之人亦能如此故云其此之謂與

子曰愚而好自用賤而好自專生乎今之世反古之道如此者烖及其身者也反古之道謂曉一孔之人不知今王之新政可從

非天子不議禮不制度不考文此天下所共行天子乃能一之也禮謂人所服行也度國家宮室及車輿也文書名也

今天下車同軌書同文行同倫今孔子謂其時

雖有其位苟無其德不敢作禮樂焉雖有其德苟無其位亦不敢作禮樂焉言作禮樂者必聖人在天子之位

疏正義曰上經論賢人學至誠商量國之有道無道能或語或默以保其身若不能中庸者皆不能量事制宜必及禍患又因明己以此之故不敢專輒制作禮樂也　生乎今之世反古之道如此者烖及其身者也此謂尋常之人不知大道若賢人君子雖生今時能持古法故儒行云今人與居古人與稽是也俗本反下有行字又無如此者三字非也　非天子不議禮　此論禮由天子所行既非天子不得論議禮之是非　不制度謂不敢制造法度及國家宮室大小高下及車輿也　不考文亦不得考成文章書籍之名也　今天下車同軌者今謂孔子時車同軌覆上不制度書同文覆

潘本第六十一卷第二葉

哲以保其身其此之謂與保安也

疏正義曰此一節明賢人學至誠之道中庸之行若國有道之時盡竭知謀其言足以興成其國興謂發謀出慮　國無道其默足以容若無道之時則韜光潛默足以自容其身免於禍害　詩云既明且哲以保其身此大雅烝民之篇美宣王之詩言宣王任用仲山甫能顯明其事任且又哲知保安全其己身言中庸之人亦能如此故云其此之謂與

子曰愚而好自用賤而好自專生乎今之世反古之道如此者烖及其身者也反古之道謂曉一孔之人不知今王之新政可從

非天子不議禮不制度不考文此天下所共行天子乃能一之也禮謂人所服行也度國家宮室及車輿也文書名也

今天下車同軌書同文行同倫今孔子謂其時

雖有其位苟無其德不敢作禮樂焉雖有其德苟無其位亦不敢作禮樂焉言作禮樂者必聖人在天子之位

疏正義曰上經論賢人學至誠商量國之有道無道能或語或默以保其身若不能中庸者皆不能量事制宜必及禍患又因明己以此之故不敢專輒制作禮樂也　生乎今之世反古之道如此者烖及其身者也此謂尋常之人不知大道若賢人君子雖生今時能持古法故儒行云今人與居古人與稽是也俗本反下有行字又無如此者三字非也　非天子不議禮　此論禮由天子所行既非天子不得論議禮之是非　不制度謂不敢制造法度及國家宮室大小高下及車輿也　不考文亦不得考成文章書籍之名也　今天下車同軌者今謂孔子時車同軌覆上不制度書同文覆

禮記義六十一　二　李良

上不考文行同倫倫道也言人所行之行皆同道理覆上不議禮當孔子時禮壞樂崩家殊國異而云此者欲明己雖有德身無其位不敢造作禮樂故極行而虛己先說以自謙也 注反古之道謂曉一孔之人 正義曰孔謂孔穴孔穴所出事有多塗今唯曉知一孔之人不知餘孔通達唯守此一處故云曉一孔之人

子曰吾說夏禮杞不足徵也吾學殷禮有宋存焉吾學周禮今用之吾從周徵猶明也吾能說夏禮顧杞之君不足與明之也吾從周行今之道王天下有三重焉其寡過矣乎三重三王之禮上焉者雖善無徵無徵不信不信民弗從下焉者雖善不尊不尊不信不信民弗從上謂君也君雖善善無明徵則其善不信也下謂臣也臣雖善善而不尊君則其善亦不信也徵或爲登故君子之道本諸身徵諸庶民考諸三王而不繆建諸天地而不悖質諸鬼神而無疑百世以俟聖人而不惑質諸鬼神而無疑知天也百世以俟聖人而不惑知人也知天知人謂知其道也鬼神從天地者也易曰故知鬼神之情狀與天地相似聖人則之百世同道徵或爲登是故君子動而世爲天下道行而世爲天下法言而世爲天下則遠之則有望近之

上不考文行同倫倫道也言人所行之行皆同道理覆上不議禮當孔子時禮壞樂崩家殊國異而云此者欲明己雖有德身無其位不敢造作禮樂故極行而虛己先說以自謙也 注反古之道謂曉一孔之人 正義曰孔謂孔穴孔穴所出事有多塗今唯曉知一孔之人不知餘孔通達唯守此一處故云曉一孔之人

子曰吾說夏禮杞不足徵也吾學殷禮有宋存焉吾學周禮今用之吾從周徵猶明也吾能說夏禮顧杞之君不足與明之也吾從周行今之道王天下有三重焉其寡過矣乎三重三王之禮上焉者雖善無徵無徵不信不信民弗從下焉者雖善不尊不尊不信不信民弗從上謂君也君雖善善無明徵則其善不信也下謂臣也臣雖善善而不尊君則其善亦不信也徵或爲登故君子之道本諸身徵諸庶民考諸三王而不繆建諸天地而不悖質諸鬼神而無疑百世以俟聖人而不惑質諸鬼神而無疑知天也百世以俟聖人而不惑知人也知天知人謂知其道也鬼神從天地者也易曰故知鬼神之情狀與天地相似聖人則之百世同道徵或爲登是故君子動而世爲天下道行而世爲天下法言而世爲天下則遠之則有望近之

足利本第六十一卷第四葉

則不厭用其法度想思若其將來也詩曰在彼無惡在此無射庶幾夙夜以永終譽君子未有不如此而蚤有譽於天下者也射厭也永長也疏正義曰以上文孔子身無其位不敢制作二代之禮夏殷不足可從所以獨從周禮之意因明君子行道須本於身達諸天地質諸鬼神使動則爲天下之道行則爲後世之法故能早有名譽於天下蓋孔子微自明已之意　子曰吾說夏禮杞不足徵也徵成也明也孔子言我欲明說夏代之禮須行夏禮之國贊而成之杞雖行夏禮其君暗弱不足贊而成之　吾學殷禮有宋存焉者宋行殷禮故云有宋存焉但宋君暗弱欲共贊明殷禮亦不足可成故論語云宋不足徵也此云杞不足徵即宋亦不足徵此云有宋存焉則杞亦存焉互文見義　吾學周禮今用之吾從周者旣杞宋二國不足明

已當不復行前代之禮故云吾從周案趙商問孔子稱吾學周禮今用之吾從周檀弓云今丘也殷人也兩楹奠殯哭師之處皆所法於殷禮未必由周而云吾從周者何也鄭答曰今用之者魯與諸侯皆用周之禮法非專自施於已在宋冠章甫之冠在魯衣逢掖之衣何必純用之吾從周者言周禮法最備其爲殷周事豈一也如鄭此言諸侯禮法則從周身之所行雜用殷禮也　王天下有三重焉其寡過矣乎言爲君王有天下者有三種之重焉謂夏殷周三王之禮其事尊重若能行之寡少於過矣　上焉者雖善無徵無徵不信不信民弗從上謂君也言爲君雖有善行無分明徵驗則不信著於下旣不信著則民不從　下焉者雖善不尊不尊不信不信民弗從下謂臣也言臣所行之事雖有善行而不尊敬於君則善不信著於下旣不信著則民不從故下云徵諸庶民謂行善須有徵驗於庶民也皇氏云無徵謂無符應之徵其義非也　故君子之道者言君臣爲善須有徵驗民乃順從故明之也

潘本第六十一卷第四葉

則不厭用其法度想思若其將來也詩曰在彼無惡在此無射庶幾夙夜以永終譽君子未有不如此而蚤有譽於天下者也射厭也永長也疏正義曰以上文孔子身無其位不敢制作二代之禮夏殷不足可從所以獨從周禮之意因明君子行道須本於身達諸天地質諸鬼神使動則爲天下之道行則爲後世之法故能早有名譽於天下蓋孔子微自明已之意　子曰吾說夏禮杞不足徵也徵成也明也孔子言我欲明說夏代之禮須行夏禮之國贊而成之杞雖行夏禮其君暗弱不足贊而成之　吾學殷禮有宋存焉者宋行殷禮故云有宋存焉但宋君暗弱欲共贊明殷禮亦不足可成故論語云宋不足徵也此云杞不足徵即宋亦不足徵此云有宋存焉則杞亦存焉互文見義　吾學周禮今用之吾從周者旣杞宋二國不足明

禮記義六十一　四

已當不復行前代之禮故云吾從周案趙商問孔子稱吾學周禮今用之吾從周檀弓云今丘也殷人也兩楹奠殯哭師之處皆所法於殷禮未必由周而云吾從周者何也鄭答曰今用之者魯與諸侯皆用周之禮法非專自施於已在宋冠章甫之冠在魯衣逢掖之衣何必純用之吾從周者言周禮法最備其爲殷周事豈一也如鄭此言諸侯禮法則從周身之所行雜用殷禮也　王天下有三重焉其寡過矣乎言爲君王有天下者有三種之重焉謂夏殷周三王之禮其事尊重若能行之寡少於過矣　上焉者雖善無徵無徵不信不信民弗從上謂君也言爲君雖有善行無分明徵驗則不信著於下旣不信著則民不從　下焉者雖善不尊不尊不信不信民弗從下謂臣也言臣所行之事雖有善行而不尊敬於君則善不信著於下旣不信著則民不從故下云徵諸庶民謂行善須有徵驗於庶民也皇氏云無徵謂無符應之徵其義非也　故君子之道者言君臣爲善須有徵驗民乃順從故明之也

本諸身者言君子行道先從身起是本諸身也　徵諸
庶民者徵驗也諸於也謂立身行善使有徵驗於庶民若
晉文公出定襄王示民尊上也伐原示民以信之類是也
考諸三王而不繆者繆亂也謂己所行之事考校與三
王合同不有錯繆也　建諸天地而不悖者悖逆也言己
所行之道建達於天地而不有悖逆謂與天地合也　質
諸鬼神而無疑知天也者質正也謂己所行之行正諸
鬼神不有疑惑是識知天道也此鬼神是陰陽七八九六
之鬼神生成萬物者此是天地所爲既能質正陰陽不有
疑惑是識知天道也　百世以俟聖人而不惑知人也者
以聖人身有聖人之德垂法於後雖在後百世亦堪俟待
後世之聖人其道不異故云知人也　注知天至同道
正義曰以經云知天知人故鄭引經總結之云知其道者
以天道陰陽生成萬物今能正諸陰陽鬼神而不有疑惑
是知天道也以聖人之道雖相去百世其歸一揆今能百
世以待聖人而不有疑惑是知聖人之道也云鬼神從天

地者也解所以質諸鬼神之德知天道之意引易曰故知
鬼神之情狀與天地相似者證鬼神從天地之意案易繫
辭云精氣爲物游魂爲變鄭云木火之神生物金水之鬼
成物以七八之神生物九六之鬼成物是鬼神以生成爲
功天地亦以生成爲務是鬼神之狀與天地相似云聖人
則之百世同道者解經知人之道以前世聖人既能垂法
以俟待後世聖人是識知聖人之道百世不殊故聖人則
之百世同道也　遠之則有望近之則不厭者言聖人之
道爲世法則若遠離之則有企望思慕之深也若附近之
則不厭倦言人愛之無已　詩云在彼無惡在此無射庶
幾夙夜以永終譽此引周頌振鷺之篇言微子來朝身有
美德在彼宋國之内民無惡之在此來朝人無厭倦故庶
幾夙夜以長永終竟美善聲譽言君子之德亦能如此故
引詩以結成之　君子未有不如此而蚤有譽於天下者
也言欲蚤有名譽會須如此未嘗
有不行如此而蚤得有聲譽者也　仲尼祖述堯舜

本諸身者言君子行道先從身起是本諸身也　徵諸
庶民者徵驗也諸於也謂立身行善使有徵驗於庶民若
晉文公出定襄王示民尊上也伐原示民以信之類是也
考諸三王而不繆者繆亂也謂己所行之事考校與三
王合同不有錯繆也　建諸天地而不悖者悖逆也言己
所行之道建達於天地而不有悖逆謂與天地合也　質
諸鬼神而無疑知天也者質正也謂己所行之行正諸
鬼神不有疑惑是識知天道也此鬼神是陰陽七八九六
之鬼神生成萬物者此是天地所爲既能質正陰陽不有
疑惑是識知天道也　百世以俟聖人而不惑知人也者
以聖人身有聖人之德垂法於後雖在後百世亦堪俟待
後世之聖人其道不異故云知人也　注知天至同道
正義曰以經云知天知人故鄭引經總結之云知其道者
以天道陰陽生成萬物今能正諸陰陽鬼神而不有疑惑
是知天道也以聖人之道雖相去百世其歸一揆今能百
世以待聖人而不有疑惑是知聖人之道也云鬼神從天
禮記正義六十一　五
地者也解所以質諸鬼神之德知天道之意引易曰故知
鬼神之情狀與天地相似者證鬼神從天地之意案易繫
辭云精氣爲物游魂爲變鄭云木火之神生物金水之鬼
成物以七八之神生物九六之鬼成物是鬼神以生成爲
功天地亦以生成爲務是鬼神之狀與天地相似云聖人
則之百世同道者解經知人之道以前世聖人既能垂法
以俟待後世聖人是識知聖人之道百世不殊故聖人則
之百世同道也　遠之則有望近之則不厭者言聖人之
道爲世法則若遠離之則有企望思慕之深也若附近之
則不厭倦言人愛之無已　詩云在彼無惡在此無射庶
幾夙夜以永終譽此引周頌振鷺之篇言微子來朝身有
美德在彼宋國之内民無惡之在此來朝人無厭倦故庶
幾夙夜以長永終竟美善聲譽言君子之德亦能如此故
引詩以結成之　君子未有不如此而蚤有譽於天下者
也言欲蚤有名譽會須如此未嘗
有不行如此而蚤得有聲譽者也　仲尼祖述堯舜

憲章文武上律天時下襲水土此以春秋之義說孔子之德孔子曰吾志在春秋行在孝經二經固足以明之孔子祖述堯舜之道而制春秋而斷以文王武王之法度春秋傳曰君子曷爲爲春秋撥亂世反諸正莫近諸春秋其諸君子樂道堯舜之道與末不亦樂乎堯舜之知君子也又曰是子也繼文王之體守文王之法度文王之法無求而求故譏之也又曰王者孰謂謂文王也此孔子兼包堯舜文武之盛德而著之春秋以俟後聖者也律述也述天時謂編年四時具也襲因也因水土謂記諸夏之事山川之異譬如天地之無不持載無不覆幬譬如四時之錯行如日月之代明萬物並育而不相害道並行而不相悖小德川流大德敦

禮記義六十一　六

化此天地之所以爲大也聖人制作其德配天地如此唯五始可以當焉幬亦覆也小德川流浸潤萌芽喻諸侯也大德敦化厚生萬物喻天子也幬或作燾唯天下至聖爲能聰明叡知足以有臨也寬裕溫柔足以有容也發強剛毅足以有執也齊莊中正足以有敬也文理密察足以有別也言德不如此不可以君天下也蓋傷孔子有其德而無其命溥博淵泉而時出之言其臨下普徧思慮深重非得其時不出政教溥博如天淵泉如淵見而民莫不敬言而民莫不信行而民莫不

憲章文武上律天時下襲水土此以春秋之義說孔子之德孔子曰吾志在春秋行在孝經二經固足以明之孔子祖述堯舜之道而制春秋而斷以文王武王之法度春秋傳曰君子曷爲爲春秋撥亂世反諸正莫近諸春秋其諸君子樂道堯舜之道與末不亦樂乎堯舜之知君子也又曰是子也繼文王之體守文王之法度文王之法無求而求故譏之也又曰王者孰謂謂文王也此孔子兼包堯舜文武之盛德而著之春秋以俟後聖者也律述也述天時謂編年四時具也襲因也因水土謂記諸夏之事山川之異譬如天地之無不持載無不覆幬譬如四時之錯行如日月之代明萬物並育而不相害道並行而不相悖小德川流大德敦

禮記義六十一　六

化此天地之所以爲大也聖人制作其德配天地如此唯五始可以當焉幬亦覆也小德川流浸潤萌芽喻諸侯也大德敦化厚生萬物喻天子也幬或作燾唯天下至聖爲能聰明叡知足以有臨也寬裕溫柔足以有容也發強剛毅足以有執也齊莊中正足以有敬也文理密察足以有別也言德不如此不可以君天下也蓋傷孔子有其德而無其命溥博淵泉而時出之言其臨下普徧思慮深重非得其時不出政教溥博如天淵泉如淵見而民莫不敬言而民莫不信行而民莫不

詋是以聲名洋溢乎中國施及蠻貊舟車所至人力所通天之所覆地之所載日月所照霜露所隊凡有血氣者莫不尊親故曰配天如天取其運照不巳也如淵取其清深不測也尊親尊而親之唯天下至誠爲能經綸天下之大經立天下之大本知天地之化育至誠性至誠謂孔子也大經謂六藝而指春秋也大本孝經也夫焉有所倚肫肫其仁淵淵其淵浩浩其天安有所倚言無所偏倚也人人自以被德尤厚似偏頗者肫肫讀如誨爾忳忳之忳忳忳懇誠貌也肫肫或爲純純

禮記義六十一　七　高政

苟不固聰明聖知達天德者其孰能知之言唯聖人乃能知聖人也春秋傳曰末不亦樂乎堯舜之知君子明凡人不知詩曰衣錦尚絅惡其文之著也故君子之道闇然而日章小人之道的然而日亡言君子深遠難知小人淺近易知人所以不知孔子以其深遠禪爲絅錦衣之美而君子以絅表之爲其文章露見似小人也君子之道淡而不厭簡而文溫而理知遠之近知風之自知微之顯可與入德矣淡其味似薄也簡而文溫而理猶簡而辨直而溫也自謂所從來也三知者皆言其睹末察本探端知緒也入德入聖人之德詩云潛雖伏

詋是以聲名洋溢乎中國施及蠻貊舟車所至人力所通天之所覆地之所載日月所照霜露所隊凡有血氣者莫不尊親故曰配天如天取其運照不巳也如淵取其清深不測也尊親尊而親之唯天下至誠爲能經綸天下之大經立天下之大本知天地之化育至誠性至誠謂孔子也大經謂六藝而指春秋也大本孝經也夫焉有所倚肫肫其仁淵淵其淵浩浩其天安有所倚言無所偏倚也人人自以被德尤厚似偏頗者肫肫讀如誨爾忳忳之忳忳忳懇誠貌也肫肫或爲純純

禮記義六十一　七　高政

苟不固聰明聖知達天德者其孰能知之言唯聖人乃能知聖人也春秋傳曰末不亦樂乎堯舜之知君子明凡人不知詩曰衣錦尚絅惡其文之著也故君子之道闇然而日章小人之道的然而日亡言君子深遠難知小人淺近易知人所以不知孔子以其深遠禪爲絅錦衣之美而君子以絅表之爲其文章露見似小人也君子之道淡而不厭簡而文溫而理知遠之近知風之自知微之顯可與入德矣淡其味似薄也簡而文溫而理猶簡而辨直而溫也自謂所從來也三知者皆言其睹末察本探端知緒也入德入聖人之德詩云潛雖伏

矣亦孔之昭故君子內省不疚無惡於志孔甚也昭明也言聖人雖隱遁其德亦甚明矣疚病也君子自省身無瘝病雖不遇世亦無損害於己志君子所不可及者其唯人之所不見乎詩云相在爾室尚不愧于屋漏言君子雖隱居不失其君子之容德也相視也室西北隅謂之屋漏視女在室獨居耳猶不愧於屋漏屋漏非有人也況有人乎故君子不動而敬不言而信詩曰奏假無言時靡有爭假大也此頌也言奏大樂於宗廟之中人皆肅敬金聲玉色無有言者以時太平和合無所爭也是故君子不賞而民勸不怒而民威於鈇鉞

禮記義六十一　八　李周

詩曰不顯惟德百辟其刑之不顯言顯也辟君也此顯也言不顯乎文王之德百君盡刑之謂諸侯法之也是故君子篤恭而天下平詩云予懷明德不大聲以色予我也懷歸也言我歸有明德者以其不大聲爲嚴厲之色以威我也

疏 正義曰此一節明子思申明夫子之德與天地相似堪以配天地而育萬物傷有聖德無其位也今各隨文解之○仲尼祖述堯舜者祖始也言仲尼祖述始行堯舜之道也○憲章文武者憲法也章明也言夫子法明文武之德○上律天時者律述也言夫子上則述行天時以與言陰陽時候也○下襲水土者襲因也下則因襲諸侯之事水土所在此言子思贊揚聖祖之德以仲尼脩春秋而有此等之事也

注吾志至之異 正義曰吾志在春秋行在孝經者孝經緯文言褒貶諸侯善惡志在於春秋人倫尊卑之行在

矣亦孔之昭故君子內省不疚無惡於志孔甚也昭明也言聖人雖隱遁其德亦甚明矣疚病也君子自省身無瘝病雖不遇世亦無損害於己志君子所不可及者其唯人之所不見乎詩云相在爾室尚不愧于屋漏言君子雖隱居不失其君子之容德也相視也室西北隅謂之屋漏視女在室獨居耳猶不愧於屋漏屋漏非有人也況有人乎故君子不動而敬不言而信詩曰奏假無言時靡有爭假大也此頌也言奏大樂於宗廟之中人皆肅敬金聲玉色無有言者以時太平和合無所爭也是故君子不賞而民勸不怒而民威於鈇鉞

禮記義六十一　八　李周

詩曰不顯惟德百辟其刑之不顯言顯也辟君也此顯也言不顯乎文王之德百君盡刑之謂諸侯法之也是故君子篤恭而天下平詩云予懷明德不大聲以色予我也懷歸也言我歸有明德者以其不大聲爲嚴厲之色以威我也

疏 正義曰此一節明子思申明夫子之德與天地相似堪以配天地而育萬物傷有聖德無其位也今各隨文解之○仲尼祖述堯舜者祖始也言仲尼祖述始行堯舜之道也○憲章文武者憲法也章明也言夫子法明文武之德○上律天時者律述也言夫子上則述行天時以與言陰陽時候也○下襲水土者襲因也下則因襲諸侯之事水土所在此言子思贊揚聖祖之德以仲尼脩春秋而有此等之事也

注吾志至之異 正義曰吾志在春秋行在孝經者孝經緯文言褒貶諸侯善惡志在於春秋人倫尊卑之行在

足利本第六十一卷第九葉

於孝經云二經固足以明之者此是鄭語言春秋孝經足以顯明先祖述憲章之事云孔子祖述堯舜之道而制春秋者則下文所引公羊傳云君子樂道堯舜之道與是也云斷以文王武王之法度者則下文引公羊云王者孰謂謂文王是也云春秋傳曰至堯舜之知君子也哀十四年公羊傳文引之者證祖述堯舜之事君子曷爲爲春秋曷何也君子謂孔子傳曰孔子何爲作春秋云撥亂世反諸正莫近諸春秋者此傳之文答孔子爲春秋之意何休云撥猶治也言欲治於亂世使反歸正道莫近莫過也言餘書莫過於春秋言治亂世者春秋最近之也云其諸君子樂道堯舜之道與者上道論道下道謂道德與語辭言君子孔子也言孔子樂欲論道堯舜之道與也云末不亦樂乎堯舜之知君子也者末謂終末謂孔子末聖漢之初豈不亦愛樂堯舜之知君子也案何休云得麟之後天下血書魯端門曰趨作法孔聖沒周姬亡彗東出秦政起胡破術書記散孔不絕子夏明日往視之血書飛爲赤烏化爲

禮記義六十一　九　揚昌

白書漢當繼大亂之後故作撥亂之法是其事也云又曰是子也繼文王之體守文王之法度文王之法無求而求故譏之也者此文九年公羊傳文八年天王崩謂周襄王也九年春毛伯來求金傳云是子繼文王之體守文王之法度文王之法無求而求故譏之是子謂嗣位之王在喪未合稱王故稱是子嗣位之王守文王之法度文王之法度無所求也謂三分有二以服事殷謂在喪之內無合求金之法度今遣毛伯來求金是無求而求也故書以譏之彼傳云是子俗本云子是者誤也云又曰王者孰謂謂文王也此隱元年公羊傳文案傳云元年春王正月王者孰謂謂文王也武王道同舉文王可知也云著之春秋以俟後聖者也哀十四年公羊傳云制春秋之義以俟後聖何休云待聖漢之王以爲法也云述天時謂編年四時具也案合成圖云皇帝立五始制以天道元命包云諸侯不上奉王之正則不得即位正不由王出不得爲正王不承於天以制號令則無法天不得正其元則不能成其化也

潘本第六十一卷第九葉

於孝經云二經固足以明之者此是鄭語言春秋孝經足以顯明先祖述憲章之事云孔子祖述堯舜之道而制春秋者則下文所引公羊傳云君子樂道堯舜之道與是也云斷以文王武王之法度者則下文引公羊云王者孰謂謂文王是也云春秋傳曰至堯舜之知君子也哀十四年公羊傳文引之者證祖述堯舜之事君子曷爲爲春秋曷何也君子謂孔子傳曰孔子何爲作春秋云撥亂世反諸正莫近諸春秋者此傳之文答孔子爲春秋之意何休云撥猶治也言欲治於亂世使反歸正道莫近莫過也言餘書莫過於春秋言治亂世者春秋最近之也云其諸君子樂道堯舜之道與者上道論道下道謂道德與語辭言君子孔子也言孔子樂欲論道堯舜之道與也云末不亦樂乎堯舜之知君子也者末謂終末謂孔子末聖漢之初豈不亦愛樂堯舜之知君子也案何休云得麟之後天下血書魯端門曰趨作法孔聖沒周姬亡彗東出秦政起胡破術書記散孔不絕子夏明日往視之血書飛爲赤烏化爲

禮記義六十一　九　揚昌

白書漢當繼大亂之後故作撥亂之法是其事也云又曰是子也繼文王之體守文王之法度文王之法無求而求故譏之也者此文九年公羊傳文八年天王崩謂周襄王也九年春毛伯來求金傳云是子繼文王之體守文王之法度文王之法無求而求故譏之是子謂嗣位之王在喪未合稱王故稱是子嗣位之王守文王之法度文王之法度無所求也謂三分有二以服事殷謂在喪之內無合求金之法度今遣毛伯來求金是無求而求也故書以譏之彼傳云是子俗本云子是者誤也云又曰王者孰謂謂文王也此隱元年公羊傳文案傳云元年春王正月王者孰謂謂文王也武王道同舉文王可知也云著之春秋以俟後聖者也哀十四年公羊傳云制春秋之義以俟後聖何休云待聖漢之王以爲法也云述天時謂編年四時具也案合成圖云皇帝立五始制以天道元命包云諸侯不上奉王之正則不得即位正不由王出不得爲正王不承於天以制號令則無法天不得正其元則不能成其化也

足利本第六十一卷第十葉

五始者元年一也春二也王三也正月四也公即位五也此春秋元年即當堯典欽若昊天也春秋四時即當堯典日中星鳥日永星火宵中星虛日短星昴之類是也春秋獲麟則當益稷百獸率舞鳳皇來儀是也此皆祖述堯舜之事言春秋四時皆具桓四年及七年不書秋七月冬十月成十年不書冬十月桓十七年直云五月不云夏昭十年直云十二月不云冬如此不具者賈服之義若登臺而不視朔則書時不書月若視朔而不登臺則書月不書時若雖無事視朔登臺則空書時月若杜元凱之意凡時月不具者皆史闕文其公羊穀梁之義各爲曲說今略而不取也云襲因也因水土謂記諸夏之事山川之異者諸夏之事謂諸侯征伐會盟所在之地山川之異若僖十四年沙鹿崩成五年梁山崩之屬是也　譬如至大也　此明孔子之德與天地日月相似與天子諸侯德化無異　小德川流大德敦化者言孔子所作春秋若以諸侯小德言之如川水之流浸潤萌牙若以天子大德言之則仁愛敦

禮記義卒　十　毛端

厚化生萬物也　此天地之所以爲大也言夫子之德比並天地所以爲大不可測也　唯天至別也　此又申明夫子之德聰明寬裕足以容養天下傷其有聖德而無位也　寬裕溫柔足以有容也言夫子寬弘性善溫克和柔足以包容也　發強剛毅足以有執也發起也執猶斷也言孔子發起志意堅強剛毅足以斷決事物也　溥博至配天　此節更申明夫子蘊蓄聖德俟時而出日月所照之處無不尊仰　溥博淵泉者溥謂無不周徧博爲所及廣遠以其浸潤之澤如似淵泉溥大也既思慮深重非得其時不出政教必以俟時而出　溥博如天者言似天無不覆幬　淵泉如淵言潤澤深厚如川水之流　夫焉有所倚至浩浩其天　以前經贊明夫子之德此又云夫子無所偏倚而仁德自然盛大也倚謂偏有所倚近言夫子之德普被於人何有獨倚近於一人言不特有偏頗也肫肫其仁肫肫懇誠之貌仁謂施惠仁厚言又能肫肫然懇誠行此仁厚爾　淵淵其淵淵淵水深之貌也言夫子之德

潘本第六十一卷第十葉

五始者元年一也春二也王三也正月四也公即位五也此春秋元年即當堯典欽若昊天也春秋四時即當堯典日中星鳥日永星火宵中星虛日短星昴之類是也春秋獲麟則當益稷百獸率舞鳳皇來儀是也此皆祖述堯舜之事言春秋四時皆具桓四年及七年不書秋七月冬十月成十年不書冬十月桓十七年直云五月不云夏昭十年直云十二月不云冬如此不具者賈服之義若登臺而不視朔則書時不書月若視朔而不登臺則書月不書時若雖無事視朔登臺則空書時月若杜元凱之意凡時月不具者皆史闕文其公羊穀梁之義各爲曲說今略而不取也云襲因也因水土謂記諸夏之事山川之異者諸夏之事謂諸侯征伐會盟所在之地山川之異若僖十四年沙鹿崩成五年梁山崩之屬是也　譬如至大也　此明孔子之德與天地日月相似與天子諸侯德化無異　小德川流大德敦化者言孔子所作春秋若以諸侯小德言之如川水之流浸潤萌牙若以天子大德言之則仁愛敦

禮記義卒　十　毛端

厚化生萬物也　此天地之所以爲大也言夫子之德比並天地所以爲大不可測也　唯天至別也　此又申明夫子之德聰明寬裕足以容養天下傷其有聖德而無位也　寬裕溫柔足以有容也言夫子寬弘性善溫克和柔足以包容也　發強剛毅足以有執也發起也執猶斷也言孔子發起志意堅強剛毅足以斷決事物也　溥博至配天　此節更申明夫子蘊蓄聖德俟時而出日月所照之處無不尊仰　溥博淵泉者溥謂無不周徧博爲所及廣遠以其浸潤之澤如似淵泉溥大也既思慮深重非得其時不出政教必以俟時而出　溥博如天者言似天無不覆幬　淵泉如淵言潤澤深厚如川水之流　夫焉有所倚至浩浩其天　以前經贊明夫子之德此又云夫子無所偏倚而仁德自然盛大也倚謂偏有所倚近言夫子之德普被於人何有獨倚近於一人言不特有偏頗也肫肫其仁肫肫懇誠之貌仁謂施惠仁厚言又能肫肫然懇誠行此仁厚爾　淵淵其淵淵淵水深之貌也言夫子之德

足利本第六十一卷第十一葉

淵淵然若水之深也　浩浩其天言夫子之德浩浩盛大
其若如天也 注 肫肫讀如誨爾忳忳之忳　正義曰此大
雅抑之篇刺厲王之詩言詩人誨爾厲王忳忳然懇誠不
已厲王聽我藐藐然而不入也　苟不固聰明聖知達天德
者其孰能知之者上經論夫子之德深大如天此經論唯
至聖乃知夫子之德苟誠也固堅固也言帝　誠不堅固
聰明睿聖通知曉達天德者其誰能識知夫子之德故注
引公羊傳云堯舜之知君子者言有堯舜之德乃知夫子
明凡人不知也　詩曰衣錦尚絅惡其文之著也以前經
論夫子之德難知故此經因明君子小人隱顯不同之事
此詩衛風碩人之篇美莊姜之詩言莊姜初嫁在塗衣著
錦衣爲其文之大著尚著禪絅加於錦衣之上絅禪也以
單縠爲衣尚以覆錦衣也案詩本文云衣錦褧衣此云尚
絅者斷截詩文也又俗本云衣錦褧裳又與定本不同者
記人欲明君子謙退惡其文之彰著故引詩以結之　故
君子之道闇然而日章者章明也言君子以其道德深遠

禮記義六十一　十一　許詠

謙退初視未見故曰闇然其後明著故曰日章明也　小
人之道的然而日亡者若小人好自矜大故初視時的然
以其才藝淺近後無所取故曰日益亡　君子至德矣
此一經明君子之道察微知著故能入德　淡而不厭者
言不媚悅於人初似淡薄久而愈敬無惡可厭也　簡而
文者性無嗜慾故簡靜才藝明辨故有文也　溫而理氣
性和潤故溫也正直不違故循理也　知遠之近言欲知
遠處必先之適於近乃後及遠　知風之自自謂所從來
處言見目前之風則知之適所從來處故鄭注云睹末察
本遠是近之末風是所從來之末也　知微之顯此初時
所微之事久乃適於顯明微是初端顯是縱緒故鄭注云
探端知緒　可與入德矣言君子或探末以知本或睹
本而知末察微知著終始皆知故可以入聖人之德矣
詩曰潛雖伏矣亦孔之昭此明君子其身雖隱其德昭著
所引者小雅正月之篇刺幽王之詩詩之本文以幽王無
道喻賢人君子雖隱其身德亦甚明著不能免禍害猶如

潘本第六十一卷第十一葉

淵淵然若水之深也　浩浩其天言夫子之德浩浩盛大
其若如天也 注 肫肫讀如誨爾忳忳之忳　正義曰此大
雅抑之篇刺厲王之詩言詩人誨爾厲王忳忳然懇誠不
已厲王聽我藐藐然而不入也　苟不固聰明聖知達天德
者其孰能知之者上經論夫子之德深大如天此經論唯
至聖乃知夫子之德苟誠也固堅固也言帝　誠不堅固
聰明睿聖通知曉達天德者其誰能識知夫子之德故注
引公羊傳云堯舜之知君子者言有堯舜之德乃知夫子
明凡人不知也　詩曰衣錦尚絅惡其文之著也以前經
論夫子之德難知故此經因明君子小人隱顯不同之事
此詩衛風碩人之篇美莊姜之詩言莊姜初嫁在塗衣著
錦衣爲其文之大著尚著禪絅加於錦衣之上絅禪也以
單縠爲衣尚以覆錦衣也案詩本文云衣錦褧衣此云尚
絅者斷截詩文也又俗本云衣錦褧裳又與定本不同者
記人欲明君子謙退惡其文之彰著故引詩以結之　故
君子之道闇然而日章者章明也言君子以其道德深遠

禮記義六十一　十一　許詠

謙退初視未見故曰闇然其後明著故曰日章明也　小
人之道的然而日亡者若小人好自矜大故初視時的然
以其才藝淺近後無所取故曰日益亡　君子至德矣
此一經明君子之道察微知著故能入德　淡而不厭者
言不媚悅於人初似淡薄久而愈敬無惡可厭也　簡而
文者性無嗜慾故簡靜才藝明辨故有文也　溫而理氣
性和潤故溫也正直不違故循理也　知遠之近言欲知
遠處必先之適於近乃後及遠　知風之自自謂所從來
處言見目前之風則知之適所從來處故鄭注云睹末察
本遠是近之末風是所從來之末也　知微之顯此初時
所微之事久乃適於顯明微是初端顯是縱緒故鄭注云
探端知緒　可與入德矣言君子或探末以知本或睹
本而知末察微知著終始皆知故可以入聖人之德矣
詩曰潛雖伏矣亦孔之昭此明君子其身雖隱其德昭著
所引者小雅正月之篇刺幽王之詩詩之本文以幽王無
道喻賢人君子雖隱其身德亦甚明著不能免禍害猶如

魚伏於水亦甚著見被人探捕記者斷章取義言賢人君子身雖藏隱猶如魚伏於水其道德亦甚彰矣　故君子內省不疚無惡於志者疚病也言君子雖不遇世內自省身不有愆病則亦不損害於己志言守志彌堅固也　注孔甚也　正義曰爾雅釋言文　君子至屋漏　此明君子之閒居獨處不敢爲非故云君子所不可及者其唯人之所不見乎　詩云相在爾室尚不愧于屋漏此大雅抑之篇刺厲王之詩詩人意稱王朝小人不敬鬼神瞻視女在廟堂之中猶尚不愧畏於屋漏之神記者引之斷章取義言君子之人在室之中屋漏雖無人之處不敢爲非猶愧懼于屋漏之神況有人之處君子愧懼可知也言君子雖獨居常能恭敬　注言君至人乎　正義曰言君子雖隱居不失其君子之容德也者隱居謂在室獨居猶不愧畏無人之處又常能恭敬是不失其君子之容德也云西北隅謂之屋漏者爾雅釋宮文以戶明漏照其處故稱屋漏屋漏非有人者言人之所居多近於戶屋漏深邃之處

非人所居故云非有人也云況有人乎者言無人之處尚不愧之況有人之處不愧之可知也言君子無問有人無人恒能畏懼也　故君子不動而敬不言而信者以君子敬懼如是故不動而民敬之不言而民信之　詩曰奏假無言時靡有爭此商頌烈祖之篇美成湯之詩詩本文云鬷假無言此云奏假者與詩文異也假大也言祭成湯之時奏此大樂於宗廟之中人皆肅敬無有諠譁之言所以然者時既太平無有爭訟之事故無言也引證君子不言而民信　注假大也　正義曰爾雅釋詁文　詩曰不顯惟德百辟其刑之此周頌烈文之篇美文王之德不顯乎文王之德言其顯矣以道德顯著故天下百辟諸侯皆刑法之引之者證君子之德猶若文王其德顯明在外明衆人皆刑法之　注辟君也　正義曰爾雅釋詁文　詩云予懷明德不大聲以色此大雅皇矣之篇美文王之詩予我也懷歸也言天謂文王曰我歸就爾之明德所以歸之者以文王不大作音聲以爲嚴厲之色故歸之記者引

魚伏於水亦甚著見被人探捕記者斷章取義言賢人君子身雖藏隱猶如魚伏於水其道德亦甚彰矣　故君子內省不疚無惡於志者疚病也言君子雖不遇世內自省身不有愆病則亦不損害於己志言守志彌堅固也　注孔甚也　正義曰爾雅釋言文　君子至屋漏　此明君子之閒居獨處不敢爲非故云君子所不可及者其唯人之所不見乎　詩云相在爾室尚不愧于屋漏此大雅抑之篇刺厲王之詩詩人意稱王朝小人不敬鬼神瞻視女在廟堂之中猶尚不愧畏於屋漏之神記者引之斷章取義言君子之人在室之中屋漏雖無人之處不敢爲非猶愧懼于屋漏之神況有人之處君子愧懼可知也言君子雖獨居常能恭敬　注言君至人乎　正義曰言君子雖隱居不失其君子之容德也者隱居謂在室獨居猶不愧畏無人之處又常能恭敬是不失其君子之容德也云西北隅謂之屋漏者爾雅釋宮文以戶明漏照其處故稱屋漏屋漏非有人者言人之所居多近於戶屋漏深邃之處

非人所居故云非有人也云況有人乎者言無人之處尚不愧之況有人之處不愧之可知也言君子無問有人無人恒能畏懼也　故君子不動而敬不言而信者以君子敬懼如是故不動而民敬之不言而民信之　詩曰奏假無言時靡有爭此商頌烈祖之篇美成湯之詩詩本文云鬷假無言此云奏假者與詩文異也假大也言祭成湯之時奏此大樂於宗廟之中人皆肅敬無有諠譁之言所以然者時既太平無有爭訟之事故無言也引證君子不言而民信　注假大也　正義曰爾雅釋詁文　詩曰不顯惟德百辟其刑之此周頌烈文之篇美文王之德不顯乎文王之德言其顯矣以道德顯著故天下百辟諸侯皆刑法之引之者證君子之德猶若文王其德顯明在外明衆人皆刑法之　注辟君也　正義曰爾雅釋詁文　詩云予懷明德不大聲以色此大雅皇矣之篇美文王之詩予我也懷歸也言天謂文王曰我歸就爾之明德所以歸之者以文王不大作音聲以爲嚴厲之色故歸之記者引

足利本第六十一卷第十三葉

之謚君子亦不作大音聲以爲嚴厲之色與文王同也　子曰聲色之於以化民末也詩曰德輶如毛 輶輕也言化民當以德德之易舉而用其輕如毛耳 毛猶有倫上天之載無聲無臭至矣 倫猶比也載讀曰栽謂生物也言毛雖輕尚有所比則有重上天之造生萬物人無聞其聲音者無知其臭氣者化民之德清明如神淵淵浩浩然後善 疏 正義曰此一節是夫子之言子思旣說君子之德不大聲以色引夫子舊語聲色之事以接之言化民之法當以德爲本不用聲色以化民也若用聲色化民是其末事故云化民末也 詩曰德輶如毛者此大雅烝民之篇美宣王之詩輶輕也言用德化民舉行甚易其輕如毛也 毛猶有倫倫比也旣引詩文德輶如毛又言德之至極本自無體何直如毛毛雖細物猶有形體可比並故云毛猶有倫也 上天之載無聲無臭至矣 載生也言天之生物無音聲無臭氣寂然無象而物自生言聖人用德化民亦無音聲亦無臭氣而人自化是聖人之德至極與天地同此二句是大雅文王之詩美文王之德不言詩云者孔子略而不言直取詩之文爾此亦斷章爲義 注載讀至後善 正義曰案文以載爲事此讀爲栽者言其生物故讀載爲栽也云毛雖輕尚有所比有所比則有重言毛雖輕物尚有形體以他物來比有可比之形則是有重毛在虛中猶得隊下是有重也云化民之德清明如神淵淵浩浩則上文淵淵其淵浩浩其天是也

禮記正義六十一　十三　李用

表記第三十二

正義曰案鄭目録云名曰表記者以其記君子之德見於儀表此於别録屬通論

子言之歸乎君子隱而顯不矜而莊不厲

潘本第六十一卷第十三葉

之謚君子亦不作大音聲以爲嚴厲之色與文王同也　子曰聲色之於以化民末也詩曰德輶如毛 輶輕也言化民當以德德之易舉而用其輕如毛耳 毛猶有倫上天之載無聲無臭至矣 倫猶比也載讀曰栽謂生物也言毛雖輕尚有所比則有重上天之造生萬物人無聞其聲音者無知其臭氣者化民之德清明如神淵淵浩浩然後善 疏 正義曰此一節是夫子之言子思旣說君子之德不大聲以色引夫子舊語聲色之事以接之言化民之法當以德爲本不用聲色以化民也若用聲色化民是其末事故云化民末也 詩曰德輶如毛者此大雅烝民之篇美宣王之詩輶輕也言用德化民舉行甚易其輕如毛也 毛猶有倫倫比也旣引詩文德輶如毛又言德之至極本自無體何直如毛毛雖細物猶有形體可比並故云毛猶有倫也 上天之載無聲無臭至矣 載生也言天之生物無音聲無臭氣寂然無象而物自生言聖人用德化民亦無音聲亦無臭氣而人自化是聖人之德至極與天地同此二句是大雅文王之詩美文王之德不言詩云者孔子略而不言直取詩之文爾此亦斷章爲義 注載讀至後善 正義曰案文以載爲事此讀爲栽者言其生物故讀載爲栽也云毛雖輕尚有所比有所比則有重言毛雖輕物尚有形體以他物來比有可比之形則是有重毛在虛中猶得隊下是有重也云化民之德清明如神淵淵浩浩則上文淵淵其淵浩浩其天是也

禮記正義六十一　十三　李用

表記第三十二

正義曰案鄭目録云名曰表記者以其記君子之德見於儀表此於别録屬通論

子言之歸乎君子隱而顯不矜而莊不厲

足利本第六十一卷第十四葉

而威不言而信 此孔子行應聘諸侯莫能用己心厭倦之辭也矜謂自尊大也厲謂嚴顔色

疏 正義曰此一篇總論君子及小人爲行之本并論虞夏殷周質文之異又論爲臣事君之道各依文解之稱子言之凡有八所皇氏云皆是發端起義事之頭首記者詳之故稱子言之若於子言之下更廣開其事或曲說其理則直稱子曰今檢上下體例或如皇氏之言今依用之此一節是孔子應聘諸國莫能用己心有厭倦而爲此辭託之君子所以自明其德 歸乎者於時孔子身在他國不被任用故稱歸乎 君子隱而顯者君子身雖幽隱而道德潛通聲名顯著故云隱而顯也 不矜而莊者矜謂自尊大莊敬也言不自尊大而人尊敬也 不厲而威者常行仁義道德不自嚴厲而人威服也 不言而信者不須出言而人體信以其積德咸通故所致如此此皆夫子自道己德而然但假諸君子 注此孔至辭也 正義曰知此是應聘諸侯莫能用己心厭倦之辭者以發首云歸乎是從他國欲歸於魯猶若論語云子在陳稱歸與歸與吾黨之小子云是其不用而辭歸也

禮記義六十一　十四

子曰君子不失足於人不失色於人不失口於人是故君子貌足畏也色足憚也言足信也 失謂失其容止之節也玉藻曰足容重色容莊口容止 **甫刑曰敬忌而罔有擇言在躬** 甫刑尚書篇名忌之言戒也言己外敬而心戒愼則無有可擇之言加於身也

疏 正義曰此一經廣明君子之德亦夫子竊自言也 不失足於人者足容重不失此足之容儀而作夸毗進退於衆人也 不失色於人者色容須矜莊不失此色之容儀而作籧篨戚施於衆人也 不失口於人者口容須安止不失此口之容儀而作諂私曲媚於衆人也 是故至信也 此皆覆結上文 甫刑曰敬忌而罔有擇言在

潘本第六十一卷第十四葉

而威不言而信 此孔子行應聘諸侯莫能用己心厭倦之辭也矜謂自尊大也厲謂嚴顔色

疏 正義曰此一篇總論君子及小人爲行之本并論虞夏殷周質文之異又論爲臣事君之道各依文解之稱子言之凡有八所皇氏云皆是發端起義事之頭首記者詳之故稱子言之若於子言之下更廣開其事或曲說其理則直稱子曰今檢上下體例或如皇氏之言今依用之此一節是孔子應聘諸國莫能用己心有厭倦而爲此辭託之君子所以自明其德 歸乎者於時孔子身在他國不被任用故稱歸乎 君子隱而顯者君子身雖幽隱而道德潛通聲名顯著故云隱而顯也 不矜而莊者矜謂自尊大莊敬也言不自尊大而人尊敬也 不厲而威者常行仁義道德不自嚴厲而人威服也 不言而信者不須出言而人體信以其積德咸通故所致如此此皆夫子自道己德而然但假諸君子 注此孔至辭也 正義曰知此是應聘諸侯莫能用己心厭倦之辭者以發首云歸乎是從他國欲歸於魯猶若論語云子在陳稱歸與歸與吾黨之小子云是其不用而辭歸也

禮記義六十一　十四

子曰君子不失足於人不失色於人不失口於人是故君子貌足畏也色足憚也言足信也 失謂失其容止之節也玉藻曰足容重色容莊口容止 **甫刑曰敬忌而罔有擇言在躬** 甫刑尚書篇名忌之言戒也言己外敬而心戒愼則無有可擇之言加於身也

疏 正義曰此一經廣明君子之德亦夫子竊自言也 不失足於人者足容重不失此足之容儀而作夸毗進退於衆人也 不失色於人者色容須矜莊不失此色之容儀而作籧篨戚施於衆人也 不失口於人者口容須安止不失此口之容儀而作諂私曲媚於衆人也 是故至信也 此皆覆結上文 甫刑曰敬忌而罔有擇言在

躬者甫刑尚書篇名呂刑也甫侯爲穆王説刑故稱甫刑忌戒也罔無也言已外貌恭敬心能戒忌而無有可擇去之言在於躬身今君子之德亦能如此故引甫刑以結之證君子無可擇去之言則上云言足信是也然則敬之與忌則是君子貌足畏色足憚也

子曰裼襲之不相因也欲民之毋相瀆也不相因者以其或以裼爲敬或以襲爲敬禮盛者以襲爲敬執玉龜之屬也禮不盛者以裼爲敬受享是也

疏正義曰以前經云君子貌足畏色足憚故此經云毋相瀆即是可憚之事也裼襲之不相因也者行禮之時禮不盛者則露見裼衣禮盛之時則重襲上服是行禮初盛則襲衣禮不盛則裼衣是裼襲不相因也若始末恒裼襲是相因也其行禮之時或初襲而後裼或初裼而後襲所以然者欲使人民無相褻瀆使禮相變革也　注禮盛至是也　正義曰案聘禮賓初行聘時則襲故聘禮云賓襲執圭是也至聘訖受享之時賓裼奉束帛加璧行享聘爲禮盛故襲享爲禮不盛故裼聘時有玉故云執玉也玉藻曰執玉龜襲故云之屬也案行享執璧璧亦是玉於時裼衣而云以襲執玉龜者但享時雖執璧以璧致享比聘時執玉爲輕故享雖有璧而裼也又賓介自相授玉之時介禮輕裼而執圭以授賓賓禮重則襲而後受圭是賓之與介亦裼襲不相因故聘禮云上介不襲執圭屈繅授賓賓襲執圭是也

禮記義六十一　十五

子曰祭極敬不繼之以樂朝極辨不繼之以倦極猶盡也辨分別政事也祭義曰祭之日樂與哀半饗之必樂已至必哀

疏正義曰以前經毋相瀆故此經明行敬之時不可以樂倦也極盡也言祭祀極盡於敬不可以終末繼之以樂而不敬言朝禮極盡於分別政事不可以終末繼之以懈倦而不分別也　注祭義至必哀　正義曰引之者證明此經不可繼之以樂之事也

子曰君子愼以辟禍

躬者甫刑尚書篇名呂刑也甫侯爲穆王説刑故稱甫刑忌戒也罔無也言已外貌恭敬心能戒忌而無有可擇去之言在於躬身今君子之德亦能如此故引甫刑以結之證君子無可擇去之言則上云言足信是也然則敬之與忌則是君子貌足畏色足憚也

子曰裼襲之不相因也欲民之毋相瀆也不相因者以其或以裼爲敬或以襲爲敬禮盛者以襲爲敬執玉龜之屬也禮不盛者以裼爲敬受享是也

疏正義曰以前經云君子貌足畏色足憚故此經云毋相瀆即是可憚之事也裼襲之不相因也者行禮之時禮不盛者則露見裼衣禮盛之時則重襲上服是行禮初盛則襲衣禮不盛則裼衣是裼襲不相因也若始末恒裼襲是相因也其行禮之時或初襲而後裼或初裼而後襲所以然者欲使人民無相褻瀆使禮相變革也　注禮盛至是也　正義曰案聘禮賓初行聘時則襲故聘禮云賓襲執圭是也至聘訖受享之時賓裼奉束帛加璧行享聘爲禮盛故襲享爲禮不盛故裼聘時有玉故云執玉也玉藻曰執玉龜襲故云之屬也案行享執璧璧亦是玉於時裼衣而云以襲執玉龜者但享時雖執璧以璧致享比聘時執玉爲輕故享雖有璧而裼也又賓介自相授玉之時介禮輕裼而執圭以授賓賓禮重則襲而後受圭是賓之與介亦裼襲不相因故聘禮云上介不襲執圭屈繅授賓賓襲執圭是也

禮記義六十一　十五

子曰祭極敬不繼之以樂朝極辨不繼之以倦極猶盡也辨分別政事也祭義曰祭之日樂與哀半饗之必樂已至必哀

疏正義曰以前經毋相瀆故此經明行敬之時不可以樂倦也極盡也言祭祀極盡於敬不可以終末繼之以樂而不敬言朝禮極盡於分別政事不可以終末繼之以懈倦而不分別也　注祭義至必哀　正義曰引之者證明此經不可繼之以樂之事也

子曰君子愼以辟禍

足利本第六十一卷第十六葉

篤以不揜恭以遠耻篤厚也揜猶困迫也【疏】正義曰慎以辟禍者言君子恒須謹慎以辟禍患也篤以不揜者篤厚也揜謂困迫也言君子篤厚行於善道不使揜逼而被困迫也恭以遠耻者又能恭敬而遠耻辱也子曰君子莊敬日強安肆日偷肆猶放恣也偷苟且也肆或爲褻君子不以一日使其躬儳焉如不終日儳焉可輕賤之貌也如不終日言人而無禮死無時子曰齊戒以事鬼神擇日月以見君恐民之不敬也擇日月以見君謂臣在邑竟者【疏】正義曰此經又廣明恭敬之事言君子之人恒能莊敬故德業日強　安肆日偷者肆謂放恣偷謂苟且言小人安樂放恣則其情性日爲苟且經不云小人文不具也　君子不以一日使其躬儳焉如不

禮記義六十一　十六　張真

終日者儳可輕賤之貌言君子則常行善道不以一日之閒使其身儳焉可輕賤如小人不能終竟一日也言不得長久也若小人恒爲無禮使其身可輕賤死期促近不能終竟一日也【注】擇日至竟者　正義曰知者以其經云擇日月以見君若朝廷之臣則每日朝君何得云擇日月據此故知邑竟或擇日出使在外或食邑別都見君之時須擇日月也子曰狎侮死焉而不畏也忕於無敬心也【疏】正義曰前經明君子恒能行恭敬此明小人唯好狎侮言小人遞相輕狎侮慢相侵雖有死焉禍害而不知畏懼也以其忕於無敬心故也言數爲無恭敬之心好相狎侮故至於死焉而不知畏懼也子曰無辭不相接也無禮不相見也欲民之毋相褻也辭所以通情也禮謂摯也春秋傳曰古者諸侯有朝聘之事號辭必稱先君以相接也易曰初

潘本第六十一卷第十六葉

篤以不揜恭以遠耻篤厚也揜猶困迫也【疏】正義曰慎以辟禍者言君子恒須謹慎以辟禍患也篤以不揜者篤厚也揜謂困迫也言君子篤厚行於善道不使揜逼而被困迫也恭以遠耻者又能恭敬而遠耻辱也子曰君子莊敬日強安肆日偷肆猶放恣也偷苟且也肆或爲褻君子不以一日使其躬儳焉如不終日儳焉可輕賤之貌也如不終日言人而無禮死無時子曰齊戒以事鬼神擇日月以見君恐民之不敬也擇日月以見君謂臣在邑竟者【疏】正義曰此經又廣明恭敬之事言君子之人恒能莊敬故德業日強　安肆日偷者肆謂放恣偷謂苟且言小人安樂放恣則其情性日爲苟且經不云小人文不具也　君子不以一日使其躬儳焉如不

禮記義六十一　十六　張真

終日者儳可輕賤之貌言君子則常行善道不以一日之閒使其身儳焉可輕賤如小人不能終竟一日也言不得長久也若小人恒爲無禮使其身可輕賤死期促近不能終竟一日也【注】擇日至竟者　正義曰知者以其經云擇日月以見君若朝廷之臣則每日朝君何得云擇日月據此故知邑竟或擇日出使在外或食邑別都見君之時須擇日月也子曰狎侮死焉而不畏也忕於無敬心也【疏】正義曰前經明君子恒能行恭敬此明小人唯好狎侮言小人遞相輕狎侮慢相侵雖有死焉禍害而不知畏懼也以其忕於無敬心故也言數爲無恭敬之心好相狎侮故至於死焉而不知畏懼也子曰無辭不相接也無禮不相見也欲民之毋相褻也辭所以通情也禮謂摯也春秋傳曰古者諸侯有朝聘之事號辭必稱先君以相接也易曰初

足利本第六十一卷第十七葉

筮告再三瀆瀆則不告瀆之言褻之疏正義曰前明小人狎侮至於死云此明君子無相褻瀆無辭不相接者言朝聘會聚之時必有言辭以通情意若無言辭則不得相交接也無禮不相見者禮謂贄幣也贄幣所以示己情若無贄幣之禮不得相見所以然者欲民之無相褻瀆也易曰初筮告再三瀆瀆則不告者此易蒙卦辭也蒙卦坎下艮上艮爲山坎爲水山下出泉是物之蒙昧童蒙之象也筮問也言童蒙初來問師師則告之若再三來問是爲褻瀆既褻瀆師則不復告之引者證無相褻瀆之義也

子言之仁者天下之表也義者天下之制也報者天下之利也報謂禮也禮尚往來子曰以德報德則民有所勸以怨報怨則民有所懲懲謂創艾詩曰無言不讎無德不報讎猶答也大甲曰民非后無能胥以寧后非民無以辟四方大甲湯孫也書以名篇胥相也民非君不能以相安子曰以德報怨則寬身之仁也以怨報德則刑戮之民也寬猶愛也愛身以息怨非禮之正也仁亦當言民聲之誤子曰無欲而好仁者無畏而惡不仁者天下一人而已矣是故君子議道自己而置法以民一人而已喻少也自己自盡己所能行子曰仁有三與仁同功而異情三謂安仁也利仁也強仁也利仁強仁功雖與安仁者同

禮記義六十一　十七　李信

潘本第六十一卷第十七葉

筮告再三瀆瀆則不告瀆之言褻之疏正義曰前明小人狎侮至於死云此明君子無相褻瀆無辭不相接者言朝聘會聚之時必有言辭以通情意若無言辭則不得相交接也無禮不相見者禮謂贄幣也贄幣所以示己情若無贄幣之禮不得相見所以然者欲民之無相褻瀆也易曰初筮告再三瀆瀆則不告者此易蒙卦辭也蒙卦坎下艮上艮爲山坎爲水山下出泉是物之蒙昧童蒙之象也筮問也言童蒙初來問師師則告之若再三來問是爲褻瀆既褻瀆師則不復告之引者證無相褻瀆之義也

子言之仁者天下之表也義者天下之制也報者天下之利也報謂禮也禮尚往來子曰以德報德則民有所勸以怨報怨則民有所懲懲謂創艾詩曰無言不讎無德不報讎猶答也大甲曰民非后無能胥以寧后非民無以辟四方大甲湯孫也書以名篇胥相也民非君不能以相安子曰以德報怨則寬身之仁也以怨報德則刑戮之民也寬猶愛也愛身以息怨非禮之正也仁亦當言民聲之誤子曰無欲而好仁者無畏而惡不仁者天下一人而已矣是故君子議道自己而置法以民一人而已喻少也自己自盡己所能行子曰仁有三與仁同功而異情三謂安仁也利仁也強仁也利仁強仁功雖與安仁者同

禮記義六十一　十七　李信

足利本第六十一卷第十八葉

本情則異與仁同功其仁未可知也與仁同過然後其仁可知也仁者安仁知者利仁畏罪者強仁功者人所貪也過者人所辟也在過之中非其本情者或有悔者焉仁者右也道者左也仁者人也道者義也右也左也言相須而成也人也謂施以人恩也義也謂斷以事宜也春秋傳曰執未有言舍之者此其言舍之何人也厚於仁者薄於義親而不尊厚於義者薄於仁尊而不親言仁義並行者也仁多則人親之義多則人尊之道有至義有考至道以王義道以霸考道以爲無失

禮記義卆　十八　高政

此讀當言道有至有義有考字脫一有耳有至謂兼仁義者有義則無仁矣有考考成也能取仁義之一成之以不失於人非性也

疏 正義曰此一節總明仁義之事各隨文解之以其與上別端故更稱子言之 仁者天下之表也表謂儀表言仁恩是行之盛極故爲天下之儀表也 義者天下之制也義宜也制謂裁斷既使物各得其宜是能裁斷於事也 報者天下之利也者報謂禮也禮尚往來相反報物得其利故云天下之利也 詩曰無言不讎無德不報者此詩大雅抑之篇刺厲王之詩引之者證經相報之義 太甲曰民非后無能胥以寧后非民無以辟四方者此尚書太甲之篇太甲湯孫大丁之子湯崩太甲立伊尹作書訓之故云太甲后君也胥相也伊尹言民若無君無能相匡正以自安居也君若無民無以君領四方引之者證君之與臣上下各以其事相報是相報之義也故引以結之 子曰以德報怨則寬身之仁也言子曰者廣明以禮相報之義寬身之仁者若以直報怨是禮之常

潘本第六十一卷第十八葉

本情則異與仁同功其仁未可知也與仁同過然後其仁可知也仁者安仁知者利仁畏罪者強仁功者人所貪也過者人所辟也在過之中非其本情者或有悔者焉仁者右也道者左也仁者人也道者義也右也左也言相須而成也人也謂施以人恩也義也謂斷以事宜也春秋傳曰執未有言舍之者此其言舍之何人也厚於仁者薄於義親而不尊厚於義者薄於仁尊而不親言仁義並行者也仁多則人親之義多則人尊之道有至義有考至道以王義道以霸考道以爲無失

禮記義卆　十八　高政

此讀當言道有至有義有考字脫一有耳有至謂兼仁義者有義則無仁矣有考考成也能取仁義之一成之以不失於人非性也

疏 正義曰此一節總明仁義之事各隨文解之以其與上別端故更稱子言之 仁者天下之表也表謂儀表言仁恩是行之盛極故爲天下之儀表也 義者天下之制也義宜也制謂裁斷既使物各得其宜是能裁斷於事也 報者天下之利也者報謂禮也禮尚往來相反報物得其利故云天下之利也 詩曰無言不讎無德不報者此詩大雅抑之篇刺厲王之詩引之者證經相報之義 太甲曰民非后無能胥以寧后非民無以辟四方者此尚書太甲之篇太甲湯孫大丁之子湯崩太甲立伊尹作書訓之故云太甲后君也胥相也伊尹言民若無君無能相匡正以自安居也君若無民無以君領四方引之者證君之與臣上下各以其事相報是相報之義也故引以結之 子曰以德報怨則寬身之仁也言子曰者廣明以禮相報之義寬身之仁者若以直報怨是禮之常

足利本第六十一卷第十九葉

也今以德報怨但是寬愛己身之民欲苟息禍患非禮之
正也　以怨報德則刑戮之民也者禮當以德報德今以
怨報德其人凶惡是合刑戮之民也　子曰無欲而好仁
者自此以下廣明仁道凡仁道有三一是安仁二是利
仁三是強仁此明安仁之事安仁者無所畏惡而自安仁
道凡人好仁皆有所欲今無有所求欲而自好仁道　無
畏而惡不仁者凡人憎惡不仁皆有所畏始惡不仁今無
有所畏而能惡不仁者　天下一人而已矣者言無欲好
仁無畏惡不仁雖天下之人廣能行此者但有一人而已
喻其少也　是故君子議道自己者好仁之法須恩惠及
人當恕己而行故君子謀議道理先自己而始　置法以
民者己所能行乃施於人故云置法以民言從己而始乃
可以施置法度於他人　子曰仁有三與仁同功而異情
此明仁道有三其功雖同其情則異以終能汎愛其功同
也一則無所求爲而安靜行仁一則規求其利而行仁一
則畏懼於罪而行仁是異情也　與仁同功其仁未可知

六十　禮記義六十一　十九　會敬

也者此一經申明同功異情之事三者之仁其功俱是汎
施博愛其事一種是未可知也　與仁同過然後其仁可
知也者過謂利之與害若遭遇利害之事其行仁之情則
可知也　仁者安仁者此明三者可知之事若天性仁者
非關利害而安仁也　知者利仁者若有知謀者貪利而
行仁有利則行無利則止非本情也　畏罪者強仁者若
畏懼於罪者自強行仁望免離於罪若無所畏則不能行
仁也　仁者右也道者左也此經明仁義相須若手之左
右仁恩者若人之右手右手是用之便也仁恩亦行之急
也　道者左也道是履蹈而行比仁恩稍劣故爲左也
仁者人也言仁恩之道以人情相愛偶也　道者義也義
宜也凡可履蹈而行者必斷割得宜然可履蹈故云道者
義也　注人也至人也　正義曰人也謂施以人恩也解
經中仁者人也仁謂施以仁恩言施人以恩正謂意相愛
偶人也云義也謂斷以事宜也謂裁斷其理使合事宜故
可履蹈而行是道者義也引春秋傳者此成十六年公羊

潘本第六十一卷第十九葉

也今以德報怨但是寬愛己身之民欲苟息禍患非禮之
正也　以怨報德則刑戮之民也者禮當以德報德今以
怨報德其人凶惡是合刑戮之民也　子曰無欲而好仁
者自此以下廣明仁道凡仁道有三一是安仁二是利
仁三是強仁此明安仁之事安仁者無所畏惡而自安仁
道凡人好仁皆有所欲今無有所求欲而自好仁道　無
畏而惡不仁者凡人憎惡不仁皆有所畏始惡不仁今無
有所畏而能惡不仁者　天下一人而已矣者言無欲好
仁無畏惡不仁雖天下之人廣能行此者但有一人而已
喻其少也　是故君子議道自己者好仁之法須恩惠及
人當恕己而行故君子謀議道理先自己而始　置法以
民者己所能行乃施於人故云置法以民言從己而始乃
可以施置法度於他人　子曰仁有三與仁同功而異情
此明仁道有三其功雖同其情則異以終能汎愛其功同
也一則無所求爲而安靜行仁一則規求其利而行仁一
則畏懼於罪而行仁是異情也　與仁同功其仁未可知

六十　禮記義六十一　十九　會敬

也者此一經申明同功異情之事三者之仁其功俱是汎
施博愛其事一種是未可知也　與仁同過然後其仁可
知也者過謂利之與害若遭遇利害之事其行仁之情則
可知也　仁者安仁者此明三者可知之事若天性仁者
非關利害而安仁也　知者利仁者若有知謀者貪利而
行仁有利則行無利則止非本情也　畏罪者強仁者若
畏懼於罪者自強行仁望免離於罪若無所畏則不能行
仁也　仁者右也道者左也此經明仁義相須若手之左
右仁恩者若人之右手右手是用之便也仁恩亦行之急
也　道者左也道是履蹈而行比仁恩稍劣故爲左也
仁者人也言仁恩之道以人情相愛偶也　道者義也義
宜也凡可履蹈而行者必斷割得宜然可履蹈故云道者
義也　注人也至人也　正義曰人也謂施以人恩也解
經中仁者人也仁謂施以仁恩言施人以恩正謂意相愛
偶人也云義也謂斷以事宜也謂裁斷其理使合事宜故
可履蹈而行是道者義也引春秋傳者此成十六年公羊

足利本第六十一卷第二十葉

傳文案彼稱晉人執季孫行父舍之于招丘傳云執未有言舍之者此其言舍之何人也傳稱諸侯春秋執大夫經不書舍此執行父言舍之招丘何欲人愛此行父故特言舍之引之者證人是人偶相存愛之義也　道有至義有考者如注所云當云道有至有義有考義上脱一有字言道之所用有至一也至謂兼行仁義行之至極故云有至有義二也謂仁義之中唯有義無仁故云有義有考三也考成也謂於仁義之中或取仁或取義之一事勉力成之非本性也　至道以王者既能兼行仁義至極可以王有天下故云至道以王　義道以霸者直能斷決若齊桓晉文以甲兵斷割可以霸於諸侯故云義道以霸也　考道以爲無失者既於仁義之中隨取其一而成之以道不違於理故云考道以爲無失也　注有至至性也　正義曰知有至謂兼仁義者此經云至道以王故穀梁傳云仁義歸往曰王是王有仁義也又案前經道者義也是唯義爲道此經云道有至有義有考是一道之内兼有三種與前

禮記義六十一　二十　周泉

經不同者但道之爲義取開通履蹈而行兼包大小精麤若大而言之則天道造化自然之理謂之爲道則老子云道可道非常道則自然造化虚無之謂也若小而言之凡人才藝亦謂之爲道是道無定分隨大小異言皆是開通於物其身履蹈而行也云考成也爾雅釋詁文也云能取仁義之一成之以不失於人者以考道劣於至道又劣於義但能於仁義之中隨其一能成就之不失於人謂於人不失也云非性也者言考道勉強而行以成就之非是天性自然所稟者然則至道義道天性有之也

子言之仁有數義有長短小大中心憯怛愛人之仁也率法而強之資仁者也　資取也數與長短小大互言之耳性仁義者其數長大取仁義者其數短小也

詩云豐水有芑武王豈不仕詒厥孫謀以

潘本第六十一卷第二十葉

傳文案彼稱晉人執季孫行父舍之于招丘傳云執未有言舍之者此其言舍之何人也傳稱諸侯春秋執大夫經不書舍此執行父言舍之招丘何欲人愛此行父故特言舍之引之者證人是人偶相存愛之義也　道有至義有考者如注所云當云道有至有義有考義上脱一有字言道之所用有至一也至謂兼行仁義行之至極故云有至有義二也謂仁義之中唯有義無仁故云有義有考三也考成也謂於仁義之中或取仁或取義之一事勉力成之非本性也　至道以王者既能兼行仁義至極可以王有天下故云至道以王　義道以霸者直能斷決若齊桓晉文以甲兵斷割可以霸於諸侯故云義道以霸也　考道以爲無失者既於仁義之中隨取其一而成之以道不違於理故云考道以爲無失也　注有至至性也　正義曰知有至謂兼仁義者此經云至道以王故穀梁傳云仁義歸往曰王是王有仁義也又案前經道者義也是唯義爲道此經云道有至有義有考是一道之内兼有三種與前

禮記義六十一　二十　周泉

經不同者但道之爲義取開通履蹈而行兼包大小精麤若大而言之則天道造化自然之理謂之爲道則老子云道可道非常道則自然造化虚無之謂也若小而言之凡人才藝亦謂之爲道是道無定分隨大小異言皆是開通於物其身履蹈而行也云考成也爾雅釋詁文也云能取仁義之一成之以不失於人者以考道劣於至道又劣於義但能於仁義之中隨其一能成就之不失於人謂於人不失也云非性也者言考道勉強而行以成就之非是天性自然所稟者然則至道義道天性有之也

子言之仁有數義有長短小大中心憯怛愛人之仁也率法而強之資仁者也　資取也數與長短小大互言之耳性仁義者其數長大取仁義者其數短小

詩云豐水有芑武王豈不仕詒厥孫謀以

足利本第六十一卷第二十一葉

燕翼子武王烝哉數世之仁也芑枸檵也仕之言事也詒遺也燕安也烝君也言武王豈不念天下之事如豐水之有芑矣乃遺其後世之子孫以善謀以安翼其子也君哉武王美之也國風曰我今不閱皇恤我後終身之仁也閱猶容也皇暇也恤憂也言我今尚恐不能自容何暇憂我後之人乎疏正義曰自此以下至不稱其服更廣明仁義之道又顯中心外貌內外相稱故更稱子言之仁有數者行仁之道有度數多少也義有長短小大者言義之爲體有長有短有小有大言仁有數則義亦有數義言長短小大則仁亦有長短小大互言之也若天性仁義者則其數長而大若強取仁義而行者則其數短而小長謂國祚久遠大謂覆養廣多短謂世位淺促小謂所施狹近也中心憯怛愛人之仁也此明性有仁者以天性自仁故中心悽憯傷怛憐愛於人故云愛

禮記義六十上　二十一　周泉

人之仁也率法而強之資仁者也此明取仁者率循也資取也率循善法自強行之非是天性直取仁道行之者也詩云豐水有芑武王豈不仕者證天性之仁其數長所引詩者大雅文王有聲之篇美武王之德言豐水自然有芑喻武王之身自然有天下之事故云武王豈不仕仕之言事也言武王豈不念天下之事乎猶如豐水豈無此芑乎詒厥孫謀者詒遺也厥其也孫謂子孫謀謂善謀言武王能遺其子孫以美善之謀謂伐紂定天下以王業遺於子孫以燕翼子者燕安也翼助也言武王能安助其子孫也武王烝哉者烝君也言武王有爲君之德哉數世之仁者以武王行仁遺及子孫是仁之所及其數長也國風曰我今不閱皇恤我後此引國風者明取仁義者其數短也所引詩者是邶風谷風之篇婦人被夫棄絕初憂子孫困苦還自悔之云我今不閱閱容也言我今尚不能自容被夫放棄皇恤我後者皇暇也恤憂也言我有何閒暇能憂我後世子孫之人乎引之者證取仁而

潘本第六十一卷第二十一葉

燕翼子武王烝哉數世之仁也芑枸檵也仕之言事也詒遺也燕安也烝君也言武王豈不念天下之事如豐水之有芑矣乃遺其後世之子孫以善謀以安翼其子也君哉武王美之也國風曰我今不閱皇恤我後終身之仁也閱猶容也皇暇也恤憂也言我今尚恐不能自容何暇憂我後之人乎疏正義曰自此以下至不稱其服更廣明仁義之道又顯中心外貌內外相稱故更稱子言之仁有數者行仁之道有度數多少也義有長短小大者言義之爲體有長有短有小有大言仁有數則義亦有數義言長短小大則仁亦有長短小大互言之也若天性仁義者則其數長而大若強取仁義而行者則其數短而小長謂國祚久遠大謂覆養廣多短謂世位淺促小謂所施狹近也中心憯怛愛人之仁也此明性有仁者以天性自仁故中心悽憯傷怛憐愛於人故云愛

禮記義六十上　二十一　周泉

人之仁也率法而強之資仁者也此明取仁者率循也資取也率循善法自強行之非是天性直取仁道行之者也詩云豐水有芑武王豈不仕者證天性之仁其數長所引詩者大雅文王有聲之篇美武王之德言豐水自然有芑喻武王之身自然有天下之事故云武王豈不仕仕之言事也言武王豈不念天下之事乎猶如豐水豈無此芑乎詒厥孫謀者詒遺也厥其也孫謂子孫謀謂善謀言武王能遺其子孫以美善之謀謂伐紂定天下以王業遺於子孫以燕翼子者燕安也翼助也言武王能安助其子孫也武王烝哉者烝君也言武王有爲君之德哉數世之仁者以武王行仁遺及子孫是仁之所及其數長也國風曰我今不閱皇恤我後此引國風者明取仁義者其數短也所引詩者是邶風谷風之篇婦人被夫棄絕初憂子孫困苦還自悔之云我今不閱閱容也言我今尚不能自容被夫放棄皇恤我後者皇暇也恤憂也言我有何閒暇能憂我後世子孫之人乎引之者證取仁而

行者唯在我當身之上何暇能憂及後世是終身之仁也唯望終竟一身是其數短也前文云仁有數義有長短小大仁義並言此獨說仁者以仁事爲重故舉仁言之則其義可知也 注芑枸至之也 正義曰芑枸繼爾雅釋木文孫炎曰則今枸芑也云乃遺其後世之子孫以善謀者孫謂子孫也云以安翼其子也者翼助也謂以王業保安翼助其子孫案詩箋以詒爲傳以孫爲順以翼爲敬言傳其所順天下之謀以安其敬事之子孫謂使其長行之也與此乖者引詩斷章此經云數世之仁故以爲子孫而翼成之也 子曰仁之爲器重其爲道遠舉者莫能勝也行者莫能致也取數多者仁也夫勉於仁者不亦難乎取數多者言計天下之道仁居其多是故君子以義度人則難爲

禮記義六十一　二十二

人以人望人則賢者可知已矣言以先王成法儗度人則難中也當以時人相比方耳 子曰中心安仁者天下一人而已矣大雅曰德輶如毛民鮮克舉之我儀圖之惟仲山甫舉之愛莫助之輶輕也鮮罕也儀匹也圖謀也愛猶惜也言德之輕如毛耳人皆以爲重罕能舉行之者作此詩者周宣王之大臣也言我之匹謀之仲山甫則能舉行之美之也惜乎時人無能助之者言賢者少 小雅曰高山仰止景行行止仰高勤行者仁之次也景明也有明行者謂古賢聖也 子曰詩之好仁如此鄉道而行中道而廢忘身之老也

行者唯在我當身之上何暇能憂及後世是終身之仁也唯望終竟一身是其數短也前文云仁有數義有長短小大仁義並言此獨說仁者以仁事爲重故舉仁言之則其義可知也 注芑枸至之也 正義曰芑枸繼爾雅釋木文孫炎曰則今枸芑也云乃遺其後世之子孫以善謀者孫謂子孫也云以安翼其子也者翼助也謂以王業保安翼助其子孫案詩箋以詒爲傳以孫爲順以翼爲敬言傳其所順天下之謀以安其敬事之子孫謂使其長行之也與此乖者引詩斷章此經云數世之仁故以爲子孫而翼成之也 子曰仁之爲器重其爲道遠舉者莫能勝也行者莫能致也取數多者仁也夫勉於仁者不亦難乎取數多者言計天下之道仁居其多是故君子以義度人則難爲

禮記義六十一　二十二

人以人望人則賢者可知已矣言以先王成法儗度人則難中也當以時人相比方耳 子曰中心安仁者天下一人而已矣大雅曰德輶如毛民鮮克舉之我儀圖之惟仲山甫舉之愛莫助之輶輕也鮮罕也儀匹也圖謀也愛猶惜也言德之輕如毛耳人皆以爲重罕能舉行之者作此詩者周宣王之大臣也言我之匹謀之仲山甫則能舉行之美之也惜乎時人無能助之者言賢者少 小雅曰高山仰止景行行止仰高勤行者仁之次也景明也有明行者謂古賢聖也 子曰詩之好仁如此鄉道而行中道而廢忘身之老也

足利本第六十一卷第二十三葉

不知年數之不足也俛焉日有孳孳斃而后已（廢喻力極罷頓不能復行則止也俛焉勤勞之貌斃仆也）子曰仁之難成久矣人人失其所好（言仁道不成人所由不得其志）故仁者之過易辭也（辭猶解說也仁者恭儉雖有過不甚矣唯聖人無過）子曰恭近禮儉近仁信近情敬讓以行此雖有過其不甚矣夫恭寡過情可信儉易容也以此失之者不亦鮮乎（言罕以此失之）詩云溫溫恭人惟德之基子曰仁之難成久矣唯君子能

禮記義六十一　二十三　宋琳

之（言能成仁之道者少也）是以故君子不以其所能者病人不以人之所不能者愧人（病愧謂罪咎之）是故聖人之制行也不制以己使民有所勸勉愧耻以行其言（以中人爲制則賢者勸勉不及者愧耻聖人之言乃行也）禮以節之信以結之容貌以文之衣服以移之朋友以極之欲民之有壹也（移讀如禾氾移之移移猶廣大也極致也壹謂專心於善）小雅曰不愧于人不畏于天（言人有所行當慙怖於天人也）是故君子服其服則文以君子之容

潘本第六十一卷第二十三葉

不知年數之不足也俛焉日有孳孳斃而后已（廢喻力極罷頓不能復行則止也俛焉勤勞之貌斃仆也）子曰仁之難成久矣人人失其所好（言仁道不成人所由不得其志）故仁者之過易辭也（辭猶解說也仁者恭儉雖有過不甚矣唯聖人無過）子曰恭近禮儉近仁信近情敬讓以行此雖有過其不甚矣夫恭寡過情可信儉易容也以此失之者不亦鮮乎（言罕以此失之）詩云溫溫恭人惟德之基子曰仁之難成久矣唯君子能

四百卅六　禮記義六十一　二十三　高宗

之（言能成仁之道者少也）是故君子不以其所能者病人不以人之所不能者愧人（病愧謂罪咎之）是故聖人之制行也不制以己使民有所勸勉愧耻以行其言（以中人爲制則賢者勸勉不及者愧耻聖人之言乃行也）禮以節之信以結之容貌以文之衣服以移之朋友以極之欲民之有壹也（移讀如禾氾移之移移猶廣大也極致也壹謂專心於善）小雅曰不愧于人不畏于天（言人有所行當慙怖於天人也）是故君子服其服則文以君子之容

表記第三十二

足利本第六十一卷第二十四葉

有其容則文以君子之辭遂其辭則實以君子之德遂猶成也是故君子恥服其服而無其容恥有其容而無其辭恥有其辭而無其德恥有其德而無其行無其行謂不行其德是故君子衰經則有哀色端冕則有敬色甲冑則有不可辱之色言色稱其服也詩云惟鵜在梁不濡其翼彼記之子不稱其服鵜鵜鶘汚澤也汚澤善居泥水之中在魚梁以不濡汚其翼爲才如君子以稱其服爲有德

疏此一節廣明仁故言子曰仁之爲器重者仁是愛養非賢聖不能行故言爲器重　其爲道遠者以廣博覆物是爲道廣遠也　舉者莫能勝也行者莫能致也據凡庸於仁不能勝致也　取數多者仁也言於萬種善事之中論利益於物取數最多者是仁也言仁恩於善事之中利益最多也　夫勉於仁者不亦難乎言仁爲愛養行之不易故勉力行仁者不亦難乎言其難也　是故君子以義度人則難爲人者義宜也言在上君子以先王之義擬度於人欲使人必行先王成法則難可爲人言人難中於古法也　以人望人則賢者可知已矣者望比也言以今世人道比望於古人能合於今世事者則是賢人也若不能合於今世事者則非賢人也故云則賢者可知已矣已矣語助也此明仁道不可以古義責人當以時事擬人是仁恩之心　子曰中心安仁者天下一人而已矣言中心安靜行仁是天性仁者天下之間唯一人而已矣言少也　大雅曰德輶如毛民鮮克舉之我儀圖之引詩大雅烝民之篇以明行仁者少也德輶如毛民鮮克舉之者此

禮記義七十　二十四

潘本第六十一卷第二十四葉

有其容則文以君子之辭遂其辭則實以君子之德遂猶成也是故君子恥服其服而無其容恥有其容而無其辭恥有其辭而無其德恥有其德而無其行無其行謂不行其德是故君子衰經則有哀色端冕則有敬色甲冑則有不可辱之色言色稱其服也詩云惟鵜在梁不濡其翼彼記之子不稱其服鵜鵜鶘汚澤也汚澤善居泥水之中在魚梁以不濡汚其翼爲才如君子以稱其服爲有德

疏此一節廣明仁故言子曰仁之爲器重者仁是愛養非賢聖不能行故言爲器重　其爲道遠者以廣博覆物是爲道廣遠也　舉者莫能勝也行者莫能致也據凡庸於仁不能勝致也　取數多者仁也言於萬種善事之中論利益於物取數最多者是仁也言仁恩於善事之中利益最多也　夫勉於仁者不亦難乎言仁爲愛養行之不易故勉力行仁者不亦難乎言其難也　是故君子以義度人則難爲人者義宜也言在上君子以先王之義擬度於人欲使人必行先王成法則難可爲人言人難中於古法也　以人望人則賢者可知已矣者望比也言以今世人道比望於古人能合於今世事者則是賢人也若不能合於今世事者則非賢人也故云則賢者可知已矣已矣語助也此明仁道不可以古義責人當以時事擬人是仁恩之心　子曰中心安仁者天下一人而已矣言中心安靜行仁是天性仁者天下之間唯一人而已矣言少也　大雅曰德輶如毛民鮮克舉之我儀圖之引詩大雅烝民之篇以明行仁者少也德輶如毛民鮮克舉之者此

禮記義七十　二十四

足利本第六十一卷第二十五葉

詩美宣王之大臣仲山甫也輶輕也鮮罕也克能也言德
之輕易舉如毛然民尚以爲重罕能舉而行之也我儀圖
之者儀匹也圖謀也詩人言我與倫匹共圖謀能舉行之
也 唯仲山甫舉之愛莫助之者愛惜也言唯有仲山甫
能舉行其德可惜乎無人能助行之者記人引此者證中
心安仁者少亦無人能行之言賢者少也 注 輶輕也圖
謀也 正義曰輶輕也爾雅釋言文圖謀也釋詁文 小
雅曰高山仰止景行行止者此小雅剌幽王之詩車舝之
篇言幽王若能脩德如高山則天下之人瞻仰之若幽王
有景明之行則天下之人仰行之引之者證古昔賢聖能
行仁道則後世之人瞻仰慕行也 子曰詩之好仁如此
者言高山景行瞻仰慕行是好愛仁德如此之甚也 鄉
道而行中道而廢者言好仁之甚鄉仁道而行在於中道
力之罷極而始休廢之也 忘身之老也不知年數之不
足也言行仁勤急忘已身之衰老不自覺知年數之不足
言已雖年老謂爲數淺少不復盈足猶行仁不止 俛焉

禮記義六十一 二十五 楊昌

日有孳孳斃而后已者言形貌俛俛焉勤勞行仁每日恒
有孳孳唯力之斃仆而后已止言行仁之道深也熊氏云
俛焉謂前僂焉可輕賤以爲字同而注異熊氏之說非也
子曰仁之難成久矣言仁道難成非始今日其來久矣
人人失其所好者人人謂天下衆人由仁道不成天下
衆人皆失其所愛好之事若有仁道人皆得其所愛好之
事所愛好者是吉慶福祥也 注 言仁至其志 正義曰
言仁道不成解仁之難成久矣云人所由不得其志解經
人人失其所好由仁道不成無所依恃民人由此不得其
志意之所好多有禍害若仁道成人皆得所願也 故仁者
之過易辭也者以仁是善行故仁者有過其惡不甚易可
以言辭解說也此謂取仁行者故有過耳其聖人天性仁
者全無過也 子曰恭近禮禮主於敬故恭近於禮 儉近
仁者以儉不費用無害於物故近仁也 信近情者信謂
言語信實故近情也 夫恭寡過者恒能恭敬故寡少於
過也 情可信者以情示人故可信也 儉易容也者以

潘本第六十一卷第二十五葉

詩美宣王之大臣仲山甫也輶輕也鮮罕也克能也言德
之輕易舉如毛然民尚以爲重罕能舉而行之也我儀圖
之者儀匹也圖謀也詩人言我與倫匹共圖謀能舉行之
也 唯仲山甫舉之愛莫助之者愛惜也言唯有仲山甫
能舉行其德可惜乎無人能助行之者記人引此者證中
心安仁者少亦無人能行之言賢者少也 注 輶輕也圖
謀也 正義曰輶輕也爾雅釋言文圖謀也釋詁文 小
雅曰高山仰止景行行止者此小雅剌幽王之詩車舝之
篇言幽王若能脩德如高山則天下之人瞻仰之若幽王
有景明之行則天下之人仰行之引之者證古昔賢聖能
行仁道則後世之人瞻仰慕行也 子曰詩之好仁如此
者言高山景行瞻仰慕行是好愛仁德如此之甚也 鄉
道而行中道而廢者言好仁之甚鄉仁道而行在於中道
力之罷極而始休廢之也 忘身之老也不知年數之不
足也言行仁勤急忘已身之衰老不自覺知年數之不足
言已雖年老謂爲數淺少不復盈足猶行仁不止 俛焉

禮記義六十一 二十五 楊昌

日有孳孳斃而后已者言形貌俛俛焉勤勞行仁每日恒
有孳孳唯力之斃仆而后已止言行仁之道深也熊氏云
俛焉謂前僂焉可輕賤以爲字同而注異熊氏之說非也
子曰仁之難成久矣言仁道難成非始今日其來久矣
人人失其所好者人人謂天下衆人由仁道不成天下
衆人皆失其所愛好之事若有仁道人皆得其所愛好之
事所愛好者是吉慶福祥也 注 言仁至其志 正義曰
言仁道不成解仁之難成久矣云人所由不得其志解經
人人失其所好由仁道不成無所依恃民人由此不得其
志意之所好多有禍害若仁道成人皆得所願也 故仁者
之過易辭也者以仁是善行故仁者有過其惡不甚易可
以言辭解說也此謂取仁行者故有過耳其聖人天性仁
者全無過也 子曰恭近禮禮主於敬故恭近於禮 儉近
仁者以儉不費用無害於物故近仁也 信近情者信謂
言語信實故近情也 夫恭寡過者恒能恭敬故寡少於
過也 情可信者以情示人故可信也 儉易容也者以

儉則寡求故易容也　詩云溫溫恭人惟德之基者此大雅抑之篇刺厲王之詩言顏色溫溫和柔恭敬之人惟能爲德之基也引之者結上文恭近禮其過寡少是爲德之基也　是故君子不以其所能者病人者謂不以己之所能使他人必能若他人不能則爲困病是不以所能之事病困於人也　不以人之所不能者愧人者謂他人力所不能必欲使之能行若他人之所不能則以爲愧耻故不以人之所不能耻愧困苦於人若能如此亦仁者之行也　是故聖人之制行也不制以己者言聖人之制法立行不造制以己之所能謂不將己之所能以爲制法恐凡人不能行也　使民有所勸勉愧耻以行其言者既不制以己之所能但制以中人之行使得可行則民有所自勸勉不能者自懷愧耻如此則民得以行其聖人之言也　衣服以移之者言聖人用中禮而作法故制以禮信容貌又用衣服移大之使之尊嚴也　朋友以極之者謂朋友相勸勵以極致於道也　欲民之有壹也者壹謂專壹於善

禮記義六十一　二十六　楊昌

道所以爲此教化者欲使民人專心壹意於善道也　小雅曰不愧于人不畏于天者此詩何人斯之篇是蘇公刺責暴公暴公讒譖於己是不愧慙於人不畏懼於天引之者言人之行當須愧於人畏於天也　遂其辭則實以君子之德者遂猶成也實猶充也言君子既成其文辭則當充實之以君子之德也　耻有其德而無其行者德在於内行接於外内既有德當須以德行之於外以接於人民若有德無行是君子所耻故云耻有其德而無其行也　詩云惟鵜在梁不濡其翼者此詩曹風候人之篇刺曹共公之詩鵜是污澤也言鵜在魚梁之上能不濡濕其翼以其爲善猶如君子在朝能稱可其服亦爲善彼記之子不稱其服者記是語辭言彼曹朝小人之子内無其德不能稱可其在外之服引之者以前經言君子内外皆須相稱故引此詩結之　注鵜鵜至有德　正義曰鵜污澤爾雅釋鳥文郭景純云今之鵜鶘也好羣飛沈於水食魚故名洿澤俗呼之爲淘河也云以不濡汚其翼爲才者言凡鳥

儉則寡求故易容也　詩云溫溫恭人惟德之基者此大雅抑之篇刺厲王之詩言顏色溫溫和柔恭敬之人惟能爲德之基也引之者結上文恭近禮其過寡少是爲德之基也　是故君子不以其所能者病人者謂不以己之所能使他人必能若他人不能則爲困病是不以所能之事病困於人也　不以人之所不能者愧人者謂他人力所不能必欲使之能行若他人之所不能則以爲愧耻故不以人之所不能耻愧困苦於人若能如此亦仁者之行也　是故聖人之制行也不制以己者言聖人之制法立行不造制以己之所能謂不將己之所能以爲制法恐凡人不能行也　使民有所勸勉愧耻以行其言者既不制以己之所能但制以中人之行使得可行則民有所自勸勉不能者自懷愧耻如此則民得以行其聖人之言也　衣服以移之者言聖人用中禮而作法故制以禮信容貌又用衣服移大之使之尊嚴也　朋友以極之者謂朋友相勸勵以極致於道也　欲民之有壹也者壹謂專壹於善

禮記義六十一　二十六　楊昌

道所以爲此教化者欲使民人專心壹意於善道也　小雅曰不愧于人不畏于天者此詩何人斯之篇是蘇公刺責暴公暴公讒譖於己是不愧慙於人不畏懼於天引之者言人之行當須愧於人畏於天也　遂其辭則實以君子之德者遂猶成也實猶充也言君子既成其文辭則當充實之以君子之德也　耻有其德而無其行者德在於内行接於外内既有德當須以德行之於外以接於人民若有德無行是君子所耻故云耻有其德而無其行也　詩云惟鵜在梁不濡其翼者此詩曹風候人之篇刺曹共公之詩鵜是污澤也言鵜在魚梁之上能不濡濕其翼以其爲善猶如君子在朝能稱可其服亦爲善彼記之子不稱其服者記是語辭言彼曹朝小人之子内無其德不能稱可其在外之服引之者以前經言君子内外皆須相稱故引此詩結之　注鵜鵜至有德　正義曰鵜污澤爾雅釋鳥文郭景純云今之鵜鶘也好羣飛沈於水食魚故名洿澤俗呼之爲淘河也云以不濡汚其翼爲才者言凡鳥

居水中必濡溺其翼今鵜胡在水中獨能不濡其翼故爲
才案詩注云鵜鳥在梁可謂不濡其翼乎言必濡其翼也
猶如小人在位必辱其職與此乖者
注禮在前注詩在後故所注不同也　子言之君子之
所謂義者貴賤皆有事於天下天子親耕
粢盛秬鬯以事上帝故諸侯勤以輔事於
天子　言無事而居位食祿　是不義而富且貴　子曰下之事上也雖
有庇民之大德不敢有君民之心仁之厚
也　庇覆也無君民之　心是思不出其位　是故君子恭儉以求役仁
信讓以求役禮不自尚其事不自尊其身

禮記義六十一　二十七　李用

儉於位而寡於欲讓於賢卑己而尊人小
心而畏義求以事君　役之言爲也求以事君　者欲成其忠臣之名也　得之
自是不得自是以聽天命　言不易道　徼祿利也　詩云莫
莫葛藟施于條枚凱弟君子求福不回　凱　樂
也弟易也言樂易之君子其求福脩德以俟之不爲
回邪之行以要之如葛藟之延蔓於條枚是其性也　其
舜禹文王周公之謂與有君民之大德有
事君之小心　言此德當　不回也　詩云惟此文王小心
翼翼昭事上帝聿懷多福厥德不回以受

居水中必濡溺其翼今鵜胡在水中獨能不濡其翼故爲
才案詩注云鵜鳥在梁可謂不濡其翼乎言必濡其翼也
猶如小人在位必辱其職與此乖者
注禮在前注詩在後故所注不同也　子言之君子之
所謂義者貴賤皆有事於天下天子親耕
粢盛秬鬯以事上帝故諸侯勤以輔事於
天子　言無事而居位食祿　是不義而富且貴　子曰下之事上也雖
有庇民之大德不敢有君民之心仁之厚
也　庇覆也無君民之　心是思不出其位　是故君子恭儉以求役仁
信讓以求役禮不自尚其事不自尊其身

快[illegible]十八　八十二　禮記義六十一　二十七　余生

儉於位而寡於欲讓於賢卑己而尊人小
心而畏義求以事君　役之言爲也求以事君　者欲成其忠臣之名也　得之
自是不得自是以聽天命　言不易道　徼祿利也　詩云莫
莫葛藟施于條枚凱弟君子求福不回　凱　樂
也弟易也言樂易之君子其求福脩德以俟之不爲
回邪之行以要之如葛藟之延蔓於條枚是其性也　其
舜禹文王周公之謂與有君民之大德有
事君之小心　言此德當　不回也　詩云惟此文王小心
翼翼昭事上帝聿懷多福厥德不回以受

足利本第六十一卷第二十八葉

方國 昭明也上帝天也聿述也懷至也言述行上帝之德以至於多福也方四方也受四方之國謂王天下

子曰先王謚以尊名節以壹惠恥名之浮於行也 謚者行之迹也名者謂聲譽也言先王論行以爲謚以尊名者使聲譽可得而尊言也壹讀爲一惠猶善也言聲譽雖有衆多者節以其行一大善者爲謚耳在上曰浮君子勤行成功聲譽踰行是所恥

是故君子不自大其事不自尚其功以求處情過行弗率以求處厚彰人之善而美人之功以求下賢 率循也過行不復循行猶不貳過也

是故君子雖自卑而民敬尊之 言謙者所以成行立德

子曰后稷天下之爲烈也豈一手一足哉 烈業也言后稷造稼穡天下世世以爲業豈一手一足喻用之者多無數也

唯欲行之浮於名也故自謂便人 亦言其謙也辟仁聖之名云吾便習於此事之人耳

疏 正義曰此一節明天子以下各有其事又明舜禹文王周公之德皆能上事天帝下庇四方事異於上故記者詳之又稱子言之也 天子親耕粢盛秬鬯以事上帝者天子事上帝諸侯事天子是貴賤皆有事於天下案小宰注云天地大神至尊不裸此祭上帝有秬鬯者凡鬯有二若和之以鬱謂之鬱鬯鬱人所掌是也祭宗廟而灌也若不和鬱謂之秬鬯鬯人所掌是也謂五齊之酒以秬黍爲之以芬芳調暢故言秬鬯故得以事上帝大宗伯云涖玉鬯者謂享大鬼也棫樸詩云奉璋峨峨者謂據祭宗廟也故與此不同也 是故君子恭儉以求役仁君子有仁德至誠之君子言君子既有庇民大德又自謙退不敢

潘本第六十一卷第二十八葉

方國 昭明也上帝天也聿述也懷至也言述行上帝之德以至於多福也方四方也受四方之國謂王天下

子曰先王謚以尊名節以壹惠恥名之浮於行也 謚者行之迹也名者謂聲譽也言先王論行以爲謚以尊名者使聲譽可得而尊言也壹讀爲一惠猶善也言聲譽雖有衆多者節以其行一大善者爲謚耳在上曰浮君子勤行成功聲譽踰行是所恥

是故君子不自大其事不自尚其功以求處情過行弗率以求處厚彰人之善而美人之功以求下賢 率循也過行不復循行猶不貳過也

是故君子雖自卑而民敬尊之 言謙者所以成行立德

子曰后稷天下之爲烈也豈一手一足哉 烈業也言后稷造稼穡天下世世以爲業豈一手一足喻用之者多無數也

唯欲行之浮於名也故自謂便人 亦言其謙也辟仁聖之名云吾便習於此事之人耳

疏 正義曰此一節明天子以下各有其事又明舜禹文王周公之德皆能上事天帝下庇四方事異於上故記者詳之又稱子言之也 天子親耕粢盛秬鬯以事上帝者天子事上帝諸侯事天子是貴賤皆有事於天下案小宰注云天地大神至尊不裸此祭上帝有秬鬯者凡鬯有二若和之以鬱謂之鬱鬯鬱人所掌是也祭宗廟而灌也若不和鬱謂之秬鬯鬯人所掌是也謂五齊之酒以秬黍爲之以芬芳調暢故言秬鬯故得以事上帝大宗伯云涖玉鬯者謂享大鬼也棫樸詩云奉璋峨峨者謂據祭宗廟也故與此不同也 是故君子恭儉以求役仁君子有仁德至誠之君子言君子既有庇民大德又自謙退不敢

足利本第六十一卷第二十九葉

有君民之心是仁愛深厚以此之故君子恭敬節儉以求施爲仁道也役爲也言以此求施爲於仁道也　信讓以求役禮者謂信實退讓以求施爲於禮也　得之自是不得自是者得之謂得利禄也言雖得利禄自行其爲是之道若不得利禄亦自行其爲是之道言不問得之與失恒行其是而不行非也　以聽天命者言不苟易其道也　詩云莫莫葛藟施于條枚者此詩大雅旱麓之篇美文王之詩言文王之興依約先祖莫莫然如葛藟之蔓草延施于條枚之木猶如子孫之興亦由先祖而德盛也　凱弟君子求福不回者凱樂也弟易也言大王王季樂易之君子求福不爲回邪之行引之者證君子以聽天命雖求福禄不爲邪僻之行今以爲葛藟施於條枚是其性也君子求福不爲回邪亦是其性引斷章取義故與詩文不同也　其舜禹文王周公之謂與者此是凱弟君子求福不回邪之請與以其雖有庇民之大德恒有事君之小心常能畏懼是不回也　詩云惟此文王小心翼翼昭事上帝聿懷

禮記正義六十一　二十九　高彦

多福者此詩大雅大明之篇美文王之詩言文王小心翼翼以昭明道德尊事上帝聿述也懷至也言文王述行上帝之德以受衆多之福　厥德不回以受方國者其德不有回邪故受四方衆國爲天子也引之者證上求福不回也　子曰先王諡以尊名　以前經論君子求福不回此一節廣明君子名行相副卑己尊人之義　諡以尊名者諡謂諡號名謂聲譽言人身死之後累列生時之行跡作諡號者以尊敬生前之聲名可得傳於後世　節以壹惠者言爲諡之時善行雖多但限節以一箇善惠以爲諡也　恥名之浮於行也者所以善行既多但取一事爲諡者恥善名之多浮過於行恐行不副於名所以減衆善之名但取一事之善爲諡也　是故君子不自大其事不自尚其功以求處情者大謂誇大既不欲行過於名故不自誇大其所爲之事不自加尚其所爲之功名所以不大尚者以求處情實不欲虛爲矯飾也　過行弗率以求處厚者率循也若有過失之行不復循而行之即脩改以求處其

潘本第六十一卷第二十九葉

有君民之心是仁愛深厚以此之故君子恭敬節儉以求施爲仁道也役爲也言以此求施爲於仁道也　信讓以求役禮者謂信實退讓以求施爲於禮也　得之自是不得自是者得之謂得利禄也言雖得利禄自行其爲是之道若不得利禄亦自行其爲是之道言不問得之與失恒行其是而不行非也　以聽天命者言不苟易其道也　詩云莫莫葛藟施于條枚者此詩大雅旱麓之篇美文王之詩言文王之興依約先祖莫莫然如葛藟之蔓草延施于條枚之木猶如子孫之興亦由先祖而德盛也　凱弟君子求福不回者凱樂也弟易也言大王王季樂易之君子求福不爲回邪之行引之者證君子以聽天命雖求福禄不爲邪僻之行今以爲葛藟施於條枚是其性也君子求福不爲回邪亦是其性引斷章取義故與詩文不同也　其舜禹文王周公之謂與者此是凱弟君子求福不回邪之請與以其雖有庇民之大德恒有事君之小心常能畏懼是不回也　詩云惟此文王小心翼翼昭事上帝聿懷

禮記正義六十一　二十九　高彦

多福者此詩大雅大明之篇美文王之詩言文王小心翼翼以昭明道德尊事上帝聿述也懷至也言文王述行上帝之德以受衆多之福　厥德不回以受方國者其德不有回邪故受四方衆國爲天子也引之者證上求福不回也　子曰先王諡以尊名　以前經論君子求福不回此一節廣明君子名行相副卑己尊人之義　諡以尊名者諡謂諡號名謂聲譽言人身死之後累列生時之行跡作諡號者以尊敬生前之聲名可得傳於後世　節以壹惠者言爲諡之時善行雖多但限節以一箇善惠以爲諡也　恥名之浮於行也者所以善行既多但取一事爲諡者恥善名之多浮過於行恐行不副於名所以減衆善之名但取一事之善爲諡也　是故君子不自大其事不自尚其功以求處情者大謂誇大既不欲行過於名故不自誇大其所爲之事不自加尚其所爲之功名所以不大尚者以求處情實不欲虛爲矯飾也　過行弗率以求處厚者率循也若有過失之行不復循而行之即脩改以求處其

仁厚之道過失即改是以求處其厚也 注壹讀至所耻

正義曰上壹是齊壹下一是數之一二也今經文爲大壹之字鄭恐是均同之理故讀爲小一取一箇善名而爲謚耳云在上曰浮者言物在水上稱浮如浮雲云君子勤行成功聲譽踰行是所耻者言君子之人唯寢默勤行成功不自彰伐若使聲譽踰越於行是君子所耻也 子曰后稷天下之爲烈也豈一手一足哉以上經君子耻名浮於行故此經明后稷證名不可過行也言后稷雖有大業不自謂聖人而稱便人后稷天下之爲烈者言后稷周之始祖有播殖之功烈業也言天下之人並將爲業豈一手一足哉者言后稷之功豈止一人之手一人之足而用之哉言用之者多天下皆是也 唯欲行之浮於名也 分故自謂便人者言后稷唯欲得實行過於虛名故自謂便於稼穡之人不自謂己之仁聖也

禮記義六十一 三十

禮記正義卷第六十一

足利本第六十一卷第三十葉

仁厚之道過失即改是以求處其厚也 注壹讀至所耻

正義曰上壹是齊壹下一是數之一二也今經文爲大壹之字鄭恐是均同之理故讀爲小一取一箇善名而爲謚耳云在上曰浮者言物在水上稱浮如浮雲云君子勤行成功聲譽踰行是所耻者言君子之人唯寢默勤行成功不自彰伐若使聲譽踰越於行是君子所耻也 子曰后稷天下之爲烈也豈一手一足哉以上經君子耻名浮於行故此經明后稷證名不可過行也言后稷雖有大業不自謂聖人而稱便人后稷天下之爲烈者言后稷周之始祖有播殖之功烈業也言天下之人並將爲業豈一手一足哉者言后稷之功豈止一人之手一人之足而用之哉言用之者多天下皆是也 唯欲行之浮於名也 分故自謂便人者言后稷唯欲得實行過於虛名故自謂便於稼穡之人不自謂己之仁聖也

禮記義六十一 三十

禮記正義卷第六十一

潘本第六十一卷第三十葉

足利本第六十二卷第一葉

禮記正義卷第六十二

國子祭酒上護軍曲阜縣開國子臣孔穎達等奉

勅撰

子言之君子之所謂仁者其難乎詩云凱弟君子民之父母凱以彊教之弟以說安之樂而毋荒有禮而親威莊而安孝慈而敬使民有父之尊有母之親如此而后可以爲民父母矣非至德其孰能如此乎有父之尊有母之親謂其尊親己如父母令父之親子也親賢而下無能母之親子也賢則親之無能則憐之母親而不尊父尊而不親水之於民也親而不尊火尊而不親土之於民也親而不尊天尊而不親命之於民也親而不尊鬼尊而不親或見尊或見親以其嚴與恩所尚異也命謂四時政令所以教民勤事也鬼謂四時祭祀所以訓民事君也

疏正義曰此以下至不勝其文更廣明仁道又顯尊親之異并論虞夏商周質文不等令各隨文解之

仁者其難乎言行仁之道其甚難乎爲之不易　詩云凱弟君子民之父母者言仁道爲難若有仁行可以爲民之

潘本第六十二卷第一葉

禮記正義卷第六十二

國子祭酒上護軍曲阜縣開國子臣孔穎達等奉

勅撰

子言之君子之所謂仁者其難乎詩云凱弟君子民之父母凱以彊教之弟以說安之樂而毋荒有禮而親威莊而安孝慈而敬使民有父之尊有母之親如此而后可以爲民父母矣非至德其孰能如此乎有父之尊有母之親謂其尊親己如父母令父之親子也親賢而下無能母之親子也賢則親之無能則憐之母親而不尊父尊而不親水之於民也親而不尊火尊而不親土之於民也親而不尊天尊而不親命之於民也親而不尊鬼尊而不親或見尊或見親以其嚴與恩所尚異也命謂四時政令所以教民勤事也鬼謂四時祭祀所以訓民事君也

疏正義曰此以下至不勝其文更廣明仁道又顯尊親之異并論虞夏商周質文不等令各隨文解之

仁者其難乎言行仁之道其甚難乎爲之不易　詩云凱弟君子民之父母者言仁道爲難若有仁行可以爲民之

足利本第六十二卷第二葉

父母此詩大雅泂酌之篇戒成王之詩也凱樂也弟易也言使民樂易之君子則得爲民之父母言不易也　凱以彊教之弟以説安之孔子既引詩又釋凱弟之義凱樂也言君子初以仁政化下使人樂仰自彊不息是凱以彊教之弟謂遜弟言以遜弟之道下化於民民皆説豫而康安是弟以説安之也　樂而毋荒有禮而親者樂失於荒禮失於疏言明君教下爲樂而毋荒有禮而相親也威莊而安孝慈而敬者凡矜莊者失在危懼孝慈者失在慢易今明君臨下威嚴矜莊而民安也孝順慈愛而民敬也　使民有父之尊有母之親者以有威莊故有父之尊言尊之如父以有孝慈故有母之親言親之如母也　非至德其孰能如此乎者言若非至德之君其誰能使民如此言仁道難也　今父至不親　此明尊親之異父母不同今父之親子也親賢而下無能者言父之於子若見賢者則親愛之若見無能者則下賤之以父立於義分別善惡也母之親子也賢則親之無能則憐之者言母之於子見賢

禮記義六十二　二　李良

則親愛之見其子無能則憐愛之母以恩愛不能分別善惡故也　水之於民也親而不尊者水沐浴人多用故親而不尊　火尊而不親者火須離之近則傷害人不須輕近故尊而不親　土之於民也親而不尊者土能生物載養於人是親也於人爲近人所居處遂不尊也　天尊而不親者天有雷霆日月震耀殺戮是尊也而體高遠是不親也命之於民也親而不尊者謂人君教命隨四時以教於人欲人生厚是親也附近於民使民勤事是不尊　鬼尊而不親者鬼謂鬼神神道嚴敬降人禍福是尊也人神道隔無形可見是不親也

子曰夏道尊命事鬼敬神而遠之近人而忠焉先祿而後威先賞而後罰親而不尊遠鬼神近人謂外宗廟內朝廷其民之敝惷而愚喬而野朴而不文以本

潘本第六十二卷第二葉

父母此詩大雅泂酌之篇戒成王之詩也凱樂也弟易也言使民樂易之君子則得爲民之父母言不易也　凱以彊教之弟以説安之孔子既引詩又釋凱弟之義凱樂也言君子初以仁政化下使人樂仰自彊不息是凱以彊教之弟謂遜弟言以遜弟之道下化於民民皆説豫而康安是弟以説安之也　樂而毋荒有禮而親者樂失於荒禮失於疏言明君教下爲樂而毋荒有禮而相親也威莊而安孝慈而敬者凡矜莊者失在危懼孝慈者失在慢易今明君臨下威嚴矜莊而民安也孝順慈愛而民敬也　使民有父之尊有母之親者以有威莊故有父之尊言尊之如父以有孝慈故有母之親言親之如母也　非至德其孰能如此乎者言若非至德之君其誰能使民如此言仁道難也　今父至不親　此明尊親之異父母不同今父之親子也親賢而下無能者言父之於子若見賢者則親愛之若見無能者則下賤之以父立於義分別善惡也母之親子也賢則親之無能則憐之者言母之於子見賢

禮記義六十二　二　李良

則親愛之見其子無能則憐愛之母以恩愛不能分別善惡故也　水之於民也親而不尊者水沐浴人多用故親而不尊　火尊而不親者火須離之近則傷害人不須輕近故尊而不親　土之於民也親而不尊者土能生物載養於人是親也於人爲近人所居處遂不尊也　天尊而不親者天有雷霆日月震耀殺戮是尊也而體高遠是不親也命之於民也親而不尊者謂人君教命隨四時以教於人欲人生厚是親也附近於民使民勤事是不尊　鬼尊而不親者鬼謂鬼神神道嚴敬降人禍福是尊也人神道隔無形可見是不親也

子曰夏道尊命事鬼敬神而遠之近人而忠焉先祿而後威先賞而後罰親而不尊遠鬼神近人謂外宗廟內朝廷其民之敝惷而愚喬而野朴而不文以本

不困於刑罰少詐諼也敝謂政教衰失之時也 疏 正義曰此一節明夏道親而不尊之義 夏道尊命言夏之爲政之道尊重四時政教之命使人勸事樂功也 事鬼敬神而遠之近人而忠焉者宗廟在外是遠鬼神也朝廷在内是近人也以忠恕養於民是忠焉也所爲如此是親而不尊也 其民之敝惷而愚者敝謂其後世政教衰敗時夏家後世政教敗時民皆惷愚所以然者昔時恒先禄後罰則民皆承寬裕無澆詭也情既不澆詭至於衰末猶不知避嚴刑峻法如惷愚也 喬而野者亦因昔時寛裕忠恕至末世民猶驕野如淳朴之時也 朴而不文者淳時民皆質朴不競文華至亂時猶承奉之亦然也 注 其民以本不困於刑罰少詐諼也 正義曰以夏尚仁恩其民不困苦於刑罰及其衰末猶有先世遺風少有詐僞諼妄爾雅訓云萲諼忘也則忘字亡下著心今與詐相對則諼是詐之義當亡下著女也 殷人尊神率民以事神先鬼而

禮記義六十二　三　李仁

後禮先罰而後賞尊而不親 先鬼後禮謂内宗廟外朝廷也禮者君臣朝會凡以摯交接相施予 其民之敝蕩而不靜勝而無恥 以本快於鬼神虛無之事令其心放蕩無所定困於刑罰苟勝免而無恥也月令曰無作淫巧以蕩上心 疏 此一節明殷代尊而不親之事尚虛無之事故率民以事神 先罰而後賞者案襄二十六年左傳云賞以春夏刑以秋冬又月令云春夏行賞秋冬行刑與此違者彼謂王者大體一歲之中法天道生殺故春夏賞秋冬刑此記所云謂賞罰同時所行夏則先賞後罰殷則先罰後賞其民之敝蕩而不靜者以其本尚虛無之事尊敬鬼神至其末世敝失其民放蕩不能安靜也 勝而無恥者由本困於刑罰但得苟勝無以慙恥 注 先鬼而後禮謂内宗廟外朝廷也 正義曰以夏周人敬鬼神而遠之近人而忠焉外宗廟内朝廷以此反之則殷人先鬼後禮是

足利本第六十二卷第三葉

不困於刑罰少詐諼也敝謂政教衰失之時也 疏 正義曰此一節明夏道親而不尊之義 夏道尊命言夏之爲政之道尊重四時政教之命使人勸事樂功也 事鬼敬神而遠之近人而忠焉者宗廟在外是遠鬼神也朝廷在内是近人也以忠恕養於民是忠焉也所爲如此是親而不尊也 其民之敝惷而愚者敝謂其後世政教衰敗時夏家後世政教敗時民皆惷愚所以然者昔時恒先禄後罰則民皆承寬裕無澆詭也情既不澆詭至於衰末猶不知避嚴刑峻法如惷愚也 喬而野者亦因昔時寛裕忠恕至末世民猶驕野如淳朴之時也 朴而不文者淳時民皆質朴不競文華至亂時猶承奉之亦然也 注 其民以本不困於刑罰少詐諼也 正義曰以夏尚仁恩其民不困苦於刑罰及其衰末猶有先世遺風少有詐僞諼妄爾雅訓云萲諼忘也則忘字亡下著心今與詐相對則諼是詐之義當亡下著女也 殷人尊神率民以事神先鬼而

禮記義六十二　三　李仁

後禮先罰而後賞尊而不親 先鬼後禮謂内宗廟外朝廷也禮者君臣朝會凡以摯交接相施予 其民之敝蕩而不靜勝而無恥 以本快於鬼神虛無之事令其心放蕩無所定困於刑罰苟勝免而無恥也月令曰無作淫巧以蕩上心 疏 此一節明殷代尊而不親之事尚虛無之事故率民以事神 先罰而後賞者案襄二十六年左傳云賞以春夏刑以秋冬又月令云春夏行賞秋冬行刑與此違者彼謂王者大體一歲之中法天道生殺故春夏賞秋冬刑此記所云謂賞罰同時所行夏則先賞後罰殷則先罰後賞其民之敝蕩而不靜者以其本尚虛無之事尊敬鬼神至其末世敝失其民放蕩不能安靜也 勝而無恥者由本困於刑罰但得苟勝無以慙恥 注 先鬼而後禮謂内宗廟外朝廷也 正義曰以夏周人敬鬼神而遠之近人而忠焉外宗廟内朝廷以此反之則殷人先鬼後禮是

潘本第六十二卷第三葉

足利本第六十二卷第四葉

內宗廟外朝廷也 注以本怢於鬼神虛無之事令其心放蕩無所定　正義曰怢串也習也貴尚習鬼神鬼神無體故云虛無之事以爲事不在實故心放蕩無所定也

周人尊禮尚施事鬼敬神而遠之近人而忠焉其賞罰用爵列親而不尊 賞罰用爵列以尊卑爲差 其民之敝利而巧文而不慚賊而蔽 以本數交接以言辭尊卑多獄訟 疏此明周代親而不尊之事尊禮尚施者謂尊重禮之往來之法貴尚施惠之事也其賞罰用爵列者既不先賞後罰亦不先罰後賞唯用爵列尊卑或賞或罰也　其民之敝利而巧文而不慚者以其尚禮本數交接往來故便利機巧多文辭而無慙愧之心也　賊而蔽者以本爲治之時上下有序至其敝末尊卑錯失爲饒獄訟共相賊害而困蔽以其禮失於煩故致

禮記正義六二　四　葉仲

然也　夏道尊命至殷人尊神周人尊禮三代所尊不同者案元命包云三王有失故立三教以相變夏人之立教以忠其失野故救野莫若敬殷人之立教以敬其失鬼救鬼莫若文周人之立教以文其失蕩故救蕩莫若忠如此循環周則復始窮則相承此亦三王之道故三代不同也

子曰夏道未瀆辭不求備不大望於民民未厭其親殷人未瀆禮而求備於民周人彊民未瀆神而賞罰刑罰窮矣 未瀆辭者謂時王不尚辭民不褻爲也不求備不大望言其政寬貢稅輕也彊民言承殷難變之敝也賞爵刑罰窮矣言其繁文備設 疏上明三代親尊有異此經更明三代治民有異之事　未瀆辭者瀆謂褻瀆辭謂言辭夏時爲政之道未褻瀆於言辭君既不尚辭民亦不爲故言未瀆辭夏言未瀆辭則殷

潘本第六十二卷第四葉

內宗廟外朝廷也 注以本怢於鬼神虛無之事令其心放蕩無所定　正義曰怢串也習也貴尚習鬼神鬼神無體故云虛無之事以爲事不在實故心放蕩無所定也

周人尊禮尚施事鬼敬神而遠之近人而忠焉其賞罰用爵列親而不尊 賞罰用爵列以尊卑爲差 其民之敝利而巧文而不慚賊而蔽 以本數交接以言辭尊卑多獄訟 疏此明周代親而不尊之事尊禮尚施者謂尊重禮之往來之法貴尚施惠之事也其賞罰用爵列者既不先賞後罰亦不先罰後賞唯用爵列尊卑或賞或罰也　其民之敝利而巧文而不慚者以其尚禮本數交接往來故便利機巧多文辭而無慙愧之心也　賊而蔽者以本爲治之時上下有序至其敝末尊卑錯失爲饒獄訟共相賊害而困蔽以其禮失於煩故致

禮記正義六二　四　葉仲

然也　夏道尊命至殷人尊神周人尊禮三代所尊不同者案元命包云三王有失故立三教以相變夏人之立教以忠其失野故救野莫若敬殷人之立教以敬其失鬼救鬼莫若文周人之立教以文其失蕩故救蕩莫若忠如此循環周則復始窮則相承此亦三王之道故三代不同也

子曰夏道未瀆辭不求備不大望於民民未厭其親殷人未瀆禮而求備於民周人彊民未瀆神而賞罰刑罰窮矣 未瀆辭者謂時王不尚辭民不褻爲也不求備不大望言其政寬貢稅輕也彊民言承殷難變之敝也賞爵刑罰窮矣言其繁文備設 疏上明三代親尊有異此經更明三代治民有異之事　未瀆辭者瀆謂褻瀆辭謂言辭夏時爲政之道未褻瀆於言辭君既不尚辭民亦不爲故言未瀆辭夏言未瀆辭則殷

足利本第六十二卷第五葉

瀆辭也　不求備不大望於民者求備謂每事徵求皆令備足大望謂賦稅既重大所責望於民夏代不然故云不求備不大望於民也　民未厭其親者以上不求備不大望於民民無困苦故未厭其上下相親之心也　殷人未瀆禮而求備於民者以殷承夏後雖已褻瀆言辭仍未褻瀆於禮言君臣上下於禮事簡略不褻瀆也殷言未瀆禮則周瀆禮矣　而求備於民者言殷不如夏寬每事求備於民亦大望於民也　周人彊民以周承殷後遭紂亂風俗頑凶故周人設教彊勸人以禮義亦比夏殷多此一句也　未瀆神者言周治太平之時雖已瀆於禮猶未褻瀆鬼神祭天地宗廟諸神尚有時限未褻瀆也則周衰之後而瀆神也　而賞爵刑罰窮矣者以周人貴禮禮尚往來交接故賞爵刑罰之事窮極煩多

子曰虞夏之道寡怨於民殷周之道不勝其敝勝猶任也言殷周極文民無恥而巧利後世之政難復

禮記義六十二　五　李俊

子曰虞夏之質殷周之文至矣言後有王者其作質文不能易

虞夏之文不勝其質殷周之質不勝其文言王者相變質文各有所多

【疏】此一節摠明虞夏商周四代質文之異　虞夏之道寡怨於民以其政寬故寡怨於民言民怨尚少殷周之道不勝其敝者以殷周文煩失在苛碎故其民不堪勝敝敗也不言無怨而言寡怨於民者天地之大猶有所憾如冬寒夏雨民猶怨之如聖人之德無善不包人猶怨之是不備也如舜寡怨於民也　子曰虞夏之質殷周之文至矣者至謂至極也言虞夏爲質殷周爲文並已至極矣縱令後王爲質不能過於虞夏後王爲文亦不能過於殷周是至極矣　虞夏之文不勝其質者言虞夏之時雖有其文但文少而質多故文不勝於質殷周之質不勝其文者言殷周雖有其質亦質少而文多故不勝其文然案三正記云文

潘本第六十二卷第五葉

瀆辭也　不求備不大望於民者求備謂每事徵求皆令備足大望謂賦稅既重大所責望於民夏代不然故云不求備不大望於民也　民未厭其親者以上不求備不大望於民民無困苦故未厭其上下相親之心也　殷人未瀆禮而求備於民者以殷承夏後雖已褻瀆言辭仍未褻瀆於禮言君臣上下於禮事簡略不褻瀆也殷言未瀆禮則周瀆禮矣　而求備於民者言殷不如夏寬每事求備於民亦大望於民也　周人彊民以周承殷後遭紂亂風俗頑凶故周人設教彊勸人以禮義亦比夏殷多此一句也　未瀆神者言周治太平之時雖已瀆於禮猶未褻瀆鬼神祭天地宗廟諸神尚有時限未褻瀆也則周衰之後而瀆神也　而賞爵刑罰窮矣者以周人貴禮禮尚往來交接故賞爵刑罰之事窮極煩多

子曰虞夏之道寡怨於民殷周之道不勝其敝勝猶任也言殷周極文民無恥而巧利後世之政難復

禮記義六十二　五　李俊

子曰虞夏之質殷周之文至矣言後有王者其作質文不能易

虞夏之文不勝其質殷周之質不勝其文言王者相變質文各有所多

【疏】此一節摠明虞夏商周四代質文之異　虞夏之道寡怨於民以其政寬故寡怨於民言民怨尚少殷周之道不勝其敝者以殷周文煩失在苛碎故其民不堪勝敝敗也不言無怨而言寡怨於民者天地之大猶有所憾如冬寒夏雨民猶怨之如聖人之德無善不包人猶怨之是不備也如舜寡怨於民也　子曰虞夏之質殷周之文至矣者至謂至極也言虞夏爲質殷周爲文並已至極矣縱令後王爲質不能過於虞夏後王爲文亦不能過於殷周是至極矣　虞夏之文不勝其質者言虞夏之時雖有其文但文少而質多故文不勝於質殷周之質不勝其文者言殷周雖有其質亦質少而文多故不勝其文然案三正記云文

足利本第六十二卷第六葉

質載而復始則虞質夏文殷質周文而云虞夏之質殷周之文者夏家雖文比殷家之文猶質殷家雖質比夏家上質猶文於夏故夏雖有文同虞之質殷雖有質同周之文　子言之曰後世雖有作者虞帝弗可及也已矣君天下生無私死不厚其子子民如父母有憯怛之愛有忠利之教親而尊安而敬威而愛富而有禮惠而能散其君子尊仁畏義恥費輕實忠而不犯義而順文而靜寬而有辨　死不厚其子子言既不傳位又無以豐饒於諸臣也恥費不爲辭費出空言也實謂財貨也辨別也猶寬而栗也靜或爲情　甫刑曰德威惟威德明惟明非虞帝其孰能如此乎　德所威則人皆畏之言服罪也德所明則人皆尊寵之言得人也

疏　正義曰以上經論虞夏商周此特明虞帝之美已矣者言後世之君雖有作其善政者而比於虞帝不可齊及之也　君天下生無私者明虞帝之德後世雖作不可及言舜爲天下序爵必以德而不用私也　死不厚其子者厚謂豐厚既不傳位又不以財物豐厚於其子故云不厚其子子謂商均也　子民如父母者子謂子愛於民如父母愛子也　有憯怛之愛者言愛民之志有懐憯惻怛言舜天性自仁故憐愛於人有忠利之教者言有忠恕利益之教也　親而尊者有母之親有父之尊　安而敬者體安而能敬敬即前威莊而安也　威而愛者有威而又有愛也　富而有禮者富有四海而不驕是有禮也惠而能散者施惠

禮記義六十二　六　蔣信

潘本第六十二卷第六葉

質載而復始則虞質夏文殷質周文而云虞夏之質殷周之文者夏家雖文比殷家之文猶質殷家雖質比夏家之質猶文於夏故夏雖有文同虞之質殷雖有質同周之文　子言之曰後世雖有作者虞帝弗可及也已矣君天下生無私死不厚其子子民如父母有憯怛之愛有忠利之教親而尊安而敬威而愛富而有禮惠而能散其君子尊仁畏義恥費輕實忠而不犯義而順文而靜寬而有辨　死不厚其子子言既不傳位又無以豐饒於諸臣也恥費不爲辭費出空言也實謂財貨也辨別也猶寬而栗也靜或爲情　甫刑曰德威惟威德明惟明非虞帝其孰能如此乎　德所威則人皆畏之言服罪也德所明則人皆尊寵之言得人也

疏　正義曰以上經論虞夏商周此特明虞帝之美已矣者言後世之君雖有作其善政者而比於虞帝不可齊及之也　君天下生無私者明虞帝之德後世雖作不可及言舜爲天下序爵必以德而不用私也　死不厚其子者厚謂豐厚既不傳位又不以財物豐厚於其子故云不厚其子子謂商均也　子民如父母者子謂子愛於民如父母愛子也　有憯怛之愛者言愛民之志有懐憯惻怛言舜天性自仁故憐愛於人有忠利之教者言有忠恕利益之教也　親而尊者有母之親有父之尊　安而敬者體安而能敬敬即前威莊而安也　威而愛者有威而又有愛也　富而有禮者富有四海而不驕是有禮也惠而能散者施惠

禮記義六十二　六　蔣信

足利本第六十二卷第七葉原缺抄補經注文

子言之事君先資其言拜自獻其身以成其信資謀也獻猶進也言臣事君必先謀定其言乃后親進爲君言之也是故君有責於其臣臣有死於其言故其也受祿不誣其受罪益寡死其受言者竭力於其所言之事死而不負也於事不信曰誣也子曰事君

潘本第六十二卷第七葉

得所爲能散也　其君子尊仁畏義者其君子謂虞朝之臣也君聖臣賢是由舜而得然也若民有仁者則尊之有義者則畏之　恥費輕實者費辭費也言而不行謂之辭費也言必履而行之是恥於辭費也輕實者實財貨也貴人而賤祿是輕財也　忠而不犯者盡心於君是其忠也無違政教是不犯也　義而順者至極君臣之義而不悖德是義而順也　文而靜者臣皆有文章而又清靜寬而有辨者辨別也臣下倣舜之寬容治政不慢而有分別也　甫刑曰德威惟威德明惟明引之者所以結舜德也下威訓畏下明訓尊言舜之道德欲威懼於人則在下之民惟畏懼之故云德威惟威德明惟明者謂舜以德標明善人惟能得善人惟天下之人皆所以尊重之　非虞帝其孰能如此乎者如上之事不是虞帝其誰人能得知此乎案今尚書之篇以明堯德而云虞帝者言虞帝亦能如是且記者斷章而爲義也

子言之事君先資其言拜自獻其身以成其信資謀也獻猶進也言臣事君必先謀定其言乃後親進爲君言也是故君有責於其臣臣有死於其言故其受祿不誣其受罪益寡死其言者竭力於其所言之事死而不負於事不信曰誣

疏正義曰此一節至辭欲巧廣明君子事君之道又明君子爲行須內外相副今各隨文解之　事君先資其言者言臣欲見君必須先謀度其言定然後見也　拜自獻其身者獻進也爲謀既定乃拜見自進其身也　以成其信者謂先謀後見成其言之信實　是故君有責於其臣臣有死於其言者以其先謀乃可見君故君有責於其臣臣當竭力守節死於其所言也　故其受祿不誣其受罪益寡者以其言善乃受祿是受祿不誣罔也順死其言以竭臣力是受罪益寡少也

子曰事君

表記第三十二

大言入則望大利，小言入則望小利。大言可以立大事也，小言可以立小事也。入謂君受之。利，祿賞也。入或爲人。故君子不以小言受大祿，不以大言受小祿。言臣受祿各用其德能也。易曰：不家食吉。此大畜彖辭也。彖曰：不家食吉，養賢也。言君有大畜積，不與家食之而已，必以祿賢者。賢有大小，祿有多少。

疏 此一節廣明事君之道，依言大小而受祿。大言入則望大利者，入猶受也，利，祿也。大言謂立大事之言，進入於君，君所受納，如此乃望大祿。小言入則望小利者，小言謂立小事之言，小言進入受於君，則唯望小利也。故君子不以小言受大祿，不以大言受小祿，言臣祿各以其德能相稱。若小言受大祿，則臣濫；若大言受小祿，則君重財而薄德也。易曰不家食吉，此大畜卦辭也。案易大畜：利貞，不家食吉，利涉大川。不家食吉者，言君有大畜積，不唯與家人食之而已，當與賢人食之，故得吉。此大畜乾下艮上之卦。注云自九三至上九有頤象，居外是不家食吉而養賢。引之者，證君有祿而養賢，賢有大小，故祿亦有多少。

子曰：事君不下達，不尚辭，非其人弗自。不下達，不以私事自通於君也。不尚辭，不多出浮華之言也。弗自，不身與相親。小雅曰：靖共爾位，正直是與，神之聽之，式穀以女。靖，治也。爾，女也。式，用也。穀，祿也。言敬治女位之職事，正直之人乃與爲倫友，神聽女之所爲，用祿與女。

疏 此一節廣明臣之事君當以正直之道。不下達者，不以在下細碎小事通達於君。不尚辭者，不貴尚浮華之言辭。非其人弗自者，非其好人，不身自與之相親。小雅曰靖共爾位，正直是與，此詩小雅小明之篇，刺幽王之詩，大夫悔仕亂世，戒其未仕者云

大言入則望大利，小言入則望小利。大言可以立大事也，小言可以立小事也。入謂君受之。利，祿賞也。入或爲人。故君子不以小言受大祿，不以大言受小祿。言臣受祿各用其德能也。易曰：不家食吉。此大畜彖辭也。彖曰：不家食吉，養賢也。言君有大畜積，不與家食之而已，必以祿賢者。賢有大小，祿有多少。

疏 此一節廣明事君之道，依言大小而受祿。大言入則望大利者，入猶受也，利，祿也。大言謂立大事之言，進入於君，君所受納，如此乃望大祿。小言入則望小利者，小言謂立小事之言，小言進入受於君，則唯望小利也。故君子不以小言受大祿，不以大言受小祿，言臣祿各以其德能相稱。若小言受大祿，則臣濫；若大言受小祿，則君重財而薄德也。易曰不家食吉，此大畜卦辭也。案易大畜：利貞，不家食吉，利涉大川。不家食吉者，言君有大畜積，不唯與家人食之而已，當與賢人食之，故得吉。此大畜乾下艮上之卦。注云自九三至上九有頤象，居外是不家食吉而養賢。引之者，證君有祿而養賢，賢有大小，故祿亦有多少。

禮記義六十二 八 壬茂

子曰：事君不下達，不尚辭，非其人弗自。不下達，不以私事自通於君也。不尚辭，不多出浮華之言也。弗自，不身與相親。小雅曰：靖共爾位，正直是與，神之聽之，式穀以女。靖，治也。爾，女也。式，用也。穀，祿也。言敬治女位之職事，正直之人乃與爲倫友，神聽女之所爲，用祿與女。

疏 此一節廣明臣之事君當以正直之道。不下達者，不以在下細碎小事通達於君。不尚辭者，不貴尚浮華之言辭。非其人弗自者，非其好人，不身自與之相親。小雅曰靖共爾位，正直是與，此詩小雅小明之篇，刺幽王之詩，大夫悔仕亂世，戒其未仕者云

足利本第六十二卷第九葉

靖共爾位靖謀也共具也言明君靖謀共具爾之爵位有正直之德者於是與也　神之聽之式穀以女者式用也穀善也以用也言神明聽聆女德君若用其善人則當用女也詩之本文如此令記者斷章爲義證明非善人不得與之相親靖治也爾女也言爲臣之道治理恭敬女之職位若見正直善人於是與之爲朋友如此則神明聽聆女之所爲穀禄也用此福禄以與女也

子曰事君遠而諫則諂也近而不諫則尸利也尸謂不知人事無辭讓也

子曰邇臣守和宰正百官大臣慮四方邇近也和謂調和君事者也齊景公曰唯據與我和宰冢宰也冢宰主治百官

子曰事君欲諫不欲陳陳謂言其過於外也詩云心乎愛矣瑕不謂矣中心藏之何日忘之瑕之言胡也謂猶告也

疏此一節明臣事君諫諍之道遠而諫則諂也者若與君疏遠彊欲諫諍則是諂佞之人望欲自達也　近而不諫則尸利也者若親近於君而不諫則似如尸之受利禄也祭祀之尸無言辭而受享祭時猶似近臣不諫不知人事無辭讓之心如尸之受利然也　子曰邇臣守和者邇近也和謂調和言親近之臣獻可替否毗輔贊助於君守其調和之事也　宰正百官者宰謂冢宰正治百官大臣慮四方者謂二伯州牧之等謀慮四方此大臣亦兼冢宰但冢宰居於中故言正百官耳　詩云心乎愛矣瑕不謂矣此小雅隰桑之篇刺幽王之詩君子在野詩人念之云心乎愛此君子矣瑕遠也謂勤也言念此君子遠離此不勤乎言近於勤矣終當念之　中心藏之何日忘之者藏善也言中心善此君子何日忘此君子矣詩之本文如此令記人所引此云心乎愛此君子矣瑕之言胡胡何也謂猶告也言何不以事告諫於君矣中心藏之與詩文

潘本第六十二卷第九葉

靖共爾位靖謀也共具也言明君靖謀共具爾之爵位有正直之德者於是與也　神之聽之式穀以女者式用也穀善也以用也言神明聽聆女德君若用其善人則當用女也詩之本文如此令記者斷章爲義證明非善人不得與之相親靖治也爾女也言爲臣之道治理恭敬女之職位若見正直善人於是與之爲朋友如此則神明聽聆女之所爲穀禄也用此福禄以與女也

子曰事君遠而諫則諂也近而不諫則尸利也尸謂不知人事無辭讓也

子曰邇臣守和宰正百官大臣慮四方邇近也和謂調和君事者也齊景公曰唯據與我和宰冢宰也冢宰主治百官

子曰事君欲諫不欲陳陳謂言其過於外也詩云心乎愛矣瑕不謂矣中心藏之何日忘之瑕之言胡也謂猶告也

禮記義六十二　九　周差

疏此一節明臣事君諫諍之道遠而諫則諂也者若與君疏遠彊欲諫諍則是諂佞之人望欲自達也　近而不諫則尸利也者若親近於君而不諫則似如尸之受利禄也祭祀之尸無言辭而受享祭時猶似近臣不諫不知人事無辭讓之心如尸之受利然也　子曰邇臣守和者邇近也和謂調和言親近之臣獻可替否毗輔贊助於君守其調和之事也　宰正百官者宰謂冢宰正治百官大臣慮四方者謂二伯州牧之等謀慮四方此大臣亦兼冢宰但冢宰居於中故言正百官耳　詩云心乎愛矣瑕不謂矣此小雅隰桑之篇刺幽王之詩君子在野詩人念之云心乎愛此君子矣瑕遠也謂勤也言念此君子遠離此不勤乎言近於勤矣終當念之　中心藏之何日忘之者藏善也言中心善此君子何日忘此君子矣詩之本文如此令記人所引此云心乎愛此君子矣瑕之言胡胡何也謂猶告也言何不以事告諫於君矣中心藏之與詩文

同王肅以爲藏善鄭亦然也皇氏以爲人臣中心包藏君惡不欲嚮人陳之非其義也凡諫者若常諫之時天子諍臣七人諸侯五人大夫三人唯大臣得諫若歲初則貴賤皆得諫也故襄十四年左傳師曠對晉侯云自王以下各有父兄子弟以補察其政史爲書瞽爲詩工誦箴諫大夫規誨士傳言庶人謗商旅于市百工獻藝國語又云天子聽政公卿至於列士獻詩瞽獻曲史獻書師箴瞍賦矇誦百工諫庶人傳語近臣盡規此皆孟春之月上下皆諫故傳引夏書曰每歲孟春遒人以木鐸徇於路是也

子曰事君難進而易退則位有序易進而難退則亂也亂謂賢否不別故君子三揖而進一辭而退以遠亂也進難者爲主人之擇已也退遠者爲君子之倦也

子曰事君三違而不出竟則利祿

禮記義六十二　十　吳志

也人雖曰不要吾弗信也違猶去也利祿言爲貪祿留也臣以道去君至於三而不遂去是貪祿必以其彊與君要也

子曰事君慎始而敬終輕交易絕君子所恥

子曰事君可貴可賤可富可貧可生可殺而不可使爲亂亂謂違廢事君之禮

疏此明臣事君亦當使賢與不賢分別之事　難進謂君擇已易退謂君厭已則位有序者謂賢愚別也　則亂者謂賢愚不別也　子曰事君慎始而敬終者愼謂謹愼以盡忠是愼始也終謂終竟擇善爲朋友　子曰事君可貴可賤者言事君可使之貴可使之賤可使之富可使之貧可使之生可使之死但不可使爲亂也亂謂廢事君之禮也熊氏以爲可殺者謂臣可殺君引春秋殺君稱君君無道此非辭也

子曰事君軍旅不辟難

足利本第六十二卷第十葉

同王肅以爲藏善鄭亦然也皇氏以爲人臣中心包藏君惡不欲嚮人陳之非其義也凡諫者若常諫之時天子諍臣七人諸侯五人大夫三人唯大臣得諫若歲初則貴賤皆得諫也故襄十四年左傳師曠對晉侯云自王以下各有父兄子弟以補察其政史爲書瞽爲詩工誦箴諫大夫規誨士傳言庶人謗商旅于市百工獻藝國語又云天子聽政公卿至於列士獻詩瞽獻曲史獻書師箴瞍賦矇誦百工諫庶人傳語近臣盡規此皆孟春之月上下皆諫故傳引夏書曰每歲孟春遒人以木鐸徇於路是也

子曰事君難進而易退則位有序易進而難退則亂也亂謂賢否不別故君子三揖而進一辭而退以遠亂也進難者爲主人之擇已也退遠者爲君子之倦也

子曰事君三違而不出竟則利祿

禮記義六十二　十　吳志

也人雖曰不要吾弗信也違猶去也利祿言爲貪祿留也臣以道去君至於三而不遂去是貪祿必以其彊與君要也

子曰事君慎始而敬終輕交易絕君子所恥

子曰事君可貴可賤可富可貧可生可殺而不可使爲亂亂謂違廢事君之禮

疏此明臣事君亦當使賢與不賢分別之事　難進謂君擇已易退謂君厭已則位有序者謂賢愚別也　則亂者謂賢愚不別也　子曰事君慎始而敬終者愼謂謹愼以盡忠是愼始也終謂終竟擇善爲朋友　子曰事君可貴可賤者言事君可使之貴可使之賤可使之富可使之貧可使之生可使之死但不可使爲亂也亂謂廢事君之禮也熊氏以爲可殺者謂臣可殺君引春秋殺君稱君君無道此非辭也

子曰事君軍旅不辟難

潘本第六十二卷第十葉

足利本第六十二卷第十一葉

朝廷不辭賤言尚忠且謙也處其位而不履其事則亂也履猶行也故君使其臣得志則慎慮而從之否則孰慮而從之終事而退臣之厚也使謂使之聘問師役之屬也慎慮而從之有此己志也欲其必有成也否謂非己志也孰慮而從之又計於己利害也終事而退非己志者事成則去也事或爲身易曰不事王侯高尚其事言臣致仕而去不復事君也君猶高尚其所爲之事言尊大其成功也疏此廣明爲臣事君之禮

軍旅不辟難者謂使之在軍旅之中不辟危亡之難也 朝廷不辭賤者謂在朝廷之中不得辭其卑賤之所也 處其位而不履其事則亂也履行也謂臣處其位而不行其事則近亂也 故君使其臣得志則慎慮而從之者既必無辟故有此以下事也使之謂聘問師役之事得志謂君使臣當己志雖當己志猶宜謹慎思慮從君之命而行之必使成功也 否則孰慮而從之者否謂君所使之事非己本志也雖非己本志而君命無擇則彌孰思慮而從行之 終事而退者終事謂事畢也既本非己志而幸得終竟即辭而退也 臣之厚也者得志及不得志並從而無違是臣行之篤厚也 易曰不事王侯高尚其事者此易蠱卦上九爻辭案易蠱卦巽下艮上上九艮爻艮爲山辰在戌得乾氣父老之象是臣之致事也故不事王侯是不得事君君猶高尚其所爲之事引之者證臣之事君終事而退是臣之厚重也 注使謂至去也 正義曰知使謂聘問師役者以經云慎慮而從之又云孰慮而從之謂隨從其事故知出使在外也云慎慮而從之者此己志也欲其必有成也者所以謹慎思慮而從就此事者是己之思慮所及欲其必有成功故須慎慮也云否謂非己志也孰慮而從之又計於己利害也者

禮記義六十二　十二　施俊

潘本第六十二卷第十一葉

朝廷不辭賤言尚忠且謙也處其位而不履其事則亂也履猶行也故君使其臣得志則慎慮而從之否則孰慮而從之終事而退臣之厚也使謂使之聘問師役之屬也慎慮而從之有此己志也欲其必有成也否謂非己志也孰慮而從之又計於己利害也終事而退非己志者事成則去也事或爲身易曰不事王侯高尚其事言臣致仕而去不復事君也君猶高尚其所爲之事言尊大其成功也疏此廣明爲臣事君之禮

軍旅不辟難者謂使之在軍旅之中不辟危亡之難也 朝廷不辭賤者謂在朝廷之中不得辭其卑賤之所也 處其位而不履其事則亂也履行也謂臣處其位而不行其事則近亂也 故君使其臣得志則慎慮而從之者既必無辟故有此以下事也使之謂聘問師役之事得志謂君使臣當己志雖當己志猶宜謹慎思慮從君之命而行之必使成功也 否則孰慮而從之者否謂君所使之事非己本志也雖非己本志而君命無擇則彌孰思慮而從行之 終事而退者終事謂事畢也既本非己志而幸得終竟即辭而退也 臣之厚也者得志及不得志並從而無違是臣行之篤厚也 易曰不事王侯高尚其事者此易蠱卦上九爻辭案易蠱卦巽下艮上上九艮爻艮爲山辰在戌得乾氣父老之象是臣之致事也故不事王侯是不得事君君猶高尚其所爲之事引之者證臣之事君終事而退是臣之厚重也 注使謂至去也 正義曰知使謂聘問師役者以經云慎慮而從之又云孰慮而從之謂隨從其事故知出使在外也云慎慮而從之者此己志也欲其必有成也者所以謹慎思慮而從就此事者是己之思慮所及欲其必有成功故須慎慮也云否謂非己志也孰慮而從之又計於己利害也者

禮記義六十二　十二　施俊

足利本第六十二卷第十二葉

謂此事非本己志當孰須思慮計謀此事於我已身利之與害若於己爲利當勤力爲之若於己害亦須爲之不得辭也云終事而退非己志者事成則去也者若元是己志其事雖成猶須爲之不可即退若此事元非己志爲君暫使已事成之後則當退也

子曰唯天子受命于天士受命于君言皆有所受不敢專也唯當爲雖字之誤也故君命順則臣有順命君命逆則臣有逆命言臣受順則行順受逆則行逆如其所受於君則爲君不易矣詩曰鵲之姜姜鶉之賁賁人之無良我以爲君姜姜賁賁爭鬭惡貌也良善也言我以惡人爲君亦使我惡如大鳥姜姜於上小鳥賁賁於下

【疏】此節明臣事君不敢專輒又明君之之出命不可不愼爲與上更端故言

禮記義六十二　十二　周差

子曰唯天子受命於天者唯當爲雖雖天子之尊不敢自專猶須受命於天然後行也詩曰鵲之姜姜者此詩鄘風鶉之奔奔篇刺宣姜之詩其詩之意以宣姜通於公子頑毋與子淫鶉鵲之不若故刺之云鵲自匹偶姜姜然鶉自匹偶賁賁然各當有匹今宣姜與公子頑私通不如鶉鵲也人之無良我以爲君者人謂宣姜無良善之行我君惠公反以此爲小君此經引詩斷章言君有逆命似大鳥姜姜爭鬭於上小鳥賁賁亦爭鬭於下謂君無良善我等萬民以惡人爲君也

子曰君子不以辭盡人不見人之言語則以爲善言其餘行或時惡也故天下有道則行有枝葉天下無道則辭有枝葉行有枝葉所以益德也言有枝葉是衆虛華也枝葉依幹而生言行亦由禮出是故君子於有喪者之側不能賻

潘本第六十二卷第十二葉

謂此事非本己志當孰須思慮計謀此事於我已身利之與害若於己爲利當勤力爲之若於己害亦須爲之不得辭也云終事而退非己志者事成則去也者若元是己志其事雖成猶須爲之不可即退若此事元非己志爲君暫使已事成之後則當退也

子曰唯天子受命于天士受命于君言皆有所受不敢專也唯當爲雖字之誤也故君命順則臣有順命君命逆則臣有逆命言臣受順則行順受逆則行逆如其所受於君則爲君不易矣詩曰鵲之姜姜鶉之賁賁人之無良我以爲君姜姜賁賁爭鬭惡貌也良善也言我以惡人爲君亦使我惡如大鳥姜姜於上小鳥賁賁於下

【疏】此節明臣事君不敢專輒又明君之之出命不可不愼爲與上更端故言

禮記義六十二　十二　周差

子曰唯天子受命於天者唯當爲雖雖天子之尊不敢自專猶須受命於天然後行也詩曰鵲之姜姜者此詩鄘風鶉之奔奔篇刺宣姜之詩其詩之意以宣姜通於公子頑毋與子淫鶉鵲之不若故刺之云鵲自匹偶姜姜然鶉自匹偶賁賁然各當有匹今宣姜與公子頑私通不如鶉鵲也人之無良我以爲君者人謂宣姜無良善之行我君惠公反以此爲小君此經引詩斷章言君有逆命似大鳥姜姜爭鬭於上小鳥賁賁亦爭鬭於下謂君無良善我等萬民以惡人爲君也

子曰君子不以辭盡人不見人之言語則以爲善言其餘行或時惡也故天下有道則行有枝葉天下無道則辭有枝葉行有枝葉所以益德也言有枝葉是衆虛華也枝葉依幹而生言行亦由禮出是故君子於有喪者之側不能賻

足利本第六十二卷第十三葉

焉則不問其所費於有病者之側不能饋焉則不問其所欲有客不能館則不問其所舍皆辟有言而無其實故君子之接如水小人之接如醴君子淡以成小人甘以壞水相得合而已酒醴相得則敗淡無酸酢少味也接或爲交小雅曰盜言孔甘亂是用餤盜賊也孔甚也餤進也【疏】前明事君之道此明君子之行不可虛用其辭以事殊於上故言子曰 君子不以辭盡人者言君子與人之交必須驗行不得以其言辭之善則謂行之盡善或發言善而行惡也故天下有道則行有枝葉者言有道之世則依禮所行外餘有美好猶如樹幹之外更有枝葉也 天下無道則辭

禮記義六十二　十三　吳宝

有枝葉者無道之世人皆無禮行不誠實但言辭虛美如樹幹之外而更有枝葉也 是故君子於有喪者之側不能賻焉則不問其所費者此經皆有言無實戒其不得虛言也 君子之接如水者言君子相接不用虛言如兩水相交尋合而已 小人之接如醴者小人以虛辭相飾如似兩醴相合必致敗壞 君子淡以成小人甘以壞者水相合爲江河酒醴相合而久乃敗壞也 小雅曰盜言孔甘亂是用餤者此巧言之篇刺幽王之詩孔甚也餤進也言盜賊小人其言甚美幽王信之禍亂用是進益引之者證小人甘以壞子曰君子不以口譽人則民作忠譽繩也故君子問人之寒則衣之問人之飢則食之稱人之美則爵之皆爲有言不可以無實國風曰心之憂矣於我歸說

潘本第六十二卷第十三葉

焉則不問其所費於有病者之側不能饋焉則不問其所欲有客不能館則不問其所舍皆辟有言而無其實故君子之接如水小人之接如醴君子淡以成小人甘以壞水相得合而已酒醴相得則敗淡無酸酢少味也接或爲交小雅曰盜言孔甘亂是用餤盜賊也孔甚也餤進也【疏】前明事君之道此明君子之行不可虛用其辭以事殊於上故言子曰 君子不以辭盡人者言君子與人之交必須驗行不得以其言辭之善則謂行之盡善或發言善而行惡也故天下有道則行有枝葉者言有道之世則依禮所行外餘有美好猶如樹幹之外更有枝葉也 天下無道則辭

禮記義六十二　十三　吳宝

有枝葉者無道之世人皆無禮行不誠實但言辭虛美如樹幹之外而更有枝葉也 是故君子於有喪者之側不能賻焉則不問其所費者此經皆有言無實戒其不得虛言也 君子之接如水者言君子相接不用虛言如兩水相交尋合而已 小人之接如醴者小人以虛辭相飾如似兩醴相合必致敗壞 君子淡以成小人甘以壞者水相合爲江河酒醴相合而久乃敗壞也 小雅曰盜言孔甘亂是用餤者此巧言之篇刺幽王之詩孔甚也餤進也言盜賊小人其言甚美幽王信之禍亂用是進益引之者證小人甘以壞子曰君子不以口譽人則民作忠譽繩也故君子問人之寒則衣之問人之飢則食之稱人之美則爵之皆爲有言不可以無實國風曰心之憂矣於我歸說

足利本第六十二卷第十四葉

欲歸其所說忠信之人也 疏 以前經君子不用虛言故此經明言當以實其事稍殊故言子曰 注 譽繩也 正義曰言繩可以度量於物凡口譽於人先須忖度亦量之於心故以譽為繩也案莊十四年左傳云蔡侯繩息嬀以語楚子杜注云繩譽也繩既訓為譽譽亦訓繩鄭注以為此解 國風曰心之憂矣於我歸說者此曹風蜉蝣之篇刺曹君之詩言曹君好絜其衣服不脩政事國將滅亡故賢臣之心憂矣說舍也國既滅亡於我之身何所歸舍此則引詩斷章故義不與詩相當言虛華之人心憂矣我今歸此所說忠信之人引之者證疾其虛言也

子曰口惠而實不至怨菑及其身 善言而無信人所惡也 是故君子與其有諾責也寧有已怨 已謂不許也言諾而不與其怨大於不許 國風曰言笑晏晏信誓旦旦不思其反反是不思亦已焉哉 此皆相與為昏禮而不終也言始合會言笑和說要誓甚信今不思其本恩之反覆反覆之不思亦已焉哉無如此人何怨之深也 疏 正義曰前經明其言當實此明言若不實則怨及身 口惠而實不至者言口施恩惠於人而實行不至人則怨之故言怨菑及其身也 是故君子與其有諾責也者諾謂許人之物責謂許而不與而被責若其有物許人不與被責也 寧有已怨者已謂休已寧可有發初休已不許而被怨許而不與其責大發初不與其責小 國風曰言笑晏晏信誓旦旦者衛風氓之篇也婦人被男子所誘在後色衰見棄追恨男子云初時與我言笑晏晏然和悅也信其言誓旦旦然相思懇誠也 不思其反者謂今男子不思念其本恩之反覆是男子不思之事如此則無如之何亦已焉哉言恨之甚也引者證許而不與被人所怨也 子曰君子不以

禮記疏義六十二 十四 施俊

潘本第六十二卷第十四葉

欲歸其所說忠信之人也 疏 以前經君子不用虛言故此經明言當以實其事稍殊故言子曰 注 譽繩也 正義曰言繩可以度量於物凡口譽於人先須忖度亦量之於心故以譽為繩也案莊十四年左傳云蔡侯繩息嬀以語楚子杜注云繩譽也繩既訓為譽譽亦訓繩鄭注以為此解 國風曰心之憂矣於我歸說者此曹風蜉蝣之篇刺曹君之詩言曹君好絜其衣服不脩政事國將滅亡故賢臣之心憂矣說舍也國既滅亡於我之身何所歸舍此則引詩斷章故義不與詩相當言虛華之人心憂矣我今歸此所說忠信之人引之者證疾其虛言也

子曰口惠而實不至怨菑及其身 善言而無信人所惡也 是故君子與其有諾責也寧有已怨 已謂不許也言諾而不與其怨大於不許 國風曰言笑晏晏信誓旦旦不思其反反是不思亦已焉哉 此皆相與為昏禮而不終也言始合會言笑和說要誓甚信今不思其本恩之反覆反覆之不思亦已焉哉無如此人何怨之深也 疏 正義曰前經明其言當實此明言若不實則怨及身 口惠而實不至者言口施恩惠於人而實行不至人則怨之故言怨菑及其身也 是故君子與其有諾責也者諾謂許人之物責謂許而不與而被責若其有物許人不與被責也 寧有已怨者已謂休已寧可有發初休已不許而被怨許而不與其責大發初不與其責小 國風曰言笑晏晏信誓旦旦者衛風氓之篇也婦人被男子所誘在後色衰見棄追恨男子云初時與我言笑晏晏然和悅也信其言誓旦旦然相思懇誠也 不思其反者謂今男子不思念其本恩之反覆是男子不思之事如此則無如之何亦已焉哉言恨之甚也引者證許而不與被人所怨也 子曰君子不以

禮記義六十二 十五 施俊

足利本第六十二卷第十五葉

色親人情跡而貌親在小人則穿窬之盜也與子曰情欲信辭欲巧巧謂順而說也疏此明更申以情行相副故稱子曰 君子不以色親人者謂不以虛僞善色許親於人也 在小人則穿窬之盜也與言情跡貌親而心不慤實恒畏於人譬之於細小人則穿窬之盜也許愼說文云穿窬者外貌爲好而內懷姦盜似此情跡貌親之人外內乖異故云穿窬之盜也與 子曰情欲信辭欲巧者既稱情跡而貌親故更明情貌信實所以重言之也 辭欲巧者言君子情貌欲得信實言辭欲得和順美巧不違逆於理與巧言令色者異也

子言之昔三代明王皆事天地之神明無非卜筮之用不敢以其私褻事上帝言動任卜筮也神明謂羣臣也是故不犯日月不違卜筮日月謂冬夏至正月及四時也所不違者日與牲尸也卜筮不相襲也襲因也大事則卜小事則筮大事有時日大事有事於大神有常時常日也小事無時日有筮有事於小神無常時常日有筮臨有事筮之外事用剛日內事用柔日順陰陽也陽爲外陰爲內事之外內別乎四郊不違龜筮子曰牲牷禮樂齊盛是以無害乎鬼神無怨乎百姓牷猶純也疏正義曰此以下至於篇末摠明卜筮之用各隨文解之 昔三代明王者謂夏殷周 皆事天地之神明者謂祭事天地及諸神明也 無非卜筮之用者言皆須卜筮唯九

禮記義六十二　十五　吳宗

潘本第六十二卷第十五葉

色親人情跡而貌親在小人則穿窬之盜也與子曰情欲信辭欲巧巧謂順而說也疏此明更申以情行相副故稱子曰 君子不以色親人者謂不以虛僞善色許親於人也 在小人則穿窬之盜也與言情跡貌親而心不慤實恒畏於人譬之於細小人則穿窬之盜也許愼說文云穿窬者外貌爲好而內懷姦盜似此情跡貌親之人外內乖異故云穿窬之盜也與 子曰情欲信辭欲巧者既稱情跡而貌親故更明情貌信實所以重言之也 辭欲巧者言君子情貌欲得信實言辭欲得和順美巧不違逆於理與巧言令色者異也

子言之昔三代明王皆事天地之神明無非卜筮之用不敢以其私褻事上帝言動任卜筮也神明謂羣臣也是故不犯日月不違卜筮日月謂冬夏至正月及四時也所不違者日與牲尸也卜筮不相襲也襲因也大事則卜小事則筮大事有時日大事有事於大神有常時常日也小事無時日有筮有事於小神無常時常日有筮臨有事筮之外事用剛日內事用柔日順陰陽也陽爲外陰爲內事之外內別乎四郊不違龜筮子曰牲牷禮樂齊盛是以無害乎鬼神無怨乎百姓牷猶純也疏正義曰此以下至於篇末摠明卜筮之用各隨文解之 昔三代明王者謂夏殷周 皆事天地之神明者謂祭事天地及諸神明也 無非卜筮之用者言皆須卜筮唯九

禮記義六十二　十五　吳宗

足利本第六十二卷第十六葉

月大享帝於明堂不用卜也故曲禮下篇云大饗不問卜鄭云莫適卜也以其揔饗五帝不知主何帝而卜之故不卜矣所以必須卜者不敢以其私褻奉事上帝故皆卜之也　子曰牲牷禮樂齊盛是以無害乎鬼神無怨乎百姓者以其事上帝神明不敢自專皆依卜筮動合於禮故夫子揔更結之牲牷之等禮樂之儔粢盛之實皆不違龜筮是以此等所用無虧害於鬼神無見怨於百姓以其無非卜筮之用動順於禮故也　注日月至尸也　正義曰冬至謂祭圜丘夏至謂祭方澤正月謂祭感生之帝及四時迎氣用四時之吉日也知冬夏及四時皆卜者案大宰云祀五帝帥執事而卜日鄭注云五帝謂四郊及明堂是四郊有卜也大宰又云祀大神祭大示亦如之大神則冬至祭圜丘大示則夏至祭方澤案公羊穀梁魯郊傳云卜三正則知天子郊用夏正亦卜之故知冬夏至正月及四時皆卜日也然明堂不問卜而注大宰祀五帝卜日云四郊及明堂者廣解五帝所在其實祀明堂不卜也案周禮祀

禮記義六十二　十六　馬祐

宗廟亦卜日注不言宗廟者以經云事上帝故唯解祭天之時云不違者日與牲尸者案僖三十一年左傳云禮不卜常祀而卜其牲日是有卜牲日也案特牲少牢云大夫士筮尸則天子諸侯有卜尸也注大事則卜小事則筮　正義曰此解經卜筮不相襲之事既大事卜小事筮是二者不相因襲也此大事謂征伐出師及巡守也其實是中事對小事爲大耳小事則筮者若周禮簭人有九簭筮更筮咸之屬是也此與曲禮文同而注異者各隨文勢也　注大事有事於大神有常時常日也　正義曰既有常時常日而用卜者亦不敢專也故曲禮篇云日而行事則必踐之又祭統云雖有明知之心必進斷其志是雖有常日猶用卜也　注有事於小神無常時常日有筮臨有事筮之　正義曰此經皆論祭祀之事故解小事云有小事於小神其實周禮小事非唯小祀而已既云小事用筮而大卜云凡小事涖卜者彼謂大事中之小事非此之小事也　注事之外内別乎四郊　正義曰先師以爲祭天而用辛

潘本第六十二卷第十六葉

月大享帝於明堂不用卜也故曲禮下篇云大饗不問卜鄭云莫適卜也以其揔饗五帝不知主何帝而卜之故不卜矣所以必須卜者不敢以其私褻奉事上帝故皆卜之也　子曰牲牷禮樂齊盛是以無害乎鬼神無怨乎百姓者以其事上帝神明不敢自專皆依卜筮動合於禮故夫子揔更結之牲牷之等禮樂之儔粢盛之實皆不違龜筮是以此等所用無虧害於鬼神無見怨於百姓以其無非卜筮之用動順於禮故也　注日月至尸也　正義曰冬至謂祭圜丘夏至謂祭方澤正月謂祭感生之帝及四時迎氣用四時之吉日也知冬夏及四時皆卜者案大宰云祀五帝帥執事而卜日鄭注云五帝謂四郊及明堂是四郊有卜也大宰又云祀大神祭大示亦如之大神則冬至祭圜丘大示則夏至祭方澤案公羊穀梁魯郊傳云卜三正則知天子郊用夏正亦卜之故知冬夏至正月及四時皆卜日也然明堂不問卜而注大宰祀五帝卜日云四郊及明堂者廣解五帝所在其實祀明堂不卜也案周禮祀

禮記義六十二　十六　馬祐

宗廟亦卜日注不言宗廟者以經云事上帝故唯解祭天之時云不違者日與牲尸者案僖三十一年左傳云禮不卜常祀而卜其牲日是有卜牲日也案特牲少牢云大夫士筮尸則天子諸侯有卜尸也注大事則卜小事則筮　正義曰此解經卜筮不相襲之事既大事卜小事筮是二者不相因襲也此大事謂征伐出師及巡守也其實是中事對小事爲大耳小事則筮者若周禮簭人有九簭筮更筮咸之屬是也此與曲禮文同而注異者各隨文勢也　注大事有事於大神有常時常日也　正義曰既有常時常日而用卜者亦不敢專也故曲禮篇云日而行事則必踐之又祭統云雖有明知之心必進斷其志是雖有常日猶用卜也　注有事於小神無常時常日有筮臨有事筮之　正義曰此經皆論祭祀之事故解小事云有小事於小神其實周禮小事非唯小祀而已既云小事用筮而大卜云凡小事涖卜者彼謂大事中之小事非此之小事也　注事之外内別乎四郊　正義曰先師以爲祭天而用辛

雖外用柔日祭社用甲雖内用剛日殊別於四郊之祭以言用剛柔之日不可與四郊同其餘他事今謂事之外内別乎四郊者謂四郊之外爲外事若甲午祠兵吉日庚午既差我馬之屬是也四郊之内爲内事若郊之用辛及宗廟少牢用丁亥之屬是也故言別於四郊外内別謂限別以四郊爲限

子曰后稷之祀易富也其辭恭其欲儉其禄及子孫富之言備也以傳世之禄共儉者之祭易備也詩曰后稷兆祀庶無罪悔以迄于今兆四郊之祭處也迄至也言祀后稷於郊以配天庶幾其無罪悔乎福禄傳世乃至於今

疏以前經明不違卜筮動合神明故此經明后稷祭祀福流後世以證成其義　后稷之祀易富也者富備也后稷乃帝嚳之子世有禄位后稷又祭祀恭儉以世禄之饒供儉薄之祭故易豐備也　其禄及子孫者以后稷

禮記義八十二　十七　陳文

祭祀其辭恭敬其欲節儉神之降福故禄及子孫　詩曰后稷兆祀者是大雅生民之篇美成王尊祖配天所以尊后稷配天者以后稷生存之時於四郊之兆域祭祀於天而事皆合禮庶幾無罪過悔恨故迄至於今文武之時而王有天下

子曰大人之器威敬言其用之尊嚴天子無筮謂征伐出師若巡守也天子至尊大事皆用卜也春秋傳曰先王卜征五年歲襲其祥諸侯有守筮守筮守國之筮國有事則用之天子道以筮始將出卜之道有小事則用筮諸侯非其國不以筮卜宅寢室入他國則不筮不敢問吉凶於人之國也諸侯受封乎天子因國而國唯宮室欲改易者得卜之耳天子不卜處大廟卜可建國之處吉則宮廟吉可知子曰君子敬則用祭器謂朝聘待

雖外用柔日祭社用甲雖内用剛日殊別於四郊之祭以言用剛柔之日不可與四郊同其餘他事今謂事之外内別乎四郊者謂四郊之外爲外事若甲午祠兵吉日庚午既差我馬之屬是也四郊之内爲内事若郊之用辛及宗廟少牢用丁亥之屬是也故言別於四郊外内別謂限別以四郊爲限

子曰后稷之祀易富也其辭恭其欲儉其禄及子孫富之言備也以傳世之禄共儉者之祭易備也詩曰后稷兆祀庶無罪悔以迄于今兆四郊之祭處也迄至也言祀后稷於郊以配天庶幾其無罪悔乎福禄傳世乃至於今

疏以前經明不違卜筮動合神明故此經明后稷祭祀福流後世以證成其義　后稷之祀易富也者富備也后稷乃帝嚳之子世有禄位后稷又祭祀恭儉以世禄之饒供儉薄之祭故易豐備也　其禄及子孫者以后稷

禮記義八十二　十七　陳文

祭祀其辭恭敬其欲節儉神之降福故禄及子孫　詩曰后稷兆祀者是大雅生民之篇美成王尊祖配天所以尊后稷配天者以后稷生存之時於四郊之兆域祭祀於天而事皆合禮庶幾無罪過悔恨故迄至於今文武之時而王有天下

子曰大人之器威敬言其用之尊嚴天子無筮謂征伐出師若巡守也天子至尊大事皆用卜也春秋傳曰先王卜征五年歲襲其祥諸侯有守筮守筮守國之筮國有事則用之天子道以筮始將出卜之道有小事則用筮諸侯非其國不以筮卜宅寢室入他國則不筮不敢問吉凶於人之國也諸侯受封乎天子因國而國唯宮室欲改易者得卜之耳天子不卜處大廟卜可建國之處吉則宮廟吉可知子曰君子敬則用祭器謂朝聘待

足利本第六十二卷第十八葉

賔客崇敬不敢用燕器也是以不廢日月不違龜筮以敬事其君長用龜筮問所貢獻也是以上不瀆於民下不褻於上言上之於下以直則下應之以正不褻慢也

疏以上經明在國內事上帝神明及國內諸事無非卜筮之用此一節更明天子諸侯用卜筮有出行之義 大人之器威敬者大人謂天子所主之器當威嚴敬重不可私褻於小事雜用也饗時則用燕則不用也 天子無筮天子既尊重於征伐出師若巡守之大事皆用卜無用筮也 諸侯有守筮者諸侯卑於天子有守國之筮謂在國居守有事而用筮 天子道以筮者天子在國既皆用卜若出行於道路之上臨時有小事之時則唯用筮也 諸侯非其國不以筮者諸侯降於天子若出行於外非其國境不用筮也以其不敢問吉凶於人之國筮尚不用卜不用可知也 卜宅寢室者謂諸侯既

禮記義六十二　十八　馬祐

受天子所封不敢卜其所建之國以否但建國巳後宅及寢室須欲改易者得卜之故曰卜宅寢室 天子不卜處大廟者以建國之時揔卜其吉不特更卜處大廟所在以其吉可知 子曰君子敬則用祭器者猶事稍異於上故更稱子曰敬則用祭器者言慎重其大事必有恭敬則用祭器言慎重其事也 是以不廢日月者揔明朝聘之時依其日月 不違龜筮者謂貢獻之物必先卜筮而來 以敬事其君長者所以朝聘之時必須如此者以恭敬事其君長不敢褻瀆故也君謂天子言長者兼諸侯相朝小國之於大國也 是以上不瀆於民其上爲此相敬不褻瀆於民言以直道接民 下不褻於上者謂以正事上不褻慢也 注謂征至其祥 正義曰知征伐出師及巡守者以前云外事用剛日內事用柔日據在國諸事今此云無筮又云天子道以筮又云諸侯非其國不以筮皆據將欲出行及在道之事故知此節以下不與上同是將出行下云天子道以筮此云無筮是未在道也故知征伐出師若

潘本第六十二卷第十八葉

賔客崇敬不敢用燕器也是以不廢日月不違龜筮以敬事其君長用龜筮問所貢獻也是以上不瀆於民下不褻於上言上之於下以直則下應之以正不褻慢也

疏以上經明在國內事上帝神明及國內諸事無非卜筮之用此一節更明天子諸侯用卜筮有出行之義 大人之器威敬者大人謂天子所主之器當威嚴敬重不可私褻於小事雜用也饗時則用燕則不用也 天子無筮天子既尊重於征伐出師若巡守之大事皆用卜無用筮也 諸侯有守筮者諸侯卑於天子有守國之筮謂在國居守有事而用筮 天子道以筮者天子在國既皆用卜若出行於道路之上臨時有小事之時則唯用筮也 諸侯非其國不以筮者諸侯降於天子若出行於外非其國境不用筮也以其不敢問吉凶於人之國筮尚不用卜不用可知也 卜宅寢室者謂諸侯既

禮記義六十二　十八　馬祐

受天子所封不敢卜其所建之國以否但建國巳後宅及寢室須欲改易者得卜之故曰卜宅寢室 天子不卜處大廟者以建國之時揔卜其吉不特更卜處大廟所在以其吉可知 子曰君子敬則用祭器者猶事稍異於上故更稱子曰敬則用祭器者言慎重其大事必有恭敬則用祭器言慎重其事也 是以不廢日月者揔明朝聘之時依其日月 不違龜筮者謂貢獻之物必先卜筮而來 以敬事其君長者所以朝聘之時必須如此者以恭敬事其君長不敢褻瀆故也君謂天子言長者兼諸侯相朝小國之於大國也 是以上不瀆於民其上爲此相敬不褻瀆於民言以直道接民 下不褻於上者謂以正事上不褻慢也 注謂征至其祥 正義曰知征伐出師及巡守者以前云外事用剛日內事用柔日據在國諸事今此云無筮又云天子道以筮又云諸侯非其國不以筮皆據將欲出行及在道之事故知此節以下不與上同是將出行下云天子道以筮此云無筮是未在道也故知征伐出師若

足利本第六十二卷第十九葉

廵守欲發時也云天子至尊大事皆用卜也者謂不徒用筮而已兼用卜也此云無筮無徒筮耳不謂全無筮也故簭人云國之大事先簭而後卜出師廵守皆大事也所引春秋傳者襄十三年左傳文案襄十一年鄭先屬於楚令楚弱鄭又被晉收屬於晉鄭使良霄石㚟告絶於楚楚人執之故謂楚人云先王卜征五年謂將欲廵守預前五年每歲卜之云歲襲其祥者襲重也謂歲歲恒吉重其吉祥而後始行若不吉則更增脩其德欲令楚脩德引者證廵守須卜也　注守筮守國之筮　正義曰此諸侯守國筮者非寢室改易之屬則唯用筮也若寢室亦用卜故下云卜宅寢室然此節皆明將行及出國之義而云守筮及卜宅寢室及不卜處大廟皆言國中之事者此舉國中以明在外外内相明也　注諸侯受封乎天子因國而國　正義曰此諸侯初受封之時不卜者以天子因先王舊國而令封諸侯不須卜也若天子初建國則卜之故下注云卜可建國之處是不因先王舊國也　注謂朝聘待賓客崇

禮記義六十二　十九　金昇

敬不敢用褻器也　正義曰但此章據出行朝聘之事故以朝聘解之則上文非其國不以筮是出外行也其實昬冠亦不用褻器也用祭器也故左傳稱魯襄公冠季武子云君冠必以祼享之禮行之以金石之樂節之是用祭器也　注用龜筮問所貢獻也　正義曰鄭以天子無筮以下論出行在外之事故解此不違龜筮謂所問貢獻之物也前章云不違龜筮謂在國所卜諸事也

緇衣第三十三

正義曰案鄭目録云名曰緇衣者善其好賢者厚也緇衣鄭詩也其詩曰緇衣之宜兮敝予又改爲兮適子之館兮還予授子之粲兮粲餐也設餐以授之愛之欲飲食之言緇衣之賢者居朝廷宜其服也我欲就爲改制其衣反欲與之新衣厚之而無已此於別録屬通論

潘本第六十二卷第十九葉

廵守欲發時也云天子至尊大事皆用卜也者謂不徒用筮而已兼用卜也此云無筮無徒筮耳不謂全無筮也故簭人云國之大事先簭而後卜出師廵守皆大事也所引春秋傳者襄十三年左傳文案襄十一年鄭先屬於楚令楚弱鄭又被晉收屬於晉鄭使良霄石㚟告絶於楚楚人執之故謂楚人云先王卜征五年謂將欲廵守預前五年每歲卜之云歲襲其祥者襲重也謂歲歲恒吉重其吉祥而後始行若不吉則更增脩其德欲令楚脩德引者證廵守須卜也　注守筮守國之筮　正義曰此諸侯守國筮者非寢室改易之屬則唯用筮也若寢室亦用卜故下云卜宅寢室然此節皆明將行及出國之義而云守筮及卜宅寢室及不卜處大廟皆言國中之事者此舉國中以明在外外内相明也　注諸侯受封乎天子因國而國　正義曰此諸侯初受封之時不卜者以天子因先王舊國而令封諸侯不須卜也若天子初建國則卜之故下注云卜可建國之處是不因先王舊國也　注謂朝聘待賓客崇

禮記義六十二　十九　金昇

敬不敢用褻器也　正義曰但此章據出行朝聘之事故以朝聘解之則上文非其國不以筮是出外行也其實昬冠亦不用褻器也用祭器也故左傳稱魯襄公冠季武子云君冠必以祼享之禮行之以金石之樂節之是用祭器也　注用龜筮問所貢獻也　正義曰鄭以天子無筮以下論出行在外之事故解此不違龜筮謂所問貢獻之物也前章云不違龜筮謂在國所卜諸事也

緇衣第三十三

正義曰案鄭目録云名曰緇衣者善其好賢者厚也緇衣鄭詩也其詩曰緇衣之宜兮敝予又改爲兮適子之館兮還予授子之粲兮粲餐也設餐以授之愛之欲飲食之言緇衣之賢者居朝廷宜其服也我欲就爲改制其衣反欲與之新衣厚之而無已此於別録屬通論

足利本第六十二卷第二十葉

子言之曰爲上易事也爲下易知也則刑不煩矣言君不苛虐臣無姦心則刑可以措疏正義曰此篇凡二十四章唯此云子言之曰餘二十三章皆云子曰以篇首宜異故也　爲上易事者爲上謂君君上以正理御物則臣事之易也　爲下易知也者爲下謂臣臣下無姦詐則君知其情易也　則刑不煩矣者君易事臣易知故刑辟息止不煩動矣然此篇題緇衣而入文不先云緇衣者欲見君明臣賢如此後乃可服緇衣也

子曰好賢如緇衣惡惡如巷伯則爵不瀆而民作愿刑不試而民咸服緇衣巷伯皆詩篇名也緇衣首章曰緇衣之宜兮敝予又改爲兮適子之館兮還予授子之粲兮言此衣緇衣者賢者也宜長爲國君其衣敝我願改制授之以新衣是其好賢欲其貴之甚也巷伯六章曰取彼譖人投畀豺虎豺虎不食投畀

禮記義六十二　二十　陳顯

有北有北不受投畀有昊此其惡惡欲其死亡之甚也爵不瀆者不輕爵人也試用也咸皆也

大雅曰儀刑文王萬國作孚刑法也孚信也儀法文王之德而行之則天下無不爲信者也文王爲政克明德慎罰疏正義曰此一節明好賢惡惡賞罰得中則爲民下所信　好賢如緇衣者緇衣朝服也諸侯視朝之服緇衣素裳鄭武公桓公父子並爲周司徒善於其職鄭人善之願君久留鄭國服此緇衣衣服敗破則又作新衣以授之故以歌此詩是好賢之詩也詩人以緇衣爲鄭風之首故云好賢如緇衣也惡惡如巷伯者巷伯亦詩篇名也巷伯是奄人爲王后宮巷官之長故爲巷伯也幽王信譖寺人傷讒而懼讒及己故作詩以疾讒也其詩云取彼譖人投畀豺虎豺虎不食投畀有北有北不受投畀有昊是惡讒人之甚故云惡惡如巷伯也　則爵不瀆而民作愿者此解好賢也瀆濫也愿慤也君若好賢如緇衣則爵一不濫而民皆謹慤也　刑

潘本第六十二卷第二十葉

子言之曰爲上易事也爲下易知也則刑不煩矣言君不苛虐臣無姦心則刑可以措疏正義曰此篇凡二十四章唯此云子言之曰餘二十三章皆云子曰以篇首宜異故也　爲上易事者爲上謂君君上以正理御物則臣事之易也　爲下易知也者爲下謂臣臣下無姦詐則君知其情易也　則刑不煩矣者君易事臣易知故刑辟息止不煩動矣然此篇題緇衣而入文不先云緇衣者欲見君明臣賢如此後乃可服緇衣也

子曰好賢如緇衣惡惡如巷伯則爵不瀆而民作愿刑不試而民咸服緇衣巷伯皆詩篇名也緇衣首章曰緇衣之宜兮敝予又改爲兮適子之館兮還予授子之粲兮言此衣緇衣者賢者也宜長爲國君其衣敝我願改制授之以新衣是其好賢欲其貴之甚也巷伯六章曰取彼譖人投畀豺虎豺虎不食投畀

禮記義六十二　二十　陳顯

有北有北不受投畀有昊此其惡惡欲其死亡之甚也爵不瀆者不輕爵人也試用也咸皆也

大雅曰儀刑文王萬國作孚刑法也孚信也儀法文王之德而行之則天下無不爲信者也文王爲政克明德慎罰疏正義曰此一節明好賢惡惡賞罰得中則爲民下所信　好賢如緇衣者緇衣朝服也諸侯視朝之服緇衣素裳鄭武公桓公父子並爲周司徒善於其職鄭人善之願君久留鄭國服此緇衣衣服敗破則又作新衣以授之故以歌此詩是好賢之詩也詩人以緇衣爲鄭風之首故云好賢如緇衣也惡惡如巷伯者巷伯亦詩篇名也巷伯是奄人爲王后宮巷官之長故爲巷伯也幽王信譖寺人傷讒而懼讒及己故作詩以疾讒也其詩云取彼譖人投畀豺虎豺虎不食投畀有北有北不受投畀有昊是惡讒人之甚故云惡惡如巷伯也　則爵不瀆而民作愿者此解好賢也瀆濫也愿慤也君若好賢如緇衣則爵一不濫而民皆謹慤也　刑

不試而民咸服者此解惡惡也試用也言君惡惡如巷伯則刑措而不用民皆服從　大雅云儀刑文王萬國作孚者此大雅文王之篇諫成王之辭儀象也刑法也孚信也言成王但象法文王之德而行之則天下萬國無不爲信也言皆信敬之故云萬國作孚猶文王明德愼罰爲民所敬信引之者證上爵不瀆刑不試也　注緇衣至甚也　正義曰緇衣者詩鄭風美鄭桓公武公詩也巷伯刺幽王之詩也故云皆詩篇名云緇衣之宜兮者言桓公武公並皆有德堪爲國君國人願之言德宜著此緇衣破敝我又欲改更爲新衣云適子之館兮者鄭人云桓公武公既爲卿士適子之館舍兮謂卿士治事館舍云還予授子之粲兮者從館舍迴還來嚮本國我即授子以粲餐兮也鄭人愛桓公武公之甚矣是好賢也緇衣者諸侯朝服故論語云緇衣羔裘注云諸侯之朝服其服緇布衣而素裳緇帶素韠故士冠禮云主人玄冠朝服緇帶素韠注云朝服者十五升布衣而素裳也衣不言色者衣與冠同也知朝

三九　禮記疏義六十二　二十一　求裕

服十五升者雜記文知用布者雜記云朝服十五升去其半而緦故知布也知素裳者以冠禮云素韠韠從裳色故知裳亦素也若士之助祭者則韠用緇不與裳同色熊氏云玄冠用黑繒爲之其義未甚明也　子曰夫民教之以德齊之以禮則民有格心教之以政齊之以刑則民有遯心　格來也遯逃也　故君民者子以愛之則民親之信以結之則民不親恭以涖之則民有孫心　涖臨也孫順也　甫刑曰苗民匪用命制以刑惟作五虐之刑曰法是以民有惡德而遂絕其世也　甫刑尚書篇名匪非

不試而民咸服者此解惡惡也試用也言君惡惡如巷伯則刑措而不用民皆服從　大雅云儀刑文王萬國作孚者此大雅文王之篇諫成王之辭儀象也刑法也孚信也言成王但象法文王之德而行之則天下萬國無不爲信也言皆信敬之故云萬國作孚猶文王明德愼罰爲民所敬信引之者證上爵不瀆刑不試也　注緇衣至甚也　正義曰緇衣者詩鄭風美鄭桓公武公詩也巷伯刺幽王之詩也故云皆詩篇名云緇衣之宜兮者言桓公武公並皆有德堪爲國君國人願之言德宜著此緇衣破敝我又欲改更爲新衣云適子之館兮者鄭人云桓公武公既爲卿士適子之館舍兮謂卿士治事館舍云還予授子之粲兮者從館舍迴還來嚮本國我即授子以粲餐兮也鄭人愛桓公武公之甚矣是好賢也緇衣者諸侯朝服故論語云緇衣羔裘注云諸侯之朝服其服緇布衣而素裳緇帶素韠故士冠禮云主人玄冠朝服緇帶素韠注云朝服者十五升布衣而素裳也衣不言色者衣與冠同也知朝

三九　禮記疏義六十二　二十一　求裕

服十五升者雜記文知用布者雜記云朝服十五升去其半而緦故知布也知素裳者以冠禮云素韠韠從裳色故知裳亦素也若士之助祭者則韠用緇不與裳同色熊氏云玄冠用黑繒爲之其義未甚明也　子曰夫民教之以德齊之以禮則民有格心教之以政齊之以刑則民有遯心　格來也遯逃也　故君民者子以愛之則民親之信以結之則民不倍恭以涖之則民有孫心　涖臨也孫順也　甫刑曰苗民匪用命制以刑惟作五虐之刑曰法是以民有惡德而遂絕其世也　甫刑尚書篇名匪非

足利本第六十二卷第二十二葉

也命謂政令也高辛氏之末諸侯有三苗者作亂其治民不用政令專制御之以嚴刑乃作五虐蚩尤之刑以是爲法於是民皆爲惡起倍畔也三苗由此見滅無後世由不任德【疏】正義曰此一節明教民以德不以刑也則民有格心者格來也君若教民以德整民以禮則民有歸上之心故論語云有恥且格　甫刑曰苗民匪用命者此尚書呂刑之篇也甫侯爲穆王説刑故稱甫刑匪非也言苗民匪用命者命謂政令言苗民爲君非用政令以教於下　制以刑者言制御於下以嚴刑　唯作五虐之刑曰法者言唯作蚩尤五種虐刑自謂爲法　是以民有惡德者以此之故民皆有怨惡之德起倍叛之心　遂絶其世也者言三苗不任德遂被誅而絶其世也【注】甫刑至任德　正義曰此甫刑尚書呂刑也而稱甫刑者案孝經序云春秋有呂國而無甫侯但孝經序未知是鄭作以否案春秋實無甫侯國語云申呂雖衰齊許猶在又云齊許申呂皆由大姜然則呂即甫也案孔注尚書呂侯後爲甫

禮記義六十二　二十二　濮宣

侯故穆王時謂之呂侯周宣王及平王之時爲甫侯故詩崧高云生甫及申謂宣王時也揚之水不與我戍甫謂平王時也則孔氏義爲是鄭或同之云高辛氏之末諸侯有三苗者作亂案鄭注呂刑云苗民謂九黎之君也九黎之君於少昊氏衰而棄善道上效蚩尤重刑必變九黎言苗民者有苗九黎之後顓頊代少昊誅九黎分流其子孫爲居於西裔者三苗至高辛之衰又復九黎之君惡堯興又誅之堯末又在朝舜時又竄之後王深惡此族三生凶惡故著其氏而謂之民民者冥也言未見仁道以此言之三苗是九黎之後九黎於少昊之末而爲亂三苗於高辛氏之末又爲亂故此注云高辛以呂刑於此苗民之下云皇帝清問下民又云乃命三后三后謂伯夷之等故以皇帝爲帝堯又以苗民爲高辛氏之末也鄭以九黎爲苗民先祖但上學蚩尤之惡非蚩尤子孫孔注尚書以爲九黎即蚩尤也三苗則非九黎之子孫與鄭異

子曰下之事上也不從其所

潘本第六十二卷第二十二葉

也命謂政令也高辛氏之末諸侯有三苗者作亂其治民不用政令專制御之以嚴刑乃作五虐蚩尤之刑以是爲法於是民皆爲惡起倍畔也三苗由此見滅無後世由不任德【疏】正義曰此一節明教民以德不以刑也則民有格心者格來也君若教民以德整民以禮則民有歸上之心故論語云有恥且格　甫刑曰苗民匪用命者此尚書呂刑之篇也甫侯爲穆王説刑故稱甫刑匪非也言苗民匪用命者命謂政令言苗民爲君非用政令以教於下　制以刑者言制御於下以嚴刑　唯作五虐之刑曰法者言唯作蚩尤五種虐刑自謂爲法　是以民有惡德者以此之故民皆有怨惡之德起倍叛之心　遂絶其世也者言三苗不任德遂被誅而絶其世也【注】甫刑至任德　正義曰此甫刑尚書呂刑也而稱甫刑者案孝經序云春秋有呂國而無甫侯但孝經序未知是鄭作以否案春秋實無甫侯國語云申呂雖衰齊許猶在又云齊許申呂皆由大姜然則呂即甫也案孔注尚書呂侯後爲甫

禮記義六十二　二十二　濮宣

侯故穆王時謂之呂侯周宣王及平王之時爲甫侯故詩崧高云生甫及申謂宣王時也揚之水不與我戍甫謂平王時也則孔氏義爲是鄭或同之云高辛氏之末諸侯有三苗者作亂案鄭注呂刑云苗民謂九黎之君也九黎之君於少昊氏衰而棄善道上效蚩尤重刑必變九黎言苗民者有苗九黎之後顓頊代少昊誅九黎分流其子孫爲居於西裔者三苗至高辛之衰又復九黎之君惡堯興又誅之堯末又在朝舜時又竄之後王深惡此族三生凶惡故著其氏而謂之民民者冥也言未見仁道以此言之三苗是九黎之後九黎於少昊之末而爲亂三苗於高辛氏之末又爲亂故此注云高辛以呂刑於此苗民之下云皇帝清問下民又云乃命三后三后謂伯夷之等故以皇帝爲帝堯又以苗民爲高辛氏之末也鄭以九黎爲苗民先祖但上學蚩尤之惡非蚩尤子孫孔注尚書以爲九黎即蚩尤也三苗則非九黎之子孫與鄭異

子曰下之事上也不從其所

令從其所行言民化行不拘於言上好是物下必有甚者矣甚者甚於君也故上之所好惡不可不慎也是民之表也言民之從君如景逐表子曰禹立三年百姓以仁遂焉豈必盡仁言百姓做禹爲仁非本性能仁也遂猶達也詩云赫赫師尹民具爾瞻甫刑曰一人有慶兆民賴之大雅曰成王之孚下土之式皆言化君也孚信也

疏正義曰此一節申明上文以君者民之儀表不可不慎故此兼言上有其善則下賴之 百姓以仁遂焉者遂達也言禹立三年百姓悉行仁道達於外內故云百姓以仁遂焉 豈必盡仁者言禹之

禮記義六十二　二十三　李仁

百姓豈必本性盡有仁道秖由禹之所化故此禹立三年則百姓盡行仁道論語稱如有王者必世而後仁者禹承堯舜禪代之後其民易化論語所稱者謂承離亂之後故必世乃後仁是以注論語云周道至美武王伐紂至成王乃致太平由承殷紂敝化之後故也 詩云赫赫師尹民具爾瞻者此小雅節南山之篇刺幽王之詩言幽王之時尹氏爲大師爲政不平故詩人刺之云赫赫然顯盛之師尹者民具爾瞻視上之所爲引者證民之法則於上 甫刑曰一人有慶兆民賴之者慶善也一人謂天子也天子有善行民皆蒙賴之引者證上有善行賴及於下 大雅曰成王之孚下土之式者是大雅下武之篇美武王之詩孚信也言武王成就王道之信者故爲下土法引之者證君有善與下爲法式也

子曰上好仁則下之爲仁爭先人故長民者章志貞教尊仁以子愛百姓民

令從其所行言民化行不拘於言上好是物下必有甚者矣甚者甚於君也故上之所好惡不可不慎也是民之表也言民之從君如景逐表子曰禹立三年百姓以仁遂焉豈必盡仁言百姓做禹爲仁非本性能仁也遂猶達也詩云赫赫師尹民具爾瞻甫刑曰一人有慶兆民賴之大雅曰成王之孚下土之式皆言化君也孚信也

疏正義曰此一節申明上文以君者民之儀表不可不慎故此兼言上有其善則下賴之 百姓以仁遂焉者遂達也言禹立三年百姓悉行仁道達於外內故云百姓以仁遂焉 豈必盡仁者言禹之

禮記義六十二　二十三　李仁

百姓豈必本性盡有仁道秖由禹之所化故此禹立三年則百姓盡行仁道論語稱如有王者必世而後仁者禹承堯舜禪代之後其民易化論語所稱者謂承離亂之後故必世乃後仁是以注論語云周道至美武王伐紂至成王乃致太平由承殷紂敝化之後故也 詩云赫赫師尹民具爾瞻者此小雅節南山之篇刺幽王之詩言幽王之時尹氏爲大師爲政不平故詩人刺之云赫赫然顯盛之師尹者民具爾瞻視上之所爲引者證民之法則於上 甫刑曰一人有慶兆民賴之者慶善也一人謂天子也天子有善行民皆蒙賴之引者證上有善行賴及於下 大雅曰成王之孚下土之式者是大雅下武之篇美武王之詩孚信也言武王成就王道之信者故爲下土法引之者證君有善與下爲法式也

子曰上好仁則下之爲仁爭先人故長民者章志貞教尊仁以子愛百姓民

足利本第六十二卷第二十四葉

致行己以說其上矣 章明也貞正也民致行己者民之行皆盡己心 詩云有梏德行四國順之 梏大也直也 疏 正義曰此一節贊結上經在上行仁之事 則下之爲仁爭先人者言上若好仁則下皆爲仁爭欲先他人 故長民者章志貞教尊仁以子愛百姓者章明也貞正也言尊長於人爲君者當須章明己志爲貞正之教尊敬仁道以子愛百姓也 民致行己以說其上矣者言上能化下如此則在下之人致盡行己之意以說樂其上矣 詩云有梏德行四國順之此詩大雅抑之篇刺厲王之詩也梏大也言賢者有大德行四國從之引者證上有其德下所從也 子曰王言如絲其出如綸王言如綸其出如綍 言言出彌大也綸今有秩嗇夫所佩也綍引棺索也 故大人不倡游言 游猶浮也

禮記義六十二　二十四　馬吳

可言也不可行君子弗言也 不可用之言也 可行也不可言君子弗行也則民言不危行而行不危言矣 危猶高也言不高於行行不高於言言行相應也 詩云淑慎爾止不僣于儀 淑善也僣過也言善慎女之容止不可過於禮之威儀也 疏 正義曰此一節明王者出言下所傚之其事漸大不可不愼意與前經同也 王言如絲其出如綸者王言初出微細如絲及其出行於外言更漸大如似綸也言綸麤於絲 王言如綸其出如綍者亦言漸大出如綍也綍又大於綸 故大人不倡游言者游言謂浮游虛漫之言不可依用出言則民皆師法故尊大之人不倡道此游言恐人依象之 可言也不可行君子弗言也謂口可言說力不能行則君子不言也若有客不能館則不問其所舍之類是也可行

潘本第六十二卷第二十四葉

致行己以說其上矣 章明也貞正也民致行己者民之行皆盡己心 詩云有梏德行四國順之 梏大也直也 疏 正義曰此一節贊結上經在上行仁之事 則下之爲仁爭先人者言上若好仁則下皆爲仁爭欲先他人 故長民者章志貞教尊仁以子愛百姓者章明也貞正也言尊長於人爲君者當須章明己志爲貞正之教尊敬仁道以子愛百姓也 民致行己以說其上矣者言上能化下如此則在下之人致盡行己之意以說樂其上矣 詩云有梏德行四國順之此詩大雅抑之篇刺厲王之詩也梏大也言賢者有大德行四國從之引者證上有其德下所從也 子曰王言如絲其出如綸王言如綸其出如綍 言言出彌大也綸今有秩嗇夫所佩也綍引棺索也 故大人不倡游言 游猶浮也

禮記義六十二　二十四　馬吳

可言也不可行君子弗言也 不可用之言也 可行也不可言君子弗行也則民言不危行而行不危言矣 危猶高也言不高於行行不高於言言行相應也 詩云淑慎爾止不僣于儀 淑善也僣過也言善慎女之容止不可過於禮之威儀也 疏 正義曰此一節明王者出言下所傚之其事漸大不可不慎意與前經同也 王言如絲其出如綸者王言初出微細如絲及其出行於外言更漸大如似綸也言綸麤於絲 王言如綸其出如綍者亦言漸大出如綍也綍又大於綸 故大人不倡游言者游言謂浮游虛漫之言不可依用出言則民皆師法故尊大之人不倡道此游言恐人依象之 可言也不可行君子弗言也謂口可言說力不能行則君子不言也若有客不能館則不問其所舍之類是也可行

足利本第六十二卷第二十五葉

也不可言君子弗行也熊氏云可行謂君子賢人可行此事但不可言説爲凡人作法如此之事則君子不當行若曾子有母之喪水漿不入於口七日不可言説以爲法故子思非之是君子不行也　則民言不危行而行不危言矣者危高也如此化民則民言行相應言不高於行行不高於言　詩云淑愼爾止不諐于儀者此大雅抑之篇刺厲王之詩淑善也諐過也言爲君之法當善謹愼女之容止不諐過於禮之容儀言當守道以自居引者證言行不可過也

注 綸今有秩嗇夫所佩也　正義曰案漢書百官公卿大夫表云十里一亭十亭一鄉鄉有三老有秩嗇夫有遊徼三老掌教化嗇夫掌獄訟遊徼掌禁盜賊故漢書云張敞以鄉有秩補太守卒史又云朱邑爲桐鄉嗇夫又續漢書百官表云鄉置有秩三老遊徼有秩郡所置秩百戶其鄉小者縣所署嗇夫案此則有秩嗇夫職同但隨鄉大小故名異耳名雖異其所佩則同張華云綸如宛轉繩

子曰君子道人以言而禁人以行 禁猶謹也 故言必慮其所終而行必稽其所敝則民謹於言而愼於行 稽猶考也議也 詩云愼爾出話敬爾威儀 話善言也 大雅曰穆穆文王於緝熙敬止 緝熙皆明也言於明明乎敬其容止

疏 正義曰此一節亦贊明前經言行之事　道人以言者在上君子誘道在下以善言使言有信也　而禁人以行者禁猶謹也言禁約謹愼人以行使行顧言也　故言必慮其所終者謂初出言之時必思慮其此言得終末可恒行以否　而行必稽其所敝者稽考也言欲行之時必須先考校此行至終敝之時無損壞以否　詩云愼爾出話敬爾威儀者此大雅抑之篇刺厲王也話善言也爾汝也謹愼爾之所出之善言以爲政教故恭敬爾之威儀言必爲人

潘本第六十二卷第二十五葉

也不可言君子弗行也熊氏云可行謂君子賢人可行此事但不可言説爲凡人作法如此之事則君子不當行若曾子有母之喪水漿不入於口七日不可言説以爲法故子思非之是君子不行也　則民言不危行而行不危言矣者危高也如此化民則民言行相應言不高於行行不高於言　詩云淑愼爾止不諐于儀者此大雅抑之篇刺厲王之詩淑善也諐過也言爲君之法當善謹愼女之容止不諐過於禮之容儀言當守道以自居引者證言行不可過也

注 綸今有秩嗇夫所佩也　正義曰案漢書百官公卿大夫表云十里一亭十亭一鄉鄉有三老有秩嗇夫有遊徼三老掌教化嗇夫掌獄訟遊徼掌禁盜賊故漢書云張敞以鄉有秩補太守卒史又云朱邑爲桐鄉嗇夫又續漢書百官表云鄉置有秩三老遊徼有秩郡所置秩百戶其鄉小者縣所署嗇夫案此則有秩嗇夫職同但隨鄉大小故名異耳名雖異其所佩則同張華云綸如宛轉繩

子曰君子道人以言而禁人以行 禁猶謹也 故言必慮其所終而行必稽其所敝則民謹於言而愼於行 稽猶考也議也 詩云愼爾出話敬爾威儀 話善言也 大雅曰穆穆文王於緝熙敬止 緝熙皆明也言於明明乎敬其容止

疏 正義曰此一節亦贊明前經言行之事　道人以言者在上君子誘道在下以善言使言有信也　而禁人以行者禁猶謹也言禁約謹愼人以行使行顧言也　故言必慮其所終者謂初出言之時必思慮其此言得終末可恒行以否　而行必稽其所敝者稽考也言欲行之時必須先考校此行至終敝之時無損壞以否　詩云愼爾出話敬爾威儀者此大雅抑之篇刺厲王也話善言也爾汝也謹愼爾之所出之善言以爲政教故恭敬爾之威儀言必爲人

禮記義六十二　二十五　馬昇

足利本第六十二卷第二十六葉

所法則引諡言慮其所終大雅云穆穆文王於緝熙敬止者此大雅文王之篇美文王之詩言穆穆然美者乃是文王於謂嗚呼緝熙皆光明也言文王之德嗚呼光明乎又敬其容止引者證在上當敬其言行也 子曰長民者衣服不貳從容有常以齊其民則民德壹 貳不壹也 詩云彼都人士狐裘黄黄其容不改出言有章行歸于周萬民所望 黄衣則狐裘大蜡之服也詩人見而說焉章文章也忠信爲周此詩毛氏有之三家則亡 疏 正義曰從容有常者從容謂舉動有其常度 則民德壹者壹謂齊壹則萬人之德皆齊壹不參差 詩云彼都人士者此小雅都人士之篇刺幽王之詩幽王之時君臣衣服無常故詩人引彼明王之時都邑之人有士行者服此狐裘黄

禮記義六十二　二十六　王宗

黄然 行歸于周萬民所望者周謂忠信言都人之士行歸忠信萬民所以瞻望以法則之 注黄衣則狐裘大蜡之服也 正義曰郊特牲云黄衣黄冠而祭息田夫也此云黄衣故云大蜡之服論語云黄衣狐裘故狐裘則黄衣也案詩注云狐裘取温裕而已不云大蜡此云蜡者以正衣解之詩謂庶人有士行非關蜡祭之事故爲温裕也 子曰爲上可望而知也爲下可述而志也則君不疑於其臣而臣不惑於其君矣 志猶知也 尹吉曰惟尹躬及湯咸有壹德 吉當爲告告古文誥字之誤也尹告伊尹之誥也書序以爲咸有壹德今亡咸皆也君臣皆有壹德不貳則無疑惑也 詩云淑人君子其儀不忒 疏 正義曰爲上可望而知也者謂貌不藏情可望見其

潘本第六十二卷第二十六葉

所法則引諡言慮其所終大雅云穆穆文王於緝熙敬止者此大雅文王之篇美文王之詩言穆穆然美者乃是文王於謂嗚呼緝熙皆光明也言文王之德嗚呼光明乎又敬其容止引者證在上當敬其言行也 子曰長民者衣服不貳從容有常以齊其民則民德壹 貳不壹也 詩云彼都人士狐裘黄黄其容不改出言有章行歸于周萬民所望 黄衣則狐裘大蜡之服也詩人見而說焉章文章也忠信爲周此詩毛氏有之三家則亡 疏 正義曰從容有常者從容謂舉動有其常度 則民德壹者壹謂齊壹則萬人之德皆齊壹不參差 詩云彼都人士者此小雅都人士之篇刺幽王之詩幽王之時君臣衣服無常故詩人引彼明王之時都邑之人有士行者服此狐裘黄

禮記義六十二　二十六　王宗

黄然 行歸于周萬民所望者周謂忠信言都人之士行歸忠信萬民所以瞻望以法則之 注黄衣則狐裘大蜡之服也 正義曰郊特牲云黄衣黄冠而祭息田夫也此云黄衣故云大蜡之服論語云黄衣狐裘故狐裘則黄衣也案詩注云狐裘取温裕而已不云大蜡此云蜡者以正衣解之詩謂庶人有士行非關蜡祭之事故爲温裕也 子曰爲上可望而知也爲下可述而志也則君不疑於其臣而臣不惑於其君矣 志猶知也 尹吉曰惟尹躬及湯咸有壹德 吉當爲告告古文誥字之誤也尹告伊尹之誥也書序以爲咸有壹德今亡咸皆也君臣皆有壹德不貳則無疑惑也 詩云淑人君子其儀不忒 疏 正義曰爲上可望而知也者謂貌不藏情可望見其

貌則知其情　爲下可述而志也志知也爲臣下率誠奉上其行可述叙而知　尹吉曰惟尹躬及湯咸有壹德者吉當爲告是伊尹誥大甲故稱尹誥則咸有一德篇是也言惟尹躬身與成湯皆有純壹之德引者證上君臣不相疑惑　詩云淑人君子其儀不忒者此詩曹風鳲鳩之篇刺曹君之詩言善人君子其儀不有差忒引者證壹德之義

子曰有國者章善癉惡以示民厚則民情不貳 章明也癉病也 詩云靖共爾位好是正直

疏 正義曰章善癉惡者章明也癉病也言爲國者有善以賞章明之有惡則以刑癉病之也　詩云靖共爾位好是正直者此詩小雅小明之篇刺幽王之詩也言大夫悔仕亂世告語未仕之人言更待明君靖謀共具爾之祿位愛好正直之人然後事之也引之者證上民情不貳爲正直之行

子曰上人疑則百姓惑下難知則君長勞 難知有姦心也 故君民者章好以示民俗愼惡以御民之淫則民不惑矣 淫貪侈也孝經曰示之以好惡而民知禁 臣儀行不重辭不援其所不及不煩其所不知則君不勞矣 儀當爲義聲之誤也言臣義事則行也重猶尚也援猶引也引君所不及謂必使其君所行如堯舜也不煩以其所不知謂必使其知慮如聖人也凡告喻人當隨其才以誘之 詩云上帝板板下民卒癉 上帝喻君也板板辟也卒盡也癉病也此君使民惑之詩 小雅曰匪其止共惟王之邛 匪非也邛勞也言臣不止於恭敬其職惟使王之勞此臣使君

貌則知其情　爲下可述而志也志知也爲臣下率誠奉上其行可述叙而知　尹吉曰惟尹躬及湯咸有壹德者吉當爲告是伊尹誥大甲故稱尹誥則咸有一德篇是也言惟尹躬身與成湯皆有純壹之德引者證上君臣不相疑惑　詩云淑人君子其儀不忒者此詩曹風鳲鳩之篇刺曹君之詩言善人君子其儀不有差忒引者證壹德之義

子曰有國者章善癉惡以示民厚則民情不貳 章明也癉病也 詩云靖共爾位好是正直

疏 正義曰章善癉惡者章明也癉病也言爲國者有善以賞章明之有惡則以刑癉病之也　詩云靖共爾位好是正直者此詩小雅小明之篇刺幽王之詩也言大夫悔仕亂世告語未仕之人言更待明君靖謀共具爾之祿位愛好正直之人然後事之也引之者證上民情不貳爲正直之行

禮記義六十二　二十七　三宗

子曰上人疑則百姓惑下難知則君長勞 難知有姦心也 故君民者章好以示民俗愼惡以御民之淫則民不惑矣 淫貪侈也孝經曰示之以好惡而民知禁 臣儀行不重辭不援其所不及不煩其所不知則君不勞矣 儀當爲義聲之誤也言臣義事則行也重猶尚也援猶引也引君所不及謂必使其君所行如堯舜也不煩以其所不知謂必使其知慮如聖人也凡告喻人當隨其才以誘之 詩云上帝板板下民卒癉 上帝喻君也板板辟也卒盡也癉病也此君使民惑之詩 小雅曰匪其止共惟王之邛 匪非也邛勞也言臣不止於恭敬其職惟使王之勞此臣使君

足利本第六十二卷第二十八葉

勞之詩也【疏】正義曰此一節由明上經君臣各以情相示則君之與臣各得其所 上人疑者謂在上之君多有疑二則在下百姓有疑惑也 下難知則君長勞者若在下之人心懷欺詐難知其心則在上君長治之勞苦故君民者章好以示民俗愼惡以御民之淫則民不惑矣覆上百姓惑淫貪也言如此則民不惑矣 臣儀行不重辭不援其所不及不煩其所不知則君不勞矣者覆上君長勞如此則君不勞臣儀行者儀當爲義謂臣有義事則奉行之不重辭者重尚也爲臣之法不尚虛華之辭不援其所不及者謂君才行所不能及臣下不須援引其君行所不能及之事謂必使其君所行如堯舜也不煩其所不知者謂君有所不知其臣不得煩亂君所不知之事令必行之臣能如此則君不勞苦 詩云上帝板板下民卒癉者上帝君也板板辟也卒盡也癉病也言君上邪辟下民盡皆困病引之者證君使民惑之事此詩大雅板之篇刺厲王之詩 小雅曰匪其止共惟王之卭者小雅巧言之篇刺幽王之詩也言小人在朝不止息於恭勤惟爲姦惡使王之卭勞引之者證臣使君勞也 子曰政之不行也教之不成也爵祿不足勸也刑罰不足恥也故上不可以褻刑而輕爵言政教所以明賞罰康誥曰敬明乃罰甫刑曰播刑之不迪康康叔也作誥尚書篇名也播猶施也不衍字耳迪道也言施刑之道【疏】正義曰此一節明愼賞罰之事 政之不行也教之不成也者皇氏云言在上政令所以不行教化所以不成者秖由君上爵祿加於小人不足勸人爲善也由刑罰加於無罪之人不足恥其爲惡由賞罰失所故致政之不行教之不成也 故上不可以褻刑而輕爵者刑爵不中則懲勸失所故君上不可輕褻之 康誥曰敬明乃罰者證刑罰不可褻也周公作康

潘本第六十二卷第二十八葉

勞之詩也【疏】正義曰此一節由明上經君臣各以情相示則君之與臣各得其所 上人疑者謂在上之君多有疑二則在下百姓有疑惑也 下難知則君長勞者若在下之人心懷欺詐難知其心則在上君長治之勞苦故君民者章好以示民俗愼惡以御民之淫則民不惑矣覆上百姓惑淫貪也言如此則民不惑矣 臣儀行不重辭不援其所不及不煩其所不知則君不勞矣者覆上君長勞如此則君不勞臣儀行者儀當爲義謂臣有義事則奉行之不重辭者重尚也爲臣之法不尚虛華之辭不援其所不及者謂君才行所不能及臣下不須援引其君行所不能及之事謂必使其君所行如堯舜也不煩其所不知者謂君有所不知其臣不得煩亂君所不知之事令必行之臣能如此則君不勞苦 詩云上帝板板下民卒癉者上帝君也板板辟也卒盡也癉病也言君上邪辟下民盡皆困病引之者證君使民惑之事此詩大雅板之篇刺厲王之詩 小雅曰匪其止共惟王之卭者小雅巧言之篇刺幽王之詩也言小人在朝不止息於恭勤惟爲姦惡使王之卭勞引之者證臣使君勞也 子曰政之不行也教之不成也爵祿不足勸也刑罰不足恥也故上不可以褻刑而輕爵言政教所以明賞罰康誥曰敬明乃罰甫刑曰播刑之不迪康康叔也作誥尚書篇名也播猶施也不衍字耳迪道也言施刑之道【疏】正義曰此一節明愼賞罰之事 政之不行也教之不成也者皇氏云言在上政令所以不行教化所以不成者秖由君上爵祿加於小人不足勸人爲善也由刑罰加於無罪之人不足恥其爲惡由賞罰失所故致政之不行教之不成也 故上不可以褻刑而輕爵者刑爵不中則懲勸失所故君上不可輕褻之 康誥曰敬明乃罰者證刑罰不可褻也周公作康

足利本第六十二卷第二十九葉左半葉無圖像

誥誥康叔云女所施刑罰必敬而明之也　甫刑曰播刑之不迪不爲衍字迪道也此穆王戒羣臣云今爾何監非是伯夷布刑之道言所爲監鏡者皆是伯夷布刑之道引之者證重刑之義也

禮記正義卷第六十二

上杉安房守藤原憲實寄進

潘本第六十二卷第二十九葉

誥誥康叔云女所施刑罰必敬而明之也　甫刑曰播刑之不迪不爲衍字迪道也此穆王戒羣臣云今爾何監非是伯夷布刑之道言所爲監鏡者皆是伯夷布刑之道引之者證重刑之義也

禮記正義卷第六十二

足利本第六十三卷第一葉

禮記正義卷第六十三

國子祭酒上護軍曲阜縣開國子臣孔穎達等奉

勑撰

子曰大臣不親百姓不寧則忠敬不足而富貴已過也大臣不治而邇臣比矣忠敬不足謂臣不忠於君君不敬其臣邇近也言近以見遠言大以見小互言之比私相親也故大臣不可不敬也是民之表也邇臣不可不慎也是民之道也民之道言民循從也君毋以小謀大毋以遠言近毋以内圖外圖亦謀也言凡謀之當各於其黨於其黨知其過審也大臣柄權於外小臣執命於内或時交爭轉相陷害則大臣不怨邇臣不疾而遠臣不蔽矣疾猶非也葉公之顧命曰毋以小謀敗大作毋以嬖御人疾莊后毋以嬖御士疾莊士大夫卿士葉公楚縣公葉公子高也臨死遺書曰顧命小謀小臣之謀也大作大臣之所為也嬖御人愛妾也疾亦非也莊后適夫人齊莊得禮者嬖御士愛臣也莊士亦謂士之齊莊得禮者今為大夫卿士子曰大人不親其所賢而信其所賤民是以親失而教是以煩親失失其

潘本第六十三卷第一葉

禮記正義卷第六十三

國子祭酒上護軍曲阜縣開國子臣孔穎達等奉

勑撰

子曰大臣不親百姓不寧則忠敬不足而富貴已過也大臣不治而邇臣比矣忠敬不足謂臣不忠於君君不敬其臣邇近也言近以見遠言大以見小互言之比私相親也故大臣不可不敬也是民之表也邇臣不可不慎也是民之道也民之道言民循從也君毋以小謀大毋以遠言近毋以内圖外圖亦謀也言凡謀之當各於其黨於其黨知其過審也大臣柄權於外小臣執命於内或時交爭轉相陷害則大臣不怨邇臣不疾而遠臣不蔽矣疾猶非也葉公之顧命曰毋以小謀敗大作毋以嬖御人疾莊后毋以嬖御士疾莊士大夫卿士葉公楚縣公葉公子高也臨死遺書曰顧命小謀小臣之謀也大作大臣之所為也嬖御人愛妾也疾亦非也莊后適夫人齊莊得禮者嬖御士愛臣也莊士亦謂士之齊莊得禮者今為大夫卿士子曰大人不親其所賢而信其所賤民是以親失而教是以煩親失失其

所當親也教煩由信賤也賤者無壹德也詩云彼求我則如不我得執我仇仇亦不我力言君始求我如恐不得我既得我持我仇仇然不堅固亦不力用我是不親信我也君陳曰未見聖若已弗克見既見聖亦不克由聖克能也由用也子曰小人溺於水君子溺於口大人溺於民皆在其所褻也言人不溺於所敬者溺謂覆没不能自理出也夫水近於人而溺人德易狎而難親也易以溺人言水人所沐浴自絜清者至於深淵洪波所當畏慎也由近人之故或泳之游之褻慢而無戒心以取溺焉有德者亦如水矣初時學其近者小者以從

人事自以爲可則侮狎之至於先王大道性與天命則遂扞格不入迷惑無聞如溺於大水矣難親親之當肅敬如臨深淵口費而煩易出難悔易以溺人費猶惠也言口多空言且煩數也過言一出駟馬不能及不可得悔也口舌所覆亦如溺矣費或爲哱或爲悖夫民閉於人而有鄙心可敬不可慢易以溺人言民不通於人道而心鄙詐難卒告喻人君敬慎以臨之則可若陵虐而慢之分崩怨畔君無所尊亦如溺矣故君子不可以不慎也慎所可褻乃不溺矣太甲曰毋越厥命以自覆也若虞機張往省括于厥度則釋越之言蹷也厥其也覆敗也言無自顛蹷女之政教以自毁敗虞主田獵之地者也機弩牙也度謂所擬

所當親也教煩由信賤也賤者無壹德也詩云彼求我則如不我得執我仇仇亦不我力言君始求我如恐不得我既得我持我仇仇然不堅固亦不力用我是不親信我也君陳曰未見聖若已弗克見既見聖亦不克由聖克能也由用也子曰小人溺於水君子溺於口大人溺於民皆在其所褻也言人不溺於所敬者溺謂覆没不能自理出也夫水近於人而溺人德易狎而難親也易以溺人言水人所沐浴自絜清者至於深淵洪波所當畏慎也由近人之故或泳之游之褻慢而無戒心以取溺焉有德者亦如水矣初時學其近者小者以從

禮記義六十三　二　應俊

人事自以爲可則侮狎之至於先王大道性與天命則遂扞格不入迷惑無聞如溺於大水矣難親親之當肅敬如臨深淵口費而煩易出難悔易以溺人費猶惠也言口多空言且煩數也過言一出駟馬不能及不可得悔也口舌所覆亦如溺矣費或爲哱或爲悖夫民閉於人而有鄙心可敬不可慢易以溺人言民不通於人道而心鄙詐難卒告喻人君敬慎以臨之則可若陵虐而慢之分崩怨畔君無所尊亦如溺矣故君子不可以不慎也慎所可褻乃不溺矣太甲曰毋越厥命以自覆也若虞機張往省括于厥度則釋越之言蹷也厥其也覆敗也言無自顛蹷女之政教以自毁敗虞主田獵之地者也機弩牙也度謂所擬

足利本第六十三卷第三葉

射也虞人之射禽弩已張從機間視括與所射參相得乃後釋弦發矢爲政亦當以己心參於羣臣及萬民可乃後施也 **兑命曰惟口起羞惟甲冑起兵惟衣裳在笥惟干戈省厥躬** 兑當爲說謂說高宗之臣傅說也作書以命高宗尚書篇名也羞猶辱也衣裳朝祭之服也惟口起辱當愼言語也惟甲冑起兵當愼軍旅之事也惟衣裳在笥當服以爲禮也惟干戈省厥躬當恕己不尚害人也 **太甲曰天作孽可違也自作孽不可以逭** 違猶辟也逭逃也 **尹吉曰惟尹躬天見于西邑夏自周有終相亦惟終** 尹吉亦尹誥也天當爲先字之誤忠信爲周相助也謂臣也伊尹言尹之先祖見夏之先君臣皆忠信以自終今天絶桀者以其自作孽伊尹始仕於夏此時就湯矣夏之邑在亳西見或爲敗邑或爲予

禮記義六十三　三　馬祐

疏 正義曰此一節明在下羣臣無問大小皆須恭敬謹愼又君無以小臣而謀大事也 大臣不親百姓不寧則忠敬不足富貴已過也者沈氏云謂大臣離二不與上相親政教煩苛故百姓不寧若其如此臣不忠於君君不敬於臣是忠敬不足所以致然也由君與臣富貴已過極也 大臣不治而邇臣比矣者大臣不肯爲君理治職事由邇近之臣與上相親比故也 邇臣不可不愼也是民之道也者邇近也言親近之臣不可不愼擇其人道謂道路言邇臣是民之道路邇臣好則人從之好邇臣惡則人從之惡也 君毋以小謀大者言君無得與小臣而謀大臣之事也 毋以遠言近者無得以遠臣共言近臣之事也 毋以內圖外者無得以內臣共圖謀外臣之事所以然者小大之臣意殊遠近之臣不同恐各爲朋黨彼此交爭轉相陷害故不圖謀也則大臣不怨邇臣不疾而遠臣不蔽矣者若能如此則外內情通小大

潘本第六十三卷第三葉

射也虞人之射禽弩已張從機間視括與所射參相得乃後釋弦發矢爲政亦當以己心參於羣臣及萬民可乃後施也 **兑命曰惟口起羞惟甲冑起兵惟衣裳在笥惟干戈省厥躬** 兑當爲說謂說高宗之臣傅說也作書以命高宗尚書篇名也羞猶辱也衣裳朝祭之服也惟口起辱當愼言語也惟甲冑起兵當愼軍旅之事也惟衣裳在笥當服以爲禮也惟干戈省厥躬當恕己不尚害人也 **太甲曰天作孽可違也自作孽不可以逭** 違猶辟也逭逃也 **尹吉曰惟尹躬天見于西邑夏自周有終相亦惟終** 尹吉亦尹誥也天當爲先字之誤忠信爲周相助也謂臣也伊尹言尹之先祖見夏之先君臣皆忠信以自終今天絶桀者以其自作孽伊尹始仕於夏此時就湯矣夏之邑在亳西見或爲敗邑或爲予

禮記義六十三　三　馬祐

疏 正義曰此一節明在下羣臣無問大小皆須恭敬謹愼又君無以小臣而謀大事也 大臣不親百姓不寧則忠敬不足富貴已過也者沈氏云謂大臣離二不與上相親政教煩苛故百姓不寧若其如此臣不忠於君君不敬於臣是忠敬不足所以致然也由君與臣富貴已過極也 大臣不治而邇臣比矣者大臣不肯爲君理治職事由邇近之臣與上相親比故也 邇臣不可不愼也是民之道也者邇近也言親近之臣不可不愼擇其人道謂道路言邇臣是民之道路邇臣好則人從之好邇臣惡則人從之惡也 君毋以小謀大者言君無得與小臣而謀大臣之事也 毋以遠言近者無得以遠臣共言近臣之事也 毋以內圖外者無得以內臣共圖謀外臣之事所以然者小大之臣意殊遠近之臣不同恐各爲朋黨彼此交爭轉相陷害故不圖謀也則大臣不怨邇臣不疾而遠臣不蔽矣者若能如此則外內情通小大

足利本第六十三卷第四葉

意合大臣不怨恨於君也疾猶非也近臣不爲人所非毁而遠臣不被障蔽故也葉公之顧命曰毋以小謀敗大作　毋者此葉公顧命之書無用小臣之謀敗損大臣之作　毋以嬖御人疾莊后者莊后謂齊莊之后是適夫人也無得以嬖御賤人之爲非毁於適夫人　毋以嬖御士疾莊士者言毋得以嬖御之士非毁齊莊之士　大夫卿士者覆說言莊士即大夫卿之典事者士事也　注言近以見遠言大以見小互言之　正義曰言近以見遠謂言近臣親比則遠臣不親比云言大以見小謂大臣不治小臣治也故云互言之也　注大臣至陷害　正義曰由大臣執權於外小臣執命於内或大臣忌小臣或小臣忌大臣所以内外交爭若共圖謀轉相陷害故所謀之事各於其黨與大臣謀大臣與小臣謀小臣是各於其黨中知其過失審悉也　注葉公楚縣公葉公子高也　正義曰知葉公子高者左傳云世本文云臨死遺書曰顧命者約尚書顧命之篇　子曰至由聖　正義曰此節明君不信用臣也不親其所賢而信其所賤者謂在上不親任其所賢有德之人而信用其所賤無德者民是以親失者言以此化民民效於上失其所當親惟親愛羣小也　而教是以煩者言羣小被親既無壹德政教所以煩亂也　詩云彼求我則如不我得此詩小雅正月之篇刺幽王之詩言彼幽王初求我賢人如不得於我言禮命頻多也　執我仇仇亦不我力者既得賢人執留我仇仇然不堅固亦不於我上以力而用我引之者證不親其所賢也　君陳曰未見聖若已弗克見既見聖亦不克由聖者此尚書君陳篇成王戒君陳之辭也言凡人未見聖道之時如似己不能見既見聖道亦不能用之也　子曰至惟終　正義曰此一節戒慎言之事小人溺於水者謂卑賤小人居近川澤者愛翫於水溺覆没也多爲水所覆没故云小人溺於水君子溺於口者言卿大夫之君子以口傷人而致怨恨遂被覆没亦如溺於水不能自治也　大人溺於民者大人謂人君也由君在上陵虐下民則人衆離叛君無所尊故溺於民也

潘本第六十三卷第四葉

意合大臣不怨恨於君也疾猶非也近臣不爲人所非毁而遠臣不被障蔽故也葉公之顧命曰毋以小謀敗大作　毋者此葉公顧命之書無用小臣之謀敗損大臣之作　毋以嬖御人疾莊后者莊后謂齊莊之后是適夫人也無得以嬖御賤人之爲非毁於適夫人　毋以嬖御士疾莊士者言毋得以嬖御之士非毁齊莊之士　大夫卿士者覆說言莊士即大夫卿之典事者士事也　注言近以見遠言大以見小互言之　正義曰言近以見遠謂言近臣親比則遠臣不親比云言大以見小謂大臣不治小臣治也故云互言之也　注大臣至陷害　正義曰由大臣執權於外小臣執命於内或大臣忌小臣或小臣忌大臣所以内外交爭若共圖謀轉相陷害故所謀之事各於其黨與大臣謀大臣與小臣謀小臣是各於其黨中知其過失審悉也　注葉公楚縣公葉公子高也　正義曰知葉公子高者左傳云世本文云臨死遺書曰顧命者約尚書顧命之篇　子曰至由聖　正義曰此節明君不信用臣也不親其所賢而信其所賤者謂在上不親任其所賢有德之人而信用其所賤無德者民是以親失者言以此化民民效於上失其所當親惟親愛羣小也　而教是以煩者言羣小被親既無壹德政教所以煩亂也　詩云彼求我則如不我得此詩小雅正月之篇刺幽王之詩言彼幽王初求我賢人如不得於我言禮命頻多也　執我仇仇亦不我力者既得賢人執留我仇仇然不堅固亦不於我上以力而用我引之者證不親其所賢也　君陳曰未見聖若已弗克見既見聖亦不克由聖者此尚書君陳篇成王戒君陳之辭也言凡人未見聖道之時如似己不能見既見聖道亦不能用之也　子曰至惟終　正義曰此一節戒慎言之事小人溺於水者謂卑賤小人居近川澤者愛翫於水溺覆没也多爲水所覆没故云小人溺於水君子溺於口者言卿大夫之君子以口傷人而致怨恨遂被覆没亦如溺於水不能自治也　大人溺於民者大人謂人君也由君在上陵虐下民則人衆離叛君無所尊故溺於民也

足利本第六十三卷第五葉

皆在其所褻也者言小人君子大人等所以被没溺者皆在於褻慢而不能敬慎故致溺也夫水近於人而溺人者釋上三事所以致溺也此說水溺所由也水若遠於民則人不没溺但由水近人則人得用之沐浴而日日狎習不復畏懼或泳之或游之無有誡忌至於洪波浪起亦猶習以爲常故致覆溺也　德易狎而難親也易以溺人者德易狎者言有德之人初時學其近者淺者謂言可得是易可親狎至大者遠者莫測其理是難可親也初時易狎是易也終則難親是溺人也故云易以溺人也　口費而煩易出難悔易以溺人者説德既竟此還釋溺口所由費惠也口虚出言而無實從之是口惠也口惠不難失在煩數故云而煩也無以實言是易出也一出言駟馬追之不及是難悔必爲物所憾所以有禍口費易出難悔被害是溺人也　夫民閉於人而有鄙心者此釋溺民所由也言下民之情常自閉塞不通人道故云閉於人也而用心鄙詐故云有鄙心　可敬不可慢易以溺人者既閉塞人道而

禮記正義六十三　五　濮宣

有鄙詐卒難告喻故人君當敬以臨之庶其漸染若又陵慢則必怨畔則國無民君道便喪溺也民處卑下易可褻慢終致怨畔是溺人也　大甲曰毋越厥命以自覆也者伊尹大甲之辭言無得顛越其教命以自覆敗也　若虞機張者虞謂虞人機謂弩牙言爲政之道如虞人射獸先弩牙以張也　往省括于厥度則釋者謂己心往機間省視箭括當於所射之度乃釋弦而發矢故云則釋言爲政之道政教已陳當以己心省此所施政教合於羣下然後乃施之也　兑命曰惟口起羞惟甲冑起兵者此尚書篇名傅説戒高宗之辭口爲榮辱之主若出言不當則被人所賤故起羞辱也甲冑罰罪之器若所罰不當反被兵戎所害故甲冑起兵也　惟衣裳在笥惟干戈省厥躬者衣裳在篋笥當服之以行禮不可妄與於人惟所施干戈之事當自省己身不可妄加無罪浪以害人　大甲曰天作孽可違也者若水旱災荒自然而有非由人失所致故云天作孽亦可徙移辟災是可違也　自作孽不可以逭也

潘本第六十三卷第五葉

皆在其所褻也者言小人君子大人等所以被没溺者皆在於褻慢而不能敬慎故致溺也夫水近於人而溺人者釋上三事所以致溺也此說水溺所由也水若遠於民則人不没溺但由水近人則人得用之沐浴而日日狎習不復畏懼或泳之或游之無有誡忌至於洪波浪起亦猶習以爲常故致覆溺也　德易狎而難親也易以溺人者德易狎者言有德之人初時學其近者淺者謂言可得是易可親狎至大者遠者莫測其理是難可親也初時易狎是易也終則難親是溺人也故云易以溺人也　口費而煩易出難悔易以溺人者説德既竟此還釋溺口所由費惠也口虚出言而無實從之是口惠也口惠不難失在煩數故云而煩也無以實言是易出也一出言駟馬追之不及是難悔必爲物所憾所以有禍口費易出難悔被害是溺人也　夫民閉於人而有鄙心者此釋溺民所由也言下民之情常自閉塞不通人道故云閉於人也而用心鄙詐故云有鄙心　可敬不可慢易以溺人者既閉塞人道而

禮記義六十三　五

有鄙詐卒難告喻故人君當敬以臨之庶其漸染若又陵慢則必怨畔則國無民君道便喪溺也民處卑下易可褻慢終致怨畔是溺人也　大甲曰毋越厥命以自覆也者伊尹大甲之辭言無得顛越其教命以自覆敗也　若虞機張者虞謂虞人機謂弩牙言爲政之道如虞人射獸先弩牙以張也　往省括于厥度則釋者謂己心往機間省視箭括當於所射之度乃釋弦而發矢故云則釋言爲政之道政教已陳當以己心省此所施政教合於羣下然後乃施之也　兑命曰惟口起羞惟甲冑起兵者此尚書篇名傅説戒高宗之辭口爲榮辱之主若出言不當則被人所賤故起羞辱也甲冑罰罪之器若所罰不當反被兵戎所害故甲冑起兵也　惟衣裳在笥惟干戈省厥躬者衣裳在篋笥當服之以行禮不可妄與於人惟所施干戈之事當自省己身不可妄加無罪浪以害人　大甲曰天作孽可違也者若水旱災荒自然而有非由人失所致故云天作孽亦可徙移辟災是可違也　自作孽不可以逭者

巳自作禍物皆怨恨所在而致禍害故不可逃也　尹吉曰惟尹躬天見于西邑夏者吉當爲告天當爲先言伊尹告大甲云伊尹身之先祖見西方夏邑之君謂禹也夏都在亳西故云西邑也　自周有終相亦惟終者周謂忠信言夏之先君有能忠信得自有其終其輔相之臣亦如先君亦得終久也引者證人君若修德行善則能終也　注難親親之當肅敬如臨深淵　正義曰言德易狎而難親若其終始易親則全無溺人之事由其初則易狎後則難親當恒肅敬如臨深淵水若不肅敬則致陷害故云溺人也　注兑當爲説　正義曰尚書序云高宗夢得説使百工營求諸野得諸傅巖作説命三篇是高宗之臣傅説也説作書以戒高宗也　注尹吉至亳西　正義曰云尹吉者上經已解尹吉爲尹告故此云亦誥也云天當爲先者以天字與先相似故爲先也云忠信爲周者國語文也云伊尹言尹之先祖者鄭君不見古文尚書故云伊尹之先祖據尚書是大甲之篇言尹之往先見夏之先君是身之往先見非謂尹之先祖也云伊尹始仕於夏此時就湯矣者書序云伊尹去亳適夏既醜有夏復歸于亳是始仕於夏也經云先見西邑夏故知爲誥之時就湯矣以鄭不見古文謂言尹誥是伊尹誥成湯故云此時就湯矣與尚書同云夏之邑在亳西者案世本及汲冢古文並云禹都咸陽正當亳西也及後乃徙安邑鄭以爲湯都偃師爲亳邑則是安邑亦在亳西也

子曰民以君爲心君以民爲體心莊則體舒心肅則容敬心好之身必安之君好之民必欲之心以體全亦以體傷君以民存亦以民亡　莊齊莊也　詩云昔吾有先正其言明且清國家以寧都邑以成庶民以

巳自作禍物皆怨恨所在而致禍害故不可逃也　尹吉曰惟尹躬天見于西邑夏者吉當爲告天當爲先言伊尹告大甲云伊尹身之先祖見西方夏邑之君謂禹也夏都在亳西故云西邑也　自周有終相亦惟終者周謂忠信言夏之先君有能忠信得自有其終其輔相之臣亦如先君亦得終久也引者證人君若修德行善則能終也　注難親親之當肅敬如臨深淵　正義曰言德易狎而難親若其終始易親則全無溺人之事由其初則易狎後則難親當恒肅敬如臨深淵水若不肅敬則致陷害故云溺人也　注兑當爲説　正義曰尚書序云高宗夢得説使百工營求諸野得諸傅巖作説命三篇是高宗之臣傅説也説作書以戒高宗也　注尹吉至亳西　正義曰云尹吉者上經已解尹吉爲尹告故此云亦誥也云天當爲先者以天字與先相似故爲先也云忠信爲周者國語文也云伊尹言尹之先祖者鄭君不見古文尚書故云伊尹之先祖據尚書是大甲之篇言尹之往先見夏之先君是身之往先見非謂尹之先祖也云伊尹始仕於夏此時就湯矣者書序云伊尹去亳適夏既醜有夏復歸于亳是始仕於夏也經云先見西邑夏故知爲誥之時就湯矣以鄭不見古文謂言尹誥是伊尹誥成湯故云此時就湯矣與尚書同云夏之邑在亳西者案世本及汲冢古文並云禹都咸陽正當亳西也及後乃徙安邑鄭以爲湯都偃師爲亳邑則是安邑亦在亳西也

子曰民以君爲心君以民爲體心莊則體舒心肅則容敬心好之身必安之君好之民必欲之心以體全亦以體傷君以民存亦以民亡　莊齊莊也　詩云昔吾有先正其言明且清國家以寧都邑以成庶民以

足利本第六十三卷第七葉

生誰能秉國成不自爲正卒勞百姓先正先君
長也誰能秉國成傷今無此人也成邦之八成也誰能秉
行之不自以所爲者正盡勞來百姓憂念之者與疾時大
臣專功
爭美　君雅曰夏日暑雨小民惟曰怨資冬
祁寒小民亦惟曰怨雅書序作牙假借字也君雅
周穆王司徒作尚書篇名也
資當爲至齊魯之語聲之誤也祁之言是也齊西偏之語
也夏日暑雨小民怨天至冬是寒小民又怨天言民恒多
怨爲其　疏　正義曰此論君人相須言養人之道不可不
君難　愼也　詩云昔吾有先正其言明且清者此
逸詩也正長也詩人稱昔吾之有先君正長其教令之言
分明且清絜國家所以安也都邑所以成也庶人所以生
也　誰能秉國成不自爲正卒勞百姓者卒盡也言詩人
傷今無復有先正之賢故云今日誰能執國之八成又當

禮記義六十三　七

謙退之不自爲正者得其正道能用仁恩盡勞來百姓言
今無復有如此之人疾時大臣唯專功爭美各自爲是也
君雅曰夏日暑雨小民惟曰怨者此穆王命君牙之辭也
言民心難稱所怨恒多夏日暑熱及雨天之常道細小之
人惟曰怨也　資冬祁寒小民亦惟曰怨者至於冬日是
大寒之時小人亦惟曰怨猶言君政雖曰得當人怨之不
已是治民難也　注成邦之八成也　正義曰案周禮小
宰職云掌以官府之八成經邦治一曰聽政役以比居二
曰聽師田以簡稽三曰聽閭里以版圖四曰聽稱責以傅
別五曰聽祿位以禮命六曰聽取予以書契七曰聽賣買
以質劑八曰聽出入以要會皆成事品式以聽治於人
注雅書序作牙假借字也　正義曰言古牙字假雅字以
爲牙故尚書以爲君牙此爲君雅案尚書云小民惟曰怨
咨今此本作資鄭又讀資當爲至以鄭不見古文尚書故
也　子曰下之事上也身不正言不信則義

潘本第六十三卷第七葉

生誰能秉國成不自爲正卒勞百姓先正先君
長也誰能秉國成傷今無此人也成邦之八成也誰能秉
行之不自以所爲者正盡勞來百姓憂念之者與疾時大
臣專功
爭美　君雅曰夏日暑雨小民惟曰怨資冬
祁寒小民亦惟曰怨雅書序作牙假借字也君雅
周穆王司徒作尚書篇名也
資當爲至齊魯之語聲之誤也祁之言是也齊西偏之語
也夏日暑雨小民怨天至冬是寒小民又怨天言民恒多
怨爲其　疏　正義曰此論君人相須言養人之道不可不
君難　愼也　詩云昔吾有先正其言明且清者此
逸詩也正長也詩人稱昔吾之有先君正長其教令之言
分明且清絜國家所以安也都邑所以成也庶人所以生
也　誰能秉國成不自爲正卒勞百姓者卒盡也言詩人
傷今無復有先正之賢故云今日誰能執國之八成又當

禮記義六十三　七

謙退之不自爲正者得其正道能用仁恩盡勞來百姓言
今無復有如此之人疾時大臣唯專功爭美各自爲是也
君雅曰夏日暑雨小民惟曰怨者此穆王命君牙之辭也
言民心難稱所怨恒多夏日暑熱及雨天之常道細小之
人惟曰怨也　資冬祁寒小民亦惟曰怨者至於冬日是
大寒之時小人亦惟曰怨猶言君政雖曰得當人怨之不
已是治民難也　注成邦之八成也　正義曰案周禮小
宰職云掌以官府之八成經邦治一曰聽政役以比居二
曰聽師田以簡稽三曰聽閭里以版圖四曰聽稱責以傅
別五曰聽祿位以禮命六曰聽取予以書契七曰聽賣買
以質劑八曰聽出入以要會皆成事品式以聽治於人
注雅書序作牙假借字也　正義曰言古牙字假雅字以
爲牙故尚書以爲君牙此爲君雅案尚書云小民惟曰怨
咨今此本作資鄭又讀資當爲至以鄭不見古文尚書故
也　子曰下之事上也身不正言不信則義

足利本第六十三卷第八葉

不壹行無類也類謂比式子曰言有物而行有格也是以生則不可奪志死則不可奪名物謂事驗也格舊法也故君子多聞質而守之多志質而親之精知略而行之質猶少也多志謂博交汎愛人也精知孰慮於眾也精或為清君陳曰出入自爾師虞庶言同自由也師庶皆眾也虞度也言出內政教當由女眾之所謀度眾言同乃行之政教當由壹也詩云淑人君子其儀一也疏正義曰此一節明下之事上當守其一　則義不壹行無類也者若身之不正言之不信則於義事不能齊壹行無有比類言行之無恒不可比類也　言有物而行有格也物謂事之徵驗格謂舊有法式言必須有徵驗行必須有舊法式既言行不妄守死善道故生則不可奪志死則不可奪名言名志俱善欲奪不可也　故君子多聞質而守之者雖多聞前事當簡質而守之　多志質而親之者謂多以志意博交汎愛亦質少而親之　精知略而行之者謂精細而知孰慮於眾要略而行之此皆謂聞見雖多執守簡要也君陳曰出入自爾師虞庶言同者自由也師眾也虞度也庶眾也成王戒君陳云言出入政教當由女眾人共知謀度若眾言皆同乃行之言政教當由壹也　詩云淑人君子其儀一也者此曹風鳲鳩之篇刺曹公不均平也言善人君子其威儀齊一也引之者證為政之道須齊一也子曰唯君子能好其正小人毒其正正當為匹字之誤也匹謂知識朋友故君子之朋友有鄉其惡有方鄉方喻輩類也小人徼利其友無常也

潘本第六十三卷第八葉

不壹行無類也類謂比式子曰言有物而行有格也是以生則不可奪志死則不可奪名物謂事驗也格舊法也故君子多聞質而守之多志質而親之精知略而行之質猶少也多志謂博交汎愛人也精知孰慮於眾也精或為清君陳曰出入自爾師虞庶言同自由也師庶皆眾也虞度也言出內政教當由女眾之所謀度眾言同乃行之政教當由壹也詩云淑人君子其儀一也疏正義曰此一節明下之事上當守其一　則義不壹行無類也者若身之不正言之不信則於義事不能齊壹行無有比類言行之無恒不可比類也　言有物而行有格也物謂事之徵驗格謂舊有法式言必須有徵驗行必須有舊法式既言行不妄守死善道故生則不可奪志死則不可奪名言名志俱善欲奪不可也　故君子多聞質而守之者雖多聞前事當簡質而守之　多志質而親之者謂多以志意博交汎愛亦質少而親之　精知略而行之者謂精細而知孰慮於眾要略而行之此皆謂聞見雖多執守簡要也君陳曰出入自爾師虞庶言同者自由也師眾也虞度也庶眾也成王戒君陳云言出入政教當由女眾人共知謀度若眾言皆同乃行之言政教當由壹也　詩云淑人君子其儀一也者此曹風鳲鳩之篇刺曹公不均平也言善人君子其威儀齊一也引之者證為政之道須齊一也子曰唯君子能好其正小人毒其正正當為匹字之誤也匹謂知識朋友故君子之朋友有鄉其惡有方鄉方喻輩類也小人徼利其友無常也

足利本第六十三卷第九葉

是故邇者不惑而遠者不疑也言其可望而知邇近也

詩云君子好仇仇匹也疏正義曰此一節明其朋匹之事君子能好其正者匹匹偶言君子能愛好其朋友匹偶以下云君子好仇故知此正爲匹也　故君子之朋友有鄉其惡有方者言鄉方皆猶輩類也言君子所親朋友及所惡之人皆有輩類言君子善者則爲朋友也既好惡不同故君子之交可者與之不以榮枯爲異是朋友不善者則可憎惡之言有常也若小人唯利是求所善所惡無恒定也　是故邇者不惑而遠者不疑也由好惡有定可望貌而知故近者不惑遠者不疑也　詩云君子好仇者此周南關雎之篇詩意云窈窕淑女君子好仇此則斷章云君子之人以好人爲匹也

子曰輕絕貧賤而重絕富貴則好賢不堅而惡惡不著也人

禮記正義六十三　九　吳宝

雖曰不利吾不信也言此近徼利也

詩云朋友攸攝攝以威儀攸所也言朋友以禮義相攝正不以貧富貴賤之利也疏正義曰此一節明交友之道唯善是仇以威儀相攝佐也　則好賢不堅而惡惡不著也者以賢而貧賤則輕絕之是好賢不堅惡而富貴則重絕之則惡惡不著也如此者是貪利之人故云雖曰不利吾不信也　詩云朋友攸攝攝以威儀者此大雅既醉之篇美成王之時太平之詩於時朋友羣臣所以禮義相攝佐之時以威儀也言不以富貴貧賤而求利者

子曰私惠不歸德君子不自留焉私惠謂不以公禮相慶賀時以小物相問遺也言其物不可以爲德則君子不以身留此人也相惠以褻瀆邪僻之物是爲不歸於德歸或爲懷

詩云人之好我示我周行行道也言示我以忠信之

潘本第六十三卷第九葉

是故邇者不惑而遠者不疑也言其可望而知邇近也

詩云君子好仇仇匹也疏正義曰此一節明其朋匹之事君子能好其正者匹匹偶言君子能愛好其朋友匹偶以下云君子好仇故知此正爲匹也　故君子之朋友有鄉其惡有方者言鄉方皆猶輩類也言君子所親朋友及所惡之人皆有輩類言君子善者則爲朋友也既好惡不同故君子之交可者與之不以榮枯爲異是朋友不善者則可憎惡之言有常也若小人唯利是求所善所惡無恒定也　是故邇者不惑而遠者不疑也由好惡有定可望貌而知故近者不惑遠者不疑也　詩云君子好仇者此周南關雎之篇詩意云窈窕淑女君子好仇此則斷章云君子之人以好人爲匹也

子曰輕絕貧賤而重絕富貴則好賢不堅而惡惡不著也人

禮記義六十三　九　吳宝

雖曰不利吾不信也言此近徼利也

詩云朋友攸攝攝以威儀攸所也言朋友以禮義相攝正不以貧富貴賤之利也疏正義曰此一節明交友之道唯善是仇以威儀相攝佐也　則好賢不堅而惡惡不著也者以賢而貧賤則輕絕之是好賢不堅惡而富貴則重絕之則惡惡不著也如此者是貪利之人故云雖曰不利吾不信也　詩云朋友攸攝攝以威儀者此大雅既醉之篇美成王之時太平之詩於時朋友羣臣所以禮義相攝佐之時以威儀也言不以富貴貧賤而求利者

子曰私惠不歸德君子不自留焉私惠謂不以公禮相慶賀時以小物相問遺也言其物不可以爲德則君子不以身留此人也相惠以褻瀆邪僻之物是爲不歸於德歸或爲懷

詩云人之好我示我周行行道也言示我以忠信之

道 疏 正義曰此一節明君子唯以德是與私惠不歸德者言人以私小恩惠相問遺不歸依道德如此者君子之人不用留意於此等之人言不受其惠也 詩云人之好我示我周行者此小雅鹿鳴之篇言文王燕飲羣臣愛好於我示我以忠信之道也周忠信行道也惟以忠信正道以示我不以褻瀆邪辟之物而相遺也

子曰苟有車必見其軾苟有衣必見其敝人苟或言之必聞其聲苟或行之必見其成 言凡人舉事必有後驗也見其軾謂載也敝敗衣也衣或在內新時不見 葛覃曰服之無射 射厭也言已願采葛以爲君子之衣令君子服之無厭言不虛也

疏 正義曰此明人言行必慎其所終也將欲明之故先以二事爲譬喻也 苟有其車必見其軾者言人苟稱家有車必見其車有載於物不可虛也言有車無不載也 苟有其衣必見其敝者言人苟稱家有衣必見其所著之衣有終敝破也不虛稱有衣而無敝也 人苟或言之必聞其聲者既稱有言必聞其聲不可有言而無聲也 苟或行之必見其成者人苟稱有行此事必須見其成驗不可虛稱有行而無成驗也 葛覃曰服之無射者此周南葛覃之篇美后妃之德也詩之本意言后妃習絺綌之事而無厭倦之心此則斷章云采葛爲君子之衣君子得而服之無厭倦也言君子實得其服而不虛也引之者證人之所行終須有效也 注衣或在內新時不見 正義曰以經云苟有其車必見其載苟有其衣當言必見其著今乃云必見其敝以衣初新著時或在內裏人不見也其敝破棄時乃始見故云必見其敝

子曰言從而行之則言不可飾也行從而言之則行不可飾也 從猶隨也 故君子寡言而

禮記義六十三 十 慶信

道 疏 正義曰此一節明君子唯以德是與私惠不歸德者言人以私小恩惠相問遺不歸依道德如此者君子之人不用留意於此等之人言不受其惠也 詩云人之好我示我周行者此小雅鹿鳴之篇言文王燕飲羣臣愛好於我示我以忠信之道也周忠信行道也惟以忠信正道以示我不以褻瀆邪辟之物而相遺也

子曰苟有車必見其軾苟有衣必見其敝人苟或言之必聞其聲苟或行之必見其成 言凡人舉事必有後驗也見其軾謂載也敝敗衣也衣或在內新時不見 葛覃曰服之無射 射厭也言已願采葛以爲君子之衣令君子服之無厭言不虛也

疏 正義曰此明人言行必慎其所終也將欲明之故先以二事爲譬喻也 苟有其車必見其軾者言人苟稱家有車必見其車有載於物不可虛也言有車無不載也 苟有其衣必見其敝者言人苟稱家有衣必見其所著之衣有終敝破也不虛稱有衣而無敝也 人苟或言之必聞其聲者既稱有言必聞其聲不可有言而無聲也 苟或行之必見其成者人苟稱有行此事必須見其成驗不可虛稱有行而無成驗也 葛覃曰服之無射者此周南葛覃之篇美后妃之德也詩之本意言后妃習絺綌之事而無厭倦之心此則斷章云采葛爲君子之衣君子得而服之無厭倦也言君子實得其服而不虛也引之者證人之所行終須有效也 注衣或在內新時不見 正義曰以經云苟有其車必見其載苟有其衣當言必見其著今乃云必見其敝以衣初新著時或在內裏人不見也其敝破棄時乃始見故云必見其敝

子曰言從而行之則言不可飾也行從而言之則行不可飾也 從猶隨也 故君子寡言而

禮記義六十三 十 慶信

足利本第六十三卷第十一葉

行以成其信則民不得大其美而小其惡以行爲驗虛言無益於善也寡當爲顧聲之誤也詩云白圭之玷尚可磨也斯言之玷不可爲也玷缺也言圭之缺尚可磨而平之言之缺無如之何小雅曰允也君子展也大成允信也展誠也君奭曰昔在上帝周田觀文王之德其集大命于厥躬奭召公名也作尚書篇名也古文周田觀文王之德爲割申勸寧王之德今博士讀爲厥亂勸寧王之德三者皆異古文似近之割之言蓋也言文王有誠信之德天蓋申勸之集大命於其身謂命之使王天下也

疏正義曰此一節明重言行之事 言從而行之則言不可飾也者從隨也謂言在於先而後隨以行之言當須實不可虛飾也 行從而言之則行不可飾也者謂行在於前言隨於後論說於行則行當須先實不可虛飾也 故君子寡言而行以成其信者以其言行相副之故君子當顧言而行以成其信也 則民不得大其美而小其惡者必須以行爲驗不用虛辭爲此之故則人不得虛增大其美事而減小其惡事由美惡大小皆驗於行也詩云白圭之玷尚可磨也此大雅抑之篇刺厲王之詩也白圭之玉玷缺尚可磨而平之此言語玷缺不可爲而改之是無如之何也 小雅曰允也君子展也大成者此詩小雅車攻之篇美宣王之詩也允信也言信實矣君子謂宣王展誠也誠實矣而大成太平也引之者證言信爲本君奭曰昔在上帝者此周公告君奭之辭也上帝天也言往昔之時在上天也 周田觀文王之德周當爲割田當爲申觀當爲勸言文王有誠信之德故上天蓋申重獎勸文王之德 其集大命于厥躬者以文王誠信故天命之引之者證言當誠信也 注奭召至下也 正義曰案周

潘本第六十三卷第十一葉

行以成其信則民不得大其美而小其惡以行爲驗虛言無益於善也寡當爲顧聲之誤也詩云白圭之玷尚可磨也斯言之玷不可爲也玷缺也言圭之缺尚可磨而平之言之缺無如之何小雅曰允也君子展也大成允信也展誠也君奭曰昔在上帝周田觀文王之德其集大命于厥躬奭召公名也作尚書篇名也古文周田觀文王之德爲割申勸寧王之德今博士讀爲厥亂勸寧王之德三者皆異古文似近之割之言蓋也言文王有誠信之德天蓋申勸之集大命於其身謂命之使王天下也

疏正義曰此一節明重言行之事 言從而行之則言不可飾也者從隨也謂言在於先而後隨以行之言當須實不可虛飾也 行從而言之則行不可飾也者謂行在於前言隨於後論說於行則行當須先實不可虛飾也 故君子寡言而行以成其信者以其言行相副之故君子當顧言而行以成其信也 則民不得大其美而小其惡者必須以行爲驗不用虛辭爲此之故則人不得虛增大其美事而減小其惡事由美惡大小皆驗於行也詩云白圭之玷尚可磨也此大雅抑之篇刺厲王之詩也白圭之玉玷缺尚可磨而平之此言語玷缺不可爲而改之是無如之何也 小雅曰允也君子展也大成者此詩小雅車攻之篇美宣王之詩也允信也言信實矣君子謂宣王展誠也誠實矣而大成太平也引之者證言信爲本君奭曰昔在上帝者此周公告君奭之辭也上帝天也言往昔之時在上天也 周田觀文王之德周當爲割田當爲申觀當爲勸言文王有誠信之德故上天蓋申重獎勸文王之德 其集大命于厥躬者以文王誠信故天命之引之者證言當誠信也 注奭召至下也 正義曰案周

足利本第六十三卷第十二葉

書序云召公爲保周公爲師召公不說周公作君奭君奭經云公曰君奭是奭爲召公名也謂周公以善告之名篇爲大師召公謂其貪於寵祿故不說也周公既致政仍留爲爲君奭故云尚書篇名也云古文周田觀文王之德爲割申勸寧王之德者以伏生所傳歐陽夏侯所注者爲今文尚書以衞賈馬所注者元從壁中所出之古文即鄭注尚書是也此周字古文爲割此田字古文作申此觀字古文爲勸皆字體相涉今古錯亂此文尚書爲寧王亦義相涉也云今博士讀爲厥亂勸王之德者謂今文尚書讀此周田觀文王之德爲厥亂勸寧王之德也云三者皆異古文似近之者玄謂此禮記及古文尚書并今博士讀者三者其文各異而古文周田爲割申其字近於義理故云古文似近之云割之言蓋也割蓋聲相近故割讀爲蓋謂天蓋申勸之禮尚書猶爲割謂割制其義與此不同天子

曰南人有言曰人而無恒不可以爲卜筮古之遺言與龜筮猶不能知也而況於人乎恒常也不可爲卜筮言卦兆不能見其情定其吉凶也詩云我龜既厭不我告猶猶道也言褻而用之龜厭之不告以吉凶之道也兊命曰爵無及惡德民立而正事純而祭祀是爲不敬事煩則亂事神則難惡德無恒之德純猶皆也言君祭祀賜諸臣爵無與惡德之人也民將立以爲正言放傚之疾事皆如是而以祭祀是不敬鬼神也惡德之人使事煩事煩則亂使事鬼神又難以得福也純或爲煩易曰不恒其德或承之羞恒其德偵婦人吉夫子凶羞猶辱也偵問也問正爲偵婦人從人者也以

禮記義六十三　十二　蕭信

潘本第六十三卷第十二葉

書序云召公爲保周公爲師召公不說周公作君奭君奭經云公曰君奭是奭爲召公名也謂周公以善告之名篇爲大師召公謂其貪於寵祿故不說也周公既致政仍留爲爲君奭故云尚書篇名也云古文周田觀文王之德爲割申勸寧王之德者以伏生所傳歐陽夏侯所注者爲今文尚書以衞賈馬所注者元從壁中所出之古文即鄭注尚書是也此周字古文爲割此田字古文作申此觀字古文爲勸皆字體相涉今古錯亂此文尚書爲寧王亦義相涉也云今博士讀爲厥亂勸王之德者謂今文尚書讀此周田觀文王之德爲厥亂勸寧王之德也云三者皆異古文似近之者玄謂此禮記及古文尚書并今博士讀者三者其文各異而古文周田爲割申其字近於義理故云古文似近之云割之言蓋也割蓋聲相近故割讀爲蓋謂天蓋申勸之禮尚書猶爲割謂割制其義與此不同天子

曰南人有言曰人而無恒不可以爲卜筮古之遺言與龜筮猶不能知也而況於人乎恒常也不可爲卜筮言卦兆不能見其情定其吉凶也詩云我龜既厭不我告猶猶道也言褻而用之龜厭之不告以吉凶之道也兊命曰爵無及惡德民立而正事純而祭祀是爲不敬事煩則亂事神則難惡德無恒之德純猶皆也言君祭祀賜諸臣爵無與惡德之人也民將立以爲正言放傚之疾事皆如是而以祭祀是不敬鬼神也惡德之人使事煩事煩則亂使事鬼神又難以得福也純或爲煩易曰不恒其德或承之羞恒其德偵婦人吉夫子凶羞猶辱也偵問也問正爲偵婦人從人者也以

禮記義六十三　十二　蕭信

足利本第六十三卷第十三葉

問正爲常德則吉男子當專行幹事 疏 正義曰此一節
而以問正爲常德是亦無恒之人也 明爲人臣之法
當有恒也 人而無恒不可以爲卜筮者南人殷掌卜之
人有遺餘之言稱云人而性行無恒不可爲卜筮古之遺
言與龜筮猶不能得知無恒之人而况於凡人乎 詩云
我龜既厭不我告猶者小雅小旻之篇刺幽王之詩言幽
王性行無恒數諏卜筮故云我龜既厭倦於卜不於我身
告其吉凶之道也引之者證無恒之人不可以爲卜筮也
兊命曰爵無及惡德者此尚書傳説告高宗之辭云 民
之末爵人之時無復及此惡德之人惡德無恒者也 祭祀
立而正事純而祭祀者純皆也言若爵此惡德之人 則立
之以爲正事在下必學之若每事皆爵此惡德之人而 以
祭祀是不敬鬼神也言無恒之人不可祭祀也 事煩則
亂者言若使無恒惡德之人主掌祭祀其事則煩 事煩
則致亂也 事神則難者若使惡德之人事其鬼神則難
得其福 易曰不恒其德或承之羞者恒卦九三爻辭言

禮記義六十三　十三　翁祥

人若不恒常其德故承之羞辱引之者證人而無恒其行
惡也 恒其德偵婦人吉夫子凶者此恒卦六五爻辭偵
正也言恒常其德問正於人婦人吉也以婦人不自專常
須問正於人故得吉夫子男子也當須自專權幹於事若
問正於人失男子之道故爲凶引之者證男子之無恒德
其行惡也 注純猶至福也 正義曰言君祭祀賜諸臣
爵無與惡德之人也者此經直云爵無及惡德必知因祭
祀賜諸臣爵者以下云事純而祭祀是爲不敬故知因祭
祀也云事皆如是而以祭祀是不敬鬼神也者言於祭祀
之末不可爵此惡德人也 注羞猶至人也 正義曰此
不恒其德或承之羞者是易恒卦巽下震上九三爻辭得
正互體爲乾乾有剛健之德體在巽巽爲進退是不恒其
德也又互體爲兊兊爲毀折是將有羞辱也云問正爲偵
者此恒其德偵恒卦六五爻辭以陰爻而處尊位是天子
之女又互體兊兊爲和説至尊主家之女以和悦幹其家
事問正於人故爲吉也應在九二又男子之象體在巽巽

潘本第六十三卷第十三葉

問正爲常德則吉男子當專行幹事 疏 正義曰此一節
而以問正爲常德是亦無恒之人也 明爲人臣之法
當有恒也 人而無恒不可以爲卜筮者南人殷掌卜之
人有遺餘之言稱云人而性行無恒不可爲卜筮古之遺
言與龜筮猶不能得知無恒之人而况於凡人乎 詩云
我龜既厭不我告猶者小雅小旻之篇刺幽王之詩言幽
王性行無恒數諏卜筮故云我龜既厭倦於卜不於我身
告其吉凶之道也引之者證無恒之人不可以爲卜筮也
兊命曰爵無及惡德者此尚書傳説告高宗之辭云 民
之末爵人之時無復及此惡德之人惡德無恒者也 祭祀
立而正事純而祭祀者純皆也言若爵此惡德之人 則立
之以爲正事在下必學之若每事皆爵此惡德之人而 以
祭祀是不敬鬼神也言無恒之人不可祭祀也 事煩則
亂者言若使無恒惡德之人主掌祭祀其事則煩 事煩
則致亂也 事神則難者若使惡德之人事其鬼神則難
得其福 易曰不恒其德或承之羞者恒卦九三爻辭言

六百八十八　禮記義六十三　十三　祁祥

人若不恒常其德故承之羞辱引之者證人而無恒其行
惡也 恒其德偵婦人吉夫子凶者此恒卦六五爻辭偵
正也言恒常其德問正於人婦人吉也以婦人不自專常
須問正於人故得吉夫子男子也當須自專權幹於事若
問正於人失男子之道故爲凶引之者證男子之無恒德
其行惡也 注純猶至福也 正義曰言君祭祀賜諸臣
爵無與惡德之人也者此經直云爵無及惡德必知因祭
祀賜諸臣爵者以下云事純而祭祀是爲不敬故知因祭
祀也云事皆如是而以祭祀是不敬鬼神也者言於祭祀
之末不可爵此惡德人也 注羞猶至人也 正義曰此
不恒其德或承之羞者是易恒卦巽下震上九三爻辭得
正互體爲乾乾有剛健之德體在巽巽爲進退是不恒其
德也又互體爲兊兊爲毀折是將有羞辱也云問正爲偵
者此恒其德偵恒卦六五爻辭以陰爻而處尊位是天子
之女又互體兊兊爲和説至尊主家之女以和悦幹其家
事問正於人故爲吉也應在九二又男子之象體在巽巽

爲進退是無所定而婦言是從故云夫子凶也

奔喪第三十四

正義曰案鄭目録云名曰奔喪者以其居他國聞喪奔赴之禮此於別録屬喪服之禮矣實逸曲禮之正篇也漢興後得古文而禮家又貪其說因合於禮記耳奔喪禮屬凶禮也鄭云逸禮者漢書藝文志云漢興始於魯淹中得古禮五十七篇其十七篇與今儀禮正同其餘四十篇藏在祕府謂之逸禮其投壺禮亦此類也又六藝論云漢興高堂生得禮十七篇後孔子壁中得古文禮五十七篇其十七篇與前同而字多異以此言之則此奔喪禮十七篇外既謂之逸何以下文鄭注又引逸奔喪禮似此奔喪禮外更有逸禮者但此奔喪禮對十七篇爲逸禮内録入於記其不入於記者又比此爲逸也故二逸不同其實秖是一篇也此奔喪一篇兼天子

諸侯然以士爲主故鄭下文注云未成服者素委貌是士之所服故知以士爲主也

奔喪之禮始聞親喪以哭荅使者盡哀問故又哭盡哀 親父母也以哭荅使者驚怛之哀無辭也問故問親喪所由也雖非父母聞喪而哭其禮亦然也

疏 正義曰此一篇揔明奔五服之喪也從始聞至於喪所成服之節今各隨文解之此一節論初聞之節五服皆然故鄭注云雖非父母聞喪而哭其禮亦然鄭必知五服皆然者以下文云日行百里不以夜行唯父母之喪見星而行別云唯父母則知以前兼五服也

遂行日行百里不以夜行 雖有哀戚猶辟害也晝夜之分別於昏明哭則遂行者不爲位 唯父母之喪見星而行見星而舍 侵晨冒昏彌益促也言唯著異也 若未

爲進退是無所定而婦言是從故云夫子凶也

奔喪第三十四

正義曰案鄭目録云名曰奔喪者以其居他國聞喪奔赴之禮此於別録屬喪服之禮矣實逸曲禮之正篇也漢興後得古文而禮家又貪其說因合於禮記耳奔喪禮屬凶禮也鄭云逸禮者漢書藝文志云漢興始於魯淹中得古禮五十七篇其十七篇與今儀禮正同其餘四十篇藏在祕府謂之逸禮其投壺禮亦此類也又六藝論云漢興高堂生得禮十七篇後孔子壁中得古文禮五十七篇其十七篇與前同而字多異以此言之則此奔喪禮十七篇外既謂之逸何以下文鄭注又引逸奔喪禮似此奔喪禮外更有逸禮者但此奔喪禮對十七篇爲逸禮内録入於記其不入於記者又比此爲逸也故二逸不同其實秖是一篇也此奔喪一篇兼天子

禮記義六十三　十四　施俊

諸侯然以士爲主故鄭下文注云未成服者素委貌是士之所服故知以士爲主也

奔喪之禮始聞親喪以哭荅使者盡哀問故又哭盡哀 親父母也以哭荅使者驚怛之哀無辭也問故問親喪所由也雖非父母聞喪而哭其禮亦然也

疏 正義曰此一篇揔明奔五服之喪也從始聞至於喪所成服之節今各隨文解之此一節論初聞之節五服皆然故鄭注云雖非父母聞喪而哭其禮亦然鄭必知五服皆然者以下文云日行百里不以夜行唯父母之喪見星而行別云唯父母則知以前兼五服也

遂行日行百里不以夜行 雖有哀戚猶辟害也晝夜之分別於昏明哭則遂行者不爲位 唯父母之喪見星而行見星而舍 侵晨冒昏彌益促也言唯著異也 若未

足利本第六十三卷第十五葉

得行則成服而后行謂以君命有爲者也過國至竟哭盡哀而止感此念親哭辟市朝爲驚衆也望其國竟哭斬衰者也自是哭且遂行疏正義曰此一節論奔喪在路至其國竟奔赴之節若未得行則成服而后行者此奉君命而使使事未了不可以已私喪廢於公事故成服以俟君命則人代已也注成喪服得行則行正義曰鄭云此者恐成服之後即便得行故明之云若成服已後得行則可行若未得行即不可行注感此念親正義曰案聘禮云行至他國竟上而誓衆使次介假道是國竟行禮之處去時親在今返親亡故哭盡哀戚感此念親也凡聞喪若聞父母之喪其哭之不離聞喪之處不得爲位即奔之也若有君命未得奔喪者雖父母之喪既聞喪而哭又爲位更哭也注斬衰者也自是哭且遂行正義曰以下云齊衰望鄉而哭大功

禮記義六十三　十五

望門而哭則知斬衰望其國竟而哭且遂行雖云斬衰其實母之齊衰亦然也至於家入門左升自西階殯東西面坐哭盡哀括髮袒括髮相者去飾也未成服者素委貌深衣已成服者固自喪服矣降堂東即位西鄉哭成踊已殯者位在下襲絰于序東絞帶反位拜賓成踊襲服衣也不於又哭乃絰者發喪已踰日節於是可也其未小斂而至與在家同耳不散帶者不見尸柩凡拜賓者就其位既拜反位哭踊送賓反位有賓後至者則拜之成踊送賓皆如初衆主人兄弟皆出門出門哭止闔門相者告就次次倚

潘本第六十三卷第十五葉

得行則成服而后行謂以君命有爲者也過國至竟哭盡哀而止感此念親哭辟市朝爲驚衆也望其國竟哭斬衰者也自是哭且遂行疏正義曰此一節論奔喪在路至其國竟奔赴之節若未得行則成服而后行者此奉君命而使使事未了不可以已私喪廢於公事故成服以俟君命則人代已也注成喪服得行則行正義曰鄭云此者恐成服之後即便得行故明之云若成服已後得行則可行若未得行即不可行注感此念親正義曰案聘禮云行至他國竟上而誓衆使次介假道是國竟行禮之處去時親在今返親亡故哭盡哀戚感此念親也凡聞喪若聞父母之喪其哭之不離聞喪之處不得爲位即奔之也若有君命未得奔喪者雖父母之喪既聞喪而哭又爲位更哭也注斬衰者也自是哭且遂行正義曰以下云齊衰望鄉而哭大功

禮記義六十三　十五

望門而哭則知斬衰望其國竟而哭且遂行雖云斬衰其實母之齊衰亦然也至於家入門左升自西階殯東西面坐哭盡哀括髮袒括髮相者去飾也未成服者素委貌深衣已成服者固自喪服矣降堂東即位西鄉哭成踊已殯者位在下襲絰于序東絞帶反位拜賓成踊襲服衣也不於又哭乃絰者發喪已踰日節於是可也其未小斂而至與在家同耳不散帶者不見尸柩凡拜賓者就其位既拜反位哭踊送賓反位有賓後至者則拜之成踊送賓皆如初衆主人兄弟皆出門出門哭止闔門相者告就次次倚

廬也於又哭括髮袒成踊於三哭猶括髮袒成踊又哭至明日朝也三哭又其明日朝也皆升堂括髮袒如始至必又哭三哭者象小斂大斂時也雜記曰士三踊其夕哭從朝夕哭不括髮不袒不踊不以爲數三日成服拜賓送賓皆如初三日三哭之明日也既哭成其喪服杖於序東疏正義曰此一節明父母之喪奔至於家哭及袒踊成服之節明父母之喪奔入中門之左也　升自西階者曲禮云爲人子者升降不由阼階今父母新死未忍異於生故不忍當阼階也故升自西也括髮袒者喪已經日不笄纚故即括髮袒也若尋常在家親始喪則笄纚至明日小斂畢乃括髮此所奔者謂主人也故下云奔喪者非主人則主人爲之拜賓此既親拜賓故知主人也此謂奔父之喪若母之喪又哭則免此下文云又哭括髮袒故知爲父也此謂未成服也故下云三日

禮記義六十三　十六　蔣伸

成服　襲絰于序東者謂在堂下當序牆之東非謂堂上之序東也　送賓皆如初者謂前送賓畢而反位後送賓亦畢而反位故云皆如初也於又哭括髮袒成踊於三哭猶括髮袒成踊者括髮袒皆在堂上殯東西面成踊則在堂下之東西面位也　三日成服拜賓送賓皆如初者謂於堂下之東拜賓成踊送賓反位故云皆如初也　注未成服者素委貌深衣　正義曰知素委貌深衣者案曾子問篇云壻親迎女在塗遭喪女改服布深衣縞總女人之縞總似男子之素冠故知布深衣素冠又小記云遠葬者比反哭者皆冠及郊而后免明知在路皆冠也此素委貌謂士庶人若大夫已上則素弁也　注云已殯者位在下　正義曰案士喪禮小斂訖降自西階即位故知殯畢位在下小斂之後未殯之前雖降在堂下仍更升堂至既殯之後則長在阼階之下故云既殯位在下也　注襲服至哭踊　正義曰云不於又哭乃絰者案士喪禮小斂訖奉尸侇于堂降成踊乃絰於序東在家小斂當奔之禮又哭既

廬也於又哭括髮袒成踊於三哭猶括髮袒成踊又哭至明日朝也三哭又其明日朝也皆升堂括髮袒如始至必又哭三哭者象小斂大斂時也雜記曰士三踊其夕哭從朝夕哭不括髮不袒不踊不以爲數三日成服拜賓送賓皆如初三日三哭之明日也既哭成其喪服杖於序東疏正義曰此一節明父母之喪奔至於家哭及袒踊成服之節明父母之喪奔入中門之左也　升自西階者曲禮云爲人子者升降不由阼階今父母新死未忍異於生故不忍當阼階也故升自西也括髮袒者喪已經日不笄纚故即括髮袒也若尋常在家親始喪則笄纚至明日小斂畢乃括髮此所奔者謂主人也故下云奔喪者非主人則主人爲之拜賓此既親拜賓故知主人也此謂奔父之喪若母之喪又哭則免此下文云又哭括髮袒故知爲父也此謂未成服也故下云三日

禮記義六十三　十六　蔣伸

成服　襲絰于序東者謂在堂下當序牆之東非謂堂上之序東也　送賓皆如初者謂前送賓畢而反位後送賓亦畢而反位故云皆如初也於又哭括髮袒成踊於三哭猶括髮袒成踊者括髮袒皆在堂上殯東西面成踊則在堂下之東西面位也　三日成服拜賓送賓皆如初者謂於堂下之東拜賓成踊送賓反位故云皆如初也　注未成服者素委貌深衣　正義曰知素委貌深衣者案曾子問篇云壻親迎女在塗遭喪女改服布深衣縞總女人之縞總似男子之素冠故知布深衣素冠又小記云遠葬者比反哭者皆冠及郊而后免明知在路皆冠也此素委貌謂士庶人若大夫已上則素弁也　注云已殯者位在下　正義曰案士喪禮小斂訖降自西階即位故知殯畢位在下小斂之後未殯之前雖降在堂下仍更升堂至既殯之後則長在阼階之下故云既殯位在下也　注襲服至哭踊　正義曰云不於又哭乃絰者案士喪禮小斂訖奉尸侇于堂降成踊乃絰於序東在家小斂當奔之禮又哭既

足利本第六十三卷第十七葉

小斂著經則合又哭乃經故云不於又哭乃經者發喪已踰日節於是可也云其未小斂而至與在家同耳者謂威儀節度與在家同其帶經等自用其奔喪日數也云不散帶者不見尸柩者以士喪禮云既小斂帶經散麻三日乃絞垂今奔喪初至則絞帶與在家異故云不散麻者不見尸柩也知此絞帶非象革帶之絞帶而必以爲經之散垂而絞之者以雜記云親者終其麻帶經之日數彼帶經謂經之垂者是主人成經之後明知此絞帶亦謂經之散垂而絞之故不以爲象革帶之絞帶也且要帶爲重象革帶之絞帶爲輕此絞當舉重者不應舉輕之絞帶故以爲絞經之垂者 注又哭至爲數 正義曰知又哭三哭皆升堂括髮袒者約士喪禮小斂大斂主人皆升堂故知此皆升堂也引雜記云士三踊其夕哭從朝夕哭不括髮不袒不踊者彼云三踊夕無踊唯稱三踊此云三哭而不踊故知夕雖哭而不踊故數夕哭但云三哭不袒者以小記篇云三日五哭三袒既云三袒故知夕不袒也 注既哭成其喪服杖於序東 正義曰知在序東者約士喪禮文

禮記義六十三　十七　金彥

奔喪者非主人則主人爲之拜賓送賓奔喪者自齊衰以下入門左中庭北面哭盡哀免麻于序東即位袒與主人哭成踊不升堂哭者非父母之喪統於主人也麻亦經帶也於此言麻者明所奔喪雖有輕者不至喪所無改服也凡袒者於位襲於序東袒襲不相因位此麻乃袒變於爲父母也於又哭三哭皆免袒有賓則主人拜賓送賓又哭三哭亦入門左中庭北面如始至時也丈夫婦人之待之也皆如朝夕哭位無變也待奔喪者無變嫌賓客之也於賓客以哀變爲敬此

潘本第六十三卷第十七葉

小斂著經則合又哭乃經故云不於又哭乃經者發喪已踰日節於是可也云其未小斂而至與在家同耳者謂威儀節度與在家同其帶經等自用其奔喪日數也云不散帶者不見尸柩者以士喪禮云既小斂帶經散麻三日乃絞垂今奔喪初至則絞帶與在家異故云不散麻者不見尸柩也知此絞帶非象革帶之絞帶而必以爲經之散垂而絞之者以雜記云親者終其麻帶經之日數彼帶經謂經之垂者是主人成經之後明知此絞帶亦謂經之散垂而絞之故不以爲象革帶之絞帶也且要帶爲重象革帶之絞帶爲輕此絞當舉重者不應舉輕之絞帶故以爲絞經之垂者 注又哭至爲數 正義曰知又哭三哭皆升堂括髮袒者約士喪禮小斂大斂主人皆升堂故知此皆升堂也引雜記云士三踊其夕哭從朝夕哭不括髮不袒不踊者彼云三踊夕無踊唯稱三踊此云三哭而不踊故知夕雖哭而不踊故數夕哭但云三哭不袒者以小記篇云三日五哭三袒既云三袒故知夕不袒也 注既哭成其喪服杖於序東 正義曰知在序東者約士喪禮文

禮記義六十三　十七

奔喪者非主人則主人爲之拜賓送賓奔喪者自齊衰以下入門左中庭北面哭盡哀免麻于序東即位袒與主人哭成踊不升堂哭者非父母之喪統於主人也麻亦經帶也於此言麻者明所奔喪雖有輕者不至喪所無改服也凡袒者於位襲於序東袒襲不相因位此麻乃袒變於爲父母也於又哭三哭皆免袒有賓則主人拜賓送賓又哭三哭亦入門左中庭北面如始至時也丈夫婦人之待之也皆如朝夕哭位無變也待奔喪者無變嫌賓客之也於賓客以哀變爲敬此

骨肉哀則自哀矣於此乃言待之明奔喪者至三哭猶不以序入也

疏 正義曰此一節明奔齊衰以下之喪

注 不升至母也 正義曰不升堂哭者非父母之喪統於主人者解前文奔喪升自西階此云中庭北面故云不升堂哭者非父母之喪統屬於主人以主人待奔之人但在東階之下不升堂故奔喪者在庭中北面繼統於主人也主人唯饋奠有事之時乃升堂若尋常無事恒在堂下也下文云奔母之喪則前經升自西階者是奔父之喪此云奔母之喪者其實奔父母喪亦升自西階故經下奔母之喪直云西面哭不云升從上文也云於此言麻者明所奔喪雖有輕者不至喪所無改服也者熊氏及沈氏以父母之喪來至喪所乃改服襲絰帶若齊衰以下之喪亦至喪所乃免麻而改服也今此齊衰來至喪所若不稱麻恐是輕喪在路之上已改服著麻故於此至家乃稱麻欲明所奔之喪雖有輕喪不來至喪所無道路之上改服著麻故云明所奔喪雖有輕者不至喪所無改服也皇氏以爲謂奔齊衰之喪不至喪所謂不升堂全不解注意其義非也此麻則帶絰變文耳云凡袒者於位襲於序東袒襲不相因位者此奔齊衰之喪經云免麻于序東即位袒是袒在於位也免麻于序東麻即襲也序東在位北隱映於序是袒襲不相因位也云此麻乃袒變於爲父母也者以此經先云免麻乃云即位袒案上文父母之喪先云括髮袒乃云襲絰于序東是與父母異也故云此麻乃袒變於爲父母也

注 又哭至時也 正義曰鄭知又哭三哭如始至時者以上奔父之喪又哭三哭皆括髮袒成踊如初至則知齊衰以下之喪又哭三哭皆如初至時

注 待奔至入也 正義曰待奔喪者無變嫌賓客之者釋所云不變義也禮以變爲敬若有客則拜賓與之成踊示敬賓故變也今此奔者是骨肉之恩哀則哀矣則不須爲變明不如賓客也云於此乃言待之明奔喪者至三哭猶不以序入也者言主人男女待此奔者應就初哭成踊下而言之今方於三哭以後言之者若平常五屬入哭則與主人爲次重者前

骨肉哀則自哀矣於此乃言待之明奔喪者至三哭猶不以序入也

疏 正義曰此一節明奔齊衰以下之喪

注 不升至母也 正義曰不升堂哭者非父母之喪統於主人者解前文奔喪升自西階此云中庭北面故云不升堂哭者非父母之喪統屬於主人以主人待奔之人但在東階之下不升堂故奔喪者在庭中北面繼統於主人也主人唯饋奠有事之時乃升堂若尋常無事恒在堂下也下文云奔母之喪則前經升自西階者是奔父之喪此云奔母之喪者其實奔父母喪亦升自西階故經下奔母之喪直云西面哭不云升從上文也云於此言麻者明所奔喪雖有輕者不至喪所無改服也者熊氏及沈氏以父母之喪來至喪所乃改服襲絰帶若齊衰以下之喪亦至喪所乃免麻而改服也今此齊衰來至喪所若不稱麻恐是輕喪在路之上已改服著麻故於此至家乃稱麻欲明所奔之喪雖有輕喪不來至喪所無道路之上改服著麻故云明所奔喪雖有輕者不至喪所無改服也皇氏以爲謂奔齊衰之喪不至喪所謂不升堂全不解注意其義非也此麻則帶絰變文耳云凡袒者於位襲於序東袒襲不相因位者此奔齊衰之喪經云免麻于序東即位袒是袒在於位也免麻于序東麻即襲也序東在位北隱映於序是袒襲不相因位也云此麻乃袒變於爲父母也者以此經先云免麻乃云即位袒案上文父母之喪先云括髮袒乃云襲絰于序東是與父母異也故云此麻乃袒變於爲父母也

注 又哭至時也 正義曰鄭知又哭三哭如始至時者以上奔父之喪又哭三哭皆括髮袒成踊如初至則知齊衰以下之喪又哭三哭皆如初至時

注 待奔至入也 正義曰待奔喪者無變嫌賓客之者釋所云不變義也禮以變爲敬若有客則拜賓與之成踊示敬賓故變也今此奔者是骨肉之恩哀則哀矣則不須爲變明不如賓客也云於此乃言待之明奔喪者至三哭猶不以序入也者言主人男女待此奔者應就初哭成踊下而言之今方於三哭以後言之者若平常五屬入哭則與主人爲次重者前

輕者後今奔喪者急哀但獨入哭不俟主人爲次序非唯初至如此至主人又哭三哭皆然故於三哭之下明其待之無變明悉如初至三哭猶不以常禮次序以入此謂男子奔喪故待之無變若婦人奔喪則待異於男子與賓客同故下文婦人奔喪東髽即位與主人拾踊注云拾更也主人與之更踊賓客之是待婦人爲賓客禮以婦人外成適他族故也雖以賓客待之亦爲異於賓客之禮故雜記云婦人奔喪入自闈門升自側階注入自闈門升自側階異於女賓若女賓則喪大記篇云寄公夫人入自大門今此入闈門是異於女賓以婦人雖是外成以奔夫屬不得全同女賓故也

奔母之喪西面哭盡哀括髮袒降堂東即位西鄉哭成踊襲免絰于序東拜賓送賓皆如奔父之禮於又哭不括髮 爲母於又哭而免輕於父也其他則同 疏 正義曰此一經論奔母之喪節也此謂適子故經云拜賓送賓皆如奔父之禮若庶子則亦主人爲之拜賓送賓 注爲母於又哭而免輕於爲父也 正義曰此文又哭不括髮與喪服小記篇云又哭而免其理雖同其日則異於喪服小記據在家小斂之後又哭之時不括髮而免也此則從外奔喪至內乃不括髮而免也

婦人奔喪升自東階殯東西面坐哭盡哀東髽即位與主人拾踊 婦人謂姑姊妹女子子也東階東面階也婦人入者由闈門東髽髽於東序不髽於房變於在室者也去纚大紒曰髽拾更也主人與之更踊賓客之 疏 正義曰此婦人奔喪之禮也 注婦人至客之 正義曰婦人入者由闈門知入自闈門者雜記篇文以諸侯夫人奔喪入自闈門明卿大夫以下婦人皆從闈門入也闈門謂東邊之門云髽於東序者以

禮記義六十三　十九

足利本第六十三卷第十九葉

輕者後今奔喪者急哀但獨入哭不俟主人爲次序非唯初至如此至主人又哭三哭皆然故於三哭之下明其待之無變明悉如初至三哭猶不以常禮次序以入此謂男子奔喪故待之無變若婦人奔喪則待異於男子與賓客同故下文婦人奔喪東髽即位與主人拾踊注云拾更也主人與之更踊賓客之是待婦人爲賓客禮以婦人外成適他族故也雖以賓客待之亦爲異於賓客之禮故雜記云婦人奔喪入自闈門升自側階注入自闈門升自側階異於女賓若女賓則喪大記篇云寄公夫人入自大門今此入闈門是異於女賓以婦人雖是外成以奔夫屬不得全同女賓故也

奔母之喪西面哭盡哀括髮袒降堂東即位西鄉哭成踊襲免絰于序東拜賓送賓皆如奔父之禮於又哭不括髮 爲母於又哭而免輕於父也其他則同 疏 正義曰此一經論奔母之喪節也此謂適子故經云拜賓送賓皆如奔父之禮若庶子則亦主人爲之拜賓送賓 注爲母於又哭而免輕於爲父也 正義曰此文又哭不括髮與喪服小記篇云又哭而免其理雖同其日則異於喪服小記據在家小斂之後又哭之時不括髮而免也此則從外奔喪至內乃不括髮而免也

婦人奔喪升自東階殯東西面坐哭盡哀東髽即位與主人拾踊 婦人謂姑姊妹女子子也東階東面階也婦人入者由闈門東髽髽於東序不髽於房變於在室者也去纚大紒曰髽拾更也主人與之更踊賓客之 疏 正義曰此婦人奔喪之禮也 注婦人至客之 正義曰婦人入者由闈門知入自闈門者雜記篇文以諸侯夫人奔喪入自闈門明卿大夫以下婦人皆從闈門入也闈門謂東邊之門云髽於東序者以

禮記義六十三　十九

潘本第六十三卷第十九葉

足利本第六十三卷第二十葉

男子之免在東序故知婦人亦髽於東序就掩映之處在堂上也男子則堂下也經云升自東階者謂東面之階故雜記云升自側階云不髽於房變於在室者熊氏云亦未殯之前婦人髽於室故士喪禮云婦人髽于室若既殯之後室中是神之所處婦人在堂當髽於東房今此婦人始來奔喪故髽於東序耳此文據天子諸侯之禮案大記云婦人髽帶麻于房中注云天子諸侯之禮房中則西房也云去纚大紒曰髽者鄭注士喪禮云髽之異於髻髮者既去纚而以髮爲大紒如今婦人露紒其象也

奔喪者不及殯先之墓北面坐哭盡哀主人之待之也即位於墓左婦人墓右成踊盡哀括髮東即主人位經絞帶哭成踊拜賓反位成踊相者告事畢主人之待之謂在家者也哭於墓爲父母則袒告事畢者於此後無事也

禮記正義六十三　二十

遂冠歸入門左北面哭盡哀括髮袒成踊東即位拜賓成踊賓出主人拜送有賓後至者則拜之成踊送賓如初衆主人兄弟皆出門出門哭止相者告就次於又哭括髮成踊於三哭猶括髮成踊三日成服於五哭相者告事畢又哭三哭不袒者哀戚已久殺之也逸奔喪禮說不及殯曰於又哭猶括髮即位不袒告事畢者五哭而不復哭也成服之朝爲四哭此謂既期乃後歸至者也其未期猶朝夕哭不止於五哭

爲母所以

潘本第六十三卷第二十葉

男子之免在東序故知婦人亦髽於東序就掩映之處在堂上也男子則堂下也經云升自東階者謂東面之階故雜記云升自側階云不髽於房變於在室者熊氏云亦未殯之前婦人髽於室故士喪禮云婦人髽于室若既殯之後室中是神之所處婦人在堂當髽於東房今此婦人始來奔喪故髽於東序耳此文據天子諸侯之禮案大記云婦人髽帶麻于房中注云天子諸侯之禮房中則西房也云去纚大紒曰髽者鄭注士喪禮云髽之異於髻髮者既去纚而以髮爲大紒如今婦人露紒其象也

奔喪者不及殯先之墓北面坐哭盡哀主人之待之也即位於墓左婦人墓右成踊盡哀括髮東即主人位經絞帶哭成踊拜賓反位成踊相者告事畢主人之待之謂在家者也哭於墓爲父母則袒告事畢者於此後無事也

禮記正義六十三　二十

遂冠歸入門左北面哭盡哀括髮袒成踊東即位拜賓成踊賓出主人拜送有賓後至者則拜之成踊送賓如初衆主人兄弟皆出門出門哭止相者告就次於又哭括髮成踊於三哭猶括髮成踊三日成服於五哭相者告事畢又哭三哭不袒者哀戚已久殺之也逸奔喪禮說不及殯曰於又哭猶括髮即位不袒告事畢者五哭而不復哭也成服之朝爲四哭此謂既期乃後歸至者也其未期猶朝夕哭不止於五哭

爲母所以

足利本第六十三卷第二十一葉

異於父者壹括髮其餘免以終事他如奔父之禮壹括髮謂歸入門哭時也於此乃言爲母異於父者明及殯不及殯其異者同　疏正義曰此一節論既葬之後奔父母之喪禮主人之待之也即位於墓左婦人墓右者主人謂先在家者非謂適子也此奔喪者身是適子故經云拜賓反位成踊若非適子則不得拜賓也　三日成服於五哭相者告事畢者三日成服謂來奔喪日後三日通奔日則爲四日於此日成服則五哭矣相者告事畢謂成服之日爲四哭成服明日之朝爲五哭此謂既葬已後而來歸故唯五哭相者告事畢不復哭也　注主人至事也　正義曰鄭注嫌經云主人是適子故云主人謂在家者必知然者以奔喪者親自拜賓是奔喪者身爲主人不得待者爲主人故云謂在家者也云哭於墓爲父母則袒者以下文云除喪而后歸則之墓哭成踊東括髮袒除喪畢尚括髮袒明葬後歸爲父母袒

禮記義六十三　三　施伕

可知也云告事畢者於此後無事也釋所以墓所初哭成踊則告事畢者以墓所既括髮經絞帶拜賓之後於此墓所更無事也　注又哭至五哭　正義曰又哭三哭不袒者哀戚已殺之也今經云又哭三哭但云括髮不云袒者既葬已後哀情稍殺故也云成服之朝爲四哭者以初至象始死爲一哭明日象小斂爲二哭又明日象大斂爲三哭又明日成服之日爲四哭又明日爲五哭皆數朝哭不數夕哭故爲五也云此謂既期乃後歸至者也若其未期之前在家者猶朝夕哭則知奔喪者亦朝夕哭今云五哭相者告事畢明是既期已後朔望朝哭而已故鄭云其未期猶朝夕哭不止於五哭也　注壹括至者同　正義曰壹括髮謂歸入門哭時者鄭恐一括髮是墓所括髮入門則不括髮故明之云壹括髮謂入門哭時者謂以莚几在堂不應入門遂不括髮故云謂入門時也云於此乃言爲母異於父者明及殯不及殯其異者同釋爲母異於父應從上文及殯奔母之喪而言之今乃於不及殯後始言

潘本第六十三卷第二十一葉

異於父者壹括髮其餘免以終事他如奔父之禮壹括髮謂歸入門哭時也於此乃言爲母異於父者明及殯不及殯其異者同　疏正義曰此一節論既葬之後奔父母之喪禮主人之待之也即位於墓左婦人墓右者主人謂先在家者非謂適子也此奔喪者身是適子故經云拜賓反位成踊若非適子則不得拜賓也　三日成服於五哭相者告事畢者三日成服謂來奔喪日後三日通奔日則爲四日於此日成服則五哭矣相者告事畢謂成服之日爲四哭成服明日之朝爲五哭此謂既葬已後而來歸故唯五哭相者告事畢不復哭也　注主人至事也　正義曰鄭注嫌經云主人是適子故云主人謂在家者必知然者以奔喪者親自拜賓是奔喪者身爲主人不得待者爲主人故云謂在家者也云哭於墓爲父母則袒者以下文云除喪而后歸則之墓哭成踊東括髮袒除喪畢尚括髮袒明葬後歸爲父母袒

禮記義六十三　三　施伕

可知也云告事畢者於此後無事也釋所以墓所初哭成踊則告事畢者以墓所既括髮經絞帶拜賓之後於此墓所更無事也　注又哭至五哭　正義曰又哭三哭不袒者哀戚已殺之也今經云又哭三哭但云括髮不云袒者既葬已後哀情稍殺故也云成服之朝爲四哭者以初至象始死爲一哭明日象小斂爲二哭又明日象大斂爲三哭又明日成服之日爲四哭又明日爲五哭皆數朝哭不數夕哭故爲五也云此謂既期乃後歸至者也若其未期之前在家者猶朝夕哭則知奔喪者亦朝夕哭今云五哭相者告事畢明是既期已後朔望朝哭而已故鄭云其未期猶朝夕哭不止於五哭也　注壹括至者同　正義曰壹括髮謂歸入門哭時者鄭恐一括髮是墓所括髮入門則不括髮故明之云壹括髮謂入門哭時者謂以莚几在堂不應入門遂不括髮故云謂入門時也云於此乃言爲母異於父者明及殯不及殯其異者同釋爲母異於父應從上文及殯奔母之喪而言之今乃於不及殯後始言

足利本第六十三卷第二十二葉

爲母異於父之意若及殯則言異於父恐不包不及殯若不及殯處而言之則及殯之處灼然可知是舉後揔明前也故云明及殯不及殯其異者同謂及殯壹括髮不及殯亦壹括髮是異於父者其事同也

齊衰以下不及殯先之墓西面哭盡哀不北面者亦統於主人免麻于東方即位與主人哭成踊襲有賓則主人拜賓送賓賓有後至者拜之如初相者告事畢不言袒言襲者容齊衰親者或袒可遂冠歸入門左北面哭盡哀免袒成踊東即位拜賓成踊賓出主人拜送於又哭免袒成踊於三哭猶免袒成踊三日成服於五哭相者告事畢爲父於又哭括髮而不袒此又哭三哭皆言袒袒衍字也

疏正義曰此一節明既葬之後奔齊衰以下喪禮但齊衰以下有大功小功緦麻日月多少不同若奔在葬後而三月之外大功以上則有免麻東方三日成服若小功緦麻之喪則不得有三日成服小功以下不稅無追服之理若葬後通葬前未滿五月小功則亦三日成服其緦麻之喪止臨喪節而來亦得三日成服也東即位拜賓成踊者東即位謂奔喪者於東方就哭位拜賓謂主人代之拜賓成踊謂奔喪者於主人拜賓之時而成踊凡言成踊每一節有三踊凡三節九踊乃謂之成也注不言袒言襲者容齊衰親者或袒可正義曰今案經文直言免麻于東方即位不稱袒而下云成踊襲下既稱襲則有袒理經若言袒恐齊衰以下皆袒故不得揔言袒也經稱襲者容有齊衰重爲之得襲故言襲注爲父

禮記義六十三　二十二　吴㞢

潘本第六十三卷第二十二葉

爲母異於父之意若及殯則言異於父恐不包不及殯若不及殯處而言之則及殯之處灼然可知是舉後揔明前也故云明及殯不及殯其異者同謂及殯壹括髮不及殯亦壹括髮是異於父者其事同也

齊衰以下不及殯先之墓西面哭盡哀不北面者亦統於主人免麻于東方即位與主人哭成踊襲有賓則主人拜賓送賓賓有後至者拜之如初相者告事畢不言袒言襲者容齊衰親者或袒可遂冠歸入門左北面哭盡哀免袒成踊東即位拜賓成踊賓出主人拜送於又哭免袒成踊於三哭猶免袒成踊三日成服於五哭相者告事畢爲父於又哭括髮而不袒此又哭三哭皆言袒袒衍字也

疏正義曰此一節明既葬之後奔齊衰以下喪禮但齊衰以下有大功小功緦麻日月多少不同若奔在葬後而三月之外大功以上則有免麻東方三日成服若小功緦麻之喪則不得有三日成服小功以下不稅無追服之理若葬後通葬前未滿五月小功則亦三日成服其緦麻之喪止臨喪節而來亦得三日成服也東即位拜賓成踊者東即位謂奔喪者於東方就哭位拜賓謂主人代之拜賓成踊謂奔喪者於主人拜賓之時而成踊凡言成踊每一節有三踊凡三節九踊乃謂之成也注不言袒言襲者容齊衰親者或袒可正義曰今案經文直言免麻于東方即位不稱袒而下云成踊襲下既稱襲則有袒理經若言袒恐齊衰以下皆袒故不得揔言袒也經稱襲者容有齊衰重爲之得襲故言襲注爲父

禮記義六十三　二十二　吴㞢

足利本第六十三卷第二十三葉

至字也　正義曰知爲父於又哭括髮而不袒者案上文爲父不及殯歸入門左北面哭盡哀括髮袒下文云相者告就次於又哭括髮成踊不言袒是爲父於又哭括髮而不袒也云又哭三哭皆言袒袒衍字也者今齊衰以下之喪經文於又哭三哭乃更言袒輕喪而袒非其宜故知經之袒衍餘之字也

聞喪不得奔喪哭盡哀問故又哭盡哀乃爲位括髮袒成踊襲絰絞帶即位　聞父母喪而不得奔謂以君命有事不然者不得爲位位有鄰列之處如於家朝夕哭位矣不於又哭乃絰者喪至此踰日節於是可也　拜賓反位成踊賓出主人拜送于門外反位若有賓後至者拜之成踊送賓如初於又哭括髮袒成踊於三哭猶括髮袒成踊三日成服於五哭拜賓送賓如初　不言就次者當從其事不可以喪服廢公職也其在官亦告就次言五哭者以追公事五日哀殺亦可以止

禮記義六十三　二十三　馬昇

疏　正義曰此一節明聞喪不得奔於所聞之處發喪成服之禮　聞喪不得奔者謂以君命有事其事未了故不得奔喪也乃爲位者謂以君命使故得爲位如朝夕哭位矣　襲絰絞帶即位者於此聞喪之日覆哭踊畢襲所袒之衣著首絰絞帶之垂即東方之位　三日成服於五哭拜賓送賓如初者三日成服通數聞喪爲四日五哭謂成服之明日哭也於此哭時有賓來即拜而迎之去即送之皆如初於五哭訖亦可以止者也不云相者告事畢禮文略也　注聞父至可也　正義曰知聞父母喪而不得奔謂以君命有事者若非君命有事則不得爲位當須速奔今乃爲位故知以君命有事也云不於又哭乃

潘本第六十三卷第二十三葉

至字也　正義曰知爲父於又哭括髮而不袒者案上文爲父不及殯歸入門左北面哭盡哀括髮袒下文云相者告就次於又哭括髮成踊不言袒是爲父於又哭括髮而不袒也云又哭三哭皆言袒袒衍字也者今齊衰以下之喪經文於又哭三哭乃更言袒輕喪而袒非其宜故知經之袒衍餘之字也

聞喪不得奔喪哭盡哀問故又哭盡哀乃爲位括髮袒成踊襲絰絞帶即位　聞父母喪而不得奔謂以君命有事不然者不得爲位位有鄰列之處如於家朝夕哭位矣不於又哭乃絰者喪至此踰日節於是可也　拜賓反位成踊賓出主人拜送于門外反位若有賓後至者拜之成踊送賓如初於又哭括髮袒成踊於三哭猶括髮袒成踊三日成服於五哭拜賓送賓如初　不言就次者當從其事不可以喪服廢公職也其在官亦告就次言五哭者以追公事五日哀殺亦可以止

禮記義六十三　二十三　馬昇

疏　正義曰此一節明聞喪不得奔於所聞之處發喪成服之禮　聞喪不得奔者謂以君命有事其事未了故不得奔喪也乃爲位者謂以君命使故得爲位如朝夕哭位矣　襲絰絞帶即位者於此聞喪之日覆哭踊畢襲所袒之衣著首絰絞帶之垂即東方之位　三日成服於五哭拜賓送賓如初者三日成服通數聞喪爲四日五哭謂成服之明日哭也於此哭時有賓來即拜而迎之去即送之皆如初於五哭訖亦可以止者也不云相者告事畢禮文略也　注聞父至可也　正義曰知聞父母喪而不得奔謂以君命有事者若非君命有事則不得爲位當須速奔今乃爲位故知以君命有事也云不於又哭乃

足利本第六十三卷第二十四葉

經者喪至此踰日節於是可也者不於又哭謂不於明日
之又哭此經云又哭謂當日之中對初聞喪之哭乃爲又
哭於此哭後乃經絞帶與明日又哭別也初聞喪象始死
明日又哭象小斂時也士喪禮云小斂乃經則此亦當又
哭乃經令於聞喪之日即經帶者以喪至此赴者至踰其
日節故於是聞喪之日可加經帶也 注 其在至以止
正義曰在官謂在官府館舍館舍是賓之所專有由館舍
之中而作廬故知禮畢亦告就次云言五哭者以迫公事
五日哀殺亦可以止者此經唯云五哭不云哀止知可以
止者若成服之後恒常有哭何須特云五哭之文明五哭
之後不復朝夕有
哭故以五哭斷之 若除喪而后歸則之墓哭成
踊東括髮袒經拜賓成踊送賓反位又哭
盡哀遂除於家不哭 東東即主人位如不及殯
者也遂除除於墓而歸

禮記義六十三 二四 王柰

主人之待之也無變於服與之哭不踊 無變
於服自若時服也亦即 疏 正義曰此一節明除服之後
位于墓左婦人墓右 奔父母喪節 則之墓哭成
踊者亦謂主人適子初在墓南北面哭成踊乃來就主人
之位括髮袒也 主人之待之也無變於服者主人亦謂
在家者無變於服謂著平常之吉服不踊者以在家者其
服已除哀情已殺故不踊也 注 東東至而歸 正義曰
以東方是主人之位經云東故云即主人之位云如不及
殯者也以上文奔父母之喪不及殯先之墓北面哭下云
東即主人之位除喪之後奔其位如不及殯之時云遂除
於墓而歸者以經云遂除於家不哭鄭恐來至家始除服
故明之云遂除謂墓所遂
除服至於家不復哭也 自齊衰以下所以異
者免麻 疏 正義曰此一節明齊衰以下除服之後
奔喪之節唯著免麻不括髮墓所哭罷

潘本第六十三卷第二十四葉

經者喪至此踰日節於是可也者不於又哭謂不於明日
之又哭此經云又哭謂當日之中對初聞喪之哭乃爲又
哭於此哭後乃經絞帶與明日又哭別也初聞喪象始死
明日又哭象小斂時也士喪禮云小斂乃經則此亦當又
哭乃經令於聞喪之日即經帶者以喪至此赴者至踰其
日節故於是聞喪之日可加經帶也 注 其在至以止
正義曰在官謂在官府館舍館舍是賓之所專有由館舍
之中而作廬故知禮畢亦告就次云言五哭者以迫公事
五日哀殺亦可以止者此經唯云五哭不云哀止知可以
止者若成服之後恒常有哭何須特云五哭之文明五哭
之後不復朝夕有
哭故以五哭斷之 若除喪而后歸則之墓哭成
踊東括髮袒經拜賓成踊送賓反位又哭
盡哀遂除於家不哭 東東即主人位如不及殯
者也遂除除於墓而歸

禮記義六十三 二四 王柰

主人之待之也無變於服與之哭不踊 無變
於服自若時服也亦即 疏 正義曰此一節明除服之後
位于墓左婦人墓右 奔父母喪節 則之墓哭成
踊者亦謂主人適子初在墓南北面哭成踊乃來就主人
之位括髮袒也 主人之待之也無變於服者主人亦謂
在家者無變於服謂著平常之吉服不踊者以在家者其
服已除哀情已殺故不踊也 注 東東至而歸 正義曰
以東方是主人之位經云東故云即主人之位云如不及
殯者也以上文奔父母之喪不及殯先之墓北面哭下云
東即主人之位除喪之後奔其位如不及殯之時云遂除
於墓而歸者以經云遂除於家不哭鄭恐來至家始除服
故明之云遂除謂墓所遂
除服至於家不復哭也 自齊衰以下所以異
者免麻 疏 正義曰此一節明齊衰以下除服之後
奔喪之節唯著免麻不括髮墓所哭罷

足利本第六十三卷第二十五葉

即除此免麻者當謂至緦麻也凡爲位非親喪齊衰以下皆即位哭盡哀而東免絰即位袒成踊謂無君事又無故可得奔喪而以已私未奔者也唯父母之喪則不爲位其哭之不離聞喪之處齊衰以下更爲位而哭皆可行乃行襲拜賓反位哭成踊送賓反位相者告就次三日五哭卒主人出送賓衆主人兄弟皆出門哭止相者告事畢成服拜賓卒猶止也三日五哭者始聞喪訖夕爲位乃出就次一哭也與明日又明日之朝夕而五哭不五朝哭而數朝夕備五哭而止亦爲急奔喪已私事當畢亦明日乃成服凡云五哭者其後有賓亦與之哭而拜之若所爲位

禮記義六十三　二十五　王宗

家遠則成服而往謂所當奔者外喪也外喪緦而道遠成服乃行容待齎也

疏正義曰此一節明齊衰以下不得往奔則於所聞之處爲位及免絰成服之禮　三日五哭者謂初聞喪爲一哭明日朝夕二哭又明日朝夕二哭揔爲五哭所以三日爲五哭者爲急欲奔喪以已之私事須營早了故三日而五哭止也　注謂無至乃行　正義曰已聞齊衰以下之喪既不銜君事又無私事故可得早奔唯以已之私事未得奔者必知無君事者若銜君命於事爲重唯父母之喪乃敢顯然爲鄰列之位今若銜君使命聞齊衰以下輕喪不敢以私害公不敢顯然爲位此言爲位故知無君命自以私事未得奔者云齊衰以下更爲位而哭皆可行乃行者齊衰以下於聞喪之處已哭哭罷更爲位而哭可行即行以齊衰以下皆然故云皆也　注數朝至拜之　正義曰前云三日成服於五哭皆數朝哭五日而五哭唯三日數夕哭爲五哭者前文三日五哭成服之後乃云五

潘本第六十三卷第二十五葉

即除此免麻者當謂至緦麻也凡爲位非親喪齊衰以下皆即位哭盡哀而東免絰即位袒成踊謂無君事又無故可得奔喪而以已私未奔者也唯父母之喪則不爲位其哭之不離聞喪之處齊衰以下更爲位而哭皆可行乃行襲拜賓反位哭成踊送賓反位相者告就次三日五哭卒主人出送賓衆主人兄弟皆出門哭止相者告事畢成服拜賓卒猶止也三日五哭者始聞喪訖夕爲位乃出就次一哭也與明日又明日之朝夕而五哭不五朝哭而數朝夕備五哭而止亦爲急奔喪已私事當畢亦明日乃成服凡云五哭者其後有賓亦與之哭而拜之若所爲位

禮記義六十三　二十五　王宗

家遠則成服而往謂所當奔者外喪也外喪緦而道遠成服乃行容待齎也

疏正義曰此一節明齊衰以下不得往奔則於所聞之處爲位及免絰成服之禮　三日五哭者謂初聞喪爲一哭明日朝夕二哭又明日朝夕二哭揔爲五哭所以三日爲五哭者爲急欲奔喪以已之私事須營早了故三日而五哭止也　注謂無至乃行　正義曰已聞齊衰以下之喪既不銜君事又無私事故可得早奔唯以已之私事未得奔者必知無君事者若銜君命於事爲重唯父母之喪乃敢顯然爲鄰列之位今若銜君使命聞齊衰以下輕喪不敢以私害公不敢顯然爲位此言爲位故知無君命自以私事未得奔者云齊衰以下更爲位而哭皆可行乃行者齊衰以下於聞喪之處已哭哭罷更爲位而哭可行即行以齊衰以下皆然故云皆也　注數朝至拜之　正義曰前云三日成服於五哭皆數朝哭五日而五哭唯三日數夕哭爲五哭者前文三日五哭成服之後乃云五

足利本第六十三卷第二十六葉

哭故數成服後日之哭乃爲五此三日五哭是三日之內爲五哭故數夕哭爲五哭經文不同故鄭注亦異云亦明日乃成服者鄭恐三日爲五哭恐數聞喪三日亦成服故云明日乃成服以成服必除初聞喪爲三日也云凡云五哭者其後有賓亦與之哭而拜之者從上以來四處有五哭之文上兩處於五哭之下無拜賓送賓之事下兩處五哭之文雖有拜賓送賓恐與上有異故鄭揔明之云凡云五哭者其後有賓亦與之哭而拜之揔結於上也　注外喪緦而道遠成服乃行容待齎也　正義曰以外喪恩輕故哀情緩也道路又遠容待齎持賵贈之物故成服乃去也

齊衰望鄉而哭大功望門而哭小功至門而哭緦麻即位而哭　奔喪哭親踈遠近之差也　疏　正義曰此一節明奔喪所至之處哭泣之禮案雜記云大功望鄉而哭此云望門而哭者雜記所云者謂本齊衰喪者降服大功

禮記義六十三　二十六　壬椿

哭父之黨於廟母妻之黨於寢師於廟門外朋友於寢門外所識於野張帷　此因五服聞喪而哭列人恩諸所當哭者也黨謂族類無服者也逸奔喪禮曰哭父族與母黨於廟妻之黨於寢朋友於寢門外壹哭而已不踊言壹哭而已則不爲位矣

凡爲位不奠　以其精神不存乎是

哭天子九諸侯七卿大夫五士三　此臣聞君喪而未奔爲位而哭尊卑日數之差也士亦有屬吏賤不得君臣之名

大夫哭諸侯不敢拜賓　謂哭其舊君不敢拜賓辟爲主

諸臣在他國爲位而哭不敢拜賓　謂大夫士使於列國

與諸侯爲兄弟亦爲位而

潘本第六十三卷第二十六葉

哭故數成服後日之哭乃爲五此三日五哭是三日之內爲五哭故數夕哭爲五哭經文不同故鄭注亦異云亦明日乃成服者鄭恐三日爲五哭恐數聞喪三日亦成服故云明日乃成服以成服必除初聞喪爲三日也云凡云五哭者其後有賓亦與之哭而拜之者從上以來四處有五哭之文上兩處於五哭之下無拜賓送賓之事下兩處五哭之文雖有拜賓送賓恐與上有異故鄭揔明之云凡云五哭者其後有賓亦與之哭而拜之揔結於上也　注外喪緦而道遠成服乃行容待齎也　正義曰以外喪恩輕故哀情緩也道路又遠容待齎持賵贈之物故成服乃去也

齊衰望鄉而哭大功望門而哭小功至門而哭緦麻即位而哭　奔喪哭親踈遠近之差也　疏　正義曰此一節明奔喪所至之處哭泣之禮案雜記云大功望鄉而哭此云望門而哭者雜記所云者謂本齊衰喪者降服大功

禮記義六十三　二十六　壬椿

哭父之黨於廟母妻之黨於寢師於廟門外朋友於寢門外所識於野張帷　此因五服聞喪而哭列人恩諸所當哭者也黨謂族類無服者也逸奔喪禮曰哭父族與母黨於廟妻之黨於寢朋友於寢門外壹哭而已不踊言壹哭而已則不爲位矣

凡爲位不奠　以其精神不存乎是

哭天子九諸侯七卿大夫五士三　此臣聞君喪而未奔爲位而哭尊卑日數之差也士亦有屬吏賤不得君臣之名

大夫哭諸侯不敢拜賓　謂哭其舊君不敢拜賓辟爲主

諸臣在他國爲位而哭不敢拜賓　謂大夫士使於列國

與諸侯爲兄弟亦爲位而

足利本第六十三卷第二十七葉

哭族親昏姻在異國者凡爲位者壹袒謂於禮正可爲位而哭也始聞喪哭而袒其明日則否父母之喪自若三袒也疏正義曰此一節明無服之親聞喪所哭之處案檀弓云師吾哭諸寢與此異兄弟吾哭諸廟與此同朋友哭諸寢門外與此同其不同者熊氏云檀弓所云殷禮也此所云周法也此哭父黨於廟而檀弓云有殯聞遠兄弟之喪哭於側室若無殯則在寢與此不同者異代禮也此母黨在寢逸奔喪禮母黨在廟者皇氏云母存則哭於寢母亡則哭於廟熊氏云哭於廟者是親母黨哭於寢者蓋慈母繼母之黨未知孰是故兩存之沈氏云事由父者哭之廟事由己者則哭之寢此師於廟門外者是父之友與爲師同故哭之廟義亦通也注壹哭而已則不爲位矣正義曰此明諸哭者本是無服故但哭不爲位案檀弓云申祥之哭言思與哭嫂同爲位者熊氏云異代禮也此文朋友喪將欲奔故先作一哭若朋友已久雖聞喪則不復哭故檀弓云

禮記正義六十三　二十七　張樞

朋友之墓有宿草而不哭是也注謂哭其舊君不敢拜賓辟爲主正義曰知哭舊君者以下文云諸臣在他國爲位而哭是於他國爲位而哭見事之君則知此是哭諸舊君也注族親昏姻在異國者正義曰此謂與諸侯異姓之昏姻又在他國不與諸侯爲臣身又無服故暫爲位而哭若與諸侯同姓是五服之內皆服斬也故小記云與諸侯爲兄弟者服斬是也若君之姑姊妹之女來嫁於國中者則有服故雜記云諸侯之外宗猶內宗是有服也注謂於至袒也正義曰此謂斬衰以下之喪初聞喪應爲位者初哭一袒而已又哭三哭則不袒爲父母之喪則又哭三哭皆袒前文所云者是也所識者弔先哭于家而後之墓皆爲之成踊從主人北面而踊從主人而踊拾踊也北面自外來便也主人墓左西面疏正義曰此一節論哭所識者也所識謂與死者相識今弔其家後

潘本第六十三卷第二十七葉

哭族親昏姻在異國者凡爲位者壹袒謂於禮正可爲位而哭也始聞喪哭而袒其明日則否父母之喪自若三袒也疏正義曰此一節明無服之親聞喪所哭之處案檀弓云師吾哭諸寢與此異兄弟吾哭諸廟與此同朋友哭諸寢門外與此同其不同者熊氏云檀弓所云殷禮也此所云周法也此哭父黨於廟而檀弓云有殯聞遠兄弟之喪哭於側室若無殯則在寢與此不同者異代禮也此母黨在寢逸奔喪禮母黨在廟者皇氏云母存則哭於寢母亡則哭於廟熊氏云哭於廟者是親母黨哭於寢者蓋慈母繼母之黨未知孰是故兩存之沈氏云事由父者哭之廟事由己者則哭之寢此師於廟門外者是父之友與爲師同故哭之廟義亦通也注壹哭而已則不爲位矣正義曰此明諸哭者本是無服故但哭不爲位案檀弓云申祥之哭言思與哭嫂同爲位者熊氏云異代禮也此文朋友喪將欲奔故先作一哭若朋友已久雖聞喪則不復哭故檀弓云

禮記正義六十三　二十七　張樞

朋友之墓有宿草而不哭是也注謂哭其舊君不敢拜賓辟爲主正義曰知哭舊君者以下文云諸臣在他國爲位而哭是於他國爲位而哭見事之君則知此是哭諸舊君也注族親昏姻在異國者正義曰此謂與諸侯異姓之昏姻又在他國不與諸侯爲臣身又無服故暫爲位而哭若與諸侯同姓是五服之內皆服斬也故小記云與諸侯爲兄弟者服斬是也若君之姑姊妹之女來嫁於國中者則有服故雜記云諸侯之外宗猶內宗是有服也注謂於至袒也正義曰此謂斬衰以下之喪初聞喪應爲位者初哭一袒而已又哭三哭則不袒爲父母之喪則又哭三哭皆袒前文所云者是也所識者弔先哭于家而後之墓皆爲之成踊從主人北面而踊從主人而踊拾踊也北面自外來便也主人墓左西面疏正義曰此一節論哭所識者也所識謂與死者相識今弔其家後

足利本第六十三卷第二十八葉

乃往墓統於主人故也　皆爲之成踊者雖相識輕亦爲
之成踊也皆賓主拾之　從主人北面而踊者主人在墓
左鄉賓從外來而北面踊便也主人先
踊賓從之故云從主人北面而踊也　凡喪父在父
爲主　與賓客爲禮宜使尊者　父沒兄弟同居各主其喪
各爲其妻子之喪爲主也祔則宗子主之　親同長者主之　父母沒如昆弟之喪宗子
主之　不同親者主之　從父昆弟之喪　疏　正義曰此一節論
凡喪父在父爲主者言子有妻子喪則其父爲主案服問
云君所主夫人妻大子適婦不云主庶婦若此所言則亦
主庶婦是與服問違者服問所言通其命士以上父子異
宮則庶子各自主其私喪今此言是同宮者也　父沒兄
弟同居各主其喪者謂各爲其妻子爲喪主也此言父沒
同居各主之當知父在同居則父主之　親同長者主之

禮記義六十三　二十八　馬昇

者親同謂同三年朞同父母者若同父母喪者則推長子
爲主若昆弟喪亦推長者爲主也　不同親者主之者不
同謂從父昆弟
親近自主之也　聞遠兄弟之喪既除喪而后
聞喪免袒成踊拜賓則尚左手　小功緦麻不稅者也
雖不服猶免袒尚左手吉拜也逸　疏　正義曰此一經論
奔喪禮曰凡拜吉喪皆尚左手　小功以下之喪既
除喪之後而始聞喪之節　免袒成踊者小功以下應除
之後服雖不稅而初聞喪亦免袒而成其踊也以本是五
服之親爲之變也　拜賓則尚左手者於時有賓
來弔拜賓之時尚其左手謂左手在尚從吉拜也　無服
而爲位者唯嫂叔及婦人降而無服者麻
雖無服猶弔服加麻袒免爲位哭也正言嫂叔尊嫂也兄
公於弟之妻則不能也婦人降而無服族姑姊妹嫁者也

潘本第六十三卷第二十八葉

乃往墓統於主人故也　皆爲之成踊者雖相識輕亦爲
之成踊也皆賓主拾之　從主人北面而踊者主人在墓
左鄉賓從外來而北面踊便也主人先
踊賓從之故云從主人北面而踊也　凡喪父在父
爲主　與賓客爲禮宜使尊者　父沒兄弟同居各主其喪
各爲其妻子之喪爲主也祔則宗子主之　親同長者主之　父母沒如昆弟之喪宗子
主之　不同親者主之　從父昆弟之喪　疏　正義曰此一節論
凡喪父在父爲主者言子有妻子喪則其父爲主案服問
云君所主夫人妻大子適婦不云主庶婦若此所言則亦
主庶婦是與服問違者服問所言通其命士以上父子異
宮則庶子各自主其私喪今此言是同宮者也　父沒兄
弟同居各主其喪者謂各爲其妻子爲喪主也此言父沒
同居各主之當知父在同居則父主之　親同長者主之

禮記義六十三　二十八　馬昇

者親同謂同三年朞同父母者若同父母喪者則推長子
爲主若昆弟喪亦推長者爲主也　不同親者主之者不
同謂從父昆弟
親近自主之也　聞遠兄弟之喪既除喪而后
聞喪免袒成踊拜賓則尚左手　小功緦麻不稅者也
雖不服猶免袒尚左手吉拜也逸　疏　正義曰此一經論
奔喪禮曰凡拜吉喪皆尚左手　小功以下之喪既
除喪之後而始聞喪之節　免袒成踊者小功以下應除
之後服雖不稅而初聞喪亦免袒而成其踊也以本是五
服之親爲之變也　拜賓則尚左手者於時有賓
來弔拜賓之時尚其左手謂左手在尚從吉拜也　無服
而爲位者唯嫂叔及婦人降而無服者麻
雖無服猶弔服加麻袒免爲位哭也正言嫂叔尊嫂也兄
公於弟之妻則不能也婦人降而無服族姑姊妹嫁者也

足利本第六十三卷第二十九葉

逸奔喪禮曰無服袒免爲位者唯嫂與叔凡爲其男子服其婦人降而無服者麻【疏】正義曰此經論哭無服而爲位及弔服加麻也　及婦人降而無服者麻哭嫂與叔爲位并及族姑姉妹女子出嫁於人元是緦麻今降而無服亦當爲位哭之加弔服之麻不爲之袒免故云無服者麻也【注】雖無至者麻　正義曰以經云無服者麻既無服又云麻故知弔服加麻也麻謂緦之經也云兄公於弟之妻則不能也者兄公謂夫之兄也於弟之妻則不能爲位哭之然則弟婦於夫兄亦不能也兄公於弟妻不服者卑遠之也弟妻於兄公不服者尊絕之也爾雅釋親云婦人謂夫之兄爲兄公郭景純云今俗呼兄鍾語之轉耳今此記俗本皆女旁置公轉誤也皇氏並云婦人稱夫之兄爲公者須公平尊稱也云凡爲其男子服其婦人降而無服者麻者此是亦奔喪禮文言凡爲其男子服其婦人降而無服者麻男子謂族伯叔族兄弟之等爲其族姑及姉妹既降無服其族姑姉妹爲族伯叔兄弟亦無服加麻

禮記義六十三　二十九　張楙

是男之於女女之於男皆無服而加麻故云凡爲其男子服其婦人降而無服者麻也

凡奔喪有大夫至袒拜之成踊而后襲於士襲而后拜之

主人袒降哭而大夫至因拜之不敢成己禮乃禮尊者或曰大夫後至者袒拜之爲之成踊【疏】正義曰此經論奔喪大夫士來弔待之節　大夫至袒拜之成踊而后襲者謂大夫來至弔此奔喪之士其奔喪者先袒拜之成踊之后然後襲衣尊大夫故先拜而後襲於士襲而後拜之者謂士來弔此奔喪之人其奔喪者初亦袒襲衣之後乃始拜之士卑故先襲而後拜也【注】主人至成踊　正義曰此主人謂奔喪者身是士初來奔喪主人括髮於堂上乃降堂而哭於此時大夫至因拜之於東階下不敢成己踊及襲經帶之事待拜後始成踊襲經帶也若士來弔則降堂先成己禮踊襲經帶之後乃拜之士謂兩士相敵然則與兩大夫相敵則亦襲後

潘本第六十三卷第二十九葉

逸奔喪禮曰無服袒免爲位者唯嫂與叔凡爲其男子服其婦人降而無服者麻【疏】正義曰此經論哭無服而爲位及弔服加麻也　及婦人降而無服者麻哭嫂與叔爲位并及族姑姉妹女子出嫁於人元是緦麻今降而無服亦當爲位哭之加弔服之麻不爲之袒免故云無服者麻也【注】雖無至者麻　正義曰以經云無服者麻既無服又云麻故知弔服加麻也麻謂緦之經也云兄公於弟之妻則不能也者兄公謂夫之兄也於弟之妻則不能爲位哭之然則弟婦於夫兄亦不能也兄公於弟妻不服者卑遠之也弟妻於兄公不服者尊絕之也爾雅釋親云婦人謂夫之兄爲兄公郭景純云今俗呼兄鍾語之轉耳今此記俗本皆女旁置公轉誤也皇氏並云婦人稱夫之兄爲公者須公平尊稱也云凡爲其男子服其婦人降而無服者麻者此是亦奔喪禮文言凡爲其男子服其婦人降而無服者麻男子謂族伯叔族兄弟之等爲其族姑及姉妹既降無服其族姑姉妹爲族伯叔兄弟亦無服加麻

禮記義六十三　二十九　張楙

是男之於女女之於男皆無服而加麻故云凡爲其男子服其婦人降而無服者麻也

凡奔喪有大夫至袒拜之成踊而后襲於士襲而后拜之

主人袒降哭而大夫至因拜之不敢成己禮乃禮尊者或曰大夫後至者袒拜之爲之成踊【疏】正義曰此經論奔喪大夫士來弔待之節　大夫至袒拜之成踊而后襲者謂大夫來至弔此奔喪之士其奔喪者先袒拜之成踊之后然後襲衣尊大夫故先拜而後襲於士襲而後拜之者謂士來弔此奔喪之人其奔喪者初亦袒襲衣之後乃始拜之士卑故先襲而後拜也【注】主人至成踊　正義曰此主人謂奔喪者身是士初來奔喪主人括髮於堂上乃降堂而哭於此時大夫至因拜之於東階下不敢成己踊及襲經帶之事待拜後始成踊襲經帶也若士來弔則降堂先成己禮踊襲經帶之後乃拜之士謂兩士相敵然則與兩大夫相敵則亦襲後

足利本第六十三卷第三十葉左半葉無圖像

乃拜之云或曰大夫後至者袒拜之爲之成踊者以此經但云袒拜之成踊其餘經本云大夫後至袒拜之爲之成踊與此經文字多少不同故云或曰

禮記正義卷第六十三

禮記義六十三　三十

潘本第六十三卷第三十葉

乃拜之云或曰大夫後至者袒拜之爲之成踊者以此經但云袒拜之成踊其餘經本云大夫後至袒拜之爲之成踊與此經文字多少不同故云或曰

禮記正義卷第六十三

禮記義六十三　三十

禮記正義卷第六十四

國子祭酒上護軍曲阜縣開國子臣孔穎達等奉

勑撰

問喪第三十五

正義曰案鄭目録云名曰問喪者以其記善問居喪之禮所由也此於别録屬喪服也

親始死雞斯徒跣扱上衽交手哭惻怛之心痛疾之意傷腎乾肝焦肺水漿不入口三日不舉火故鄰里爲之糜粥以飲食之親父母也雞斯當爲笄纚聲之誤也親始死去冠三日乃去笄纚括髮也今時始喪者邪巾貊頭笄纚之存象也徒猶空也上衽深衣之裳前五藏者腎在下肝在中肺在上舉三者之焦傷而心脾在其中矣五家爲鄰五鄰爲里

夫悲哀在中故形變於外也痛疾在心故口不甘味身不安美也言人情之中外相應三日而斂在牀曰尸在棺曰柩動尸舉柩哭踊無數惻怛之心痛疾之意悲哀志懣氣盛故袒而踊之所以動體安心下氣也婦人不宜袒故發胷擊心爵踊殷殷田田如壞牆然

禮記正義卷第六十四

國子祭酒上護軍曲阜縣開國子臣孔穎達等奉

勑撰

問喪第三十五

正義曰案鄭目録云名曰問喪者以其記善問居喪之禮所由也此於别録屬喪服也

親始死雞斯徒跣扱上衽交手哭惻怛之心痛疾之意傷腎乾肝焦肺水漿不入口三日不舉火故鄰里爲之糜粥以飲食之親父母也雞斯當爲笄纚聲之誤也親始死去冠三日乃去笄纚括髮也今時始喪者邪巾貊頭笄纚之存象也徒猶空也上衽深衣之裳前五藏者腎在下肝在中肺在上舉三者之焦傷而心脾在其中矣五家爲鄰五鄰爲里

禮記義六十四

夫悲哀在中故形變於外也痛疾在心故口不甘味身不安美也言人情之中外相應三日而斂在牀曰尸在棺曰柩動尸舉柩哭踊無數惻怛之心痛疾之意悲哀志懣氣盛故袒而踊之所以動體安心下氣也婦人不宜袒故發胷擊心爵踊殷殷田田如壞牆然

悲哀痛疾之至也故曰辟踊哭泣哀以送之送形而往迎精而反也故祖而踊之言聖人制法故使之然也爵踊足不絕地辟拊心也哀以送之謂葬時也迎其精神而反謂反哭及日中而虞也其往送也望望然汲汲然如有追而弗及也其反哭也皇皇然若有求而弗得也故其往送也如慕其反也如疑望望瞻望之貌也慕者以其親之在前疑者不知神之來否求而無所得之也入門而弗見也上堂又弗見也入室又弗見也亡矣喪矣不可

復見已矣故哭泣辟踊盡哀而止矣說反哭之義也心悵焉愴焉惚焉愾焉心絕志悲而已矣祭之宗廟以鬼饗之徼幸復反也說虞之義成壙而歸不敢入處室居於倚廬哀親之在外也寢苫枕塊哀親之在土也言親在外在土孝子不忍反室自安也入處室或爲入宮故哭泣無時服勤三年思慕之心孝子之志也人情之實也勤謂憂勞或問曰死三日而后斂者何也怪其遲也曰孝子親死

潘本第六十四卷第二葉

悲哀痛疾之至也故曰辟踊哭泣哀以送之送形而往迎精而反也故祖而踊之言聖人制法故使之然也爵踊足不絕地辟拊心也哀以送之謂葬時也迎其精神而反謂反哭及日中而虞也其往送也望望然汲汲然如有追而弗及也其反哭也皇皇然若有求而弗得也故其往送也如慕其反也如疑望望瞻望之貌也慕者以其親之在前疑者不知神之來否求而無所得之也入門而弗見也上堂又弗見也入室又弗見也亡矣喪矣不可

禮記正義六十四　二　童志

復見已矣故哭泣辟踊盡哀而止矣說反哭之義也心悵焉愴焉惚焉愾焉心絕志悲而已矣祭之宗廟以鬼饗之徼幸復反也說虞之義成壙而歸不敢入處室居於倚廬哀親之在外也寢苫枕塊哀親之在土也言親在外在土孝子不忍反室自安也入處室或爲入宮故哭泣無時服勤三年思慕之心孝子之志也人情之實也勤謂憂勞或問曰死三日而后斂者何也怪其遲也曰孝子親死

足利本第六十四卷第三葉

悲哀志懣故匍匐而哭之若將復生然安可得奪而斂之也故曰三日而后斂者以俟其生也三日而不生亦不生矣孝子之心亦益衰矣家室之計衣服之具亦可以成矣親戚之遠者亦可以至矣是故聖人爲之斷決以三日爲之禮制也（匍匐猶顛蹷或作扶服）或問曰冠者不肉袒何也（怪冠衣之相爲也）曰冠至尊也不居肉袒之體也故爲之免以代之也

禮記疏六十四　三　蔣信

（言身無飾者不敢冠冠爲褻尊服肉袒則著免免狀如冠而廣一寸）然則禿者不免傴者不袒跛者不踊非不悲也身有錮疾不可以備禮也故曰喪禮唯哀爲主矣女子哭泣悲哀擊胷傷心男子哭泣悲哀稽顙觸地無容哀之至也（將踊先袒將袒先免此三疾俱不踊不袒不免顧其所以否者各爲一耳擊胷傷心稽顙觸地不踊者若此而可或曰男女哭踊）或問曰免者以何爲也（怪本所爲施也）曰不冠者之所服也禮曰童子不緦唯當室緦緦者其免也當

潘本第六十四卷第三葉

悲哀志懣故匍匐而哭之若將復生然安可得奪而斂之也故曰三日而后斂者以俟其生也三日而不生亦不生矣孝子之心亦益衰矣家室之計衣服之具亦可以成矣親戚之遠者亦可以至矣是故聖人爲之斷決以三日爲之禮制也（匍匐猶顛蹷或作扶服）或問曰冠者不肉袒何也（怪冠衣之相爲也）曰冠至尊也不居肉袒之體也故爲之免以代之也

禮記疏六十四　三　蔣信

（言身無飾者不敢冠冠爲褻尊服肉袒則著免免狀如冠而廣一寸）然則禿者不免傴者不袒跛者不踊非不悲也身有錮疾不可以備禮也故曰喪禮唯哀爲主矣女子哭泣悲哀擊胷傷心男子哭泣悲哀稽顙觸地無容哀之至也（將踊先袒將袒先免此三疾俱不踊不袒不免顧其所以否者各爲一耳擊胷傷心稽顙觸地不踊者若此而可或曰男女哭踊）或問曰免者以何爲也（怪本所爲施也）曰不冠者之所服也禮曰童子不緦唯當室緦緦者其免也當

足利本第六十四卷第四葉

室則免而杖矣不冠者猶未冠也當室謂無父兄而主家者也童子不杖不杖者不免當室則杖而免免冠之細別以次成人也緦者其免也言免乃有緦服也或問曰杖者何也怪其義各異曰竹桐一也故爲父苴杖苴杖竹也爲母削杖削杖桐也言所以杖者義一也顧所用異耳或問曰杖者以何爲也怪所爲施曰孝子喪親哭泣無數服勤三年身病體羸以杖扶病也言得杖乃能起也數或爲時則父在不敢杖矣尊者在故也堂上不杖辟尊者之處也堂上不趨示不遽也此孝子之志也人情之實也禮義之經也非從天降也非從地出也人情而已矣父在不杖謂爲母喪也尊者在不杖辟尊者之處不杖有事不趨皆爲其感動使之憂戚也【疏】正義曰此一節明初死三日以來居喪哭踊悲哀疾痛之意也　雞斯者筓謂骨筓纚謂緇髮之繒言親始死孝子先去冠唯留筓纚也徒跣者徒空也無屨而空跣也　扱上衽者上衽謂深衣前衽扱之於帶以號踊履踐爲妨故扱之　交手哭者謂交手拊心而爲哭也　傷腎乾肝焦肺者言肺在上性近於燥故云焦肝近肺故云乾腎近下故云傷言近下性多潤而爲傷矣舉此三者五藏俱傷可知也　不舉火者哀痛之甚情不在食故不舉火也言旁親以下食不可廢故鄰里爲之糜粥以飲食之糜厚而粥薄薄者以飲之厚者以食之【注】親父至爲里　正義曰凡云親者包之

潘本第六十四卷第四葉

室則免而杖矣不冠者猶未冠也當室謂無父兄而主家者也童子不杖不杖者不免當室則杖而免免冠之細別以次成人也緦者其免也言免乃有緦服也或問曰杖者何也怪其義各異曰竹桐一也故爲父苴杖苴杖竹也爲母削杖削杖桐也言所以杖者義一也顧所用異耳或問曰杖者以何爲也怪所爲施曰孝子喪親哭泣無數服勤三年身病體羸以杖扶病也言得杖乃能起也數或爲時則父在不敢杖矣尊者在故也堂上不杖辟尊者之處也堂上不趨示不遽也此孝子之志也人情之實也禮義之經也非從天降也非從地出也人情而已矣父在不杖謂爲母喪也尊者在不杖辟尊者之處不杖有事不趨皆爲其感動使之憂戚也【疏】正義曰此一節明初死三日以來居喪哭踊悲哀疾痛之意也　雞斯者筓謂骨筓纚謂緇髮之繒言親始死孝子先去冠唯留筓纚也徒跣者徒空也無屨而空跣也　扱上衽者上衽謂深衣前衽扱之於帶以號踊履踐爲妨故扱之　交手哭者謂交手拊心而爲哭也　傷腎乾肝焦肺者言肺在上性近於燥故云焦肝近肺故云乾腎近下故云傷言近下性多潤而爲傷矣舉此三者五藏俱傷可知也　不舉火者哀痛之甚情不在食故不舉火也言旁親以下食不可廢故鄰里爲之糜粥以飲食之糜厚而粥薄薄者以飲之厚者以食之【注】親父至爲里　正義曰凡云親者包之

足利本第六十四卷第五葉

五服也以此經悲哀之甚故知父母也云雞斯當爲笄纚
者以經雞斯二字不當始死者之義聲與笄纚相涉故云
笄纚也云親始死去冠者檀弓云始死羔裘玄冠者易之
是去冠也云二日乃去笄纚者以士喪禮云小斂髻髮是
死二日故云乃去笄纚也云上衽深衣之裳前者言既始
死朝服易之故知著深衣案深衣篇云續衽鉤邊故知此
衽深衣之衽案深衣衽當旁此云深衣之裳前者既扱之
恐履踐爲妨故解爲裳前也其實衽象小要屬裳處皆狹
旁與在前俱得衽名但所扱之處當衽也案公羊傳云昭
公以衽受於齊之唁禮亦謂裳當前者也　注爵踊足不
絕地辟拊心也　正義曰爵踊似爵之跳也其足不離於
地也殷殷田田如壞牆然者言將欲崩倒也云辟拊心者
爾雅釋訓文　望望然者瞻望之意也　汲汲然者促急
之情也　皇皇然者意彷徨也　其往送也如慕者如孺
子啼慕於母也　其反也如疑者不知神之來否如人之
有疑也　云矣喪矣者喪亦云也重言之者丁寧之也若

禮記義六十四　五

似人之逝不復來也　故哭泣辟踊盡哀而止矣者以其
不可復見故反哭之時哭泣辟踊盡哀而休止也心悵焉
愴焉者此明反哭之後虞祭之時也祭之宗廟以鬼饗之
者謂虞祭於殯宮神之所在故稱宗廟以鬼饗之尊而禮
之冀其魂神復反也成壙而歸者此明葬之後猶居倚廬
枕塊不敢入於室處也　故哭泣無時者此明終喪思慕
之心也　服勤者言服處憂勞勤苦也　人情之實也者言
非詐僞假爲之是人情悲慕之實也　或問曰死三日而
后斂者何也此記者假設問三日而后斂之意也三日斂
者以士言之則大斂也明大夫以上言之則小斂也此經
凡言亦者亦以俟其生制三日者俟其生也若三日不生
於後亦不生矣也非但不生孝子之心亦益衰矣衣服之
具亦可以成矣親戚之遠者亦可以至矣　或問曰冠者
不肉袒何也者此解冠必不袒袒必不冠之意也又明孝
子身有病闕其居喪所以禮矣此冠不居肉袒者謂心既
悲哀肉袒形褻故不可褻其尊服而冠也若有吉事而肉

潘本第六十四卷第五葉

五服也以此經悲哀之甚故知父母也云雞斯當爲笄纚
者以經雞斯二字不當始死者之義聲與笄纚相涉故云
笄纚也云親始死去冠者檀弓云始死羔裘玄冠者易之
是去冠也云二日乃去笄纚者以士喪禮云小斂髻髮是
死二日故云乃去笄纚也云上衽深衣之裳前者言既始
死朝服易之故知著深衣案深衣篇云續衽鉤邊故知此
衽深衣之衽案深衣衽當旁此云深衣之裳前者既扱之
恐履踐爲妨故解爲裳前也其實衽象小要屬裳處皆狹
旁與在前俱得衽名但所扱之處當衽也案公羊傳云昭
公以衽受於齊之唁禮亦謂裳當前者也　注爵踊足不
絕地辟拊心也　正義曰爵踊似爵之跳也其足不離於
地也殷殷田田如壞牆然者言將欲崩倒也云辟拊心者
爾雅釋訓文　望望然者瞻望之意也　汲汲然者促急
之情也　皇皇然者意彷徨也　其往送也如慕者如孺
子啼慕於母也　其反也如疑者不知神之來否如人之
有疑也　云矣喪矣者喪亦云也重言之者丁寧之也若

小六百八十六　禮記義六十四　五

似人之逝不復來也　故哭泣辟踊盡哀而止矣者以其
不可復見故反哭之時哭泣辟踊盡哀而休止也心悵焉
愴焉者此明反哭之後虞祭之時也祭之宗廟以鬼饗之
者謂虞祭於殯宮神之所在故稱宗廟以鬼饗之尊而禮
之冀其魂神復反也成壙而歸者此明葬之後猶居倚廬
枕塊不敢入於室處也　故哭泣無時者此明終喪思慕
之心也　服勤者言服處憂勞勤苦也　人情之實也者言
非詐僞假爲之是人情悲慕之實也　或問曰死三日而
后斂者何也此記者假設問三日而后斂之意也三日斂
者以士言之則大斂也明大夫以上言之則小斂也此經
凡言亦者亦以俟其生制三日者俟其生也若三日不生
於後亦不生矣也非但不生孝子之心亦益衰矣衣服之
具亦可以成矣親戚之遠者亦可以至矣　或問曰冠者
不肉袒何也者此解冠必不袒袒必不冠之意也又明孝
子身有病闕其居喪所以禮矣此冠不居肉袒者謂心既
悲哀肉袒形褻故不可褻其尊服而冠也若有吉事而肉

心肅敬則雖袒而著冠也故郊特牲云君袒而割牲是也或問曰免者以何爲也者此怪成人肉袒之時須著免令非成人肉袒亦有著免故問之云免者以何所爲　曰不冠者之所服也此荅問之辭也不冠謂未冠童子之所服以未冠故著免也　禮曰童子不緦者此喪服正經之文記者引之故稱禮曰童子不緦者言不爲族人著緦服也唯當室緦者謂童子無父兄當室主於家事唯此當室之童乃爲族人著緦服　緦者其免也者作記者云所以此童子爲族人得著緦者以其無父兄當室之時　即著免也以其無父兄而可依理故得爲族人著緦服也　當室則免而杖矣者又明童子得免所由以其孤兒當室則得免而杖爲族人得著緦也若童子不當室則不得免及杖也注云免冠之細別以次成人也　正義曰解當室所著之意也言免是冠之流例也童子當室亞次成人故得著免也云緦者其免也者疊出經文也言免乃有緦服也鄭出緦其免之意言内爲父母著免乃有族人緦服言緦服由

禮記義六十四　六　陳順

於著免是所以緦者由有免故也　或問曰杖者何也者此明問居喪有杖爲父母乃異何意如此故問之　竹桐一也言爲父竹爲母桐孝子之意其義一也言孝子奉親用心是一但取義有異故竹桐而殊也　故爲父苴杖苴杖竹也者父是尊極故爲之苴杖言苴惡之物以爲杖自然苴惡之色唯有竹也故云苴杖竹也爲母削杖削杖桐也言爲母屈於父不同自然苴惡之色也故用削杖其杖雖削情同於父故云削杖桐也桐爲是同父之義故不用餘木也或解云竹節在外外陽之象故爲父矣桐節在内内陰之類也故爲母也　或問曰杖者以何爲也者此問孝子居喪何以須杖之意也　父在不敢杖矣尊者在故也者爲母親對父之時不敢據杖以尊者在故不敢也堂上不杖辟尊者之處也者所以爲母堂上不敢杖者堂上是父之所在辟尊者之處所以爲母堂上故不杖也堂上不趨示不遽也者言孝子爲母所以堂上不爲喪趨者示父以閒暇不促遽也若堂上而趨則感動父情使父

足利本第六十四卷第六葉

心肅敬則雖袒而著冠也故郊特牲云君袒而割牲是也或問曰免者以何爲也者此怪成人肉袒之時須著免令非成人肉袒亦有著免故問之云免者以何所爲　曰不冠者之所服也此荅問之辭也不冠謂未冠童子之所服以未冠故著免也　禮曰童子不緦者此喪服正經之文記者引之故稱禮曰童子不緦者言不爲族人著緦服也唯當室緦者謂童子無父兄當室主於家事唯此當室之童乃爲族人著緦服　緦者其免也者作記者云所以此童子爲族人得著緦者以其無父兄當室之時　即著免也以其無父兄而可依理故得爲族人著緦服也　當室則免而杖矣者又明童子得免所由以其孤兒當室則得免而杖爲族人得著緦也若童子不當室則不得免及杖也注云免冠之細別以次成人也　正義曰解當室所著之意也言免是冠之流例也童子當室亞次成人故得著免也云緦者其免也者疊出經文也言免乃有緦服也鄭出緦其免之意言内爲父母著免乃有族人緦服言緦服由

禮記義六十四　六

於著免是所以緦者由有免故也　或問曰杖者何也者此明問居喪有杖爲父母乃異何意如此故問之　竹桐一也言爲父竹爲母桐孝子之意其義一也言孝子奉親用心是一但取義有異故竹桐而殊也　故爲父苴杖苴杖竹也者父是尊極故爲之苴杖言苴惡之物以爲杖自然苴惡之色唯有竹也故云苴杖竹也爲母削杖削杖桐也言爲母屈於父不同自然苴惡之色也故用削杖其杖雖削情同於父故云削杖桐也桐爲是同父之義故不用餘木也或解云竹節在外外陽之象故爲父矣桐節在内内陰之類也故爲母也　或問曰杖者以何爲也者此問孝子居喪何以須杖之意也　父在不敢杖矣尊者在故也者爲母親對父之時不敢據杖以尊者在故不敢也堂上不杖辟尊者之處也者所以爲母堂上不敢杖者堂上是父之所在辟尊者之處所以爲母堂上故不杖也堂上不趨示不遽也者言孝子爲母所以堂上不爲喪趨者示父以閒暇不促遽也若堂上而趨則感動父情使父

潘本第六十四卷第六葉

足利本第六十四卷第七葉

憂戚故不杖不趨巢不悲哀於父也此孝子之志意人情之實事

服問第三十六

正義曰案鄭目録云名曰服問者以其善問以知有服而遭喪所變易之節此於别録屬喪服也

傳曰有從輕而重公子之妻爲其皇姑皇君也諸侯妾子之妻爲其君姑齊衰與爲小君同舅不厭婦也有從重而輕爲妻之父母妻齊衰而夫從緦麻不降一等言非服差有從無服而有服公子之妻爲公子之外兄弟謂爲公子之外祖父母從母緦麻有從有服而無服公子爲其妻之父母凡公子厭於君降其私親女君之子不降也

傳曰母出則爲繼母之黨服母死則爲其母之黨服爲其母之黨服則不爲繼母之黨服雖外親亦無二統三年之喪既練矣有期之喪既葬矣則帶其故葛帶經期之經服其功衰帶其故葛帶者三年既練期既葬差相似也經期之葛經三年既練首經除矣爲父既練衰七升母既葬衰八升凡齊衰既葬衰或八升或九升服其功衰服麤衰有大功之喪亦如之大功之麻變三年之練葛期既葬之葛帶小於練之葛帶又當有經亦反服其故葛帶經期之經差之宜也此雖變麻服葛大小同耳亦服其功衰凡三年之喪既練始遭齊衰大功之喪經

潘本第六十四卷第七葉

憂戚故不杖不趨巢不悲哀於父也此孝子之志意人情之實事

服問第三十六

正義曰案鄭目録云名曰服問者以其善問以知有服而遭喪所變易之節此於别録屬喪服也

傳曰有從輕而重公子之妻爲其皇姑皇君也諸侯妾子之妻爲其君姑齊衰與爲小君同舅不厭婦也有從重而輕爲妻之父母妻齊衰而夫從緦麻不降一等言非服差有從無服而有服公子之妻爲公子之外兄弟謂爲公子之外祖父母從母緦麻有從有服而無服公子爲其妻之父母凡公子厭於君降其私親女君之子不降也

傳曰母出則爲繼母之黨服母死則爲其母之黨服爲其母之黨服則不爲繼母之黨服雖外親亦無二統三年之喪既練矣有期之喪既葬矣則帶其故葛帶經期之經服其功衰帶其故葛帶者三年既練期既葬差相似也經期之葛經三年既練首經除矣爲父既練衰七升母既葬衰八升凡齊衰既葬衰或八升或九升服其功衰服麤衰有大功之喪亦如之大功之麻變三年之練葛期既葬之葛帶小於練之葛帶又當有經亦反服其故葛帶經期之經差之宜也此雖變麻服葛大小同耳亦服其功衰凡三年之喪既練始遭齊衰大功之喪經

帶皆麻小功無變也無所變於大功齊斬之服不用輕累重也麻之有本者變三年之葛有本謂大功以上也小功以下澡麻斷本既練遇麻斷本者於免經之既免去經每可以經必經既經則去之雖無變緣練無首經於有事則免經如其倫免無不經經有不免其無事則自若練服也小功不易喪之練冠如免則經其緦小功之經因其初葛帶緦之麻不變小功之麻不變大功之葛以有本爲稅稅亦變易也小功以下之麻雖與上葛同猶不變也此要其麻有本者乃變上耳雜記曰有三年之練冠則以大功之麻易之唯杖屨不易也殤長中變三年之葛終殤之月筭而反三年之葛是非重麻爲其無卒哭之稅下殤則否謂大功之親爲殤在緦小功者也可以變三年之葛正親親也三年之葛大功變既練齊衰變既虞卒哭凡喪卒哭受麻以葛殤以麻終喪之月數非重之而不變爲殤未成人文不縟耳下殤則否言賤也男子爲大功之殤中從上服小功婦人爲之中從下服緦君爲天子三年夫人如外宗之爲君也外宗君外親之婦也其夫與諸侯爲兄弟服斬妻從服期諸侯爲天子服斬夫人亦從服期喪大記曰外宗房中南面世子不爲天子服遠嫌也不服與畿外之民同也君所主夫人

帶皆麻小功無變也無所變於大功齊斬之服不用輕累重也麻之有本者變三年之葛有本謂大功以上也小功以下澡麻斷本既練遇麻斷本者於免經之既免去經每可以經必經既經則去之雖無變緣練無首經於有事則免經如其倫免無不經經有不免其無事則自若練服也小功不易喪之練冠如免則經其緦小功之經因其初葛帶緦之麻不變小功之麻不變大功之葛以有本爲稅稅亦變易也小功以下之麻雖與上葛同猶不變也此要其麻有本者乃變上耳雜記曰有三年之練冠則以大功之麻易之唯杖屨不易也殤長中變三年之葛終殤之月筭而反三年之葛是非重麻爲其無卒哭之稅下殤則否謂大功之親爲殤在緦小功者也可以變三年之葛正親親也三年之葛大功變既練齊衰變既虞卒哭凡喪卒哭受麻以葛殤以麻終喪之月數非重之而不變爲殤未成人文不縟耳下殤則否言賤也男子爲大功之殤中從上服小功婦人爲之中從下服緦君爲天子三年夫人如外宗之爲君也外宗君外親之婦也其夫與諸侯爲兄弟服斬妻從服期諸侯爲天子服斬夫人亦從服期喪大記曰外宗房中南面世子不爲天子服遠嫌也不服與畿外之民同也君所主夫人

禮記正義六十四　八

足利本第六十四卷第九葉

妻大子適婦言妻見大夫以下亦為此三人為喪主也大夫之適子為君夫人大子如士服大夫不世子不嫌也士為國君斬小君期大子君服斬臣從服期君之母非夫人則羣臣無服唯近臣及僕驂乘從服唯君所服服也妾先君所不服也禮庶子為後為其母緦言唯君所服伸君也春秋之義有以小君服之者時若小君在則益不可公為卿大夫錫衰以居出亦如之當事則弁絰大夫相為亦然為其妻往則服之出則否弁絰如爵弁而素加絰也不當事則皮弁出謂以他事不至喪所凡見人無免

禮記義六十四　九　吳大宗

絰雖朝於君無免絰唯公門有稅齊衰傳曰君子不奪人之喪亦不可奪喪也見人謂行求見人也無免絰絰重也稅猶免也古者說或作稅有免齊衰謂不杖齊衰也於公門有免齊衰則大功有免絰也傳曰罪多而刑五喪多而服五上附下附列也列等比也

疏正義曰此四條明從服輕重之異也傳曰皇氏云此言傳曰者即前大傳之篇則服術有六不指其人令各以其人令各以可傳曰者是舊有成傳記者引之則非前大傳篇也故下云罪多而刑五喪多而服五今記者皆引此舊傳而記之有從輕而重公子之妻為其皇姑者公子謂諸侯之妾子也皇姑即公子之母也諸侯在尊厭妾子使為母練冠諸侯沒妾子得為母大功而妾子妻不辨諸侯存沒為夫之母期也

潘本第六十四卷第九葉

妻大子適婦言妻見大夫以下亦為此三人為喪主也大夫之適子為君夫人大子如士服大夫不世子不嫌也士為國君斬小君期大子君服斬臣從服期君之母非夫人則羣臣無服唯近臣及僕驂乘從服唯君所服服也妾先君所不服也禮庶子為後為其母緦言唯君所服伸君也春秋之義有以小君服之者時若小君在則益不可公為卿大夫錫衰以居出亦如之當事則弁絰大夫相為亦然為其妻往則服之出則否弁絰如爵弁而素加絰也不當事則皮弁出謂以他事不至喪所凡見人無免

禮記義六十四　九　吳大宗

絰雖朝於君無免絰唯公門有稅齊衰傳曰君子不奪人之喪亦不可奪喪也見人謂行求見人也無免絰絰重也稅猶免也古者說或作稅有免齊衰謂不杖齊衰也於公門有免齊衰則大功有免絰也傳曰罪多而刑五喪多而服五上附下附列也列等比也

疏正義曰此四條明從服輕重之異也傳曰皇氏云此言傳曰者即前大傳之篇則服術有六不指其人令各以其人令各以可傳曰者是舊有成傳記者引之則非前大傳篇也故下云罪多而刑五喪多而服五今記者皆引此舊傳而記之有從輕而重公子之妻為其皇姑者公子謂諸侯之妾子也皇姑即公子之母也諸侯在尊厭妾子使為母練冠諸侯沒妾子得為母大功而妾子妻不辨諸侯存沒為夫之母期也

其夫練冠是輕也而妻爲期是重故云有從輕而重也而謂之皇姑者皇君也此妾既賤若惟云姑則有嫡女君之嫌令加皇字自明非女君而此婦所尊與女君同故云君姑也　有從無服而有服公子之妻爲公子之外兄弟者謂公子之外祖父母也公子被厭不服己母之外家是無服也妻猶從公子而服公子外祖父母從母緦麻是從無服而有服也　有從有服而無服公子爲其妻之父母者雖爲公子之妻猶爲父母期是有服也公子被厭不從妻服父母是從有服而無服也　注謂爲公子之外祖父母從母緦麻　正義曰經唯云公子外兄弟知非公子姑之子者以喪服小記云夫之所爲兄弟服妻皆降一等夫爲姑之子緦麻妻則無服今公子之妻爲之有服故知公子之外祖父母從母也此等皆小功之服凡小功者謂爲兄弟若同宗直稱兄弟以外族故稱外兄弟也　傳曰母出則爲繼母之黨服者此明繼母之黨亦是舊傳之辭事異於上故更稱傳曰也　三年之喪既練矣有期之喪既葬

矣者謂三年之喪練祭之後又當期喪既葬之節也　則帶其故葛帶者故葛帶謂三年練葛帶也今期喪既葬男子則應著葛帶與三年之葛帶麤細正同以父葛爲重故帶其故葛帶絰期之絰者謂三年練後首絰既除故絰期之葛絰若婦人練後麻帶除矣則絰其故葛絰帶期之麻帶以其婦人不葛帶故也　服其功衰者功衰謂服父之練之功衰也　注帶其至麤衰　正義曰三年既練期既葬差相似也者三年既練要帶四寸百二十五分寸之七十六期之既葬其帶亦然故云差相似但父帶爲重故帶其故葛帶也云絰期之葛絰三年既練首絰除矣者以三年既練男子除於首是男子首絰除矣其首空故絰期之葛絰此文主於男子也若其婦人則首絰練之故葛絰練後麻帶已除則要絰期之麻帶也云爲父既練衰七升者以間傳稱斬衰三升既虞卒哭受以成布六升則知既練衰七升也云母既葬衰八升者此言八升者誤當云七升故間傳云爲母疏衰四升受以成布七升是既葬受時爲

其夫練冠是輕也而妻爲期是重故云有從輕而重也而謂之皇姑者皇君也此妾既賤若惟云姑則有嫡女君之嫌令加皇字自明非女君而此婦所尊與女君同故云君姑也　有從無服而有服公子之妻爲公子之外兄弟者謂公子之外祖父母也公子被厭不服己母之外家是無服也妻猶從公子而服公子外祖父母從母緦麻是從無服而有服也　有從有服而無服公子爲其妻之父母者雖爲公子之妻猶爲父母期是有服也公子被厭不從妻服父母是從有服而無服也　注謂爲公子之外祖父母從母緦麻　正義曰經唯云公子外兄弟知非公子姑之子者以喪服小記云夫之所爲兄弟服妻皆降一等夫爲姑之子緦麻妻則無服今公子之妻爲之有服故知公子之外祖父母從母也此等皆小功之服凡小功者謂爲兄弟若同宗直稱兄弟以外族故稱外兄弟也　傳曰母出則爲繼母之黨服者此明繼母之黨亦是舊傳之辭事異於上故更稱傳曰也　三年之喪既練矣有期之喪既葬

禮記正義六十四　十　王祐

矣者謂三年之喪練祭之後又當期喪既葬之節也　則帶其故葛帶者故葛帶謂三年練葛帶也今期喪既葬男子則應著葛帶與三年之葛帶麤細正同以父葛爲重故帶其故葛帶絰期之絰者謂三年練後首絰既除故絰期之葛絰若婦人練後麻帶除矣則絰其故葛絰帶期之麻帶以其婦人不葛帶故也　服其功衰者功衰謂服父之練之功衰也　注帶其至麤衰　正義曰三年既練期既葬差相似也者三年既練要帶四寸百二十五分寸之七十六期之既葬其帶亦然故云差相似但父帶爲重故帶其故葛帶也云絰期之葛絰三年既練首絰除矣者以三年既練男子除於首是男子首絰除矣其首空故絰期之葛絰此文主於男子也若其婦人則首絰練之故葛絰練後麻帶已除則要絰期之麻帶也云爲父既練衰七升者以間傳稱斬衰三升既虞卒哭受以成布六升則知既練衰七升也云母既葬衰八升者此言八升者誤當云七升故間傳云爲母疏衰四升受以成布七升是既葬受時爲

母衰七升也云凡齊衰既葬衰或八升或九升者以父之既練母之既葬衰皆七升其齊衰仍有八升九升故更言之八升者是正服齊衰或九升者是義服齊衰也云服其功衰服麤衰者功即麤也言齊衰既有八升九升服也其麤衰者謂七升父之衰也經不云服其父衰而云功衰者經稱三年之衰則父爲長子及父卒爲母皆是三年今期喪既葬反服其服若言功衰揔道三人故不得特言服父衰也母喪既練雖衰八升與正服既葬齊衰同以母服爲重亦服母之齊衰也皇氏云謂三年既練之後初遭期喪令謂此經亦三年未練之前初有期喪未葬爲前三年之衰爲練祭至期既葬乃帶其故葛帶經期之葛經也必知其期喪未葬已前得爲三年練祭者雜記篇云三年之喪既穎其練祥皆行彼謂後喪亦三年既穎之後得行前三年之喪練祭則知後喪期年未穎之前得爲三年之喪而行練也熊氏云爲母既葬衰八升言父在爲母也今鄭注云爲父既練衰七升爲母既葬衰八升矣又經云三年之喪

禮記正義六十四　十二　鄭信

既練皆爲父卒爲母今熊氏云父在爲母其義非也　有大功之喪亦如之者此明三年之喪練後有大功之喪也大功之喪者爲大功喪既葬以前經云期之喪既葬則此大功之喪亦既葬不云既葬者從上省文也亦如之者言亦帶其故葛帶經期之葛經也故云亦如之 注 大功至皆麻 正義曰言大功初死之麻變三年練後之葛首要皆麻矣故閒傳謂之重麻也云期既葬之葛帶者謂大功既葬葛帶以次差之三寸有餘三年練之葛帶以次差之則四寸有餘大功既葬葛帶小於練之葛帶故反服練之故葛帶也又大功既葬者首經四寸有餘若要服練之葛帶首服大功既葬之葛經既麤細相似不得爲五分去一爲帶之差故首經與期之經五寸有餘進與期之既葬同也故云經期之經是差次之宜也此注亦主於男子矣其婦人之服於下閒傳篇具釋也云此雖變麻服葛大小同耳者大功初喪服麻之時首經五寸餘要帶四寸餘大功既葬之後首經應合四寸餘要帶本合三寸餘既服練之要

母衰七升也云凡齊衰既葬衰或八升或九升者以父之既練母之既葬衰皆七升其齊衰仍有八升九升故更言之八升者是正服齊衰或九升者是義服齊衰也云服其功衰服麤衰者功即麤也言齊衰既有八升九升服也其麤衰者謂七升父之衰也經不云服其父衰而云功衰者經稱三年之衰則父爲長子及父卒爲母皆是三年今期喪既葬反服其服若言功衰揔道三人故不得特言服父衰也母喪既練雖衰八升與正服既葬齊衰同以母服爲重亦服母之齊衰也皇氏云謂三年既練之後初遭期喪令謂此經亦三年未練之前初有期喪未葬爲前三年之衰爲練祭至期既葬乃帶其故葛帶經期之葛經也必知其期喪未葬已前得爲三年練祭者雜記篇云三年之喪既穎其練祥皆行彼謂後喪亦三年既穎之後得行前三年之喪練祭則知後喪期年未穎之前得爲三年之喪而行練也熊氏云爲母既葬衰八升言父在爲母也今鄭注云爲父既練衰七升爲母既葬衰八升矣又經云三年之喪

禮記正義六十四　十二　鄭信

既練皆爲父卒爲母今熊氏云父在爲母其義非也　有大功之喪亦如之者此明三年之喪練後有大功之喪也大功之喪者爲大功喪既葬以前經云期之喪既葬則此大功之喪亦既葬不云既葬者從上省文也亦如之者言亦帶其故葛帶經期之葛經也故云亦如之 注 大功至皆麻 正義曰言大功初死之麻變三年練後之葛首要皆麻矣故閒傳謂之重麻也云期既葬之葛帶者謂大功既葬葛帶以次差之三寸有餘三年練之葛帶以次差之則四寸有餘大功既葬葛帶小於練之葛帶故反服練之故葛帶也又大功既葬者首經四寸有餘若要服練之葛帶首服大功既葬之葛經既麤細相似不得爲五分去一爲帶之差故首經與期之經五寸有餘進與期之既葬同也故云經期之經是差次之宜也此注亦主於男子矣其婦人之服於下閒傳篇具釋也云此雖變麻服葛大小同耳者大功初喪服麻之時首經五寸餘要帶四寸餘大功既葬之後首經應合四寸餘要帶本合三寸餘既服練之要

足利本第六十四卷第十二葉

帶四寸餘則其首絰合五分加一成五寸餘也是大功初死之麻齊衰既葬之葛與初死之麻大小同故云此雖變麻服葛大小同耳云亦服其功衰者亦上文也服其功衰謂服父之練衰也以大功初喪者衰七升八升九升既葬之後則有十升然服父七升也云凡三年之喪既練始遭齊衰大功之喪絰帶皆麻者閒傳篇云斬衰既練遭大功之喪既重麻則知斬衰既練遭齊衰灼然重麻故云絰帶皆麻也此熊氏皇氏之說檢勘鄭意其義然也崔氏云此絰大功之喪承前絰之下既有三年之練又有期喪既葬合大功既葬之後故帶其練之故葛帶絰期之葛絰於此經文其義得通然於閒傳之文於義不合案閒傳斬衰既虞卒哭遭齊衰之喪又云既練遭大功之喪文各別則此經文大功唯據三年練後不合期喪既葬也注云男子絰期之葛絰婦人帶期之葛帶其誤者爲期絰期帶謂其大功之絰大功之帶然於鄭注其義稍乖也當以熊皇爲正也　小功無變也謂凡常小功無變於大功以上之服言

禮記義六十四　十二　金昇

先有大功以上喪服今遭小功之喪無變於前服不以輕服減累於重也　麻之有本者變三年之葛者謂大功以上爲帶者麻之根本并留之合糾爲帶如此者得變三年之練葛若麻之無本謂小功以下其絰澡麻斷本是麻之無本不得變三年之葛也言變三年葛舉其重者其實期之葛有本者亦得變之矣　既練遇麻斷本者此明斬衰既練之後遭小功之喪雖不變服得爲之加絰也既練之後遭遇麻之斷本小功之喪　於免絰之者以練無首絰於小功喪有事於免之時則爲之加小功之絰也　既免去絰者謂小功以下之喪斂殯事竟既免之後則脫去其絰也　每可以絰必絰者謂於小功以下之喪當斂殯之節每可以絰之時必爲之加麻也　既絰則去之者謂不應絰之時則去其絰自若練服也　注雖無至服也　正義曰有事則免絰如其倫者倫謂倫類雖爲之不變服其應免絰之時如平常有服之倫類也云免無不絰者解絰於免絰之於是免之時必著絰則大斂小斂之節衆主人

潘本第六十四卷第十二葉

帶四寸餘則其首絰合五分加一成五寸餘也是大功初死之麻齊衰既葬之葛與初死之麻大小同故云此雖變麻服葛大小同耳云亦服其功衰者亦上文也服其功衰謂服父之練衰也以大功初喪者衰七升八升九升既葬之後則有十升然服父七升也云凡三年之喪既練始遭齊衰大功之喪絰帶皆麻者閒傳篇云斬衰既練遭大功之喪既重麻則知斬衰既練遭齊衰灼然重麻故云絰帶皆麻也此熊氏皇氏之說檢勘鄭意其義然也崔氏云此絰大功之喪承前絰之下既有三年之練又有期喪既葬合大功既葬之後故帶其練之故葛帶絰期之葛絰於此經文其義得通然於閒傳之文於義不合案閒傳斬衰既虞卒哭遭齊衰之喪又云既練遭大功之喪文各別則此經文大功唯據三年練後不合期喪既葬也注云男子絰期之葛絰婦人帶期之葛帶其誤者爲期絰期帶謂其大功之絰大功之帶然於鄭注其義稍乖也當以熊皇爲正也　小功無變也謂凡常小功無變於大功以上之服言

禮記義六十四　十二　金昇

先有大功以上喪服今遭小功之喪無變於前服不以輕服減累於重也　麻之有本者變三年之葛者謂大功以上爲帶者麻之根本并留之合糾爲帶如此者得變三年之練葛若麻之無本謂小功以下其絰澡麻斷本是麻之無本不得變三年之葛也言變三年葛舉其重者其實期之葛有本者亦得變之矣　既練遇麻斷本者此明斬衰既練之後遭小功之喪雖不變服得爲之加絰也既練之後遭遇麻之斷本小功之喪　於免絰之者以練無首絰於小功喪有事於免之時則爲之加小功之絰也　既免去絰者謂小功以下之喪斂殯事竟既免之後則脫去其絰也　每可以絰必絰者謂於小功以下之喪當斂殯之節每可以絰之時必爲之加麻也　既絰則去之者謂不應絰之時則去其絰自若練服也　注雖無至服也　正義曰有事則免絰如其倫者倫謂倫類雖爲之不變服其應免絰之時如平常有服之倫類也云免無不絰者解絰於免絰之於是免之時必著絰則大斂小斂之節衆主人

足利本第六十四卷第十三葉

必加絰也云絰有不免者解絰每可以絰必絰也云絰謂
不免但云絰者謂既葬之後虞及卒哭之節但著絰不有
免以服成故也是絰有不免者也　小功不易喪之練冠
者言小功以下之喪不合變易三年喪之練冠其期之練
冠亦不得易也　如免則絰其緦小功之絰者謂如當緦
小功著免之節則首絰其緦與小功之絰所以爲後喪緦
絰者以前喪練冠首絰已除故也上經云小功不易明緦
不易下經云緦小功之絰兼言緦者恐免絰不及緦故也
前經已云於免絰之此經又云如免則絰者前經但云絰
不云練冠恐小功以下不得改前喪練冠故重言之也因
其初葛帶者言小功以下之喪要中所著仍因其初喪練
葛帶上文云期喪既葬則帶練之故葛帶此小功以下之
喪亦著練之初葛帶不云故而云初者以期初喪之時變
練之葛帶爲麻期既葬之後還反服練之故葛帶故言故
也謂其小功以下之喪不變練之葛帶故云初葛帶也
緦之麻不變小功之葛小功之麻不變大功之葛者謂以

禮記正義六十四　十三　王椿

輕喪之麻本服既輕雖初喪之麻不變前重喪之葛也
以有本爲稅者稅謂變易也所以緦之麻不變小功者以
其緦與小功麻絰既無本不合稅變前喪唯大功以上麻
絰有本者得稅變前喪也　注稅亦至易也　正義曰云
稅亦變易者以一絰之內有變有稅兩文故言稅亦變易
也云此要其麻有本者乃變上耳者麻有本謂大功以上
麻絰有本爲重下服乃變上服大功得變期期得變三年
也云雜記曰有三年之練冠則以大功之麻易之者所以
引此者欲明大功之麻非但得易期喪之葛亦得易三年
練冠之葛也　殤長中變三年之葛者此論成人小功緦
麻不得易前喪之葛又論殤在小功緦麻得易三年葛也
殤長中者謂本服大功之喪今乃降在長中殤男子則爲
之小功婦人爲長殤小功中殤則緦麻如此者得變三年
之葛也　終殤之月筭者謂著此殤喪服之麻終竟此殤
之月筭數如小功則五月緦麻則三月　而反三年之葛
者此著麻月滿還反服三年之葛也　是非重麻爲其無

潘本第六十四卷第十三葉

必加絰也云絰有不免者解絰每可以絰必絰也云絰謂
不免但云絰者謂既葬之後虞及卒哭之節但著絰不有
免以服成故也是絰有不免者也　小功不易喪之練冠
者言小功以下之喪不合變易三年喪之練冠其期之練
冠亦不得易也　如免則絰其緦小功之絰者謂如當緦
小功著免之節則首絰其緦與小功之絰所以爲後喪緦
絰者以前喪練冠首絰已除故也上經云小功不易明緦
不易下經云緦小功之絰兼言緦者恐免絰不及緦故也
前經已云於免絰之此經又云如免則絰者前經但云絰
不云練冠恐小功以下不得改前喪練冠故重言之也因
其初葛帶者言小功以下之喪要中所著仍因其初喪練
葛帶上文云期喪既葬則帶練之故葛帶此小功以下之
喪亦著練之初葛帶不云故而云初者以期初喪之時變
練之葛帶爲麻期既葬之後還反服練之故葛帶故言故
也謂其小功以下之喪不變練之葛帶故云初葛帶也
緦之麻不變小功之葛小功之麻不變大功之葛者謂以

禮記正義六十四　十三　王椿

輕喪之麻本服既輕雖初喪之麻不變前重喪之葛也
以有本爲稅者稅謂變易也所以緦之麻不變小功者以
其緦與小功麻絰既無本不合稅變前喪唯大功以上麻
絰有本者得稅變前喪也　注稅亦至易也　正義曰云
稅亦變易者以一絰之內有變有稅兩文故言稅亦變易
也云此要其麻有本者乃變上耳者麻有本謂大功以上
麻絰有本爲重下服乃變上服大功得變期期得變三年
也云雜記曰有三年之練冠則以大功之麻易之者所以
引此者欲明大功之麻非但得易期喪之葛亦得易三年
練冠之葛也　殤長中變三年之葛者此論成人小功緦
麻不得易前喪之葛又論殤在小功緦麻得易三年葛也
殤長中者謂本服大功之喪今乃降在長中殤男子則爲
之小功婦人爲長殤小功中殤則緦麻如此者得變三年
之葛也　終殤之月筭者謂著此殤喪服之麻終竟此殤
之月筭數如小功則五月緦麻則三月　而反三年之葛
者此著麻月滿還反服三年之葛也　是非重麻爲其無

足利本第六十四卷第十四葉

卒哭之稅者言服殤長中之麻不改又變三年之葛是非重此麻也所以服不改又變前喪葛者以殤服質略初死服麻已後無卒哭之時稅麻服葛之法以其質略其文不縟故也下殤則否者以大功以下殤謂男子婦人俱爲之緦麻其情既輕則不得變三年之葛也案上文麻之有本得變三年之葛則齊衰下殤雖是小功亦是麻之有本故喪服小記云下殤小功帶澡麻不絕本然齊衰下殤乃變三年之葛今大功長殤麻既無本得變三年之葛者以其殤服質略無虞卒哭之稅故特得變之若成人小功緦麻麻既無本故不得變也　注謂大至服緦　正義曰知大功之親爲殤在緦小功者以前文云緦小功不得變上服則此得變三年之葛亦是緦麻小功也殤長中在小功緦者本大功之親耳云正親親也者以大功之親其殤所以得變三年之葛者以大功是正親親故重其殤也云三年之葛大功變既練者則雜記篇云三年之練冠則以大功之麻易之是也云齊衰變既虞卒哭者齊衰初喪則變三

禮記義六十四　十四　王祐

年既虞卒哭則下間傳篇云斬衰之喪既虞卒哭遭齊衰之喪輕者包重者特是也云爲殤未成人文不縟耳者縟謂數也謂禮文繁數若成人以上則禮繁數故變麻服葛今殤是未成人唯在質略無文飾之繁數故不變麻服葛也云男子爲大功之殤中從上服小功婦人爲之中從下服緦者喪服傳文　君爲天子三年者謂列國諸侯之君爲天子三年也　夫人如外宗之爲君也者言諸侯夫人爲天子如諸侯外宗之婦爲君也諸侯外宗之婦爲君期則夫人爲天子亦期也故云如外宗之爲君諸侯爲天子服斬衰喪服正文此記載之者謂以夫人如外宗之爲君起文以君與夫人故知將欲明諸侯夫人爲天子故載君爲文之首也　注外宗至南向　正義曰外宗君外親之婦也者其夫既是君之外姓其婦即是外宗也云其夫與諸侯爲兄弟服斬妻從服期者謂夫與諸侯爲兄弟之親在於他國諸侯既死來爲之服當與諸侯不繼本服之親故皆服斬其妻從服期也云諸侯爲天子服斬故夫人亦

潘本第六十四卷第十四葉

卒哭之稅者言服殤長中之麻不改又變三年之葛是非重此麻也所以服不改又變前喪葛者以殤服質略初死服麻已後無卒哭之時稅麻服葛之法以其質略其文不縟故也下殤則否者以大功以下殤謂男子婦人俱爲之緦麻其情既輕則不得變三年之葛也案上文麻之有本得變三年之葛則齊衰下殤雖是小功亦是麻之有本故喪服小記云下殤小功帶澡麻不絕本然齊衰下殤乃變三年之葛今大功長殤麻既無本得變三年之葛者以其殤服質略無虞卒哭之稅故特得變之若成人小功緦麻麻既無本故不得變也　注謂大至服緦　正義曰知大功之親爲殤在緦小功者以前文云緦小功不得變上服則此得變三年之葛亦是緦麻小功也殤長中在小功緦者本大功之親耳云正親親也者以大功之親其殤所以得變三年之葛者以大功是正親親故重其殤也云三年之葛大功變既練者則雜記篇云三年之練冠則以大功之麻易之是也云齊衰變既虞卒哭者齊衰初喪則變三

禮記義六十四　十四　王祐

年既虞卒哭則下間傳篇云斬衰之喪既虞卒哭遭齊衰之喪輕者包重者特是也云爲殤未成人文不縟耳者縟謂數也謂禮文繁數若成人以上則禮繁數故變麻服葛今殤是未成人唯在質略無文飾之繁數故不變麻服葛也云男子爲大功之殤中從上服卜功婦人爲之中從下服緦者喪服傳文　君爲天子三年者謂列國諸侯之君爲天子三年也　夫人如外宗之爲君也者言諸侯夫人爲天子如諸侯外宗之婦爲君也諸侯外宗之婦爲君期則夫人爲天子亦期也故云如外宗之爲君諸侯爲天子服斬衰喪服正文此記載之者謂以夫人如外宗之爲君起文以君與夫人故知將欲明諸侯夫人爲天子故載君爲文之首也　注外宗至南向　正義曰外宗君外親之婦也者其夫既是君之外姓其婦即是外宗也云其夫與諸侯爲兄弟服斬妻從服期者謂夫與諸侯爲兄弟之親在於他國諸侯既死來爲之服當尊諸侯不繼本服之親故皆服斬其妻從服期也云諸侯爲天子服斬故夫人亦

足利本第六十四卷第十五葉

從服期是爲夫之君如外宗也熊氏云凡外宗有三案周禮外宗之女有爵通卿大夫之妻一也雜記云外宗爲君夫人猶内宗是君之姑姊妹之女舅之女從母之女皆爲諸侯服斬爲夫人服期是二也此文外宗是諸侯外宗之婦也若姑之子婦從母之子婦其夫是君之外親爲君服斬其婦亦名外宗爲君服期是三也内宗有二者案周禮云内女之有爵謂其同姓之女悉是一也雜記云内宗者是君之五屬之内女是二也引喪大記曰外宗房中南面者證外宗之義也　世子不爲天子服者此明諸侯世子有繼世之道所以遠嫌不爲天子服也　君所主夫人妻大子適婦者此三人既正雖國君之尊猶主其喪也非此則不主也言妻欲見大夫以下亦爲妻及適子適婦爲主也　大夫之適子爲君夫人大子如士服者此明大夫適子爲君夫人大子之服是大夫無繼世之道其子無嫌得爲君與夫人及君之大子著服如士服也　君之母非夫人則羣臣無服者若君母是適夫人則羣臣爲服期今君

禮記義六十四　十五　王祐

母非夫人君爲之服緦則羣臣爲之無服也　唯近臣及僕驂乘從服者近臣謂閽寺之屬僕御車者也驂車右也君之母非夫人貴臣乃不服而此諸臣賤者隨君之服也故云從服　唯君所服服也者君服緦則此等之人亦服緦故云唯君所服服也　注妾先至不可　正義曰妾先君所不服也天子諸侯爲妾無服唯大夫爲貴妾服緦故知妾先君所不服云禮庶子爲後其母緦者案喪服緦麻章云庶子爲父後者爲其母是也云言唯君所服伸君也者若其不爲後則爲母無服故喪服記云公子爲其母練冠麻衣縓緣今以爲君得著緦麻服是伸君之尊也君既服緦是近臣得從君服也此謂禮之正法云春秋之義有以小君服之者鄭既以正禮言之又別春秋之時不依正禮者有以爲小君之服服其妾母者是文公四年夫人風氏薨是僖公之母成風也又昭十一年夫人歸氏薨是昭公之母齊歸也皆亂世之法非正禮也案異義云妾子立爲君得尊其母立以爲夫人否今春秋公羊說妾子立

潘本第六十四卷第十五葉

從服期是爲夫之君如外宗也熊氏云凡外宗有三案周禮外宗之女有爵通卿大夫之妻一也雜記云外宗爲君夫人猶内宗是君之姑姊妹之女舅之女從母之女皆爲諸侯服斬爲夫人服期是二也此文外宗是諸侯外宗之婦也若姑之子婦從母之子婦其夫是君之外親爲君服斬其婦亦名外宗爲君服期是三也内宗有二者案周禮云内女之有爵謂其同姓之女悉是一也雜記云内宗者是君之五屬之内女是二也引喪大記曰外宗房中南面者證外宗之義也　世子不爲天子服者此明諸侯世子有繼世之道所以遠嫌不爲天子服也　君所主夫人妻大子適婦者此三人既正雖國君之尊猶主其喪也非此則不主也言妻欲見大夫以下亦爲妻及適子適婦爲主也　大夫之適子爲君夫人大子如士服者此明大夫適子爲君夫人大子之服是大夫無繼世之道其子無嫌得爲君與夫人及君之大子著服如士服也　君之母非夫人則羣臣無服者若君母是適夫人則羣臣爲服期今君

禮記義六十四　十五　王祐

母非夫人君爲之服緦則羣臣爲之無服也　唯近臣及僕驂乘從服者近臣謂閽寺之屬僕御車者也驂車右也君之母非夫人貴臣乃不服而此諸臣賤者隨君之服也故云從服　唯君所服服也者君服緦則此等之人亦服緦故云唯君所服服也　注妾先至不可　正義曰妾先君所不服也天子諸侯爲妾無服唯大夫爲貴妾服緦故知妾先君所不服云禮庶子爲後其母緦者案喪服緦麻章云庶子爲父後者爲其母是也云言唯君所服伸君也者若其不爲後則爲母無服故喪服記云公子爲其母練冠麻衣縓緣今以爲君得著緦麻服是伸君之尊也君既服緦是近臣得從君服也此謂禮之正法云春秋之義有以小君服之者鄭既以正禮言之又別春秋之時不依正禮者有以爲小君之服服其妾母者是文公四年夫人風氏薨是僖公之母成風也又昭十一年夫人歸氏薨是昭公之母齊歸也皆亂世之法非正禮也案異義云妾子立爲君得尊其母立以爲夫人否今春秋公羊說妾子立

爲君毋得稱夫人故上堂稱妾屈於適也下堂稱夫人尊
於國也云子不得爵命父妾子爲君得爵命其母者以妾
在奉授於尊者有所因緣故也穀梁傳曰魯僖公立妾母
成風爲夫人是子爵於母以妾爲妻非禮也故春秋左氏
說成風妾得立爲夫人母以子貴禮也許君謹案舜爲天
子瞽瞍爲士起於士庶者子不得爵父母也至於魯僖公
得尊母成風爲小君經無譏文從公羊左氏之說鄭則從
穀梁之說故異義駮云父爲長子三年爲衆子期明無二
適也女君卒繼攝其事耳不得復立爲夫人如鄭駮之言
則此云春秋小君服之者是灼然非禮也云時若小君在
則益不可者其小君無而以夫人服之已爲不可令小君
既在而以夫人服妾母彌益不可故云益不可也　公爲
卿大夫錫衰以居者此明君爲卿大夫之喪成服之後著
錫衰以居也　出亦如之者出謂以他事而出不至喪所
亦著錫衰其首則服皮弁　當事則弁絰者君行往弔卿
大夫當大斂及殯并將葬啓殯當如此之事則首著弁絰

禮記義六十四　十六　張曜

身衣錫衰若於士雖當事首服皮弁故士喪禮云君視大
斂注云皮弁服襲裘是也　大夫相爲亦然者亦如君於
卿大夫也不當事則皮弁當事則弁絰故雜記云大夫與
殯亦弁絰是也大夫於士士雖當事亦皮弁也　爲其妻
往則服之出則否者謂公於卿大夫之妻及卿大夫相爲
其妻往臨其喪則服錫衰不恒著之以居若餘事之出則
不服也言居亦不服其當殯斂之事亦弁絰也　凡見人
無免絰者以絰重故也　雖朝於
君無免絰者以絰重縱往朝君亦無免脫於絰也　唯公
門有稅齊衰者謂已有不杖齊衰之喪至公門稅去其衰
絰猶不去也若杖齊衰及斬衰雖入公門衰亦不稅也其
大功非但稅衰又免去絰也　傳曰君子不奪人之喪亦
不可奪喪也解朝君無免絰之意引舊記以明之言君所
以許臣不免絰而入朝以君子之人以己恕物不可奪人
喪禮使之免絰故許著絰也亦不可奪喪也非但不奪人
喪亦不可自奪喪所以己有重喪猶絰以見君申己喪禮

足利本第六十四卷第十六葉

爲君毋得稱夫人故上堂稱妾屈於適也下堂稱夫人尊
於國也云子不得爵命父妾子爲君得爵命其母者以妾
在奉授於尊者有所因緣故也穀梁傳曰魯僖公立妾母
成風爲夫人是子爵於母以妾爲妻非禮也故春秋左氏
說成風妾得立爲夫人母以子貴禮也許君謹案舜爲天
子瞽瞍爲士起於士庶者子不得爵父母也至於魯僖公
得尊母成風爲小君經無譏文從公羊左氏之說鄭則從
穀梁之說故異義駮云父爲長子三年爲衆子期明無二
適也女君卒繼攝其事耳不得復立爲夫人如鄭駮之言
則此云春秋小君服之者是灼然非禮也云時若小君在
則益不可者其小君無而以夫人服之已爲不可令小君
既在而以夫人服妾母彌益不可故云益不可也　公爲
卿大夫錫衰以居者此明君爲卿大夫之喪成服之後著
錫衰以居也　出亦如之者出謂以他事而出不至喪所
亦著錫衰其首則服皮弁　當事則弁絰者君行往弔卿
大夫當大斂及殯并將葬啓殯當如此之事則首著弁絰

禮記義六十四　十六　張曜

身衣錫衰若於士雖當事首服皮弁故士喪禮云君視大
斂注云皮弁服襲裘是也　大夫相爲亦然者亦如君於
卿大夫也不當事則皮弁當事則弁絰故雜記云大夫與
殯亦弁絰是也大夫於士士雖當事亦皮弁也　爲其妻
往則服之出則否者謂公於卿大夫之妻及卿大夫相爲
其妻往臨其喪則服錫衰不恒著之以居若餘事之出則
不服也言居亦不服其當殯斂之事亦弁絰也　凡見人
無免絰者以絰重故也　雖朝於
君無免絰者以絰重縱往朝君亦無免脫於絰也　唯公
門有稅齊衰者謂已有不杖齊衰之喪至公門稅去其衰
絰猶不去也若杖齊衰及斬衰雖入公門衰亦不稅也其
大功非但稅衰又免去絰也　傳曰君子不奪人之喪亦
不可奪喪也解朝君無免絰之意引舊記以明之言君所
以許臣不免絰而入朝以君子之人以己恕物不可奪人
喪禮使之免絰故許著絰也亦不可奪喪也非但不奪人
喪亦不可自奪喪所以己有重喪猶絰以見君申己喪禮

潘本第六十四卷第十六葉

足利本第六十四卷第十七葉

也　注有免至絰也　正義曰謂不杖齊衰者案下曲禮篇云苞屨不入公門藨屨杖齊衰之屨既不得入也此云䟽齊衰明不杖齊衰也云於公門有免齊衰則大功有免絰也者鄭以絰重於齊衰不杖齊衰雖脫亦不免絰以差次約之則大功非但脫衰又免去其絰也　罪多至列也者列等也言罪之與喪其數雖多其限同五其等列相似故云列也

間傳第三十七

正義曰案鄭目録云名曰間傳者以其記喪服之間輕重所宜此於別録屬喪服

斬衰何以服苴苴惡貌也所以首其內而見諸外也斬衰貌若苴齊衰貌若枲大功貌若止小功緦麻容貌可也此哀之發於容體者也　有大憂者面必深黒止謂不動於喜樂之事枲或為似　斬衰之哭若往而不反齊衰之哭若往而反大功之哭三曲而偯小功緦麻哀容可也此哀之發於聲音者也　三曲一舉聲而三折也偯聲餘從容也　斬衰唯而不對齊衰對而不言大功言而不議小功緦麻議而不及樂此哀之發於言語者也　議謂陳說非時事也　斬衰三日不食齊衰二日

禮記義六十四　十七

潘本第六十四卷第十七葉

也　注有免至絰也　正義曰謂不杖齊衰者案下曲禮篇云苞屨不入公門藨屨杖齊衰之屨既不得入也此云䟽齊衰明不杖齊衰也云於公門有免齊衰則大功有免絰也者鄭以絰重於齊衰不杖齊衰雖脫亦不免絰以差次約之則大功非但脫衰又免去其絰也　罪多至列也者列等也言罪之與喪其數雖多其限同五其等列相似故云列也

間傳第三十七

正義曰案鄭目録云名曰間傳者以其記喪服之間輕重所宜此於別録屬喪服

斬衰何以服苴苴惡貌也所以首其內而見諸外也斬衰貌若苴齊衰貌若枲大功貌若止小功緦麻容貌可也此哀之發於容體者也　有大憂者面必深黒止謂不動於喜樂之事枲或為似　斬衰之哭若往而不反齊衰之哭若往而反大功之哭三曲而偯小功緦麻哀容可也此哀之發於聲音者也　三曲一舉聲而三折也偯聲餘從容也　斬衰唯而不對齊衰對而不言大功言而不議小功緦麻議而不及樂此哀之發於言語者也　議謂陳說非時事也　斬衰三日不食齊衰二日

禮記義六十四　十七

足利本第六十四卷第十八葉

不食大功三不食小功緦麻再不食士與斂焉則壹不食故父母之喪既殯食粥朝一溢米莫一溢米齊衰之喪疏食水飲不食菜果大功之喪不食醯醬小功緦麻不飲醴酒此哀之發於飲食者也父母之喪既虞卒哭疏食水飲不食菜果期而小祥食菜果又期而大祥有醯醬中月而禫禫而飲醴酒始飲酒者先飲醴酒始食肉者先食乾肉（先飲醴酒食乾肉者不忍發御厚味）父母之喪居倚廬寢苫枕塊不說絰帶齊衰之喪居堊室芐翦不納大功之喪寢有席小功緦麻牀可也此哀之發於居處者也父母之喪既虞卒哭柱楣翦屏芐翦不納期而小祥居堊室寢有席又期而大祥居復寢中月而禫禫而牀（芐今之蒲苹也）斬衰三升齊衰四升五升六升大功七升八升九升小功十升十一升

禮記正義六十四　十八　馬昇

潘本第六十四卷第十八葉

不食大功三不食小功緦麻再不食士與斂焉則壹不食故父母之喪既殯食粥朝一溢米莫一溢米齊衰之喪疏食水飲不食菜果大功之喪不食醯醬小功緦麻不飲醴酒此哀之發於飲食者也父母之喪既虞卒哭疏食水飲不食菜果期而小祥食菜果又期而大祥有醯醬中月而禫禫而飲醴酒始飲酒者先飲醴酒始食肉者先食乾肉（先飲醴酒食乾肉者不忍發御厚味）父母之喪居倚廬寢苫枕塊不說絰帶齊衰之喪居堊室芐翦不納大功之喪寢有席小功緦麻牀可也此哀之發於居處者也父母之喪既虞卒哭柱楣翦屏芐翦不納期而小祥居堊室寢有席又期而大祥居復寢中月而禫禫而牀（芐今之蒲苹也）斬衰三升齊衰四升五升六升大功七升八升九升小功十升十一升

禮記正義六十四　十八　馬昇

足利本第六十四卷第十九葉

十二升緦麻十五升去其半有事其縷無事其布曰緦此哀之發於衣服者也此齊衰多二等大功小功多一等服主於受是極列衣服之差也斬衰三升既虞卒哭受以成布六升冠七升爲母疏衰四升受以成布七升冠八升去麻服葛葛帶三重期而小祥練冠縓緣要絰不除男子除乎首婦人除乎帶男子何爲除乎首也婦人何爲除乎帶也男子重首婦人重帶除服者先重者易服者易輕者又期而大祥素縞麻衣中月而禫禫而纖無所不佩葛帶三重謂男子也五分去一而四糾之帶輕既變因爲飾也婦人葛絰不葛帶舊說云三糾之練而帶去一股去一股則小於小功之絰似非也易服謂爲後喪所變也婦人重帶帶在下體之上婦人重之辟男子也其爲帶猶五分絰去一耳喪服小記曰除成喪者其祭也朝服縞冠此素縞者玉藻所云縞冠素紕既祥之冠麻衣十五升布深衣也謂之麻者純用布無采飾也大祥除衰杖黑經白緯曰纖舊說纖冠者采纓也無所不佩紛帨之屬如平常也纖或作綅易服者何爲易輕者也因上說而問之斬衰之喪既虞卒哭遭齊衰之喪輕者包重者特

禮記義六十四　十九　王茂

潘本第六十四卷第十九葉

十二升緦麻十五升去其半有事其縷無事其布曰緦此哀之發於衣服者也此齊衰多二等大功小功多一等服主於受是極列衣服之差也斬衰三升既虞卒哭受以成布六升冠七升爲母疏衰四升受以成布七升冠八升去麻服葛葛帶三重期而小祥練冠縓緣要絰不除男子除乎首婦人除乎帶男子何爲除乎首也婦人何爲除乎帶也男子重首婦人重帶除服者先重者易服者易輕者又期而大祥素縞麻衣中月而禫禫而纖無所不佩葛帶三重謂男子也五分去一而四糾之帶輕既變因爲飾也婦人葛絰不葛帶舊說云三糾之練而帶去一股去一股則小於小功之絰似非也易服謂爲後喪所變也婦人重帶帶在下體之上婦人重之辟男子也其爲帶猶五分絰去一耳喪服小記曰除成喪者其祭也朝服縞冠此素縞者玉藻所云縞冠素紕既祥之冠麻衣十五升布深衣也謂之麻者純用布無采飾也大祥除衰杖黑經白緯曰纖舊說纖冠者采纓也無所不佩紛帨之屬如平常也纖或作綅易服者何爲易輕者也因上說而問之斬衰之喪既虞卒哭遭齊衰之喪輕者包重者特

禮記義六十四　十九　王茂

足利本第六十四卷第二十葉

說所以易輕者之義也既虞卒哭謂齊衰可易斬服之節也輕者可施於卑服齊衰之麻以包斬衰之葛謂男子帶婦人絰也重者宜主於尊謂男子之絰婦人之帶特其葛不變之也此言包特者明於卑可以兩施而尊者不可貳

既練遭大功之喪麻葛重 此言大功可易斬服之節也斬衰已練男子除絰而帶獨存婦人除帶而絰獨存謂之單單獨也遭大功之喪男子有麻絰婦人有麻帶又皆易其輕者以麻謂之重麻既虞卒哭男子帶其故葛帶絰期之葛絰婦人絰其故葛絰帶期之葛帶謂之重葛

齊衰之喪既虞卒哭遭大功之喪麻葛兼服之 此言大功可易齊衰期服之節也兼猶兩也不言包特而兩言者包特著其義兼者明有絰有帶耳不言重者三年之喪既練或無絰或無帶言重者以明今皆有期以下固皆有矣兩者有麻有葛耳葛者亦特其重麻者亦包其輕

禮記義六十四　二　吳宗

斬衰之葛與齊衰之麻同齊衰之葛與大功之麻同大功之葛與小功之麻同小功之葛與緦之麻同麻同則兼服之 此章言有上服既虞卒哭遭下服之差也唯大功有變三年既練之服小功以下則於上皆無易焉此言大功之葛與小功之麻同小功之葛與緦之麻同主爲大功之殤長中言之

兼服之服重者則易輕者也 服重者謂特之也則者則男子與婦人也凡下服虞卒哭男子反其故葛帶婦人反其故葛絰其上服除則固自受以下服之受矣

疏 正義曰此一節明居喪外貌輕重之異 苴惡貌也者苴是黎黑色故爲惡貌也 大功貌若止者止平停不動也 大功轉輕心無斬剌故貌不爲之變又不爲之傾故貌若止於二者

潘本第六十四卷第二十葉

說所以易輕者之義也既虞卒哭謂齊衰可易斬服之節也輕者可施於卑服齊衰之麻以包斬衰之葛謂男子帶婦人絰也重者宜主於尊謂男子之絰婦人之帶特其葛不變之也此言包特者明於卑可以兩施而尊者不可貳

既練遭大功之喪麻葛重 此言大功可易斬服之節也斬衰已練男子除絰而帶獨存婦人除帶而絰獨存謂之單單獨也遭大功之喪男子有麻絰婦人有麻帶又皆易其輕者以麻謂之重麻既虞卒哭男子帶其故葛帶絰期之葛絰婦人絰其故葛絰帶期之葛帶謂之重葛

齊衰之喪既虞卒哭遭大功之喪麻葛兼服之 此言大功可易齊衰期服之節也兼猶兩也不言包特而兩言者包特著其義兼者明有絰有帶耳不言重者三年之喪既練或無絰或無帶言重者以明今皆有期以下固皆有矣兩者有麻有葛耳葛者亦特其重麻者亦包其輕

禮記義六十四　二十

斬衰之葛與齊衰之麻同齊衰之葛與大功之麻同大功之葛與小功之麻同小功之葛與緦之麻同麻同則兼服之 此竟言有上服既虞卒哭遭下服之差也唯大功有變三年既練之服小功以下則於上皆無易焉此言大功之葛與小功之麻同小功之葛與緦之麻同主爲大功之殤長中言之

兼服之服重者則易輕者也 服重者謂特之也則者則男子與婦人也凡下服虞卒哭男子反其故葛帶婦人反其故葛絰其上服除則固自受以下服之受矣

疏 正義曰此一節明居喪外貌輕重之異 苴惡貌也者苴是黎黑色故爲惡貌也 大功貌若止者止平停不動也 大功轉輕心無斬剌故貌不爲之變又不爲之傾故貌若止於二者之

足利本第六十四卷第二十一葉

閒衰因鍛布帶屨亦輕其經色用枲同者自別表義耳
斬衰之哭若往而不反者若如也言斬衰之哭一舉而至
氣絶如似氣往而不却反聲也　哀容可也者言小功緦
麻其情既輕哀聲從容於理可也　斬衰唯而不對者但
唯於人不以言辭而對也皇氏以爲親始死但唯而已不
以言對案雜記云三年之喪對而不問爲在喪稍久故對
也　大功言而不議者大功稍輕得言他事而不議論時
事之是非雜記云齊衰之喪言而不語彼謂言己事故與
彼注云言言己事也爲人説爲語與此言異也　斬衰三
日不食者謂三日之内孝經云三日而食者謂三日之外
乃食也　齊衰二日不食者皇氏云謂正服齊衰也喪大
記云三不食者當是義服齊衰小功緦麻再不食者喪大
記云壹不食再不食則是壹不食謂緦麻再不食謂小功
也與此不同者熊氏云異人之説故其義別也　父母之
喪既虞卒哭者此明父母終喪以來所食之節也　又期
而大祥有醯醬者謂至大祥之節食醯醬則小祥食菜果

禮記義六十四　二三　吴宗

之時但用鹽酪也若不能食者小祥食菜果之時得用醯
醬也故喪大記云小祥食菜果以醯醬　中月而禫禫而
飲醴酒又云食肉者先食乾肉喪大記云祥而食肉者異
人之説故不同也　注先飲醴酒食乾肉者不忍發御厚
味　正義曰以醴酒味薄乾肉又澁所以先食之者以喪
服除孝子不忍發初御醇厚之味故飲醴酒食乾肉也
父母之喪居倚廬者此明初遭五服之喪居處之異也
苄翦不納者苄爲蒲苹爲席翦頭爲之不編納其頭而藏
於内也　父母之喪既虞卒哭者此明遭父母之喪至終
服以來所居改變之節即斬衰居倚廬齊衰居堊室論其
正耳亦有斬衰不居倚廬者則雜記云大夫居廬士居堊
室是士服斬衰而居堊室也亦有齊衰之喪不居堊室者
喪服小記云父不爲衆子次於外注云自若居寢是也
斬衰三年者此明五服精麤之異　有事其縷無事其布
曰緦者以三月之喪治其麻縷其細如緦故云緦麻以朝
服十五升抽去其半縷細而疏也有事其縷事謂鍛治其

潘本第六十四卷第二十一葉

閒衰因鍛布帶屨亦輕其經色用枲同者自別表義耳
斬衰之哭若往而不反者若如也言斬衰之哭一舉而至
氣絶如似氣往而不却反聲也　哀容可也者言小功緦
麻其情既輕哀聲從容於理可也　斬衰唯而不對者但
唯於人不以言辭而對也皇氏以爲親始死但唯而已不
以言對案雜記云三年之喪對而不問爲在喪稍久故對
也　大功言而不議者大功稍輕得言他事而不議論時
事之是非雜記云齊衰之喪言而不語彼謂言己事故與
彼注云言言己事也爲人説爲語與此言異也　斬衰三
日不食者謂三日之内孝經云三日而食者謂三日之外
乃食也　齊衰二日不食者皇氏云謂正服齊衰也喪大
記云三不食者當是義服齊衰小功緦麻再不食者喪大
記云壹不食再不食則是壹不食謂緦麻再不食謂小功
也與此不同者熊氏云異人之説故其義別也　父母之
喪既虞卒哭者此明父母終喪以來所食之節也　又期
而大祥有醯醬者謂至大祥之節食醯醬則小祥食菜果

禮記義六十四　二三　吴宗

之時但用鹽酪也若不能食者小祥食菜果之時得用醯
醬也故喪大記云小祥食菜果以醯醬　中月而禫禫而
飲醴酒又云食肉者先食乾肉喪大記云祥而食肉者異
人之説故不同也　注先飲醴酒食乾肉者不忍發御厚
味　正義曰以醴酒味薄乾肉又澁所以先食之者以喪
服除孝子不忍發初御醇厚之味故飲醴酒食乾肉也
父母之喪居倚廬者此明初遭五服之喪居處之異也
苄翦不納者苄爲蒲苹爲席翦頭爲之不編納其頭而藏
於内也　父母之喪既虞卒哭者此明遭父母之喪至終
服以來所居改變之節即斬衰居倚廬齊衰居堊室論其
正耳亦有斬衰不居倚廬者則雜記云大夫居廬士居堊
室是士服斬衰而居堊室也亦有齊衰之喪不居堊室者
喪服小記云父不爲衆子次於外注云自若居寢是也
斬衰三年者此明五服精麤之異　有事其縷無事其布
曰緦者以三月之喪治其麻縷其細如緦故云緦麻以朝
服十五升抽去其半縷細而疏也有事其縷事謂鍛治其

足利本第六十四卷第二十二葉

布縷縷也無事其布謂織布既成不鍛治其布以哀在外
故也　注此齊至差也　正義曰此齊衰多二等者案喪
服記云齊衰四升此經云齊衰四升五升六升多於喪服
篇之二等故云多二等也云大功小功多一等者案喪服
記云大功八升若九升此云大功七升八升九升是多於
喪服一等也喪服記又云小功十升若十一升此云小功
十升十一升十二升是多於喪服一等也故云大功小功
多一等也云服主於受者以喪服之經理主於受服者而
言以大功之殤無受服不列大功七升以喪服父母爲主
欲其文相值故略而不言故云服主於受也云是極列衣
服之差也者以喪服既略故記者於是經極列衣服之差
所以齊衰多二等大功小功多一等也　斬衰三升者此
明父母之喪初死至練冠衰升數之變并明練後除脫之
差也受以成布六升者以言三升四升五升之布其縷既
麤疏未爲成布也六升以下其縷漸細與吉布相參故稱
成布也　葛帶三重者謂男子也既虞卒哭受服之節要

禮記正義六十四　二十二　吳志

中之帶以葛代麻帶又差小於前以五分去一唯有四分
見在三重謂作四股糾之積而相重四股則三重未受服
之前麻帶爲兩股相合也此直云葛帶三重則首絰雖葛
不三重也猶兩股糾之也　期而小祥練冠縓緣者父沒
爲母與父同也至小祥又以卒哭後冠受其衰而用練易
其冠也又練爲中衣以縓爲領緣也　又期而大祥素縞
麻衣者謂二十五月大祥祭此日除脫則首服素冠以縞
紕之身著朝服而爲大祥之祭祭訖之後而哀情未除更
反服微凶之服首著縞冠以素紕之身著十五升麻深衣
未有采緣故云大祥素縞麻衣也　中月而禫者中間也
大祥之後更間一月而爲禫祭二十五月大祥二十七月
而禫　禫而纖者禫祭之時玄冠朝服禫祭既訖而首著
纖冠身著素端黃裳以至吉祭　無所不佩者吉祭之時
身尋常吉服平常所服之物無不佩也　注葛帶至常也
正義曰葛帶三重謂男子也以經文直云葛帶三重不辨
男女之異故明之云謂男子也云五分去一而四糾之者

潘本第六十四卷第二十二葉

布縷縷也無事其布謂織布既成不鍛治其布以哀在外
故也　注此齊至差也　正義曰此齊衰多二等者案喪
服記云齊衰四升此經云齊衰四升五升六升多於喪服
篇之二等故云多二等也云大功小功多一等者案喪服
記云大功八升若九升此云大功七升八升九升是多於
喪服一等也喪服記又云小功十升若十一升此云小功
十升十一升十二升是多於喪服一等也故云大功小功
多一等也云服主於受者以喪服之經理主於受服者而
言以大功之殤無受服不列大功七升以喪服父母爲主
欲其文相值故略而不言故云服主於受也云是極列衣
服之差也者以喪服既略故記者於是經極列衣服之差
所以齊衰多二等大功小功多一等也　斬衰三升者此
明父母之喪初死至練冠衰升數之變并明練後除脫之
差也受以成布六升者以言三升四升五升之布其縷既
麤疏未爲成布也六升以下其縷漸細與吉布相參故稱
成布也　葛帶三重者謂男子也既虞卒哭受服之節要

禮記正義六十四　二十二　吳志

中之帶以葛代麻帶又差小於前以五分去一唯有四分
見在三重謂作四股糾之積而相重四股則三重未受服
之前麻帶爲兩股相合也此直云葛帶三重則首絰雖葛
不三重也猶兩股糾之也　期而小祥練冠縓緣者父沒
爲母與父同也至小祥又以卒哭後冠受其衰而用練易
其冠也又練爲中衣以縓爲領緣也　又期而大祥素縞
麻衣者謂二十五月大祥祭此日除脫則首服素冠以縞
紕之身著朝服而爲大祥之祭祭訖之後而哀情未除更
反服微凶之服首著縞冠以素紕之身著十五升麻深衣
未有采緣故云大祥素縞麻衣也　中月而禫者中間也
大祥之後更間一月而爲禫祭二十五月大祥二十七月
而禫　禫而纖者禫祭之時玄冠朝服禫祭既訖而首著
纖冠身著素端黃裳以至吉祭　無所不佩者吉祭之時
身尋常吉服平常所服之物無不佩也　注葛帶至常也
正義曰葛帶三重謂男子也以經文直云葛帶三重不辨
男女之異故明之云謂男子也云五分去一而四糾之者

足利本第六十四卷第二十三葉

以喪服傳云五服絰帶相差皆五分去一故知受服之時
以葛代麻亦五分去一既五分去一唯有四分見在分爲
四股而糾之故云四糾之云帶輕既變因爲飾也者男子
重首而輕帶既變麻用葛四股糾之以爲飾也則知男子
首絰婦人要帶不三重爲飾也云婦人葛絰不葛帶者案
少儀云婦人葛絰而麻帶又上檀弓云婦人不葛帶謂齊
斬之婦人也故士虞禮曰婦人既練說首絰不說帶也注
云不說帶齊斬婦人帶不變也婦人少變而重帶帶下體
之上也其大功以下婦人亦葛帶也故喪服大功章男女
並陳及其變服三月受以小功衰即葛九月是男女共爲
即知大功婦人亦受葛也云舊說云三糾之練而帶去一
股者舊說云所至練之時又三分去一此既葬葛帶三重
去其一股以爲練之帶也云去一股則小於小功之絰似
非也者斬衰既葬與齊衰之麻同斬衰既練與大功之麻
同大功之帶即與小功首絰同所云同者皆五分去一今
乃三分斬衰既葬三重之葛帶去其一股以爲練帶則是

〈禮記義六四〉 二十三 周左

三年練帶小於小功首絰非五服之差次故云似非也云
易服謂爲後喪所變也者以身先有前喪重今更遭後喪
輕服欲變易前喪故云爲後喪所變也云其爲帶猶五分
絰去一耳者以婦人斬衰不變帶以其重要故也婦人既
重其要恐要帶與首絰麤細相似同故云其爲帶猶須五
分首絰去一分耳以首尊於要但婦人避男子而重要帶
耳云喪服小記曰除成喪者其祭也朝服縞冠者證當祥
祭之時所著之服非是素縞麻衣也云此素縞者玉藻所
云縞冠素紕既祥之冠者引之者證此經大祥素縞麻衣
是大祥之後所服之服也云麻衣十五升布深衣也者案
雜記篇云朝服十五升此大祥之祭既著朝服則大祥之
後麻衣麤細當與朝服同者故知十五升布深衣也云謂
之麻者純用布無采飾也者若有采飾則謂之深衣深衣
篇所云者是也若緣以素則曰長衣聘禮長衣是也若緣
之以布則曰麻衣此云麻衣是也云大祥除衰杖者以下
三年問篇云三年之喪二十五月而畢既稱終畢是除衰

潘本第六十四卷第二十三葉

以喪服傳云五服絰帶相差皆五分去一故知受服之時
以葛代麻亦五分去一既五分去一唯有四分見在分爲
四股而糾之故云四糾之云帶輕既變因爲飾也者男子
重首而輕帶既變麻用葛四股糾之以爲飾也則知男子
首絰婦人要帶不三重爲飾也云婦人葛絰不葛帶者案
少儀云婦人葛絰而麻帶又上檀弓云婦人不葛帶謂齊
斬之婦人也故士虞禮曰婦人既練說首絰不說帶也注
云不說帶齊斬婦人帶不變也婦人少變而重帶帶下體
之上也其大功以下婦人亦葛帶也故喪服大功章男女
並陳及其變服三月受以小功衰即葛九月是男女共爲
即知大功婦人亦受葛也云舊說云三糾之練而帶去一
股者舊說云所至練之時又三分去一此既葬葛帶三重
去其一股以爲練之帶也云去一股則小於小功之絰似
非也者斬衰既葬與齊衰之麻同斬衰既練與大功之麻
同大功之帶即與小功首絰同所云同者皆五分去一今
乃三分斬衰既葬三重之葛帶去其一股以爲練帶則是

〈禮記義六四〉 二十三 周左

三年練帶小於小功首絰非五服之差次故云似非也云
易服謂爲後喪所變也者以身先有前喪重今更遭後喪
輕服欲變易前喪故云爲後喪所變也云其爲帶猶五分
絰去一耳者以婦人斬衰不變帶以其重要故也婦人既
重其要恐要帶與首絰麤細相似同故云其爲帶猶須五
分首絰去一分耳以首尊於要但婦人避男子而重要帶
耳云喪服小記曰除成喪者其祭也朝服縞冠者證當祥
祭之時所著之服非是素縞麻衣也云此素縞者玉藻所
云縞冠素紕既祥之冠者引之者證此經大祥素縞麻衣
是大祥之後所服之服也云麻衣十五升布深衣也者案
雜記篇云朝服十五升此大祥之祭既著朝服則大祥之
後麻衣麤細當與朝服同者故知十五升布深衣也云謂
之麻者純用布無采飾也者若有采飾則謂之深衣深衣
篇所云者是也若緣以素則曰長衣聘禮長衣是也若緣
之以布則曰麻衣此云麻衣是也云大祥除衰杖者以下
三年問篇云三年之喪二十五月而畢既稱終畢是除衰

足利本第六十四卷第二十四葉

杖可知也云黑經白緯者戴德變除禮文矣云舊說纖冠者采纓也者以無正文故以舊說而言之云無所不佩紛帨之屬如平常也者此謂禫祭既畢吉祭以後始得無所不佩若吉祭之前禫祭雖竟未得無所不佩以其禫後尚纖冠玄端黄裳故知吉祭以後始從吉也若吉祭在禫祭既畢以後始從吉也若吉祭在禫月猶未純吉士虞記云是月也吉祭而猶未配注云是月是禫月也當四時之祭月則祭而猶未以某妃配則禫之後月乃得復平常易服者何爲易輕者也以前文云易服者先易輕者故記者於此經更自釋易輕之意故云何爲易輕者也言有何所爲得易輕者故下文釋云既有前喪今又遭後喪得以後喪易換前喪輕者也　斬衰之喪既虞卒哭者謂士及庶人也故卒哭與虞並言之矣若大夫以上則虞受服故喪服注云天子諸侯卿大夫既虞士卒哭而受服輕者包言斬衰受服之時而遭齊衰初喪男子所輕要者得著齊衰要帶而兼包斬衰之帶也若婦人輕首得著齊衰首經

禮記義六十四　二十四　王祐

而包斬衰之經故云輕者包也　重者特者男子重首特留斬衰之經婦人重要特留斬衰要帶是重者特也注說所至可貳　正義曰此言包特者謂於此斬衰既虞卒哭遭齊衰之喪或云包或云特者斬衰齊衰既是重服舉此言包特則知齊衰大功亦包特也卑謂男子卑要婦人卑首欲明卑者可以兩施兩施謂施於齊衰又得兼斬衰以其輕卑之故得可以兩施云而尊者不可貳者尊謂男子尊首婦人尊要故事尊正得尊於重服不可差貳兼服輕也　既練遭大功之喪麻葛重者斬衰既練男子除首經婦人除要經男子唯有要帶婦人唯有首經是其單也今遭大功之喪男子首空著大功麻經婦人要空著大功麻帶男子又以大功麻帶易練之葛帶婦人又以大功麻經易練之葛經是重麻也至大功既虞卒哭男子帶以練之故葛帶首著期之葛經婦人經其練之故葛經著期之葛帶是謂之重葛也注此言至之重葛　正義曰謂大功既虞卒哭之後大功葛帶輕於練之葛帶故男子反帶

潘本第六十四卷第二十四葉

杖可知也云黑經白緯者戴德變除禮文矣云舊說纖冠者采纓也者以無正文故以舊說而言之云無所不佩紛帨之屬如平常也者此謂禫祭既畢吉祭以後始得無所不佩若吉祭之前禫祭雖竟未得無所不佩以其禫後尚纖冠玄端黄裳故知吉祭以後始從吉也若吉祭在禫祭既畢以後始從吉也若吉祭在禫月猶未純吉士虞記云是月也吉祭而猶未配注云是月是禫月也當四時之祭月則祭而猶未以某妃配則禫之後月乃得復平常易服者何爲易輕者也以前文云易服者先易輕者故記者於此經更自釋易輕之意故云何爲易輕者也言有何所爲得易輕者故下文釋云既有前喪今又遭後喪得以後喪易換前喪輕者也　斬衰之喪既虞卒哭者謂士及庶人也故卒哭與虞並言之矣若大夫以上則虞受服故喪服注云天子諸侯卿大夫既虞士卒哭而受服輕者包言斬衰受服之時而遭齊衰初喪男子所輕要者得著齊衰要帶而兼包斬衰之帶也若婦人輕首得著齊衰首經

禮記義六十四　二十四

而包斬衰之經故云輕者包也　重者特者男子重首特留斬衰之經婦人重要特留斬衰要帶是重者特也注說所至可貳　正義曰此言包特者謂於此斬衰既虞卒哭遭齊衰之喪或云包或云特者斬衰齊衰既是重服舉此言包特則知齊衰大功亦包特也卑謂男子卑要婦人卑首欲明卑者可以兩施兩施謂施於齊衰又得兼斬衰以其輕卑之故得可以兩施云而尊者不可貳者尊謂男子尊首婦人尊要故事尊正得尊於重服不可差貳兼服輕也　既練遭大功之喪麻葛重者斬衰既練男子除首經婦人除要經男子唯有要帶婦人唯有首經是其單也今遭大功之喪男子首空著大功麻經婦人要空著大功麻帶男子又以大功麻帶易練之葛帶婦人又以大功麻經易練之葛經是重麻也至大功既虞卒哭男子帶以練之故葛帶首著期之葛經婦人經其練之故葛經著期之葛帶是謂之重葛也注此言至之重葛　正義曰謂大功既虞卒哭之後大功葛帶輕於練之葛帶故男子反帶

足利本第六十四卷第二十五葉

其練之故葛帶也云經期之葛經者以男子練時首經既除今經大功又既葬其首則有經大功之葛經今云期之葛經以大功葛經既與練之葛帶麤細相似非上下之差故大功葛經但麤細與期之經同故云經期之葛經但麤細與期同其實大功葛經前於服問篇已釋也云婦人經其故葛經帶期之葛帶者大功既葬之後大功首經輕於練之葛經故反服其練之故葛經帶謂婦人練後要帶已除今大功已葬其要則帶大功葛帶也謂之期葛帶者麤細與期同其實是大功葛帶也　齊衰至服之　此明齊衰既虞卒哭遭大功之喪以後服易前服之義也　麻葛兼服之者即前文輕者包重者特之義今齊衰既虞卒哭遭大功之喪易換輕者男子則大功麻帶易齊衰之葛帶其首猶服齊衰葛經是首有葛要有麻故云麻葛兼服之兼服之文據男子也婦人則首服大功之麻經要服齊衰之麻帶上下俱麻不得云麻葛兼服之也　注此言至其輕　正義曰包特著其義兼者明有經有帶耳者以卑者

禮記正義六十四　二十五

可包尊須特著其尊卑之義故於斬衰重服言之兼者不取其義直云經帶麻葛兼有故於齊衰輕服言之於男子而論其實同也云不言重者三年之喪既練或無經或無帶言重者以明今皆有者鄭以既遭大功之喪麻葛重此文承麻葛重下所以不稱麻葛重者以三年之喪既練之後男子除首經是或無經也婦人除要帶是或無帶也所以稱重以於先既單今首經皆有故須稱重云期以下固皆有矣者言男子首之與要固當皆有經帶矣婦人亦然也既不似既練之單所以不得稱重也　斬衰至服也　此明五服葛之與麻麤細相同者與後兼前服也　麻同則兼服之者以後服之麻與前服之葛麤細同則得服後麻兼前服葛也案服問篇小功緦不得變大功以上此小功之麻得變大功之葛緦之麻得變小功之葛謂成人大功之殤在長中服問已釋也　兼服之服重者則前文重者特是也　則易輕者也謂男子婦人則易換輕者前文輕者包是也　注服重至受矣　正義曰云則者則男

潘本第六十四卷第二十五葉

其練之故葛帶也云經期之葛經者以男子練時首經既除今經大功又既葬其首則有經大功之葛經今云期之葛經以大功葛經既與練之葛帶麤細相似非上下之差故大功葛經但麤細與期之經同故云經期之葛經但麤細與期同其實大功葛經前於服問篇已釋也云婦人經其故葛經帶期之葛帶者大功既葬之後大功首經輕於練之葛經故反服其練之故葛經帶謂婦人練後要帶已除今大功已葬其要則帶大功葛帶也謂之期葛帶者麤細與期同其實是大功葛帶也　齊衰至服之　此明齊衰既虞卒哭遭大功之喪以後服易前服之義也　麻葛兼服之者即前文輕者包重者特之義今齊衰既虞卒哭遭大功之喪易換輕者男子則大功麻帶易齊衰之葛帶其首猶服齊衰葛經是首有葛要有麻故云麻葛兼服之兼服之文據男子也婦人則首服大功之麻經要服齊衰之麻帶上下俱麻不得云麻葛兼服之也　注此言至其輕　正義曰包特著其義兼者明有經有帶耳者以卑者

禮記正義六十四　二十五

可包尊須特著其尊卑之義故於斬衰重服言之兼者不取其義直云經帶麻葛兼有故於齊衰輕服言之於男子而論其實同也云不言重者三年之喪既練或無經或無帶言重者以明今皆有者鄭以既遭大功之喪麻葛重此文承麻葛重下所以不稱麻葛重者以三年之喪既練之後男子除首經是或無經也婦人除要帶是或無帶也所以稱重以於先既單今首經皆有故須稱重云期以下固皆有矣者言男子首之與要固當皆有經帶矣婦人亦然也既不似既練之單所以不得稱重也　斬衰至服也　此明五服葛之與麻麤細相同者與後兼前服也　麻同則兼服之者以後服之麻與前服之葛麤細同則得服後麻兼前服葛也案服問篇小功緦不得變大功以上此小功之麻得變大功之葛緦之麻得變小功之葛謂成人大功之殤在長中服問已釋也　兼服之服重者則前文重者特是也　則易輕者也謂男子婦人則易換輕者前文輕者包是也　注服重至受矣　正義曰云則者則男

禮記正義卷第六十四

足利本第六十四卷第二十六葉左半葉無圖像

子與婦人也者以前文麻葛兼服之但施於男子不包婦
人今此易輕者男子則易於要婦人則易於首男子婦人
俱得易輕故云則者則男子與婦人也云凡下服虞卒哭
男子反其故葛帶婦人反其故葛絰者此明遭後明初喪
前喪故云男子反服其故葛帶婦人反服其故葛絰但絰
男子婦人雖易前服之輕至後服既葬之後還須反服其
文據其後喪初死得易前喪之輕注意明也後
既易以蒲還反服前喪輕服故文注稍異也

禮記正義卷第六十四

上杉安房守藤原憲實寄進

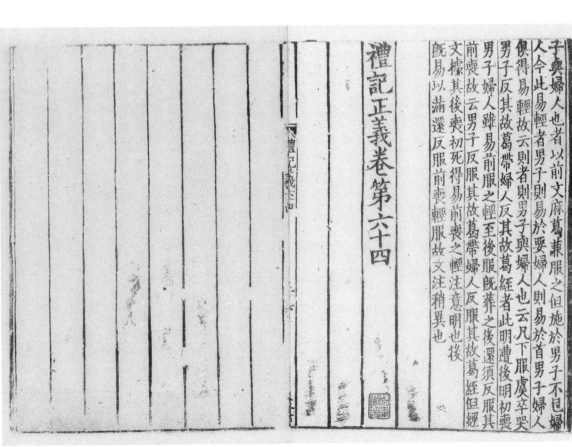

潘本第六十四卷第二十六葉

子與婦人也者以前文麻葛兼服之但施於男子不包婦
人今此易輕者男子則易於要婦人則易於首男子婦人
俱得易輕故云則者則男子與婦人也云凡下服虞卒哭
男子反其故葛帶婦人反其故葛絰者此明遭後明初喪
前喪故云男子反服其故葛帶婦人反服其故葛絰但絰
男子婦人雖易前服之輕至後服既葬之後還須反服其
文據其後喪初死得易前喪之輕注意明也後
既易以蒲還反服前喪輕服故文注稍異也

禮記正義卷第六十四

足利本第六十五卷第一葉

禮記正義卷第六十五

國子祭酒上護軍曲阜縣開國子臣孔穎達等奉

勑撰

上杉安房守藤原憲實寄進

三年問第三十八

正義曰案鄭目錄云名曰三年問者善其問以知喪服年月所由此於別錄屬喪服

三年之喪何也曰稱情而立文因以飾羣別親疏貴賤之節而弗可損益也故曰無易之道也 稱情而立文稱人之情輕重而制其禮也羣謂親之黨也無易猶不易也 創鉅者其日久痛甚者其愈遲三年者稱情而立文所以爲至痛極也斬衰苴杖居倚廬食粥寢苫枕塊所以爲至痛飾也 飾情之章表也 三年之喪二十五月而畢哀痛未盡思慕未忘然而服以是斷之者豈不送死有已復生有節也哉 復生除喪反生者之事也

疏 正義曰此一節問喪三年所由解釋所以三年之意 三年之喪何也者記者欲釋三年之義故假設其問云三年喪者意有何義理謂稱人之情而立禮之節文 因以飾羣者飾謂章表也羣謂五服之親也因此三年之喪差降各表其親黨 別親疏貴賤之節而

潘本第六十五卷第一葉

禮記正義卷第六十五

國子祭酒上護軍曲阜縣開國子臣孔穎達等奉

勑撰

三年問第三十八

正義曰案鄭目錄云名曰三年問者善其問以知喪服年月所由此於別錄屬喪服

三年之喪何也曰稱情而立文因以飾羣別親疏貴賤之節而弗可損益也故曰無易之道也 稱情而立文稱人之情輕重而制其禮也羣謂親之黨也無易猶不易也 創鉅者其日久痛甚者其愈遲三年者稱情而立文所以爲至痛極也斬衰苴杖居倚廬食粥寢苫枕塊所以爲至痛飾也 飾情之章表也 三年之喪二十五月而畢哀痛未盡思慕未忘然而服以是斷之者豈不送死有已復生有節也哉 復生除喪反生者之事也

疏 正義曰此一節問喪三年所由解釋所以三年之意 三年之喪何也者記者欲釋三年之義故假設其問云三年喪者意有何義理謂稱人之情而立禮之節文 因以飾羣者飾謂章表也羣謂五服之親也因此三年之喪差降各表其親黨 別親疏貴賤之節而

弗可損益也者親謂大功以上疏謂小功以下貴謂天子諸侯絶期卿大夫降期以下賤謂士庶人服族其節分明使不可損益也　故曰無易之道也者引舊語成文也無不也並有差品其道不可改易　創鉅者其日久者以釋重喪所以三年也其事既大故爲譬也鉅大也夫創小則易差創大則難愈故云創鉅其日久也　痛甚者其愈遲者愈差也賢者喪親傷腎乾肝斬斫之痛其痛既甚故其差亦遲也　三年者稱情而立文所以爲至痛極也者既痛甚差遲故稱其痛情而立三年之文以表是至痛極者也　哀痛未盡思慕未忘者言賢人君子於此二十五月之時悲哀摧痛猶未能盡憂思悲慕猶未能忘故心之哀慕於時未盡而外親喪服以是斷割者豈不送死有已復生有節也哉者若不斷以二十五月則孝子送死之情何時得已復吉常之禮何有限節故聖人裁斷止限二十五月豈不是送死須有已止反復生禮須有限節也哉

凡生天地之間者有血氣之屬必有知有知之屬莫不知愛其類今是大鳥獸則失喪其羣匹越月踰時焉則必反巡過其故鄉翔回焉鳴號焉蹢躅焉踟躕焉然後乃能去之小者至於燕雀猶有啁噍之頃焉然後乃能去之故有血氣之屬者莫知於人故人於其親也至死不窮匹偶也言燕雀之恩不如大鳥獸大鳥獸不如人含血氣之類人最有知而恩深也於其五服之親念之至死無止

疏　正義曰此一經明天地之間血氣之類皆有所知至於鳥獸大小各能思其種類況在於人何有窮已

弗可損益也者親謂大功以上疏謂小功以下貴謂天子諸侯絶期卿大夫降期以下賤謂士庶人服族其節分明使不可損益也　故曰無易之道也者引舊語成文也無不也並有差品其道不可改易　創鉅者其日久者以釋重喪所以三年也其事既大故爲譬也鉅大也夫創小則易差創大則難愈故云創鉅其日久也　痛甚者其愈遲者愈差也賢者喪親傷腎乾肝斬斫之痛其痛既甚故其差亦遲也　三年者稱情而立文所以爲至痛極也者既痛甚差遲故稱其痛情而立三年之文以表是至痛極者也　哀痛未盡思慕未忘者言賢人君子於此二十五月之時悲哀摧痛猶未能盡憂思悲慕猶未能忘故心之哀慕於時未盡而外親喪服以是斷割者豈不送死有已復生有節也哉者若不斷以二十五月則孝子送死之情何時得已復吉常之禮何有限節故聖人裁斷止限二十五月豈不是送死須有已止反復生禮須有限節也哉

禮記義六十五　二

凡生天地之間者有血氣之屬必有知有知之屬莫不知愛其類今是大鳥獸則失喪其羣匹越月踰時焉則必反巡過其故鄉翔回焉鳴號焉蹢躅焉踟躕焉然後乃能去之小者至於燕雀猶有啁噍之頃焉然後乃能去之故有血氣之屬者莫知於人故人於其親也至死不窮匹偶也言燕雀之恩不如大鳥獸大鳥獸不如人含血氣之類人最有知而恩深也於其五服之親念之至死無止

疏　正義曰此一經明天地之間血氣之類皆有所知至於鳥獸大小各能思其種類況在於人何有窮已

足利本第六十五卷第三葉

已也將由夫患邪淫之人與則彼朝死而夕忘之然而從之則是曾鳥獸之不若也夫焉能相與羣居而不亂乎言惡人薄於恩死則忘之其相與聚處必失禮也【疏】正義曰此一經明小人之人曾鳥獸之不若若不以禮節之安能羣居而不亂將由夫脩飾之君子與則三年之喪二十五月而畢若駟之過隙然而遂之則是無窮也駟之過隙喻疾也遂之謂不時除也【疏】正義曰此一經明賢人君子於三年之喪若駟之過隙若不以禮制節之則哀痛何時窮已駟之過隙者駟謂駟馬隙謂空隙駟馬駿疾空隙狹小以駿疾而過狹小言急速之甚故先

禮記正義六十五　三

王焉爲之立中制節壹使足以成文理則釋之矣立中制節謂服之年月也釋猶除也去也【疏】正義曰此一經明小人君子其意不同故先王爲之立中人之制節 故先王焉者焉是語辭立中制節者言先王爲之立中人之制以爲年月限節 壹使足以成文理者壹謂齊同言君子小人皆齊同使足以成文章義理 則釋之矣者釋猶除去既成義理則除去其服所以成三年文理者以三年一閏天道小成又子生三年然後免於父母之懷故服以三年成文章義理 然則何以至期也言三年之義如此則何以有降至於期也期者謂爲人後者父在爲母也曰至親以期斷言服之正雖在親皆期而除也是何也問服斷於期之義也曰天地則已易矣四時則已變矣其在天

潘本第六十五卷第三葉

已也將由夫患邪淫之人與則彼朝死而夕忘之然而從之則是曾鳥獸之不若也夫焉能相與羣居而不亂乎言惡人薄於恩死則忘之其相與聚處必失禮也【疏】正義曰此一經明小人之人曾鳥獸之不若若不以禮節之安能羣居而不亂將由夫脩飾之君子與則三年之喪二十五月而畢若駟之過隙然而遂之則是無窮也駟之過隙喻疾也遂之謂不時除也【疏】正義曰此一經明賢人君子於三年之喪若駟之過隙若不以禮制節之則哀痛何時窮已駟之過隙者駟謂駟馬隙謂空隙駟馬駿疾空隙狹小以駿疾而過狹小言急速之甚故先

禮記正義六十五　三

王焉爲之立中制節壹使足以成文理則釋之矣立中制節謂服之年月也釋猶除也去也【疏】正義曰此一經明小人君子其意不同故先王爲之立中人之制節 故先王焉者焉是語辭立中制節者言先王爲之立中人之制以爲年月限節 壹使足以成文理者壹謂齊同言君子小人皆齊同使足以成文章義理 則釋之矣者釋猶除去既成義理則除去其服所以成三年文理者以三年一閏天道小成又子生三年然後免於父母之懷故服以三年成文章義理 然則何以至期也言三年之義如此則何以有降至於期也期者謂爲人後者父在爲母也曰至親以期斷言服之正雖在親皆期而除也是何也問服斷於期之義也曰天地則已易矣四時則已變矣其在天

足利本第六十五卷第四葉

地之中者莫不更始焉以是象之也法此變易可以期也

【疏】正義曰上節既稱爲父母三年何故有父母止有期者此一節釋爲期之義然則何以至期也者言爲父母本應三年何故爲人後者爲本生父母及父在爲母而止於期　曰至親以期斷者記者釋之爲至親本以期斷故雖爲他後及父在爲母但一期也　是何也者記者又起問云有何義故以期矣　四時則已變矣者荅期斷之義也言期是一年之周匝而天氣換矣前時已畢今時又來是變改矣其在天地之中莫不更始焉者言天地之中動植之物無不於前事之終更爲今事之始也　以是象之也者聖人以是之故以人事法象天地故期年也

【注】言三至母也　正義曰鄭意以三年之喪何以有降至於期者故云爲人後者爲本生之父母及父在爲母期事故抑屈應降至九月十月何以必至於期以其本至親不可降期以下故雖降屈猶至於期今檢尋經意父母本意三年何以至期者但問其一期應除之義故荅曰至親以期斷是明一期可除之節故禮期而練男子除絰婦人除帶下文云加隆故至三年是經意不據爲人後及父在爲母期鄭之此釋恐未盡經意但既祖鄭學今因而釋之

然則何以三年也言法此變易可以期何以乃三年爲曰加隆焉爾也焉使倍之故再期也言於父母加隆其恩使倍期也下焉猶然

【疏】正義曰此一節釋因期及三年之義故設問云然則何以三年也曰加隆焉爾也本實應期但子加恩隆重故三年焉爾也語助之辭也　焉使倍之故再期也者焉猶然也子既加隆於父母故然使倍之然猶如是倍之言倍一期故至再期也

由九月以下何也曰焉使弗及也言使其恩不若父母故三年以爲隆緦小功以爲殺期

潘本第六十五卷第四葉

地之中者莫不更始焉以是象之也法此變易可以期也

【疏】正義曰上節既稱爲父母三年何故有父母止有期者此一節釋爲期之義然則何以至期也者言爲父母本應三年何故爲人後者爲本生父母及父在爲母而止於期　曰至親以期斷者記者釋之爲至親本以期斷故雖爲他後及父在爲母但一期也　是何也者記者又起問云有何義故以期矣　四時則已變矣者荅期斷之義也言期是一年之周匝而天氣換矣前時已畢今時又來是變改矣其在天地之中莫不更始焉者言天地之中動植之物無不於前事之終更爲今事之始也　以是象之也者聖人以是之故以人事法象天地故期年也

【注】言三至母也　正義曰鄭意以三年之喪何以有降至於期者故云爲人後者爲本生之父母及父在爲母期事故抑屈應降至九月十月何以必至於期以其本至親不可降期以下故雖降屈猶至於期今檢尋經意父母本意

禮記義六十五　四

三年何以至期者但問其一期應除之義故荅曰至親以期斷是明一期可除之節故禮期而練男子除絰婦人除帶下文云加隆故至三年是經意不據爲人後及父在爲母期鄭之此釋恐未盡經意但既祖鄭學今因而釋之

然則何以三年也言法此變易可以期何以乃三年爲曰加隆焉爾也焉使倍之故再期也言於父母加隆其恩使倍期也下焉猶然

【疏】正義曰此一節釋因期及三年之義故設問云然則何以三年也曰加隆焉爾也本實應期但子加恩隆重故三年焉爾也語助之辭也　焉使倍之故再期也者焉猶然也子既加隆於父母故然使倍之然猶如是倍之言倍一期故至再期也

由九月以下何也曰焉使弗及也言使其恩不若父母故三年以爲隆緦小功以爲殺期

九月以爲閒上取象於天下取法於地中取則於人人之所以羣居和壹之理盡矣取象於天地謂法其變易也自三年以至緦皆歲時之數也言既象天地又足以盡人聚居純厚之恩也【疏】正義曰上節既稱期斷何故有九月以下故此經釋之由九月以下何也者由從也記者既稱期斷假設問之何故有從九月以下　曰焉使弗及也者焉亦然也然使恩隆不及於期也則五月不及九月三月不及五月轉相不及也　故三年以爲隆者謂恩愛隆重　緦小功以爲殺者謂情理殺薄　朞九月以爲閒者是隆殺之閒也　上取象於天下取法於地者天地之氣三年一閏是三年者取象於一閏天地一期物終是一期者取象於一周九月者以象陽之數又象三時而物成也五月以象於五行三月者取象天地一時而氣變言五服之節皆取法於天地

禮記義六十五　五

中取則於人者則法也天地之中取則於人若子生三年然後免於父母之懷故服三年人之一歲情意變改故服一期九月五月三月之屬亦逐人情而減殺是中則於人所以羣居和壹之理盡矣者既法天地與人三才並備故能調和羣衆聚居和諧專壹義理盡備矣故三年之喪人道之至文者也夫是之謂至隆言三年之喪禮之最盛也是百王之所同古今之所壹也未有知其所由來者也不知其所從來喻此三年之喪前世行之久矣孔子曰子生三年然後免於父母之懷夫三年之喪天下之達喪也達謂自天子至於庶人【疏】正義曰此一節重明三年之義三年之喪人道之至文者也言三年喪禮於人

足利本第六十五卷第五葉

潘本第六十五卷第五葉

九月以爲閒上取象於天下取法於地中取則於人人之所以羣居和壹之理盡矣取象於天地謂法其變易也自三年以至緦皆歲時之數也言既象天地又足以盡人聚居純厚之恩也【疏】正義曰上節既稱期斷何故有九月以下故此經釋之由九月以下何也者由從也記者既稱期斷假設問之何故有從九月以下　曰焉使弗及也者焉亦然也然使恩隆不及於期也則五月不及九月三月不及五月轉相不及也　故三年以爲隆者謂恩愛隆重　緦小功以爲殺者謂情理殺薄　朞九月以爲閒者是隆殺之閒也　上取象於天下取法於地者天地之氣三年一閏是三年者取象於一閏天地一期物終是一期者取象於一周九月者以象陽之數又象三時而物成也五月以象於五行三月者取象天地一時而氣變言五服之節皆取法於天地

禮記義六十五　五

中取則於人者則法也天地之中取則於人若子生三年然後免於父母之懷故服三年人之一歲情意變改故服一期九月五月三月之屬亦逐人情而減殺是中則於人所以羣居和壹之理盡矣者既法天地與人三才並備故能調和羣衆聚居和諧專壹義理盡備矣故三年之喪人道之至文者也夫是之謂至隆言三年之喪禮之最盛也是百王之所同古今之所壹也未有知其所由來者也不知其所從來喻此三年之喪前世行之久矣孔子曰子生三年然後免於父母之懷夫三年之喪天下之達喪也達謂自天子至於庶人【疏】正義曰此一節重明三年之義三年之喪人道之至文者也言三年喪禮於人

道之中至極文理之盛者則期以下非其至極也　夫是之謂至隆者言三年之喪人恩之至極隆厚也　未有知其所由來者也言三年之喪行之自遠未有能識知所從來也言不知從何代而來引孔子曰者論語之文證此三年之喪也　注不知至久矣　正義曰案易繫辭云古之葬者厚衣之以薪葬之中野不封不樹喪期無數尚書云百姓如喪考妣三載此云不知所由來者但上古云喪期無數謂無葬練祥之數其喪父母之哀猶三年也故堯崩云如喪考妣三載則知堯以前喪考妣已三年但不知定在何時其喪服所起則黄帝堯舜之時雖有衣裳仍未有喪服也但唐虞已前喪服與吉服同皆以白布爲之故郊特牲云大古冠布齊則緇之若不齊則皆用白布也鄭注喪服其冠衰之異從三代以下由唐虞以上曰大古吉凶皆用白布則知三代吉凶異也

深衣第三十九

正義曰案鄭目録云名曰深衣者以其記深衣之制也深衣連衣裳而純之以采者素純曰長衣有表則謂之中衣大夫以上祭服之中衣用素詩云素衣朱襮王藻曰以帛裏布非禮也士祭以朝服中衣以布明矣此於別録屬制度鄭云大夫以上祭服中衣用素者謂天子大夫以其四命與公之孤同爵弁自祭故中衣用素云士祭以朝服中衣以布者亦謂天子之士與諸侯大夫同案少牢諸侯大夫祭以朝服故天子之士亦祭以朝服朝服用布故中衣以布其諸侯之士自祭以玄端則朝服之衣但其裳異耳中衣亦用布也案詩云素衣朱襮晉人欲薦桓叔桓叔大夫得用素衣者國人以國君之禮待之故欲薦素衣也其長衣中衣及深衣其制度同玉藻云長中繼揜尺若深衣則緣而已下云緣廣寸半凡深衣皆用諸侯大夫士夕時所著之服故王藻云朝玄端夕深衣庶人吉服亦深衣皆著之在表也其中衣在朝服祭服喪服之下知喪服亦有中衣者檀弓云

道之中至極文理之盛者則期以下非其至極也　夫是之謂至隆者言三年之喪人恩之至極隆厚也　未有知其所由來者也言三年之喪行之自遠未有能識知所從來也言不知從何代而來引孔子曰者論語之文證此三年之喪也　注不知至久矣　正義曰案易繫辭云古之葬者厚衣之以薪葬之中野不封不樹喪期無數尚書云百姓如喪考妣三載此云不知所由來者但上古云喪期無數謂無葬練祥之數其喪父母之哀猶三年也故堯崩云如喪考妣三載則知堯以前喪考妣已三年但不知定在何時其喪服所起則黄帝堯舜之時雖有衣裳仍未有喪服也但唐虞已前喪服與吉服同皆以白布爲之故郊特牲云大古冠布齊則緇之若不齊則皆用白布也鄭注喪服其冠衰之異從三代以下由唐虞以上曰大古吉凶皆用白布則知三代吉凶異也

深衣第三十九

禮記義六十五　六

正義曰案鄭目録云名曰深衣者以其記深衣之制也深衣連衣裳而純之以采者素純曰長衣有表則謂之中衣大夫以上祭服之中衣用素詩云素衣朱襮王藻曰以帛裏布非禮也士祭以朝服中衣以布明矣此於別録屬制度鄭云大夫以上祭服中衣用素者謂天子大夫以其四命與公之孤同爵弁自祭故中衣用素云士祭以朝服中衣以布者亦謂天子之士與諸侯大夫同案少牢諸侯大夫祭以朝服故天子之士亦祭以朝服朝服用布故中衣以布其諸侯之士自祭以玄端則朝服之衣但其裳異耳中衣亦用布也案詩云素衣朱襮晉人欲薦桓叔桓叔大夫得用素衣者國人以國君之禮待之故欲薦素衣也其長衣中衣及深衣其制度同玉藻云長中繼揜尺若深衣則緣而已下云緣廣寸半凡深衣皆用諸侯大夫士夕時所著之服故王藻云朝玄端夕深衣庶人吉服亦深衣皆著之在表也其中衣在朝服祭服喪服之下知喪服亦有中衣者檀弓云

練衣黄裏注云練中衣以黄爲内是也但喪服中衣不得繼揜尺也故喪服儀云帶緣各視其冠注云緣如深衣之緣是喪服中衣用深衣則深衣緣之以采故下云具父母大父母衣純以續以青之屬也唯孤子深衣純以素但以緣而已不與長衣同其吉服中衣亦以采緣其諸侯得綃黼爲領丹朱爲緣郊特牲云綃黼丹朱中衣大夫之僭禮則知大夫士不用綃黼丹朱但用采純而已矣無文以明之其長衣以素緣知者若以采緣則與吉服中衣同故知以素緣也若以布緣則曰麻衣知用布緣者以其稱麻衣故知也其喪服之中衣其純用布視冠布之麤細至葬可以用素緣也練則用源也其詩之麻衣則與此别彼謂吉服之衣也所以此稱深衣者以餘服則上衣下裳不相連此深衣衣裳相連被體深邃故謂之深衣

古者深衣蓋有制度以應規矩繩權衡言聖人制事必有法度

短毋見膚衣取蔽形長毋被土爲汙辱也續衽續猶屬也衽在裳旁者也屬連之不殊裳前後也鉤邊鉤讀如鳥喙必鉤之鉤鉤邊若今曲裾也續或爲裕要縫半下三分要中減一以益下下宜寬也要或爲優袼之高下可以運肘肘不能不出入袼衣袂當掖之縫也袂之長短反詘之及肘袂屬幅於衣詘而至肘當臂中爲節臂骨上下各尺二寸則袂肘以前尺二寸肘或爲腕帶下毋厭髀上毋厭脅當無骨者當骨緩急難爲中也制十有二幅以應十有二月裳六幅幅分之以爲上下之殺袂圜以應規謂胡下也曲袷如矩以應方袷交領也古者方領如今小兒

練衣黄裏注云練中衣以黄爲内是也但喪服中衣不得繼揜尺也故喪服儀云帶緣各視其冠注云緣如深衣之緣是喪服中衣用深衣則深衣緣之以采故下云具父母大父母衣純以續以青之屬也唯孤子深衣純以素但以緣而已不與長衣同其吉服中衣亦以采緣其諸侯得綃黼爲領丹朱爲緣郊特牲云綃黼丹朱中衣大夫之僭禮則知大夫士不用綃黼丹朱但用采純而已矣無文以明之其長衣以素緣知者若以采緣則與吉服中衣同故知以素緣也若以布緣則曰麻衣知用布緣者以其稱麻衣故知也其喪服之中衣其純用布視冠布之麤細至葬可以用素緣也練則用源也其詩之麻衣則與此别彼謂吉服之衣也所以此稱深衣者以餘服則上衣下裳不相連此深衣衣裳相連被體深邃故謂之深衣

古者深衣蓋有制度以應規矩繩權衡言聖人制事必有法度

禮記義六十五　七　吴宗

短毋見膚衣取蔽形長毋被土爲汙辱也續衽續猶屬也衽在裳旁者也屬連之不殊裳前後也鉤邊鉤讀如鳥喙必鉤之鉤鉤邊若今曲裾也續或爲裕要縫半下三分要中減一以益下下宜寬也要或爲優袼之高下可以運肘肘不能不出入袼衣袂當掖之縫也袂之長短反詘之及肘袂屬幅於衣詘而至肘當臂中爲節臂骨上下各尺二寸則袂肘以前尺二寸肘或爲腕帶下毋厭髀上毋厭脅當無骨者當骨緩急難爲中也制十有二幅以應十有二月裳六幅幅分之以爲上下之殺袂圜以應規謂胡下也曲袷如矩以應方袷交領也古者方領如今小兒

足利本第六十五卷第八葉

衣領負繩及踝以應直繩謂裻與後幅相當之縫也踝跟也下齊如
權衡以應平齊緝故規者行舉手以爲容行舉
手謂揖讓負繩抱方者以直其政方其義也故
易曰坤六二之動直以方也言深衣之直方應易之文也政或爲
正下齊如權衡者以安志而平心也心平志安行乃
正或低君仰則心有異志者與五法已施故聖人服之言非法不服也故
規矩取其無私繩取其直權衡取其平故
先王貴之貴其衣也故可以爲文可以爲武可以
擯相可以治軍旅完且弗費善衣之次也

禮記義六十五　八　韋志

完且弗費言可苦衣而易有也深衣者用十五升布鍛濯灰治純之以采善衣朝祭之服也自士以上深衣爲之次
庶人吉服深衣而已具父母大父母衣純以繢具父母
衣純以青如孤子衣純以素尊者存以多飾爲孝繢畫文也三十
已下無父稱孤純袂緣純邊廣各寸半純謂緣之也緣袂謂其口也緣
緆也緣邊衣裳之側廣各寸半則表裏共三寸矣唯袷廣二寸【疏】正義曰此一篇從袂至末皆論深衣之制今各
隨文解之　古者深衣蓋有制度者以作記之人爲記之時深衣無復制度故稱古者深衣蓋有制度言蓋者疑辭
也　以應規矩繩權衡者此則制度之事所應者備在下文　短毋見膚　深衣所取覆形體縱令稍短不得見其

潘本第六十五卷第八葉

衣領負繩及踝以應直繩謂裻與後幅相當之縫也踝跟也下齊如
權衡以應平齊緝故規者行舉手以爲容行舉
手謂揖讓負繩抱方者以直其政方其義也故
易曰坤六二之動直以方也言深衣之直方應易之文也政或爲
正下齊如權衡者以安志而平心也心平志安行乃
正或低君仰則心有異志者與五法已施故聖人服之言非法不服也故
規矩取其無私繩取其直權衡取其平故
先王貴之貴其衣也故可以爲文可以爲武可以
擯相可以治軍旅宄且弗費善衣之次也

禮記義六十五　八　韋志

宄且弗費言可苦衣而易有也深衣者用十五升布鍛濯灰治純之以采善衣朝祭之服也自士以上深衣爲之次
庶人吉服深衣而已具父母大父母衣純以繢具父母
衣純以青如孤子衣純以素尊者存以多飾爲孝繢畫文也三十
已下無父稱孤純袂緣純邊廣各寸半純謂緣之也緣袂謂其口也緣
緆也緣邊衣裳之側廣各寸半則表裏共三寸矣唯袷廣二寸【疏】正義曰此一篇從袂至末皆論深衣之制今各
隨文解之　古者深衣蓋有制度者以作記之人爲記之時深衣無復制度故稱古者深衣蓋有制度言蓋者疑辭
也　以應規矩繩權衡者此則制度之事所應者備在下文　短毋見膚　深衣所取覆形體縱令稍短不得見其

足利本第六十五卷第九葉

膚肉若見膚肉則褻也　長毋被土者其衣緣長無覆被
於土爲汙辱也　續衽鉤邊者衽謂深衣之裳以下闊上
狹謂之爲衽接續此衽而鉤其旁邊即今之朝服有曲裾
而在旁者是也　注續猶至裾也　正義曰衽當旁者凡
深衣之裳十二幅皆寬頭在下狹頭在上皆似小要之衽
是前後左右皆有衽也今云衽當旁者謂所續之衽當身
之一旁非爲餘衽悉當旁也云屬連之不殊裳前後也若
其喪服其裳前三幅後四幅各自爲之不相連也今深衣
裳一旁則連之相著一旁則有曲裾掩之與相連無異故
云屬連之不殊裳前後也云鉤讀如烏喙必鉤之鉤者案
援神契云象鼻必卷長烏喙必鉤鄭據此讀之也云若今
曲裾也鄭以後漢之時裳有曲裾故以續衽鉤邊似漢時
曲裾今時朱衣朝服從後漢明帝所爲則鄭云今曲裾者
是今朝服之曲裾也其深衣之衽已於玉藻釋之故今不
復言也　要縫半下　要縫謂要中之縫尺寸闊狹半下
畔之闊下畔一丈四尺四寸則要縫半之七尺二寸　注

禮記義六十五　九　馬昇

三分至寬也　正義曰此據裳之一幅分爲二幅凡布廣
二尺二寸四寸爲縫一尺八寸在三分之一分爲六寸減
此六寸以益於下是下二幅有二尺四寸上二幅有一尺
二寸故云三分要中減一以益下下容舉足而行故宜寬
也　袼之高下可以運肘　袼謂當臂之處袂中高下宜
稍寬大可以運動其肘袂二尺二寸肘尺二寸是容運肘
也　袂之長短反詘之及肘者袂長二尺二寸并緣寸半
爲二尺三寸半除去其縫之所殺各一寸餘有二尺一寸
半在從肩至手二尺四寸今二尺一寸半之袂得反詘及
肘者以袂屬於衣幅闊二尺二寸身脊至肩但尺一寸也
從肩覆臂又尺一寸是衣幅之畔覆臂將盡今又屬袂於
衣又二尺一寸半故反詘其袂得及於肘也　當無骨者
帶若當骨則緩急難中故當無骨之處此深衣帶下於朝
祭服之帶也朝祭之帶則近上故玉藻云三分帶下紳居
二焉是自帶以下四尺五寸也　制十有二幅以應十有
二月者深衣其幅有六每幅交解爲二是十二幅也　注

潘本第六十五卷第九葉

膚肉若見膚肉則褻也　長毋被土者其衣緣長無覆被
於土爲汙辱也　續衽鉤邊者衽謂深衣之裳以下闊上
狹謂之爲衽接續此衽而鉤其旁邊即今之朝服有曲裾
而在旁者是也　注續猶至裾也　正義曰衽當旁者凡
深衣之裳十二幅皆寬頭在下狹頭在上皆似小要之衽
是前後左右皆有衽也今云衽當旁者謂所續之衽當身
之一旁非爲餘衽悉當旁也云屬連之不殊裳前後也若
其喪服其裳前三幅後四幅各自爲之不相連也今深衣
裳一旁則連之相著一旁則有曲裾掩之與相連無異故
云屬連之不殊裳前後也云鉤讀如烏喙必鉤之鉤者案
援神契云象鼻必卷長烏喙必鉤鄭據此讀之也云若今
曲裾也鄭以後漢之時裳有曲裾故以續衽鉤邊似漢時
曲裾今時朱衣朝服從後漢明帝所爲則鄭云今曲裾者
是今朝服之曲裾也其深衣之衽已於玉藻釋之故今不
復言也　要縫半下　要縫謂要中之縫尺寸闊狹半下
畔之闊下畔一丈四尺四寸則要縫半之七尺二寸　注

禮記義六十五　九　馬昇

三分至寬也　正義曰此據裳之一幅分爲二幅凡布廣
二尺二寸四寸爲縫一尺八寸在三分之一分爲六寸減
此六寸以益於下是下二幅有二尺四寸上二幅有一尺
二寸故云三分要中減一以益下下容舉足而行故宜寬
也　袼之高下可以運肘　袼謂當臂之處袂中高下宜
稍寬大可以運動其肘袂二尺二寸肘尺二寸是容運肘
也　袂之長短反詘之及肘者袂長二尺二寸并緣寸半
爲二尺三寸半除去其縫之所殺各一寸餘有二尺一寸
半在從肩至手二尺四寸今二尺一寸半之袂得反詘及
肘者以袂屬於衣幅闊二尺二寸身脊至肩但尺一寸也
從肩覆臂又尺一寸是衣幅之畔覆臂將盡今又屬袂於
衣又二尺一寸半故反詘其袂得及於肘也　當無骨者
帶若當骨則緩急難中故當無骨之處此深衣帶下於朝
祭服之帶也朝祭之帶則近上故玉藻云三分帶下紳居
二焉是自帶以下四尺五寸也　制十有二幅以應十有
二月者深衣其幅有六每幅交解爲二是十二幅也　注

足利本第六十五卷第十葉

古者方領　正義曰鄭以漢時領皆嚮下交垂故云古者方領似今擁咽故云若今小兒衣領但方折之也　負繩及踝以應直　正義曰衣之背縫及裳之背縫上下相當如繩之正故云負繩非謂實負繩也　故規者行舉手以爲容者所以袂圓中規者欲使行者舉手揖讓以爲容儀如規也　負繩抱方者以直其政方其義也負繩背之縫也抱方領之方也以直其政解負繩以方其義解抱方也言欲使人直其政教欲使政教直方其義欲使義事方正也故易曰坤六二之動直以方也記者既明方直之義故引坤卦之六二直方以證之案鄭注坤之六二云直也方也地之性此爻得中氣而在地上自然之性廣生萬物故生動直而且方　下齊如權衡者以安志而平心也者言裳下之齊如權之衡低仰平也欲以安其志意而平均其心也

注完且至而巳　正義曰可苦衣而易有也以其完牢乃可於苦事衣著故庶人服之以完牢故也而易有者以白布爲之不須黼黻錦繡之屬是易有也云深衣者用十五升布鍛濯灰治者案雜記云朝服十五升此深衣與朝服相類故用十五升布鍛濯謂打洗鍛濯用灰治理使和熟也然則喪服麻衣雖似深衣之制不必鍛濯灰治以其雜凶故也云自士以上深衣爲之次者案玉藻諸侯夕深衣祭牢肉又大夫士朝玄端夕深衣是深衣爲朝祭之次服也云庶人吉服深衣者深衣是諸侯之下自深衣以後更無餘服故知是庶人之吉服喪服有衰裳包貴賤上下無差亦明庶人吉服乃深衣也　具父母大父母衣純以績者所尊俱在故衣純以績言具父母則父母俱在也大父母則亦然也若其不具一在一亡不必純以績也　具父母衣純以青者唯有父母而無祖父母者以爲吉不具故飾少而深領緣用青純降於績也若父母無唯祖父母在亦當純以青　純袂緣純邊廣各寸半者純袂者純緣也謂純其袂緣則袂口也又云緣讀爲緆謂深衣之下純也純邊者謂深衣之旁側也廣各寸半者言純袂口及裳下之緆并純旁邊其廣各寸半言表裏合爲三寸　注純謂

禮記義六十五　十

潘本第六十五卷第十葉

古者方領　正義曰鄭以漢時領皆嚮下交垂故云古者方領似今擁咽故云若今小兒衣領但方折之也　負繩及踝以應直　正義曰衣之背縫及裳之背縫上下相當如繩之正故云負繩非謂實負繩也　故規者行舉手以爲容者所以袂圓中規者欲使行者舉手揖讓以爲容儀如規也　負繩抱方者以直其政方其義也負繩背之縫也抱方領之方也以直其政解負繩以方其義解抱方也言欲使人直其政教欲使政教直方其義欲使義事方正也故易曰坤六二之動直以方也記者既明方直之義故引坤卦之六二直方以證之案鄭注坤之六二云直也方也地之性此爻得中氣而在地上自然之性廣生萬物故生動直而且方　下齊如權衡者以安志而平心也者言裳下之齊如權之衡低仰平也欲以安其志意而平均其心也

注完且至而巳　正義曰可苦衣而易有也以其完牢乃可於苦事衣著故庶人服之以完牢故也而易有者以白布爲之不須黼黻錦繡之屬是易有也云深衣者用十五升布鍛濯灰治者案雜記云朝服十五升此深衣與朝服相類故用十五升布鍛濯謂打洗鍛濯用灰治理使和熟也然則喪服麻衣雖似深衣之制不必鍛濯灰治以其雜凶故也云自士以上深衣爲之次者案玉藻諸侯夕深衣祭牢肉又大夫士朝玄端夕深衣是深衣爲朝祭之次服也云庶人吉服深衣者深衣是諸侯之下自深衣以後更無餘服故知是庶人之吉服喪服有衰裳包貴賤上下無差亦明庶人吉服乃深衣也　具父母大父母衣純以績者所尊俱在故衣純以績言具父母則父母俱在也大父母則亦然也若其不具一在一亡不必純以績也　具父母衣純以青者唯有父母而無祖父母者以爲吉不具故飾少而深領緣用青純降於績也若父母無唯祖父母在亦當純以青　純袂緣純邊廣各寸半者純袂者純緣也謂純其袂緣則袂口也又云緣讀爲緆謂深衣之下純也純邊者謂深衣之旁側也廣各寸半者言純袂口及裳下之緆并純旁邊其廣各寸半言表裏合爲三寸　注純謂

禮記義六十五　十

足利本第六十五卷第十一葉

至二寸　正義曰純謂緣之者解經中二箇純字一是純袂二是純邊皆謂緣之也云緣袂謂其口也經言純袂口外更緣故云純袂則是緣其袂口也非是口外更有緣也故分明言之云緣緆也解經緣字讀爲緆謂深衣下畔也故既夕禮云明衣縓綼緆鄭注云在幅曰綼在下曰緆今經云此緆則深衣之下緣也云緣邊衣裳之側解經純邊也深衣外衿之邊有緣也裳雖前後相連然外邊曲裾揜處其側亦有緣也

投壺第四十

正義曰案鄭目録云名曰投壺者以其記主人與客燕飲講論才藝之禮此於別録屬吉禮亦實曲禮之正篇是投壺與射爲類此於五禮宜屬嘉禮也或云宜屬賓禮

投壺之禮主人奉矢司射奉中使人執壺　矢所以投者也中士則鹿中也射人奉之者投壺射之類也其奉之西階上北面　主人請曰某有枉矢哨壺請以樂賓賓曰子有旨酒嘉肴某既賜矣又重以樂敢辭　燕飲酒既脫屨升坐主人乃請投壺也否則或射所謂燕射也枉哨不正貌爲謙辭　主人曰枉矢哨壺不足辭也敢固以請賓曰某既賜矣又重以樂敢固辭　固之言如故也言如故辭者重辭也　主人曰枉矢哨壺不足辭也敢固以請賓曰某固辭不得命敢不敬從　不得命不以命見許　疏　正義曰此一節論燕禮脫屨升堂之後主人請投壺於賓

禮記義六十五　十一

潘本第六十五卷第十一葉

至二寸　正義曰純謂緣之者解經中二箇純字一是純袂二是純邊皆謂緣之也云緣袂謂其口也經言純袂口外更緣故云純袂則是緣其袂口也非是口外更有緣也故分明言之云緣緆也解經緣字讀爲緆謂深衣下畔也故既夕禮云明衣縓綼緆鄭注云在幅曰綼在下曰緆今經云此緆則深衣之下緣也云緣邊衣裳之側解經純邊也深衣外衿之邊有緣也裳雖前後相連然外邊曲裾揜處其側亦有緣也

投壺第四十

正義曰案鄭目録云名曰投壺者以其記主人與客燕飲講論才藝之禮此於別録屬吉禮亦實曲禮之正篇是投壺與射爲類此於五禮宜屬嘉禮也或云宜屬賓禮

投壺之禮主人奉矢司射奉中使人執壺　矢所以投者也中士則鹿中也射人奉之者投壺射之類也其奉之西階上北面　主人請曰某有枉矢哨壺請以樂賓賓曰子有旨酒嘉肴某既賜矣又重以樂敢辭　燕飲酒既脫屨升坐主人乃請投壺也否則或射所謂燕射也枉哨不正貌爲謙辭　主人曰枉矢哨壺不足辭也敢固以請賓曰某既賜矣又重以樂敢固辭　固之言如故也言如故辭者重辭也　主人曰枉矢哨壺不足辭也敢固以請賓曰某固辭不得命敢不敬從　不得命不以命見許　疏　正義曰此一節論燕禮脫屨升堂之後主人請投壺於賓

禮記義六十五　十一

賓辭及許之事　主人奉矢者謂於阼階之上西南奉持其矢知西面者以賓在西故知西面對賓也　司射奉中者中謂受筭之器投壺亦射之類故司射於西階上奉中北面也　使人執壺者謂主人使人執所投之壺於司射之西而北面也所以皆在西階上者欲就賓處也唯云使人不言官者以賤略之也　某有枉矢哨壺者枉謂曲而不直也哨謂哨峻不正是主人謙遜之辭　某既賜矣又重以樂敢辭者賓稱主人設酒肴以待已是某既受主人之賜矣主人又請投壺樂已是重以樂也　注士則至比面　正義曰士則鹿中案鄉射記云大夫兕中士鹿中此篇投壺是大夫士之禮故云士則鹿中不云兕中者略之也知此投壺是大夫士禮者以經云主人請賓是平敵之辭與鄉飲酒鄉射同故知是大夫士也若諸侯則燕禮大射每事云請於公不得云主人請賓也此既非諸侯之禮而經云奏貍首者别取燕飲之義非謂尊卑之詩其諸侯相燕亦有投壺故左傳云晉侯與齊侯燕投壺然則天子

亦有之但古禮亡無以知也其中之形刻木爲之狀如兕鹿而伏背上立圜圈以盛筭云奉之西階上北面者案鄉射禮將射之時司射升自西階階上北面告於賓故矢此司射奉中在西階上北面其執壺之人賤於司射故在司射之西以凡行禮統於主人雖俱在西階而當尊東故燕禮大射宰夫代公爲主人與賓俱升西階而主人在東也　注燕飲至射也　正義曰知既脱屨升坐主人乃請投壺也者案燕禮取俎以出卿大夫皆降賓反入及卿大夫皆脱屨升就席羞庶羞之後乃云若射則大射正爲司射則知此亦在脱屨升坐之後若鄉射之禮則在飲酒未旅之前爲射以其詢衆庶禮重故早射異於燕射也

賓再拜受主人般還曰辟　賓再拜受拜受矢也主人既辟進授矢兩楹之間也

主人阼階上拜送賓般還曰辟　拜送送矢也辟亦於其階上

疏　正義曰此一經論賓與主人受矢送矢之節　賓再拜

賓辭及許之事　主人奉矢者謂於阼階之上西南奉持其矢知西面者以賓在西故知西面對賓也　司射奉中者中謂受筭之器投壺亦射之類故司射於西階上奉中北面也　使人執壺者謂主人使人執所投之壺於司射之西而北面也所以皆在西階上者欲就賓處也唯云使人不言官者以賤略之也　某有枉矢哨壺者枉謂曲而不直也哨謂哨峻不正是主人謙遜之辭　某既賜矣又重以樂敢辭者賓稱主人設酒肴以待已是某既受主人之賜矣主人又請投壺樂已是重以樂也　注士則至比面　正義曰士則鹿中案鄉射記云大夫兕中士鹿中此篇投壺是大夫士之禮故云士則鹿中不云兕中者略之也知此投壺是大夫士禮者以經云主人請賓是平敵之辭與鄉飲酒鄉射同故知是大夫士也若諸侯則燕禮大射每事云請於公不得云主人請賓也此既非諸侯之禮而經云奏貍首者别取燕飲之義非謂尊卑之詩其諸侯相燕亦有投壺故左傳云晉侯與齊侯燕投壺然則天子

亦有之但古禮亡無以知也其中之形刻木爲之狀如兕鹿而伏背上立圜圈以盛筭云奉之西階上北面者案鄉射禮將射之時司射升自西階階上北面告於賓故知此司射奉中在西階上北面其執壺之人賤於司射故在司射之西以凡行禮統於主人雖俱在西階而當尊東故燕禮大射宰夫代公爲主人與賓俱升西階而主人在東也　注燕飲至射也　正義曰知既脱屨升坐主人乃請投壺也者案燕禮取俎以出卿大夫皆降賓反入及卿大夫皆脱屨升就席羞庶羞之後乃云若射則大射正爲司射則知此亦在脱屨升坐之後若鄉射之禮則在飲酒未旅之前爲射以其詢衆庶禮重故早射異於燕射也

賓再拜受主人般還曰辟　賓再拜受拜受矢也主人既辟進授矢兩楹之間也

主人阼階上拜送賓般還曰辟　拜送送矢也辟亦於其階上

疏　正義曰此一經論賓與主人受矢送矢之節　賓再拜

受者賓既許主人投壺賓乃於西階上北面再拜遥受矢也　主人般還曰辟者主人見賓之拜乃般曲折還謂賓曰令辟而不敢受言此者欲止賓之拜也於是賓及主人各來兩楹之間相就俱南面主人在東授矢與賓　主人作階上拜送者主人既授矢之後歸還阼階上北面拜送矢也　賓般還曰辟者賓受矢之後歸於西階上見主人之拜賓乃般還而告主人曰令辟而不敢受之言此者亦止主人拜知皆北面者案鄉飲酒鄉射拜受爵送爵皆北面故知亦當北面熊氏云以拜時還辟或可東西面相拜又以曰辟者是贊者來辭告主人及賓言曰辟義亦通也

已拜受矢進即兩楹間退反位揖賓就筵

主人既拜送矢又自受矢進即兩楹間者言將有事於此也退乃揖賓即席欲與偕進明爲偶也賓席主人席皆南鄉間相去如射物　疏　正義曰此一經明賓主受矢之後就投壺之筵　巳拜受矢者謂主人拜送矢之後主人贊者持矢授主人主人於阼階上受矢也　進即兩楹間退反位者主人受矢之後乃獨來就兩楹間者言將有事於此也看投壺處所乃却退反阼階之位　揖賓就筵者主人於阼階之上西面揖賓令就投壺之筵於是賓主各來就筵　注退乃至射物　正義曰云退乃揖賓者解經退反位揖賓也所以揖之者欲與賓俱即席相對爲偶而共投壺云賓席主人席皆南鄉間相去如射物者以壺在於南故知投壺南鄉也投壺是射之類故知席相去如射物也物謂射者所立之處物長三尺闊一尺二寸兩物東西相去容一弓故鄉射記云物長如笴其間容弓距隨長武注云笴長三尺距隨者物横畫也

司射進度壺間以二矢半

反位設中東面執八筭興

度壺度其所設之處也壺去坐二矢半則堂上去賓席主人席邪行各七尺也反位西階上位也設中東面既設中亦實八筭於中横委其餘於中西執

禮記義六十五　十三

受者賓既許主人投壺賓乃於西階上北面再拜遥受矢也　主人般還曰辟者主人見賓之拜乃般曲折還謂賓曰令辟而不敢受言此者欲止賓之拜也於是賓及主人各來兩楹之間相就俱南面主人在東授矢與賓　主人阼階上拜送者主人既授矢之後歸還阼階上北面拜送矢也　賓般還曰辟者賓受矢之後歸於西階上見主人之拜賓乃般還而告主人曰令辟而不敢受之言此者亦止主人拜知皆北面者案鄉飲酒鄉射拜受爵送爵皆北面故知亦當北面熊氏云以拜時還辟或可東西面相拜又以曰辟者是贊者來辭告主人及賓言曰辟義亦通也

已拜受矢進即兩楹間退反位揖賓就筵

主人既拜送矢又自受矢進即兩楹間者言將有事於此也退乃揖賓即席欲與偕進明爲偶也賓席主人席皆南鄉間相去如射物　疏　正義曰此一經明賓主受矢之後就投壺之筵　巳拜受矢者謂主人拜送矢之後主人贊者持矢授主人主人於阼階上受矢也　進即兩楹間退反位者主人受矢之後乃獨來就兩楹間者言將有事於此也看投壺處所乃却退反阼階之位　揖賓就筵者主人於阼階之上西面揖賓令就投壺之筵於是賓主各來就筵　注退乃至射物　正義曰云退乃揖賓者解經退反位揖賓也所以揖之者欲與賓俱即席相對爲偶而共投壺云賓席主人席皆南鄉間相去如射物者以壺在於南故知投壺南鄉也投壺是射之類故知席相去如射物也物謂射者所立之處物長三尺闊一尺二寸兩物東西相去容一弓故鄉射記云物長如笴其間容弓距隨長武注云笴長三尺距隨者物横畫也

司射進度壺間以二矢半

反位設中東面執八筭興

度壺度其所設之處也壺去坐二矢半則堂上去賓席主人席邪行各七尺也反位西階上位也設中東面既設中亦實八筭於中横委其餘於中西執

禮記義六十五　十三　濃宜

足利本第六十五卷第十四葉

筭而立以 疏 正義曰前經賓主既就筵此經明進度壺并
請賓俟投筭之節 司射進度壺者司射於西階之上
於執壺之人處受壺乃東嚮來賓主筵前進所量度其壺
置於賓主筵南 間以二矢半者投壺有三處室中堂上
及庭中也日中則於室日晚則於堂大晚則於庭是各隨
光明故也矢有長短亦隨地廣狹室中狹矢長五扶堂上
稍廣矢長七扶庭中大廣矢長九扶四指曰扶扶廣四寸
五扶者則二尺也七扶者則二尺八寸也九扶者則三尺
六寸也雖矢有長短而度壺皆使去賓主之席各二矢半
也室中去席五尺堂上則去席七尺庭中則去席九尺
反位者司射度壺既畢反還西階上位 設中者司射西
階上取中稍進東面而設中也 東面執八筭興者既設
中之後於中西東面手執八筭而興起其中束亦實八筭
注 亦實八筭於中橫委其餘於中西 正義曰此約鄉射
文實八筭於中令此投壺射之類故 請賓曰順投爲
云亦實八筭於中亦者亦鄉射也

禮記義六十五 十四 李仁

入比投不釋勝飲不勝者正爵既行請爲
勝者立馬一馬從二馬三馬既立請慶多
馬請主人亦如之 請猶告也順投矢本入也比投不拾也勝飲不勝言以能養不能也
正爵所以正禮之爵也或以罰或以慶馬勝筭也謂之馬
者若云技藝如此任爲將帥乘馬也射投壺皆所以習武因
爲樂 疏 正義曰此一經明司射告賓主以投壺之法 順投
爲入者司射執八筭起而告賓黨爲投壺之法也順
本也言矢有本末投矢於壺以矢本入者乃名爲入則爲
之釋筭也若矢以末入則不名爲入亦不爲之釋筭也
比投不釋者比頻也又賓主投壺法要更遞而投不得以
前既入喜悅不待後人投之而已頻投頻投雖入亦不爲
之釋筭也 勝飲不勝者又告云若投勝者則酌酒飲於
不勝者也 正爵既行者又說飲法也正爵謂勝飲不勝

潘本第六十五卷第十四葉

筭而立以 疏 正義曰前經賓主既就筵此經明進度壺并
請賓俟投筭之節 司射進度壺者司射於西階之上
於執壺之人處受壺乃東嚮來賓主筵前進所量度其壺
置於賓主筵南 間以二矢半者投壺有三處室中堂上
及庭中也日中則於室日晚則於堂大晚則於庭是各隨
光明故也矢有長短亦隨地廣狹室中狹矢長五扶堂上
稍廣矢長七扶庭中大廣矢長九扶四指曰扶扶廣四寸
五扶者則二尺也七扶者則二尺八寸也九扶者則三尺
六寸也雖矢有長短而度壺皆使去賓主之席各二矢半
也室中去席五尺堂上則去席七尺庭中則去席九尺
反位者司射度壺既畢反還西階上位 設中者司射西
階上取中稍進東面而設中也 東面執八筭興者既設
中之後於中西東面手執八筭而興起其中束亦實八筭
注 亦實八筭於中橫委其餘於中西 正義曰此約鄉射
文實八筭於中令此投壺射之類故 請賓曰順投爲
云亦實八筭於中亦者亦鄉射也

禮記義六十五 十四 李仁

入比投不釋勝飲不勝者正爵既行請爲
勝者立馬一馬從二馬三馬既立請慶多
馬請主人亦如之 請猶告也順投矢本入也比投不拾也勝飲不勝言以能養不能也
正爵所以正禮之爵也或以罰或以慶馬勝筭也謂之馬
者若云技藝如此任爲將帥乘馬也射投壺皆所以習武因
爲樂 疏 正義曰此一經明司射告賓主以投壺之法 順投
爲入者司射執八筭起而告賓黨爲投壺之法也順
本也言矢有本末投矢於壺以矢本入者乃名爲入則爲
之釋筭也若矢以末入則不名爲入亦不爲之釋筭也
比投不釋者比頻也又賓主投壺法要更遞而投不得以
前既入喜悅不待後人投之而已頻投頻投雖入亦不爲
之釋筭也 勝飲不勝者又告云若投勝者則酌酒飲於
不勝者也 正爵既行者又說飲法也正爵謂勝飲不勝

足利本第六十五卷第十五葉

之爵也以其正禮故謂爲正爵既行謂行爵竟也 請爲勝者立馬者此謂行正爵畢而爲勝者立馬者則又取筭以爲馬表於勝數也必謂筭爲馬者馬是威武之用爲將帥所乘今投壺及射亦是習武而勝者自表堪爲將帥故云馬也 一馬從二馬者每一勝輒立一馬禮以三馬爲成若專三馬則爲一成但勝偶未必專頻得三若勝偶得二劣偶得一一既劣於二故徹取劣偶之一以足勝偶之二爲三故云一馬從二馬然定本無此一句 三馬既立請慶多馬者若頻得三成或取彼足爲三馬是其勝已成又酌酒慶賀於多馬之偶也 請主人亦如之者司射請賓之黨爲每事並應曰諾竟而司射又請主人事事亦如賓而主人皆亦曰諾如賓也案鄉射司射請賓於西階上請主人於阼階上則此請賓請主人皆亦就賓主之前也

注正爵至爲樂 正義曰此經正爵謂罰爵故下別云三馬既備請慶多馬今鄭注或以罰或以慶則慶馬勝筭亦爲正爵者鄭通而解之罰慶俱是正爵故下文云正爵既

禮記正義六十五 十五 李成

行請徹馬彼謂慶爵亦稱正爵也案鄉射禮三耦先射賓主乃射以射禮重也此投壺不立三耦以投壺禮輕故也

命弦者曰請奏貍首間若一大師曰諾 弦鼓瑟者也貍首詩篇名也今逸射義所云詩曰曾孫侯氏是也間若一者投壺當以爲志取節焉

疏 正義曰此一經明司射命工作樂節投壺之儀 命弦者曰請奏貍首者謂司射命遣鼓瑟之弦者請奏貍首之篇 間若一者謂前後樂節中間疏數如似一也 大師曰諾者大師應此司射曰諾諾承領之辭也

注弦鼓至節焉 正義曰知鼓瑟者鄭約鄉射禮用瑟也案下有魯鼓薛鼓節亦有鼓以弦爲重故特云命弦者云貍首詩篇名也者以與射義騶虞采蘋相類故知詩篇名也既非諸侯投壺而奏貍首者義取燕飲之儀猶如鄉射奏騶虞不計人之尊卑云投壺當以爲志取節焉者解所以間若一投壺者當聽之以爲志取投合於樂節故須中間若一也案鄉射三番初一番耦射

潘本第六十五卷第十五葉

之爵也以其正禮故謂爲正爵既行謂行爵竟也 請爲勝者立馬者此謂行正爵畢而爲勝者立馬者則又取筭以爲馬表於勝數也必謂筭爲馬者馬是威武之用爲將帥所乘今投壺及射亦是習武而勝者自表堪爲將帥故云馬也 一馬從二馬者每一勝輒立一馬禮以三馬爲成若專三馬則爲一成但勝偶未必專頻得三若勝偶得二劣偶得一一既劣於二故徹取劣偶之一以足勝偶之二爲三故云一馬從二馬然定本無此一句 三馬既立請慶多馬者若頻得三成或取彼足爲三馬是其勝已成又酌酒慶賀於多馬之偶也 請主人亦如之者司射請賓之黨爲每事並應曰諾竟而司射又請主人事事亦如賓而主人皆亦曰諾如賓也案鄉射司射請賓於西階上請主人於阼階上則此請賓請主人皆亦就賓主之前也

注正爵至爲樂 正義曰此經正爵謂罰爵故下別云三馬既備請慶多馬今鄭注或以罰或以慶則慶馬勝筭亦爲正爵者鄭通而解之罰慶俱是正爵故下文云正爵既

六卒五 禮記義六十五 十五 李成

行請徹馬彼謂慶爵亦稱正爵也案鄉射禮三耦先射賓主乃射以射禮重也此投壺不立三耦以投壺禮輕故也

命弦者曰請奏貍首間若一大師曰諾 弦鼓瑟者也貍首詩篇名也今逸射義所云詩曰曾孫侯氏是也間若一者投壺當以爲志取節焉

疏 正義曰此一經明司射命工作樂節投壺之儀 命弦者曰請奏貍首者謂司射命遣鼓瑟之弦者請奏貍首之篇 間若一者謂前後樂節中間疏數如似一也 大師曰諾者大師應此司射曰諾諾承領之辭也

注弦鼓至節焉 正義曰知鼓瑟者鄭約鄉射禮用瑟也案下有魯鼓薛鼓節亦有鼓以弦爲重故特云命弦者云貍首詩篇名也者以與射義騶虞采蘋相類故知詩篇名也既非諸侯投壺而奏貍首者義取燕飲之儀猶如鄉射奏騶虞不計人之尊卑云投壺當以爲志取節焉者解所以間若一投壺者當聽之以爲志取投合於樂節故須中間若一也案鄉射三番初一番耦射

足利本第六十五卷第十六葉

不釋筭第二番釋筭未作樂第三番乃用樂此投壺發初則用樂者以投壺禮輕主於歡樂故也

左右告矢具請拾投有入者則司射坐而釋一筭焉賓黨於右主黨於左

拾更也告矢具請更投者司射也司射東面立釋筭則坐以南爲右北爲左也已投者退各反其位【疏】正義曰此一經論投壺之事中者釋筭之儀 左右告矢具者左謂主人右謂賓客司射告主與賓以矢具也 請拾投者拾更也司射又請賓主更遞而投於是乃投壺也 有入者則司射坐而釋一筭焉者若矢入壺者則司射乃坐釋一筭於地也 賓黨於右者右謂司射之前稍南也 主黨於左者左謂司射之前稍北也【注】已投者退各反其位 正義曰約鄉射禮射畢則各反其位則知投壺者畢亦各反其位辟後來也反位謂主黨於東賓黨於西

卒投司射執筭曰左右卒投請數二筭爲純一純以取一筭爲奇遂以奇筭告曰某賢於其若干純奇則曰奇鈞則曰左右鈞

卒已也賓主之黨畢已投司射又請數其所釋左右筭如數射筭一純以取實於左手十純則縮而委之每委異之有餘則横諸純下一筭爲奇奇則縮諸純下兼斂左筭實於左手一純以委十則異之其他如右獲畢則司射執奇筭以告於賓與主人也若告云某賢於某者未斥主黨勝與賓黨勝與以勝爲賢尚投藝也鈞猶等也等則左右手各執一筭以告【疏】正義曰此一經明投壺筭數之儀 卒投者謂投壺卒也 司射執筭曰左右卒投請數者司射於壺西東面執筭請曰賓主之黨卒竟投請數筭二筭爲純一純以取者純全也二筭合爲一全地上取筭之時一純則別而取之 一筭爲奇者一筭謂

禮記正義六十五 十六 蕭信

潘本第六十五卷第十六葉

不釋筭第二番釋筭未作樂第三番乃用樂此投壺發初則用樂者以投壺禮輕主於歡樂故也、

左右告矢具請拾投有入者則司射坐而釋一筭焉賓黨於右主黨於左

拾更也告矢具請更投者司射也司射東面立釋筭則坐以南爲右北爲左也已投者退各反其位【疏】正義曰此一經論投壺之事中者釋筭之儀 左右告矢具者左謂主人右謂賓客司射告主與賓以矢具也 請拾投者拾更也司射又請賓主更遞而投於是乃投壺也 有入者則司射坐而釋一筭焉者若矢入壺者則司射乃坐釋一筭於地也 賓黨於右者右謂司射之前稍南也 主黨於左者左謂司射之前稍北也【注】已投者退各反其位 正義曰約鄉射禮射畢則各反其位則知投壺者畢亦各反其位辟後來也反位謂主黨於東賓黨於西

卒投司射執筭曰左右卒投請數二筭爲純一純以取一筭爲奇遂以奇筭告曰某賢於其若干純奇則曰奇鈞則曰左右鈞

卒已也賓主之黨畢已投司射又請數其所釋左右筭如數射筭一純以取實於左手十純則縮而委之每委異之有餘則横諸純下一筭爲奇奇則縮諸純下兼斂左筭實於左手一純以委十則異之其他如右獲畢則司射執奇筭以告於賓與主人也若告云某賢於某者未斥主黨勝與賓黨勝與以勝爲賢尚投藝也鈞猶等也等則左右手各執一筭以告【疏】正義曰此一經明投壺筭數之儀 卒投者謂投壺卒也 司射執筭曰左右卒投請數者司射於壺西東面執筭請曰賓主之黨卒竟投請數筭二筭爲純一純以取者純全也二筭合爲一全地上取筭之時一純則別而取之、一筭爲奇者一筭謂

禮記正義六十五 十六 蕭信

不滿純者奇隻也故云一筭爲奇　遂以奇筭告者奇餘也謂左右數鈞筭之餘筭手執而告曰某賢於某若干純者或左或右不定故稱某賢賢謂勝者也勝者若有雙數則云若干純假令十筭則云五純也　奇則曰奇者若有奇數則曰奇假令九筭則曰九奇也　鈞則曰左右鈞者鈞猶等也等則左右各執一筭以告　注卒己至以告

正義曰云如數射筭者以投壺射之類故知此數投壺之筭如數射筭云二純以取至其他如右獲此皆鄉射之禮文也一純以取實於左手謂就地上之筭以右手每一純別而取實於左手云十純則縮而委之每委異之者滿十純則從而委之於地司射東面則東西爲縮每十雙則東西縮爲一委每有十雙更別委之故云每委異之云有餘則橫諸純下者有餘謂不滿十雙或八雙九雙以下則橫於純下謂橫在十純之西南北置之云一筭爲奇奇則縮諸純下者若唯有一筭則縮之零純之下在零純之西東西置之此謂數右筭之法若數左筭則異於右筭謂揔敘

禮記義六十五　十七　宋瑜

地之筭實於左手之中每一純取以委地滿十則異之謂滿十純揔爲一委云其他如右獲者謂所縱所橫如右獲也

命酌曰請行觴酌者曰諾司射又請於賓與主人以行正爵酌者勝黨之弟子　當飲者皆跪奉觴曰賜灌勝者跪曰敬養酌者亦酌奠於豐上不勝者坐取乃退而跪飲之灌猶飲也言賜灌者服而爲尊敬辭也周禮曰以灌賓客賜灌敬養各與其偶於西階上如飲射爵　疏正義曰此一節明飲不勝之儀　命酌曰請行觴者謂司射命此酌酒者曰敬以請賓與主人行觴謂罰爵之事賓主已許汝當酌之　酌者曰諾者謂勝黨之弟子曰諾受領許酌乃於西階上南面設豐洗觶升酌坐奠於豐上也　當飲者皆跪奉觴曰賜灌者謂勝者與不勝者俱升西階勝者在東不勝者跪取豐上之爵手奉其觴曰賜灌灌猶飲也　勝者跪曰敬養者勝者跪執之曰敬以

不滿純者奇隻也故云一筭爲奇　遂以奇筭告者奇餘也謂左右數鈞筭之餘筭手執而告曰某賢於某若干純者或左或右不定故稱某賢賢謂勝者也勝者若有雙數則云若干純假令十筭則云五純也　奇則曰奇者若有奇數則曰奇假令九筭則曰九奇也　鈞則曰左右鈞者鈞猶等也等則左右各執一筭以告　注卒己至以告

正義曰云如數射筭者以投壺射之類故知此數投壺之筭如數射筭云二純以取至其他如右獲此皆鄉射之禮文也一純以取實於左手謂就地上之筭以右手每一純別而取實於左手云十純則縮而委之每委異之者滿十純則從而委之於地司射東面則東西爲縮每十雙則東西縮爲一委每有十雙更別委之故云每委異之云有餘則橫諸純下者有餘謂不滿十雙或八雙九雙以下則橫於純下謂橫在十純之西南北置之云一筭爲奇奇則縮諸純下者若唯有一筭則縮之零純之下在零純之西東西置之此謂數右筭之法若數左筭則異於右筭謂揔敘

禮記義六十五　十七

地之筭實於左手之中每一純取以委地滿十則異之謂滿十純揔爲一委云其他如右獲者謂所縱所橫如右獲也

命酌曰請行觴酌者曰諾司射又請於賓與主人以行正爵酌者勝黨之弟子　當飲者皆跪奉觴曰賜灌勝者跪曰敬養酌者亦酌奠於豐上不勝者坐取乃退而跪飲之灌猶飲也言賜灌者服而爲尊敬辭也周禮曰以灌賓客賜灌敬養各與其偶於西階上如飲射爵　疏正義曰此一節明飲不勝之儀　命酌曰請行觴者謂司射命此酌酒者曰敬以請賓與主人行觴謂罰爵之事賓主已許汝當酌之　酌者曰諾者謂勝黨之弟子曰諾受領許酌乃於西階上南面設豐洗觶升酌坐奠於豐上也　當飲者皆跪奉觴曰賜灌者謂勝者與不勝者俱升西階勝者在東不勝者跪取豐上之爵手奉其觴曰賜灌灌猶飲也　勝者跪曰敬養者勝者跪執之曰敬以

足利本第六十五卷第十八葉

此觴而養不能 注 酌者勝黨之弟子 正義曰此鄉射
禮文也案彼文云弟子奉豐升設于西楹之西勝者之弟
子洗觶升酌南面坐奠于豐上是也 注 周禮至射爵
正義曰此周禮典瑞文引之者證灌爲飲也云賜灌敬養
各與其偶於西階上如飲射爵者 正爵既行請立
以投壺射類故約鄉射而知也
馬馬各直其筭一馬從二馬以慶慶禮曰
三馬既備請慶多馬賓主皆曰諾 飲不勝者畢司
射又請爲勝者立馬當其所釋筭之前三立馬者投壺如
射亦三而止也三者一黨不必三勝其一勝者并其馬於
再勝者以慶之明一勝不得慶也 疏 正義曰此一經論飲
飲慶爵者偶親酌不使弟子無豐 不勝者畢司射請爲
勝者立馬以表顯賢能之事 正爵既行者謂正禮罰酒
之爵既行飲畢之後司射乃請賓主請爲勝者樹標立其

禮記正義六十五 十八 阮祐

馬也 馬各直其筭者直當也謂所立之馬各當其初釋
筭之前所釋之筭東中之西也 一馬從二馬者投壺與
射禮同亦三番而止每番勝者則立一馬假令賓黨三番
俱勝則立三馬或賓黨兩勝而立二馬主黨一勝但立一
馬即以主黨從就賓黨二馬以少足益於多以助勝者爲
榮 以慶者一馬從二馬之後乃以慶賀多馬故云以慶
但此經上云請立馬者是司射請辭馬各直其筭一馬從
二馬以慶是禮家陳事之言也慶禮曰三馬既備請慶多
馬者此還是司射請辭言爲慶之禮勝者三馬既已備具
請酌酒慶賀於多馬者 賓主皆曰諾者無問勝與不勝
皆稱曰諾 注 飲不至無豐 正義曰云投壺如射亦三
而止也者以投壺射之類故知亦三番而止案鄉射禮初
番三耦射但唱獲而已未釋筭亦未飲不勝者第二番耦
射畢賓主之黨皆射畢乃數筭飲不勝者第三番三耦及
賓主等皆射中鼓節乃釋筭飲罰爵令投壺初則不立三
耦唯賓主三番而止云三者一黨不必三勝者解一馬從

潘本第六十五卷第十八葉

此觴而養不能 注 酌者勝黨之弟子 正義曰此鄉射
禮文也案彼文云弟子奉豐升設于西楹之西勝者之弟
子洗觶升酌南面坐奠于豐上是也 注 周禮至射爵
正義曰此周禮典瑞文引之者證灌爲飲也云賜灌敬養
各與其偶於西階上如飲射爵者 正爵既行請立
以投壺射類故約鄉射而知也
馬馬各直其筭一馬從二馬以慶慶禮曰
三馬既備請慶多馬賓主皆曰諾 飲不勝者畢司
射又請爲勝者立馬當其所釋筭之前三立馬者投壺如
射亦三而止也三者一黨不必三勝其一勝者并其馬於
再勝者以慶之明一勝不得慶也 疏 正義曰此一經論飲
飲慶爵者偶親酌不使弟子無豐 不勝者畢司射請爲
勝者立馬以表顯賢能之事 正爵既行者謂正禮罰酒
之爵既行飲畢之後司射乃請賓主請爲勝者樹標立其

禮記正義六十五 十八

馬也 馬各直其筭者直當也謂所立之馬各當其初釋
筭之前所釋之筭東中之西也 一馬從二馬者投壺與
射禮同亦三番而止每番勝者則立一馬假令賓黨三番
俱勝則立三馬或賓黨兩勝而立二馬主黨一勝但立一
馬即以主黨從就賓黨二馬以少足益於多以助勝者爲
榮 以慶者一馬從二馬之後乃以慶賀多馬故云以慶
但此經上云請立馬者是司射請辭馬各直其筭一馬從
二馬以慶是禮家陳事之言也慶禮曰三馬既備請慶多
馬者此還是司射請辭言爲慶之禮勝者三馬既已備具
請酌酒慶賀於多馬者 賓主皆曰諾者無問勝與不勝
皆稱曰諾 注 飲不至無豐 正義曰云投壺如射亦三
而止也者以投壺射之類故知亦三番而止案鄉射禮初
番三耦射但唱獲而已未釋筭亦未飲不勝者第二番耦
射畢賓主之黨皆射畢乃數筭飲不勝者第三番三耦及
賓主等皆射中鼓節乃釋筭飲罰爵令投壺初則不立三
耦唯賓主三番而止云三者一黨不必三勝者解一馬從

足利本第六十五卷第十九葉

二馬之意言或賓或主之黨黨中不必三番得勝故以一勝之馬并其馬於再勝者以慶之明一勝者不得慶也云飲慶爵者偶親酌不使弟子無豐者以飲不勝之時賤其無能故偶不親酌使弟子酌奠於豐上則鄉射禮所云者是也今飲尊賢當須親酌手自授之故知不使其弟子無豐也皇氏以爲三番而止者謂三偶投壺而止案鄉射禮每番皆三耦而止今云三偶投壺而止非其義也

正爵既行請徹馬 投壺禮畢可以去其勝筭也既徹馬無筭爵乃行

疏 正義曰此明飲慶爵之後司射請徹去其馬以投壺禮畢行無筭爵之事

筭多少視其坐 筭用當視坐投壺者之衆寡爲數也投壺者人四矢亦人四筭

籌室中五扶堂上七扶庭中九扶 籌矢也鋪四指曰扶一指案寸春秋傳曰膚寸而合投壺者或於室或於堂或於庭其禮褻隨晏早之宜無常處

筭長尺二寸 其節三扶可也或曰筭長尺有握握素也

禮記正義六十五　十九　阮詒

壺頸脩七寸腹脩五寸口徑二寸半容斗五升壺中實小豆焉爲其矢之躍而出也壺去席二矢半 脩長也腹容斗五升三分益一則爲二斗得圜囷之象積七百二十四寸也以腹脩五寸約之所得求其圜周圜周二尺七寸有奇是爲腹徑九寸有餘也實以小豆取其滑且堅

矢以柘若棘毋去其皮 取其堅且重也舊說云矢大七分或言去其皮節

疏 正義曰此一節明筭及矢長短之數又明壺之大小及矢之所用以儀禮準之此亦正篇之後記者之言也今録記者既陳正禮於上又以此請事繼之於下 筭多少視其坐者言筭之多少視其所坐之人每人四矢人別四筭也 籌室中五扶堂上七扶庭中九扶者籌矢也室中最挾故五扶

潘本第六十五卷第十九葉

二馬之意言或賓或主之黨黨中不必三番得勝故以一勝之馬并其馬於再勝者以慶之明一勝者不得慶也云飲慶爵者偶親酌不使弟子無豐者以飲不勝之時賤其無能故偶不親酌使弟子酌奠於豐上則鄉射禮所云者是也今飲尊賢當須親酌手自授之故知不使其弟子無豐也皇氏以爲三番而止者謂三偶投壺而止案鄉射禮每番皆三耦而止今云三偶投壺而止非其義也

正爵既行請徹馬 投壺禮畢可以去其勝筭也既徹馬無筭爵乃行

疏 正義曰此明飲慶爵之後司射請徹去其馬以投壺禮畢行無筭爵之事

筭多少視其坐 筭用當視坐投壺者之衆寡爲數也投壺者人四矢亦人四筭

籌室中五扶堂上七扶庭中九扶 籌矢也鋪四指曰扶一指案寸春秋傳曰膚寸而合投壺者或於室或於堂或於庭其禮褻隨晏早之宜無常處

筭長尺二寸 其節三扶可也或曰筭長尺有握握素也

禮記義六十五　十九　阮詒

壺頸脩七寸腹脩五寸口徑二寸半容斗五升壺中實小豆焉爲其矢之躍而出也壺去席二矢半 脩長也腹容斗五升三分益一則爲二斗得圜囷之象積七百二十四寸也以腹脩五寸約之所得求其圜周圜周二尺七寸有奇是爲腹徑九寸有餘也實以小豆取其滑且堅

矢以柘若棘毋去其皮 取其堅且重也舊說云矢大七分或言去其皮節

疏 正義曰此一節明筭及矢長短之數又明壺之大小及矢之所用以儀禮準之此亦正篇之後記者之言也今録記者既陳正禮於上又以此請事繼之於下 筭多少視其坐者言筭之多少視其所坐之人每人四矢人別四筭也 籌室中五扶堂上七扶庭中九扶者籌矢也室中最挾故五扶

足利本第六十五卷第二十葉

堂上差寛故七扶庭中彌寛故九扶 注投壺者人四矢
正義曰案鄉射及大射人皆乘矢故知四矢也 注籌矢
至常處　正義曰云春秋傳曰膚寸而合者此僖三十一
年公羊傳文彼云觸石而出膚寸而合不崇朝而徧雨乎
天下唯泰山爾引之者證彼膚與此扶同也　注脩長至
餘也　正義曰腹容斗五升三分益一則爲二斗者既稱
腹容斗五升又云三分益一者以斗五升其數難計故加
三分益一爲二斗從整數計之云得圜囷之象積三百二
十四寸也者以筭法方一寸高十六寸二分爲一升則一
斗之積方一寸高一百六十二寸也二斗之積爲三百二
十四寸也於此壺之圜囷之中凡有三百二十四寸也云
以腹脩五寸約之所得者腹之上下高五寸共有三百二
十四寸今且以壺底一寸約之即於三百二十四寸之中
五分之一得六十四寸八分也是腹脩五寸約之所得之
數也云求其圜周圍周二尺七寸有奇者壺底一重既有
六十四寸八分以圜求方須三分加一六十四寸八分分爲

禮記義六十五　二十　陸訓

三分則一分有二十一寸六分并前六十四寸八分得八
十六寸四分也即是壺底一重方積之數也今將八十六
寸開方積之九九八十一則爲方九寸強也一面有九寸
強四面凡有三十六寸強今以方求圜四分去一有二十
七寸強是壺圜周二尺七寸有強故云圜周二尺七寸有
奇也鄭之此計據二斗之數必知然者壺徑九寸以圜求
方以方九寸計之凡九九八十一壺底一重有八十一寸
五重則有五箇八十一寸摠爲四百五寸今以方求圜四分
去一去其一百一寸四分寸之一餘三百三寸四分寸之
三於二斗之積三百二十四寸之内但容三百三寸四分
寸之三餘有二十寸四分寸之一不盡故云圜周二十七
寸有奇乃得盡也若以斗五升計之計一斗五升之積有
二百四十三寸則壺之所徑唯八寸餘也得容此數必知
然者凡方八寸開方計之八八六十四得六十四寸壺高
五重則五箇六十四寸摠爲三百二十寸以方求圜四分
去一去八十寸餘有二百四十寸於一斗五升之積餘有

潘本第六十五卷第二十葉

堂上差寛故七扶庭中彌寛故九扶 注投壺者人四矢
正義曰案鄉射及大射人皆乘矢故知四矢也 注籌矢
至常處　正義曰云春秋傳曰膚寸而合者此僖三十一
年公羊傳文彼云觸石而出膚寸而合不崇朝而徧雨乎
天下唯泰山爾引之者證彼膚與此扶同也　注脩長至
餘也　正義曰腹容斗五升三分益一則爲二斗者既稱
腹容斗五升又云三分益一者以斗五升其數難計故加
三分益一爲二斗從整數計之云得圜囷之象積三百二
十四寸也者以筭法方一寸高十六寸二分爲一升則一
斗之積方一寸高一百六十二寸也二斗之積爲三百二
十四寸也於此壺之圜囷之中凡有三百二十四寸也云
以腹脩五寸約之所得者腹之上下高五寸共有三百二
十四寸今且以壺底一寸約之即於三百二十四寸之中
五分之一得六十四寸八分也是腹脩五寸約之所得之
數也云求其圜周圍周二尺七寸有奇者壺底一重既有
六十四寸八分以圜求方須三分加一六十四寸八分分爲

禮記義六十五　二十　陸訓

三分則一分有二十一寸六分并前六十四寸八分得八
十六寸四分也即是壺底一重方積之數也今將八十六
寸開方積之九九八十一則爲方九寸強也一面有九寸
強四面凡有三十六寸強今以方求圜四分去一有二十
七寸強是壺圜周二尺七寸有強故云圜周二尺七寸有
奇也鄭之此計據二斗之數必知然者壺徑九寸以圜求
方以方九寸計之凡九九八十一壺底一重有八十一寸
五重則有五箇八十一寸摠爲四百五寸今以方求圜四分
去一去其一百一寸四分寸之一餘三百三寸四分寸之
三於二斗之積三百二十四寸之内但容三百三寸四分
寸之三餘有二十寸四分寸之一不盡故云圜周二十七
寸有奇乃得盡也若以斗五升計之計一斗五升之積有
二百四十三寸則壺之所徑唯八寸餘也得容此數必知
然者凡方八寸開方計之八八六十四得六十四寸壺高
五重則五箇六十四寸摠爲三百二十寸以方求圜四分
去一去八十寸餘有二百四十寸於一斗五升之積餘有

足利本第六十五卷第二十一葉

三寸不盡是壺徑八寸有餘乃得盡也今檢鄭之文注之意以二斗整數計之不取經丈斗五升之義故云圜周二尺七寸有奇今筭者以其二尺七寸之圜必受斗五升之物數不相會也云壺體腹之上下各漸減殺苟欲望合恐非鄭意

魯令弟子辭曰毋憮毋敖毋偝立毋踰言偝立踰言有常爵薛令弟子辭曰毋憮毋敖毋偝立毋踰言若是者浮

弟子賓黨主黨年穉者也爲其立堂下相褻慢司射戒令之記魯薛者禮褎乖異不知孰是也憮敖慢也偝立不正鄉前也踰言遠談語也常爵常所以罰人之爵也浮亦謂是也晏子春秋曰酌者奉觴而進曰君令浮晏子時以罰梁丘據浮或作匏或作符踰或爲遥

【疏】正義曰此一篇是周公正經而有魯薛之事者録記之人以周褎之後魯之與薛有當時投壺號令弟子之異未知孰是故因以記之也　毋憮毋敖者憮亦敖也號令弟子云毋得憮而敖慢也　毋偝立毋踰言偝立踰言有常爵者毋偝立謂不正面前毋得踰言謂遠相談話若偝立踰言有常刑之罰爵也　若是者浮浮亦罰也薛令弟子辭曰若如是偝立踰言者則有浮罰之爵薛令弟子異於魯者其魯令弟子則稱偝立踰言有常爵薛令弟子則揔稱若是者浮浮亦罰也其言辭詳略雖異其意則同　注晏子至丘據　正義曰引晏子春秋者證浮是罰爵之義故小爾雅云浮罰也

鼓○□○○□□○□○○

□半○□○□○○○□□○□○魯鼓○□

○○○□□○□○○□□○□○○□□○半

○□○○○□□○薛鼓　此魯薛擊鼓之節也圜者擊鼙方者擊鼓古者

禮記義六十五　二十一　陸訓

潘本第六十五卷第二十一葉

三寸不盡是壺徑八寸有餘乃得盡也今檢鄭之文注之意以二斗整數計之不取經丈斗五升之義故云圜周二尺七寸有奇今筭者以其二尺七寸之圜必受斗五升之物數不相會也云壺體腹之上下各漸減殺苟欲望合恐非鄭意

魯令弟子辭曰毋憮毋敖毋偝立毋踰言偝立踰言有常爵薛令弟子辭曰毋憮毋敖毋偝立毋踰言若是者浮

弟子賓黨主黨年穉者也爲其立堂下相褻慢司射戒令之記魯薛者禮褎乖異不知孰是也憮敖慢也偝立不正鄉前也踰言遠談語也常爵常所以罰人之爵也浮亦謂是也晏子春秋曰酌者奉觴而進曰君令浮晏子時以罰梁丘據浮或作匏或作符踰或爲遥

【疏】正義曰此一篇是周公正經而有魯薛之事者録記之人以周褎之後魯之與薛有當時投壺號令弟子之異未知孰是故因以記之也　毋憮毋敖者憮亦敖也號令弟子云毋得憮而敖慢也　毋偝立毋踰言偝立踰言有常爵者毋偝立謂不正面前毋得踰言謂遠相談話若偝立踰言有常刑之罰爵也　若是者浮浮亦罰也薛令弟子辭曰若如是偝立踰言者則有浮罰之爵薛令弟子異於魯者其魯令弟子則稱偝立踰言有常爵薛令弟子則揔稱若是者浮浮亦罰也其言辭詳略雖異其意則同　注晏子至丘據　正義曰引晏子春秋者證浮是罰爵之義故小爾雅云浮罰也

鼓○□○○□□○□○○

□半○□○□○○○□□○□○魯鼓○□

○○○□□○□○○□□○□○○□□○半

○□○○○□□○薛鼓　此魯薛擊鼓之節也圜者擊鼙方者擊鼓古者

禮記義六十五　二十一　陸訓

足利本第六十五卷第二十二葉

舉事鼓各有節聞其節則知其事矣取半以下爲投壺禮盡用之爲射禮投壺之鼓半射節者投壺射之細也射謂燕射司射庭長及冠士立者皆屬賓黨樂人及使者童子皆屬主黨庭長司正也使者主人所使薦羞者樂人國子能爲樂者此皆與於投壺

魯鼓○□○○□□○○半○□○□○○○○□○□○

薛鼓○□○○○○□○□○□○○○□○□○○□○半○□○□○○○○□○

此二者記兩家之異故兼列之

疏正義曰以鼓節有圜點有方點故以爲圜者擊鼙方者擊鼓若頻有圜點則頻擊鼙聲每一圜點則一擊鼙聲若頻有方點則頻擊鼓聲也但記者因薛擊鼓之異圖而記之但年代太遠無以知其得失注射謂燕射正義曰以此射與投壺相對用半鼓節爲投壺用全鼓節爲射禮又投壺在室在堂是燕樂之事故知此射亦謂燕射非大射及鄉射也注庭長至投壺正義曰經云司射庭長案鄉飲酒將旅之時使相爲司正在庭中立于觶南北面察飲酒不如儀者故知庭長司正也冠士者謂外人來觀投壺成人加冠之士尊之故令屬賓黨若童子賤則屬主黨也云樂人國子能爲樂者以國子習樂故云國子能爲樂者欲明此樂人非瞽矇視瞭之徒以其能與主人之黨而觀禮故知非作樂瞽人也案國子是王子公卿大夫元士之子今來觀樂士大夫投壺者以國之俊選皆在學習樂共士子來觀投壺非謂一皆是王子及公卿大夫之子也云此皆與於投壺者鄭恐但來觀其禮不觀投壺經既云屬賓黨主黨則是入賓主之朋故云與於投壺也

禮記正義卷第六十五

潘本第六十五卷第二十二葉

舉事鼓各有節聞其節則知其事矣取半以下爲投壺禮盡用之爲射禮投壺之鼓半射節者投壺射之細也射謂燕射司射庭長及冠士立者皆屬賓黨樂人及使者童子皆屬主黨庭長司正也使者主人所使薦羞者樂人國子能爲樂者此皆與於投壺

魯鼓○□○○□□○○半○□○□○○○○□○□○

薛鼓○□○○○○□○□○□○○○□○□○○□○半○□○□○○○○□○

此二者記兩家之異故兼列之

疏正義曰以鼓節有圜點有方點故以爲圜者擊鼙方者擊鼓若頻有圜點則頻擊鼙聲每一圜點則一擊鼙聲若頻有方點則頻擊鼓聲也但記者因薛擊鼓之異圖而記之但年代太遠無以知其得失注射謂燕射正義曰以此射與投壺相對用半鼓節爲投壺用全鼓節爲射禮又投壺在室在堂是燕樂之事故知此射亦謂燕射非大射及鄉射也注庭長至投壺正義曰經云司射庭長案鄉飲酒將旅之時使相爲司正在庭中立于觶南北面察飲酒不如儀者故知庭長司正也冠士者謂外人來觀投壺成人加冠之士尊之故令屬賓黨若童子賤則屬主黨也云樂人國子能爲樂者以國子習樂故云國子能爲樂者欲明此樂人非瞽矇視瞭之徒以其能與主人之黨而觀禮故知非作樂瞽人也案國子是王子公卿大夫元士之子今來觀樂士大夫投壺者以國之俊選皆在學習樂共士子來觀投壺非謂一皆是王子及公卿大夫之子也云此皆與於投壺者鄭恐但來觀其禮不觀投壺經既云屬賓黨主黨則是入賓主之朋故云與於投壺也

禮記正義卷第六十五

足利本第六十六卷第一葉

禮記正義卷第六十六

國子祭酒上護軍曲阜縣開國子臣孔穎達等奉

勑撰

儒行第四十一

正義曰案鄭目録云名曰儒行者以其記有道德者所行者儒之言優也柔也能安人能服人又儒者濡也以先王之道能濡其身此於別録屬通論案下文云儒有過失可微辨而不可面數搏猛引重不程勇力此皆剛猛得爲儒者但儒行不同或以遜讓爲儒或以剛猛爲儒其與人交接常能優柔故以儒表名

魯哀公問於孔子曰夫子之服其儒服與哀公館孔子見其服與士大夫異又與庶人不同疑爲儒服而問之孔子對曰丘少居魯衣逢掖之衣長居宋冠章甫之冠丘聞之也君子之學也博其服也鄉丘不知儒服逢猶大也大掖之衣大袂禪衣也此君子有道藝者所衣也孔子生魯長而之宋而冠焉宋其祖所出也衣少所居之服冠長所居之冠是之謂鄉言不知儒服非哀公意不在於儒乃今問其服庶人禪衣袂二尺二寸袪尺二寸哀公曰敢問儒行孔子對曰遽數之不能終其物悉數之乃留更僕未可終也遽猶卒也物猶事也留久也僕大僕也君燕朝則丘位掌擯相更之者爲久將倦使之相代哀公命席

潘本第六十六卷第一葉

禮記正義卷第六十六

國子祭酒上護軍曲阜縣開國子臣孔穎達等奉

勑撰

儒行第四十一

正義曰案鄭目録云名曰儒行者以其記有道德者所行者儒之言優也柔也能安人能服人又儒者濡也以先王之道能濡其身此於別録屬通論案下文云儒有過失可微辨而不可面數搏猛引重不程勇力此皆剛猛得爲儒者但儒行不同或以遜讓爲儒或以剛猛爲儒其與人交接常能優柔故以儒表名

魯哀公問於孔子曰夫子之服其儒服與哀公館孔子見其服與士大夫異又與庶人不同疑爲儒服而問之孔子對曰丘少居魯衣逢掖之衣長居宋冠章甫之冠丘聞之也君子之學也博其服也鄉丘不知儒服逢猶大也大掖之衣大袂禪衣也此君子有道藝者所衣也孔子生魯長而之宋而冠焉宋其祖所出也衣少所居之服冠長所居之冠是之謂鄉言不知儒服非哀公意不在於儒乃今問其服庶人禪衣袂二尺二寸袪尺二寸哀公曰敢問儒行孔子對曰遽數之不能終其物悉數之乃留更僕未可終也遽猶卒也物猶事也留久也僕大僕也君燕朝則正位掌擯相更之者爲久將倦使之相代哀公命席

足利本第六十六卷第二葉

爲孔子布席於堂與之坐也君適其臣升自阼階所在如主孔子侍曰儒有席上之珍以待聘夙夜強學以待問懷忠信以待舉力行以待取其自立有如此者席猶鋪陳也鋪陳往古堯舜之善道以待見問也大問曰聘舉見舉用也取進取位也儒有衣冠中動作愼其大讓如慢小讓如僞大則如威小則如愧其難進而易退也粥粥若無能也其容貌有如此者中中間謂不嚴厲也如慢如僞言之不愊恒也如威如愧如有所長儒有居處齊難其坐起恭敬言必先信行必中正道塗不爭險易之利冬夏不爭陰陽之和愛其死以有待也養其身以有爲也其備豫有如此者齊難齊莊可畏難也行不爭道止不選處所以遠鬭訟儒有不寶金玉而忠信以爲寶不祈土地立義以爲土地不祈多積多文以爲富難得而易祿也易祿而難畜也非時不見不亦難得乎非義不合不亦難畜乎先勞而後祿不亦易祿乎其近人有如此者

禮記正義六十六　二

潘本第六十六卷第二葉

爲孔子布席於堂與之坐也君適其臣升自阼階所在如主孔子侍曰儒有席上之珍以待聘夙夜強學以待問懷忠信以待舉力行以待取其自立有如此者席猶鋪陳也鋪陳往古堯舜之善道以待見問也大問曰聘舉見舉用也取進取位也儒有衣冠中動作愼其大讓如慢小讓如僞大則如威小則如愧其難進而易退也粥粥若無能也其容貌有如此者中中間謂不嚴厲也如慢如僞言之不愊恒也如威如愧如有所長儒有居處齊難其坐起恭敬言必先信行必中正道塗不爭險易之利冬夏不爭陰陽之和愛其死以有待也養其身以有爲也其備豫有如此者齊難齊莊可畏難也行不爭道止不選處所以遠鬭訟儒有不寶金玉而忠信以爲寶不祈土地立義以爲土地不祈多積多文以爲富難得而易祿也易祿而難畜也非時不見不亦難得乎非義不合不亦難畜乎先勞而後祿不亦易祿乎其近人有如此者

禮記正義六十六　二

足利本第六十六卷第三葉

祈猶求也立義以爲土地以義自居也難畜難以非義久留也勞猶事也積或爲貨【疏】魯哀公問於孔子者言夫子自衛反魯哀公館於孔子問以儒行之事記者録之以爲儒行之篇孔子説儒凡十七條其從上以來至下十五條皆明賢人之儒其第十六儒明聖人之儒包上十五條賢人儒也其十七條之儒是夫子自謂也今此一節明哀公至孔子之家見孔子衣服之異疑其儒服遂問儒行爲孔子命席方説儒行之事也　君子之學也博者言徧知今古之事也　其服也鄉者其冠服須依所居之鄉也　丘不知儒服者不知猶不識也言我所服但衣其鄉之服不知儒服言此者譏哀公意不在儒欲侮笑其服故以此言非之【注】逢猶至二寸　正義曰謂逢猶盛大之貌詩云維柞之枝其葉蓬蓬是逢爲盛大之貌也云大掖之衣大袂禪衣也者掖謂肘掖之所寬大故云大袂禪衣也禮大夫以上其服侈袂鄭注司服云侈之者半而益一袂三尺三寸袪尺八寸朝祭之服必表裏不禪也孔子若依尋常侈袂之服則哀公無

禮記義六十六　三　吳宰

由怪之以其大袂禪衣異於士大夫常服故問之云非哀公意不在於儒者今若在儒孔子新來則應問以儒行今乃問其服是意欲侮戲夫子故下文云不敢以儒爲戲明此時意以爲戲也云庶人禪衣袂二尺二寸者庶人無朝祭之事故知禪衣袂二尺二寸云袪尺二寸者玉藻文言深衣之制如此今夫子著禪衣與庶人同其袂大與庶人異故謂衣爲逢掖也則此大袂深衣也長居宋冠章甫之冠言夫子生於魯長於宋魯有大袂禪衣宋有章甫之冠故知大袂之衣是少所居之服也章甫之冠是長所居之冠案曲禮云去國三世唯興之日從新國之法孔子曾祖防叔防叔生木金木金生伯夏伯夏生良紇良紇生孔子防叔奔魯至孔子五世應從魯冠而猶著殷章甫冠者以丘爲制法之主故有異於人所行之事多用殷禮不與尋常同也且曲禮從新國之法秖謂禮儀法用未必衣服盡從也禮臣朝於君應著朝服而著常服者時孔子自衛新還哀公館之非是常朝故衣冠異也遽數之不能終其物

潘本第六十六卷第三葉

祈猶求也立義以爲土地以義自居也難畜難以非義久留也勞猶事也積或爲貨【疏】魯哀公問於孔子者言夫子自衛反魯哀公館於孔子問以儒行之事記者録之以爲儒行之篇孔子説儒凡十七條其從上以來至下十五條皆明賢人之儒其第十六儒明聖人之儒包上十五條賢人儒也其十七條之儒是夫子自謂也今此一節明哀公至孔子之家見孔子衣服之異疑其儒服遂問儒行爲孔子命席方説儒行之事也　君子之學也博者言徧知今古之事也　其服也鄉者其冠服須依所居之鄉也　丘不知儒服者不知猶不識也言我所服但衣其鄉之服不知儒服言此者譏哀公意不在儒欲侮笑其服故以此言非之【注】逢猶至二寸　正義曰謂逢猶盛大之貌詩云維柞之枝其葉蓬蓬是逢爲盛大之貌也云大掖之衣大袂禪衣也者掖謂肘掖之所寬大故云大袂禪衣也禮大夫以上其服侈袂鄭注司服云侈之者半而益一袂三尺三寸袪尺八寸朝祭之服必表裏不禪也孔子若依尋常侈袂之服則哀公無

禮記義六十六　三　吳宰

由怪之以其大袂禪衣異於士大夫常服故問之云非哀公意不在於儒者今若在儒孔子新來則應問以儒行今乃問其服是意欲侮戲夫子故下文云不敢以儒爲戲明此時意以爲戲也云庶人禪衣袂二尺二寸者庶人無朝祭之事故知禪衣袂二尺二寸云袪尺二寸者玉藻文言深衣之制如此今夫子著禪衣與庶人同其袂大與庶人異故謂衣爲逢掖也則此大袂深衣也長居宋冠章甫之冠言夫子生於魯長於宋魯有大袂禪衣宋有章甫之冠故知大袂之衣是少所居之服也章甫之冠是長所居之冠案曲禮云去國三世唯興之日從新國之法孔子曾祖防叔防叔生木金木金生伯夏伯夏生良紇良紇生孔子防叔奔魯至孔子五世應從魯冠而猶著殷章甫冠者以丘爲制法之主故有異於人所行之事多用殷禮不與尋常同也且曲禮從新國之法秖謂禮儀法用未必衣服盡從也禮臣朝於君應著朝服而著常服者時孔子自衛新還哀公館之非是常朝故衣冠異也遽數之不能終其物

足利本第六十六卷第四葉

者遠卒也數說也終盡也物事也孔子荅言儒行深遠非
可造次若急而說則不能盡事也　悉數之乃留更僕未
可終也者留久也若委細悉說之則乃大久也更僕者更
代也僕大僕也君燕朝則大僕正位掌擯相也言若委細
悉說之則大久僕侍疲倦宜更代之未可終也若不代僕
則事未可盡也　哀公命席者哀公既聞孔子所荅稱儒
行不敢造次而盡故命掌筵者爲夫子布席也故注云爲
孔子布席於堂與之坐也君適其臣升自阼階所在如主
孔子侍者此一經明孔子侍坐於哀公說儒行脩立己身
終始之事　儒有席上之珍以待聘者席猶鋪陳也珍謂
美善之道言儒能鋪陳上古堯舜美善之道以待君上聘
召也盧云儒是待坐席之珍可重也此經論儒者自學脩
飾立身之事不應直云席上之珍可重故鄭不從也　力
行以待取者言己脩身勵力行之擬待進取榮位也　其
自立有如此者謂自脩立己身有如此行在上之諸事也
儒有衣冠中者此明儒者容貌之事儒有衣冠中者中間

禮記義六十六　四　施俊

言儒者所服衣冠在尋常人之中間不嚴勵自異也動作
愼者謂舉動興作恒謹愼也　其大讓如慢謂有人以大
物與己己之讓此大物之時辭貌寬緩如慠慢然　小讓
如僞者言讓其小物如似詐僞亦謂寬緩不急切也言儒
不以利動也　大則如威者言有大事之時形貌則如似
有所畏懼也　小則如愧者言行小事之時則如似有所
慙愧如威如愧皆謂重愼自貶損　粥粥若無能也者粥
粥是柔弱專愚之貌言形貌粥粥然如無所能也　注中
中至所畏　正義曰中中間者言儒者衣冠在常人中間
則孔子逢掖之衣是也云如慢如僞言之不愊恒也者愊
恒謂急促之意言語之時不愊恒切急如似慢然如似僞
然庾氏云讓大物不受拒於人如似慠慢讓小物之時初
讓後受如似僞然與注意不合非鄭旨也　儒有居處齊
難者此明儒行先以善道豫防備患難之事　居處齊難
者凡所居處容貌齊莊可畏難也貌既如此人則無由慢
之也　道塗不爭險易之利者塗路也君子行道路不與

潘本第六十六卷第四葉

者遠卒也數說也終盡也物事也孔子荅言儒行深遠非
可造次若急而說則不能盡事也　悉數之乃留更僕未
可終也者留久也若委細悉說之則乃大久也更僕者更
代也僕大僕也君燕朝則大僕正位掌擯相也言若委細
悉說之則大久僕侍疲倦宜更代之未可終也若不代僕
則事未可盡也　哀公命席者哀公既聞孔子所荅稱儒
行不敢造次而盡故命掌筵者爲夫子布席也故注云爲
孔子布席於堂與之坐也君適其臣升自阼階所在如主
孔子侍者此一經明孔子侍坐於哀公說儒行脩立己身
終始之事　儒有席上之珍以待聘者席猶鋪陳也珍謂
美善之道言儒能鋪陳上古堯舜美善之道以待君上聘
召也盧云儒是待坐席之珍可重也此經論儒者自學脩
飾立身之事不應直云席上之珍可重故鄭不從也　力
行以待取者言己脩身勵力行之擬待進取榮位也　其
自立有如此者謂自脩立己身有如此行在上之諸事也
儒有衣冠中者此明儒者容貌之事儒有衣冠中者中間

禮記義六十六　四　施俊

言儒者所服衣冠在尋常人之中間不嚴勵自異也動作
愼者謂舉動興作恒謹愼也　其大讓如慢謂有人以大
物與己己之讓此大物之時辭貌寬緩如慠慢然　小讓
如僞者言讓其小物如似詐僞亦謂寬緩不急切也言儒
不以利動也　大則如威者言有大事之時形貌則如似
有所畏懼也　小則如愧者言行小事之時則如似有所
慙愧如威如愧皆謂重愼自貶損　粥粥若無能也者粥
粥是柔弱專愚之貌言形貌粥粥然如無所能也　注中
中至所畏　正義曰中中間者言儒者衣冠在常人中間
則孔子逢掖之衣是也云如慢如僞言之不愊恒也者愊
恒謂急促之意言語之時不愊恒切急如似慢然如似僞
然庾氏云讓大物不受拒於人如似慠慢讓小物之時初
讓後受如似僞然與注意不合非鄭旨也　儒有居處齊
難者此明儒行先以善道豫防備患難之事　居處齊難
者凡所居處容貌齊莊可畏難也貌既如此人則無由慢
之也　道塗不爭險易之利者塗路也君子行道路不與

足利本第六十六卷第五葉

以爭平易之地而避險阻以利己也　冬夏不爭陰陽之和者冬溫夏涼是陰陽之和處冬日暖處則暄夏日陰處則凉此並爲世人所競唯儒者讓而不爭也故注云行不爭道止不選處所以遠鬭訟也　愛其死以有待也者此解不爭也言愛死以待明時養其身以有爲也者言養身爲行道德也　其備豫有如此者言儒者先行善道豫防患害有如此在上諸事也　儒有不寶金玉而忠信以爲寶者此一經明儒者懷忠信義之事也言儒懷忠信仁義以與人交不貪金玉利祿以與人競人則親而近之　不祈土地立義以爲土地者言儒者不祈土地之富以義自居故云以爲土地　不祈多積多文以爲富者積積聚財物也儒以多學文章技藝爲富不求財積以利其身也　難得而易祿也非道之世則不仕是難得也先事後食是易祿也　易祿而難畜也者非義則去是難畜也　非時不見不亦難得乎者非時謂非明時則不見是不亦難得乎　非義不合不亦難畜乎

禮記義六十六　五　應俊

者君有義則與之合無義則去是難畜也　其近人有如此者言儒者親近於人有如此在上之諸事也　儒

有委之以貨財淹之以樂好見利不虧其義劫之以衆沮之以兵見死不更其守鷙蟲攫搏不程勇者引重鼎不程其力往者不悔來者不豫過言不再流言不極不斷其威不習其謀其特立有如此者　淹謂浸漬之劫劫脅也沮謂恐怖之也鷙蟲猛鳥猛獸也字從鳥鷙省聲也程猶量也重鼎大鼎也搏猛引重不量勇力堪之與否當之則往也雖有負者後不悔也其所未見亦不豫備平行自若也不再猶不更也不極不問所從出也不斷其威常可

潘本第六十六卷第五葉

人爭平易之地而避險阻以利己也　冬夏不爭陰陽之和者冬溫夏涼是陰陽之和處冬日暖處則暄夏日陰處則凉此並爲世人所競唯儒者讓而不爭也故注云行不爭道止不選處所以遠鬭訟也　愛其死以有待也者此解不爭也言愛死以待明時養其身以有爲也者言養身爲行道德也　其備豫有如此者言儒者先行善道豫防患害有如此在上諸事也　儒有不寶金玉而忠信以爲寶者此一經明儒者懷忠信義之事也言儒懷忠信仁義以與人交不貪金玉利祿以與人競人則親而近之　不祈土地立義以爲土地者言儒者不祈土地之富以義自居故云以爲土地　不祈多積多文以爲富者積積聚財物也儒以多學文章技藝爲富不求財積以利其身也　難得而易祿也非道之世則不仕是難得也先事後食是易祿也　易祿而難畜也者非義則去是難畜也　非時不見不亦難得乎者非時謂非明時則不見是不亦難得乎　非義不合不亦難畜乎

禮記義六十六　五　應俊

者君有義則與之合無義則去是難畜也　其近人有如此者言儒者親近於人有如此在上之諸事也　儒

有委之以貨財淹之以樂好見利不虧其義劫之以衆沮之以兵見死不更其守鷙蟲攫搏不程勇者引重鼎不程其力往者不悔來者不豫過言不再流言不極不斷其威不習其謀其特立有如此者　淹謂浸漬之劫劫脅也沮謂恐怖之也鷙蟲猛鳥猛獸也字從鳥鷙省聲也程猶量也重鼎大鼎也搏猛引重不量勇力堪之與否當之則往也雖有負者後不悔也其所未見亦不豫備平行自若也不再猶不更也不極不問所從出也不斷其威常可

足利本第六十六卷第六葉

畏也不習其謀口及則言不【疏】儒有委之以貨財者此明
豫其説而順也斷或爲繼　儒者之行有異於衆挺特
而立不與同羣之事　儒有委之以貨財淹之以樂好者
言儒者之行人或委聚之以貨財謂多以貨財委之淹之
以樂好謂他人淹漬之以愛樂華好之事言以愛樂玩好
浸漬之也　見利不虧其義者謂儒者執持操行雖見貨
財樂好之利不虧損己之義事苟且而愛也劫之以衆沮
之以兵者謂他人劫脅以軍衆沮恐之以兵刃也　見死
不更其守者言儒者雖見劫見沮以致於死終不更改其
所守之志而苟從之免死也　鷙蟲攫搏不程勇者言儒
者若逢鷙猛之蟲則身往攫搏不程量武勇堪當以否遇
即行也　引重鼎不程其力者言引重鼎不豫前商量己
力堪引以否言見則引之此攫搏引鼎喻艱難之事言儒
者見艱難之事遇則行之不豫度量也此實暴虎之事而
得爲儒者孔子此言雖託儒爲事其實自述也若春秋夾
谷之會孔子欲斬齊之優儒是也案定十年公與齊侯會

禮記義六十六　六　應俊

於夾谷之地於時孔子爲都禮之事齊人欲劫辱魯君孔
子使人拒之而又齊人之樂作優及侏儒者於魯幕下弄
魯君孔子命誅之斷其手足異門而出齊侯不敢輕魯還
汶陽之田及所侵之地並歸於魯是夫子之功儒者亦有
勇不避艱難引之者言儒者有勇　往者不悔者言儒者
有往過之事雖有敗負不如其意亦不追悔也　來者不
豫者謂將來之事其所未見亦不豫前防備言已往及未
來平行自若也　過言不再者再更也言儒者有愆過之
言不更爲之　流言不極者極謂窮極若聞流傳之言不
窮其根本所從出處也言儒者識慮深遠聞之則解故不
窮極其所出也　不斷其威者斷絶也言儒者不蹔絶其
威嚴容止當可畏也　不習其謀者逢事則謀不豫習也
其特立有如此者言餘人不能唯儒者獨能特立有如此
之行也　【注】淹謂至順也　正義曰淹謂浸漬之者言樂
好之事民之所嗜易以溺人云淹之樂好故知淹爲浸漬
也云沮謂恐怖之也以沮謂敗壞於人是恐怖之也俗本

潘本第六十六卷第六葉

畏也不習其謀口及則言不【疏】儒有委之以貨財者此明
豫其説而順也斷或爲繼　儒者之行有異於衆挺特
而立不與同羣之事　儒有委之以貨財淹之以樂好者
言儒者之行人或委聚之以貨財謂多以貨財委之淹之
以樂好謂他人淹漬之以愛樂華好之事言以愛樂玩好
浸漬之也　見利不虧其義者謂儒者執持操行雖見貨
財樂好之利不虧損己之義事苟且而愛也劫之以衆沮
之以兵者謂他人劫脅以軍衆沮恐之以兵刃也　見死
不更其守者言儒者雖見劫見沮以致於死終不更改其
所守之志而苟從之免死也　鷙蟲攫搏不程勇者言儒
者若逢鷙猛之蟲則身往攫搏不程量武勇堪當以否遇
即行也　引重鼎不程其力者言引重鼎不豫前商量己
力堪引以否言見則引之此攫搏引鼎喻艱難之事言儒
者見艱難之事遇則行之不豫度量也此實暴虎之事而
得爲儒者孔子此言雖託儒爲事其實自述也若春秋夾
谷之會孔子欲斬齊之優儒是也案定十年公與齊侯會

禮記義六十六　六　應俊

於夾谷之地於時孔子爲都禮之事齊人欲劫辱魯君孔
子使人拒之而又齊人之樂作優及侏儒者於魯幕下弄
魯君孔子命誅之斷其手足異門而出齊侯不敢輕魯還
汶陽之田及所侵之地並歸於魯是夫子之功儒者亦有
勇不避艱難引之者言儒者有勇　往者不悔者言儒者
有往過之事雖有敗負不如其意亦不追悔也　來者不
豫者謂將來之事其所未見亦不豫前防備言已往及未
來平行自若也　過言不再者再更也言儒者有愆過之
言不更爲之　流言不極者極謂窮極若聞流傳之言不
窮其根本所從出處也言儒者識慮深遠聞之則解故不
窮極其所出也　不斷其威者斷絶也言儒者不蹔絶其
威嚴容止當可畏也　不習其謀者逢事則謀不豫習也
其特立有如此者言餘人不能唯儒者獨能特立有如此
之行也　【注】淹謂至順也　正義曰淹謂浸漬之者言樂
好之事民之所嗜易以溺人云淹之樂好故知淹爲浸漬
也云沮謂恐怖之也以沮謂敗壞於人是恐怖之也俗本

足利本第六十六卷第七葉

𧆞或爲阻字謂阻難之事云鷙蟲猛鳥猛獸也者蟲是鳥
獸通名故爲猛鳥猛獸云字從鳥鷙省聲也者言鷙蟲旣
是猛鳥猛獸但獸摯從執下著手鳥鷙從執下著鳥今一
鷙包兩義以獸鷙從鳥故云省也執下著鳥執下著手俱
是鷙聲故云聲也但以脚取之謂之攫以翼擊之謂之摶
云雖有負者後不悔也者身行往過之事雖有負敗不追
悔也云平行自若者若如也言雖有敗負及未見之事不
恥愧憂慮但平常而行志意自如也云不習其謀口及則
言不豫其說而順也者口及則言謂口及其事則
言論謀度之不豫前備其言說而順從所謀之也　儒有
可親而不可劫也可近而不可迫也可殺
而不可辱也其居處不淫其飲食不溽其
過失可微辨而不可面數也其剛毅有如

禮記正義六十六　七　王虎

此者　淫謂傾邪也溽謂濃味
爲溽溽之言欲也　疏　此明儒有剛毅之事居處
不淫者淫謂傾邪也言儒
者性旣剛毅故居處不傾邪也　飲食不溽者溽之言欲
也即濃厚也言儒性旣剛儉故飲食常質不濃厚也　其
剛毅有如此者言儒者其
剛强嚴毅有如此諸事　儒有忠信以爲甲冑禮
義以爲干櫓戴仁而行抱義而處雖有暴
政不更其所其自立有如此者　甲鎧冑兜鍪
也干櫓小楯
大楯
也　疏　此明儒者自立之事也　忠信以爲甲冑注云
甲鎧冑兜鍪也干櫓小楯大楯也甲冑干櫓所
以禦其患難儒者以忠信禮義亦禦其患難謂有忠信禮
義則人不敢侵侮也　戴仁而行仁之盛　抱義而處義
不離身　雖有暴政不更其所者更改也不改其志操遁
然自成立也雖與前自立文同其意異於上也其自立有

潘本第六十六卷第七葉

𧆞或爲阻字謂阻難之事云鷙蟲猛鳥猛獸也者蟲是鳥
獸通名故爲猛鳥猛獸云字從鳥鷙省聲也者言鷙蟲旣
是猛鳥猛獸但獸摯從執下著手鳥鷙從執下著鳥今一
鷙包兩義以獸鷙從鳥故云省也執下著鳥執下著手俱
是鷙聲故云聲也但以脚取之謂之攫以翼擊之謂之摶
云雖有負者後不悔也者身行往過之事雖有負敗不追
悔也云平行自若者若如也言雖有敗負及未見之事不
恥愧憂慮但平常而行志意自如也云不習其謀口及則
言不豫其說而順也者口及則言謂口及其事則
言論謀度之不豫前備其言說而順從所謀之也　儒有
可親而不可劫也可近而不可迫也可殺
而不可辱也其居處不淫其飲食不溽其
過失可微辨而不可面數也其剛毅有如

禮記正義六十六　七　王虎

此者　淫謂傾邪也溽謂濃味
爲溽溽之言欲也　疏　此明儒有剛毅之事居處
不淫者淫謂傾邪也言儒
者性旣剛毅故居處不傾邪也　飲食不溽者溽之言欲
也即濃厚也言儒性旣剛儉故飲食常質不濃厚也　其
剛毅有如此者言儒者其
剛强嚴毅有如此諸事　儒有忠信以爲甲冑禮
義以爲干櫓戴仁而行抱義而處雖有暴
政不更其所其自立有如此者　甲鎧冑兜鍪
也干櫓小楯
大楯
也　疏　此明儒者自立之事也　忠信以爲甲冑注云
甲鎧冑兜鍪也干櫓小楯大楯也甲冑干櫓所
以禦其患難儒者以忠信禮義亦禦其患難謂有忠信禮
義則人不敢侵侮也　戴仁而行仁之盛　抱義而處義
不離身　雖有暴政不更其所者更改也不改其志操遁
然自成立也雖與前自立文同其意異於上也其自立有

足利本第六十六卷第八葉

如此者初第一儒言自立者謂強學力行而自脩立也此經自立者謂獨懷仁義忠信也

儒有一畝之宮環堵之室篳門圭窬蓬户甕牖易衣而出并日而食上荅之不敢以疑上不荅不敢以諂其仕有如此者

言貧窮屈道仕爲小官也宮謂牆垣也環堵面一堵也五版爲堵五堵爲雉篳門荊竹織門也圭窬門旁窬也穿牆爲之如圭矣并日而食二日用一日食也上荅之謂君荅用其言

疏 此明儒者仕官能自執其操也 儒有一畝之宮者一畝謂徑一步長百步爲畝若折而方之則東西南北各十步爲宅也牆方六丈故云一畝之宮宮謂牆垣也 環堵之室者環謂周迴也東西南北唯一堵 篳門圭窬篳門謂以荊竹織門也杜氏云柴門也圭窬門旁窬也穿牆爲之如圭矣故云圭窬說文云穿

禮記正義六十六 八

木爲户左傳作竇謂門旁小户也上銳下方狀如圭也 蓬户甕牖者蓬户謂編蓬爲户又以蓬塞門謂之蓬户甕牖者謂牖窻圓如甕口也又云以敗甕口爲牖 易衣而出者王云更相衣而後可以出如王之意是合家共一衣故言出更著之也 并日而食者謂不日日得食或三日二日并得一日之食故注云二日用一日食也 上荅之不敢以疑者上君也荅之謂己有言語君應荅而用之不敢以疑謂己決竭心力不敢疑貳於君也亦謂雖被信任用不敢猜疑於君上也言儒者仕官盡忠 上不荅不敢以諂者己有言語而君不用及不見使則己宜靜默不敢諂媚求進也 注貧窮至爲雉 正義曰貧窮屈道仕爲小官也者以經云其仕有如此者是仕官之人今乃篳門圭窬仕爲小官儒有大德而仕小官故知貧窮屈道也云五板爲堵五堵爲雉者定十二年公羊傳文引之者證堵之大小高一丈長三丈爲雉

儒有今人與居古人與稽今世

潘本第六十六卷第八葉

如此者初第一儒言自立者謂強學力行而自脩立也此經自立者謂獨懷仁義忠信也

儒有一畝之宮環堵之室篳門圭窬蓬户甕牖易衣而出并日而食上荅之不敢以疑上不荅不敢以諂其仕有如此者

言貧窮屈道仕爲小官也宮謂牆垣也環堵面一堵也五版爲堵五堵爲雉篳門荊竹織門也圭窬門旁窬也穿牆爲之如圭矣并日而食二日用一日食也上荅之謂君荅用其言

疏 此明儒者仕官能自執其操也 儒有一畝之宮者一畝謂徑一步長百步爲畝若折而方之則東西南北各十步爲宅也牆方六丈故云一畝之宮宮謂牆垣也 環堵之室者環謂周迴也東西南北唯一堵 篳門圭窬篳門謂以荊竹織門也杜氏云柴門也圭窬門旁窬也穿牆爲之如圭矣故云圭窬說文云穿

禮記正義六十六 八

木爲户左傳作竇謂門旁小户也上銳下方狀如圭也 蓬户甕牖者蓬户謂編蓬爲户又以蓬塞門謂之蓬户甕牖者謂牖窻圓如甕口也又云以敗甕口爲牖 易衣而出者王云更相衣而後可以出如王之意是合家共一衣故言出更著之也 并日而食者謂不日日得食或三日二日并得一日之食故注云二日用一日食也 上荅之不敢以疑者上君也荅之謂己有言語君應荅而用之不敢以疑謂己決竭心力不敢疑貳於君也亦謂雖被信任用不敢猜疑於君上也言儒者仕官盡忠 上不荅不敢以諂者己有言語而君不用及不見使則己宜靜默不敢諂媚求進也 注貧窮至爲雉 正義曰貧窮屈道仕爲小官也者以經云其仕有如此者是仕官之人今乃篳門圭窬仕爲小官儒有大德而仕小官故知貧窮屈道也云五板爲堵五堵爲雉者定十二年公羊傳文引之者證堵之大小高一丈長三丈爲雉

儒有今人與居古人與稽今世

足利本第六十六卷第九葉

行之後世以爲楷適弗逢世上弗援下弗推讒諂之民有比黨而危之者身可危也而志不可奪也雖危起居竟信其志猶將不忘百姓之病也其憂思有如此者

稽猶合也古人與合則不合於今人也援猶引也取也推猶進也舉也危欲毀害之也起居猶舉事動作信讀如屈伸之伸假借字也猶圖也信或爲身 [疏]此明儒者雖身不居明代猶能憂思愛及於人之事也 今人與居古人與稽者言儒與今世小人共居住與古人之君子意合同也 今世行之後世以爲楷者楷法式也言儒者行事以爲後世楷模法式 適弗逢世者適之也謂已之生於澆薄之時不逢明世也 上弗援者援引也取也既不逢明時又不爲

禮記義六十六　九　金彦

君上之所引取也 下弗推者下謂民人也推謂進舉也言身在下不遇之時又不爲民下所薦舉也 讒諂之民有比黨而危之者危謂毀害也既不爲君所引又不爲民所薦唯有讒諂之民其羣黨連比共危亡已者也 身可危也而志不可奪也者言身乃可危而心志不可變奪也故論語云守死善道是也 雖危起居竟信其志者起居猶舉動也竟終也信讀爲伸雖比黨之民共危矣而行事舉動猶能終伸我已之志謀不變易也 猶將不忘百姓之病也者猶圖也身雖不遇其世所圖謀不忘百姓之所憂病也言常念之也 其憂思有如此者謂儒者身雖不遇猶能憂思於人有如在上之事也 [注]信讀如屈伸之伸假借字也 正義曰此是信字義當如舒伸之伸但古之字皆假借此信字以爲屈伸之伸也

儒有博學而不窮篤行而不倦幽居而不淫上通而不困禮之以和爲

潘本第六十六卷第九葉

行之後世以爲楷適弗逢世上弗援下弗推讒諂之民有比黨而危之者身可危也而志不可奪也雖危起居竟信其志猶將不忘百姓之病也其憂思有如此者

稽猶合也古人與合則不合於今人也援猶引也取也推猶進也舉也危欲毀害之也起居猶舉事動作信讀如屈伸之伸假借字也猶圖也信或爲身 [疏]此明儒者雖身不居明代猶能憂思愛及於人之事也 今人與居古人與稽者言儒與今世小人共居住與古人之君子意合同也 今世行之後世以爲楷者楷法式也言儒者行事以爲後世楷模法式 適弗逢世者適之也謂已之生於澆薄之時不逢明世也 上弗援者援引也取也既不逢明時又不爲

禮記義六十六　九　金彦

君上之所引取也 下弗推者下謂民人也推謂進舉也言身在下不遇之時又不爲民下所薦舉也 讒諂之民有比黨而危之者危謂毀害也既不爲君所引又不爲民所薦唯有讒諂之民其羣黨連比共危亡已者也 身可危也而志不可奪也者言身乃可危而心志不可變奪也故論語云守死善道是也 雖危起居竟信其志者起居猶舉動也竟終也信讀爲伸雖比黨之民共危矣而行事舉動猶能終伸我已之志謀不變易也 猶將不忘百姓之病也者猶圖也身雖不遇其世所圖謀不忘百姓之所憂病也言常念之也 其憂思有如此者謂儒者身雖不遇猶能憂思於人有如在上之事也 [注]信讀如屈伸之伸假借字也 正義曰此是信字義當如舒伸之伸但古之字皆假借此信字以爲屈伸之伸也

儒有博學而不窮篤行而不倦幽居而不淫上通而不困禮之以和爲

足利本第六十六卷第十葉

貴忠信之美優游之法慕賢而容衆毀方
而瓦合其寬裕有如此者不窮不止也幽居謂獨處時也上通謂仕
道達於君也既仕則不困於道德不足也忠信之美美忠信者也優游之法法和柔者也毀方而瓦合去己之大圭
角下與衆人小合也必瓦合者亦君子爲道不遠人
疏此明儒有寬裕之事　博
學而不窮者謂廣博學問
而不窮止　篤行而不倦者篤猶純也又有純壹之行而
行之不疲倦也　幽居而不淫者幽居謂未仕獨處也淫
謂傾邪也君子雖復隱處常自脩整不傾邪也　上通而
不困者上通謂身得通達於君有道德被用也不困謂既
在其位必行其政使德位相稱不爲困弊不足也以儒德
之備也　禮之以和爲貴者禮以體別爲理人用之當患
於貴賤有隔尊卑不親儒者用之則貴賤有禮而無間隔
故云以和爲貴也　忠信之美者見人有忠信則己美之

禮記義六十六　十　金昇

優游之法者優柔者和柔也見人和歎則己法之　慕賢
而容衆者以見賢思齊是慕賢也汎愛一切是容衆也
毀方而瓦合者方謂物之方正有圭角鋒鋩也瓦合謂瓦
器破而相合也言儒者身雖方正毀屈己之方正下同瓦
細如破去圭角與瓦器相合也　注不窮至遠人　正義
曰不窮不止也者恐爲困窮故云不止謂不窮己云幽居謂
獨處時也者既未仕對己仕者爲獨處也云去己之大圭角
下與衆人小合也者圭角謂圭之鋒鋩有楞角言儒者身
恒方正若物有圭角不欲異衆過甚去其大圭角言獨有
小圭角也下與衆人小合儒者不與衆人之合亦於細碎
小事而相合也則大義之事不皆合也云必瓦合者亦君
子爲道不遠人者言儒者必須瓦合爲屈己同凡亦是君
子爲道不遠離於人與常人小合若破圭角與瓦之相合
故云不遠人也皇氏云毀己之圭角與瓦礫而相合義亦
通也
儒有內稱不辟親外舉不辟怨程功積

潘本第六十六卷第十葉

貴忠信之美優游之法慕賢而容衆毀方
而瓦合其寬裕有如此者不窮不止也幽居謂獨處時也上通謂仕
道達於君也既仕則不困於道德不足也忠信之美美忠信者也優游之法法和柔者也毀方而瓦合去己之大圭
角下與衆人小合也必瓦合者亦君子爲道不遠人
疏此明儒有寬裕之事　博
學而不窮者謂廣博學問
而不窮止　篤行而不倦者篤猶純也又有純壹之行而
行之不疲倦也　幽居而不淫者幽居謂未仕獨處也淫
謂傾邪也君子雖復隱處常自脩整不傾邪也　上通而
不困者上通謂身得通達於君有道德被用也不困謂既
在其位必行其政使德位相稱不爲困弊不足也以儒德
之備也　禮之以和爲貴者禮以體別爲理人用之當患
於貴賤有隔尊卑不親儒者用之則貴賤有禮而無間隔
故云以和爲貴也　忠信之美者見人有忠信則己美之

禮記義六十六　十　金昇

優游之法者優柔者和柔也見人和歎則己法之　慕賢
而容衆者以見賢思齊是慕賢也汎愛一切是容衆也
毀方而瓦合者方謂物之方正有圭角鋒鋩也瓦合謂瓦
器破而相合也言儒者身雖方正毀屈己之方正下同瓦
細如破去圭角與瓦器相合也　注不窮至遠人　正義
曰不窮不止也者恐爲困窮故云不止謂不窮己云幽居謂
獨處時也者既未仕對己仕者爲獨處也云去己之大圭角
下與衆人小合也者圭角謂圭之鋒鋩有楞角言儒者身
恒方正若物有圭角不欲異衆過甚去其大圭角言獨有
小圭角也下與衆人小合儒者不與衆人之合亦於細碎
小事而相合也則大義之事不皆合也云必瓦合者亦君
子爲道不遠人者言儒者必須瓦合爲屈己同凡亦是君
子爲道不遠離於人與常人小合若破圭角與瓦之相合
故云不遠人也皇氏云毀己之圭角與瓦礫而相合義亦
通也
儒有內稱不辟親外舉不辟怨程功積

足利本第六十六卷第十一葉

事推賢而進達之不望其報君得其志苟利國家不求富貴其舉賢援能有如此者

君得其志者君所欲爲賢臣成之 疏 此明儒者舉賢能之事 儒有內稱不辟親者稱舉也不辟親舉人以理若祁奚舉子祁午是不辟親 外舉不辟怨者若祁奚舉讎人解狐也案襄三年左傳云祁奚請老致仕晉侯問嗣焉稱解狐其讎也將立之而卒又問焉對曰午也可稱其讎不爲諂立其子不爲比但審知其賢故不辟也 程功積事推賢而進達之舊至此絕句皇氏以達之連下爲句言儒者欲舉人之時必程效其功積累其事知其事堪可乃推而進達之不妄舉人也 不望其報者言雖進達賢人於君不求望其報也 君得其志苟利國家不求富貴者君得其志者謂君任此儒者輔助其君使君得其志意所欲皆成此儒者推賢達士無所求爲唯苟在利益國家

禮記義六十六　十一　張暉

不於身上自求富貴也 其舉賢援能有如此者言儒者進達引能有如此在上諸事也

儒有聞善以相告也見善以相示也爵位相先也患難相死也久相待也遠相致也其任舉有如此者

相先猶相讓也久相待謂其友久在下位不升已則待之乃進也遠相致者謂已得明君而仕友在小國不得志則相致達也 疏 此明儒者舉任同類之屬前經舉賢援能謂疏遠者此經任舉謂親近者也 爵位相先也者相先謂相讓言儒者見爵位之事必先相推讓於朋友也 患難相死也儒者有患難相爲致死也 久相待也者謂朋友久在下位不升已則待之而乃進也 遠相致也者謂已得明君而仕朋友在小國不同得志則遠相招致共仕明君也 其任舉有如此者謂朋友更相委任舉薦有如此在上諸事 儒

潘本第六十六卷第十一葉

事推賢而進達之不望其報君得其志苟利國家不求富貴其舉賢援能有如此者

君得其志者君所欲爲賢臣成之 疏 此明儒者舉賢能之事 儒有內稱不辟親者稱舉也不辟親舉人以理若祁奚舉子祁午是不辟親 外舉不辟怨者若祁奚舉讎人解狐也案襄三年左傳云祁奚請老致仕晉侯問嗣焉稱解狐其讎也將立之而卒又問焉對曰午也可稱其讎不爲諂立其子不爲比但審知其賢故不辟也 程功積事推賢而進達之舊至此絕句皇氏以達之連下爲句言儒者欲舉人之時必程效其功積累其事知其事堪可乃推而進達之不妄舉人也 不望其報者言雖進達賢人於君不求望其報也 君得其志苟利國家不求富貴者君得其志者謂君任此儒者輔助其君使君得其志意所欲皆成此儒者推賢達士無所求爲唯苟在利益國家

禮記義六十六　十一　張暉

不於身上自求富貴也 其舉賢援能有如此者言儒者進達引能有如此在上諸事也

儒有聞善以相告也見善以相示也爵位相先也患難相死也久相待也遠相致也其任舉有如此者

相先猶相讓也久相待謂其友久在下位不升已則待之乃進也遠相致者謂已得明君而仕友在小國不得志則相致達也 疏 此明儒者舉任同類之屬前經舉賢援能謂疏遠者此經任舉謂親近者也 爵位相先也者相先謂相讓言儒者見爵位之事必先相推讓於朋友也 患難相死也儒者有患難相爲致死也 久相待也者謂朋友久在下位不升已則待之而乃進也 遠相致也者謂已得明君而仕朋友在小國不同得志則遠相招致共仕明君也 其任舉有如此者謂朋友更相委任舉薦有如此在上諸事 儒

足利本第六十六卷第十二葉

有澡身而浴德，陳言而伏，靜而正之，上弗知也，麤而翹之，又不急爲也，不臨深而爲高，不加少而爲多，世治不輕，世亂不沮，同弗與，異弗非也，其特立獨行有如此者。麤猶疏也，微也。君不知已有善言正行，則觀色緣事而微翹發其意使知之，又必舒而脫脫焉，已爲之疾，則君納之速，君納之速，怪妬所由生也。不臨深而爲高，臨衆不以已位尊自振貴也。不加少而爲多，謀事不以已小勝自矜大也。世治不輕，不以賢者並衆，不自重愛也。世亂不沮，不以道衰廢壞已志也。

疏 此明儒者殊異於人特立獨行之事。澡身而浴德者，澡身謂能澡絜其身，不染濁也；浴德謂沐浴於德，以德自清也。陳言而伏者，謂陳設其言而伏聽

禮記義六十六　十二　張暉

君命也。靜而正之者，謂靜退自居而尋常守正，不傾躁也。上弗知也，謂已有善言正行，君上所不知。麤而翹之者，麤，疏也；翹，起發也。言儒者事君，已有善言正行，君上既不知，當伺候君上顏色，因緣有事，微疏而起發之，令君上得知也。又不急爲也者，謂起發之時，不急速而爲之也。不臨深而爲高者，地既高矣，不臨此衆人深下之處更增高大，猶言不臨此衆人卑賤處而自尊顯也。又臨衆人不以已位高尊而自振貴，言儒者卑以自牧。不加少而爲多者，謂已有謀事少勝，不加增少勝，自以爲多以矜大也。世治不輕者，世治之時，雖與羣賢並處，不自輕也，言常自重愛也。世亂不沮者，沮猶廢壞也，言世亂之時，道雖不行，亦不沮壞已之本志也。同弗與者，言儒之仕，彼位雖與齊同，若行不是善，則不與之相親合也。異弗非也，謂彼人與已之疏異，所爲是善，則不非毀之也。其特立獨行有如此者，言獨能特立，獨有此行，如此所云之事也。前第五儒既明特立，此又云特立獨行者，前云特立但明一

潘本第六十六卷第十二葉

有澡身而浴德，陳言而伏，靜而正之，上弗知也，麤而翹之，又不急爲也，不臨深而爲高，不加少而爲多，世治不輕，世亂不沮，同弗與，異弗非也，其特立獨行有如此者。麤猶疏也，微也。君不知已有善言正行，則觀色緣事而微翹發其意使知之，又必舒而脫脫焉，已爲之疾，則君納之速，君納之速，怪妬所由生也。不臨深而爲高，臨衆不以已位尊自振貴也。不加少而爲多，謀事不以已小勝自矜大也。世治不輕，不以賢者並衆，不自重愛也。世亂不沮，不以道衰廢壞已志也。

疏 此明儒者殊異於人特立獨行之事。澡身而浴德者，澡身謂能澡絜其身，不染濁也；浴德謂沐浴於德，以德自清也。陳言而伏者，謂陳設其言而伏聽

禮記義六十六　十二　張暉

君命也。靜而正之者，謂靜退自居而尋常守正，不傾躁也。上弗知也，謂已有善言正行，君上所不知。麤而翹之者，麤，疏也；翹，起發也。言儒者事君，已有善言正行，君上既不知，當伺候君上顏色，因緣有事，微疏而起發之，令君上得知也。又不急爲也者，謂起發之時，不急速而爲之也。不臨深而爲高者，地既高矣，不臨此衆人深下之處更增高大，猶言不臨此衆人卑賤處而自尊顯也。又臨衆人不以已位高尊而自振貴，言儒者卑以自牧。不加少而爲多者，謂已有謀事少勝，不加增少勝，自以爲多以矜大也。世治不輕者，世治之時，雖與羣賢並處，不自輕也，言常自重愛也。世亂不沮者，沮猶廢壞也，言世亂之時，道雖不行，亦不沮壞已之本志也。同弗與者，言儒之仕，彼位雖與齊同，若行不是善，則不與之相親合也。異弗非也，謂彼人與已之疏異，所爲是善，則不非毀之也。其特立獨行有如此者，言獨能特立，獨有此行，如此所云之事也。前第五儒既明特立，此又云特立獨行者，前云特立但明一

足利本第六十六卷第十三葉

身勇武不論行之所爲此經所云非但身所特立又獨有此行爲獨行故更言特立也 注 麤猶至志也 正義曰麤猶疏也微也君不知己有善言正行者釋經文上不知也云則觀色緣事而微翹發其意使知之者釋經麤而翹之也云又必舒而脫脫焉己爲之疾則君納之速君納之速怪妬所由生也者釋經又不急爲也若納己言速疾則被衆人所怪妬所由生也云世治不輕不以賢者並衆不自重愛也者言凡人之情見衆人無知己之獨賢則盡心用力若衆人皆賢或自替廢儒者不以如此恒自重愛也

儒有上不臣天子下不事諸侯愼靜而寛強毅以與人博學以知服近文章砥厲廉隅雖分國如錙銖不臣不仕其規爲有如此者 強毅以與人彼來辨言行而不正不苟屈

禮記義六十六　十三

以順之也博學以知服不用己之知勝於先世賢知之所言也雖分國如錙銖言君分國以祿之視之輕如錙銖矣八兩曰錙 疏 此明儒者志操規爲之事上不臣天子伯夷叔齊是也下不事諸侯長沮桀溺是也 愼靜而寛者既愼而靜所尚寛緩也強毅以與人者若有人與己辨言行而彼人道不正則不苟屈從之是用剛毅以與人也 博學以知服者謂廣博學問猶知服畏先代賢人言不以己之博學淩跨前賢也 近文章砥厲廉隅者言儒者習近文章以自磨厲使成己廉隅也 雖分國如錙銖者言君雖分國以祿之視之輕如錙銖不貴重也 不臣不仕者謂不與人爲臣不求仕官但自規度所爲之事而行故云其規爲有如此者也 注 強毅至曰錙 正義曰強毅以與人彼來辨言行而不正不苟屈以順之也者解經強毅以與人之事謂彼人來至與己辨爭言行而彼人爲道不正己則不苟且屈撓以順從之云不用己之知勝於先世賢知之所言也者解經博學以知服謂不用己之

潘本第六十六卷第十三葉

身勇武不論行之所爲此經所云非但身所特立又獨行此行爲獨行故更言特立也 注 麤猶至志也 正義曰麤猶疏也微也君不知己有善言正行者釋經文上不知也云則觀色緣事而微翹發其意使知之者釋經麤而翹之也云又必舒而脫脫焉己爲之疾則君納之速君納之速怪妬所由生也者釋經又不急爲也若納己言速疾則被衆人所怪妬所由生也云世治不輕不以賢者並衆不自重愛也者言凡人之情見衆人無知己之獨賢則盡心用力若衆人皆賢或自替廢儒者不以如此恒自重愛也

儒有上不臣天子下不事諸侯愼靜而寛強毅以與人博學以知服近文章砥厲廉隅雖分國如錙銖不臣不仕其規爲有如此者 強毅以與人彼來辨言行而不正不苟屈

禮記義六十六　十三

以順之也博學以知服不用己之知勝於先世賢知之所言也雖分國如錙銖言君分國以祿之視之輕如錙銖矣八兩曰錙 疏 此明儒者志操規爲之事上不臣天子伯夷叔齊是也下不事諸侯長沮桀溺是也 愼靜而寛者既愼而靜所尚寛緩也強毅以與人者若有人與己辨言行而彼人道不正則不苟屈從之是用剛毅以與人也 博學以知服者謂廣博學問猶知服畏先代賢人言不以己之博學淩跨前賢也 近文章砥厲廉隅者言儒者習近文章以自磨厲使成己廉隅也 雖分國如錙銖者言君雖分國以祿之視之輕如錙銖不貴重也 不臣不仕者謂不與人爲臣不求仕官但自規度所爲之事而行故云其規爲有如此者也 注 強毅至曰錙 正義曰強毅以與人彼來辨言行而不正不苟屈以順之也者解經強毅以與人之事謂彼人來至與己辨爭言行而彼人爲道不正己則不苟且屈撓以順從之云不用己之知勝於先世賢知之所言也者解經博學以知服謂不用己之

以知勝於先世賢知者之所言服從之也云八兩曰錙者案算法十黍爲參十參爲銖二十四銖爲兩八兩爲錙

儒有合志同方營道同術並立則樂相下不厭久不相見聞流言不信其行本方立義同而進不同而退其交友有如此者

同方同術等志行也聞流言不信不信其友所行如毀謗也

[疏]此明儒者與人交友之事合志同方者方猶法也言儒者與交友合齊志意而同於法則也營道同術者謂經營道藝同齊於術同術則同方也但合志同方據所懷志意也營道同術據所習道藝也並立則樂者謂與知友並齊而立俱同仕官則歡樂也相下不厭者謂遞相卑下不厭賤也久不相見聞流言不信者雖有朋友久不相見聞流謗之言欲譖毀朋友則己不信其言也其行本方立義者庾氏言其行所本必方正所立必存義也同而進不同而退者謂朋友所爲與己同則進而從之若不與己同則退而避之其交友有如此者言其結交爲朋友有如此在上諸事也自此以上凡有十五儒所陳之事亦有前後乖異者此上經云不臣不仕第一儒云席上之珍以待聘夙夜強學以待問懷忠信以待舉力行以待取則有仕官之志也第十儒云寬裕第六儒云剛毅與寬裕亦別也第三儒云愛其死養其身備豫禍患第五儒云劫之以衆沮之以兵見死不更其中亦不同也如此儒之乖違上下不一略舉一二言也所以如此不同者言儒包百行事非一揆量事制宜隨機而發當其剛毅之節則守死不移論其營養之道則寬而容衆逢有道之世則進而事君遇無道之時則退而不仕且賢有優劣儒有大小大儒則理包百行小儒則或偏守一邊所以尚書皋陶九德不一德多則爲天子諸侯德少則爲大夫卿士同達於此儒行亦然雖或不同無所恠也

溫良者仁

禮記義六十六　十四

所知勝於先世賢知者之所言服從之也云八兩曰錙者案算法十黍爲參十參爲銖二十四銖爲兩八兩爲錙

儒有合志同方營道同術並立則樂相下不厭久不相見聞流言不信其行本方立義同而進不同而退其交友有如此者

同方同術等志行也聞流言不信不信其友所行如毀謗也

[疏]此明儒者與人交友之事合志同方者方猶法也言儒者與交友合齊志意而同於法則也營道同術者謂經營道藝同齊於術同術則同方也但合志同方據所懷志意也營道同術據所習道藝也並立則樂者謂與知友並齊而立俱同仕官則歡樂也相下不厭者謂遞相卑下不厭賤也久不相見聞流言不信者雖有朋友久不相見聞流謗之言欲譖毀朋友則己不信其言也其行本方立義者庾氏言其行所本必方正所立必存義也同而進不同而退者謂朋友所爲與己同則進而從之若不與己同則退而避之其交友有如此者言其結交爲朋友有如此在上諸事也自此以上凡有十五儒所陳之事亦有前後乖異者此上經云不臣不仕第一儒云席上之珍以待聘夙夜強學以待問懷忠信以待舉力行以待取則有仕官之志也第十儒云寬裕第六儒云剛毅與寬裕亦別也第三儒云愛其死養其身備豫禍患第五儒云劫之以衆沮之以兵見死不更其守亦不同也如此儒之乖違上下不一略舉一二言也所以如此不同者言儒包百行事非一揆量事制宜隨機而發當其剛毅之節則守死不移論其營養之道則寬而容衆逢有道之世則進而事君遇無道之時則退而不仕且賢有優劣儒有大小大儒則理包百行小儒則或偏守一邊所以尚書皋陶九德不一德多則爲天子諸侯德少則爲大夫卿士同達於此儒行亦然雖或不同無所恠也

溫良者仁

禮記義六十六　十四

足利本第六十六卷第十五葉

之本也敬慎者仁之地也寬裕者仁之作也孫接者仁之能也禮節者仁之貌也言談者仁之文也歌樂者仁之和也分散者仁之施也儒皆兼此而有之猶且不敢言仁也其尊讓有如此者此兼上十五儒蓋聖人之儒行也孔子嫌若斥己假仁以為說仁聖之次也

疏此明聖人之儒兼上十五儒之行亦是孔子嫌其斥己假言仁者之儒以說之 溫良者仁之本也者言溫良之性是仁者之儒行之本言仁者之儒先從溫良而起故云仁之本也 敬慎者仁之地也者亦言仁者之儒以敬慎為地地所以居止萬物仁者之儒亦居止敬慎故云仁之地 寬裕者仁之作也者言儒者之動作必以寬裕故云仁之作也 孫接者仁之能也言孫辭接物是仁儒之技能 禮節者仁之貌也言禮儀撙節是仁儒之外貌 言談者仁之文也言語談說是仁儒之文章也 歌樂者仁之和也言歌舞喜樂是仁儒之和悅也 分散者仁之施也言分散蓄積而振貧窮是仁儒之恩施也 儒皆兼此而有之猶且不敢言仁也言儒者既兼有此行猶尚遜讓不敢自謂己仁也 其尊讓有如此者尊謂恭敬讓謂卑謙謂尊敬於物卑讓於人有此之行也此謂聖人之儒但聖人理極不可為名言仁亞於聖故假仁以論聖人之儒也

儒有不隕穫於貧賤不充詘於富貴不慁君王不累長上不閔有司故曰儒隕穫困迫失志之貌也充詘喜失節之貌慁猶辱也累猶係也閔病也言不為天子諸侯卿大夫羣吏所困迫而違道孔子自謂也充或為統閔或為文今

禮記義六十六　十五　陳又

潘本第六十六卷第十五葉

之本也敬慎者仁之地也寬裕者仁之作也孫接者仁之能也禮節者仁之貌也言談者仁之文也歌樂者仁之和也分散者仁之施也儒皆兼此而有之猶且不敢言仁也其尊讓有如此者此兼上十五儒蓋聖人之儒行也孔子嫌若斥己假仁以為說仁聖之次也

疏此明聖人之儒兼上十五儒之行亦是孔子嫌其斥己假言仁者之儒以說之 溫良者仁之本也者言溫良之性是仁者之儒行之本言仁者之儒先從溫良而起故云仁之本也 敬慎者仁之地也者亦言仁者之儒以敬慎為地地所以居止萬物仁者之儒亦居止敬慎故云仁之地 寬裕者仁之作也者言儒者之動作必以寬裕故云仁之作也 孫接者仁之能也言孫辭接物是仁儒之技能 禮節者仁之貌也言禮儀撙節是仁儒之外貌 言談者仁之文也言語談說是仁儒之文章也 歌樂者仁之和也言歌舞喜樂是仁儒之和悅也 分散者仁之施也言分散蓄積而振貧窮是仁儒之恩施也 儒皆兼此而有之猶且不敢言仁也言儒者既兼有此行猶尚遜讓不敢自謂己仁也 其尊讓有如此者尊謂恭敬讓謂卑謙謂尊敬於物卑讓於人有此之行也此謂聖人之儒但聖人理極不可為名言仁亞於聖故假仁以論聖人之儒也

儒有不隕穫於貧賤不充詘於富貴不慁君王不累長上不閔有司故曰儒隕穫困迫失志之貌也充詘喜失節之貌慁猶辱也累猶係也閔病也言不為天子諸侯卿大夫羣吏所困迫而違道孔子自謂也充或為統閔或為文今

禮記義六十六　十五　陳又

衆人之命儒也妄常以儒相詬病妄之言無也言今世名儒無有常人遺人名爲儒而以儒靳故相戲此哀公輕儒之所由也詬病猶恥辱也

孔子至舍哀公館之聞此言也言加信行加義終沒吾世不敢以儒爲戲儒行之作蓋孔子自衞初反魯時也孔子歸至其舍哀公就而以禮館之問儒服而遂問儒行乃始覺焉言沒世不敢以儒爲戲當時服

疏此明孔子自言己之儒所行如此故繫於諸儒之末也　不隕穫於貧賤者隕穫是困迫失志之貌言己雖遇貧賤不隕穫失志也　不充詘於富貴者充詘是歡喜失節之貌言雖得富貴不歡喜失節　不慁君王者慁辱也言不見慁辱於君王而違道也　不累長上者累猶係也長上謂卿大夫言不以累係於長上而失志也　不閔有司者閔病也有司謂羣吏言儒者不以困病於有司而失常謂不以羣吏所困迫

注閔病至自謂　正義曰閔病也釋詁文云不爲天子諸侯卿大夫羣吏所困迫而違道者言天子諸侯解經君王也云卿大夫解經長上也羣吏解經有司也案史記孔子世家云在魯哀公不用在齊犂鉏所毀入楚子西所譖適晉趙鞅欲害伐樹於宋削跡於衞畏匡厄陳則身被辱累多矣鄭以其如此故釋云不以慁累閔病而違道云孔子自謂也鄭知者以此一儒在衆儒之末聖人儒後特更說此一條事與孔子相會故知孔子自謂也　今衆人之命儒也妄常者此一節明孔子說儒既畢遂言今世賤儒以譏哀公也命名也妄無也言今世衆人名之爲儒者無復常人遺人則謂之爲儒　以儒相詬病者詬病猶恥辱也言今世以命之爲儒是相恥辱時世如此故哀公輕儒也

注以儒靳故相戲　正義曰在魯莊公十一年宋人戰於乘丘長萬爲魯所獲宋人請之魯人歸之宋公靳之長萬宋大夫也曰始吾敬子今子魯囚也吾不敬子矣長萬病之後弒

禮記義六十六　十六　[illegible]

潘本第六十六卷第十六葉

衆人之命儒也妄常以儒相詬病妄之言無也言今世名儒無有常人遺人名爲儒而以儒靳故相戲此哀公輕儒之所由也詬病猶恥辱也

孔子至舍哀公館之聞此言也言加信行加義終沒吾世不敢以儒爲戲儒行之作蓋孔子自衞初反魯時也孔子歸至其舍哀公就而以禮館之問儒服而遂問儒行乃始覺焉言沒世不敢以儒爲戲當時服

疏此明孔子自言己之儒所行如此故繫於諸儒之末也　不隕穫於貧賤者隕穫是困迫失志之貌言己雖遇貧賤不隕穫失志也　不充詘於富貴者充詘是歡喜失節之貌言雖得富貴不歡喜失節　不慁君王者慁辱也言不見慁辱於君王而違道也　不累長上者累猶係也長上謂卿大夫言不以累係於長上而失志也　不閔有司者閔病也有司謂羣吏言儒者不以困病於有司而失常謂不以羣吏所困迫

注閔病至自謂　正義曰閔病也釋詁文云不爲天子諸侯卿大夫羣吏所困迫而違道者言天子諸侯解經君王也云卿大夫解經長上也羣吏解經有司也案史記孔子世家云在魯哀公不用在齊犂鉏所毀入楚子西所譖適晉趙鞅欲害伐樹於宋削跡於衞畏匡厄陳則身被辱累多矣鄭以其如此故釋云不以慁累閔病而違道云孔子自謂也鄭知者以此一儒在衆儒之末聖人儒後特更說此一條事與孔子相會故知孔子自謂也　今衆人之命儒也妄常者此一節明孔子說儒既畢遂言今世賤儒以譏哀公也命名也妄無也言今世衆人名之爲儒者無復常人遺人則謂之爲儒　以儒相詬病者詬病猶恥辱也言今世以命之爲儒是相恥辱時世如此故哀公輕儒也

注以儒靳故相戲　正義曰在魯莊公十一年宋人戰於乘丘長萬爲魯所獲宋人請之魯人歸之宋公靳之長萬宋大夫也曰始吾敬子今子魯囚也吾不敬子矣長萬病之後弒

禮記義六十六　十六　[illegible]

閔公杜云戲而相愧曰靳　孔子至舍哀公館之聞此言也　此經明孔子自衛反魯歸至其家哀公就而館之聞孔子之言遂敬於儒也　言加信行加義者是記所録也終没吾世不敢以儒爲戲者是哀公之言記者述而録之

注儒行至服　正義曰儒行之作蓋孔子自衛初反魯時也案左傳哀公十一年冬衛孔文子之將攻大叔也訪於仲尼仲尼曰胡簋之事則嘗學之矣甲兵之事未之聞也退命駕而行文子遽止之將止魯人以幣召之孔子乃歸以傳文無館事故鄭稱蓋以疑之也云不敢以儒爲戲當時服者以哀公終竟不能用孔子故孔子卒哀公誄之傳云生不能用死而誄之非禮也是終竟輕儒此云不敢以儒爲戲是當時暫服非久也

大學第四十二

正義曰案鄭目録云名曰大學者以其記博學可以爲政也此於别録屬通論此大學之篇論學成之事能治

禮記義六十六　十七　楊昌

其國章明其德於天下却本明德所由先從誠意爲始

大學之道在明明德在親民在止於至善知止而后有定定而后能靜靜而后能安安而后能慮慮而后能得物有本末事有終始知所先後則近道矣　明明德謂顯明其至德也上猶自處也得謂得事之宜也　古之欲明明德於天下者先治其國欲治其國者先齊其家欲齊其家者先脩其身欲脩其身者先正其心欲正其心

閔公杜云戲而相愧曰靳　孔子至舍哀公館之聞此言也　此經明孔子自衛反魯歸至其家哀公就而館之聞孔子之言遂敬於儒也　言加信行加義者是記所録也終没吾世不敢以儒爲戲者是哀公之言記者述而録之

注儒行至服　正義曰儒行之作蓋孔子自衛初反魯時也案左傳哀公十一年冬衛孔文子之將攻大叔也訪於仲尼仲尼曰胡簋之事則嘗學之矣甲兵之事未之聞也退命駕而行文子遽止之將止魯人以幣召之孔子乃歸以傳文無館事故鄭稱蓋以疑之也云不敢以儒爲戲當時服者以哀公終竟不能用孔子故孔子卒哀公誄之傳云生不能用死而誄之非禮也是終竟輕儒此云不敢以儒爲戲是當時暫服非久也

大學第四十二

正義曰案鄭目録云名曰大學者以其記博學可以爲政也此於别録屬通論此大學之篇論學成之事能治

禮記義六十六　十七　楊昌

其國章明其德於天下却本明德所由先從誠意爲始

大學之道在明明德在親民在止於至善知止而后有定定而后能靜靜而后能安安而后能慮慮而后能得物有本末事有終始知所先後則近道矣　明明德謂顯明其至德也上猶自處也得謂得事之宜也　古之欲明明德於天下者先治其國欲治其國者先齊其家欲齊其家者先脩其身欲脩其身者先正其心欲正其心

足利本第六十六卷第十八葉

者先誠其意欲誠其意者先致其知知謂知善惡吉凶之所終始也致知在格物格來也物猶事也其知於善深則來善物其知於惡深則來惡物言事緣人所好來也此致或爲至物格而后知至知至而后意誠意誠而后心正心正而后身脩身脩而后家齊家齊而后國治國治而后天下平自天子以至於庶人壹是皆以脩身爲本其本亂而末治者否矣其所厚者薄而其所薄者厚未之有也此謂知本此謂知之至也壹是專行是也

禮記正義六十六　十八　王茂

所謂誠其意者毋自欺也如惡惡臭如好好色此之謂自謙故君子必慎其獨也小人閒居爲不善無所不至見君子而后厭然揜其不善而著其善人之視己如見其肺肝然則何益矣此謂誠於中形於外故君子必慎其獨也謙讀爲慊慊之言厭也厭讀爲壓壓閉藏貌也曾子曰十目所視十手所指其嚴乎富潤屋德潤身心廣體胖故君子必誠其

潘本第六十六卷第十八葉

者先誠其意欲誠其意者先致其知知謂知善惡吉凶之所終始也致知在格物格來也物猶事也其知於善深則來善物其知於惡深則來惡物言事緣人所好來也此致或爲至物格而后知至知至而后意誠意誠而后心正心正而后身脩身脩而后家齊家齊而后國治國治而后天下平自天子以至於庶人壹是皆以脩身爲本其本亂而末治者否矣其所厚者薄而其所薄者厚未之有也此謂知本此謂知之至也壹是專行是也

禮記正義六十六　十八　王茂

所謂誠其意者毋自欺也如惡惡臭如好好色此之謂自謙故君子必慎其獨也小人閒居爲不善無所不至見君子而后厭然揜其不善而著其善人之視己如見其肺肝然則何益矣此謂誠於中形於外故君子必慎其獨也謙讀爲慊慊之言厭也厭讀爲壓壓閉藏貌也曾子曰十目所視十手所指其嚴乎富潤屋德潤身心廣體胖故君子必誠其

意嚴乎言可畏敬也胖猶大也三者言有實於內顯見於外詩云瞻彼淇澳菉竹猗猗有斐君子如切如磋如琢如磨瑟兮僩兮赫兮喧兮有斐君子終不可諠兮如切如磋者道學也如琢如磨者自脩也瑟兮僩兮者恂慄也赫兮喧兮者威儀也有斐君子終不可諠兮者道盛德至善民之不能忘也此心廣體胖之詩也澳隈崖也菉竹猗猗喻美盛斐有文章皃也諠忘也道猶言也恂字或作峻讀如嚴峻之峻言其容皃嚴栗也民不能忘以其意誠而德著也詩云於戲前王不忘君子賢其賢而親其親小人樂其樂而利其利此以沒世不忘也聖人既有親賢之德其政又有樂利於民君子小人各有以思之康誥曰克明德大甲曰顧諟天之明命帝典曰克明峻德皆自明也皆自明明德也克能也顧念也諟猶正也帝典堯典亦尚書篇名也峻大也諟或爲題湯之盤銘曰苟日新日日新又日新康誥曰作新民詩曰周雖舊邦其命惟新是故君子無所不用其極盤銘刻戒於盤也極猶盡也君子日新其德常盡心力不有餘也詩云

足利本第六十六卷第十九葉

意嚴乎言可畏敬也胖猶大也三者言有實於內顯見於外詩云瞻彼淇澳菉竹猗猗有斐君子如切如磋如琢如磨瑟兮僩兮赫兮喧兮有斐君子終不可諠兮如切如磋者道學也如琢如磨者自脩也瑟兮僩兮者恂慄也赫兮喧兮者威儀也有斐君子終不可諠兮者道盛德至善民之不能忘也此心廣體胖之詩也澳隈崖也菉竹猗猗喻美盛斐有文章皃也諠忘也道猶言也恂字或作峻讀如嚴峻之峻言其容皃嚴栗也民不能忘以其意誠而德著也詩云於戲前王不忘君子賢其賢而親其親小人樂其樂而利其利此以沒世不忘也聖人既有親賢之德其政又有樂利於民君子小人各有以思之康誥曰克明德大甲曰顧諟天之明命帝典曰克明峻德皆自明也皆自明明德也克能也顧念也諟猶正也帝典堯典亦尚書篇名也峻大也諟或爲題湯之盤銘曰苟日新日日新又日新康誥曰作新民詩曰周雖舊邦其命惟新是故君子無所不用其極盤銘刻戒於盤也極猶盡也君子日新其德常盡心力不有餘也詩云

潘本第六十六卷第十九葉

足利本第六十六卷第二十葉

邦畿千里，惟民所止。詩云：緡蠻黃鳥，止于丘隅。子曰：於止，知其所止，可以人而不如鳥乎？於止於鳥之所止也，就而觀之，知其所止，知鳥擇岑蔚安閒而止處之耳。言人亦當擇禮義樂土而自止處也。論語曰：里仁爲美，擇不處仁，焉得知。詩云：穆穆文王，於緝熙敬止。爲人君止於仁，爲人臣止於敬，爲人子止於孝，爲人父止於慈，與國人交止於信。緝熙，光明也。此美文王之德光明，敬其所以自止處。

疏 正義曰：此經大學之道在於明明德，在於親民，在止於至善，積德而行，則近於道也。在明明德者，言大學之道在於章明己之光明之德，謂身有明德而更章顯之，此其一也。在親民者，言大學之道在於親愛於民，是其二也。在止於至善者，言大學之道在止處於至善之行，此其三也。言大學之道在於此三事矣。知止而后有定者，更覆說止於至善之事，既知止於至善，而後心能有定，不有差貳也。定而后能靜者，心定無欲，故能靜不躁求也。靜而后能安者，以靜故情性安和也。安而后能慮者，情既安和，能思慮於事也。慮而后能得者，既能思慮，然後於事得宜也。物有本末，事有終始者，若於事得宜，而天下萬物有本有末，經營百事有終有始也。知所先後者，既能如此，天下百事萬物皆識知其先後也。則近道矣者，若能行此諸事，則附近於大道矣。古之欲明明德於天下者，前章言大學之道在明德、親民、止善，覆說止善之事既畢，故此經明明德之理。先治其國者，此以積學能爲明德盛極之事，以漸到今，本其初，故言欲章明己之明德使徧於天下者，先須能治其國。欲治其國者先齊其家也。欲齊其家者先脩其身，言若欲齊家，先須脩身也。

禮記義七十六　二十　王椿

潘本第六十六卷第二十葉

邦畿千里，惟民所止。詩云：緡蠻黃鳥，止于丘隅。子曰：於止，知其所止，可以人而不如鳥乎？於止於鳥之所止也，就而觀之，知其所止，知鳥擇岑蔚安閒而止處之耳。言人亦當擇禮義樂土而自止處也。論語曰：里仁爲美，擇不處仁，焉得知。詩云：穆穆文王，於緝熙敬止。爲人君止於仁，爲人臣止於敬，爲人子止於孝，爲人父止於慈，與國人交止於信。緝熙，光明也。此美文王之德光明，敬其所以自止處。

疏 正義曰：此經大學之道在於明明德，在於親民，在止於至善，積德而行，則近於道也。在明明德者，言大學之道在於章明己之光明之德，謂身有明德而更章顯之，此其一也。在親民者，言大學之道在於親愛於民，是其二也。在止於至善者，言大學之道在止處於至善之行，此其三也。言大學之道在於此三事矣。知止而后有定者，更覆說止於至善之事，既知止於至善，而後心能有定，不有差貳也。定而后能靜者，心定無欲，故能靜不躁求也。靜而后能安者，以靜故情性安和也。安而后能慮者，情既安和，能思慮於事也。慮而后能得者，既能思慮，然後於事得宜也。物有本末，事有終始者，若於事得宜，而天下萬物有本有末，經營百事有終有始也。知所先後者，既能如此，天下百事萬物皆識知其先後也。則近道矣者，若能行此諸事，則附近於大道矣。古之欲明明德於天下者，前章言大學之道在明德、親民、止善，覆說止善之事既畢，故此經明明德之理。先治其國者，此以積學能爲明德盛極之事，以漸到今，本其初，故言欲章明己之明德使徧於天下者，先須能治其國。欲治其國者先齊其家也。欲齊其家者先脩其身，言若欲齊家，先須脩身也。

禮記義七十六　二十　王椿

足利本第六十六卷第二十一葉

欲脩其身者先正其心言若欲脩身必先正其心也欲正其心者先誠其意者揔包萬慮謂之爲心情所憶念謂之意若欲正其心使無傾邪必須先至誠在於憶念也若能誠實其意則心不傾邪也　欲誠其意者先致其知者言欲精誠其己意先須招致其所知之事言初始必須學習然後乃能有所知曉其成敗故云先致其知也　致知在格物此經明初以致知積漸而大至明德前經從盛以本初此經從初以至盛上下相結也致知在格物者言若能學習招致所知格來也已有所知則能在於來物若知善深則來善物知惡深則來惡物言善事隨人行善而來應之惡事隨人行惡亦來應之言善惡之來緣人所好也　物格而后知至者物既來則知其善惡所至善事來則知其至於善若惡事來則知其至於惡既能知至則行善不行惡也　知至而后意誠既能知至則意念精誠也　意誠而后心正者意能精誠故能心正也　國治而后天下平者則上明明德於天下是以自天子至庶人皆然也

禮記義六十六　二十一　吳宗

壹是皆以脩身爲本者言上從天子下至庶人貴賤雖異所行此者專壹以脩身爲本上言誠意正心齊家治國今此獨云脩身爲本者細則雖異其大略皆是脩身也　其本亂而末治者否矣本亂謂身不脩也末治謂國家治也言己身既不脩而望家國治者否矣否不也言不有此事也　其所厚者薄而其所薄者厚未之有也者此覆說本亂而末治否矣之事也　譬若與人交接應須敦厚以加於人今所厚之處乃以輕薄謂以輕薄待彼人也其所薄者厚謂己既與彼輕薄欲望所薄之處以厚重報己未有此事也言己以厚施人人亦厚以報己也若己輕薄施人人亦輕薄報己言事厚之與薄皆以身爲本也　此謂知本此謂知之至也者本謂身也既以身爲本若能自知其身是知本也是知之至極也　所謂誠其意者自此以下至此謂知本廣明誠意之事此一節明誠意之本先須慎其獨也　毋自欺也言欲精誠其意無自欺誑於身言於身必須誠實也　如惡惡臭者謂臭穢之氣謂見此惡事人嫌

潘本第六十六卷第二十一葉

欲脩其身者先正其心言若欲脩身必先正其心也欲正其心者先誠其意者揔包萬慮謂之爲心情所憶念謂之意若欲正其心使無傾邪必須先至誠在於憶念也若能誠實其意則心不傾邪也　欲誠其意者先致其知者言欲精誠其己意先須招致其所知之事言初始必須學習然後乃能有所知曉其成敗故云先致其知也　致知在格物此經明初以致知積漸而大至明德前經從盛以本初此經從初以至盛上下相結也致知在格物者言若能學習招致所知格來也已有所知則能在於來物若知善深則來善物知惡深則來惡物言善事隨人行善而來應之惡事隨人行惡亦來應之言善惡之來緣人所好也　物格而后知至者物既來則知其善惡所至善事來則知其至於善若惡事來則知其至於惡既能知至則行善不行惡也　知至而后意誠既能知至則意念精誠也　意誠而后心正者意能精誠故能心正也　國治而后天下平者則上明明德於天下是以自天子至庶人皆然也

禮記義六十六　二十一　吳宗

壹是皆以脩身爲本者言上從天子下至庶人貴賤雖異所行此者專壹以脩身爲本上言誠意正心齊家治國今此獨云脩身爲本者細則雖異其大略皆是脩身也　其本亂而末治者否矣本亂謂身不脩也末治謂國家治也言己身既不脩而望家國治者否矣否不也言不有此事也　其所厚者薄而其所薄者厚未之有也者此覆說本亂而末治否矣之事也　譬若與人交接應須敦厚以加於人今所厚之處乃以輕薄謂以輕薄待彼人也其所薄者厚謂己既與彼輕薄欲望所薄之處以厚重報己未有此事也言己以厚施人人亦厚以報己也若己輕薄施人人亦輕薄報己言事厚之與薄皆以身爲本也　此謂知本此謂知之至也者本謂身也既以身爲本若能自知其身是知本也是知之至極也　所謂誠其意者自此以下至此謂知本廣明誠意之事此一節明誠意之本先須慎其獨也　毋自欺也言欲精誠其意無自欺誑於身言於身必須誠實也　如惡惡臭者謂臭穢之氣謂見此惡事人嫌

足利本第六十六卷第二十二葉

惡之如人嫌臭穢之氣心實嫌之口不可道矣　如好好
色者謂見此善事而愛好之如似人好色心實好之口不
可道矣言誠其意者見彼好事惡事當須實好惡之不言
而自見不可外貌詐作好惡而内心實不好惡也皆須誠
實矣　此之謂自謙者謙讀如慊慊然安静之貌心雖好
惡而口不言應自然安静也見君子而后厭然揜其不善
而著其善者謂小人獨居無所不爲見君子而後乃厭然
閉藏其不善之事宣著所行善事也　人之視己如見其
肺肝然則何益矣者言小人爲惡外人視之昭然明察矣
如見肺肝雖暫時揜藏言何益矣　此謂誠於中形於外
者言此小人既懷誠實惡事於中心必形見於外不可揜
藏　注謙讀爲慊　正義曰以經義之理言作謙退之字
既無謙退之事故讀爲慊慊不滿之貌故又讀爲厭厭自
安静也云厭讀爲黶黶爲黑色如爲閉藏貌也　曾子曰
十目所視者此經明君子脩身外人所視不可不誠其意
作記之人引曾子之言以證之十目所視十手所指者言

禮記義六十六　二十二　應良

所指視者衆也十目謂十人之目十手謂十人之手也
其嚴乎者既視者及指者皆衆其所畏敬可嚴憚乎　富
潤屋德潤身者言此二句爲喻也言家若富則能潤其屋
有金玉又華飾見於外也　德潤身者謂德能霑潤其身
使身有光榮見於外也　心廣體胖者言内心寬廣則外
體胖大言爲之於中必形見於外也　故君子必誠其意
者以有内見於外必須精誠其意在内心不可虚也　詩
云瞻彼淇澳者此一經廣明誠意之事故引詩言學問自
新顔色威儀之事以證誠意之道也　瞻彼淇澳菉竹猗
猗者此詩衛風淇奥之篇衛人美武公之德也澳隈也菉
王芻也竹萹竹也視彼淇水之隅曲之内生此菉之與竹
猗猗然而茂盛以淇水浸潤故也言視彼衛朝之内上有
武公之身道德茂盛亦蒙康叔之餘烈故也引之者證誠
意之道　有斐君子者有斐然文章之君子學問之益矣
如切如磋者如骨之切如象之磋又能自脩也　如琢如
磨者如玉之琢如石之磨也　瑟兮僩兮赫兮喧兮有斐

潘本第六十六卷第二十二葉

惡之如人嫌臭穢之氣心實嫌之口不可道矣　如好好
色者謂見此善事而愛好之如似人好色心實好之口不
可道矣言誠其意者見彼好事惡事當須實好惡之不言
而自見不可外貌詐作好惡而内心實不好惡也皆須誠
實矣　此之謂自謙者謙讀如慊慊然安静之貌心雖好
惡而口不言應自然安静也見君子而后厭然揜其不善
而著其善者謂小人獨居無所不爲見君子而後乃厭然
閉藏其不善之事宣著所行善事也　人之視己如見其
肺肝然則何益矣者言小人爲惡外人視之昭然明察矣
如見肺肝雖暫時揜藏言何益矣　此謂誠於中形於外
者言此小人既懷誠實惡事於中心必形見於外不可揜
藏　注謙讀爲慊　正義曰以經義之理言作謙退之字
既無謙退之事故讀爲慊慊不滿之貌故又讀爲厭厭自
安静也云厭讀爲黶黶爲黑色如爲閉藏貌也　曾子曰
十目所視者此經明君子脩身外人所視不可不誠其意
作記之人引曾子之言以證之十目所視十手所指者言

禮記義六十六　二十二　應良

所指視者衆也十目謂十人之目十手謂十人之手也
其嚴乎者既視者及指者皆衆其所畏敬可嚴憚乎　富
潤屋德潤身者言此二句爲喻也言家若富則能潤其屋
有金玉又華飾見於外也　德潤身者謂德能霑潤其身
使身有光榮見於外也　心廣體胖者言内心寬廣則外
體胖大言爲之於中必形見於外也　故君子必誠其意
者以有内見於外必須精誠其意在内心不可虚也　詩
云瞻彼淇澳者此一經廣明誠意之事故引詩言學問自
新顔色威儀之事以證誠意之道也　瞻彼淇澳菉竹猗
猗者此詩衛風淇奥之篇衛人美武公之德也澳隈也菉
王芻也竹萹竹也視彼淇水之隅曲之内生此菉之與竹
猗猗然而茂盛以淇水浸潤故也言視彼衛朝之内上有
武公之身道德茂盛亦蒙康叔之餘烈故也引之者證誠
意之道　有斐君子者有斐然文章之君子學問之益矣
如切如磋者如骨之切如象之磋又能自脩也　如琢如
磨者如玉之琢如石之磨也　瑟兮僩兮赫兮喧兮有斐

足利本第六十六卷第二十三葉

君子終不可諠兮又瑟然顏色矜莊僩然性行寬大赫然顏色盛美喧然威儀宣美斐然文章之君子民皆愛念之終久不可忘也諠忘也自此以上詩之本文也自此以下記者引爾雅而釋之如切如磋者道學也者論道其學矣如琢如磨者自脩也者謂自脩飾矣言初習謂之學重習謂之脩亦謂詩本文互而相通也　瑟兮僩兮者恂慄也者恂讀爲峻言顏色嚴峻戰慄也　道盛德至善民之不能忘也謂善稱也有斐君子終不可諠兮論道武公盛德至極美善人之愛念不能忘也　注此心至著也　正義曰諠忘也釋訓文也云道猶言也謂經中道盛德至善恐爲道德之道故云道猶言也云恂字或作峻讀如嚴峻之峻者以經之恂字他本或作峻字故讀爲嚴峻之峻詩箋云還爲恂也此記爲赫兮喧兮詩經云赫兮咺兮本不同也云以其意誠而德著也以武公用意精誠德著於人人不忘也以經廣明誠意之事故鄭云意誠而德著也　詩云於戲前王不忘者此一經廣明誠意之事此周頌烈文

禮記義六十六　二十三　壽仲

之篇也美武王之詩於戲猶言嗚呼矣以文王武王意誠於天下故詩人嘆美之云此前世之王其德不可忘也　君子賢其賢而親其親者後世貴重之言君子皆美此前王能賢其賢人而親其族親也　小人樂其樂而利其利者言後世卑賤小人美此前王能愛樂其所樂謂民之所樂者前王亦愛樂之利其利者能利益其人之所利民爲利者前王亦利益之言前王施爲政教下順人情不奪人之所樂利之事故云小人樂其樂而利其利也　此以沒世不忘也由前王意能精誠垂於後世故君子小人皆所美念以此之故終沒於世其德不忘也　康誥曰克明德者此一經廣明意誠則能明己之德周公封康叔而作康誥戒康叔能明用有德此記之意言周公戒康叔以自明其德與尚書異也　大甲曰顧諟天之明命者顧念也諟正也伊尹戒大甲云爾爲君當顧念奉正天之顯明之命不邪僻也　帝典曰克明峻德者帝典謂堯典之篇峻大也尚書之意言堯能明用賢俊之德此記之意言堯能自

潘本第六十六卷第二十三葉

君子終不可諠兮又瑟然顏色矜莊僩然性行寬大赫然顏色盛美喧然威儀宣美斐然文章之君子民皆愛念之終久不可忘也諠忘也自此以上詩之本文也自此以下記者引爾雅而釋之如切如磋者道學也者論道其學矣如琢如磨者自脩也者謂自脩飾矣言初習謂之學重習謂之脩亦謂詩本文互而相通也　瑟兮僩兮者恂慄也者恂讀爲峻言顏色嚴峻戰慄也　道盛德至善民之不能忘也謂善稱也有斐君子終不可諠兮論道武公盛德至極美善人之愛念不能忘也　注此心至著也　正義曰諠忘也釋訓文也云道猶言也謂經中道盛德至善恐爲道德之道故云道猶言也云恂字或作峻讀如嚴峻之峻者以經之恂字他本或作峻字故讀爲嚴峻之峻詩箋云還爲恂也此記爲赫兮喧兮詩經云赫兮咺兮本不同也云以其意誠而德著也以武公用意精誠德著於人人不忘也以經廣明誠意之事故鄭云意誠而德著也　詩云於戲前王不忘者此一經廣明誠意之事此周頌烈文

禮記義六十六　二十三　壽仲

之篇也美武王之詩於戲猶言嗚呼矣以文王武王意誠於天下故詩人嘆美之云此前世之王其德不可忘也　君子賢其賢而親其親者後世貴重之言君子皆美此前王能賢其賢人而親其族親也　小人樂其樂而利其利者言後世卑賤小人美此前王能愛樂其所樂謂民之所樂者前王亦愛樂之利其利者能利益其人之所利民爲利者前王亦利益之言前王施爲政教下順人情不奪人之所樂利之事故云小人樂其樂而利其利也　此以沒世不忘也由前王意能精誠垂於後世故君子小人皆所美念以此之故終沒於世其德不忘也　康誥曰克明德者此一經廣明意誠則能明己之德周公封康叔而作康誥戒康叔能明用有德此記之意言周公戒康叔以自明其德與尚書異也　大甲曰顧諟天之明命者顧念也諟正也伊尹戒大甲云爾爲君當顧念奉正天之顯明之命不邪僻也　帝典曰克明峻德者帝典謂堯典之篇峻大也尚書之意言堯能明用賢俊之德此記之意言堯能自

足利本第六十六卷第二十四葉

明大德也皆自明也此經所云康誥大甲帝典等之文皆
是人君自明其德也故云皆自明也 注 皆自明明德也
正義曰明明德必先誠其意此經誠意之章由初誠意也
故人先能明己之明德也　湯之盤銘此一經廣明誠意
之事湯之盤銘者湯沐浴之盤而刻銘爲戒必於沐浴之
盤者戒之甚也　苟日新者此盤銘辭也非唯洗沐自新苟
誠也誠使道德日益新也　日日新者言非唯一日之新
當使日日益新　又日新者言非唯日日益新又須恒常
日新皆是丁寧之辭也此謂精誠其意脩德無已也　康
誥曰作新民者成王既伐管叔蔡叔以殷餘民封康叔誥
言殷人化紂惡俗使之變改爲新人此記之意自念其德
爲新民也　詩曰周雖舊邦其命惟新者此大雅文王之
篇其詩之本意言周雖舊是諸侯之邦其受天之命唯爲
天子而更新也此記之意其所施教命唯能念德而自新
也是故君子無所不用其極者極盡也言君子欲日新其
德無處不用其心盡力也言自新之道唯在盡其心力更

禮記正義六十六　二十四　鄭復

無餘行也　詩云邦畿千里惟民所止此一經廣明誠意
之事言誠意在於所止故上云大學之道在止於至善此商
頌玄鳥之篇言殷之邦畿方千里唯民所居止此記斷章
喻其民人而擇所止言人君賢則來也　詩云緡蠻黄鳥
止于丘隅者此詩小雅緡蠻之篇刺幽王之詩言緡蠻然
微小之黄鳥止在於岑蔚丘隅之處得其所止以言微小
之臣依託大臣亦得其所也　子曰於止知其所止者孔
子見其詩文而論之云是觀於鳥之所止則人亦知其所
止鳥之知在岑蔚安閒之處則知人亦擇禮義樂土之處
而居止也　可以人而不如鳥乎者豈可以人不擇止處
不如鳥乎言不可不如鳥也故論語云里仁爲美擇不處
仁焉得知是也　詩云穆穆文王於緝熙敬止者此大雅
文王之篇美文王之詩緝熙謂光明也止辭也詩之本意
云文王見此光明之人則恭敬之此記之意於緝熙言嗚
呼文王之德緝熙光明又能敬其所止以自居處也 注
鳥擇岑蔚安閒而止處　正義曰岑謂巖險蔚謂草木蓊

潘本第六十六卷第二十四葉

明大德也皆自明也此經所云康誥大甲帝典等之文皆
是人君自明其德也故云皆自明也 注 皆自明明德也
正義曰明明德必先誠其意此經誠意之章由初誠意也
故人先能明己之明德也　湯之盤銘此一經廣明誠意
之事湯之盤銘者湯沐浴之盤而刻銘爲戒必於沐浴之
盤者戒之甚也　苟日新者此盤銘辭也非唯洗沐自新苟
誠也誠使道德日益新也　日日新者言非唯一日之新
當使日日益新　又日新者言非唯日日益新又須恒常
日新皆是丁寧之辭也此謂精誠其意脩德無已也　康
誥曰作新民者成王既伐管叔蔡叔以殷餘民封康叔誥
言殷人化紂惡俗使之變改爲新人此記之意自念其德
爲新民也　詩曰周雖舊邦其命惟新者此大雅文王之
篇其詩之本意言周雖舊是諸侯之邦其受天之命唯爲
天子而更新也此記之意其所施教命唯能念德而自新
也是故君子無所不用其極者極盡也言君子欲日新其
德無處不用其心盡力也言自新之道唯在盡其心力更

禮記正義六十六　二十四　鄭復

無餘行也　詩云邦畿千里惟民所止此一經廣明誠意
之事言誠意在於所止故上云大學之道在止於至善此商
頌玄鳥之篇言殷之邦畿方千里唯民所居止此記斷章
喻其民人而擇所止言人君賢則來也　詩云緡蠻黄鳥
止于丘隅者此詩小雅緡蠻之篇刺幽王之詩言緡蠻然
微小之黄鳥止在於岑蔚丘隅之處得其所止以言微小
之臣依託大臣亦得其所也　子曰於止知其所止者孔
子見其詩文而論之云是觀於鳥之所止則人亦知其所
止鳥之知在岑蔚安閒之處則知人亦擇禮義樂土之處
而居止也　可以人而不如鳥乎者豈可以人不擇止處
不如鳥乎言不可不如鳥也故論語云里仁爲美擇不處
仁焉得知是也　詩云穆穆文王於緝熙敬止者此大雅
文王之篇美文王之詩緝熙謂光明也止辭也詩之本意
云文王見此光明之人則恭敬之此記之意於緝熙言嗚
呼文王之德緝熙光明又能敬其所止以自居處也 注
鳥擇岑蔚安閒而止處　正義曰岑謂巖險蔚謂草木蓊

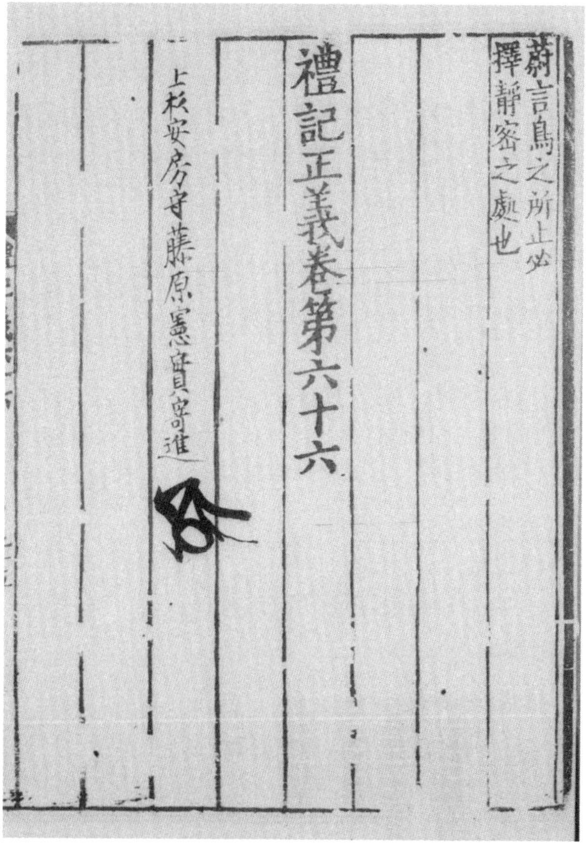

蔚言鳥之所止必擇静密之處也

禮記正義卷第六十六

上杉安房守藤原憲實寄進

足利本第六十六卷第二十五葉左半葉無圖像

蔚言鳥之所止必擇静密之處也

禮記正義卷第六十六

潘本第六十六卷第二十五葉

足利本第六十七卷第一葉

禮記正義卷第六十七

國子祭酒上護軍曲阜縣開國子臣孔穎達等奉

勑撰

子曰聽訟吾猶人也必也使無訟乎無情者不得盡其辭大畏民志（情猶實也無實者多虛誕之辭聖人之聽訟與人同耳必使民無實者不敢盡其辭大畏其心志使誠其意不敢訟）此謂知本（本謂誠其意也）

所謂脩身在正其心者身有所忿懥則不得其正有所恐懼則不得其正有所好樂則不得其正有所憂患則不得其正心不在焉視而不見聽而不聞食而不知其味此謂脩身在正其心（懥怒貌也或作懫或爲疐）

所謂齊其家在脩其身者人之其所親愛而辟焉之其賤惡而辟焉之其所畏敬而辟焉之其所哀矜而辟焉之其所敖惰而辟焉故好而知其惡惡而知其美者天下鮮矣故諺有之曰人莫知其子之惡莫知其苗之碩

禮記正義六十七　趙通

潘本第六十七卷第一葉

禮記正義卷第六十七

國子祭酒上護軍曲阜縣開國子臣孔穎達等奉

勑撰

子曰聽訟吾猶人也必也使無訟乎無情者不得盡其辭大畏民志（情猶實也無實者多虛誕之辭聖人之聽訟與人同耳必使民無實者不敢盡其辭大畏其心志使誠其意不敢訟）此謂知本（本謂誠其意也）

所謂脩身在正其心者身有所忿懥則不得其正有所恐懼則不得其正有所好樂則不得其正有所憂患則不得其正心不在焉視而不見聽而不聞食而不知其味此謂脩身在正其心（懥怒貌也或作懫或爲疐）

所謂齊其家在脩其身者人之其所親愛而辟焉之其賤惡而辟焉之其所畏敬而辟焉之其所哀矜而辟焉之其所敖惰而辟焉故好而知其惡惡而知其美者天下鮮矣故諺有之曰人莫知其子之惡莫知其苗之碩

禮記義六十七　趙通

此謂身不脩不可以齊其家之適也譬猶喻也言適彼而以心度之曰吾何以親愛此人非以其有德美與吾何以敖情此人非以其志行薄與反以喻己則身脩與否可自知也鮮罕也人莫知其子之惡猶愛而不察碩大也所謂治國必先齊其家者其家不可教而能教人者無之故君子不出家而成教於國孝者所以事君也弟者所以事長也慈者所以使衆也康誥曰如保赤子心誠求之雖不中不遠矣未有學養子而后嫁者也養子者推心爲之而中於赤子之嗜欲也一家仁一國興仁一家讓一國興讓一人貪戾一國作亂其機如此此謂一言僨事一人定國一家一人謂人君也戾之言利也機發動所由也僨猶覆敗也春秋傳曰登戾之又曰鄭伯之車僨於濟戾或爲吝僨或爲奔堯舜率天下以仁而民從之桀紂率天下以暴而民從之其所令反其所好而民不從言民化君行也君若好貨而禁民淫於財利不能止也是故君子有諸己而后求諸人無諸己而后非諸人所藏乎身不恕而能喻諸人者未之有也故

此謂身不脩不可以齊其家之適也譬猶喻也言適彼而以心度之曰吾何以親愛此人非以其有德美與吾何以敖情此人非以其志行薄與反以喻己則身脩與否可自知也鮮罕也人莫知其子之惡猶愛而不察碩大也所謂治國必先齊其家者其家不可教而能教人者無之故君子不出家而成教於國孝者所以事君也弟者所以事長也慈者所以使衆也康誥曰如保赤子心誠求之雖不中不遠矣未有學養子而后嫁者也養子者推心爲之而中於赤子之嗜欲也一家仁

禮記義六十七

一國興仁一家讓一國興讓一人貪戾一國作亂其機如此此謂一言僨事一人定國一家一人謂人君也戾之言利也機發動所由也僨猶覆敗也春秋傳曰登戾之又曰鄭伯之車僨於濟戾或爲吝僨或爲奔堯舜率天下以仁而民從之桀紂率天下以暴而民從之其所令反其所好而民不從言民化君行也君若好貨而禁民淫於財利不能止也是故君子有諸己而后求諸人無諸己而后非諸人所藏乎身不恕而能喻諸人者未之有也故

足利本第六十七卷第三葉

治國在齊其家有於己謂有仁讓也無於己謂無貪戾也詩云桃之夭夭其葉蓁蓁之子于歸宜其家人宜其家人而后可以教國人詩云宜兄宜弟宜兄宜弟而后可以教國人詩云其儀不忒正是四國其爲父子兄弟足法而后民法之也此謂治國在齊其家夭夭蓁蓁美盛貌之子者是子也所謂平天下在治其國者上老老而民興孝上長長而民興弟上恤孤而民不倍是以君子有絜矩之道也老老長長謂尊老敬長也恤憂也民不倍不相倍弃也絜猶結也挈也矩法也君子有挈法之道謂常執而行之動作不失之倍或作偝矩或作巨所惡於上毋以使下所惡於下毋以事上所惡於前毋以先後所惡於後毋以從前所惡於右毋以交於左所惡於左毋以交於右此之謂絜矩之道絜矩之道善持其所有以恕於人耳治國之要盡於此詩云樂只君子民之父母民之所好好之民之所惡惡之此之謂民之父母言治民之道無他取於己而已詩云節彼南

禮記義六十七　三　姜仲

潘本第六十七卷第三葉

治國在齊其家有於己謂有仁讓也無於己謂無貪戾也詩云桃之夭夭其葉蓁蓁之子于歸宜其家人宜其家人而后可以教國人詩云宜兄宜弟宜兄宜弟而后可以教國人詩云其儀不忒正是四國其爲父子兄弟足法而后民法之也此謂治國在齊其家夭夭蓁蓁美盛貌之子者是子也所謂平天下在治其國者上老老而民興孝上長長而民興弟上恤孤而民不倍是以君子有絜矩之道也老老長長謂尊老敬長也恤憂也民不倍不相倍弃也絜猶結也挈也矩法也君子有挈法之道謂常執而行之動作不失之倍或作偝矩或作巨所惡於上毋以使下所惡於下毋以事上所惡於前毋以先後所惡於後毋以從前所惡於右毋以交於左所惡於左毋以交於右此之謂絜矩之道絜矩之道善持其所有以恕於人耳治國之要盡於此詩云樂只君子民之父母民之所好好之民之所惡惡之此之謂民之父母言治民之道無他取於己而已詩云節彼南

禮記義六十七　三　姜仲

足利本第六十七卷第四葉

山維石巖巖赫赫師尹民具爾瞻有國者不可以不慎辟則爲天下僇矣巖巖喻師尹之高嚴也師尹天子之大臣爲政者也言民皆視其所行而則之可不慎其德乎邪辟失道則有大刑詩云殷之未喪師克配上帝儀監于殷峻命不易道得衆則得國失衆則失國是故君子先慎乎德有德此有人有人此有土有土此有財有財此有用德者本也財者末也外本内末爭民施奪是故財聚則民散財散則民聚是故

禮記義六十七　四　應俊

言悖而出者亦悖而入貨悖而入者亦悖而出師衆也克能也峻大也言殷王帝乙以上未失其民之時德亦有能配天者謂天享其祭祀也及紂爲惡而民怨神怒以失天下監視殷時之事天之大命持之誠不易也道猶言也用謂國用也施奪施其劫奪之情也悖猶逆也言君有逆命則民有逆辭也上貪於利則下人侵畔老子曰多藏必厚亡康誥曰惟命不于常道善則得之不善則失之矣于於也天命不於常言不專祐一家也楚書曰楚國無以爲寶惟善以爲寶楚書楚昭王時書也言以善人爲寶時謂觀射父昭奚恤也舅犯曰亡人無以爲寶仁親以爲寶舅犯晉文公之舅狐偃也亡人謂文公也時辟驪姬

潘本第六十七卷第四葉

山維石巖巖赫赫師尹民具爾瞻有國者不可以不慎辟則爲天下僇矣巖巖喻師尹之高嚴也師尹天子之大臣爲政者也言民皆視其所行而則之可不慎其德乎邪辟失道則有大刑詩云殷之未喪師克配上帝儀監于殷峻命不易道得衆則得國失衆則失國是故君子先慎乎德有德此有人有人此有土有土此有財有財此有用德者本也財者末也外本内末爭民施奪是故財聚則民散財散則民聚是故

禮記義六十七　四　應俊

言悖而出者亦悖而入貨悖而入者亦悖而出師衆也克能也峻大也言殷王帝乙以上未失其民之時德亦有能配天者謂天享其祭祀也及紂爲惡而民怨神怒以失天下監視殷時之事天之大命持之誠不易也道猶言也用謂國用也施奪施其劫奪之情也悖猶逆也言君有逆命則民有逆辭也上貪於利則下人侵畔老子曰多藏必厚亡康誥曰惟命不于常道善則得之不善則失之矣于於也天命不於常言不專祐一家也楚書曰楚國無以爲寶惟善以爲寶楚書楚昭王時書也言以善人爲寶時謂觀射父昭奚恤也舅犯曰亡人無以爲寶仁親以爲寶舅犯晉文公之舅狐偃也亡人謂文公也時辟驪姬

之謏士在翟而獻公薨秦穆公使子顯弔因勸之復國舅犯爲之對此辭也仁親猶言親愛仁道也明不因喪規利也 秦誓曰若有一介臣斷斷兮無他技其心休休焉其如有容焉人之有技若己有之人之彥聖其心好之不啻若自其口出寔能容之以能保我子孫黎民尚亦有利哉人之有技媢疾以惡之人之彥聖而違之俾不通寔不能容以不能保我子孫黎民[illegible]哉 秦誓尚書篇名也秦穆公伐鄭爲晉所敗於殽還誓其羣臣而作此篇斷斷誠一之貌也[illegible]也有技才藝之技也若己有之不啻若自其口出皆樂人有善之甚也美士爲彥黎衆也尚庶幾也媢妬也違猶戾也俾使也佛戾賢人所爲使功不通於君也殆危也彥或作盤 唯仁人放流之迸諸四夷不與同中國此謂唯仁人爲能愛人能惡人 放去惡人媢嫉之類者獨仁人能之如舜放四罪而天下咸服 見賢而不能舉舉而不能先命也見不善而不能退退而不能遠過也 命讀爲慢聲之誤也舉賢而不能使君以先己是輕慢於舉人也 好人之所惡惡人之所好是謂拂人之性菑必逮夫身 拂猶佹也逮及也 是故君子有

禮記正義六十七　五

之謏士在翟而獻公薨秦穆公使子顯弔因勸之復國舅犯爲之對此辭也仁親猶言親愛仁道也明不因喪規利也 秦誓曰若有一介臣斷斷兮無他技其心休休焉其如有容焉人之有技若己有之人之彥聖其心好之不啻若自其口出寔能容之以能保我子孫黎民尚亦有利哉人之有技媢疾以惡之人之彥聖而違之俾不通寔不能容以不能保我子孫黎民亦曰殆哉 秦誓尚書篇名也秦穆公伐鄭爲晉所敗於殽還誓其羣臣而作此篇斷斷誠一之貌也他技異端之技也有技才藝之技也若己有之不啻若自其口出皆樂人有善之甚也美士爲彥黎衆也尚庶幾也媢妬也違猶戾也俾使也佛戾賢人所爲使功不通於君也殆危也彥或作盤 唯仁人放流之迸諸四夷不與同中國此謂唯仁人爲能愛人能惡人 放去惡人媢嫉之類者獨仁人能之如舜放四罪而天下咸服 見賢而不能舉舉而不能先命也見不善而不能退退而不能遠過也 命讀爲慢聲之誤也舉賢而不能使君以先己是輕慢於舉人也 好人之所惡惡人之所好是謂拂人之性菑必逮夫身 拂猶佹也逮及也 是故君子有

禮記正義六十七　五

大道必忠信以得之驕泰以失之道行所由生財有大道生之者衆食之者寡爲之者疾用之者舒則財恒足矣是不務祿不肖而勉民以農也仁者以財發身不仁者以身發財發起也言仁人有財則務於施與以起身成其令名不仁之人有身貪於聚斂以起財務成富未有上好仁而下不好義者也未有好義其事不終者也未有府庫財非其財者也言君行仁道則其臣必義以義舉事無不成者其爲誠然如巳府庫之財孟獻子曰畜馬乘不察於雞豚伐冰之家不畜牛羊百乘之家不畜聚斂之臣與其有聚斂之臣寧有盜臣此謂國不以利爲利以義爲利也孟獻子魯大夫仲孫蔑也畜馬乘謂以士初試爲大夫也伐冰之家卿大夫以上喪祭用冰百乘之家有采地者也雞豚牛羊民之所畜養以爲財利者也國家利義不利財盜臣損財耳聚斂之臣乃損義論語曰季氏富於周公而求也爲之聚斂非吾徒也小子鳴鼓而攻之可也長國家而務財用者必自小人矣言務聚財爲己用者必忘義是小人所爲也彼爲善之小人之使爲國家菑害並至雖有善者亦無如之何矣彼君也君將欲以仁義善

記義六十七　六　王茂

足利本第六十七卷第六葉

潘本第六十七卷第六葉

大道必忠信以得之驕泰以失之道行所由生財有大道生之者衆食之者寡爲之者疾用之者舒則財恒足矣是不務祿不肖而勉民以農也仁者以財發身不仁者以身發財發起也言仁人有財則務於施與以起身成其令名不仁之人有身貪於聚斂以起財務成富未有上好仁而下不好義者也未有好義其事不終者也未有府庫財非其財者也言君行仁道則其臣必義以義舉事無不成者其爲誠然如巳府庫之財爲巳有也孟獻子曰畜馬乘不察於雞豚伐冰之家不畜牛羊百乘之家不畜聚斂之臣與其有聚斂之臣寧有盜臣此謂國不以利爲利以義爲利也孟獻子魯大夫仲孫蔑也畜馬乘謂以士初試爲大夫也伐冰之家卿大夫以上喪祭用冰百乘之家有采地者也雞豚牛羊民之所畜養以爲財利者也國家利義不利財盜臣損財耳聚斂之臣乃損義論語曰季氏富於周公而求也爲之聚斂非吾徒也小子鳴鼓而攻之可也長國家而務財用者必自小人矣言務聚財爲己用者必忘義是小人所爲也彼爲善之小人之使爲國家菑害並至雖有善者亦無如之何矣彼君也君將欲以仁義善

禮記義六十七　六　王茂

足利本第六十七卷第七葉

其政而使小人治其國家之事患難猥至雖云有善不能救之以其惡之已著也此謂國不以利爲利以義爲利也疏子曰聽訟吾猶人也正義曰此一經廣明誠意之事言聖人不惟自誠已意亦服民使誠意也孔子稱斷獄猶如常人無以異也言吾與常人同也　必也使無訟乎者必也使無理之人不敢爭訟也　無情者不得盡其辭者情實也言無實情虛誕之人無道理者不得盡竭其虛僞之辭也　大畏民志者大能畏脅民人之志言人有虛誕之志者皆畏懼不敢訟言民亦誠實其意也聽訟吾猶人也必也使無訟乎是夫子之辭無情者不得盡其辭大畏民志是記者釋夫子無訟之事然能使無訟則是異於人也而云吾猶人者謂聽之時備兩造吾聽與人無殊故云吾猶人也但用意精誠求其情僞所以使無訟也　此謂知本者此從上所謂誠意以下言此大畏民志〻事意爲行本既精誠其意是曉知其本故

記義六十七　七

所謂脩身在正其心者此覆說前脩身正心之事　身有所忿懥則不得其正者懥謂怒也身若有所怒則不得其正言因怒而違於正也所以然者若遇忿怒則違於理則失於正也　有所恐懼則不得其正者言因恐懼而違於正也　心不在焉視而不見聽而不聞食而不知其味者此言脩身之本必在正心若心之不正身亦不脩若心之不在視聽與食不覺知也是心爲身本脩身必在正於心也　所謂齊其家在脩其身者此經重明前經齊家脩身之事　人之其所親愛而辟焉者之猶適也此言脩身之辟也設我適彼人見彼有德則爲我所親愛當反自辟喻於我也以彼有德故爲我所親愛則我若自脩身有德必然亦能使衆人親愛於我也　之其所賤惡而辟焉者又言我往之彼而賤惡彼人者必是彼人無德故也亦當迴以辟我我若無德則人亦賤惡我也　之其所畏敬而辟焉者又我往之彼而畏敬彼人必是彼人莊嚴故也亦迴其辟我我亦當莊敬則人亦必畏敬我　之其所哀矜而辟焉

潘本第六十七卷第七葉

其政而使小人治其國家之事患難猥至雖云有善不能救之以其惡之已著也此謂國不以利爲利以義爲利也疏子曰聽訟吾猶人也正義曰此一經廣明誠意之事言聖人不惟自誠已意亦服民使誠意也孔子稱斷獄猶如常人無以異也言吾與常人同也　必也使無訟乎者必也使無理之人不敢爭訟也　無情者不得盡其辭者情實也言無實情虛誕之人無道理者不得盡竭其虛僞之辭也　大畏民志者大能畏脅民人之志言人有虛誕之志者皆畏懼不敢訟言民亦誠實其意也聽訟吾猶人也必也使無訟乎是夫子之辭無情者不得盡其辭大畏民志是記者釋夫子無訟之事然能使無訟則是異於人也而云吾猶人者謂聽之時備兩造吾聽與人無殊故云吾猶人也但用意精誠求其情僞所以使無訟也　此謂知本者此從上所謂誠意以下言此大畏民志以上皆誠意之事意爲行本既精誠其意是曉知其本故云此謂知本也

禮記義六十七　七

所謂脩身在正其心者此覆說前脩身正心之事　身有所忿懥則不得其正者懥謂怒也身若有所怒則不得其正言因怒而違於正也所以然者若遇忿怒則違於理則失於正也　有所恐懼則不得其正者言因恐懼而違於正也　心不在焉視而不見聽而不聞食而不知其味者此言脩身之本必在正心若心之不正身亦不脩若心之不在視聽與食不覺知也是心爲身本脩身必在正於心也　所謂齊其家在脩其身者此經重明前經齊家脩身之事　人之其所親愛而辟焉者之猶適也此言脩身之辟也設我適彼人見彼有德則爲我所親愛當反自辟喻於我也以彼有德故爲我所親愛則我若自脩身有德必然亦能使衆人親愛於我也　之其所賤惡而辟焉者又言我往之彼而賤惡彼人者必是彼人無德故也亦當迴以辟我我若無德則人亦賤惡我也　之其所畏敬而辟焉者又我往之彼而畏敬彼人必是彼人莊嚴故也亦迴其辟我我亦當莊敬則人亦必畏敬我　之其所哀矜而辟焉

足利本第六十七卷第八葉

者又我往之彼而哀矜彼人必是彼人有慈善柔弱之德
故也亦迴辟我我有慈善而或柔弱則亦爲人所哀矜也
之其所敖惰而辟焉者又我往之彼而敖惰彼人必是彼
人邪僻故也亦迴辟我我若邪僻則人亦敖惰於我也故
好而知其惡惡而知其美者天下鮮矣者知識也鮮少也
人心多偏若心愛好之而多不知其惡若嫌惡之而多不
知其美今雖愛好知彼有惡事雖憎惡知彼有美善天下
之内如此者少矣　故諺有之曰人莫知其子之惡莫知
其苗之碩者碩猶大也言人之愛子其意至甚子雖有惡
不自覺知猶好而不知其惡也農夫種田恒欲其盛苗雖
碩大猶嫌其惡以貪心過甚故不知其苗之碩若能以己
子而方他子己苗而匹他苗則好惡可知皆以己而待他
物也　此謂身不脩不可以齊其家者此不知子惡不知
苗碩之人不脩其身身既不脩不能以己辟人故不可以齊整
其家　注之適至大也　正義曰之適也釋詁文云反以
[illegible]人所親愛被賤惡以人類己他人之事反
禮記義六十七　八　吳志
[illegible]云則脩身與否可自知也者謂彼人不脩
則被賤惡敖惰己若不以脩身事亦然也若彼脩身則被
親愛敬畏己若脩身亦當然也故云脩身與否可自知也
云碩大也釋詁文　所謂至其家此一節覆明前經治國
齊家之事　康誥曰如保赤子者此成王命康叔之辭赤
子謂心所愛之子言治民之時如保愛赤子愛之甚也
心誠求之雖不中不遠矣者言愛此赤子内心精誠求赤
子之嗜欲雖不能正中其所欲去其所嗜欲其不甚遠言
近其赤子之嗜欲爲治人之道亦當如此也　未有學養
子而后嫁者也言母之養子自然而愛中當赤子之嗜欲
非由學習而來故云未有學養子而后嫁者此皆本心而
爲之言皆喻人君也　一家仁一國興仁一家讓一國興
讓者言人君行善於家則外人化之故一家一國皆仁讓
也　一人貪戾一國作亂者謂人君一人貪戾惡事則一
國學之作亂　其機如此者機謂關機也動於近成於遠
善惡之事亦發於身而及於一國也　此謂一言僨事一

潘本第六十七卷第八葉

者又我往之彼而哀矜彼人必是彼人有慈善柔弱之德
故也亦迴辟我我有慈善而或柔弱則亦爲人所哀矜也
之其所敖惰而辟焉者又我往之彼而敖惰彼人必是彼
人邪僻故也亦迴辟我我若邪僻則人亦敖惰於我也故
好而知其惡惡而知其美者天下鮮矣者知識也鮮少也
人心多偏若心愛好之而多不知其惡若嫌惡之而多不
知其美今雖愛好知彼有惡事雖憎惡知彼有美善天下
之内如此者少矣　故諺有之曰人莫知其子之惡莫知
其苗之碩者碩猶大也言人之愛子其意至甚子雖有惡
不自覺知猶好而不知其惡也農夫種田恒欲其盛苗雖
碩大猶嫌其惡以貪心過甚故不知其苗之碩若能以己
子而方他子己苗而匹他苗則好惡可知皆以己而待他
物也　此謂身不脩不可以齊其家者此不知子惡不知
苗碩之人不脩其身身既不脩不能以己辟人故不可以齊整
其家　注之適至大也　正義曰之適也釋詁文云反以
喻己者謂見他人所親愛被賤惡以人類己他人之事反
禮記義六十七　八　吳志
來自辟己身也云則脩身與否可自知也者謂彼人不脩
則被賤惡敖惰己若不以脩身事亦然也若彼脩身則被
親愛敬畏己若脩身亦當然也故云脩身與否可自知也
云碩大也釋詁文　所謂至其家此一節覆明前經治國
齊家之事　康誥曰如保赤子者此成王命康叔之辭赤
子謂心所愛之子言治民之時如保愛赤子愛之甚也
心誠求之雖不中不遠矣者言愛此赤子内心精誠求赤
子之嗜欲雖不能正中其所欲去其所嗜欲其不甚遠言
近其赤子之嗜欲爲治人之道亦當如此也　未有學養
子而后嫁者也言母之養子自然而愛中當赤子之嗜欲
非由學習而來故云未有學養子而后嫁者此皆本心而
爲之言皆喻人君也　一家仁一國興仁一家讓一國興
讓者言人君行善於家則外人化之故一家一國皆仁讓
也　一人貪戾一國作亂者謂人君一人貪戾惡事則一
國學之作亂　其機如此者機謂關機也動於近成於遠
善惡之事亦發於身而及於一國也　此謂一言僨事一

足利本第六十七卷第九葉

人定國者僨猶覆敗也謂人君一言覆敗其事謂惡言也
一人定國謂由人君一人能定其國謂善政也古有此言
令記者引所爲之事以結之上云一人貪戾一國作亂是
一言僨事也又云一家仁讓則一國仁讓是知一人定國
也一家則一人也皆謂人君是一人之身先治一家乃後
治一國　其所令反其所好而民不從者令謂君所號令之
事若各隨其行之所好則人從之其所好者是惡所令者
是善則所令之事反其所好雖欲以令禁人人不從也
是故君子有諸己而后求諸人者諸於也謂君子有善行
於己而后可以求於人使行善行也謂於己有仁讓而后
可求於人之仁讓也無諸己而后非諸人者謂無惡行於
己而后可以非責於人爲惡行也謂無貪利之事於己而
後非責於人也　所藏乎身不恕而能喻諸人者未之有
也者謂所藏積於身既不恕實而能曉喻於人使從己者
未之有也言無善行於身欲曉喻於人爲善行不可得也
其葉蓁蓁者此周南桃夭之篇論昏姻及

記義六十七　九　金昇

夭夭少壯其葉蓁蓁茂盛喻婦人形體少
壯顏色茂盛之時似桃之夭夭也之子于歸宜其家人
者之子者是子也歸嫁也宜可以爲夫家之人引之者取
宜其家人之事　宜其家人而后可以敎國人者言人既
家得宜則可以敎國人也　詩云宜兄宜弟者此小雅蓼
蕭之篇美成王之詩詩之本文言成王有德宜爲人兄宜
爲人弟此記之意宜兄宜弟謂自與兄弟相善相宜也既
爲兄弟相宜而可兄弟之意而後可以敎國人也　詩云
其儀不忒正是四國者此曹風鳲鳩之篇忒差也正長也
言在位之君子威儀不有差忒可以正長是四方之國言
可法則也　其爲父子兄弟足法而后民法之也者此謂
治國在齊其家謂其脩德於家在室家之內使父子兄弟
足可方法而後民皆法之也是先齊其家而後能治其國
也　注一家至於濟　正義曰一家一人謂人君也者以
經言治家故知是人君也若文王刑于寡妻至于兄弟以
御于家邦是也云春秋傳曰登戾之者此隱五年公羊傳

潘本第六十七卷第九葉

人定國者僨猶覆敗也謂人君一言覆敗其事謂惡言也
一人定國謂由人君一人能定其國謂善政也古有此言
令記者引所爲之事以結之上云一人貪戾一國作亂是
一言僨事也又云一家仁讓則一國仁讓是知一人定國
也一家則一人也皆謂人君是一人之身先治一家乃後
治一國　其所令反其所好而民不從者令謂君所號令之
事若各隨其行之所好則人從之其所好者是惡所令者
是善則所令之事反其所好雖欲以令禁人人不從也
是故君子有諸己而后求諸人者諸於也謂君子有善行
於己而后可以求於人使行善行也謂於己有仁讓而后
可求於人之仁讓也無諸己而后非諸人者謂無惡行於
己而后可以非責於人爲惡行也謂無貪利之事於己而
後非責於人也　所藏乎身不恕而能喻諸人者未之有
也者謂所藏積於身既不恕實而能曉喻於人使從己者
未之有也言無善行於身欲曉喻於人爲善行不可得也
詩云桃之夭夭其葉蓁蓁者此周南桃夭之篇論昏姻及

禮記義六十七　九　金升

時之事言桃之夭夭少壯其葉蓁蓁茂盛喻婦人形體少
壯顏色茂盛之時似桃之夭夭也之子于歸宜其家人
者之子者是子也歸嫁也宜可以爲夫家之人引之者取
宜其家人之事　宜其家人而后可以敎國人者言人既
家得宜則可以敎國人也　詩云宜兄宜弟者此小雅蓼
蕭之篇美成王之詩詩之本文言成王有德宜爲人兄宜
爲人弟此記之意宜兄宜弟謂自與兄弟相善相宜也既
爲兄弟相宜而可兄弟之意而後可以敎國人也　詩云
其儀不忒正是四國者此曹風鳲鳩之篇忒差也正長也
言在位之君子威儀不有差忒可以正長是四方之國言
可法則也　其爲父子兄弟足法而后民法之也者此謂
治國在齊其家謂其脩德於家在室家之內使父子兄弟
足可方法而後民皆法之也是先齊其家而後能治其國
也　注一家至於濟　正義曰一家一人謂人君也者以
經言治家故知是人君也若文王刑于寡妻至于兄弟以
御于家邦是也云春秋傳曰登戾之者此隱五年公羊傳

文案彼傳文公觀魚于棠何以書譏何譏爾遠也公曷爲遠而觀魚登來之也彼注意謂以思得而來之齊人語謂登來爲得來也聲有緩急得爲登謂隱公觀魚於棠得此百金之魚而來觀之公羊傳爲登來鄭所引公羊本爲登戾之以來爲戾與公羊本不同也鄭意以戾爲貪戾故引以證經之貪戾也云又曰鄭伯之車僨於濟者隱三年左傳文　所謂平天下在治其國者　正義曰自此以下至終篇覆明上經平天下在治其國之事但欲平天下先須治國治國事多天下理廣非一義可了故廣而明之言欲平天下先須脩身然後及物自近至遠自内至外故初明絜矩之道次明散財於人之事次明用善人遠惡人此皆治國治天下之綱故揔而詳說也今各隨文解之　上恤孤而民不倍者孤弱之子人所遺棄在上君長若能憂恤孤弱不遺則下民學之不相棄倍也　是以君子有絜矩之道也者絜猶結也矩法也言君子有執結持矩法之道　加物物皆從之也　所惡於上毋以使下

李仁

上絜矩之道也譬諸侯有天子爲上上有不善之事加己己惡之則不可迴持此惡事使己下者爲之也　所惡於下毋以事上者言臣下不善事己己所有惡則己不可持此惡事迴以事己之君上也　所惡於前毋以先後者前謂在己之前不以善事施己己所憎惡則無以持此惡事施於後人也　所惡於後毋以從前者後謂在己之後不以善事施己己則無以惡事施於前行之人也所惡於右毋以交於左者謂與己平敵或在己右或在己左以惡加己己所憎惡則無以此惡事施於左人也舉此一隅餘可知也　此之謂絜矩之道者上經云君子有絜矩之道也其絜矩之義未明故此經中說能持其所有以待於人恕己接物即絜矩之道也　詩云樂只君子民之父母此記者引之又申明絜矩之道若能以己化從民所欲則可謂民之父母此小雅南山有臺之篇美成王之詩也只辭也言能以己化民從民所欲則可爲民父母矣民之所好好之者謂善政恩惠是民之願好己亦好之以

足利本第六十七卷第十葉

潘本第六十七卷第十葉

文案彼傳文公觀魚于棠何以書譏何譏爾遠也公曷爲遠而觀魚登來之也彼注意謂以思得而來之齊人語謂登來爲得來也聲有緩急得爲登謂隱公觀魚於棠得此百金之魚而來觀之公羊傳爲登來鄭所引公羊本爲登戾之以來爲戾與公羊本不同也鄭意以戾爲貪戾故引以證經之貪戾也云又曰鄭伯之車僨於濟者隱三年左傳文　所謂平天下在治其國者　正義曰自此以下至終篇覆明上經平天下在治其國之事但欲平天下先須治國治國事多天下理廣非一義可了故廣而明之言欲平天下先須脩身然後及物自近至遠自内至外故初明絜矩之道次明散財於人之事次明用善人遠惡人此皆治國治天下之綱故揔而詳說也今各隨文解之　上恤孤而民不倍者孤弱之子人所遺棄在上君長若能憂恤孤弱不遺則下民學之不相棄倍也　是以君子有絜矩之道也者絜猶結也矩法也言君子有執結持矩法之道動而無失以此加物物皆從之也　所惡於上毋以使下

禮記義六十七　十　李仁

者此以下皆是絜矩之道也譬諸侯有天子爲上上有不善之事加己己惡之則不可迴持此惡事使己下者爲之也　所惡於下毋以事上者言臣下不善事己己所有惡則己不可持此惡事迴以事己之君上也　所惡於前毋以先後者前謂在己之前不以善事施己己所憎惡則無以持此惡事施於後人也　所惡於後毋以從前者後謂在己之後不以善事施己己則無以惡事施於前行之人也所惡於右毋以交於左者謂與己平敵或在己右或在己左以惡加己己所憎惡則無以此惡事施於左人也舉此一隅餘可知也　此之謂絜矩之道者上經云君子有絜矩之道也其絜矩之義未明故此經中說能持其所有以待於人恕己接物即絜矩之道也　詩云樂只君子民之父母此記者引之又申明絜矩之道若能以己化從民所欲則可謂民之父母此小雅南山有臺之篇美成王之詩也只辭也言能以己化民從民所欲則可爲民父母矣民之所好好之者謂善政恩惠是民之願好己亦好之以

足利本第六十七卷第十一葉

施於民若發倉廩賜貧窮賑乏絶是也　民之所惡惡之者謂苛政重賦是人之所惡己亦惡之而不行也　詩云節彼南山者上經說恕己待民此經明己須戒愼也詩云節彼南山維石巖巖此小雅節南山之篇刺幽王之詩言幽王所任大臣非其賢人也節然高峻者是彼南山維積累其石巖巖然高大喻幽王大臣師尹之尊嚴〻赫赫師尹民具爾瞻者赫赫顯盛貌是大師與人爲則者具俱也爾汝也在下之民俱於汝而瞻視之言皆視師尹而爲法此記之意以喻人君在上民皆則之不可不愼　有國者不可以不愼者有國謂天子諸侯言民皆視上所行而則之可不不愼其德乎宜愼之也　辟則爲天下僇矣者僇謂刑僇也君若邪辟則爲天下之民共所誅討若桀紂是也　詩云殷之未喪師克配上帝此一經明治國之道在貴德賤財此大雅文王之篇美文王之詩因以戒成王也克能也師衆也言殷自紂父帝乙之前未喪師衆之時所……上天而行也　儀監于殷峻命不易者儀

禮記義六十七　十二　李十仁

……成王宜監視于殷之存亡峻大也奉此天之大命誠爲不易言其難也　道得衆則得國失衆則失國者道猶言也詩所云者言帝乙以上得衆則得國言殷紂失衆則失國也　有德此有人者有德之人人之所附從故有德此有人也　有人此有土者有人則境土寬大故有土也　有土此有財者言有土則生植萬物故有財也　有財此有用者爲國用有財豐以此而有供國用也　德者本也財者末也者德能致財財由德有故德爲本財爲末也　外本內末爭民施奪者外疏也內親也施奪謂施其劫奪之情也君若親財而疏德則爭利之人皆施劫奪之情也　是故財聚則民散財散則民聚者事不兩興財由民立君若重財而輕民則民散也若散財而賙恤於民則民咸歸聚也　是故言悖而出者亦悖而入者悖逆也若人君政教之言悖逆人心而出行者則民悖逆君上而入以報荅也謂拒違君命也　貨悖而入者亦悖而出者若人君厚斂財貨悖逆民心而入積聚者不能久如人畔

潘本第六十七卷第十一葉

施於民若發倉廩賜貧窮賑乏絶是也　民之所惡惡之者謂苛政重賦是人之所惡己亦惡之而不行也　詩云節彼南山者上經說恕己待民此經明己須戒愼也詩云節彼南山維石巖巖此小雅節南山之篇刺幽王之詩言幽王所任大臣非其賢人也節然高峻者是彼南山維積累其石巖巖然高大喻幽王大臣師尹之尊嚴〻赫赫師尹民具爾瞻者赫赫顯盛貌是大師與人爲則者具俱也爾汝也在下之民俱於汝而瞻視之言皆視師尹而爲法此記之意以喻人君在上民皆則之不可不愼　有國者不可以不愼者有國謂天子諸侯言民皆視上所行而則之可不不愼其德乎宜愼之也　辟則爲天下僇矣者僇謂刑僇也君若邪辟則爲天下之民共所誅討若桀紂是也　詩云殷之未喪師克配上帝此一經明治國之道在貴德賤財此大雅文王之篇美文王之詩因以戒成王也克能也師衆也言殷自紂父帝乙之前未喪師衆之時所行政教皆能配上天而行也　儀監于殷峻命不易者儀

禮記義六十七　十二　李十仁

宜也監視也令成王宜監視于殷之存亡峻大也奉此天之大命誠爲不易言其難也　道得衆則得國失衆則失國者道猶言也詩所云者言帝乙以上得衆則得國言殷紂失衆則失國也　有德此有人者有德之人人之所附從故有德此有人也　有人此有土者有人則境土寬大故有土也　有土此有財者言有土則生植萬物故有財也　有財此有用者爲國用有財豐以此而有供國用也　德者本也財者末也者德能致財財由德有故德爲本財爲末也　外本內末爭民施奪者外疏也內親也施奪謂施其劫奪之情也君若親財而疏德則爭利之人皆施劫奪之情也　是故財聚則民散財散則民聚者事不兩興財由民立君若重財而輕民則民散也若散財而賙恤於民則民咸歸聚也　是故言悖而出者亦悖而入者悖逆也若人君政教之言悖逆人心而出行者則民悖逆君上而入以報荅也謂拒違君命也　貨悖而入者亦悖而出者若人君厚斂財貨悖逆民心而入積聚者不能久如人畔

足利本第六十七卷第十二葉

莽上財亦悖逆君心而散出也言衆畔親離財散非君有
也 注 師衆至厚亡 正義曰師衆也峻大也皆釋詁文
爾雅峻字馬旁爲之與此同也克能也釋言文也云君有
逆命則民有逆辭也者君有逆命解經言悖而出也民有
逆辭解經亦悖而入謂人有逆君之辭以拒君也云老子
曰多藏必厚亡者言積聚藏之既多必厚重而散亡也引
之者證貨悖而入亦悖而出 康誥曰惟命不于常者謂
天之命不於是常住在一家也道善則得之不善則失之
矣書之本意言道爲善則得之不善則失之是不常在一
家也 舅犯曰亡人無以爲寶仁親以爲寶者此舅犯勸
重耳之辭於時重耳逃亡在翟秦穆公欲納之反國而勸
重耳不受秦命對秦使云奔亡之人無以貨財爲寶唯親
愛仁道以爲寶也 注 楚書至奚恤 正義曰鄭知是楚
昭王時書者案楚語云楚昭王使王孫圉聘於晉定公饗
之趙簡子鳴玉以相問於王孫圉曰楚之白珩猶在乎其
孫圉對曰未嘗爲寶楚之所寶者曰觀射
行事於諸侯使無以寡君爲口實又新序云
禮記正義六十二　十二
秦欲伐楚使者觀楚之寶器楚王命昭奚恤而問焉對曰
寶器在賢臣王遂使昭奚恤應之昭奚恤發精兵三百人
陳於西門之内爲東面之壇一南面之壇四西面之壇一
秦使者至昭奚恤曰君客也請就上位東面之壇令尹子
西南面大宗子牧次之葉公子高次之司馬子發次之昭
奚恤自居西面之壇稱曰客欲觀楚之寶器言楚之所寶
者即賢臣也唯大國之所觀秦使無以對也使歸告秦王
曰楚多賢臣無可以圖之何知有觀射父昭奚恤者案戰
國義云楚王築壇昭奚恤等立於壇上楚王指之謂秦使
曰此寡人之寶故知有昭奚恤等也謂賢爲寶者案史記
云理百姓實府庫使黎甿得所者有令尹子西而能也執
法令奉圭璋使諸侯不怨兵車不起者有大宗子牧能也
守封疆固城郭使鄰國不侵亦不侵鄰國者有葉公子高
能也整師旅治兵戈使蹈白刃赴湯蹈火萬死不顧一生
者有司馬子發能也坐籌帷幄之中决勝千里之外懷霸

潘本第六十七卷第十二葉

莽上財亦悖逆君心而散出也言衆畔親離財散非君有
也 注 師衆至厚亡 正義曰師衆也峻大也皆釋詁文
爾雅峻字馬旁爲之與此同也克能也釋言文也云君有
逆命則民有逆辭也者君有逆命解經言悖而出也民有
逆辭解經亦悖而入謂人有逆君之辭以拒君也云老子
曰多藏必厚亡者言積聚藏之既多必厚重而散亡也引
之者證貨悖而入亦悖而出 康誥曰惟命不于常者謂
天之命不於是常住在一家也道善則得之不善則失之
矣書之本意言道爲善則得之不善則失之是不常在一
家也 舅犯曰亡人無以爲寶仁親以爲寶者此舅犯勸
重耳之辭於時重耳逃亡在翟秦穆公欲納之反國而勸
重耳不受秦命對秦使云奔亡之人無以貨財爲寶唯親
愛仁道以爲寶也 注 楚書至奚恤 正義曰鄭知是楚
昭王時書者案楚語云楚昭王使王孫圉聘於晉定公饗
之趙簡子鳴玉以相問於王孫圉曰楚之白珩猶在乎其
爲寶幾何矣王孫圉對曰未嘗爲寶楚之所寶者曰觀射
父能作訓辭以行事於諸侯使無以寡君爲口實又新序云
禮記正義六十二　十二
秦欲伐楚使者觀楚之寶器楚王命昭奚恤而問焉對曰
寶器在賢臣王遂使昭奚恤應之昭奚恤發精兵三百人
陳於西門之内爲東面之壇一南面之壇四西面之壇一
秦使者至昭奚恤曰君客也請就上位東面之壇令尹子
西南面大宗子牧次之葉公子高次之司馬子發次之昭
奚恤自居西面之壇稱曰客欲觀楚之寶器言楚之所寶
者即賢臣也唯大國之所觀秦使無以對也使歸告秦王
曰楚多賢臣無可以圖之何知有觀射父昭奚恤者案戰
國義云楚王築壇昭奚恤等立於壇上楚王指之謂秦使
曰此寡人之寶故知有昭奚恤等也謂賢爲寶者案史記
云理百姓實府庫使黎甿得所者有令尹子西而能也執
法令奉圭璋使諸侯不怨兵車不起者有大宗子牧能也
守封疆固城郭使鄰國不侵亦不侵鄰國者有葉公子高
能也整師旅治兵戈使蹈白刃赴湯蹈火萬死不顧一生
者有司馬子發能也坐籌帷幄之中决勝千里之外懷霸

足利本第六十七卷第十三葉

王之業撥理亂之風有大夫昭奚恤能也是皆爲寶也引之者證爲君長能保愛善人爲寶也　注舅犯至利也　正義曰舅犯晉文公之舅狐偃者左傳文也云時避驪姬之讒亡在翟而獻公薨秦穆公使子顯弔之因勸之復國舅犯爲之對此辭也檀弓篇文　秦誓曰者此一經明君臣進賢詘惡之事秦誓尚書篇名秦穆公伐鄭爲晉敗於殽還歸誓告羣臣而作此篇是秦穆公悔過自誓之辭記者引之以明好賢去惡也　若有一介臣斷斷兮者此秦穆公誓辭云羣臣若有一耿介之臣斷斷然誠實專一謹慤兮是語辭古文尚書兮爲猗言有一介之臣其心斷斷猗猗然專一與此本異　無他技其心休休焉其如有容焉者言此專一之臣無他奇異之技惟其心休休然寬容形貌似有包容如此之人我當任用也　人之有技若已有之者云見人有技藝欲得親愛之如已自有也　人之彥聖其心好之不啻若自其口出者謂見人有才彥美通聖其心好之不啻如自其口出心愛此彥聖之美多於口

禮記義六十七　十三

甚也　寔能容之以能保我子孫黎民尚亦有利哉者寔是也若能好賢如此是能有所包容則我國家得安保我後世子孫黎衆也尚庶幾也非直子孫安其下衆人皆庶幾亦望有利益哉也　人之有技媢疾以惡之者上明進賢之善此論蔽賢之惡也媢妬也見人有技藝則掩藏媢妬疾以憎惡之也　人之彥聖而違之俾不通者見他人之彥聖而違戾抑退之俾使也使其善功不通達於君尚書通爲達字也　寔不能容以不能保我子孫黎民亦曰殆哉者若此蔽賢之人是不能容納家國將亡不能保我子孫非唯如此衆人亦曰殆危哉　注秦誓至危也　正義曰秦穆公伐鄭爲晉所敗於殽還誓其羣臣而作此篇也者案尚書序秦穆公伐鄭晉襄公帥師敗諸崤還歸作秦誓又左傳僖三十三年秦穆公興師伐鄭蹇叔等諫之公不從爲晉人與姜戎要而擊之敗諸崤是其事也云美士爲彥者爾雅釋訓文黎衆也俾使也皆釋詁文尚庶幾者釋言文爾雅庶幾尚也是尚爲庶幾矣

潘本第六十七卷第十三葉

王之業撥理亂之風有大夫昭奚恤能也是皆爲寶也引之者證爲君長能保愛善人爲寶也　注舅犯至利也　正義曰舅犯晉文公之舅狐偃者左傳文也云時避驪姬之讒亡在翟而獻公薨秦穆公使子顯弔之因勸之復國舅犯爲之對此辭也檀弓篇文　秦誓曰者此一經明君臣進賢詘惡之事秦誓尚書篇名秦穆公伐鄭爲晉敗於殽還歸誓告羣臣而作此篇是秦穆公悔過自誓之辭記者引之以明好賢去惡也　若有一介臣斷斷兮者此秦穆公誓辭云羣臣若有一耿介之臣斷斷然誠實專一謹慤兮是語辭古文尚書兮爲猗言有一介之臣其心斷斷猗猗然專一與此本異　無他技其心休休焉其如有容焉者言此專一之臣無他奇異之技惟其心休休然寬容形貌似有包容如此之人我當任用也　人之有技若已有之者云見人有技藝欲得親愛之如已自有也　人之彥聖其心好之不啻若自其口出者謂見人有才彥美通聖其心中愛好不啻如自其口出心愛此彥聖之美多於口

禮記義六十七　十三

說言其愛樂之甚也　寔能容之以能保我子孫黎民尚亦有利哉者寔是也若能好賢如此是能有所包容則我國家得安保我後世子孫黎衆也尚庶幾也非直子孫安其下衆人皆庶幾亦望有利益哉也　人之有技媢疾以惡之者上明進賢之善此論蔽賢之惡也媢妬也見人有技藝則掩藏媢妬疾以憎惡之也　人之彥聖而違之俾不通者見他人之彥聖而違戾抑退之俾使也使其善功不通達於君尚書通爲達字也　寔不能容以不能保我子孫黎民亦曰殆哉者若此蔽賢之人是不能容納家國將亡不能保我子孫非唯如此衆人亦曰殆危哉　注秦誓至危也　正義曰秦穆公伐鄭爲晉所敗於殽還誓其羣臣而作此篇也者案尚書序秦穆公伐鄭晉襄公帥師敗諸崤還歸作秦誓又左傳僖三十三年秦穆公興師伐鄭蹇叔等諫之公不從爲晉人與姜戎要而擊之敗諸崤是其事也云美士爲彥者爾雅釋訓文黎衆也俾使也皆釋詁文尚庶幾者釋言文爾雅庶幾尚也是尚爲庶幾矣

足利本第六十七卷第十四葉

云娼妬也者說文云娼夫妬婦是娼爲妬也　唯仁人放
流之迸諸四夷不與同中國者言唯仁人之君能放流此
蔽善之人使迸遠在四夷不與同在中國若舜流四凶而
天下咸服是也　此謂唯仁人爲能愛人能惡人者既放
此蔽賢之人遠在四夷是仁人能愛善人惡不善之人
見賢而不能舉舉而不能先命也者此謂凡庸小人見此
賢人而不能舉進於君假設舉之又不能使在其已之先
是爲慢也謂輕慢於舉人也　見不善而不能退退而不
能遠過也者此謂小人見不善之人而不能抑退之假令
抑退之而不能使遠退之過者言是愆過之人也　好人
之所惡者人謂君子君子所惡者凶惡之事今乃愛好凶
惡是好人之所惡也　惡人之所好者君子所好仁義善
道今乃惡此仁義善道是惡人之所好也　是謂拂人之
性者若如此者是謂拂戾善人之性　菑必逮夫身者
逮及也如此菑必及夫身矣　是故君子有大道者大道
仁義之大道也　必忠信以得之驕泰以

記義六十七　十四　張樞

悌仁義必由行忠信以得之由身驕泰以
失之也　生財有大道者此一經明人君當先行仁義愛
省國用以豐足財物上文大道謂孝悌仁義之道此言人
君生殖其財有大道之理則下之所云者是也　生之者
衆者謂爲農桑多也　食之者寡者謂減省無用之費也
爲之者疾者謂百姓急營農桑事業也　用之者舒者謂
君上緩於營造費用也　則財恒足矣者言人君能如此
則國用恒足　仁者以財發身者謂仁德之者以財散施
發起身之令名也　不仁者以身發財者言不仁之人唯
在吝嗇務於積聚勞役其身發起其財此在治家治國天
下之科皆謂人君也　未有上好仁而下不好義者也者言
在上人君好以仁道接下其下感君仁恩無有不愛好於
義使事皆得其宜也　未有好義其事不終者也者言臣下
悉皆好義百事盡能終成故云未有好義其事不終也言
皆能終成也　未有府庫財非其財者也者又爲人君作譬也
君若行仁民必報義義必終事譬如人君有府庫之財必

潘本第六十七卷第十四葉

云娼妬也者說文云娼夫妬婦是娼爲妬也　唯仁人放
流之迸諸四夷不與同中國者言唯仁人之君能放流此
蔽善之人使迸遠在四夷不與同在中國若舜流四凶而
天下咸服是也　此謂唯仁人爲能愛人能惡人者既放
此蔽賢之人遠在四夷是仁人能愛善人惡不善之人
見賢而不能舉舉而不能先命也者此謂凡庸小人見此
賢人而不能舉進於君假設舉之又不能使在其已之先
是爲慢也謂輕慢於舉人也　見不善而不能退退而不
能遠過也者此謂小人見不善之人而不能抑退之假令
抑退之而不能使遠退之過者言是愆過之人也　好人
之所惡者人謂君子君子所惡者凶惡之事今乃愛好凶
惡是好人之所惡也　惡人之所好者君子所好仁義善
道今乃惡此仁義善道是惡人之所好也　是謂拂人之
性者若如此者是謂拂戾善人之性　菑必逮夫身者
逮及也如此菑必及夫身矣　是故君子有大道者大道
謂所由行孝悌仁義之大道也　必忠信以得之驕泰以

禮記義六十七　十四　張樞

失之者言此孝悌仁義必由行忠信以得之由身驕泰以
失之也　生財有大道者此一經明人君當先行仁義愛
省國用以豐足財物上文大道謂孝悌仁義之道此言人
君生殖其財有大道之理則下之所云者是也　生之者
衆者謂爲農桑多也　食之者寡者謂減省無用之費也
爲之者疾者謂百姓急營農桑事業也　用之者舒者謂
君上緩於營造費用也　則財恒足矣者言人君能如此
則國用恒足　仁者以財發身者謂仁德之者以財散施
發起身之令名也　不仁者以身發財者言不仁之人唯
在吝嗇務於積聚勞役其身發起其財此在治家治國天
下之科皆謂人君也　未有上好仁而下不好義者也者言
在上人君好以仁道接下其下感君仁恩無有不愛好於
義使事皆得其宜也　未有好義其事不終者也者言臣下
悉皆好義百事盡能終成故云未有好義其事不終也言
皆能終成也　未有府庫財非其財者也者又爲人君作譬也
君若行仁民必報義義必終事譬如人君有府庫之財必

還爲所用也故云未有府庫財非其財者也注其爲至有也　正義曰言君行仁道則臣必爲義臣既行義事必終成以至誠相感必有實報如已有府庫之財爲已所有也其爲誠實而然言不虛也　孟獻子曰畜馬乘不察於雞豚者此一經明治國家不可務於積財若務於積財即是小人之行非君上之道言察於雞豚之所利爲畜養馬乘士初試爲大夫不闚察於雞豚之小利　伐冰之家不畜牛羊者謂卿大夫喪祭用冰從固陰之處伐擊其冰以供喪祭故云伐冰也謂卿大夫爲伐冰之家不畜牛羊爲財利以食祿不與人爭利也　百乘之家不畜聚斂之臣者百乘謂卿大夫有采地者也以地方百里故云百乘之家言卿大夫之家不畜聚斂之臣使賦稅什一之外徵求采邑之物也故論語云百乘之家是也　與其有聚斂之臣寧有盜臣者覆解不畜聚斂之臣意若其有聚斂之臣寧可有盜竊之臣以盜臣但害財聚斂之臣則害義也

爲利以義爲利也者言若能如上所謂是

記義六十七　十五　張樞

以義事爲國家利也　長國家而務財用者必自小人矣者言爲人君長於國家而務積聚財以爲己用者必自爲小人之行也注孟獻至可也　正義曰孟獻子魯大夫仲孫蔑者此據左傳文也云畜馬乘謂以士初試爲大夫者案書傳士飾車駢馬詩云四牡騑騑大夫以上乃得乘四馬今下云伐冰之家百乘之家是卿大夫今別云畜馬乘者不察雞豚故知士初試爲大夫也云伐冰之家卿大夫者案昭四年左傳云大夫命婦喪浴用冰喪大記注云士不用冰故知卿大夫也士若恩賜及食而得用亦有冰也但非其常故士喪禮賜冰則夷槃可也左傳又云食肉之祿冰皆與焉是也云百乘之家有采地者也此謂卿也故論語云百乘之家鄭云采地一同之廣輪是也　彼爲至利也　前經明遠財重義是不以利爲利以義爲利此經明爲君治國棄遠小人亦是不以利爲利以義爲利也　彼爲善之彼謂君也君欲爲仁義之道善其政教之語辭故云彼爲善之　小人之使爲國家菑害

還爲所用也故云未有府庫財非其財者也注其爲至有也　正義曰言君行仁道則臣必爲義臣既行義事必終成以至誠相感必有實報如已有府庫之財爲已所有也其爲誠實而然言不虛也　孟獻子曰畜馬乘不察於雞豚者此一經明治國家不可務於積財若務於積財即是小人之行非君上之道言察於雞豚之所利爲畜養馬乘士初試爲大夫不闚察於雞豚之小利　伐冰之家不畜牛羊者謂卿大夫喪祭用冰從固陰之處伐擊其冰以供喪祭故云伐冰也謂卿大夫爲伐冰之家不畜牛羊爲財利以食祿不與人爭利也　百乘之家不畜聚斂之臣者百乘謂卿大夫有采地者也以地方百里故云百乘之家言卿大夫之家不畜聚斂之臣使賦稅什一之外徵求采邑之物也故論語云百乘之家是也　與其有聚斂之臣寧有盜臣者覆解不畜聚斂之臣意若其有聚斂之臣寧可有盜竊之臣以盜臣但害財聚斂之臣則害義也此謂國不以利爲利以義爲利也者言若能如上所謂是

禮記義六十七　十五　張樞

國家之利但以義事爲國家利也　長國家而務財用者必自小人矣者言爲人君長於國家而務積聚財以爲己用者必自爲小人之行也注孟獻至可也　正義曰孟獻子魯大夫仲孫蔑者此據左傳文也云畜馬乘謂以士初試爲大夫者案書傳士飾車駢馬詩云四牡騑騑大夫以上乃得乘四馬今下云伐冰之家百乘之家是卿大夫今別云畜馬乘者不察雞豚故知士初試爲大夫也云伐冰之家卿大夫者案昭四年左傳云大夫命婦喪浴用冰喪大記注云士不用冰故知卿大夫也士若恩賜及食而得用亦有冰也但非其常故士喪禮賜冰則夷槃可也左傳又云食肉之祿冰皆與焉是也云百乘之家有采地者也此謂卿也故論語云百乘之家鄭云采地一同之廣輪是也　彼爲至利也　前經明遠財重義是不以利爲利以義爲利此經明爲君治國棄遠小人亦是不以利爲利以義爲利也　彼爲善之彼謂君也君欲爲仁義之道善其政教之語辭故云彼爲善之　小人之使爲國家菑害

足利本第六十七卷第十六葉

並至者言君欲爲善反令小人使爲治國家之事毒害於下故菑害患難則並皆來至　雖有善者亦無如之何矣者既使小人治國其君雖有善政亦無能奈此患難之何言不能止之以其惡之已著故也

禮記正義卷第六十七

記義六十七　十六

潘本第六十七卷第十六葉

並至者言君欲爲善反令小人使爲治國家之事毒害於下故菑害患難則並皆來至　雖有善者亦無如之何矣者既使小人治國其君雖有善政亦無能奈此患難之何言不能止之以其惡之已著故也

禮記正義卷第六十七

禮記義六十七　十六

足利本第六十八卷第一葉

禮記正義卷第六十八

國子祭酒上護軍曲阜縣開國子臣孔穎達等奉

勑撰

冠義第四十三

正義曰案鄭目録云名曰冠義者以其記冠禮成人之義此於別録屬吉事但冠禮起早晚書傳既無正文案略說稱周公對成王云古人冒而句領注云古人謂三皇時以冒覆頭句領繞頸至黄帝時則有冕也故世本云黄帝造火食旃冕是冕起於黄帝也但黄帝以前則以羽皮爲之冠黄帝以後乃用布帛其冠之年即天子諸侯十二而冠故襄九年左傳云國君十五而生子冠又云一星終也是十二年歲星一終案文

冠義六十八

武王尚有兄伯邑考金縢云王與大夫盡弁時成王十五而著弁則成王已冠矣是天子十二而冠與諸侯同又祭法云王下祭殤五若不早冠何因下祭五等之殤大夫冠之年幾無文案喪服大夫爲昆弟之長殤大夫既爲昆弟長殤則不二十始冠也其士則二十而冠也曲禮云二十曰弱冠是也其天子之子亦早冠所以祭殤有五其諸侯之子皆二十冠也故下檀弓云君之適長殤及大夫之適長殤是也

凡人之所以爲人者禮義也禮義之始在於正容體齊顏色順辭令言人爲禮以此三者爲始容體正顏色齊辭令順而后禮義備以正君臣親父子和長幼言三始既備乃可求以三行也君臣正

潘本第六十八卷第一葉

禮記正義卷第六十八

國子祭酒上護軍曲阜縣開國子臣孔穎達等奉

勑撰

冠義第四十三

正義曰案鄭目録云名曰冠義者以其記冠禮成人之義此於別録屬吉事但冠禮起早晚書傳既無正文案略說稱周公對成王云古人冒而句領注云古人謂三皇時以冒覆頭句領繞頸至黄帝時則有冕也故世本云黄帝造火食旃冕是冕起於黄帝也但黄帝以前則以羽皮爲之冠黄帝以後乃用布帛其冠之年即天子諸侯十二而冠故襄九年左傳云國君十五而生子冠而生子禮也又云一星終也是十二年歲星一終案文

禮記義六十八

王十五而生武王尚有兄伯邑考金縢云王與大夫盡弁時成王十五而著弁則成王已冠矣是天子十二而冠與諸侯同又祭法云王下祭殤五若不早冠何因下祭五等之殤大夫冠之年幾無文案喪服大夫爲昆弟之長殤大夫既爲昆弟長殤則不二十始冠也其士則二十而冠也曲禮云二十曰弱冠是也其天子之子亦早冠所以祭殤有五其諸侯之子皆二十冠也故下檀弓云君之適長殤及大夫之適長殤是也

凡人之所以爲人者禮義也禮義之始在於正容體齊顏色順辭令言人爲禮以此三者爲始容體正顏色齊辭令順而后禮義備以正君臣親父子和長幼言三始既備乃可求以三行也君臣正

冠義第四十三

足利本第六十八卷第二葉

父子親長幼和而后禮義立（立猶成也）故冠而后服備服備而后容體正顔色齊辭令順（言服未備者未可求以三始也童子之服采衣紒）故曰冠者禮之始也是故古者聖王重冠古者冠禮筮日筮賓所以敬冠事敬冠事所以重禮重禮所以爲國本也（國以禮爲本）故冠於阼以著代也（阼謂主人之北也適子冠於阼若不醴則醮用酒於客位敬而成之也戶西爲客位庶子冠於房戶外又因醮焉不代父也冠者初加緇布冠次加皮弁次加爵弁每加益尊所以益成也）醮於客位三加彌尊加有成也

〔記卷六十八　二　余武〕

已冠而字之成人之道也（字所以相尊也）見於母母拜之見於兄弟兄弟拜之成人而與爲禮也玄冠玄端奠摯於君遂以摯見於鄉大夫鄉先生以成人見也（鄉先生同鄉老而致仕者服玄冠玄端異於朝也）成人之者將責成人禮焉也責成人禮焉者將責爲人子爲人弟爲人臣爲人少者之禮行焉將責四者之行於人其禮可不重

潘本第六十八卷第二葉

父子親長幼和而后禮義立（立猶成也）故冠而后服備服備而后容體正顔色齊辭令順（言服未備者未可求以三始也童子之服采衣紒）故曰冠者禮之始也是故古者聖王重冠古者冠禮筮日筮賓所以敬冠事敬冠事所以重禮重禮所以爲國本也（國以禮爲本）故冠於阼以著代也（阼謂主人之北也適子冠於阼若不醴則醮用酒於客位敬而成之也戶西爲客位庶子冠於房戶外又因醮焉不代父也冠者初加緇布冠次加皮弁次加爵弁每加益尊所以益成也）醮於客位三加彌尊加有成也

〔禮記義六十八　二　余文〕

已冠而字之成人之道也（字所以相尊也）見於母母拜之見於兄弟兄弟拜之成人而與爲禮也玄冠玄端奠摯於君遂以摯見於鄉大夫鄉先生以成人見也（鄉先生同鄉老而致仕者服玄冠玄端異於朝也）成人之者將責成人禮焉也責成人禮焉者將責爲人子爲人弟爲人臣爲人少者之禮行焉將責四者之行於人其禮可不重

足利本第六十八卷第三葉

與言責人以大禮者己接之不可以苟故孝弟忠順之行立而后可以爲人可以爲人而后可以治人也故聖王重禮故曰冠者禮之始也嘉事之重者也是故古者重冠重冠故行之於廟行之於廟者所以尊重事尊重事而不敢擅重事不敢擅重事所以自卑而尊先祖也嘉事嘉禮也宗伯掌五禮有吉禮有凶禮有賓禮有軍禮有嘉禮而冠屬嘉禮周禮曰以昏冠之禮親成男女也

疏 正義曰此一節明人之所以相敘加冠之事從始至終各隨文解之

禮記義六十八　三　李良

凡人之所以爲人者禮義也者言人之所以得異於禽獸者以其行禮義也禮義之事終身行之禮義之始在於正容體齊顏色順辭令者言欲一世行禮之始先須正容體齊顏色順辭令爲初也然後可以正君臣親父子和長幼 古者冠禮者 此明將冠之時筮日筮賓重冠禮之事又明冠禮三加其冠以漸成人之禮 故冠於阼以著代也者言適子必加冠於阼阼是主人接賓之處今適子冠於阼階所以著明代父之義也 醮於客位三加彌尊加有成也者若依周禮適子醴於客位今云醮者或因先代夏殷之禮醮之用酒於客位室戶外之西必在賓客位者尊以成人若賓客待之三加初加緇布冠次加皮弁冠三加爵弁冠彌漸而尊故云三加彌尊加有成也謂加益有成人之事矣

注 阼謂至成也 正義曰阼謂主人之北也知者案士冠禮文也云若不醴則醮用酒者亦士冠禮文以周禮之法適子則以醴禮之庶子則以酒醮之若先代之禮雖適子皆以酒醮之其於周時或

潘本第六十八卷第三葉

與言責人以大禮者己接之不可以苟故孝弟忠順之行立而后可以爲人可以爲人而后可以治人也故聖王重禮故曰冠者禮之始也嘉事之重者也是故古者重冠重冠故行之於廟行之於廟者所以尊重事尊重事而不敢擅重事不敢擅重事所以自卑而尊先祖也嘉事嘉禮也宗伯掌五禮有吉禮有凶禮有賓禮有軍禮有嘉禮而冠屬嘉禮周禮曰以昏冠之禮親成男女也

疏 正義曰此一節明人之所以相敘加冠之事從始至終各隨文解之

禮記義六十八　三　李良

凡人之所以爲人者禮義也者言人之所以得異於禽獸者以其行禮義也禮義之事終身行之禮義之始在於正容體齊顏色順辭令者言欲一世行禮之始先須正容體齊顏色順辭令爲初也然後可以正君臣親父子和長幼 古者冠禮者 此明將冠之時筮日筮賓重冠禮之事又明冠禮三加其冠以漸成人之禮 故冠於阼以著代也者言適子必加冠於阼阼是主人接賓之處今適子冠於阼階所以著明代父之義也 醮於客位三加彌尊加有成也者若依周禮適子醴於客位今云醮者或因先代夏殷之禮醮之用酒於客位室戶外之西必在賓客位者尊以成人若賓客待之三加初加緇布冠次加皮弁冠三加爵弁冠彌漸而尊故云三加彌尊加有成也謂加益有成人之事矣

注 阼謂至成也 正義曰阼謂主人之北也知者案士冠禮文也云若不醴則醮用酒者亦士冠禮文以周禮之法適子則以醴禮之庶子則以酒醮之若先代之禮雖適子皆以酒醮之其於周時或

足利本第六十八卷第四葉

有舊俗行先代之禮雖適子亦用酒醮則因而行不必改
也故鄭注士冠禮云若不醴謂國有舊俗可行聖人用焉
不改是也醮者醮盡之義故鄭注士冠禮云酌而無酬酢
曰醮是也云庶子冠於房戶外又因醮焉者皆士冠禮文
也但此記之作是記儀禮士冠禮之事士禮故三加也若
大夫亦同士冠禮云無大夫冠禮古者五十而后爵何大
夫冠禮之有是大夫雖冠用士禮若諸侯則有冠禮故左
傳云公冠用裸享之禮行之金石之樂節之其加則四加
而有玄冕也故大戴禮公冠四加也諸侯尚四加則天子
亦當五加衮冕也已冠而字之者比明冠畢加字見母及
兄弟及見君之節以其成人而見人也未冠之前則以名
別之既冠之後又改以字且人二十有爲父之道不可復
言其名故冠而加字之成人之道也　見於母母拜之故
不拜也今唐禮母見子但起立不拜也案儀禮廟中冠子
以酒脯奠廟訖子持所奠酒脯以見於母母拜其酒脯重
拜之非拜子也　玄冠玄端奠摯於君者

記義六十八　四　徐華

異於朝服之衣但玄端上士則玄裳中士
則黃裳下士則雜裳以其初成人故著玄端異於朝服也
若朝服則素裳奠摯奠之於君也　遂以摯見於鄉大夫
鄉先生者以摯謂以雉也故士相見禮冬用雉夏用腒見
於鄉大夫謂在朝之鄉大夫也鄉先生謂鄉老而致仕也
成人之者此明加冠成人之義必成人者將責成人禮焉
冠責以成人之事若成人事立可以治人也是冠者爲治
之本故先王重之行之於廟士行之於禰廟故士冠禮注
廟謂禰廟既在禰廟此云尊先祖者尊禰即尊先祖之義
且下士祖禰共廟其諸侯則冠於大祖之廟故左傳云先
君之祧以處之聘禮云不腆先君之祧鄭注以爲始祖之
廟則天子當冠於始祖廟也服虔注左傳先君之祧處之
以爲曾祖廟者以左傳魯襄公冠於衛成公之廟衛成公
則當今衛君獻公曾祖服虔望時解之故以祧爲曾祖非
鄭義
也

潘本第六十八卷第四葉

有舊俗行先代之禮雖適子亦用酒醮則因而行不必改
也故鄭注士冠禮云若不醴謂國有舊俗可行聖人用焉
不改是也醮者醮盡之義故鄭注士冠禮云酌而無酬酢
曰醮是也云庶子冠於房戶外又因醮焉者皆士冠禮文
也但此記之作是記儀禮士冠禮之事士禮故三加也若
大夫亦同士冠禮云無大夫冠禮古者五十而后爵何大
夫冠禮之有是大夫雖冠用士禮若諸侯則有冠禮故左
傳云公冠用裸享之禮行之金石之樂節之其加則四加
而有玄冕也故大戴禮公冠四加也諸侯尚四加則天子
亦當五加衮冕也已冠而字之者比明冠畢加字見母及
兄弟及見君之節以其成人而見人也未冠之前則以名
別之既冠之後又改以字且人二十有爲父之道不可復
言其名故冠而加字之成人之道也　見於母母拜之故
不拜也今唐禮母見子但起立不拜也案儀禮廟中冠子
以酒脯奠廟訖子持所奠酒脯以見於母母拜其酒脯重
從尊者處來故拜之非拜子也　玄冠玄端奠摯於君者

禮記義六十八　四　徐建

此玄冠玄端則異於朝服之衣但玄端上士則玄裳中士
則黃裳下士則雜裳以其初成人故著玄端異於朝服也
若朝服則素裳奠摯奠之於君也　遂以摯見於鄉大夫
鄉先生者以摯謂以雉也故士相見禮冬用雉夏用腒見
於鄉大夫謂在朝之鄉大夫也鄉先生謂鄉老而致仕也
成人之者此明加冠成人之義必成人者將責成人禮焉
冠責以成人之事若成人事立可以治人也是冠者爲治
之本故先王重之行之於廟士行之於禰廟故士冠禮注
廟謂禰廟既在禰廟此云尊先祖者尊禰即尊先祖之義
且下士祖禰共廟其諸侯則冠於大祖之廟故左傳云先
君之祧以處之聘禮云不腆先君之祧鄭注以爲始祖之
廟則天子當冠於始祖廟也服虔注左傳先君之祧處之
以爲曾祖廟者以左傳魯襄公冠於衛成公之廟衛成公
則當今衛君獻公曾祖服虔望時解之故以祧爲曾祖非
鄭義
也

足利本第六十八卷第五葉

昏義第四十四

正義曰案鄭目録云名曰昏義者以其記娶妻之義內教之所由成也此於别録屬吉事也謂之昏者案鄭昏禮目録云娶妻之禮以昏爲期因名焉必以昏者取其陽往陰來之義日入後二刻半爲昏以定稱之壻曰昏妻曰姻故經解注云壻曰昏妻曰姻是也謂壻以昏時而來妻則因之而去也若壻之與妻之屬名壻之親屬名之曰姻女之親屬名之爲昏故鄭注昏禮云女氏稱昏壻氏稱姻爾雅壻之父爲姻婦之父爲婚又云壻之黨爲姻兄弟婦之黨爲婚兄弟是也其天地初分之後遂皇之時則有夫婦故通卦驗云遂皇始出握機矩是法北斗七星而立七政禮緯斗威儀之篇七政則君臣父子夫婦及政等既稱夫婦是始自遂皇也譙周云大昊制嫁娶儷皮爲禮是儷皮起於大昊也其媒官之義　孟子云舜不告而娶是娶妻告父毋亦起

記義六十八　五　徐仲

　五帝以前爲昏不限同姓異姓三王以來文家異姓爲昏質家同姓爲昏其昏之年幾案異義大戴說男三十女二十有昏娶合爲五十應大衍之數自天子達於庶人同一也故春秋左氏說國君十五而生子禮也二十而嫁三十而娶庶人禮也禮夫爲婦之長殤長殤十九至十六知夫年十四十五見士昏禮也許君謹案舜年三十不娶謂之鰥文王十五而生武王尚有兄伯邑考知人君早昏娶不可以年三十非重昏嗣也若鄭意依正禮士及大夫皆三十而後娶及禮云夫爲婦長殤者關異代也或有早娶者非正法矣天子諸侯昏禮則早矣如左氏所釋毛詩所用家語之說以男二十而冠女十五而笄自此以後可以嫁娶至男三十女二十是正昏姻之時與家語異也

昏禮者將合二姓之好上以事宗廟而下

潘本第六十八卷第五葉

昏義第四十四

正義曰案鄭目録云名曰昏義者以其記娶妻之義內教之所由成也此於别録屬吉事也謂之昏者案鄭昏禮目録云娶妻之禮以昏爲期因名焉必以昏者取其陽往陰來之義日入後二刻半爲昏以定稱之壻曰昏妻曰姻故經解注云壻曰昏妻曰姻是也謂壻以昏時而來妻則因之而去也若壻之與妻之屬名壻之親屬名之曰姻女之親屬名之爲昏故鄭注昏禮云女氏稱昏壻氏稱姻爾雅壻之父爲姻婦之父爲婚又云壻之黨爲姻兄弟婦之黨爲婚兄弟是也其天地初分之後遂皇之時則有夫婦故通卦驗云遂皇始出握機矩是法北斗七星而立七政禮緯斗威儀之篇七政則君臣父子夫婦及政等既稱夫婦是始自遂皇也譙周云大昊制嫁娶儷皮爲禮是儷皮起於大昊也其媒官之義具於月令䟽孟子云舜不告而娶是娶妻告父毋亦起

禮記義六十八　五　徐作

於五帝也其五帝以前爲昏不限同姓異姓三王以來文家異姓爲昏質家同姓爲昏其昏之年幾案異義大戴說男三十女二十有昏娶合爲五十應大衍之數自天子達於庶人同一也故春秋左氏說國君十五而生子禮也二十而嫁三十而娶庶人禮也禮夫爲婦之長殤長殤十九至十六知夫年十四十五見士昏禮也許君謹案舜年三十不娶謂之鰥文王十五而生武王尚有兄伯邑考知人君早昏娶不可以年三十非重昏嗣也若鄭意依正禮士及大夫皆三十而後娶及禮云夫爲婦長殤者關異代也或有早娶者非正法矣天子諸侯昏禮則早矣如左氏所釋毛詩所用家語之說以男二十而冠女十五而笄自此以後可以嫁娶至男三十女二十是正昏姻之時與家語異也

昏禮者將合二姓之好上以事宗廟而下

足利本第六十八卷第六葉

以繼後世也故君子重之是以昏禮納采問名納吉納徵請期皆主人筵几於廟而拜迎於門外入揖讓而升聽命於廟所以敬慎重正昏禮也聽命謂主人聽使者所傳壻家之命父親醮子而命之迎男先於女也子承命以迎主人筵几於廟而拜迎于門外壻執鴈入揖讓升堂再拜奠鴈蓋親受之於父母也降出御[illegible]壻授綏御輪三周先俟于門外婦[illegible]婦以入共牢而食合巹而酳所以合體同尊卑以親之也酳而無酬酢曰醮醮之禮如冠醮與其異者於寢耳壻御婦車輪三周御者代之壻自乘其車先道之歸也共牢而食合巹而酳成婦之義

疏正義曰此一節揔明昏禮之義而拜迎於門外揖讓而升自從始至終也　納采者謂采擇之禮故昏禮云下達納采用鴈也必用鴈者白虎通云鴈取其隨時而南北不失節也又是隨陽之鳥妻從夫之義也問名者問其女之所生母之姓名故昏禮云爲誰氏言女之母何姓氏也此二禮一使而兼行之　納吉者謂男家既卜得吉與女氏也納徵者納聘財也徵成也先納聘財而后昏成春秋則謂之納幣其庶人則緇帛五兩卿大夫則玄纁玄三纁二加以儷皮及諸侯加以大璋天子加以穀圭皆具於周禮經注也　請期者謂男家使人請女家以昏時之期由男家告

潘本第六十八卷第六葉

以繼後世也故君子重之是以昏禮納采問名納吉納徵請期皆主人筵几於廟而拜迎於門外入揖讓而升聽命於廟所以敬慎重正昏禮也聽命謂主人聽使者所傳壻家之命父親醮子而命之迎男先於女也子承命以迎主人筵几於廟而拜迎于門外壻執鴈入揖讓升堂再拜奠鴈蓋親受之於父母也降出御婦車而壻授綏御輪三周先俟于門外婦至壻揖婦以入共牢而食合巹而酳所以合體同尊卑以親之也酳而無酬酢曰醮醮之禮如冠醮與其異者於寢耳壻御婦車輪三周御者代之壻自乘其車先道之歸也共牢而食合巹而酳成婦之義

疏正義曰此一節揔明昏禮之義而拜迎於門外揖讓而升自從始至終也　納采者謂采擇之禮故昏禮云下達納采用鴈也必用鴈者白虎通云鴈取其隨時而南北不失節也又是隨陽之鳥妻從夫之義也問名者問其女之所生母之姓名故昏禮云爲誰氏言女之母何姓氏也此二禮一使而兼行之　納吉者謂男家既卜得吉與女氏也納徵者納聘財也徵成也先納聘財而后昏成春秋則謂之納幣其庶人則緇帛五兩卿大夫則玄纁玄三纁二加以儷皮及諸侯加以大璋天子加以穀圭皆具於周禮經注也　請期者謂男家使人請女家以昏時之期由男家告

足利本第六十八卷第七葉

於女家何必請者男家不敢自專執謙敬之辭故云請也
女氏終聽男家之命乃告之納吉納徵請期每一事則使
者一人行惟納徵無鴈以有幣故其餘皆用鴈　主人筵
几於廟者謂行此等之禮主人謂女父母設筵几於禰廟
此等皆據士昬禮而知之也　聽命於廟者謂女之父母
聽受壻之使者之命於廟堂之上兩楹之間也　父親至
之也　正義曰此一節明親迎之時父之醮子明迎婦之
節　父親醮子而命之迎者謂壻父身親以酒醮子而命
之親迎也　男先於女也者釋命親迎之意所以必命迎
者欲使男往迎之女則從男而來也是男子先迎女從後
至是男先於女也若男子不迎女自來至是女自先來不
得爲男先於女也　主人筵几於廟而拜迎于門外者主
人女之父以壻來親迎故拜迎於門外以敵禮待之　壻
執鴈入揖讓升堂再拜奠鴈者主人就東階初入門將曲
揖當階北面揖當碑揖至階三讓主人升自阼階揖壻升
[illegible]鴈再拜蓋親受之於父母也於時女房中

記義六十八　七　李信

[illegible]外之西南面壻既拜訖旋降出女出房南
面立於母左父西面誡之女乃西行母南面誡之是壻親
受之於父母但親受之非是分明手有親受示有親受之
義故云蓋以疑之　降出御婦車者謂壻降西階而出親
御婦車也　而壻授綏者謂婦升車之時而壻授之以綏
御輪三周者謂壻御婦車之輪三匝然後御者代壻御之
婦至壻揖婦以入者謂婦至壻之寢門壻揖以婦入則稍
西避之故魏詩云宛然左辟謂此時也　共牢而食者在
夫之寢壻東面婦西面共一牲牢而同食不異牲　合巹
而酳者酳演也謂食畢飲酒演安其氣巹謂半瓢以一瓢
分爲兩瓢謂之巹壻之與婦各執一片以酳故云合巹而
酳　所以合體同尊卑以親之也者同尊卑謂共牢也所
以合體同尊卑者欲使壻之親婦婦亦親壻所以體同爲
一不使尊卑有殊也　注酳而至歸也　正義曰以鄉飲
酒禮燕禮之屬皆爲賓主相酬酢故不稱其醮則但受爵
者飲而盡之又不反相酬酢直醮盡而已故稱醮也然醴

潘本第六十八卷第七葉

於女家何必請者男家不敢自專執謙敬之辭故云請也
女氏終聽男家之命乃告之納吉納徵請期每一事則使
者一人行惟納徵無鴈以有幣故其餘皆用鴈　主人筵
几於廟者謂行此等之禮主人謂女父母設筵几於禰廟
此等皆據士昬禮而知之也　聽命於廟者謂女之父母
聽受壻之使者之命於廟堂之上兩楹之間也　父親至
之也　正義曰此一節明親迎之時父之醮子明迎婦之
節　父親醮子而命之迎者謂壻父身親以酒醮子而命
之親迎也　男先於女也者釋命親迎之意所以必命迎
者欲使男往迎之女則從男而來也是男子先迎女從後
至是男先於女也若男子不迎女自來至是女自先來不
得爲男先於女也　主人筵几於廟而拜迎于門外者主
人女之父以壻來親迎故拜迎於門外以敵禮待之　壻
執鴈入揖讓升堂再拜奠鴈者主人就東階初入門將曲
揖當階北面揖當碑揖至階三讓主人升自阼階揖壻升
自西階北面奠鴈再拜蓋親受之於父母也於時女房中

禮記義六十八　七

南面母在房户外之西南面壻既拜訖旋降出女出房南
面立於母左父西面誡之女乃西行母南面誡之是壻親
受之於父母但親受之非是分明手有親受示有親受之
義故云蓋以疑之　降出御婦車者謂壻降西階而出親
御婦車也　而壻授綏者謂婦升車之時而壻授之以綏
御輪三周者謂壻御婦車之輪三匝然後御者代壻御之
婦至壻揖婦以入者謂婦至壻之寢門壻揖以婦入則稍
西避之故魏詩云宛然左辟謂此時也　共牢而食者在
夫之寢壻東面婦西面共一牲牢而同食不異牲　合巹
而酳者酳演也謂食畢飲酒演安其氣巹謂半瓢以一瓢
分爲兩瓢謂之巹壻之與婦各執一片以酳故云合巹而
酳　所以合體同尊卑以親之也者同尊卑謂共牢也所
以合體同尊卑者欲使壻之親婦婦亦親壻所以體同爲
一不使尊卑有殊也　注酳而至歸也　正義曰以鄉飲
酒禮燕禮之屬皆爲賓主相酬酢故不稱其醮則但受爵
者飲而盡之又不反相酬酢直醮盡而已故稱醮也然醴

足利本第六十八卷第八葉

亦無酬酢不云醮者以醴尚質不爲飲也故不稱醮但禮敬之而已云醮之禮如冠醮與其異者於寢耳者以父之醮子令其親迎與醮子冠而成人其事相似故云如冠醮與但冠禮醮子在廟此醮子在寢故云其異者在寢耳

敬慎重正而后親之禮之大體而所以成男女之別而立夫婦之義也男女有別而后夫婦有義夫婦有義而后父子有親父子有親而后君臣有正故曰昏禮者禮之本也　言子受氣性純則孝孝則忠也　疏　正義曰前經明共牢合巹使之相親此經論謹愼重正禮之根本各隨文解之　敬愼重正者言行昏禮之時必須恭敬謹愼尊重正禮而後男女相親若不敬愼重正則夫婦久必離異不相親也昏禮者禮之本也者夫婦昏姻之禮是諸禮之本所以昏禮爲禮本者昏姻得所則受氣純和生子必孝事君必忠孝則父子親忠則朝廷正故孝經云喪則致其哀祭則致其嚴是昏禮爲諸禮之本也

夫禮始於冠本於昏重於喪祭尊於朝聘和於射鄉此禮之大體也　始猶根也本猶幹也鄉鄉飲酒　疏　正義曰此經因婚禮爲諸禮之本遂廣明禮之始終始則在於冠昏終則重於喪祭其間有朝聘鄉射是禮之大體之事也

夙興婦沐浴以俟見質明贊見婦於舅姑婦執笲棗栗段脩以見贊醴婦婦祭脯醢祭醴成婦禮也

潘本第六十八卷第八葉

亦無酬酢不云醮者以醴尚質不爲飲也故不稱醮但禮敬之而已云醮之禮如冠醮與其異者於寢耳者以父之醮子令其親迎與醮子冠而成人其事相似故云如冠醮與但冠禮醮子在廟此醮子在寢故云其異者在寢耳

敬慎重正而后親之禮之大體而所以成男女之別而立夫婦之義也男女有別而后夫婦有義夫婦有義而后父子有親父子有親而后君臣有正故曰昏禮者禮之本也　言子受氣性純則孝孝則忠也　疏　正義曰前經明共牢合巹使之相親此經論謹愼重正禮之根本各隨文解之　敬愼重正者言行昏禮之時必須恭敬謹愼尊重正禮而後男女相親若不敬愼重正則夫婦久必離異不相親也昏禮者禮之本也者夫婦昏姻之禮是諸禮之本所以昏禮爲禮本者昏姻得所則受氣純和生子必孝事君必忠孝則父子親忠則朝廷正故孝經云喪則致其哀祭則致其嚴是昏禮爲諸禮之本也

夫禮始於冠本於昏重於喪祭尊於朝聘和於射鄉此禮之大體也　始猶根也本猶幹也鄉鄉飲酒　疏　正義曰此經因婚禮爲諸禮之本遂廣明禮之始終始則在於冠昏終則重於喪祭其間有朝聘鄉射是禮之大體之事也

夙興婦沐浴以俟見質明贊見婦於舅姑婦執笲棗栗段脩以見贊醴婦婦祭脯醢祭醴成婦禮也

足利本第六十八卷第九葉

成其爲婦之禮也贊醴婦當作禮聲之誤也　舅姑入室婦以特豚饋明婦順也　以饋明婦順者供養之禮主於孝順　厥明舅姑共饗婦以一獻之禮奠酬舅姑先降自西階婦降自阼階以著代也　言既獻之而授之以室事也降者各還其燕寢婦見及饋饗於適寢昏禮不言厥明此言之者容大夫以上禮多或異日　[疏]　正義曰此論昏禮明日婦見舅姑舅姑醴婦又舅姑入室婦饋特豚又明日舅姑饗婦之節此即士昏禮也故有特豚饋於舅姑若大夫以上非唯特豚而已雖以士爲主亦兼明大夫故有厥明舅姑共饗婦若士婦見舅姑之日即舅姑饗婦故士昏禮舅姑醴婦醴婦既訖則饗之不待厥明也　婦執笲棗栗段脩……禮舅坐于阼階西面姑坐于房外南面婦……面拜奠于舅席訖婦又執腶脩升進北面拜奠于姑席是也　贊醴婦婦祭脯醢祭醴者案士昏禮婦席于戶牖間贊者酌醴置於席前北面婦於席西東面拜受贊者西階上北面拜送又拜薦脯醢婦升席左執觶右祭脯醢訖以柶祭醴三是祭脯醢祭醴也　成婦禮也者言所以見舅姑及醴之者成其爲婦之禮也　舅姑入室婦以特豚饋者案士昏禮舅姑入于室婦盥饋特豚合升側載無魚腊無稷並南上其他如取女禮鄭注云側載者右胖載之舅俎左胖載之姑俎異尊卑並南上者舅姑共席于奧其饌各以南爲上是特豚饋也　明婦順也者言所以特豚饋者顯明其爲婦之孝順也　厥明舅姑共饗婦以一獻之禮奠酬者案士昏禮云既言舅姑薦俎醢以鄉飲酒之禮約之席在室外戶之西舅酌酒於阼階獻婦婦西階上拜受即席祭薦祭酒畢於西階上北面卒爵婦酢舅舅於阼階上受酢飲畢乃酬婦先酌自飲畢更酌酒以酬姑姑受爵奠於薦左不舉爵正禮畢也　以著代

記義六十八　陳真

潘本第六十八卷第九葉

成其爲婦之禮也贊醴婦當作禮聲之誤也　舅姑入室婦以特豚饋明婦順也　以饋明婦順者供養之禮主於孝順　厥明舅姑共饗婦以一獻之禮奠酬舅姑先降自西階婦降自阼階以著代也　言既獻之而授之以室事也降者各還其燕寢婦見及饋饗於適寢昏禮不言厥明此言之者容大夫以上禮多或異日　[疏]　正義曰此論昏禮明日婦見舅姑舅姑醴婦又舅姑入室婦饋特豚又明日舅姑饗婦之節此即士昏禮也故有特豚饋於舅姑若大夫以上非唯特豚而已雖以士爲主亦兼明大夫故有厥明舅姑共饗婦若士婦見舅姑之日即舅姑饗婦故士昏禮舅姑醴婦醴婦既訖則饗之不待厥明也　婦執笲棗栗段脩以見者案士昏禮舅坐于阼階西面姑坐于房外南面婦執笲棗栗進東面拜奠于舅席訖婦又執腶脩升進北面拜奠于姑席是也　贊醴婦婦祭脯醢祭醴者案士昏禮婦席于戶牖間贊者酌醴置於席前北面婦於席西東面拜受贊者西階上北面拜送又拜薦脯醢婦升席左執觶右祭脯醢訖以柶祭醴三是祭脯醢祭醴也　成婦禮也者言所以見舅姑及醴之者成其爲婦之禮也　舅姑入室婦以特豚饋者案士昏禮舅姑入于室婦盥饋特豚合升側載無魚腊無稷並南上其他如取女禮鄭注云側載者右胖載之舅俎左胖載之姑俎異尊卑並南上者舅姑共席于奧其饌各以南爲上是特豚饋也　明婦順也者言所以特豚饋者顯明其爲婦之孝順也　厥明舅姑共饗婦以一獻之禮奠酬者案士昏禮云既言舅姑薦俎醢以鄉飲酒之禮約之席在室外戶之西舅酌酒於阼階獻婦婦西階上拜受即席祭薦祭酒畢於西階上北面卒爵婦酢舅舅於阼階上受酢飲畢乃酬婦先酌自飲畢更酌酒以酬姑姑受爵奠於薦左不舉爵正禮畢也　以著代

禮記義六十八　東十

昏義第四十四

足利本第六十八卷第十葉

也者言所以舅姑降自西階婦降自阼階是舅姑所升之處今婦由阼階而降是著明代舅姑之事也 注降者至異曰 正義曰各還其燕寢者舅姑還舅姑之燕寢婦還婦之燕寢也云婦見及饋饗於適寢者謂舅姑之適寢云昏禮不言厥明此言之者容大夫以上禮多或異日以此云厥明與士昏禮異也 成婦禮明婦順又申之以著代所以重責婦順焉也婦順者順於舅姑和於室人而后當於夫以成絲麻布帛之事以審守委積蓋藏 室人謂女妐女叔諸婦也當猶稱也後言稱夫者不順舅姑不和室人雖有善者猶不爲稱夫也 是故婦順備而后內和理內和理而后

禮記義六十八 十

家可長久也故聖王重之 順備者行和當事成審也 疏 正義曰此經明上經成婦禮明婦順之事若婦順既成則室家長久故聖王所重也 成婦禮者則上經婦祭脯醢祭醴之等是成婦禮也 明婦順者則上經舅姑入室以特豚饋是明婦順也 又申之以著代者則上經婦降自阼階以著代是也申重也既明婦禮順又重加之以著代之義也 所以重責婦順焉也者言成婦禮明婦順則重著代所以厚重責婦人之孝順焉分之則婦禮婦順著代三者別文皆總歸於婦順故自此以下唯申明婦順也 以審守委積蓋藏者言既當夫氏又成婦事以此詳審保守家之所有委積掩蓋藏聚之物也 注室人謂女妐女叔諸婦也 正義曰經既言順於舅姑乃和於室人是在室之人非男子也女妐謂壻之姊也女叔謂壻之妹諸婦謂娣姒之屬 注云順備至審也 正義曰行是順於舅姑和謂和於室人當謂當於夫則前經所說是也云事成審者

潘本第六十八卷第十葉

也者言所以舅姑降自西階婦降自阼階是舅姑所升之處今婦由阼階而降是著明代舅姑之事也 注降者至異曰 正義曰各還其燕寢者舅姑還舅姑之燕寢婦還婦之燕寢也云婦見及饋饗於適寢者謂舅姑之適寢云昏禮不言厥明此言之者容大夫以上禮多或異日以此云厥明與士昏禮異也 成婦禮明婦順又申之以著代所以重責婦順焉也婦順者順於舅姑和於室人而后當於夫以成絲麻布帛之事以審守委積蓋藏 室人謂女妐女叔諸婦也當猶稱也後言稱夫者不順舅姑不和室人雖有善者猶不爲稱夫也 是故婦順備而后內和理內和理而后

禮記義六十八 十

家可長久也故聖王重之 順備者行和當事成審也 疏 正義曰此經明上經成婦禮明婦順之事若婦順既成則室家長久故聖王所重也 成婦禮者則上經婦祭脯醢祭醴之等是成婦禮也 明婦順者則上經舅姑入室以特豚饋是明婦順也 又申之以著代者則上經婦降自阼階以著代是也申重也既明婦禮順又重加之以著代之義也 所以重責婦順焉也者言成婦禮明婦順則重著代所以厚重責婦人之孝順焉分之則婦禮婦順著代三者別文皆總歸於婦順故自此以下唯申明婦順也 以審守委積蓋藏者言既當夫氏又成婦事以此詳審保守家之所有委積掩蓋藏聚之物也 注室人謂女妐女叔諸婦也 正義曰經既言順於舅姑乃和於室人是在室之人非男子也女妐謂壻之姊也女叔謂壻之妹諸婦謂娣姒之屬 注云順備至審也 正義曰行是順於舅姑和謂和於室人當謂當於夫則前經所說是也云事成審者

則前經以成絲麻布帛之事以審守委積蓋藏是事成審也　是以古者婦人先嫁三月祖廟未毀教于公宮祖廟既毀教于宗室教以婦德婦言婦容婦功教成祭之牲用魚芼之以蘋藻所以成婦順也（注）謂與天子諸侯同姓者也嫁女者必就尊者教成之教之者女師也祖廟女所出之祖也公君也宗室宗子之家也婦德貞順也婦言辭令也婦容婉娩也婦功絲麻也祭之祭其所出之祖也魚蘋藻皆水物陰類也魚爲俎實蘋藻爲羹菜祭無牲牢告事耳非正祭也其齊盛用黍云君使有司告之宗子之家若其祖廟已毀則爲壇而告焉

（疏）正義曰此經更申明前經成婦順之事所以能成婦順者以未嫁之前先教以四德故此經明嫁所教之事　祖廟未毀教于公宮者此謂與君爲骨肉親廟有四高祖之廟未毀除此欲嫁之女教於公宮也　祖廟既毀教于宗室者謂與君四從以外同高祖之父以上其廟既遷是祖廟既毀此女則教於大宗子之室　教成祭之者謂三月教之其教已成祭女所出祖廟告以教成也　所以成婦順也者以爲未嫁之前先教四德又祭而告但成其爲婦之順欲使嫁而爲婦奉遵此教而成和順　（注）謂與至告焉　正義曰此云教於公宮故知是天子諸侯同姓也天子當言王宮今經云公宮知兼天子者此云公宮謂公之宮也若天子公邑官家之宮耳非謂諸侯公宮也此昏義雖記士昏禮之事自此以下廣明天子以下教女及夫婦之義故此經教女舉貴者言云嫁女者必就尊者教成之者案内則女子十年不出使姆教成之明已前恒教但嫁前三月特就公宮之教欲尊之也云教之者女師也者即詩周南云言告師氏則昏禮注云姆婦人五十無子出者也云祖廟女所出之祖也者謂女父與

禮記義六十八　十一

則前經以成絲麻布帛之事以審守委積蓋藏是事成審也　是以古者婦人先嫁三月祖廟未毀教于公宮祖廟既毀教于宗室教以婦德婦言婦容婦功教成祭之牲用魚芼之以蘋藻所以成婦順也（注）謂與天子諸侯同姓者也嫁女者必就尊者教成之教之者女師也祖廟女所出之祖也公君也宗室宗子之家也婦德貞順也婦言辭令也婦容婉娩也婦功絲麻也祭之祭其所出之祖也魚蘋藻皆水物陰類也魚爲俎實蘋藻爲羹菜祭無牲牢告事耳非正祭也其齊盛用黍云君使有司告之宗子之家若其祖廟已毀則爲壇而告焉

（疏）正義曰此經更申明前經成婦順之事所以能成婦順者以未嫁之前先教以四德故此經明嫁所教之事　祖廟未毀教于公宮者此謂與君爲骨肉親廟有四高祖之廟未毀除此欲嫁之女教於公宮也　祖廟既毀教于宗室者謂與君四從以外同高祖之父以上其廟既遷是祖廟既毀此女則教於大宗子之室　教成祭之者謂三月教之其教已成祭女所出祖廟告以教成也　所以成婦順也者以爲未嫁之前先教四德又祭而告但成其爲婦之順欲使嫁而爲婦奉遵此教而成和順　（注）謂與至告焉　正義曰此云教於公宮故知是天子諸侯同姓也天子當言王宮今經云公宮知兼天子者此云公宮謂公之宮也若天子公邑官家之宮耳非謂諸侯公宮也此昏義雖記士昏禮之事自此以下廣明天子以下教女及夫婦之義故此經教女舉貴者言云嫁女者必就尊者教成之者案内則女子十年不出使姆教成之明已前恒教但嫁前三月特就公宮之教欲尊之也云教之者女師也者即詩周南云言告師氏則昏禮注云姆婦人五十無子出者也云祖廟女所出之祖也者謂女父與

禮記義六十八　十一

足利本第六十八卷第十二葉

君所分出之祖或與君共高祖而分出以下皆然與諸侯共高祖廟未毁所出之女皆自公宫教之天子雖七廟親廟上自高祖以下也云公君也者鄭恐唯謂諸侯之公故解公爲君天子諸侯皆稱君云宗室宗子之家也者鄭既不云大宗小宗則大宗小宗之家悉得教之與大宗近者於大宗教之與大宗遠者於小宗教之此記謂君之同姓若君之異姓異姓始祖在者其後亦有大宗小宗其族人嫁女各於其家也云祭之祭其所出之祖也者此女出於君之高祖則祭高祖廟出於君之曾祖則祭曾祖以下皆然女親行祭詩云誰其尸之有齊季女是也云祭無牲牢告事耳非正祭也者以祭君之廟應用牲牢今其俎唯魚故云告事耳非正祭也云其齊盛用黍者以其告祭不用正牲則無稻粱既以蘋藻爲羹則當有齊盛此士祭特牲黍稷故知此亦用黍也云君使有司告之者約雜記釁廟使有司行之故知此告成之祭亦使有司也若有卿大夫之宗子掌其禮也云若其祖廟已毁則爲壇

記義六十八　十二　李用

與宗子或同曾祖假令宗子爲士只有父祖廟曾祖高祖無廟則爲壇於宗子之家而告焉若與宗子同曾祖則爲壇告曾祖焉若與宗子同高祖則爲壇告高祖焉此注或有作墠者誤也所以知者以祭法篇適士二廟一壇則曾祖爲壇也大夫三廟二壇則高祖及高祖之父爲壇或可宗子爲中士下士但有一廟無壇則爲墠而告之也古者天子后立六宫三夫人九嬪二十七世婦八十一御妻以聽天下之内治以明章婦順故天下内和而家理天子立六官三公九卿二十七大夫八十一元士以聽天下之外治以明章天下

潘本第六十八卷第十二葉

君所分出之祖或與君共高祖而分出以下皆然與諸侯共高祖廟未毁所出之女皆自公宫教之天子雖七廟親廟上自高祖以下也云公君也者鄭恐唯謂諸侯之公故解公爲君天子諸侯皆稱君云宗室宗子之家也者鄭既不云大宗小宗則大宗小宗之家悉得教之與大宗近者於大宗教之與大宗遠者於小宗教之此記謂君之同姓若君之異姓異姓始祖在者其後亦有大宗小宗其族人嫁女各於其家也云祭之祭其所出之祖也者此女出於君之高祖則祭高祖廟出於君之曾祖則祭曾祖以下皆然女親行祭詩云誰其尸之有齊季女是也云祭無牲牢告事耳非正祭也者以祭君之廟應用牲牢今其俎唯魚故云告事耳非正祭也云其齊盛用黍者以其告祭不用正牲則無稻粱既以蘋藻爲羹則當有齊盛此士祭特牲黍稷故知此亦用黍也云君使有司告之者約雜記釁廟使有司行之故知此告成之祭亦使有司也若有卿大夫以下則女主之宗子掌其禮也云若其祖廟已毁則爲壇

禮記義六十八　十二　李用

而告焉者此謂與宗子或同曾祖假令宗子爲士只有父祖廟曾祖高祖無廟則爲壇於宗子之家而告焉若與宗子同曾祖則爲壇告曾祖焉若與宗子同高祖則爲壇告高祖焉此注或有作墠者誤也所以知者以祭法篇適士二廟一壇則曾祖爲壇也大夫三廟二壇則高祖及高祖之父爲壇或可宗子爲中士下士但有一廟無壇則爲墠而告之也古者天子后立六宫三夫人九嬪二十七世婦八十一御妻以聽天下之内治以明章婦順故天下内和而家理天子立六官三公九卿二十七大夫八十一元士以聽天下之外治以明章天下

之男教故外和而國治故曰天子聽男教后聽女順天子理陽道后治陰德天子聽外治后聽内職教順成俗外内和順國家理治此之謂盛德天子六寢而六宮在後六官在前所以承副施外内之政也三夫人以下百二十人周制也三公以下百二十人似夏時也合而言之取其相應有象天數也内治婦學之法也陰德謂主陰事陰令也疏正義曰此一經因上夫婦昏禮之事故此明天子與后各立其官掌内外之事法陰陽所爲但后之所立六宮周之法也天子所爲立六官夏之制也欲見其數相當故以夏周相對爲内外也注天子至令也正義曰案宮人云之脩注云路寢一小寢五是天子六寢也云

記義六十八　十三　毛俊

后之六宮在王之六寢之後亦六寢一小寢五其九嬪以下亦分居之其三夫人雖不分居六宮亦分主六宮之事或二宮則一人也或猶如三公分主六卿之類也云六官在前者六卿之官在王六寢之前其三孤亦分主六官之職揔謂之九卿故考工記云外有九室九卿朝焉是也云三公以下百二十人者周三百此百二十人延於百數故云似夏時以無正文故稱似也云内治婦學之法也者案九嬪職云掌婦學之法故知内治是婦學也云陰德謂主陰事陰令也者案内宰掌王之陰事陰令注云陰事謂羣妃御見之事陰令爲王所求爲於北宮也

是故男教不脩陽事不得適見於天日爲之食婦順不脩陰事不得適見於天月爲之食是故日食則天子素服而脩六官之職蕩天

之男教故外和而國治故曰天子聽男教后聽女順天子理陽道后治陰德天子聽外治后聽内職教順成俗外内和順國家理治此之謂盛德天子六寢而六宮在後六官在前所以承副施外内之政也三夫人以下百二十人周制也三公以下百二十人似夏時也合而言之取其相應有象天數也内治婦學之法也陰德謂主陰事陰令也疏正義曰此一經因上夫婦昏禮之事故此明天子與后各立其官掌内外之事法陰陽所爲但后之所立六宮周之法也天子所爲立六官夏之制也欲見其數相當故以夏周相對爲内外也注天子至令也正義曰案宮人云掌王之六寢之脩注云路寢一小寢五是天子六寢也云

禮記義六十八　十三

六宮在後者后之六宮在王之六寢之後亦大寢一小寢五其九嬪以下亦分居之其三夫人雖不分居六宮亦分主六宮之事或二宮則一人也或猶如三公分主六卿之類也云六官在前者六卿之官在王六寢之前其三孤亦分主六官之職揔謂之九卿故考工記云外有九室九卿朝焉是也云三公以下百二十人者周三百此百二十人延於百數故云似夏時以無正文故稱似也云内治婦學之法也者案九嬪職云掌婦學之法故知内治是婦學也云陰德謂主陰事陰令也者案内宰掌王之陰事陰令注云陰事謂羣妃御見之事陰令爲王所求爲於北宮也

是故男教不脩陽事不得適見於天日爲之食婦順不脩陰事不得適見於天月爲之食是故日食則天子素服而脩六官之職蕩天

下之陽事月食則后素服而脩六宮之職蕩天下之陰事故天子之與后猶日之與月陰之與陽相須而后成者也適之言責也食者見道有虧傷也蕩蕩滌去穢惡也天子脩男教父道也后脩女順母道也故曰天子之與后猶父之與母也故爲天王服斬衰服父之義也爲后服資衰服母之義也父母者施教令於婦子者也故其服同資當爲齊聲之誤也

正義曰此以下説男女之教若其不得日月爲之適食又明天子與后是父之與母之義　是故日食則□各六官之職蕩天下之陽事者謂救日之時□□下之陽事有穢惡者案左傳昭三十一年十二月辛亥朔日有食之庚午之日始有讁讁謂日之將食之氣氣見於上所以青父君也故詩云十月之交朔月辛卯日有食之亦孔之醜又云此日而食于何不臧是君之不善而日食凡日食若壬午朔日有食之左傳云公問於梓慎禍福何爲對曰二至二分日有食之不爲災也日月之行也分同道也至相過也其他月則爲災陽不克也故常爲水也然詩之十月則夏之八月秋分日食而爲災者以辛卯之日卯往侵辛由反克金故爲災昭七年夏四月甲辰朔日有食之而大咎衛君上卿四月夏之二月爲災者以其甲辰之日甲爲木辰爲土卯當克土今日食土反克木故爲災也昭二十一年秋七月壬午朔而日食壬爲水午爲火水應克火而日食火反克水不爲災者以秋七月夏之五月是壬午之時得有克壬之理故不得爲災杜預以爲假日食之異以戒懼人君其言若宮若不信不可定以爲驗也

下之陽事月食則后素服而脩六宮之職蕩天下之陰事故天子之與后猶日之與月陰之與陽相須而后成者也適之言責也食者見道有虧傷也蕩蕩滌去穢惡也天子脩男教父道也后脩女順母道也故曰天子之與后猶父之與母也故爲天王服斬衰服父之義也爲后服資衰服母之義也父母者施教令於婦子者也故其服同資當爲齊聲之誤也

正義曰此以下説男女之教若其不得日月爲之適食又明天子與后是父之與母之義　是故日食則天子素服而脩六官之職蕩天下之陽事者謂救日之時著素服蕩除天下之陽事有穢惡者案左傳昭三十一年十二月辛亥朔日有食之庚午之日始有讁讁謂日之將食之氣氣見於上所以青人君也故詩云十月之交朔月辛卯日有食之亦孔之醜又云此日而食于何不臧是君之不善而日食凡日食若壬午朔日有食之左傳云公問於梓慎禍福何爲對曰二至二分日有食之不爲災也日月之行也分同道也至相過也其他月則爲災陽不克也故常爲水也然詩之十月則夏之八月秋分日食而爲災者以辛卯之日卯往侵辛由反克金故爲災昭七年夏四月甲辰朔日有食之而大咎衛君上卿四月夏之二月爲災者以其甲辰之日甲爲木辰爲土卯當克土今日食土反克木故爲災也昭二十一年秋七月壬午朔而日食壬爲水午爲火水應克火而日食火反克水不爲災者以秋七月夏之五月是壬午之時得有克壬之理故不得爲災杜預以爲假日食之異以戒懼人君其言若信若不信不可定以爲驗也

足利本第六十八卷第十五葉

鄉飲酒義第四十五

正義曰案鄭目録云名曰鄉飲酒義者以其記鄉大夫飲賓于庠序之禮尊賢養老之義此於別録屬吉事儀禮有其事此記釋其義也但此篇前後凡有四事一則三年賓賢能二則鄉大夫飲國中賢者三則州長習射飲酒也四則黨正蜡祭飲酒摠而言之皆謂之鄉飲酒知此篇合有四事者以鄭注鄉人鄉大夫又云士州長黨正鄭又云飲國中賢者亦用此禮也鄭必知此篇鄉大夫賓賢能及飲國中賢者并州長黨正者以此經云鄉人即鄉大夫士則州長黨正又云君子謂鄉大夫飲國中賢者下又云六十者坐五十者立侍亦是黨正飲酒之事下又云合諸鄉射是亦州長習射之禮鄭以此參之故知此篇兼有四事鄉則三年一飲州則一年再飲黨則一年一飲也所以然者天子六鄉諸侯三鄉鄉二鄉大夫一鄉各有鄉大夫而鄉有鄉學取致仕在鄉之中大夫爲父師致仕之士爲少師在於學中名爲鄉先生教於鄉中之人謂鄉學每年入學三年業成必升於君若天子鄉則升學士於天子若諸侯之鄉則升學士於諸侯凡升之必用正月也將用升之先爲飲酒之禮鄉大夫與鄉先生謀事學生最賢使爲賓次者爲介又次者爲衆賓此鄉大夫爲主人與之飲酒而後升之故周禮鄉大夫職云三年則大比攷其德行道藝而興賢者能者鄉老及鄉大夫帥其吏與其衆寡以禮禮賓之鄭云賢者有德行者能者有道藝者故鄭云古者年七十而致仕老於鄉里大夫名曰父師士名少師而教學焉恒知鄉人之賢者是以大夫就而謀之賢者以爲賓其次以爲介又其次爲衆賓而與之飲酒是亦將獻之以禮禮賓之也若州一年再飲者是春秋習射因而飲之以州長爲主人也若黨一年一飲者是歲十二月國於大蜡祭而黨中於學飲酒子貢觀蜡是也亦黨正爲主人也此鄉飲酒之義說儀禮鄉飲酒也但儀禮所

潘本第六十八卷第十五葉

鄉飲酒義第四十五

正義曰案鄭目録云名曰鄉飲酒義者以其記鄉大夫飲賓于庠序之禮尊賢養老之義此於別録屬吉事儀禮有其事此記釋其義也但此篇前後凡有四事一則三年賓賢能二則鄉大夫飲國中賢者三則州長習射飲酒也四則黨正蜡祭飲酒摠而言之皆謂之鄉飲酒知此篇合有四事者以鄭注鄉人鄉大夫又云士州長黨正鄭又云飲國中賢者亦用此禮也鄭必知此篇鄉大夫賓賢能及飲國中賢者并州長黨正者以此經云鄉人即鄉大夫士則州長黨正又云君子謂鄉大夫飲國中賢者下又云六十者坐五十者立侍亦是黨正飲酒之事下又云合諸鄉射是亦州長習射之禮鄭以此參之故知此篇兼有四事鄉則三年一飲州則一年再飲黨則一年一飲也所以然者天子六鄉諸侯三鄉鄉二鄉大夫一鄉各有鄉大夫而鄉有鄉學取致仕在鄉之中大夫爲父師致仕之士爲少師在於學中名爲鄉先生教於鄉中之人謂鄉學每年入學三年業成必升於君若天子鄉則升學士於天子若諸侯之鄉則升學士於諸侯凡升之必用正月也將用升之先爲飲酒之禮鄉大夫與鄉先生謀事學生最賢使爲賓次者爲介又次者爲衆賓此鄉大夫爲主人與之飲酒而後升之故周禮鄉大夫職云三年則大比攷其德行道藝而興賢者能者鄉老及鄉大夫帥其吏與其衆寡以禮禮賓之鄭云賢者有德行者能者有道藝者故鄭云古者年七十而致仕老於鄉里大夫名曰父師士名少師而教學焉恒知鄉人之賢者是以大夫就而謀之賢者以爲賓其次以爲介又其次爲衆賓而與之飲酒是亦將獻之以禮禮賓之也若州一年再飲者是春秋習射因而飲之以州長爲主人也若黨一年一飲者是歲十二月國於大蜡祭而黨中於學飲酒子貢觀蜡是也亦黨正爲主人也此鄉飲酒之義說儀禮鄉飲酒也但儀禮所

足利本第六十八卷第十六葉

據是諸侯之鄉大夫三年賓賢能之禮故鄭儀禮鄉飲酒目録云諸侯之鄉大夫三年將獻賢者於君以禮賓與之飲酒是也鄭必知諸侯鄉大夫者以鄉飲酒禮云磬階間縮霤注云大夫而特縣方賓鄉人之賢者從士禮也若天子之大夫特縣則鐘磬並有今唯云磬故知諸侯之鄉大夫也若諸侯之州長則士也故儀禮鄉射是諸侯州長經稱鹿中記云士則鹿中明非諸侯之鄉大夫爲之也

鄉飲酒之義主人拜迎賓于庠門之外入三揖而后至階三讓而后升所以致尊讓也庠鄉學也州黨曰序盥洗揚觶所以致絜也揚舉也今禮皆作騰拜至拜洗拜受拜送拜既所以致敬也拜至謂始升時拜拜賓至尊讓絜敬也者君子之所以相接也君子尊讓則不爭絜敬則不慢不慢不爭則遠於鬬辯矣不鬬辯則無暴亂之禍矣斯君子之所以免於人禍也故聖人制之以道道謂此禮【疏】正義曰此一節初明鄉飲酒之禮拜迎至拜洗相尊敬之事故聖人制之以道也　鄉飲酒之義主人拜迎賓于庠門之外者此謂鄉大夫故迎賓于庠門外若州長黨正則於序門外也盥洗揚觶者謂主人將獻賓以水盥手而洗爵揚觶謂既獻之後舉觶酬賓之時亦盥洗也必盥洗者所以致其絜敬之意也　拜至者謂賓與主人升堂之後主人於阼階

潘本第六十八卷第十六葉

據是諸侯之鄉大夫三年賓賢能之禮故鄭儀禮鄉飲酒目録云諸侯之鄉大夫三年將獻賢者於君以禮賓與之飲酒是也鄭必知諸侯鄉大夫者以鄉飲酒禮云磬階間縮霤注云大夫而特縣方賓鄉人之賢者從士禮也若天子之大夫特縣則鐘磬並有今唯云磬故知諸侯之鄉大夫也若諸侯之州長則士也故儀禮鄉射是諸侯州長經稱鹿中記云士則鹿中明非諸侯之鄉大夫爲之也

鄉飲酒之義主人拜迎賓于庠門之外入三揖而后至階三讓而后升所以致尊讓也庠鄉學也州黨曰序盥洗揚觶所以致絜也揚舉也今禮皆作騰拜至拜洗拜受拜送拜既所以致敬也拜至謂始升時拜拜賓至尊讓絜敬也者君子之所以相接也君子尊讓則不爭絜敬則不慢不慢不爭則遠於鬬辯矣不鬬辯則無暴亂之禍矣斯君子之所以免於人禍也故聖人制之以道道謂此禮【疏】正義曰此一節初明鄉飲酒之禮拜迎至拜洗相尊敬之事故聖人制之以道也　鄉飲酒之義主人拜迎賓于庠門之外者此謂鄉大夫故迎賓于庠門外若州長黨正則於序門外也盥洗揚觶者謂主人將獻賓以水盥手而洗爵揚觶謂既獻之後舉觶酬賓之時亦盥洗也必盥洗者所以致其絜敬之意也　拜至者謂賓與主人升堂之後主人於阼階

足利本第六十八卷第十七葉

之上北面再拜是拜至也　拜洗者謂主人拜至訖洗爵而升賔於西階上北面再拜拜主人洗也　拜受者賔於西階上拜受爵也　拜送者主人於阼階上拜送爵也拜既者既盡也賔飲酒既盡而拜也　所以致敬也者言賔主相拜致其恭敬之心　尊讓絜敬也者言入門而三揖三讓是尊讓盥洗揚觶是絜也拜至拜洗之等是致敬也故揔結之云尊讓絜敬也者君子之所以相接也 注 庠鄉至曰序　正義曰案州長職云春秋射于州序黨正云屬民飲酒于序是州黨曰序有室謂之庠無室謂之序鄉學爲庠州黨爲序學記云黨有庠者謂鄉人在州黨但於鄉之庠學不別立也則州黨曰序必是無室今案鄉射云豫則鉤楹內堂則由楹外故鄭注云庠之制有堂有室也豫讀如成周宣榭災之榭凡屋無室曰榭今文豫爲序序乃夏后氏之學亦非也以此言之則州黨爲序其義非也今云州黨曰序者但州黨之序雖並皆無室今鄉射則鉤楹內是內之深無室事顯正得讀豫爲榭是無室故也

禮記義六十八　十七　李信

不得讀豫爲序以序非無室之名故云非也以有楹內楹外之言故鄭特云序非也謂正鄉射文非非是餘處序字皆非也餘處之序並皆無室也但有虞氏之庠周以爲鄉學夏后氏之序周以爲州黨之學明夏時之序則有室也周時州黨之序則無室也序名雖同其制則別故鄉射注云序乃夏后氏之學非謂州黨之學也以鄉射爲豫巳非今文爲序又非故云亦非鄉學雖爲序云亦有東西牆謂之序故鄉飲酒或云序東西州學雖爲序據其序內亦有堂稱故鄉射或云堂東堂西也

鄉人士君子尊於房戶之間賔主共之也尊有玄酒貴其質也

鄉人鄉大夫也士州長黨正也君子謂卿大夫也鄉大夫士飲國中賢者亦用此禮也共尊者人臣卑不敢專大惠鄉人士君子周禮云天子六鄉鄭司農云百里內爲六鄉外爲六遂司徒職云五家爲比五比爲閭四閭爲族五族爲黨五黨爲州五州

潘本第六十八卷第十七葉

之上北面再拜是拜至也　拜洗者謂主人拜至訖洗爵而升賔於西階上北面再拜拜主人洗也　拜受者賔於西階上拜受爵也　拜送者主人於阼階上拜送爵也拜既者既盡也賔飲酒既盡而拜也　所以致敬也者言賔主相拜致其恭敬之心　尊讓絜敬也者言入門而三揖三讓是尊讓盥洗揚觶是絜也拜至拜洗之等是致敬也故揔結之云尊讓絜敬也者君子之所以相接也 注 庠鄉至曰序　正義曰案州長職云春秋射于州序黨正云屬民飲酒于序是州黨曰序有室謂之庠無室謂之序鄉學爲庠州黨爲序學記云黨有庠者謂鄉人在州黨但於鄉之庠學不別立也則州黨曰序必是無室今案鄉射云豫則鉤楹內堂則由楹外故鄭注云庠之制有堂有室也豫讀如成周宣榭災之榭凡屋無室曰榭今文豫爲序序乃夏后氏之學亦非也以此言之則州黨爲序其義非也今云州黨曰序者但州黨之序雖並皆無室今鄉射則鉤楹內是內之深無室事顯正得讀豫爲榭是無室故也

禮記義六十八　十七　李信

不得讀豫爲序以序非無室之名故云非也以有楹內楹外之言故鄭特云序非也謂正鄉射文非非是餘處序字皆非也餘處之序並皆無室也但有虞氏之庠周以爲鄉學夏后氏之序周以爲州黨之學明夏時之序則有室也周時州黨之序則無室也序名雖同其制則別故鄉射注云序乃夏后氏之學非謂州黨之學也以鄉射爲豫巳非今文爲序又非故云亦非鄉學雖爲序云亦有東西牆謂之序故鄉飲酒或云序東西州學雖爲序據其序內亦有堂稱故鄉射或云堂東堂西也

鄉人士君子尊於房戶之間賔主共之也尊有玄酒貴其質也

鄉人鄉大夫也士州長黨正也君子謂卿大夫也鄉大夫士飲國中賢者亦用此禮也共尊者人臣卑不敢專大惠鄉人士君子周禮云天子六鄉鄭司農云百里內爲六鄉外爲六遂司徒職云五家爲比五比爲閭四閭爲族五族爲黨五黨爲州五州

足利本第六十八卷第十八葉

爲鄉鄉大夫每鄉卿一人州長每州中大夫一人黨正每黨下大夫一人族師每族上士一人閭胥每閭中士一人比長五家下士一人諸侯則三鄉　羞出自東房主人共之也　羞燕私可以自尊也　洗當東榮主人之所以自絜而以事賓也　絜猶清也　疏　正義曰此一節明設尊及玄酒貴其質素又羞出東房及東榮設洗主人事賓之義也鄉人謂鄉大夫也士謂州長黨正也君子者謂卿大夫也　尊於房戶之間賓主共之也者以鄉大夫等唯有東房故設酒尊於東房之西室戶之東在賓主之間示賓主之共有此酒也酒雖主人之設賓亦以酢主人故云賓主共之也　尊有玄酒貴其質也者北面設尊玄酒在左謂在酒尊之西也所以設玄酒在西者地道尊左貴其質素故也　羞出自東房主人共之也者謂供於賓也　洗當東榮榮屋翼也設洗於庭當屋[illegible]示主人所以自絜以事賓從冠義以來皆記[illegible]禮經文每於一事之下釋明儀禮經義每義皆舉經文於上陳其義於下以釋之也他皆放此也　賓主象天地也介僎象陰陽也三賓象三光也讓之三也象月之三日而成魄也四面之坐象四時也　陰陽助天地養成萬物之氣也三賓象天三光者繫於天也古文禮僎皆作遵　天地嚴凝之氣始於西南而盛於西北此天地之尊嚴氣也此天地之義氣也天地溫厚之氣始於東北而盛於東南此天地之盛德氣也此天地之仁氣也　疑猶成也　主人者尊賓故坐

潘本第六十八卷第十八葉

爲鄉鄉大夫每鄉卿一人州長每州中大夫一人黨正每黨下大夫一人族師每族上士一人閭胥每閭中士一人比長五家下士一人諸侯則三鄉　羞出自東房主人共之也　羞燕私可以自尊也　洗當東榮主人之所以自絜而以事賓也　絜猶清也　疏　正義曰此一節明設尊及玄酒貴其質素又羞出東房及東榮設洗主人事賓之義也鄉人謂鄉大夫也士謂州長黨正也君子者謂卿大夫也　尊於房戶之間賓主共之也者以鄉大夫等唯有東房故設酒尊於東房之西室戶之東在賓主之間示賓主之共有此酒也酒雖主人之設賓亦以酢主人故云賓主共之也　尊有玄酒貴其質也者北面設尊玄酒在左謂在酒尊之西也所以設玄酒在西者地道尊左貴其質素故也　羞出自東房主人共之也者謂供於賓也　洗當東榮榮屋翼也設洗於庭當屋翼也必在東者示主人所以自絜以事賓從冠義以來皆記者疊出儀禮經文每於一事之下釋明儀禮經義每義皆舉經文於上陳其義於下以釋之也他皆放此也　賓主象天地也介僎象陰陽也三賓象三光也讓之三也象月之三日而成魄也四面之坐象四時也　陰陽助天地養成萬物之氣也三賓象天三光者繫於天也古文禮僎皆作遵　天地嚴凝之氣始於西南而盛於西北此天地之尊嚴氣也此天地之義氣也天地溫厚之氣始於東北而盛於東南此天地之盛德氣也此天地之仁氣也　疑猶成也　主人者尊賓故坐

禮記義六十八　十八　周臬

足利本第六十八卷第十九葉

賓於西北而坐介於西南以輔賓賓者接
人以義者也故坐於西北賓者接人以義言賓來以成主人之德主人
者接人以仁以德厚者也故坐於東南而坐
僎於東北以輔主人也以僎輔主人以其仕在官也仁義接賓
主有事俎豆有數曰聖聖立而將之以敬
曰禮禮以體長幼曰德聖通也所以通賓主之意也將猶奉也德
也者得於身也故曰古之學術道者將以得
身也是故聖人務焉術猶藝也得身者謂成己令名免於刑罰也言學術道則此說

禮記義六十八　十九　徐進

賓賢能之禮
疏正義曰此一節明賓主介僎坐位之義也　賓主象天地也介僎象陰陽也者天地則陰陽著
成為天地故賓在西北天地嚴凝之氣著主在東南天地溫
厚之氣著介坐在西南象陰之微氣僎在東北象陽之微氣
三賓象三光者謂衆賓也　四面之坐象四時也者主人東
南象夏始賓西北象冬始僎東北象春始介西南象秋始其
四時不離天地陰陽之內而坐即是賓主介僎之所象也
曰聖者聖通也謂上諸事並是通賓主之意也　聖立而將
之以敬曰禮者謂通賓主之事其道已立能將行之以恭敬
乃謂之禮也　禮以體長幼曰德德者得也既能有禮以體
成長幼於事得宜故曰德也　德也者得於身也者重釋稱
德之義是得善行於其身謂身之所行皆得於理也　古之
學術道者將以得身也者術者藝也言古之人學此才藝之
道也將以得身也謂使身得成也此謂賓賢之人有術道令
以賓敬接待之事其尊敬學習術道身得成就而有令名
是故聖人務焉者以上賓主德義之事於禮最重故聖人務

潘本第六十八卷第十九葉

賓於西北而坐介於西南以輔賓賓者接
人以義者也故坐於西北賓者接人以義言賓來以成主人之德主人
者接人以仁以德厚者也故坐於東南而坐
僎於東北以輔主人也以僎輔主人以其仕在官也仁義接賓
主有事俎豆有數曰聖聖立而將之以敬
曰禮禮以體長幼曰德聖通也所以通賓主之意也將猶奉也德
也者得於身也故曰古之學術道者將以得
身也是故聖人務焉術猶藝也得身者謂成己令名免於刑罰也言學術道則此說

禮記義六十八　十九　徐進

賓賢能之禮
疏正義曰此一節明賓主介僎坐位之義也　賓主象天地也介僎象陰陽也者天地則陰陽著
成為天地故賓在西北天地嚴凝之氣著主在東南
厚之氣著介坐在西南象陰之微氣僎在東北象陽
三賓象三光者謂衆賓也　四面之坐象四時也者
南象夏始賓西北象冬始僎東北象春始介西南象
四時不離天地陰陽之內而坐即是賓主介僎之所
曰聖者聖通也謂上諸事並是通賓主之意也　聖
之以敬曰禮者謂通賓主之事其道已立能將行之
乃謂之禮也　禮以體長幼曰德德者得也既能有禮
成長幼於事得宜故曰德也　德也者得於身也者
德之義是得善行於其身謂身之所行皆得於理也
學術道者將以得身也者術者藝也言古之人學此
道也將以得身也謂使身得成也此謂賓賢之人有
以賓敬接待之事其尊敬學習術道身得成就而有
是故聖人務焉者以上賓主德義之事於禮最重

足利本第六十八卷第二十葉

行焉 祭薦祭酒敬禮也嚌肺嘗禮也啐酒成禮也於席末言是席之正非專爲飲食也爲行禮也此所以貴禮而賤財也卒觶致實於西階上言是席之上非專爲飲食也此先禮而後財之義也先禮而後財則民作敬讓而不爭矣 非專爲飲食言主於相敬以禮也致實謂盡酒也酒爲觴實祭薦祭酒嚌肺於席中唯啐酒於席末也薦祭酒相尊敬之心貴禮賤財之義[illegible]所薦時脯醢也

疏 正義曰此一節明飲酒之禮祭薦祭酒相尊敬之心貴禮賤財之義 祭薦者主人獻賓[illegible]所薦時脯醢也 祭酒者賓既祭薦又祭酒也[illegible]賓既祭薦又祭酒是賓敬重主人之禮也 嚌肺嘗禮也賓既祭酒之後興取俎上之肺嚌齒之所以嘗主人之禮也 啐酒成禮也於席末者啐謂飲主人酒而入口成主人禮於席末謂席西頭也案鄉飲酒禮祭薦祭酒嚌肺皆在席之中唯啐酒在席之末又鄉飲酒禮云祭脯醢奠爵右取肺卻左手右絕末以祭尚左手嚌之興加于俎坐捝手遂祭酒嚌肺在前祭酒在後此先云祭酒者嚌是嘗嚌之名祭酒是末飲之稱故祭酒與祭薦相連表其敬禮之事 言是席之正非專爲飲食也者若此席專爲飲食應於席中啐酒今乃席末啐酒此席之設本不爲飲食是主人敬重於賓故設席耳祭薦祭酒嚌肺在席中者敬主人之物故在席中啐酒入於己故在席末也 此所以貴禮而賤財也者於席上祭薦祭酒是貴禮席末啐酒是賤財也 卒觶致實於西階上言是席之上非專爲飲食也者卒觶主人酬賓賓卒立以立觶也致實謂致盡其所實之酒於西階上不就席卒觶者言此席之上非

[illegible]記義六十八　二　馬春

潘本第六十八卷第二十葉

行焉 祭薦祭酒敬禮也嚌肺嘗禮也啐酒成禮也於席末言是席之正非專爲飲食也爲行禮也此所以貴禮而賤財也卒觶致實於西階上言是席之上非專爲飲食也此先禮而後財之義也先禮而後財則民作敬讓而不爭矣 非專爲飲食言主於相敬以禮也致實謂盡酒也酒爲觴實祭薦祭酒嚌肺於席中唯啐酒於席末也

疏 正義曰此一節明飲酒之禮祭薦祭酒相尊敬之心貴禮賤財之義 祭薦者主人獻賓賓即席祭所薦時脯醢也 祭酒者賓既祭薦又祭酒也敬禮也者言賓既祭薦又祭酒是賓敬重主人之禮也 嚌肺嘗禮也賓既祭酒之後興取俎上之肺嚌齒之所以嘗主人之禮也 啐酒成禮也於席末者啐謂飲主人酒而入口成主人禮於席末謂席西頭也案鄉飲酒禮祭薦祭酒嚌肺皆在席之中唯啐酒在席之末又鄉飲酒禮云祭脯醢奠爵右取肺卻左手右絕末以祭尚左手嚌之興加于俎坐捝手遂祭酒嚌肺在前祭酒在後此先云祭酒者嚌是嘗嚌之名祭酒是末飲之稱故祭酒與祭薦相連表其敬禮之事 言是席之正非專爲飲食也者若此席專爲飲食應於席中啐酒今乃席末啐酒此席之設本不爲飲食是主人敬重於賓故設席耳祭薦祭酒嚌肺在席中者敬主人之物故在席中啐酒入於己故在席末也 此所以貴禮而賤財也者於席上祭薦祭酒是貴禮席末啐酒是賤財也 卒觶致實於西階上言是席之上非專爲飲食也者卒觶主人酬賓賓卒立以立觶也致實謂致盡其所實之酒於西階上不就席卒觶者言此席之上非

禮記義六十八　二十　馬春

足利本第六十八卷第二十一葉

尊爲飲食也故不於席所而卒觶啐繞始入口猶在席末也卒觶則盡爵故遠在西階上前文方論設席之禮故言是席之正此覆説前席故變文言是席之上亦正也此先禮而後財之義也者先禮即貴後財則賤則亦上下互而相通也〔注〕致實至末也　正義曰以經卒觶致實旣云卒觶論其將欲卒觶之時舉其事者致實論其盡酒之體故更言致實也云酒爲觴實者以盡酒稱致實之意酒爲觴中之實今致盡此實也云祭薦祭酒嚌肺於席中唯啐酒於席末也者皆鄉飲酒禮文　鄉飲酒之禮六十者坐五十者立侍以聽政役所以明尊長也六十者三豆七十者四豆八十者五豆九十者六豆所以明養老也民知尊長養老而后乃能入孝弟民入孝弟出尊長養老而后成教成教而后國可安也君子之所謂孝者非家至而日見之也合諸鄉射教之鄉飲酒之禮而孝弟之行立矣　此説鄉飲酒謂黨正國索鬼神而祭祀則以禮屬民而飲酒于序以正齒位之禮也其鄉射則州長春秋以禮會民而射于州序之禮也謂之鄉者州黨鄉之屬也或則鄉之所居州黨鄉大夫親爲主人焉如今郡國下令長於鄉射飲酒從大守相臨之禮也〔疏〕正義曰此明黨正飲酒正齒位之事　六十者坐五十者立侍者案鄉飲酒禮賓賢能則用處士爲賓其次爲介其次爲衆賓皆以年少者爲之此正齒位之禮其賓介等皆用年

禮記義六十八　二十一

潘本第六十八卷第二十一葉

尊爲飲食也故不於席所而卒觶啐繞始入口猶在席末也卒觶則盡爵故遠在西階上前文方論設席之禮故言是席之正此覆説前席故變文言是席之上亦正也此先禮而後財之義也者先禮即貴後財則賤則亦上下互而相通也〔注〕致實至末也　正義曰以經卒觶致實旣云卒觶論其將欲卒觶之時舉其事者致實論其盡酒之體故更言致實也云酒爲觴實者以盡酒稱致實之意酒爲觴中之實今致盡此實也云祭薦祭酒嚌肺於席中唯啐酒於席末也者皆鄉飲酒禮文　鄉飲酒之禮六十者坐五十者立侍以聽政役所以明尊長也六十者三豆七十者四豆八十者五豆九十者六豆所以明養老也民知尊長養老而后乃能入孝弟民入孝弟出尊長養老而后成教成教而后國可安也君子之所謂孝者非家至而日見之也合諸鄉射教之鄉飲酒之禮而孝弟之行立矣　此説鄉飲酒謂黨正國索鬼神而祭祀則以禮屬民而飲酒于序以正齒位之禮也其鄉射則州長春秋以禮會民而射于州序之禮也謂之鄉者州黨鄉之屬也或則鄉之所居州黨鄉大夫親爲主人焉如今郡國下令長於鄉射飲酒從大守相臨之禮也〔疏〕正義曰此明黨正飲酒正齒位之事　六十者坐五十者立侍者案鄉飲酒禮賓賢能則用處士爲賓其次爲介其次爲衆賓皆以年少者爲之此正齒位之禮其賓介等皆用年

禮記義六十八　二十一

足利本第六十八卷第二十二葉

老者爲之其餘爲衆賓賓内年六十以上於堂上於賓席
之西南面坐若不盡則於介席之北東面北上其五十者
則立於西階下東面北上示有陪侍之義非即在六十者
旁同南面立也　以聽政役者所以立於階下示其聽受
六十以上政事役使也　所以明尊長也者言欲明尊敬
六十之長老故立而聽政役　六十者三豆至九十者六
豆者以其每十年加一豆非正禮故不得爲籩豆偶也其
五十者亦有豆也但二豆而已則鄉飲酒禮衆賓立於堂
下者皆二豆其賓介之豆無正文當依衆賓之年而加之
也　所以明養老也豆是供養之物故云明養老立侍是
陪侍之儀故云明尊長也　而后乃能入孝弟者人若知
尊長養老則能入孝弟之行也民入孝弟謂入門而能行
孝弟　出尊長養老者謂出門而能尊長養老也　合諸
鄉射教之鄉飲酒之禮而孝弟之行立矣者諸於也謂春
秋二時聚合其民於州長鄉射之禮以教之鄉飲酒之禮
[illegible]月[illegible]飲酒是教之鄉飲酒之禮既州長教射黨正　趙通

禮記義六十八　二十二

[illegible]飲[illegible]夫尊長養老故孝弟之行以此而成立也
注此說至禮也　正義曰鄭知此經所說是黨正正齒位
者以儀禮鄉飲酒之篇無正齒位之禮今此云六十者坐
五十者立侍故知是黨正正齒位之禮此謂初飲酒之時
正齒位及其禮末皆以醉爲度雜記云一國之人皆若狂
是也云其鄉射則州長春秋以禮會民而射于州序之禮
也者此則州長職文引之者證經中之鄉射也云謂之鄉
者州黨鄉之屬也者既是州長黨正射飲而並謂之鄉者
以州黨屬鄉故云鄉之屬也云或則鄉之所居州黨者鄭
更云別解此州黨謂之鄉鄉之所居此州黨行飲酒射之
禮鄉大夫則代此州長黨正爲主人故得稱鄉射鄉飲酒
也若鄉之州黨鄉所不居則鄉大夫不得爲主人亦不得
稱鄉射鄉飲酒但謂之州射黨正飲酒可也云如今郡國
下令長於鄉射飲酒者謂郡治之下及王侯有國治之下
滿萬戶以上之令不滿萬戶之長於己縣或射或飲酒則
發郡之大守及主國之相來自行禮相監臨之儀不用令

潘本第六十八卷第二十二葉

老者爲之其餘爲衆賓賓内年六十以上於堂上於賓席
之西南面坐若不盡則於介席之北東面北上其五十者
則立於西階下東面北上示有陪侍之義非即在六十者
旁同南面立也　以聽政役者所以立於階下示其聽受
六十以上政事役使也　所以明尊長也者言欲明尊敬
六十之長老故立而聽政役　六十者三豆至九十者六
豆者以其每十年加一豆非正禮故不得爲籩豆偶也其
五十者亦有豆也但二豆而已則鄉飲酒禮衆賓立於堂
下者皆二豆其賓介之豆無正文當依衆賓之年而加之
也　所以明養老也豆是供養之物故云明養老立侍是
陪侍之儀故云明尊長也　而后乃能入孝弟者人若知
尊長養老則能入孝弟之行也民入孝弟謂入門而能行
孝弟　出尊長養老者謂出門而能尊長養老也　合諸
鄉射教之鄉飲酒之禮而孝弟之行立矣者諸於也謂春
秋二時聚合其民於州長鄉射之禮以教之鄉飲酒之禮
謂十月黨正飲酒是教之鄉飲酒之禮既州長教射黨正　趙通

禮記義六十八　二十二

教飲酒則民知尊長養老故孝弟之行以此而成立也
注此說至禮也　正義曰鄭知此經所說是黨正正齒位
者以儀禮鄉飲酒之篇無正齒位之禮今此云六十者坐
五十者立侍故知是黨正正齒位之禮此謂初飲酒之時
正齒位及其禮末皆以醉爲度雜記云一國之人皆若狂
是也云其鄉射則州長春秋以禮會民而射于州序之禮
也者此則州長職文引之者證經中之鄉射也云謂之鄉
者州黨鄉之屬也者既是州長黨正射飲而並謂之鄉者
以州黨屬鄉故云鄉之屬也云或則鄉之所居州黨者鄭
更云別解此州黨謂之鄉鄉之所居此州黨行飲酒射之
禮鄉大夫則代此州長黨正爲主人故得稱鄉射鄉飲酒
也若鄉之州黨鄉所不居則鄉大夫不得爲主人亦不得
稱鄉射鄉飲酒但謂之州射黨正飲酒可也云如今郡國
下令長於鄉射飲酒者謂郡治之下及王侯有國治之下
滿萬戶以上之令不滿萬戶之長於己縣或射或飲酒則
發郡之大守及主國之相來自行禮相監臨之儀不用令

足利本第六十八卷第二十三葉

長禮也令長射而飲酒似州長黨正也太守與相來監臨似鄉大夫監臨也故引以相證也

孔子曰吾觀於鄉而知王道之易易也鄉鄉飲酒也易易謂教化之本尊賢尚齒而已

疏正義曰謂孔子先觀鄉飲酒之禮而稱知王道之易易故記者引之結成鄉飲酒之義　吾觀於鄉者鄉謂鄉飲酒言我觀看鄉飲酒之禮有尊賢尚齒之法則知王者教化之道其事甚易以尊賢尚齒爲教化之本故也不直云易而云易易者取其簡易之義故重言易易猶若尚書王道蕩蕩王道平平皆重言取其語順故也

主人親速賓及介而衆賓自從之至于門外主人拜賓及介而衆賓自入貴賤之義別矣速謂即家召之別猶明也

疏正義曰此一經明鄉飲酒之禮主人待賓之異明貴賤之別也　衆賓自從之者主人親自速賓并往速介而衆賓不須往速自從賓介而來也　而衆賓自入者謂賓介至門主人拜賓及介而衆賓不須拜自入門是賓介貴於衆賓貴賤之義別也

三揖至于階三讓以賓升拜至獻酬辭讓之節繁及介省矣至于衆賓升受坐祭立飲不酢而降隆殺之義辨矣繁猶盛也小減曰省辨猶別也尊者禮隆卑者禮殺尊卑別也

疏正義曰此明主人於賓介禮隆殺分別也　拜至獻酬辭讓之節繁者主人於賓三讓拜其來至又酌酒獻賓賓酢主人主人又酌而自飲以酬賓是辭讓之節其數繁多也　及介省矣者案鄉飲酒介酢主人則止主人不酬介也是及介省矣　至于衆賓升受坐祭立飲不酢而降

潘本第六十八卷第二十三葉

長禮也令長射而飲酒似州長黨正也太守與相來監臨似鄉大夫監臨也故引以相證也

孔子曰吾觀於鄉而知王道之易易也鄉鄉飲酒也易易謂教化之本尊賢尚齒而已

疏正義曰謂孔子先觀鄉飲酒之禮而稱知王道之易易故記者引之結成鄉飲酒之義　吾觀於鄉者鄉謂鄉飲酒言我觀看鄉飲酒之禮有尊賢尚齒之法則知王者教化之道其事甚易以尊賢尚齒爲教化之本故也不直云易而云易易者取其簡易之義故重言易易猶若尚書王道蕩蕩王道平平皆重言取其語順故也

主人親速賓及介而衆賓自從之至于門外主人拜賓及介而衆賓自入貴賤之義別矣速謂即家召之別猶明也

疏正義曰此一經明鄉飲酒之禮主人待賓之異明貴賤之別也　衆賓自從之者主人親自速賓并往速介而衆賓不須往速自從賓介而來也　而衆賓自入者謂賓介至門主人拜賓及介而衆賓不須拜自入門是賓介貴於衆賓貴賤之義別也

三揖至于階三讓以賓升拜至獻酬辭讓之節繁及介省矣至于衆賓升受坐祭立飲不酢而降隆殺之義辨矣繁猶盛也小減曰省辨猶別也尊者禮隆卑者禮殺尊卑別也

疏正義曰此明主人於賓介禮隆殺分別也　拜至獻酬辭讓之節繁者主人於賓三讓拜其來至又酌酒獻賓賓酢主人主人又酌而自飲以酬賓是辭讓之節其數繁多也　及介省矣者案鄉飲酒介酢主人則止主人不酬介也是及介省矣　至于衆賓升受坐祭立飲不酢而降

足利本第六十八卷第二十四葉

者案鄉飲酒之禮主人獻衆賓于西階上受爵坐祭立飲不酢主人而降西階東面也　隆殺之義辨矣者於賓禮隆衆賓禮殺是隆殺之義别也

工入升歌三終主人獻之笙入三終主人獻之間歌三終合樂三終工告樂備遂出一人揚觶乃立司正焉知其能和樂而不流也

工謂樂正也樂正既告備而降言遂出者自此至去不復升也流猶失禮也立司正以正禮則禮不失可知一人或爲二人

疏

正義曰此一節論鄉飲酒設樂樂賓罷則以禮正之不至流邪之事也　工入升歌三終者謂升堂歌鹿鳴四牡皇皇者華每一篇而一終也　主人獻之笙入三終者謂吹笙之人入於堂下奏南陔白華華黍每一篇一終也　主人獻之者謂獻笙人也　間歌三終者間代也謂笙歌已竟而堂上與堂下更代而作也堂上人先歌魚麗則堂下笙由庚此爲一終又堂上歌南有嘉魚則堂下笙崇丘此爲二終也又堂上歌南山有臺則堂下笙由儀此爲三終也此皆鄉飲酒之文故鄭注鄉飲酒云間代也謂一歌則一吹也魚麗言大平年豐物多也此采其物多酒旨所以優賓也南有嘉魚言大平君子有酒樂與賢者共之也此采其能以禮下賢者賢者纍蔓而歸之與之燕樂也南山有臺言大平之治以賢者爲本此采其愛友賢者爲邦家之基民之父母既欲其身之壽考又欲其名德之長也由庚崇丘由儀今亡其義未聞也　合樂三終者謂堂上下歌瑟及笙並作也若工歌關雎則笙吹鵲巢合之若工歌葛覃則笙吹采蘩合之若工歌卷耳則笙吹采蘋合之所以知然者則鄉飲酒云乃合樂周南關雎葛覃卷耳召南鵲巢采蘩采蘋鄭云合樂謂歌樂與衆聲俱作周南召南國風篇也王后國君夫人房中之樂歌也關雎言后妃之德葛覃言后妃之職卷耳

禮記義六十八　二十四　金

潘本第六十八卷第二十四葉

者案鄉飲酒之禮主人獻衆賓于西階上受爵坐祭立飲不酢主人而降西階東面也　隆殺之義辨矣者於賓禮隆衆賓禮殺是隆殺之義别也

工入升歌三終主人獻之笙入三終主人獻之間歌三終合樂三終工告樂備遂出一人揚觶乃立司正焉知其能和樂而不流也

工謂樂正也樂正既告備而降言遂出者自此至去不復升也流猶失禮也立司正以正禮則禮不失可知一人或爲二人

疏

正義曰此一節論鄉飲酒設樂樂賓罷則以禮正之不至流邪之事也　工入升歌三終者謂升堂歌鹿鳴四牡皇皇者華每一篇而一終也　主人獻之笙入三終者謂吹笙之人入於堂下奏南陔白華華黍每一篇一終也　主人獻之者謂獻笙人也　間歌三終者間代也謂笙歌已竟而堂上與堂下更代而作也堂上人先歌魚麗則堂下笙由庚此爲一終又堂上歌南有嘉魚則堂下笙崇丘此爲二終也又堂上歌南山有臺則堂下笙由儀此爲三終也此皆鄉飲酒之文故鄭注鄉飲酒云間代也謂一歌則一吹也魚麗言大平年豐物多也此采其物多酒旨所以優賓也南有嘉魚言大平君子有酒樂與賢者共之也此采其能以禮下賢者賢者纍蔓而歸之與之燕樂也南山有臺言大平之治以賢者爲本此采其愛友賢者爲邦家之基民之父母既欲其身之壽考又欲其名德之長也由庚崇丘由儀今亡其義未聞也　合樂三終者謂堂上下歌瑟及笙並作也若工歌關雎則笙吹鵲巢合之若工歌葛覃則笙吹采蘩合之若工歌卷耳則笙吹采蘋合之所以知然者則鄉飲酒云乃合樂周南關雎葛覃卷耳召南鵲巢采蘩采蘋鄭云合樂謂歌樂與衆聲俱作周南召南國風篇也王后國君夫人房中之樂歌也關雎言后妃之德葛覃言后妃之職卷耳

禮記義六十八　二十四　金

足利本第六十八卷第二十五葉

言后妃之志鵲巢言國君夫人之德采蘩言國君夫人不失職采蘋言卿大夫之妻能脩其法度也 工告樂備遂出者工謂樂正工先告樂正樂正告賓以樂備而遂下堂也言遂出者樂正自此至去不復升堂也鄉飲酒云工告于樂正樂正告于賓乃降注云樂正降者以正歌備無事也降立西階東北面 一人揚觶乃立司正焉者一人謂主人之吏也一人舉觶之後乃立司正樂既備將留賓旅酬爲有懈惰故主人使相禮者一人爲司正以監之也舉觶示將行旅酬也鄉飲酒云作相爲司正又云司正洗觶升自西階阼階上北面受命于主人主人曰請安于賓司正告于賓賓禮辭注云爲賓欲去留之告賓於西階又云司正既舉觶而薦諸其位注云司正主人之屬也無獻因其舉觶而薦之 知其能和樂而不流也者結之也流失禮也工升歌後立司正以正之故知鄉飲酒能和樂不流邪失禮也

賓酬主人主人酬介介酬衆賓少

記卷六十八　二十五　毛端

長以齒終於沃洗者焉知其能弟長而無遺矣遺猶脫也忘也疏正義曰此經明旅酬之時賓主少長皆得酬酒長幼無被遺棄之事 少長以齒終於沃洗者言旅酬之時賓主人之黨各以少長爲齒以次相旅至於執掌罍洗之人以水沃盥洗爵者皆預酬酒之限此經主人酬介介酬衆賓雖據旅酬之時其少長以齒終於沃洗是無筭爵之節也但因其旅酬遂連言無筭爵欲見無不周徧弟長而無遺而知終沃洗是其無筭爵案鄉飲酒記主人之贊者西面北上不與無筭爵然後與是也 知其能弟長而無遺矣者弟少也言少之與長皆被恩澤而無遺棄也故云知其能弟長而無遺也

降說屨升坐脩爵無數飲酒之節朝不廢朝莫不廢夕賓出主人拜送節

潘本第六十八卷第二十五葉

言后妃之志鵲巢言國君夫人之德采蘩言國君夫人不失職采蘋言卿大夫之妻能脩其法度也 工告樂備遂出者工謂樂正工先告樂正樂正告賓以樂備而遂下堂也言遂出者樂正自此至去不復升堂也鄉飲酒云工告于樂正樂正告于賓乃降注云樂正降者以正歌備無事也降立西階東北面 一人揚觶乃立司正焉者一人謂主人之吏也一人舉觶之後乃立司正樂既備將留賓旅酬爲有懈惰故主人使相禮者一人爲司正以監之也舉觶示將行旅酬也鄉飲酒云作相爲司正又云司正洗觶升自西階阼階上北面受命于主人主人曰請安于賓司正告于賓賓禮辭注云爲賓欲去留之告賓於西階又云司正既舉觶而薦諸其位注云司正主人之屬也無獻因其舉觶而薦之 知其能和樂而不流也者結之也流失禮也工升歌後立司正以正之故知鄉飲酒能和樂不流邪失禮也

賓酬主人主人酬介介酬衆賓少

禮記義六十八　二十五　毛端

長以齒終於沃洗者焉知其能弟長而無遺矣遺猶脫也忘也疏正義曰此經明旅酬之時賓主少長皆得酬酒長幼無被遺棄之事 少長以齒終於沃洗者言旅酬之時賓主人之黨各以少長爲齒以次相旅至於執掌罍洗之人以水沃盥洗爵者皆預酬酒之限此經主人酬介介酬衆賓雖據旅酬之時其少長以齒終於沃洗是無筭爵之節也但因其旅酬遂連言無筭爵欲見無不周徧弟長而無遺而知終沃洗是其無筭爵案鄉飲酒記主人之贊者西面北上不與無筭爵然後與是也 知其能弟長而無遺矣者弟少也言少之與長皆被恩澤而無遺棄也故云知其能弟長而無遺也

降說屨升坐脩爵無數飲酒之節朝不廢朝莫不廢夕賓出主人拜送節

足利本第六十八卷第二十六葉

文終遂焉知其能安燕而不亂也朝夕朝莫聽事也不廢之者既朝乃飲先夕則罷其正也終遂猶充備也【疏】正義曰此一經明飲酒之禮雖爵行無數猶能節文自終不至於亂也　降說屨升坐者此謂無筭爵之初也以前皆立而行禮未徹俎故未說屨至此徹俎之後乃說屨升堂坐也　脩爵無數者謂無筭爵也熊氏云謂行爵無數矣　朝不廢朝者朝後乃行飲酒之禮是朝不廢朝也　莫不廢夕者謂飲酒禮畢乃治私家之事是莫不廢夕此謂鄉飲酒之禮若黨正飲酒一國若狂無不醉也　節文終遂焉者終謂終竟也遂謂申也言雖至飲畢主人備禮拜而送賓節制文章終竟申遂不有闕少故鄭云終遂由充備也　知其能安燕而不亂也者謂安在於燕樂而不至亂也　貴賤明隆殺辨和樂而不流弟長而無遺安燕而不

禮記義六十八　二十六

亂此五行者足以正身安國矣彼國安而天下安故曰吾觀於鄉而知王道之易易也【疏】正義曰此一節揔結上經明上五種之事又覆說前文孔子所以知王道之易易也　此五行者足以正身安國矣者五行謂上第一云貴賤之義別第二云隆殺之義辨第三云和樂而不流第四云弟長而無遺第五云安燕而不亂是五種之行也　彼國安而天下安者以鄉飲酒於此將天下諸侯爲彼國故云彼國安而天下安也　鄉飲酒之義立賓以象天立主以象地設介僎以象日月立三賓以象三光古之制禮也經之以天地紀之以

潘本第六十八卷第二十六葉

文終遂焉知其能安燕而不亂也朝夕朝莫聽事也不廢之者既朝乃飲先夕則罷其正也終遂猶充備也【疏】正義曰此一經明飲酒之禮雖爵行無數猶能節文自終不至於亂也　降說屨升坐者此謂無筭爵之初也以前皆立而行禮未徹俎故未說屨至此徹俎之後乃說屨升堂坐也　脩爵無數者謂無筭爵也熊氏云謂行爵無數矣　朝不廢朝者朝後乃行飲酒之禮是朝不廢朝也　莫不廢夕者謂飲酒禮畢乃治私家之事是莫不廢夕此謂鄉飲酒之禮若黨正飲酒一國若狂無不醉也　節文終遂焉者終謂終竟也遂謂申也言雖至飲畢主人備禮拜而送賓節制文章終竟申遂不有闕少故鄭云終遂由充備也　知其能安燕而不亂也者謂安在於燕樂而不至亂也　貴賤明隆殺辨和樂而不流弟長而無遺安燕而不

禮記義六十八　二十六

亂此五行者足以正身安國矣彼國安而天下安故曰吾觀於鄉而知王道之易易也【疏】正義曰此一節揔結上經明上五種之事又覆說前文孔子所以知王道之易易也　此五行者足以正身安國矣者五行謂上第一云貴賤之義別第二云隆殺之義辨第三云和樂而不流第四云弟長而無遺第五云安燕而不亂是五種之行也　彼國安而天下安者以鄉飲酒於此將天下諸侯爲彼國故云彼國安而天下安也　鄉飲酒之義立賓以象天立主以象地設介僎以象日月立三賓以象三光古之制禮也經之以天地紀之以

足利本第六十八卷第二十七葉

日月參之以三光政教之本也日出於東僎所在也月生於西介所在也三光三大辰也天之政教出於大辰焉疏正義曰此記者更覆說鄉飲酒之義有所法象之事前文雖備故此更詳也　立賓以象天立主以象地者前文天地共言故云賓主象天地此則析言之賓以象天主以象地賓者主之所尊敬故以賓象天主供物以養賓故以主象地也　設介僎以象日月者則前經陰陽也但陰陽據其氣日月言其體僎在東北象日出也介在西南象月出也　注三光三大辰也　正義曰案昭十七年有星孛于大辰公羊云大辰者何大火也伐爲大辰北辰亦爲大辰故爾雅云大辰房心尾也大火謂之大辰北極謂之北辰是三大辰也何休云大火與伐天所以示民時早晚天下取以爲正故謂之大辰辰時也是天之政教出於大辰

亨狗於東方祖陽氣之發於東方

記義六十八　二十七

祖猶法也狗所以養賓陽氣主養萬物洗之在阼其水在洗東祖天地之左海也海水之委也尊有玄酒教民不忘本也大古無酒用水而已疏正義曰此一節覆明上立主象地以下諸文之意也　亨狗於東方祖陽氣之發於東方也者此覆說前文羞出自東房也　洗之在阼其水在洗東祖天地之左海也者此覆說前經洗當東榮因說水在洗東法天地左海也　尊有玄酒教民不忘本也者此覆說上文尊有玄酒貴其質也賓必南鄉東方者春春之爲言蠢也產萬物者聖也南方者夏夏之爲言假也養之長之假之仁也西方者秋秋之

潘本第六十八卷第二十七葉

日月參之以三光政教之本也日出於東僎所在也月生於西介所在也三光三大辰也天之政教出於大辰焉疏正義曰此記者更覆說鄉飲酒之義有所法象之事前文雖備故此更詳也　立賓以象天立主以象地者前文天地共言故云賓主象天地此則析言之賓以象天主以象地賓者主之所尊敬故以賓象天主供物以養賓故以主象地也　設介僎以象日月者則前經陰陽也但陰陽據其氣日月言其體僎在東北象日出也介在西南象月出也　注三光三大辰也　正義曰案昭十七年有星孛于大辰公羊云大辰者何大火也伐爲大辰北辰亦爲大辰故爾雅云大辰房心尾也大火謂之大辰北極謂之北辰是三大辰也何休云大火與伐天所以示民時早晚天下取以爲正故謂之大辰辰時也是天之政教出於大辰

亨狗於東方祖陽氣之發於東方

禮記義六十八　二十七

祖猶法也狗所以養賓陽氣主養萬物洗之在阼其水在洗東祖天地之左海也海水之委也尊有玄酒教民不忘本也大古無酒用水而已疏正義曰此一節覆明上立主象地以下諸文之意也　亨狗於東方祖陽氣之發於東方也者此覆說前文羞出自東房也　洗之在阼其水在洗東祖天地之左海也者此覆說前經洗當東榮因說水在洗東法天地左海也　尊有玄酒教民不忘本也者此覆說上文尊有玄酒貴其質也賓必南鄉東方者春春之爲言蠢也產萬物者聖也南方者夏夏之爲言假也養之長之假之仁也西方者秋秋之

足利本第六十八卷第二十八葉

爲言愁也愁之以時察守義者也北方者冬冬之爲言中也中者藏也是以天子之立也左聖鄉仁右義借藏也春猶蠢也蠢動生之貌也聖之言生也假大也愁讀爲揫揫斂也察猶察察嚴殺之貌也南鄉鄉仁貴長大萬物也察或爲殺介必東鄉介賓主也獻酬之禮主人將西賓將南介覸其間也主人必居東方東方者春春之爲言蠢也產萬物者也主人者造之產萬物者也言禮之所在由主人出也月者三日則成魄三月則成時是

禮記義六十八　二十八

以禮有三讓建國必立三卿三賓者政教之本禮之大參也言禮者陰也大數取法於月也疏正義曰此一節更揔明鄉飲酒坐位所在幷明三揖三讓每事皆三之義　產萬物者聖也者聖之言生也東方產育萬物故爲聖也　養之長之假之仁也者假大也謂養育萬物長之使大仁恩也五行春爲仁夏爲禮今春爲聖夏爲仁者春夏皆生養萬物俱有仁恩之義故此夏亦仁也聖既生物以生物言之則謂之聖故東方爲聖也各以義言之理亦通也　中者藏也者言北方主智亦爲信也若以五行言之則爲信若以萬物歸藏言之則爲藏也　介必東鄉介賓主也者主人獻賓將西行就賓又南行將就主人介在西階之上以介覸隔賓主之間也　主人者造之產萬物者也者釋所以主人居東方之意東方產育萬物主人供客所須故主人造爲產萬物之事也　月者三日則成魄

潘本第六十八卷第二十八葉

爲言愁也愁之以時察守義者也北方者冬冬之爲言中也中者藏也是以天子之立也左聖鄉仁右義借藏也春猶蠢也蠢動生之貌也聖之言生也假大也愁讀爲揫揫斂也察猶察察嚴殺之貌也南鄉鄉仁貴長大萬物也察或爲殺介必東鄉介賓主也獻酬之禮主人將西賓將南介覸其間也主人必居東方東方者春春之爲言蠢也產萬物者也主人者造之產萬物者也言禮之所在由主人出也月者三日則成魄三月則成時是

禮記義六十八　二十八

以禮有三讓建國必立三卿三賓者政教之本禮之大參也言禮者陰也大數取法於月也疏正義曰此一節更揔明鄉飲酒坐位所在幷明三揖三讓每事皆三之義　產萬物者聖也者聖之言生也東方產育萬物故爲聖也　養之長之假之仁也者假大也謂養育萬物長之使大仁恩也五行春爲仁夏爲禮今春爲聖夏爲仁者春夏皆生養萬物俱有仁恩之義故此夏亦仁也聖既生物以生物言之則謂之聖故東方爲聖也各以義言之理亦通也　中者藏也者言北方主智亦爲信也若以五行言之則爲信若以萬物歸藏言之則爲藏也　介必東鄉介賓主也者主人獻賓將西行就賓又南行將就主人介在西階之上以介覸隔賓主之間也　主人者造之產萬物者也者釋所以主人居東方之意東方產育萬物主人供客所須故主人造爲產萬物之事也　月者三日則成魄

者謂月盡之後三日乃成魄魄謂明生傍有微光也此謂月明盡之後而生魄非必月三日也所以前月大則月二日生魄前月小則三日乃生魄　三賓者政教之本者凡建國既立三卿助君治國今鄉飲酒立三賓象國之立三卿故云政教之本也　注言禮至月也　正義曰樂既爲陽故禮爲陰月是陰精故禮之數取法於月也

上杉安房守藤原憲實寄進

禮記正義卷第六十八

足利本第六十八卷第二十九葉左半葉無圖像

者謂月盡之後三日乃成魄魄謂明生傍有微光也此謂月明盡之後而生魄非必月三日也所以前月大則月二日生魄前月小則三日乃生魄　三賓者政教之本者凡建國既立三卿助君治國今鄉飲酒立三賓象國之立三卿故云政教之本也　注言禮至月也　正義曰樂既爲陽故禮爲陰月是陰精故禮之數取法於月也

禮記正義卷第六十八

禮記義六十八　二十九

潘本第六十八卷第二十九葉

禮記正義卷第六十九

國子祭酒上護軍曲阜縣開國子臣孔穎達等奉

勑撰　上杉安房守藤原憲實寄進

射義第四十六

正義曰案鄭目録云名曰射義者以其記燕射大射之禮觀德行取於士之義此於别録屬吉事案此篇中有鄉射又云不失正鵠正則賓射然則鄉射賓射俱有之矣今目録唯云燕射大射者但此篇廣説天子諸侯大射燕射之義不專於鄉射賓射故鄭目録特舉大射燕射其射之所起起自黄帝故易繫辭黄帝以下九事章云古者弦木爲弧剡木爲矢弧矢之利以威天下又世本云揮作弓夷牟作矢注云揮夷牟黄帝臣是弓矢起於黄帝矣虞書云侯以明之是射侯見於堯舜夏殷無文周則具矣

古者諸侯之射也必先行燕禮卿大夫士之射也必先行鄉飲酒之禮故燕禮者所以明君臣之義也鄉飲酒之禮者所以明長幼之序也言别尊卑老稺乃後射以觀德行也【疏】正義曰此一篇之義廣説射禮明天子以下射之樂章上下之差又明天子諸侯選士與祭之法因明孔子矍相之圃簡賢選士誓衆之事又明君臣父子正鵠之義是男子有事於射故男子初生設桑弧蓬矢之義又明志正射中之義飲酒養病之事今各隨文解之此經明將射之時天子諸侯先行燕禮所以明君臣之義卿大夫將射先行鄉飲酒之禮所以明長

禮記正義卷第六十九

國子祭酒上護軍曲阜縣開國子臣孔穎達等奉

勑撰

射義第四十六

正義曰案鄭目録云名曰射義者以其記燕射大射之禮觀德行取於士之義此於别録屬吉事案此篇中有鄉射又云不失正鵠正則賓射然則鄉射賓射俱有之矣今目録唯云燕射大射者但此篇廣説天子諸侯大射燕射之義不專於鄉射賓射故鄭目録特舉大射燕射其射之所起起自黄帝故易繫辭黄帝以下九事章云古者弦木爲弧剡木爲矢弧矢之利以威天下又世本云揮作弓夷牟作矢注云揮夷牟黄帝臣是弓矢起於黄帝矣虞書云侯以明之是射侯見於堯舜夏殷無文周則具矣

古者諸侯之射也必先行燕禮卿大夫士之射也必先行鄉飲酒之禮故燕禮者所以明君臣之義也鄉飲酒之禮者所以明長幼之序也言别尊卑老稺乃後射以觀德行也【疏】正義曰此一篇之義廣説射禮明天子以下射之樂章上下之差又明天子諸侯選士與祭之法因明孔子矍相之圃簡賢選士誓衆之事又明君臣父子正鵠之義是男子有事於射故男子初生設桑弧蓬矢之義又明志正射中之義飲酒養病之事今各隨文解之此經明將射之時天子諸侯先行燕禮所以明君臣之義卿大夫將射先行鄉飲酒之禮所以明長

足利本第六十九卷第二葉

幼之序也　古者諸侯之射也必先行燕禮者案儀禮大射在未旅之前燕初似饗即是先行饗禮而云先行燕禮者燕初似饗正謂立行禮似饗其餘則燕故禮其牲狗及設折俎行一獻此等皆燕之法也故云先行燕禮也　燕禮者所以明君臣之義也者謂臣於堂下再拜稽首升成拜君荅拜似若臣盡竭其力致敬於君君施惠以報之也　鄉飲酒之禮者所以明長幼之序也者此鄉飲酒謂黨正飲酒以鄉統名則前篇云六十者坐五十者立侍是也

故射者進退周還必中禮内志正外體直然後持弓矢審固持弓矢審固然後可以言中此可以觀德行矣　内正外直習於禮樂有德行者也正鵠之名出自此也　疏正義曰此一經明射者之禮言内志審正則能中故見其外射則可以觀其内德故云可以觀德行矣　注正鵠之名出自此也　正義曰以賓射之的謂之正正者正也欲明射者内志須正也鄭注大射云正者正也亦鳥名齊魯之閒名題肩爲正是也以大射之質謂之鵠鵠者直也欲使射者外體之直是正鵠之名出自此射者而來故云正鵠之名出自此也

其節天子以騶虞爲節諸侯以貍首爲節卿大夫以采蘋爲節士以采蘩爲節騶虞者樂官備也貍首者樂會時也采蘋者樂循法也采蘩者樂不失職也是故天子以備官爲節諸侯以時會天子爲節卿大夫以循

潘本第六十九卷第二葉

幼之序也　古者諸侯之射也必先行燕禮者案儀禮大射在未旅之前燕初似饗即是先行饗禮而云先行燕禮者燕初似饗正謂立行禮似饗其餘則燕故禮其牲狗及設折俎行一獻此等皆燕之法也故云先行燕禮也　燕禮者所以明君臣之義也者謂臣於堂下再拜稽首升成拜君荅拜似若臣盡竭其力致敬於君君施惠以報之也　鄉飲酒之禮者所以明長幼之序也者此鄉飲酒謂黨正飲酒以鄉統名則前篇云六十者坐五十者立侍是也

故射者進退周還必中禮内志正外體直然後持弓矢審固持弓矢審固然後可以言中此可以觀德行矣　内正外直習於禮樂有德行者也正鵠之名出自此也　疏正義曰此一經明射者之禮言内志審正則能中故見其外射則可以觀其内德故云可以觀德行矣　注正鵠之名出自此也　正義曰以賓射之的謂之正正者正也欲明射者内志須正也鄭注大射云正者正也亦鳥名齊魯之閒名題肩爲正是也以大射之質謂之鵠鵠者直也欲使射者外體之直是正鵠之名出自此射者而來故云正鵠之名出自此也

其節天子以騶虞爲節諸侯以貍首爲節卿大夫以采蘋爲節士以采蘩爲節騶虞者樂官備也貍首者樂會時也采蘋者樂循法也采蘩者樂不失職也是故天子以備官爲節諸侯以時會天子爲節卿大夫以循

禮記義六十九　二

足利本第六十九卷第三葉

法爲節士以不失職爲節故明乎其節之志以不失其事則功成而德行立德行立則無暴亂之禍矣功成則國安故曰射者所以觀盛德也騶虞采蘋采蘩今詩篇名貍首逸下云曾孫侯氏是也樂官備者謂騶虞曰壹發五豝喻得賢者多也于嗟乎騶虞歎仁人也樂會時者謂貍首曰小大莫處御于君所樂循法者謂采蘋曰于以采蘋南澗之濱循澗以采蘋喻循法度以成君事也樂不失職者謂采蘩曰被之童童夙夜在公

疏 正義曰此節明天子以下射禮樂章之異 天子以騶虞爲節者歌騶虞之詩射人云騶虞九節 諸侯以貍首爲節者謂歌貍首也射人云貍首七節 卿大夫以采蘋爲節士以采蘩爲節者射人云皆五節案鄉射注云五節歌五終四節四拾其一節先以聽也若然則九節者五節先以聽七節者三節先以聽皆以四節應乘矢拾發也 騶虞者樂官備也者謂射一發而得五豝喻得賢人多賢人多則官備也 貍首者樂會時也者諸侯不來朝射其首是樂會叉盟也 采蘋者樂循法也于以采蘋南澗之濱循澗以采蘋喻循法度以成君事 采蘩者樂不失職也謂采蘩曰被之童童夙夜在公是其不失職也 是故天子以備官爲節謂騶虞也諸侯以時會天子爲節謂歌貍首也 卿大夫以循法爲節謂歌采蘋也 士以不失職爲節謂歌采蘩也 明乎其節之志以不失其事者其節之志謂天子以備官爲志諸侯以時會爲志卿大夫以循法度爲志士以不失職爲志是各明達其樂節之志故能不失其所爲之事也 德行立則無暴亂之禍矣功成則國安者是覆說上文功成德行立先覆說德行然後却覆說功成也以先由德行乃功成也 故曰射者可以觀盛德也盛德無暴亂之禍國

潘本第六十九卷第三葉

法爲節士以不失職爲節故明乎其節之志以不失其事則功成而德行立德行立則無暴亂之禍矣功成則國安故曰射者所以觀盛德也騶虞采蘋采蘩今詩篇名貍首逸下云曾孫侯氏是也樂官備者謂騶虞曰壹發五豝喻得賢者多也于嗟乎騶虞歎仁人也樂會時者謂貍首曰小大莫處御于君所樂循法者謂采蘋曰于以采蘋南澗之濱循澗以采蘋喻循法度以成君事也樂不失職者謂采蘩曰被之童童夙夜在公

疏 正義曰此節明天子以下射禮樂章之異 天子以騶虞爲節者歌騶虞之詩射人云騶虞九節 諸侯以貍首爲節者謂歌貍首也射人云貍首七節 卿大夫以采蘋爲節士以采蘩爲節者射人云皆五節案鄉射注云五節歌五終四節四拾其一節先以聽也若然則九節者五節先以聽七節者三節先以聽皆以四節應乘矢拾發也 騶虞者樂官備也者謂射一發而得五豝喻得賢人多賢人多則官備也 貍首者樂會時也者諸侯不來朝射其首是樂會叉盟也 采蘋者樂循法也于以采蘋南澗之濱循澗以采蘋喻循法度以成君事 采蘩者樂不失職也謂采蘩曰被之童童夙夜在公是其不失職也 是故天子以備官爲節謂騶虞也諸侯以時會天子爲節謂歌貍首也 卿大夫以循法爲節謂歌采蘋也 士以不失職爲節謂歌采蘩也 明乎其節之志以不失其事者其節之志謂天子以備官爲志諸侯以時會爲志卿大夫以循法度爲志士以不失職爲志是各明達其樂節之志故能不失其所爲之事也 德行立則無暴亂之禍矣功成則國安者是覆說上文功成德行立先覆說德行然後却覆說功成也以先由德行乃功成也 故曰射者可以觀盛德也盛德無暴亂之禍國

足利本第六十九卷第四葉

安射者各明其志能致盛德故云所以觀盛德也（注）騶
虞至仁人　正義曰案詩義云君射一發則驅五豝獸以
軍戰之禮待禽獸之命不忍特驅其一此云喻得賢者多
則以豝喻賢也謂一發而得五豝猶若君一求而得五賢
與詩文異者斷章爲義云于嗟乎騶虞歎仁人也與詩義
同也以騶虞不食生物故云于嗟歎其仁人騶虞旣爲天
子樂章而儀禮鄉射用之者鄭注鄉射云此天子之射節
也而用之者方有樂賢之志取其宜也曾孫之詩謂之貍
首者貍首篇名曾孫者其章頭也儀禮大射奏貍首間若
一鄭注云貍之言不來也其詩有射諸侯首不朝者之言
因以名篇故謂之貍首也

是故古者天子以射選諸侯卿大夫士射者男子之事也因而飾之以禮樂也故事之盡禮樂而可數爲以立

禮記義六十九　四

德行者莫若射故聖王務焉選士者先考德行乃後決之於射男子生而有射事長學禮樂以飾之

（疏）正義曰此一節明天子以射禮簡選諸侯以下德行能否
故聖王所以務以射選諸侯卿大夫者諸侯雖繼世而立
卿大夫有功乃升非專以射而選但旣爲諸侯卿大夫又
考其德行更以射辨其才藝高下非謂直以射選補始用
之也　射者男子之事也因而飾之以禮樂也者男子生
有縣弧之義故云射者男子之事因此射事更華飾以禮
樂則容體比於禮其節比於樂是也　故事之盡禮樂而
可數爲以立德行者莫若射者謂諸事之中能窮盡禮而
可數數爲之以興立人之德行諸事之中無如於射唯射
能如此故聖王務重焉也（注）男子至飾之　正義曰男
子生而有射事者案內則篇云男子生設弧於門左是也
云長學禮樂以飾之者案內則篇云十有三年學樂誦詩
舞勺成童舞象二十舞大夏是長學禮樂以華飾射事也

潘本第六十九卷第四葉

安射者各明其志能致盛德故云所以觀盛德也（注）騶
虞至仁人　正義曰案詩義云君射一發則驅五豝獸以
軍戰之禮待禽獸之命不忍特驅其一此云喻得賢者多
則以豝喻賢也謂一發而得五豝猶若君一求而得五賢
與詩文異者斷章爲義云于嗟乎騶虞歎仁人也與詩義
同也以騶虞不食生物故云于嗟歎其仁人騶虞旣爲天
子樂章而儀禮鄉射用之者鄭注鄉射云此天子之射節
也而用之者方有樂賢之志取其宜也曾孫之詩謂之貍
首者貍首篇名曾孫者其章頭也儀禮大射奏貍首間若
一鄭注云貍之言不來也其詩有射諸侯首不朝者之言
因以名篇故謂之貍首也

是故古者天子以射選諸侯卿大夫士射者男子之事也因而飾之以禮樂也故事之盡禮樂而可數爲以立

禮記義六十九　四

德行者莫若射故聖王務焉選士者先考德行乃後決之於射男子生而有射事長學禮樂以飾之

（疏）正義曰此一節明天子以射禮簡選諸侯以下德行能否
故聖王所以務以射選諸侯卿大夫者諸侯雖繼世而立
卿大夫有功乃升非專以射而選但旣爲諸侯卿大夫又
考其德行更以射辨其才藝高下非謂直以射選補始用
之也　射者男子之事也因而飾之以禮樂也者男子生
有縣弧之義故云射者男子之事因此射事更華飾以禮
樂則容體比於禮其節比於樂是也　故事之盡禮樂而
可數爲以立德行者莫若射者謂諸事之中能窮盡禮而
可數數爲之以興立人之德行諸事之中無如於射唯射
能如此故聖王務重焉也（注）男子至飾之　正義曰男
子生而有射事者案內則篇云男子生設弧於門左是也
云長學禮樂以飾之者案內則篇云十有三年學樂誦詩
舞勺成童舞象二十舞大夏是長學禮樂以華飾射事也

是故古者天子之制諸侯歲獻貢士於天子天子試之於射宮其容體比於禮其節比於樂而中多者得與於祭其容體不比於禮其節不比於樂而中少者不得與於祭數與於祭而君有慶數不與於祭而君有讓數有慶而益地數有讓而削地故曰射者射爲諸侯也歲獻國事之書及計偕物也三歲而貢士舊説云大國三人次國二人小國一人是以諸侯君

臣盡志於射以習禮樂夫君臣習禮樂而以流亡者未之有也流猶放也書曰流共工于幽洲

疏正義曰此一節明射爲諸侯之事又明諸侯君臣盡志於射以習禮樂無流亡之患　諸侯歲獻者謂諸侯每歲獻國事之書及獻計偕之物於天子也　貢士於天子者諸侯三年一貢士於天子也　天子試之於射宮者言天子試此所貢之士於射宮之中　而中多者得與於祭者此謂大射也　注歲獻至一人　正義曰以經云歲獻貢士於天子恐歲獻之文只是貢獻於士故云歲獻獻國事之書云及計偕物也者漢時謂郡國送文書之使謂之爲計吏其貢獻之物與計吏俱來故謂之計偕物也偕俱也非但獻國事之書又俱獻貢物故云及計偕物知歲獻國事之書者小行人云令諸侯春入貢秋獻功注云貢六服所貢也功考績之功也秋獻之若今計文書斷於九月其舊法也

是故古者天子之制諸侯歲獻貢士於天子天子試之於射宮其容體比於禮其節比於樂而中多者得與於祭其容體不比於禮其節不比於樂而中少者不得與於祭數與於祭而君有慶數不與於祭而君有讓數有慶而益地數有讓而削地故曰射者射爲諸侯也歲獻國事之書及計偕物也三歲而貢士舊説云大國三人次國二人小國一人是以諸侯君

臣盡志於射以習禮樂夫君臣習禮樂而以流亡者未之有也流猶放也書曰流共工于幽洲

疏正義曰此一節明射爲諸侯之事又明諸侯君臣盡志於射以習禮樂無流亡之患　諸侯歲獻者謂諸侯每歲獻國事之書及獻計偕之物於天子也　貢士於天子者諸侯三年一貢士於天子也　天子試之於射宮者言天子試此所貢之士於射宮之中　而中多者得與於祭者此謂大射也　注歲獻至一人　正義曰以經云歲獻貢士於天子恐歲獻之文只是貢獻於士故云歲獻獻國事之書云及計偕物也者漢時謂郡國送文書之使謂之爲計吏其貢獻之物與計吏俱來故謂之計偕物也偕俱也非但獻國事之書又俱獻貢物故云及計偕物知歲獻國事之書者小行人云令諸侯春入貢秋獻功注云貢六服所貢也功考績之功也秋獻之若今計文書斷於九月其舊法也

足利本第六十九卷第六葉

云三歲而貢士者以經貢士之文繫歲獻之下恐每歲貢士故云三歲而貢士也又知三歲者案書傳云古者諸侯之於天子也三年一貢士一適謂之好德再適謂之賢賢三適謂之有功有功者天子賜以衣服弓矢再賜以秬鬯三賜以虎賁百人號曰命諸侯不云益地者文不具矣書傳又云貢士一不適謂之過注云謂三年時也再不適謂之㪅注云謂六年時也三不適謂之誣注云謂九年時也一絀以爵再絀以地三絀而地畢注云凡十五年鄭以此故知三歲而貢士也

故詩曰曾孫侯氏四正具舉大夫君子凡以庶士小大莫處御于君所以燕以射則燕則譽言君臣相與盡志於射以習禮樂則安則譽也是以天子制之而諸侯務焉此天子之所以養諸侯而兵不用諸侯自爲正之具也 此曾孫之詩諸侯之射節也四正正爵四行也四行者獻賓獻公獻卿獻大夫乃後樂作而射也莫處無安居其官次者也御猶侍也以燕以射先行燕禮乃射也則燕則譽言國安則有名譽譽或爲與

【疏】正義曰上經說諸侯君臣之射此明諸侯之射所歌樂章節者此貍首之詩也所以論燕射則燕則譽故君臣相與盡志於射也此詩名貍首而發首云曾孫侯氏者但此篇之中有貍首之字在於篇中撮取貍首之字以爲篇首之目謂若騶虞之詩其字雖在篇內而名騶虞矣曾孫侯氏者謂諸侯也此諸侯出於王是王之曾孫也故云曾孫侯氏矣若左傳云曾孫蒯聵之類是也 四正具舉者將射之時先行燕禮其燕之時四度正爵悉皆舉徧謂獻賓獻君獻卿獻大夫四獻既畢乃後

潘本第六十九卷第六葉

云三歲而貢士者以經貢士之文繫歲獻之下恐每歲貢士故云三歲而貢士也又知三歲者案書傳云古者諸侯之於天子也三年一貢士一適謂之好德再適謂之賢賢三適謂之有功有功者天子賜以衣服弓矢再賜以秬鬯三賜以虎賁百人號曰命諸侯不云益地者文不具矣書傳又云貢士一不適謂之過注云謂三年時也再不適謂之㪅注云謂六年時也三不適謂之誣注云謂九年時也一絀以爵再絀以地三絀而地畢注云凡十五年鄭以此故知三歲而貢士也

故詩曰曾孫侯氏四正具舉大夫君子凡以庶士小大莫處御于君所以燕以射則燕則譽言君臣相與盡志於射以習禮樂則安則譽也是以天子制之而諸侯務焉此天子之所以養諸侯而兵不用諸侯自爲正之具也 此曾孫之詩諸侯之射節也四正正爵四行也四行者獻賓獻公獻卿獻大夫乃後樂作而射也莫處無安居其官次者也御猶侍也以燕以射先行燕禮乃射也則燕則譽言國安則有名譽譽或爲與

【疏】正義曰上經說諸侯君臣之射此明諸侯之射所歌樂章節者此貍首之詩也所以論燕射則燕則譽故君臣相與盡志於射也此詩名貍首而發首云曾孫侯氏者但此篇之中有貍首之字在於篇中撮取貍首之字以爲篇首之目謂若騶虞之詩其字雖在篇內而名騶虞矣曾孫侯氏者謂諸侯也此諸侯出於王是王之曾孫也故云曾孫侯氏矣若左傳云曾孫蒯聵之類是也 四正具舉者將射之時先行燕禮其燕之時四度正爵悉皆舉徧謂獻賓獻君獻卿獻大夫四獻既畢乃後

足利本第六十九卷第七葉

射故云具舉大夫君子凡以庶士者言爲燕之時大夫君子及庶衆士等小大莫處御于君所者言大夫士等小之與大無有處於職司而不來者皆御侍於君之處所也　以燕以射者謂先行燕禮而後射也　則燕則譽者燕安也既君臣歡樂用是燕安而有聲譽也　諸侯自爲正之具也者正謂脩正言射者是諸侯自爲脩正之具言脩正得安由於射也故前文云内志正謂此也　注此曾至名譽　正義曰以諸侯射以貍首之篇謂今詩文無貍首之篇今射義有載曾孫之詩故知是貍首也云正爵四行獻賓獻公獻卿獻大夫者大射禮文云乃後樂作而射也者案大射禮獻大夫之後乃後工入樂作而後射此謂大射也若燕射則說屨升堂坐之後乃射矣故燕禮說屨升堂獻士畢若射則大射正爲司射如鄉射之禮是也

孔子射於矍相之圃蓋觀者如堵牆矍相地名也樹菜蔬曰圃射至於司馬

禮記義六十九　七　馬

使子路執弓矢出延射曰賁軍之將亡國之大夫與爲人後者不入其餘皆入蓋去者半入者半先行飲酒禮將射乃以司正爲司馬子路執弓矢出延射則爲司射也延進也出進觀者欲射者也賁讀爲僨僨猶覆敗也亡國亡君之國者也與猶奇也後人者一人而已既有爲者而往奇之是貪財也子路陳此三者而觀者畏其義則或去也延或爲誓又使公罔之裘序點揚觶而語公罔之裘揚觶而語曰幼壯孝弟耆耋好禮不從流俗脩身以俟死者不在此位也蓋去者半處者

潘本第六十九卷第七葉

射故云具舉大夫君子凡以庶士者言爲燕之時大夫君子及庶衆士等小大莫處御于君所者言大夫士等小之與大無有處於職司而不來者皆御侍於君之處所也　以燕以射者謂先行燕禮而後射也　則燕則譽者燕安也既君臣歡樂用是燕安而有聲譽也　諸侯自爲正之具也者正謂脩正言射者是諸侯自爲脩正之具言脩正得安由於射也故前文云内志正謂此也　注此曾至名譽　正義曰以諸侯射以貍首之篇謂今詩文無貍首之篇今射義有載曾孫之詩故知是貍首也云正爵四行獻賓獻公獻卿獻大夫者大射禮文云乃後樂作而射也者案大射禮獻大夫之後乃後工入樂作而後射此謂大射也若燕射則說屨升堂坐之後乃射矣故燕禮說屨升堂獻士畢若射則大射正爲司射如鄉射之禮是也

孔子射於矍相之圃蓋觀者如堵牆矍相地名也樹菜蔬曰圃射至於司馬

禮記義六十九　七　馬

使子路執弓矢出延射曰賁軍之將亡國之大夫與爲人後者不入其餘皆入蓋去者半入者半先行飲酒禮將射乃以司正爲司馬子路執弓矢出延射則爲司射也延進也出進觀者欲射者也賁讀爲僨僨猶覆敗也亡國亡君之國者也與猶奇也後人者一人而已既有爲者而往奇之是貪財也子路陳此三者而觀者畏其義則或去也延或爲誓又使公罔之裘序點揚觶而語公罔之裘揚觶而語曰幼壯孝弟耆耋好禮不從流俗脩身以俟死者不在此位也蓋去者半處者

足利本第六十九卷第八葉

半序點又揚觶而語曰好學不倦好禮
不變旄期稱道不亂者不在此位也蓋
廑有存者之發聲也射畢又使此二人舉觶者古者於旅也語語謂說義理也三十曰壯耆耋
皆老也流俗失俗也處猶留也八十九十曰旄百年曰期頤稱猶
言也道猶行也言行也者不言有此行不可以在此賓位也
序點或爲徐點壯或爲將旄期或爲旄勤今禮揚皆作騰 【疏】正義曰從篇首以來釋天子以下射樂之節又
說大射之禮并顯諸侯鞠首之義故此一節載孔子射於
矍相之圃選賢誓衆之禮也 射至於司馬者欲射之前
先行鄉飲酒之禮獻賓及介獻衆賓之後未旅之前作相
爲司正至於將射轉司正爲司馬故云射至於司馬也
使子路執弓矢出延射者謂立司馬之時孔子使子路爲
司射之官出門而延進觀者及欲射之人 曰賁軍之將

禮記義六十九　八　嚴信

者賁謂覆敗也敗軍之將言無勇也 亡國之大夫者謂亡
君之國言不忠且無智也 與爲人後者與猶奇也謂有
人無後既立後覬此人復往奇之是其貪財也 不入其
餘皆入者言有此以前三惡則不得入若其餘無此三惡
者皆得入也 又使公罔之裘序點揚觶而語者公罔爲
氏也裘名也序氏也點名也揚舉也至將旅之時使二人
俱舉觶誓衆而說所誓之事此舉其目故揔舉二人於是
公罔之裘先言序點後言矣 幼壯孝弟者謂二十之幼
三十之壯能於幼壯以來能行孝弟也 耆耋好禮者謂
六十之耆七十之耋老而不倦愛好於禮 不從流俗者
身行獨行不從流移之俗也 脩身以俟死者謂脩絜其
身以俟於死者 不在此位也者者不問此衆人之中有此
上諸行不若有則可在此賓位矣 好學不倦好禮不變
者此之所誓彌精於前前則雖云孝弟好禮未能不倦不
變 旄期稱道不亂者 旄謂八十九十曰旄期謂百年
曰期頤年雖甚老行道不亂亦喻前文老耋好禮是後者

潘本第六十九卷第八葉

半序點又揚觶而語曰好學不倦好禮
不變旄期稱道不亂者不在此位也蓋
廑有存者之發聲也射畢又使此二人舉觶者古者於旅也語語謂說義理也三十曰壯耆耋
皆老也流俗失俗也處猶留也八十九十曰旄百年曰期頤稱猶
言也道猶行也言行也者不言有此行不可以在此賓位也
序點或爲徐點壯或爲將旄期或爲旄勤今禮揚皆作騰 【疏】正義曰從篇首以來釋天子以下射樂之節又
說大射之禮并顯諸侯鞠首之義故此一節載孔子射於
矍相之圃選賢誓衆之禮也 射至於司馬者欲射之前
先行鄉飲酒之禮獻賓及介獻衆賓之後未旅之前作相
爲司正至於將射轉司正爲司馬故云射至於司馬也
使子路執弓矢出延射者謂立司馬之時孔子使子路爲
司射之官出門而延進觀者及欲射之人 曰賁軍之將

禮記義六十九　八　嚴信

者賁謂覆敗也敗軍之將言無勇也 亡國之大夫者謂亡
君之國言不忠且無智也 與爲人後者與猶奇也謂有
人無後既立後覬此人復往奇之是其貪財也 不入其
餘皆入者言有此以前三惡則不得入若其餘無此三惡
者皆得入也 又使公罔之裘序點揚觶而語者公罔爲
氏也裘名也序氏也點名也揚舉也至將旅之時使二人
俱舉觶誓衆而說所誓之事此舉其目故揔舉二人於是
公罔之裘先言序點後言矣 幼壯孝弟者謂二十之幼
三十之壯能於幼壯以來能行孝弟也 耆耋好禮者謂
六十之耆七十之耋老而不倦愛好於禮 不從流俗者
身行獨行不從流移之俗也 脩身以俟死者謂脩絜其
身以俟於死者 不在此位也者者不問此衆人之中有此
上諸行不若有則可在此賓位矣 好學不倦好禮不變
者此之所誓彌精於前前則雖云孝弟好禮未能不倦不
變 旄期稱道不亂者 旄謂八十九十曰旄期謂百年
曰期頤年雖甚老行道不亂亦喻前文老耋好禮是後者

足利本第六十九卷第九葉

彌精也但此記所陳唯約鄉射禮也子路出延射者是將射之前案鄉射司射比衆耦於堂西此出延者但觀者既多庭中不容故出延之入乃比耦以初門外未入觀者既多未有賓主之禮故誓惡者令其不入以鄉飲酒禮差之射禮畢旅酬之時乃使二人舉觶故鄉射禮畢司馬反爲司正樂工升堂復位賓取俎西之觶酬主人主人酬大夫自相旅畢君使二人舉觶於賓與大夫則當此公罔之裘序點二人舉觶之節也但衆賓射事既了衆賓皆在賓位主人以禮接之不復斥言其惡於此但簡其善公罔簡而尚跡序點簡而轉詳旄期之老不復能射得云在位者此極老之人本來觀禮雖不能射與在賓中故知旅酬之時其人猶在也 注先行至去也 正義曰知先行飲酒禮者案儀禮鄉射先行飲酒之禮此射矍相之圃謂賓射故鄭注鄉侯二正是用賓射之正又鄉大夫職云以鄉射之禮五物詢衆庶鄭引此孔子射於矍相之事故知與此鄉射同也云賁讀爲僨者若春秋鄭伯之車僨於濟說文

禮記義六十九 九 王楷

云僨僵也是僨爲覆敗也云與猶奇也者謂他人無後已有人後之相爲合配令已更往後之是配合之外更有奇隻故云後人者一人而已既有爲者而往奇之 注之發至位也 正義曰案經下云公罔裘上云之裘故知之是發聲也即裘爲名矣云射畢又使此二人舉觶者古者於旅也語者鄭釋其公罔之裘序點揚觶而語之事古者於旅也語者鄉射記文鄭注云禮成樂備乃可以言語先王禮樂之道也云耆耋皆老也者案曲禮云六十曰耆服虔注僖九年傳云七十曰耋又鄭注易大耋之嗟謂年餘七十也又毛詩傳云八十曰耋大略言之七十八十皆謂之耋也云言行也者不言有此行不可以在此賓位者謂射畢旅酬之時衆賓之位矣 射之爲言者繹也或曰舍也繹者各繹己之志也故心平體正持弓矢審固持弓矢審固則

潘本第六十九卷第九葉

彌精也但此記所陳唯約鄉射禮也子路出延射者是將射之前案鄉射司射比衆耦於堂西此出延者但觀者既多庭中不容故出延之入乃比耦以初門外未入觀者既多未有賓主之禮故誓惡者令其不入以鄉飲酒禮差之射禮畢旅酬之時乃使二人舉觶故鄉射禮畢司馬反爲司正樂工升堂復位賓取俎西之觶酬主人主人酬大夫自相旅畢君使二人舉觶於賓與大夫則當此公罔之裘序點二人舉觶之節也但衆賓射事既了衆賓皆在賓位主人以禮接之不復斥言其惡於此但簡其善公罔簡而尚跡序點簡而轉詳旄期之老不復能射得云在位者此極老之人本來觀禮雖不能射與在賓中故知旅酬之時其人猶在也 注先行至去也 正義曰知先行飲酒禮者案儀禮鄉射先行飲酒之禮此射矍相之圃謂賓射故鄭注鄉侯二正是用賓射之正又鄉大夫職云以鄉射之禮五物詢衆庶鄭引此孔子射於矍相之事故知與此鄉射同也云賁讀爲僨者若春秋鄭伯之車僨於濟說文

禮記義六十九 九 王楷

云僨僵也是僨爲覆敗也云與猶奇也者謂他人無後已有人後之相爲合配令已更往後之是配合之外更有奇隻故云後人者一人而已既有爲者而往奇之 注之發至位也 正義曰案經下云公罔裘上云之裘故知之是發聲也即裘爲名矣云射畢又使此二人舉觶者古者於旅也語者鄭釋其公罔之裘序點揚觶而語之事古者於旅也語者鄉射記文鄭注云禮成樂備乃可以言語先王禮樂之道也云耆耋皆老也者案曲禮云六十曰耆服虔注僖九年傳云七十曰耋又鄭注易大耋之嗟謂年餘七十也又毛詩傳云八十曰耋大略言之七十八十皆謂之耋也云言行也者不言有此行不可以在此賓位者謂射畢旅酬之時衆賓之位矣 射之爲言者繹也或曰舍也繹者各繹己之志也故心平體正持弓矢審固持弓矢審固則

射中矣故曰爲人父者以爲父鵠爲人子者以爲子鵠爲人君者以爲君鵠爲人臣者以爲臣鵠故射者各射己之鵠故天子之大射謂之射侯射侯者射爲諸侯也射中則得爲諸侯射不中則不得爲諸侯大射將祭擇士之射也以爲某鵠者將射還視侯中之時意曰此鵠乃爲某之鵠吾中之則成人不中之則不成人也得爲諸侯謂有慶也不得爲諸侯謂有讓也疏正義曰此一經釋稱射之名及鵠之與侯之文　射之爲言繹也者此記者訓釋射之名射者是繹也繹陳也言陳己之志　或曰舍也者是記者又解射名故云射者舍也舍中也謂心平體正持弓矢審固則能中也　繹者各繹己之志也者言君臣父子各舒陳己之志意則下云爲人父者以爲父鵠是也　持弓矢審固則射中矣者此覆說釋上或曰舍也舍中也　爲人父者以爲父鵠者凡射者大射則皮侯賓射則正侯燕射則獸侯唯大射有鵠此據大射而知然鵠則上下俱同無復君臣父子之別而言以爲父鵠者謂升射之時既身爲人父則念之云所射之鵠是爲人父之鵠中則任爲人父不中則不任爲人父故爲人之父者以爲父鵠以下放此　故射者各射己之鵠者謂衆射之人雖共射一鵠各射己之所主之鵠也　故天子之大射謂之射侯者言天子所射之物謂之射侯言射之中能服諸侯也舉大射言之其實賓射燕射皆謂之射侯也　射中則得爲諸侯者謂數有慶賜堪得久爲諸侯也　射不中則不得爲諸侯者數被責讓不堪久爲諸侯也非爲射中封爲諸侯不中不得爲諸侯也注大射至讓也　正義曰大射將祭擇

禮記義六十九　十　吳志

射中矣故曰爲人父者以爲父鵠爲人子者以爲子鵠爲人君者以爲君鵠爲人臣者以爲臣鵠故射者各射己之鵠故天子之大射謂之射侯射侯者射爲諸侯也射中則得爲諸侯射不中則不得爲諸侯大射將祭擇士之射也以爲某鵠者將射還視侯中之時意曰此鵠乃爲某之鵠吾中之則成人不中之則不成人也得爲諸侯謂有慶也不得爲諸侯謂有讓也疏正義曰此一經釋稱射之名及鵠之與侯之文　射之爲言繹也者此記者訓釋射之名射者是繹也繹陳也言陳己之志　或曰舍也者是記者又解射名故云射者舍也舍中也謂心平體正持弓矢審固則能中也　繹者各繹己之志也者言君臣父子各舒陳己之志意則下云爲人父者以爲父鵠是也　持弓矢審固則射中矣者此覆說釋上或曰舍也舍中也　爲人父者以爲父鵠者凡射者大射則皮侯賓射則正侯燕射則獸侯唯大射有鵠此據大射而知然鵠則上下俱同無復君臣父子之別而言以爲父鵠者謂升射之時既身爲人父則念之云所射之鵠是爲人父之鵠中則任爲人父不中則不任爲人父故爲人之父者以爲父鵠以下放此　故射者各射己之鵠者謂衆射之人雖共射一鵠各射己之所主之鵠也　故天子之大射謂之射侯者言天子所射之物謂之射侯言射之中能服諸侯也舉大射言之其實賓射燕射皆謂之射侯也　射中則得爲諸侯者謂數有慶賜堪得久爲諸侯也　射不中則不得爲諸侯者數被責讓不堪久爲諸侯也非爲射中封爲諸侯不中不得爲諸侯也注大射至讓也　正義曰大射將祭擇

禮記義六十九　十　吳志

足利本第六十九卷第十一葉

士之射者即下文云天子將祭必先習射於澤所以擇士
是也云將射還視侯中之時意曰此鵠乃爲某之鵠者案
大射禮云耦升自西階並而東階當其物北面揖及物揖
皆左足履物還視侯中謂於此之時南面迴還視侯中也
中謂身謂視侯中身也射者意云此鵠乃爲某之鵠謂父
之鵠子之鵠不定一故稱某也云吾中之則成人不中之
則不成人也者中之則能成其父子君臣若不中則不能
成其父子君臣故知父鵠子鵠也云得爲諸侯謂有慶也
不得爲諸侯謂有讓也者鄭恐得爲諸侯始封以土不得
爲諸侯則奪其國故明之也凡天子諸侯及卿大夫禮射
有三一爲大射是將祭擇士之射二爲賓射諸侯來朝天
子入而與之射也或諸侯相朝而與之射也三爲燕射謂
息燕而與之射其天子諸侯大夫三射皆具其士無大射
故司裘職云大射唯明王及諸侯卿大夫不及於士故鄭
注云士不大射士無臣祭無所擇是也其賓射燕射士皆
有之故射人云士射豻侯二正是士有賓射也又鄉射記

禮記義六十九　王椿

云士布侯畫以鹿豕是士有燕射矣其侯天子大射則射
皮侯故考工記云張皮侯而棲鵠則春以功又司裘職云
王大射則共虎侯熊侯豹侯設其鵠鄭注考工記皮侯謂
此侯也畿內諸侯大射則張熊侯豹侯故司裘職云諸侯
則共熊侯豹侯設其鵠是也若畿外諸侯大射亦張三侯
鄭注云遠尊得伸故亦張三侯一曰大侯鄭注云則天子
熊侯謂以熊皮飾之二曰糝侯鄭注云糝雜也豹鵠而麋
飾三曰豻侯鄭注云豻胡犬皮飾侯若畿內卿大夫射麋
侯故司裘云卿大夫則共麋侯是也其畿外卿大夫射侯
無文於諸侯既得三侯其卿大夫葢降君一等則糝侯豻
侯其大射之侯皆有鵠也其鵠則三分侯中而居其一故
考工記云梓人爲侯廣與崇方參分其廣而鵠居一焉凡
皮侯者各以其飾侯之側又方制其皮以爲鵠故鄭注司
裘云以虎熊豹麋之皮飾其側又方制之以爲䯊謂之鵠
謂之鵠者取名於鳱鵠鳱鵠小鳥而難中是以中之爲儁
亦取鵠之言較較者直也射所以直己志則是但取其名

潘本第六十九卷第十一葉

士之射者即下文云天子將祭必先習射於澤所以擇士
是也云將射還視侯中之時意曰此鵠乃爲某之鵠者案
大射禮云耦升自西階並而東階當其物北面揖及物揖
皆左足履物還視侯中謂於此之時南面迴還視侯中也
中謂身謂視侯中身也射者意云此鵠乃爲某之鵠謂父
之鵠子之鵠不定一故稱某也云吾中之則成人不中之
則不成人也者中之則能成其父子君臣若不中則不能
成其父子君臣故知父鵠子鵠也云得爲諸侯謂有慶也
不得爲諸侯謂有讓也者鄭恐得爲諸侯始封以土不得
爲諸侯則奪其國故明之也凡天子諸侯及卿大夫禮射
有三一爲大射是將祭擇士之射二爲賓射諸侯來朝天
子入而與之射也或諸侯相朝而與之射也三爲燕射謂
息燕而與之射其天子諸侯大夫三射皆具其士無大射
故司裘職云大射唯明王及諸侯卿大夫不及於士故鄭
注云士不大射士無臣祭無所擇是也其賓射燕射士皆
有之故射人云士射豻侯二正是士有賓射也又鄉射記

禮記義六十九　十一　王椿

云士布侯畫以鹿豕是士有燕射矣其侯天子大射則射
皮侯故考工記云張皮侯而棲鵠則春以功又司裘職云
王大射則共虎侯熊侯豹侯設其鵠鄭注考工記皮侯謂
此侯也畿內諸侯大射則張熊侯豹侯故司裘職云諸侯
則共熊侯豹侯設其鵠是也若畿外諸侯大射亦張三侯
鄭注云遠尊得伸故亦張三侯一曰大侯鄭注云則天子
熊侯謂以熊皮飾之二曰糝侯鄭注云糝雜也豹鵠而麋
飾三曰豻侯鄭注云豻胡犬皮飾侯若畿內卿大夫射麋
侯故司裘云卿大夫則共麋侯是也其畿外卿大夫射侯
無文於諸侯既得三侯其卿大夫葢降君一等則糝侯豻
侯其大射之侯皆有鵠也其鵠則三分侯中而居其一故
考工記云梓人爲侯廣與崇方參分其廣而鵠居一焉凡
皮侯者各以其飾侯之側又方制其皮以爲鵠故鄭注司
裘云以虎熊豹麋之皮飾其側又方制之以爲䯊謂之鵠
謂之鵠者取名於鳱鵠鳱鵠小鳥而難中是以中之爲儁
亦取鵠之言較較者直也射所以直己志則是但取其名

非是實鳥也此侯道鄭注司裘云虎九十弓熊七十弓豹麋五十弓列國之諸侯大射大侯亦九十叅七十干五十遠尊得伸可同耳其天子以下賓射則射人云王射三侯五正諸侯射二侯三正卿大夫射一侯二正士射豻侯二正鄭云謂五正三正二正之侯五正者中朱次白次蒼次黃玄居外三正損玄黃二正畫以朱緑鄭又云二侯者三正二正之侯也一侯者二正而已此皆與賓射於朝之禮也考工記梓人職云張五采之侯則遠國屬凡賓射之侯謂之正鄭注大射云正者正也亦鳥名齊魯之間名題肩爲正然則天子賓射用五正三正二正之侯畿内諸侯賓射用三正之侯卿大夫用二正之侯士亦用二正之侯又飾以豻畿外諸侯以下賓射其侯無文約大射諸侯旣同天子張三侯則賓射亦同天子用五正三正二正之侯其卿大夫射亦三正二正之侯士射二正之侯若五正者同虎侯九十弓三正者同熊侯七十弓二正者同豹侯五十弓凡中央之赤皆方二尺以外之色皆分布之其外又畫

以雲氣天子以下燕射則尊卑皆用一侯故鄉射記云天子熊侯白質諸侯麋侯赤質大夫布侯畫以虎豹士布侯畫以鹿豕鄭注云白質赤質皆謂采其地其地不采者白布也熊麋虎豹鹿豕皆正面畫其頭象於正鵠之處耳君畫一臣畫二陽奇陰偶之數也燕射射熊虎豹不忘上下相犯射麋鹿豕志在君臣相養也梓人云張獸侯則王以息燕謂此也鄉射記既不列畿内畿外之異則諸侯以下外内同也鄉射記列天子以下各一侯下文云侯道五十弓弓二寸以爲侯中則天子以下皆五十弓侯中同方一丈也降尊以就卑言燕主歡心故也而皇氏沈氏乃云天子熊侯或云九十弓或云七十弓乃同三侯上下之差文無準據其義非也其侯用布之數案鄉射記鄉侯五十弓則侯道五十步也以弓之下制長六尺以射用弓故稱弓一弓取二寸以爲中則侯中方一丈也鄉射記又云倍中以爲躬注云躬身也謂中之上下幅也用布各二丈鄉射記又云倍躬以爲左右舌舌謂躬之上下横一幅布張於躬

非是實鳥也此侯道鄭注司裘云虎九十弓熊七十弓豹麋五十弓列國之諸侯大射大侯亦九十叅七十干五十遠尊得伸可同耳其天子以下賓射則射人云王射三侯五正諸侯射二侯三正卿大夫射一侯二正士射豻侯二正鄭云謂五正三正二正之侯五正者中朱次白次蒼次黃玄居外三正損玄黃二正畫以朱緑鄭又云二侯者三正二正之侯也一侯者二正而已此皆與賓射於朝之禮也考工記梓人職云張五采之侯則遠國屬凡賓射之侯謂之正鄭注大射云正者正也亦鳥名齊魯之間名題肩爲正然則天子賓射用五正三正二正之侯畿内諸侯賓射用三正之侯卿大夫用二正之侯士亦用二正之侯又飾以豻畿外諸侯以下賓射其侯無文約大射諸侯旣同天子張三侯則賓射亦同天子用五正三正二正之侯其卿大夫射亦三正二正之侯士射二正之侯若五正者同虎侯九十弓三正者同熊侯七十弓二正者同豹侯五十弓凡中央之赤皆方二尺以外之色皆分布之其外又畫

禮記義六十九　十二　嚴信

以雲氣天子以下燕射則尊卑皆用一侯故鄉射記云天子熊侯白質諸侯麋侯赤質大夫布侯畫以虎豹士布侯畫以鹿豕鄭注云白質赤質皆謂采其地其地不采者白布也熊麋虎豹鹿豕皆正面畫其頭象於正鵠之處耳君畫一臣畫二陽奇陰偶之數也燕射射熊虎豹不忘上下相犯射麋鹿豕志在君臣相養也梓人云張獸侯則王以息燕謂此也鄉射記既不列畿内畿外之異則諸侯以下外内同也鄉射記列天子以下各一侯下文云侯道五十弓弓二寸以爲侯中則天子以下皆五十弓侯中同方一丈也降尊以就卑言燕主歡心故也而皇氏沈氏乃云天子熊侯或云九十弓或云七十弓乃同三侯上下之差文無準據其義非也其侯用布之數案鄉射記鄉侯五十弓則侯道五十步也以弓之下制長六尺以射用弓故稱弓一弓取二寸以爲中則侯中方一丈也鄉射記又云倍中以爲躬注云躬身也謂中之上下幅也用布各二丈鄉射記又云倍躬以爲左右舌舌謂躬之上下横一幅布張於躬

足利本第六十九卷第十三葉

外左右而出謂之舌考工記謂舌爲个躬既二丈上舌倍躬則用布四丈也鄉射記又云下舌半上舌注云半者半其出於躬者也上舌出躬各一丈則下舌出弓各五尺然則下舌用布三丈揔而計之侯中方一丈凡五幅用布五丈上下二躬用布四丈上舌復用布四丈下舌用布三丈故鄭注鄉射記云鄉射侯用布十六丈也以此計之侯道七十弓則侯中方丈四尺七幅幅別丈四是用布九丈八尺上下二躬各倍中用布五丈六尺上舌倍躬亦用布五丈六尺上舌出躬各丈四尺下舌半上舌則左右各減七尺則下舌用布四丈二尺故鄭注鄉射記云七十步之侯用布二十五丈二尺其九十弓之侯則侯中方丈八尺凡九幅幅別一丈八尺侯中用布十六丈二尺上下二躬各倍中用布七丈二尺上舌倍躬長七丈二尺其舌出躬各丈八尺下舌半上舌出躬者則左右各減九尺下舌長五丈四尺故鄭注鄉射記云九十步之侯用布三十六丈其張三侯之體同道位之近者最下遠者漸高故大射云大

禮記義六十九　十三　馬祐

侯之崇見鵠於參參見鵠於干干不及地武以此計之豻侯下畔去地尺二寸豻侯之體上下躬及舌揔有四幅凡廣八尺侯中方一丈是豻侯揔高一丈九尺二寸此豻侯上畔去地一丈九尺二寸以此豻侯上畔則是糝侯之鵠去地之數也其糝侯下舌及躬凡有四尺糝侯之中鵠下有三分之一糝侯中方丈四其三分之一得四尺六寸三分寸之二是糝侯自鵠以下凡有八尺六寸三分寸之二皆爲豻侯所掩豻侯上畔去地一丈九尺二寸去其八尺六寸三分寸之二是糝侯下畔去地一丈五寸三分寸之一故鄭注大射云糝侯去地一丈五寸少半寸也云少半寸則三分寸之一也豻侯既去地一丈九尺二寸更加糝侯之中三分之二九尺三寸三分寸之一又加糝侯上躬幅个四尺則糝侯上畔去地三丈二尺五寸三分寸之一則是大侯鵠下之數也其大侯下舌及躬并侯中三分之一揔一丈爲糝侯所掩於三丈二尺五寸三分寸之一減、丈則是大侯下畔去地之數故鄭注大射云大侯去

潘本第六十九卷第十三葉

外左右而出謂之舌考工記謂舌爲个躬既二丈上舌倍躬則用布四丈也鄉射記又云下舌半上舌注云半者半其出於躬者也上舌出躬各一丈則下舌出弓各五尺然則下舌用布三丈揔而計之侯中方一丈凡五幅用布五丈上下二躬用布四丈上舌復用布四丈下舌用布三丈故鄭注鄉射記云鄉射侯用布十六丈也以此計之侯道七十弓則侯中方丈四尺七幅幅別丈四是用布九丈八尺上下二躬各倍中用布五丈六尺上舌倍躬亦用布五丈六尺上舌出躬各丈四尺下舌半上舌則左右各減七尺則下舌用布四丈二尺故鄭注鄉射記云七十步之侯用布二十五丈二尺其九十弓之侯則侯中方丈八尺凡九幅幅別一丈八尺侯中用布十六丈二尺上下二躬各倍中用布七丈二尺上舌倍躬長七丈二尺其舌出躬各丈八尺下舌半上舌出躬者則左右各減九尺下舌長五丈四尺故鄭注鄉射記云九十步之侯用布三十六丈其張三侯之體同道位之近者最下遠者漸高故大射云大

禮記義六十九　十三　馬祐

侯之崇見鵠於參參見鵠於干干不及地武以此計之豻侯下畔去地尺二寸豻侯之體上下躬及舌揔有四幅凡廣八尺侯中方一丈是豻侯揔高一丈九尺二寸此豻侯上畔去地一丈九尺二寸以此豻侯上畔則是糝侯之鵠去地之數也其糝侯下舌及躬凡有四尺糝侯之中鵠下有三分之一糝侯中方丈四其三分之一得四尺六寸三分寸之二是糝侯自鵠以下凡有八尺六寸三分寸之二皆爲豻侯所掩豻侯上畔去地一丈九尺二寸去其八尺六寸三分寸之二是糝侯下畔去地一丈五寸三分寸之一故鄭注大射云糝侯去地一丈五寸少半寸也云少半寸則三分寸之一也豻侯既去地一丈九尺二寸更加糝侯之中三分之二九尺三寸三分寸之一又加糝侯上躬幅个四尺則糝侯上畔去地三丈二尺五寸三分寸之一則是大侯鵠下之數也其大侯下舌及躬并侯中三分之一揔一丈爲糝侯所掩於三丈二尺五寸三分寸之一減其一丈則是大侯下畔去地之數故鄭注大射云大侯去

足利本第六十九卷第十四葉

地二丈二尺五寸少半寸也其耦射人云王以六耦諸侯以四耦卿大夫士以三耦又射人云諸侯以下謂畿内也若畿外諸侯以下則皆三耦故大射及鄉射并左傳襄二十九年晉士鞅來聘射皆三耦是也其射宫所在天子大射必先習於澤宮而後射於射宫則此射義文也其射宫天子則在廟也故司服云享先公饗射則鷩冕司几筵云大朝覲大饗射依前南鄉是也其服鷩冕天子賔射則在朝故射人云諸侯在朝則皆北面是也其服皮弁服矣天子燕射則在寢以諸侯燕於小寢天子路寢之朝謂之燕朝者㪺知天子諸侯燕射在寢故鄉射記云君國中射則皮樹中鄭注云謂燕射也其服則玄冕緇衣素裳也諸侯以爲朝服燕禮云燕朝服於寢是其諸侯大射不顯畿内畿外之異案儀禮大射云公入鷔射畢而云入謂從郊入國也謂射在郊學也故鄉射記云於郊則閭中鄭注云大射於大學儀禮所陳多據畿外諸侯即畿内諸侯或亦然也其服無文故用皮弁以射在學宫學記云皮弁祭菜故

禮記義六十九　十四

也其諸侯賔射若在國則亦在朝與天子同若在國外相會則在竟故鄉射記云於竟則虎中鄭注云謂與鄰國君射也其服亦皮弁服也以聘禮君受聘皮弁故也其卿大夫以下射之所在及所服之衣無明文也此三射之外又有鄉射謂鄉大夫貢賢能之後行鄉射之禮而詢衆庶故鄉大夫職云獻賢能之書于王退而以鄉射之禮五物詢衆庶是也又有州長射于州序之禮其侯並同賔射之法故鄭注云鄉侯二正又有主皮之射凡主皮之射有二一是卿大夫從君田獵班餘獲而射書傳云凡祭取餘獲陳於澤然後卿大夫相與射也鄭注鄉射云主皮者無侯張獸皮而射之主於獲也二是庶人亦主皮之射故鄭注周禮云庶人無侯張皮而射之是也又有習武之射故司弓矢云弧弓以授射甲革椹質者是也　天子將祭必先習射於澤　澤者所以擇士也已射於澤而后射

潘本第六十九卷第十四葉

地二丈二尺五寸少半寸也其耦射人云王以六耦諸侯以四耦卿大夫士以三耦又射人云諸侯以下謂畿内也若畿外諸侯以下則皆三耦故大射及鄉射并左傳襄二十九年晉士鞅來聘射皆三耦是也其射宫所在天子大射必先習於澤宮而後射於射宫則此射義文也其射宫天子則在廟也故司服云享先公饗射則鷩冕司几筵云大朝覲大饗射依前南鄉是也其服鷩冕天子賔射則在朝故射人云諸侯在朝則皆北面是也其服皮弁服矣天子燕射則在寢以諸侯燕於小寢天子路寢之朝謂之燕朝者㪺知天子諸侯燕射在寢故鄉射記云君國中射則皮樹中鄭注云謂燕射也其服則玄冕緇衣素裳也諸侯以爲朝服燕禮云燕朝服於寢是其諸侯大射不顯畿内畿外之異案儀禮大射云公入鷔射畢而云入謂從郊入國也謂射在郊學也故鄉射記云於郊則閭中鄭注云大射於大學儀禮所陳多據畿外諸侯即畿内諸侯或亦然也其服無文故用皮弁以射在學宫學記云皮弁祭菜故

禮記義六十九　十四

也其諸侯賔射若在國則亦在朝與天子同若在國外相會則在竟故鄉射記云於竟則虎中鄭注云謂與鄰國君射也其服亦皮弁服也以聘禮君受聘皮弁故也其卿大夫以下射之所在及所服之衣無明文也此三射之外又有鄉射謂鄉大夫貢賢能之後行鄉射之禮而詢衆庶故鄉大夫職云獻賢能之書于王退而以鄉射之禮五物詢衆庶是也又有州長射于州序之禮其侯並同賔射之法故鄭注云鄉侯二正又有主皮之射凡主皮之射有二一是卿大夫從君田獵班餘獲而射書傳云凡祭取餘獲陳於澤然後卿大夫相與射也鄭注鄉射云主皮者無侯張獸皮而射之主於獲也二是庶人亦主皮之射故鄭注周禮云庶人無侯張皮而射之是也又有習武之射故司弓矢云弧弓以授射甲革椹質者是也　天子將祭必先習射於澤　澤者所以擇士也已射於澤而后射

足利本第六十九卷第十五葉

於射宮射中者得與於祭不中者不得與於祭不得與於祭者有讓削以地得與於祭者有慶益以地進爵絀地是也

澤宮名也士謂諸侯朝者諸臣及所貢士也皆先令習射於澤已乃射於射宮課中否也諸侯有慶者先進爵有讓者先削地 疏 正義曰前經已言數與於祭而君有慶數不與於祭而君有讓此經又重言者前經明諸侯貢士之制故賞罰所貢之君此經論人君將祭擇士賞罰其士之身故於此又重言也又前經貢士云容體合禮其節比樂此經直云射中與不中不云容體及射節者文不具也 天子將祭必先習射於澤澤者所以擇士也者澤是宮名於此宮中射而擇士故謂此宮爲澤澤所在無文蓋於寬閑之處近水澤而爲之也非唯祭而擇士餘射亦在其中故書傳論主皮射云嚮之取也於囿中勇力之取也今之取也於澤宮揖讓之取也是主皮之射亦近於澤也選士於澤不射侯也但試武而已故司弓矢云澤共射椹質之弓矢鄭司農引此射義之文以釋之是知於澤中射椹質而已又鄭注司弓矢云椹椹以爲射正射甲與椹試弓習武也其上皮之射則張皮亦揖讓也 有讓削以地有慶益以地者謂諸侯也 注 澤宮至削地 正義曰士謂諸侯朝者諸臣及所貢士也者以其助祭故知是此等之人前經論貢士與祭故知此經之士含貢士也云諸侯有慶者先進爵有讓者先削地者此解經進爵絀地之文以經之上文有讓削以地有慶益以地更揔云進爵絀地據有慶者先進爵有讓者先絀地進則爵輕於地故先進爵而後益以地也退則地輕於爵故先削地而後絀爵也

故男子生桑弧蓬矢六以射天地四方天地四方者男子

禮記義六十九 十五 陸訓

潘本第六十九卷第十五葉

於射宮射中者得與於祭不中者不得與於祭不得與於祭者有讓削以地得與於祭者有慶益以地進爵絀地是也

澤宮名也士謂諸侯朝者諸臣及所貢士也皆先令習射於澤已乃射於射宮課中否也諸侯有慶者先進爵有讓者先削地 疏 正義曰前經已言數與於祭而君有慶數不與於祭而君有讓此經又重言者前經明諸侯貢士之制故賞罰所貢之君此經論人君將祭擇士賞罰其士之身故於此又重言也又前經貢士云容體合禮其節比樂此經直云射中與不中不云容體及射節者文不具也 天子將祭必先習射於澤澤者所以擇士也者澤是宮名於此宮中射而擇士故謂此宮爲澤澤所在無文蓋於寬閑之處近水澤而爲之也非唯祭而擇士餘射亦在其中故書傳論主皮射云嚮之取也於囿中勇力之取也今之取也於澤宮揖讓之取也是主皮之射亦近於澤也選士於澤不射侯也但試武而已故司弓矢云澤共射椹質之弓矢鄭司農引此射義之文以釋之是知於澤中射椹質而已又鄭注司弓矢云椹椹以爲射正射甲與椹試弓習武也其上皮之射則張皮亦揖讓也 有讓削以地有慶益以地者謂諸侯也 注 澤宮至削地 正義曰士謂諸侯朝者諸臣及所貢士也者以其助祭故知是此等之人前經論貢士與祭故知此經之士含貢士也云諸侯有慶者先進爵有讓者先削地者此解經進爵絀地之文以經之上文有讓削以地有慶益以地更揔云進爵絀地據有慶者先進爵有讓者先絀地進則爵輕於地故先進爵而後益以地也退則地輕於爵故先削地而後絀爵也

故男子生桑弧蓬矢六以射天地四方天地四方者男子

禮記義六十九 十五 陸訓

足利本第六十九卷第十六葉

之所有事也故必先有志於其所有事然後敢用穀也飯食之謂也男子生則設弧於門左三日負之人爲之射乃卜食子也 疏 正義曰此一經明男子重射之義以男子生三日射人以桑弧蓬矢者則有爲射之志故長大重之桑弧蓬矢者取其質也所以用六者射天地四方也所以禮射唯四矢者示事有不用也四矢者象禦四方之亂 故必先有志於其所有事者言子初生三日用桑弧蓬矢六者欲使此子先有志意於其所有事之處謂於天地四方也 然後敢用穀也者三日射罷之後然後敢用穀以食其子也 飯食之謂也者至射畢用穀猶若事畢設飯食者故云飯食之謂也 射者仁之道也射求正諸己己正而后發發而不中則不怨勝己者求反諸己而已矣諸猶於也 孔子曰君子無所爭必也射乎揖讓而升下而飲其爭也君子必也射乎言君子至於射則有爭也下降也飲射爵者亦揖讓而升降勝者袒決遂執張弓不勝者襲說決拾卻左手右加弛弓於其上而升飲君子恥之是以射則爭中 疏 正義曰此一經明射是仁恩之道唯内求諸己不病害於物既求諸己恥其不勝乃有爭心矣 揖讓而升下而飲者下猶降也言將飲射爵之時揖讓而升堂又揖讓而降下而飲此罰爵既以禮升降其事可慙故也 其爭也君子者言雖君子因射亦有爭也 注 必也至爭中 正義曰此飲射爵者亦揖讓而升降者此解經揖讓而升下經稱揖讓謂飲射爵時揖讓非射時揖讓也故云飲射爵者亦揖讓而升降亦者亦如射時揖讓飲令亦揖讓故儀禮大射云耦

禮記義六十九 十六 吳宗

潘本第六十九卷第十六葉

之所有事也故必先有志於其所有事然後敢用穀也飯食之謂也男子生則設弧於門左三日負之人爲之射乃卜食子也 疏 正義曰此一經明男子重射之義以男子生三日射人以桑弧蓬矢者則有爲射之志故長大重之桑弧蓬矢者取其質也所以用六者射天地四方也所以禮射唯四矢者示事有不用也四矢者象禦四方之亂 故必先有志於其所有事者言子初生三日用桑弧蓬矢六者欲使此子先有志意於其所有事之處謂於天地四方也 然後敢用穀也者三日射罷之後然後敢用穀以食其子也 飯食之謂也者至射畢用穀猶若事畢設飯食者故云飯食之謂也 射者仁之道也射求正諸己己正而后發發而不中則不怨勝己者求反諸己而已矣諸猶於也 孔子曰君子無所爭必也射乎揖讓而升下而飲其爭也君子必也射乎言君子至於射則有爭也下降也飲射爵者亦揖讓而升降勝者袒決遂執張弓不勝者襲說決括卻左手右加弛弓於其上而升飲君子恥之是以射則爭中 疏 正義曰此一經明射是仁恩之道唯内求諸己不病害於物既求諸己恥其不勝乃有爭心矣 揖讓而升下而飲者下猶降也言將飲射爵之時揖讓而升堂又揖讓而降下而飲此罰爵既以禮升降其事可慙故也 其爭也君子者言雖君子因射亦有爭也 注 必也至爭中 正義曰此飲射爵者亦揖讓而升降者此解經揖讓而升下經稱揖讓謂飲射爵時揖讓非射時揖讓也故云飲射爵者亦揖讓而升降亦者亦如射時揖讓飲令亦揖讓故儀禮大射云耦

禮記義六十九 十六 徐源

足利本第六十九卷第十七葉

進上射 左並行當階北面揖及階揖升堂揖皆當其物北面揖揖射畢北面揖揖如升射是射時升降揖讓也大射 飲射爵之時勝者皆袒決遂執張弓不勝者皆襲說決拾卻左手右加弛弓于其上遂以執弣揖如始升射及階勝者先升升堂少右不勝者進北面坐取豐上之觶立卒觶坐奠於豐下興揖不勝者先降是飲射爵之時揖讓升降也

孔子曰射者何以射何以聽循聲而發發而不失正鵠者其唯賢者乎若夫不肖之人則彼將安能以中何以言其難也聲謂樂節也畫曰正棲皮曰鵠正之言正也鵠之言梏也梏直也言人正直乃能中也發或爲射詩云發彼有的以祈爾爵祈求也求中以辭爵

禮記義六十九　十七　王耕

也酒者所以養老也所以養病也求中以辭爵者辭養也發猶射也的謂所射之識也言射的必欲中之者以求不飲女爵也辭養讓見養也爾或爲有

【疏】正義曰前經論射求諸已乃有爭心故此明射中之難以中爲貴射者何以射者言爲射之人何以能使射中與樂節相應也何以聽者言何以能聽此樂節使與射中相合言射中樂節兩相應會至極難矣循聲而發發而不失正鵠者其唯賢者乎者此論射中與樂節相會爲難之事循聲者謂射者依循樂聲而發矢不失正鵠言其中矣如此者其由賢者乃能然是難也若夫不肖之人則彼將安能以中者不肖謂小人也言小人則不能循聲而發又不能持弓矢審固彼既如此則何能以中也詩云發彼有的以祈爾爵者此小雅賓之初筵之篇刺幽王之詩陳古之明王大射之禮發矢之時射彼所祈之的祈求也以求祈中辭

潘本第六十九卷第十七葉

進上射在左並行當階北面揖及階揖升堂揖皆當其物北面揖及物揖射畢北面揖揖如升射是射時升降揖讓也大射又云飲射爵之時勝者皆袒決遂執張弓不勝者皆襲說決拾卻左手右加弛弓于其上遂以執弣揖如始升射及階勝者先升升堂少右不勝者進北面坐取豐上之觶立卒觶坐奠於豐下興揖不勝者先降是飲射爵之時揖讓升降也

孔子曰射者何以射何以聽循聲而發發而不失正鵠者其唯賢者乎若夫不肖之人則彼將安能以中何以言其難也聲謂樂節也畫曰正棲皮曰鵠正之言正也鵠之言梏也梏直也言人正直乃能中也發或爲射詩云發彼有的以祈爾爵祈求也求中以辭爵

禮記義六十九　十七　王耕

也酒者所以養老也所以養病也求中以辭爵者辭養也發猶射也的謂所射之識也言射的必欲中之者以求不飲女爵也辭養讓見養也爾或爲有

【疏】正義曰前經論射求諸已乃有爭心故此明射中之難以中爲貴射者何以射者言爲射之人何以能使射中與樂節相應也何以聽者言何以能聽此樂節使與射中相合言射中樂節兩相應會至極難矣循聲而發發而不失正鵠者其唯賢者乎者此論射中與樂節相會爲難之事循聲者謂射者依循樂聲而發矢不失正鵠言其中矣如此者其由賢者乃能然是難也若夫不肖之人則彼將安能以中者不肖謂小人也言小人則不能循聲而發又不能持弓矢審固彼既如此則何能以中也詩云發彼有的以祈爾爵者此小雅賓之初筵之篇刺幽王之詩陳古之明王大射之禮發矢之時射彼所祈之的祈求也以求祈中辭

足利本第六十九卷第十八葉

爾所罰之酒爵也　求中以辭爵爵者辭養也者酒既養老又以養病今射者非病非老故求射中以辭讓此爵者辭讓見養老也不敢當其養禮也　注何以至中也　正義曰何以言其難者言此事難作何法以為之者言不可為也故云言其難也云聲謂樂節也者騶虞九節之屬也云畫曰正則賓射也棲皮曰鵠則大射也　注發猶至養也　正義曰云發猶射者解上發彼有的也云的謂所射之識也識猶記識之處即正鵠之中也云辭養讓見養也若已有老病而可受養今已為射不中而受爵是無功受養不敢當之故讓矣

禮記正義卷第六十九

禮記正義六十九　十八　鄭復

潘本第六十九卷第十八葉

爾所罰之酒爵也　求中以辭爵爵者辭養也者酒既養老又以養病今射者非病非老故求射中以辭讓此爵者辭讓見養老也不敢當其養禮也　注何以至中也　正義曰何以言其難者言此事難作何法以為之者言不可為也故云言其難也云聲謂樂節也者騶虞九節之屬也云畫曰正則賓射也棲皮曰鵠則大射也　注發猶至養也　正義曰云發猶射者解上發彼有的也云的謂所射之識也識猶記識之處即正鵠之中也云辭養讓見養也若已有老病而可受養今已為射不中而受爵是無功受養不敢當之故讓矣

禮記正義卷第六十九

禮記正義六十九　十八　鄭復

禮記正義卷第七十

國子祭酒上護軍曲阜縣開國子臣孔穎達等奉

勅撰

燕義第四十七

正義曰案鄭目録云名曰燕義者以其記君臣燕飲之禮上下相尊之義此於別録屬吉事案儀禮目録云諸侯無事若卿大夫有勤勞之功與群臣燕飲以樂之勤勞謂征伐聘問詩曰吉甫燕喜是也臣有王事之勞亦燕之故燕禮記云若有王事是也

古者周天子之官有庶子官庶子官職諸侯卿大夫士之庶子之卒掌其戒令與其教治別其等正其位職主也庶子猶諸子也周禮諸子之官司馬之屬也卒讀皆為倅諸子副代父者也戒令致於大子之事教治脩德學道位朝位也國有大事則率國子而致於大子唯所用之若有甲兵之事則授之以車甲合其卒伍置其有司以軍法治之司馬弗正國子諸子也軍法百人為卒五人為伍弗不也國子屬大子司馬雖有軍事不賦也凡國之政事國子存游卒使之脩德學道春合諸學

禮記正義卷第七十

國子祭酒上護軍曲阜縣開國子臣孔穎達等奉

勅撰

燕義第四十七

正義曰案鄭目録云名曰燕義者以其記君臣燕飲之禮上下相尊之義此於別録屬吉事案儀禮目録云諸侯無事若卿大夫有勤勞之功與群臣燕飲以樂之勤勞謂征伐聘問詩曰吉甫燕喜是也臣有王事之勞亦燕之故燕禮記云若有王事是也

古者周天子之官有庶子官庶子官職諸侯卿大夫士之庶子之卒掌其戒令與其教治別其等正其位職主也庶子猶諸子也周禮諸子之官司馬之屬也卒讀皆為倅諸子副代父者也戒令致於大子之事教治脩德學道位朝位也國有大事則率國子而致於大子唯所用之若有甲兵之事則授之以車甲合其卒伍置其有司以軍法治之司馬弗正國子諸子也軍法百人為卒五人為伍弗不也國子屬大子司馬雖有軍事不賦也凡國之政事國子存游卒使之脩德學道春合諸學

秋合諸射以考其藝而進退之游卒未仕者也學大學也射射官也燕禮有庶子官是以義載此以爲說

疏 正義曰此一節明諸侯與庶子燕飲之禮從篇首至末皆明燕飲之義但燕飲之禮有庶子官故方說燕禮之初先陳庶子之事各隨文解之　周天子之官有庶子官者此明庶子之義也謂作記之人在於周末追述周初之事故云古者言周之天子其下立官有庶子之官天子謂之諸子諸侯謂之庶子其所職掌諸子庶子同也故此記雖明諸侯庶子職掌其所載之事皆諸子職文也　庶子官職諸侯卿大夫士之庶子之卒者言此官職主諸侯及卿大夫士衆庶之子副倅於父之事所以官名庶子　掌其戒令者此等衆子須有戒法政令而庶子官掌之　與其教治者與猶及也教謂教學治謂治身言非但掌戒令而已及其教治亦皆掌之　別其等者謂分別其貴賤之等正其位者正其朝廷所立之位也此記云諸侯卿大夫士之庶子之卒周禮諸子職則云掌國子之倅唯此爲別但諸子職揔謂之國子此云諸侯卿大夫士之庶子者是其適子也謂之庶者庶衆也以其適子衆多故揔謂之庶子非適子庶弟而稱庶子也必知適子者以其云倅是副貳於父之言故鄭注諸子職云國子者是公卿大夫士之副貳又引王制云王大子王子羣后之大子卿大夫元士之適子是也

注 職主至位也　正義曰云周禮諸子之官司馬之屬也者案周禮諸子下大夫屬司馬云卒讀皆爲倅者以經云庶子之卒下文云國子存游卒以卒字非一故云卒皆爲倅若旁置人者是副倅之倅若不置人者則百人爲卒之卒故讀卒從倅也云諸子副代父者也此諸適子皆副代於父與父爲倅故稱倅也云戒令致於大子之事者則下文云國有大事則率國子而致於大子其事非一故云戒令致於大子之事云位朝位也者此等諸子雖未爲官皆繼父尊卑以爲等級故有別其等正其位也　唯所用之者若國有大事之時而進致諸子於大子唯任大子

秋合諸射以考其藝而進退之游卒未仕者也學大學也射射官也燕禮有庶子官是以義載此以爲說

疏 正義曰此一節明諸侯與庶子燕飲之禮從篇首至末皆明燕飲之義但燕飲之禮有庶子官故方說燕禮之初先陳庶子之事各隨文解之　周天子之官有庶子官者此明庶子之義也謂作記之人在於周末追述周初之事故云古者言周之天子其下立官有庶子之官天子謂之諸子諸侯謂之庶子其所職掌諸子庶子同也故此記雖明諸侯庶子職掌其所載之事皆諸子職文也　庶子官職諸侯卿大夫士之庶子之卒者言此官職主諸侯及卿大夫士衆庶之子副倅於父之事所以官名庶子　掌其戒令者此等衆子須有戒法政令而庶子官掌之　與其教治者與猶及也教謂教學治謂治身言非但掌戒令而已及其教治亦皆掌之　別其等者謂分別其貴賤之等正其位者正其朝廷所立之位也此記云諸侯卿大夫士之庶子之卒周禮諸子職則云掌國子之倅唯此爲別但諸子職揔謂之國子此云諸侯卿大夫士之庶子者是其適子也謂之庶者庶衆也以其適子衆多故揔謂之庶子非適子庶弟而稱庶子也必知適子者以其云倅是副貳於父之言故鄭注諸子職云國子者是公卿大夫士之副貳又引王制云王大子王子羣后之大子卿大夫元士之適子是也

注 職主至位也　正義曰云周禮諸子之官司馬之屬也者案周禮諸子下大夫屬司馬云卒讀皆爲倅者以經云庶子之卒下文云國子存游卒以卒字非一故云卒皆爲倅若旁置人者是副倅之倅若不置人者則百人爲卒之卒故讀卒從倅也云諸子副代父者也此諸適子皆副代於父與父爲倅故稱倅也云戒令致於大子之事者則下文云國有大事則率國子而致於大子其事非一故云戒令致於大子之事云位朝位也者此等諸子雖未爲官皆繼父尊卑以爲等級故有別其等正其位也　唯所用之者若國有大事之時而進致諸子於大子唯任大子

禮記義七十　二

隨時所用也　合其卒伍置其有司者言若國有甲兵之事則庶子之官付授以車申合會之以卒伍置立之以有司謂立其主將使統領之用軍旅之法治理之　司馬弗正者弗不也正役也以此等諸子既統屬大子隨大子從發王家之事司馬不得征役之也　凡國之政事國子存游卒者前經云國有大事謂祭祀或宿衛又云甲兵之事此經別云國之政事則非大事與甲兵也是國之尋常小小之政事謂力役土功胥徒之屬不與于國子唯民庶所爲國子存游卒未仕者之中不干其事也　使之脩德學道者既不與國子之尋常政事但使之脩行其德學習道藝也　春合諸學者謂仲春之時合此諸子在於大學秋合諸射者謂仲秋之時合其諸子在於射宮使之脩德學道或容習射也　以考其藝而進退之者是庶子之官考校其藝之高下而進退其能否能者進之否者退之

注游卒至爲說　正義曰游卒未仕者也案師氏職云凡國之貴游子弟學焉鄭注云貴游子弟王公之子弟游無

禮記疏七十　三　陳文

官司者則此游卒是游逸以爲副倅故云未仕者云學大學也者以大胥云春釋采合舞文王世子云春夏學干戈秋冬學羽籥皆於東序初教在東序至合時則在周之大學故云學大學也云射射宮也擇士習射之宮也又周禮大胥云秋頒學合聲其合聲之時則亦在大學文王世子云凡大合樂必遂養老鄭云春合舞秋合聲是養老在東序也故知大合樂在東序云燕禮有庶子官是以義載此以爲說者案燕禮云主人升自西階獻庶子于阼階上又云庶子執燭是燕禮有庶子官也以庶子於燕有事是以燕義於此說庶子職掌故云載此以爲說也　諸侯燕禮之義君立阼階之東南南鄉爾卿大夫皆少進定位也君席阼階之上居主位也君獨升立席上西面特立莫

足利本第七十卷第三葉

潘本第七十卷第三葉

隨時所用也　合其卒伍置其有司者言若國有甲兵之事則庶子之官付授以車申合會之以卒伍置立之以有司謂立其主將使統領之用軍旅之法治理之　司馬弗正者弗不也正役也以此等諸子既統屬大子隨大子從發王家之事司馬不得征役之也　凡國之政事國子存游卒者前經云國有大事謂祭祀或宿衛又云甲兵之事此經別云國之政事則非大事與甲兵也是國之尋常小小之政事謂力役土功胥徒之屬不與于國子唯民庶所爲國子存游卒未仕者之中不干其事也　使之脩德學道者既不與國子之尋常政事但使之脩行其德學習道藝也　春合諸學者謂仲春之時合此諸子在於大學秋合諸射者謂仲秋之時合其諸子在於射宮使之脩德學道或容習射也　以考其藝而進退之者是庶子之官考校其藝之高下而進退其能否能者進之否者退之

注游卒至爲說　正義曰游卒未仕者也案師氏職云凡國之貴游子弟學焉鄭注云貴游子弟王公之子弟游無

禮記義七十　三　陳文

官司者則此游卒是游逸以爲副倅故云未仕者云學大學也者以大胥云春釋采合舞文王世子云春夏學干戈秋冬學羽籥皆於東序初教在東序至合時則在周之大學故云學大學也云射射宮也擇士習射之宮也又周禮大胥云秋頒學合聲其合聲之時則亦在大學文王世子云凡大合樂必遂養老鄭云春合舞秋合聲是養老在東序也故知大合樂在東序云燕禮有庶子官是以義載此以爲說者案燕禮云主人升自西階獻庶子于阼階上又云庶子執燭是燕禮有庶子官也以庶子於燕有事是以燕義於此說庶子職掌故云載此以爲說也　諸侯燕禮之義君立阼階之東南南鄉爾卿大夫皆少進定位也君席阼階之上居主位也君獨升立席上西面特立莫

足利本第七十卷第四葉

敢適之義也定位者爲其始入䟡踖揖而安定也疏正義曰此經說燕禮之初君獨升立於阼階之上明君尊莫敢敵之義也皆引燕禮正經記者以義說之 卿大夫皆少進定位也者案燕禮卿大夫皆入門右北面君南鄉爾卿卿西面北上爾大夫大夫皆少進皆北面所以然者定羣臣之位也定位之語是記者之辭也 君席阼階之上居主位也者居主位之語亦記者辭也 君獨升立席上西面特立莫敢適之義也者莫敢適言臣下莫敢與君敵疋而爲禮亦是記者之言也設賓主飲酒之禮也使宰夫爲獻主臣莫敢與君亢禮也不以公卿爲賓而以大夫爲賓爲疑也明嫌之義也賓入中庭君降一等而揖之禮之也設賓主者飲酒致歡也宰夫主膳食之官也天子使膳宰爲主人公孤也疑自下上至之辭也公卿尊矣復以爲賓則尊與君大相近疏正義曰此經明燕禮臣莫敢亢君君又屈而禮之也 而以大夫爲賓爲疑也者公卿朝臣之尊賓又敵主之義若以公卿爲賓疑其敵君之義爲其嫌疑故所以使大夫爲賓明其遠嫌之義也 君降一等而揖之禮之也賓既至庭君降階一等而揖之是以禮待於賓也故云禮之禮之亦記者辭也注設賓至相近 正義曰云天子使膳宰爲主人者文王世子文云公孤也者此諸侯燕臣子之禮而稱公故知是上公得置孤孤止一人而燕禮云諸公者鄭注彼云諸者容牧有三監也云疑自下上至之辭也者疑擬也是在下比擬於上故云自下上至之辭也云尊與君大相近者言公卿在朝位與君相近今若使爲賓被君所敬則其尊與君大相逼近故經云以大夫爲賓爲其疑故也君舉旅於賓及君

禮記義七十　四

潘本第七十卷第四葉

敢適之義也定位者爲其始入䟡踖揖而安定也疏正義曰此經說燕禮之初君獨升立於阼階之上明君尊莫敢敵之義也皆引燕禮正經記者以義說之 卿大夫皆少進定位也者案燕禮卿大夫皆入門右北面君南鄉爾卿卿西面北上爾大夫大夫皆少進皆北面所以然者定羣臣之位也定位之語是記者之辭也 君席阼階之上居主位也者居主位之語亦記者辭也 君獨升立席上西面特立莫敢適之義也者莫敢適言臣下莫敢與君敵疋而爲禮亦是記者之言也設賓主飲酒之禮也使宰夫爲獻主臣莫敢與君亢禮也不以公卿爲賓而以大夫爲賓爲疑也明嫌之義也賓入中庭君降一等而揖之禮之也設賓主者飲酒致歡也宰夫主膳食之官也天子使膳宰爲主人公孤也疑自下上至之辭也公卿尊矣復以爲賓則尊與君大相近疏正義曰此經明燕禮臣莫敢亢君君又屈而禮之也 而以大夫爲賓爲疑也者公卿朝臣之尊賓又敵主之義若以公卿爲賓疑其敵君之義爲其嫌疑故所以使大夫爲賓明其遠嫌之義也 君降一等而揖之禮之也賓既至庭君降階一等而揖之是以禮待於賓也故云禮之禮之亦記者辭也注設賓至相近 正義曰云天子使膳宰爲主人者文王世子文云公孤也者此諸侯燕臣子之禮而稱公故知是上公得置孤孤止一人而燕禮云諸公者鄭注彼云諸者容牧有三監也云疑自下上至之辭也者疑擬也是在下比擬於上故云自下上至之辭也云尊與君大相近者言公卿在朝位與君相近今若使爲賓被君所敬則其尊與君大相逼近故經云以大夫爲賓爲其疑故也君舉旅於賓及君

禮記義七十　四

所賜爵皆降再拜稽首升成拜明臣禮也君答拜之禮無不答明君上之禮也臣下竭力盡能以立功於國君必報之以爵祿故臣下皆務竭力盡能以立功是以國安而君寧禮無不答言上之不虛取於下也上必明正道以道民民道之而有功然後取其什一故上用足而下不匱也是以上下和親而不相怨也

和寧禮之用也此君臣上下之大義也故曰燕禮者所以明君臣之義也言聖人制禮因事以託政臣再拜稽首是其竭力也君答拜之是其報以祿惠也

疏 正義曰此一經明燕禮臣盡禮於下君答之於上上下交歡而不相怨明君臣之義也 君舉旅於賓者謂舉旅酬之酒以酬賓 及君所賜爵者特賜臣下之爵 皆降再拜稽首升成拜者謂賓受君之酬及臣受君賜爵皆降自西階再拜稽首以受君恩又升堂更再拜稽首以成拜也故燕禮云公酬賓賓降西階下再拜稽首公命小臣辭賓升成拜鄭云升成拜復再拜稽首也至禮殺之後賓下堂是欲拜君則辭之賓未拜也賓乃升堂再拜稽首鄭注云不言成拜者以其下堂未拜故也燕禮云公卒觶賓下拜小臣辭賓升再拜稽首鄭注云不言成拜者爲拜故下賓未拜也下不敢輒拜禮殺也 臣下

所賜爵皆降再拜稽首升成拜明臣禮也君答拜之禮無不答明君上之禮也臣下竭力盡能以立功於國君必報之以爵祿故臣下皆務竭力盡能以立功是以國安而君寧禮無不答言上之不虛取於下也上必明正道以道民民道之而有功然後取其什一故上用足而下不匱也是以上下和親而不相怨也

和寧禮之用也此君臣上下之大義也故曰燕禮者所以明君臣之義也言聖人制禮因事以託政臣再拜稽首是其竭力也君答拜之是其報以祿惠也

疏 正義曰此一經明燕禮臣盡禮於下君答之於上上下交歡而不相怨明君臣之義也 君舉旅於賓者謂舉旅酬之酒以酬賓 及君所賜爵者特賜臣下之爵 皆降再拜稽首升成拜者謂賓受君之酬及臣受君賜爵皆降自西階再拜稽首以受君恩又升堂更再拜稽首以成拜也故燕禮云公酬賓賓降西階下再拜稽首公命小臣辭賓升成拜鄭云升成拜復再拜稽首也至禮殺之後賓下堂是欲拜君則辭之賓未拜也賓乃升堂再拜稽首鄭注云不言成拜者以其下堂未拜故也燕禮云公卒觶賓下拜小臣辭賓升再拜稽首鄭注云不言成拜者爲拜故下賓未拜也下不敢輒拜禮殺也 臣下

足利本第七十卷第六葉

竭力盡能以立功於國者案燕禮君賜爵之時再拜稽首示竭力盡能立功於國也　君必報之以爵祿者以燕禮臣拜君皆答之者示君報之以爵祿也　禮無不答言上之不虛取於下也者以燕禮凡臣之拜君無不答拜之示爲上之道不虛取於下也上必須報之也　上必明正道以道民民道之而有功者上下必須相報故在上明正教以教道於民民亦依君訓道有功報上也　然後取其什一者前明君臣相報此明君民上下相報君既薄斂於上民亦什一而稅於下故國家用足而下不匱乏是上下和平親睦而不相怨恨也　和寧禮之用也者上下和親是和也而不相怨是安寧也和之與寧禮之所用以結成上文也

席小卿次上卿大夫次小卿士庶子以次就位於下獻君君舉旅行酬而后獻卿卿舉旅行酬而后

禮記義七十下　六　王林

獻大夫大夫舉旅行酬而后獻士士舉旅行酬而后獻庶子俎豆牲體薦羞皆有等差所以明貴賤也

牲體俎實也薦謂脯醢也羞庶羞也

疏

正義曰此明尊卑上下席位之所受獻旅酬之差貴賤先後之義　席小卿次上卿者案燕禮上卿在賓席之東小卿在賓席之西隔越於賓席而云次上卿者以俱南面東上遥相次耳　大夫次小卿者案燕禮大夫在小卿之西故燕禮云辯獻大夫遂薦之繼賓以西東上　士庶子以次就位於下者燕禮于西階上獻士既受獻者立於阼階下西面北上獻庶子于阼階上既獻立於阼階下故云士庶子以次就位於下也　獻君君舉旅行酬者案燕禮宰夫爲主人酌以獻賓賓飲畢酌以酢主人主人飲畢酌以獻君君飲畢酌以酢主人更爵以受酢于阼階下飲卒爵

潘本第七十卷第六葉

竭力盡能以立功於國者案燕禮君賜爵之時再拜稽首示竭力盡能立功於國也　君必報之以爵祿者以燕禮臣拜君皆答之者示君報之以爵祿也　禮無不答言上之不虛取於下也者以燕禮凡臣之拜君無不答拜之示爲上之道不虛取於下也上必須報之也　上必明正道以道民民道之而有功者上下必須相報故在上明正教以教道於民民亦依君訓道有功報上也　然後取其什一者前明君臣相報此明君民上下相報君既薄斂於上民亦什一而稅於下故國家用足而下不匱乏是上下和平親睦而不相怨恨也　和寧禮之用也者上下和親是和也而不相怨是安寧也和之與寧禮之所用以結成上文也

席小卿次上卿大夫次小卿士庶子以次就位於下獻君君舉旅行酬而后獻卿卿舉旅行酬而后

禮記義七十下　六　王林

獻大夫大夫舉旅行酬而后獻士士舉旅行酬而后獻庶子俎豆牲體薦羞皆有等差所以明貴賤也

牲體俎實也薦謂脯醢也羞庶羞也

疏

正義曰此明尊卑上下席位之所受獻旅酬之差貴賤先後之義　席小卿次上卿者案燕禮上卿在賓席之東小卿在賓席之西隔越於賓席而云次上卿者以俱南面東上遥相次耳　大夫次小卿者案燕禮大夫在小卿之西故燕禮云辯獻大夫遂薦之繼賓以西東上　士庶子以次就位於下者燕禮于西階上獻士既受獻者立於阼階下西面北上獻庶子于阼階上既獻立於阼階下故云士庶子以次就位於下也　獻君君舉旅行酬者案燕禮宰夫爲主人酌以獻賓賓飲畢酌以酢主人主人飲畢酌以獻君君飲畢酌以酢主人更爵以受酢于阼階下飲卒爵

主人又洗觚酬主人先飲卒爵酌以酬賓賓受觚坐奠于薦東訖小臣請媵爵者二人媵爵阼階下皆北面媵爵于公媵爵者先自飲畢媵爵者洗象觶酌奠于公席之前公坐取所媵之觶以酬賓賓於時下再拜稽首公命小臣辭賓升成拜公立卒觶賓乃受公虛爵酌之酬大夫于西階上衆大夫相酬畢奠虛觶于篚此是獻君君舉旅行酬也　而后獻卿卿舉旅行酬者案燕禮主人洗升賓散獻卿于西階上獻卿畢小臣又請媵爵者公使二人媵爵奠于公前公又行一爵若賓若長唯公所酬以旅于西階上大夫辯而止此是爲卿旅酬也燕禮直云卿不云大卿小卿之異則小卿大卿俱同獻也　而后獻大夫大夫舉旅行酬者案燕禮主人洗獻大夫于西階上大夫辯受獻乃納工獻衆工畢公又舉奠觶唯公所賜以旅于西階上此是獻大夫爲大夫而旅酬也　而后獻士士舉旅行酬者案燕禮説屨升堂坐之後主人獻士于西階上獻士辯又獻旅食賓媵觚于公公坐取賓所媵觶興唯公所賜乃就席坐

行之終於大夫終受者興以酬士士舉旅于西階上此是獻士爲旅酬也　而后獻庶子者庶子卑不爲之舉旅但無筭爵之節執爵者酌而旅之　俎豆牲體薦羞皆有等差者公及卿大夫士等牲體薦羞之節皆有等差但燕禮不載無以言也

聘義第四十八

正義曰案鄭目録云名曰聘義者以其記諸侯之國交相聘問之禮重禮輕財之義也此於別録屬吉事此聘義釋儀禮聘禮之義但儀禮聘禮者謂大聘使卿故經云及竟張旜旜是孤卿所建也聘禮謂侯伯之卿故經云上介奉東錦士介四人皆奉玉錦介凡五人故知侯伯之卿此聘義所釋包五等之卿故此經云上公七介

侯伯五介子男三

介皆謂其卿也

主人又洗觚酬主人先飲卒爵酌以酬賓賓受觚坐奠于薦東訖小臣請媵爵者二人媵爵阼階下皆北面媵爵于公媵爵者先自飲畢媵爵者洗象觶酌奠于公席之前公坐取所媵之觶以酬賓賓於時下再拜稽首公命小臣辭賓升成拜公立卒觶賓乃受公虛爵酌之酬大夫于西階上衆大夫相酬畢奠虛觶于篚此是獻君君舉旅行酬也　而后獻卿卿舉旅行酬者案燕禮主人洗升賓散獻卿于西階上獻卿畢小臣又請媵爵者公使二人媵爵奠于公前公又行一爵若賓若長唯公所酬以旅于西階上大夫辯而止此是爲卿旅酬也燕禮直云卿不云大卿小卿之異則小卿大卿俱同獻也　而后獻大夫大夫舉旅行酬者案燕禮主人洗獻大夫于西階上大夫辯受獻乃納工獻衆工畢公又舉奠觶唯公所賜以旅于西階上此是獻大夫爲大夫而旅酬也　而后獻士士舉旅行酬者案燕禮説屨升堂坐之後主人獻士于西階上獻士辯又獻旅食賓媵觚于公公坐取賓所媵觶興唯公所賜乃就席坐

禮記義七十　七　翁祥

行之終於大夫終受者興以酬士士舉旅于西階上此是獻士爲旅酬也　而后獻庶子者庶子卑不爲之舉旅但無筭爵之節執爵者酌而旅之　俎豆牲體薦羞皆有等差者公及卿大夫士等牲體薦羞之節皆有等差但燕禮不載無以言也

聘義第四十八

正義曰案鄭目録云名曰聘義者以其記諸侯之國交相聘問之禮重禮輕財之義也此於別録屬吉事此聘義釋儀禮聘禮之義但儀禮聘禮者謂大聘使卿故經云及竟張旜旜是孤卿所建也聘禮謂侯伯之卿故經云上介奉東錦士介四人皆奉玉錦介凡五人故知侯伯之卿此聘義所釋包五等之卿故此經云上公七介

侯伯五介子男三

介皆謂其卿也

足利本第七十卷第八葉

聘禮上公七介侯伯五介子男三介所以明貴賤也此皆使卿出聘之介數也大行人職曰凡諸侯之卿其禮各下其君二等

疏正義曰此篇揔明聘義各顯聘禮之經於上以義釋之於下從首至末又明聘所執玉又因明有諸德之義今各依文解之今此一經以介數不同明貴賤有異皆謂使卿出聘之介數也　上公七介者若上公親行則九介其卿降二等故七介侯伯子男以次差之義可知也

介紹而傳命君子於其所尊弗敢質敬之至也質謂正自相當

疏正義曰此一節明聘禮之有介傳達賓主之命敬之至極也

三讓而后傳命三讓而后入廟門三揖而后至階三讓而后升所以致尊讓也此揖讓主謂賓也三讓而后傳命賓至廟門主人請事時也賓見主人陳擯以大客禮當己則三讓之不得命乃傳其君之聘命也三讓而後入廟門讓主人廟受也小行人職曰凡四方之使者大客則擯小客則受其幣聽其辭

疏正義曰上經明設介傳命致敬之義此經明欲傳命之時先須三讓又傳命之後入廟門及升階揖讓之節明賓所以尊讓主人　三讓而后傳命者謂賓在大門外見主人陳擯以大客之禮待己己不敢當三度辭讓主人不許乃後傳聘君之命　三讓而后入廟門者謂賓既傳命之後主君延賓而入至廟將欲廟受賓不敢當之故三讓而后入廟門主君在東賓差退在西相嚮三讓乃入廟門也　三揖而后至階者初入廟門一揖也當階北面又揖二揖也當碑又揖三揖也　三讓而后升者謂主君揖賓至階主君讓賓升賓讓主君如此者三主君乃先升賓乃升也　所以致尊讓也言如此者是賓致其尊

禮記義七十　八　吳宗

潘本第七十卷第八葉

聘禮上公七介侯伯五介子男三介所以明貴賤也此皆使卿出聘之介數也大行人職曰凡諸侯之卿其禮各下其君二等

疏正義曰此篇揔明聘義各顯聘禮之經於上以義釋之於下從首至末又明聘所執玉又因明有諸德之義今各依文解之今此一經以介數不同明貴賤有異皆謂使卿出聘之介數也　上公七介者若上公親行則九介其卿降二等故七介侯伯子男以次差之義可知也

介紹而傳命君子於其所尊弗敢質敬之至也質謂正自相當

疏正義曰此一節明聘禮之有介傳達賓主之命敬之至極也

三讓而后傳命三讓而后入廟門三揖而后至階三讓而后升所以致尊讓也此揖讓主謂賓也三讓而后傳命賓至廟門主人請事時也賓見主人陳擯以大客禮當己則三讓之不得命乃傳其君之聘命也三讓而後入廟門讓主人廟受也小行人職曰凡四方之使者大客則擯小客則受其幣聽其辭

疏正義曰上經明設介傳命致敬之義此經明欲傳命之時先須三讓又傳命之後入廟門及升階揖讓之節明賓所以尊讓主人　三讓而后傳命者謂賓在大門外見主人陳擯以大客之禮待己己不敢當三度辭讓主人不許乃後傳聘君之命　三讓而后入廟門者謂賓既傳命之後主君延賓而入至廟將欲廟受賓不敢當之故三讓而后入廟門主君在東賓差退在西相嚮三讓乃入廟門也　三揖而后至階者初入廟門一揖也當階北面又揖二揖也當碑又揖三揖也　三讓而后升者謂主君揖賓至階主君讓賓升賓讓主君如此者三主君乃先升賓乃升也　所以致尊讓也言如此者是賓致其尊

禮記義七十　八　吳宗

足利本第七十卷第九葉

敬讓主人之心也 注 此揖至其辭 正義曰知此揖讓主謂賓者以三讓而后傳命及三讓而后入廟門皆賓先讓也三揖至階三讓而后升雖主人爲首皆賓讓而後至於主人若賓不讓則不至於三是揖讓之事皆賓爲主故云此揖讓主謂賓也云三讓而後傳命賓至廟門主人請事時也者鄭解三讓而後傳命之節正當賓至主人大門主人請事之時案聘禮賓至大門主人陳介而請事此云廟門者有廟字者誤也案鄭注鄉飲酒云事同曰讓事異曰辭此主人以大客禮賓賓不敢當大客之禮乃是事異應云三辭而云三讓者但鄭於儀禮自上下爲例此云三讓記者之言辭之與讓其義亦通也云乃傳其君之聘命也解經傳命之言案聘禮注云賓至末介上擯至末擯亦相去三丈六尺賓乃傳聘君之命於上擯也故云傳其君之聘命也案司儀職兩君相見則交擯若臣聘於君則旅擯交擯傳命者聘禮注云其傳命各鄉本受命反面傳而下及末則鄉受之反面傳而上又受命傳而下其旅擯之

禮記義七十　九　蔣信

時不上下相傳直賓及上擯相對而語交擯與旅擯雖別揔而言之皆是傳命故注聘禮引此介紹而傳命謂時交擯而傳命也今此聘義介紹傳命論相聘也及三讓而后傳命皆聘之旅擯亦是傳命也熊氏皇氏皆以此介紹傳命爲朝之交擯今此聘義不釋朝乃於聘義之中而記朝之傳命理爲不可又鄭此注傳其聘君之命其義分明熊氏皇氏之說未盡善也云三讓而後入廟門者案聘禮入廟門之時無三讓之文不備也云讓主人廟受也者解入廟門三讓之意主人於廟受賓之禮言賓不敢當其廟受故云讓主人之廟受也引小行人職者證大客來主人有擯迎之法 君使士迎于竟大夫郊勞君親拜迎于大門之內而廟受北面拜貺拜君命之辱所以致敬也 貺賜也賓致命公當楣再拜拜聘君之恩惠辱命來聘者也

潘本第七十卷第九葉

敬讓主人之心也 注 此揖至其辭 正義曰知此揖讓主謂賓者以三讓而后傳命及三讓而后入廟門皆賓先讓也三揖至階三讓而后升雖主人爲首皆賓讓而後至於主人若賓不讓則不至於三是揖讓之事皆賓爲主故云此揖讓主謂賓也云三讓而後傳命賓至廟門主人請事時也者鄭解三讓而後傳命之節正當賓至主人大門主人請事之時案聘禮賓至大門主人陳介而請事此云廟門者有廟字者誤也案鄭注鄉飲酒云事同曰讓事異曰辭此主人以大客禮賓賓不敢當大客之禮乃是事異應云三辭而云三讓者但鄭於儀禮自上下爲例此云三讓記者之言辭之與讓其義亦通也云乃傳其君之聘命也解經傳命之言案聘禮注云賓至末介上擯至末擯亦相去三丈六尺賓乃傳聘君之命於上擯也故云傳其君之聘命也案司儀職兩君相見則交擯若臣聘於君則旅擯交擯傳命者聘禮注云其傳命各鄉本受命反面傳而下及末則鄉受之反面傳而上又受命傳而下其旅擯之

禮記義七十　九　蔣信

時不上下相傳直賓及上擯相對而語交擯與旅擯雖別揔而言之皆是傳命故注聘禮引此介紹而傳命謂時交擯而傳命也今此聘義介紹傳命論相聘也及三讓而后傳命皆聘之旅擯亦是傳命也熊氏皇氏皆以此介紹傳命爲朝之交擯今此聘義不釋朝乃於聘義之中而記朝之傳命理爲不可又鄭此注傳其聘君之命其義分明熊氏皇氏之說未盡善也云三讓而後入廟門者案聘禮入廟門之時無三讓之文不備也云讓主人廟受也者解入廟門三讓之意主人於廟受賓之禮言賓不敢當其廟受故云讓主人之廟受也引小行人職者證大客來主人有擯迎之法 君使士迎于竟大夫郊勞君親拜迎于大門之內而廟受北面拜貺拜君命之辱所以致敬也 貺賜也賓致命公當楣再拜拜聘君之恩惠辱命來聘者也

足利本第七十卷第十葉

疏　正義曰前經明賓致尊讓於主君故此經明主君尊敬聘客所以致敬於彼君之命也　君使士迎於竟謂主君使士迎客於竟故聘禮賓及竟張旜君使士請事遂以入是也　大夫郊勞　聘禮云賓至于近郊君使下大夫請行君又使卿朝服用束帛勞此大夫郊勞者即卿也　君親拜迎于大門之內而廟受案聘禮賓入門左公再拜是君拜迎於大門之內聘禮又云及廟門公揖入納賓賓入門左賓升西楹西東面是廟受也北面拜貺者君於阼階之上北面再拜拜聘君之貺貺謂惠賜也聘禮云公當楣再拜是也　拜君命之辱者釋此北面拜貺之義也言主君所以北面拜貺者拜聘君之命來屈辱也　所以致敬也言主君致敬於聘君　敬讓也者君子之所以相接也故諸侯相接以敬讓則不相侵陵　君子之相接賓讓而主人敬也　疏　正義曰此

阮[illegible]

禮記義七十　十

一經揔結上賓致尊讓於主君主君又致敬於聘君故賓主交相敬讓者是君子所以相接待也敬讓則不相侵陵者以主人致敬賓致讓同心以禮相接故不相侵陵　卿爲上擯大夫爲承擯士爲紹擯君親禮賓賓私面私覿致饔餼還圭璋賄贈饗食燕所以明賓客君臣之義也　設大禮則賓客之也或不親而使臣則爲君臣也　疏　正義曰主國之卿爲上擯接迎於賓　大夫爲承擯者承副上擯也　士爲紹擯者紹繼也謂繼續承擯案聘禮注其位相承繼又聘禮注云主君公也則擯者五人侯伯也則擯者四人子男也則擯者三人其待聘客及朝賓其擯數皆然故大行人云上公擯者五人侯伯四人子男三人謂迎朝賓也若擯者五人則士爲紹擯者三人若擯者四人則士爲紹擯

潘本第七十卷第十葉

疏　正義曰前經明賓致尊讓於主君故此經明主君尊敬聘客所以致敬於彼君之命也　君使士迎於竟謂主君使士迎客於竟故聘禮賓及竟張旜君使士請事遂以入是也　大夫郊勞　聘禮云賓至于近郊君使下大夫請行君又使卿朝服用束帛勞此大夫郊勞者即卿也　君親拜迎于大門之內而廟受案聘禮賓入門左公再拜是君拜迎於大門之內聘禮又云及廟門公揖入納賓賓入門左賓升西楹西東面是廟受也北面拜貺者君於阼階之上北面再拜拜聘君之貺貺謂惠賜也聘禮云公當楣再拜是也　拜君命之辱者釋此北面拜貺之義也言主君所以北面拜貺者拜聘君之命來屈辱也　所以致敬也言主君致敬於聘君　敬讓也者君子之所以相接也故諸侯相接以敬讓則不相侵陵　君子之相接賓讓而主人敬也　疏　正義曰此

阮[illegible]

禮記義七十　十

一經揔結上賓致尊讓於主君主君又致敬於聘君故賓主交相敬讓者是君子所以相接待也敬讓則不相侵陵者以主人致敬賓致讓同心以禮相接故不相侵陵　卿爲上擯大夫爲承擯士爲紹擯君親禮賓賓私面私覿致饔餼還圭璋賄贈饗食燕所以明賓客君臣之義也　設大禮則賓客之也或不親而使臣則爲君臣也　疏　正義曰主國之卿爲上擯接迎於賓　大夫爲承擯者承副上擯也　士爲紹擯者紹繼也謂繼續承擯案聘禮注其位相承繼又聘禮注云主君公也則擯者五人侯伯也則擯者四人子男也則擯者三人其待聘客及朝賓其擯數皆然故大行人云上公擯者五人侯伯四人子男三人謂迎朝賓也若擯者五人則士爲紹擯者三人若擯者四人則士爲紹擯

者二人君擯者三人則士爲紹擯一人　君親禮賓者
行聘已訖君親執醴以禮賓故聘禮賓行聘訖宰夫徹几
改筵公出迎賓以入公側授醴賓受醴公拜送醴是也
賓私面私覿者私面謂私以己禮面見主國之卿大夫也
私覿者私以己禮覿主國之君以其非公聘正禮故謂之
私案聘禮私面在後此先云私面者記者便文無義例也
面亦見也以其於臣禮質故以面言之故聘禮注云面亦
見也其謂之面威儀質也此於臣謂之面而司儀云諸公
之臣相爲國客私面私獻注云私面私覿也又以私面爲
私覿者以司儀之文但云私面私獻不云私覿故以私面
爲私覿也昭六年左傳楚公子棄疾見鄭伯以其乘馬八
匹私面於君而稱面者因行過鄭而面鄭伯非正禮故雖
君亦稱面也　致饔餼者謂行聘之日主君使卿致饔餼
之禮於賓館案聘禮君使卿韋弁歸饔餼五牢注云牲殺
曰饔生曰餼又曰飪一牢鼎九設于西階前腥二牢鼎二
七設于阼階前餼二牢陳于門西北面東上是也案聘禮

餼既爲生而左傳僖三十三年云餼牽竭矣服虔云死曰
餼者以餼與牽相對牽既爲生餼則爲死故詩瓠葉篇云
牲牢饔餼鄭注云腥曰餼者以牲牢饔餼相對以牲牢既
爲生饔又爲熟故以餼爲腥也　還圭璋者謂賓將去時
君使卿就賓館還其所聘之圭璋故聘禮云君使卿皮弁
還玉于館是也賄贈者因其還玉之時主人之卿并以賄
而往還玉既畢以賄贈之故聘禮還圭璋畢大夫賄用束
紡是也　饗食燕者謂主君設大禮以饗賓設食禮以食
賓皆在廟也又設燕以燕之燕在寢也故聘禮云公於賓
壹食再饗燕與羞俶獻無常數是也　所以明賓客君臣
之義也謂君親禮賓賓用私覿及致饔餼饗食之屬或主
人敬賓或賓答主人或君親接賓或使臣致之是顯明賓
客君臣之義也　注設大至臣也　正義曰鄭解賓客君
臣之義也設大禮謂饗食之屬則以賓客禮待之使人延
賓於館則主君親待之是賓客其使人也云或不親而使
臣則爲君臣也者謂主君或不親饗則使人致禮於賓若

者二人君擯者三人則士爲紹擯一人　君親禮賓者謂
行聘已訖君親執醴以禮賓故聘禮賓行聘訖宰夫徹几
改筵公出迎賓以入公側授醴賓受醴公拜送醴是也
賓私面私覿者私面謂私以己禮面見主國之卿大夫也
私覿者私以己禮覿主國之君以其非公聘正禮故謂之
私案聘禮私面在後此先云私面者記者便文無義例也
面亦見也以其於臣禮質故以面言之故聘禮注云面亦
見也其謂之面威儀質也此於臣謂之面而司儀云諸公
之臣相爲國客私面私獻注云私面私覿也又以私面爲
私覿者以司儀之文但云私面私獻不云私覿故以私面
爲私覿也昭六年左傳楚公子棄疾見鄭伯以其乘馬八
匹私面於君而稱面者因行過鄭而面鄭伯非正禮故雖
君亦稱面也　致饔餼者謂行聘之日主君使卿致饔餼
之禮於賓館案聘禮君使卿韋弁歸饔餼五牢注云牲殺
曰饔生曰餼又曰飪一牢鼎九設于西階前腥二牢鼎二
七設于阼階前餼二牢陳于門西北面東上是也案聘禮
禮記義七十　十一
餼既爲生而左傳僖三十三年云餼牽竭矣服虔云死曰
餼者以餼與牽相對牽既爲生餼則爲死故詩瓠葉篇云
牲牢饔餼鄭注云腥曰餼者以牲牢饔餼相對以牲牢既
爲生饔又爲熟故以餼爲腥也　還圭璋者謂賓將去時
君使卿就賓館還其所聘之圭璋故聘禮云君使卿皮弁
還玉于館是也賄贈者因其還玉之時主人之卿并以賄
而往還玉既畢以賄贈之故聘禮還圭璋畢大夫賄用束
紡是也　饗食燕者謂主君設大禮以饗賓設食禮以食
賓皆在廟也又設燕以燕之燕在寢也故聘禮云公於賓
壹食再饗燕與羞俶獻無常數是也　所以明賓客君臣
之義也謂君親禮賓賓用私覿及致饔餼饗食之屬或主
人敬賓或賓答主人或君親接賓或使臣致之是顯明賓
客君臣之義也　注設大至臣也　正義曰鄭解賓客君
臣之義也設大禮謂饗食之屬則以賓客禮待之使人延
賓於館則主君親待之是賓客其使人也云或不親而使
臣則爲君臣也者謂主君或不親饗則使人致禮於賓若

致饔餼致饗致食及還圭贈賄之屬皆主君不親使臣致禮於客客是臣故使臣敵之是君臣之義也 故天子制諸侯比年小聘三年大聘相厲以禮使者聘而誤主君弗親饗食也所以愧厲之也諸侯相厲以禮則外不相侵內不相陵此天子之所以養諸侯兵不用而諸侯自為正之具也 比年小聘所謂歲相問也三年大聘所謂殷相聘也 〔疏〕正義曰此經明諸侯交相聘問相厲以禮則內崇敬讓外不相侵陵是自為正之具 天子制諸侯比年小聘三年大聘者謂天子立制使諸侯相於比年使大夫小聘三歲使卿大聘 使者聘而誤主君

弗親饗食也 謂來聘使者行聘之時禮有錯誤則主國之君不親自饗食以接賓所以使賓恥愧自勉勵 此天子之所以養諸侯兵不用者謂天子制此禮使諸侯自相親是存養諸侯無兵革之患 而諸侯自為正之具也者正謂國無患難國家得正由其外親諸侯所以如此是自為正之具也 〔注〕比年至聘也 正義曰案大行人云諸侯之邦交歲相問也案聘禮記云小聘曰問故知此比年小聘是歲相問也大行人又云殷相聘也殷中也謂三年之時中而無事故稱殷也案昭九年左氏傳云孟僖子如齊殷聘禮也服虔注云自襄二十年叔老聘於齊至今積二十年故脩盛聘之禮鄭引之以解大行人殷相聘也鄭以殷為中惟取殷聘之文以解殷相聘之義正取殷文是同其年數則異故以此三年之聘為殷聘也此經所云謂諸侯自相聘也而王制云諸侯之於天子比年一小聘三年一大聘五年一朝與此不同者此經諸侯相聘是周公制禮之正法王制所云謂文襄之法故不同也 以圭

致饔餼致饗致食及還圭贈賄之屬皆主君不親使臣致禮於客客是臣故使臣敵之是君臣之義也 故天子制諸侯比年小聘三年大聘相厲以禮使者聘而誤主君弗親饗食也所以愧厲之也諸侯相厲以禮則外不相侵內不相陵此天子之所以養諸侯兵不用而諸侯自為正之具也 比年小聘所謂歲相問也三年大聘所謂殷相聘也 〔疏〕正義曰此經明諸侯交相聘問相厲以禮則內崇敬讓外不相侵陵是自為正之具 天子制諸侯比年小聘三年大聘者謂天子立制使諸侯相於比年使大夫小聘三歲使卿大聘 使者聘而誤主君

弗親饗食也 謂來聘使者行聘之時禮有錯誤則主國之君不親自饗食以接賓所以使賓恥愧自勉勵 此天子之所以養諸侯兵不用者謂天子制此禮使諸侯自相親是存養諸侯無兵革之患 而諸侯自為正之具也者正謂國無患難國家得正由其外親諸侯所以如此是自為正之具也 〔注〕比年至聘也 正義曰案大行人云諸侯之邦交歲相問也案聘禮記云小聘曰問故知此比年小聘是歲相問也大行人又云殷相聘也殷中也謂三年之時中而無事故稱殷也案昭九年左氏傳云孟僖子如齊殷聘禮也服虔注云自襄二十年叔老聘於齊至今積二十年故脩盛聘之禮鄭引之以解大行人殷相聘也鄭以殷為中惟取殷聘之文以解殷相聘之義正取殷文是同其年數則異故以此三年之聘為殷聘也此經所云謂諸侯自相聘也而王制云諸侯之於天子比年一小聘三年一大聘五年一朝與此不同者此經諸侯相聘是周公制禮之正法王制所云謂文襄之法故不同也 以圭

足利本第七十卷第十三葉

璋聘重禮也已聘而還圭璋此輕財而重禮之義也諸侯相厲以輕財重禮則民作讓矣圭瑞也尊圭璋之類也用之還之皆爲重禮禮必親之不可以己之有遥復之也財謂辟琮享幣也受之爲輕財者財可遥復重賄反幣是也

疏 正義曰此一經明既聘還圭璋輕財重禮教民廉讓之意 以圭璋聘重禮也者玉以比德故以圭璋而聘貴重其禮也言此禮可貴與玉相似 已聘而還圭璋此輕財而重禮之義也者謂既聘之後賓將歸時致此圭璋付與聘使而還其聘君也凡行聘禮之後享君用辟享夫人用琮圭璋玉之質惟玉而已辟琮則重其華美加於束帛聘使既了還以圭璋之玉重其禮故還之留其辟琮之財是輕其財故留之重者難可報覆故用本物還之輕者易可酬償故更以他物贈之此是輕財重禮之義也 則

禮記義七十　十三　長宗

民作讓矣者言諸侯既能相厲以輕財重禮之義君既行之於上人則效之於下故民皆作其廉讓矣

注 圭瑞至是也 正義曰云圭瑞者以器言之謂之圭執以行禮謂之瑞瑞信也謂與人爲尊卑之信驗也云尊圭璋之類也用之還之皆爲重禮者言尊敬此璋同於圭則璋是圭之等類用之以聘聘訖又還皆爲尊重此禮以圭璋所以行禮故重之也云禮必親之不可以己之有遥復之也者言行禮之義必親自爲之若己親往彼國則可以己國之有執往行禮今主國之君既不親往彼國則不以己國所有實玉遥復償他國所來圭璋故還歸之也故云不可以己之有遥復之也復償也云財謂辟琮享幣也受之爲輕財者案聘禮享君以辟享夫人以琮享獻也謂所獻之幣主人受而不還是謂輕財也云財可遥復者解受辟琮之意辟琮是財輕可得以己物遥而復償於彼國賓來者已得受之但聘禮圭璋與辟琮相對故圭璋爲聘辟琮爲享若諸侯之朝天子圭璋與辟琮皆爲享也皆爲財故小行人合

潘本第七十卷第十三葉

璋聘重禮也已聘而還圭璋此輕財而重禮之義也諸侯相厲以輕財重禮則民作讓矣圭瑞也尊圭璋之類也用之還之皆爲重禮禮必親之不可以己之有遥復之也財謂辟琮享幣也受之爲輕財者財可遥復重賄反幣是也

疏 正義曰此一經明既聘還圭璋輕財重禮教民廉讓之意 以圭璋聘重禮也者玉以比德故以圭璋而聘貴重其禮也言此禮可貴與玉相似 已聘而還圭璋此輕財而重禮之義也者謂既聘之後賓將歸時致此圭璋付與聘使而還其聘君也凡行聘禮之後享君用辟享夫人用琮圭璋玉之質惟玉而已辟琮則重其華美加於束帛聘使既了還以圭璋之玉重其禮故還之留其辟琮之財是輕其財故留之重者難可報覆故用本物還之輕者易可酬償故更以他物贈之此是輕財重禮之義也 則

禮記義七十　十三　李德瑛

民作讓矣者言諸侯既能相厲以輕財重禮之義君既行之於上人則效之於下故民皆作其廉讓矣

注 圭瑞至是也 正義曰云圭瑞者以器言之謂之圭執以行禮謂之瑞瑞信也謂與人爲尊卑之信驗也云尊圭璋之類也用之還之皆爲重禮者言尊敬此璋同於圭則璋是圭之等類用之以聘聘訖又還皆爲尊重此禮以圭璋所以行禮故重之也云禮必親之不可以己之有遥復之也者言行禮之義必親自爲之若己親往彼國則可以己國之有執往行禮今主國之君既不親往彼國則不以己國所有實玉遥復償他國所來圭璋故還歸之也故云不可以己之有遥復之也復償也云財謂辟琮享幣也受之爲輕財者案聘禮享君以辟享夫人以琮享獻也謂所獻之幣主人受而不還是謂輕財也云財可遥復者解受辟琮之意辟琮是財輕可得以己物遥而復償於彼國賓來者已得受之但聘禮圭璋與辟琮相對故圭璋爲聘辟琮爲享若諸侯之朝天子圭璋與辟琮皆爲享也皆爲財故小行人合

足利本第七十卷第十四葉

大幣圭以馬璋以皮二王之後享天子用圭享后用璋故
雖圭璋亦受之不歸也云重賄反幣是也者案聘禮云無
行則重賄反幣注云無
行謂獨來復無所之也
主國待客出入三積餼
客於舍五牢之具陳於内米三十車禾
三十車芻薪倍禾皆陳於外乘禽日五
雙羣介皆有餼牢壹食再饗燕與時賜
無數所以厚重禮也厚重禮厚此聘禮也
疏 正義曰此一經明待
賓之厚所以尊重聘禮之義 主國待客出入三積者此謂
上公之臣故出入三積若侯伯以下之臣則不致積也故
司儀云諸公之臣相爲國客則三積注云侯伯之臣不致
積知者謂聘禮是侯伯之臣故文無致積也此出入三積
者謂入三積出亦三積故司儀云遂行如入之積是去之
積如來時積也 餼客於舍五牢之具陳於内者案聘禮
致客有饔有餼今直云餼客者略言之於舍謂於賓館也
五牢之具謂飪一牢在賓館西階也腥二牢在賓館東階
也餼二牢在賓館門内之西是皆陳於内也 米三十車禾
三十車芻薪倍禾皆陳於外者案聘禮米三十車設于門
東東陳禾三十車設於門西西陳薪芻倍禾也鄭注薪從
米芻從禾 乘禽日五雙者謂乘行羣匹之禽鴈鶩之屬
聘卿則每日致五雙也 羣介皆有餼牢者鄭注掌客云爵
卿也則飧二牢饔餼五牢爵大夫也則飧大牢饔餼三牢
爵士也則飧少牢饔餼大牢也 壹食再饗燕與時賜無
數者此謂聘卿也一爲之設食再爲之設饗其歡燕與當
時之賜無常數也 所以厚重禮也者言備設待賓之物所
以豐厚尊重行聘之禮其天子待諸侯之禮及諸侯相待
之法賓主玉帛之節饔餼飧積之差米禾薪芻多少饗食
牲牢隆殺皆文具掌客義見聘禮可以尋文取實故於此

潘本第七十卷第十四葉

大幣圭以馬璋以皮二王之後享天子用圭享后用璋故
雖圭璋亦受之不歸也云重賄反幣是也者案聘禮云無
行則重賄反幣注云無
行謂獨來復無所之也
主國待客出入三積餼
客於舍五牢之具陳於内米三十車禾
三十車芻薪倍禾皆陳於外乘禽日五
雙羣介皆有餼牢壹食再饗燕與時賜
無數所以厚重禮也厚重禮厚此聘禮也
疏 正義曰此一經明待
賓之厚所以尊重聘禮之義 主國待客出入三積者此謂
上公之臣故出入三積若侯伯以下之臣則不致積也故
司儀云諸公之臣相爲國客則三積注云侯伯之臣不致
積知者謂聘禮是侯伯之臣故文無致積也此出入三積
者謂入三積出亦三積故司儀云遂行如入之積是去之
積如來時積也 餼客於舍五牢之具陳於内者案聘禮
致客有饔有餼今直云餼客者略言之於舍謂於賓館也
五牢之具謂飪一牢在賓館西階也腥二牢在賓館東階
也餼二牢在賓館門内之西是皆陳於内也 米三十車禾
三十車芻薪倍禾皆陳於外者案聘禮米三十車設于門
東東陳禾三十車設於門西西陳薪芻倍禾也鄭注薪從
米芻從禾 乘禽日五雙者謂乘行羣匹之禽鴈鶩之屬
聘卿則每日致五雙也 羣介皆有餼牢者鄭注掌客云爵
卿也則飧二牢饔餼五牢爵大夫也則飧大牢饔餼三牢
爵士也則飧少牢饔餼大牢也 壹食再饗燕與時賜無
數者此謂聘卿也一爲之設食再爲之設饗其歡燕與當
時之賜無常數也 所以厚重禮也者言備設待賓之物所
以豐厚尊重行聘之禮其天子待諸侯之禮及諸侯相待
之法賓主玉帛之節饔餼飧積之差米禾薪芻多少饗食
牲牢隆殺皆文具掌客義見聘禮可以尋文取實故於此

足利本第七十卷第十五葉

略而不言也古之用財者不能均如此然而用財如此其厚者言盡之於禮也盡之於禮則內君臣不相陵而外不相侵故天子制之而諸侯務焉爾不能均如此言無則從其實也言盡之於禮欲令富者不得過也【疏】正義曰此一經明聘禮用財之厚務行禮讓則君臣內外不相侵陵所以諸侯務焉 古之用財不能均如此者言古之費用其財不能悉皆均平常能如此之厚言厚則從其豐無則從其實然而用財如此其厚者言盡之於禮也者言古之用財既有隆有殺而相聘之事費用其財如此豐厚者言用財盡極於禮言以禮則止雖有富者不得過也 盡之於禮則內君臣不相陵而外不相侵者言若能豐厚用財在於禮謂以禮自制不得過則於國內上下和睦君臣不相陵也謂四鄰歸懷外不相侵也 故天子制之諸侯務焉爾者言行禮使君臣內外不相侵陵故天子制此聘禮而諸侯務而行焉【注】不能至過也 正義曰言無則從其實也者言國若豐厚則盡其財以行禮國若乏無則從其當時之實猶如國新殺禮凶荒殺禮計財而行禮故云從其實云欲令富者不得過也者謂豐財以行禮盡禮而用財雖有其財唯盡極於禮不可禮外更多用其財使貧而及禮富者不得奢使上下得宜內外無怨也 聘射之禮至大禮也質明而始行事日幾中而后禮成非強有力者弗能行也故強有力者將以行禮也禮成禮畢也或曰行成酒清人渴而不敢飲也肉乾

禮記義七十 十五 吳志

潘本第七十卷第十五葉

略而不言也古之用財者不能均如此然而用財如此其厚者言盡之於禮也盡之於禮則內君臣不相陵而外不相侵故天子制之而諸侯務焉爾不能均如此言無則從其實也言盡之於禮欲令富者不得過也【疏】正義曰此一經明聘禮用財之厚務行禮讓則君臣內外不相侵陵所以諸侯務焉 古之用財不能均如此者言古之費用其財不能悉皆均平常能如此之厚言厚則從其豐無則從其實然而用財如此其厚者言盡之於禮也者言古之用財既有隆有殺而相聘之事費用其財如此豐厚者言用財盡極於禮言以禮則止雖有富者不得過也 盡之於禮則內君臣不相陵而外不相侵者言若能豐厚用財在於禮謂以禮自制不得過則於國內上下和睦君臣不相陵也謂四鄰歸懷外不相侵也 故天子制之諸侯務焉爾者言行禮使君臣內外不相侵陵故天子制此聘禮而諸侯務而行焉【注】不能至過也 正義曰言無則從其實也者言國若豐厚則盡其財以行禮國若乏無則從其當時之實猶如國新殺禮凶荒殺禮計財而行禮故云從其實云欲令富者不得過也者謂豐財以行禮盡禮而用財雖有其財唯盡極於禮不可禮外更多用其財使貧而及禮富者不得奢使上下得宜內外無怨也 聘射之禮至大禮也質明而始行事日幾中而后禮成非強有力者弗能行也故強有力者將以行禮也禮成禮畢也或曰行成酒清人渴而不敢飲也肉乾

禮記義七十 十五 吳志

足利本第七十卷第十六葉

人飢而不敢食也日莫人倦齊莊正齊而不敢解惰以成禮節以正君臣以親父子以和長幼此衆人之所難而君子行之故謂之有行有行之謂有義有義之謂勇敢故所貴於勇敢者貴其能以立義也所貴於立義者貴其有行也所貴於有行者貴其行禮也故所貴於勇敢者貴其敢行禮義也故勇敢強有力者天下無事則用之於禮義天下有事則用之於戰勝用之於戰勝則無敵用之於禮義則順治外無敵內順治此之謂盛德故聖王之貴勇敢強有力如此也勇敢強有力而不用之於禮義戰勝而用之於爭鬬則謂之亂人刑罰行於國所誅者亂人也如此則民順治而國安也勝克敵也或爲陳

疏正義曰以前經說聘禮既畢此一節又申明行聘之時禮儀既大曰

潘本第七十卷第十六葉

人飢而不敢食也日莫人倦齊莊正齊而不敢解惰以成禮節以正君臣以親父子以和長幼此衆人之所難而君子行之故謂之有行有行之謂有義有義之謂勇敢故所貴於勇敢者貴其能以立義也所貴於立義者貴其有行也所貴於有行者貴其行禮也故所貴於勇敢者貴其敢行禮義也故勇敢強有力者天下無事則用之於禮義天下有事則用之於戰勝用之於戰勝則無敵用之於禮義則順治外無敵內順治此之謂盛德故聖王之貴勇敢強有力如此也勇敢強有力而不用之於禮義戰勝而用之於爭鬬則謂之亂人刑罰行於國所誅者亂人也如此則民順治而國安也勝克敵也或爲陳

疏正義曰以前經說聘禮既畢此一節又申明行聘之時禮儀既大曰

足利本第七十卷第十七葉

晚始罷故記者引唯勇敢之人能成禮事故於此明之此是聘義兼云射者以強有餘力之士非但聘而行禮又能射爲武事故此摠明之也　聘射之禮至大禮也者言此聘之與射至極繁大之禮非如冠昏之屬暫時即異　日幾中而后禮成者幾近也日近在於中而後禮成畢　非強有力者弗能行也故強有力者將以行禮也者言非強有德力而行禮則禮事不成也　酒清人渴不敢飲也者此謂射禮也言欲射之時先行燕禮唯以禮獻酬不敢恣意醉飽但行禮而已非謂全不得飲之聘禮行聘之時但酌醴禮賓無酒肴之事故知此唯據射也　肉乾人飢而不敢食也者亦言不敢全食而令飽也　日莫人倦齊莊正齊者謂日莫晚人斯解倦猶齊莊而自整齊也　而不敢解惰以成禮節者所以日莫猶自整齊者以不敢解倦成就禮之節制此亦謂射禮也故此以下即云以正君臣以親父子以和長幼皆謂射也前文云日幾中而后禮成聘射摠陳特謂聘也故日幾中而禮成此云日莫者謂射禮也

禮記義七十　十七　良顯

酒清肴乾特據於射故日莫而成禮節也　以正君臣者謂射前行燕禮謂君在阼賓升成拜稽首之屬及受君賜再拜稽首之等是以正君臣也　以親父子以和長幼者此謂鄉射之前行鄉飲酒之禮有齒於父族之事故云以親父子以和長幼但此節摠結聘射則前篇射義在其中也故射義云諸侯之射必先行燕禮卿大夫士之射必先行鄉飲之禮故燕禮所以明君臣之義也鄉飲酒之禮所以明長幼之序也故此經摠結之也故酒清肴乾之屬燕禮與鄉飲酒禮初行之時事同於饗皆有此也至說屨升坐之後乃盡歡飲食也　此衆人之所難而君子行之者言以上之事凡衆人所難行君子之人特能行之　故謂之有行者以君子有能行故謂此君子爲有行之士身既有行則事得宜故云有行之謂有義有義則臨敵果斷故云有義之謂勇敢此摠覆說聘之與射也　故勇敢強有力者勇敢明射之所須強有力明聘之所須故前文論聘上稱強有力者此經論射則云勇敢故知然也　天下無事

潘本第七十卷第十七葉

晚始罷故記者引唯勇敢之人能成禮事故於此明之此是聘義兼云射者以強有餘力之士非但聘而行禮又能射爲武事故此摠明之也　聘射之禮至大禮也者言此聘之與射至極繁大之禮非如冠昏之屬暫時即異　日幾中而后禮成者幾近也日近在於中而後禮成畢　非強有力者弗能行也故強有力者將以行禮也者言非強有德力而行禮則禮事不成也　酒清人渴不敢飲也者此謂射禮也言欲射之時先行燕禮唯以禮獻酬不敢恣意醉飽但行禮而已非謂全不得飲之聘禮行聘之時但酌醴禮賓無酒肴之事故知此唯據射也　肉乾人飢而不敢食也者亦言不敢全食而令飽也　日莫人倦齊莊正齊者謂日莫晚人斯解倦猶齊莊而自整齊也　而不敢解惰以成禮節者所以日莫猶自整齊者以不敢解倦成就禮之節制此亦謂射禮也故此以下即云以正君臣以親父子以和長幼皆謂射也前文云日幾中而后禮成聘射摠陳特謂聘也故日幾中而禮成此云日莫者謂射禮也

禮記義七十　七　良顯

酒清肴乾特據於射故日莫而成禮節也　以正君臣者謂射前行燕禮謂君在阼賓升成拜稽首之屬及受君賜再拜稽首之等是以正君臣也　以親父子以和長幼者此謂鄉射之前行鄉飲酒之禮有齒於父族之事故云以親父子以和長幼但此節摠結聘射則前篇射義在其中也故射義云諸侯之射必先行燕禮卿大夫士之射必先行鄉飲之禮故燕禮所以明君臣之義也鄉飲酒之禮所以明長幼之序也故此經摠結之也故酒清肴乾之屬燕禮與鄉飲酒禮初行之時事同於饗皆有此也至說屨升坐之後乃盡歡飲食也　此衆人之所難而君子行之者言以上之事凡衆人所難行君子之人特能行之　故謂之有行者以君子有能行故謂此君子爲有行之士身既有行則事得宜故云有行之謂有義有義則臨敵果斷故云有義之謂勇敢此摠覆說聘之與射也　故勇敢強有力者勇敢明射之所須強有力明聘之所須故前文論聘上稱強有力者此經論射則云勇敢故知然也　天下無事

足利本第七十卷第十八葉

□用之於禮義者無事謂兵革休息故用之於聘射之禮義　天下有事則用之於戰勝者有事謂軍旅數起故用之於戰鬬必得勝也　勇敢強有力而不用之於禮義戰勝而用之於爭鬬則謂之亂人者戰勝謂公義而戰勝則前經戰勝是謂以戰而勝也此云用之於爭鬬者謂私爭忿鬬與前經不同也故云不用之禮義戰勝而用之於爭鬬　子貢問於孔子曰敢問君子貴玉而賤碈者何也爲玉之寡而碈之多與　碈石似玉或作玟也　孔子曰非爲碈之多故賤之也玉之寡故貴之也夫昔者君子比德於玉焉溫潤而澤仁也　色柔溫潤似仁也潤或爲濡　縝密以栗

禮記正義七十　十八　王茂

知也　縝緻也栗堅貌　廉而不劌義也　劌傷也義者不苟傷人也　垂之如隊禮也　禮尚謙卑　叩之其聲清越以長其終詘然樂也　樂作則有聲止則無也越猶揚也詘絕止貌也樂記曰止如槁木　瑕不揜瑜瑜不揜瑕忠也　瑕玉之病也瑜其中閒美者玉之性善惡不相揜似忠也　孚尹旁達信也　孚讀爲浮尹讀如竹箭之筠浮筠謂玉采色也采色旁達不有隱翳似信也孚或作姇或爲扶　氣如白虹天也　精神見于山川地也　精神亦謂精氣也虹天氣也山川地所以通氣也　圭璋特達德也　特達謂以朝聘也辟琮則有幣帷有德者無所不達不有須而成也　天下莫不貴

潘本第七十卷第十八葉

則用之於禮義者無事謂兵革休息故用之於聘射之禮義　天下有事則用之於戰勝者有事謂軍旅數起故用之於戰鬬必得勝也　勇敢強有力而不用之於禮義戰勝而用之於爭鬬則謂之亂人者戰勝謂公義而戰勝則前經戰勝是謂以戰而勝也此云用之於爭鬬者謂私爭忿鬬與前經不同也故云不用之禮義戰勝而用之於爭鬬　子貢問於孔子曰敢問君子貴玉而賤碈者何也爲玉之寡而碈之多與　碈石似玉或作玟也　孔子曰非爲碈之多故賤之也玉之寡故貴之也夫昔者君子比德於玉焉溫潤而澤仁也　色柔溫潤似仁也潤或爲濡　縝密以栗

禮記正義七十　十八　王茂

知也　縝緻也栗堅貌　廉而不劌義也　劌傷也義者不苟傷人也　垂之如隊禮也　禮尚謙卑　叩之其聲清越以長其終詘然樂也　樂作則有聲止則無也越猶揚也詘絕止貌也樂記曰止如槁木　瑕不揜瑜瑜不揜瑕忠也　瑕玉之病也瑜其中閒美者玉之性善惡不相揜似忠也　孚尹旁達信也　孚讀爲浮尹讀如竹箭之筠浮筠謂玉采色也采色旁達不有隱翳似信也孚或作姇或爲扶　氣如白虹天也　精神見于山川地也　精神亦謂精氣也虹天氣也山川地所以通氣也　圭璋特達德也　特達謂以朝聘也辟琮則有幣帷有德者無所不達不有須而成也　天下莫不貴

者道也道者人無不由之詩云言念君子溫其如玉故君子貴之也言我也貴玉者以其似君子也疏正義曰以論玉有諸德而結成聘義之篇也爲玉之寡而磻之多與者子貢之意所以貴玉者豈不爲玉之寡少故貴之磻之饒多故賤之與疑辭也　孔子曰至玉焉言貴玉由其有德非爲少故貴之謂昔者君子之人比德堪敬重如玉故所以貴玉者爲其有德　君子之人於玉以比道德貴之有德即下云溫潤而澤仁等是也　溫潤而澤仁也者言玉色溫和柔潤而光澤仁者亦溫和潤澤故云仁也縝密以栗知也者縝緻也栗謂堅剛言玉體密緻而堅剛人有智者性亦密緻堅剛故云知也　廉而不劌義也者廉稜也劌傷也言玉體雖有廉稜而不傷割於物人有義者亦能斷割而不傷物故云義也　垂之如隊禮也者言玉體垂之而下墜人有禮者亦謙恭而卑下故言禮也　叩之其聲清越以長其終詘然樂也者越揚也詘謂止絕也言玉體以物叩擊其聲清冷發越以長遠而聞其聲之終竟聲則詘然而止不如鍾聲磬聲罷猶有餘音也其爲樂之法初作聲而發揚樂罷則止如槁木言玉體亦然故云樂也　瑕不揜瑜瑜不揜瑕忠也者瑕謂玉之病處瑜謂玉中美處言玉之病處不揜映美處玉之美處不揜映病處皆以忠實見外如人之忠者亦以忠心見外故云忠也　孚尹旁達信也者孚浮也浮者在外之名尹讀如筠筠者若竹箭之筠筠亦潤色在外者旁者四面之謂也達者通顯之名也信者內不欺隱者也玉采色彰達著見於外無隱揜如人有信者亦著見於外故云信也　氣如白虹天也者白虹謂天之白氣言玉之白氣似天白氣故云天也　精神見於山川地也者精神謂玉之精氣徹見於山川謂玉在山川之中精氣徹見於外地氣含藏於內亦徹見於外與地同故云地也　圭璋特達德也者行聘之時唯執圭璋特得通達不加餘幣言人之有德亦無事不通不須假他物而成

者道也道者人無不由之詩云言念君子溫其如玉故君子貴之也言我也貴玉者以其似君子也疏正義曰以論玉有諸德而結成聘義之篇也爲玉之寡而磻之多與者子貢之意所以貴玉者豈不爲玉之寡少故貴之磻之饒多故賤之與疑辭也　孔子曰至玉焉言貴玉由其有德非爲少故貴之謂昔者君子之人比德堪敬重如玉故所以貴玉者爲其有德　君子之人於玉以比道德貴之有德即下云溫潤而澤仁等是也　溫潤而澤仁也者言玉色溫和柔潤而光澤仁者亦溫和潤澤故云仁也縝密以栗知也者縝緻也栗謂堅剛言玉體密緻而堅剛人有智者性亦密緻堅剛故云知也　廉而不劌義也者廉稜也劌傷也言玉體雖有廉稜而不傷割於物人有義者亦能斷割而不傷物故云義也　垂之如隊禮也者言玉體垂之而下墜人有禮者亦謙恭而卑下故言禮也　叩之其聲清越以長其終詘然樂也者越揚也詘謂止絕也言玉體以物叩擊其聲清冷發越以長遠而聞其聲之終竟聲則詘然而止不如鍾聲磬聲罷猶有餘音也其爲樂之法初作聲而發揚樂罷則止如槁木言玉體亦然故云樂也　瑕不揜瑜瑜不揜瑕忠也者瑕謂玉之病處瑜謂玉中美處言玉之病處不揜映美處玉之美處不揜映病處皆以忠實見外如人之忠者亦以忠心見外故云忠也　孚尹旁達信也者孚浮也浮者在外之名尹讀如筠筠者若竹箭之筠筠亦潤色在外者旁者四面之謂也達者通顯之名也信者內不欺隱者也玉采色彰達著見於外無隱揜如人有信者亦著見於外故云信也　氣如白虹天也者白虹謂天之白氣言玉之白氣似天白氣故云天也　精神見於山川地也者精神謂玉之精氣徹見於山川謂玉在山川之中精氣徹見於外地氣含藏於內亦徹見於外與地同故云地也　圭璋特達德也者行聘之時唯執圭璋特得通達不加餘幣言人之有德亦無事不通不須假他物而成

言圭璋之特同人之有德故云德也　天下莫不貴者道也道者通也言萬物無不由道而通故天下無不貴之　王者亦天下貴之與道相似故云道也　詩云言念君子溫其如玉此詩秦風小戎之篇美秦襄公之詩也言襄公出兵征伐西戎婦人思念其夫言我念此君子顏色溫然如玉引之者證玉以比德之事言貴玉者以其似君子故云君子貴之也　注碈石似玉　正義曰案呂諶字林云碈美石以其石之美者故云似玉也　注栗堅貌　正義曰案詩大雅云實穎實栗栗是禾之堅熟故云栗堅貌也　注樂記曰止如槀木　正義曰引之者證樂聲之止似擊枯槀之木無餘聲也言玉聲止之時其聲即絕與樂相似也　注瑕玉至忠也　正義曰瑕玉之病也呂諶字林云瑕玉小赤而云病者以瑕與疵瘕義同故云玉之病也　云瑜其中間美者案字林云瑜美玉是瑕之中間美善者　注孚讀至信也　正義曰案字林云琈玉別名玉旁孚也此讀為浮者取浮見於外非字林琈玉之名也　注有德者無所不達不有須而成也　正義曰德者得也萬物皆得故無所不通達不更須待外物而自成也以聘享之禮有圭璋璧琮璧琮則有束帛加之乃得達圭璋則不用束帛故云特達然璧琮亦玉所以璧琮則加於他物圭璋得特達者但玉既比德於禮重處則特達於禮輕處則加物以玉可重可輕美其重處言之故云特達

喪服四制第四十九

正義曰案鄭目錄云名曰喪服四制者以其記喪服之制取於仁義禮知也此於別錄舊說屬喪服鄭云舊說案別錄無喪服四制之文唯舊說稱此喪服之篇屬喪服然以上諸篇每篇言義此不云喪義而云喪服四制者但以上諸篇皆記儀禮當篇之義故每篇言義也此則記者別記喪服之四制非記儀禮喪服之篇故不云喪服之義也

禮記義七十　二十　吳志

言圭璋之特同人之有德故云德也　天下莫不貴者道也道者通也言萬物無不由道而通故天下無不貴之　王者亦天下貴之與道相似故云道也　詩云言念君子溫其如玉此詩秦風小戎之篇美秦襄公之詩也言襄公出兵征伐西戎婦人思念其夫言我念此君子顏色溫然如玉引之者證玉以比德之事言貴玉者以其似君子故云君子貴之也　注碈石似玉　正義曰案呂諶字林云碈美石以其石之美者故云似玉也　注栗堅貌　正義曰案詩大雅云實穎實栗栗是禾之堅熟故云栗堅貌也　注樂記曰止如槀木　正義曰引之者證樂聲之止似擊枯槀之木無餘聲也言玉聲止之時其聲即絕與樂相似也　注瑕玉至忠也　正義曰瑕玉之病也呂諶字林云瑕玉小赤而云病者以瑕與疵瘕義同故云玉之病也　云瑜其中間美者案字林云瑜美玉是瑕之中間美善者　注孚讀至信也　正義曰案字林云琈玉別名玉旁孚也此讀為浮者取浮見於外非字林琈玉之名也　注有德者無所不達不有須而成也　正義曰德者得也萬物皆得故無所不通達不更須待外物而自成也以聘享之禮有圭璋璧琮璧琮則有束帛加之乃得達圭璋則不用束帛故云特達然璧琮亦玉所以璧琮則加於他物圭璋得特達者但玉既比德於禮重處則特達於禮輕處則加物以玉可重可輕美其重處言之故云特達

喪服四制第四十九

正義曰案鄭目錄云名曰喪服四制者以其記喪服之制取於仁義禮知也此於別錄舊說屬喪服鄭云舊說案別錄無喪服四制之文唯舊說稱此喪服之篇屬喪服然以上諸篇每篇言義此不云喪義而云喪服四制者但以上諸篇皆記儀禮當篇之義故每篇言義也此則記者別記喪服之四制非記儀禮喪服之篇故不云喪服之義也

禮記義七十　二十　吳志

凡禮之大體體天地法四時則陰陽順人情故謂之禮訾之者是不知禮之所由生也禮之言體也故謂之禮言本有法則而生也口毀曰訾疏正義曰此一篇揔論喪之大體有四種之制初明恩制次明理制次明節制次明權制既明四制事畢又明三年喪自古而行之故引高宗之事又明斬衰以下節制之差結成仁義之事各隨文解之體天地者言禮之大綱之體體於天地之間所生之物言所生之物皆禮以體定之法四時者則下文云喪有四制變而從宜取之四時是也則陰陽者下文云吉凶異道不得相干取之陰陽是也順人情者下文云有恩有理有節有權取之人情是也故謂之禮者以其無物不體故謂之爲禮故注云禮之言體也訾之者是不知禮之所由生也者言若訾毀不信禮之體天地法四時則陰陽順人情如此之人是不識知禮之所由生也言不知禮之有法則也

禮記義七十　二十一　吳宗

夫禮吉凶異道不得相干取之陰陽也吉禮凶禮異道謂衣服容貌及器物也喪有四制變而從宜取之四時也有恩有理有節有權取之人情也恩者仁也理者義也節者禮也權者知也仁義禮知人道具矣取之四時謂其數也取之人情謂其制也疏正義曰此一節覆說前文禮法四時則陰陽順人情之事不覆說體天地者天地包此四時陰陽人情無物不揔故不覆說體天地之事吉凶異道者言吉凶各異其道及衣服容貌器物不同也喪有四制變而從宜者言門內主恩若於門

凡禮之大體體天地法四時則陰陽順人情故謂之禮訾之者是不知禮之所由生也禮之言體也故謂之禮言本有法則而生也口毀曰訾疏正義曰此一篇揔論喪之大體有四種之制初明恩制次明理制次明節制次明權制既明四制事畢又明三年喪自古而行之故引高宗之事又明斬衰以下節制之差結成仁義之事各隨文解之體天地者言禮之大綱之體體於天地之間所生之物言所生之物皆禮以體定之法四時者則下文云喪有四制變而從宜取之四時是也則陰陽者下文云吉凶異道不得相干取之陰陽是也順人情者下文云有恩有理有節有權取之人情是也故謂之禮者以其無物不體故謂之爲禮故注云禮之言體也訾之者是不知禮之所由生也者言若訾毀不信禮之體天地法四時則陰陽順人情如此之人是不識知禮之所由生也言不知禮之有法則也

禮記義七十　二十一　胄

夫禮吉凶異道不得相干取之陰陽也吉禮凶禮異道謂衣服容貌及器物也喪有四制變而從宜取之四時也有恩有理有節有權取之人情也恩者仁也理者義也節者禮也權者知也仁義禮知人道具矣取之四時謂其數也取之人情謂其制也疏正義曰此一節覆說前文禮法四時則陰陽順人情之事不覆說體天地者天地包此四時陰陽人情無物不揔故不覆說體天地之事吉凶異道者言吉凶各異其道及衣服容貌器物不同也喪有四制變而從宜者言門內主恩若於門之內

變而行義尊卑有定禮制有恒以節爲限或有事故不能備禮則變而行權是皆變而從宜取人情也　恩者仁也理者義也節者禮也恩屬於仁理屬於義節屬於禮故云節者禮也　權者知也量事權宜非知不可故云權者知也　仁義禮知人道具矣者此摠結四制之義仁屬東方義屬西方禮屬南方知屬北方四時並備是人道具矣五常五行四時無信者知中兼之故北方水爲知又爲信是取法四時故不并數信也　其恩厚者其服重故爲父斬衰三年以恩制者也服莫重斬衰也【疏】正義曰此一經明四制之中恩制也以父最恩深故特舉父而言之其實門內諸親爲之著服皆是恩制也　門內之治恩揜義門外之治義斷恩資於事父以事君而敬同貴貴

禮記義七十　二十二

尊尊義之大者也故爲君亦斬衰三年以義制者也資猶操也貴貴謂爲大夫君也尊尊謂爲天子諸侯也【疏】正義曰此一經明門外之治四制之中義制也門內之治恩揜義者以門內之親恩情既多揜藏公義言得行私恩不行公義若公羊傳云有三年之喪君不呼其門是也　門外之治義斷恩者門外謂朝廷之間既仕公朝當以公義斷絕私恩若曾子問父母之喪既卒哭金革之事無辟是也　資於事父以事君而敬同者言操持事父之道以事於君則敬君之禮與父同　貴貴者貴謂大夫之臣事大夫爲君者也大夫始入尊境則是貴也此臣盡敬此君故云貴貴也　尊尊者尊謂天子諸侯之臣事天子諸侯爲君者也天子諸侯同爲南面則是尊也此臣極敬此君故曰尊尊也　義之大者也以義斷恩門外如一雖復大夫與王侯有異而其臣敬不殊故並云義之大者也　故爲君亦

變而行義尊卑有定禮制有恒以節爲限或有事故不能備禮則變而行權是皆變而從宜取人情也　恩者仁也理者義也節者禮也恩屬於仁理屬於義節屬於禮故云節者禮也　權者知也量事權宜非知不可故云權者知也　仁義禮知人道具矣者此摠結四制之義仁屬東方義屬西方禮屬南方知屬北方四時並備是人道具矣五常五行四時無信者知中兼之故北方水爲知又爲信是取法四時故不并數信也　其恩厚者其服重故爲父斬衰三年以恩制者也服莫重斬衰也【疏】正義曰此一經明四制之中恩制也以父最恩深故特舉父而言之其實門內諸親爲之著服皆是恩制也　門內之治恩揜義門外之治義斷恩資於事父以事君而敬同貴貴

禮記義七十　二十二

尊尊義之大者也故爲君亦斬衰三年以義制者也資猶操也貴貴謂爲大夫君也尊尊謂爲天子諸侯也【疏】正義曰此一經明門外之治四制之中義制也門內之治恩揜義者以門內之親恩情既多揜藏公義言得行私恩不行公義若公羊傳云有三年之喪君不呼其門是也　門外之治義斷恩者門外謂朝廷之間既仕公朝當以公義斷絕私恩若曾子問父母之喪既卒哭金革之事無辟是也　資於事父以事君而敬同者言操持事父之道以事於君則敬君之禮與父同　貴貴者貴謂大夫之臣事大夫爲君者也大夫始入尊境則是貴也此臣盡敬此君故云貴貴也　尊尊者尊謂天子諸侯之臣事天子諸侯爲君者也天子諸侯同爲南面則是尊也此臣極敬此君故曰尊尊也　義之大者也以義斷恩門外如一雖復大夫與王侯有異而其臣敬不殊故並云義之大者也　故爲君亦

斬衰三年以義制者也言亦謂亦同於父也

三日而食三月而沐期而練毀不滅性不以死傷生也喪不過三年苴衰不補墳墓不培祥之日鼓素琴告民有終也以節制者也資於事父以事母而愛同天無二日土無二王國無二君家無二尊以一治之也故父在爲母齊衰期者見無二尊也食食粥也沐謂將虞祭時也補培猶治也鼓素琴始存樂也三年不爲樂樂必崩

禮記義七十　二十三

[疏]正義曰此一節明四制之中節制也　苴衰不補者言苴麻之衰雖破不補　墳墓不培者培益也一成丘陵之後不培益其土　祥之日鼓素琴者大祥之日得鼓素琴　告民有終也者言所以爲此上事告教其民使哀有終極也　以節制者也以情實未已仍以禮節爲限制抑其情也自此以上皆節制之事從此以下更申明節制欲尊歸其一故更明無二尊之理　資於事父以事母而愛同者言操持事父之道以事於母而恩愛同恩愛雖同而服乃有異以不敢二尊故也故以天無二日及家無二尊之等明皆歸於尊一以治理之也天無二日至二尊也此摠結無二尊之理也[注]食食粥至必崩　正義曰沐謂將虞祭時也士虞記曰沐而不櫛故知沐謂將虞祭時虞後有事得沐浴也故雜記云非虞附練祥無沐浴云鼓素琴始存樂也於此祥日而鼓素琴始存省此樂縣而作樂在既禫之後

杖者何也爵也三日授子杖五日授大夫杖七日授士

斬衰三年以義制者也言亦謂亦同於父也

三日而食三月而沐期而練毀不滅性不以死傷生也喪不過三年苴衰不補墳墓不培祥之日鼓素琴告民有終也以節制者也資於事父以事母而愛同天無二日土無二王國無二君家無二尊以一治之也故父在爲母齊衰期者見無二尊也食食粥也沐謂將虞祭時也補培猶治也鼓素琴始存樂也三年不爲樂樂必崩

禮記義七十　二十三

[疏]正義曰此一節明四制之中節制也　苴衰不補者言苴麻之衰雖破不補　墳墓不培者培益也一成丘陵之後不培益其土　祥之日鼓素琴者大祥之日得鼓素琴　告民有終也者言所以爲此上事告教其民使哀有終極也　以節制者也以情實未已仍以禮節爲限制抑其情也自此以上皆節制之事從此以下更申明節制欲尊歸其一故更明無二尊之理　資於事父以事母而愛同者言操持事父之道以事於母而恩愛同恩愛雖同而服乃有異以不敢二尊故也故以天無二日及家無二尊之等明皆歸於尊一以治理之也天無二日至二尊也此摠結無二尊之理也[注]食食粥至必崩　正義曰沐謂將虞祭時也士虞記曰沐而不櫛故知沐謂將虞祭時虞後有事得沐浴也故雜記云非虞附練祥無沐浴云鼓素琴始存樂也於此祥日而鼓素琴始存省此樂縣而作樂在既禫之後

杖者何也爵也三日授子杖五日授大夫杖七日授士

足利本第七十卷第二十四葉

杖或曰擔主或曰輔病婦人童子不杖不能病也百官備百物具不言而事行者扶而起言而后事行者杖而起身自執事而后行者面垢而巳禿者不髽傴者不袒跛者不踴老病不止酒肉凡此八者以權制者也五日七日授杖謂為君喪也扶而起謂天子諸侯也杖而起謂大夫士也面垢而巳謂庶民也髽婦人也男子免而婦人髽髽或為免

疏正義曰此一經明四制之中權制也　杖者何也爵也者權制之中所以先明杖者以下有不應杖而杖又有應杖而不杖皆是權宜故先舉正杖於上言爵也者杖之所設本為扶病而以爵者有德其恩必深其病必重故杖為爵者而設故云爵也　三日授子杖五日授大夫杖七日授士杖者上云杖者爵也遂歷敘其有爵之人故云三日授子杖五日授大夫杖七日授士杖　或曰擔主者解無爵而亦杖故記者稱或曰擔主喪服傳云杖者何爵也無爵而杖者何擔主也鄭注云擔假也尊其為主假之以杖　或曰輔病者喪服傳云非主而杖者何輔病也謂庶子以下雖非適子皆杖為其輔病故也　婦人童子不杖不能病也者杖既扶病何婦人童子所以不杖為其不能病也婦人謂未成人之婦人童子謂幼少之男子　百官備百物具不言而事行者扶而起者此謂王侯也喪具觸事委任百官不假自言而事得行故許子病深雖有扶病之杖亦不能起故又須人扶乃起也　言而后事行者杖而起者此謂大夫士既無百官百物須巳言而後喪事乃行故不許極病所以杖而起不用扶也　身自執事而后行者面垢而巳者此謂庶人也

潘本第七十卷第二十四葉

杖或曰擔主或曰輔病婦人童子不杖不能病也百官備百物具不言而事行者扶而起言而后事行者杖而起身自執事而后行者面垢而巳禿者不髽傴者不袒跛者不踴老病不止酒肉凡此八者以權制者也五日七日授杖謂為君喪也扶而起謂天子諸侯也杖而起謂大夫士也面垢而巳謂庶民也髽婦人也男子免而婦人髽髽或為免

疏正義曰此一經明四制之中權制也　杖者何也爵也者權制之中所以先明杖者以下有不應杖而杖又有應杖而不杖皆是權宜故先舉正杖於上言爵也者杖之所設本為扶病而以爵者有德其恩必深其病必重故杖為爵者而設故云爵也　三日授子杖五日授大夫杖七日授士杖者上云杖者爵也遂歷敘其有爵之人故云三日授子杖五日授大夫杖七日授士杖　或曰擔主者解無爵而亦杖故記者稱或曰擔主喪服傳云杖者何爵也無爵而杖者何擔主也鄭注云擔假也尊其為主假之以杖　或曰輔病者喪服傳云非主而杖者何輔病也謂庶子以下雖非適子皆杖為其輔病故也　婦人童子不杖不能病也者杖既扶病何婦人童子所以不杖為其不能病也婦人謂未成人之婦人童子謂幼少之男子　百官備百物具不言而事行者扶而起者此謂王侯也喪具觸事委任百官不假自言而事得行故許子病深雖有扶病之杖亦不能起故又須人扶乃起也　言而后事行者杖而起者此謂大夫士既無百官百物須巳言而後喪事乃行故不許極病所以杖而起不用扶也　身自執事而后行者面垢而巳者此謂庶人也

禮記義七十　二十四　張暉

畢無人可使但身自執事不可許病故有杖不得用但使面有塵垢之容而已也子於父母貴賤情同而病不得一故爲權制　禿者不髽髽者是婦人之大紒重喪縗麻繞髮禿者無髮故不髽也女禿不髽故男子禿亦不免也傴者不袒袒者露膊傴者可憎故不露也　跛者不踊踊是跳躍跛人腳蹇故不跳躍也　老病不止酒肉者孝子悲哀非病不食滋味若老及病身已羸瘠又使備禮必致滅性非制所許故酒肉養之　凡此八者以權制者也此記者結前權數也夫喪禮宜備今有此八條不可以強逼故聖人權宜制也所謂八者謂應杖不杖不應杖而杖一也扶而起二也杖而起三也面垢四也禿者五也傴者六也跛者七也老病者八也庾蔚云父存爲母一也不數杖輿不杖之科皇氏熊氏並取以爲説今案經文爲母期乃屬前經鄭於期下揔注三日而食三月而沐之事是爲母期之文乃在節制之中不得下屬此經權制之例又此經權制之科乃載杖輿不杖之條此經末又揔云八者是揔

禮記義七十　二十五　張暉

此經之八事今乃不數此經杖條使是杖文虛設庾氏之説恐未爲善聽賢者擇焉　注　五日至人髽　正義曰云五日七日授杖謂爲君喪也者案喪大記大夫與士之喪皆云三日授子杖同主爲其親也今云五日七日故知爲君也

始死三日不怠三月不解期悲哀三年憂恩之殺也聖人因殺以制節　不怠哭不絕聲也不解不解衣而居不倦息也　此喪之所以三年賢者不得過不肖者不得不及此喪之中庸也王者之所常行也書曰高宗諒闇三年不言善之也　諒古作梁楣謂之梁闇讀如鶉鵪之鵪闇謂廬也廬有梁者所謂柱楣也　王

畢無人可使但身自執事不可許病故有杖不得用但使面有塵垢之容而已也子於父母貴賤情同而病不得一故爲權制　禿者不髽髽者是婦人之大紒重喪縗麻繞髮禿者無髮故不髽也女禿不髽故男子禿亦不免也傴者不袒袒者露膊傴者可憎故不露也　跛者不踊踊是跳躍跛人腳蹇故不跳躍也　老病不止酒肉者孝子悲哀非病不食滋味若老及病身已羸瘠又使備禮必致滅性非制所許故酒肉養之　凡此八者以權制者也此記者結前權數也夫喪禮宜備今有此八條不可以強逼故聖人權宜制也所謂八者謂應杖不杖不應杖而杖一也扶而起二也杖而起三也面垢四也禿者五也傴者六也跛者七也老病者八也庾蔚云父存爲母一也不數杖輿不杖之科皇氏熊氏並取以爲説今案經文爲母期乃屬前經鄭於期下揔注三日而食三月而沐之事是爲母期之文乃在節制之中不得下屬此經權制之例又此經權制之科乃載杖輿不杖之條此經末又揔云八者是揔

禮記義七十　二十五　張暉

此經之八事今乃不數此經杖條使是杖文虛設庾氏之説恐未爲善聽賢者擇焉　注　五日至人髽　正義曰云五日七日授杖謂爲君喪也者案喪大記大夫與士之喪皆云三日授子杖同主爲其親也今云五日七日故知爲君也

始死三日不怠三月不解期悲哀三年憂恩之殺也聖人因殺以制節　不怠哭不絕聲也不解不解衣而居不倦息也　此喪之所以三年賢者不得過不肖者不得不及此喪之中庸也王者之所常行也書曰高宗諒闇三年不言善之也　諒古作梁楣謂之梁闇讀如鶉鵪之鵪闇謂廬也廬有梁者所謂柱楣也　王

足利本第七十卷第二十六葉

者莫不行此禮何以獨善之也曰高宗者
武丁武丁者殷之賢王也繼世即位而慈
良於喪當此之時殷衰而復興禮廢而復
起故善之善之故載之書中而高之故謂
之高宗三年之喪君不言書云高宗諒闇
三年不言此之謂也然而曰言不文者謂
臣下也言不文者謂喪事辨不所當共也孝經說曰言不文者指士民也禮斬衰之
喪唯而不對齊衰之喪對而不言大功之
喪言而不議緦小功之喪議而不及樂此謂與賓客也唯而不對侑者爲之應耳言謂先發口也父母之喪衰冠繩纓菅
屨三日而食粥三月而沐期十三月而練
冠三年而祥疏正義曰此一節覆明前經四制之中節制之事以禮之大體喪之三年爲
限節之事故重明之　三日不怠者謂哭不休怠
三月不解者謂不解衣而居　期悲哀者謂期之間朝
夕恒哭　三年憂者謂不復朝夕哭但憂戚而已
恩之殺也者自初以降是恩漸減殺也　聖人因殺以
制節者言聖人因其孝子情有減殺制爲限節　此喪
之中庸也者庸常也言三年之喪賢者不得過不肖者不
得不及是喪之中平常行之節也　王者之所常行也
書曰高宗諒闇三年不言善之也引書者明古來王者皆三

禮記義七十　二十六

潘本第七十卷第二十六葉

者莫不行此禮何以獨善之也曰高宗者
武丁武丁者殷之賢王也繼世即位而慈
良於喪當此之時殷衰而復興禮廢而復
起故善之善之故載之書中而高之故謂
之高宗三年之喪君不言書云高宗諒闇
三年不言此之謂也然而曰言不文者謂
臣下也言不文者謂喪事辨不所當共也孝經說曰言不文者指士民也禮斬衰之
喪唯而不對齊衰之喪對而不言大功之
喪言而不議緦小功之喪議而不及樂此謂與賓客也唯而不對侑者爲之應耳言謂先發口也父母之喪衰冠繩纓菅
屨三日而食粥三月而沐期十三月而練
冠三年而祥疏正義曰此一節覆明前經四制之中節制之事以禮之大體喪之三年爲
限節之事故重明之　三日不怠者謂哭不休怠
三月不解者謂不解衣而居　期悲哀者謂期之間朝
夕恒哭　三年憂者謂不復朝夕哭但憂戚而已
恩之殺也者自初以降是恩漸減殺也　聖人因殺以
制節者言聖人因其孝子情有減殺制爲限節　此喪
之中庸也者庸常也言三年之喪賢者不得過不肖者不
得不及是喪之中平常行之節也　王者之所常行也
書曰高宗諒闇三年不言善之也引書者明古來王者皆三

禮記義七十　二十六

年喪諒讀曰梁闇讀曰鶴謂廬也謂既虞之後施梁而柱楣故云梁闇之中三年不言政事善之者言是古人載之於書美善之故也　王者莫不行此禮何以獨善之也記者自設問古人獨善之意　曰高宗者武丁者記者還自釋獨善高宗之意　武丁者殷之賢王也者中興殷世故曰賢王也　故載之書中者言以古人善此高宗載於書中又尊高其行故謂之高宗　三年之喪君不言者是記者引古禮三年之喪君則不言國事書云高宗諒闇三年不言此之謂也者此記者引書高宗所行中節是君不言之事故云此之謂也　然而曰言不文者謂臣下也者是記者既稱古禮君不言故又云言不文故記者復解云言不文者謂臣下也　禮斬衰之喪唯而不對者謂與賓客言也但稱唯而已不對其所問之事侑者爲之對不旁及也　齊衰之喪對而不言者但對其所問之事不餘言也　大功之喪言而不議者但言説他事不與人論議相問答也　緦小功之喪議而不及樂者得議他事但不能聽

禮記正義七十一　二十七　馬才

及於樂也　三年而祥者此章從上以來至此皆明三年之喪制節之事　比終茲三節者仁者可以觀其愛焉知者可以觀其理焉強者可以觀其志焉禮以治之義以正之孝子弟弟貞婦皆可得而察焉　仁有恩者也理義也察猶知也　疏　正義曰此一節更覆結居父母之喪能終此三節可以知其德行三節者自初喪至沐一也十三月練二也三年祥三也能終此三節者仁者可以觀其愛知者可以觀其理強者可以觀其志也言此自初遭喪至於喪畢有三者之節　仁者可以觀其愛焉者孝子居喪性有仁恩則居喪思慕可以觀其知愛親也若不愛親則非仁恩也　知者可以觀其理焉者孝子有知則居喪合於道理若不合於道理則非知也　強

年喪諒讀曰梁闇讀曰鶴謂廬也謂既虞之後施梁而柱楣故云梁闇之中三年不言政事善之者言是古人載之於書美善之故也　王者莫不行此禮何以獨善之也記者自設問古人獨善之意　曰高宗者武丁者記者還自釋獨善高宗之意　武丁者殷之賢王也者中興殷世故曰賢王也　故載之書中者言以古人善此高宗載於書中又尊高其行故謂之高宗　三年之喪君不言者是記者引古禮三年之喪君則不言國事書云高宗諒闇三年不言此之謂也者此記者引書高宗所行中節是君不言之事故云此之謂也　然而曰言不文者謂臣下也者是記者既稱古禮君不言故又云言不文故記者復解云言不文者謂臣下也　禮斬衰之喪唯而不對者謂與賓客言也但稱唯而已不對其所問之事侑者爲之對不旁及也　齊衰之喪對而不言者但對其所問之事不餘言也　大功之喪言而不議者但言説他事不與人論議相問答也　緦小功之喪議而不及樂者得議他事但不能聽

禮記義七十一　二十七　馬才

及於樂也　三年而祥者此章從上以來至此皆明三年之喪制節之事　比終茲三節者仁者可以觀其愛焉知者可以觀其理焉強者可以觀其志焉禮以治之義以正之孝子弟弟貞婦皆可得而察焉　仁有恩者也理義也察猶知也　疏　正義曰此一節更覆結居父母之喪能終此三節可以知其德行三節者自初喪至沐一也十三月練二也三年祥三也能終此三節者仁者可以觀其愛知者可以觀其理強者可以觀其志也言此自初遭喪至於喪畢有三者之節　仁者可以觀其愛焉者孝子居喪性有仁恩則居喪思慕可以觀其知愛親也若不愛親則非仁恩也　知者可以觀其理焉者孝子有知則居喪合於道理若不合於道理則非知也　強

者可以觀其志焉者孝子堅強其居喪則能守其志節若無志節則非堅強　禮以治之者言用禮以治居喪之事　義以正之者謂用義以正居喪之禮　孝子者謂孝順之子　弟弟者謂遜弟之弟　貞婦者謂貞節之婦皆可得而察焉者若能依禮合義有仁可觀其愛有理可觀其知有志可觀其強則是孝子弟弟貞婦也若無此事則非孝子弟弟貞婦也故云可得而察焉也

上杉安房守藤原憲實寄進

禮記正義卷第七十

者可以觀其志焉者孝子堅強其居喪則能守其志節若無志節則非堅強　禮以治之者言用禮以治居喪之事　義以正之者謂用義以正居喪之禮　孝子者謂孝順之子　弟弟者謂遜弟之弟　貞婦者謂貞節之婦皆可得而察焉者若能依禮合義有仁可觀其愛有理可觀其知有志可觀其強則是孝子弟弟貞婦也若無此事則非孝子弟弟貞婦也故云可得而察焉也

禮記正義卷第七十

黃唐識語并校正列銜

六經疏義自京監蜀本皆省正文及注又篇章散亂覽者病焉本司舊刊易書周禮正經注疏萃見一書便於披繹它經獨闕紹熙辛亥仲冬唐備員司庾遂取毛詩禮記疏義如前三經編彙精加讎正用鋟諸木庶廣前人之所未備乃若春秋一經顧力未暇姑以貽同志云

壬子秋八月三山黃唐謹識

進士傅伯膺

進士陳克己

應賢良方正直言極諫科莊冶

修職郎紹興府會稽縣主簿高似孫

修職郎監紹興府三江錢清曹娥鹽場兼管催煎鹽李日嚴

迪功郎充紹興府府學教授陳自強

文林郎前台州州學教授張澤

從事郎兩浙東路安撫司幹辦公事留駿

校正官

宣教郎兩浙東路提舉常平司幹辦公事李深

通直郎兩浙東路提舉茶鹽司幹辦公事王汾

朝請郎提舉兩浙東路常平茶鹽公事黃唐

足利本卷尾

六經疏義自京監蜀本皆省正文及注又篇章散亂覽者病焉本司舊刊易書周禮正經注疏萃見一書便於披繹它經獨闕紹熙辛亥仲冬唐備員司庾遂取毛詩禮記疏義如前三經編彙精加讎正用鋟諸木庶廣前人之所未備乃若春秋一經顧力未暇姑以貽同志云

壬子秋八月三山黃唐謹識

進士傅伯膺

進士陳克己

應賢良方正直言極諫科莊冶

修職郎紹興府會稽縣主簿高似孫

修職郎監紹興府三江錢清曹娥鹽場兼管催煎鹽李日嚴

迪功郎充紹興府府學教授陳自強

文林郎前台州州學教授張澤

從事郎兩浙東路安撫司幹辦公事留駿

校正官

宣教郎兩浙東路提舉常平司幹辦公事李深

通直郎兩浙東路提舉茶鹽司幹辦公事王汾

朝請郎提舉兩浙東路常平茶鹽公事黃唐

潘本卷尾

影印南宋越刊八行本禮記正義編後記

一、越刊八行本禮記正義

儒經注疏諸版本中，越刊八行本最爲清代以來學者所重。近年又有深入研究，如張麗娟先生梳理版本問題全面精深，李霖先生討論編輯體例頗有創獲，王鍔先生專門調查禮記正義周詳細緻，今皆不重述，請參文後參考文獻表。今特就未成學界共識之問題，略述鄙見，供讀者參考。

（一）單疏本與八行本

越刊八行本合編經注疏，重點在義疏。黄唐跋開端即言「六經疏義自京監、蜀本皆省正文及注」，顯然以「疏義」爲主語。八行本周易注疏、尚書注疏避諱至「構」字，而不避「慎」字，單疏本周易正義、尚書正義避「構」字、「慎」字，學者認爲八行注疏本在單疏本之前。合編本在單行本之前，看似悖理，其實不然，因爲南宋單疏本與八行本均屬北宋版單疏之翻刻本。李霖先生認爲單疏本與八行本可以互補。南宋前期官方刊行群經義疏，或可分兩階段理解。南宋初期，朝廷急需配備一套經籍版本，分派不同官衙完成。紹興府直接據北宋單疏本覆刻毛詩正義，禮記正義亦有覆刻北宋單疏本；而兩浙東路茶鹽司以注疏合編八行本形式刊行周易、尚書并周禮三經義疏。兩種單疏與三種八行注疏（今且不論其他諸經），共同形成一套義疏版本。兩浙東路茶鹽司爲何將周禮優先於毛詩、禮記刊行？蓋因毛詩、禮記已有單疏。至孝宗朝以後，一般認爲毛詩、禮記皆有單疏本，雖能滿足基本需求，但兩浙東路茶鹽司之注疏合編形式既受好評，何不繼續出毛詩、禮記？黄唐跋之主旨，大致如此。與此相反，周易、尚書已有八行注疏本，則續刊單疏之意義當較小。學者指出周易、尚書單疏校字不精，往往不如八行本，蓋有由矣。又，尚書單疏本之體例，標起止單獨佔一行，是不滿足於單疏原式，稍加調整以期更便閱讀。總之，毛詩、禮記單疏及周易、尚書、周禮八行本，爲南宋第一代義疏刻本，毛詩、禮記八行本及周易、尚書單疏本爲南宋第二代義疏刻本。版本價值之總體認識，當謂南宋第一代優於南宋第二代，不當謂單疏本優於八行本。可惜禮記單疏傳世僅八卷，今不得不以八行本爲禮記正義最善本。

順帶一提，潘氏舊藏八行本禮記正義有李盛鐸跋（詳下第三章），引黃唐跋而云：「是紹興庾司爲注疏第一合刻之地，詩、禮二疏，因即爲唐所合編，故它經後僅坿唐跋，此經獨列校正諸官銜名。」按：此說殆非。所謂「它經後坿唐跋」，疑皆據禮記跋移錄附後，未聞它經宋版實有唐跋之事例。（又，木樨軒藏書題記及書錄著錄此跋，「因」字作「目」，文義不通。蓋編者誤認手跋字體，請直接參考影印手跋。）

（二）單疏本可貴，十行本不可廢

禮記正義單疏，今存日本舊抄本卷五殘卷，有一九二八年影印卷子裝複製本。一九三五年商務印書館據影印本覆影，收錄於四部叢刊三編，則以一行裁爲兩行，形式大異，而文字固無異。另有單疏南宋版殘本存卷六十三至七十，一九三〇年東方文化學院影印，四部叢刊三編亦據以收錄，後來臺灣藝文印書館又有原大影印東方文化學院影印本。一九二七年內藤湖南發表一篇雜文介紹八行本禮記正義（見本文附錄），有言「禮記正義的單疏本，僅有的傳本是抄本殘卷兩卷而已」，是當時未有影印卷子本，更不知宋版殘卷尚存人間，僅據嘉業堂叢書翻刻本爲說。一九一四年嘉業堂刊本，據轉抄本翻刻，與一九二八年影印本同出一源。張麗娟先生指出，嘉業堂誤據六十三卷俗本分卷，故以卷五殘卷誤認爲卷三尾及卷四首。內藤此言「殘卷兩卷」，當因嘉業堂本而誤。今日既有影印本之便，閱讀八行本自當取以對校。

十行本編輯體例、文本質量遠不如八行本，亦不能偏廢，因爲十行本自據單疏本編錄孔疏，並非據八行本轉載。其最著者，八行本樂記孔疏有一整段一千多字之脫文（八行本卷四十八第六葉，十行本卷三十八第六葉以下）。此一問題，潘明訓校勘記、常盤井宋本校記皆有揭示，王鍔先生亦有介紹。十行本禮記，無宋版傳世。若欲補八行本之不足，阮元刻本即可爲用。

（三）八行本經注文本

八行本不僅爲禮記正義現存最佳版本，所收經注文本亦極精善，傳世版本中僅撫州公使庫本可以媲美。撫州本刊行於淳熙四年（一一七七），爲南宋前期官刊經注本之僅存者。撫本文字之細節，往往與毛居正六經正誤所言南宋後期監本吻合，如内則「子弟猶歸器」注「當以善者與宗子」，毛居正云監本「與」作「与」，是偶用俗體，現存版本皆作「與」，而撫本獨作「与」。類似情況甚多，可以推論撫本即覆刻南宋初期監本，大體保留南宋初期監本之面貌。刊行八行本禮記正義在紹熙三年（一一九二），稍晚於撫州本，且按章節割裂，插入於正義中間。然其文本可以與撫州本互證，往往得以糾正撫本之失，即便爲譌誤，若與撫本相同，則不妨視爲南宋初年監本之原貌。例如檀弓上篇「周公蓋祔」，下篇「衛人之祔也離之」，余本以下諸本皆如此，而撫本與八行本「周公蓋祔」字作「附」（八行本卷九第十二葉），「衛人之祔」作「祔」（八行本卷十四第三十三葉），前後不同。兩處鄭注同云「謂合葬」，是義同而字異，似不如余本以下俗本統一用「祔」字爲佳。其實唐石經與撫本、八行本同，而經典釋文「周公蓋附」作「祔」。不難理解，前後不同乃唐石經以來傳統文本，前後統一爲余本據釋文竄改之結果。又如曲禮下「曰予一人」，注「覲禮曰『伯父實來，予一人嘉之』，余予古今字」，撫本、八行本（卷六第十三葉）如此。鄭玄解釋「余予古今字」，必當據此曲禮與覲禮用字不同，撫本、八行本皆作「予」，必有一誤。撫本考異據此處釋文及玉藻孔疏，論定曲禮當作「余」，注引覲禮當作「予」，説極精審。今更爲推論，則唐石經據禮記鄭注而僅録經文，校定者見注引覲禮作「予」，以爲作「予」爲正，遂改曲禮正文作「予」。至五代編定監本經注，經文以唐石經爲主，於是産生經注皆「予」之文本。北宋監本、南宋初監本輾轉因襲，故撫本、八行本皆如此。余仁仲知經注兩「予」字必有一譌，見釋文出「予一人」三字，以爲曲禮正文當作「予」，遂改鄭注引覲禮作「余」，爲後來俗本所因襲。正如撫本考異所言，釋文「予一人」三字據鄭注引覲禮，余仁仲誤會而改經文，盧文弨又據俗本而竄亂釋文，皆不可取。

八行本之經注文本大體接近當時監本，然亦似曾受俗本影響。如鄉飲酒義注「不敢專大惠」下，八行本誤入釋文一百零八字（見第六十八卷第十七、第十八葉），山井鼎曾非之，校勘記則疑爲注文，而撫本考異斷爲釋文誤入。射義「稱道不亂」注「稱猶言也，行也」，八行本衍五字作「稱猶言也，道猶行也，言行也」（卷六十九第八葉），正如九經三傳沿革例所言「越本」。沿革例誤以多五字爲是，段玉裁（見校勘記及黄焯經典釋文彙校引）、顧千里（撫本考異）並以爲非。

八行本經文又有顛倒次序之處。沿革例「錯簡」條云：「諸經惟禮記獨多見之，玉藻、樂記、雜記、喪大記註疏可考。興國本依註疏更定，亦覺辭意聯屬，今則不敢放之，第以所更定者繫於各篇之後，庶幾備盡。」興國于氏本今不可見，而殿版覆岳本玉藻等諸篇卷末附録「興國于氏改正本」，如沿革例所言。今八行本樂記、喪大記據注説顛倒經文，與興國于氏本同，而玉藻、雜記仍舊文，體例不一。不知是合編注疏時順手調整，抑或參考其他經注文本，待考。十行附釋音注疏本，則經注文字與余仁仲本同，所謂「錯簡」皆仍舊。

（四）八行本分章，十行本分章分段

鄭注禮記傳統文本皆無分章標識，如撫本然。八行本亦無標識（月令有幾處標圈，可謂例外），而大致據孔疏分章列經注。余仁仲刊本始於每章首加圈，十行本仍之，而每章又細分數段，經注與義疏互見。八行本往往先録長段經注文，下録孔疏連續數葉，疏與經注相距甚遠，或嫌不便對照。然鄭玄注禮記，每參上下文句推定文義，若據十行本，上下經文分離甚遠，令人忽視鄭玄思路。如曲禮下「君子行禮，不求變俗」，注：「謂去先祖之國，居他國。」鄭意，此經謂君子居他國，不改自己故國之俗。按通常理解，此句文義當謂君子不強行改變民間舊俗，且鄭玄於別處引禮記此句亦如此理解（見孔疏引鄭志）。然則鄭玄在此爲何提出如此異解？蓋鄭玄讀此經，與下經「去國三世，爵禄有列於朝，出入有詔於國，若兄弟宗族猶存，則反告於宗後；去國三世，爵禄無列於朝，出入無詔於國，唯興之日，從新國之法」等爲一章，以爲一章經義連貫，故謂「君子行禮，不求變俗」即君子自身不改故國舊俗，而非君子不改民間舊俗。此章八行本在卷五第二十五葉，一章經注皆在一處。十行本乃將此章割裂爲三段，「君子行禮，不求變俗」在卷四第六葉，而「唯興之日，從新國之法」在第八葉，當讀第一段時，往往不知必須結合第二段、第三段始得理解鄭玄用意，故讀注云「謂去先祖之國，居他國」，只覺奇異。鄭玄注經，望經爲説，古人已有定評。百多年來，鄭注本意晦而不彰，學者往往專據阮刻十行本，未必非其重要原因。

二、足利學校藏本

山井鼎七經孟子考文及物觀補遺，詳校足利學校所藏宋本禮記正義，阮元校勘記據以轉錄足利所藏宋本之異同，學者知足利藏本既久且詳。但所知不出七經孟子考文并補遺所記之外，故始終難免各種疑惑。

七經孟子考文指稱各種版本，有特定詞例，且每經不同。就禮記而言，所謂「古本」專指足利學校所藏一部日本舊抄本，所謂「足利本」乃據日本古活字本（山井鼎誤以此種活字本爲足利學校所印，故用此稱），八行本則稱「宋板」。阮元校勘記等參據七經孟子考文，皆因襲原書用詞，因而校勘記中所見「足利本」與本書影印之「足利本」（即考文及校勘記之「宋板」）爲兩種版本，互不相干，特請注意。

山井鼎撰七經孟子考文，有謄抄本傳世，而未嘗有單行刊本。七經孟子考文在刊行之前，由物觀覆查，撰補遺，故考文刊本皆附補遺。然補遺用詞不遵山井鼎體例，不免令人迷惑。如郊特牲注「賓爲苟敬」，俗本譌作「尊敬」，撫本考異云：「山井鼎所據宋板注及正義俱不誤。但此於彼所據爲缺卷，而仍稱宋板，未知究指何本耳。」此注於八行本在卷三十四第九葉，恰爲足利本缺卷。此處山井鼎實無說，其言「宋板」見補遺。山井鼎於宋板缺卷起始處，自述體例云：「宋板正義本，三十三卷至四十卷缺，有人補寫足之。今比校之，訛謬相仍，固不足徵也。其有一二可取者，乃稱以『補本』云爾。」山井鼎遵用此例，故八行本卷三十三至卷四十，考文偶見「補本」而不見「宋板」。然補遺在此範圍仍然詳記「宋板」異同，不言「補本」。是知顧千里忽略考文與補遺之差異，不曾想補遺竟以「宋板」稱補抄，故不得不迷惑。

山井鼎、物觀之後，關注此部禮記正義而留下記錄者，有近藤正齋，參見本文後附常盤井論文、阿部解題。經籍訪古志亦著錄此部，而卷數稱六十三卷，不符事實，啓人疑惑。楊守敬曾介紹致誤之由云：「訪古志載紹熙壬子黄唐刊本禮記注疏七十卷，與曲阜孔氏藏本同。姚君（筆者注：姚文棟，字子良）但見通行禮記注疏六十三卷，遂悍然據改之。」（見日本訪書志卷六「太平寰宇記」條）董康爲潘氏藏本製作珂羅版之後，內藤湖南發表介紹文章（見本文附錄），言及足利學校藏本，但僅認爲同版，並謂足利本缺八卷，潘氏本有缺葉，可以互補，顯然不知兩本修補之不同。一九三二年常盤井賢十開始調查足利本，發現足利藏本印製時間較潘氏藏本早，補版較少，因而文字有不少出入。一九三三年發表階段性報告，至一九三七年出版宋本禮記疏校記，學界始知足利本與潘氏本異同之詳情。但常盤井校記只校孔疏，不校經注文字，未爲詳備。本書對照影印兩本，可以直接觀察兩本異同，則常盤井校記之正文，可不必參考。但其總述版本相當周詳，仍有價值，見本文附錄。一九三七年，足利學校出版長澤規矩也撰足利學校貴重特別書目解題，亦言潘氏本刷印晚於足利本（見本文附錄）。一九七三年出版足利學校善本圖錄，收錄禮記正義卷一首半葉、卷三首半葉及孔序首半葉書影。一九八二年阿部隆一發表日本見在宋元版本志經部，詳細討論此部刻工，見本文附錄。阿部先生曾在臺灣、日本調查大量宋元版本，每部皆留下詳細記錄，彙編出版之調查成果有中國訪書志、日本見在宋元版本志經部等，爲版本學界提供資料基礎。阿部先生之論述相當可靠，但研究條件畢竟有限，自然不免於失誤。如在本書之前，本叢刊出版影印宋刊元明遞修本儀禮經傳通解正續編，筆者參與編輯，發現阿部先生所認定宋元刻工，包含少許失誤。阿部先生在論述禮記正義補版刻工時，以「李成」爲宋代補版刻工，謂見於儀禮經傳通解原版。其實儀禮經傳通解中「李成」所刻乃元代補版，則當爲同名異人，不能引以互證。當然，此許失誤無損於阿部先生考論之價值。

足利本有後人用墨筆補字，如檀弓下篇注「封可手據，謂高四尺所」，八行本脱「所」字（卷十四第十六葉），而足利本用毛筆補「所」字。毛筆補字及描寫筆畫，皆不難辨認，幸勿與宋版文字混爲一談。

三、潘氏寶禮堂舊藏本

（一）遞藏經過

因資料有限，以往學者瞭解此部流傳之經過頗有不明之處，如常盤井在一九三三年論文中敘述此部由山東孔氏流出，爲盛昱所獲之經過，止得根據兩則輾轉多次之傳說，至一九三七年出版宋本禮記疏校記，始得補充一條緣督廬日記抄之記載。如今可參考之資料更多，不妨稍爲補充。

潘氏舊藏本有「秋壑圖書」、「北平孫氏」及季振宜諸印，與北圖藏八行本春秋左傳正義同。其中「秋壑圖書」，傅增湘等皆定爲僞印，而未明言其理由，故世人或不免疑慮。其實，鑑定僞印，不必就印文本身論證。最近張麗娟先生指出，此部爲元修本，不可能有宋人賈似道藏印。一經點破，簡單明瞭。

此部後有乾隆十四年惠棟跋，云爲璜川吳氏所藏。藏園群書經眼錄著錄殿本注疏孔繼涵校本（原書今藏上海圖書館），移錄孔繼涵跋云：「後歸璜川吳氏，吳曾以質三百金於朱文游家，戴東原先生借閲，補今文缺文。丙申（筆者按：乾隆四十一年）之春，有挾之入都者，索價五百金無售者，東原欲借重校而不得。九月之朔，持質百金於余，云云。」

盛昱得此部之經過，繆荃孫琉璃廠書肆後記有云：「伯希辭官以後，探得打磨廠興隆店，外來書賈貨車萃焉，五更開市，各書陳列於地，論堆估值，廠友悉趨之。伯希時時襆被往宿，遂得宋本七十卷之禮記注疏、杜詩黄鶴注、舊鈔儒學警悟。」（今據孫殿起琉璃廠小志第三章所引）按：此説與常盤井論文注中所記繆荃孫語（經徐森玉、杉村、吉川輾轉重述）相符，則常盤井所記，謂此部自曲阜孔氏流散後，先歸山西某氏，書賈於山西得之，運至打磨廠，爲盛昱所獲者，或屬可信。周肇祥琉璃廠雜記卷二云：「曲阜孔氏，清初好藏書，多善本，近爲書估捆載來京出賣。抱存（筆者按：袁克文）所得宋刻小字八經，前藏季滄葦者，森玉所得錢謙益批本通鑑，皆孔家故物。」（一九九五年北京燕山出版社出版）是述當時曲阜孔氏藏書大批流散，與此部禮記正義先歸山西某氏之説，並不矛盾。另，今人劉晴撰晚清名士盛昱研究（二〇一〇年黑龍江大學碩士論文），附錄盛昱年譜簡編，據載，盛昱道光三十年（一八五〇）生，光緒三年中會試，十五年因病奏請開缺，十八年六月獲此宋本禮記正義，二十五年（一八九九。因在年底，公曆實已入一九〇〇年）卒。光緒十八年（一八九二）獲得此部，即在辭官之後，與繆荃孫所言符合。唯此一信息，劉先生不言所出。劉先生云王懿榮之子王崇煥曾撰盛昱年譜，有稿本藏天津圖書館，據以參考。不知是否見王崇煥所撰年譜稿。

鄧之誠骨董續記卷二「盛伯希收藏」條云：「盛伯希祭酒，自謂所藏以宋本禮記、寒食帖、刁光胤牡丹圖最精，爲『三友』。身後爲其養子善寶斥賣，至今意園已爲日人中山商會所有，蓋無餘物矣。『三友』以壬子(一九一二年)夏歸於景樸孫。後禮記爲粵人潘明訓所得，寒食帖歸於日本人菊池惺堂，牡丹圖初歸蔣孟苹，復賣於美國人。有得當時善寶與景所立契約言：『今將舊藏宋板禮記四十本、黃蘇合璧寒食帖一卷、元人字冊一十頁、刁光胤牡丹圖一軸及禮堂圖一軸，情願賣與景樸孫先生，價洋一萬二千元正，絕無反悔。日後倘有親友欲收回各件，必須倍價方能認可。恐空口無憑，立此爲據。善寶押。舊曆壬子年五月二十日。』蓋祭酒爲肅宗，景慮後患，故要約爲此。」周肇祥琉璃廠雜記卷二云：「抱存以一萬金購宋板七十卷黃唐禮記、婺州本周禮、黃善夫刻蘇詩、于湖集、黃鶴注杜詩五種於旗下人景樸孫。景初得書於盛伯羲家，費僅五百金。伯羲故後，其嗣子癡獃，不知貴，約正文齋譚估往估值。譚估將此數種，雜以他書，置屋隅，故賤其值，留以待己。景適繼譚而往，發見其覆，問值幾何，曰估二百金，景以五百取之。及譚估再往，知書已爲景得，嘔血死。」以上兩種敘述，稍有出入，均屬傳聞，容有譌傳。傳增湘致張元濟信函中，屢及購買盛家藏書事(今據一九八三年商務印書館出版張元濟傳增湘論書尺牘)。如壬子四月一九日(一九一二年六月四日)云：「盛書殊費手。除老譚巧取不計外，此外傳聞有耆壽民、寶瑞臣、景樸孫三人。耆自用，寶、景皆營業。」又云：「景殊巧。渠不言己物，謂代我取閱。然聞其略購數十種，並未必皆其物也(原注：亦實有向盛取者)。」同年五月一四日(公曆六月二八日)函中言「昨日(原注：一三日也)又得介紹人，始入盛宅看書，自十二點起，至六點止」，并詳述此部禮記正義之情形。至同年八月廿五日(公曆一〇月五日)則云：「聞禮記確爲景二所得。與人言宋本六種須洋二萬元，亦恐難以出手。計開：禮記、纂圖互注周禮鄭注、張于湖集、千家注杜詩、王注蘇詩、春秋胡傳。」傳增湘、張元濟等一直有意購買，但書估要價太高。禮記正義尚在盛家時，書賈稱賣價四千金，見壬子四月一四日函、壬子五月初九日函。其歸景樸孫之後，書估言「至少恐須三千元」，而張元濟只能答應禮記正義與于湖集兩種一共三千元(同年九月廿二日，公曆一〇月三一日函)，價位懸殊，傳增湘不得不表示「來示言禮記二種還三千元，必無效」(同年一〇月初七日，公曆一一月一五日函)。至第二年五月二五日(公曆一九一三年六月二九日)，傳增湘言禮記正義、于湖集仍在景樸孫手裏，問張元濟有意購買否。此後，傳增湘函中皆不見禮記正義事，恐已放棄。通過傳增湘信函可以瞭解，此部禮記正義於一九一二年六月確曾在盛氏宅中，至十月已歸景樸孫手。在景樸孫手裡待估兩年，至民國三年甲寅(一九一四)冬，爲袁克文所獲。

此部禮記正義，書後有「丙辰驚蟄後二日」李盛鐸跋、「洪憲紀元三月十三日」袁克文跋（皆在民國五年，一九一六），爲潘氏影印本、影刻本所不載，而皆見涉園所見宋版書景第二輯影印，頗便參閱，故本書不重收（李跋錄文亦見一九八五年北京大學出版社版木樨軒藏書題記及書錄，袁跋錄文亦見文獻二〇一一年第四期李紅英撰袁克文經部善本藏書題識（上））。李跋云「壬子之夏，鬱華書籍散出，是書輾轉遂歸三琴趣齋」，袁跋云「比移都下，知尚在景家，因丐庚樓妹倩代爲論值，遂以萬金兼得纂圖互註周禮、小字本春秋胡傳、黄註杜詩、黄善夫刻王註蘇詩、于湖居士文集五書」，皆不言何時所得。按袁克文跋纂圖互注周禮則云：「纂圖互注周禮十二卷，南宋坊刻之至精者，曾載入傳是樓書目，卷首有徐乾學藏印可證也。予以萬金與三山黄唐本禮記正義、小字本春秋胡氏傳、黄氏補千家注杜工部詩史、黄善夫刊本王狀元注東坡先生詩、張于湖居士文集六宋刊購自景賢家，多爲盛伯兮祭酒故物，皆宋刊無上上品，遂啟予幸得之冀，而爲佞宋之始。日溺書城，不復問人間歲月矣。甲寅冬月獲於京師，時居後水泡寓廬。」（見袁克文經部善本藏書題識（上）引）知袁克文得此部於景樸孫，在民國三年甲寅（一九一四）。袁跋言「庚樓妹倩」，指張允亮，字庚樓，爲袁克文姐夫。所得六種宋版，與壬子八月廿五日傳增湘函中所言完全一致。瞭解此部由盛氏鬱華閣流出，終歸袁克文之經過，即知景樸孫可謂掠販家之末流。景樸孫在此部稀世珍本亂蓋私印，儼然以藏書家自居，最屬可笑。

袁克文於一九一六年跋此部禮記正義云「經年所獲，已可盈百，爰闢一廛以貯之，而以此書冠焉」，隨後袁世凱去世，袁克文「資斧不給」，將此禮記正義與公羊解詁轉讓潘明訓，潘氏遂以新居名爲寶禮堂（見一九三八年寶禮堂宋本書錄自序）。倫明辛亥以來藏書紀事詩云「潘明訓少時供事洋行，現充英工部局總辦」，則內藤湖南云潘氏將所藏善本寄存「英國工部局的警察」，似乎合理。據宋路霞先生介紹，潘明訓於一九三九年去世，藏書由潘世滋先生繼承。一九四一年，爲避日寇掠取，潘先生將所藏善本運至香港，藏於滙豐銀行保險庫（宋路霞撰潘氏寶禮堂宋版書的命運，載世紀二〇〇七年第二期）。五十年代潘氏藏書歸公，五九年北京圖書館善本書目著錄此部禮記正義，並注「潘捐」，亦見中國版刻圖錄收錄。

此部在潘氏時，董康借以製作珂羅版影印本及木版影刻本。珂羅版精美無倫，可謂近代珂羅版影印本之最，而傳本極罕見。影刻本有八十年代中國書店重印本，流傳甚廣。影刻本有失誤，亦有校改，已非潘本原貌。常盤井校記曾言珂羅版亦有疑經描改處，則筆者至今未見可疑之處，待考。潘氏又有校勘記，寶禮堂宋本書錄有詳跋，據云皆出張元濟手。王國維於潘氏見此部，有跋見觀堂集林。

（二）惠棟所據宋本即潘氏本

潘氏舊藏本是否當年惠棟所校宋本？多年來不少學者表示懷疑，根本原因在惠校所言宋本文字與潘本不符。阮元等人編撰校勘記，已見惠校宋本與七經孟子考文所引宋板往往不符。阮元解釋云：「七經孟子考文補遺所載宋板禮記正義，與惠棟校所載宋本是一書。間有不合處，不及千分之一，亦傳寫之譌，非二書有不同也。」（校勘記卷首）阮元不知兩部宋版之間修補情況有差異，內藤湖南亦然，已見上章。張元濟先見潘氏藏本，後又見舊內閣大庫殘本，發現兩者「一一吻合，惟間有原版、補版之別」，於是猜想考文引宋板與惠棟校宋本之差異，當非「傳寫之譌」，而爲「原版與補版之異耳」（涵芬樓燼餘書錄）。一九二八年訪日，又知足利本與潘本「有不合者，爲原版、補版之別，即同一補版，亦有先後之殊」（寶禮堂宋本書錄）。然持影印潘本覈惠校引宋本，仍有不少出入，因而不得不認爲惠棟所據宋本當非此潘氏本。汪紹楹先生於阮氏重刻宋本十三經注疏考（文史第三輯）中，又舉三證。一、陳仲魚經籍跋文云「錢聽默竊以所儲十行本，重臨惠校，綴以原跋」，阮元校勘記序亦云「書賈取六十三卷舊刻，添注塗改，綴以惠棟跋語」。汪先生認爲，惠跋既爲錢聽默綴附十行本，則八行本不當仍有惠跋。今潘氏本有惠跋，當非原件。二、潘氏本卷二十六卷首題作「禮記注疏」，而惠校仍作「禮記正義」。汪先生認爲潘氏本卷二十六第一葉並非原版，故與惠校所據有差異。三、潘氏本後附黃唐跋，一覽即知此部爲南宋刊本，惠棟豈容誤認爲北宋本。汪先生推測，惠棟所見八行本當缺黃唐跋。汪先生考論精審，王鍔先生贊同其說，張麗娟先生雖存疑，亦稱其說頗有理據。

其實，常盤井已有論證，可以破除此一疑惑。常盤井言，惠校所言缺葉與潘氏本吻合，足以確定惠棟所據即今潘氏本。在三三年論文中常盤井指出，潘氏本有五處補抄，與惠校所言缺葉起止吻合，而在三七年校記卷首說明又加兩處，共七處皆與惠校吻合，另有兩處潘氏本缺葉，惠校雖不言缺，然亦無校記，並不矛盾（今按：常盤井據珂羅版以爲潘氏本缺卷三九第八葉，其實潘氏本不缺該葉，見下第六章。常盤井說皆見本文附錄）。八行本禮記正義全書一千七百九十七葉，而潘本缺葉僅八處，竟皆與惠校吻合，不容視爲巧合。

既知潘氏本即惠棟所據，則汪先生所論當如何解？汪先生之第一點，可謂誤會。今按陳、阮二家之意，當謂錢聽默持十行本加工，正文亂加批校，書後僞造附加惠棟跋，冒充惠棟所見宋本。「原跋」謂惠棟跋，非謂惠棟手書原件，故阮元特言「跋語」。正如内藤指出（見本文附錄），潘本所附惠棟跋，「余案唐藝文志，書凡七十卷」下有「此本卷次正同，字體倣石經，蓋北宋本也」十六字，爲和珅刻本惠棟跋所

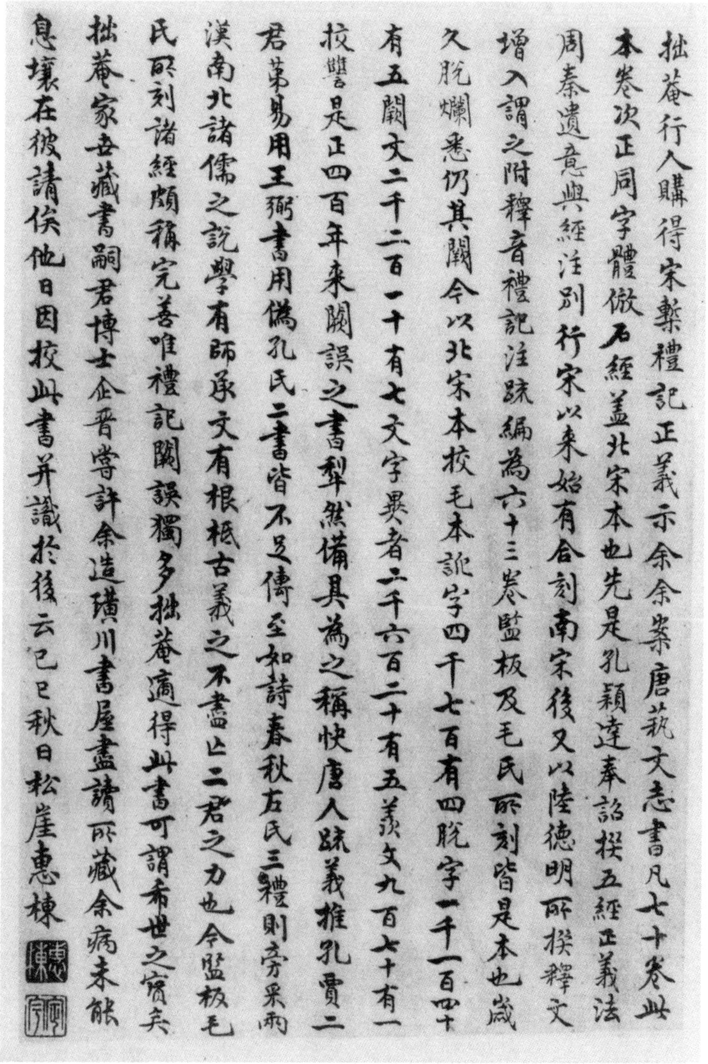

拙菴行人購得宋槧禮記正義示余余案唐藝文志書凡七十卷此本卷次正同字體倣石經蓋北宋本也先是孔穎達奉詔撰五經正義法周秦遺意與經注别行宋以來始有合刻南宋後又以陸德明所撰釋文增入謂之附釋音禮記注疏編爲六十三卷監板及毛氏所刻皆是本也歲久脱爛悉仍其闕今以北宋本校毛本訛字四千七百有四脱字一千一百四十有五闕文二千二百一十有七文字異者二千六百二十有五羨文九百七十有一校讐是正四百年來闕誤之書犂然備具爲之稱快唐人疏義推孔賈二君弟易用王弼書用僞孔氏二書皆不足傳至如詩春秋左氏三禮則旁采兩漢南北諸儒之説學有師承文有根柢古義之不盡亡二君之力也今監板毛氏所刻諸經頗稱完善唯禮記闕誤獨多拙菴適得此書可謂希世之寶矣拙菴家無藏書嗣君博士企晉嘗許余造璜川書屋盡讀所藏余病未能息壤在彼請俟他日因校此書并識於後云己巳秋日松崖惠棟

缺。錢聽默僞造惠棟所見宋本，「卷次正同」云云非删除不可，否則跋言七十卷而書僅六十三卷，和珅雖愚亦不受其欺。可見錢聽默「綴以原跋」絕非惠棟手書跋，不必因此懷疑潘本所附惠棟手跋。潘本所附惠跋究竟是否惠棟手跡，則尚待從字體等其他角度鑑定，今不敢確定。昭代名人尺牘所收惠棟筆跡（且據文哲所出版東吳三惠詩文集卷首），似與潘本惠跋同出一手；張素卿先生又與復旦大學所藏易漢學手稿對照，認爲諸多字形筆畫結構極相似，整體筆意亦頗爲一致。記此供讀者參考。汪先生之第二點亦不確。卷二十六第一葉，足利本、潘氏本同爲「陳又」所刻原版。惠校文字與八行本不符合，另有原因，見下文論述。唯獨汪先生之第三點，惠棟爲何誤認爲北宋

本，仍不可解。

深入討論此問題，必需覈查惠校引宋本之具體文字。曾子問「今墓遠則其葬也如之何」節孔疏，閩、監、毛本均有大段脱文，乃因十行本不知從何時，均缺卷十九第二十一葉。相應部分在八行本卷二十七第二十六葉、第二十七葉，全文具在，故山井鼎與惠棟皆分別記録，而阮元翻刻十行本禮記注疏，即據惠棟校本重新寫版補此葉。然山井鼎、惠棟兩家録文有出入，校勘記指出有七處不同（校勘記先録惠棟所記全文，後詳言惠棟所記與山井鼎録文之異同。然其録全文，已有三處反與山井鼎録文同，是校勘記編校失誤。而阮刻十行本照用校勘記所載全文翻刻，不顧其文已經混淆兩家録文，可謂草率）。今覈查宋本，即知山井鼎、惠棟兩家所據同爲「蔣伸」所刻原版。經校對，知山井鼎録文準確，七處異文皆惠棟録文之譌字。其中八行本第二十六葉末行孔疏「今謂曾子見時世禮變，皆棺斂下殤於宫中，而葬之於墓，與成人同。路今既遠，不復用輿機於尸」，惠校録文「路」譌作「隆」。作「隆」則屬上讀，「與成人同隆」，但下文「今既遠」稍嫌不辭，自以作「路」爲正。然作「路」作「隆」，語義懸殊，惠氏録文豈容致誤？對照足利本與潘氏本，即恍然大悟。此字在行底，緊接版框，足利本完全正常，而潘氏本因印製時間晚，版框及「路」字大部分筆畫已經磨損，僅見「路」字最上邊部分筆畫而已，惠棟據此猜測此字爲「隆」。然則惠棟所據宋本之版面狀態，當與潘氏本相同，此亦可證潘氏本即惠棟所據。

惠校文字與八行本不符，或當由於過録者之失。如檀弓下「晉獻公之喪」節，十行本分兩段，下段孔疏開頭標起止作「稽桑至遠利也」（卷九第十葉），而校勘記云「惠棟校宋本無此六字」。今按八行本作「稽桑至利也」（卷十二第十二葉）。不難想像當初惠棟在毛本「稽桑至遠利也」之「遠」字旁批注「宋本無」，過録者誤會惠棟原意，以爲宋本皆無此起止六字。惠校文字，或爲惠棟據宋本自爲筆記，並非照録宋本文字。如常盤井在三七年校記卷首中指出，各卷尾題「禮記正義卷幾終」之「終」字當爲惠棟所加。今據校勘記推測，惠棟當於八行本各卷起處標「禮記正義卷第幾」，八行本各卷訖處標「禮記正義卷第幾終」，並記「凡若干頁」。「凡若干頁」爲惠棟所記，非宋本文字，「終」字亦然。其意在記録八行本分卷，故如卷二十六宋本首題偶作「注疏」，惠棟仍作「正義」。惠校文字，亦當有惠棟據其他材料記録異文之處。如禮運「五聲六律十二管還相爲宫」注「終於南吕」，諸本皆如此，八行本（卷三十一第一葉，足利本原版，潘本補版）、十行本（卷二十二第六葉）亦然，而校勘記引「惠棟校宋本『呂』作『事』」。按此注，釋文作「南事」，孔疏云「諸本及定本多作『終於南事』」，是惠棟據釋文、孔疏記異文，非錄宋本異文。惠校文字，亦當有惠棟據文義校定之處。如月令孟冬「大飲烝」注「燕謂有牲體爲俎也」，八行本（卷二十五第十二葉）、十行本（卷十七第十三葉，阮刻經挖改）皆如此，而校勘記引「惠棟校宋本作『烝』」。此處「燕」乃顯譌字，孔疏亦可證，惠棟自當校改，無需版本依據。惠校文字，亦當有惠棟之備忘筆記。如禮運「是謂合莫」注「孝經說曰上通無莫」，諸本皆如此，而孔疏云「正本『元』字作『無』」，八行本（卷三十第十三葉）、十行本（卷二十一第十八葉）皆同。校勘記引「惠棟校宋本『無』作『无』」。段玉裁注說文「无」字引此疏而云「按此注疏今本譌誤不可讀，而北宋本可據正」，所謂「北宋本」亦即「惠棟校宋本」，別無版本依據。惠棟據孔疏，推論此處「元」譌「無」，乃由「元」「无」形近，「无」「無」相通而生，遂記一「无」字，實與宋本無關。

右列諸例可知，所謂「惠棟校宋本」，內容頗雜，非皆宋本文字。其實古人「校本」往往如此，一部校本中，或記不同善本異文，或錄別人校記，或據文理校改，偶爾亦記小考證，均屬常見。或用不同顏色分別記錄不同內容，但難免產生混淆，尤其經幾次過錄之後，混淆更甚。文祿堂訪書記著錄一部毛本禮記注疏，據云有嘉慶十八年陳奐手跋曰：「此本係江艮庭（聲）先生取惠先生校本用墨筆過者。嘉慶己巳（十四年）江鐵君（沅）師復將段懋堂師所過惠本微有異同，因又用黃筆檢校，其同者用黃筆圈之。茲則於校宋本處悉用紅筆，於批閱處用墨筆，使讀者可瞭然也。」據此跋，江聲過錄本用墨筆，段玉裁過錄本似亦然，未嘗用其他顏色。陳奐自言校宋本處用紅筆，批閱處用墨筆，當據文字內容區別，僅記異文者視爲校宋本，有論述考證者爲批閱，如此而已。不難推測，惠校經傳錄，其中或記宋本文字，或錄釋文、孔疏異文，或據文義校改，不同內容已經混淆，無法分辨。近代以來學者，往往單純以爲凡校勘記言「惠棟校宋本」者，除容有傳寫譌字之外，悉皆惠棟所據宋本文字，因而無法理解其與潘本之差異，不得不認爲潘本當非惠棟所見宋本。

兩年前筆者翻譯平岡武夫村本文庫藏王校本白氏長慶集——走向宋刊本一文（見二〇一二年北京大學出版社出版版本目錄學研究第四輯），曾經遇到類似問題。據平岡先生所述，村本文庫藏王校本白氏長慶集，據宋本校字。然所據何宋本？平岡先生指出王校記中有兩處言「宋刻缺」，與文學古籍刊行社影印宋版之缺葉一致，當非巧合。然平岡先生又提示王校中宋本文字與文學古籍本不符處，因而認爲王氏所據爲另一種宋版。筆者認爲，尋求符合所有校記之一部宋版，當屬幻想。王氏所校宋本，當即文學古籍刊行社影印之底本。其校記與該宋本不符之處，容有據別人校記轉錄、據其他版本校等多種内容。

四、分藏各地之殘本

足利本、潘本之外，八行本禮記正義傳世尚有不少殘本分藏各處，表列如左：

北京圖書館藏卷三、卷四、卷十一至十八、卷二十四、卷二十五、卷三十七至四十二、卷四十五至四十八、卷五十五至六十，涵芬樓燼餘書錄、北京圖書館善本書目著錄。

北京大學圖書館藏卷一、卷二，見北京大學圖書館藏善本書錄（一九九八年北京大學出版社出版）。

上海圖書館藏卷五殘卷（存第六葉左半至二十葉），見該館聯網目錄。

東京大學東洋文化研究所藏卷六十三，見日本見在宋元版本志經部（見本文附錄）。

京都大學圖書館谷村文庫藏卷六十四，見日本見在宋元版本志經部（見本文附錄）。

史語所傅斯年圖書館藏卷六十六，見傅斯年圖書館善本書志經部（二〇一三年史語所出版）。

文祿堂訪書記著錄一部殘本，存序、卷一、卷二、卷六十三至六十六，據云有「君子堂」、「敬德堂圖書」、「勗誼彦忠書記」、「吳興沈氏」印。涵芬樓舊藏本亦有相同印記，而且存卷不衝突，可以認定原屬一部，分爲兩批。北京大學圖書館藏本，有關諸目皆云卷一、卷二共三十三葉，其實卷一、卷二共三十二葉，此本又有序第三葉，故爲三十三葉。序第三葉及卷一、卷二皆見「君子堂」等印記，則其爲文祿堂所記無疑。東京大學東洋文化研究所藏本爲東方文化學院舊藏本，傅斯年圖書館藏本爲東方文化委員會舊藏本，則皆購自廠肆，雖未見晉府等印記（卷六十三缺首葉），其爲文祿堂著錄本無疑。長澤規矩也曾言：「在北平，那位姓高的將可能屬於內閣大庫本的三朝本八行禮記正義及南宋刊本重校添注音辯唐柳先生文集的零本各二册拿來，我替東方文化學院各購進一册，自己買下其餘兩册。」（見一九八四年汲古書院出版長澤規矩也著作集第六卷第二六一頁）據其上下文，時間似在一九二八年前後。所謂高姓書賈，乃琉璃廠路南翰文齋店員（見同上書二六四頁）。筆者曾查東京大學東洋文化研究所藏東方文化學院購書賬簿，卷六十三殘本由文求堂購進，當因學院不便購自長澤個人，故中間夾文求堂一層，書價八十一圓，注册時間爲一九三一年。

上海圖書館所藏第五卷，不在文祿堂著錄殘本之內。或在內閣大庫本分爲兩批之前，單獨流散，亦未可知。據陳先行先生教函，此卷五殘葉，有原版亦有修版，缺首尾，故無圖記可考。陳先生又教示，上海圖書館著錄卡片之原始記錄曰「一九五二年以舊幣五十萬元購自劉晦之」，晦之（一八七九—一九六二）名體智，安徽廬江人，四川總督劉秉璋子。

右列現存殘本，與文祿堂所記存卷相較，知尚有卷六十五不知下落。然長澤規矩也編十三經注疏影譜（一九三四年出版）收錄卷六十五第一葉（宋修，與足利本同版而後印）及第三葉（明修）書影，則當時卷六十五似在長澤手中。

要之，現存殘本共三十四卷，存卷一、卷二、卷三、卷四、卷五、卷十一至十八、卷二十四、卷二十五、卷三十七至四十二、卷四十五至四十八、卷五十五至六十、卷六十三、卷六十四、卷六十六，又有序第三葉，蓋皆原屬一帙，爲晉府舊藏內閣大庫本。卷六十五亦出同源，民國時期仍有著錄，今不知下落。其餘三十五卷則未聞有蹤跡，或在內閣大庫時已殘缺。

據卷六十三、卷六十四、卷六十五可知（卷六十三、卷六十四據日本見在宋元版本志經部，卷六十五據十三經影譜），此殘部爲明印本，時間晚於潘氏舊藏本。然涵芬樓燼餘書錄云：「潘本卷四第二十一葉首行『載自隨也』此作『義曰隨也』，次行第一字『故』字此作『者』，循繹上文，自以此本爲優。潘本此葉刻工姓名記一『徐』字，此爲『馬松』二字，故知此爲原版而彼爲補版。」若如此言，則潘本補版之葉，此部爲原版。覈卷四第二十一葉，足利本原版，刻工「馬松」，潘本補版，刻工「徐」，但文字無異。今按此疏，當以作「載自隨也」、「故」爲是。其作

「義曰隨也」、「者」者，疑原版磨損，補修局部，妄爲填字。無論文字如何，此殘部書葉所用印版有早於潘本之處，恐屬事實。後印本夾雜較早版片之印葉，雖不合常情，然在部帙較大之遞修版本中，不乏其例。究竟何因，今且存疑待考。

五、八行本之修補與文本變化

對照足利本與潘本，可以觀察一張版片逐漸磨損之過程。如王制注「情性緩急」疏「賦命自然」，八行本在卷十八第十三葉，足利本、潘本皆「許詠」所刻原版，而潘本「自」字上部筆畫殘缺，潘氏影刻本遂譌作「日」。類似情況屢見不鮮。

磨損自需修補。除整版重刻之外，亦有局部修補。本書對照兩本，則變化之跡一目瞭然。如卷三十一第四葉，兩本同爲「徐珣」所刻宋代補版，而足利本有三處墨丁及一段二十多字衍文，潘本已補墨丁文字，刪除衍文，留下空白。卷三十一第十五葉，兩本同爲「毛端」所刻原版，而足利本有修補木塊，在潘本已經脱掉，留下方形空白。此等現象皆常見於各種遞修印本。

局部修版，偶或涉及大問題，饒有趣味。如檀弓「飾棺牆置翣」，諸本「牆」字下有「牆之障柩猶垣牆障家」九字注，撫本及八行本皆然，七經孟子考文引古本無此注，現存版本獨婺州蔣宅刻本（北京圖書館藏殘本，有再造善本影印本）無此。顧氏見撫本此處經修補（卷二第十二葉首行），刻字特密，一行大十二字小十一字（小字僅數夾行右行字數，下同），若據初刻行格，大字十二則小字僅容六字，於是推知撫本初刻無此九字注（夾行右行五字），説見撫本考異。今按八行本（卷十第二葉，足利本、潘本皆「徐仁」所刻原版）亦如撫本，第二葉左第四行行底「子之喪公西」五字及第五行大九字、小十二字皆扁小，按八行本初版行格推測，初刻時第四行至「孔子之喪」止，第五行大字自「公西」至「置翣」共十一字，中間小字僅容有「公西」至「章識」，當無「牆之障柩猶垣牆障家」九字注。撫本與八行本，一在紹興（修補在國子監），一在撫州（修補仍在撫州），互不相干，而此處初刻皆無此注，修版又皆擠補九字，同出一揆，令人驚異。蓋兩本經注，初皆以南宋初監本爲主，後人據俗本校對，誤以爲奪文，妄補此九字注。

筆畫細節之修改，亦堪玩味。如曲禮「侍坐於君子」節注「淫視，睇眄也」，撫本如此，與毛居正六經正誤引監本合；余仁仲本「盻」作「眄」，與毛居正引建本合；撫本釋文作「盻」，右旁從「丂」。此注八行本在卷三第十三葉，兩本同用「馬祖」所刻宋代補版，而足利本字作「盻」，潘本修改右旁作「眄」。按五經文字出「眄盻」二字，云：「上說文，下經典相承隸省。」撫本考異據此推論（顧千里當時未見撫本釋文，更不知足利本作「盻」），監本原當作「盻」，後形譌作「盻」。今足利本作「盻」，與撫本釋文同，當存南宋初年監本之舊，可證顧千里推論不誤。潘本作「眄」，或據余仁仲本等俗本改，或據五經文字等字學書改，皆不可知。又如月令「季夏行冬令」節「鷹隼蚤鷙」，八行本在卷二十四第七葉，兩本同用「徐珙」所刻宋代補版。然足利本「鷙」字作從「折」之「鷙」，與撫本同，當爲南宋初監本之原貌，而潘本作「鷙」，與釋文及後世諸本同。南宋以後校勘版本文字者，往往據釋文及五經文字等字學書竄亂舊文。又如曲禮「凡爲君使者」注「聘禮曰若有言」，撫本、婺州蔣宅本、余仁仲本以下諸本皆譌「若」作「君」。八行本此注在卷四第十葉，兩本同用「方堅」所刻原版，而足利本作「若」，潘本作「君」。撫本考異及校勘記皆言山井鼎所引宋板作「若」，而惠棟校宋本無說，故不無疑慮。今日始知，此版在宋代後期或元代曾經校勘，據俗本譌字挖改傳世唯一準確之原版文字。凡此等修改，皆甚微小，若單獨翻閱潘本，不易察覺其字已經修改。可證足利本之可貴，不僅在其原版較多，即潘本原版亦往往經過修改，若非足利本無以證其原貌。又如樂記「鼓鼙之聲讙」注「聞讙囂」，六經正誤引監本「囂」譌作「嚚」，撫本同。八行本此注在卷四十九第三葉（刻工「陸訓」，當爲原版），兩本無異，注及孔疏標起止，字皆作「囂」而字形怪異，中間「頁」似經挖改。不妨推測八行本當初亦作「嚚」，如撫本及毛居正所見監本，後經修改。要之，南宋後期或元代官方修改舊版，經一批庸人校勘，妄據俗本、俗學竄亂舊版而自以爲是。舊傳版本頗有歷史淵源之特殊文本、字形，至此逐漸爲通俗版本、通俗字學所統一，令人慨歎不已。不得不慶幸天下尚存足利本，得以窺識原版原貌。

六、本書技術情況及編輯思路

史跡足利學校事務所保管善本唯恐有閃失，不敢輕易開庫，筆者亦不敢奢望重新就原書拍照。檢查該館供讀者閲覽之縮微膠片，雖年代已久，版面文字尚可辨認，認爲可據以影印。經申請獲准，據膠片掃描電子圖像。縮微膠片本爲保存檔案設計，清晰度不如縮微膠卷，且需手工掃描，效果較差而費用更高。完成掃描，開始剪裁拼接電子圖像之後，漸覺圖像質量難以接受。此時忽然想起慶應大學附屬斯道文庫早年在日本各地調查古籍，製作大量縮微膠卷，翻查斯道文庫收藏縮微膠卷等目録（一九八七年出版），知其確有縮微膠卷。幸得高橋智、住吉朋彦兩先生熱情支持，借閲縮微膠卷，見其圖像之清晰，遠過足利學校膠片，不禁欣喜雀躍。惟因製作時間早，至今三四十年，膠卷已酸性化，散發醋味，令人憂慮。經足利學校與斯道文庫雙方批准，先複製膠卷，以免後顧之憂，據以掃描電子圖像。至此獲得同一底本之兩套不同電子書影。

兩套書影，似皆出上世紀七十年代，而拍照情況不同。膠片當由足利學校自行拍照，對比度高，亮度亦高，紙張部分全白，表面細節皆不得見，文字筆畫亦往往偏灰。膠卷當由斯道文庫拍照，對比度低，亮度亦低，拍照時翻開底本，用錐子壓邊，防止書葉彈回。圖像質量尚佳，但燈光不均，有不少書葉一部分過黑。另，恐因原膠卷酸性化，整體膠卷出現竪向條紋，類似造紙簾紋。本書拼圖，以斯道文庫膠卷之掃描電子版爲主，遇拍照效果不佳之處，乃用足利學校膠片之掃描電子版替换。

如此處理，主要問題有三。第一、由於斯道文庫膠卷圖像偏黑，足利學校膠片圖像偏白，因此抽换足利學校膠片圖像之處，與斯道文庫膠卷圖像拼接，左右半葉亮度有明顯差異。第二、攤開綫裝書拍照，右邊爲前一葉左半，左邊爲後一葉右半。今經剪裁，重新拼接每一書葉之左右半。斯道文庫拍照時，用錐子壓書口，亦即版心部分。錐子壓到之處往下沉，上下部分浮起。拼接結果，不僅版心出現錐子形狀，而且版心部分上下不平，左右版心往往無法配齊。第三、圖像偶見膠卷之竪向條紋。右三點，本書選擇保留原樣，未爲求圖像順眼，刻意加工。

珂羅版影印潘本，亦屬珍貴善本，不便使用平板掃描儀。本書使用數碼照相，以半葉爲一拍，拍照全書，效果甚佳。珂羅版影印潘本有一問題，即缺卷三十九第八葉。當初筆者懷疑數碼拍照時或有遺漏，委託東京大學小寺敦先生覈查珂羅版，答言原書即缺。筆者又疑東京大學藏本裝訂時或有脱落，委託京都大學梶浦晉先生覈查京都大學人文科學研究所藏珂羅版，答言亦缺，又言查潘氏影刻本校勘記云「八葉原闕，今從十行本，去其釋文補刻，字數正合」，以爲此部在潘氏時已缺此葉。然王鍔先生已經指出，再造善本影印潘氏舊藏本，即有此葉。此時友人陳冠華先生爲筆者言，數年前於舊書店購得潘氏舊藏本全部之照片，是一箱沖印散葉，疑爲八十年代末所拍。於是借來翻查，卷三十九第八葉果然在焉，且與再造善本所印一致。今本書此葉掃描陳先生照片補入。然則潘氏舊本即有此葉，而珂羅版缺葉，影刻本據十行本補，當如何解？今按寶禮堂宋本書録著録此部，詳録其中缺葉，云：「卷二第十、十一二葉（筆者按：原脱「一十」字，今補），卷三第二十葉，卷十九第十八葉，卷二十八第八葉，卷四十一第二十一葉，卷四十六第三葉，均鈔配。又卷四十六第十三葉缺，誤以他葉配入。」所述情形，皆與珂羅版吻合，唯獨不言及卷三十九第八葉。則卷三十九第八葉未嘗缺少，製作珂羅版誤脱而已。據云潘氏典藏善本，管理嚴密，不易示人。其製作影刻本並編撰校勘記時，所據當即珂羅版影印本，非親據宋版。因而以爲原書已脱，據十行本重新寫版刻印，校勘記亦云原缺。

順帶説明，八行本卷十四有葉次跳號現象。當初標版心葉次，跳過「十二」，第十一葉之後，第十二葉誤標「十三」，以下每多一號，故此卷共三十二葉而葉次至「三十三」。後來發現跳號，故足利本（原版）於「十三」上方加「十二」，意謂此無脱葉，潘本（元代補版）又作「十二之十三」。跳號則下一葉竝標兩號，重號則下一葉葉次作「又幾」，爲版刻常規，宋代至近代皆如此處理。爲避混亂，本書書影旁邊注記葉次，仍以原書版心所標葉次爲準，第十二葉指稱「第十二之十三葉」，真第十三葉指稱「第十四葉」，以下類推。

文獻學立足於懷疑白紙黑字。俗本注疏譌誤多，不足信，故惠棟、山井鼎皆持宋本校勘，於是有惠棟校本及山井鼎考文。然惠棟校本、山井鼎考文豈得全信？所謂「惠棟校宋本」其實包含大量非據宋本之文字，已見上第三章。此外亦不免有各種譌字，如檀弓上注「禮祖而讀賵」，撫本如此，校勘記引惠棟校宋本同，而七經孟子考文所引宋板「祖」字作「袒」。校勘記云：「考文之宋板，即惠棟所校之宋本。今惠校作『祖』，考文作『袒』，疑『袒』誤也。」今覈八行本、潘本、足利本均作「祖」，可證校勘記推測不誤，是考文在編輯過程中產生譌誤。如此字形小譌，可謂無處不在。如雜記上注「某甫，且字也」，毛居正六經正誤言監本「且」譌「旦」，撫州本亦作「旦」，是南宋初監本已譌。

影印本失真，亦屬常態，此不覼縷。然本書影印圖像，離底本多遠？足利本拍照於七十年代，製作膠卷及膠片，經三四十年之後，電子掃描，電子拼版，製作菲林片，用油墨印刷。潘本在二十年代拍照，製作玻璃版，用油墨印刷，經七八十年之後，用數碼相機拍照，電子拼版，製作菲林片，用油墨印刷。屢經加工，其間導致圖像失真之因素可謂不少。然則影印圖像如何取信於讀者？筆者認爲唯有比較。惠棟校本、山井鼎考文不可全信，但若兩者一致，則足信其爲宋本文字。因爲一在日本，一在中國，互不相干，杜撰不能巧合。常盤井曾疑珂羅版影印潘本似有描修之處，但未言何處？今對照兩本，則大都疑慮可以消解。如曾子問疏「成就婦人盥饋之義」（卷二十六第二十三葉）「成」字乍看似經墨筆描寫。對照兩本，知足利本、潘本字形無異，足以確定木版刻字即如此。兩百年前，七經孟子考文與惠棟校宋本可以互證，今日影印足利本，可與潘本互證，在因緣巧合之中，仍有文獻學之一貫道理寓焉。

本書逐葉並排兩部宋本書影，不僅可以補救來源圖像不清晰之憾，又爲對照閱讀版面信息提供最大便利。希望對照影印此一新形式，能爲讀者提供無窮之樂趣。

參考文獻

張麗娟撰宋代經書注疏刊刻研究（北京大學出版社二〇一三年出版）

八行本周易注疏的原版與修補版（載新世紀圖書館二〇一三年第八期）

李霖撰宋刊群經義疏的校刻與編印（二〇一二年北京大學博士論文）

南宋越刊八行本注疏編纂考（載文史二〇一二年第四輯）

南宋越刊易、書、周禮八行本小考（載中國典籍與文化二〇一二年第一期）

王鍔撰八行本禮記正義傳本考（載古籍整理研究學刊二〇〇一年第六期）

字大如錢　墨光似漆——八行本禮記正義的刊刻、流傳和價值（載圖書與情報二〇〇六年第五期）

八行本禮記正義研究（未刊稿）

鳴謝

足利市史跡足利學校事務所慨允本社首次影印所藏「國寶」禮記正義，并借用所藏膠片。七經孟子考文并補遺刊印流傳，此部之精善爲世人所知，二百多年來學者渴望得見原書全貌，今日而始得如願。衷心感謝足利市教育委員會并史跡足利學校事務所對本書出版之理解與支持！

慶應大學附屬研究所斯道文庫早年拍照足利本，收藏膠卷，慨允本社複製影印。東京大學東洋文化研究所收藏潘氏珂羅版影印本，慨允本社影印出版。衷心感謝兩研究所之鼎力協助！

在編輯過程中，衆多師友提供各種支援，謹列大名，以識謝忱。大木康先生、小寺敦先生、安平秋先生、王鍔先生、住吉朋彥先生、李堅先生、李霖先生、沈乃文先生、辛德勇先生、尾崎康先生、河村久仁子先生、高橋智先生、張素卿先生、張麗娟先生、梶浦晉先生、野久保雅嗣先生、陳先行先生、陳冠華先生、陳紅彦先生、陳蘇鎮先生、楊忠先生、雷悅先生、榮新江先生、顧永新先生、顧歆藝先生。又，北京大學歷史學系諸位老師之關懷及北京大學研究生同學們之幫助，皆在所難忘，恕不一一列名。

附錄相關資料譯文

一、閒談宋板禮記正義

內藤湖南撰

原日文題「宋板禮記正義に就いて」。此文原發表於一九二七年四月書物禮贊第六號，後收錄於內藤身後一九四八年弘文堂出版之目睹書譚。今據一九七〇年筑摩書房出版內藤湖南全集第十二卷所收目睹書譚翻譯。

最近中國出版的玻璃版影印本中，有一種宋板禮記正義。影印底本與日本足利學校藏本同一種。這種版本之可貴，近藤重藏正齋書籍考有詳論。簡言之，五經正義是唐代孔穎達、賈公彥等奉敕所撰，當初與經注別行，僅標出經注各章首尾兩三字而已。巴黎國民圖書館所藏敦煌本左傳正義，及日本富岡氏、小島氏所藏大概是唐鈔本的毛詩正義殘卷，都是其樣品。

宋代汴京國子監刊行的五經正義也遵從這種體例。宮內省圖書寮所藏尚書正義、我個人所藏毛詩正義等，都是南宋紹興年間覆刻北宋刊本，仍然是不帶經注的版本，這種版本世稱「單疏本」。經注疏合編本的出現，恐怕在南宋以後，日本足利學校傳存有易、尚書、禮記三種。其中禮記有刊行者黄唐於紹熙壬子寫的跋，說明之前易、書、周禮已經有經注疏合編本，所以現在要刻毛詩、禮記的經注疏合編本。易、書、周禮經注疏合編本的刊行時間不太清楚，松崎慊堂曾經推測大致在淳熙前後。這就是經注疏合編刻本之始。後來到慶元年間，吳興沈中賓刊刻左傳正義。後來又有注疏附釋音本，也是大約在慶元年間出現的，但那是建安書坊所刻，版式等方面遠遠不如前面只有注疏的合編本，這是所謂的「十行本」。

紹熙經注疏合編本禮記正義七十卷，十行本則六十三卷，這一點十行本也改變了之前的體例。如上所言，日本足利學校也收藏同樣的紹熙本禮記正義，可惜七十卷中缺卷三十三至四十共八卷。這次影印玻璃版的宋本，幸好完整。當然其中仍不免有少數缺葉，則需要對校兩本。禮記正義的單疏本，僅有的傳本是抄本殘卷兩卷而已，單疏本宋板完全沒有傳下來。這次玻璃版影印的本子和足利學校藏本，雖然是經注疏合編本，仍然是現存禮記正義諸版本中最早的，價值之高，可想而知。

前些年吳興劉翰怡先生翻刻單疏殘本時，提到有宋板七十卷本正義曾在盛伯熙祭酒那裡，而今不知下落，無法對校爲憾。這次出版的就是盛伯熙舊藏本。盛伯熙是清朝宗室，名字叫盛昱，肅親王的分支，光緒二五年去世，是位著名學者，也是藏書家。盛伯熙去世後二十年而藏書流散，這部七十卷本禮記正義好像爲同樣是滿洲人的著名收藏家完顔景賢先生所有。景賢先生是前年去世的，其藏書又流散，現在歸廣東收藏家潘明訓先生。潘先生現在避兵亂來居上海，據云其藏書及書畫等，都寄存在英國工部局的警察。曾任大理院長及財務總長的董康(授經)先生借出這本來，付玻璃版影印。董先生是當代中國出版界數一數二的大人物，以刻書非常精善而有名，手下始終都有數十名刻工。偶爾也做玻璃版，而他的玻璃版不同於中國的普通版，從用紙到裝訂都精益求精，做出來的是曠古精本，只有殿本差可媲美。這次新印的禮記正義，用紙等皆極其精美，而且僅僅印出二十部，就破毀了其版。所以說，這種影印本的珍貴，僅次原書一籌。聽說賣價二百五十圓左右，但往日本只能出售十部。

另外，關於這部書，還有一個趣事。世傳和珅影刻本附釋音禮記注疏，至今流傳甚少，故爲藏書家所重。其中有著名漢學大家惠棟的跋，所以此本亦稱「惠棟本」。然惠棟跋引唐藝文志云禮記正義七十卷，而和珅所刻附釋音本是六十三卷本，所以很早就有人懷疑，以爲和珅被騙，拿到僞本。這次影印的七十卷本禮記正義有惠棟手書跋，據以對校和珅刻本的跋，發現惠棟手書跋在「余案唐藝文志，書凡七十卷」下，還有「此本卷次正同，字體倣石經，蓋北宋本也」十六字。惠棟視此本爲北宋本，固然是錯誤。問題是，和珅刻本的跋省略了這三句。和珅刻本是附釋音本，字體根本不像石經，而這次的玻璃版字體頗似唐開成石經，於是才得以確定惠棟所見即七十卷本，并非六十三卷的十行本。

據說和珅在乾隆末年受天子專寵，亂受賄，富累數千金，擁有金銀寶器多過帝室。又說乾隆、嘉慶之際討伐內亂不利，都因和珅所致，所以等到乾隆帝退位爲太上皇，隨後又駕崩，作爲奸臣，立即被嘉慶帝誅戮。不過，不管怎麼說，不愧是能夠討得乾隆帝喜歡的人物，也愛管經學等問題，甚至在當年朝廷校勘石經時，和珅還挑過學者工作的毛病。因爲多少懂得學問的皮毛，所以才有影刻禮記注疏之舉。但畢竟是外行，大概是被書賈欺騙了，買到十行本後面附加僞造惠棟跋的本子。没想經過一百三十餘年的今日，真相大白，和珅出了大醜。外行人藏書、刻書，很少不失敗的，和珅提供了一個例證。日本的藏書家，屬於中國和珅之流的，恐怕爲數不少吧。

二、宋紹熙板禮記正義略説——比較足利本與潘氏本

常盤井賢十撰

原日文題「宋紹熙板禮記正義に就いて——足利本と潘氏本との比較——」，載一九三三年十二月出版東方學報（京都）第四冊，附卷首半葉、卷十第五葉右半兩本書影。

一

唐孔穎達等撰禮記正義七十卷，爲五經正義之一，宋太宗端拱元年著手刻板，至真宗咸平二年始成。①如見王應麟玉海卷四十三「端拱校五經正義」條云：

端拱元年三月，司業孔維等奉敕校勘孔穎達五經正義百八十卷，詔國子監鏤板行之。易則維等四人校勘，李説等六人詳勘，又再校，十月板成以獻。書亦如之，二年十月以獻。春秋則維等二人校，王炳等三人詳校，邵世隆再校，淳化元年十月板成。詩則李覺等五人再校，畢道昇等五人詳勘，孔維等五人校勘，淳化三年壬辰四月以獻。禮記則胡迪等五人校勘，紀自成等七人再校，李至等詳定，淳化五年五月以獻。淳化三年以前印板，召前資官或進士寫之。

又卷三十九「咸平禮記疏」條云：

二年六月己巳，祭酒邢昺上新印禮記疏七十卷。

此七十卷即正義單本，乃後世所謂單疏本，與經注別行。北宋版已經失傳，至今唯有日本身延山久遠寺所藏南宋覆刻本卷第六十三至第七十共八卷尚存人間。②

然則今存禮記疏刻本之最古最全者，當推南宋光宗紹熙三年三山黄唐刻於浙江之注疏會本。黄唐跋云：

六經疏義自京監、蜀本皆省正文及注，又篇章散亂，覽者病焉。本司舊刊易、書、周禮，正經注疏萃見一書，便於披繹，它經獨闕。紹熙③辛亥仲冬，唐備員司庾，遂取毛詩、禮記疏義，如前三經編彙，精加讎正，用鋟諸木，庶廣前人之所未備。乃若春秋一經，顧力未暇，姑以貽同志云。壬子秋八月三山黄唐謹識。

據知此紹熙板禮記正義首次與經注合刻，最近單疏舊貌，其卷第仍襲七十卷之舊，又未附釋音。

此紹熙板禮記正義，流傳後世者又極罕見，故阮元撰校勘記未獲親睹，僅得山井鼎七經孟子考文所引及惠棟據校汲古閣本之校記，略識其大概而已。今所知見亦不過此二部，④前者即考文所謂「足利宋板」，今典藏在足利學校遺蹟圖書館；後者即惠棟所校，學者多謂今歸廣州潘明訓先生所有者是也。⑤

注① 五經正義之刻板，近藤正齋右文故事餘録卷之二「五經正義刻版」條及内藤湖南「影印秘府尊藏宋槧單本尚書正義解題」有詳細考證。

注② 參見同右「尚書正義解題」。

注③ 足利本及潘氏本（以下皆據玻璃版）皆作「紹熙」，不誤。七經孟子考文於左傳引此黄唐跋，乃誤作「紹興」，森立之經籍訪古志於「尚書正義足利本」條因襲此誤。（訪古志於「足利本禮記正義」條作「紹熙壬子刊本」不誤，而誤以七十卷爲六十三卷。）阮元於尚書校勘記「引據各本目録」因襲考文譌字作「紹興」，云「蓋注疏合刻起於南北宋之間」云云。又，楊守敬日本訪書志於「尚書注疏宋槧本」條言，考文并校勘記作「紹興」爲誤（其云考文引黄唐跋在禮記後，則不確），而葉德輝書林清話於卷六「宋刻經注疏合刻」條，反信考文、校勘記之譌字，難楊説爲虚妄。蓋紹興、紹熙皆有辛亥年，故有此誤，然宋本確作「紹熙」，考文、訪古志之譌已明，則葉氏之論自不容成立。

注④ 足利本有少數補版，卷第三十三至第四十共八卷爲補抄；潘氏本補版更多，亦有數葉補抄。雖然，如今仍存七十卷規模者，僅此二部而已。又聞世間偶有零本，如東方文化學院東京研究所藏第六十三卷，東京長澤規矩也先生藏第六十五卷，北平東方文化圖書籌備處藏第六十六卷等，今皆未見。

注⑤ 學者多謂惠棟所校宋本即今潘氏藏本，此一問題容下文詳論。

二

林春齋續本朝通鑑卷第百六十三「後花園天皇」條云：

永享十一年閏月，①憲實納五經注疏於下野國足利學校。

可見足利學校藏宋板禮記正義，由上杉憲實連周易、尚書、毛詩、左傳四經注疏一併捐贈足利學校。②爾時至今五百年，此部始終在足利學校。

其在上杉捐贈之前，此部流傳之過程，則不得而詳。近藤正齋右文故事附錄卷四「足利學校」條云，憲實捐書之永享年間，當明宣德、正統時，宋板、元刻已屬罕覯，恐無明人使其送國外之事，則憲實所獲當非當時舶來，而是前代傳來散佚在民間者。

此部缺卷第三十三至第四十共八卷，在上杉捐贈時已然。卷首有上杉親筆題識可證：③

郊特牲　　內則　　玉藻

正義此三篇缺本經自八至

九正義自三十三至四十缺

松竹清風印

謹按：足利學宋板正義本，三十三卷至四十卷中間八卷缺矣。今據其本卷首所記，自上杉憲實寄置于本學之時既爾也。

七經孟子考文於禮記注疏卷第二十四亦云：

注① 近藤正齋右文故事附錄卷四「足利學校」條引作「永享十一年己未閏正月」。以下引右文故事，均據國書刊行會刊全集本。

注② 足利學校現藏宋板五經注疏有周易注疏十三卷十三本，尚書正義二十卷八本，附釋音毛詩註疏二十卷三十本，禮記正義七十卷三十五本，附釋音左傳註疏六十卷二十五本。其中周易、尚書、禮記即黄唐跋所言注疏彙刻之始、不附釋音之八行本，而毛詩、左傳乃其後附釋音而刻之十行本。尚書以下四經每本皆墨書題「上杉安房守藤原憲實寄進」，而周易獨題「上杉右京亮藤原憲忠寄進」。案：憲忠，憲實子，幼名龍若丸，寶德元年（在永享十一年之後十年）爲執事，稱右京亮憲忠（後鑑一八一及鎌倉大草紙）。又案上杉系圖，憲忠卒於享德三年，年二十二，則其在永享十一年僅七歲。周易既題「上杉右京亮藤原憲忠寄進」，則當非永享十一年所捐可知。今爲推測，永享十一年憲實所捐恐止四經，尚缺周易，後憲忠捐周易，始成五經，而後世史家從便，就大體言憲實捐五經，不知是否。此五經注疏各冊識語、圈點之詳情，可參足利學校遺蹟圖書館編足利學校貴重書目錄及長澤規矩也編足利學校秘本書目。

注③ 近藤正齋尚古圖錄影模收錄此憲實親筆題識，題「宋板禮記注疏題字」，右文故事「足利學校」條亦詳述此事。七經孟子考文云此題識在卷首，右文故事云「在第一卷書衣背面」，而今不見。或云此部曾經修補，重製書衣，憲實題識恐隨舊書衣銷毀。

【附記】七經孟子考文言上杉題識在卷首，如右所引，其下即云：

其後有人補寫足之，其標題曰「附釋音禮記註疏卷第三十三」，則與正德本稍相肖矣，而今正德本作卷第二十四，與嘉、萬諸本無以異也。蓋彼亦逐宋板卷數而妄改所據之本也。其說亦見于明堂位篇首。

其於卷第三十一明堂位篇首則云：

〔存舊〕「禮記正義卷第四十一」宋板 〔謹按〕第四十一卷明堂位以下，宋板備矣，而足利學後人所補，至喪服小記者，①爲重複爾。又按：補本無第四十卷題目，蓋其所據本分數原與今本同，而補寫者妄改之以擬宋板卷數，有所不合則缺之爾。

可見宋板缺卷用附釋音本抄補。又，缺卷爲卷三十三至卷四十，即自禮器「周坐尸」節至玉藻末尾。補抄起處與宋板缺卷合，而訖於明堂位之末，是明堂位一篇與宋板重複。據云補抄者豐後僧一華，是文明、永祿間人（譯注：當明代）。②

注① 補抄至明堂位止，此云喪服小記恐筆誤。

注② 詳見右文故事。

三

足利本五百年來藏於一處，如右所述。又一部宋板則輾轉易所，遞藏情形不得知其詳。今就所知，述其大概，則段玉裁於嘉慶五年三月序重刊明道二年國語云：①

> 乾隆己丑，予在都門時，東原師有北宋禮記注疏②及明道二年國語，皆假諸蘇州滋蘭堂朱丈文游所照校者，予復各照校一部。…（中略）…因思北宋禮記注疏當年惠松厓先生用吴企晉舍人所藏刻本照校流傳，今刻本聞在曲阜孔氏。

張敦仁於嘉慶十一年八月序撫本禮記考異，自注云：

> 曲阜孔氏別有宋槧注疏本，每半葉八行，經字每行十六，注及正義雙行小字，每行廿二，每卷首題「禮記正義卷第云云」，亦七十卷，計必南宋初所刻。向藏吴門吴氏，惠定宇所手校、戴東原所傳校者即此也，與日本人山井鼎所據亦爲吻合，而彼有缺卷矣。惜今未見，將屬孫淵如就近借出，行且更刻之。③附記。

陳鱣宋本禮記注疏跋記事稍詳：

> 禮記正義七十卷宋刻本，首題「禮記正義卷第一」，次列「國子祭酒上護軍曲阜縣開國子臣孔穎達等奉勑撰」「勑」字提行，次列正義夾行，次「曲禮上第一」，自首至「夫禮者所以定親疏」節正義之後，題「禮記正義卷第一終」。⑤每半葉八行，經每行十六字，注及正義小字雙行，行二十二字。注後不附釋文。…（中略）…此必南宋初刻，與山井鼎攷文所據宋本多合，而彼有缺卷，此則純全，誠希世之寶也。向爲吴門吴拙菴行人所藏，傳于其子企晉博士。乾隆十四年，惠定宇徵君取校毛氏刻本，計脱誤萬餘字，爲跋而識之。⑥有云「四百年來闕誤之書，犂然備具，爲之稱快」。其後七十卷之本，歸于曲阜孔氏。

然陳氏僅言吴拙菴有此部，傳於其子企晉，後歸曲阜孔氏，至於吴拙菴得於誰氏，如何獲得，及如何歸曲阜孔氏，則皆不得其詳。⑦計陳氏下文言及乾隆乙卯五十九年和珅覆刻宋十行本，則或可推測此部歸孔氏當在乾隆十四年之後，乾隆末年之前。

學者多謂惠棟所校即今潘明訓先生所藏宋本，如王國維宋越州本禮記正義跋云：⑧

> 南海潘氏藏禮記正義七十卷，每半葉八行，行大十五六字，小二十二字，卷末有紹熙壬子三山黄唐跋并校正官銜名十二行。…（中略）…乃浙東漕司所刊，即岳倦翁所謂越中舊本注疏也。此書舊藏吴中吴企晉舍人家，惠定宇先生曾取以校汲古閣本，一時頗傳錄，阮文達校勘記所據即此也。然惠氏校本未錄黄唐跋及校正諸人銜名，日本人山井鼎所撰七經孟子考文并經籍訪古志雖載

黄跋而未録銜名，故世無知爲越本者。

然王氏此跋亦未言此部經孔家轉歸潘氏之經過。唯吉川幸次郎先生云，曾經親聞楊雪橋先生（鍾羲）言，楊先生於北京盛伯熙昱所，見其獲書肆自山東購得之此宋板。⑨既云自山東購得，則不妨推想其原自孔家流出。

又，檢潘氏藏宋本上所鈐諸圖記，舉其可考者，有明末清初之孫承澤，又季振宜，乾隆間之孔繼涵，及清末民國之完顔景賢、袁克文諸人。完顔景賢及袁世凱子袁克文，皆清末民國之收藏家，事屬最近，潘氏又從袁氏得此部，則無可疑之處。而孫承澤、季振宜之收藏紹熙板禮記正義，則於文獻似不可徵，⑩頗疑後人僞託著名藏書家，鈐此二氏圖記。此部又有「秋壑圖書」印，似若假託南宋人賈似道，則更疑孫、季二家圖記亦屬假託。孔繼涵圖記筆者所見僅第七十卷第一葉一處而已。孔繼涵乃孔子第六十九世孫，乾隆年間爲曲阜孔家之主。⑪使此印非僞，合以楊先生之言，得以推論此部即曾在孔家，爲惠棟所校之宋本，殆無疑義。然惠棟對校時，宋本爲吴氏所有，今此部不見吴拙菴、吴企晉父子之圖記，少一種旁證爲憾。⑫

又，檢阮元校勘記所引惠棟校宋本，覈之潘氏藏宋本，往往有不符之處。試舉其二三，如惠棟校宋本每卷末題「禮記正義卷第幾終」，而潘氏本僅作「禮記正義卷第幾」，無「終」字。卷一「夫禮者」節正義「是決嫌疑者孔子之喪」，校勘記云「閩、監、毛本同，惠棟校宋本『嫌』下有『也』字，無『疑者』二字，是也，衛氏集説同」，而潘氏本同於閩、監、毛本，非如惠棟校宋本。卷三「名子」節正義「各依文解之」，校勘記云「閩、監、毛本同，惠棟校宋本『依』作『隨』」，而潘氏本仍作「依」；「凡進食之禮」節正義「末邊際置右右」，校勘記云「惠棟校宋本作『左右』，是也」，而潘氏本仍作「右右」。然當惠棟對校時，或阮元校勘記引惠校時，皆容有筆誤，則不得因此等小異，遽斷潘氏本非惠氏所據。其實，潘氏本卷二第十、第十一葉，卷三第二十葉，卷十九第十八葉，卷二十八第八葉等皆補抄，而校勘記載惠氏云「某至某字止，宋本缺」，所言缺葉與潘氏本完全符合，是認定潘氏本即惠氏所校宋本最有力之證據。⑬

注① 士禮居叢書所收。

注② 此序中稱「北宋」之處，皆當云「南宋」。又，吴志忠璜川吴氏經學叢書緣起云「若北宋本禮記單疏今歸曲阜孔氏者，其最顯者耳」（見藏書紀事詩引），疑亦當謂紹熙板。

注③ 此事似未成，亦未聞有孫星衍果見孔氏宋本之記載。

注④ 經籍跋文所收。

注⑤ 陳鱣恐亦未見曲阜孔氏所藏宋板，此所言僅據惠棟校本而已。故此言「禮記正義卷第一終」，與阮元校勘記引惠棟校宋本合，而潘氏本無「終」字，見下文。

注⑥ 潘氏本卷末附惠棟跋，世稱惠氏親筆，其文亦見松崖文鈔收錄，題曰「北宋本禮記正義跋」，僅一二文字不同而已。然此本顯爲南宋刊本，而跋稱北宋本，故學者或疑此跋非惠棟所作。

注⑦ 余蕭客古經解鉤沈序錄云：「如禮記疏，義門先生見南宋刊本，已缺落數十處。」何義門焯時代在吳拙菴之前，不知其於何處見之。然其云「缺落數十處」，與潘氏本多補刻之情形相合，頗疑何義門所見南宋刊本亦即今日之潘氏藏本。（近藤正齋右文故事述足利學校紹熙板，自注云：「古經解鉤沈云『如禮記疏義，義門先生見南宋刊本，已缺落數十處』，疑或謂此本。」）

注⑧ 觀堂集林卷二十一。

注⑨ 另據吉川先生聞居住北平之杉村氏言，徐森玉先生鴻寶聞繆荃孫云：潘氏本流出孔家，先歸山西某氏，後北京打磨廠書肆得之於山西，爲盛伯熙所獲。又，劉承幹嘉業堂版禮記正義單疏本跋云「惟宋七十卷本，昔藏盛百熙祭酒許，今已散出，不能借校，殊爲憾事」，似以此七十卷本爲單疏本，實當即此紹熙本。

注⑩ 設此等圖記果爲孫承澤、季振宜所鈐，此部果曾在孫、季兩家，則段玉裁、陳鱣等敘述此書不當不言及。又，季滄葦藏書目（士禮居叢書所收）亦無類似此禮記正義之記載。

注⑪ 孔繼涵乾隆己未四年生，同癸卯四十八年卒。上文推測此部之入孔家在乾隆十四年之後、乾隆末之前，孔繼涵圖記可以爲其旁證。

注⑫ 以上僅就已知者而言。此部另有二三圖記，未知出誰氏，則其中容有吳氏所鈐，亦未可知。

注⑬ 近藤正齋書籍考卷第一云：「校勘記頗稱精密，而時有大疏漏。其列禮記正義校本有『惠棟校宋刻本，禮記正義七十卷不附釋音，惠棟據以校汲古閣本』，然最近新傳來之覆刻宋本惠棟校本乃附釋音本。頗疑惠棟校宋本當有不附釋音者，然檢其本即有『建安劉叔剛父鋟梓』木記，與足利學校所藏詩、左傳同，則其爲附音本無疑。阮元可謂老耄……云云……。」近藤以爲惠棟校宋本即附釋音本，與足利學校所藏紹熙板禮記正義截然不同。今按正齋所謂「最近新傳來之覆刻宋本惠棟校本」，當據乾隆乙卯五十九年和珅覆刻之十行本，即附釋音六十三卷本。此書卷末雖附惠棟跋（與七十卷本跋同文，僅二三字不同），然陳鱣跋於右引之下言，和珅覆刻本，乃當時書賈錢聽默，以所儲宋十行本重臨惠棟校語，附原跋，且僞用故家收藏印記，詭言惠校宋本，和珅據以覆刻者。則其傳入日本時，當亦稱爲覆刻惠棟所校宋本，近藤因而誤信之。

四

右，就紹熙板禮記正義之由來并現存本即足利本、潘氏本之遞傳，略爲考述。下更比較此兩部現存本，述其板刻異同。足利本今藏足利學校遺蹟圖書館，得以親檢原書；潘氏本近年有董授經先生玻璃板影印及木版影刻本①，更便覈查。

今年四月筆者前往足利學校遺蹟，於遺蹟圖書館幸獲檢閲宋板禮記正義之便，與潘氏本（玻璃板）對校，檢查兩本異同，乃知舊以爲幾無異同之兩本，實有頗多差異。大要言之，足利本雖有缺卷抄補，又有少數補版，固非紹熙三年原刊之原貌，而印刷鮮明，即不無偶有蛀蝕、破損，概無字跡不清、辨識費神之處。反之，潘氏本補版更多，且據字體、印面狀態等可知，已經多次修補，又有數葉抄補，版面磨損，字跡漫漶之處亦不在少，此皆就玻璃版可明知者。又，潘氏本補版、補抄，愈近卷首愈多。今就筆者所校首十卷舉其概數，則卷首至卷十末共二百三十五葉，其中足利本補版僅七葉，而潘氏本全葉補版七十二，全葉抄補三，局部補刻三十七，補刻、補抄共一百十二葉。然則兩本之間文字容有差異，固不足怪，陳鱣跋云「彼有缺卷，此則純全」，未必妥當；阮元禮記校勘記②云「日本山井鼎、物觀七經孟子考文補遺所載宋板禮記正義，與惠棟校宋本是一書，間有不合處，不及千分之一，亦傳寫之譌，非二書有不同也」，亦因未得親見兩本而失其實。

此將對校兩本卷首至卷十，就每葉文字及刻工③詳查異同，列爲一表，以示兩本板刻差異之實況。

注① 今持玻璃版本對校木版影刻本，知木版影刻本文字更改、誤刻之處不少，不得謂傳原本真貌。

注② 引據各本目錄「考文宋板」條。

注③ 取宋元以後可確知板刻時間之版本，查其刻工名與潘氏本補版刻工比較，又研究潘氏藏原本之紙質等，因而推定補版時間，是十分有意義之課題，然絕非筆者能力所及。

紹熙板禮記正義 自卷首至卷第十 校異例言

○本校異以潘氏本爲底本，就其文本及刻工名，逐葉覈查足利本，記其異同，以便瞭解兩本板刻之差異。

○所舉文本若涉兩葉，則其在下葉之文字標以括弧。所舉若係經注文，各標「經」「注」，餘皆疏文。

○潘氏本漫漶模糊之處，僅舉其最著者。若其補版，則務求詳細，細微如筆劃小異亦不忽之。

○潘氏本缺字、墨丁及漫漶不可辨者，概以□代之。

○每葉分標「潘氏本」、「足利本」，其下括弧內記刻工名。

○兩本文字及刻工名，若無異則從省。唯兩本均爲補版，則無論同異，各標刻工名。

【校異】

禮記正義序　共三葉

第一葉　潘氏本 補版（楊采）　足利本（方伯祐）

天禮者經天緯地　足利本「天」作「夫」，是。

【譯者按】以下至卷十之校異，今從略。

三、宋本禮記疏校記卷首

原日文，據一九三七年十二月東方文化學院京都研究所出版宋本禮記疏校記翻譯。

常盤井賢十撰

宋本禮記疏校記序

清人阮元撰十三經注疏校勘記，於後人解讀經書裨益甚大，而其於禮記，北宋單疏本無法得見，即使是南宋紹熙板注疏會本亦不能親見，僅據山井鼎七經孟子考文所引及惠棟據校汲古閣本校語，窺知大概而已。山井鼎所引，即阮元校勘記所謂足利宋板，今日仍藏足利學校。惠棟所據，學者謂即今歸南海潘明訓氏所有者。

今日有幸，獲允在足利學校遺蹟圖書館親檢所藏原本，潘氏藏本近年有董授經氏製作玻璃影印本及木版覆刻本，幾乎有如親睹原書之便利。因以此三本校今日通行之嘉慶年間阮元重栞宋本禮記注疏原刻本之孔疏文字，以期今後言宋板禮記疏者有所折中，是爲本校記。

一九三二年五月至一九三四年九月之間，筆者在東方文化學院京都研究所編纂本校記。但校勘之業，自來屬最難，以筆者淺陋，固不敢望其完善。若本校記尚有幾分可取之處，則一因指導員小島博士賜教之故。此謹叩謝師恩，并聲明譌誤缺漏俟諸異日補正，以求博雅之寬恕。

又，在編纂本校記之過程中，幸遇閩刻十三經注疏山井鼎校宋本之歸本研究所。此乃當年山井鼎據以校宋本，記其異同之原帙。今筆者得以親睹先賢刻苦校書之遺物，又再度訪問足利學校，蒙遺蹟圖書館厚意，親閱宋板禮記正義，接觸七百年前面目，此二事皆使筆者銘感不已。

一九三七年八月　　常盤井賢十

引據各本略説

一、宋紹熙板禮記正義七十卷

【譯者按】此節前言部分，與三三年論文宋紹熙板禮記正義略説——比較足利本與潘氏本（以下簡稱「論文」）第一節大同。稍有删省，而無所增訂。今從略。

足利學校遺蹟圖書館藏宋紹熙板禮記正義七十卷

【譯者按】此條内容，與「論文」第二節大同。僅有一處增補説明，云：「今檢抄補八卷，其分卷既不同於七十卷本，又不合於附釋音本。似乎將相當於缺卷部分之内容，隨意分爲八卷而已。」按作者之意，足利宋版缺八卷，抄補者取十行本抄補。抄補者見十行本與八行本分卷、卷次皆不同，而不知八行本如何分此八卷，因此隨手分卷，并標卷次，以接八行本所存上下卷。

潘明訓氏藏宋紹熙板禮記正義七十卷　玻璃版影印本并木版覆刻本

【譯者按】此條内容，與「論文」第三節大同，而較多增補。

其一、「論文」言陳鱣當未見宋本，僅就惠棟校本爲説，并謂陳鱣云宋刻卷末題「禮記正義卷第一終」，與惠校合，與宋本不合。此則更明確論定「終」字爲惠棟所加。

其二、盛伯熙得此書之經過，「論文」僅引兩則傳聞，此則補葉昌熾緣督廬日記抄卷六光緒壬辰十八年五月十三日條云：「仲弢來談，……（中略）……又云，伯希新得紹熙本禮記注疏，出自微波榭孔氏。」

其三、潘氏藏本之缺葉與惠棟稱「某至某字止，宋本缺」之處相符，「論文」舉列卷二第十、第十一葉，卷三第二十葉，卷十九第十八葉，卷二十八第八葉，此則增補卷四十六第三葉、第十三葉。又出注云：「此外，據影潘本，卷三十九第八葉（無補抄）、卷四十一第二十一葉（有補抄）亦缺，而此兩葉文本，校勘記無惠棟校語。」

其四、當作者撰「論文」時，僅就首十卷詳校異同，未及其餘。此則已校全書，故論兩本異同更詳，且有改易「論文」説之處。翻譯其文如下：「宋本全書一千七百九十七葉，其中足利本缺八卷約兩百葉，又缺卷四十七第十七葉、卷六十二第七葉，而補版不過三十數葉而已。潘氏藏本（原注：今據影印本）與此相反，缺葉不過上文所舉數葉而已，而補版及局部修補不止四百葉。足利本卷五十八第八葉版心題『慶元己未歲雕換』，知其刷印在後於紹熙壬子三年初刻七年之寧宗慶元五年以後。（原注：據紙質及刷印狀態推測，足利本卷五十五第八葉非單獨於『慶元己未歲雕換』後印製配入，而當在慶元己未雕換該葉之後，全書一併刷印者。）而足利本所有補修皆見潘氏藏本，且潘氏藏本更有多次大量補修，可知其印製時間遠後於足利本。又，足利本印製，愈近末尾愈欠清晰，蛀蝕亦愈甚，尤以卷三十二、卷四十五、卷四十六、卷五十五、卷六十七、卷六十八、卷六十九爲顯例。潘氏藏本今據影印本，幾乎不見蛀蝕痕跡，而其補修大都在全書前半。」

其五、「論文」已言董康影刻本有改字、譌字，而未言玻璃版之失真。此則出注云，玻璃版影印本亦有疑出描修補正之處，不能全信其必與原書無異。

二、重栞宋本禮記注疏附校勘記六十三卷　嘉慶二十年江西南昌府學開雕

【譯者按】此節大意謂：阮刻非善本，道光、同治等重校本皆有所訂正，今仍以阮刻原版爲底本，是因以此爲對校標準，較便取信。又，世間存阮元原版，亦有先後印本之别，挖改之程度可分數種，今則取其中所見最早之印本。

凡例

【譯者按】今從略。

四、足利學校貴重特別書目解題 原日文一九三七年六月足利學校蹟圖書館出版，今據一九八三年汲古書院出版長澤規矩也著作集第四卷翻譯其禮記正義條。

長澤規矩也撰

禮記正義七十卷　漢鄭玄注　唐孔穎達等疏　宋刊本　三十五冊

此部與周易、尚書，皆所謂越刊八行本，而禮記晚出，卷末有紹熙三年三山黄唐跋并官銜，可知其詳。卷三十三至四十，僧人一華據附釋音本補抄。缺筆至「敦」字，補刻亦不少。然據影印本考屬於同版之上海潘明訓氏藏本，則潘氏藏本更晚於此本。至若近年出現於北平坊肆之零本，似爲舊内閣大庫藏本，則已經明代補修。

一華，文明、永祿間（原注：一四六九—一五六九）豐後萬壽寺僧。

有墨書題「足利學校公用」、「足利學校之公用也」、「上杉安房守藤原憲實寄進（花押）」及「松竹清風」印。

五、日本國見在宋元版本志經部 原日文發表於一九八二年斯道文庫論集第一八輯，今據一九九三年汲古書院出版阿部隆一遺稿集第一卷翻譯其禮記正義條。

阿部隆一撰

禮記正義七十卷　漢鄭玄注　唐孔穎達疏

宋紹熙三年（一一九二）刊（兩浙東路茶鹽司）〔宋〕修

（足利學校遺蹟圖書館藏）三十五冊。卷三三至四〇爲室町時期補寫。日本「國寶」（譯注：謂日本官方指定最重要文物，猶言一級文物）。經籍訪古志著録。後補褐書衣（二六×一八·五釐米），襯紙補修。此部往往有室町時期墨筆訓點，又有江戶時期朱墨校字。

每冊首墨筆横題「足利／學校／之公／用也」或「足利學校公用」。第一冊首墨筆横題「此書不許出／學校闈外／憲實（花押）」，每冊尾墨書題「上杉憲實寄進（花押）」，鈐「松竹清風」朱印。卷三三至四〇共四冊并卷四七末葉出室町時期補抄，卷二六末葉缺左半。

近藤正齋曾據當時尚存之舊書衣及書衣背面或副葉所附識語，論述補抄四冊之情形，其文如左：

禮記正義　七十卷　全三十五冊

「藏書目錄」云：第一卷書衣背面 卷首僅孔穎達序而已，無其他序。用紙類似明本故紙，甚薄。書衣乃用日本紙。書衣及副葉第一紙鈐長方朱印。有記云：「郊特牲、內則、玉藻，此三篇欠本。經自八至九，正義自三十三至四十。」此乃上杉憲實手筆，有「松竹清風」印。是知當上杉捐書時，已缺此四冊。今有補本四冊乃抄本，按：七十卷之中，缺卷三三之三四、卷三五之三六、卷三七之三八、卷三九之四〇共四冊，故上杉捐書時共存三十一冊而已。僧一華補抄，使其爲足本。首題：「紫府豐後僧一華學士，於武州勝沼以印本令書寫寄進，一度校合畢。」補本所據乃附釋音本，世稱南宋刻本。一華，豐後萬壽寺僧，文明、永祿間人。蓋當時此正義本已無傳本，故據附釋音本抄補。（下略）

開頭稱「「藏書目錄」云」，是據寬政九年（一七九七）九月新樂定所編足利學校藏書目錄。近藤錄其幾乎全文，用雙行小字（譯注：今改爲單行小字）注己說，并圖示書衣及書衣背面。所言舊書衣，今已不見，或在明治改裝時所失亦不可知。

首孔穎達禮記正義序，正文卷首題「禮記正義卷第一」，第二行低二格題「國子祭酒上護軍曲阜縣開國子臣孔穎達等奉」，第三行低三格題「敕撰」。左右雙邊（二一·三×一五·九釐米），有界八行，行十六至十九字左右不等，注小字雙行，行二十二字左右不等。版心白口，單黑魚尾，題「禮記義」，下標頁次，下象鼻有刻工名。補版上象鼻有大小字數。卷末有紹熙三年刊書跋及列銜，其文如左：

【譯者按】原文備録刊書跋及列銜，今從略。

缺筆字有玄眩縣弦舷，敬驚警竟鏡，弘殷，匡筐胤酗，恒，貞徵偵禎赬，樹，讓，項勗，桓完，構購溝搆，慎，惇敦等，避至光宗諱。修補皆在宋代，補版葉較少。刻工名有：

（原刻）丁拱　方伯祐　方堅　毛俊　毛端　王允　王佐　王宗　王祜　王祐　王茂　王恭　王椿　王壽　包端　余政　朱周　宋春　宋琳　宋瑜　吳志　吳宗　吳寶　李仁　李用　李光祖　李良　李忠　李信　李俊　李倚　李涓　李師正　李憲　阮祐　周珎　周泉　周彥　金昇　金彥

姜仲 施俊 施珎 翁祐 翁祥 徐仁 徐宥 徐通 徐進 高政 高彦 馬昇 馬松 馬春 馬祐 張暉 張樞 許才 許富 許貴 許詠
陳又 陳文 陳真 陳顯 陸訓 童志 楊昌 葛昌 葛異 趙通 劉昭 蔣伸 蔣信 鄭彬 鄭復 陶彦 應俊 濮宜 魏奇 嚴信 宗
宜 俊 春 彬

（補刻）毛祖 王涣 王禧 朱春 朱涣 余敬 李成 沈珍 求裕 邵亨 徐珣 徐珙 孫春 高文 高異 馬祖 張昇 張謙 張榮 章東
許忠 楊潤 賈祚 蔣榮 顧永 顧澄

卷五五第八葉下象鼻記「慶元己未歲雕換」，無刻工名，則此葉爲慶元五年，即在紹熙三年刊行後七年所重刊。此蓋因有故破損，或因修改文字，單獨重刊此一葉而已，當非慶元五年已有版面磨損，修補全書版片。

據卷末黄唐跋知本版爲紹熙三年兩浙東路茶鹽司所刊，亦知上文著錄之周易注疏、尚書正義、周禮疏（譯者按：謂此三經注疏皆見日本見在宋元版本志經部）在其前，亦由該茶鹽司刊行。又，論語註疏解經、孟子註疏解經在其後，而版式、刻工與本版相通，故知亦爲兩浙東路茶鹽司所刊。黄跋亦云同時刊刻毛詩注疏，而今無傳本。黄跋表述續刊左傳正義之希望，則未能實現，而至慶元六年由紹興府以相同版式刊行（北京圖書館藏）。本版刊刻時間在紹熙年間，亦可據刻工名論證。本版原刻刻工中，包端、李憲亦見於同茶鹽司刊尚書正義原刻，方堅、毛端、王恭、王壽、李忠、徐仁、馬松、劉昭亦見同茶鹽司刊尚書正義之宋修；李忠、劉昭（此二名有不同時代之同名異人）亦見同茶鹽司刊周禮疏原刻，方堅、王恭亦見同茶鹽司刊周禮疏之宋修。此等十名刻工從事刊刻其餘宋版書之情形，已述於尚書正義下（譯者按：謂見日本見在宋元版本志經部該條），此不重述。今列其餘原刻刻工從事刊刻其餘宋版書之情形如左。該刻工若爲該版修補刻工，則標×以別之。

寧宗朝越刊八行本論語註疏解經（毛俊、王祐、宋瑜、李用、許詠）。寧宗朝越刊八行本孟子註疏解經（丁拱、毛俊、王祐、宋瑜、李信、周泉、許詠、許貴、楊昌）。紹興二一年序刊臨川先生文集（×金昇、×金彦）。紹興間太平聖惠方、紹興間外臺祕要方、乾道二年泉南郡庠刊孔氏六帖、淳熙間撫州公使庫刊春秋經傳集解、嘉定刊育德堂外制，此五種皆見陳文，疑其中當有同名異人。紹興間明州刊紹興二八年以後遞修文選（×王允、×王椿、×宋琳、×李良、×李涓、×吳寶、×周彥、×施俊、×徐宥、高彥、×陳文、×陳真、×楊昌）。紹興刊宋遞修爾雅疏（×王恭、×楊昌）。紹興刊白氏六帖事類集（施俊）。紹興刊又一種白氏六帖事類集（宋琳）。紹興刊又一種白氏六帖事類集（周彥）。紹興刊宋遞修資治通鑑目錄（×周彥）。紹興刊通典（×余政、×李師正、×周彥、×陳文）。乾道九年刊淮海集（趙通）。淳熙二年嚴州郡庠刊通鑑紀事本末（金昇）。淳熙九年江西漕臺刊呂氏家塾讀詩記（吳志）。孝宗朝刊論衡（周彥、楊昌、趙通），孝宗朝刊元氏長慶集（周彥），孝宗朝刊周官講義（周彥、趙通），孝宗朝刊聖宋文選合集（周珎、周彥、趙通、楊昌、余政），孝宗朝刊北山小集（高彥），孝宗朝刊東坡先生奏議（吳志），孝宗朝刊爾雅（魏奇），孝宗朝刊豫章黄先生文集（×周彥、陳文），孝宗朝鄂州刊資治通鑑（徐進），孝宗朝刊舊稱眉山七史宋遞修（×王恭、×王椿、×王壽、×余政、×宋琳、×吳志、×李良、×李師正、×阮祐、×周彥、×施珎、×楊昌、×蔣信、×魏奇），孝宗朝兩淮江東轉運司刊宋遞修三史（王茂、王祐、×王恭、×王壽、吳宗、李用、陳真、×楊昌），孝宗朝贛州刊文選（王恭、×周彥、×高彥、陳真、陳顯）。淳熙紹熙間眉山刊蘇文定公文集（×馬昇）。紹熙二年刊唐人絕句（李用）。嘉泰四年刊皇朝文鑑（徐進、楊昌）嘉泰四年刊東萊呂太史文集（吳志、李信）。嘉定六年刊註東坡先生詩（李信）。寧宗朝刊增修互註禮部韻略（王恭、宋春），寧宗朝刊歐陽文忠公集（李信），寧宗朝刊古史（王恭、王壽、余政、吳志），寧宗朝刊晦菴先生文集（王恭、王壽、余政、吳志、馬春），寧宗朝刊晦菴先生朱文公語錄（吳志），寧宗朝刊玉篇、廣韻（王恭、吳志、李倚、魏奇），寧宗朝刊歷代故事（吳志），寧宗朝刊武經七書（王恭、阮祐、周彥），寧宗朝刊愧郯錄（李仁、李涓），寧宗朝刊中興館閣錄（王椿、李用、李信、陶彥、嚴信）。寶慶三年刊南華真經注疏（李信）。紹定二年刊吳郡志（余政）。

可見原刻刻工之時代分布，上自紹興後期，下至理宗紹定年間，而其中大部分爲淳熙、紹熙至嘉定之間杭州地區刻工，足以證明本版即黄跋所言紹熙刊本。

修補刻工中，毛祖、朱渙、沈珍、邵亨、徐珣、徐珙、高文、章東、蔣榮諸人從事越刊尚書正義之宋修，考證已見該條，此不重複。今列其餘修補刻工從事刊刻其餘宋版書之情形如左。

越刊周禮疏之修補(高異、賈祚)。紹熙二年刊唐人絕句(顧永)。嘉定六年刊註東坡先生詩(馬祖)。鄂州刊資治通鑑(王禧)。寧宗朝刊玉篇(×高異、張榮),寧宗朝刊古史(王渙、求裕、孫春、馬祖、顧澄),寧宗朝刊晦菴先生文集(王渙、李成、孫春、高異、張榮),寧宗朝刊重校添註音辯唐柳先生文集(王禧、朱春),寧宗朝刊愧郯錄(王禧、朱春、馬祖),寧宗朝刊增修互註禮部韻略(孫春、高異、馬祖、張榮、顧永、顧澄),寧宗朝刊歷代故事(高異),寧宗朝刊武經七書(孫春、高異),寧宗朝刊桯史(朱春),寧宗朝刊廣韻(高異、張榮),寧宗朝刊儀禮經傳通解(李成),寧宗朝福唐郡刊前漢書(張榮)。寶祐五年湖州刊資治通鑑紀事本末(×求裕、張榮)。若在南宋初或前期刊本之寧宗、理宗間遞修之補版,則如舊稱眉山七史(王渙、王禧、求裕、孫春、李成、高異、馬祖、張榮、許忠、賈祚、顧永、顧澄),兩淮江東轉運司刊漢書(王渙、高異、許忠、賈祚),兩淮江東轉運司刊後漢書(王渙、孫春、高異、馬祖),贛州刊文選(王禧、高異),爾雅疏(王禧),通典(高異、顧永、顧澄),說文解字(許忠)。

可見補刻情形與前述尚書正義完全相同,是經寧宗、理宗朝間之遞修。

(東京大學東洋文化研究所藏)存卷六三〔宋、元〕遞修　一冊。

新補藍絹書衣(二七·八×二〇釐米),襯紙改裝。

元西湖書院重整書目著錄「禮記注疏」,當即此版。然則此版元代移歸西湖書院,經修補而刷印。此部元修刻工有熊道瓊。

(京都大學附屬圖書館 谷村文庫藏)存卷六四〔宋、元、明初〕遞修　一冊。

新補藍絹書衣(三二·五×二〇釐米),襯紙改裝。

本版版片至明移置南京國子監,經過修補。然不知何因,疑經補修之後不久爲廢棄或燒亡,明南雍經籍考不見著錄。明修無刻工名。元修刻工有俞榮、茅文龐、茅化。

此部原刻葉,幾乎皆經局部修補。補版接近覆刻原版。

右二部（卷六三、卷六四）當爲民國時期出現於北京廠肆之清内閣大庫舊藏零本。

本版除右列外，又有潘氏寶禮堂舊藏北京圖書館現藏宋元遞修本（季振宜、孔繼涵舊藏本，著録見寶禮堂宋本書録及中國版刻圖録七一、七二），北京圖書館現藏存二十八卷（卷三、卷四、卷一一至一八、卷二四、卷二五、卷三七至四二、卷四五至四八、卷五五至六〇）宋元遞修本，上海圖書館藏卷五殘本（首十葉）。北京大學藏卷一、卷二共三十三葉，疑或屬同版。有民國一六年潘氏用家藏本製作之影印本。

圖書在版編目(CIP)數據

影印南宋越刊八行本禮記正義. 全三册/(唐)孔穎達撰.—北京:北京大學出版社,2014.6

(重歸文獻. 影印經學要籍善本叢刊)

ISBN 978-7-301-08888-3

Ⅰ.①影…　Ⅱ.①孔…　Ⅲ.①禮儀－中國－古代②《禮記》—注釋　Ⅳ.①K892.9

中國版本圖書館CIP數據核字(2014)第046755號

書　　　名:影印南宋越刊八行本禮記正義(全三册)

著作責任者:(唐)孔穎達　撰

責 任 編 輯:馬辛民

標 準 書 號:ISBN 978-7-301-08888-3/K·1029

出 版 發 行:北京大學出版社

地　　　址:北京市海淀區成府路205號　100871

網　　　址:http://www.pup.cn　新浪微博:@北京大學出版社

電　　　話:郵購部 62752015　發行部 62750672　編輯部 62756694　出版部 62754962

電 子 信 箱:dianjiwenhua@163.com

印　刷　者:北京中科印刷有限公司

經　銷　者:新華書店

730毫米×980毫米　16開本　110印張　1500千字

2014年6月第1版　2014年6月第1次印刷

定　　　價:980.00圓(全三册)